恩施土家族苗族自治州

年鉴

2022（总第24卷）

· ENSHI TUJIA & MIAO AUTONOMOUS PREFECTURE YEARBOOK ·

《恩施土家族苗族自治州年鉴》编纂委员会　编

方志出版社
Publishing House of Local Records

图书在版编目（CIP）数据

恩施土家族苗族自治州年鉴. 2022 / 《恩施土家族苗族自治州年鉴》编纂委员会编. —北京 ：方志出版社，2022.12

ISBN 978-7-5144-5428-4

Ⅰ. ①恩… Ⅱ. ①恩… Ⅲ. ①恩施土家族苗族自治州－2022－年鉴 Ⅳ. ①Z526.32

中国国家版本馆CIP数据核字(2023)第077812号

责任编辑：刘芳
责任校对：刘玉霞
责任印制：梅中英
出 版 者：方志出版社
地　　址：北京市朝阳区潘家园东里9号（国家方志馆4层）
邮　　编：100021
网　　址：http://www.zgfzcb.cn
发　　行：方志出版社图书营销中心（010-67110500）
印　　刷：恩施市雨田印务有限公司
开　　本：889毫米×1194毫米　1/16
印　　张：33
字　　数：1259千字
版　　次：2022年12月第1版
印　　次：2022年12月第1次印刷
定　　价：200.00元

《恩施土家族苗族自治州年鉴》编纂委员会

《恩施土家族苗族自治州年鉴(2022)》编辑人员

编 辑 说 明

一、《恩施土家族苗族自治州年鉴》（简称《恩施州年鉴》）是恩施土家族苗族自治州（简称恩施州）人民政府主办，由《恩施州年鉴》编纂委员会编纂，恩施州档案馆（史志研究中心）组织编写的年度资料性文献。

二、《恩施州年鉴（2022）》以马克思列宁主义、毛泽东思想、邓小平理论、“三个代表”重要思想、科学发展观、习近平新时代中国特色社会主义思想为指导，坚持辩证唯物主义和历史唯物主义的立场、观点和方法，记述2021年度全州各地、各部门的基本情况和各项事业发展现状，力求全面反映全州社会主义现代化建设的基本面貌和发展进程，反映全州全面推进经济建设、政治建设、文化建设、社会建设、生态文明建设所取得的进步与成效，为促进恩施州经济社会发展提供基本资料和历史借鉴。除卷首彩页和部分特载资料外，记述时限均为2021年1月1日至12月31日。

三、本年鉴采用分类编辑法，设类目、分目、条目3个层次，部分分目下设子分目，条目为收录资料信息的基本单元，条目标题加【 】表示。本卷设30个类目：特载、大事记、恩施州概览、中国共产党恩施州委员会、恩施州人民代表大会、恩施州人民政府、中国人民政治协商会议恩施州委员会、纪检监察、民主党派、群众团体、法治、军事、经济管理、农业和农村经济、乡村振兴、工业、商贸、金融、交通 邮政 通信、住房和城乡建设、生态环境、科学技术、教育、文化 体育 旅游、卫生、社会生活、县市、人物、附录、索引。

四、本卷年鉴所载资料均由各县市和州各部门撰写，并经各单位负责审定报送，机构负责人名录以2021年12月底在职为准，所采用图片由各撰稿单位提供。

五、本卷年鉴中省指湖北省，州指恩施土家族苗族自治州（简称恩施州）。统计数据因来源、口径、方式、时间的不同，可能存在差异。凡涉及有关国民经济和社会发展数据以恩施州统计局公布的统计资料为准。

六、本卷年鉴原则上使用法定计量单位，考虑到实际工作需要和方便读者实际使用，部分记叙中计量单位仍保留少量市制。

恩施土家族苗族自治州地图

中国地图出版社有限公司 恩施土家族苗族自治州档案馆 联合编制 审图号：恩施州S（2021）03号

国家AAAA级旅游景区——利川佛宝山景区

（利川市文旅局 供稿）

国家AAAA级旅游景区——宣恩仙山贡水旅游区

（杨昌盛 摄）

2021年2月，经教育部批准，省人民政府同意，湖北民族大学科技学院转设为湖北恩施学院

（湖北恩施学院　供稿）

2021年3月15日，宣恩县清江外国语学校学生表演八宝铜铃舞

（吴张正达　摄）

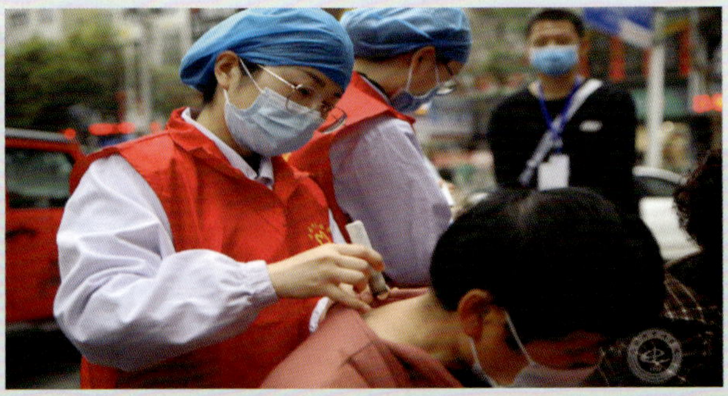

2021年3月17日，州民族医院在“国医节”开展中医药文化宣传暨义诊活动

（州中心医院　供稿）

2021年4月9日，以“感恩天津　恩施等你”为主题的2021年恩施州文旅（天津）推介会在天津市举行

（魏　娜　摄）

2021年4月12日，恩施机场开通杭州—恩施—兰州航线

（恩施机场公司　供稿）

2021年4月16日，位于恩施市三岔镇的恩施港大清江旅游码头

（岑仲阳　摄）

2021年8月，恩施市公汽公司的新能源公交车

（州运管处　供稿）

2021年4月30日，第九届长江三峡（巴东）纤夫文化旅游节开幕式暨巫峡口景区开园仪式在巫峡口景区举行

（吴以红　摄）

2021年5月5日，2021湖北·长江超级半程马拉松巴东县赛点赛事举行

（吴以红　摄）

2021年5月17日，以“中国好山水　天赐恩施州”为主题的2021年恩施州文旅（甘肃）推介会在兰州市举行

（魏　娜　摄）

2021年5月21日，北京时间19：30、意大利时间13：30，“两河口：一个土家会聚之地的再生——第十七届威尼斯国际建筑双年展平行展单元展”开幕，宣恩县沙道沟镇两河口村作为分会场，通过跨国连线方式双向交互直播，与意大利威尼斯卡纳雷吉欧区禅宫主会场同步向全球推介土家村落建筑文化

（肖　玮　摄）

2021年6月，恩施市舞阳大街社区会同联系包保社区的恩施市城管执法局等单位，联合建成的舞阳大街凤凰山森林公园红色驿站

（谭　华　摄）

2021年6月29日，“红色荆楚·恩施百年红色记忆”摄影展现场

（州退役军人事务局 供稿）

2021年6月22日，恩施高新区立讯产业园项目建成

（谭江弘 摄）

2021年8月，州工人文化宫竣工投入使用

（州总工会 供稿）

2021年9月12日，由省文旅厅指导，省群艺馆、州文旅局、巴东县政府主办，州文化馆、巴东县文旅局、沿渡河镇人民政府承办的“灵秀湖北·四季村晚”巴东神农溪专场活动现场

（州文化馆　供稿）

2021年9月23日，恩施州第九届运动会在宣恩县民族体育馆开幕

（肖　玮　摄）

2021年9月26日，恩施第六届硒博会在州文化中心举办

（部月飞　摄）

2021年10月19日，恩施星野民宿被全国旅游标准化技术委员会评定为甲级旅游民宿

（州文旅局　供稿）

2021年10月23日，恩施州首届“恩施工匠”大赛开幕式现场

（州人社局　供稿）

2021年10月28日，恩施州开展绿色山河红色魂“学‘四史’　听党话　感党恩　跟党走”百姓宣讲活动

（汤应彬　摄）

2021年11月2—7日，第十五届“海峡两岸媒体荆楚行”活动走进恩施州。图为媒体记者在恩施女儿城实地采访

（州委统战部　供稿）

2021年11月18日，民盟恩施州委在恩施市新塘乡下坝村召开“协商在一线”院坝协商会议

（张　珍　摄）

2021年11月23日，国网湖北省电力有限公司推进白鹤滩—江苏±800千伏特高压直流输电线路工程恩施段建设

（杨志英　摄）

2021年11月24日，鹤峰县走马风电场

（杨顺丕　摄）

2021年12月19日，第八届全国大众冰雪季启动仪式恩施会场在巴东县绿葱坡滑雪场举行

（吴以红　摄）

2021年3月28日，州政府主办的2021恩施硒茶采购商大会在恩施硒茶小镇茶叶交易市场举行

（州农业农村局　供稿）

2021年4月29日，恩施海关在宣恩县万寨乡伍家台村开展出口茶叶基地质量安全检查

（恩施海关　供稿）

2021年，宣恩县李家河乡农技人员开展贡水白柚病虫害绿色防控技术培训

（徐兰珍　摄）

2021年5月8日，宣恩县烟叶分公司党员干部到田间指导帮助烟农移栽烟叶

（李双翔　摄）

2021年6月12日，2021恩施土豆文化旅游节暨2020年度十佳网商颁奖典礼在恩施梭布垭石林举行

（州农业农村局　供稿）

2021年7月1日，省民族歌舞团荆楚“红色文艺轻骑兵”小分队走进恩施市龙凤坝镇碾盘村演出

（省民族歌舞团　供稿）

2021年7月22日，全州设施蔬菜产业发展推进会在建始县龙坪乡店子坪村召开，与会代表参观蔬菜种植基地

（州农业农村局　供稿）

2021年12月20日，湖北省丘陵山区农业机械化现场推进活动在巴东县举办

（州农业农村局　供稿）

2022年12月12日，宣恩县高罗镇九间店村第十一届村民委员会选举大会现场

（刘友春　摄）

2021年12月28日，“全国乡村振兴青年先锋”吴金林在直播带货

（汪正玺　摄）

2021年，建始县三里乡河水坪村彩色水稻种植组合而成“庆祝中国共产党成立100周年”稻田画

（州农业农村局 供稿）

湖北省鹤峰鑫农茶业（集团）有限公司茶叶基地生产厂房

（鹤峰县科经局 供稿）

咸丰县黄金洞乡养殖户发展中蜂养殖

（温佳豪　摄）

利川市怀山牧业有限责任公司发酵床肉牛养殖

（王　瑜　摄）

恩施市龙凤镇杉木坝村生态养殖场

（恩施市龙凤联强农贸有限公司　供稿）

巴东县绿葱坡滑雪场的高山旅游带动乡村振兴

（张厚渊 摄）

恩施市白杨坪镇洞下槽村龙赶湖水上乐园，田园综合体建设助力乡村振兴

（州农业农村局 供稿）

宣恩县珠山镇铁厂坡村彩虹旅游公路

（宋 文 摄）

湖北省美丽乡村建设示范村——恩施市盛家坝镇二官寨村一景
（蔚 明 摄）

湖北省美丽乡村建设示范村——利川市团堡镇野猫水村一景
（冷 静 摄）

湖北省美丽乡村建设示范村——建始县高坪镇青里坝村一景
（湖北鼎盛农业开发有限公司 供稿）

湖北省美丽乡村建设示范村——巴东县东瀼口镇牛洞坪村一景

（巴东县东瀼口镇政府办公室　供稿）

湖北省美丽乡村建设示范村——宣恩县椒园镇黄坪村一景

（州农业农村局　供稿）

湖北省美丽乡村建设示范村——来凤县绿水镇老寨村一景

（张 杏 摄）

湖北省美丽乡村建设示范村——鹤峰县下坪乡东洲村一景

（鹤峰县下坪乡东洲村委会 供稿）

湖北省美丽乡村建设示范村——咸丰县黄金洞乡大沙坝村一景

（蔚 明 摄）

2021年4月7日，七姊妹山国家级自然保护区管理局开展中小学生自然教育活动，小学生参观两栖类动物标本

（七姊妹山保护区管理局）

2021年7月30日，州生态环境局恩施市分局综合执法人员开展无人机实践操作培训

（州生态环境局　供稿）

2021年6月5日，州人大环资委、州生态环境局、恩施市人大环资委、州生态环境局恩施市分局、武陵山生态保护联合会、恩施义工协会在恩施市硒都广场联合开展第50个世界环境日“人与自然和谐共生”主题宣传活动

（州生态环境局　供稿）

2021年8月11日，州农业农村局在巴东县开展渔业增殖放流活动

（州农业农村局　供稿）

2021年11月12日，州生态环境局巴东分局监测人员在县城饮用水源地现场取样

（州生态环境局　供稿）

2021年12月2日，恩施州生态环境局利川市分局在清江河利川凉雾龙船水乡河段河道巡查

（任茂盛　摄）

美丽的清江源头

（陈小林　摄）

恩施市白杨坪镇熊家岩村膳孔坝生态湿地

（陈年恕　摄）

鹤峰县燕子镇董家河冬景

（黄 波 摄）

宣恩县狮子关旅游区绿水青山

（陈大秀 摄）

州城恩施七里坪公园
（谭　华　摄）

州城恩施近郊清江河大沙坝绚丽斜阳
（刘全生　摄）

建始县高坪镇红珠河水库夏景
（谭明智　摄）

湖北七姊妹山国家级自然保护区山地泥炭藓沼泽湿地紫萼花开

（黄汉民 摄）

湖北木林子国家级自然保护区秋景

（李帅君 摄）

恩施市板桥镇女儿湖秋季湖光山色

（李仕力 摄）

利川市南坪乡秋景

（余全明　摄）

鹤峰县走马镇杨柳池山水如画

（鹤峰县农业农村局　供稿）

目　录

特　载

大事记

恩施州概览

中国共产党恩施州委员会

综 述

重要会议

上级调研

州委办公室

组织工作

宣传工作

精神文明建设

理论信息工作

中国人民政治协商会议恩施州委员会

纪检监察

执纪执法

清廉建设

巡　察

民主党派

中国国民党革命委员会恩施州委员会

中国民主同盟恩施州委员会

中国民主建国会恩施州委员会

中国民主促进会恩施州总支部委员会

中国农工民主党恩施州委员会

九三学社湖北省委直属恩施支社委员会

群众团体

恩施州总工会

恩施州红十字会

法　　治

政法委及综治

公　安

检　察

法　院

司法行政

监狱管理

仲　裁

军　　事

经济管理

茶产业

渔业渔政

畜牧业

农村经济管理

乡村振兴

综 述

乡村建设

对口帮扶

工 业

综 述

粮 食

供 销

烟草专卖

盐业经营

石油销售

金　融

地方金融工作

银行保险监督管理

银行业

保险业

交通 邮政 通信

交 通

生态环境

退役军人事务

老区建设促进工作

老龄工作

居民生活

县　市

恩施市

利川市

建始县

巴东县

宣恩县

咸丰县

来凤县

鹤峰县

人　物

先进人物

2020年度享受国务院政府特殊津贴人员

新闻人物

去世人物

附　录

主要组织机构及负责人

重要法规

重要文件

专 文

经济分析报告

普查公报

统计分析资料

索 引

主题索引

部分表格索引

Contents

Features

Chronicle of Events

Overview of Enshi Tujia and Miao Autonomous Prefecture

CPC Enshi Prefectural Committee

Enshi Prefectural People's Congress

Enshi Prefectural People's Government

CPPCC Enshi Prefectural Committee

Discipline Inspection and Supervision

Democratic Parties

Mass Organizations

Rule of Law

Military Affairs

Economic Management

Agriculture and Rural Economy

Rural Revitalization

Industries

Commerce and Trade

Finance

Transportation, Postal Services and Telecommunication

Housing and Urban and Rural Construction

Ecological Environment

Science and Technology

Education

Culture, Sports and Tourism

Health

Civil Life

Cities and Counties

Figures

Appendices

Indexes

特载

Features

勇担使命 开拓进取
为把恩施建设成为美丽湖北绿色崛起的重要一极不懈奋斗

——在中国共产党恩施自治州第八次代表大会上的报告

胡超文

（2021 年 12 月 7 日）

各位代表、同志们：

现在，我代表中国共产党恩施自治州第七届委员会向大会作报告。

中国共产党恩施自治州第八次代表大会，是在恩施州全面建成小康社会、向着第二个百年奋斗目标迈进的关键时期，召开的一次十分重要的会议。

大会的主题是：坚持以习近平新时代中国特色社会主义思想为指导，深入学习贯彻习近平总书记“七一”、考察湖北、参加湖北代表团审议时的重要讲话精神，全面总结州第七次党代会以来的工作，明确今后五年的目标任务，动员全州上下勇担使命、开拓进取，为把恩施建设成为美丽湖北绿色崛起的重要一极不懈奋斗。

一、过去五年的工作和成效

过去五年，是恩施发展进程中极不平凡的五年。五年来，在习近平新时代中国特色社会主义思想科学指导下，在党中央、国务院亲切关怀及省委、省政府坚强领导下，州委团结带领全州各族人民，在抢抓机遇中真抓实干，在攻坚克难中砥砺前行，完成了州第七次党代会确定的目标任务，交出了一份亮丽答卷。

*脱贫攻坚取得全面胜利。*组建 2438 个“尖刀班”，派驻 2 万余名驻村工作队员，动员 5 万余名干部职工结对帮扶，统筹各类资金 769 亿元，举全州之力决战贫困。困扰贫困群众的吃水难、用电难、行路难等问题得到根本性解决，24 万名贫困群众挪出穷窝，110 万贫困人口全部脱贫，729 个贫困村全部出列，8 个国定贫困县市全部摘帽。恩施州连续 5 年位居全省扶贫开发工作成效考核第一方阵，连续 3 年在国家东西部扶贫协作考核中获“综合评价好”等次，旅游扶贫模式两度入选世界旅游联盟减贫案例。恩施实现从全域贫困到全面小康的历史性跨越，各族群众期盼的小康梦顺利实现。

*经济发展迈出坚实步伐。*地区生产总值跨越千亿元大关。生态文化旅游、硒食品精深加工、清洁能源、电子信息等产业集群快速成长。国家 AAAAA 级旅游景区达 3 家、国家 AAAA 级旅游景区达 19 家。“恩施玉露”“利川红”成为国事活动用茶，“两品一标”[1]产品数量居全省第一。江坪河水电站投产发电。国家级硒产品检验检测平台建成运营。立讯精密、传化集团等中国 500 强企业接续落地。新开工、新投产亿元以上产业项目比上个 5 年增长 4 倍。恩施高新区从无到有，不断壮大。恩施发展根基更稳，底气更足，动力更强。

*城乡建设绘就精彩画卷。*聚力打通交通大动脉，黔张常铁路、宜万铁路高坪站建成投运，利万、宣鹤、建恩高速建成通车，6 县市通铁路，县县通高速，村村通硬化路。按照景区标准建设城市，“洁绿亮美畅”和“三绿”[2]工程深入实施，州城骨架迅速拉开，恩施市、利川市跻身国家全域旅游示范区。成功创建国家级城市品牌 13 个、省级城市品牌 21 个。推进巩固拓展脱贫攻坚成果同乡村振兴有效衔接，建成 9 个全国美丽休闲乡村、203 个省级美丽乡村示范村。一幅现代版“富春山居图”在广袤山乡徐徐展开。

*改革开放迸发强劲活力。*州、县市“四大家”领导领衔推进重大改革项目，供给侧结构性改革、“放管服”改革、要素市场化配置改革、生态文明体制改革等纵深推进。减税降费全面落实，“清减降放”[3]全面铺开，营商环境明显改善，被评为 2020 年度湖北省优化营商环境标杆城市，营商改革举措复制推广数量居全省第一。农村承包地确权登记颁证工作获中央农办、农业农村部表彰。恩施海关正式通关，恩施航空口岸临时开放，旅游航线直飞柬埔寨、越南、泰国等国家和地区。恩施这片红色热土，正以改革奋进的姿态续写着“春天的故事”。

*环境质量保持全省领先。*州城空气质量率先达到国家二级标准，8 个县市空气质量综合指数排名全部进入全省前十，森林覆盖率达 70.14%。生活污水和垃圾处理设施实现乡村全覆盖。新建和改建农村户厕 40 万户。长江、清江“十年禁渔”大力实施。25 个地表水考核断面水质达标率达 100%，清江获评全国美丽河湖。中央和省生态环保督察反馈问题全面整改。恩施州被评为国家生态文明建设示范州、“绿水青山就是金山银山”实践创新基地，5 个县市建成国家生态文明建设示范县市，3 个县市被评为中国天然氧吧。恩

施天更蓝、山更绿、水更清，处处望得见山、看得见水、记得住乡愁。

*民生事业交出温暖答卷。*80%以上财政支出投入民生领域。义务教育全面改薄，课后托管全面推行，在全省率先实施农村教师定向委培。公共卫生服务体系不断完善，医药卫生体制改革不断深化，被国家确定为公立医院综合改革第二批示范城市。社会保险提标扩面，在全国率先建立保障农民工工资支付工作长效机制。众志成城打赢新冠肺炎疫情防控阻击战。有效应对恩施城区近五十年一遇、建始县超百年一遇特大洪灾和恩施市沙子坝特大地质滑坡。扫黑除恶专项斗争和政法队伍教育整顿成效明显。社会大局和谐稳定，人民群众幸福指数节节攀升。

*党的建设得到显著加强。*扎实开展“两学一做”学习教育、“不忘初心、牢记使命”主题教育、党史学习教育。张富清荣获共和国勋章。大力整顿软弱涣散基层党组织，圆满完成县乡领导班子换届。村（社区）“尖刀班”、四联机制[4]成为基层治理名片，村党组织书记县级党委备案管理做法纳入《中国共产党支部工作条例（试行）》《中国共产党农村基层组织工作条例》。认真做好上级巡视反馈问题整改，高质量完成州委巡察，不敢腐、不能腐、不想腐体制机制一体推进，反腐败斗争取得压倒性胜利并全面巩固。法治恩施建设成效明显。民族团结进步示范州创建成果不断深化。人大监督有力有效，政治协商有声有色，统一战线巩固壮大，人武、群团、老干部等工作成效明显，全州上下风清气正、政通人和。

艰难方显勇毅，磨砺始得玉成。五年的发展历程波澜壮阔，五年的丰硕成果振奋人心。成绩的取得，是党中央和省委坚强领导的结果；是中直、省直及杭州市、武汉市、天津市倾力帮扶的结果；是州委在历届班子打下的良好基础上,团结带领全州各级党组织、广大党员干部和人民群众共同奋斗的结果；是全州各民主党派、工商联、人民团体、驻恩部队、武警官兵和所有关心恩施发展的各界人士大力支持的结果。在此，我代表第七届州委，向所有为恩施改革发展作出贡献的同志们、朋友们，表示衷心的感谢，并致以崇高的敬意！

各位代表、同志们，回首奋斗历程，我们深刻感受到：

*唯有政治坚定才能行稳致远。*过去五年，面对宏观经济持续下行的严峻形势，面对决战脱贫攻坚、决胜全面小康的历史重任，面对新冠肺炎疫情和特大洪水的严重冲击，我们战胜了一个又一个艰难险阻、取得了一个又一个发展成就，最根本在于以习近平同志为核心的党中央领航定向。迈上新征程，我们必须坚持“两个确立”、做到“两个维护”，确保恩施各项事业始终沿着正确方向前进。

*唯有人民至上才能无往不胜。*过去五年，我们始终坚持以人民为中心的发展思想，用心用情用力解决群众急难愁盼问题，紧紧依靠人民打好战贫、战疫、战洪系列硬仗，凝聚起无坚不摧、无往不胜的磅礴力量。迈上新征程，我们必须站稳“江山就是人民，人民就是江山”的根本立场，把人民放在心中最高位置，一切为了人民，紧紧依靠人民，不断造福人民，始终与人民想在一起、干在一起，团结带领人民群众创造更加美好的未来。

*唯有思想破冰才能发展突围。*过去五年，我们始终把解放思想作为干事创业的逻辑起点，坚持用改革的办法抓发展，用创新的思路破困局，用开放的举措闯新路，营商环境越来越优，发展质效越来越高，发展态势越来越好。迈上新征程，我们必须彻底解放思想，打破惯性思维，跳出思想围城，坚定不移吃改革饭、走开放路、打创新牌，用新理念新思路新举措解决问题，创造性开展工作。

*唯有担当作为才能铸就辉煌。*过去五年，我们以共同的奋斗目标引领全州上下苦干实干、攻坚克难，办成了一批事关长远发展的大事要事，营造了比学赶超、竞相发展的浓厚氛围。迈上新征程，我们必须切实转理念、转思路、转作风，始终保持拼、抢、实的状态，主动作为、奋发有为、担当善为，拿出更大的韧劲、干劲、闯劲，奋力推进恩施绿色崛起、高质量发展。

各位代表、同志们，成绩属于过往，奋斗仍需继续。在前进道路上，我们还面临不少困难和问题：最大的不足是经济实力不强。产业结构不优、规模不大、层次不高，至今没有主板上市企业，地区生产总值仅占全省的2.6%，人均GDP仅为全省的44%，财政自给率不到20%，工业增加值仅占GDP的18.1%，全省GDP未过百亿元的8个县恩施州占4个。最大的瓶颈是交通建设滞后。大通道东西向单一、南北向不畅，是全省7个未通高铁的市州之一，2个县未通铁路、2个县城未通高速公路、26个乡镇不能1小时内上高速公路。最大的短板是民生保障不足。教育、医疗、住房等民生领域欠账较多，巩固拓展脱贫攻坚成果同乡村振兴有效衔接任务艰巨，疫情防控、平安稳定、金融等风险不容忽视。最大的差距是思想解放不够。少数党员干部精神不振、动力不足、作风不实，争取政策支持的积极性不高，学习借鉴发达地区先进经验的主动性不强，部门之间协调配合的自觉性不够。对此，我们要高度重视，采取有力措施，切实加以解决。

二、今后五年的使命和目标

今后五年，是全面建成小康社会后、乘势而上开启全面建设社会主义现代化新征程的首个五年，是为社会主义现代化奠定坚实基础的关键五年。做好未来五年的工作，首先要准确把握局与势。毛泽东同志指出，没有全局在胸，是不会真的投下一着好棋子的。习近平总书记强调，领导干部要善于观大势、谋大局、抓大事。站在两个一百年的历史交汇点，我们必须登高望远、躬身入局、谋定后动，从实际出发，按规律办事，奋力在新征程上干出一片新天地。

*胸怀大局，与时俱进。*习近平总书记强调，胸怀“两个大局”是我们谋划工作的基本出发点。当前，新

冠肺炎疫情在全球蔓延，经济全球化遭遇逆流，世界进入动荡变革期。以习近平同志为核心的党中央，以伟大的历史主动精神、巨大的政治勇气、强烈的责任担当，推动党和国家事业取得历史性成就、发生历史性变革，中华民族伟大复兴进入不可逆转的历史进程。我们要深刻领会习近平总书记“时与势在我们一边”的重大判断，胸怀“两个大局”，心系“国之大者”，在危机中育先机，于变局中开新局，坚定不移走好自己的路、办好自己的事。

融入全局，齐头并进。当前，党中央加快构建“双循环”新发展格局，深入实施“一带一路”倡议和长江经济带、新一轮西部大开发、中部地区崛起等重大战略，持续加大对老少边穷等后发地区支持，扎实推进共同富裕，区域经济版图加快重塑。省委、省政府构建“一主引领、两翼驱动、全域协同”区域发展布局，要求“宜荆荆恩”打造湖北高质量发展南部列阵，出台支持革命老区振兴发展等实施意见，明确武汉市对口帮扶恩施州。我们要主动服务新发展格局，加快融入全省区域发展布局，努力在全局中谋一域，以一域服务全局，做到为一域争光、为全局添彩。

谋篇布局，砥砺奋进。省委对恩施高度重视，寄予厚望。应勇书记到湖北工作不到两年，三次调研恩施，特别是今年10月抽出三天时间，走乡村、访农户、看企业、察生态，指出“恩施州在全省发展大局中地位特殊而重要，是美丽湖北绿色崛起的重要一极，是湖北面向西部开放的重要门户，是湖北的重要生态屏障，是湖北的重要资源宝库”；要求我们“立足大生态，构建大交通，发展大旅游，打造大产业”。这为恩施发展指明了方向、明确了路径。我们要牢记应勇书记的讲话要求，奋力把恩施建设成为美丽湖北绿色崛起的重要一极。

合力破局，激流勇进。谋局必须破局，谋势必须乘势。回望历史，放眼当下，全州人民对美好生活的向往无比强烈，全州上下思发展、谋发展、抓发展的氛围空前浓厚，我们赶上了最好的时代，站在了更高的起点。恩施州“土、硒、茶、凉、绿”特色资源优势不断凸显，“两山”转化通道逐步打开，绿色产业蓬勃发展。形势催人奋进，发展时不我待，我们要乘势而上，一切向发展聚焦，一切为发展开路，全力以赴把资源优势转化为发展优势。

今后五年工作的指导思想是：坚持以习近平新时代中国特色社会主义思想为指导，深入学习领会党的十九大和十九届二中、三中、四中、五中、六中全会精神，认真贯彻习近平总书记“七一”、考察湖北、参加湖北代表团审议时的重要讲话精神，坚持“两个确立”、做到“两个维护”，完整准确全面贯彻新发展理念，全面落实省委工作部署，彰显“土、硒、茶、凉、绿”五大优势，立足大生态，构建大交通，发展大旅游，打造大产业，勇担使命、开拓进取，为把恩施建设成为美丽湖北绿色崛起的重要一极不懈奋斗。

今后五年经济社会发展的主要目标是：

经济实力跃上新台阶。地区生产总值年均增速保持在7%以上，总量力争突破2000亿元。生态文化旅游综合收入和富硒产业、新型工业产值均达1000亿元以上。地方一般公共预算收入突破110亿元。成功创建国家高新区。县域经济进位明显。

城乡面貌焕发新气象。脱贫攻坚成果巩固拓展，乡村振兴全面推进，建成269个乡村振兴重点村并发挥示范作用。山水林田湖草系统修复。城镇辐射带动作用强劲，乡村宜居宜业，碧水蓝天、风光如画的美丽恩施更加动人。

改革开放打开新局面。航空口岸正式开放，通关能力大幅增强，外贸进出口总额快速增长。与“宜荆荆”衔接更加紧密，链接武汉城市圈和成渝地区双城经济圈的节点功能更加突出。营商环境稳居全省第一方阵。

民生福祉达到新水平。构建优质均衡的公共服务体系，建立全方位多层次广覆盖的社会保障体系。居民人均可支配收入年均增长8%以上。奋力向“幼有所育、学有所教、劳有所得、病有所医、老有所养、住有所居、弱有所扶”目标迈进，共同富裕迈出坚实步伐。

社会治理激发新效能。党的领导全面加强，自治法治德治有机融合的治理体系和共建共治共享的治理格局加快形成。社会主义核心价值观深入人心，城乡居民思想觉悟、道德水准、文明素养、科学素质全面提高，文化更加繁荣，民族更加团结，民风更加淳朴，社会更加安定。

各位代表、同志们，确定这样的目标，是我们立足恩施实际，统筹兼顾发展速度、发展质量、发展方式，经过科学谋划、综合分析、审慎论证得出的。实现这一目标，既是大势所趋，也是发展所需，更是民心所盼。我们一定要把项目谋实、把措施抓实、把作风压实，拿出“自信人生二百年，会当水击三千里”的豪迈，振奋精神、一往无前，奋力将绿色崛起的美好蓝图，写在2.4万平方公里的恩施大地上。

三、坚定不移壮大州域经济

恩施在发展、在进步，但发展不够仍然是最大实际。我们要紧紧扭住发展第一要务不动摇，着力转变发展方式、优化经济结构、转换增长动力，不断壮大州域经济实力。

（一）做大主导产业。主动对接全省“51020”现代产业体系[5]，立足资源禀赋，发挥比较优势，培育壮大以现代农业、生态文化旅游业、富硒产业、新型工业为主体的绿色产业体系。牢固树立发展大旅游的鲜明导向，摆脱旅游只富民不富财政误区。按照国际化、高端化、品牌化、融合化要求，高效利用旅游资源，提档升级核心景区，创新丰富旅游业态，完善延伸产业链条，内畅外联旅游交通，建成国家全域旅游示范区，建设国际知名旅游目的地。依靠得天独厚的天然富硒资源，发展硒产业，丰富硒产品，加强硒科研，建立硒标准，明确硒标识，擦亮“世界硒都·中国硒谷”金字招牌。深入实施“技改提能制造焕新”三年行动，以亩产论英雄，坚决剔除不符合主体功能区定位的落后产能，加快发展生物医药、新型建材、机械制造、电子信息等产业，推进姚家平水利枢纽工程建设，有序开发页岩气、风能、太阳能、抽水蓄能等清洁能源，以产业提质促进发展提速。

（二）做优产业园区。突出恩施高新区引领统筹作用，实行区域联动、资源共享、政策共享、服务共享，推动县市工业园区（开发区）功能互补与错位发展，构建“一区引领、多园赋能”的“1+8”协同创新发展格局。抢抓以创促建机遇，抓好改革创新、工业经济、服务配套、融资投资、招商引资、园区升级，增强高端要素、绿色产业、先进功能承载能力，做好园区水、电、路、网、气等配套，全力创建省级承接产业转移示范区和国家高新区。发挥园区集聚效应，推动土地、资金、人才等各类要素向园区集中，引导企业进园、产业入园，真正把园区建成全州工业经济引擎、高质量发展龙头。

（三）做强市场主体。实施市场主体增量提质行动，抓好骨干企业培育工程，建立“产值过亿、税收过千万”企业培育库，打造一批产业龙头企业，走专精特新之路。坚持内部培育与向外引进相结合，支持立讯精密、达翔电子等扩大产能。鼓励龙头企业通过兼并重组、资本运作、战略合作等方式，对上下游配套企业进行整合，打通原材料供应、物流运输、管理服务、市场运营等环节，促进产业集群化发展。做强做大国有资本和国有企业。引导企业建立现代企业制度，鼓励优质企业对接资本市场，用好IPO绿色通道，支持鄂旅股份加快上市。大力推进资源招商、资本招商、产业链招商、以商招商，引进有实力的央企国企、行业龙头企业、上市企业，确保招商引资新开工、新投产亿元以上产业项目个数年均增长20%。

发展是硬道理。抓住时机，发展自己，关键是发展经济。我们要心无旁骛把产业发展好，把实体经济搞上去，走出一条具有恩施特色的绿色崛起之路！

四、坚定不移推进新型城镇化

新型城镇化是现代化的必由之路，是经济增长的巨大引擎。当前，恩施州城镇化正处于加速发展阶段，我们要大力推进以人为核心的新型城镇化建设，打造宜居宜旅宜业的幸福家园。

（一）提升州城首位度。州城是州域经济龙头，是全州首善之区，必须做大做强。大力实施“强州城”战略，支持恩施市全力冲刺全国百强县市。坚持统筹于州、让利于市、州市一体、共同发展，从州级层面强化政策、资金、项目等支持，强化市政配套和公共服务供给，不断提升人口承载力、产业支撑力、核心竞争力，推动恩施市加快建成特色型区域中心城市。加快“恩高宣”一体化进程，以沪渝蓉高铁恩施段建设、恩施机场迁建为契机，谋划建设临空临铁新区，打通恩施市至宣恩县快速通道，拓展发展空间，形成经济廊道。

（二）增强县城带动力。支持利川市建设“中国凉爽之城”、建始县建设“康养金地”、巴东县建设“长江边上最美县城”、宣恩县建设“仙山贡水”、咸丰县建设“文化旅游名城”、来凤县建设“跨省经济协作示范区”、鹤峰县建设“养生福地”。牢固树立经营城市理念，实施城市更新行动，强化规划管控，优化功能布局，推进老城区改造和新城区拓展，全力破解交通拥堵、内涝等“城市病”。推动公共服务设施提档升级，加快农业转移人口市民化。突出生态理念，保护自然岸线，加强城市公园、社区游园等建设，让生态更怡人、环境更清爽、夜色更美丽。

（三）扩大集镇集聚效应。统筹推进城乡一体化发展，推动公共服务向农村延伸、社会事业向农村覆盖、基础设施互联互通，促进资源均衡配置、要素双向流动、产业协同发展，增强集镇服务“三农”功能。加强重点镇建设，下放恩施龙凤、巴东野三关、鹤峰走马等扩权强镇的人事财权。支持高速设口、铁路设站乡镇建设区域中心集镇，推进边界口子镇跨区交流合作，建设一批商贸重镇、产业强镇、旅游名镇、历史文化名镇。引导地缘相近乡镇在产业发展、基础建设、要素共享上深入合作，促进块状组团、协同发展。

城镇化进程蕴藏着无限的内需潜力和发展动能。我们要高标准规划好建设好管理好城镇，为全州高质量发展搭好平台，为恩施人民高品质生活创造空间！

五、坚定不移推进乡村振兴

民族要复兴，乡村必振兴。我们要牢牢把握“三农”工作重心的历史性转移，聚焦“二十字”总要求、“五大振兴”总任务，扎实巩固拓展脱贫攻坚成果，接续推进乡村全面振兴。

（一）狠抓脱贫攻坚成果巩固。坚持把巩固拓展脱贫攻坚成果作为过渡期内乡村振兴的首要任务，严格落实“四个不摘”[6]要求，着力保持现有政策总体稳定。继续实行州、县市“四大家”领导带头驻点，县市领导包乡镇、乡镇领导包村、“尖刀班”干部包组包户，层层压实包保责任。紧盯脱贫不稳定户、边缘易致贫户、突发严重困难户，常态化开展动态监测帮扶，坚决守住不发生规模性返贫底线。持续做好易地扶贫搬迁后续扶持，确保安置对象稳得住、有就业、能致富。积极做好区域协作和定点帮扶工作，凝聚起巩固拓展脱贫攻坚成果的强大合力。

（二）狠抓农业产业发展。坚决扛牢粮食安全政治责任，严守耕地红线和永久基本农田红线，推进高标准农田建设，补齐农业基础设施短板。深化农业供给侧结构性改革，紧扣品牌、技术、投入、规模、效益等要素，全力推进“茶烟菜药果畜粮蜂”八大主导产业全产业链建设。构建收集保存、基础科研、开发利用、政策支撑等体系，强化种质资源保护与利用。加强“两品一标”培育，做强做优“恩施硒茶”“恩施土豆”等公用品牌，加强“恩施玉露”“利川红”等地理标志商标公共品牌保护。加快建设农产品质量安全追溯体系，大力推广特色农业保险。推进农业与旅游、康养、文化等产业深度融合，丰富农村经济业态，拓展农民增收渠道。

（三）狠抓乡村建设行动。乡村振兴既要满天繁星，也要一轮明月。借鉴杭州“千万工程”经验做法，打造一批试点示范村和乡村振兴重点村。加快推进县乡国土空间规划和村庄规划编制，着力保护农村生态和乡村风貌，全力做好传统村落、少数民族特色村寨保护工作。进一步完善农村基础设施，推动数字乡村建设。统筹农村基本公共服务供给，推进县域内教育、医疗、文化资源均衡配置。持续开展农村人居环境整治提升行动，推进农村厕所革命、生活垃圾处理和污水治理，全面提升乡村生活品质。

乡村是一片大有可为的广阔天地。我们要以更有力的举措、汇聚更强大的力量，加快农业农村现代化步伐，促进农业高质高效、乡村宜居宜业、农民富裕富足！

六、坚定不移深化改革开放

改革开放是必由之路，是关键一招。我们要坚持向改革要动力，向开放要活力，推动深层次改革与高水平开放互促共进，奋力打造湖北面向西部开放的重要门户和内陆开放重要节点。

（一）建强开放平台。主动对接长江经济带、长江中游城市群和武汉城市圈、成渝地区双城经济圈，全面融入“宜荆荆恩”城市群、三峡生态经济合作区。加强省际毗邻地区一体化发展，加快武陵山龙山来凤经济协作示范区建设。推进恩施航空口岸正式开放和通关便利化，高标准规划建设临空临铁新区，谋划建设B型保税物流中心[7]。抓好外贸骨干企业龙头工程、成长企业壮大工程和开口企业实绩工程，建立“一县一业”外贸产业发展目录，促进县域外贸产业集聚发展。用好恩施硒资源国际交易中心、硒博会等载体，推动硒品出山、走向世界。

（二）织密交通网络。加快恩施机场迁建和通用机场建设，开通更多国际国内航线。建成郑万铁路巴东段，开工建设沪渝蓉高铁恩施段，推进安恩张、恩黔铁路建设。建成鹤峰东、宣咸、建恩北、利咸高速公路，加快建设巴张高速沪蓉沪渝连接段，推进三峡翻坝高速西延线、利云高速项目前期工作。提质改造普通国省道，继续实施“四好农村路”。抓好长江巴东港、清江恩施港等建设，提升通航等级和吞吐能力。推进州城物流中心、县市城区物流园区、乡镇物流基地三级商贸物流体系建设，引进大型电商平台，推进电商与物流协同发展。

（三）优化营商环境。推进扩权赋能强县改革，激发县域发展活力。发扬“店小二”精神，聚焦高效办成一件事，深化“放管服”改革，加速实现一网通办、一事联办。完善惠企政策直达机制，推行包容审慎监管和柔性执法。完善政商交往正负面清单，开展“中梗阻”问题专项治理，引导领导干部树立企业家思维，构建亲清政商关系。推行诚信政府建设，健全守信联合激励、失信联合惩戒和信用修复机制。深化工程项目招投标专项整治，确保招标投标硬碰硬、兑现承诺硬过硬，做到干部干净、利润合理、实力优先、严格程序、全程监督。

惟改革者进，惟创新者强，惟改革创新者胜。我们要争做改革开放促进派和实干家，坚定不移走好新时代改革开放之路！

七、坚定不移打造生态文明样板

恩施的优势在生态，潜力在生态，未来也在生态。我们要深入践行习近平生态文明思想，坚持生态优先、绿色发展，努力在生态保护上作示范，在绿色崛起上当标杆。

（一）筑牢生态保护屏障。坚决落实主体功能区规划，科学划定“三区三线”[8]，推动88个乡镇按照功能分区整体规划、一体落实生产生活生态空间。坚持精准治污、科学治污、依法治污，打好蓝天、碧水、净土保卫战，抓好中央、省生态环保督察反馈问题整改。把长江（巴东段）、清江等生态修复保护摆在压倒性位置，严格落实“十年禁渔”，完成清江流域综合治理，消除城镇黑臭水体，确保一江清水向东流。全面推行河湖长制、林长制，推进山水林田湖草协同治理，开展齐岳山生态保护与修复，加快废弃露天矿山生态修复。

（二）推进绿色低碳发展。制定落实“碳达峰、碳中和”行动方案，推动减污降碳协同增效。强化“三线一单”[9]硬约束，严格管控“两高”项目，强化能源消费总量和强度“双控”，坚决淘汰落后产能，化解过剩产能，压减低效产能。开展节约型机关、绿色家庭、绿色建筑等创建活动，推行垃圾分类和再生资源利用，制止餐饮浪费，形成绿色低碳生活新时尚。严格落实领导干部自然资源资产离任审计、生态环境损害赔偿和责任终身追究等制度，保持生态环境质量全省领先。

（三）拓展“两山”转换路径。抢抓“两山”实践创新基地命名授牌机遇，鼓励县市、重点行业、重点企业探索“两山”转化模式，拓宽“两山”转化通道。开展自然资源确权登记和生态产品信息普查，完善和落实资源有偿使用制度，推进排污权、用能权、用水权、碳排放权等交易，完善市场化、多元化生态补偿机制。大力实施林相改造，推进彩色森林建设，提高森林质量。推进产业兴林，发展林药、林禽、林旅等林下经济，努力将生态优势转化为经济优势。

人不负青山，青山定不负人。我们要自觉担负起保护生态环境的政治责任，充分发挥生态最大优势，擦亮绿色最靓底色，让恩施的绿色生态成为一大特色、一个品牌、一座富矿！

八、坚定不移保障和改善民生

人民对美好生活的向往，就是我们的奋斗目标。我们要多谋民生之利，多解民生之忧，让人民群众的获得感成色更足、幸福感更可持续、安全感更有保障。

（一）推进就业创业。开展“技能提升行动”，深化劳务协作，促进创业带动就业、多渠道灵活就业、重点群体就业，确保城镇新增就业20万人，高校毕业生总体就业率达到98%。构建居民持续普遍增收机制，加快调高、扩中、提低，提高劳动报酬在初次分配中的比重，增加城乡居民财产性收入，推动更多劳动者通过辛勤劳动迈入中等收入群体。高度关注“平均数”

以下群体，加强扶志扶智，强化“造血”功能，全面提升低收入群体增收能力和生活品质。

（二）优化服务供给。深入实施“八大工程”[10]，支持湖北民族大学建设全省一流大学，支持恩施职院建设“双高校”[11]，支持湖北恩施学院加快特色发展。坚持疫情常态化精准防控不松懈，深化疾病预防控制体系改革，加强公共卫生体系和中医药体系建设，支持州中心医院建设武陵山区域医疗中心，支持恩施市、利川市创建三级甲等医院。积极应对人口老龄化挑战，推动养老事业和养老产业协同发展。落实三孩生育政策及配套支持措施，完善普惠安全的托育服务。实施全民参保计划，完善以养老、医疗、工伤、失业等为重点的基本保险制度。完善分层分类社会救助体系，统筹做好济困、助残、赈灾、优抚、“三留守”关爱等工作。重视三次分配作用，大力发展慈善事业。增加公租房、保障性租赁住房供给，推进房地产市场平稳健康发展。

（三）丰富文化生活。培育和践行社会主义核心价值观，深化拓展新时代文明实践中心（所、站）建设，弘扬社会公德、职业道德、家庭美德、个人品德，积极选树各类先进典型，争创全国文明城市。推进移风易俗，推广节地、生态、节俭、惠民的城乡殡葬改革，树立厚养薄葬新风。实施文化惠民工程，强化历史文化、红色文化、非遗文化和民族文化保护传承，持续打造女儿会、龙船调、黄四姐、纤夫节等特色文化品牌，实现县市“四馆三场两中心”[12]全覆盖。加快长征国家文化公园（恩施段）、武陵山区（鄂西南）土家族苗族文化生态保护实验区建设，推动“万里茶道”鹤峰段申遗。建设一批文化产业创意园区。办好州十运会，支持各县市举办品牌赛事，推动文化与体育、旅游等产业融合发展。

为政之道，民生为本。我们要尽力而为、量力而行，一年接着一年干，让人民群众的生活一年更比一年好！

九、坚定不移提升社会治理水平

社会治理水平是现代化建设核心竞争力的重要标志。我们要扎实推进州域社会治理现代化，建设更高水平的平安恩施、法治恩施。

（一）推进依法治州。落实全面依法治国方略，提高运用法治思维和法治方式推动发展的能力。推进科学立法，拓宽公众参与立法渠道，加强优化营商环境、城乡建设管理、生态环境保护、民生保障等重点领域立法，以良法促善治。推进严格执法，深化法治政府示范创建，完善行政决策制度和程序，确保政府行为全面纳入法治轨道。推进公正司法，深化司法体制综合配套改革，提升执法司法公信力，保障司法机关依法独立公正行使职权。推进全民守法，深入开展法治宣传和“八五”普法教育，培育法治文化，深化拓展律师进村（居）、进接访大厅、进疑难复杂信访案件工作，构筑覆盖城乡、惠及全民的公共法律服务体系。

（二）提升治理效能。推动治理重心下移，发挥村（社区）“尖刀班”作用，落实党组织和党员干部“双报到双报告”[13]制度，建好用好村（社区）党组织书记、社区工作者、志愿者三支队伍。完善基层民主协商制度，调动社会组织在社会治理中的积极性，畅通和规范各类人员参与社会治理途径。深入开展矛盾风险排查化解，推进“一村一警”全覆盖。推动社会治理创新，推进“大数据+基层社会治理”，建好综治（网格）中心、矛盾纠纷排查调处中心，提升网格化、精细化管理服务水平。

（三）深化平安建设。全面贯彻总体国家安全观，统筹好发展和安全，坚决维护政治安全，有效防范化解经济、科技、生命安全等领域重大风险。坚持和发展新时代“枫桥经验”，畅通群众利益诉求表达渠道，争创全国信访示范县市。推进安全生产专项整治行动，加强食品药品监管。巩固政法队伍教育整顿成果，常态化推进扫黑除恶，加强网络综合治理体系建设，保障网络空间安全。完善社会治安防控体系，提高维护公共安全能力水平。健全应急管理体系，提高突发事件应对处置能力，切实维护人民群众生命财产安全。

州域治理是国家治理的重要方面。我们要夯实治理基础，提升治理水平，营造更加公正、安全、稳定的发展环境，确保社会安定有序，百姓安居乐业！

十、坚定不移推进党的建设

办好恩施的事，关键在党。我们要深刻领会党的十九届六中全会重大意义、精神实质、核心要义和实践要求，深刻领会“两个确立”是党的十八大以来最重要的政治成果，深刻领会增强“四个意识”、坚定“四个自信”、做到“两个维护”是党的十八大以来最宝贵的历史经验，深刻领会坚持和加强党的全面领导、全面推进党的建设是以习近平同志为核心的党中央治国理政最鲜明的时代特征，弘扬伟大建党精神，坚定不移推进党的建设新的伟大工程。

（一）锤炼绝对忠诚的政治品格。坚持把党的政治建设摆在首位，深刻认识“两个确立”的决定性意义、决定性作用，坚定政治信仰，增强政治担当，提升政治能力，涵养政治生态，压实政治责任，确保坚持“两个确立”、做到“两个维护”各项举措落到实处。始终做习近平新时代中国特色社会主义思想的坚定信仰者、忠实实践者，严格落实“思想引领、学习在先”机制，坚持不懈用党的创新理论武装头脑、指导实践、推动工作。铸牢中华民族共同体意识，严格落实意识形态工作责任制，推动党史学习教育走深走实，推动宣传思想工作守正创新，凝聚起团结一心、砥砺奋进的磅礴力量。

（二）构筑坚强有力的战斗堡垒。认真贯彻新时代党的组织路线，严密党的组织体系，深化农村、城市、机关、国企、“两新”组织等领域党建，严格党员发展、教育、管理和服务，推进基层党的组织覆盖和工作覆盖。着力增强党组织政治功能，树立大抓基层的鲜明导向，创新开展基层组织建设大比武行动，深入开展软弱涣散基层党组织整顿，推动基层党组织全面进步、全面过硬。大力推动重心下移、资源下放、力量下沉，选优配强基层党组织书记、驻村“第一书记”和工作队，做强乡镇（街道）、夯实村（社区），坚定不移把党的领导落实到基层。

（三）锻造忠诚干净担当的干部队伍。坚持新时代好干部标准，树立正确选人用人导向，把头脑清、眼界宽、肩膀硬、步子稳、腰板正的优秀干部选出来、用起来。发挥“一把手”示范带头作用，压实“一线总指挥”责任，以关键少数引领带动绝大多数。加大年轻干部培养使用，常态化推进跨地域、跨领域、跨行业和上下交流锻炼，努力造就可堪大用、能担重任的栋梁之材。深入实施人才强州战略，精准引才、系统育才、科学用才、用心留才。认真落实“三个区分开来”要求，健全容错纠错机制，将关心关爱基层干部落到实处。强化思想淬炼、政治历练、实践锻炼、专业训练，引导干部把本领展示在能干事上、把目标明确在干成事上、把底线锁定在不出事上。

（四）弘扬真抓实干的过硬作风。严格执行中央八项规定精神及省委实施细则，完善作风建设长效机制，毫不松懈纠治“四风”，切实清除不担当不作为、不落实等顽瘴痼疾。全面落实基层减负各项举措，统筹规范督查检查考核事项，大力推进精文减会。赓续红色血脉，深入开展党的优良传统和作风教育，推动广大党员干部真抓实干、争先创优。始终保持同人民群众的血肉联系，扎实开展“我为群众办实事”实践活动，认真严肃对待群众反映强烈的问题，使党群干群关系更加融洽。

（五）营造风清气正的政治生态。紧扣“好正实优”[14]目标，扛牢管党治党责任，健全完善党委领导体制机制，压实党组织书记第一责任人职责和领导班子成员“一岗双责”。深入推进清廉恩施建设，精准运用“四种形态”，持续推动全面从严治党向纵深发展。扎实做好巡视巡察反馈问题整改“后半篇文章”，实现八届州委巡察全覆盖。全面推进党的政治建设监督检查，完善以党内监督为主导、各类监督贯通协调的监督机制，不断加强对“一把手”和领导班子监督，管住“关键少数”、带动“绝大多数”。始终坚持严的主基调，坚持无禁区、全覆盖、零容忍，坚持重遏制、强高压、长震慑，坚持受贿行贿一起查，一体推进不敢腐、不能腐、不想腐体制机制建设，深入整治群众身边腐败和作风问题，让新风正气成为常态。

各位代表、同志们，把恩施建设成为美丽湖北绿色崛起的重要一极，必须充分调动一切积极因素，团结一切可以团结的力量。要坚持和完善人民代表大会制度，支持和保证人大及其常委会依法行使职权，充分发挥人大代表密切联系人民群众作用。加强人民政协专门协商机构建设，深化“协商在一线”活动，推动建言资政和凝聚共识双向发力。进一步健全完善大统战工作格局，支持民主党派、工商联、无党派人士积极发挥作用，做好民族、宗教、外事、党外知识分子和新的社会阶层人士、港澳台侨等工作，巩固和发展最广泛的爱国统一战线。加强和改进党的群团工作，持续深化工会、共青团、妇联、科协、文联、社科联、残联、贸促会、红十字会等群团组织改革，更好发挥群团组织桥梁纽带作用。抓好党管武装工作，巩固全国“双拥”模范州创建成果。

各位代表、同志们，“潮平两岸阔，风正一帆悬”。让我们更加紧密地团结在以习近平同志为核心的党中央周围，在省委的坚强领导下，团结带领全州党员干部和人民群众，不忘初心、砥砺前行，用实干成就梦想，用汗水浇灌希望，奋力谱写无愧于党、无愧于时代、无愧于恩施人民的绚丽篇章，为把恩施建设成为美丽湖北绿色崛起的重要一极不懈奋斗，为湖北“建成支点、走在前列、谱写新篇”作出更大贡献！

名词解释：

[1] 两品一标：绿色食品、有机农产品和农产品地理标志。

[2]“三绿”工程：见缝插绿、拆围透绿、裸土复绿。

[3] 清减降放：清文件、减审批、降收费、放权力。

[4] 四联机制：州、县市领导联系指导，州、县市部门联系包保，驻区单位联系共建，下沉党员联系服务工作机制。

[5]“51020”现代产业体系：5个万亿级支柱产业、10个五千亿级优势产业、20个千亿级特色产业集群。

[6] 四个不摘：摘帽不摘责任、摘帽不摘政策、摘帽不摘帮扶和摘帽不摘监管。

[7] B型保税物流中心：是指经海关批准，由中国境内一家企业法人经营，多家企业进入并从事保税仓储物流业务的海关集中监管场所。

[8] 三区三线：三区是指城镇空间、农业空间、生态空间三种类型的国土空间。三线分别对应在城镇空间、农业空间、生态空间划定的城镇开发边界、永久基本农田、生态保护红线三条控制线。

[9] 三线一单：是指生态保护红线、环境质量底线、资源利用上线和生态环境准入清单。

[10] 八大工程：新时代立德树人、“五育并举”、学生心理健康、学前教育普及普惠、义务教育优质均衡、普通高中普及提升、现代职业教育体系构建、教育名师培养培育工程。

[11] 双高校：高水平高职学校，高水平专业群。

[12] 四馆三场两中心：文化馆、图书馆、博物馆、非遗馆，剧场、国有院团排练场、文体广场，乡（镇）、村（社区）综合文化服务中心。

[13] 党员干部“双报到双报告”：“双报到”是指机关、企事业单位党组织到所在地社区报到，实行共驻共建；在职党员到居住地社区报到，组织党员开展志愿服务。“双报告”是指单位党组织履行社会责任报告和在职党员参与社区活动报告。

[14]“好正实优”：政治生态好，用人导向正，干部作风实，发展环境优。

（州委政研室 供稿）

政府工作报告

——2022年1月6日在州九届人大一次会议上

州长 夏锡璠

各位代表：

现在，我代表州人民政府向大会报告工作，请予审议，并请政协委员和列席人员提出意见。

一、过去五年工作回顾

过去五年，历经艰辛，极不平凡。州人民政府坚持以习近平新时代中国特色社会主义思想为指引，坚决贯彻党中央和省委、省政府决策部署，在州委的坚强领导下，真抓实干、砥砺前行，"十三五"圆满收官，"十四五"精彩开局。恩施州全面建成小康社会，踏上了社会主义现代化建设新征程。

“三战”[1]交出精彩答卷。举全州之力决战决胜脱贫攻坚。深入实施"八个到村到户"[2]，统筹整合769亿元资金，组建2438个"尖刀班"驻村奋战，农民收入持续提高，基础设施全面改善，产业就业不断提升，惠民政策精准落实，公共服务明显进步，干群关系深度融洽，8个县市全部摘帽、729个贫困村全部出列、110万贫困人口全部脱贫，彻底消除了绝对贫困和区域性整体贫困。扶贫成效考核连续5年位居全省第一方阵，东西部扶贫协作考核连续3年获"综合评价好"等次。"832平台"销售额连续2年位居全国地市州第一，旅游扶贫模式两度入选世界旅游联盟减贫案例，"杭恩携手扶贫新模式"入选联合国减贫高级别会议案例。抗疫斗争取得决定性胜利。面对突袭而来的新冠肺炎疫情，州、县、乡、村闻令而动、统筹指挥、精准调度，广大医务工作者、各级干部职工、各族群众并肩战斗，取得了全省感染率最低、率先实现确诊病例清零的决定性成果。落实落细常态化科学精准防控措施，统筹推进疫后重振，经济复苏好于预期。成功应对多轮自然灾害。坚持生命至上、避险为要，成功应对46轮强降雨，沙子坝滑坡处置入选全国地质灾害防灾避险十大案例。"三战"告捷，展示了全州各族干部群众不畏艰险、敢打硬仗、能打胜仗的卓卓风采，14名个人、10个单位荣获全国脱贫攻坚表彰，4名个人、2个单位荣获全国抗疫表彰，州应急局荣获"全国应急管理系统先进集体"。

经济发展迈上新台阶。地区生产总值突破千亿元大关，2021年达到1302.36亿元。新增国家全域旅游示范区2个、国家AAAAA级旅游景区1家、国家AAAA级旅游景区5家。特色产业基地达到698万亩，"恩施硒茶""恩施土豆"等特色品牌知名度大幅提高，"恩施玉露""利川红"成为国事活动用茶。成功承办国际茶业大会、中国马铃薯大会，成功举办3届硒博会。新进规上工业企业251家，江坪河水电站、走马风电等投产发电，利川红页1井实现商业化生产，电子信息等产业加速兴起。限上商贸市场主体突破500家，国家电子商务进农村综合示范项目8个县市全覆盖，电子商务、直播带货等新经济蓬勃发展。恩施高新区加快发展，建成标准厂房100多万平方米，立讯精密、传化集团等中国500强企业相继落户。

城乡面貌日新月异。持续推进以人为核心的城镇化，城镇化率提升5.7个百分点。州城金龙大道等32条主次干道建成通车，七里坪公园等24个城市游园建成开园，州城进出通道全面打开。七个县城骨架进一步拓展，功能进一步完善，宣恩县城创建成为国家AAAA级旅游景区。野三关、苏马荡等一批特色小镇竞相发展，建成全国文明乡镇4个，全国卫生乡镇11个，49个村寨命名为中国少数民族特色村寨。黔张常铁路和利万、宣鹤、建恩高速建成通车，实现县县通高速、村村通硬化路。农民群众住进安全房、吃上放心水、用上稳定电、连上互联网……恩施大地上演了一幕又一幕新时代的"山乡巨变"。

生态文明建设硕果累累。深入践行习近平生态文明思想，持续打好"蓝天、碧水、净土"保卫战。加强森林保护、城乡生活垃圾污水治理、农业面源污染治理、土壤酸化治理，深入实施河长制、林长制、山长制，森林覆盖率达到70.1%，州城空气质量率先达到国家二级标准，地表水国考断面水质进入全国地级以上城市前20位，长江库岸治理成效明显，清江入选全国"最美家乡河"。建成中国美丽休闲乡村9个。5个县市成功创建国家级生态文明建设示范区，3个县市被评为中国天然氧吧，恩施州被授予"国家生态文明建设示范州""中国气候宜居城市"和全国"两山"实践创新基地。生态文明建设稳稳走在全省前列，优良生态备受世人青睐，绿水青山更加靓丽迷人。

民生福祉大幅提升。城镇、农村居民人均可支配收入年均增长6.9%、8.8%，民生支出占财政支出比重稳定在80%以上。累计新增城镇就业21万人。公办乡镇中心幼儿园实现全覆盖，义务教育基本均衡发展整体通过国家验收，教育"双减"[3]"县管校聘"和"新高考"改革顺利推进。县乡医疗机构提档升级，村卫生室全部达标，大病、慢性病救助和家庭医生健康签约服务深入实施。城乡低保标准、社保待遇稳步提高。91家农村福利院完成升级改造。建成大中型文化体育场馆15个，各类赛事蓬勃开展，《唐崖土司夫人》荣获全国少数民族文艺会演剧目创新奖。全国民族团结进步示范创建实现州、县全覆盖。

平安恩施建设成效显著。做实乡镇（街道）综治中心，“一村一警”、校园安保等全面加强，全国市域社会治理现代化试点稳步推进，村社区“尖刀班”“四联”机制[4]成为基层治理名片。煤矿关闭退出成效显著。防范金融风险获评全省优秀。生产安全事故起数、死亡人数“双下降”，食品药品安全工作连续5年进入全省优秀行列。扫黑除恶专项斗争、政法队伍教育整顿成效明显，信访积案持续减少，群众安全感、满意度持续提升，社会大局平稳。

优化营商环境全面突破。全方位优化营商环境，各级干部“店小二”意识明显增强。“放管服”改革深入推进，“清减降”全面推开，8项改革举措在全省复制推广，“及时预警、超时默认、自动用印”改革荣获“第三届湖北改革奖”，获评“2020年全省优化营商环境标杆城市”。金融支持发展成效显著，金融生态持续优化，连续14年被评为全省金融信用市州。恩施海关正式通关，航空口岸临时开放，外贸自营出口比重达到60%。市场活力持续迸发，新增企业类市场主体6.1万户。

政府自身建设全面加强。始终坚持党的全面领导，深入开展“两学一做”学习教育、“不忘初心、牢记使命”主题教育和党史学习教育，意识形态工作责任全面落实，社会主义核心价值观深入人心。党风廉政建设不断加强。法治政府建设持续加强，“七五”普法圆满收官，公共法律服务标准化建设荣获“第二届湖北改革奖”。自觉接受人大法律监督、政协民主监督、纪委监委专责监督和社会舆论监督。累计办理人大代表议案和建议674件、政协提案683件。

第四次全国经济普查、第七次全国人口普查、第三次全国土地调查、全国脱贫攻坚普查圆满完成。退役军人、国防动员等工作进一步加强，成功创建“全国双拥模范城”，老英雄张富清荣获“共和国勋章”。外事侨务、对台事务、民族宗教、移民后扶、气象、保密、史志、档案、住房公积金管理等工作都做出了新成绩，工会、共青团、工商联、妇女儿童、科协、老龄、红十字会、慈善、残疾人等事业都呈现了新气象。

各位代表！取得这些成绩，最根本的是有习近平新时代中国特色社会主义思想指引，靠的是省委、省政府和州委的坚强领导，离不开州人大、州政协、民主党派的监督支持，离不开杭州市、天津市、武汉市等对口帮扶地区、中直省直单位和社会各界的倾力帮助，离不开人民团体、社会组织、无党派人士和离退休老干部的积极奉献，是历届领导班子带领全州人民不懈奋斗的结果。每一分成绩都凝聚着心血，每一分收获都浸透着汗水，每一分进步都来之不易。在此，我代表州人民政府，向全州各族干部群众和关心支持恩施发展的各界人士，表示最衷心的感谢和最崇高的敬意！

各位代表！五年风雨兼程，五年成绩斐然，我们深切体会到：必须始终坚持党的全面领导，坚决同以习近平同志为核心的党中央保持高度一致，坚定落实省委、省政府和州委决策部署，才能确保事业发展始终沿着正确方向前进。必须始终坚持人民至上，把人民生活得更加美好作为工作的出发点和落脚点，解决好群众的急难愁盼问题，才能赢得人民群众的真心拥护和大力支持。必须始终坚持发展第一要务，毫不放松抓产业、抓招商、抓园区、抓项目，全面增强经济实力，才能不断夯实恩施发展进步的根基。必须始终坚持改革创新，切实解放思想、转变观念，吃改革饭、走开放路、打创新牌，才能不断开创恩施发展进步的新局面。必须始终坚持脚踏实地，一步一个脚印把每一件事情做扎实，一年接着一年干，一届接着一届干，才能不断书写恩施发展进步的绚丽篇章。

各位代表！在总结成绩的同时，我们也清醒地看到，发展不够、发展不快仍然是恩施最大的实际：州域经济不强，经济总量不大，3个县地区生产总值未过百亿元，工业化水平低，城镇化率仅47.6%；财源建设不够，税收过千万元企业仅77家，人均一般公共预算收入不足全省的40%，财政自给率仅19.7%；基础设施滞后，大交通格局尚未形成，部分乡镇、村庄交通条件差，工业园区承载力不强，农田水利基础设施短板突出；民生保障不足，医疗教育等领域欠账较多，社会治理现代化水平不高，数智化水平低；思想破冰不够，少数干部的理念、思路、作风不能适应高质量发展的要求。

存在这些问题并不可怕，只要我们奔着问题去，奔着解决问题去，锲而不舍、咬牙闯关，就没有攻克不了的堡垒！

二、今后五年工作安排

今后五年是开启全面建设社会主义现代化新征程的第一个五年，也是推动恩施跨越式发展，实现绿色崛起、加快崛起、全面崛起的关键五年。我们将严格按照州第八次党代会提出的目标要求，顺应全州402万人民的期盼，坚持以经济建设为中心，扭住发展第一要务不动摇，在新时代的赶考路上交出更加优异的答卷。

今后五年政府工作的总体思路是：以习近平新时代中国特色社会主义思想为指导，深入贯彻党的十九大和十九届历次全会精神，弘扬伟大建党精神，认真落实党中央、国务院决策部署和省委、省政府、州委工作要求，完整准确全面贯彻新发展理念，坚持生态优先、绿色发展，彰显“土硒茶凉绿”五大优势，立足大生态、构建大交通、发展大旅游、打造大产业，推动经济实力跃上新台阶、城乡面貌焕发新气象、改革开放打开新局面、民生福祉达到新水平、社会治理激发新效能，努力把恩施建设成为美丽湖北绿色崛起的重要一极。

今后五年政府工作的主要预期目标是：地区生产总值年均增长7%以上，力争突破2000亿元；地方一般公共预算收入年均增长8%，力争突破110亿元；全社会固定资产投资年均增长12%；规模以上工业增加值年均增长10%；社会消费品零售总额年均增长12%；外贸进出口总额年均增长20%；旅游综合收入年均增长15%；城镇、农村常住居民人均可支配收入年均增长7%、8%。

今后五年，州人民政府将致力于加快发展这个中心任务，一切向发展聚焦，一切为发展开路，理直气壮为发展护航，以更高水平发展保障人民过上更加美好的生活。

*加快发展，必须把握时代大势。*始终胸怀“两个大局”、心系“国之大者”，适应新发展阶段，贯彻新发展理念，融入新发展格局，顺应时代大潮，抓住政策窗口期，加快高质量发展。

*加快发展，必须找准自身方位。*恩施是湖北面向西部开放的重要门户，是湖北的重要生态屏障，是湖北的重要资源宝库，是建设美丽湖北、实现绿色崛起的重要一极，在全省发展大局中的地位特殊而重要。必须立足恩施、放眼全省，不辱使命，不负重托，坚持生态优先、绿色发展，走出一条独具特色的绿色崛起之路。

*加快发展，必须抢抓难得机遇。*国家深入实施“一带一路”倡议和长江经济带、新一轮西部大开发、中部地区崛起等重大战略，省委、省政府将恩施纳入“宜荆荆恩”[5]城市群、确定武汉市对口帮扶、出台支持民族地区和老区振兴发展等重大政策，机遇前所未有，机遇稍纵即逝，必须争分夺秒、奋发有为，把机遇转化为发展动力，凝结成发展成果。

*加快发展，必须立足特色优势。*恩施拥有“土硒茶凉绿”特色资源优势，必须加强谋划、策划、规划，做足“无中生有、有中生优、优中生强”的文章，努力把资源优势转化为发展优势、产业优势、品牌优势，变成实实在在的经济实力。

*加快发展，必须振兴县域经济。*县域强则州域强，要以县域发展壮大支撑州域绿色崛起。必须加快提升工业化、城镇化、农业产业化和信息化水平，下大力气培育产业集群、龙头企业、骨干财源，推动县域经济整体提升。

*加快发展，必须依靠项目支撑。*发展最终都要落脚到项目上来。要坚持“项目为王”，科学超前谋划项目，做深做细做实项目前期工作，千方百计争取项目，想方设法引进项目，以一批重大项目实施支撑州域快速发展。

今后五年政府工作的主要任务是：

（一）全力壮大州域经济

以现代农业、生态文化旅游业、富硒产业、新型工业为主体，加快打造3个千亿级产业集群和12个百亿级产业。

加快工业化进程，壮大新型工业。工业是恩施的产业之短，必须下大力气突破。重点打造清洁能源、硒精深加工、现代烟草、绿色建材、电子信息、生物医药六大产业链。实施工业倍增计划，着力培育“产值过亿元、税收过千万”的骨干企业。力争全州规上工业企业突破800户，规上工业总产值突破600亿元。加快“1+8”工业园区建设，推动恩施高新区建成国家高新区，推动县市开发区完善基础设施和配套条件，确保三年内全部建成成熟园区。以非常之举抓招商，聚力招大引强，力争新开工亿元以上产业项目1000个以上。

提高农业产业化水平，发展现代农业。继续实施全域绿色化战略，全面推进规模化、机械化、市场化、品牌化。加快建设“茶烟菜药果畜粮蜂”八大主导产业全产业链，深入实施“一村一品+”行动，着力发展现代农业产业园，进一步提升“恩施玉露”“利川红”等公用品牌实力。擦亮“世界硒都 · 中国硒谷”金字招牌，加快推动硒蛋白（肽）产业化，建设全国硒科研、硒创新、硒标准、硒品牌、硒产业高地。推进新一轮高标准农田建设，大力实施全域国土整治。实施种业振兴行动，保障粮食、蔬菜、生猪等重要农副产品供给，倡导全社会推行“光盘行动”。健全农产品质量安全追溯体系，着力创建国家农产品质量安全州、农业绿色发展先行区，打造全国知名高品质农产品供应基地。

发展大旅游，提升生态文化旅游业。建立大旅游推进机制，创建国家全域旅游示范区，打造国际知名旅游目的地。持续提升景区品质，综合治理景区周边环境。推动文旅、体旅、康旅等深度融合，打造全国优质休闲康养基地，争创全国户外运动示范区。建设州域旅游接待中心，改善旅游交通条件，打造网红旅游公路，提高酒店、民宿档次，彰显旅游餐饮特色，开发特色旅游商品。支持鄂旅股份上市，引进和培育一批旅游龙头企业。加强旅游人才队伍建设，提高旅游服务水平，着力打造传播力极强的恩施旅游形象。

提升现代服务业，推动消费升级。大力发展现代物流、金融服务、研发设计、检验检测等生产性服务业。创新电商发展，提升城市商业综合体，完善城乡商业体系。加快建设州城物流中心、县城物流园区、乡镇物流基地商贸物流体系，深入实施“村村建邮站、村村通快递”工程，建设武陵山区综合物流中心。大力发展批发零售、住宿餐饮、家政服务等生活性服务业，推进假日经济、夜间经济、网红经济等业态发展，激发城乡消费活力。

（二）全力推进新型城镇化

城镇化水平是衡量发展的重要标尺，坚持高标准规划建设管理，加快推进以县城为重要载体的新型城镇化。

高标准建设州城。坚定不移实施“强州城”战略，坚持统筹于州、让利于市、州市一体、共同发展，全力提升州城首位度，加快建成特色型区域中心城市。

发挥规划引领作用，增强城市设计意识，做到民族风情与现代气息相融合、功能性与观赏性相统一。加快建成“七纵六横三环”路网骨架[6]。依托学校、医院、商业综合体等城市功能体，构建多个城市中心。大力推进城市更新，不断完善城市供水、燃气、停车等设施。强力推动拆围除障，打通交通微循环。提升园林水准，让城市四季有花，春秋有别，充满生机。开展城管革命，提升城市治理水平。推进文明城市创建，力争用十年时间建成全国文明城市。推进新机场快速通道、“恩高宣”[7]快速通道建设，规划建设航空新城和高铁新区，加快“恩高宣”一体化进程。

高标准建设县城。按照小城市标准规划建设县城。加强规划管控，加快建设城市骨架，不断完善城市功能，不断提高城市品位，不断增强县城综合承载能力。引导房地产业健康发展和良性循环。突出水电气讯等管网改造、消防环卫等设施配套、防漏消危等功能改善，大力推进老旧小区改造。积极争创国家级园林城、卫生城、文明城。制定政策，引导农民加快向城镇聚集。全力消除城镇燃气、危房等风险隐患。支持利川市建设中等城市，支持巴东县建设全省重要节点城市，支持建始、宣恩、咸丰、来凤、鹤峰建设各具特色的美丽县城。

高标准建设中心镇。中心镇是城镇化体系的重要组成部分，要用县城的标准去建设。统一规划、规范管理，建设一批避暑康养小镇。支持龙凤、野三关、走马等镇扩权强镇，支持高速设口、铁路设站乡镇和边界口子镇建设。推进“擦亮小城镇”行动，进一步提升基础设施、公共服务、产业发展水平，全面加强乡镇集镇建设。

（三）全力推进乡村振兴

加快推进“五个振兴”[8]，确保脱贫不返贫、振兴不掉队。

巩固拓展脱贫攻坚成果。守住不发生规模性返贫底线，严格落实“四个不摘”要求，紧盯“三类对象”[9]，常态化开展监测和帮扶。继续实施村级基础设施补短板工程。扎实推进易地扶贫搬迁后续扶持。继续支持“四县五乡镇”[10]、西南片区乡镇等区域整体发展。深化武汉市对口帮扶和中直、省直定点帮扶工作。

持续提升产业就业创业。发挥农业农村多种功能，推动一、二、三产业融合发展，积极发展体验、休闲、游学、文创等新业态，打造一批新产业乡村。做强股份合作社、家庭农场等新型经营主体，拓展农产品销售渠道，大力发展集体经济，带动更多村民致富。健全脱贫人口、低收入人口就业帮扶机制，让更多群众通过就业获得稳定收入。全面落实创业支持政策，引导能人返乡创业、农民自主创业。

全面实施乡村建设行动。按照重点示范、以点带面、连线成片的思路，完成乡村振兴重点村建设任务，发挥示范效应。持续提升农村水、电、路、气、通信等基础设施水平。高起点编制村庄规划，加强农村建房风貌管控，力争通过20年努力，使村庄面貌发生根本改观。推行农村殡葬改革，推进村级公墓建设。全面整治农村“蜘蛛网”，清理规范各类标牌。推进村庄绿化美化，建设美丽庭院，打造美丽乡村。开展艺术乡村建设试点。

（四）全力深化改革开放

增强改革创新意识，以更大的力度深化改革、扩大开放、激发创新，着力打造湖北向西开放的重要门户。

推进改革创新。推进扩权赋能强县改革，激发县域发展活力。推进农村宅基地管理等重点领域改革。深化科技体制改革，实行创新攻关“揭榜挂帅”制度，加快科技成果转化运用，放活科技人才。支持湖北民族大学、州农科院、省农科院中药材研究所等加强硒、生物医药等关键技术研究。加快创新主体培育和创新平台建设，加强知识产权保护。大力实施“硒谷英才”计划，为各类人才创新创造搭建更好舞台。

加快开放步伐。全面融入“宜荆荆恩”城市群，加快建成链接武汉城市圈与成渝地区双城经济圈的重要节点。推进龙山来凤经济协作示范区建设。拓展优化国际国内航线，争取航空口岸正式开放，建成恩施海关铁路监管作业场所。培育外贸骨干企业，建成国家级茶叶外贸转型升级基地，提升利用外资和对外经济合作水平。

构建大交通格局。加快实施恩施机场迁建，高标准建设全国知名旅游目的地机场。有序推动县市通用航空发展。推动郑万高铁巴东段开通运营，开工建设沪渝蓉高铁恩施段，推动安恩张、恩黔铁路纳入国家规划。建成鹤峰东、建恩北、宣咸、利咸高速公路，开工建设巴张高速沪蓉沪渝连接段，推进三峡翻坝高速西延线、利云高速等项目前期工作。建成国省道二级以上公路1000公里，提质升级旅游公路1000公里，新建改建农村公路5000公里。加快建设一批临港、临铁、临空客货运站场。

优化营商环境。聚焦高效办成一件事，持续深化“放管服”改革，巩固扩大“清减降放”[11]成果，打造“全国一流、全省领先”营商环境。全面推进“一网协同”办理，实现跨地域、跨部门、跨层级数据共享，努力创建“无证明地区”。完善工程项目招投标管理制度，加强中介服务机构监管。着力降低企业融资、物流、用水、用电等成本，全面推行惠企政策“免申即享”。全面加强政府诚信建设。弘扬淳朴民风，塑造领导开明、干部负责、群众勤劳的人文环境。营造重商、亲商、爱商、护商的浓厚氛围，构建亲清政商关系。

（五）全力打造生态文明样板

坚持生态优先、绿色发展，推进产业生态化、生态产业化，既永葆绿水青山颜值，又实现金山银山价值。

加强生态突出问题治理。继续打好污染防治攻坚战。推进“山水林田湖草”系统治理，加大矿山生态修复力度，抓好齐岳山等重点生态功能区生态保护。开展长江高水平保护十大攻坚提升行动，加快实施清江上游综合治理，推进郁江、唐崖河等河流治理，消除城镇黑臭水体，加快饮用水源地保护规范化建设。管控道路和施工扬尘，治理餐饮油烟污染，加强秸秆露天焚烧监管。加大农业面源污染防治力度，从严管控农业生产化学投入品，加强农业生产废弃物循环利用。

加强生态环境保护。严守国土空间规划约束，划定落实永久基本农田、生态保护红线、城镇开发边界控制线。继续落实河长制、林长制、山长制，严格执行长江、清江"十年禁渔"。加强森林保护，加强自然保护地管理和建设，保护好濒危植物、野生动物和古树名木。加强城乡污水处理厂运营管理，推进垃圾分类和再生资源利用，加快生活垃圾发电项目建设。严格落实领导干部自然资源资产离任审计、生态环境损害赔偿和责任终身追究等制度。巩固提升国家生态文明建设示范州创建成果，继续推进国家生态文明建设示范县市创建。

加强生态价值转化。发挥"富硒、生态"优势，打造农业生态品牌，实现农产品生态价值。依托好山好水好空气好气候，大力发展观光旅游和避暑康养产业，将生态优势转化为旅游供给。有序开发页岩气、水能、风能、太阳能，推动生态资源转化为清洁能源。建设彩色森林，提升"鄂西林海"观赏价值。推进近零碳排放区示范工程试点项目建设，稳步推进碳达峰、碳中和。继续推行生态补偿。开展生态资源普查，探索生态价值核算、储蓄、交易等机制，抢占碳汇市场先机，深入推进"两山"实践创新基地建设。

（六）全力保障和改善民生

继续保障和改善民生，积极推进共同富裕，不断提高人民群众生活质量。

加强就业和社会保障。实施"职业技能提升行动"，培育高水平、专业化职业技能培训机构，完善就业创业支持政策，多渠道促进就业。推进社会保险扩面，全面落实最低生活保障和临时救助政策，统筹做好济困、助残、赈灾、优抚、"三留守"关爱等工作。积极应对人口老龄化，健全养老服务体系。增加保障性住房供给。大力发展人道救助和慈善事业。

坚持教育优先发展。全面贯彻党的教育方针，深入实施"新时代立德树人、德智体美劳五育并举、义务教育优质均衡"等工程。新建一批公办幼儿园、中小学校，全力化解大班额问题。全面落实国家"双减"政策。深化高中阶段学校考试招生制度改革。落实特殊教育特惠特办政策。持续加强校园安全管理。推进中职学校"双优"[12]建设。推动高校人才供给与地方发展需求相适应，支持湖北民族大学建设全省一流大学、恩施职院创建"双高校"[13]、湖北恩施学院建设特色鲜明的应用型大学。

加快建设健康恩施。全面深化医药卫生体制改革，加强医联体、医共体建设，大力发展中医药，加快建设武陵山区域医疗中心。推进疾病预防控制体系改革，建立健全传染病监测哨点布局和院前急救服务网络，全面提升基本公共卫生服务能力。加强医疗卫生人才队伍建设，实施"万名大学生乡村医生配备"项目。推进国家食品安全和营养健康综合实验区建设。加强心理健康服务体系建设。落实三孩配套政策，完善托幼服务，提高优生优育服务水平。

提升公共文化服务水平。践行社会主义核心价值观，深化拓展新时代文明实践中心建设。推进文化体育设施建设，大力建设"城市书房"。加强历史文化、红色文化、非遗文化和民族文化保护传承，加大传统村落、少数民族特色村寨保护力度，加快长征国家文化公园（恩施段）建设，推动"万里茶道"鹤峰段申遗，打造特色文化品牌。大力开展文化惠民和全民健身运动，不断丰富群众文化体育生活。

扎实做好国防教育、双拥共建、人民防空等工作，加强退役军人服务管理保障，巩固促进军政军民团结。加强民族宗教工作，铸牢中华民族共同体意识，高水平建设全国民族团结进步示范州。统筹做好外事侨务、对台、工会、共青团、妇女、儿童、老龄、红十字会、慈善、残联和工商联等工作，进一步加强广播电视、新闻出版、气象、档案、史志、机要保密等工作，促进各项事业全面进步。

（七）全力提升社会治理水平

着力推进州域社会治理现代化，确保社会平安稳定，百姓安居乐业。

筑牢安全稳定底线。深入开展自然灾害风险普查，继续提升应急管理水平，提高防灾减灾救灾能力。强化安全生产责任，坚决遏制重特大生产安全事故发生。加强食品药品监管。积极防范化解金融风险、地方政府隐性债务风险。深化"平安恩施"建设，定期排查化解安全稳定风险隐患，常态化推进扫黑除恶，持续强化信访积案化解，绝不让潜在隐患变成现实风险、现实风险变成现实危害。

深化基层社会治理。坚持"尖刀班"常态化参与基层治理，落实党组织和党员干部"双报到双报告"[14]制度，用好村（社区）党组织书记、社区工作者、志愿者三支队伍，建好用好综治（网络）中心、矛盾纠纷排查调处中心。健全基层民主决策机制，提高基层自我管理、自我教育、自我服务、自我监督能力，不断完善自治、法治、德治相互融合的基层社会治理机制。加强乡风文明建设，推进移风易俗，引导广大群众提高文明素养。

加快建设"数智恩施"。聚焦数字赋能，强化顶层设计，推动整体"智治"。升级"数智恩施"数据底座，搭建"党政在线、群众在线"平台，加快实现干部掌上办公、群众掌上办事，力争三年完成数字政府建设总体任务。建设城市物联网，构建"城市大脑"。深化智慧交通、智慧旅游、智慧社区、智慧乡村等"数智"场景运用，推进城乡数智化治理。大力实施"新基建+"行动，加快推进5G、人工智能、工业互联网等建设，积极发展数字经济。

（八）全力推进政府自身建设

始终坚持正确的政治方向，坚持"两个确立"，做到"两个维护"，紧扣"好正实优"[15]目标，善于将中央决策部署和省委、省政府、州委的工作要求转化成实施方案，全方位提升政府执行力，建设人民满意政府。

建设学习型政府。深学笃用习近平新时代中国特色社会主义思想，推动党史学习教育走深走实，全面落实意识形态工作责任制。加强市场经济理论学习，切实提升干部抓经济工作的能力。认真学习上海、杭州、武汉等地区的先进做法，用全新的理念和思路推动工作。组建政府顾问团队，依靠专业力量作出科学决策。

建设创新型政府。持续解放思想、更新观念，坚决破除一切不合时宜、阻碍发展的思维定式、行为惯性，善于探路，敢于领跑。强化政府“经济头脑”，善于运用市场的逻辑、资本的力量、平台的思维谋事、干事、成事，做大做强投融资平台，用足用活金融力量，借力借势有实力的企业，用市场的办法解决发展难题。

建设法治型政府。坚持依法行政，做到法无授权不可为、法定职责必须为。全面实施“八五”普法。坚持政府法律顾问制度，进一步规范重大行政决策程序。自觉接受人大法律监督、政协民主监督、纪委监委专责监督，主动接受司法监督、群众监督、舆论监督，不断强化审计监督、统计监督。加强政府信息公开，提高政府工作透明度。

建设实干型政府。增强“赶路”意识，做到务实重行，愿意用“笨办法”，舍得花“苕功夫”，切实做到“夙夜在公、宵衣旰食”，“案无积卷、事不过夜”。大力推行“一线工作法、限时工作法、盯钉工作法”，确保高效落实每一件事。营造担当负责的强大气场，对“内卷”说不，拿“躺平”开刀，向“甩手掌柜”亮剑，让真抓实干成为政府工作的深厚文化。

建设廉洁型政府。落实全面从严治党主体责任，切实履行“一岗双责”，深入推进政府系统党风廉政建设。严格落实中央八项规定精神，力戒形式主义、官僚主义，严肃整治群众身边的腐败问题。坚决落实“政府过紧日子”要求，压减非急需非刚性支出。牢记公权姓公、公职姓公、公款姓公，杜绝徇私舞弊、公权私用，让干部更清正、政府更清廉、政治更清明。

各位代表！五年看起来很长，但过起来很快。我们要以时不我待、只争朝夕的紧迫感，发扬拼命三郎的精神，蹄疾步稳，日夜兼程，奋力开创恩施绿色崛起的新局面！

三、2022 年工作重点

2022 年是新一届政府开局之年，开好局、起好步至关重要。我们将认真贯彻中央、省委、州委经济工作会议精神，牢牢抓住政策机遇，以“拼、抢、实”的状态和作风，苦干巧干，真抓实干，以优异的成绩迎接党的二十大胜利召开。

2022 年全州经济社会发展的主要目标是：地区生产总值增长 7%；固定资产投资增长 12%；社会消费品零售总额增长 12%；规模以上工业增加值增长 10%；地方一般公共预算收入增长 8%；城镇常住居民、农村常住居民人均可支配收入分别增长 7%、8%；安全生产、节能减排、环境质量全面完成省定目标。

（一）在壮大工业经济上下功夫

加快页岩气勘探开发，力争页岩气年产能达到 3 亿方。加快谋划高新区 LNG 项目。推进桃李溪、大龙潭抽水蓄能及淋溪河水电站前期工作，开工建设姚家平水利枢纽工程、华新绿色建材等项目，建成洲际食品、莱大师等项目，加快一正药业、和诺生物等技改项目实施，支持立讯精密、达翔技术等骨干企业发展。培育产值过亿元企业 8 家，新增规上工业企业 80 家，省级专精特新“小巨人”企业 20 家，高新技术企业 150 家。

完成恩施高新区拓展区规划编制，推进县市园区规划修编。完善园区水电路气网和工业污水处理等设施。推动城区企业“退城进园”，清理整顿园区“问题”项目。启动恩施高新区拓展区基础设施建设，新建标准厂房 25 万平方米，新引进企业 25 家、新投产 10 家。

储备“标准地”[16] 3500 亩，探索取消工业项目施工图审查，推广“五证同发”。全面推行“亩产论英雄”。制定稳岗就业政策，加强煤电油气运保供，推进工商业用户电力市场化交易。实施规上制造业企业“一企一策”精准帮扶。加强企业经营管理人才培训。

（二）在提升农业产业化上下功夫

落实粮食安全、种业振兴“双十条”措施，开展耕地“非农化”“非粮化”专项整治，建成高标准农田 32 万亩（其中水田 1 万亩），粮食种植面积稳定在 554 万亩。出栏生猪 420 万头，特色农产品基地面积稳定在 700 万亩。

设立产业投融资平台。培育主营业务收入过 2 亿元龙头企业 5 家、过亿元企业 15 家。推动组建恩施硒茶集团、恩施玉露集团、利川红集团等。加强质量管控和品牌保护，推进“恩施玉露”“利川红”等公用品牌在全州授权使用。

支持恩施、利川、宣恩、来凤等县市创建国家级现代农业产业园。力争国家农产品质量安全州创建通过验收。完成硒产品、蜂蜜等公用品牌商标注册。办好中国茶业科技年会、第七届硒博会和硒科技创新大会。抓好“832 平台”销售，促进硒品入汉入杭进京。建成武陵山茶叶交易中心。建设农产品仓储保鲜冷链物流设施 200 个。

（三）在发展大旅游上下功夫

全年旅游接待 8100 万人次、旅游综合收入达到 550 亿元。

设立文化旅游投融资平台。加快恩施大峡谷 5A+、绿葱坡滑雪及高山运动度假小镇等项目建设，开工建设溇水画廊、腾龙洞提档升级等项目，建成中国土家泛博物馆一期、龙麟宫提档升级等项目。创建“中国恩施大峡谷—腾龙洞世界地质公园”。推动蝶舞清江景区创建国家 AAAAA 级旅游景区，宣恩双龙湖创建全国旅游度假区，建始、巴东、宣恩创建国家全域旅游示范区。开展景区周边环境综合整治。

建成全域旅游大数据平台。举办恩施土家女儿会。扩大“宜荆荆恩”城市群惠民卡覆盖率，针对武汉、杭州等主要客源地开展精准营销。实施促进消费扩容升级三年行动，大力培育商贸企业主体，新增限上企业150家。

（四）在建设交通项目上下功夫

加快恩施机场迁建前期工作，力争获得立项批复。推动郑万高铁巴东段建成通车。力争开工建设沪渝蓉高铁恩施段。开工建设建恩北、利咸高速公路，加快鹤峰东、宣咸高速公路建设。加快巴张高速沪蓉沪渝连接段、新机场快速通道、“恩高宣”快速通道等项目前期工作。

新建、续建国省道1000公里，建设彩色旅游公路130公里。推进溇水、唐崖河生态旅游航道建设。

启动临空、临铁物流园区规划选址，加快恩施传化物流“公路港”等项目建设。推进县级寄递公共配送中心建设，实现行政村快递服务全覆盖。

（五）在推进乡村振兴上下功夫

常态化监测与帮扶“三类对象”，守住不发生规模性返贫的底线。深化易地扶贫搬迁后续扶持，推进1425个集中安置点“五基”工程[17]全覆盖。加强扶贫资产后续管理。用好用活中直、省直定点帮扶和武汉市对口帮扶政策，继续动员全社会支持消费帮扶。

实施80个村乡村建设行动。新建、改建农村公路1000公里，打造美丽农村路500公里。新建、改造农村电网线路600公里、配电台区400个。推进农村饮水安全提标升级，启动“水美乡村”试点。开展农村住房安全常态化排查改造。推进垃圾分类处理，基本实现农村生活垃圾无害化处理。

因地制宜编制村级小微权力清单、村级事务清单。加强农村普法宣传。分层分类轮训新一届村“两委”班子成员、驻村第一书记和工作队员。

（六）在加快城镇建设上下功夫

启动州城“三年创卫、十年创文”行动。编制航空新区、高铁新区总体规划和控制性详细规划。做大城投平台。加快龙凤大道等城市道路建设。建成生活垃圾焚烧发电厂、车坝河饮水工程。启动城区高压线塔迁改工作。设置智慧红绿灯，优化公交线路，加强出租车规范管理。加快恩施欢乐栖谷、“清江十二景”主题公园和城市绿道建设。开放20家城市书房。

修订全州城市规划管理技术规定，出台建筑风貌管控指导意见。制定避暑康养产业规划和规范化管理制度。实施县城品质提升三年行动，完成180个城镇老旧小区改造。新建5G基站1500个，推进智慧充电设施建设。

（七）在加强生态保护上下功夫

扎实整改中央、省生态环境保护督察反馈问题。开展工地扬尘、秸秆焚烧管控专项行动，城区空气质量优良天数比例保持在97%以上。启动清江、贡水河等流域片区生态综合治理，开展长江入河排污口溯源整治，国考、省考断面水质达标率100%。启动武陵山区生物多样性保护工程。推进建始长岭岗和咸丰坪坝营彩色森林建设试点。

推进相关县市争创“中国天然氧吧”，支持利川、建始、来凤创建国家生态文明建设示范区。完成州、县、乡三级国土空间规划编制。推进自然资源确权登记和生态信息普查，开展生态产品价值核算试点。

（八）在保障改善民生上下功夫

新增城镇就业3万人，城镇登记失业率控制在4.1%以内。社会保险参保率保持在95%以上。筹集保障性租赁住房360套。每个县市启动1个城市社区居家养老服务中心、2个残疾人综合服务站建设。

新增公办幼儿园14所。实施351所学校薄弱环节改善与能力提升项目。基础教育大班额控制在5%以内。推进“双减”政策全面落地。启动中小学生心理健康护航工程。组建恩施职业教育集团。

科学精准抓好常态化疫情防控。建成州卫生应急指挥与保障大楼，完成州疾控中心新区项目建设。开工建设州中心医院急诊医技楼。继续推进乡镇卫生院建设，县域内就诊率保持在90%以上。定向培养大学生村医100人。每个县市启动1所公办托育服务机构建设。

继续开展文化惠民行动。力争武陵山区（鄂西南）土家族苗族文化生态保护实验区通过验收。实施新全民健身示范工程。办好全州青少年运动会。做好新一轮全国民族团结进步示范州创建工作。筹备建州40周年庆祝活动。

严厉打击非法集资、电信网络诈骗等违法犯罪行为。推进安全生产专项整治三年行动。建设食品、药品、特种设备、危险化学品等产品安全追溯体系。扎实做好安全风险防范和矛盾纠纷化解，确保社会大局平安稳定。

各位代表！2022年，经济稳增长是第一要务，快增长是第一目标，我们将聚焦经济建设，突破性推动恩施加快发展。

突破性抓项目建设。谋划储备一批重大项目，做深做实做细前期工作，力争更多项目进入国家和省投资规划。全年新开工州级重点项目90个，完成100个项目前期工作，争取中省预算资金15亿元、政府专项债券资金40亿元，完成固定资产投资700亿元。

突破性抓招商引资。开展“1+8”战队招商、全员招商。恩施高新区及每个县市储备200个、每个州直产业部门储备20个亿元以上产业招商项目。完善招商引资优惠政策和考核奖励办法，每月集中签约、每季度集中开工，确保全年新签约、新开工、新投产亿元以上产业项目分别达到300个、200个、100个，实际使用外资7500万美元。

突破性抓营商环境。出台综合营商环境建设方案，更大力度推进“清减降放”，再实现400个事项“一网通办”，再落实10个省级主题事项“一事联办”，实现州、县、乡政务服务“一窗通办”。全面启动数字政府建设，统筹推进财政预算、招投标、中介机构监管等重点改革，积极推进市场准营承诺即入制等试点，全面推进惠企政策“免申即享”。新增市场主体6万户。实施包容审慎监管和柔性执法，依法保护各类市场主体合法权益。

各位代表！工作贵在落实。我们将实行专班负责制，组建州领导挂帅的重点任务工作专班，专人专责抓落实；实行项目清单制，制定重点任务详细清单，明确时间表、责任人，按时结硬账；实行定期调度制，常务副州长每月调度、州长双月调度经济工作，每季度开展项目现场拉练，月通报、季排名、年考核、末位约谈；实行暗访督办制，加强“四不两直”暗访督查，对乱作为、不作为、慢作为从严追责问责。

各位代表！征途漫漫，惟有奋斗！让我们更加紧密地团结在以习近平同志为核心的党中央周围，在省委、省政府和州委的坚强领导下，锐意进取、勇毅前行，为把恩施建设成为美丽湖北绿色崛起的重要一极不懈奋斗！

名词解释：

[1]“三战”：战贫、战疫、战洪。

[2]“八个到村到户”：干部力量下沉到村到户、精准识别佐证到村到户、基础设施提升到村到户、特色产业发展到村到户、人居环境整治到村到户、项目资金安排到村到户、惠民政策落实到村到户、群众工作深入到村到户。

[3]“双减”：2021年7月24日，中共中央办公厅、国务院办公厅印发《关于进一步减轻义务教育阶段学生作业负担和校外培训负担的意见》，要求切实提升学校育人水平，持续规范校外培训，有效减轻义务教育阶段学生过重作业负担和校外培训负担。

[4]“四联”机制：州、县市领导联系指导，州、县市部门联系包保，驻区单位联系共建，下沉党员联系服务工作机制。

[5]“宜荆荆恩”：宜昌、荆门、荆州、恩施。

[6]“七纵六横三环”路网骨架：七纵，即龙凤大道，高旗大道+火车站站前路，旗峰大道+土司路+市府路+航空大道+解放路，施州大道，金桂大道+土桥大道+舞阳大道+东风大道+连珠大桥，金龙大道，高新大道；六横，即枫香大道+青树林一号路，金凤大道，金山大道，民族路+土桥大道+马鞍山路，人民路+中山路+五峰山隧道，高新中路（恩利公路改线）；三环，即由金龙大道、高旗大道、中山路、五峰山隧道形成的一环，由G209绕城线、G318绕城线、恩利公路改线形成的二环，沪渝高速和安来高速形成的三环。

[7]“恩高宣”：恩施市、恩施高新区、宣恩县。

[8]“五个振兴”：产业振兴、人才振兴、文化振兴、生态振兴、组织振兴。

[9]“三类对象”：脱贫不稳定户、边缘易致贫户、突发严重困难户。

[10]“四县五乡镇”：四县为恩施市、鹤峰县、宣恩县、建始县；五乡镇为恩施红土、新塘，鹤峰中营，宣恩椿木营，建始官店等五个乡镇。

[11]“清减降放”：“清”即清理事项设立依据、跨层级共有事项、长期无办件事项、行政部门（含事业单位）之间的办理事项；“减”即减办事前置条件、申请材料、审批流程、办理时限、跑动次数；“降”即降收费、降成本；“放”即下放事项办理权限，前移事项收件窗口。

[12]“双优”：优质中等职业学校、优质专业。

[13]“双高校”：中国特色高水平高职院校。

[14]“双报到双报告”：“双报到”是指机关、企事业单位党组织到所在地社区报到，实行共驻共建；在职党员到居住地社区报到，组织党员开展志愿服务。“双报告”是指单位党组织履行社会责任报告和在职党员参与社区活动报告。

[15]“好正实优”：政治生态好，用人导向正，干部作风实，发展环境优。

[16]“标准地”：把每一块建设用地的规划条件、投资强度、能耗标准、环境标准、亩均税收等予以明确，带着“标准”一起出让，实现“拿地即开工”。

[17]“五基”工程：发展基本产业、解决基本就业、完善基本公共服务、优化基层社会治理和强化基层组织建设。

（州政府办公室 供稿）

大事记

Chronicle of Events

1月

2日 郑万高铁巴东县荣家湾隧道全线贯通。

4日 州委经济工作会议在州城恩施举行。

同日 自然资源部办公厅公布全域土地综合整治国家试点名单，利川东城街道、宣恩椒园镇名列其中。

6日 在全国优秀农民工和农民工工作先进集体表彰大会上，州劳动保障监察局获"全国农民工工作先进集体"称号，恩施锦鑫建筑安装工程有限公司员工龚涛和恩施市汇力帮帮家政有限公司家政员、高级保育员向成桂获"全国优秀农民工"称号。

7日 省旅游星级饭店评定委员会批准咸丰县未来城市国际酒店为四星级旅游饭店。

8—9日 中铁二院工程集团有限责任公司党委书记、董事长张敏到恩施州调研和对接沿江高铁宜昌至涪陵段预可研报告编制工作。9日，州委书记柯俊主持召开铁路项目座谈会，双方就沿江高铁恩施—涪陵段恩施州境内线、站设置及恩施州铁路规划研究交换意见，签订战略合作协议。

9日 省政府公布《关于2020年度湖北省科学技术奖励的决定》，湖北民族大学申报的"民族传统风味食品现代化加工关键技术创新及产业化"、省农业科学院中药材研究所申报的"独活标准化生产技术研究与应用"分别获湖北科技进步二等奖和三等奖。

同日 恩施至北京（首都机场）航线正式开通。

10日 副省长肖菊华到巴东县调研指导景区建设、运营和新冠肺炎疫情防控工作。

同日 州城恩施大沙坝大桥合龙。该桥全长490米、宽36米，是209国道恩施市龙凤坝至谭家坝段的控制性工程。

13日 国务院扶贫办公布2020年"志愿者扶贫案例50佳"名单，恩施市杨佐忠"感恩中国"恩施自治州志愿服务团队扶贫案例、巴东县东顺伟业出租车有限公司志愿服务者团队扶贫案例入选。

同日 由《公益时报》社主办，轻松集团战略支持，中国社会工作联合会医务社会工作专业委员会支持的2020年度"寻找最美医务社工"活动落下帷幕，州中心医院西医部医务社工部主任李霖获评"最美医务社工"。

15日 生态环境部通报2020年1月至12月全国地表水考核断面水环境质量状况，在全国333个地级及以上城市国家地表水环境质量状况年度综合考核中，恩施州位列第27名。

同日 国务院扶贫办印发《关于确定首批全国脱贫攻坚交流基地和脱贫攻坚考察点的通知》。恩施市、宣恩县、咸丰县和恩施市龙马新果实业有限公司、宣恩县伍家台村、宣恩县松坪易地扶贫安置点、咸丰县马倌屯村现代农业产业园被分别确定为首批全国脱贫攻坚交流基地和考察点。

18—20日 政协恩施州八届五次会议在州城恩施召开。20日，政协恩施州八届五次会议举行第三次全体会议，补选吴建清为政协恩施州第八届委员会主席。

19日 国家民委公布《国家民委关于命名第八批全国民族团结进步示范区示范单位的决定》，恩施市、巴东县被命名为第八批全国民族团结进步示范区示范单位。

19—21日 州八届人大五次会议在州城恩施召开。会议表决通过州八届人大五次会议关于州人民政府工作报告的决议、关于恩施州国民经济和社会发展第十四个五年规划和二〇三五年远景目标纲要的决议、关于恩施州2020年国民经济和社会发展计划执行情况与2021年国民经济和社会发展计划的决议、关于恩施州2020年预算执行情况和2021年预算的决议、关于州人大常委会工作报告的决议、关于州中级人民法院工作报告的决议、关于州人民检察院工作报告的决议、州旅游条例、关于代表联名提出的议案处理意见的报告。21日，州八届人大五次会议举行第二次全体会议，柯东海当选为州八届人大常委会主任。

20日 科技部公布2020年度国家级科技企业孵化器名单，恩施州世界硒都·国创孵化器名列其中，是全州首家专业性国家级科技企业孵化器。

同日 省生态环境保护委员会办公室印发通报，公布2020年度省级生态乡镇、生态村单位名单，恩施州新增恩施市三岔镇、崔家坝镇，建始县业州镇、龙坪乡，巴东县水布垭镇、清太坪镇，宣恩县长潭河侗族乡，咸丰县活龙坪乡、清坪镇，来凤县漫水乡、旧司镇11个省级生态乡镇；新增恩施市白杨坪镇洞下槽村等54个省级生态村。

21日 由中国绿色农业联盟、中国绿色农业发展报告编委会联合推选的"2020全国绿色农业十佳地标品牌"揭晓，"恩施土豆"获"2020全国绿色农业十大最具影响力地标品牌"称号。

25日 省委宣传部、省委直属机关工委、省退役军人事务厅、省军区政治工作局联合下发《关于授予镇万明等20名同志2020年度"荆楚楷模·最美退役军人"的称号》文件，恩施市"两违"清理整顿领导小组办公室主任、恩施市城管综合执法大队教导员刘本云获评。

同日 省委副书记、省长王晓东参加省十三届人大五次会议恩施代表团审议。

26日 恩施市华硒生态园商会获"2019—2020年度全国'四好'商会"称号。

同日 宣恩贡水河湿地入选湖北省2020年度省级重要湿地。

27—30日 省对恩施州2020年煤炭行业化解过剩产能工作开展现场检查，全州8处煤矿（平锦、大树林、青山、大干子、田坝、铺子湾、青树沟、宝龙煤矿）通过关闭退出省级验收。

1月 利川市民宗局赵学文被人社部、国家民委表彰为"全国民委系统先进工作者"。

2月

2日 贫困地区农副产品网络销售平台通报2020年度扶贫产品在“832平台”销售额全国排名情况，恩施州销售总额在全国地市州排名第一，全州8个县市有7个县市销售额在全国排名前十。

3日 在“2020《民族文学》年度奖”终评会上，恩施州青年作家刘青梅的散文《翻垭口》获评“2020《民族文学》年度奖”。

7日 第八批全国民主法治示范村（社区）名单公布，恩施市白杨坪镇洞下槽村、巴东县沿渡河镇罗溪坝社区、来凤县绿水镇老寨村名列其中。

同日 中共恩施州第七届纪律检查委员会第六次全体会议召开。

8日 以“大国抗疫 脱贫攻坚 我们在行动”为主题的中国社会福利基金会年度总结会通过新华网直播平台发布，会上表彰“最佳慈善伙伴机构奖”等先进集体和“公益爱心人物奖”等先进个人，鹤峰县委、县政府获“最佳慈善伙伴机构奖”。

9日 省民宗委命名2020年全省民族团结进步示范区示范单位，恩施州24个单位名列其中。分别是：来凤县，恩施市太阳河乡，建始县长梁镇，宣恩县晓关侗族乡，鹤峰县走马镇、铁炉白族乡，州农业农村局，州交通运输局，州农科院，州博物馆，恩施土司城，恩施市文旅局、小渡船街道办事处民族路社区，利川市柏杨坝镇永兴社区、团堡镇野猫水村，咸丰县清坪镇龙潭司村，来凤县翔凤镇花园堡社区，建始县长梁镇民族小学，巴东县民族职业高级中学、信陵镇民族实验小学，宣恩县高罗镇中心小学，国网咸丰县供电公司，国网来凤县供电公司，恩施杰瑞文化旅游发展有限公司。

19日 巴东县东瀼口镇和建始县红岩寺镇被省绿化委员会、省林业局授予“湖北省森林城镇”称号。

20日 省政府办公厅发出关于2020年度全省固定资产投资及重点建设项目目标完成情况的通报，巴东县为全省投资和重点项目建设突出贡献市县，恩施州、宣恩县、恩施市、利川市为全省投资和重点项目建设贡献市县。

21日 经教育部批准，省政府同意将湖北民族大学科技学院转设为湖北恩施学院，同时撤销湖北民族大学科技学院的建制。学院系独立设置的本科层次民办普通高等学校，举办者为恩施自治州常青教育发展有限责任公司，办学地址位于恩施市金坝子村。3月31日，湖北恩施学院举行更名揭牌仪式。

23日 省知识产权局关于发布《湖北省优势商标名录（第2批）》，恩施州有20家商标名列其中，分别是利川红、花枝山及图、图形（恩施徕福硒业有限公司）、LIZAO立早、巴东五香豆腐干、食达好SHIDAHAO、硒姑娘、MAOPOCHA马坡茶、皇恩宠锡、daipai大派、贡水白柚、黄坪黄金梨、宣恩贡米、亿来健、来凤藤茶、腾升TS、白果、翠泉、八峰药化、骑龙。

24—27日 州政府先后与中国电信湖北分公司、中国移动湖北有限公司、中国联通湖北省分公司、省广电网络公司签订协议，在“5G新基建”“5G+”等方面深化战略合作。

25日 全国脱贫攻坚总结表彰大会在北京举行。州发改委地区经济科科长张代明，州医疗保障局办公室主任向辉，恩施市芭蕉侗族乡党委书记龙慧，利川市政府扶贫办党组成员、副主任游亮，建始县脱贫攻坚指挥部副指挥长、县政协党组成员及副主席张华，巴东县脱贫攻坚指挥部副指挥长、县政府党组成员、副县长雷玉龙，宣恩县椒园镇黄坪村党支部书记、村委会主任姚元翔，生前为咸丰县清坪镇党委委员、纪委书记谢睿，来凤县农园果蔬专业合作社理事长向辉，鹤峰县邬阳乡三园村驻村工作队队长兼第一书记、县委组织部四级主任科员刘迪航，州政府办公室秘书五科副科长（挂职）、杭州市帮扶恩施州工作队队员、杭州第一技师学院培训处处长及团委书记王强11名个人被表彰为“全国脱贫攻坚先进个人”。州扶贫办，中共恩施市委员会，利川星斗山红茶有限责任公司，建始县交通运输局，国网巴东县供电公司，宣恩县农业农村局，咸丰县水利局，工商银行湖北省分行、来凤县委办公室驻来凤县翔凤镇檀木湾村帮扶工作队，中共鹤峰县走马镇委员会，海亮集团有限公司（浙江）10个集体被表彰为“全国脱贫攻坚先进集体”（以上为湖北省推荐）。还有中国国新控股有限责任公司北京新华印刷厂、彩印厂、器材厂党委书记、厂长，利川市副市长（挂职）李学森，浙江省杭州市下城区教育局正科级干部、巴东县扶贫办副主任（挂职）吴斌被表彰为“全国脱贫攻坚先进个人”；交通运输部长江航务管理局驻建始县茅田乡雪岩顶村帮扶工作队被表彰为“全国脱贫攻坚先进集体”。

同日 全国妇联关于表彰2020年度“全国三八红旗手标兵”“全国三八红旗手”“全国三八红旗集体”的决定发布，恩施市小渡船街道办事处机场路社区居民委员会被授予“全国三八红旗集体”称号。

3月

1日 全国妇联关于表彰全国城乡妇女岗位建功先进个人、先进集体的决定发布，州中心医院新生儿及儿童重症儿童保健科被授予“全国巾帼文明岗”称号，恩施市龙凤联强商贸有限公司总经理方荣被授予“全国巾帼建功标兵”称号，恩施花枝山生态农业股份有限公司被授予“全国巾帼建功先进集体”称号。

2日 省城乡生活垃圾分类工作联席会议办公室印发《关于通报表扬2020年全省生活垃圾分类示范创建工作先进社区和行政村的通知》，恩施州1个社区、15个行政村名列其中。分别是恩施市小渡船街道办事处机场路社区，恩施市三岔镇燕子坝村，利川市谋道镇中坝村、忠路镇米潭溪村，建始县高坪镇青里坝村、龙坪乡店子坪村，巴东县野三关镇石桥坪村、茶店子镇茶庵寺村，宣恩县椒园镇黄坪村、沙道沟镇当阳坪村，咸丰县高乐山镇白岩村、坪坝营镇苟家营村，来凤县大河镇桐子园村、绿水镇老寨村，鹤峰县燕子镇石龙洞村、五里乡杨柳村。

3 日 国家卫健委和国家中医药管理局通报表扬 2020 年“优质服务基层行”活动表现突出、成效显著的机构，来凤县大河镇卫生院，咸丰县清坪镇中心卫生院，巴东县野三关镇中心卫生院、沿渡河镇中心卫生院，利川市柏杨坝镇中心卫生院、都亭街道办事处社区卫生服务中心名列其中。

5 日 湖北省命名“第六批湖北省学雷锋活动示范点”“第六批湖北省岗位学雷锋标兵”，州委办公室驻洞下槽村工作队，鹤峰县中心医院重症医学科主任秦宏勇、来凤县花园堡社区书记连芳名列其中。

8 日 全省各界妇女纪念“三八”国际妇女节 111 周年大会在武汉市召开，恩施市龙凤联强农贸有限公司总经理方荣被授予“湖北省三八红旗手标兵”称号，利川市人民医院感染科主任刘桃、恩施州何洁茶艺技能大师工作室领办人何洁、湖北省鄂旅投旅游发展股份有限公司总经理徐俊被授予“湖北省三八红旗手”称号，来凤县妇幼保健院、巴东县人民医院被授予“湖北省三八红旗集体”称号。

10 日 省市场监督管理局、省消费者委员会公布一批省级放心消费示范点。利川市龙船天街、咸丰县青龙集市一条街被评为省级放心消费示范街区（平台），恩施市胜远商行等 14 个经营主体被评为省级放心消费示范商户，恩施州美美百货商贸有限公司消费维权服务站等 14 个经营主体被评为省级放心消费示范维权站。

14 日 长江沿岸铁路集团股份有限公司董事长马春山及项目设计单位中铁二院、中铁四院相关负责人，到恩施州调研沿江高铁宜昌至涪陵段项目恩施州境内线、站设置工作，与中铁四院就项目有关工作进行座谈。

17—18 日 中铁二院集团公司党委副书记、总经理扈森到恩施州，调研对接沿江高铁宜昌至涪陵段勘察设计方案，现场调研鹤峰县站场设置及旅游资源、高铁客源相关情况。

18 日 恩施市龙凤镇小龙潭村地热资源专项调查项目通过省地质局、州自然资源和规划局组成的联合专家组验收。该项目为州政府与省地质局合作项目，实施的“恩热一井”是全州首口中深层地热井，1 月 6 日完成全部工作量，终孔孔深 2000.05 米，其枯水期抽水试验实测井口最高水温 44.2℃，稳定涌水量 628.82 立方米/天，丰水期抽水试验实测井口最高水温 45.1℃，涌水量 830 立方米/天，地热流体水质均为 $Cl\cdot SO_4\text{-}Na\cdot Ca$ 型弱碱性咸水，富含氟、锶、硼、铁等微量元素，矿化度达到理疗热矿水水质标准。

同日 省教育厅公布 2020 年度湖北省平安校园“七防工程”项目化建设优秀案例评选结果，鹤峰县第一高级中学申报的案例《亲情驿站》（心防）获一等奖，恩施市龙凤镇民族初级中学申报的案例《立足两点一线　强化四位一体》（人防）获三等奖。

19 日 省政府办公厅发布《2020 年全省政务公开工作考评情况的通报》，恩施州在全省 17 个市（州）中以 84.08 分的总成绩位列第五名，被表彰为政务公开工作考评成绩优秀单位。

23 日 由甘肃省文旅厅联合新华社甘肃分社、甘肃省民航机场集团共同主办的“畅游交响丝路·启航如意甘肃”文化旅游推介营销活动在恩施州举办。

同日 “建始·中国生态气候康养金地”授牌新闻发布会暨“康养金地·和美建始”推介活动在武汉市举行，中国气象学会授予建始县“中国生态气候康养金地”金字招牌，是全国首个被授予该称号的县市。

同日 国家药品不良反应监测中心印发通知，恩施州市场监管局被评为“2020 年全国药品不良反应监测评价工作优秀基层监测机构”。

同日 国家中医药管理局通报表扬“中医药系统 2018 年至 2020 年改善医疗服务先进典型”，咸丰县中医医院名列其中。

24 日 国家体育总局党组成员、副局长李建明带领调研组到恩施州，调研冰雪运动和群众体育工作开展情况。

同日 中国·宣恩 2021 年茶文化旅游推介会（武汉会场）在武汉市洪山区举办。

同日 由教育部全国学生营养办公室委托中国发展研究基金会设立的阳光校餐数据平台公布 2020 年度阳光校餐示范县，鹤峰县、建始县名列其中。

26—27 日 由省卫健委、湖北广播电视台主办，州卫健委、湖北民族大学附属民大医院、恩施市白杨坪镇承办的“健康进万家　名医走基层”活动走进恩施。

28 日 由州政府主办，州农业农村局、恩施市人民政府、恩施武陵山茶叶交易市场有限公司承办的 2021 恩施硒茶采购商大会在恩施硒茶小镇茶叶交易市场举行。

同日 白鹤滩—江苏±800 千伏特高压直流输电线路工程巴东段（N3898）开工建设。

30 日 恩施高新区调区扩区获省政府批复，同意恩施高新区核心区面积由 344.5 公顷调整为 577.49 公顷，新增 232.99 公顷。

同日 华中农业大学恩施州特色农业研究院举行授牌仪式，仪式上华中农业大学与州农科院签订科技合作协议，对接恩施州乡村振兴工作。

30—31 日 省政协主席黄楚平到恩施州，调研发展医养康养产业、加强和改进市县政协工作等。

31 日 恩施市白杨坪产业园（化工区）通过合规确认，是全州第一家通过合规确认的化工园区。

同日 鹤峰县发现 19 件清朝道光年间珍贵谱牒。

3 月 经湖北文明网发布，黄美清获评 1 月至 2 月助人为乐类“湖北好人”，黄思镇获评见义勇为类“湖北好人”，刘本云获评敬业奉献类“湖北好人”，黄海艳获评孝老爱亲类“湖北好人”。

同月 龙慧被省委宣传部评为“荆楚楷模”2021年度1月至2月上榜人物。

同月 中央文明办在浙江嘉兴举办“中国好人榜”发布活动，宋庆礼获评1月至2月敬业奉献类“中国好人”，张勇获评1月至2月助人为乐类“中国好人”。

4月

1日 由州博物馆和宁夏回族自治区博物馆联合举办的“朔地恋歌——宁夏岩画特展”在州博物馆展出。

2日 恩施州首个水域救援训练基地——利川市水域救援训练基地挂牌投入运行。

6日《求是》杂志社主管主办的综合类新闻刊物《小康》杂志社发布“2021中国最美乡村百佳县市”榜单，巴东县名列其中。

7日 恩施州与湖北能源集团签订战略合作框架协议，并就协议执行过程中需协调解决的问题进行座谈。

9日 由州委、州政府主办，以“感恩天津 恩施等你”为主题的2021年恩施州文旅（天津）推介会在天津市举行，会上州文旅局与天津市文旅局签订战略合作框架协议。

同日 长江人民艺术剧院创作演出的大型话剧《张富清》全国巡演在来凤县龙凤文化中心首演。

9—10日 恩施代表团到天津开展回访答谢、工作对接和考察学习活动。天津市委常委、常务副市长马顺清，天津市对口支援恩施防控工作领导小组组长、市人大常委会副主任王小宁，天津市政协副主席、市卫健委主任王建国等会见代表团。其间，代表团先后到天津医科大学总医院、天津市疾控中心、天津市博物馆和厦门航空公司天津分公司考察，两地就下一步医疗、文旅、交通等领域合作事宜进行交流。

11日 恩施州召开全州领导干部会议，省委组织部宣布省委决定，胡超文任中共恩施州委委员、常委、书记。

12日 州文旅局发布公告，确定恩施鹿院坪景区、巴东野三关森林花海景区为国家AAA级旅游景区。

13日 全省脱贫攻坚总结表彰大会在武汉市召开。恩施州唐鑫鑫等156人被表彰为“全省脱贫攻坚先进个人”，州交通运输局等78个集体被省委、省政府表彰为“全省脱贫攻坚先进集体”。

同日 全省文化和旅游局局长座谈会暨旅游景区工作培训班在孝感举行。会上，宣读省政府办公厅关于表扬2020年“与爱同行 惠游湖北”活动先进单位的通报，利川市被表扬为先进县市，利川腾龙洞景区被表扬为最具人气景区，恩施土司城、恩施梭布垭景区被表扬为全省优质服务景区，恩施州泰游国际旅行社、中硒国际旅行社、巴楚国际旅行社、湖北想游国际旅行社被表扬为业绩突出旅行社，宣恩金源国际酒店被表扬为业绩突出星级饭店，宣恩狮子关获国家AAAA级旅游景区授牌。

14—16日 省委常委、省疫情防控指挥部副指挥长、省卫健委党组书记王贺胜到恩施州调研新冠肺炎疫情防控和疫苗接种工作。

15日 州政府与中国石化江汉油田、中国石化湖北分公司签订合作框架协议。

同日 白鹤滩—江苏±800千伏特高压直流输电线路工程恩施段塔基（3667#）开始施工。该工程恩施市段约43千米，线路途经新塘、沙地、崔家坝3个乡镇，新建铁塔105基。

18—20日 全国人大常委会委员、全国人大民族委员会副主任委员肖怀远率专题调研组到恩施州，调研民族地区脱贫攻坚成果巩固同乡村振兴衔接工作情况。

19日 巴东县第一高级中学成为北京大学首批博雅人才共育基地。

20日 宜昌市委书记王立率党政代表团到恩施考察，对接“宜荆荆恩”城市群一体化发展等工作。

22—24日“2021年中国蜂业博览会暨全国蜂产品市场信息交流会”在广西壮族自治区梧桐市召开，鹤峰县成功通过中国养蜂学会第八届第四次理事会评审，获得与中国养蜂学会共建“中华蜜蜂示范县”的资格。

23日 湖北姚家平水利枢纽工程可行性研究报告通过水利部水利水电规划设计总院审查。

同日 在“建党百年·志愿献礼”——恩施州首届志愿服务项目大赛暨新时代文明实践展示活动中，恩施市“情暖童心，相伴成长”爱心爸妈关爱帮扶项目获大赛金奖，宣恩县“苗语传承”志愿服务项目和湖北民族大学“医心医意，守护健康”——“互联网+”医疗志愿服务项目获大赛银奖，鹤峰县“我和‘餐妞妞’有个约‘惠’”等6个项目获大赛铜奖。

25—28日 中央第十督导组到恩施州，调研督导政法队伍教育整顿工作。

27日 2021年全国五一劳动奖和全国工人先锋号名单公布，利川市德隆生漆科技有限责任公司正高级工程师洪克俭被授予“全国五一劳动奖章”，州中心医院感染性疾病科、中国联通恩施州分公司网络部被授予“全国工人先锋号”称号。

同日 恩施大峡谷缆车投入运营，是湖北省首条地面观光缆车。

同日 省卫健委发布首届湖北省“健康企业”名单，湖北宣恩洞坪水电有限责任公司、建始县泰丰水泥有限责任公司名列其中。

28日 恩施民族体育运动中心和整体迁建恩施职业技术学院项目开工。

同日 恩施州第二届“硒创汇”大学生创新创业大赛总决赛在州城恩施举行。

29日 省总工会发布《关于表彰湖北五一劳动奖状、湖北五一劳动奖章和湖北省工人先锋号的决定》，恩施花枝山生态农业股份有限公司、州水文水资源勘测局被授予“湖北五一劳动奖状”，恩施州亚麦食品有限公司研发总监江世华、湖北创偲诺电气科技股份有限公司设计部主管张小兵、湖北建始农村商业银行会计王雪娟被授予“湖北五一劳动奖章”，恩施州美美百货商贸有限责任公司消防安保组、国网利川市供电公司建南供电所、州中心医院急诊中心被授予“湖北省工人先锋号”。

30日 第九届长江三峡（巴东）纤夫文化旅游节开幕式暨巫峡口景区开园仪式在巫峡口景区举行。

4月 中央文明办在湖南长沙举办“中国好人榜”发布活动，向辉（女）获评3月敬业奉献类“中国好人”。

5月

3日 共青团中央、全国青联共同颁授第25届“中国青年五四奖章”，巴东县陈兹方获“中国青年五四奖章”。

5日 2021湖北·长江超级半程马拉松巴东县赛点开赛。

7日 全州生态环保督察反馈问题整改暨“两山”实践创新基地创建工作推进会召开。

8日 州城恩施金山大道全线贯通。金山大道线路全长7.2千米，东起209国道绕城线，经金龙大道、金桂大道，过金山大桥，经旗峰大道、高旗大道接209国道绕城线，是州城“六纵五横四环”综合交通网中的第三横，为中心城区东西向的主轴，自东向西串联规划东城区、老城区和新城区结合部、规划西城区。

8—9日 武汉市组织农产品产销对接会，为恩施州和宜昌五峰、秭归、兴山县的农产品进行产销对接。

10日 恩施·国际奥特莱斯项目签约仪式在恩施高新区举行。恩施州中汇置业有限公司与宁波奥莱汇丰商业管理有限公司签订恩施·国际奥特莱斯合作备忘录。

16日 “我要上全运”第十四届全国运动会龙舟竞赛湖北选拔赛在省水上运动中心红莲湖基地举行，宣恩县龙舟协会女子龙舟队获得女子组12人龙舟500米直道赛第一名。

17日 由州委、州人民政府主办，以“中国好山水 天赐恩施州”为主题的2021年恩施州文化旅游（甘肃）推介会在甘肃省兰州市举行。

17—21日 省政协副主席彭军带队到恩施州，调研巩固拓展脱贫攻坚成果同乡村振兴有效衔接各项工作，召开座谈会。

21日 北京时间19：30、意大利时间13：30，“两河口：一个土家会聚之地的再生——第十七届威尼斯国际建筑双年展平行展单元展”开幕式举行。宣恩县沙道沟镇两河口村作为分会线方式双向交互直播，与意大利威尼斯卡纳雷吉欧区禅宫主会场同步向全球推介土家村落建筑文化。

21—23日 第十二届中国中部投资贸易博览会在山西太原举行，州委副书记、州长刘芳震率队参加博览会并到太原、上海开展招商活动。在主题活动“湖北省外向型经济项目合作洽谈会”上，恩施高新区与华芯科技公司、湖北德青医疗精密电子科技公司代表分别签署华芯科技显示模组全产业链生产制造项目（投资额5亿元）和德青电子产品加工生产项目（投资额1.2亿元）投资协议。

22日 “中茶杯”第十一届国际鼎承茶王赛春季赛颁奖仪式在第四届中国国际茶博会上举行，湖北省羽集茶业有限公司选送的“羽叶集·恩施硒茶·巴东郡贡茶”获金奖。

同日 在杭州国际博览中心举办的第三届茶乡旅游发展大会上，鹤峰县、宣恩县入选区域特色美丽茶乡；鹤峰“世界茶谷·国际慢城”生态观光茶乡旅游精品线路、世界硒都茶旅生态走廊、仙山贡水·伍家台旅游精品线路、小村乡湘鄂西红色旅游线路4条茶乡旅游线路入选“百条红色茶乡旅游线路”。

24日 国务院公布第五批国家级非物质文化遗产代表性项目名录，利川市的制漆技艺（坝漆制作技艺）上榜。9月18日，文旅部办公厅公布第五批国家级非物质文化遗产代表性项目保护单位，利川市德隆生漆科技有限责任公司成为国家级非物质文化遗产代表性项目（坝漆制作技艺）保护单位。

26—28日 以“山水同源，武陵同梦”为主题的“2021·中国武陵文旅峰会”在重庆市武隆区召开。在峰会闭幕式暨招商引资集中签约仪式上，武陵山区十大精品景区和十大精品线路发布，恩施大峡谷景区、咸丰坪坝营景区名列“十大精品景区”。建始野三峡景区、恩施地心谷景区名列“十佳人气景区”。咸丰唐崖土司城遗址、宣恩狮子关景区名列“十佳文旅融合景区”。

27日 在福建省政和县举行的2021中国白茶大会暨政和白茶交易大会上，咸丰县获“2020年度中国白茶产业发展示范县”称号，恩施馨源生态茶叶有限公司获“2020年度中国白茶产业创新十强企业”称号。

28日 中国少年先锋队恩施州第二次代表大会召开。

29日《恩施土家族苗族自治州旅游条例》经省十三届人大常委会第二十四次会议批准，自2021年9月1日起施行。

31日 文旅部联合中宣部、中央党史和文献研究院、国家发改委推出“建党百年红色旅游百条精品线路”，“宣恩县板栗园大捷遗址—咸丰县大村会议遗址—咸丰县忠堡大捷遗址及烈士陵园—来凤县张富清先进事迹展馆—湘鄂边苏区革命烈士陵园—湘鄂边苏区革命文物陈列馆—五里坪革命旧址群—红二军团总指挥部旧址—鼓锣山三十二烈士殉难处—中营镇红岩坪红三军军部旧址—段德昌囚居处旧址—工农革命军邬阳关收编“神兵”旧址—巴东县金果坪红三军烈士陵园—贺龙旧居—红三军枪炮局—段德昌烈士墓—建始县官店照京坪革命历史陈列馆”线路入选“重温红色历史、传承奋斗精神”主题线路的“湘鄂边苏区”精品线路，

“恩施市盛家坝镇二官寨村—恩施市白杨坪镇洞下槽村—宣恩县伍家台—来凤县杨梅古寨—咸丰县马倌屯现代农业产业园—利川市南坪乡营上村—利川市东城办事处白鹊山村—建始县龙坪乡店子坪村”线路入选“体验脱贫成就、助力乡村振兴”主题线路的“土家风情·美丽恩施”精品线路。

5月 自然资源部地质勘查管理司公布2020年度全国地质灾害成功避险十大案例，湖北恩施“7·21”滑坡避险名列其中。

同月 经湖北文明网发布，姚元翔获评3月至4月敬业奉献类“湖北好人”。

6月

2日《湖北省2020年度营商环境评价报告》编制完成，恩施州获评湖北省2020年优化营商环境标杆城市。

5—6日 新疆生产建设兵团第五师双河市党政代表团到恩施州，考察文旅融合发展、旅游安全生产管理等工作。

7—11日 省人大常委会副主任刘晓鸣率调研组到恩施州，开展“民族团结进步荆楚行”活动，调研恩施州经济社会发展及民族法律法规贯彻落实情况。

8日 2021年恩施州“文化和自然遗产日”主场活动暨“灵秀湖北·四季村晚”启动仪式在世界文化遗产唐崖土司城址所在地——咸丰县唐崖镇举行。

8—11日 省政协副主席张维国带队到恩施州，开展长江文物和文化遗产保护利用工作调研。

8—11日 省党史学习教育第六巡回指导组到恩施州，开展党史学习教育巡回指导工作。9月16—17日，指导组到恩施州，围绕“我为群众办实事”实践活动开展指导督导。

9日 中国检验认证集团湖北有限公司与州政府签订战略合作协议。

同日 省委常委、统战部部长尔肯江·吐拉洪到恩施州，调研推动“关爱困难留守妇女儿童”项目。

同日 巴东县最后一家小额贷款公司成功转型退出。至此，来凤县、鹤峰县、宣恩县、建始县、巴东县实现除政府性融资担保公司外的地方类金融机构“清零”。

9—10日 第四次全国民族自治州关心下一代工作座谈会在恩施州召开。十届全国人大常委会副委员长、中国关工委主任顾秀莲出席会议并讲话。

9—10日 省委常委、省委宣传部部长许正中率省防汛抗旱检查组到恩施州，调研防汛抗旱工作。10日，许正中调研恩施州宣传思想文化工作。

9—10日 全省基层统战工作西部片会在利川市召开，实地考察恩施市和利川市基层统战工作创新示范点。省委常委、统战部部长尔肯江·吐拉洪出席并讲话。

11—12日 由中央民族歌舞团、湖北民族大学、湖北省民宗委联合创作的大型原创民族歌舞剧《老兵》在湖北恩施大剧院公演。

16日 州政府批复，恩施市新设立金子坝街道、七里坪街道，并对舞阳坝街道管辖范围和行政区域界线进行变更。7月，报经省政府、省民政厅备案同意。

同日 来凤县被列为省农村土地承包经营权纳入不动产统一登记工作试点地区。

17日 州统计局、州政府第七次全国人口普查领导小组办公室发布恩施州第七次全国人口普查公报第一号至第六号，包括全州人口情况、县市人口情况、人口性别构成情况、人口年龄构成情况、人口受教育情况、城乡人口和流动人口情况。

22日 省换届风气第六巡查组到恩施州举行巡查见面会。7月24日，巡查组进驻恩施州，对州、县、乡换届风气及监督工作进行监督检查。

23日 青海省人大常委会党组副书记、副主任尼玛卓玛到恩施州，调研法治政府建设、基层治理、人大代表履职等工作。

24日 “中华红声”经典诵读活动百部优秀作品发布仪式在北京举行，鹤峰融媒体选送作品《盛世中国》入选。

24—26日 由全国博士后管委会办公室、中国博士后科学基金会、省人社厅主办的第94批中国博士后科技服务团服务基层活动走进恩施州，16名中国农业大学的专家、博士后研究人员实地对接恩施州16家企事业单位22个项目。

25日 在中国共产党成立100周年之际，恩施州召开“两优一先”表彰大会，100名共产党员、99名党务工作者、119个基层党组织，分别被授予“全州优秀共产党员”“全州优秀党务工作者”“全州先进基层党组织”荣誉称号。

27日 民革、民盟、民建、农工党州级组织召开换届大会，恩施州民主党派州级组织换届工作完成。

28日 咸丰县清坪镇原党委委员、纪委书记，县监察委员会派出清坪镇监察室原主任谢睿(因公牺牲)被中共中央表彰为“全国优秀共产党员”；巴东县绿葱坡镇野花坪村党支部书记、村委会主任王祖华被中共中央表彰为“全国优秀党务工作者”；恩施市白杨坪镇洞下槽村党总支被中共中央表彰为“全国先进基层党组织”。

29日 恩施州学生联合会第一次代表大会召开，州委致贺信，会议审议通过《恩施州学生联合会章程》等，选举产生恩施州学生联合会第一届委员会。

30日 由省妇联主办、州妇联承办的“百个最美家庭话红色家风”故事宣讲走进恩施暨恩施州“爱心妈妈结对关爱留守儿童”活动在州城恩施举行。

同日 恩施州革命老区庆祝中国共产党成立100周年音乐会、庆祝中国共产党成立100周年红色文化丛书发行仪式在州城恩施举行，红色文化丛书包括《恩施州革命遗址遗迹总览》和8个县市《革命老区县发展史》。

6月 彭庆丽被省委宣传部评为“荆楚楷模”3月

至4月上榜人物。

同月 中央文明办在江西吉安举办“中国好人榜”发布活动，黄思镇获评5月见义勇为类“中国好人”。

同月 湖北能源集团鹤峰走马风电场全容量建成投产。该项目总装机容量5万千瓦，安装20台单机为2500千瓦的风力发电机组，总投资4.44亿元。

7月

2日 州公安局刑侦支队副支队长高绪辉被公安部授予“全国公安系统二级英雄模范”称号。

9日 全国人大常委会委员、宪法和法律委员会副主任委员、九三学社中央副主席、中国工程院院士丛斌到来凤县老茶村、恩施市恩施慧宜眼科医院，调研乡村振兴、九三学社中央“亮康行动”基地等情况。

11日 州第八届人大第六次会议在州城恩施召开，下午举行全体会议，夏锡璠当选为州人民政府州长。

15日 恩施州3个省级乡村振兴科技创新示范基地被省科技厅纳入绩效评价后补助单位。建始食达好农产品工贸有限公司申报的湖北建始富硒蔬菜加工乡村振兴科技创新示范基地被评定为优秀，恩施徕福硒业有限公司申报的湖北恩施富硒食品加工乡村振兴科技创新示范基地、湖北恒贸茶油有限公司申报的湖北来凤油料加工乡村振兴科技创新示范基地被评定为良好。

21日 “活化的土家泛博物馆”中国彭家寨景区开园（重庆）推介会在重庆市举行。

同日 恩施州物业管理协会成立，召开第一次会员大会。

25日 郑万高铁最后一座万米长隧——巴东隧道全隧贯通。

26—28日 湖北省网络空间安全学会首届学术年会在恩施州举办，其间，州网信办与省网络空间安全学会签订战略合作协议。

同日 湖北省“营商环境看实招”首场新闻发布会在恩施州举行，与会媒体记者到利川市、咸丰县乡村采访。

27日 中国茶叶学会公布第七届中国茶叶学会科技创新奖、青年科技奖评选结果，州农科院正高职农艺师张强完成的“适用于机械化管理的茶园内环式栽培模式的研究与应用”获科技创新奖二等奖。

28日 湖北民族大学附属民大医院肾病内科获得批准成为湖北省首个肾脏病临床医学研究中心。

29—30日 由教育部等13部委共同主办的第七届中国国际“互联网+”大学生创新创业大赛湖北省复赛在湖北工业大学举行，恩施职业技术学院双创基地项目可期文创获得职教赛道创意组金奖。

7月 省广播电视局官网公布“理想照耀中国——湖北省庆祝中国共产党成立100周年网络视听大赛”评选结果，鹤峰县扶贫题材电影《冲锋号》作为网络电影类型获评优秀作品。

8月

2日 文旅部发布《关于公示第三批全国乡村旅游重点村名单和第一批全国乡村旅游重点镇（乡）名单的公告》，利川市南坪乡名列“全国乡村旅游重点镇（乡）”。

5日 副省长杨云彦到建始县，调研督导疫情防控工作。

10日 “百县·百茶·百人”茶产业助力脱贫攻坚、乡村振兴先进典型公益推选结果公布，鹤峰县、恩施市、咸丰县、巴东县、宣恩县、利川市名列“百县（市、区）”名单；鹤峰茶、恩施玉露、唐崖茶、巴东郡贡茶、伍家台贡茶、利川红名列“百茶”名单；田智仁、刘小英、赵亮、向家亮、冯文、罗业文名列“百人”名单。

13日 省优化营商环境领导小组公布27项优化营商环境改革典型经验做法在全省交流推广，咸丰县推动食品生产加工小作坊“一业一证”改革的典型经验名列其中。

16日 中国地质学会公布国家首批30个天然富硒土地名单，恩施市新塘乡横栏村天然富硒地块名列其中。

同日 “荆楚楷模”5月至6月上榜人物名单揭晓，明康汇（建始）生态农业集团董事长李长江上榜。

19日 省人大常委会党组书记、常务副主任王玲率省人大调研组到巴东县，调研督导县乡人大换届选举工作进展及“湖北省选民登记信息系统”运行情况。

23日 恩施州迎接第二轮第四批中央生态环境保护督察工作动员部署会议召开。

同日 由恩施市文旅局退休干部吴柏松编著的《恩施傩戏》由团结出版社出版。

25日 巴东县东瀼口镇牛洞坪村村民向传艳种植的“俊艳生态大米”被中国绿色食品发展中心认定为绿色食品A级产品，并颁发A级产品证书。

26日 在东京残奥会男女混合4×50米自由泳接力20分决赛上，咸丰籍运动员袁伟译参加的中国队打破世界纪录夺得金牌。

26—27日 湖北省“三假”（假病人、假病情、假票据）专项整治工作推进会在恩施州召开。

8月 李长江被省委宣传部评为“荆楚楷模”5月至6月上榜人物。

同月 经湖北文明网发布，杨玉霞获评5月至6月孝老爱亲类“湖北好人”。

同月 中央文明办在贵州遵义举办“中国好人榜”发布活动，黄美清获评6月助人为乐类“中国好人”。

9月

1日 由省残联联合宜昌、荆州、襄阳市残联等单位共同组织的“晒幸福 感党恩”短视频大赛结果揭晓，巴东县选送的《驭梦涅槃》获一等奖，《献礼建党百年庆 残友追梦北京行》获三等奖。

5日《乡村演说家》第8期湖北恩施站的节目在中央电视台农业农村频道播出，该期节目在恩施市白杨坪镇洞下槽村录制。

6日 国家卫健委食品安全和营养健康综合试验区落户恩施州。国家卫健委食品司、国家食品安全风险评估中心、湖北省卫健委和州政府共同签署四方战略合作协议。

同日 第六届全国少数民族文艺会演参演剧目——咸丰南剧《唐崖土司夫人》开始网络展播，为湖北省唯一参演剧目。

7日 咸丰籍残奥运动员袁伟译被共青团中央、全国青联授予“中国青年五四奖章”。

8—10日 国家乡村振兴局党组成员、副局长夏更生带队到恩施州调研乡村振兴工作。9日，全国乡村振兴干部培训工作研讨班在恩施州开班，夏更生出席。

9—10日 省政协副主席、中南工程咨询设计集团有限公司董事长张柏青，集团党委书记、总经理张云到恩施州调研，开展投资考察。

13—16日 省卫健委综合监督局督导组到恩施州开展2021年层级稽查工作。对恩施州及利川市、建始县、来凤县卫生监督机构2021年行政处罚案卷、投诉举报受理情况、“双随机、一公开”等工作完成情况进行督导。

14日《食品安全国家标准 食品营养强化剂硒蛋白 GB1903.28—2018》修订立项专家论证研讨会在恩施州举行。中国疾控中心、国家食品安全风险评估中心、省卫健委、省疾控中心、省卫健委综合监督局及州相关专家参加。

16日 全国群众体育先进单位先进个人及全国体育系统先进集体先进个人表彰大会在陕西西安举行，宣恩县、利川市文旅局（体育局）、恩施市文旅局（体育局）、咸丰县业余体育学校、州冬泳协会、州民族体育馆获评体育总局“2017—2020年度全国群众体育先进单位”；州老年人体育协会副主席、秘书长何起群，宣恩县文旅局（体育局）党组书记、局长涂先绪，恩施市体校一级教练员张亚平，州冬泳协会会长卢光霁，巴东县文旅局（体育局）党组书记、局长谭勇被表彰为群众体育先进个人。

16—17日 湘鄂渝黔四省市政协助推武陵山片区乡村振兴合作联席会议在恩施州召开，形成《2021年湘鄂渝黔四省市政协助推武陵山片区乡村振兴合作联席会议恩施共识》。

17日 恩施州举行以“百年再出发，迈向高水平科技自立自强”为主题的第18个全国科普日活动启动仪式。

同日 利川市人民检察院未成年人刑事检察工作办公室主任、一级检察官黄丹和巴东县民政局党组书记、局长谭德君被国务院未成年人保护工作领导小组办公室、民政部表彰为“全国农村留守儿童关爱保护和困境儿童保障工作先进个人”。

18日 州委七届十次全体会议在州城恩施举行，会议审议通过《关于召开中国共产党恩施州第八次代表大会的决议》。

23日 恩施州第九届运动会在宣恩县民族体育馆开幕。本届运动会于7月21日开赛，来自州直及全州8个县市的9个代表队，5000余名运动员参加比赛，9月26日，在宣恩县民族体育馆闭幕。

同日 在建始县举办的2021年中国农民丰收节系列庆祝活动开幕式上，省电视艺术家协会授予建始县景阳镇“湖北省影视拍摄基地”称号。

23—25日 省委常委、省纪委书记、省监委主任侯淅珉到利川市、恩施市、宣恩县的乡村、社区、企业调研了解巩固拓展脱贫攻坚成果、基层监督、基层治理情况，到州纪委监委机关走访并主持召开专题座谈会，对恩施州党风廉政建设工作给予肯定。

24日 省茶叶学会第八次会员代表大会暨科创中国·湖北省茶学青年科学家论坛在武汉市召开，恩施州9人获“全省优秀茶叶科技工作者”称号，分别是恩施市特产技术推广服务中心高级农艺师黄姚，州农业科学院助理研究员陈清华，利川市茶叶局主任、农艺师黄学明，建始县农业农村局农艺师郝顺祥，巴东县农业农村局茶办主任、农艺师陈立辉，宣恩县特产技术推广服务中心主任、农艺师冯文，咸丰县农业农村局茶叶工作局副局长、农艺师赵亮，来凤县农业农村局股长、高级农艺师张庆林，鹤峰县茶产业发展促进中心农艺师张月芳。

25日 省委第十一专项巡视组进驻恩施见面通报会召开。根据省委巡视工作统一安排，巡视组入驻恩施州，开展为期一个月的涉粮问题专项巡视。

同日 武陵山国家农民培训基地在来凤县农业广播电视学校揭牌，举行全国农村实用人才带头人培训班开班仪式。10月13日，中共农业农村部党校、农业农村部管理干部学院“实践教研基地”在该校挂牌成立。

同日 中国科学院院士、华中农业大学教授张启发带领国家水稻产业技术体系岗位科学家到恩施州，考察州农科院咸丰县马倌屯和杨柳沟水稻病鉴基地。

26—28日 由中国商业联合会、中国农产品市场协会、中国优质农产品开发服务协会、中国营养学会、中国保健协会、恩施州政府联合主办，主题为“康养恩施·硒引天下”的第六届世界硒都（恩施）硒产品博览交易会在州城恩施举办。第十二届全国政协副主席齐续春，湖北省政协副主席，民革中央常委、湖北省委会主委王红玲出席开幕式。开幕式上发布硒与健康基础研究成果和硒资源普查成果。全国500多家硒产业企业、近百家行业协会和商会、50余家采购商、20多家投资商及4家检验认证机构应邀参会。其间，举办“硒区圆桌会议——全国功能农业暨硒产业发展高峰”论坛、“硒与大健康学术交流论坛暨院士说硒”论坛、名优硒产品授牌、双创大赛颁奖仪式、招商签约仪式等活动。展会展馆面积8000平方米，分为世界硒都（恩施）特色产品、特色硒产品、特色硒康养、生物医药、恩施高新区“1+8”园区、国内硒区地方特色、全国功能农产品、企业八大展区。展会活动线下线上同步进行，通过搭建云平台、运用全媒体，立体推介恩施硒资源、硒科研、硒产业、硒产品、硒文化。

27日 恩施徕福硒业有限公司与上海德业扬健康管理有限公司、上海德业康科技发展有限公司在恩施签署共建“数字硒都”硒产业数字化平台的协议。

30日 恩施州2021年第三季度重点项目集中开工仪式在恩施高新区恩施传化“公路港”物流项目现场举行。全州有24个重点项目集中开工，总投资138.8亿元。

同日 来凤县举行仪式为向雪飞烈士遗属颁授党和国家功勋荣誉表彰工作委员会办公室制发的“烈士光荣证”。

9月 朱明莉获评2021年度“荆楚楷模·最美健康守护者”。

同月 恩施市柯昌琼家庭、郑芙蓉家庭，利川市王凤祥家庭，咸丰县李贤付家庭，鹤峰县黄萍家庭获评2021年“荆楚最美家庭”。

10月

2—5日 电视剧《功勋——默默无闻的张富清》在浙江卫视、江苏卫视、北京卫视、东方卫视和优酷、爱奇艺、腾讯视频平台播出。

10日 由宜昌市、荆州市、荆门市、恩施州联合举办的2021年度“宜荆荆恩”最美农村路网络投票活动结束，巴东县巴人河旅游路、巴东县大面山旅游路2条线路名列“宜荆荆恩”城市群金秋十线。

11—14日 省人大常委会副主任万勇带队到恩施州，开展国有自然资源资产管理、县域经济发展情况调研，检查专利法律法规执行情况等工作。

12日 省粮食行业协会公布2021年“荆楚好粮油”产品入选名单，利川市八月香米业有限公司生产的“福瑞八月香”牌“中文香米”产品名列其中。

13日 副省长柯俊到鹤峰县调研巩固拓展脱贫攻坚成果等工作并召开座谈会。

14日 由省知识产权局、州政府主办的第三届湖北地理标志大会暨品牌培育创新大赛决赛在州城恩施举行，副省长张文兵出席会议。

同日 在云南昆明举办的联合国《生物多样性公约》缔约方大会第十五次会议生态文明论坛上，生态环境部举行第五批国家生态文明建设示范区及“绿水青山就是金山银山”实践创新基地授牌表彰活动，恩施州被授牌命名为第五批“绿水青山就是金山银山”实践创新基地，宣恩县被授牌命名为第五批国家生态文明建设示范区。

19日 全国旅游标准化技术委员会评定31家甲级旅游民宿和27家乙级旅游民宿，恩施星野民宿名列甲级旅游民宿。

同日 第十届中国创新创业大赛全国赛暨科创企业创新发展峰会在武汉开幕，大会发布第一批湖北科创“新物种”企业榜单，湖北和诺生物工程股份有限公司上榜并被评为瞪羚企业。

20—21日 副省长肖菊华到恩施州调研创建国家高新区、高等教育发展和对口帮扶乡村振兴工作。

21日 2021年“民体杯”全国板鞋竞速、高脚竞速、陀螺比赛在海南省白沙黎族自治县举行，恩施职业技术学院机电工程学院学生姚孟江代表湖北省参加的高脚竞速2×200米男子组接力、高脚竞速4×100米混合接力以及高脚竞速男子组200米项目，获得一金两银成绩。

22日 第五届楚商大会发布湖北省优秀中国特色社会主义事业建设者以及杰出楚商名单，湖北一正药业股份有限公司董事长李进、恩施硕品现代农业科技有限责任公司董事长徐世怀、利川星斗山红茶有限责任公司董事长卓万凯、建始县通龙天然气有限责任公司总经理张建卫、湖北来凤腾升香料化工有限公司董事长刘华英5人被表彰为优秀湖北省优秀中国特色社会主义事业建设者；恩施市润邦国际富硒茶业有限公司董事长兼总经理张文旗获评杰出楚商。

22—24日 恩施州举行首届“恩施工匠”职业技能大赛。

24日 2021年湖北省青少年皮划艇锦标赛在宣恩县城贡水河开赛。

24—26日 省委书记应勇到鹤峰县、来凤县、利川市、建始县、巴东县等县市，调研生态文明建设、党史学习教育、乡村振兴、民族工作和经济社会高质量发展等情况。

25日 省文旅厅发布公告，宣恩仙山贡水旅游区、利川佛宝山景区被确定为国家AAAA级旅游景区。

同日 省文旅厅公布首批湖北省旅游休闲街区名单，恩施土家女儿城步行街名列其中。

同日 由省委宣传部、省卫健委、省科技厅、省总工会、省科协联合主办的湖北省第三届健康科普大赛结束，恩施州获得13个奖项。咸丰县人民医院、州优抚医院选送的《中风防治六口茶》《心理法庭开庭了》分别获得表演类一、二等奖；湖北民族大学附属民大医院和省卫生计生宣教中心选送的《“林冲说唱”之风湿病系列科普》，鹤峰县中心医院和厦门猎火文化科技有限公司选送的《肩袖损伤的那些事儿》，州民族医院选送的《春困怎么办？》等分别获得音视频类一、二、三等奖；州中心医院选送的《犟拐拐》、湖北民族大学附属民大医院选送的《别让强脊弯了腰》、州妇幼保健院选送的《不容错过》等获得表演类优秀奖；州卫健委和湖北民族大学附属民大医院获得优秀组织奖。

27日 全省前三季度招商引资现场会在恩施州召开，副省长赵海山出席会议并讲话。其间，举行恩施州招商项目签约仪式。

同日 第十七届中国茶业经济年会在广西三江侗族自治县举行。会上，恩施市、利川市、巴东县、宣恩县、咸丰县、鹤峰县6个县市被评为2021年度茶叶百强县；恩施市入围2021年度"三茶统筹"先行县域；邱建红获"全国茶叶产业发展先进个人"称号，张文旗入选"国茶工匠·制茶大师"名单。

同日 中国气象局公共气象服务中心组织开展2021年度"中国天然氧吧"线上复核，恩施市、咸丰县、建始县3个县市通过复核。

28日 司法部召开全国司法所工作会议，恩施市司法局崔家坝司法所获"全国模范司法所"称号，巴东县司法局水布垭司法所所长张家军、来凤县司法局绿水司法所所长周涛获"全国司法所模范个人"称号。

29日 国家卫健委办公厅通报表扬2019—2020年度全国血站系统表现突出采血班组，州中心血站体采科采血三组获"全国血站系统表现突出采血班组"称号。

29—30日 民革广东省委会专职副主委黎智明、民革重庆市委会专职副主委龚小雪率民革中央长江生态环境保护民主监督第五监督调研组，到恩施州开展监督调研。

31日 州委七届十一次全体会议暨州委经济工作会议在州城恩施召开，会议审议通过《中共恩施州委 恩施州政府贯彻落实〈中共湖北省委 湖北省人民政府关于新时代推动湖北高质量发展加快建成中部地区崛起重要战略支点的实施意见〉的实施方案》《中共恩施州委七届十一次全体会议决议》。

同日 省党史学习教育第五专项督导组到恩施州督导"我为群众办实事"实践活动，重点督导湖北"十大惠民、四项关爱"实事项目推进情况。

10月 袁伟译被省委宣传部评为"荆楚楷模"7月至8月上榜人物。

同月 省林业局公布首次评选的"湖北十大最美古树""湖北五大树王"，来凤县三胡乡黄柏园村二组吴家院子1株树龄1000年杨梅树入选"湖北十大最美古树"，利川市谋道镇南浦村五组的1棵树龄664年的水杉获评"最有名"树王。

11月

1日 湖北民族大学武陵山中药材检验检测中心揭牌，是全省首个第三方中药材检验检测机构。

3日 文旅部公布2021—2023年度"中国民间文化艺术之乡"名单，来凤县百福司镇（土家族摆手舞）名列其中。

4日 首届全国应急管理系统先进模范和消防忠诚卫士表彰大会在北京举行，州应急管理局被人社部、应急部表彰为"全国应急管理系统先进集体"。

5日 巴东长江公路二桥、巴东至张家界高速公路2个重点交通项目列入《"十四五"长江经济带综合交通运输体系规划》。

同日 文旅部公布第一批国家级夜间文化和旅游消费集聚区名单，恩施土家女儿城景区名列其中。

同日 第八届全国道德模范座谈会和颁奖仪式举行，万其珍、黄思镇2人获得第八届全国道德模范提名奖，黄思镇到北京参加颁奖仪式。

同日 2021年四季度全省重大项目集中开工活动恩施州分会场项目开工仪式在恩施高新区生物医药产业园项目（一期）建设工地举行。全州有20个项目集中开工，总投资60.4亿元，涵盖重大产业、基础设施、生态环保、社会民生等领域。

7日 第31届中国新闻奖揭晓，恩施日报社采编的摄影报道《再见，索道你好，公路》（记者杨顺丕，编辑邹洪涛、黎袁媛）获三等奖，为恩施州首获中国新闻奖。

8日 省农业农村厅公布2021年湖北省示范家庭农场名单，恩施州14个家庭农场名列其中，分别是恩施市国碧生态种养家庭农场、恩施市板桥新时代种植家庭农场、恩施市麂子渡熊氏家庭农场、恩施市郭园外种植养殖家庭农场、建始县高坪镇风格养殖家庭农场、建始县桓丰家庭农场、巴东县犇牛家庭农场、利川市高山创业家庭农场、宣恩县双英家庭农场、咸丰县唐崖镇冉孟培家庭农场、咸丰县红颜养殖家庭农场、来凤县大河镇富成家庭农场、来凤县大河镇牛场界光正家庭农场、鹤峰县马头岩家庭农场。

9日 省文旅厅发布关于评定AAAA级旅行社的公告，恩施巴楚国际旅行社有限公司被省旅行社等级评定委员会评定为湖北省AAAA级旅行社。

9—10日 省政协副主席彭军到恩施州，专题调研富硒特色产业发展，并召开座谈会。

10日 国网咸丰县供电公司员工刘彬、恩施金凤茶叶有限公司总经理兼技术总监杨则高、湖北中烟工业有限责任公司恩施卷烟厂员工范忠被省总工会命名为"荆楚工匠"。

10—11日 国家级非遗项目土家吊脚楼营造技艺宣恩县县级非遗传承人黄俊及其作品受邀参加第七届中俄线上"长江—伏尔加河"青年论坛。

11日 乡村振兴题材电视剧《此山此水此地》在宣恩县椒园镇庆阳坝开机。

12日 荆门市委副书记、市长李涛率市党政代表团到恩施州考察。

同日 农业农村部办公厅公布2021年中国美丽休闲乡村名单和2010—2017年中国美丽休闲乡村监测合格名单。咸丰县唐崖镇钟塘村、来凤县革勒车镇土家寨村、来凤县三胡乡石桥村入选2021年中国美丽休闲乡村名单；利川市忠路镇主坝村、咸丰县唐崖镇钟塘村、来凤县革勒车镇土家寨村、来凤县三胡乡石桥村入选2010—2017年中国美丽休闲乡村监测合格名单。

同日 农业农村部将恩施州9个园区（基地）纳入《全国农村创业园区（基地）目录（2021）》，分别是来凤西商农产品冷链物流园、恩施州尚风寨养蜂技术培训学校、来凤农园果蔬专业合作社创业基地、来凤县电商产业园、湖北省洪富农牧业有限公司全国农村双创园区、恩施农禅谷生态农业发展有限公司、建始县丰惠农业发展有限公司、建始县慧民农业科技有限公司、武陵山特色园艺作物良种繁育中心。

同日 省科技厅公布2021年度省级“星创天地”绩效考核结果，恩施州勤隆中药材星创天地、武陵良繁星创天地、硒都农林科技星创天地、巴东县楠柏生态种养加旅星创天地考核结果为优秀。

17日 全州革命文物工作会议召开，安排部署恩施州革命文物工作。会议通报全州革命文物工作情况，咸丰县、鹤峰县、州发改委、州财政局作交流发言。

19日 国网恩施供电公司、国网宣恩供电公司职工书屋被中华全国总工会命名为2021年“全国工会职工书屋示范点”。

同日 省市场监管局发布全省首批“优化营商环境 争当金牌‘店小二’”十佳案例，利川市“主动疏解办事难点堵点 让市场主体少跑路”名列其中。

22日 中国科协公布2021—2025年度第二批全国科普示范县（市、区）创建单位，恩施市名列其中。

23日 州委民族工作会议举行，要求高质量建设全国民族团结进步示范区。恩施市、利川市、湖北民族大学、宣恩县长潭河侗族乡作交流发言。

同日 教育部公布第三批全国中小学中华优秀传统文化传承学校名单，恩施州入选的3所学校及传承项目分别是来凤县百福司镇民族小学摆手舞，来凤县旧司镇民族小学地龙灯、摆手舞，来凤县民族小学南剧、竹铃球、竹竿舞。

24日 恩施州召开质量强州、“证照分离”改革和综合试点改革视频会议。

同日 教育部公布全国第二批“一校一案”落实《中小学德育工作指南》典型案例名单，利川市一中的《红色基因 以文化人 知行合一 维实励新》入选。

26日 “利川红”“恩施玉露”（“一红一绿”）品牌全州授权启动仪式暨质量提升培训会在恩施州举行。

26—28日 首届中国（武汉）文化旅游博览会在武汉市举行。州文旅局组织州内37家重点文旅企业、非遗项目、文创产品、旅游商品及农副土特产参展。

27—29日 州委书记胡超文带队到贵州省仁怀市、贵阳市招商考察。

29日 全国妇联公布2021年全国最美家庭名单，咸丰县郑福安家庭名列其中。

11月 来凤县丽阳少先队名师工作室被省少工委命名为“2021—2023年湖北省少年先锋队名师工作室”。

同月 由中央文明办主办的2021年10月“中国好人榜”发布活动在四川省达州市举办，刘本云获评10月敬业奉献类“中国好人”。

12月

1—2日 中国民用航空局党组成员、副局长董志毅到恩施州，调研恩施机场运营及迁建选址等工作。

2日 人社部、文旅部分别授予咸丰县文化和旅游局党组成员、县南剧艺术传承保护中心主任、二级演员李爱民，恩施旅游集团有限公司“全国文化和旅游系统先进工作者”“全国文化和旅游系统先进集体”称号。

同日 湖北省文明委发布《关于表彰第八届湖北省道德模范的决定》，谢睿、黄思镇2人当选第八届湖北省道德模范。

2—3日 武汉市政府相关领导带领武汉市农科院、武汉市财政局、武汉市乡村振兴局等相关部门负责人，到恩施州开展结对帮扶调研工作，召开武汉市对口帮扶恩施州对接会暨武汉市派驻恩施州挂职干部座谈会。

3日 州委七届十二次全会在州城恩施召开。会议审议通过《中共恩施州第七届委员会报告》《中共恩施州第七届纪律检查委员会工作报告》《中共恩施州委常委会2021年抓党建工作情况报告》。

同日 恩施州第三次国土调查成果通过省级验收。

3—6日 恩施州组织160余家农副产品供应商参加第30届中国食品博览会暨中国（武汉）国际食品交易会。

5日 国家医疗保障信息平台在恩施州平稳上线。

7—9日 中共恩施州第八次代表大会在州城恩施召开。州委书记胡超文向大会作题为《勇担使命 开拓进取 为把恩施建设成为美丽湖北绿色崛起的重要一极不懈奋斗》的报告；大会选举出由55名委员和10名候补委员组成的中共恩施州第八届委员会，选举出中共恩施州第八届纪律检查委员会委员35名；大会表决通过关于中共恩施州第七届委员会报告的决议和关于中共恩施州第七届纪律检查委员会工作报告的决议。

9日 州委八届一次全体会议在州城恩施举行。胡超文当选为中共恩施州第八届委员会书记，夏锡璠、尹达当选为中共恩施州第八届委员会副书记，胡超文、夏锡璠、尹达、吕星、张远梅、张淼、龚鸿斌、田金培、向红林、单艳平、刘智勇当选为中共恩施州第八届委员会常务委员会委员。

同日 州科协秘书长、三级调研员李宜恩被中国科协表彰为“全国全民科学素质工作先进个人”。

同日 中国粮食行业协会公布全国放心粮油示范工程第十批示范企业名单，建始县家家乐商贸有限责任公司获“全国放心粮油示范工程第十批示范企业（示范配送中心类）”称号。

同日 省政府公布第八批湖北省文物保护单位名单，恩施州有15处，古墓葬有来凤县沙道湾覃氏家族墓群1处；古建筑包括来凤县张家印子屋，利川市桂花谭氏祠，巴东县招风台杨家老屋、泗渡河郑家老屋，宣恩县明珠山凌云塔5处；近现代重要史迹及代表性建筑包括恩施市恩施县苏维埃政府旧址、中共鄂西特委旧址，利川市中共湘鄂西中央分局十字路会议旧址，建始县巴建鹤边防司令部旧址、湖北省立第一小学旧址，咸丰县忠堡大捷黄连棚指挥所旧址、尖山民族中学早期建筑，来凤县犀牛潭农民协会旧址8处；其他有鹤峰县坛子洞古茶园1处。

10日 郑万高铁巴东综合客运枢纽项目、黔张常铁路咸丰综合客运枢纽项目进入国家“十四五”综合交通枢纽专项规划项目名单。

13日 省生态环境保护委员会办公室公布2021年度省级生态乡镇、生态村名单，恩施州新增恩施市沙地乡、新塘乡，利川市文斗镇，建始县官店镇，巴东县官渡口镇、茶店子镇，来凤县翔凤镇7个省级生态乡镇，新增恩施市白杨坪镇董家店村等40个省级生态村。

14日 中国科协公布2021年全国科普日优秀活动名单，恩施州2021年全国科普日活动启动式暨恩施市主场活动上榜。

14—16日 省政协副主席张维国率队到恩施州，先后到恩施市、宣恩县、利川市等地调研政协工作，并召开座谈会，专题宣讲中共十九届六中全会精神。

16日 2021年全国政府网站绩效评估结果揭晓，恩施州政府门户网站位居全国地市政府门户网站第55位，比上届前进3位，连续6年跻身全国地市政府门户网站百强榜。

同日 农业农村部副部长张桃林率调研组到恩施州，就巩固拓展脱贫攻坚成果与乡村振兴有效衔接、现代农业、特色产业、美丽乡村建设等工作开展调研。

17日 州政府与省气象局推进恩施更高水平气象现代化战略合作协议签约仪式暨“中国气候宜居城市”授牌仪式举行。

18日 由中国发展研究基金会主办、联合国世界粮食计划署协办的营养改善计划十周年国际研讨会在北京召开。会议表彰10个“阳光校餐”优秀试点县，鹤峰县获“阳光校餐”最佳进步奖。

19日 第八届全国大众冰雪季恩施会场在巴东县绿葱坡滑雪场举行启动仪式。

20日 “荆楚楷模”9月至10月上榜人物名单揭晓，巴东县绿葱坡镇三尖观林场场长李能阳上榜。

20—22日 州委书记胡超文，州委副书记、州长夏锡璠率恩施州党政代表团到荆州市、荆门市、宜昌市学习考察。

21日 郑万高铁巴东段铺轨全部完成。

同日 全省丘陵山区农业机械化现场推进会在巴东县举行。

25日 中央文明办、教育部、共青团中央、全国妇联、中国关工委联合举办2021年“新时代好少年”先进事迹发布活动在中央广播电视总台（简称央视）少儿频道（CCTV-14）播出，宣恩县女中学生王凌云的先进事迹入选。

26日 省委副书记、省长王忠林到恩施州，先后到恩施德源健康科技发展有限公司、屯堡乡花枝山村等地调研，对恩施州经济社会发展和脱贫攻坚工作成效给予肯定。

26—27日 省委常委、省委政法委书记王艳玲到恩施州，调研基层平安建设工作。

27日 中华全国工商业联合会印发《关于确认2020—2021年度全国“五好”县级工商联的通报》，恩施市、利川市、建始县、巴东县、宣恩县、咸丰县、来凤县7个县市工商联获评全国“五好”县级工商联。

同日 巴东港宝塔河港区泓宇物流综合码头工程（巴东港砂石集并中心码头工程）通过交工验收。该项目3月1日开工建设，12月初完成全部建设内容，使用港口岸线于12月8日由交通运输部予以批准，同意按工程可行性研究报告提出的647米泊位长度使用所对应的港口岸线，是恩施州第一个深水岸线获批复的港口项目。

28日 农业农村部党组成员、人事司司长廖西元率调研组到恩施州，调研技能人才培育、产业发展、定点帮扶等工作并召开座谈会。

同日 央视社会与法频道《夕阳红》栏目对利川莼菜进行报道。

29日 全州科技创新大会召开。会后开展全州高新技术企业申报认定及成果转化工作培训。

同日 2021年湖北省青少年短道速滑锦标赛在武汉市结束，恩施州获得3金3银1铜成绩。

30日 州委八届二次全体会议举行。会议审议通过《中共恩施州委关于深入学习贯彻党的十九届六中全会精神 坚持“两个确立”做到“两个维护”的决定》。

同日 州委经济工作会议在州城恩施举行，总结2021年全州经济工作，分析当前经济形势，部署2022年经济工作。

31日 鹤峰县档案馆（史志研究中心）总编审李悟珍被中共中央党史和文献研究院表彰为全国党史和文献部门先进个人。

12月 湖北联信律师事务所、利川市妇联被全国妇联表彰为“全国维护妇女儿童权益先进集体”。州人民检察院第七检察部副主任、四级高级检察官李培军被表彰为“全国维护妇女儿童权益先进个人”。

同月 经湖北文明网发布，吕诗雨获评7月至10月见义勇为类“湖北好人”，郑时兵获评诚实守信类“湖北好人”，陈升霄获评敬业奉献类“湖北好人”。

同月 中央文明办在广东珠海举办发布活动，姚元翔获评11月敬业奉献类“中国好人”。

同月《恩施州传统村落历史文化丛书》由华中科技大学出版社出版发行，丛书共8卷，8个县市各立1个分卷，由州政协和各县市政协编著。

同月 杨鎏获评2021年度“荆楚楷模·最美退役军人”。

（梁卫民 廖兆琦 李 鑫）

恩施州概览

Overview of Enshi Tujia and Miao Autonomous Prefecture

地理环境与自然资源

【地理位置与总面积】 恩施土家族苗族自治州（简称恩施州）地处云贵高原的东延部分，位于湖北省的西南部，东连宜昌市，南接湖南省，西邻重庆市，北靠神农架林区，地理坐标北纬29°07′10″—31°24′13″，东经108°23′12″—110°38′08″，全州总面积24060平方千米。

（黄世楚）

【交通位置】 恩施州地处鄂西山区，处于国家长三角至成渝双城经济圈的交通主轴上。在高速公路里程上，恩施北收费站距离武汉西收费站496千米，距离宜昌北收费站271千米，距离重庆市黔江北站119千米。宜万铁路州内有巴东站、高坪站、建始站、恩施站、利川站、凉雾站、齐岳山站，恩施火车站距离武汉站526千米、距离重庆北站339千米、距离成都站643千米。黔张常铁路州内有来凤站、咸丰站，来凤站距离张家界西站127千米、距离常德站268千米、距离黔江站71千米。巴东港水路至武汉736千米、至宜昌110千米、至重庆450千米。航空里程上，恩施许家坪机场距武汉天河机场479千米，距杭州萧山机场1245千米，距成都天府机场485千米，距西安咸阳机场578千米，距北京大兴机场1428千米，距广州白云机场1304千米。

（杨遥　杨斯然　王树珍）

【地质、地貌】 恩施州境位于新华夏系第三隆起带南段之黔东褶皱北东端，扬子江中下游东西向构造西端，北邻淮阳山字形构造西翼反射弧，西与四川盆地毗邻。处于扬子江淮地台近中部偏西，西为四川中台坳之川东梳状褶皱束，中、东部为八面山台坳之黔江隆起褶皱束和武陵坳褶皱束的北东段。州境位于多种构造体系联合、复合部位，具有多期活动的特征。中、南部的华夏系构造和八面山弧形帚状构造及纵贯中、北部的新华夏系联合式构造、新华夏系复合式结构、北部的东西向构造系州境的基本地质构造格架。武陵山脉由湖南北部伸入州境，分成数条支脉展开，占据州境中部、南部地区，约占总面积60%；巫山山脉由重庆东部顺长江南北两岸延伸入州境；大娄山余脉由重庆东部延伸入利川市境；大巴山余脉由陕西南部切入，分两支绵延于巴东县境长江以北。州境绝大部分是山地，惯称“八山半水分半田”。地貌以碳酸盐岩组成的高原型山地为主体，兼有碳酸盐岩组成的低山峡谷与溶蚀盆地，砂岩组成的低中山宽谷及山间红色盆地。海拔最高处巴东沿渡河镇大花村巴东垭3005米，最低点为巴东长江边的红庙岭66.8米（受三峡水库蓄水影响，该高程仅在三峡水库放空时出现）。全州以山地为主，平均海拔高度1000米。海拔1200米以上的地区占总面积的29.4%，海拔800—1200米的地区占总面积的43.6%，海拔800米以下的地区占总面积的27%。州域东西最宽220千米，南北最长260千米。境内地形复杂，具有多种特殊类型的地貌，大河、小溪成树枝状展布，有“见山不走山”的丘原，有“两山咫尺行半天”的深谷，伏流、溶洞、冲、槽、漏斗、石林等各处可见。州境整个地势呈西北、东北部高，中部相对低的状态。地貌基本特征为阶梯状地貌发育。由于受新构造运动间歇活动的影响，大面积隆起成山，局部断陷、沉积形成多级夷面与山间河谷断陷盆地。境内除东北部有海拔3000米以上小面积山地外，普遍展布着海拔2000—1700米、1500—1300米、1200—1000米、900—800米、700—500米五级面积不等的夷平面，并存在1—2级河谷阶地，呈现明显层状地貌。地表切割深，沟壑纵横，山体破碎。州境纵横河流分布于新构造运动的影响下，地表相对抬升，河流向下深切。横贯巴东的长江切穿巫山，形成巫峡。清江、酉水、溇水、唐崖河、郁江等河流及其支流，多沿断裂发育，地表切割深，形成程度不等的深切曲流。全州地表切割深度（相对高差）平均为812.8米，其中400—800米中切割为多，占总面积的41.6%；800—1000米占总面积的14.9%；1000—1200米占总面积的12.3%；1200—1400米占总面积10.1%；小于400米而大于1400米只占面积的21.1%。

【土地资源】 据2020年国土变更调查成果显示，恩施州国土总面积2406048.45公顷，其中湿地283.52公顷，占总面积0.01%；耕地349074.89公顷，占总面积14.51%；种植园用地60018.67公顷，占总面积2.49%；林地1798192.39公顷，占总面积74.74%；草地6169.11公顷，占总面积的0.26%；城镇村及工矿用地92309.74公顷，占总面积3.84%；交通运输用地32981.97公顷，占总面积1.37%；水域及水利设施用地34686.22公顷，占总面积1.44%；其他土地32331.94公顷，占总面积1.34%。按三大类统计，农用地2269622.69公顷，占总面积94.33%；建设用地104123.04公顷，占总面积4.33%；未利用地32302.72公顷，占总面积1.34%。

【矿产资源】 据2021年全州矿产资源储量表显示，截至年底，全州发现各类矿产75种（含亚种），已查明资源量的矿产38种，分别占全省已发现149个矿种和已查明92个矿种的50.3%和41.3%。全州矿产资源以能源、黑色金属、化工原料、冶金辅助原料及建筑材料非金属矿产为主，天然气、煤、铁、硫铁矿、磷矿、耐火黏土、水泥用灰岩、石膏、高岭土、建筑石料、生物大理岩等矿产较丰富。天然气、煤、石煤、硫铁矿、铁、硒等资源储量居全省前列；菊花石、百鹤玉、硒矿、高岭土、饰面石材为本州的特色矿产资源；矿床规模多为中、小型，大型偏少。矿产资源分布较为集中，区域特色明显。恩施菊花石、高岭土、硒矿、硒矿泉水、浅层地热等矿产分布较为集中；利川天然气、页岩气、石膏、硫铁矿、生物大理岩等矿产分布较为集中；建始煤炭、硫铁矿、铁矿分布较为集中；巴东煤炭、铁矿等矿产分布较为集中；咸丰方解石、大理岩、页岩气等矿产分布较为集中；鹤峰磷、钒、生物大理岩等矿产分布较为集中。截至2021年年底，全州拥有各类矿山企业469家，矿山企业从业人员3749人，矿石产量为1861.73万吨，工业总产值达100379.92万元。

（黄世楚）

【水资源】 全州河流众多，长度在5千米以上的河流382条。其中流域面积大于200平方千米的有60条，大于300平方千米的有25条，大于1000平方千米的有长江、清江、溇水、酉水、唐崖河、马水河、忠建河、郁江、野三河9条。清江是长江中游南岸的支流，发源于利川市汪营镇清江村，是恩施州最长的河流，忠建河、马水河、野三河是清江较大的支流。清江流域总面积17107平方千米，全长423千米，平均比降2.4‰，其中恩施州境内河长275千米，州内流域面积10860平方千米，约占恩施州区域面积的45%。根据省勘测设计院提供的《清江流域规划报告》显示，全州水能资源理论蕴藏量为509万千瓦，可开发量349.1万千瓦。根据《2021年恩施州水资源公报》显示，2021年全州地表水资源量224.73亿立方米，地下水资源量67.56亿立方米，水资源总量224.73亿立方米（山丘区地下水资源为地表水资源量的重复计算），比2020年减少30.1%，比多年平均偏多3.5%。全州产水总量占降水总量的59.2%，平均每平方千米产水量为93.9万立方米。全州人均水资源总量6502立方米，亩均水资源总量5449立方米。

（邓正江）

【动物和植物资源】 全州有陆生脊椎野生动物30目91科578种，其中兽类8目24科98种，鸟类17目46科384种，两栖类2目10科46种，爬行类3目11科51种。有川金丝猴、林麝、豹、穿山甲等国家Ⅰ级保护野生动物18种、国家Ⅱ级保护野生动物96种、湖北省重点保护野生动物125种在恩施州繁衍生息或越冬迁徙停歇。全州浮游动物有36种，分布在河流、水库、池塘中。底栖动物有4门44种，全州各水域均有分布。全州鱼类资源主要由长江上游干流、清江、乌江、澧水、酉水五大水系的鱼类资源构成，全州境内天然水体中现有鱼类9目20科147种，其中清江水系有5目12科114种。其他水生经济动物有虾、蟹、蚌、大鲵、棘蛙、龟、鳖、水獭、水禽等。全州有植物资源219科1038属4011种。共有木本植物117科419属约2060种，其中乔木72科196属约845种，灌木70科208属约954种，藤本28科62属约261种。有国家Ⅰ级保护野生植物水杉、珙桐、红豆杉、南方红豆杉、银杏、荷叶铁线蕨6种，国家Ⅱ级保护植物53种属，珍稀濒危植物56种，约占全省列入国家重点保护树种的90%。有100年以上古树13700株，其中500年以上的一级古树名木357株。2021年，来凤县三湖乡黄柏园村1株树龄1000年的杨梅树获评“湖北十大最美古树”，利川市谋道镇南浦村1株树龄664年的水杉获评“湖北五大树王”之“最有名”树王。全州浮游植物有8门124种，分布在河流、水库、池塘中。水生维管束植物分布较广，包括挺水植物、浮叶植物、沉水植物、漂浮植物。水生经济植物有莼菜、葛仙米、藕、荸荠、茭白等。水生动植物中具有开发价值、富有地方特色的品种有大鲵、棘蛙、裂腹鱼、利川莼菜、走马葛仙米等。

（游家栋　朱兴文）

【旅游资源】 州境地形以山区为主，喀斯特地貌发育，溶洞溶洼众多。自然景观有位于恩施、利川、咸丰3个县市交界的星斗山国家级自然保护区，位于宣恩县、鹤峰县、恩施市和湖南桑植4个县市交界的七姊妹山国家级自然保护区，位于鹤峰县境内的湖北木林子国家级自然保护区，位于巴东县北部的湖北巴东金丝猴国家级自然保护区，咸丰县的坪坝营、唐崖河（黄金洞）、小南海，利川市的腾龙洞、佛宝山、玉龙洞、龙船水乡，巴东县的神农溪、巴人河、链子溪、水布垭，恩施市的恩施大峡谷、梭布垭石林、龙洞河，建始县的野三河、黄鹤桥、石门河，来凤县的仙佛寺风景区、卯洞风景区等。主要人文景观有咸丰唐崖土司城遗址（世界文化遗产），利川大水井古建筑群、鱼木寨，来凤仙佛寺摩崖石刻，恩施施州城址、土司城、连珠塔，建始直立人遗址、石柱观，宣恩彭家寨吊脚楼群，鹤峰容美土司城遗址，巴东秋风亭等。截至2021年，全州有3个国家AAAAA级旅游景区：巴东神农溪、恩施大峡谷、利川腾龙洞；有19个国家AAAA级旅游景区：恩施土家女儿城、土司城、梭布垭，利川大水井、龙船水乡、玉龙洞、佛宝山，建始野三峡、恩施地心谷，巴东巴人河、巫峡口，咸丰唐崖河、坪坝营，来凤仙佛寺、杨梅古寨，宣恩伍家台乡村休闲度假区、狮子关、仙山贡水旅游区，鹤峰满山红景区。革命历史纪念地鹤峰满山红烈士陵园安葬着红二方面军红九师师长段德昌、参谋长王炳南、湘鄂西联防司令贺英等革命先烈，恩施烈士陵园安葬着鄂西特委书记何功伟、鄂西特委妇女部长刘惠馨。叶挺将军被囚禁于恩施的旧居保存完好。此外还有恩施市五峰山的中共鄂西特委旧址、鹤峰五里坪的中共湘鄂边特委机关旧址、中营镇的红三军军部旧址、湘鄂西中央分局咸丰大村会议旧址等。

（魏　娜）

【气温】 2021年，气温明显偏高，高温日数偏多。恩施州区域年平均气温为16.3℃，较常年同期偏高0.9℃。州内各站年平均气温分别为14.1℃（利川）—17.7℃（巴东）之间。与常年同期相比，恩施州内各站气温均偏高，各地偏高幅度分别为0.3℃（巴东）—1.2℃（利川、恩施）。从温度异常度来看，恩施、鹤峰、建始、咸丰、利川均为异常偏高，来凤显著偏高、宣恩偏高、巴东正常。就年平均气温而言，恩施、鹤峰、建始、咸丰、利川创历史新高，来凤排名第4、宣恩第11、巴东第14。2021年恩施州各站极端最高气温均在35℃之上，且均出现在8月1—2日。恩施极端最高气温超40℃，巴东、建始、来凤超39℃，鹤峰、宣恩超38℃，咸丰、利川分别为36.2℃和35.6℃，其中利川突破历史极值。从高温日数来看，巴东最多30天，恩施、来凤、建始、鹤峰分别为17、14、12、11天，宣恩8天，利川、咸丰为2天，其中利川高温日数创历史新高（除2016年为1个高温日和2021年为2个高温日外，其余年份利川均无高温日），高温日数除恩施、鹤峰、宣恩偏少外，其余各站均偏多，以来凤偏多5.8天最为显著。2021年恩施州极端最低气温均在−1℃以下，且均出现在1月。利川低至−6.2℃，咸丰低至−5.2℃。

【降水】 2021年，全州区域年雨量接近常年，雨日略偏多。全州平均累计降水量1461.7毫米，较常年同期正常略偏多（5.3%）。恩施州内各地降水量为1037.1毫米（巴东）—1637.2毫米（鹤峰），与常年同期相比，来凤、利川、建始、恩施、咸丰降水偏多，巴东、鹤峰、宣恩偏少，但幅度不大。从降水量异常度来看，州内各地均为正常。2021年恩施州平均雨日为169.1天，偏多4.4天，州内各地分别为134天（巴东）—188天（鹤峰），除利川、咸丰分别偏少9.1、5.1天外，其余各地均偏多，以来凤偏多17.2天最多。平均暴雨日为5.5天，偏多1.4天，州内各地分别为3天（巴东）—7天（恩施、咸丰）。

【日照】 2021年，全州区域日照明显偏少。光照匮乏，州平均日照时数为1052.4小时，较常年同期偏少130.3小时。州内各地分别为923.5小时（咸丰）—1367小时（巴东），除来凤偏多13.7小时外，其余各地均较常年同期偏少，其中建始偏少最为明显（偏少248小时），利川、恩施、咸丰、鹤峰、宣恩偏少幅度均在130小时—180小时之间，巴东偏少75.7小时。

（张洪刚）

建置　区划

【建置沿革】 州域固定形成于1932年，之前曾多次变动。春秋为巴子国地；战国为楚地；秦属黔中郡；汉属南郡、武陵郡；三国先属蜀，后属吴建平郡、武陵郡；两晋、南北朝宋、齐属建平郡、天门郡、武陵郡；梁属信陵郡；北周属秭归郡、业州军屯郡、清江郡；隋属巴东郡巴东县，清江郡清江县、开夷县、建始县；唐属归州巴东县、施州清江县、建始县；五代先后为前、后蜀所据；宋属归州巴东县、施州清江县、建始县及辰州、富州、高州、定州等许多小羁縻州；元属归州巴东县、施州建始县，南部民族地区实行土司制度，先后置散毛、唐崖、金峒、龙潭、忠建、毛岭、施南等土司，实行土司分治；元末明玉珍据蜀时，被其控制；明属夔州建始县、归州巴东县、施州卫军民指挥使司，南部地区仍施行土司制度。清初沿用明制。清雍正六年（1728年）裁施州卫，设施县，辖区未变。雍正十三年（1735年）改土归流，置施南府，辖恩施县、宣恩县、来凤县、咸丰县、利川县。乾隆元年（1736年），夔州建始县划归施州。巴东县、鹤峰州属宜昌府。民国元年（1912年）废府设道存县，民国4年（1915年）设荆南道，治所恩施县，辖恩施、建始、利川、宣恩、来凤、咸丰6县。民国15年（1926年）改荆南道为施鹤道，鹤峰州改县划入施鹤道。民国17年（1928年）改设鄂西行政区。民国21年（1932年）改为第十行政督察区，将巴东县划入，州域始为8县之治。民国25年（1936年）改为第七行政督察区，辖区未变。

1928年至1935年，州境部分地区先后属于巴归兴、湘鄂边和湘鄂川黔苏区，并建立苏维埃政权组织。先后建立的有巴东县人民委员会、巴归兴县苏维埃政府、鹤峰县苏维埃政府、长（阳）巴（东）县苏维埃政府、建始县苏维埃政府、恩施县苏维埃政府、宣恩县苏维埃政府。红军主力撤走后，各苏维埃政府遭到破坏。

1949年9月，恩施行政区专员公署在宜昌成立；11月，恩施县城解放，专署机关从宜昌迁至恩施；11月6日至12月1日，巴东、建始、恩施、宣恩、咸丰、利川、鹤峰、来凤8个县人民政府相继成立。1951年5月，恩施行政区专员公署改名为湖北省人民政府恩施地区专员公署。1955年5月，恩施地区专员公署更名为恩施专员公署。1968年1月，改恩施专区专员公署为恩施地区革命委员会。1978年11月4日，湖北省委批准成立恩施地区行政公署，撤销恩施地区革命委员会。1979年12月19日，国务院批准建立来凤土家族自治县，撤销来凤县，1980年5月21日举行成立大会。1980年4月20日，国务院批准建立鹤峰土家族自治县，撤销鹤峰县，5月25日举行成立大会。1981年11月7日，国务院批准成立恩施市，辖区为原施南镇，市、县分设；1982年4月30日举行成立大会。1983年8月19日，国务院批准撤销恩施地区，设立鄂西土家族苗族自治州，同时撤销来凤、鹤峰土家族自治县，恢复来凤县、鹤峰县，撤销恩施县，恩施县与恩施市合并为恩施市，12月1日举行自治州成立大会。全州辖恩施市、巴东县、建始县、利川县、来凤县、咸丰县、宣恩县、鹤峰县1市7县。1986年5月27日，国务院批准撤销利川县，设立利川市，10月1日举行成立大会。全州辖恩施市、利川市、建始县、巴东县、来凤县、咸丰县、宣恩县、鹤峰县2市6县。1993年4月，经国务院批准，鄂西土家族苗族自治州更名为恩施土家族苗族自治州。2005年，将州庆日由12月1日改为8月19日。

（编辑部 供稿）

【行政区划】 2021年，恩施土家族苗族自治州辖恩施市、利川市、建始县、巴东县、宣恩县、咸丰县、来凤县、鹤峰县。全州有90个乡（镇、街道），包括29个乡（其中4个民族乡）、54个镇、7个街道（恩施市新增金子坝街道、七里坪街道）；有2012个村、216个社区（其中城区社区96个，乡镇社区120个）。

（徐 蛟）

2021年恩施州行政区划情况表

表1　　　　单位：个

项目 单位	乡、镇、街道					社区			居民小组			村	村民小组
	合计	乡	其中：民族乡	镇	街道	合计	城区社区	乡镇社区	合计	城市社区居民小组	乡镇社区居民小组		
恩施市	18	7	1	6	5	43	26	17	504	418	86	165	1348
利川市	14	4	0	8	2	43	25	18	413	208	205	463	5120
建始县	10	3	0	7	0	43	13	30	369	166	203	362	3214
巴东县	12	2	0	10	0	29	9	20	356	68	288	294	3448
宣恩县	9	4	2	5	0	17	8	9	164	71	93	147	1947
咸丰县	10	3	0	7	0	17	6	11	144	82	62	192	1837
来凤县	8	2	0	6	0	12	5	7	137	101	36	184	1697
鹤峰县	9	4	1	5	0	12	4	8	80	53	27	205	1364
全　州	90	29	4	54	7	216	96	120	2167	1167	1000	2012	19975

说明：1.2021年7月，经省政府、省民政厅备案同意，将恩施市舞阳坝街道优化调整为舞阳坝街道、金子坝街道、七里坪街道3个街道。4月、12月，经恩施市政府批准，将辖区内7个村委会调整为居委会。2.2021年8月，经利川市政府批准，对建南镇、毛坝镇、团堡镇的155个村进行合村并居，优化后村减少82个，社区增加3个。3.2021年7月，经建始县政府批准，建始县合并3个村，撤销1个社区；9月，合并1个村。4.2021年7月，经咸丰县政府批准，咸丰县乡镇优化村组设置调整，村减少71个。5.2021年6月，经宣恩县政府批准，宣恩县乡镇优化村组设置调整，减少村129个

人口　民族

【人口】 2021年年末，全州户籍人口401.13万人。其中男性208.83万人，占总人口的52.1%；女性192.30万人，占总人口的47.9%。全年出生人口2.48万人，死亡人口2.62万人。出生人口性别比108.4（女性为100）。二孩人数11252人，二孩率45.4%。

（州统计局 供稿）

【民族构成与分布】 恩施州是一个多民族聚居的民族自治州，从民族成分构成看，汉族、土家族、苗族聚居，侗族、白族、回族、蒙古族等民族散杂居。从民族人口构成看，是一个以汉族、土家族、苗族为主体民族的多民族地区。土家族遍布全州各县市，主要分布在清江以南历史上属湖广土司域内的来凤县、鹤峰县、咸丰县、宣恩县和利川市5个县市，分别占当地总人口的61.74%、77.71%、83.99%、68.49%、62.98%，恩施市、巴东县、建始县3个县市的土家族分别占当地总人口的45.42%、53.6%、36.67%（据2020年恩施州第七次全国人口普查资料）。截至2021年年底，全州有4个民族乡（恩施市芭蕉侗族乡、宣恩县长潭河侗族乡、宣恩县晓关侗族乡、鹤峰县铁炉白族乡），有3个民族村（鹤峰县中营镇三家台蒙古族村、鹤峰县走马镇曲溪白族村、咸丰县黄金洞乡麻柳溪羌族村）。

【民族语言】 恩施州民族语言以汉族语言、土家族语言、苗族语言和侗族语言为主。土家语属汉藏语系藏缅语族，接近彝语支，音韵简明、词汇丰富，有着独特的语言发展规律。在史籍、方志、族谱等文献资料中，有许多土家族亲属称谓、人名、地名、官职，保存大量的土家语痕迹。恩施州苗语属汉藏语系苗瑶语族苗语东部方言，即苗语湘西方言中的西部次方言、东部土语，其语音、词汇和语法均具有湘西方言的一般特点。恩施州仍保留苗语的苗族主要操湘西方言中的花垣语，其中夹杂着少量的黔东方

言词汇，并有大量的汉语借词。侗族语言属汉藏域系壮侗语族侗水语支。侗语有南、北两种方言，方言中有土语。现在只有在交通不便的封闭山区，个别古稀的老人才会讲本民族的语言，词汇以单音词为多。

【民族习俗】 恩施州土家族、苗族、侗族、白族等都有本民族独特的风俗习惯。其中土家族有哭嫁、跳丧、牛王节、女儿会、摆手节、赶年等典型的民俗事象，苗族有侧门迎亲、三日不同宿、背布引葬、四月八、苗年、还牛愿、还猪愿等典型的民俗事象。此外，恩施州的侗族、白族、蒙古族都不同程度地保存着本民族传统的风俗习惯。全州民俗文化异彩纷呈，交相辉映，具有较大的保护开发价值。

（张恩齐）

国民经济和社会发展概况

【全州地区生产总值】 2021年，全州完成地区生产总值1302.36亿元，按可比价格计算，同比增长11.7%。其中第一产业增加值224.51亿元，同比增长12.4%；第二产业增加值299.26亿元，同比增长13.1%；第三产业增加值778.60亿元，同比增长11%。三次产业结构比17.2 : 23.0 : 59.8。全州人均地区生产总值38011元。（地区生产总值、各产业增加值及人均生产总值绝对数按现价计算，增长速度按2015年不变价格计算；根据第四次全国经济普查结果，对地区生产总值、三次产业及相关行业增加值、社会消费品零售总额等相关指标的历史数据进行了修订；根据2020年地区生产总值最终核实结果，对2020年地区生产总值、三次产业及相关行业增加值等相关指标的数据进行了修订）

【市场主体】 2021年年末，全州实有市场主体37.33万户，比2020年年末增长13.7%。其中实有企业类市场主体7.26万户，比2020年年末增长14.6%；实有个体工商户28.71万户，比2020年年末增长14.1%；实有农民专业合作社1.36万户，比2020年年末增长1.7%。全年新登记各类市场主体6.67万户，比2020年同期增长10.5%。其中新登记企业类市场主体1.41万户，比2020年同期增长17.4%。

【农业】 2021年，农林牧渔业实现总产值412.20亿元，扣除价格因素，增长15.5%。农林牧渔业实现增加值235.34亿元，扣除价格因素，增长12%（农、林、牧、渔业总产值含农、林、牧、渔服务业产值；农、林、牧、渔业增加值含农、林、牧、渔服务业增加值）。全年粮食总面积374720公顷，较2020年增长1.5%，粮食总产量147.14万吨，较上年增长2.1%。其中夏粮产量30.29万吨，较2020年增长4.3%；秋粮产量116.84万吨，增长1.5%。全年油料产量11.14万吨，下降6.4%。烟叶产量4.27万吨，增长10.9%。蔬菜产量283.34万吨，增长5.5%。茶叶产量12.65万吨，增长3.4%。园林水果产量34.74万吨，下降5.9%。全年猪牛羊禽肉产量34.59万吨，比2020年增长35.9%。其中猪肉产量31.09万吨，比2020年增长40.6%。禽蛋产量4.57万吨，比2020年增长3.4%。年末生猪存栏288.90万头，全年生猪出栏404.18万头。全州拥有农机158.82万台，农机总动力达到254.73万千瓦。

【工业、建筑业】 2021年，全州工业增加值240.37亿元，比2020年增长14.2%，其中规模以上工业增加值增长18.2%。全年规模以上工业产销率为96.8%。每百元营业收入中的成本76.62元，比2020年增加1.48元；营业收入利润率11.9%，降低0.9个百分点；每百元营业收入中的费用11.92元，减少0.27元；单位成本费用88.54元，增加1.21元；每百元资产实现年营业收入46.1元，与2020年持平；资产负债率54.5%，提高1.5个百分点。全年规模以上工业中，农副食品加工业增加值比2020年增长28.9%，酒、饮料和精制茶制造业增长13%，医药制造业增长87.6%，非金属矿物制品业增长22%，计算机、通信和其他电子设备制造业增长46.7%，电力、热力生产和供应业增长5.2%。规模以上工业企业主要产品产量：发电量106.19亿千瓦时，比2020年增长1.2%，其中水电94.18亿千瓦时，下降0.6%；精制茶6.07万吨，增长11.4%；鲜冷藏肉3.36万吨，增长66.5%；电子元件5.78亿只，增长3.2%；自来水生产量12283.92万立方米，下降0.8%；水泥487.32万吨，增长17%；商品混凝土587.91万立方米，增长30.5%；石灰石1133.57万吨，增长23.7%。全年资质内建筑业企业完成总产值105.39亿元，比2020年增长10%。建筑业增加值60.50亿元，增长9%。

【固定资产投资、房地产】 2021年，全州固定资产投资比2020年增长23.3%。分产业看，第一产业投资增长69%；第二产业投资增长15.6%；第三产业投资增长24%。民间投资增长36.3%。全年商品房施工面积1707.13万平方米，比2020年增长1.7%；竣工面积118.79万平方米，增长49.5%；销售面积351.15万平方米，增长25.9%；待售面积79.51万平方米，增长37.7%。商品房销售额183.07亿元，增长18.8%。其中住宅销售额167.48亿元，增长13.9%。

【服务业】 2021年，全州批发和零售业增加值89.38亿元，比2020年增长12.1%；交通运输、仓储和邮政业增加值39.64亿元，增长15.5%；住宿和餐饮业增加值40.41亿元，增长23%；金融业增加值69.06亿元，增长3%；房地产业增加值138.17亿元，增长8.6%；信息传输、软件和信息技术服务业增加值32.05亿元，增长23%。全年运输旅客2864.90万人次，运输货物5148.03万吨。年末全州公路通车里程达到29879千米，其中高速公路通车里程588千米。内河航道通航里程590千米，其中等级航道450千米。铁路通车里程达到307千米。恩施机场全年航班起降 1.23 万架次。年末全州民用机动车拥有量 88.99 万辆，其中民用汽车拥有量 52.06 万辆。全年完成邮政行业业务总量 9.60 亿元，完成邮政函件业务 10.65 万件，包裹业务 0.03 万件，快递业务 2128.89 万件，快递业务收入 4.23 亿元。全年完成电信业务总量 26.29 亿元。年末全州固定电话用户 14.32 万户，移动电话用户 360.02 万户，固定宽带接入用户 127.10 万户，光缆线路长度 20.14 万千米。

【贸易】 2021 年，全州实现社会消费品零售总额 686.08 亿元，比 2020 年增长 22%。限额以上商贸企业实现消费品零售总额 98.87 亿元，增长 32.4%。从限上企业经营所在地看，城镇市场实现零售额 96.74 亿元，同比增长 32%；乡村零售额 2.13 亿元，同比增长 55.8%。限额以上商贸企业通过公共网络实现的商品销售额增长 42%。全年农副产品销售总额达 196.18 亿元，同比增长 26.6%，扶贫“832 平台”实现销售额 16.33 亿元。全年限额以上单位商品零售额中，粮油、食品类零售额比 2020 年增长 34.6%，饮料类增长 21.7%，烟酒类增长 35.3%，服装、鞋帽、针纺织品类增长 9%，日用品类增长 41.3%，文化办公用品类增长 45.3%，家具类增长 56.9%，通信器材类增长 95.4%，建筑及装潢材料类增长 60.1%，石油及制品类增长 45.6%，汽车类增长 32.8%。全年实际外商直接投资 5517 万美元，比 2020 年增长 57.5%。对外贸易进出口额 8.90 亿元，增长 36.3%。其中出口 8.80 亿元，增长 35.3%。

【财政】 2021 年，全州地方财政总收入 168.75 亿元，比 2020 年增长 17.8%。其中地方一般公共预算收入 75.51 亿元，增长 31%。在地方一般公共预算收入中，税收收入 56.91 亿元，增长 29.6%。全年一般公共预算支出 376.49 亿元，下降 19.9%。其中教育支出 71.47 亿元，下降 6.9%；卫生健康支出 45.92 亿元，下降 11.2%；社会保障和就业支出 58.78 亿元，下降 17%；灾害防治及应急管理支出 4.03 亿元，下降 39.5%；农林水支出 67.58 亿元，下降 21.7%。

【金融】 2021 年，全州有 17 家银行业金融机构，金融机构网点 383 个。年末全州金融机构人民币存款余额 1728.26 亿元，比 2020 年年末增长 3.9%。其中住户存款 1307.05 亿元，人均储蓄存款余额 38484 元。金融机构人民币贷款余额 1445.27 亿元，增长 11.4%。全州有保险机构 37 家，其中财险公司 20 家、寿险公司 17 家。保险机构网点 315 个。保险中介机构 65 家。全年保险市场实现保费收入 62.50 亿元，比 2020 年增长 9.5%。其中人身险市场实现保费收入 42.66 亿元，增长 9.8%；财产险市场实现保费收入 19.84 亿元，增长 8.9%。全年支付各类赔款及给付金额 20.63 亿元，增长 6.4%。其中人身险业务赔款及给付 8.81 亿元，增长 1.6%；财产险业务赔款 11.82 亿元，增长 10.3%。华泰、长江证券公司在全州开设的股票基金账户 11.22 万个，比 2020 年增长 9.9%。全年保证金存款 2.11 亿元，下降 46.6%。交易额 782.75 亿元，增长 24.9%。（货币金融和证券数据来自人行恩施州中心支行，保险数据来自恩施银保监分局）

【科学技术】 2021 年，全州高新产业实现增加值 39.6 亿元，占全州地区生产总值的比重为 3%。全年登记科技成果 77 项，完成技术合同认定登记 12.50 亿元。年末州级以上创新平台 147 家。全年获得专利授权 1917 件，其中发明专利 85 件、实用新型专利 1088 件、外观设计 744 件。年末有效注册商标 31800 件，比 2020 年增长 62.7%。全年新注册商标 7583 件。有地理标志商标 35 件，地理标志保护产品 24 件，中国驰名商标 5 件。

【教育】 2021 年，全州有幼儿园 613 所，学前教育在园幼儿 9.95 万人。小学 458 所，招生 3.90 万人，在校学生 25.07 万人。普通中学 173 所，招生 7.53 万人，在校学生 21.63 万人。中等职业学校 12 所，招生 1.25 万人，在校学生 3.49 万人。普通高校 3 所，招生 1.63 万人，在校生 5.01 万人，毕业生 1.47 万人。特殊教育学校 8 所，招生 83 人，在校生 594 人，毕业生 123 人。

【文化、体育】 2021 年，全州有公共图书馆 9 个，书刊文献外借 11.51 万人次，图书流通 27.25 万册次；有文化馆 9 个；有博物馆 8 个，州博物馆“红色记忆”展览接待参观者 12 万人次，来凤张富清事迹展接待参观者 7 万人次。年末全州文化和旅游系统有艺术表演场馆 5 个，艺术表演团体 9 个。南剧《唐崖土司夫人》参加第六届全国少数民族文艺会演获得剧目创新奖。年末广播节目综合人口覆盖率为 99.94%；电视节目综合人口覆盖率为 99.95%。全年规模以上文化产业单位完成营业收入 32.2 亿元。全州成功举办恩施州第九届运动会、湖北恩施自行车挑战赛、巴东长江半程马拉松等群体赛事活动。完成新全民健身示范工程建设乡镇类 10 个、村级类 8 个。在第 16 届残奥会上，咸丰籍运动员袁伟译获得 1 金 1 银 1 铜。

【旅游】 2021 年，利川佛宝山、宣恩仙山贡水景区成功创建国家 AAAA 级旅游景区，利川市南坪乡名列第一批 100 个全国乡村旅游重点乡镇。全州 A 级景区达到 35 个，其中国家 AAAAA 级旅游景区 3 个，国家 AAAA 旅游景区 19 个。全年累计接待游客 6681.68 万人次，同比增长 91%，实现旅游综合收入 422.61 亿元，同比增长 109.1%。

【卫生】 2021 年，全州有各级医疗卫生机构 2864 个，其中医院 64 个、基层医疗卫生机构 2766 个、专业公共卫生机构 29 个。卫生技术人员 2.72 万人，其中执业（助理）医师 0.98 万人、注册护士 1.34 万人。实有床位数 2.80 万张，其中医院 1.86 万张、基层医疗卫生机构

0.87 万张、专业公共卫生机构 0.07 万张。

【就业】 2021 年,全州城镇登记失业率 2.9%。城镇新增就业 3.77 万人，城镇失业人员再就业 1.36 万人，就业困难人员再就业 1.03 万人，扶持创业 0.62 万人，带动就业 1.77 万人。全州外出农民工 94.87 万人，其中省内乡外就业 33.77 万人、省外就业 61.10 万人。

【居民生活】 2021 年，全年农村常住居民人均可支配收入 13307元，比 2020 年增长 11.9%；人均生活消费支出 11892 元，增长 18.2%。城镇常住居民人均可支配收入 34054 元，增长 10.1%；人均生活消费支出 26299 元，增长 20.1%。全年居民消费价格平稳运行。分类别看，食品烟酒价格下跌 1.9%，衣着价格下跌 0.4%，居住价格下跌 1.3%，生活用品及服务价格上涨 0.1%，交通和通信价格上涨 3.8%，教育文化和娱乐价格上涨 4%，医疗保健价格下跌 0.9%，其他用品和服务价格下跌 2.4%。

【社会保障】 2021 年年末，全州参加城镇职工基本养老保险人数 60.64 万人，其中企业职工基本养老保险参保人数 47.70 万人、机关事业单位基本养老保险参保人数 12.94 万人。参加城乡居民社会养老保险人数 209.75 万人,其中农村居民参保人数 207 万人。参加基本医疗保险人数 371.59 万人,其中城镇职工基本医疗保险参保人数 35.05 万人、城乡居民基本医疗保险参保人数 336.54 万人。参加失业保险人数 18.44 万人。参加工伤保险人数 25.11 万人，其中参加工伤保险的农民工 4.03 万人。参加生育保险人数 25.10 万人。年末有 0.78 万人享受城市最低生活保障,19.74 万人享受农村最低生活保障，1.72 万人享受农村特困人员救助。年末全州有各类提供住宿的民政服务机构 129 个，床位 1.57 万张。其中养老服务床位 1.54 万张,儿童服务床位 120 张。

【环境】 2021 年，全州县市城区空气质量平均优良率为 97.7%。州城空气质量优良天数为 350 天，优良率为 95.9%。县市城区可吸入颗粒物（PM_{10}）浓度均值为 38 微克/立方米，比上年上升 11.8%。县市城区细颗粒物（$PM_{2.5}$）浓度均值为 22 微克/立方米，下降 4.3%。全社会用电量 63.14 亿千瓦时，增长 13.6%。其中工业用电量 17 亿千瓦时，增长 15.7%。全年平均气温 16.3℃，比常年同期偏高 0.9℃。平均累计降水量 1461.7 毫米,较常年同期偏多 5.3%。平均日照时数 1052.4 小时,比常年同期偏少 130.3 小时。全州年末森林面积 166.56 万公顷，森林蓄积量 1.37 亿立方米，森林覆盖率 69.2%。全州有国家级自然保护区 5 个,保护区面积 14.68 万公顷。

【应急管理】 2021 年，发生一般生产安全事故 34 起，死亡 37 人。其中工矿商贸企业事故 23 起，死亡 26 人；道路交通事故 10 起，死亡 10 人。全年未发生较大及以上生产安全事故。

（州统计局、州调查队 供稿）

中国共产党恩施州委员会

CPC Enshi Prefectural Committee

综　述

【概况】　2021年，州委坚持以习近平新时代中国特色社会主义思想为指导，认真贯彻中共十九大和十九届历次全会精神及省委十一届七次、八次、九次、十次全会精神，坚持新发展理念，融入新发展格局，做好“六稳”工作，全面落实“六保”任务，全州经济社会发展和党的建设各项事业取得新成效，成为奋力建设美丽湖北绿色崛起的重要一极。2021年，坚持把党的政治建设摆在首位，聚焦庆祝中国共产党成立100周年政治大事，开展党史学习教育，将坚持“两个确立”、做到“两个维护”贯穿恩施工作全过程、各方面，不断提高政治判断力、政治领悟力、政治执行力。深化“思想引领、学习在先”机制，深入学习习近平总书记“七一”重要讲话、考察湖北、参加湖北代表团审议等重要讲话精神，及时跟进学习贯彻习近平总书记最新重要讲话和指示批示精神，进一步增强思想自觉、政治自觉、行动自觉。坚持用党的创新理论最新成果武装头脑，发挥党委（党组）理论学习中心组示范领学作用，州委理论学习中心组开展18次集中学习研讨，带动全州党员干部学习。完善党委（党组）理论学习中心组巡听旁听制度，对8个县市和38家州直单位中心组学习开展巡听旁听。开展理论宣讲活动，推动创新理论深入基层、深入人心。先后召开州委七届十一次全会、州第八次党代会和州委八届二次全会，深入学习贯彻落实中共十九届六中全会和省委十一届九次、十次全会精神，出台关于深入学习贯彻中共十九届六中全会精神，坚持“两个确立”、做到“两个维护”的决定及推进高质量发展实施方案，对加强党的政治建设和推动高质量发展作出全面部署。4月11日，恩施州召开全州领导干部会议，省委组织部宣布省委决定，胡超文任中共恩施州委委员、常委、书记；12月，在中共恩施州委八届一次全体会议上，胡超文当选为中共恩施州第八届委员会书记。

2021年6月29日，恩施州举办“红色荆楚·恩施百年红色记忆”摄影展

（州文联　供稿）

【党史学习教育】　2021年，紧扣“学史明理、学史增信、学史崇德、学史力行”要求，结合恩施实际，统筹推进“绿色山河红色魂”学习教育、“恩施红色记忆”保护传承行动、“我为群众办实事”实践活动，实现“学党史”学出坚定信仰，“悟思想”悟出真理伟力，“办实事”办出民生温度，“开新局”开启发展新篇的目标。“绿色山河红色魂”学习教育营造浓厚学习氛围，州委常委会率先垂范，先后开展党史专题学习6次，现场教学2次，学党史，悟思想。州委主要负责人带头讲党课2次，示范带领广大党员全员覆盖学，始终保持并不断提升学习党史的热情。“恩施红色记忆”保护传承行动聚焦恩施红色资源，打造文艺精品，传承红色基因，创新性开展“绿色山河红色魂”党史知识竞赛、“红色故事大家讲”和“寻找文物守护者”等特色活动。注重利用身边的先进典型开展学习教育，以张富清老英雄先进事迹为题材创作的南剧《本色》、话剧《张富清》等文艺作品相继推出，374支张富清先锋队志愿服务时长超过10万小时；“湘鄂边苏区”和“土家风情·美丽恩施”精品线路成功入选全国“建党百年红色旅游百条精品线路”；宣恩县、咸丰县、来凤县纳入长征国家文化公园主体建设范围。“我为群众办实事”实践活动紧贴群众急难愁盼，用心用情，下沉实办，全州广大党员主动申领实事项目，累计办结各类实事14万余件。中央第四巡回指导组对恩施州党史学习教育取得的成效给予肯定，中央、省委党史学习教育简报刊发恩施州经验做法信息73条。

【全面从严治党】　2021年，落实全面从严治党主体责任，健全责任链条和落实体系，实行领导干部落实主体责任全程纪实制度。定期召开州委常委会会议专题研究全面从严治党工作，经常性开展宣传教育，有效推动清廉恩施建设。开展2轮常规巡察、1轮涉粮问题专项巡察，整改各类巡察反馈问题，实现第七届州委巡察全覆盖。严格落实党管武装制度，支持国防动员建设。政法队伍教育整顿成效明显。深入推进党风廉政建设和反腐败斗争。持之以恒纠“四风”（形式主义、官僚主义、享乐主义和奢靡之风）树新风，查处享乐主义、奢靡之风问题218个，处理处分281人，查处形式主义、官僚主义问题178个，处理处分278人。保持反腐败斗争高压态势，处置问题线索5498件，立案1662件，处分1802人。开展作风建设行动，推进“小微权力”监督，整治群众身边的腐败和作风问题。开展澄清正名和打击诬告陷害工作，激发干部干事创业内生动力。抓好基层党组织和干部人才队伍建设。完成州、县、乡、村四级换届，换届风气风清气正。增强基层党组织战斗堡垒作用，整顿软弱涣散村党组织215个，新成立“两新”组织（新经济组织和新社会组织）党组织54个，推进91所乡镇党校规范化建设，轮训党员3.5万余名。出台《“硒谷英才计划”人才认定实施办法》《柔性引进“候鸟人才”实施办法》等，主动对接省级下派专家人才项目，实施人才服务基层专项行动，支持机关事业单位工作人员提升学历学位，培养本土人才。牢牢把握意识形态工作领导权和主动权，定期召开联席会议，及时防控化解风险隐患。完善意识形态工作制度，印发《恩施州党委（党组）意识形态工作责任制实施细则》《恩施州意识形态工作联席会议议事规则》等，织密意识形态安全防护网，意识形态领域安全可控。建立健全舆情引导核实回应机制，妥善处置突发事件网络舆情。加强常委会自身建设，带头遵守政治纪律和政治规矩，严格执行党内法规；带头参加“支部主题党日”活动，严肃党内政治生活，强化党内民主监督，落实“三会一课”制度，严格执行民主集中制；发扬“拼、抢、实”的状态和作风，践行一线工作法，带头深入基层发现问题、研究问题、解决问题。

【民主法治建设】 2021年，始终坚持党的领导、人民当家作主、依法治国有机统一，推进民主法治建设，为全方位推进恩施高质量发展营造良好法治环境。加强党对民主政治建设的领导。支持和保障州人大及其常委会依法行使职权，把制度优势转化为治理效能。支持政协组织充分发挥政治协商、民主监督、参政议政作用，将提案办理纳入综合考评。坚持和完善大统战工作格局，以铸牢中华民族共同体意识为主线，做好港澳台、海外统战工作，持续推进民族团结进步示范区建设。增强群团组织的政治性、先进性、群众性，发挥桥梁纽带作用。推进法治恩施建设。出台“1+4”（法治恩施建设规划、法治政府建设实施方案、“八五”普法规划、法治社会建设二十条措施、法治乡村建设实施方案）法治建设规划体系。依法审查规章《恩施土家族苗族自治州硒资源保护与利用条例实施细则》、地方性法规《恩施土家族苗族自治州齐岳山生态环境保护条例》、自治法规《恩施土家族苗族自治州茶产业发展条例》，依法审查行政规范性文件和一般性文件。推进法治政府建设，各级政府实现法律顾问全覆盖，开展重大行政决策事项目录化管理，实现重大行政决策合法性审查和集体讨论决定，开展法治政府建设示范创建，恩施州保障农民工工资支付工作体系被命名表彰为“第一批省级法治政府建设示范创建单项”。提升社会治理水平。全面贯彻总体国家安全观，坚持党对国家安全工作的领导，统筹好发展和安全，坚决维护政治安全，有效化解经济、科技、生物安全等领域重大风险。开展矛盾风险排查化解行动，专题组织开展涉稳风险排查整治，化解涉稳风险880余件。健全完善州、县、乡、村四级涉稳风险排查制度，对400余个重大项目和决策开展风险评估，社会大局和谐稳定。

【产业发展】 2021年，加快推进农业产业化，新增国家级龙头企业1家，净增省级龙头企业8家，成功创建国家级产业融合发展园区2个、省级现代农业产业园5个，成为全省唯一的国家农产品质量安全州创建单位。“恩施硒茶”“恩施土豆”等公用品牌价值不断提升。加快推进新型工业化，细化落实省“51020”现代产业体系，谋划3个千亿级产业，实施企业培育行动，新增规上工业企业92家，工业投资同比增长17.4%，工业技改投资同比增长54.8%。峡口塘水电站、走马风电投产发电。生态文化旅游业加快复苏，新增2个国家AAAA级旅游景区。

【项目建设】 2021年，180个州级重点项目完成投资291.26亿元，完成年度投资计划的117.32%。恩施机场迁建完成选址评估，沪渝蓉高铁宜昌至涪陵段正在开展可研编制，郑万高铁全线铺轨贯通，鹤峰东、宣咸高速等项目快速推进，安恩张铁路纳入省“十四五”规划，姚家平水利枢纽工程进入可研报批阶段。传化集团、雾芯科技等重大产业项目落户恩施。谋划2022年重点项目200个、年度计划投资280亿元。

【改革工作】 2021年，州及县市“四大家”领导领衔推进重大改革项目，供给侧结构性改革、“放管服”改革、要素市场化配置改革、生态文明体制改革等向纵深推进。开展“清减降放”，州、县两级事项较全省通用清单分别精简11.5%、13%。669个事项实现“全程网办”、227个事项实现“掌上办”、565个事项实现“跨省通办”，21项先行试点改革落地见效，3项改革全省推广，政务环境评价居全省第五。新增企业类市场主体1.33万户，企业活跃度位居全省第一。

【招商引资】 2021年，实施“大招商、招大商、抓落实”行动，推动招商引资“一号工程”“一把手”工程落实落细。州、县两级组建30余个招商专班，到“京津冀”“长三角”“大湾区”“闽三角”“成渝圈”等重点区域，开展专题招商活动300余次，对接目标企业近700家，传化集团、雾芯科技、华润三九等一批重大产业项目落户恩施。成功举办第六届“硒博会”。全州招商引资新签约、新开工、新投产亿元以上产业项目分别为245个、140个、81个，同比分别增长15.6%、22.8%、32.8%。10月，全省前三季度招商引资现场会在恩施州召开，恩施州在会上作交流发言。

【生态环境】 2021年，抓好治气、治水、治土相关工作，恩施州平均空气质量优良率、PM_{10}浓度、$PM_{2.5}$浓度三项指标均居全省第二位，国考、省考25个地表水考核断面、

17 个跨界考核断面水质优良率达100%。恩施州被命名为“绿水青山就是金山银山”实践创新基地（简称“两山”实践创新基地），污染防治攻坚战考核连续2年位居全省第一。

【民生事业】 2021 年，全州 80% 以上的财政支出投入民生领域。将巩固脱贫成果作为重中之重，紧盯脱贫不稳定户、边缘易致贫户、突发严重困难户，开展动态监测帮扶，确保“早发现、早干预、早帮扶”，牢牢守住不发生规模性返贫底线。推进乡村振兴，抢抓武汉对口帮扶机遇，谋划项目 543 个，统筹涉农资金 67 亿元，启动 16 个示范村、269 个重点村建设，建成中国美丽休闲乡村 9 个、省级休闲农业乡村旅游示范点 22 个。城镇新增就业 3.8 万人，基本养老保险参保率达到 95%，22.2 万名困难群众兜底保障全面到位。

（州委政研室 供稿）

重要会议

【概况】 2021 年，召开党代会 1 次，州委全体会议 5 次，州委常委会会议 50 次。召开州委经济工作会议、全州“比抓强促”暨优化营商环境大会、全州党史学习教育动员会、全州“两优一先”表彰大会、庆祝中国共产党成立 100 周年座谈会等重要工作会议。

【中共恩施州委七届十次全体会议】 2021 年 9 月 18 日，中共恩施州委七届十次全体会议举行。会议审议通过《关于召开中国共产党恩施州第八次代表大会的决议》，决定于 12 月下旬召开州第八次党代会。

【中共恩施州委七届十一次全体会议暨州委经济工作会议】 2021 年 10 月 31 日，中共恩施州委七届十一次全体会议暨州委经济工作会议举行。会议听取并讨论州委书记胡超文代表州委常委会所作的报告，州委副书记、州长夏锡璠关于经济工作的讲话。审议通过《中共恩施州委 恩施州人民政府贯彻落实〈中共湖北省委 湖北省人民政府关于新时代推动湖北高质量发展加快建成中部地区崛起重要战略支点的实施意见〉的实施方案》和《中共恩施州委七届十一次全体会议决议》。

【中共恩施州委七届十二次全体会议】 2021 年 12 月 3 日，中共恩施州委七届十二次全体会议举行。会议审议通过《中共恩施州第七届委员会报告》《中共恩施州第七届纪律检查委员会工作报告》《中共恩施州委常委会 2021 年抓党建工作情况报告》，决定于 12 月 6—9 日召开州第八次党代会。

【中共恩施州第八次代表大会】 2021 年 12 月 6—9 日，中共恩施州第八次代表大会召开。大会听取和审查州委书记胡超文代表中共恩施州第七届委员会所作主题为“勇担使命、开拓进取，为把恩施建设成为美丽湖北绿色崛起的重要一极不懈奋斗”的报告，审查中国共产党恩施州第七届纪律检查委员会工作报告，选举中国共产党恩施州第八届委员会和中国共产党恩施州第八届纪律检查委员会。

2021 年 12 月 7 日，中国共产党恩施土家族苗族自治州第八次代表大会举行

（曾 伟 摄）

2021 年 10 月 31 日，中共恩施州委七届十一次全体会议暨州委经济工作会议举行

（梅 珂 摄）

【中共恩施州委八届一次全体会议】 2021年12月9日，中共恩施州委八届一次全体会议举行。会议选举产生中共恩施州第八届委员会常务委员会委员、书记、副书记。胡超文当选为中共恩施州第八届委员会书记，夏锡璠、尹达当选为中共恩施州第八届委员会副书记，胡超文、夏锡璠、尹达、吕星、张远梅、张森、龚鸿斌、田金培、向红林、单艳平、刘智勇11人当选为中共恩施州第八届委员会常务委员会委员。会议通过中共恩施州第八届纪律检查委员会第一次全体会议选举结果。

【中共恩施州委八届二次全体会议】 2021年12月30日，中共恩施州委八届二次全体会议举行。州委书记胡超文代表州委常委会就《中共恩施州委关于深入学习贯彻党的十九届六中全会精神 坚持"两个确立"做到"两个维护"的决定（草案）》起草情况作说明并讲话。会议审议通过《中共恩施州委关于深入学习贯彻党的十九届六中全会精神 坚持"两个确立"做到"两个维护"的决定》。

【州委常委会会议】 2021年，召开州委常委会会议50次。1月8日，传达学习习近平总书记在中央农村工作会议等会上的重要讲话精神，传达学习《关于高质量做好2021年领导干部报告个人有关事项工作的通知》，审议相关文件及报告。1月15日，传达学习习近平总书记在省部级主要领导干部学习贯彻中共十九届五中全会精神专题研讨班开班式上的重要讲话精神，传达学习《中共中央、国务院关于实现巩固拓展脱贫攻坚成果同乡村振兴有效衔接的意见》等。2月2日，传达学习十九届中央纪委五次全会、省纪委十一届五次全会精神，听取州纪委监委工作汇报，研究部署2021年党风廉政建设和反腐败工作等。2月22日，听取全州政法工作等情况汇报，审议《中共恩施州委常委会2021年工作要点（讨论稿）》等。3月4日，传达学习全国、全省党史学习教育动员大会精神，听取相关工作汇报，部署下阶段工作。4月11日，听取全州安全生产、信访和组织工作情况汇报，审议《全州"两优一先"推荐表彰工作建议方案》等。4月27日，传达学习中央和省有关文件精神，传达学习省委书记应勇，省委副书记、省长王晓东关于全省区域发展布局、县域经济工作、"高效办成一件事"的讲话和批示精神，审议有关事项。6月11日，研究部署全州生态环境保护督察反馈问题整改等工作。6月23日，传达学习省委十一届九次全会精神，部署全州贯彻落实措施。7月2日，传达学习习近平总书记在庆祝中国共产党成立100周年大会、"七一勋章"颁授仪式、中共中央政治局第三十一次集体学习时的重要讲话精神等。7月30日，听取全州防汛救灾工作、申办第八届全国大众冰雪季启动仪式（恩施分会场）活动等情况汇报。8月6日，听取2021年上半年全州意识形态工作情况汇报。10月15日，听取全州粮食安全工作情况汇报，研究部署全州粮食安全工作。10月29日，审议2020年度州对县市和州直部门乡村振兴考核情况，听取姚家平水利枢纽工程推进等情况汇报。11月15日，传达学习中共十九届六中全会精神，部署全州贯彻落实工作。12月24日，听取《政府工作报告（审议稿）》等，审议《中共恩施州委关于深入学习贯彻党的十九届六中全会精神 坚持"两个确立"做到"两个维护"的决定》《恩施州发展大旅游实施方案（2021—2025年）》等。12月30日，传达学习省委副书记、省长王忠林在恩施调研时的讲话要求等，听取数字政府建设、大产业谋划论证工作情况汇报，审议《恩施州大产业实施方案（2022—2026年）》等。

【州委经济工作会议】 2021年1月4日，州委经济工作会议举行，总结2020年全州经济工作，分析当前经济形势，研究部署2021年全州经济工作。会议强调，谋划经济工作，要坚持用全面、辩证、长远的眼光看待恩施州发展形势。做好2021年经济工作，要立足新发展阶段，贯彻新发展理念，服务构建新发展格局，全力推动恩施州经济社会高质量发展。

【全州"比抓强促"暨优化营商环境大会】 2021年2月19日，全州"比招商、抓项目、强产业、促进位"暨优化营商环境大会召开。会议通报2020年全州"比抓强促"工作及优化营商环境工作情况，部署全州招商引资、项目建设、产业发展和优化营商环境工作，恩施市作交流发言，咸丰县作表态发言。

【全州党史学习教育动员会】 2021年3月7日，全州党史学习教育动员会暨州委常委会2020年度民主生活会情况通报会召开。会议强调，要深入学习贯彻习近平总书记在党史学习教育动员大会上的重要讲话精神，认真落实党中央部署和省委要求，深入开展党史学习教育，引导全州上下从党史学习教育中汲取智慧和力量，做到学史明理、学史增信、学史崇德、学史力行，以昂扬姿态奋力谱写恩施州高质量发展新篇章。

【全州县域经济、营商环境和"比抓强促"推进会】 2021年5月8日，全州县域经济、营商环境和"比抓强促"推进会召开，会议通报一季度经济运行情况及2020年优化营商环境考核结果，分析研判当前经济形势，部署下阶段工作，咸丰县、恩施市作交流发言，巴东县、来凤县作表态发言。

【全州"两优一先"表彰大会】 2021年6月25日，全州"两优一先"（优秀共产党员、优秀党务工作者、先进基层党组织）表彰大会召开。来自全州各条战线、在工作中取得优异成绩的100名共产党员、99名党务工作者、119个基层党组织，分别被授予"全州优秀共产党员""全州优秀党务工作者”“全州先进基层党组织”荣誉称号。

【州委巡察工作会议】 2021年1月7日，州委书记柯俊主持召开专题会，听取七届州委第十三轮巡察情况汇报，研究部署下阶段工作。2月20日，州委召开专题会议听取七届州委第十四轮巡察情况汇报，研究部署2021年巡察工作。5月28日，州委书记胡超文主持召开专题会，传达学习全国巡视工作会议暨十九届中央第七轮巡视动员部署会精神，听取七届州委第十五、十六轮巡察情况汇报，研究部署下阶段工作。

【省委专项巡视组进驻恩施见面通报会】 2021年9月25日，省委第十一专项巡视组进驻恩施见面通报会召开，通报相关情况，州委书记胡超文作表态发言。根据省委巡视工作统一部署，省委第十一专项巡视组对恩施州委开展为期一个月的涉粮问题专项巡视。

（徐焘 周鹏）

上级调研

【中央第三生态环境保护督察组到恩施州调研】 2021年9月14—15日，中央第三生态环境保护督察组到恩施州相关县市调研乡村生态振兴、清江流域综合治理、工业企业污染防治和环保督察交办信访件整改等情况。

【应勇到恩施州调研】 2021年10月24—26日，省委书记应勇到鹤峰县、来凤县、利川市、建始县、巴东县等县市，进深山、走乡村、访企业、察生态，调研生态文明建设、党史学习教育、乡村振兴、民族工作和经济社会高质量发展等情况。26日下午，应勇主持召开座谈会，听取恩施州经济社会发展情况汇报，与省直有关部门就进一步支持恩施州高质量发展进行研究讨论。

【王忠林到恩施州调研】 2021年12月26日，省委副书记、省长王忠林到恩施市相关企业、乡村、农户家中，调研产业发展、脱贫攻坚与乡村振兴有机衔接美丽乡村建设、生态环境保护等工作。调研中王忠林对恩施州经济社会发展和脱贫攻坚工作成效给予肯定。

（徐焘 周鹏）

州委办公室

【概况】 2021年，州委办公室科学统筹重点工作、重要会议、重大活动，全年直接承办、参与承办、协调指导办理各类大小会议160余次，承办州委常委会会议50次，州委全会5次，服务副部级及以上领导接待活动40余人次。顺利完成第二轮第四批中央生态环保督察、全国乡村振兴干部培训工作研讨班、省委书记应勇到恩施州调研、湖北省粮食安全专项巡视、武汉市对口支援恩施座谈会、州第八次党代会等重大任务的服务保障工作，做到零差错、零失误。

【综合服务工作】 2021年，提高文稿服务质效，牵头起草《恩施州安全稳定风险防范化解机制》等重要文稿，《学沪浙精髓，促发展突围》和《国家种源战略安全背景下恩施州特色种业振兴的优劣势及对策研究》2个课题入围2021年度恩施州社会科学重大课题。《发动思想引擎，服务绿色崛起》等6篇文稿在《党办工作》刊发，多篇文稿在《政策》《湖北日报》及省优化办简报上发表。党内法规工作年度考核满分，41件党内规范性文件通过省委办公厅审核，完成对现行有效的244件州委规范性文件第三次清理工作。公文收发高效、闭环，收处各类文电1万余份，提出“拟办意见”3000余条，“拟办意见”被领导采用率接近100%。档案工作持续深化“放管服”改革，材料压减率40%，全州档案事业发展“十四五”规划编制出台。省委国安办编发恩施工作经验简报2期，恩施州在“宜荆荆恩”片区国家安全工作座谈会上作典型发言。恩施州2021考核年度党委信息工作得分排名全省第四，恩施市、利川市、咸丰县、来凤县、鹤峰县党委信息工作在全省113个县市区中排名进入第一方阵。编发《直报信息》226期，供州委决策参考。

【驻点帮扶工作】 2021年，做好驻洞下槽村、鹿子渡村和官坡社区工作。巩固拓展脱贫攻坚成果与乡村振兴有效衔接，2个联系村高质量通过省后评估。洞下槽村探索乡村振兴新路径，打造农旅、文旅综合体，构建村集体经济组织、市场主体、全体村民产权和收益分配关系明晰的利益联结共同体，脱贫攻坚及乡村振兴经验先后在中央电视台《新闻联播》、人民网、新华网等媒体上推介。驻洞下槽村工作队获得“湖北省脱贫攻坚先进集体”称号，洞下槽村党总支获得“全国先进基层党组织”称号。鹿子渡村谋划乡村振兴总体规划，依托菩萨洞、桃花谷漂流等旅游资源，发展休闲观光旅游，争取资金改善小学办学条件，协调州直有关单位支持改善基础设施，提升公共服务水平。官坡社区坚持将党的建设融入基层治理、保障基层治理，坚持大党委联席会议制度，全年召开联席会议6次，协调州直有关单位办理实事10余件，聚焦发展要务，谋划经营项目，探索发展集体经济，增强社区服务“造血”能力。

【干部能力提升】 2021年，开展干部职工“能力素质提升年”活动，锻炼党员干部“开口能说、提笔能写、问策能对、遇事能办”的能力。组织中心组学习23次，选派业务骨干到县市和州直部门授课20余次，组织知识测试7次，编印党员干部心得体会4辑近180篇，选派2名干部到武汉市挂职学习，选派5名青年干部驻村（社区）锻炼。机关代表队在2次州直机关党史知识竞赛中均取得第一名。建立州委办公室领导班子成员联系县市委办公室工作机制，探索实行机关党支部与州直部门、村（社区）党建联建模式。举办全州党委办公室主任暨业务工作培训班，邀请省委办公厅领导专题辅导。

【问题整改】 2021年，以州委巡察为契机，全面推进机关党建查漏补缺、提质增效，州委第二巡察组反馈的14个面上问题全部整改到位。对中央和省环保督察反馈的问题，全部整改到位。服务州委落实党风廉政建设主体责任，制定重点工作计划，提醒工作落实，确保知责明责、履职尽责。

【荣誉】 2021年6月，匡乐轩被省委表彰为“全省优秀党务工作者”。9月，国家机关事务管理局、中共中央直属机关事务管理局、国家发展改革委员会、财政部联合授予州委办公室“国家级‘节约型机关’”称号。

（徐 焘 周 鹏）

组织工作

【概况】 截至2021年年底，全州有基层党组织7054个，其中基层党委302个，党总支404个，党支部6348个。有党员169646名，其中农村党员84820名，女性党员43386名，少数民族党员100425名，大专及以上学历党员71069名。2021年新发展党员5813名，其中新发展35岁以下青年党员4410名，女性党员2702名，少数民族党员3611名，生产工作一线党员4102名，大专及以上学历党员2968名。全州有公务员（含参公人员）18652人，其中女性5253人，少数民族14062人，党员14980人，35岁及以下6331人，研究生学历1031人。全州党政机关干部中，县处级正职166人，县处级副职530人，正科级1871人，副科级3201人。全州人才总量为35.13万人，其中党政人才2.49万人，企业经营管理人才0.35万人，专业技术人才7.8万人，技能人才18万人，农村实用人才6.17万人，社会工作人才0.32万人。4月，州委组织部四级主任科员穆柚全被省委、省政府表彰为“湖北省脱贫攻坚先进个人”。

【颁发“光荣在党50年”纪念章】 2021年，采取县级示范颁发一批、基层举行仪式颁发一批、领导干部上门颁发一批等方式，为全州党龄达到50年、一贯表现良好的1.53万名老党员颁发“光荣在党50年”纪念章。

【“我为群众办实事”实践活动】 2021年，根据党史学习教育部署，印发《恩施州“我为群众办实事”实践活动实施方案》，在全州开展“我为群众办实事”实践活动，推动广大党员学党史、悟思想、办实事、开新局。按照“小切口、影响大、能办到、群众直接受益”的要求，州“四大家”领导领办19个重点民生项目，各县市和州直单位党员领导干部领办800余项实事项目，全州16万余名党员分层分类承诺践诺，开展“我是党员当先锋”“我为群众解难题”“争做党员志愿者”活动，帮助群众解决急难愁盼问题。

【干部教育培训】 2021年，发挥州级党校主阵地、主渠道作用，将学习习近平新时代中国特色社会主义思想作为主业主课，将学习贯彻党章和宪法作为必修课，开展理论教育和党性教育，两类课时量合计占主体班总学时的75.3%，各主体班次中学习习近平新时代中国特色社会主义思想课时量占总学时66.4%。全年完成10个州级主体班17个班次的培训，培训各级干部1300余人次。

【州、县、乡领导班子集中换届】 2021年集中换届启动以来，坚持将党的领导贯穿换届工作始终，州、县、乡均成立由党委书记任组长的换届工作领导小组，组建换届办公室，设立综合组、人事组、代表委员组、监督组。加强组织把关，严格资格条件，规范推荐提名，加强审查考察，提高代表委员质量。全州共选出州党代表405名、人大代表419名、政协委员386名；共选出县市党代表1999名、人大代表2016名、政协委员1657名；共选出乡镇党代表6484名、人大代表6107名。坚持新时代好干部标准，注重选拔“头脑清、眼界宽、肩膀硬、步子稳、腰板正”的干部，开展换届考察，优化领导班子结构，选优配强党政领导班子正职。加强换届风气监督，坚持“教育在先、警示在先、预防在先”，教育引导各级干部严守换届纪律。州级层面组建换届风气巡查组4个，开展县、乡换届风气巡查3轮。全州发放严守换届纪律提醒卡3.04万份、提醒函1.18万份、签订承诺书1.35万份，组织观看教育警示片《警钟长鸣》2万余人次。州、县、乡换届选举顺利完成，换届风气清明清正清新，达到“绘出好蓝图、选出好干部、配出好班子、树立好导向、形成好气象”的“五好目标”。

【党建引领城市基层治理】 2021年，巩固拓展机关企事业单位党组织和党员干部下沉社区常态化、街道管理体制改革、社区工作者队伍建设、城市社区书记事业岗位管理、新时代志愿服务工作成果，持续推动治理重心下移、力量下沉、资源下沉，夯实社区治理基础。加强社区党组织的统筹作用，建立党组织领导下的居委会、业委会和物业服务企业“三方联动”机制。推进“红色物业”“红色业委会”建设，494个业委会党员比例达到60%以上。按照“8+X”模式（一批红色书刊、一套饮水设备、一组桌椅、一套文体活动用品、一批雨伞、一套应急充电设施、一批急救物品、一套服务机制；八项基本服务项目外，根据实际情况创新拓展服务内容），在全州高标准建成“红色驿站”161个，覆盖居民100余万人，进一步补齐社区阵地短板，提升服务群众能力。

【村（社区）集中换届】 2021年，落实中组部和省委组织部工作要求，完成全州2012个村、215个社区“两委”换届选举。新一届村党组织书记调整面达到37%，平均年龄为43.7岁，中专高中以上学历达到89.76%，大专以上学历达到46.22%；新一届社区党组织书记调整面达到43%，平均年龄为42.1岁，中专高中以上学历达到100%，大专以上学历达到85.58%，实现年龄、学历“一降一升”目标。

【优化乡村党组织体系】 2021年，稳慎推动宣恩县、咸丰县、利川市的3个乡镇完成行政村布局优化调整，共减少行政村279个（宣恩县减少129个、咸丰县减少71个、利川市减少79个），有效解决部分村级组织资源统筹难、选人用人难、工作保障难等问题。推行“乡镇党委—村党组织—村民小组（网格）党支部（党小组）—党员中心户”四级组织架构，加强农村基层党组织在乡村治理和乡村振兴中的引领作用。常态化整顿软弱涣散基层党组织，倒排的215个软弱涣散党组织均按照“四个一”（1名县级领导联村、1名乡镇领导包村、1名“第一书记”驻村、1个县以上机关单位结对）和“一村（社区）一策”要求，全部实现整顿转化提升。

【基层工作保障】 2021年，全年争取各级财政和党费资金6600万元，引导扶持104个村发展壮大新型村级集体经济，支持6个村建设红色美丽村庄试点。争取省财政增加投入8764万元，州级财政新增投入3425万元，按照村主职干部每年报酬不低于4万元、副职报酬不低于主职70%、办公经费不低于2万元、村级事务必要支出经费不低于5万元的标准，加强基层工作保障。

【乡镇（街道）党校规范化建设】 2021年，出台《恩施州乡镇（街道）党校规范化建设“十有”标准（试行）》文件，按照“有组织机构、有教学场地、有实训基地、有教学设备、有授课师资、有教学课程、有教育计划、有规章制度、有经费保障、有培训实效”的标准，推进全州91所乡镇（街道）党校规范化建设，链接红色教育、绿色产业发展、基层治理等现场教学点160余个，打通党员教育培训“最后一公里”。乡镇（街道）党校规范化建设经验被推荐到中组部，并在2021年7月全省党员教育业务骨干培训示范班上进行专题交流。

2021年12月12日，宣恩县高罗镇埃山村村民委员会换届选举投票现场

（刘友春 摄）

【建设“司机之家”】 2021年，依托华硒物流园高标准建设“司机之家”，探索推行“1名交警党员+1名物流职能部门党员+N名货运司机”的联系服务机制，创新打造道路货运领域党建工作试点。该项工作成效在2021年度市州和部分单位党委（党组）书记抓基层党建工作述职评议会议上，得到省委主要领导肯定。

【干部监督】 2021年，坚持将政治监督摆在首位，加强经常性政治体检。常态化监督领导干部履职情况，加大不担当不作为问题监督处置力度，落实“三个区分开来”（把干部在推进改革中因缺乏经验、先行先试出现的失误和错误，同明知故犯的违纪违法行为区分开来；把上级尚无明确限制的探索性试验中的失误和错误，同上级明令禁止后依然我行我素的违纪违法行为区分开来；把为推动发展的无意过失，同为谋取私利的违纪违法行为区分开来）要求，正确把握干部在工作中出现失误错误的性质和影响。全州各地各单位党委（党组）运用监督执纪“第一种形态”3696人次。深化选人用人监督，州本级开展任前监督94批、1781人次，办理任前公示26批、275人次，办理和查核公示举报件10件，终止提拔任用程序和取消提拔任用资格52人。做细干部日常监督，抓好《领导干部报告个人有关事项规定》《领导干部个人有关事项报告查核结果处理办法》的贯彻执行，全州填报个人有关事项873人，州本级共查核693人，州本级查核一致率提升至91.86%。严格因私出国（境）管理监督，做到人员信息“应备尽备”、证件“应收尽收”、违规“应处尽处”。协调开展领导干部经济责任审计，对9个单位11人开展经济责任审计。

【公务员和选调生招录】 2021年，坚持依法考录、公平考录、科学考录、安全考录。全州考录公务员512人，县乡职位的考录人数占比达85.8%，22%的职位学历要求放宽到大专及以上，33%的职位不限专业，不少于30%的乡镇职位定向招录村（社区）干部。围绕建设高质量后备干部队伍，加大选调生选拔培养力度，定向选拔引进生3名

(清华大学1名、上海交通大学1名、华中科技大学1名),定向招录7名选调生到州直单位工作,集中招录63名选调生到乡镇工作。

【人才工作】 2021年,推动县市人才工作领导小组和州直重点人才工作部门在州委人才工作领导小组会议上述职,将人才工作纳入年度考核。出台《恩施州"硒谷英才计划"人才认定实施办法》《恩施州柔性引进"候鸟人才"实施办法》等政策,不断完善全州人才工作政策体系。将"候鸟人才"工程由试点向全州推广,一批"候鸟"型人才在硒资源开发利用、农产品精深加工等领域发挥作用。承办"中国博士后科技服务团恩施行"活动,促成16名专家为22个项目提供科技服务。新增国家科技企业孵化器1家、省级星创天地2家、院士专家工作站6家、州级企校联合创新中心26家,争取到4名中央"博士服务团"、11名省派"博士服务团"、27名"科技副总"、27名"院士专家企业行"专家和52名武汉市援派专技人才。首次采用"同台竞技、差额遴选"的办法,遴选下派州级科技特派员55人,其中博士21名。

【获中共中央"两优一先"表彰的个人和集体】 2021年6月,咸丰县清坪镇原党委委员、纪委书记,县监察委员会派出清坪镇监察室原主任谢睿(因公牺牲)被中共中央表彰为"全国优秀共产党员";巴东县绿葱坡镇野花坪村党支部书记、村委会主任王祖华被中共中央表彰为"全国优秀党务工作者";恩施市白杨坪镇洞下槽村党总支被中共中央表彰为"全国先进基层党组织"。

【获省委"两优一先"表彰的个人和集体】 2021年6月,恩施市芭蕉侗族乡枫香坡侗寨生态农业专业合作社理事长马苏娥;恩施市白果乡政府退休干部、老年党支部书记,两河口村老年服务中心会长张必斗;利川星斗山红茶有限责任公司董事长、总经理卓万凯;利川市融媒体中心副主任谭启明;建始民族医院呼吸与危重症医学科主任陈刚;建始县公安局红岩寺派出所所长张涵;巴东县公共就业和人才服务局副局长,茶店子镇天保山村驻村工作队队长、第一书记田恒蜜;宣恩县珠山镇上湖塘社区党委书记、居委会主任汪明菊;来凤县翔凤镇花园堡社区党委副书记、盐街片区党支部书记连芳;鹤峰县五里乡金泰牧家庭农场法人宋庆礼;咸丰县退役军人事务局党组书记、局长,机关党支部书记田新民;恩施高新技术产业园区行政审批服务局局长、一级主任科员邓鹏飞12人被省委表彰为"全省优秀共产党员"。恩施市太阳河乡茅湖淌村党支部书记、村委会主任郑家军;恩施市红土乡稻池村党支部书记、村委会主任黄大忠;利川市柏杨坝镇友好村党支部书记陈孟秋;利川市都亭街道桃花社区党委书记谢芬;建始县长梁镇党委书记、四级调研员胡北平;建始县委组织部副部长、县委两新工委书记、一级主任科员熊尚立;宣恩县中西医结合医院党支部书记、院长麻祖念;咸丰县政协党组成员、副主席、三级调研员严克远;来凤县城市客运有限公司党建指导员、县人大常委会办公室退休干部周国祥;鹤峰县卫生健康局党组副书记、县中心医院党委书记骆渊海;州委副秘书长、州委办公室主任,机关党委书记,一级调研员匡乐轩;州纪委常委,纪委监委机关党委书记严芳12人被省委表彰为"全省优秀党务工作者"。恩施市盛家坝镇二官寨村党支部、州政府扶贫开发办公室党支部、恩施市小渡船街道机场路社区党总支、恩施土家女儿城商圈党委、建始县茅田乡党委、咸丰县中医医院党委、巴东县第一高级中学党总支、利川市建南镇老年党支部、宣恩县椒园镇黄坪村党支部、来凤县翔凤镇三官坪社区党委、巴东县沿渡河镇罗溪坝社区党支部、利川市谋道镇中坝村党支部、利川市汪营镇清江村党支部、建始县高坪镇青里坝村党支部、建始县市场监督管理局党委、巴东县大支坪镇岭岗村党支部、宣恩县高罗镇麻阳寨村党支部、咸丰县唐崖镇彭家沟村党支部、鹤峰县容美镇唐家铺村党支部、来凤县大河镇黑家坝村党支部、鹤峰县疾病预防控制中心党支部、湖北民族大学附属民大医院内科第四党支部22个基层党组织被省委表彰为"全省先进基层党组织"。

【全州"两优一先"表彰】 2021年6月25日,恩施州召开"两优一先"表彰大会,100名共产党员、99名党务工作者、119个基层党组织,分别被州委表彰为"全州优秀共产党员""全州优秀党务工作者""全州先进基层党组织"。

(李 俊)

宣传工作

【概况】 2021年,全州宣传思想战线坚持以习近平新时代中国特色社会主义思想为指导,学习贯彻中共十九大和十九届历次全会精神,贯彻落实党中央决策部署和省委、州委工作要求,坚持"两个确立"、做到"两个维护",突出庆祝中国共产党成立100周年这条主线,聚焦举旗帜、聚民心、育新人、兴文化、展形象的使命任务,围绕中心、服务大局,守正创新、真抓实干,为恩施州"十四五"规划开好局、起好步提供思想保证和精神动力。

【组织领导】 2021年3月9日,召开全州宣传部部长会议。会议强调全州宣传思想工作要按照高举"一面旗帜"、贯穿"一条主线"、创新"三项机制"[党委(党组)中心组学习巡听旁听机制、新闻和文艺优秀作品激励机制、新时代文明实践中心与县级融媒体中心联动发展机制]、突出"四个着力"(着力坚守意识形态安全和舆论环境平稳底线、探索传统媒体和新媒体融合发展路径、拓展乡村文化振兴和乡风文明建设行动、推动文化事业发展和文旅产业恢复振兴)、培强"五支队伍”（理论宣讲员、新闻通讯员、网宣员、文化文艺人才、宣传战线干部队伍）总体工作思路，推进全州宣传思想工作。8月5日，州委书记胡超文到州委网信办、州委理论信息中心、恩施日报社、州广播电视台调研，主持召开州委宣传思想工作领导小组会议，会议汇报全州宣传思想工作情况。

【理论武装】 2021年，坚持将学习宣传贯彻习近平新时代中国特色社会主义思想作为首要政治任务。发挥党委（党组）理论学习中心组示范领学作用，州委理论学习中心组开展18次集中学习研讨，带动全州党员干部开展学习。完善党委（党组）理论学习中心组巡听旁听制度，对8个县市和38家州直单位中心组学习开展巡听旁听。组织“两团多队”（党委宣讲团、青年宣讲团，普法宣讲队、职工宣讲队、巾帼宣讲队、企业宣讲队）开展理论宣讲活动，州委宣讲团举办党史学习教育、习近平总书记“七一”重要讲话精神、中共十九届六中全会精神等3轮、52场次集中宣讲。利用“学习强国”等在线平台开展理论学习宣传，全州学员15万人，发稿300余篇。组织社科专家开展理论研究阐释，评选重大课题12项、重点课题20项、优秀课题48项。全省社科理论故事节目《是这个理》以《山城“红背心”》为题，解读恩施州志愿服务工作。

（陈国清）

【意识形态工作】 2021年，将意识形态工作纳入州委常委会工作要点，纳入州委全会报告。州委常委会2次研究部署意识形态工作。修订完善意识形态工作制度，印发意识形态工作相关文件，健全党委统一领导、党政齐抓共管、宣传部门组织协调、有关部门分工负责的工作格局。全年召开2次全州意识形态工作联席会，开展全州网络意识形态工作专题培训。坚持日收集、周汇总、月研判、半年会议、年报告的意识形态工作机制，织密意识形态安全“防护网”。2021年3月至4月，根据七届州委第十五轮、十六轮巡察安排，对10家被巡察单位同步开展意识形态工作专项检查。加强对各类思想文化社团、各类学校、各类文化场馆、各类文艺创作传播机构及作品、各类报告会、研讨会、讲座、论坛等意识形态阵地的管理。开展“扫黄打非”工作，持续开展文化市场执法检查，严肃查办各类案件，查封非法出版物7000余册（盘）。

（余启鑫）

【党史学习教育】 2021年，统筹推进“绿色山河红色魂”学习教育、“恩施红色记忆”保护传承行动、“我为群众办实事”实践活动。组织党员干部认真研学指定书目，举办专题读书班、党史知识竞赛、寻找革命文物守护者等活动。加强“四史”（党史、新中国史、改革开放史、社会主义发展史）宣传教育，开展百姓宣讲活动，组织“红色故事大家讲”走进高校。推进红色资源保护利用，编印《中国共产党恩施州100年大事记》《恩施红色故事》《恩施州革命遗址遗迹总览》等书籍，推动实施《恩施州革命文物保护利用三年行动方案（2021—2023）》。建设长征国家文化公园（恩施段），恩施州2条线路入选全国“建党百年红色旅游百条精品线路”。开展“我为群众办实事”实践活动，全州各级党组织和党员为群众办结实事14万余件。总结“五个聚焦”（聚焦目标任务、学思践悟、红色文化、急难愁盼、互促共进）、“五个推动”（推动责任落实、入脑入心、保护传承、落地见效、改革发展）工作经验，在中央、省委相关简报刊发信息73条，省级以上主流媒体刊播新闻报道1000余条。

2021年6月28日，由州党史学习教育办公室主办，州委理论信息中心、州广播电视台、州档案馆承办的州直单位“绿色山河红色魂”党史知识竞赛决赛现场

（田代明 摄）

【新闻宣传】 2021年，围绕庆祝中国共产党成立100周年、党史学习教育、乡村振兴、优化营商环境、政法队伍教育整顿、文旅融合发展、基层社会治理、扩大改革开放、重点项目建设、特色产业发展、民生保障、民族团结进步、全面从严治党、法治恩施建设等30多项重点工作开展宣传报道，加强对经济社会热点问题的引导，巩固壮大主流思想舆论，找到改革发展“最大公约数”，营造绿色崛起、赶超跨越氛围。围绕各专项宣传明确重点、组织策划和安排，构建网上网下一体、州内州外宣传联动的宣传格局。督办各类媒体开设“甘当服务企业的店小二”专栏，以恩施州工作成效为宣传重点，及时刊发相关稿件，全年在省级以上主流媒体刊发稿件1400余条，位居全省第一方阵。7月27日，省政府新闻办将全省“营商环境看实招”系列

新闻发布会首站安排在恩施州召开，各级主流媒体聚焦推介恩施州优化营商环境改革创新经验。持续推进新闻发布规范化建设，组织开展州直重点部门新闻发言人培训班，协调参与省级新闻发布会2场，在省级发布平台介绍优化营商环境等工作的恩施做法、恩施经验。围绕政法队伍教育整顿、茶叶科技年会、州第八次党代会等重点工作组织召开新闻发布会。全年全州在省级及以上主要媒体刊发各类稿件13500余条，其中《人民日报》70条、新华社800余条、中央电视台204条（其中《新闻联播》8条）。

2021年中央主要媒体稿件报道恩施州情况表

表2

序号	媒体名称	报道标题	版面/栏目	发布时间
1	人民日报	武汉协和医院连续十六年对口支援湖北鹤峰县——八成病人在县医院就能治疗(奋斗百年路 启航新征程·同心奔小康)	2版	2021年5月5日
2	人民日报	从城市到乡村,从机关到学校 荆楚大地涌起党史学习热潮(提及恩施州学习党史情况)	19版	2021年5月18日
3	人民日报	砥砺前行 凝心聚力守初心(有张富清)	7版	2021年5月23日
4	人民日报	张富清:深藏功名 初心不改(奋斗百年路 启航新征程·数风流人物)	7版	2021年6月16日
5	人民日报	德耀中华 第八届全国道德模范候选人事迹(有万其珍)	16版	2021年7月15日
6	人民日报	湖北恩施推动"整村授信",覆盖超八成行政村 农户想融资 有了新法子	14版	2021年8月6日
7	人民日报	战斗英雄张富清——"永远听党话,跟党走"(奋斗百年路 启航新征程·"共和国勋章"获得者)	5版	2021年9月27日
8	人民日报	一笔一画描绘法治中国宏伟蓝图——深入学习贯彻习近平法治思想综述(提及恩施依据传统民歌改编为公安反电诈版"六口茶")	1版	2021年11月8日
9	人民日报	院坝协商记(深阅读·关注基层民主协商)(报道咸丰县开展"协商在一线"活动)	4版	2021年11月22日
10	人民日报	第八届全国大众冰雪季在湖北启动(在武汉市、恩施州、神农架林区三地同时启动)	15版	2021年12月20日
11	人民日报	2021年度"新时代好少年"简要事迹(有宣恩县沙道沟镇民族初级中学八年级学生王凌云)	2版	2021年12月26日
12	人民日报海外版	云上会议广泛应用 协同办公成为趋势 数字化赋能办公带来多少改变?(有利川市"一条数字脱贫路")	8版	2021年1月26日
13	人民日报海外版	湖北恩施:旅游市场复苏	3版	2021年4月29日
14	人民日报海外版	英雄湖北再创辉煌(红色地标巡礼·湖北篇)(有恩施"小康路上景如画")	12版	2021年7月21日
15	人民日报海外版	在湖北,感受冰雪热情(有绿葱坡滑雪场)	9版	2021年12月29日
16	中央电视台	土家藤茶焕新生	CCTV-17农业农村频道《田间示范秀》	2021年1月6日
17	中央电视台	四方石村的变迁(11)	CCTV-17农业农村频道《攻坚日记》	2021年1月10日
18	中央电视台	乡村振兴人物榜展播——许群群	CCTV-17农业农村频道《三农群英汇》	2021年1月26日
19	中央电视台	世界硒都 魅力恩施	CCTV-4中文国际频道《中国地名大会》	2021年1月30日
20	中央电视台	四方石村的变迁(12)	CCTV-17农业农村频道《攻坚日记》	2021年2月1日

续表2

序号	媒体名称	报道标题	版面/栏目	发布时间
21	中央电视台	湖北恩施：要过年了 打糍粑去！	CCTV-2财经频道《正点财经》	2021年2月8日
22	中央电视台	年味发明之腊肠飘香	CCTV-17农业农村频道《我爱发明》	2021年2月15日
23	中央电视台	地名天梯竞速赛 利川冯国廷VS洛阳陈鹏 利川冯国廷闯关成功成为新的守擂团的一员	CCTV-4中文国际频道《中国地名大会》	2021年2月20日
24	中央电视台	春节有味道 中国年味·利川	CCTV-10科教频道《味道》	2021年2月23日
25	中央电视台	建始篇 引言、历史记、文化记、考古记、音律记、当代记、后记	CCTV-10科教频道《中国影像方志》	2021年3月11日
26	中央电视台	四方石村的变迁(13)	CCTV-17农业农村频道《攻坚日记》	2021年3月11日
27	中央电视台	湖北 渔山村通上四通八达致富路	CCTV-13新闻频道《朝闻天下》	2021年3月17日
28	中央电视台	四方石村的变迁(14)	CCTV-17农业农村频道《攻坚日记》	2021年3月17日
29	中央电视台	“双师课堂”为乡村基层教育插上翅膀	CCTV-12社会与法频道《热线12》	2021年3月24日
30	中央电视台	沿着高速看中国·沪蓉高速·湖北巴东	CCTV-13新闻频道《特别节目》	2021年4月10日
31	中央电视台	独特地貌与秀丽风景为山村带来收入	CCTV-2财经频道《经济半小时》	2021年4月13日
32	中央电视台	山村发展旅游业 村民开办民宿	CCTV-2财经频道《经济半小时》	2021年4月13日
33	中央电视台	沿着高速看中国·沪蓉高速·湖北巴东神农溪	CCTV-13新闻频道《特别节目》	2021年4月13日
34	中央电视台	记录“三哭”告别过往 见证“三笑”迎来新生(报道咸丰县四方石村吴奉德一家生活变化)	CCTV-17农业农村频道《攻坚日记》	2021年4月16日
35	中央电视台	恩施当地著名的“十大拐”	CCTV-10科教频道《地理·中国》	2021年4月26日
36	中央电视台	瀑布“倒流”的真实原因(恩施大峡谷风景管理处前山村瀑布“倒流”现象)	CCTV-10科教频道《地理·中国》	2021年4月26日
37	中央电视台	沿着高速看中国·沪渝高速·恩施大峡谷	CCTV-13新闻频道《特别节目》	2021年5月2日
38	中央电视台	唤醒小镇铁艺的“铁娃”(报道田欢的故事)	CCTV-17农业农村频道《三农群英汇》	2021年5月3日
39	中央电视台	百年梦想正青春·奋斗有我 先天无情脚下有路 奋斗是隐形的翅膀(报道陈兹方的故事)	CCTV-13新闻频道《新闻直播间》	2021年5月4日
40	中央电视台	各地推行“智慧旅游”加强疫情防控 湖北恩施：“一部手机游湖北”智慧导览方便快捷	央视网《超级新闻场》	2021年5月6日

续表 2

序号	媒体名称	报道标题	版面/栏目	发布时间
41	中央电视台	[综合]湖北——长江超级半程马拉松顺利开跑(提及巴东)	CCTV-5 体育频道《体育世界》	2021 年 5 月 7 日
42	中央电视台	《农业气象》(介绍“恩施玉露”)	CCTV-17 农业农村频道《农业气象》	2021 年 5 月 30 日
43	中央电视台	报账人陈新民和符蓉的精彩表现(鹤峰县符蓉非遗推广费用的“幸福账单”)	CCTV-3 综艺频道《幸福账单》	2021 年 5 月 30 日
44	中央电视台	奋斗百年路 启航新征程·今日中国 湖北恩施:生态改善 鄂西大山好风光	央视网《今日中国》	2021 年 5 月 31 日
45	中央电视台	奋斗百年路 启航新征程·数风流人物(张富清)	CCTV-1 综合频道《新闻联播》	2021 年 6 月 16 日
46	中央电视台		CCTV-7 国防军事频道《军事报道》	2021 年 6 月 16 日
47	中央电视台	湖北恩施:小土豆 村民增收“好帮手”	CCTV-17 农业农村频道《中国三农报道》	2021 年 6 月 17 日
48	中央电视台	振兴路上 2021 吴奉德圆梦	CCTV-17 农业农村频道《攻坚日记》	2021 年 6 月 17 日
49	中央电视台	谭元斌:《本色英雄张富清》	CCTV-10 科教频道《读书》	2021 年 7 月 4 日
50	中央电视台	神奇的洞穴·溪中奇泉(恩施专栏)	CCTV-10 科教频道《地理·中国》	2021 年 7 月 21 日
51	中央电视台	神奇的洞穴·“龙骨”巨洞(介绍利川腾龙洞)	CCTV-10 科教频道《地理·中国》	2021 年 7 月 24 日
52	中央电视台	红旗漫卷 百年风华——奋斗有我(有龚涛)	CCTV-7 国防军事频道《老兵你好》	2021 年 7 月 24 日
53	中央电视台	[视频]走进乡村看小康 产业花开富乡邻(提及湖北恩施的洞下槽村)	CCTV-1 综合频道《新闻联播》	2021 年 7 月 31 日
54	中央电视台	崇德向善 见贤思齐 德耀中华 万其珍:一句承诺 百年坚守	CCTV-13 新闻频道《新闻直播间》	2021 年 8 月 3 日
55	中央电视台	《越战越勇》(向延红的精彩表现)	CCTV-3 综艺频道《越战越勇》	2021 年 8 月 6 日
56	中央电视台	峡谷中开出的旅游致富之花	CCTV-17 农业农村频道《我的美丽乡村》	2021 年 8 月 7 日
57	中央电视台	崇德向善 见贤思齐 德耀中华 黄思镇:临危不惧救火 军人本色不变	CCTV-13 新闻频道《新闻直播间》	2021 年 8 月 7 日
58	中央电视台	豆皮转出来	CCTV-17 农业农村频道《我爱发明》	2021 年 8 月 20 日
59	中央电视台	乡村演说家(有许群群)	CCTV-17 农业农村频道《大地讲堂》	2021 年 9 月 5 日
60	中央电视台	今日聚焦 善行中国 湖北建始:“苕”书记的幸福家园	CCTV-12 社会与法频道《热线 12》	2021 年 9 月 8 日

续表 2

序号	媒体名称	报道标题	版面/栏目	发布时间
61	中央电视台	湖北恩施"共和国勋章"获得者张富清 坚守初心 不改本色 深藏功名 60 余载	CCTV-13 新闻频道《新闻直播间》	2021 年 9 月 24 日
62	中央电视台	湖北恩施继昌村 生态优先绿色发展 土家儿女的致富秘诀	CCTV-13 新闻频道《走进乡村看小康》	2021 年 9 月 25 日
63	中央电视台	湖北宣恩伍家台村 又是一年秋来到 茶香园美产业兴	CCTV-13 新闻频道《走进乡村看小康》	2021 年 9 月 25 日
64	中央电视台	寿宴 第 15 集 碧波悠然莼菜青	CCTV-12 社会与法频道《夕阳红》	2021 年 10 月 28 日
65	中央电视台	《百年百城》今天走进湖北恩施	CCTV-2 财经频道《第一时间》	2021 年 11 月 1 日
66	中央电视台	美丽中国 · 秋之韵 湖北恩施：云海胜景 白浪接天 气势磅礴	CCTV-13 新闻频道《新闻直播间》	2021 年 11 月 4 日
67	中央电视台	坚守（报道张富清）	CCTV-4 中文国际频道《歌声里的追梦人》	2021 年 11 月 11 日
68	中央电视台	建造在高山之巅的前山村	CCTV-10 科教频道《地理 · 中国》	2021 年 11 月 16 日
69	中央电视台	线下线上齐发力 茶叶多样化消费格局形成（有鹤峰直播销售茶叶）	CCTV-13 新闻频道《朝闻天下》	2021 年 11 月 20 日
70	中央电视台	冬之味 湖北鹤峰：土家族美味 葛仙米炖腊猪蹄	CCTV-17 农业农村频道《中国三农报道》	2021 年 11 月 29 日
71	中央电视台	寻奇天下 · 龙骨洞迷雾（利川腾龙洞）	CCTV-10 科教频道《地理 · 中国》	2021 年 12 月 2 日
72	中央电视台	鄂西大山里的侗寨风情（恩施市枫香坡）	CCTV-17 农业农村频道《我的美丽乡村》	2021 年 12 月 6 日
73	中央电视台	寻奇天下 · 梭布垭石林	CCTV-10 科教频道《地理 · 中国》	2021 年 12 月 7 日
74	中央电视台	[视频]全民健身 乐享冰雪运动（有绿葱坡滑雪场）	CCTV-1 综合频道《新闻联播》	2021 年 12 月 11 日
75	中央电视台	[冰雪]第八届全国大众冰雪季将在湖北三地启动（在武汉市、恩施州、神农架林区三地举行）	CCTV-5 体育频道《体育世界》	2021 年 12 月 15 日
76	中央电视台	湖北鹤峰：用电有保障 箬叶变"金叶"	CCTV-17 农业农村频道《中国三农报道》	2021 年 12 月 15 日
77	中央电视台	枫香坡：世外桃源地 侗乡第一寨	央视网《直播中国》	2021 年 12 月 16 日
78	中央电视台	郑万高铁铺轨全线贯通	CCTV-2 财经频道《经济信息联播》	2021 年 12 月 21 日
79	中央电视台	寒潮来袭 湖北恩施：700 多名"空中飞人"冒严寒建"特高压"	CCTV-2 财经频道《经济信息联播》	2021 年 12 月 24 日
80	中央电视台	湖北"兵支书"集训 提升基层履职能力（报道建始县人武部组织基层党组织书记练兵集训）	CCTV-7 国防军事频道《国防军事早报》	2021 年 12 月 28 日
81	新华每日电讯	穷山村的"钱袋子""饭碗子""脑瓜子" 湖北省公安厅牵头定点扶贫促山乡巨变	10 版	2021 年 2 月 9 日

续表 2

序号	媒体名称	报道标题	版面/栏目	发布时间
82	新华每日电讯	雪岩顶上话脱贫	11 版	2021 年 3 月 3 日
83	新华每日电讯	张富清：信仰如山，初心如磐	7 版	2021 年 6 月 16 日
84	新华每日电讯	鹤峰三级联动解决群众困难万余件	5 版	2021 年 7 月 12 日
85	新华每日电讯	湖北恩施州用法治体系保障农民工工资支付	—	2021 年 8 月 2 日
86	新华每日电讯	“四好农村路”，推动乡村振兴的“高速路”（有建始县新建村级公路）	7 版	2021 年 9 月 13 日
87	新华每日电讯	生命，与祖国相连（有张富清）	1 版	2021 年 10 月 2 日
88	新华社通稿	冰雪世界巡线人：每天一个“半程马拉松”（专稿，报道国网恩施供电公司检修分公司巡线员冬天在齐岳山巡线）	通稿	2021 年 1 月 9 日
89	新华社通稿	湖北脱贫攻坚战的“土地经济学”（有恩施市白杨坪镇洞下槽村通过土地项目整治脱贫致富）	通稿	2021 年 1 月 27 日
90	新华社通稿	一份土地“体检单” 撬动恩施百亿大产业	通稿	2021 年 2 月 2 日
91	新华社通稿	春运保电的“第三只眼”	通稿	2021 年 2 月 3 日
92	新华社通稿	新春走基层丨住新家，话新年，谋新事——鄂西深山马者村滑坡易迁户的心声	通稿	2021 年 2 月 20 日
93	新华社通稿	刘芳震：深化恩杭合作，做足“四篇文章”	通稿	2021 年 3 月 10 日
94	新华社通稿	宋庆礼：建议农村道路提档升级 助推乡村振兴	通稿	2021 年 3 月 10 日
95	新华社通稿	《半月谈》刊文：精气神有了，新动能足了——恩施战贫过后“振兴时”	通稿	2021 年 6 月 9 日
96	新华社通稿	奋斗百年路 启航新征程·数风流人物 张富清：信仰如山，初心如磐	通稿	2021 年 6 月 15 日
97	新华社通稿	杭情施意：“恩施技工”走俏杭州	通稿	2021 年 6 月 23 日
98	新华社通稿	百年恰是风华正茂——致敬中国共产党成立 100 周年（提及何功伟）	通稿	2021 年 6 月 30 日
99	新华社通稿	湖北恩施州精品景区重庆联合推荐会在渝召开	通稿	2021 年 7 月 12 日
100	新华社通稿	中国宣恩彭家寨景区开园推介会在重庆举行	通稿	2021 年 7 月 23 日
101	新华社通稿	武汉汉阳对口帮扶恩施来凤实现乡村振兴	通稿	2021 年 8 月 30 日
102	新华社通稿	生命，与祖国相连（有张富清）	通稿	2021 年 10 月 1 日
103	新华社通稿	体育就是我的光——一位 52 岁盲人运动员的自白（报道恩施盲人运动员田龙兵）	通稿	2021 年 10 月 15 日
104	新华社通稿	领略传统文化之美 感受乡村振兴之变——第十五届“海峡两岸媒体荆楚行”侧记（报道湖北恩施开展第十五届“海峡两岸媒体荆楚行”活动）	通稿	2021 年 11 月 6 日
105	新华社通稿	第八届全国大众冰雪季将在湖北三地启动（恩施设分会场）	通稿	2021 年 12 月 14 日
106	光明日报	相映成景	4 版	2021 年 4 月 28 日
107	光明日报	筑起坚实防线 化解灾害风险（有恩施市屯堡乡马者村义务地质灾害点监测）	10 版	2021 年 5 月 13 日
108	光明日报	知识分子党员风采（有田宁）	7 版	2021 年 5 月 16 日
109	光明日报	身影总在祖国和人民最需要的地方——记第七届全国道德模范张富清	3 版	2021 年 5 月 16 日
110	光明日报	让千家万户的生活有滋有味（有“科技扶贫护航黑猪产业”）	6 版	2021 年 5 月 23 日
111	光明日报	“漂浮公路”引客来	4 版	2021 年 6 月 3 日
112	光明日报	张富清：信仰如山，初心如磐	4 版	2021 年 6 月 16 日
113	光明日报	墙画	4 版	2021 年 6 月 18 日

续表 2

序号	媒体名称	报道标题	版面/栏目	发布时间
114	光明日报	武陵山深处的“农民大学”（讲述人：来凤县农业广播电视学校校长、2018 年度“全国十佳农民”向辉）	7 版	2021 年 8 月 3 日
115	光明日报	桨板竞技	10 版	2021 年 11 月 1 日
116	光明日报	论文写在田野 成果落地生“金”[有创建利川市（常大）产业技术研究院]	8 版	2021 年 11 月 19 日
117	经济日报	织就四通八达路网（有建始县龙坪乡店子坪村）	1 版	2021 年 2 月 17 日
118	经济日报	唤醒乡村“沉睡资产”	12 版	2021 年 9 月 1 日
119	经济日报	硒都恩施不负“硒”望	6 版	2021 年 10 月 24 日
120	经济日报	群山不可挡 共同谋振兴	4 版	2021 年 12 月 1 日

【文化事业发展】 2021 年，打造文艺精品，音乐剧《太阳照进山窝窝》到省进京演出并获楚天文华大奖，南剧《唐崖土司夫人》获第六届全国少数民族文艺会演剧目创新奖，其中《女儿会》片段亮相央视新年戏曲晚会，7 部文艺作品获湖北省“屈原文艺奖”。管好用好村综合文化服务中心、“村村响”智能广播等平台载体，开展“我们的中国梦”——文化进万家活动 1500 余场次。深化国有文艺院团改革等文化体制改革，咸丰县南剧艺术传承保护中心被中宣部文艺局确定为“为民服务办实事示范点”。彰显“土”的特色优势，深化文旅融合，组织文艺家到巴东县巫峡口、鹤峰县江坪河等地开展采风创作，采编出版《恩施山水故事》。

【文旅产业发展】 2021 年，《州人民政府办公室印发关于支持恩施州文化旅游产业恢复发展振兴措施的通知》《关于印发促进恩施州夜经济发展实施方案的通知》《州人民政府办公室印发关于进一步支持全州旅游业恢复发展六条措施的通知》《州发改委 州文旅局关于落实支持文化旅游企业用水用气用电价格优惠政策措施的通知》系列文件出台，支持州文旅企业恢复振兴。支持鄂旅投股份有限公司申报并入选省上市后备“金文种子”文化企业，为该公司地面缆车项目成功申报 2021 年省扶持优势文化产业发展专项资金 80 万元。恩施州规模以上文化企业同比增加 5 家，规模以上文化企业达到 93 家。规上文化企业完成营业收入 32.2 亿元，同比增长 39.6%，增速居全省第二，比全省平均水平高 16.7 个百分点。全年全州接待游客 6681.68 万人次，实现旅游综合收入 422.61 亿元，分别同比增长 91.0%、109.1%，分别恢复至 2019 年的 91.9%和 79.7%。在第十七届深圳文博会上，恩施州入选 12 个项目，其中入选招商项目 5 个，展品展位 6 个，优质文化企业 1 家，文化惠民项目 1 个。在湖北省首届文旅博览会“湖北礼品”评选中，恩施州推荐的“恩施玉露”长龄 1299 系列入选“湖北十大人气礼品”榜单，西兰卡普手作系列入选“湖北十大创意礼品”榜单，“亿绿牌”葛仙米入选“湖北礼品”产品。

【电影工作】 2021 年，全州开展农村公益电影放映 3 万余场次。落实《国家电影局关于做好两节期间电影院疫情防控及安全生产等工作的通知》，到影院开展常态化新冠肺炎疫情防控和安全生产检查。全州 18 家影院正常营业，票房收入 5000 多万元。省电影局下达国家电影事业发展资金 14 万元，下达国家电影事业发展省级补助资金 86 万元。支持电影《在武汉》、电视剧《此山此水此地》等影视剧在恩施拍摄。开展庆祝中国共产党成立 100 周年优秀影片展映展播，以恩施州脱贫攻坚为背景的电影《白云生处》入选“党的盛典 人民的节日”——湖北省庆祝中国共产党成立 100 周年“五个一百”（百部优秀舞台艺术作品展演，百项群众性文化活动，百首优秀歌曲宣传推广，百部优秀影片展映展播，百部优秀文艺作品创作）文艺文化活动优秀影片。

【全民阅读】 2021 年，制定《“书香恩施”2021 年全民读书月活动方案》，开展“4·23”世界读书日暨 2021 年“全民阅读·书香恩施”系列活动。围绕“世界读书日”“孔子诞辰日”“十进一创”（全民阅读进机关、进学校、进企业、进村组、进社区、进家庭、进工地、进军营、进特殊人群、进网络及相关网站，开展“青年书香号”创建活动）等重大节日，组织开展经典诵读、读书征文活动。在报纸、电视、广播、新媒体上设置全民阅读栏目，营造全民阅读氛围，在全社会形成爱读书、读好书、善读书的良好风尚。结合党史学习教育，组织新华书店开展以“百年辉煌 共度华章”为主题的党史学习教育图书联展和红色经典阅读推广活动，开展全州党史知识竞赛活动。各机关企事业单位开办党史学习教育读书班，学习党史知识。咸丰县承办 2021“新时代乡村阅读季”示范活动暨湖北省“书香农家 全面小康”喜迎中国共产党成立100周年读书征文颁奖活动，3部参赛作品分获一等奖、二等奖和三等奖。

【宣传系统自身建设】 2021年，继续加强全州宣传思想战线党的建设，严格落实政治纪律和政治规矩，举行州直宣传文化单位党风廉政建设专题报告会。统筹全州清廉文化建设，推动清廉恩施建设落实落地。对州委第十三轮巡察反馈的问题全面整改，营造风清气正的政治生态。培养理论宣讲员队伍、新闻通讯员队伍、网宣员队伍、文化文艺人才队伍、宣传战线干部队伍，建好用好“学习小组”，举办3期增强“四力”（脚力、眼力、脑力、笔力）讲堂，倡导“静下心、想明白、沉进去、做出来、守规矩”的好作风。分领域组织业务培训，先后开展全州新闻发言人培训、“扫黄打非”工作培训、版权执法培训和网评员培训等系列培训。

（陈国清）

精神文明建设

【概况】 2021年，全州持续推进“五大创建”（创建文明城市、文明村镇、文明单位、文明校园、文明家庭）活动，对照“五有”（有场所、有队伍、有活动、有项目、有机制）标准，推动县市实践中心、乡镇（街道）实践所、村（社区）实践站建设工作落实落地，全州文明实践三级阵地实现全覆盖。建设州级文明实践信息平台，引导志愿者上网注册、群众上网“点单”，举办首届志愿服务项目大赛，以志愿服务活动聚人气、暖人心。全州线上注册志愿者超过60万人次。组织2019—2020年度州级文明村镇（社区）、文明单位（系统）、文明家庭和文明校园评审。贯彻落实《恩施州推进乡风文明建设三年行动方案》，对2020年度40个乡风文明建设试点村进行全覆盖检查验收，州级财政拨付奖补资金400万元。持续推进文明礼仪、文明交通、文明旅游、文明餐桌、爱国卫生等宣传教育。落实《新时代公民道德建设实施纲要》，推荐黄思镇、万其珍获第八届全国道德模范提名奖，谢睿、黄思镇当选第八届湖北省道德模范。选树中国好人8人、全国岗位学雷锋标兵1人（全省2人）、全国新时代好少年1人（全省唯一）。推出湖北好人9人、荆楚楷模8人、恩施楷模43人，建设楷模长廊展示先进事迹。坚持以先进典型引领社会风尚，发挥爱国主义教育基地和国防教育基地作用，建好国防教育长廊，开展征兵宣传。

【文明城市创建】 2021年，宣恩县被确定为2021—2023年创建周期全国文明城市提名城市，成为全州首个全国文明城市提名城市。建始县、巴东县、宣恩县、咸丰县被评为省级文明城市。3月，州文明办联合州国调队对宣恩县开展全国文明城市创建模拟测评，通报问题清单，督导整改提升。2020年度8个县市在全省县域文明指数测评中综合得分均在80分以上，平均分为82.54分，其中宣恩县测评成绩排名全省第13名。启动文明行为促进条例立法工作，州人大常委会将其纳入五年立法规划项目，经州委常委会审定待省人大常委会批复。

【文明村镇创建】 2021年，新命名州级文明乡镇70个、州级文明村442个，全州县级以上文明村、镇占比分别达到64.5%、86%。新建乡风文明试点村40个。制定《恩施州推进乡风文明建设工作任务清单》，明确新时代文明实践中心有没有组织、有没有开展理论宣讲、有没有开展文化活动等“二十问”建设标准。乡风文明建设三年行动工作收官，州委宣传部和州政协组建专题调研组，开展乡风文明建设专题调研并形成调研报告《巩固成果 提质增效 打造乡风文明升级版》，州委常委会专题听取汇报。

【文明单位创建】 2021年，加强对各级文明单位的日常管理，非公有组织文明单位创建延伸至各县市，新命名州级最佳文明单位349个、州级文明单位345个、州级文明系统14个。探索建立州委文明委成员单位重点工作项目台账制度，年初印发重点项目清单。组织巴东县第一高级中学参加省文明办组织的“党委（党组）书记讲文明单位创建”展示交流活动。

【文明校园创建】 2021年，新命名州级文明校园145个，推荐湖北民族大学等6所学校为2021—2023年创建全国文明校园先进学校。推荐宣恩县申报省级乡村“复兴少年宫”试点备选县。组织实施2021年“暑期集中行动”。暑期承接省内高校13支青年志愿服务队到恩施州开展“七彩假期”志愿服务活动。宣恩高罗中心小学受邀在2021年全省乡村学校少年宫项目骨干人员暨文明校园创建工作培训会上授课。恩施市实验小学作为全国文明校园代表在全省文明校园培训班上作大会交流发言。4件作品在全省“童心向党·乡村学校少年宫项目成果暨百年校史文明校园经典传唱云展演”活动中获奖。王凌云当选2021年度湖北省“新时代好少年”，并被评为年度全国“新时代好少年”。

【文明家庭创建】 2021年，新命名州级文明家庭20个。联合州妇联开展寻找恩施州“最美家庭”活动，5户家庭入选“荆楚最美家庭”。命名恩施市盛家坝镇二官寨村等首批10个“恩施州家风家教实践基地”，3个被确定为省级实践基地。开展“每周同上一堂家庭教育课”主题活动，在主流媒体和部门微信公众号等平台广泛宣传推送家庭教育课程。以培育优良家风为主要内容，推进清廉家庭建设，开展“讲述红色家风 传承红色基因”音视频征集活动，2部视频、1部音频获优秀奖，在“湖北之声”进行展播。

【新时代文明实践中心建设】 2021年，全州建有县级新时代文明实践中心8个、乡镇（街道）实践所91个、村（社区）实践站2229

个，文明实践三级阵地实现全覆盖。制定全州新时代文明实践中心（所、站）三级建设标准。10 月 25 日，在来凤县召开新时代文明实践现场观摩培训会。在州级主流媒体开设“文明实践在恩施”专栏，累计发稿 31 期。组织全国文明单位与 8 个县市新时代文明实践中心结对，参加全国新时代文明实践志愿服务展示交流和“新时代文明实践中心网上宣讲、网上展览、网上课堂”活动。全国试点鹤峰县在全省推进新时代文明实践中心建设试点工作电视电话会上作书面交流，在全省文明实践培训班上进行交流发言。

【志愿服务工作】 2021 年，结合党史学习教育印发工作提示，开展新冠肺炎疫情防控、春运暖程、邻里守望等各类志愿服务活动。编印《恩施州志愿服务工作案例选编》和《全州深化新时代志愿服务工作助力基层社会治理推进情况工作动态》简报。对《湖北省志愿服务条例》贯彻落实情况进行自查。举办全州志愿服务暨青少年事务社工培训班。举办恩施州首届志愿服务项目大赛，评出金奖 1 个、银奖 2 个、铜奖 6 个。在全省志愿服务项目大赛中，恩施市义工协会“情暖童心，相伴成长”项目获金奖，3 个项目获铜奖。推选全国学雷锋志愿服务“四个 100”（100 名最美志愿者，100 个最佳志愿服务组织，100 个最佳志愿服务项目，100 个最佳志愿服务社区）先进典型，袁辉获“最美志愿者”称号，他讲述的“我的志愿之路”故事在全省刊发。连芳被评为“湖北省最美志愿者”。湖北省大型社科系列节目《是这个理》以《山城“红背心”》为题，报道来凤县张富清志愿服务队和全州志愿服务工作情况。

【弘扬文明新风】 2021 年，全州持续推进文明礼仪、文明交通、文明旅游、文明餐桌、爱国卫生等宣传教育。州委宣传部与州委政法委联合评选一批 2020 年度全州“零酒驾”建设示范单位。与州爱卫办联合开展第 33 个爱国卫生月活动和无烟党政机关、无烟学校、无烟家庭建设活动。与州生态环境局联合开展“美丽中国 · 我是行动者”提升公民生态文明意识行动。

【文明创建宣传】 2021 年，向中宣部《思想政治工作研究》“青少年思想道德建设”专栏投稿 11 篇。中国文明网及微信公众号全年采用稿件 13 篇，湖北文明网及微信公众号采用 289 篇，恩施文明网发稿 1188 篇，“文明恩施”微信公众号发稿 758 篇。

2021 年 4 月 23 日，恩施市“情暖童心，相伴成长”爱心爸妈关爱帮扶项目获得“建党百年 · 志愿献礼”——恩施州首届志愿项目服务大赛暨新时代文明实践展示活动大赛金奖。图为活动图片

（“文明恩施”微信公众号 供稿）

【全国、全省“道德模范”人物】 2021 年 11 月，万其珍当选第八届全国诚实守信道德模范提名奖，黄思镇当选第八届全国见义勇为道德模范提名奖。11 月，谢睿当选第八届湖北省敬业奉献道德模范，黄思镇当选第八届湖北省见义勇为道德模范。

【8 人获评“中国好人”】 2021 年，宋庆礼被中央文明办评为 1—2 月敬业奉献类“中国好人”，张勇被评为 1—2 月助人为乐类“中国好人”，向辉被评为 3 月敬业奉献类“中国好人”，黄思镇被评为 5 月见义勇为类“中国好人”，黄美清被评为 6 月助人为乐类“中国好人”，刘本云被评为 10 月敬业奉献类“中国好人”，姚元翔被评为 11 月敬业奉献类“中国好人”，陈兹方被评为 12 月助人为乐类“中国好人”。

【9 人获评“湖北好人”】 2021 年，黄美清被省文明办评为 1—2 月助人为乐类“湖北好人”，黄思镇被评为 1—2 月见义勇为类“湖北好人”，刘本云被评为 1—2 月敬业奉献类“湖北好人”，黄海艳被评为 1—2 月孝老爱亲类“湖北好人”，姚元翔被评为 3—4 月敬业奉献类“湖北好人”，杨玉霞被评为 5—6 月孝老爱亲类“湖北好人”，吕诗雨被评为 7—10 月见义勇为类“湖北好人”，郑时兵被评为 7—10 月诚实守信类“湖北好人”，陈升霄被评为 7—10 月敬业奉献类“湖北好人”。

【8 人获评“荆楚楷模”】 2021 年，龙慧被省委宣传部评为 2021 年度 1—2 月“荆楚楷模”，彭庆丽被评为 3—4 月“荆楚楷模”，李长江被评为 5—6 月“荆楚楷模”，袁伟译被评为 7—8 月“荆楚楷模”，谢睿被评为 2020 年“荆楚楷模”年度人物，李能阳被评为 9—10 月“荆楚楷模”，陈孟秋被评为 11—12 月“荆楚楷模”，杨崟被评为“荆楚楷模 · 最美退役军人”，朱明莉被评为“荆楚楷模 · 最美健康守护者”。

【42人（组）获评“恩施楷模”】 2021年，冉顺祥、曾传华、周祖顺、熊高祥、彭馥、李淳、彭庆丽获评一季度“恩施楷模”，张文赵、段万明、李家洪、田丽琴、牟启敏、黄健、刘耀军、谭兴荣、龚梅、杨红光、沈萍、黎波、付艳萍、罗舒文获评二季度“恩施楷模·最美教师”，代义、夏秋江、杨先然、陈启堂、郭海清、郑远训、覃浩、胡超、彭金生、杨立峰获评三季度“恩施楷模·最美退役军人”，钱元辉、谢海艳、向成桂、黄第林、廖翠平、李祥、卓万凯、邓兴顺、刘荣、王大寿、王凤祥、谭建平、恩施市义工协会获评四季度“恩施楷模”。

（邓 恒 唐 敏）

理论信息工作

【概况】 2021年，编印《支部主题党日学习资料》12期，收集习近平总书记重要讲话、重要论述、重要指示批示及党中央、省、州各类重要会议精神等学习内容178篇，学习资料及时发布，满足州直和县市支部主题党日活动学习需求。推广利用“学习强国”学习平台，全州学员总数15万余人，刊稿528篇。完成对8个县市和州直12个单位的党委（党组）理论学习中心组学习巡听工作。

【州委理论学习中心组学习】 2021年，州委理论信息中心服务州委理论学习中心组学习18次，提供学习书目10种，编印《理论信息》学习资料12期、《州委理论学习中心组专题读书班学习资料汇编》1本。党史学习教育省委宣讲团成员、相关高校老师、省相关单位领导先后到恩施州作《中国共产党百年伟业大逻辑》《红色的荆楚大地 英雄的湖北人民》《全球碳中和共识与中国碳中和之路》《学习领会习近平法治思想》《百年大党引领新时代的政治宣言和行动指南》《端牢饭碗 确保粮食安全》《用马克思主义中国化科学理论引领伟大实践——关于十九届六中全会的学习体会》专题辅导和宣讲报告。

【理论宣讲】 2021年，开展党史学习教育、习近平总书记“七一”重要讲话精神、中共十九届六中全会精神州委宣讲团大宣讲工作，23名宣讲团成员开展集中宣讲52场。与相关单位一起承办州直单位“绿色山河红色魂”党史知识竞赛，有85支队伍、255名队员参赛，决赛进行全媒体同步直播。建立全州理论宣讲人才库和州级本土理论宣讲专家库。

【理论研究】 2021年，服务州委中心工作，围绕党史学习教育，习近平总书记“七一”重要讲话精神，中共十九届五中、六中全会精神和基层理论学习方式创新等课题开展研究。与州委宣传部、恩施日报社联合召开学习贯彻州委七届十一次全会暨州委经济工作会议精神座谈会。为《恩施日报》“理论与实践”版组稿12期，刊发理论文章50余篇。对恩施市屯堡乡、鹤峰县燕子乡全省理论热点面对面示范点工作开展调研指导。

（邱勇平）

2021年7月16日，党史学习教育省委宣讲团成员到恩施州作《红色的荆楚大地 英雄的湖北人民》专题辅导报告

（州委理论信息中心 供稿）

统战工作

【概况】 2021年，全州统一战线以习近平总书记关于加强和改进统一战线工作的重要思想为指导，贯彻落实党中央关于统战工作的决策部署和省委、州委的工作要求，按照“12345”（“1”是以习近平总书记关于加强和改进统一战线工作的重要思想为主线，“2”是突出庆祝中国共产党成立100周年和推动《中国共产党统一战线工作条例》实施2个重点，“3”是开展“民营企业服务年”“党派建设巩固年”“基层工作提升年”行动，“4”是抓思想引领、抓服务大局、抓风险防范、抓能力提升基础工作，“5”是实施大宣讲、大调研、大走访、大交流、大培训活动）总体工作思路，统战工作取得实效。5月13—14日，州委统战部在州委党校开展全州统战系统党史学习教育暨统战政策理论培训。

【多党合作事业】 2021年6月23日，九三学社湖北省委直属恩施支社委员会成立。6月27日，民革、民盟、民建、农工党州级组织召开换届大会，完成民主党派州级组织换届工作。全年各民主党派开展集中学习30次，755人次参学。年度召开4次政党协商座谈会、1次人事协商座谈会。各党派及其成员利用各类平台载体向各级各部门建诤言、献良策，向省、州、县市各级提交人大建议、政协提案和社情民意等200余篇。组织开展各类主题调研55场次，420余人参与调研，16篇调研报告或社情民意被州委、州政府领导批示。

【非公经济工作】 2021年，州委召开民营企业家和异地商会会长座谈会，组织开展3期企业家沙龙活动，州委、州政府主要领导参加活动与企业家进行交流。结合党史学习教育，开展非公经济人士理想信念教育，提升非公经济人士参政议政能力。乡镇商会到民政部门登记率达100%。州委转发《全州工商联换届实施方案》，推进州、县两级工商联换届工作。

【党外知识分子和新的社会阶层人士工作】 2021年，恩施州党外知识分子和新的社会阶层人士工作得到省委统战部肯定，在全省现场推进会上作经验交流发言，2个新联会实践创新基地被省委统战部表彰为先进基地。州知联会、新联会通过在恩施市六角亭街道胜利街等城市社区试点示范，融入和参与城市社区基层治理，其经验和做法在省内被推广借鉴。知联会、新联会联合开展“追溯红色历史，助力乡村振兴”红色主题教育实践活动暨“送技术、送医药、送法律、送文化”下乡活动。持续推进联谊组织制度化、规范化建设，召开全州新（知）联会联席会议。打造新的社会阶层人士实践创新基地14个，有效构建“一县一品”“百花竞放”工作格局。

【民族宗教工作】 2021年11月23日，州委召开州委民族工作会议专题研究部署民族工作。州委常委会、州委统一战线工作领导小组专题会及时传达学习中央、省委民族工作会议和全国宗教工作会议精神。《中国民族报》《湖北日报》刊发州委书记署名文章，州长接受中央和省级主流媒体采访，《恩施日报》刊发全体州委常委学习体会署名文章。出台《恩施州新一轮“全国民族团结进步示范州”创建工作方案》。南剧《唐崖土司夫人》代表湖北省参加第六届全国少数民族文艺会演。贯彻落实全国宗教工作会议精神，加大中央宗教工作专项巡查问题整改，依法管理宗教事务，坚持宗教中国化方向，花梨岭获全省第一批“坚持我国宗教中国化方向示范点”授牌。

【港台工作】 2021年，香港恩施联谊会在香港注册成立。为台胞台企服务，推进各项惠台政策措施落实。“第十五届两岸媒体荆楚行”活动在恩施成功举办，承办2021“阳光支教·孔子行脚”支教活动。咸丰台湾农民创业实验园顺利通过省台办、省农业农村厅复查验收。

【侨务工作】 2021年，开展侨情摸底工作，做到底数清、情况明。推进“互联网+政务服务”建设，优化涉侨政务服务事项办理流程。争取省海联会资金20万元支持建始县田园综合体项目。组织参加第21届华创会，会上签约项目1个，举办加拿大专场活动1次。

【基层统战工作】 2021年，落实《省委统战部关于加强全省基层统战工作的意见》，建立健全县市党委统战工作领导小组机制，明确县、乡、村各级党组织主要负责人为第一责任人，统筹谋划统战工作，推动基层统战部门完善机构设置、配强工作力量、健全工作机制。县、乡、村宗教工作三级网络全面建立并发挥作用。州、县市均建立知联会、新联会等组织。探索统战服务基层治理新路径，各县市打造乡贤理事会、同心社区、民族团结进步示范单位等统战载体，发挥基层统战组织在促进地方发展、参与基层治理、服务广大群众等方面的作用。涌现出利川市的“利川人大会”、团堡镇商会，宣恩县的“中秋恳亲会”，恩施市的“同心社区”，鹤峰县的“我新我有为”新联会实践创新基地等经典案例。全省基层统战工作西部片区现场推进会在恩施州召开，利川市委在会上作交流发言。州委统战部等9个单位和个人获评全省基层统战工作先进单位和个人。

【党外代表人士队伍建设】 2021年，做好党外代表人士的发现、培养。州委召开全州党外领导干部座谈会，与党外干部座谈交流，完善党外代表人士人才库。发挥州社会主义学院的培养主阵地作用，举办全州统战系统党史学习教育暨统战理论培训班、2021年党外干部进修班，培训150余人次。提名推荐237名优秀党外代表人士作为政协恩施州第九届委员会委员人选。全年推荐使用9名县级党外领导干部。州及县市均已配备党外人大常委会副主任、政府副县市长、政协副主席。

【助力乡村振兴】 2021年，先后召开全州民营企业助力乡村振兴暨“万企兴万村”动员会和全州“万企兴万村”现场推进会，动员广大民营企业家和商会组织投身乡村振兴工作。至12月底，共计1376家民营企业和商会组织结对帮扶857个建制村，实现乡村振兴重点村全结对、全覆盖。与武汉市委统战部签订对口帮扶框架协议，争取武汉市统一战线调动优势资源，支持恩施州乡村振兴。各民主党派争取优势资源支持恩施，民建开展中华思源工程扶贫基金会恩施“新氧美丽计划”义诊活动，恩施慧宜眼科医院、来凤县老茶村分别成为九三学社中央“亮康行动”基地和乡村振兴实践基地。

【助力招商引资】 2021年，发挥异地恩施商会在恩施州招商引资的桥梁纽带作用，落实“大招商、招大商、抓落实”工作责任，统战系统各单位先后到广东、重庆、浙江等地开展多轮招商引资行动。优化营商环境，畅通政企沟通渠道，发挥好非公经济投诉服务平台作用，举办3期企业家沙龙活动。持续开展“民营企业服务年”活动，结合党史学习教育“我为群众办实事”活动，112名统战系统干部联系服务230家民营企业，为民营企业解决300余件急事、难事、烦心事。

【助力生态环境保护】 2021年，恩施州支持民革中央、民盟湖北省委会开展长江生态保护民主监督工作联络协调小组开展相关工作，民革中央、民盟省委先后3次到恩施州开展长江生态环境保护民主监督调研，对恩施州环保工作予以肯定，提出意见和建议。州委统战部、州发改委、州生态环境局3个单位联合印发《关于支持各民主党派州级组织、无党派人士开展长江生态环境保护民主监督工作的实施方案》。

【助力基层社会治理】 2021年，结合“基层统战提升年”行动，探索统一战线融入和服务基层治理的新路径，将统战所能与群众所盼、基层所需融合，在资源集中、人口密集的各县市城镇社区开展“同心社区”“统战联络站”“党外人士之家”“台侨之家”“民族团结之家”等多种多样的试点示范工作。

【重要会议】 2021年3月4日，恩施州委统一战线工作领导小组2021年第一次全体会议召开。3月9日，全州统战部部长会议召开。3月10日，恩施州民营企业助力乡村振兴暨“千企兴千村”工作动员会召开。7月5日，恩施州民营企业家代表和异地恩施商会会长座谈会召开。7月27日，庆祝中国共产党成立100周年党外人士座谈会召开。7月28—29日，全州“万企兴万村”现场推进会在利川市召开。11月16日，全州党外领导干部座谈会召开。12月22日，恩施州召开2021年新联会联席会议。12月27日，州委统战工作领导小组会议召开。

【领导考察调研】 2021年4月7日，省侨联调研组到恩施州调研基层侨联组织建设工作。6月15日，在黄埔军校建校97周年之际，州委统战部、黄埔同学会恩施联络组和咸丰县委统战部组成慰问组，在咸丰县走访慰问黄埔同学会会员谭文会。7月9日，全国人大常委会委员、宪法和法律委员会副主任委员，九三学社中央副主席，中国工程院院士丛斌到恩施州调研，先后到来凤县老茶村、恩施市恩施慧宜眼科医院调研乡村振兴、九三学社中央“亮康行动”基地等情况。8月1日，省委统战部副部长，省民宗委党组书记、主任马萍到鹤峰县调研指导乡村振兴工作。9月6日，香港恩施联谊会会长杨卓亚带领参访团回访恩施，召开交流座谈会。9月28日，省委统战部、省自然资源厅和民盟湖北省委组成的联合调研组，到恩施州开展长江生态环境保护对口民主监督专题调研。10月29—30日，民革中央长江生态环境保护民主监督第五监督调研组到恩施州开展监督调研，在恩施市大沙坝污水处理厂，宣恩县椒园镇黄坪村、龙洞河水库现场调研。

【第十五届“海峡两岸媒体荆楚行”活动】 2021年11月，第十五届“海峡两岸媒体荆楚行”活动先后在湖北武汉、恩施开展，聚焦湖北脱贫攻坚和乡村振兴成果，推介武汉、恩施自然人文景观、土家民俗风情。其间，参访团在恩施市、利川市、宣恩县实地感受脱贫攻坚和乡村振兴成果，领略自然人文景观和土家族民俗风情。

【荣誉】 2021年1月，州侨联副主席（兼职）向阳被中国侨联表彰为“全国侨联系统抗击新冠肺炎疫情先进个人”。4月，州委统战部被省委、省政府表彰为“湖北省脱贫攻坚先进集体”。

（彭　惠）

保密工作

【概况】 2021年，恩施州各级保密行政管理部门深入学习贯彻习近平总书记关于保密工作的重要指示批示精神，坚持总体国家安全观和新发展理念，认真落实2021年度省、州保密工作要点，突出宣传教育、保密监管和保密服务，提升保密法治化现代化水平，确保全州未发生失泄密事件，较好地完成全年各项工作任务。

【保密工作责任制】 2021年，州委领导高度重视保密工作，将保密工作纳入州委领导重要议事日程、纳入州委常委会重要工作议题。州委相关领导批阅相关保密文件，听取全州保密工作情况汇报。6月17日、12月17日，州委常委会会议两次专题听取保密工作情况汇报，研究解决制约全州保密工作重大问题。贯彻落实《关于加强地方党委保密委员会建设的意见》，加强州及县市保密委和保密办的建设，各级保密委专职副主任全部配备到位。

【保密宣传教育】 2021年，在州委党校和各机关组织开展保密知识讲座15次，培训人数5600余人次。结合“4·15”国家安全日宣传活动，推动保密宣传进社区、进乡村、进校园，先后在恩施市舞阳坝街道官坡社区、恩施市白杨坪镇洞下槽村、湖北民族大学等地开展保密宣传教育，并在恩施电视台和州内大型公共场所播放最新保密宣传视频，提升全体公民的保密意识和保密常识。组织开展国家保密局庆祝中国共产党成立100周年系列活动，州国家保密局被省国家保密局评为最佳组织奖。

【定密、涉密人员和网络保密管理】 2021年，将定密知识纳入保密教育培训，指导机关、单位制定工作秘密事项清单，完成2020、2021年全州定密事项报备工作。贯彻落实《涉密人员保密管理办法》，加强涉密人员保密审查、确定、出国（境）备案审批、离职离岗脱密期保密管理。做好互联网接入口、涉密计算机违规外联和机关单位互联网门户网站保密检查监管和涉密计算机的日常检查，指导各单位加强便携电子设备使用保密管理以及微信微博和QQ等应用的保密管理。

【保密检查】 2021年，贯彻落实《机关、单位保密自查自评工作办法》《泄密案件查处办法》《保密违法违纪处分建议办法》，全年对50余家州直单位和2个县市开展保密自查自评督促检查指导，配合教育、人社、邮政等部门对中考、高考、人事考试等工作进行针对性的保密巡查和指导。对近两年州内发生的保密违规行为进行处理，在全州印发通报。

【保密服务指导】 2021年，服务涉密企业发展，贯彻落实省委、州委关于优化营商环境工作要求，加大改革创新力度，优化管理方式、服务流程、监管措施，先后完成1家涉密资质企业的"双随机"检查、1家涉密资质企业的党建工作指导、1家企业保密资质事项申请的受理及初审、3家涉密资质企业事项变更和涉密人员备案材料的初审。服务涉密会议和重要活动，改造升级保密技术防范和技术服务设施设备，采购最新保密技术防护装备和涉密载体销毁设备，提高环境检测能力、技术服务能力和涉密载体销毁能力，销毁涉密载体40余吨，为州委重要涉密会议、州内重要活动提供保密技术服务保障10余次。

（赵秀朝）

政策研究工作

【概况】 2021年，州委政研室落实州第八次党代会、州委七届十一次全会、州委全面深化改革委员会第七次会议、州委经济工作会议部署，围绕"建设美丽湖北绿色崛起重要一极"目标，履职尽责，完成各项工作任务。完成州委、州政府主要领导讲话、汇报材料、典型发言等文稿300余篇、200多万字。建立完善州级领导领衔重大改革调研课题工作机制，形成一批高质量调研报告。服务全州经济发展大局，制定出台《州委财经委员会2021年工作要点》，统筹新冠肺炎疫情防控和经济社会发展，推动州域经济快速恢复、全面重振。

【文稿服务】 2021年，完成州第八次党代会报告，州委七届十次、十一次、十二次全会报告，以及州政府工作报告、经济工作会报告等重要文稿起草工作。起草的《以铸牢中华民族共同体意识为主线，推动新时代恩施民族工作守正创新》《铸牢中华民族共同体意识，高水平创建全国民族团结进步示范区》《努力把恩施州建成美丽湖北、绿色崛起的重要一极》《学习先进经验、谱写发展新篇》《铺筑"硒"望之路、推进绿色崛起》等10余篇文章，分别在《政策》《中国民族报》《湖北日报》等发表。做好《今日恩施》《政府公报》编发工作，编发《今日恩施》4期、《政府公报》6期，总结高质量发展的重大典型经验，鼓舞和激励全州党员干部增强加快发展的信心。

【调查研究】 2021年，持续完善州级领导领衔推进重大改革调研课题工作机制，围绕州委七届九次全会精神、州委常委会工作要点和州全面深化改革工作要点，拟定13项重大改革调研课题，每个课题明确一名州领导牵头，形成一批调研成果，为恩施州高质量发展提供决策服务。建立"调研在先"工作机制，围绕州委、州政府中心工作和州领导关注的热点难点问题，组织开展重点研究，为州委、州政府科学决策提供决策参考，部分调研成果得到州委、州政府领导批示，其中《恩施州县域经济发展现状分析》《探索农村土地经营权抵押贷款破解市场主体融资难》《关于恩施州优化营商环境的调研报告》《二官寨村何以在乡村振兴中破茧成蝶》《关于恩施州旅游产业高质量发展的思考》《关于恩施农商行服务实体经济发展的调查研究》6项课题，分别入选2021年度恩施州社会科学重大、重点、优秀课题。

（沈济 陈兵 谭建威 周宇）

深化改革工作

【概况】 2021年，州委改革办履行改革职责，服务改革发展大局，推动全面深化改革工作取得实质性进展和成效，获得2项第三届湖北改革奖（恩施州政务服务和大数据局获改革单位奖，利川星斗山红茶有限责任公司获改革企业奖）。全年召开深化改革委员会会议1次，审定改革事项63项，出台改革方案36个，统筹谋划实施138项改革项目，中央第二巡视组巡视湖北省反馈的46项改革问题全部整改完成。

【巩固拓展脱贫攻坚成果同乡村振兴有效衔接】 2021年，出台《中共恩施州委、恩施州人民政府〈关于实现巩固拓展脱贫攻坚成果同乡村振兴有效衔接的实施方案〉的通知》《关于全面推进乡村振兴 加快农业农村现代化的实施意见》《恩施州乡村振兴工作方案》《恩施州州直单位巩固拓展脱贫攻坚成果 全面推进乡村振兴驻村工作方案》等文件，明确5年过渡期内的指导思想、基本思路和目标任务。州委成立实施乡村振兴战略指挥部。新识别三类监测对象，年度新增监测对象1220户、3970人，签订《武汉市·恩施州对口帮扶框架协议》，拟定《2021年武汉市·恩施州对口帮扶工作方案》《对口帮扶五年项目库》，入库项目543个，涉及资金23.59亿元。

【农村土地经营权抵押贷款试点】 2021年，继续推进相关工作，按照《恩施州农村土地经营权抵押贷款指导意见（试行）》《州人民政府关于在全州开展农村土地经营权抵押贷款助力乡村振兴的指导意见》《恩施州农村土地流转经营权证管理办法》《恩施州农村土地经营权价值评估办法（试行）》等文件要求，在全州8个县市选定一批农村市场主体先行先试，全州25个农村市场主体以合法流转的627.72公顷土地为抵押，获取贷款1567万元，创新性建立抵押登记机制、价值评估机制、风险代偿机制和抵押处置机制，完善试点联席会议制度，打通农村土地经营权抵押贷款试点中的“梗阻”，推动改革工作全面落地。

【深化要素市场化配置改革】 2021年，继续推进相关工作，按照《恩施州数据要素市场化配置改革行动方案》《恩施州贯彻落实省委 省政府构建更加完善的要素市场化配置体制机制实施意见责任分解清单》等文件要求，推进新增工业用地“标准地”出让改革，推进流动人员人事档案管理服务系统建设，为高层次人才提供“楚才卡”一卡通便捷服务（“楚才卡”申领对象为在湖北省工作或服务并作出重要贡献且符合一定条件的在职高层次人才，此卡湖北省通用，持卡人在省内按照有关政策规定可享受落户、金融、税收优惠、医疗、养老等诸多高效便捷的专项服务）。成立上市后备企业资源库，实现州、县、乡、村四级电子政务外网全覆盖。

【农村宅基地制度改革试点】 恩施市被农业农村部确定为全国农村宅基地制度改革试点，率先在17个村进行试点。2021年，推进相关工作，拟定13个市级指导意见（其中2个已印发），成立市级土地执法中队，乡镇办成立巡查队，村确定巡查员，各乡镇办成立农村宅基地管理办公室，统一印发宅基地批准书、宅基地审批呈报表等文本，对宅基地审批实行联审联办。开展村庄规划编制工作，确定宅基地资格权，合作开发宅基地管理信息平台，探索开展农房抵押贷款，印发相关指导意见，全市发放“三权分置”不动产证85本、“房地一体”不动产证125本，受理农房抵押申请12起，为7户农户贷款205万元。

【发展开放型经济】 2021年，按照《恩施州发展疫后开放型经济提升市场开放度行动方案》和《恩施州“大招商、招大商、抓落实”行动实施方案》文件要求，建立州县联动、大员上阵、精锐出战、专班跟进机制。推进外贸“三项工程”（骨干企业龙头工程、成长企业壮大工程、开口企业实绩工程）建设和外资使用“破零攻坚”，有序推进恩施航空口岸正式开放申报和“内陆无水港”建设。

【“一网通办、一窗通办、一事联办、全州通办”改革】 2021年，按照《全面深化基层政务服务改革的工作方案》文件要求，组织州直相关部门梳理本部门政务服务事项，优化流程、打通网办渠道，州、县两级政务服务事项可网办率达100%，全州实现669个政务服务事项“全程网办”。梳理“掌上办”事项在“鄂汇办”App上线运行，有人社、不动产、公积金、公安交管等部门的206个高频便民服务事项实现“掌上办”。印发《恩施州智慧“店小二”自助服务体系建设工作方案》，全州各级各部门在政务服务大厅和部门办事大厅投放215台自助服务终端，上线340个高频事项“自助办”。

【探索建立“两山”实践法规保障制度】 2021年，制定《“探索建立‘两山’实践法规保障制度”改革项目实施方案》，坚持践行习近平法治思想和“两山”理论，结合恩施实际推进齐岳山生态环保立法，成立立法工作领导小组，制定立法工作方案，组成9个调研工作专班，围绕8个方面的专题，采取实地考察、进村入户、召开座谈会等方式，了解齐岳山保护工作情况，形成提交州人大常委会会议审议的条例草案文本。

【“两山”实践创新基地创建工作】 2021年，印发《恩施州“绿水青山就是金山银山”实践创新基地建设实施方案（2021—2023年）》，探索构建生态产品价值实现机制，加强“两山”典型经验总结推广，开展生态文明建设示范县、生态乡镇和生态村“细胞工程”创建，建成国家级生态文明建设示范区6个，省级生态文明建设示范区实现8个县市全覆盖，累计建成省级以上生态乡镇76个，省级以上生态村694个，创建数量位居全省首位。10月，恩施州被生态环境部授牌命名为第五批“绿水青山就是金山银山”实践创新基地，宣恩县被授牌命名为第五批国家生态文明建设示范区。

【推进“协商在一线”试点工作】 2021年，印发《关于深入推进“协商在一线·院坝协商”的指导方案》的通知，明确乡镇（街道）、社区（村）、企事业单位、界别四个层次协商平台搭建的基本内容，规范协商议事活动的基本流程，把“协商在一线·院坝协商”与调研视察、专题协商、民主监督、提案办理、界别活动等政协履职活动结合起来，增强资政建言的前瞻性、精准性，提升凝聚共识的针对性、有效性。

【加强和改进基层理论武装工作】 2021年，制定《2021年度加强和改进理论武装工作改革项目实施方案》，坚持将学习习近平新时代中国特色社会主义思想作为加强和改进基层理论武装工作的首要政治任务，开展党史学习教育，推进理论宣讲的常态化，完善党委（党组）理论学习中心组巡听旁听制度，对8个县市和38家州直单位中心组学习开展巡听旁听。

【开展市域社会治理现代化试点工作】 2021年，印发《恩施州域社会治理现代化工作指引》的通知，构建以乡镇综治中心为龙头，派出所、司法所、法庭、信访办常态化研判，涉事部门和村（居）参与的“1+4+N”工作机制，建成政法智能化综合指挥中心和统一的网格化系统，充实基层综治中心人员力量，推动乡镇（街道）综治（网格）中心一体化、实体化运行，建立州、县、乡、村四级安全稳定风险防范化解工作机制，完善时排查、日研判、周调度、月通报、年考核等工作制度，条块结合、部门联动的治理机制逐步完善。

【深化新时代党建引领乡村治理】 2021年，制定《恩施州深化新时代党建引领乡村治理促乡村振兴若干措施》，推动农村网格化管理，建强乡镇党委—村党组织—村民小组（网格）—党员中心户四级组织体系，全面提升农村基层党组织组织力。开展软弱涣散基层党组织整顿，推行“四个一”整顿机制，整顿软弱涣散村党组织215个。

【构建党统一指挥、全面覆盖、权威高效的监督体系】 2021年，制定《恩施州纪委监委构建党统一指挥、全面覆盖、权威高效的监督体系方案》，“点对点”向同级监督对象送达其分管单位问题，充分运用“第一种形态”处理同级监督对象。在集中换届工作中，主动参与领导班子换届人选和代表、委员人选的联审把关，全州各级纪检监察机关回复党风廉政意见30706人次。顺利完成协调指挥室和案件监督管理室职能移交工作，州县两级机构设置、人员配备基本健全。

【改革工作经验】 2021年，加强金融服务乡村振兴，创新实施“整村授信”模式（整合利用“村支两委”、驻村“尖刀班”、信息化技术等资源协助银行机构对农户评估授信，引导银行机构利用纯信用贷款保障授信白名单内的农户小微信贷需求）在全省复制推广。恩施州普惠金融改革在《湖北日报》以“来凤58名银行客户经理任金融‘村官’全县超90%村实现整村授信”为题、《人民日报》以“湖北恩施推动‘整村授信’，覆盖超八成行政村”为题进行报道。推进脱贫攻坚与乡村振兴有效衔接，实施乡村建设行动，全国乡村振兴干部培训工作研讨班在恩施州举办。推进乡村治理能力现代化，恩施市盛家坝镇二官寨村、建始县高坪镇青里坝村、鹤峰县下坪乡岩门村入选第二批全国乡村治理示范村。巩固拓展脱贫攻坚成果同乡村振兴有效衔接改革在央视《新闻联播》上以“走进乡村看小康特别栏目——产业花开富乡邻”为题进行宣传。利川星斗山红茶有限公司产业扶贫模式获评第三届湖北改革奖企业奖。鹤峰县“涉企保证金最少县市”改革、咸丰县食品生产加工作坊“一业一证”改革、巴东县“四案四分”模式破解执行难，作为优化营商环境第三批典型经验在全省复制推广，全省“营商环境看实招”首场新闻发布会在恩施州召开，恩施州在全省全面深化改革考评培训暨优化营商环境改革现场会上作典型发言。推进营商环境革命，争创全省优化营商环境先行区改革在《湖北卫视》以“持续推进营商环境革命 | 恩施来凤：政府担责　企业减压　投标可免交双金”为题，《人民日报》以“湖北省恩施市：穿上‘红马甲’当好‘店小二’新时代文明实践志愿活动助力优化营商环境”为题进行报道。《人民日报》以“恩施市大力开展‘一网通办’‘一事联办’”为题、《湖北日报》以“洞下槽村智慧乡村平台上线运行”为题对全州加快推进基层政务服务改革进行报道。推进不动产登记“网上办”改革，在《湖北卫视》以“营商环境革命‘清、减、降’在行动 | 恩施：不动产过户　五样一起办”为题进行报道，《人民日报》以“湖北恩施市探索开展不动产宗地分割登记新模式侧记：让不动产抵押融资灵便度再提升”为题进行报道。恩施州与湘西州协同制定《酉水河保护条例》，获评湖北省人大系统“十大创新工作”。实施“基层妇联领头雁行动计划”，持续打造“爱心妈妈”“硒都有爱”等巾帼志愿服务品牌，全省村（社区）妇联干部示范培训班在恩施州召开，10月11—16日，恩施市在全国妇联组织召开的湖北省县级妇联主席培训班上作典型发言。《人民日报》以“八成病人在县医院就能治疗”为题，《湖北卫视》以“来凤打造三十分钟医疗服务圈　以贴心服务‘圈粉’搬迁居民”为题，对恩施州加强基层医疗卫生服务体系建设改革进行报道。开展市域社会治理现代化试点工作在《湖北日报》上以“来凤打造“一社一品”党建服务品牌为群众办实事万余件”为题、《人民日报》上以“‘1+6+N’激活恩施女儿城景区‘平安细胞’”为题进行报道。恩施、巴东、咸丰、建始多家供销社被全国供销合作总社评为全国供销社系统示范社。深化文明城市创建，建始、巴东、宣恩、咸丰4个县被确定为省级文明城市，宣恩县入选全国文明城市提名城市，新增全国文明村镇22个、省级文明村镇90个。“湘鄂边苏区”“土家风情·美丽恩施”2条线路入选“建党百年红色旅游百条精品线路”，利川市南坪乡跻身第一批100个全国乡村旅游重点镇（乡），宣恩县成为全省唯一一个以县城核心区域为支撑的国家AAAA级旅游景区，建始店子坪成为全省“十佳”红色旅游经典景区，恩施土家女儿城步行街成功建成首批省级旅游休闲街区。《湖北日报》以“宣恩：聚焦新定位　全域旅游开新篇”为题对宣恩县加快国家全域旅游示范区创建步伐改革进行报道。扶贫题材舞台剧《太阳照进山窝窝》到省进京演出并获楚天文华奖，南剧《唐崖土司夫人》获第六届全国少数民族文艺会演剧目创新奖。州应急管理局完善应急体制机制，被人社部、应急部表彰为“全国应急管理系统先进集体”。“两山”实践创新工作探索推进，恩施州被生态环境部授牌命名为第五批“绿水青山就是金山银山”实践创新基地。生态环境质量稳中向好，空气平均优良率达97.2%、居全省第二位，地表水国家考核断面水质进入全国地级及以上城市前25位（第21位），连续2年在全省污染防治攻坚战考核中获得第一名，在2021年全省生态省考核中获得第一名。加快建立健全绿色低碳循环发展经济体系改革在《湖北日报》以“利川南坪好生态富了村民”为题、《人民日报》以“湖北恩施：环保“小颗粒”，烟农得实惠”为题进行报道。开展生态产品价值实现路径试点工作在《湖北日报》以“恩施市生态扶贫纪实：金山银山绿　百姓口袋鼓”为题进行报道。深化新时代党建引领乡村治理改革在《湖北日报》以“奏响‘三部曲’：来凤着力加强基

层党建工作”为题、《人民日报》以“小举措撬动大治理——恩施大峡谷风景区管理处木贡村基层治理探索观察”为题进行报道。

（沈 济 陈 兵 谭建威 周 宇）

机关党建

【概况】 2021年，州委直属机关工委以庆祝中国共产党成立100周年为契机，深化党史学习教育为主线，紧扣州委中心大局，推动州直机关党建高质量发展，为全州经济社会发展提供坚强政治保证。截至2021年年底，党组织关系隶属于州委直属机关工委的单位93个，基层党组织508个，党员8238名。

【政治建设】 2021年，州委常委会、州委党建领导小组工作会议专题研究州直机关党建工作，州直机关党建工作坚持将带头做到“两个维护”作为首要任务，将当好“三个表率”（在深入学习贯彻习近平新时代中国特色社会主义思想上作表率，在始终同党中央保持高度一致上作表率，在坚决贯彻落实党中央各项决策部署上作表率）、建设模范机关、践行“三个体现”（体现在坚决贯彻党中央决策部署和省委州委工作要求的行动上，体现在履职尽责、做好本职工作的实效上，体现在党员、干部的日常言行上）落实到党建工作全过程各方面。优化党建考核内容，将省对州核心指标考核结果、州委中心工作完成情况纳入党建考核体系，促进业务工作争先进位。完成七届州委第十三轮巡察反馈的4大项14个具体问题整改。在恩施电视台开设“抓党建促发展”专栏，挖掘报道先进典型39个。组织7000余名机关党员干部到恩施大峡谷等地开展“主题党日”特色实践、个人自费游恩施等活动，助力旅游产业发展。

【组织建设】 2021年，压实州直单位党组（党委）抓机关党建主体责任，对47个直管单位开展“问题大起底”，问题清单直接送达党组（党委）书记。对党政机关、事业单位、国有企业党建工作实行分类指导、分类考核。组织“红旗党支部”风采展播，发挥先进典型示范引领作用。加强后进党组织整顿。做好发展党员、换届选举、组织设置调整、党费收缴、党员教育管理等日常工作。先后在湖北店子坪党员干部红色教育基地、州委党校等地开展党务骨干、支部书记、新党员、发展对象培训班，培训570人。制订《州直机关企事业单位党组织和党员干部下沉社区工作常态化管理办法（试行）》，推动“双下沉”（机关企事业单位党组织和党员下沉到社区）工作取得实效。

【清廉机关建设】 2021年，结合省委关于建设清廉湖北重要工作部署和州委关于清廉恩施建设的要求，聚焦“好正实优”目标，9月23日，印发《关于推进清廉机关建设的工作方案》。10月20日，州委直属机关工委召集相关责任单位召开清廉机关建设工作座谈会，明确各单位责任。11月4日，召开州直机关党建暨清廉机关建设推进会，推进清廉机关建设。推动州直单位开展党风廉政建设宣传教育月活动，督促党组（党委）书记讲廉政党课全覆盖，组织开展“清廉建设润恩施”纪法知识竞赛、党章党规党纪党史知识竞赛等活动。

【庆祝中国共产党成立100周年系列活动】 2021年，开展庆祝中国共产党成立100周年系列活动，为州直575名老党员颁发“光荣在党50年”纪念章，召开州直机关党建工作暨“两优一先”表彰大会，集中表彰州直119名优秀共产党员、61名优秀党务工作者、60个先进基层党组织，在表彰会和电视台播放党建专题片《走在前，作表率》，展现机关党员干部在新冠肺炎疫情防控、脱贫攻坚、抗洪救灾等重大任务中走在前、作表率的新时代风采。在恩施电视台、《恩施日报》开设“我身边的优秀共产党员”专题专栏，挖掘报道宣传州直优秀共产党员先进事迹。

【党史学习教育】 2021年，州委领导带头到所在支部讲授专题党课，“书香恩施 清江大讲堂”开设恩施革命斗争史专题讲座、邀请州委党校老师作习近平总书记“七一”重要讲话辅导，在《恩施日报》、“州委直属机关工委”微信公众号开设“我与一本书”专栏，刊登州直党员读书体会50余篇，引导党员干部读原著、学原文、悟原理，深入学习贯彻中共十九届六中全会、省委十一届十次全会和州第八次党代会精神。举办州直机关“学党史、促发展、见行动”知识竞赛，州直1.2万名干部职工参与比赛，累计21万余人收看决赛直播。州直各单位利用党组（党委）中心组示范引领学、支部主题党日集中学、到党史学习教育基地现场学等多种学习方式，将学习党史同推动机关党建高质量发展结合起来。在全州范围内确定来凤县博物馆等15个州直机关党员干部党性教育基地。

【党建引领基层治理】 2021年，在总结脱贫攻坚和疫情防控“尖刀班”经验基础上，州委下发《关于组建社区治理“尖刀班” 推动城市基层治理体系和治理能力现代化的实施意见》，州直机关选派126名优秀党员干部全脱产下沉社区工作，实现恩施市23个城市社区治理“尖刀班”全覆盖。10月14—27日，州委直属机关工委组建工作组，先后对88家州直单位党组织和党员干部下沉社区工作开展情况进行调研督办，及时总结提炼工作经验，督办情况形成《问题清单》，寄给各单位党组（党委），压实各单位党组织下沉责任。11月16—20日，州委直属机关工委到州城主城区9个社区（村），与社区（村）党组织书记、“尖刀班”成员调研座谈，了解州直党组织和党员干部下沉社区工作进展情况。在社区治理“尖刀班”统筹下，报到党员干部按照“两定三联四参与”（定岗定责，联系服务困难群体、联系普通居民、联系市场主体，参与民主议事、参与志愿服务、参与调处矛盾纠纷、参与处理突发事件）要求，发挥机关党员干部在社区治理中的先锋模范作用，推进党的组织体系进小区、进物业、进楼栋，加快“红色物业”“红色业委会”建设。州委直属机关工委联系的恩施市书院社区按照“党建引领 文化铸魂”工作思路，创新社区治理工作法，以奖代补方式支持居民自建1200平方米公共停车场，组建起50人的东方红文艺演出队，参与引资建成1200平方米室内体育馆和600平方米室外篮球场。协调资金92余万元，建成全州首个城市书房，配备5877册优质藏书和数字图书资源。

（王敦才）

网络安全和信息化

【概况】 2021年，恩施州网信工作实施网络内容建设管理改革“五项计划”（喉舌锤音、网红刷屏、同心网盟、自律共荣、温暖网事）、网络综合治理体系建设“四项行动”（织网、润网、护网、强网）、网络文明建设“四项工程”（网络两个覆盖、网络行为规范、网络环境清朗、网络素养提升），加强网络内容建设，维护网络空间安全，推进信息化发展。

【网络传播】 2021年，深入学习宣传贯彻习近平新时代中国特色社会主义思想，开设“学习进行时”“贯彻六中全会精神”等专题专栏，推送相关文章4000余条。以庆祝中国共产党成立100周年为主线，组织“绿色山河红色魂”“奋斗百年路 启航新征程”等网上主题宣传。9月16—17日，开展“恩施的夜·游我做主”大型网宣活动，发布原创图文50篇、视频类作品39个。组织评选恩施州自媒体网络传播十大精品。与新华网、长江云、今日头条等网络媒体加强合作。“网信恩施”微信公众号、头条号、抖音号粉丝达10万余人次，擦亮“硒谷时评”品牌，撰写时评82篇。

【网络管理】 2021年，落实网络意识形态工作责任制，按照《关于加快建立恩施州网络综合治理体系的实施方案》《恩施州网络综合治理体系建设三年行动方案》《恩施州推进网络内容建设管理改革五年行动计划实施方案》相关要求，完善网络空间安全管理等11项工作机制。坚持编报舆情报告。依法管网治网，推进“清朗”系列专项行动81个，做好常态化“扫黄打非”和扫黑除恶工作，移交涉嫌违法违规网站20余家，约谈自媒体负责人2次。

【网络安全】 2021年，推进网络安全平台建设，举行网络安全攻防演练，开展网络安全大检查。5月17日，省委网信办相关领导到恩施州调研网络安全工作。10月，以“网络安全为人民，网络安全靠人民”为主题的恩施州国家网络安全宣传周启动，在全国首创开通“网络安全号”公交线路，得到中央网信办和省委网信办推介。分众化开展网络安全宣传教育，宣传周期间7万人次线上答题，发送公益短信200余万条次，刊发转载报道4000余篇。10月11日，省委网信办授牌，与湖北民族大学合作成立湖北省民族地区网络空间安全人才与创新中心；同日，恩施州信息网络安全协会成立。

【网络社会工作】 2021年，推进互联网企业党的组织和党的工作“两个覆盖”（互联网企业党的组织和党的工作覆盖）工程，落实州委网络安全和信息化委员会领导联系网络人士制度，宣讲中共十九届六中全会精神，开展网络公益活动。成立网络媒体协会，引导行业自律。3月24日，恩施州互联网行业党委成立。8月18日，州互联网行业党委召开第一次会议，举办党史学习教育专题学习研讨会议，召开正能量网络媒体工作室建设推进会。截至年底，全州有正能量网络媒体工作室36家，其中“恩施味儿工作室”入选湖北省首批正能量网络大V工作室建设项目。联谊全州200万以上粉丝账号5个、100万—200万粉丝账号12个。

【信息化工作】 2021年，编制《恩施州网络安全与信息化“十四五”规划》，谋划信息化项目430个。修订《恩施州网络安全和信息化专家咨询委员会管理暂行办法》，出台专家抽取流程规则，在库专家总数达75人。建始县“数字乡村”试点建设顺利推进。全州基础网络供给能力增强，新建5G基站2035个，5G网络实现州城城区、县城城区以及重点乡镇全覆盖。

【重要会议】 2021年7月26—28日，湖北省网络空间安全学会首届学术年会在恩施州举办。8月30日，州委网信委第三次会议召开，部署重点工作，审议通过《关于加快建立恩施州网络综合治理体系的实施方案》《恩施州推进网络内容建设改革五年行动计划实施方案》。12月21日，举办全州网络意识形态工作专题培训。

（冉运芳）

机构编制管理

【概况】 2021年，州委编办统筹推进全州机构编制各项工作，持续巩固深化机构改革成果，推进全州基层治理体系和治理能力现代化工作，机构编制综合业务管理大数据平台信息做到实时更新，确保机构、编制、人员信息完整准确，完成年度各项工作目标任务。

【完成街道管理体制改革】 2021年，按照全省深化街道管理体制改革工作部署，有序完成恩施市、利川市共计5个街道的改革工作。强化街道党工委领导核心地位，明确街道在加强党的建设等7个方面工作任务。优化调整街道内设机构，根据恩施州特点增加旅游、民族、宗教等领域职责。合理确定人员编制，提高编制资源配置效率，向基层调剂州本级行政编制，实现街道编制数量均高于省定标准。赋权扩能，明确街道执法主体地位，推行各类网格“多网合一”服务模式，全面落实街道行政管理体制改革要求。按照“明责、赋权、减负”的要求，对照省“两清单一目录”（街道赋权事项指导清单、街道通用权责清单、街道行政执法事项目录），结合经济社会发展情况和实际承接能力，应领尽领，宜接则接，编制完成街道职权清单。改革完成后，街道“五项权力”（规划参与权、综合管理权、事关群众利益的重大决策和重大项目建议权、应急状态下的必要权能）得到有效落实，“街道吹哨、部门报到”机制正在形成。

【深化重点领域体制机制改革】 2021年，服务优化营商环境，在前期调研基础上，针对部门职能职责不清、交叉重叠等问题，通过修订部门“三定”予以理顺。重新制定州发改委、州经信局、州住建局、州商务局“三定”规定，突出重点职责，明晰职责分工，推进流程再造，确保运行顺畅。服务保障科技创新，突出加强对中心工作和义务教育、科技创新等领域的机构编制倾斜力度，保障主导产业和关键环节的用编需求。创建科技创新人才引进用编绿色通道，建立“硒谷人才”编制周转池，重点保障州委、州政府急需引进人才，创新人才，重点特殊岗位编制资源使用需求。服务保障重点民生，加强对疾病预防控制和公共卫生领域的体制机制保障，为疾病预防控制机构增核事业编制，实现全州各级疾病预防控制机构、基层医疗卫生机构编制配备达到国家和省定标准。在州、县两级统一设立急救中心，增强院前急救和社会医疗救助的统一指挥调度。另外，结合中小学教师“县管校聘”改革，规范设置县市教师发展机构。2021年度下达县市农村公办幼儿园和农村小学全科教师定向委培招聘用编计划494名，中小学教师招聘计划328名，从体制创新和力量配备上推动全州教育事业健康发展。服务实施乡村振兴，及时将州、县两级扶贫开发办公室更名为乡村振兴局并增设所属事业单位乡村振兴发展中心，从体制机制上增强对乡村振兴战略实施的服务保障。

【深化综合行政执法改革】 2021年，继续深化综合行政执法改革。在组建六大领域综合行政执法机构、开展综合行政执法的基础上，督促指导州直有关部门和县市厘清州、县两级执法权限，细化监管职责、执法重点和执法边界，出台综合行政执法事项清单。为落实长江大保护，强化渔政执法，统一在州、县两级农业综合执法机构加挂渔政执法机构牌子。结合街道管理体制改革，在街道整合组建综合行政执法队伍，通过省政府备案授权，统一开展街道综合行政执法，夯实基层执法力量。

【事业单位改革】 2021年，持续探索事业单位改革。根据2019年机构改革总体部署，全面完成行政类和生产经营类事业单位改革。以“政事分开、事企分开、管办分离”为原则，以整合精简机构、优化健全职能为重点，统筹推进州直事业单位优化、调整和规范工作，全年基本完成州直农业农村系统事业单位改革，待省委编办批复机构级别后组织制定机构编制方案。完成对其他“小、散、弱”和交通运输、住建等重点领域事业单位的调查摸底，待省相关文件出台后组织实施。

【进一步明确相关单位在部分领域职能职责分工】 2021年，厘清重点领域职责边界和责任分工。印发《关于进一步明确相关单位在部分领域职能职责分工的通知》，按照部门“三定”规定和“建、管、防、抢、救”五字分工原则，明确州应急管理局与相关部门在防汛抗旱、森林防火、地质灾害等方面的职责分工。细化农贸市场监管、农村宅基地和农房建设审批管理、电力能源管理、油品行业管理、消费管理、州城建设项目监管等领域相关部门的职责，有效提升工作效能。

【清理规范开发区管理机构】 2021年，规范设置管理机构，明确在开发区设置党的工作委员会和管理委员会，规范名称和体制，统一明确为合署办公。鼓励巴东经济开发区和利川生态旅游示范区探索“区政合一”体制，强化产城融合，与所在行政区一体化发展。合理确定职责定位，坚持以发展产业为主，结合功能定位，明确开发区在组织领导、发展规划、协调服务和招商引资等方面的管理主体地位，将优化营商环境作为主要任务，加强开发区经济管理和投资服务职能。精简优化内部架构，实行与开发区管理机构相适应的“大科室制”，加强业务职能部门，精简综合事务部门。精干设置直属事业单位，严格控制派驻机构，规范核定领导职数。12月，全州开发区清理规范方案经州委编委会研究审定，待省委编办备案同意后组织实施。

【规范机构编制综合业务管理平台应用】 2021年，严格实行人员上下编网上办理模式，提高机构编制信息化水平，启用制式标准台账，封存旧版手工台账，全面推行平台制式上下编通知单，选取部分州直单位作为试点开展用编计划审核网上办。为保证数据安全，举办州直单位网上办业务培训，规范使用要求，确保不在平台存储、处理涉密信息。

【规范实行用编核准制度】 2021年，通过扎紧制度“笼子”，加强机构编制的刚性约束。严格规范编制核准制度，通过机构编制实名制系统和电子台账编制、职数和人员实行动态化、精细化管理。严把进人关口，加强与组织、人社、财政部门协作配合，发挥机构编制在进人管理中的牵头作用。规范人员上下编工作流程，将编办印发的上编通知单作为组织、人社部门核定工资，财政部门核拨经费的基本依据。

【规范实行事业单位法人登记和年度报告公示】 2021年，开展事业单位登记管理事项50项，其中设立登记7项，变更登记39项，注销登记4项。州直208家应公示的事业单位按要求全部完成2020年度事业单位法人年度报告的填报、提交和公示工作。州直正常登记的事业单位共计222家，不存在应登记未登记、不应登记违规登记和登记不规范的情况。全年完成23项统一社会信用代码证书事项变更的换证工作。

【机构编制核查工作】 2021年，组织召开机构编制核查暨机构编制业务网上办操作培训会，部署培训州直单位机构编制核查工作。按照“机构清、编制清、领导职数清、实有人员清”的要求，组织州直机关和所属单位开展自查。通过数据比对、问题梳理、数据调整，梳理掌握全州机构编制情况。

（王进荣）

信访工作

【概况】 2021年，全州受理办理群众信访事项15285件/批次，同比下降16.44%。其中走访2395件/批次，占15.67%，来信1909件次，占12.49%，网上信访10981件次，占71.84%。2021年度全州信访工作在全省考核中名列第二，连续8年被评为优胜。利川市、巴东县、鹤峰县信访局获评全省信访工作先进单位。

【源头治理信访问题】 2021年，州、县市、乡镇三级领导干部常态化开展开门接访、领导下访、书记陪访，由“群众上访”向“干部下访”转变，州、县市领导干部带头接访、下访包案，全年接访、下访、约访200余批次、包案1000余件。双向规范信访秩序，落实党委、政府主体责任、责任部门主办责任、信访部门主管责任，实行领导接访“双向承诺”（接访领导签“接访承诺书”、来访人员签“来访承诺书”）、强化“六个严禁”（严禁言行不当，激化矛盾；严禁法纪淡薄，随意表态；严禁推拖绕躲，问题上交；严禁有访不接，离岗代岗；严禁处置不力，扩大事态；严禁迟报瞒报，信息不畅），推动接访工作、上访行为双向规范。推动初信初访初结初了，落实“1415提速增温”（1个工作日转办到责任部门、责任部门4个工作日内决定是否受理、15个工作日办结；提升信访事项办理速度，收到信件时、办理过程中、出具处理意见书前联系信访人，增加办理温度）办理要求，信访事项办理“五率”（信访事项登记录入率、及时受理率、按期办结率、办理参评率、群众满意率）水平位居全省前列。发挥《信访与民情》反映社情民意、汇集意见建议、分析稳定风险、评估政策得失的参政议政作用，对群众的急难愁盼问题和全州信访形势予以分析。

【化解信访矛盾】 2021年，坚持底线思维，多举措强化“事要解决”。开展领导包案，对疑难复杂信访事项，州领导每人至少包案化解2件，县领导每人至少包案化解5件，乡镇领导实行包村（社区）包案负责制。专项治理信访突出问题，分部门分领域开展房地产、拖欠农民工工资和生态环境保护等问题的专项治理工作。集中治理重复信访，对中央信访联席办交办恩施州的重复信访件，逐件落实包案领导、包案责任人及办理期限，形成合力，将重复信访案件化解办结。

【建立健全信访工作机制】 2021年，强化“五治”（政治、法治、德治、自治、智治）融合，搭建矛盾调解平台，运用法治思维和法治方式，开展思想工作，智能化分析矛盾、办理信访事项，推进“事心双解”。建立健全联防联控机制，建立涉法涉诉矛盾联防联调、重点人治安管理、出租房屋治安管理和信息网络、金融放贷、卫生、乡村治理等领域矛盾风险联防联控工作机制，立足于防、立足于治。创新路地安稳联调联动机制，加强铁路与属地联调联动，提升信息预警、属地管控、途中劝返工作质效。加强信息研判预警。每日研判网、信、访、复查复核信访情况，全年编发《信访动态》106期。规范风险警示函、督办提醒函、问责建议函，梳理各县市信访工作情况，针对性地向县市党委书记提示。对重要信访事项办理、突发高频次信访事项等，点对点向县市和州直部门进行风险预警。

【深化信访工作改革】 2021年，深化律师“三进”[进村（社区）、进信访大厅、进疑难案件]，坚持解决问题导向和法治优先理念，全年律师接待来访群众2349人次，参与化解一般信访矛盾1245件次，提供法律咨询1781件次，参与疑难信访案件处理247件次，出具法律意见书68件次，参与信访复查复核案件出具律师意见56件次，推动化解信访积案128件。2021年巴东县成功创建第一批全国信访示范县市，连续2年成功创建全国信访工作“三无”县市。建立信访事项依法终结有序退出评审机制和专家会商机制，聘任23名复查复核专家，印发《恩施州信访事项依法终结有序退出实施办法（试行）的通知》《恩施州人民政府信访事项复查复核工作委员会工作规则》等文件。

【荣誉】 2021年，州信访局副局长向舒娜、恩施市信访局二级主任科员郑绪珍、建始县信访局副局长陈美林、宣恩县信访局接访办信股股长汤淑华、咸丰县信访局副局长游艺、来凤县信访局信访督查专员龙鑫玮被省人社厅、省信访局表彰为“2018—2020年度全省信访工作先进个人”。向舒娜被省信访局表彰为“第二届全省‘最美信访干部’”。

（时　星）

外事工作

【概况】 2021年，州委外事工作委员会办公室（简称州委外办）统筹推进新冠肺炎疫情防控和对外开放各项工作,服务国家总体外交和恩施州经济社会发展。全年从境外到恩返恩人员2524人，无一例新冠肺炎关联病例发生。理顺防范化解外事领域重大风险机制体制,建立重大外事活动请示报告制度。做好预防性领事保护宣传工作，保障社会和谐稳定。

【外事工作】 2021年，立足恩施州实际，制定“世界硒都·中国硒谷”“美丽恩施”外事品牌建设方案。恩施硒茶“一红一绿”（“利川红”“恩施玉露”）再次亮相外交部湖北全球特别推介活动。通过上海合作组织乡村发展和减贫分论坛、威尼斯建筑双年展跨国连线直播等重要外事活动向世界展示恩施风光、推介恩施资源、讲述恩施故事。恩施州与中欧商会签署《国际交流合作意向备忘录》，与韩国堤川市正式备案缔结为友好城市。

【外事系统“外防输入”专题工作会议】 2021年1月25日，恩施州召开外事系统“外防输入”专题会议。传达学习湖北省、恩施州指挥部下发的关于“外防输入”以及入境人员健康管理文件精神，听取全州8个县市外办前期涉外新冠肺炎疫情防控工作中的经验、存在的问题以及工作建议,并对下一步“外防输入”重点工作进行安排部署。

【领事保护进社区宣传活动】 2021年4月22日，州委外办在土家女儿城景区开展领事保护宣传活动。通过引导社区居民、游客关注“领事直通车”微信公众号，发放《中国领事保护和协助指南》以及印有外交部“12308”热线电话的环保宣传袋，并就群众关心的涉外防疫、海外维权以及怎样应对海外突发事件等问题进行详细解答。

【全州外事系统业务培训班】 2021年4月14日，州委外办举办2021年恩施州外事系统业务培训班。学习湖北省委外事工作委员会第四次全体会议和湖北省外事工作会议精神，并围绕因公出国（境）审核报批、APEC商务旅行卡办理、领事保护、涉外接待礼仪外事业务进行培训。

【州委外事工作委员会第三次全体会议】 2021年7月6日，州委外事工作委员会第三次会议召开，会议传达学习湖北省委外事工作委员会第四次会议和湖北省外事工作会议精神，总结2020年外事工作，审议通过《中共恩施州委外事工作委员会2021年工作要点》，安排部署2021年恩施州外事重点工作。

【参加“云聚国际智慧，擘画低碳湖北”——可持续发展与高质量建设研讨会】 2021年11月17日，州委外办到湖北省荆门市参加由省政府外事办公室、加拿大驻上海总领事馆、荆门市政府共同主办，荆门市政府外事办公室、林创中国（FII China）承办的“云聚国际智慧，擘画低碳湖北”——可持续发展与高质量建设研讨会。活动期间，州委外办在会上就恩施州绿色生态发展情况做推介。

【与中欧商会签署国际交流合作意向备忘录】 2021年12月11日，恩施州与中欧商会签署国际交流合作意向备忘录，旨在加强双方交流合作，构建务实友好、互利互惠的关系，建立长期稳定的合作机制，推动中欧商会与恩施州在科技、医药、教育、农业方面深度合作。

【考察调研】 2021年5月6—9日，法国驻武汉总领事贵永华到利川市访问考察，实地考察南坪村、楠木村和星斗山茶业、杭州萧山利川科技产业园、柏杨坝镇村花网红街、腾龙洞、佛宝山、大水井，并就农业发展、乡村振兴、文化旅游发展方面与利川市进行沟通交流。9月9日，省委外办相关领导到恩施州调研国际友好城市建设、涉外新冠肺炎疫情防控、恩施州“一地一品”建设等工作情况，到来凤县旧司镇团坛子村开展乡村振兴调研和走访慰问活动。12月14—15日，省委外办相关领导到恩施州调研外事工作，到来凤县实地调研乡村振兴工作。

（付绍华）

老干部工作

【概况】 2021年，全州有离退休干部38880人，其中离休干部173

2021年4月22日，州委外办在土家女儿城景区开展领事保护宣传活动

（付绍华 摄）

人，退休干部38707人；有退休职工7441人。州直单位离退休干部3250人，其中离休干部54人，退休干部3196人；有退休职工801人。全州厅级离退休干部46人，其中享受正厅级待遇11人，副厅级待遇35人；县级离退休干部2051人，其中享受正县级待遇541人，副县级待遇1510人。州直单位县级离退休干部1021人，其中享受正县级待遇435人，副县级待遇586人。全州有离退休干部职工党员19702人，单独设立离退休干部党支部342个、党员12275人。州直单位离退休干部职工党员2206人，单独设立离退休干部党支部68个、党员1905人。全州专职老干部工作人员82人，兼职老干部工作人员1247人，老年大学（活动中心）工作人员19人，干休所工作人员12人，关工委工作人员9人。州直单位专职老干部工作人员56人，兼职老干部工作人员141人，老年大学（活动中心）工作人员6人，干休所工作人员5人，关工委工作人员1人。

【离退休干部思想政治建设】 2021年，落实离退休干部阅读文件、参观学习、情况通报、红色教育等政治待遇，组织老干部学习贯彻习近平新时代中国特色社会主义思想，多形式、多渠道抓好老干部的政治理论学习。5月13日，省党史学习教育宣讲团成员以《光辉的历程　宝贵的经验——中国共产党湖北百年历史解读》为题向恩施州老干部宣讲百年党史。老干部结合自身经历，讲好讲活党的故事、光荣传统和优良作风，厅级退休干部张泽州以《不忘党的奋斗历史　担负新时代使命》为题为州直单位干部职工讲述恩施革命历史故事。全州组织15支老干部宣讲团队、71名宣讲员，开展87场党史学习宣讲活动，参与人员达3.3万人。5月27—30日，恩施州厅级离退休干部到鹤峰县、湖南桑植县开展党史学习教育暨参观考察活动。

【离退休干部党组织建设】 2021年，举办全州离退休干部党务培训。引导离退休干部党员定期开展"支部主题党日"，落实"三会一课"、民主评议党员、组织生活会、谈心谈话等组织生活制度，严肃和规范党内政治生活。开展离退休干部"示范党支部"创建、考评、复核工作，3个离退休干部党支部获评全省离退休干部"示范党支部"。14名离退休干部党员、8个离退休干部党支部获得省、州"两优一先"表彰。

【离退休干部服务管理】 2021年，制定《关于进一步做好干部荣誉退休工作的通知》《关于规范离退休干部去世后丧事办理工作的通知》2个规范性文件。建立离休干部、厅级及县级退休干部3个信息台账。推进离休干部"一人一策"个性化服务，完成提高抗战期间部分离休干部医疗待遇报批工作，全州有3名离休干部提高享受副省（部）级医疗待遇、14名离休干部按副省（部）长级标准报销医疗费待遇。落实206名离休干部增发生活补贴政策。探索建立在职干部结对联系离退休干部工作机制，全州离退休老干部实现在职干部联系服务全覆盖，《恩施州创新在职干部联系离退休干部机制》《"敲"出新机制　"联"出新转变》在《湖北老干部工作情况交流》（第9期）刊发推介。10月12日，恩施州召开庆祝2021年老年节暨州直离退休干部形势通报会。州相关领导分别在2月、6月、10月看望慰问州直单位老干部代表。

【离退休干部典型示范引领】 2021年，学习宣传"全国离退休干部先进个人"张富清、陈泽维先进事迹，"扶贫愚公"陈泽维获"全国岗位学雷锋标兵"称号。召开庆祝中国共产党成立100周年老党员老干部座谈会，开展"我看建党百年新成就"调研活动，引导老干部在党的建设、乡村振兴、基层治理、换届工作、新冠肺炎疫情防控等方面献智出力，选树"风范长者"50名。组织156名老干部"牵手"310名恩施职院大学生。《真情牵手　点亮下一代——湖北省恩施州"老干部牵手大学生活动侧记"》在《中国老年报》头版刊发。

【离退休干部精神文化生活】 2021年，组织全州离退休干部开展庆祝中国共产党成立100周年文艺演出、书画摄影征文评选、棋牌比赛等活动。依托州、县老年大学教育培训老年学员7000余名。组建志愿服务队走进社区开设"公益课堂"，开展"智慧助老"行动，《湖北恩施开展"智慧助老"智能技术培训活动》先后在中组部老干部工作、湖北老干部等信息平台推介。州老年大学获"全国老年大学信息化建设优秀单位"称号，在第十次全省老年大学校长培训班上以《践行使命勇担当　爱心助老跨"鸿沟"》为题作大会交流发言。

（魏宏庆）

督查考评

【概况】 2021年，全州督查考评减负工作全年组织现场核查43次、暗访督查20次，印发督查通报17期。省对州各项考核指标完成目标任务，2020年恩施州在政绩目标考核中位于全省第六。全年州级层面督查检查考核事项35项，较2020年减少11项，同比减少24%，文件、会议完成"只减不增"减负目标任务。

【党委决策落实】 2021年，对中共十八大以来习近平总书记重要指示批示涉及恩施州的条目进行全面梳理，完成131件重要指示批示工作台账建立，督促有关单位持续抓好落实。根据《中央第二巡视组巡视湖北省反馈意见整改方案》，做好全州整改任务和中央巡视组移交的信访件任务。全年办理省委主要领导批示件45件，全部办结。做好省委交办工作，督导贯彻落实省委关于贯彻落实中共十九届四中全会精神、推进省域治理现代化的决定。做好“力戒形式主义，强力推动落实”综合督查反馈问题整改和省委、省政府安全生产督查反馈问题整改工作，配合省委督查室开展企业信贷调研工作。做好贯彻落实省委十一届九次全会、十次全会和州委七届十一次全会、十二次全会及州八次党代会精神的持续跟踪督办工作，向省委、州委报送落实情况。对州委常委会年度工作要点、州委常委会会议、州委专题会议议定事项及州委主要领导调研讲话确定的重点工作等，进行责任分解，持续跟踪督办。

【政务督查】 2021年，贯彻落实国务院《政府督查工作条例》，组织开展专题培训，加强和规范政务督查，推动党中央、国务院重大决策部署和省政府、州政府重点工作落实。围绕党中央、国务院重大决策部署抓落实，对国务院《政府工作报告》重点工作、2018年以来国家重大政策措施落实情况跟踪审计涉及恩施州问题整改、2020年度中央预算执行和其他财政支出审计查出问题整改等工作进行跟踪督办。组织州直部门学习借鉴国务院第八次大督查发现的典型经验做法，将48项典型经验做法具体情况汇编成册报州“四大家”领导参阅。围绕省政府重点工作抓落实，组织县市和部门开展省委、省政府重点工作任务督查，发现问题自查整改，汇总形成落实情况报告。加强省政府冲刺四季度稳增长工作督办，汇总上报落实省政府会议精神报告和工作动态信息11期、23条。对省政府主要领导离任经济责任审计报告、自然资源资产离任审计意见涉及恩施州问题等进行督办，并按期上报反馈意见。围绕全州改革发展稳定大局抓落实，围绕重点项目、招商引资、安全生产、生态环保等重点工作持续开展督查，印发督查通报17期。对州《政府工作报告》重点工作、州政府常务会议议定事项、州政府主要领导调研批示交办事项等实行闭环管理，推动州政府重点工作落实。

【建议、提案办理】 2021年，牵头代拟第十三届全国人大四次会议代表建议协助办理答复1件，牵头办理第十三届省人大五次会议代表建议主办件1件、会办件8件，交办督办州人大代表建议122件、州政协提案118件，现场督办8家州直主办单位和1个县市政府办理情况，实现“见面率100%、答复率100%、满意率和基本满意率98%以上”的工作目标，被州政协表彰为2021年提案办理工作先进单位。

【“党风政风热线”、网络留言及信访件办理工作】 2021年，办好“党风政风热线”栏目，8名县市长、77个州直单位、60个县市直单位上线，接听热线电话及网络互动1538个次，受理群众诉求1482件，线上解答1274件，线下答复208件，平均满意度98%。办理国务院“互联网+督查”留言4条，代拟人民网省长留言板留言回复4条，办理完成人民网网民给州委书记、州长留言114条，其中人民网给州委书记留言板留言81条、给州长留言板留言33条。办理省委、省政府和州委、州政府主要领导批示信访件共346件，其中州委书记阅批信访件267件、州长阅批信访件68件。开展现场督办19次，召开协调会5次，形成专题报告16期。

【为基层减负】 2021年，发挥州级层面解决形式主义、官僚主义为基层减负专项机制统筹协调、推动落实的作用，印发《恩施州2021年进一步解决形式主义官僚主义为基层减负工作任务清单》。按季度对监测点进行分析研判，围绕精文减会、减督查检查考核和减轻村级组织负担等重点内容，以下看上查找问题，及时纠偏叫停预警提醒，全年开展10余次暗访和走访调研。组织州直80余个单位开展为基层减负工作培训，聚焦为教师减负、为企业减负和“指尖上的形式主义”3个专项行动，为基层减负。

【考评工作】 2021年度州对县市目标考核体系新增“经济发展工作目标”，对州直单位目标考核体系新增“经济工作目标”。建立联系分析预警调度机制，每月汇总分析省对州考核指标进展情况，督促相关州直责任部门向省对口部门沟通汇报、查漏补缺，及时调度重点考核指标完成情况。全年召开3次州委督查考评工作领导小组会议。

【省委、省政府督查检查考核】 2021年6月17—22日，省委、省政府安全生产督查组在恩施州开展安全生产督查检查，排查问题和隐患97项，均完成整改。9月22—24日，省政府督查组到利川市、恩施市开展全省营商环境建设推进会议整改事项核查，州督查考评办会同州优化办全程做好督查组在恩施州督办核查的协调服务，2个问题均完成整改。

（吴 琦）

党校教育

【概况】 2021年，全州9所党校举办干部培训班（含主体班、专题班、社会培训班）172期，培训各级干部3.17万人次。其中州委党校（州行政学院）举办培训班43期，培训干部4162人；恩施市委党校举办培训班22期，培训干部1941人；利川市委党校举办培训班16期，培训干部1848人；建始县委党校举办培训班15期，培训干部1669人；巴东县委党校举办培训班21期，培训干部4517人；宣恩县委党校举办培训班21期，培训干部5278人；咸丰县委党校举办培训班17期，培训干部9480人；来凤县委党校举办培训班8期，培训干部626人；鹤峰县委党校举办培训班9期，培训干部2165人。

【教学内容】 2021年，按照3个单元、“7+N”模块实施教学。其中党的理论教育单元按马克思主义基础理论、习近平新时代中国特色社会主义思想2个模块教学，党性教育单元按党章党规和法律法规、党史国史、政治文化3个模块教学，专业能力教育单元按省情州情、专业知识与专业能力2个模块教学。“N”模块根据班次需要设置，动态调整。全州党校抓好教育培训质量，提升受训干部理论水平。始终将习近平新时代中国特色社会主义思想、习近平考察湖北重要讲话精神和中共十九届四中、五中、六中全会精神以及习近平总书记最新重要讲话精神作为教学重点和主线贯穿于教学活动全过程，习近平新时代中国特色社会主义思想课程达到70%，党性教育专题不少于30%。坚持党校红色学府的底色，发挥恩施红色文化资源底蕴深厚的优势，打造党校红色课堂。先后围绕湘鄂西革命根据地、贺龙元帅在恩施、恩施红色革命史等开展红色革命历史教育，选派9人到湖南省湘西州委党校参加湘鄂渝黔边区党校红色教学大比武。

【教学改革】 2021年，坚持“校内教学+现场教学+异地教学”相结合，根据全州实际，综合红色基地、乡村振兴、产业发展、城镇建设等开发现场教学基地26个，全年先后派出2000余人次参与现场教学。派出45人到陕西延安接受革命传统教育。抓住武汉市对口支援恩施州的政策机遇，派出50人到武汉市委党校学习。坚持“自学阅读+集体听课+课题研究”相结合，坚持先科研、再教学，实行教学科研一体化。在坚持“两个结合”（“校内教学+现场教学+异地教学”相结合、“自学阅读+集体听课+课题研究”相结合）的基础上，打造“五个课堂”（2+1互动课堂、领导专家讲座课堂、讨论交流课堂、影视教育课堂、拓展培训课堂）。采取“课前讲理论—全程有介绍—现场有讲解—返程就研讨—集结出成果”的流程，打造教学闭环，推动理论与实践的深度融合。

【科研咨政】 2021年，全州党校围绕党史学习教育、乡村振兴、基层社会治理、优化营商环境等热点难点，开展科研咨政和学术交流。获各级组织认定的科研成果190项（件）次。其中在公开发行的报刊发表论文51篇，获得各级各类奖励93件，立项结项课题34项，领导批示的文章和报告12篇。依托《清江论坛》校刊进行学术交流，全年编辑出版《清江论坛》4期，开设栏目18个，刊发文章70余篇，与全国300多所党校相互交流。组织教师撰文参加各级学术研讨会，全年5次派出教师10余人次，参加“全省党校系统庆祝中国共产党成立100周年理论研讨会”“全省党校系统学习十九届六中全会理论研究会”“渝东南片区党校（行政学院）系统第十二届理论研讨会”“黔东南片区党校（行政院校）系统第十二届理论研讨会”“法治长江与高质量发展理论研讨会”。

【“两进一讲”活动】 2021年，发挥党校教师理论功底深厚、教学经验丰富的优势，在全州开展“两进一讲”（党校教师进社区进农村讲党课）活动，就打造10节党史学习教育精品课，发往全州各级各部门，为有需求的单位开展点单式服务，变自主式宣讲为菜单式服务。打造教室课堂、线上课堂、广场课堂、院坝课堂，用群众喜闻乐见的语言和方式，宣讲党的创新理论，推动马克思主义理论大众化，开启习近平新时代中国特色社会主义思想宣讲“直通车”，促进党的创新理论的普及。全州党校全年对外宣讲900余场次。

【服务乡村振兴】 2021年，全州9所党校向10个村派出驻村工作队，抽调近30%的教职工脱产驻村开展巩固脱贫攻坚成果和乡村振兴工作。驻村工作队在帮扶村打造4个课堂（教室课堂、院坝课堂、现场课堂、广场课堂），宣讲党的惠农政策、法律法规知识，开展实用技术培训、文明新风培训。

【全面建成小康社会暨恩施州党校系统第32届理论研讨会】 2021年，州委党校主办“全面建成小康社会暨恩施州党校系统第32届理论研讨会”活动，先后收到来自湖北宜昌市、重庆黔江区等市州区16所党校的教师与研究人员撰写的文章107篇。

【州委党校新校区项目建设】 2021年，州委党校新校区建设项目完成95%的工程量，达到搬迁试运行的条件。全年支付建设资金6220.2万元，累计支付建设资金2.59亿元。

（殷昱萌）

恩施州人民代表大会

Enshi Prefectural People’s Congress

综　　述

【概况】 2021年，州人大常委会坚持以习近平新时代中国特色社会主义思想为指导，围绕州委中心工作，依法履行宪法和法律赋予的各项职权，为推动恩施“十四五”开好局、起好步作出贡献。全年召开人民代表大会会议2次、常委会会议8次、常委会主任会议10次，听取和审议相关工作报告17项，组织开展执法检查、专题视察调研21次，作出决议决定15项，形成审议意见12件，任免国家机关工作人员53人次，完成州八届人民代表大会第五次会议确定的各项目标任务。4月，州人大常委会办公室驻建始县茅田乡张大顶村工作队被省委、省政府表彰为“湖北省脱贫攻坚先进集体”。

【坚持党对人大工作的全面领导】 2021年，州人大及其常委会坚持学懂弄通做实习近平新时代中国特色社会主义思想，增强“四个意识”、坚定“四个自信”、做到“两个维护”。自觉接受州委的领导，坚持重大事项及时向州委请示报告，把党的领导贯穿到人大工作全过程各方面，落实州委工作要求，围绕州委工作中心大局履职尽责。发挥常委会党组“把方向、管大局、保落实”作用，落实全面从严治党政治责任，加强党风廉政建设，严肃党内政治生活，带头执行民主集中制。严格落实主体责任，加强党组织建设，落实意识形态工作责任制，加强政治纪律和政治规矩教育，开展党史学习教育，在学习教育与依法履职的有机结合中悟思想、办实事、开新局，从党的百年奋斗历程和伟大成就中砥砺初心使命，汲取奋进力量，不断提高政治判断力、政治领悟力、政治执行力。

【保障代表依法履职】 2021年，提升依法履职能力，加强代表履职保障，规范代表之家、代表活动室、代表小组等代表活动阵地建设，为代表联系和服务群众搭建有效载体。保障代表履职经费，落实代表履职补助保障。加强同代表及相关单位的联系沟通，保障代表依法履职。配合党委组织部门做好县乡人大换届选举工作，为实现人民当家作主打好基础。常态化、制度化开展“双联”活动，通过邀请人大代表列席常委会会议、参与执法检查、视察调研等途径，创新常委会组成人员联系人大代表、人大代表联系人民群众的内容和方式，不断提升“双联”效果。持续开展“代表行动”，聚焦优化营商环境，组织人大代表到基层、到企业，了解市场主体实际困难和合理诉求，及时反映意见建议，推动政府建立招商项目全程跟踪法律服务机制，加快整合四级政务受理办理平台，逐步实现一网通办、一事联办。发挥代表主体作用，在全州各县市、各乡镇全面实行民生实事项目人大代表票决制，通过“群众提、代表定、政府办、人大评”，有效推动民生实事项目落实落地，促进解决基层群众急需急盼的“小事、难事、烦心事”。坚持和完善州委常委和政府班子成员领办、人大常委会组成人员督办、各承办单位“一把手”主办、州督查考评办会同州人大常委会代表人事工委联合督查的代表议案建议办理机制，促进解决事关全州经济社会发展的实际问题。州八届人大五次会议期间提出的121件代表建议全部办理完结。协助省人大常委会和省直有关厅局做好代表议案、建议办理工作，为代表参加全国人大、省人大有关会议、参加培训、调研视察等做好服务保障工作。

【自身建设】 2021年，坚持以政治建设为统领，全面加强人大及其常委会自身建设，主动适应新时代人大工作新要求。坚持“思想引领，学习在先”，将学习贯彻习近平总书记重要讲话、重要指示批示精神，作为党组会议第一议题，作为中心组学习的首要内容，及时传达中央、省委、州委重要会议和文件精神，用党的创新理论武装头脑，确保政治信仰不变、政治立场不移、政治方向不偏。以党史学习教育为契机，组织开展专题读书班，邀请专家授课，开展理论学习，不断提升履职能力。修订完善机关各项管理制度，用制度管人管事。持续改进工作作风，坚决防止形式主义、官僚主义滋生蔓延，统筹安排视察调研，严格精文减会，为基层减负。常委会领导班子成员带头执行领导干部去向公示制度。自觉接受纪委派驻纪检组的监督，做到廉洁勤政。自觉接受上级人大的监督指导，加强与外地人大交流，学习借鉴先进经验。加强对县乡人大工作的联系指导，统筹开展人大工作。加强人大宣传工作，讲好人大故事，传播人大声音。

（刘　浏）

重要会议

【概况】 2021年，州人大及其常委会共召开人民代表大会会议2次、常委会会议8次、主任会议10次，听取和审议相关工作报告17项，形成审议意见12项，依法任免国家机关工作人员53人次。

【州第八届人民代表大会第五次会议】 2021年1月19—21日，恩施州第八届人民代表大会第五次会议在州城恩施召开，大会应出席会议代表405名，实到362名，符合法定人数。会议听取和审议州人民政府州长刘芳震关于政府工作的报告、州人大常委会主任吕金施关于州人大常委会工作的报告、州中级人民法院院长许一鸣关于州中级人民法院工作的报告、州人民检察院检察长刘恒明关于州人民检察院工作的报告。审议州人民政府《恩施州国民经济和社会发展第十四个五年规划和二〇三五年远景目标纲要》《关于恩施州2020年国民经济和社会发展计划执行情况与2021年计划草案的报告》《关于恩施州2020年财政预算执行情况和2021年预算草案的报告》。审议《恩施土家族苗族自治州旅游条例(修订草案)》。会议作出关于政府工作报告的决议、关于恩施州国民经济和社会发展第十四个五年规划和二〇三五年远景目标纲要的决议、关于恩施州2020年国民经济和社会发展计划执行情况与2021年计划的决议、关于恩施州2019年财政预算执行情况和2020年财政预算的决议、关于州人大常委会工作报告的决议、关于州中级人民法院工作报告的决议、关于州人民检察院工作报告的决议。表决通过《恩施土家族苗族自治州旅游条例(修订草案)》。会议选举产生州八届人大常委会主任，柯东海当选为州八届人大常委会主任。大会期间，收到代表10人以上联名提出的议案20件。其中乡村振兴方面5件，信息化建设方面4件，交通城建方面4件，社会治理方面2件，法治建设方面2件，教育文化方面2件，其他方面1件。会议通过大会秘书处议案建议组《关于代表联名提出的议案处理意见的报告》，决定将20件代表联名提出的议案作为代表建议，连同大会期间收到的代表建议、批评和意见101件，共计121件，由州人大常委会有关工作机构在本次会议闭会后交有关机关和组织研究办理，并负责答复代表。

2021年1月19—21日，州第八届人民代表大会第五次会议在州城恩施召开
（州人大常委会办公室 供稿）

【州第八届人民代表大会第六次会议】 2021年7月11日，恩施州第八届人民代表大会第六次会议在州城恩施召开，大会应出席会议代表403名，实到374名，符合法定人数。会议选举产生州人民政府州长，夏锡璠当选为州人民政府州长。

【州八届人大常委会第二十七次会议】 2021年3月30日召开。会议听取和审议州人大常委会法规研究室关于2020年度规范性文件备案审查工作情况的报告。听取和审议州人民政府关于全州医疗保障基金监督管理情况的报告、州人民政府关于2019年度州级预算执行和其他财政收支审计查出问题整改情况的报告。审议并通过有关人事任免议案。

【州八届人大常委会第二十八次会议】 2021年5月20日召开。会议听取和审议州人民政府关于“七五”普法规划贯彻落实情况的报告，审议并通过《关于开展第八个五年法治宣传教育的决议》。听取和审议州人民政府关于全州民族特色村寨建设情况的报告。审议并通过关于接受个别代表辞去湖北省第十三届人民代表大会代表职务的决定。补选湖北省第十三届人民代表大会代表。审议州中级人民法院关于提请许可对个别州人大代表进行刑事审判和采取取保候审强制措施的申请报告，作出许可决定。审议并通过有关人事任免议案。

【州八届人大常委会第二十九次会议】 2021年6月29日召开。会议审议并通过关于接受刘芳震等辞职请求的决定、关于接受王小平等辞职请求的决定、关于夏锡璠为恩施土家族苗族自治州人民政府代理州长的决定。审议并通过有关人事任免议案。审议并通过关于召开州第八届人民代表大会第六次会议的决定。审查州第八届人民代表大会第六次会议相关文件及名单草案。审议并通过州第八届人民代表大会常务委员会代表资格审查委员会关于代表变动情况的报告。审议并通过州人大常委会关于全州县、乡两级人民代表大会换届选举时间的决定。

【州八届人大常委会第三十次会议】 2021年8月4日召开。会议听取和审议州人民政府关于2021年上半年全州国民经济和社会发展计划执行情况的报告、州人民政府关于2021年上半年财政预算执行情况的报告、州人民政府关于全州科技特派员制度实施情况的报告、州人民政府关于全州茶叶生产全域绿色化工作推进情况的报告，听取和审议州“一府两院”关于优化法治化营商环境工作情况的报告。审议并通过有关人事任免议案。

【州八届人大常委会第三十一次会议】 2021年10月15日召开。会议听取和审议州人民政府关于2020年州级财政决算（草案）的报告、州人民政府关于2020年度州级预算执行和其他财政收支的审计工作报告、州人民政府关于2021年州级财政预算调整方案（草案）的报告，作出州人大常委会关于批准2020年州级财政决算的决议、州人大常委会关于批准2021年州级财政预算调整方案的决议、州人大常委会关于对2020年度州级预算执行和其他财政收支审计查出问题进行整改的决议。听取和审议州人民政府关于2020年度行政事业性国有资产管理情况的专项报告、州人民政府关于贯彻实施《中华人民共和国安全生产法》《湖北省安全生产条例》情况的报告、州人民政府关于《州山体保护条例》《州西水河保护条例》《州硒资源保护与利用条例》实施情况的报告、州人大常委会立法后评估综合报告。审议《恩施土家族苗族自治州齐岳山生态环境保护条例（草案）》（一审）。审议并通过有关人事任免议案。作出州人大常委会关于州九届人大代表选出时间的决定。

【州八届人大常委会第三十二次会议】 2021年10月29日召开。会议审议并通过有关人事任免议案，审议并通过关于接受许一鸣辞职请求的决定、关于接受刘恒明辞职请求的决定、关于雷超为州中级人民法院代理院长的决定、关于王宏为州人民检察院代理检察长的决定。

【州八届人大常委会第三十三次会议】 2021年11月19日召开。会议听取和审议州人民政府关于2021年州级财政预算调整方案（草案）的报告，作出州人大常委会关于批准2021年州级财政预算调整方案的决议。听取和审议州人民政府关于全州生态环境状况和生态环境保护目标完成情况的报告、关于州八届人大一次会议代表议案办理情况的报告，州人民政府等单位关于州八届人大五次会议代表建议办理情况的报告。审议州第八届人大常委会代表资格审查委员会关于州第九届人民代表大会代表的代表资格的审查报告、州人大常委会“代表行动”活动推进指导小组办公室关于2021年度“代表行动”活动开展情况的书面报告。审议并通过有关人事任免议案。

【州八届人大常委会第三十四次会议】 2021年12月23日召开。会议审议并通过关于召开州九届人大一次会议的决定、关于接受个别同志辞去省十三届人民代表大会代表职务的决定。审议并通过关于州九届人大代表变动情况的报告。审查州九届人大一次会议日程（草案）、议程（草案）和州九届人大一次会议主席团和秘书长名单（草案）等有关名单（草案）。决定州九届人大一次会议列席人员名单。审查州人大常委会工作报告（草案）。听取和审议州人民政府关于《中华人民共和国退役军人保障法》贯彻实施情况的报告。审议《恩施土家族苗族自治州茶产业发展条例（草案）》（一审）。审议并通过有关人事任免议案。

【州八届人大常委会第三十五次会议】 2021年12月29日召开。会议审议通过关于提名补选王龙等为湖北省第十三届人民代表大会代表的议案，补选王龙、夏锡璠为湖北省第十三届人民代表大会代表。

（刘 浏）

监督工作

【概况】 2021年，州人大常委会坚持围绕州委中心工作和全州改革发展稳定大局，实行依法监督、正确监督、有效监督，推进全州经济社会高质量发展。全年开展执法检查、视察调研等专项监督21次。

【经济工作监督】 2021年，加强计划、预算执行监督，组织开展视察调研，审查批准半年计划、预算执行情况报告。加强预算审查监督和审计查出问题整改监督，作出整改决议促进整改落实。依法审查批准州级财政决算、预算调整方案。加强国有资产管理监督，听取和审议州人民政府关于2020年度行政事业性国有资产管理情况的专项报告，州人民政府书面报告综合工作情况。

【民生工作监督】 2021年，组织开展全州医保基金监督管理情况专题视察，提出审议意见要求维护基金安全运行、规范基金合理使用，为保障全州参保群众合法权益发挥作用。组织开展全州科技特派员制度实施情况专题视察，促进发挥科技创新在推进乡村振兴和农业农村高质量发展中的支撑引领作用。组织开展行政机关负责人出庭应诉情况专题调研，促进公正司法。

【产业发展监督】 2021年，组织开展全州优化法治化营商环境情况专题视察，听取和审议州“一府两院”工作情况报告，提出审议意见，促进优化营商环境。组织开展全州民族特色村寨建设情况专项视察，推动民族文化、生态、产业融合发展。组织开展全州茶产业全域绿色化工作推进情况专题视察，促进工作落实、推进乡村产业振兴战略实施。

（刘 浏）

立法工作

【概况】 2021年，州人大及其常委会贯彻落实省委转发《省人大常委会党组关于进一步提高立法质量和效率的意见》，坚持科学立法、民主立法、依法立法，完善党委领导、人大主导、政府依托、各方参与的立法工作格局，提高立法质量和效率。完成《恩施土家族苗族自治州旅游条例》审议、表决、报批和颁布实施工作。组织完成《恩施土家族苗族自治州齐岳山生态环境保护条例》《恩施土家族苗族自治州茶产业发展条例》的立法调研、论证评估和一审工作。配合全国人大、省人大常委会完成10余部法律法规的立法调研、征求意见等工作。编制完成州九届人大及其常委会五年（2022—2026年）立法规划和2022年度立法计划。启动“宜荆荆恩”（宜昌、荆门、荆州、恩施）城市群协同立法工作。

【坚持党对立法工作的领导】 2021年，对纳入立法计划的法规项目，始终坚持党的全面领导，把党的领导贯穿到立法工作全过程各方面，善于运用法治思维和法治方式，使党委的决策部署通过法定程序成为法规规范。严格执行请示报告制度，对立法计划草案，立法涉及体制机制、利益调整等重大事项，拟提请表决的法规草案，及时向州委请示报告，根据州委的意见、按照法定程序组织实施。州人大常委会党组对立法工作进行全面政治把关，讨论研究立法重要内容，研究解决重点难点问题。发挥立法领导小组统筹协调作用，成立立法项目实施工作领导小组，建立人大、政府领导“双组长”负责制，组建“立法专班”，统筹推进立法工作。

【践行全过程人民民主】 2021年，坚持民主立法、开门立法、阳光立法，践行“全过程人民民主”，提高立法质量。发挥法规项目领导小组的组织协调和领导作用，发挥政府部门、人大专门委员会、专家学者和社会各方面在立法中的作用，调动各方的专业特长和实践优势参与立法。拓宽公众参与立法渠道，通过召开座谈会、实地调研、问卷调查、公布法规草案、公开征求意见等方式，广泛听取各级人大代表、政协委员、企事业单位、行政管理部门、行政相对人和社会公众的意见。发挥基层立法联系点的重要载体作用，州人大常委会将州级基层立法联系点扩充至8个，实现县市全覆盖，8个基层立法联系点发挥桥梁纽带作用，汇集民智，反映民意，用群众熟知的语言阐释法义，推动形成共识，让立法的整个过程实现从群众中来到群众中去。发挥专家学者和“恩施州立法研究与人才培养基地”的智囊作用，与高等院校、科研院所、社会组织等多方面合作，采取委托“第三方”起草法规草案、开展专家论证评估等，实现专家全过程参与立法，为提高立法质量提供智力支撑。

【推动法律法规实施】 2021年，组织开展贯彻实施《中华人民共和国安全生产法》《湖北省安全生产条例》等法律法规情况的执法检查，组织开展《恩施州山体保护条例》《恩施州西水河保护条例》《恩施州硒资源保护与利用条例》立法后评估，配合上级人大开展《中华人民共和国专利法》等10余部法律法规实施情况的执法检查，促进法律法规在恩施州有效贯彻实施。

【《恩施土家族苗族自治州旅游条例》施行】 2021年1月21日，《恩施土家族苗族自治州旅游条例》经州第八届人民代表大会第五次会议修订，5月29日，经省第十三届人民代表大会常务委员会第二十四次会议批准，自2021年9月1日起施行。

（刘 浏）

专门委员会工作

【概况】 2021年，州人大各专门委员会立足自身职能，协助常委会开展立法、执法检查和审议专项工作报告等工作，对“一府一委两院”提出加强和改进工作的意见建议，跟踪督办相关审议意见落实落地。

【法制委员会】 2021年，完成《恩施土家族苗族自治州旅游条例》的审议、表决、报批和颁布实施工作。组织完成《恩施土家族苗族自治州齐岳山生态环境保护条例》和《恩施土家族苗族自治州茶产业发展条例》的立法调研、论证评估和一审工作。配合全国人大、省人大常委会完成10余部法律法规的立法调研、征求意见等工作。编制完成州九届人大及其常委会五年（2022—2026年）立法规划和2022年度立法计划。组织开展《恩施土家族苗族自治州齐岳山生态环境保护条例》《恩施土家族苗族自治州茶产业发展条例》《恩施土家族苗族自治州硒资源保护与利用条例》立法后评估，启动“宜荆荆恩”城市群协同立法工作。

【监察和司法委员会】 2021年，推进落实行政机关负责人出庭应诉制度，开展专题调研并形成调研报告，要求“一府两院”及县市人大常委会认真研究处理。推动优化全州法治化营商环境，开展专题调研，建议常委会听取和审议“一府两院”推进法治化营商环境工作情况的报告。

【财政经济委员会】 2021年，协助州人大及其常委会依法审查批准年度州级财政预决算、经济社会发展计划以及“十四五”规划和二〇三五年远景目标纲要。推进人大预算审查监督重点向支出预算和政策拓展，实施预算联网监督。落实政府报告国有资产管理情况制度，协助州人大常委会听取和审议《州人民政府关于2020年度国有资产管理情况的综合报告》和《州人民政府关于2020年度行政事业单位国有资产管理情况的专项报告》，推动国有资产管理规范化、公开化。加强审计整改监督，协助州人大常委会听取和审议州人民政府关于州本级预算执行和其他财政收支的审计工作报告、关于审计查出问题整改落实情况的报告，作出对审计查出问题进行整改的决议。实现对“一般公共预算、政府性基金预算、国有资本经营预算、社保基金预算”的审计全覆盖。

【教育科学文化卫生委员会】 2021年，开展全州科技特派员政策落实情况视察，协助州人大常委会听取和审议州人民政府相关工作报告，提出审议意见，在提高认识、精准派遣、规范管理、提升待遇等方面提出明确要求。开展全州中小学生心理健康情况专题调研，助推州政府出台恩施州中小学生心理健康护航工程实施方案，在全州范围内启动中小学生心理健康护航工程。推进健康恩施建设，开展基本公共卫生服务实施情况调研，疾病预防控制体系改革和公共卫生体系建设情况调研，提升全州卫生健康领域服务能力和风险防控能力。

【民族宗教侨务外事委员会】 2021年，组织开展全州民族特色村寨建设情况视察，组织开展发挥海外侨胞在实施“一带一路”倡议中的重要作用和民族特色村寨乡村振兴调研，组织开展《城市民族工作条例》《湖北省散居少数民族工作条例》贯彻实施情况及城市民族工作开展情况调研，持续开展“民族团结进步荆楚行”活动。

【农村委员会】 2021年，做好《恩施土家族苗族自治州茶产业发展条例》立法相关工作，一审前组织开展立法调研，召开专门委员会会议集体研究重要事项、专题研读条例修订草案并针对条例修订草案提出审议意见。组织开展全州茶叶生产全域绿色化工作视察，开展《中华人民共和国畜牧法》《湖北省畜牧条例》执法检查，开展全州乡村振兴规划编制和实施情况的专题调研，并以“改善农村人居环境，建设宜居宜业乡村”为主题，开展“乡村振兴荆楚行”活动。

【环境资源保护委员会】 2021年，做好《恩施土家族苗族自治州齐岳山生态环境保护条例》立法相关工作，将调查研究贯穿于立法全过程，召开委员会全体会议审议，提出审议意见。创新工作方式，首次邀请议案领衔代表对《关于加大农村环境综合整治力度，推进美丽乡村建设的议案》办理情况进行现场督查。开展《中华人民共和国固体废物污染环境防治法》执法检查，扩大人大代表参与监督工作的参与面，收集44名五级人大代表90余条意见和建议。对省环保督察“回头看”部分反馈问题整改、恩施市村庄规划编制等情况进行调研。以“人与自然和谐共生，促进绿色低碳发展”为主题开展“环保世纪行”活动。

（刘　浏）

上级视察调研

【概况】 2021年，加强与全国各地人大的联络与交流，全年累计接待上级人大视察、调研和执法检查8批次。

【全国人大常委会到恩施州视察调研】 2021年4月18—20日，全国人大常委会委员、全国人大民族委员会副主任委员肖怀远率专题调研组到恩施州，调研民族地区脱贫攻坚成果巩固同乡村振兴衔接工作情况，全国人大常委会委员、全国人大民族委员会副主任委员李锐，全国人大民族委员会委员白文奇，全国人大常委会委员、全国人大民族委员会委员罗毅参加调研。

【省人大常委会到恩施州视察调研】 2021年4月21—23日，省人大常委会副主任刘雪荣率调研组到恩施州，调研《湖北省风景名胜区条例》《湖北省清江流域水生态环境保护条例》实施情况以及长江大保护工作开展情况。6月7—11日，省人大常委会副主任刘晓鸣率队到恩施州开展2021年度“民族团结进步荆楚行”活动。8月19日，省人大常委会党组书记、常务副主任王玲率调研组到巴东，调研督导县乡人大换届选举工作进展及“湖北省选民登记信息系统”运行情况。10月11—14日，省人大常委会副主任万勇带队到恩施州，开展国有自然资源资产管理、县域经济发展情况调研，检查专利法律法规执行情况。

【省人大调研组到恩施州开展立法工作等调研】 2021年3月9—11日，省人大调研组到恩施州，就《恩施土家族苗族自治州旅游条例（修订）》开展立法调研；5月18—21日，对恩施州人民法庭工作开展调研，征集《湖北省人大常委会关于充分发挥人民法庭作用促进基层社会治理的决定（草案稿）》的修改意见建议；9月8—11日，调研《恩施土家族苗族自治州齐岳山生态环境保护条例》《恩施土家族苗族自治州茶产业条例》制定工作、五年立法规划（2022—2026年）和2022年度立法计划编制工作、法规清理工作开展情况。

（刘　浏）

恩施州人民政府

Enshi Prefectural People's Government

综　述

【概况】　2021年，恩施州围绕“立足大生态、构建大交通、发展大旅游、打造大产业”，彰显“土、硒、茶、凉、绿”五大优势，实现“十四五”良好开局。地区生产总值达到1302.36亿元，同比增长11.7%；规上工业增加值同比增长18.2%，居全省第五位；固定资产投资同比增长23.3%；社会消费品零售总额同比增长22%；地方财政总收入同比增长17.8%，地方一般公共预算收入同比增长31%；城镇和农村常住居民人均可支配收入分别增长10.1%、11.9%。

【产业发展】　2021年，全州新增国家级农业产业化龙头企业1家，成功创建国家级产业融合发展园区2个，成为全省唯一的国家农产品质量安全州创建单位。全州工业增加值240.37亿元，增长14.2%。页岩气累计产气2000万立方米，江坪河水电站投产发电。恩施高新区创建国家高新区取得实质性进展。出台支持旅游业恢复发展六条措施，生态文化旅游业快速恢复，全年累计接待游客6681.68万人次，同比增长91%，实现旅游综合收入422.61亿元，同比增长109.1%。

【项目建设】　2021年，180个州级重点项目完成投资290亿元。一批事关恩施长远发展的重大项目取得新进展，郑万高铁全线铺轨，鹤峰东高速、宣咸高速加快建设，姚家平水利枢纽工程、机场迁建、沪渝蓉高铁恩施段等项目前期工作进展顺利。招商引资新签约、新开工、新投产亿元以上产业项目分别增长15.6%、23.7%、34.4%，传化集团、华芯科技、华润三九等一批产业项目落户恩施。

【乡村振兴】　2021年，乡村振兴全面实施，统筹涉农资金67.85亿元用于巩固脱贫攻坚成果同乡村振兴有效衔接。抓好产业就业帮扶，实施特色种养业提升行动，特色产业基地面积稳定在466333.33公顷。持续加强易地扶贫搬迁后续扶持，1425个集中安置点全部纳入后续管理体系。谋划武汉市对口帮扶项目543个。推进乡村建设行动，投入4.57亿元推进智能电网建设。启动16个州级乡村振兴示范村、269个乡村振兴重点村建设，推出恩施市白杨坪镇洞下槽村、巴东县东瀼口镇牛洞坪村等一批农旅融合精品样板。

【营商环境】　2021年，全州开展政务服务清减降放、流程再造，全面推行“全程网办”“掌上办”，21项先行试点改革落地见效，3项改革举措全省复制推广，减税降费4.77亿元。全州新登记企业类市场主体1.41万户，企业活跃度位居全省第一位。对外开放步伐加快，航空口岸开放取得实质进展，海关铁路监管作业场所建设有序推进。

【生态保护】　2021年10月14日，恩施州获得生态环境部为全国“绿水青山就是金山银山”实践创新基地命名并正式授牌。宣恩县成功创建国家生态文明建设示范县市。平均空气质量优良率、PM_{10}浓度、$PM_{2.5}$浓度三项指标均居全省第二位，地表水考核断面水质优良率100%，土壤环境质量持续稳定。

【民生保障】　2021年，全州民生支出占财政支出比重稳定在80%以上。基本养老保险参保率达到95%，2052名困难群众享受最低生活保障。城镇新增就业3.8万人。普惠性幼儿园覆盖率达到85%，义务教育、普通高中大班额占比分别同比下降5个、18个百分点。全年全州未发生较大及以上安全生产事故，社会大局平安稳定。

（黄世德）

2021年11月26日，恩施高新区电子信息产业园标准厂房　（黄　晶　摄）

重要会议

【州八届人民政府第五次全体（扩大）会议】　2021年1月21日，州八届人民政府第五次全体（扩大）会议召开。会议强调，要认真贯彻落实中共十九届五中全会、省委十一届八次全会、州委七届九次全会和中央、省委、州委经济工作会议精神，坚持以政治建设为引领，锤炼过硬作风，做到政治素质过硬、精神信念过硬、工作作风过硬、廉洁自律过硬；要进一步细化措施，压实责任，求真务实，苦干实干，全面推进《政府工作报告》各项目标任务落实落地，加快推进全州经济社会高质量发展，确保“十四五”开好局、起好步，以优异成绩庆祝中国共产党成立100周年。

【州八届人民政府第四次廉政工作会议】 2021年6月4日，州八届人民政府第四次廉政工作会议召开。会议强调，要加强学习教育、突出重点领域、聚焦清廉政府建设、强化责任落实，推动政府系统党风廉政建设和反腐败工作取得实效。

【州政府工作务虚会】 2021年11月7日，州政府工作务虚会召开，深入贯彻中共十九大和十九届二中、三中、四中、五中全会精神，全面落实省委、省政府工作要求和州委七届十一次全会工作安排。会议回顾总结2021年和本届政府五年工作，全面分析全州发展面临的新形势、新任务、新挑战，研究谋划未来五年及明年重点工作，科学厘清和制定工作思路、目标、任务和措施。

【州政府常务会议】 2021年，州政府全年召开常务会议16次，讨论议题141项，主要研究和讨论决定以下事项：2月2—3日，听取全州民族团结进步创建、口岸和海关铁路监管场所建设、消费扶贫工作情况汇报，审定《恩施土家族苗族自治州人民政府拟订自治法规、地方性法规草案和制定规章程序规定》《恩施土家族苗族自治州行政立法专家库管理办法》，审议《2021年消费帮扶工作方案》，研究“中国天然氧吧”生态气候品牌创建工作。3月5日，审议《中共恩施州委 恩施州人民政府关于全面推进乡村振兴加快农业农村现代化的实施意见》《恩施州委和州政府机关有关部门生态环境保护责任清单（送审稿）》《恩施州消除普通高中大班额专项规划(2020—2023年)》，研究村级债务化解等工作。4月9日，研究全州食品药品安全工作。4月19日，听取全州安全生产和防汛抗旱工作、新建沪渝蓉高铁宜昌至涪陵段项目工作，审议《恩施州2021乡村振兴工作方案》《恩施州关于文化旅游产业恢复发展振兴的措施》，研究法治政府建设、国企改革、投融资平台管理和人大代表建议、政协提案办理等工作。4月25日，听取中央第二巡视组反馈意见整改、民族宗教工作汇报，审议《中共恩施州委 恩施州人民政府关于推进“一核支撑、两翼并进、全域协同”区域发展布局的实施意见》《中共恩施州委 恩施州人民政府关于推动县域经济高质量发展的实施意见（送审稿）》，研究湖北腾龙洞大峡谷地质公园创建世界地质公园有关工作。5月17日，听取生态环境保护督察反馈问题整改工作情况汇报，审议《中共恩施州委 恩施州人民政府关于实现巩固拓展脱贫攻坚成果同乡村振兴有效衔接的实施方案》《恩施州“绿水青山就是金山银山”实践创新基地建设实施方案（2021—2023年）》，审定《恩施州生态环境问题“大起底大排查大整治”行动工作方案》，研究国家农产品质量安全州创建、武陵山中药材检验检测中心建设等工作。5月31日，审议《恩施州人民政府2021年立法工作计划》《关于在全州全面开展农村土地经营权抵押贷款助力乡村振兴的指导意见》《恩施州农村土地流转经营权证管理办法》《恩施州农村土地经营权价值评估办法》《恩施州工业(制造业)产业链链长制实施方案》，研究州级行政执法、交通建设项目等工作。7月5日，审议《关于进一步加强全州结核病防治工作的办法》《恩施州深化医疗保障制度改革实施方案》《恩施土家族苗族自治州山体保护条例实施细则》，研究硒资源保护与发展、科技创新、州硒康牧业公司深化改革和州级党政机关差旅费、培训费管理等工作。7月26日，审议《恩施州2020年度县市污染防治攻坚战成效考核成果》《恩施州关于促进房地产业转型升级健康发展意见》，审定《恩施州第二次全国污染源普查公报》，研究加强耕地保护、社会救助标准调整等工作。8月12日，审议《中共恩施州委 恩施州人民政府贯彻落实〈中共湖北省委 湖北省人民政府关于新时代推动湖北高质量发展 加快建成中部地区崛起重要战略支点的实施意见〉的实施方案》，研究茶业年会筹备等工作。9月2日，听取恩施电网发展情况、专精特新“小巨人”企业培育工作情况汇报，审议《恩施州“技改提能制造焕新”行动实施方案》《恩施州“十四五”时期加强粮食生产保障粮食安全十条措施》，研究种业振兴、农村生活污水处理设施运行维护管理等工作。9月17日，审议《恩施州大交通工作实施方案（2021—2025年）》《恩施州房地产开发经营专项检查整改工作方案》《恩施土家族苗族自治州齐岳山生态环境保护条例》《关于全面推行林长制的实施意见》，研究招商引资、2021年夏秋航季航线开发等工作。10月18日，听取地质灾害防治工作情况汇报，审议《恩施州发展大旅游实施方案（2021—2025年）》《州人民政府关于建设“彩色森林”培育壮大新兴林业产业的意见》，审定《州人民政府关于加快推进农业机械化高质量发展的意见》《恩施土家族苗族自治州最低生活保障实施办法》《恩施土家族苗族自治州临时救助实施办法》，研究“十四五”水安全保障和法治建设等工作。11月12日，听取巩固拓展脱贫攻坚成果同乡村振兴有效衔接、消防救援队伍改革发展、政府储气能力建设工作情况汇报，审议《中共恩施州委 恩施州人民政府关于加强科技创新 推动高质量发展的实施意见（送审稿）》，审定《恩施州2021年生猪保供稳价五条措施（送审稿）》，研究大产业体系建设有关事宜。12月10日，审议《2022年州级财政预算编制方案（草案）》，听取武汉市对口帮扶、地方政府债务管理工作情况汇报。12月24日，听取全州“双减”（进一步减轻义务教育阶段学生过重作业负担和校外培训负担）工作、民族宗教、数字政府建设情况工作情况汇报，审议《政府工作报告（征求意见稿）》《关于加强全州政府投资项目管理和完善公共资源交易工作的工作措施（审议稿）》等，审定《关于巩固拓展医疗保障脱贫攻坚成果 有效衔接乡村振兴战略的实施方案》

《恩施州养老托育整体实施方案（送审稿）》《积极开展农业保险助力乡村振兴的八条措施（送审稿）》《恩施州残疾儿童康复救助实施办法（送审稿）》，研究全州硒产业发展、农业保险、党政机关办公用房和公务用车管理等工作。

【州政府重要专题会议】 2021年3月11日，专题研究姚家平水利枢纽工程前期工作推进事宜。3月17日，专题研究州直保障性住房不动产登记工作。5月10日，专题研究兴建恩施民族体育运动中心和整体迁建恩施职业技术学院项目推进工作。5月25日，专题研究加快推进恩施市生活垃圾焚烧发电项目建设工作。6月16日，专题研究加强全州燃气安全工作。6月22日，专题研究特种设备、煤矿、工业、综合交通、商贸（成品油）、食品药品、电力等领域安全生产工作。7月12日，专题研究姚家平水利枢纽工程建设工作。8月12日，专题研究全州及利川市齐跃桥村乡村振兴工作。10月21日，专题研究解决恩施民族高中工程建设遗留问题。10月29日，专题研究2021年冬春航季航线开发工作。11月2日，专题研究州“一中心两基地”（州应急管理保障服务中心、州应急物资储备基地、州应急救援综合训练基地暨州民兵训练基地）项目建设推进工作。11月10日，专题研究解决恩施硒谷科技股份有限公司建设发展中存在的困难和问题。11月29日，专题研究恢复恩施至北京首都机场航线工作。

（黄世德）

重要活动

【与中铁二院集团公司签订战略合作协议】 2021年1月9日，恩施州与中铁二院集团公司就沿江高铁恩施至涪陵段恩施州境内线、站设置及恩施州铁路规划研究交换意见，并签订战略合作协议。

【与四大通信运营商签订5G战略合作协议】 2021年2月24日、2月27日，州政府先后与中国电信湖北分公司、中国移动湖北有限公司、中国联通湖北省分公司、省广电网络公司签订协议，在“5G新基建”“5G+”等方面深化战略合作。

【与湖北能源集团签订战略合作框架协议】 2021年4月7日，恩施州与湖北能源集团合作签约，深化双方在可再生能源和新能源、天然气、综合智慧能源以及煤炭清洁利用等领域的合作。

【与中国石化江汉油田、中国石化湖北分公司签订合作框架协议】 2021年4月15日，州政府与中国石化江汉油田、中国石化湖北分公司合作签约座谈会召开。州委副书记、州长刘芳震与中国石化江汉油田执行董事、党委书记甘振维，中国石化湖北分公司总经理、党委副书记于海平就加强能源合作交换意见，并签订合作框架协议。

【与中检集团签订战略合作协议】 2021年6月9日，州政府与中检集团签订战略合作协议，中检集团参与恩施州的国家质量技术基础（NQI）平台建设，在检验检测、认证等方面提供全面技术支撑，支持恩施打造质量基础设施“一站式”服务平台。

（黄世德）

调研督办

【中央有关部委到恩施州调研】 2021年3月24日，国家体育总局党组成员、副局长李建明带领调研组到恩施州，调研冰雪运动和群众体育工作开展情况。5月9—11日，公安部党委委员、中央纪委国家监委驻公安部纪检监察组组长孙新阳到恩施州调研教育整顿、扫黑除恶、少数民族文化保护与传承及党史学习教育工作。6月16—17日，农业农村部到恩施州调研农村改厕、农村房屋安全隐患排查整治等工作。7月8—9日，自然资源部自然资源确权登记局到恩施州调研易地扶贫搬迁不动产登记及解决不动产登记历史遗留问题工作。9月9日，全国乡村振兴干部培训工作研讨班在恩施开班，国家乡村振兴局党组成员、副局长夏更生，湖北省副省长柯俊等出席开班仪式。9月14—15日，中央第三生态环境保护督察组到恩施州调研乡村生态振兴、清江流域综合治理、工业企业污染防治和环保督察交办信访件整改等情况。11月2—4日，生态环境部华南督察局局长岳建华率队到恩施州调研矿山生态环境治理等生态环境保护工作。12月1—2日，中国民用航空局党组成员、副局长董志毅到恩施州调研恩施机场运营及迁建选址等工作。12月8—9日，教育部副部长、国家语委主任田学军到恩施州调研，到咸丰县唐崖镇民族初级中学、唐崖镇民族中心小学及湖北民族大学等学校考察校园文化建设、语言文字工作情况。12月16日，农业农村部副部长张桃林率调研组到恩施州，就巩固拓展脱贫攻坚成果与乡村振兴有效衔接、现代农业、特色产业、美丽乡村建设等工作开展调研。12月28日，农业农村部党组成员、人事劳动司司长廖西元率调研组到恩施州调研技能人才培育、产业发展、定点帮扶等工作。

【王忠林到恩施州调研】 2021年12月26日，省委副书记、省长王忠林到恩施州调研，先后到恩施德源健康科技发展有限公司、恩施市屯堡乡花枝山村等地，了解企业聚焦硒产业开展科技创新、产品精深加工等情况，听取巩固拓展脱贫攻坚成果同乡村振兴有效衔接工作、茶产业发展、美丽乡村规划建设介绍，察看“网红直播间”，了解直播带货和特色产品销售等情况。

【省相关领导到恩施州调研】 2021年1月11日，副省长肖菊华到巴东县调研指导景区建设、运营和新冠肺炎疫情防控工作；10月

20—21日，肖菊华到恩施州调研创建国家高新区、高等教育发展和对口帮扶乡村振兴工作。4月14—16日，省委常委、省疫情防控指挥部副指挥长、省卫健委党组书记王贺胜到恩施州调研新冠肺炎疫情防控和疫苗接种工作。4月22日，省委常委、武汉市委书记王忠林率队到恩施州开展对口帮扶工作。8月5日，副省长杨云彦到恩施州建始县调研督导新冠肺炎疫情防控工作。10月13日，副省长柯俊到鹤峰县调研巩固拓展脱贫攻坚成果等工作；副省长张文兵到恩施州调研神农溪、纤夫文化走廊景区提档升级工作，出席第三届湖北省地理标志大会；副省长宁咏到学校乡村振兴驻点村——恩施州来凤县绿水镇老寨村调研乡村振兴工作。10月27日，副省长赵海山到恩施州调研并出席恩施州重点招商项目签约仪式、三季度全省招商引资工作现场会。11月26—27日，副省长、省公安厅厅长徐文海到恩施州调研农村道路交通安全、平交路口提升工程、“一村一辅”（一村一名辅警）、基层社会治理、乡村振兴等工作。

【建议提案办理】 2021年，牵头代拟第十三届全国人大四次会议代表建议协助办理答复1件，牵头办理第十三届省人大五次会议代表建议主办件1件、会办件8件。交办督办州人大代表建议119件、州政协提案117件，专题现场督办8家州直主办单位和1个县市政府办理情况，完成“见面率100%、答复率100%、满意率和基本满意率98%以上”的工作目标。

【网络问政及信访件办理】 2021年，组织开办“党风政风热线”栏目，8名县市长、77个州直单位、60个县市直单位上线，接听热线电话及网络互动1538个，受理群众诉求1482件，线上解答1274件，线下答复208件，平均满意度98%。交办督办省政府主要领导批示信访件3件，州政府主要领导批示信访件75件；开展信访现场督办核查19次，召开信访督办协调会5次，形成专题报告16期。完成国务院“互联网+督查”留言办理4条，代拟人民网网民给省长留言回复4条；办理完成人民网网民给州长留言3条。

（黄世德）

驻外地机构

【州政府驻北京联络处】 2021年，州政府驻北京联络处围绕全州发展战略和中心工作，强化服务理念，主动对接中央部委及北京市相关部门，配合州直相关部门与农业农村部、财政部、科技部、交通运输部、中国民航局等部委进行沟通衔接。接受七届州委第十五轮巡察，对反馈的问题抓好整改落实。完成中国共产党成立100周年庆典活动的信访安全保障工作。全年党建和驻京群众工作分别被省驻京单位党委评为优秀等次和优秀单位。

【州政府驻武汉办事处】 2021年，州政府驻武汉办事处推进党史学习教育，接受州委第一巡察组的政治巡察，所有巡察问题全部整改到位。压实党建主体责任，修订完善《恩施州人民政府驻武汉办事处机关管理制度》，打造优质高效政治机关。在敏感时期和重要时段抓好信访工作，实现全省重要会议、重要活动信访工作“零登记”。完善信访制度，加强县市汉办的调度管理，异常访连续2年为零，全省唯一。

（黄世德）

州政府办公室

【概况】 2021年，州政府办公室推进简约政务，当好政府工作“第一参谋助手”“大服务员”“高效督办员”，提升“三服务”（服务发展、服务决策、服务落实）水平。12月，州政府办公室被国家机关事务管理局、中共中央直属机关事务管理局、国家发改委、财政部授予“全国节约型机关”称号。

【简约政务】 2021年，优化公文办理流程，按照直观化、图表化要求，分类逐项对公文办理流程进行调整优化，减少文件运转环节，实现公文办理“一图清”。推行简约办文办会，部门或县市报请发文或呈送会议活动方案，仅需以函件形式报送，大幅压减请示件数量，本级发文严格执行“五不发”（上级文件未明确要求配套的不再配套发文；重复上位文件内容超过70%、没有结合实际提出务实管用措施的，不予发文；违反精简文件规定，超规格超篇幅的，不予发文；事先应协商会签而未协商会签的，不予发文；事项具体，属于部门业务范围的，不予发文）；抓好会议统筹，能整合的尽量整合，该精简的一律精简。

【统筹调度】 2021年，服务州政府领导每周到基层调研一次，每两周召开一次政府常务会议，每月召开一次经济工作调度会，每两月调度一次招商引资、项目建设和优化营商环境工作，每季度调度一次分管工作，分析工作中存在的困难问题，研判发展态势，制定对策措施。围绕新冠肺炎疫情防控、营商环境、工业经济、项目建设、乡村振兴等重点工作，月初拟定州政府重点工作项目清单，月末通报重点工作完成情况，推动全州重点工作按时序进度推进。每日整理州政府领导工作动态、外出报备和考察调研人员情况，提升调度服务的精准度和时效性。全年编报月度重点工作及完成情况24期，编发州政府领导每周活动、每日动态、考察情况等152期。

【参谋服务】 2021年，加强会议活动统筹服务，全年承办全省招商引资现场会等省级会议5次，州委经济工作会议、州政府全会等全州性大型会议10余次，州政府常务会议16次，统筹州政府专题会议、各级电视电话会议300余次。组织参与接待省部级以上领导到恩施考察活动 20 余次。加强信息服务，全年编报政务信息 713 篇，国务院办公厅、省政府办公厅采用 90 余篇，国务院、省政府领导签批 5 篇。全年报送重要紧急信息 127 起、215 条。开展调查研究，全年形成调研报告 10 余篇。

（黄世德）

人力资源管理

【概况】 2021 年，恩施州公开招聘事业单位工作人员 2498 人，其中公开考试招聘 716 人，专项招聘 1782 人［含中小学教师 327 人、小学全科教师及公办幼儿园教师定向委培毕业生 489 人、基层医疗卫生人才 294 人、服务期满“三支一扶”（支农、支教、支医、扶贫）人员 47 人］。招募“三支一扶”工作人员 255 名。全年评价合格技能人才 4335 人，新增高技能人才 426 人，技师、高级技师 65 人。为全州 720 名专业技术人员评审高级职称（其中正高级 44 人）、1607 名专业技术人员评定中初级职称，为全州 9 位新型职业农民（农民技术人员）破格评定高级职称，为全州 125 家非公企业的 702 名专业技术人员评定中初级职称。

【修订《恩施州事业单位公开招聘人员试行办法》】 2021 年，从事业单位公开招聘工作分级管理要求、考试组织方式、资格审查方式、考官队伍建设、相关单位权责边界、监管责任 6 个方面修订完善《恩施州事业单位公开招聘人员试行办法》，由州委组织部、州人社局联合印发《关于印发〈恩施州事业单位公开招聘人员实施办法〉的通知》，推进事业单位人事管理科学化、制度化和规范化。

【印发《关于进一步支持和鼓励事业单位科研人员创新创业的实施意见》】 2021 年，根据《关于进一步支持和鼓励事业单位科研人员创新创业的指导意见》等文件精神，制定并提请州政府办公室印发《关于进一步支持和鼓励事业单位科研人员创新创业的实施意见》，支持和鼓励事业单位科研人员离岗创办企业、兼职创业、在职创办企业等，破除制约广大科研人才创新创业的体制机制束缚，推动科技成果研发或转化，优化创新创业环境。

【县以下事业单位管理岗位职员等级晋升制度实施准备工作】 2021 年 9 月，根据省委组织部、省人社厅工作安排，恩施州启动并组织开展县以下事业单位管理岗位职员等级晋升制度实施准备工作，指导草拟及时表彰文件，激励干部干事创业，完成全州 8 个县市实施方案报省审批。

【办理事业单位岗位设置方案备案】 2021 年，办理 35 个事业单位的岗位设置方案备案，完成 1076 人次岗位异动认定聘任备案，其中 129 人次“双肩挑”人员（同时在管理岗位和专业技术岗位两类岗位上任职的人员）正常晋升，22 人次“双肩挑”人员及专业技术人员破格晋升。

【收入分配】 2021 年，深化公立医院薪酬制度改革，联合州卫健委召开州直公立医院卫生机构薪酬制度改革工作推进会议，就薪酬制度改革相关政策开展培训、辅导和交流座谈。指导湖北民族大学民大医院建立绩效工资考核分配办法，规范收入分配秩序。完善高层次人才薪酬激励政策，指导科研院所科技成果转化收益分配和内部绩效考核分配，其中州农科院兑现 2020 年度科技成果转化权益分配总额 53.8 万元，涉及对象 96 人。指导州农科院、州妇幼保健计划生育服务中心、州中心血站等单位优化内部绩效考核机制。落实义务教育教师平均工资水平不低于当地公务员平均工资水平的要求，按优先保障义务教育教师待遇原则，促进义务教育学校教育事业健康发展，全州 2020 年度义务教育教师平均工资收入水平比公务员高 4.54%。

【劳动关系】 2021 年，全州各类用人单位签订劳动合同达 11.3 万余人次，企业劳动合同签订率达 96%。开展最低工资标准评估工作，制定发布《关于发布恩施州 2021 年部分职位（工种）工资指导价位的通知》，发布 83 个工职位（工种）工资指导价位。

【定向培养小学全科教师和学前教育教师】 2021 年，出台《关于做好全州 2021 届小学全科教师及公办幼儿园教师定向委培毕业生招聘工作的通知》，采取“指标到县、分配到校、定点招生、定向培养、合格聘用”的培养模式，为全州农村学校有针对性地培养一批急需小学全科教师和学前教育教师提供政策依据。

【首次为新型职业农民（农民技术人员）评高级职称】 2021 年 9 月 30 日，“宜荆荆恩”区域乡村振兴农民技术人员高级职称评审会在宜昌举行，该评审会由恩施州联合宜昌市、荆州市、荆门市组织，是湖北省推进乡村振兴以来首次为新型职业农民（农民技术人员）评高级职称，也是在职称制度改革中落实区域发展布局开展的首次区域联合评审。该评审会将种养大户、家庭农场、农民合作社、民办农业推广机构、农业企业及农业社会化服务组织中从事专业技术工作的骨干人员纳入评审对象，联合组建湖北省“宜荆荆恩”区域农民技术人员专业技术职务高级评审委员会及其办公室，四地分设评委专家库。恩施州首批 11 人破格申报高级职称，9 人获评通过。

【中国博士后科技服务团服务基层活动走进恩施】 2021 年 6 月 24—26 日，由全国博士后管委会办公室、中国博士后科学基金会、省人社厅主办，州人社局承办的第 94 批中国博士后科技服务团服务基层活动在恩施州举行。本批中国博士后科技服务团以教授级专家为主，来自中国农业大学的 16 名专家、博士后研究人员开展为期 3 天的项目服务和技术指导，先后到州农科院、恩施市盛家坝镇、利川市汪营镇等地就硒食品精深加工、乡村旅游、中药材种植及病虫害防治等需求进行指导。

【2021年度省市县乡考试录用公务员考试恩施考区笔试】 2021年3月27—28日，湖北省2021年度考试录用公务员恩施考区笔试在州城恩施举行，在湖北民族大学、恩施职业技术学院、湖北恩施学院、恩施市中等职业技术学校、恩施市舞阳中学5所学校设置7个考点、462个标准化考场，1.38万名考生参考。

【全州事业单位统一公开招聘考试笔试】 2021年5月22日，全州事业单位统一公开招聘考试笔试在州城恩施举行，推出594个岗位，计划招聘工作人员731名，全州设置10个考点，660个考场，参加考试考生19695人。

【李继辉被评为"享受省政府专项津贴人员"】 2021年8月25日，经省政府批准，李继辉被评为2021度"享受省政府专项津贴人员"。李继辉，男，1964年9月出生，正高职高级农艺师，群众，大学本科学历。近5年来，主持完成科研项目4项，其中"高产抗病杂交水稻中9优591的推广应用"于2017年获恩施州科学技术成果转化奖二等奖，排名第二。主持（参与）育成品种7个，其中审定品种（排名第一）4个：金科优66、绵7优66、宜香优66、恩两优66，审定品种（排名第二）3个：恩两优636、宜香优62、恩1S。主持或参与湖北省成果登记10项，其中3项排名第一。参与制定恩施州地方标准1项，排名第五。实用新型专利1项，排名第九。参与水稻新品种及技术服务成果转化，成果转化收益到账金额45.3万元。获湖北省科学技术奖1项，恩施州科学技术成果转化奖1项，其中"优质高产多抗广适籼稻宜香107、乐优107、金优107的选育和应用"获湖北省科学技术二等奖，排名第四。"优质高产多抗广适籼稻宜香107的选育和应用"于2015年获中华农业科技奖三等奖。以第一作者发表论文4篇，其中《优质抗稻瘟病杂交水稻新组合宜香优62》在《杂交水稻》发表，以第二作者在中文核心期刊发表论文4篇。参与编著3部，其中1部为副主编。

【覃宗树被评为"享受省政府专项津贴人员"】 2021年8月25日，经省政府批准，覃宗树被评为2021度"享受省政府专项津贴人员"。男，1972年1月出生，中共党员，国网恩施供电公司运维班班长，高级工程师，大学本科学历。近5年来，获得多项电力系统科技进步奖，2016年3月主持完成"变压器六角图测试装置"获得湖北省电力公司科技进步三等奖，排名第一。2019年1月主持完成"真空断路器测速过渡接头"获得全国电力行业科技创新二等奖，排名第一。2019年12月，主持完成"断路器测速行程模拟装置"获中南六省QC优秀成果二等奖，排名第一。2017年、2018年主持完成的QC成果均获得湖北省质量协会"湖北省优秀质量管理实践标杆"，2015年主持完成的"变压器六角图测试仪"获湖北省电力公司运检业务创新三等奖，排名第一。多次被评为州、县供电公司"优秀班组长""优秀共产党员"。2016年获评湖北省电力公司地市级生产技能专家，2017年获评湖北省电力公司公司级生产技能专家，2017年获评湖北省电力公司一级优秀技能人才。获得国家授权实用新型专利8项，均排名第一，申报3项发明专利进入实审状态。公开发表专业论文40多篇，其中以第一作者在《武汉大学学报（工学版）》发表论文《基于小波包理论的配网故障接地选线的方法》。

【荣誉】 2021年1月，州人社局、巴东县社保局被省人社厅表彰为"人社系统先进集体"。4月，州人社局被省委、省政府表彰为"湖北省脱贫攻坚先进集体"。建始县公共就业和人才服务局局长李尚勇，巴东县人社局党组成员、副局长杨斌，宣恩县公共就业和人才服务局局长阳文灿，鹤峰县人社局党组成员、县社保局局长王彬舟被省委、省政府表彰为"湖北省脱贫攻坚先进个人"。6月，州人社局吴波被州委表彰为"全州优秀党务工作者"；州社保局向阳、向大造被州委直属机关工委表彰为"优秀共产党员"。12月，鹤峰县劳动保障监察局被人社部表彰为"全国人力资源社会保障系统优质服务窗口"。

（黄书华）

民族宗教事务

【概况】 2021年，全州民宗系统落实中央、省委和州委关于民族宗教工作的决策部署，加强宗教场所规范化管理，推进恩施州创建全国民族团结进步示范区工作。全年争取到中央和省级少数民族资金1.34亿元，比2020年增加947万元；争取到民贸民品企业贷款贴息引导资金3851万元，比2020年增加1003万元。1月，利川市民宗局赵学文被人社部、国家民委表彰为"全国民委系统先进工作者"。

【推进民族团结进步示范区创建】 2021年2月2—3日，州委副书记、州长刘芳震主持召开恩施州八届人民政府第70次常务会议，研究部署全州民族团结进步创建等工作。11月，州委、州政府出台《恩施州新一轮"全国民族团结进步示范州"创建工作方案》，州委书记、州长分别担任创建工作领导小组组长、常务副组长。实施"三纳入"，州委将"建设全国民族团结进步示范区"纳入全州"十四五"规划，将铸牢中华民族共同体意识纳入全州巡察和督查考核范畴，将习近平总书记关于铸牢中华民族共同体意识重要论述纳入各级党委（党组）中心组和党校（行政学院）学习培训内容，恩施州第八次党代会报告中明确指出要铸牢中华民族共同体意识并做好全州民族宗教工作。打造创建示范点、示范基地、示范线路，州、县市培育打造民族团结进步创建示范点，推动各民族在空间、文化、经济、社会、心理等方面全方位融入；创建触角由中小学向高职高专延伸，探索打造铸牢中华民族共同体意识教育研究和实践基地；挖掘州内各民族交往交流交融历史，以来凤县百福司镇兴安村和舍米湖村一线为试点打造民族交流交往交融主题旅游线路。将创建工作与基层社会治理相融合、与宣传教育相融合、与民族文化保护传承相融合。以社区（小区、易迁点）和中小企业为基层单元开展各具特色的创建活动，持续推进中小学铸牢中华民族共同体意识宣传教育，全省中小学开展铸牢中华民族共同体意识主题教育实践活动总结暨工作推进会于12月8日在恩施州召开。在党史学习教育中加强党的民族理论和政策法规学习，在《恩施日报》上开展“铸牢中华民族共同体意识主题征文”活动，收到征文500余篇，评选出获奖作品60篇。出台6条措施加强少数民族古籍整理，南剧《唐崖土司夫人》作为全省唯一参加第六届全国少数民族文艺会演节目获“剧目创新奖”，全州首批民族文化传承基地命名授牌，寻访命名第七批州级民间艺术大师9名，支持《田氏一家言增补本前言》《田氏一家言增补本跋》出版。12月，在全省互观互检活动中，检查组对全州创建工作给予好评。

【落实民族政策】 2021年，配合省民宗委推动省委、省政府将“616”工程（对民族地区10个县市实施对口支援，1名省委、省政府领导率领省直6个单位对口支援1个县市，每年办6件实事）、“1+1”对口支援（省内10个经济发达的市对口帮扶全省民族地区10个县市；1个省直部门对口帮扶1个民族乡）等纳入区域帮扶协作政策，出台支持民族地区加快高质量发展的实施意见。邀请武汉市民宗系统领导到恩施调研、召开座谈会并签订对口帮扶协作协议，武汉市民宗委捐赠50万元支持全州民族村寨建设和宣恩县长潭河侗族乡福利院建设。与宜昌市民宗委就推进“宜荆荆恩”城市群建设进行两轮交流磋商。首次在全州实行少数民族考生优录资格认定网上办理，高效完成近2万名少数民族高考生优录审核工作。组织130余名骨干导游进行土家语苗语培训，加强外来少数民族务工经商人员服务管理和国家通用语言文化政策培训。

【宗教工作】 2021年，州委将宗教工作纳入年度目标考核和重点督办工作。11月州委书记胡超文专题调研宗教场所规范化管理工作。巩固中央宗教工作督查成果。做好中央巡视湖北反馈意见涉宗教问题整改。对全州宗教场所消防安全、疫情防控、房屋安全等开展全面排查和实地督查，对发现问题及时进行整改。

【特色村寨建设】 2021年，州人大常委会对全州民族村寨建设情况开展专项视察，州政协对包括民族村寨在内的农村建房风貌管控进行专题调研和协商。争取省民宗委出资160万元编制8个特色村寨规划并交办县市，指导县市编制1个片区规划。

【首批民族文化传承基地命名授牌】 2021年8月，州民宗委对恩施土家女儿城民族文化传承基地、湖北龙船调服饰有限公司民族工艺传承基地、建始县长梁镇旋龙村丝弦锣鼓传承基地等24个民族文化传承基地予以命名授牌。

【加强“十四五”时期少数民族古籍工作】 2021年，州民宗委出台6条措施加强“十四五”时期少数民族古籍工作，包括继续做好少数民族古籍的抢救、普查、登记、整理工作，加强少数民族民间口传古籍传承的抢救工作，加强全州各民族交往交流交融历史文献资料的搜集整理，建立恩施州少数民族古籍文献资料信息库，建立恩施州少数民族古籍保护展示厅，加强对少数民族古籍工作的宣传。

【民族宗教工作业务培训】 2021年7月29日，州民族宗教工作业务培训在州城恩施举行，省民宗委二级巡视员唐启明以《依法管理宗教事务　不断提高宗教工作法治化水平》为题进行专题辅导，吉首大学教授陈廷亮围绕铸牢中华民族共同体意识主线，介绍土家族历史和语言文化艺术。12月6—7日，全州民族宗教系统业务培训在州城恩施举行，专门就保密、政务信息、新闻信息和财务知识等进行专题讲座。

【州委民族工作会议】 2021年11月23日，州委民族工作会议召开，会议要求高质量建设全国民族团结进步示范区、高标准推进恩施绿色崛起和高要求防范化解民族领域风险隐患。会上播放州民宗委拍摄的专题片《使命 · 荣光》，反映五年来在党的民族政策指引下全州经济社会发展取得的成就和民族工作取得的成效。

【全州民族团结进步创建互观互检互学现场会】 2021年7月27—29日，州民宗委组织召开全州民族团结进步创建互观互检互学现场会，与会人员到利川市柏杨镇永兴社区、利川市龙船调服饰有限公司，建始县长梁镇民福安置小区、业州镇草子坝社区，宣恩县珠山镇白鹤井睿山华庭小区、珠山镇上湖塘社区等地参观考察民族团结进步创建工作。会上对2020年获得全国、全省示范区、示范单位命名的地方和单位进行授牌。

【其他重要会议】 2021年3月10日，州民宗委召开民族宗教工作会议，贯彻落实全省民宗委主任会议及全州统战部部长会议精神，总结交流经验，部署2021年全州民族宗教工作。3月10日，恩施州民宗委委员单位全体会议召开，报告2020年全州民族宗教工作的总体情况及2021年工作安排。7月28

日，省民宗委在鹤峰县召开 2021 年帮扶鹤峰县乡村振兴工作动员会暨定点帮扶和区域协作工作联席会，省林业局、省知识产权局、湖北经济学院等 10 家定点帮扶成员单位，区域协作帮扶地区武汉市江岸区、新洲区有关负责人参加。会上，鹤峰县汇报经济社会发展暨乡村振兴工作情况，江岸区、新洲区作交流发言，与鹤峰县现场签订 2021 年区域协作协议书。

【领导考察调研】 2021 年 7 月 16—19 日，国家民委经济发展司到恩施州专题调研少数民族特色村寨建设情况，先后到恩施市营上村，来凤县兴安村、冉家村、舍米湖村、百福司镇，宣恩县沙道沟镇、高罗镇、椒园镇等地实地调研特色村寨的开发、建设和保护等情况。8 月 1 日，省委统战部副部长、省民宗委党组书记、主任马萍到鹤峰县调研指导乡村振兴工作；8 月 7 日，马萍到恩施市盛家坝镇、白果乡了解特色村寨和实施乡村振兴战略等方面工作落实情况。9 月 26—27 日，武汉市委统战部副部长，武汉市民宗委党组书记、主任赵学龙等 23 人到恩施州就民宗系统对口帮扶协作开展调研，调研组到宣恩县沙道沟镇彭家寨，来凤县百福司镇兴安村、舍米湖村，实地考察少数民族特色村寨建设、特色产业发展等，召开座谈会就推动民宗系统对口帮扶协作落实落地交换意见并签订合作协议。

（张思齐）

政务服务

【概况】 2021 年，州、市政务服务中心完成跨层级“一窗通办”，完成县、乡两级“一窗通办”。全州政务服务工作“清减降放”改革推动全州事项材料、环节、流程标准化。“及时预警、超时默认、自动用印”改革入选省三届湖北改革奖（单位奖）。来凤县“10 分钟便利圈”、建始县“高效办成一件事”、宣恩县“一事联办”创建全省优化营商环境先行区。“政务服务改革‘恩施实践’”案例入选中国改革 2021 年度地方全面深化改革百佳案例。省“高效办成一件事”考核恩施州居于第一方阵。

【政务服务“清减降放”工作】 2021 年，州委、州政府全面部署“三减两放一再造”（减材料、减环节、减时限，审批权限下放、审批过程下放，办事流程再造）改革专项行动，州、县两级取消办事材料 3300 项，取消证明材料 1185 项，州、县两级事项承诺时限较法定时限压缩 75.6%，一个工作日办结的事项比例达 75.72%。州级政务服务事项下放到县级办理 167 项，县市级政务服务事项下放到乡镇办理 326 项，州级前移办事相关环节 305 项，各县市累计前移相关办事环节 884 项。

【“一窗通办”工作】 2021 年，按照“1+3”（1 个综合窗口，公安、税务、项目审批服务 3 个专区）模式，全州全面完成“综窗”改革。恩施市民之家探索恩施州、恩施市跨层级“综窗”改革，打造“一窗通办”新模式，州、县无差别一窗受理平均承载 28 个部门、1008 个事项，占比 53.6%。

【“一事联办”工作】 2021 年，恩施州连续 2 年承接省级“新生儿落户”“我要开超市”试点工作任务，相关事项申请材料分别由 38 件、49 件压减至 12 件、16 件。开发恩施州“高效办成一件事”系统，梳理导引式“一事联办”场景应用上线湖北政务服务网，8 个县市均上线 70 项场景应用。聚焦企业、个人全生命周期，梳理企业全生命周期 5 个阶段、12 个“一件事”，个人全生命周期 9 个阶段、26 个“一件事”。

【“一网通办”工作】 2021 年，州、县两级政务服务事项可网办率达 100%，实现 669 个政务服务事项“全程网办”。开发恩施州政务服务监察系统，州、县、乡、村四级事项实行“及时预警、超时默认、自动用印”，改革经验入选第三届湖北改革奖（单位奖）。建设“鄂汇办”App 恩施旗舰店，梳理上线人社、不动产、公积金、公安交管等部门 234 个高频便民服务事项，实现“掌上办”。加快政务服务自助终端标准化、集约化建设，恩施州各级政务服务场所投放 215 台自助服务终端，上线 340 个高频事项。

【“互联网+监管”工作】 2021 年，州、县两级监管职能部门按照国家标准修改完善 228 项本地自增监管事项目录清单和 8782 项检查实施清单，恩施州检查实施清单完备度、监管事项标准化准确率均达 100%。录入各类监管行为数据 310.49 万条，监管行为数据覆盖事项 6086 个，覆盖率达 76.13%。注册用户 27537 人，实现监管人员注册全覆盖。接收下发风险线索 25 条，反馈并办结 25 条，反馈率和办结率均达 100%。

【基层政务服务工作】 2021 年，恩施州基层便民服务场所实现全覆盖。全州 8 个县市设置政务服务中心，91 个乡镇（街道）设立便民服务中心，2227 个村（社区）设置便民服务站。实现电子政务外网四级网络互联互通，基层便民服务场所与网络“全覆盖”。

（李国权）

政务公开

【概况】 2021 年，州政务服务和大数据管理局围绕“主动公开提质效、依申请公开促规范、基础保障强支撑、思想破冰出经验”思路，加强政务公开标准化规范化建设。在 2021 年全省政务公开工作考评中，恩施州被评为成绩优秀市（州）政府（连续 2 年获评）。

【政民互动网络通道建设】 2021 年，开辟网上政策问答、政民互动通道，通过恩施州及 8 个县市政府门户网站集中公布全州各职能部门“店小二”热线电话，与“12345”

政务服务便民热线联动，受理政策查询、政务咨询、投诉建议等业务。全州开设政务新媒体 189 个，公开各部门、各乡镇乡村振兴政策文件及解读、就业创业信息。村（社区）以村民小组或网格为单位，建立微信群、QQ 群，实现“7×24 小时”在线沟通。

【政务公开信息化建设试点】 2021 年，以恩施市、建始县为试点，实现村（社区）事务、财务、惠民信息网上公开，村民通过手机可随时查询。2 个试点县市发布相关信息 1 万余条，涵盖村务、财务、政务、事务等方面内容。

【政务公开考评督办】 2021 年，制定恩施州政务公开工作的考核指标，每季度对全州 8 个县市、37 家州直单位开展检查，对存在问题较多县市和部门开展现场督办整改。12 月，州政府办公室召开专题会议，督办各县市、各部门迅速完成问题整改。

（胡光燚）

大数据工作

【概况】 2021 年，全州数字政府建设按照州委、州政府决策部署持续稳步推进，在基础设施建设、数据互利共享和应用成效等方面取得初步成效。12 月，州委常委会会议和州政府常务会议研究同意成立恩施州数字政府建设指挥部，由州委书记、州长任双指挥长，突破性推进恩施州数字政府建设工作。州政务数据共享交换平台、电子证照库、智慧政务服务平台实现与国家、省平台互联互通。州政务信息共享平台发布州直及 8 个县市资源目录 8000 余个，汇集政务数据 5.17 亿余条，州直各部门调用州政务信息资源共享平台数据服务 294.2 万次，交换数据 2.32 亿余条。2021 年，政府网站及政务新媒体绩效评估工作名列全省第四。

（胡光燚 丁启朝 熊鹏 吴凯 杨俊）

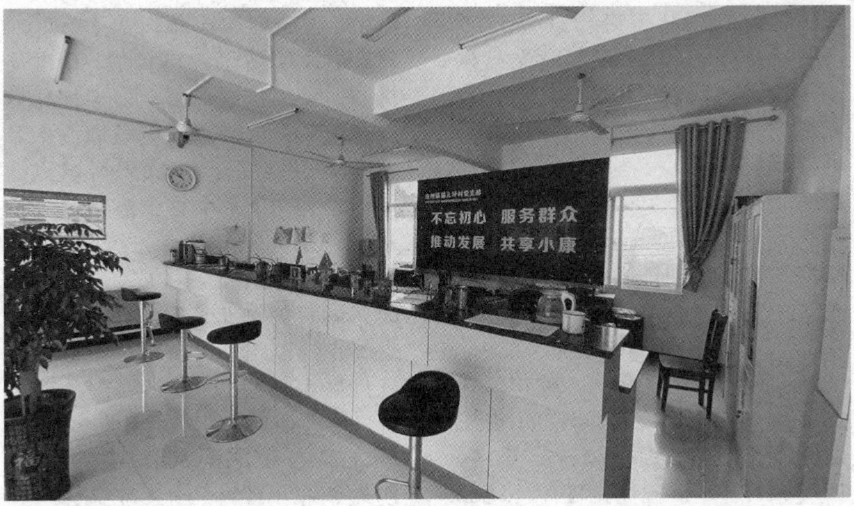

2021 年，建始县业州镇猫儿坪村党员群众服务中心的办事服务大厅场景

（建始县政务服务和大数据管理局 供稿）

【信息化项目建设】 2021 年，新建州直信息化项目 30 个，财政资金投入约 6932 万元，涉及政务服务、“12345”热线、“互联网+监管”、智慧医保、智慧金融、智慧人社、智慧旅游、公共资源交易等领域。对州直 25 个信息化项目进行财政资金评审，审减金额约 542 万元，资金节约率达 8.8%。

（胡光燚）

【政务数据应用】 2021 年，在全州全面推行“高效办成一件事”，实现企业开办、“身后一件事”、“新生儿落户”等一批“高效办成一件事”主题上线运行，实现企业群众办事材料简化。支撑咸丰县开展“一业一证”全省试点改革工作，支持鹤峰县开展农村宅基地审批“017”（零缴费、1 次跑动、7 个工作日办结）改革和“退役军人落户一件事改革”，其中鹤峰县“退役军人落户一件事改革”被退役军人事务部简报第 12 期推介。建成覆盖全州的办件智能监测系统，通过后台抓取数据，将全州各类办件全过程、全时段纳入管理，推动政务服务审批更加高效。

【“智慧恩施”政务云平台建设】 截至 2021 年年底，“智慧恩施”政务云平台作为恩施州重要信息基础设施，为州财政局、州发改委、恩施日报社等 30 多家州、县单位提供约 70 个信息系统的计算、存储、网络等资源及统一的网络安全防护能力。

【恩施州防汛抗旱决策支撑系统项目建设】 截至 2021 年 12 月 31 日，恩施州防汛抗旱决策支撑系统功能开发完毕，进入验收阶段。该项目整合全州防汛相关部门分散数据资源，结合恩施清江上游历史暴雨洪水资料及流域下垫面特点，构建水文模型，支撑清江上游及恩施市城区防汛工作。

（丁启朝 熊鹏 吴凯 杨俊）

优化营商环境

【概况】 2021 年，恩施州坚持将优化营商环境作为高质量发展的关键突破口，持续巩固提升“十大专项行动”（思想大解放、政务服务效能大提升、数据互联共享、规范中介服务、招投标和政府采购治理、创优金融环境、优化公共服务、优化监管服务、诚信体系建设、保护企业合法权益）成果，营造公平竞争的市场环境、高效便捷的政务环境、依法办事的法治环境、循环畅通的开放环境，各级干部“店小二”意识进一步增强，营商环境持续改善，市场主体满意度和人民群众获得感提升。21 项改革被省命名为优化营商环境先行试点，22 条经验做法被省优化营商环境简报刊发，3 项改革举措在全省复制推广，3 次在全省会议中作经验交流发言，2 次在省里新闻发布会上介绍恩施经验。行政许可“及时预警、超时默认、自动用印”获第三届湖北改革奖（单位奖）。

【营商环境考核评价】 2021年，在省对市州营商环境考核评价中，恩施州综合评价得分居全省第五，获评“2021 年度全省优化营商环境标杆城市”。利川市、恩施市、鹤峰县获评“2021 年度全省营商环境评价优异等次县（市、区）”，其他 5 个县获评“2021 年度全省营商环境评价优秀等次县（市、区）”。

【营造优化营商环境氛围】 2021 年，州委、州政府始终将营商环境建设摆在突出位置，先后召开 12 次会议，对优化营商环境工作进行部署、推进、调度、督办。州委书记胡超文将此项工作抓在手上，逐一审定 24 个先行试点方案，到项目一线、企业车间现场办公，率先垂范做服务企业的“店小二”。州委副书记、州长夏锡璠对行政审批部门事项清理、流程再造等情况逐项审核把关，推动优化营商环境各项措施落实。州、县“四大家”领导主动联系服务企业，带头体验营商环境，用心、用情、用力为企业纾困解难，不断提高市场主体、社会公众的获得感和满意度。坚持党建引领，民主生活会聚焦营商环境，干部培训突出营商环境，主流媒体关注营商环境，“企业家沙龙”谏言营商环境，各级干部转变思想观念，增强“有呼必应、无事不扰”的“店小二”意识，形成全社会重商、亲商、安商的氛围。据州社情民意调查中心调查，与 2020 年相比，8 个县市“门难进、脸难看、事难办”比例减少 5.89 个百分点，惠企政策落实满意度、营商政策知晓率均有不同程度提高。

【优化营商环境改革试点】 2021 年，继续坚持小切口入手、精准化推进，持续推进制度创新，优化制度供给，破除营商环境顽瘴痼疾和堵点难点问题。21 项先行试点改革落地见效，8 个县市被命名为全省优化营商环境改革先行区，3 项改革举措全省复制推广，形成竞相改革的良好态势。聚焦融资难，在恩施市探索不动产宗地分割登记和抵押融资新模式，盘活企业土地资源，为企业融资提供便利，2021 年办理不动产宗地分割登记 51 宗，实现企业担保债权 12.34 亿元。在建始县创新中小微企业信贷服务模式，构建“一站式”中小微企业综合服务体系，促进政策链、资金链、人才链、物流链深度融合，受理和落实融资有效需求 490 笔、4.55 亿元。聚焦降成本，在鹤峰县探索开展“涉企保证金最少县市”创建，涉企保证金仅保留工资保证金、工程质量保证金 2 项，大幅降低企业资金占用成本。聚焦诉求办理耗时长问题，在巴东县首创“四案四分”（立案分块、办案分段、结案分流、全案分控）模式打击拒执犯罪，3 年审结拒执刑事自诉案件 138 件，高于全国法院平均数 30 倍。在利川市探索成立涉企法律问题快速处置中心，提供线上线下“一站式”法律服务。

【提升办事服务水平】 2021 年，持续深化“放管服”改革，推进“清减降放”，截至年底，35 个州直部门的 1136 个依申请及公共服务事项实现流程再造，州、县两级认领事项分别较省通用清单压减 11.5% 和 13%，减材料率达到 21.7%，减时限率达到 71.8%，州、县两级政务服务大厅“综窗”改革全面完成。数字政府建设加快推进，建成运行“智慧恩施”，政务云平台（一期）、州公积金管理系统等 55 个系统上云，信息数据加快归集共享。持续深化“互联网+政务”，669 个事项“全程网办”、227 个事项“掌上办”、565 个事项“跨省通办”、358 个事项“全州通办”、340 个高频事项“自助办”。其中“全程网办”“掌上办”事项数量分别较 2020 年增长 28%、79%。通关便利化水平持续改善，企业开办“210”（2 个环节、1 个工作日办结、零费用）、不动产登记“221”（2 个环节，一般登记 2 个工作日办结，二手房转移登记和抵押登记 1 个工作日办结）、用水用电报装“321”（高压报装压减至 3 个环节，低压报装减压至 2 个环节，对符合电力直接接入条件且无外线工程的小微企业提供低压用电 1 天极简报装服务）、用气报装“310”（3 个环节、1 项材料、“零跑腿”）全面实现，提升服务质效。恩施市探索税务迁移跨区“自由行”，实现迁入迁出“快节奏”“低门槛”。宣恩县探索取消工业项目施工图审查，推行自审承诺制，实现拿地即开工、五证同发。来凤县构建“10 分钟便民利企服务圈”，让群众在家门口就能享受到便捷服务。

【优化法治环境】 2021 年，全面清理地方性法规、规章和规范性文件，修改、废止规章、文件 65 件，解决“文件打架”问题。公布州级第一批具有行政执法主体资格的机关和组织，对 110 种首次轻微违法行为免予行政处罚，700 余家企业受益。依法慎用强制措施，涉企案件不捕率达 32.2%，不诉率达 50.7%，认罪认罚从宽处理适用率达 92.6%，最大限度减少执法司法活动对企业正常生产经营的影响。完善企业破产府院联动机制，对 3 年以上未结案件实行审理法院“一把手”包案，“和润城”破产重整案 6 个月内就进入重整计划执行阶段，入选全省法院 2021 年首批优化营商环境正面典型案例。投资 50 亿元的鹤峰江坪河电站破产后成功重建，成为地方发展的绿色引擎。公布州、县两级“店小二”服务专线，建立营商环境问题投诉联动处理机制，开展“新官不理旧账”、政府失信行为专项治理，一批疑难杂症问题得到有效化解。

【增强市场活力】 2021 年，继续坚持以政府有为促市场有效，用政府权力的“减法”换取市场活力的“乘法”。工业用地“标准地”出让实现交地确认书、不动产证“书证同发”。用水、用电、用气实现一表申请、集中联办、不见面审批。“整村授信”全面推开，知识产权质押融资实现“零突破”，不动产宗地分割登记、中小微企业信贷服务新模式加快推广。工程项目招投标实现全流程电子化，建立州、县两级评标专家库，“评定分离”改革在建筑工程领域全面推开，全州完成“评定分离”项目138个。中介机构管理更加规范，州内中介机构入驻湖北省中介服务网数量和在网办理项目数量均居市州前列，发布中介服务“一事一评”2期，政府投资项目不选取“差”等级机构。全年全州新登记企业类市场主体1.33万户，企业活跃度位居全省第一位。全年招商引资新签约、新开工、新投产亿元以上产业项目分别增长15.6%、23.7%、34.4%，华芯科技、传化集团等一批知名企业相继落户恩施。

【降低企业成本】 2021年，继续精准落实支持中小微企业降成本措施。全年减免政府采购、工程招标投标保证金和履约保证金7.25亿元，减免中小微企业和个体工商户承租国有资产类经营用房房租1961户、2268万元。企业开办费用降至零，水电气报装红线外费用降至零，综合担保费率降至1%，制度性交易成本持续降低。全年普惠型小微企业贷款平均利率6.43%，较2020年初整体下降1.31个百分点，银行业金融机构累计为市场主体减负1.84亿元。政府采购面向中小企业签订合同金额达18.1亿元，占总采购规模的89%。清理整治转供电违法加价行为，清退多收电费451.6万元，转供电违法加价行为得到有效遏制。试点推进惠企政策“免申即享”，建始县发布2批108项“免申即享”惠企政策清单，兑付资金806万元，惠及企业418家。“整村授信”全面铺开，累计授信农户21.2万户、新型农业经营主体5175户，累计用信65亿元。恩施州连续14年被评为全省金融信用市州。

【咸丰县推动食品生产加工作坊“一业一证”改革】 2021年，咸丰县食品生产加工作坊“一业一证”改革被纳入全省优化营商环境复制推广典型经验。实行“营业执照”和“小作坊行业综合许可证”一并受理，实行告知承诺，“行业综合许可证”有效集成行业经营许可信息，申请人可以亮证经营。由市场监管部门现场抽查，财政负担核查费用，破解小作坊准营门槛高、经营性成本大等难题。建立“县乡坊”三级在线监管平台，既为基层监管人员减负，又减少对市场经营主体打扰。

【巴东县推行“四案四分”模式破解执行难】 2021年，巴东县“四案四分”模式被纳入全省优化营商环境复制推广典型经验。在全国首创“四案四分”流水线执行新模式，高质高效打击拒执犯罪，推行执行指挥中心实体化运行，将执行中的事务性工作归集管理、集约办理。推行立案分块、办案分段、结案分流、全案分控的“四案四分”执行模式。

【鹤峰县推行“涉企保证金最少县市”改革】 2021年，鹤峰县“涉企保证金最少县市”改革被纳入全省优化营商环境复制推广典型经验。率先推出“涉企保证金最少县市”创建改革，全县23项涉企保证金项目已清理出列政府采购招标、采购履约、无船承运等21项保证金，暂时保留工资保证金和工程质量保证金2项。

（刘梓名）

机关事务管理

【概况】 2021年，州机关事务服务中心围绕办公用房、公务用车、公务接待等开展工作，推进法治化、制度化、信息化建设，保障水平和管理效能不断提升。出台《2021年恩施州公共机构能源资源节约和生态环境保护工作要点》，建成餐厨垃圾源头无害化资源化处理项目。创建州直党政节约型机关20家，启动州直20家节水型单位创建工作，对州直党政机关水电气等基础能耗数据进行调查摸底。开展全国粮食日主题宣传、“崇尚勤俭节约、反对铺张浪费”清廉建设活动。4月，州机关事务服务中心驻瓦场坝村“尖刀班”被省委、省政府表彰为“湖北省脱贫攻坚先进集体”。

【办公用房】 2021年，州机关事务服务中心加大调剂、维修、审核申请和资产处置力度，聘请专业测绘公司对州本级党政机关办公用房使用情况进行测量。完成州人大等6家州直单位办公用房和州党史教育办等2家临时办公机构的办公用房调剂工作。跨层级调剂解决官坡、土桥社区办公场所难题。牵头完成中央巡视湖北关于清理规避禁令修建楼堂馆所的清理工作和省、州关于擅自改变技术业务用房用途的清理工作。

【公务用车】 2021年，州机关事务服务中心共接受56个单位的用车申请3252次，调度车辆2540台次，综合保障率78%，州“四大家”用车保障率100%。累计出车7097天次，安全行驶114.28万千米。加强公车监管，完成元旦、春节等节假期间公车检查工作，处置公车举报信息2起。开展公务加油卡专项清理，清理整顿不规范使用公务加油卡问题200余个，清退加油款21.67万元，整合加油卡资金556.68万元。建立州级旧公车处置“公物仓”，收集旧公车处置信息16条，成功调剂10台。定编审批公车692台。

【公务接待】 2021年，州机关事务服务中心打造融文化服务、亲情服务、特色服务为一体的接待品牌，围绕招商引资、重大项目、对口帮扶、对口支援、各级考核等重点工作，完成180余批次、2800余人次的接待保障工作。组织参与天津、甘肃文旅推介和第六届硒博会等重大活动。

（周相如）

应急管理

应急管理能力建设

【概况】 2021年，全州应急管理工作围绕建实3个体系（信息化指挥体系、应急预案体系、应急救援体系）、健全3个机制（应急值守、应急响应、应急联动）、建强3个能力（指挥协调、通信保障、应急处置），提升应急管理能力建设，组建1支队伍（综合应急救援队），推进3个试点（智慧应急试点、航空救援试点、标杆队伍试点），保持3项领先（科技信息化、应急指挥协调、事故统计直报），完成各项工作任务。4月，州应急管理局被省委、省政府、省军区表彰为“2020年湖北省防汛救灾先进集体”，11月，被人社部、应急管理部表彰为“全国应急管理系统先进集体”。

【应急指挥能力】 2021年，建强应急指挥平台，推进智慧应急试点建设，投入资金570余万元，建成应急指挥基础支撑系统项目，集成视频会议、远程监控、图像传输等应用功能，具备即时、交互的调度模式，配备网络机房建设所需基础设备，确保视频会商设备和网络设备安全运行，打造应急指挥决策一体化平台。健全应急指挥网络，横向连通水利、气象、自然资源等31家州直单位，纵向连通县市、乡镇、村等956个单位，实现数据共享、远程指挥调度、监测预警、分析研判，形成纵横贯通的应急指挥网络。汇聚应急指挥数据，接入防汛抗旱决策、地质灾害综合管理、水文实时查询、气象决策辅助、智能森林防火等关键数据系统平台，以及全州29家工矿商贸企业、25家景区视频监控，为指挥决策提供气象、雨情、水情、森林防火监控和安全生产等数据。

【应急联动能力】 2021年，加强应急信息共享，增强信息获取能力，加强与州委办、州政府办、消防等单位对接，完善共享机制，拓宽信息来源渠道，第一时间获取突发信息，增强信息精准性、时效性。加强应急资源互补，开展全州应急救援力量、装备、物资调查摸底，建立明细台账，掌握全州应急资源储备具体情况，指导各县市和州应急委有关成员单位做好应急资源储备，推进应急资源共建共享共用。加强军地应急联动，加强与恩施军分区、武警、消防衔接，开通2部军用专线电话，配合开展2次民兵应急营训练，联合开展防汛、森林防灭火等应急救援联训联演，提升协同应急救援处置能力。

【应急救援能力】 2021年，推进专业队伍建设，建成州矿山综合应急救援队和州地质灾害应急救援队，推动州应急委成员单位组建专业、应急救援队伍。推进社会力量建设，与民政、退役军人事务局、红十字会等单位联席会商，争取政策鼓励社会应急力量发展。全州有各类应急救援队伍76支、4875人，各类装备11万余件套。推进航空救援建设，配合省应急厅做好10个航空救援临时起降点验收，督促承建单位做好维护。争取省应急管理厅在恩施州开展航空救援体系建设试点，成功纳入全省应急救援航空体系，规划建设恩施航空保障基地和咸丰、利川、鹤峰3个航空保障站。

【应急处置能力】 2021年，组织编修预案，推进《恩施州突发事件总体应急预案》编修。修订2021年度应急响应工作手册，制定主要灾种、典型灾害事故应急处置方案，分类编组，分级响应，指导修订预案81份，备案3家。执法督导预案，对中国石化恩施分公司、恩施卷烟厂等4家企业开展应急预案执法检查，开出全省首例应急预案未及时修订罚单。实战检验预案，指导各级各部门开展综合、专项预案应急演练，全州开展应急演练290余场次。在利川文斗洪灾、鹤峰走马山体滑坡、宣恩晓关垮塌事故等应急救援实战中检验应急预案。

【应急响应能力】 2021年，严格值班值守，认真执行领导带班和24小时值班、通信保障队24小时备勤制度，做到“四个一”（每期一值班须知、节前一值守培训、每天一值守调度、每日一值守抽查）。重点时期实行“三三制”（三分之一值班、三分之一备勤、三分之一休假）。严格会商调度，做好日常会商保障工作，坚持每周一和重点时段对县市局开展视频会商调度。全年组织各类视频会议和指挥调度260余次，参加省应急管理厅视频调度170余次。严格信息报送，每日收集编写应急管理动态信息报送州领导，直报信息796期。下发2个工作提醒函，跟踪督导县市两个“事故直报率”，全州“24小时准时入库，7天准时直报率”分别为58%、87%，全省排名第三。坚持每季度分析安全生产形势，印发简析4期。

【恩施州应急体系建设“十四五”规划】 2021年，结合恩施州实际，围绕“136”目标（以推进应急管理体系和能力现代化为主线，聚焦安全生产、防灾减灾抗灾救灾、应急救援三大板块，提升风险防控、自然灾害防治、应急救援救助、人才科技支撑、基层应急、共建共治共享六大能力），谋划《恩施州应急体系建设“十四五”规划》，加强与州“十四五”规划纲要、省应急体系“十四五”规划以及其他专项规划衔接，策划重点工程项目10大项并纳入州项目库，投资概算162亿余元，7项恩施项目纳入省应急体系规划。规划稿包含五大部分，7大项、24小项主要任务，10项重点工程项目，共计2.7万余字。

【应急管理法治化建设】 2021年，促进规范执法，建立并落实法律顾问制度、重大执法决定法制审核和重大行政处罚集体讨论制度，全年开展行政处罚案件法制审核10件次，召开案审会集体讨论通过实施较大罚款案件4件次。持续开展局机关制定的涉监管执法、行政处罚、优化营商环境等方面的规范性文件清理。组织开展全州应急系统执法案卷大评查活动，对全州执法案卷评查情况进行点对点通报，提升全州应急系统执法办案水平。配合州人大开展《中华人民共和国安全生产法》《湖北省安全生产条例》专项执法检查，以州安委会名义印发整改落实工作方案，推进实施“一法一条例”落实落地。开展普法宣传，印发《关于进一步推进学习新修订〈安全生产法〉宣贯工作的通知》，组织全州应急管理系统收听收看全省学习宣贯新《中华人民共和国安全生产法》专题视频会，利用局微信公众号、云上恩施等媒体平台全面宣传新《中华人民共和国安全生产法》。向企业发放《中华人民共和国刑法修正案（十一）》宣传册，加强企业法治意识。以全省安全生产标准化和安全文化示范企业创建交叉调研并参与西部片区调研为契机，到基层、下沉一线企业开展全系统调研工作，破解应急管理工作的堵点、难点和痛点问题。以“安全生产月”“宪法宣传周”等活动为载体，利用局机关公众号、短信平台、LED大屏宣传宪法知识，播放“八五”普法公益宣传片，在局网站发布《湖北省安全生产党政同责实施办法》《湖北省生产安全事故应急实施办法》及相关政策解读。发动近5万名干部群众参加第三届全国应急管理普法知识竞赛，位于全省第五名。落实执法人员持证上岗制度，全年组织全州应急系统80名执法人员参加执法资格取（换）证培训，42名在编干部参加州直单位行政执法资格考试。开展“依法行政”专题集中讲学活动，邀请省应急管理厅相关处室负责人为全州应急系统干部职工讲授新修订《中华人民共和国行政处罚法》，指导全州应急系统干部依法执法办案。

【州地质灾害应急救援队成立】 2021年4月30日，恩施州地质灾害应急救援队在湖北省地质局第二地质大队挂牌成立，州应急管理局与湖北省地质局第二地质大队现场签订合作框架协议。

【州矿山综合应急救援队成立】 2021年8月1日，州矿山综合应急救援队成立，是恩施州组建的第一支准军事化的州级综合应急救援队。争取资金260余万元购置驻地设施和应急救援装备，开展3个月集训和1个月矿山救护训练。12月20—21日，州矿山综合应急救援队在湖北省第二届森林消防职业技能竞赛中获负重越野团体二等奖。

【全省应急管理教育培训工作座谈会在恩施州召开】 2021年12月2日，全省应急管理教育培训工作座谈会在恩施州召开，总结2021年教育培训工作，研究工作中存在的问题和困难，部署2022年全省教育培训工作。会上，州应急管理局就教育训练工作和开展高危行业领域安全技能提升行动情况作交流发言。会议围绕应急管理教育训练工作、落实安全生产三年专项整治行动中取得的经验、存在的问题进行研讨座谈。

（陈发志）

安全生产监督管理

【概况】 2021年，全州发生一般生产安全事故34起，死亡37人，受伤11人。全州连续44个月未发生较大及以上生产安全事故，矿山领域首次实现“零”事故，安全生产形势持续稳定向好。全年州委常委会、州政府常务会各5次，州政府专题会议1次，州安委会全会6次专题研究安全生产重点工作。推进各级排查交办问题和隐患整改，省委、省政府督察组交办的97项问题全部整改完成。

【安全生产专项整治三年行动】 2021年，推进安全生产专项整治三年行动集中攻坚，责令停产整顿企业54家，关闭取缔42家，约谈警示698次，联合惩戒24次。组织四轮全州性综合督查，责令停工整改14家，挂牌督办14处，约谈35家。组织开展乡村加油站（点）、住宅小区消防、烟花爆竹安全监管领域损害群众身边利益问题、重大危险源、工贸行业领域等专项整治行动。制定煤矿安全风险管控清单，7家正常生产建设煤矿全面体检。建始县以乡镇为单位组建“驻矿尖刀班”，日巡查和不定期突击检查辖区煤矿安全生产情况。

【安全生产整改专项行动】 2021年，根据州委、州政府安排部署，在全州范围内组织开展为期三个半月的安全生产问题大排查设施大检修隐患大整改专项行动，健全完善州领导带队督导检查，各县市党政领导班子成员包保机制，点对点落实工作措施。建立“一日一汇总、一日一研判、一周一通报，一月一总结”机制，督导推进专项行动。行动期间，全州共派出检查组1.56万个、5.86万人次，检查企业和各类市场主体4.5万家，排查发现一般隐患2.86万条，排查发现重大隐患22处，下达整改指令书2836份，停产停业整顿71家，关闭取缔18家，约谈486家，罚款42家，罚款33万余元。

【烟花爆竹安全监管专项整治】 2021年，全州应急管理系统全员参与，先后组建99个专班，283人参与，1036人次开展专项整治工作，排查整治“下店上宅”“前店后宅”等重点问题34个，整改一般安全隐患2628个，对67个问题和隐患进行立案查处，罚款441183元，扣押非法产品434件，停业整顿3家，暂扣经营许可证3家。对29名监管人员进行提醒谈话，其中乡科级16名，其他人员13名。国家主流媒体中新网、省级主流媒体《湖北日报》报道恩施州专项整治工作，《湖北应急管理杂志》《恩施日报》《恩施晚报》多篇或整版刊发专项整治工作情况。

【“十条硬措施”出台】 2021年，州政府出台《全面出击 重拳整治 坚决遏制亡人事故的十条硬措施》，包括坚决压实领导责任、坚决落实“管合法必须管非法”、坚决落实企业主责、坚决强化源头管控、坚决排查整改隐患、坚决严格精准执法、坚决落实举报奖励、坚决实行挂牌督办、坚决追究事故责任、坚决配齐监管力量。明确提出“管合法必须管非法”的要求，建立事故挂牌警示制度，严格执行“一票否决”。

【安全生产行政执法“五大活动”】 2021年，对涉安企业开展“夯责”活动。督促企业落实安全生产主体责任，指导企业建立安全生产责任制、管理制度、操作规程三项制度，夯实主体责任，达到标本兼治、重在治本的治理成果。对3名企业负责人未全面履行责任的行为给予行政处罚。对事故企业开展“评估”活动。州本级和各县市局通过资料审查、座谈问询、查阅文件、走访核实等方式对发生亡人事故的19家企业开展“回头看”并进行评估，督导企业严格落实安全生产主体责任和属地部门落实监管责任，严防类似事故再次发生。2018年对巴东县辛家煤矿有限责任公司处罚款150万元，久拖未结，通过“评估”活动于2021年10月19日将该罚款追缴到位。对非煤矿山企业开展“查械”活动。把非煤矿山企业机械设备、劳动防护用品及涉安材料作为专项执法检查的重点，对照《国家安全监管总局关于发布金属非金属矿山禁止使用的设备及工艺目录的通知》逐项核查，责成企业严格按照有关规定定期维护和保养，制定并落实操作规程。检查机械设备1250件次，责令撤除不合格设备13件，责令立即维护维修设备40件。对加油站开展“清岛”活动。依据《中华人民共和国消防法》及《加油站作业安全规范》，加油岛上不得放置杂物。州应急管理局制作《杂物侵占加油岛》专题片，约谈中国石化恩施石油分公司，形成震慑，全州所有加油站点规范经营，加油岛上无杂物堆放，守住安全底线。对烟花爆竹企业开展“联查”活动。联合州市场监督管理局、州公安局、州气象局对烟花爆竹企业开展联合执法检查，严厉打击违法违规生产经营行为，严厉打击生产经营假冒伪劣商品行为。检查5家生产企业、15家批发企业和115家零售企业，查扣非法和不合格产品4721件并集中进行销毁，立案查处5起，治安拘留2人。“五大活动”被省应急管理厅简报推介。

【隐患整改】 2021年，州应急管理局到8个县市开展问题隐患整改“回头看”，抽查交办县市整改的一般隐患28处，州级挂牌督办重大隐患6处，督促各地各部门加强问题隐患整改，要求各地各部门按照“一隐患一专班、一隐患一方案”和责任、措施、资金、期限和应急预案“五落实”的要求，健全工作机制，细化整改方案，强化过程监控，抓好整改落实。9次调度各县市隐患整改进度，推动问题隐患按期整改销号。省委、省政府督导组交办的37家、97项隐患全部整改完成。州委、州政府两次综合督导检查交办的1096项隐患，整改完成1062项，剩余34项在整改中。州纪委监委督察组交办的138项问题隐患，整改完成136项，剩余2项在整改中。

【安责险及安全生产标准化创建】 2021年，990家企业购买安责险，保费1414万元。26家企业成功创建三级安全生产标准化企业，全州达标42家，其中烟花爆竹行业14家、非煤矿山行业23家、危险化学品企业2家、烟草企业2家、商贸企业1家。

【安全生产服务】 2021年，促进政务服务高效便民，对20项政务服务事项进行再梳理，调整取消所有的证明事项材料，对“证照类”材料一律实行申请人免提交，改为部门之间共享或应急局内部核验，对有关“企业制度文件类”材料，一律实行申报办证免提交，改为现场核查时确认提取。压减办事流程，将州级许可事项办理环节从原来的6个减少到受理、现场核查、审批、制证办文4个。简化危险化学品建设项目审查程序，对加油站点安全条件审查和安全设施设计审查2个事项实行“同步受理、一并审查”。将州级20个事项的承诺办理时限在法定时限上进行大幅度的压减，办理时限平均压减80%左右。“变更主要负责人”等无须现场核查的8个事项办理时限由原来的5个工作日缩减为2个小时。发挥县市应急局属地管理优势，将危险化学品、非煤矿山延期办证的现场核查、复查环节按照“一事一委托”的原则委托给县市局，缩短企业办证时间。推进“不见面”审批，方便群众“在家办”。加大“一网通办”力度，全年办理各类依申请及公共服务事项360件，其中通过网上审批平台受理办件322件，网办率达90%。推行“三项岗位”人员安全培训考核电子证书制度，加强与银行网点配合，拓展群众自助取证方式。全州15个建设银行网点实现免费查询、打印“三项岗位”人员证书的业务。提供“保姆式”服务，窗口人员“帮代办”。开展线上线下服务，指导帮助群众和企业进行有关事项的申办工作，最大限度减少群众的跑动次数。规范中介服务，在局官网公布《州级行政审批中介服务事项清单》及其政策解读，制作中介服务明白卡，公示中介事项办理流程、服务标准、办理条件等，引导企业通过湖北省行政审批中介服务网遴选中介机构。加强行政审批中介服务规范，对中介机构进行工作提示，由企业对中介服务质量进行“一事一评”，全年共收集“一事一评”考核表164份，督导监管中介严格按照法规标准要求开展中介技术服务，严防损害企业利益的问题出现。做好安全生产考试服务，组织理论及实操考试326场，5637人参加考试，4845人考试合格并取得证件，合格率为85.95%。与2020年相比，考试人数增加3272人，考试合格率增长 6.9%。建成并启用恩施州安全生产标准化考点，《湖北日报》、湖北电视台对开考首日情况分别进行宣传报道，该考试点在全省交叉评估活动中排名第五。

【州安委会全会】 2021 年 2 月 1 日，州安委会召开 2021 年第一次全体（扩大）会议，总结 2020 年工作成效，安排部署 2021 年安全生产工作。3 月 10 日，全州安全生产工作紧急视频会暨州安委会 2021 年第二次全体（扩大）会议召开，分析安全生产事故情况，对全国两会期间和下步重点工作进行再研判、再动员、再部署。6 月 5 日，州安委会第三次全体会议召开，第一时间贯彻落实省安委会全会精神，对下阶段重点工作进行安排部署。7 月 27 日，州安委会第四次全体会议召开，学习贯彻落实习近平总书记关于安全生产系列重要讲话和指示批示精神及国家、省关于加强安全生产工作的决策部署，总结回顾上半年全州安全生产工作，分析当前安全生产形势，部署下半年工作。9 月 3 日，州安委会组织召开第五次全体会议，强调要全面分析全州安全生产形势，深刻汲取各类事故教训，强化工作措施，压紧压实安全责任，为全州经济社会健康绿色发展创造安全稳定环境。12 月 31 日，州安委会召开第六次全体会议暨岁末年初安全防范工作视频会议，部署当前和 2022 年安全生产工作。

（陈发志）

防灾减灾救灾

【概况】 2021 年，全州经历 9 轮强降雨，造成全州 8 个县市 531933 人受灾，紧急避险转移安置 8002 人。倒塌房屋 146 户、489 间，农作物受灾面积 29146 公顷，绝收面积 8132 公顷，造成直接经济损失 89702 万元。为保护人民群众生命财产安全，州委、州政府主要领导调度部署，发出应对指令，县市、乡镇防指迅速响应，村、社区干部主动作为，推动落实州、县、乡、村四级联动应对机制，落实各项工作举措，完成“不亡一人”、灾情核实和灾后救助各项防汛救灾工作目标。发挥州森防办统筹协调作用，以防范遏制火灾为重点，以强化火源防控、深化隐患排查治理、严厉查处违法行为、加强基层基础建设和强化防火宣传教育为保障，提升火灾防治管理工作水平，全年全州未发生较大及以上森林火灾，未发生因灾亡人事故。

2021 年 4 月 8 日，恩施州安全生产标准化考试点投入使用后举行首场考试

（州应急管理局 供稿）

【防汛救灾】 2021 年，州委主要领导主持召开全州防汛抗旱工作会议，州委常委带队到 23 个乡镇、38 个现场督查检查，汛前排查和整改问题隐患 336 处。州委、州政府主要领导 15 次、分管领导 32 次到州防办调度指挥防汛工作。以州政府名义印发《关于切实做好近期强降雨防范应对工作方案》，以州防办名义印发《关于做好近期强降雨防范应对工作的紧急通知》《关于切实加强汛期安全巡查工作的紧急通知》《关于加强应急转移避险工作的紧急通知》《工作提示》等，压实防汛责任、做好预警预报、排查整治隐患、做实应急转移准备。州、县、乡、村四级联动，研判印发《防汛抗旱简报》138 期。加强监测预警，州防办向防汛责任人发出预警信息 2338 条、263 万余人次。实行乡包村、村包组、党员干部包群众，预警、劝离等措施到户到人。州城落实易淹地下停车场防汛三级负责人制度，37 个地下停车场配备防洪沙袋 1 万条、砂石料 200 余吨。2 次果断启动防汛Ⅲ级应急响应，其间 2 小时一研判，精准调度。组织转移安置群众 8002 人次，发放物资 2.1 万件，救助 9895 人次，重建、修缮因灾倒损房屋 1620 户。

【森林防灭火】 2021 年，州委、州政府主要领导多次强调部署全州火灾防治管理工作，其他分管州领导安排部署、指挥调度、率队督办，为火灾防治管理工作提供组织保障。将森林防火纳入林长制的重要考核管理内容，定期开展林长巡林活动。及时召开工作会，印发工作命令、提示函等督导落实“十个到位”（思想认识到位、职责明确到位、防火宣传到位、火源管控到位、隐患排查整改到位、重点区域管控到位、值班值守到位、应急准备到位、检查督办到位、问责追责到位）、“八个强化”（强化重点时段管控、强化护林员巡山、强化乡镇村巡查、强化重点人员管控、强化重点区域管控、强化防火宣传、强化依法惩处、强化责任追究）工作要求。开展野外火源专项治理和打击森林违法用火专项行动，排查隐患 1212 处，查处违法用火行为 489 起，行政处罚 20 人。组织重要节点和高火险天气暗访督查，发出督查通报 20 期，督促整改隐患 461

处。乡镇组织巡查专班，村支两委、“尖刀班”成员落实分片包保责任，1.7万余名护林员在重点防火期每日巡山。3月15—19日，州应急管理局组织全州应急管理系统开展应急设备技能培训。2次邀请应急管理部森林消防局教官组培训，组织森林火灾扑救专项演练，联合恩施电视台拍摄制作森林防灭火宣传片并在黄金时段播放。全州开展森林防火专题宣讲和培训1500余场次，开辟宣传专栏506个，制作发放各类宣传品130万余份，出动宣传车2万余次，发送森林防火短信1100万余条。

2021年3月15—19日，州应急管理局组织全州应急管理系统开展应急设备技能培训
（州应急管理局 供稿）

【抢险救灾】 2021年，严格落实省防办“八个应转尽转”（受洪水威胁的头顶库、坝、塘，下游群众务必应转尽转；水库水位大幅超汛限，并呈上涨趋势，存在漫溢风险，下游群众务必应转尽转；预测预报中小河流将出现超标准洪水，受威胁区域群众务必应转尽转；库、塘、坝、堰等各类防洪设施存在重大风险隐患，出现重大险情的，受威胁区域群众务必应转尽转；气象预警强降雨，受山洪、泥石流、滑坡等灾害威胁区域群众务必应转尽转；受连续强降雨影响，城市易渍重点区域渍水预测严重，受威胁区域群众务必应转尽转；预报有雷暴大风，严重威胁户外作业和居住在工棚等轻质房屋的人员安全的，务必应转尽转；受强降雨影响，风险识别不明，可能受洪水威胁区域群众务必应转尽转）工作要求，及时组织群众进行转移避险。“6·17”文斗强降雨、“7·11”恩施城区短时强降雨、“8·14”百福司暴雨，州防办均第一时间派出抢险队伍赶到一线。汛期州派出8个批次、各县市派出45个批次查灾核灾专班，指导查灾救灾和抢险救援工作。

【灾后重建】 2021年，完成因灾倒损民房恢复重建186户、修缮1434户，向上争取各类救灾资金1536万元用于倒房重建、过渡性生活救助和应急救援救助等，协调财政部门共同行文向上争取资金用于因灾生活困难群众2021年冬季和2022年春季基本生活救助。督促涉灾部门做好重建，自然资源部门对188处小型地灾隐患进行治理，对295处地灾点进行专业监测，对受威胁的627人进行避让搬迁。交通部门抢通各级公路888处，清理水沟3788千米，疏通涵洞2211道、修补坑槽1.1万平方米、路面灌缝258千米、修复安防设施3.5千米、清理路基塌方2.1万立方米。电力部门累计投入382人次抢修人员、94台次抢修车辆，停电线路全部恢复。电信部门修复电信基站12个、光缆201.5千米，倒杆883根。农业部门组织农技人员900余人次到田间地头，培训农民2万余人次，改种补种1066.66公顷。

【综合减灾示范社区（村）建设】 2021年2月25日，恩施市三岔镇三岔口社区、利川市忠路镇黄腊村、咸丰县坪坝营镇马家沟村被国家减灾委、应急管理部、中国气象局、中国地震局联合命名为2020年度全国综合减灾示范社区。全年推进综合减灾示范社区创建工作，通过县市申报，省减灾办验收，恩施市红土乡红土溪村和稻池村、建始县长梁镇双河口村、巴东县清太坪镇土坎子村、鹤峰县燕子镇红莲村被省减灾委、省应急管理厅命名为“湖北省综合减灾示范社区（村）”。截至年底，恩施州共有93个社区（村）获评全省综合减灾示范社区（村）。

【防灾减灾宣传周】 2021年5月12日，“5·12”防灾减灾日，州减灾委面向全州义务教育学校全体在校学生，组织开展“防灾减灾，应急有我”主题有奖征文（画）活动，全州社会各界487269人次参与评选活动。防灾减灾宣传周期间，州减灾委组织全州开展广场集中活动196场次，专题讲座71场，通过广播、电视、报刊、网络等传媒宣传2033次，发布公益短信23578条，参加在线访谈5次，组织知识竞赛有奖问答、征文征画活动5场，制作宣传栏60余个，编印宣传片、科普画册84种，发放宣传资料153250份，组织志愿者1752人，参与防灾减灾活动43590人，活动受益群众903146人。

【自然灾害综合风险普查】 2021年，自主组织开展普查工作，完成应急系统12619个单位、40余万条数据采集，通过省级质检核查。每日印发进度通报，及时召开推进会分析研判，协调解决有关行业困难，联动推进全州普查工作。

【恩施州获省防汛救灾先进集体和先进个人表彰】 2021年4月26日，州应急管理局、州水利和湖泊局、国网湖北省电力有限公司恩施市供电公司、恩施市民兵应急连、利川市忠路镇人民政府、巴东县水布垭镇人民政府、鹤峰县消防救援大队、建始县业州镇石梯子村村民委员会8个集体被省委、省政府、省军区联合表彰为“湖北省防汛救灾先进集体”；州公安局贾远方，州自然资源和规划局黄保华，州民兵应急营森林（草原）灭火连（湖北民族大学附属民大医院职员）黄镇，恩施高新区六角亭街道陈爱民、恩施市应急管理局何荣，恩施市舞阳坝街道办事处栖凤社区治理“尖刀班”班长（恩施州政协办公室一级科员）谷祥威，利川市消防救援大队清源消防救援站左东，国网建始县供电公司杨万彦，建始县长梁镇陇里社区汤文祥，咸丰县消防救援大队王远华，巴东县应急管理局崔勇，鹤峰县水利事务服务中心邓先科12名个人被表彰为“湖北省防汛救灾先进个人”。

（陈发志）

消防救援

【概况】 2021年，全州共发生各类火灾908起，同比2020年下降16.2%，消防安全形势持续平稳。处置各类灾情2184起，营救482人，疏散1426人，保卫财产价值3.9亿余元。

【落实消防安全责任】 2021年，州委、州政府将消防安全纳入乡村振兴战略和安全稳定风险化解机制，州领导多次调研消防工作，带队检查消防安全。州政府、州纪委监委、州安委会开展4轮消防安全督查，州消委会4次召开联席会部署推进消防安全专项整治、冬春火灾防控等重点工作，应急、住建、卫健、邮政等部门扎实推进行业消防隐患排查整治。

【整治火灾隐患】 2021年，州、县市两级政府挂牌督办56处重大火灾隐患和消防安全风险，联合教育、民政、文旅等部门整改行业消防安全隐患600余处。推进专项整治三年行动，完成597处消防标线标牌划设工作，排查住宅小区1126个、查高层建筑1113栋，发现火灾隐患4805处，督促整改3619处。开展商业综合体、养老机构、文化场所、学校、住宅小区等10类专项检查，推进174个老旧小区消防改造。开展州城突出风险隐患排查和消防车通道集中整治行动，全年共检查各类单位5047家，指导整改火灾隐患5218处。加强“警消联动”，发动下沉党员、驻村“尖刀班”、网格员、派出所民警常态化开展小单位、小场所隐患排查整治，预防“小火亡人”。

【宣传服务】 2021年，贯彻优化消防营商环境十二条措施，实施公众聚集场所告知承诺制，加强消防技术服务机构专项检查，推进高效办成“一件事”“证照分离”改革，每月开展执法项目跟踪回访，提升群众便利度、满意度。部署开展“敲门、春暖、网宣、亮屏、滴灌、实训”六大行动，做强“重返现场、以案说法、隐患曝光”3个警示教育专栏，加强“人走关火、出门断电”常识性宣传，拓展“村村响”、流动宣传等提示性阵地。发动5%的常住人口注册运用“全民消防学习平台”。组建12支“流动课堂”培训小组，应邀上门开展义务消防培训和指导演练训890余次，免费为社会单位培训“消防安全明白人”186人。

【提升消防灭火能力】 2021年，开展岗位大练兵，深化7类典型灾害救援课题攻关，开展真火、烟热、地震等基地化轮训，举行2次实战化大比武。修订《恩施州火灾事故应急预案》，推进灭火救援训练改革，提升快速救人控火能力。推进全州6个消防站点建设，加快城区小型站和乡镇中心站建设，织密灭火救援网。常态化开展乡镇专职消防队战备检查和拉动抽查，与蓝天救援队等社会救援力量建立联勤联动、联调联战机制，形成救援合力。修订重点场所保卫和跨区域作战方案，开展24小时无预案地震救援拉动和抗洪、化工等实战演练9次，熟悉演练3000余次。12月27—28日，利川市团堡镇、鹤峰县走马镇、巴东县野三关镇相继挂牌成立“消防救援所”。

【消防队伍建设】 2021年，先后9次到鹤峰五里坪、咸丰忠堡、利川谋道开展党史学习教育“红色”主题体验，7次邀请全国人大代表、党校教授、老英雄到支队交流，为群众、为基层办实事233项。坚持党员学习教育全覆盖，组织纪念习近平总书记授旗训词三周年“六个一”活动（开展一次安全评估、签订一份消防安全承诺书、维护保养一次消防设施、全面检测一次电气和燃气线路设施、全面清洗一次油烟道、集中组织一次全员培训演练）。抓好“九无”创建[无等级责任事故、无刑事案件、无自杀事件、无严重违纪案件、无失（泄）密事件、无亡人社会事故、无涉消舆情事件和信访投诉、无影响队伍形象和安全稳定的案（事）件、无非责任亡人事故]，加强作风纪律整顿。

【重要会议】 2021年8月18日，州委常委、常务副州长张远梅组织召开安委会会议，强调部署全州消防安全专项整治三年行动。11月12日，州委副书记、州长夏锡璠主持召开州政府第83次常务会，专题听取全州消防救援队伍改革建设发展和恩施州城主要消防安全风险点有关情况汇报。

（陈鑫鑫）

中国人民政治协商会议恩施州委员会

CPPCC Enshi Prefectural Committee

综　述

【概况】 2021年，州政协及其常委会围绕“十四五”规划开局之年重大部署，把握中共中央和省委、州委对政协工作的新要求，积极履行政治协商、民主监督、参政议政职能。加强政治引领。创设“文化大讲堂”，学习“四史”，专题研学中共十九届五中、六中全会精神及习近平总书记在庆祝中国共产党成立100周年大会上的重要讲话精神，主席会议成员率先示范，32人次作主题发言。举办“走进革命圣地，传承延安精神”培训班，开展“传播党的好声音，展示党的好形象”送文艺下乡等特色实践活动。主动服务大局。参与脱贫攻坚成果巩固、乡村振兴、常态化新冠肺炎疫情防控、招商引资等重点工作，协调推进挂榜岩生态公园、生物医药产业等重点项目，工作务实有效。积极协商议政。组织召开议政性常委会会议、专题协商座谈会，聚焦市场主体关切和基层群众期待，推动政策落细。推动出台《恩施州革命文物保护与利用三年行动方案》。持续关注林相改造，围绕“五彩恩施建设”（对恩施单一绿色的森林进行林相改造，建设彩色森林）开展调研论证、提交全会建议案草案，助力提升美丽恩施成色。接续推进“协商在一线·院坝协商”规范化常态化，围绕群众的操心事、烦心事和揪心事开展协商，切实解民难、化民怨、暖民心。推动联谊交流。发挥省政协及区域性政协组织协商平台作用，围绕“释放资源活力，推动恩施硒茶畅销全球”“强化区域协同，打造‘康养湖北’”等主题协商建言，助推恩施融入新发展格局。承办湘鄂渝黔四省市政协助推武陵山片区乡村振兴合作联席会，《武陵山片区省际协作与乡村振兴现状及对策》协商成果信息被中办采用。推进文史工作，《鄂西文史资料》第67、68辑出版。

【政治建设】 2021年，认真贯彻中央、省委、州委关于加强新时代人民政协党的建设的意见精神，严格落实党建工作责任制，发挥政协党组把方向、管大局、保落实的重要作用，完善涵盖政协党组、机关党组、机关党委、机关党支部（专委会功能型党支部）的组织体系和责任体系，增强党建引领履职的实效，确保党建与履职同频共振、同步提高。完善制度建设，党员委员须参加双重组织生活，建立党组成员联系党员常委、党员常委联系党员委员、党员委员联系党外委员“四级联系、双向互动”制度。依托专委会设立9个功能型党支部。在重要会议、履职活动中设立临时党组织，实现州政协党的建设“两个全覆盖”。加强创新理论武装，组建政协委员、政协干部全覆盖的学习“矩阵”，纵深推进党史学习教育，开展“我为群众办实事”活动。

【议政建言】 2021年，发挥人民政协专门协商机构作用，召开“巩固拓展脱贫攻坚成果，有效衔接乡村振兴”议政性常委会会议，“农村建房风貌管控”专题协商会议和“保护革命文物，传承红色基因”对口协商座谈会，做到建言资政有用、凝聚共识有效。持续关注乡风文明建设、社区矫正与安置帮教工作，助力州域治理现代化。把提案工作作为助推工作落实、有效服务民生的重要抓手，持续完善“提”“立”“交”“办”“督”机制，健全领导领衔办理重点提案、提案办理情况通报、提案工作公开机制，实现提案质量、办理水平、委员满意度三提升。全年立案提案118件，均已办结，见面率、答复率、满意和基本满意率均为100%。坚持人民政协为人民，围绕就业、教育、医疗等群众最关心、最直接、最现实的利益问题，编辑报送《社情民意》专报27篇，报送省政协信息13篇，转报州委、州政府8篇，州领导批示或有关部门反馈意见17篇次，有效发挥社情民意信息“直通车”作用。坚持寓监督于协商之中，针对农业生产化学投入品监管等事关长远、事关全局的课题跟踪协商监督，推动相关工作深入开展。借助省政协平台，提出“释放资源活力，推动恩施硒茶畅销全球”“强化区域协同，打造康养湖北”的建议，为恩施发声。承办湘鄂渝黔四省市政协助

2021年度州政协优秀提案一览表

表3

序号	提案标题	提案人
1	关于推进林相改造助力全域旅游的提案	州政协经济委员会
2	关于加强革命遗址遗迹保护与利用的提案	州政协文化文史和学习委员会，黄继慧、谭芳
3	关于加强高山蔬菜基地退化耕地综合治理的提案	州政协农业农村委员会
4	关于建立健全我州应急物资储备长效机制的提案	李大安等4人
5	关于建设韧性城市，让百姓生活更安全更舒心的提案	州政协社法外事委
6	关于重视做好回归工作服务民营经济高质量发展的提案	州工商联
7	关于推进全域旅游智慧化建设的提案	民建恩施州委员会，谭芳

续表 3

序号	提案标题	提案人
8	关于联合打击电信网络诈骗的提案	民建恩施州委员会,孙蓬
9	关于创新东西部协作模式,梯度建设“国家级承接产业转移示范区”的提案	民建恩施州委员会
10	关于发展恩施夜间经济,拓展旅游消费空间的提案	冯俐
11	关于重视地质景观资源开发,助力恩施旅游事业发展的提案	刘晋鄂等 4 人
12	关于重视加强民营经济人才队伍建设的提案	贺择
13	关于加大生物医药产业顶层规划,推动恩施州生物医药工业发展的提案	民革恩施州委员会
14	关于推进脱贫攻坚与乡村振兴有效衔接的提案	谭芳等 5 人,民进恩施州支部,王军
15	关于科学编制村级规划的提案	民盟恩施州委员会
16	关于发挥下沉党员干部作用,推进社区治理体系和治理能力建设的提案	刘玉学等 6 人
17	关于做好“土”字文章,助推绿色崛起的提案	陈力、黄伟
18	关于活化红色资源传承红色基因的提案	袁坤、彭涛
19	关于加速推进农村老年康养工作的提案	农工党恩施州委
20	关于加快将日间手术纳入基本医疗保险报销范围的提案	特别邀请人士医药卫生界
21	关于建设食品安全信用体系,规范食品经营行为的提案	袁皓

推武陵山片区乡村振兴合作联席会议，助推从国家层面支持恩施高质量发展。

【统一战线工作】 2021 年，继续发挥政协统战功能，引导各族各界人士始终与中国共产党携手前进、共克时艰。通过联合调研、共同举办协商活动等方式，保障各民主党派、无党派人士在政协发表意见建议的权利。完善建言资政与凝聚共识的平台、程序、机制，探索建立委员宣讲机制，做好党的基本理论、基本路线、基本方略和中央、省委、州委重要决策部署的解读阐释。开设“文化大讲堂”，特邀南开大学、州委党校教授、政协委员围绕“红色文化”“社会主义协商民主文化”“中华优秀传统文化”开展专题宣讲。结合党史学习教育开展“走进革命圣地，传承延安精神”“瞻仰革命先烈，传承红色基因”主题教育，增强思想号召力。探索政协引导委员、委员联系界别群众的有效方式，畅通党外知识分子、民族宗教界人士、非公有制经济人士、新的社会阶层人士意愿诉求表达渠道，做团结的黏合剂、界别的连心桥。

【能力建设】 2021 年，提高对政协履职内容、工作方式和内在规律的把握能力，强化党对人民政协工作全面领导的制度安排，完善协商议政工作的制度机制、规则程序和评价体系，出台《州政协协商议题产生、协商成果报送、办理反馈和对口联系工作机制》，提高协商议政质量。加强信息化建设，完善移动履职平台功能，探索网络议政、远程协商。在咸丰县召开现场会，全面推进“协商在一线”，将“院坝协商”引向深入，不断加强制度化、规范化、程序化建设。围绕“耿家坪社区公交恢复和通行环境治理”“茶叶基地改造升级”等群众关心的具体问题开展面对面协商，让基层群众感受到政协协商的温度和成效。强化界别组织化程度，健全专委会组织开展界别活动的工作机制，探索对口协商、界别协商的新方式新方法，使专委会成为开展界别活动、联系界别委员、反映界别诉求的重要平台和渠道。培育协商文化，形成“畅所欲言、各抒己见”的生动局面，努力营造“理性有度、合法依章”的协商氛围。加强委员履职能力建设和履职评价工作，开展评选优秀政协委员等活动，协助做好留任委员推荐工作。

【《恩施州传统村落历史文化丛书》出版发行】 2021 年 12 月，《恩施州传统村落历史文化丛书》由华中科技大学出版社出版发行，丛书共 8 卷，8 个县市各立 1 个分卷，成书版面字数约 200 万字，编撰纳入 92 篇 92 个村落，其中有 54 个中国传统村落、30 个中国少数民族特色村寨。每个传统村落内容包括村落概况、文化遗产、自然遗产、家族与人物、传统产业 5 个部分。

重要会议

【概况】 2021 年，州政协召开各类重要会议 12 次，其中全体会议 1 次，常委会会议 7 次，协商座谈会 1 次，对口协商座谈会 1 次，现场推进会1次，协助省政协承办湘鄂渝黔四省市政协联席会议1次。

【政协恩施州第八届委员会第五次会议】 2021年1月18—20日，政协恩施州第八届委员会第五次会议召开。会议听取并讨论中共恩施州委书记柯俊的讲话，听取、讨论并赞同州委副书记、州长刘芳震所作的《政府工作报告》，会议听取讨论中共恩施州委关于州政协八届三次会议建议案续办情况的通报和其他工作报告，讨论《恩施州国民经济和社会发展第十四个五年规划和二〇三五年远景目标纲要(草案)》。会议审议批准张全榜代表常务委员会所作的工作报告和何义发代表常务委员会所作的提案工作情况报告，补选吴建清为政协恩施州第八届委员会主席。委员们围绕全州经济社会发展的重大问题和人民群众关心关注的热点问题，履职尽责，建言献策，提出许多有价值的意见和建议，委员在会议期间提交提案149件，初审合格141件。

2021年1月18—20日，中国人民政治协商会议湖北省恩施土家苗族自治州第八届委员会第五次会议召开 （州政协 供稿）

【常委会第二十一次会议】 2021年1月16日召开。会议传达省委有关州政协人事调整的意见，州委组织部就有关人选情况作说明，会议通过增补吴建清为政协恩施州第八届委员会委员的决定和其他有关人事事项。

【常委会第二十二次会议】 2021年1月17日召开。会议协商通过政协恩施州第八届委员会第五次会议各次会议执行主席及主持人名单，协商政协恩施州第八届委员会第五次会议选举办法（草案），协商通过政协恩施州第八届委员会主席建议人选名单（草案），部署政协恩施州第八届委员会第五次会议监票人推荐工作。

【常委会第二十三次会议】 2021年1月20日召开。会议听取委员分组讨论情况汇报，协商通过选举办法（草案），协商通过政协恩施州第八届委员会主席候选人名单（草案），协商通过总监票人、监票人名单（草案），审议通过八届州政协常委会工作报告的决议（草案），审议通过州政协提案委员会关于八届五次会议提案审查情况的报告（草案），审议通过会议政治决议（草案）等。

【常委会第二十四次会议】 2021年7月29日召开。会议围绕“推进乡村产业发展，巩固脱贫攻坚成果”协商议政，审议通过《政协恩施州第八届委员会常务委员会关于推进农村产业发展巩固脱贫攻坚成果的建议案》。听取州政府关于2021年上半年全州经济社会发展情况的通报，审议通过有关人事事项。

【常委会第二十五次会议】 2021年9月23日召开。会议协商通过《州政协党组、州委组织部、州委统战部关于政协恩施州第九届委员会人事安排的意见》，协商通过《关于增补杨皓等同志为政协恩施州第八届委员会委员的决定》《关于李国庆等同志的任职决定》。

【常委会第二十六次会议】 2021年11月29日召开。州委统战部就政协恩施州第九届委员会委员提名名单作说明，会议审议通过政协恩施州第九届委员会委员名单，州政协党组副书记、副主席张全榜传达学习中央十九届六中全会精神，民革、民盟、农工党相关同志作交流发言。

【常委会第二十七次会议】 2021年12月23日召开。会议听取州政府关于州政协八届五次会议以来提案办理情况、州政协八届五次会议以来党群及法检两院等部门承办政协提案情况和州纪委监委关于2021年党风廉政建设情况的通报，审议通过召开州政协九届一次会议的决定和会议议程（草案）、日程（草案）及有关机构人事建议，审议通过政协恩施州委员会常务委员会工作报告（草案）、关于提案工作情况的报告（草案），并推举相关报告人，审议通过各专门委员会工作报告和九届一次会议其他相关文件草案。

【全州“农村建房风貌管控”专题协商座谈会】 2021年5—7月，州政协专题调研组到利川市、宣恩县、巴东县的7个乡镇、11个村开展专题调研，到湖南省湘西州花垣县，贵州省黔东南州黎平县、榕江县、丹寨县4个县进行考察学习。8月27日，召开“全州农村建房风貌管控”专题协商座谈会，会议听取恩施州农村建房风貌管控专题调研报告。

【“保护革命文物 传承红色基因”对口协商座谈会】 2021年4月，州政协调研组到恩施市、巴东县、宣恩县、鹤峰县、咸丰县开展调研。5月31日，召开“保护革命文物，传承红色基因”对口协商座谈会，围绕恩施州革命文物保护与利用工作，与州直有关部门进行民主协商，会议听取保护革命文物传承红色基因调研报告。

【恩施州政协“协商在一线·院坝协商”现场推进会】 2021年4月23日，州政协“协商在一线·院坝协商”现场推进会在咸丰县召开。与会人员到宣恩县珠山镇上湖塘社区、工农街社区和咸丰县曲江镇“协商在一线”工作室、湾田村等地进行实地参观调研，详细了解“协商在一线·院坝协商”工作在两个县的开展情况，各县市政协做专题发言交流。会议推动政协协商与基层协商有效衔接，发挥人民政协在基层社会治理中的重要作用。

【湘鄂渝黔四省市政协助推武陵山片区乡村振兴合作联席会】 2021年9月16—17日，由省政协承办，州政协协办的湘鄂渝黔四省市政协助推武陵山片区乡村振兴合作联席会议在恩施州召开。会议听取《2019年湘鄂渝黔四省市政协助推武陵山片区脱贫攻坚合作联席会议成果落实情况通报》《关于发挥武陵山片区生态文化旅游资源优势助推区域乡村振兴的调研报告》，形成《2021年湘鄂渝黔四省市政协助推武陵山片区乡村振兴合作联席会议恩施共识》。

重要调研

【概况】 2021年州政协坚持协商式监督特色优势，持续跟踪监督“乡风文明建设三年行动方案”落实情况，对社区矫正与刑满释放人员安置帮教工作开展“回头看”，对农业生产化学投入品监管工作开展监督性调研，做好省政协相关专题调研的服务协调工作。

【乡风文明建设民主监督调研】 2021年9月，州政协副主席刘晓冰带领由民建、农工党成员及政协委员参加的调研组，通过召开部门座谈会，到利川市、巴东县、宣恩县现场调研，围绕“开展专项文明行动，推动恩施乡风文明”建议案的办理和《恩施州推进乡风文明建设三年行动方案》的实施情况开展民主监督，形成《巩固成果、提质增效，打造乡风文明升级版——关于我州乡风文明建设情况的民主监督报告》，于11月12召开州政协乡风文明建设民主监督反馈会。

【农业生产化学投入品监管民主监督调研】 2021年9月，州政协农业和农村委员会到相关县市、州直单位就《恩施州农业生产化学投入品管理办法》的实施情况开展监督性调研，形成《〈恩施州农业生产化学投入品管理办法〉贯彻落实情况的监督报告》，对办法执行过程中存在的问题提出工作建议。

【社区矫正和刑满释放人员安置帮教工作专题监督调研】 2021年10月28日—11月10日，州政协副主席刘晓冰带领调研组到咸丰县、宣恩县、恩施市就2020年6月召开的“社区矫正和刑满释放人员安置帮教工作”专题协商会议成果的落实情况开展监督性调研，形成《社区矫正和刑满释放人员安置帮教工作监督报告》，促进专题协商会议成果的转化，推进恩施州基层治理工作。

【上级调研宣讲】 2021年3月30日，省政协主席黄楚平到恩施州调研乡村振兴工作。4月12日，省政协研究室到恩施州调研茶产业发展情况。5月17—21日，省政协副主席彭军调研到恩施州武陵山片区交通布局和建设情况。12月13—15日，省政协副主席张维国到恩施州开展十九届六中全会精神专题宣讲。

（宋　涛）

纪检监察

Discipline Inspection and Supervision

综　述

【概况】 2021年，全州纪检监察机关落实十九届中央纪委五次全会、省纪委五次全会、州纪委六次全会各项部署，忠实履行党章和宪法赋予的职责使命，坚持"严"的主基调不动摇，一体推进不敢腐、不能腐、不想腐，推进清廉恩施建设。州纪委监委先后获全国扫黑除恶专项斗争先进集体、湖北省文明单位、全国节约型机关等荣誉，先后10次在省纪委监委召开的相关工作会议上作交流发言，被省纪委监委评为2020年度工作考核优胜单位，4个集体、4名个人获省级以上表彰，2个部室、4个党支部、4名个人获州级表彰。

【自身建设】 2021年，全州纪检监察机关坚持政治素质更硬、工作标准更高、思想作风更实、纪律要求更严、违纪处理更重、队伍形象更优，高标准、严要求推进政治建设、思想建设、组织建设、作风建设、纪律建设和制度建设，持续锻造忠诚干净担当纪检监察铁军。开展党史学习教育，举办专题读书班，开展经典诵唱和"绿色山河红色魂"主题活动，拍摄红色微电影《血脉》，举办音乐党史课，组织参观红色教育基地，不断加强理想信念教育和革命传统教育。开展政治理论学习，落实"思想引领、学习在先"机制，以更严更实要求加强领导班子自身建设，将学习贯彻习近平总书记重要讲话、重要指示批示精神和党中央重大决策部署作为常委会会议第一议题，州纪委常委会、理论学习中心组56次集中学习研讨，编印政治学习手册10期，持续学懂弄通做实习近平新时代中国特色社会主义思想。开展能力素质建设，全州纪检监察系统新进人员127名，配齐配强县市纪委领导班子成员，实现村级纪检委员"三合一"（同时担任村党组织纪检委员、村务监督委员会主任和村级监察信息员）全覆盖，完成干部内部轮岗交流和交流任职，形成优进优出、内外畅通良性循环。举办"新时代年轻干部能力提升工程"等培训，州本级举办各类业务培训24期6400余人次，8个县市自办培训80期4828人次，实现州、县、乡、村四级培训全覆盖。建立纪检监察干部廉政档案，组织力戒形式主义官僚主义专项督查，开展州、县纪检监察机关财务审计检查，办理涉及纪检监察干部问题线索86件，处理处分28人。

【深化纪检监察体制改革】 2021年，贯彻中央和省、州有关改革精神，在全省率先完成州、县巡察办主任由同级纪委领导班子成员担任的改革任务。深化派驻机构改革，出台派驻纪检监察组驻点监督管理办法、与驻在部门监督协同工作暂行办法等制度，下发工作提示推动县市派出机构驻在监督单位办公，推动派驻机构全过程参与巡前"预检"、巡中协调、巡后整改，推动各类监督贯通融合。协助州委出台加强和改进州直事业单位纪检工作的意见，推动建立健全纪检机构，配齐配强专兼职纪检人员。

重要会议

【中共恩施州第七届纪律检查委员会第六次全体会议】 2021年2月7日，中共恩施州第七届纪律检查委员会第六次全体会议在州城恩施召开，会议深入学习贯彻习近平总书记在十九届中央纪委五次全会上的重要讲话精神，全面落实中央纪委、省纪委五次全会工作部署，总结2020年全州党风廉政建设和反腐败工作，研究部署2021年重点任务。州委书记柯俊出席会议并讲话。会议审议通过州委常委、州纪委书记、州监委主任吕星代表州纪委常委会所作的《坚持严的主基调推进高质量发展为恩施"十四五"开好局起好步提供坚强保障》工作报告。

【中共恩施州第七届纪律检查委员会第七次全体会议】 2021年12月3日，中共恩施州第七届纪律检查委员会第七次全体会议在州城恩施召开。会议审议通过《中国共产党恩施州第七届纪律检查委员会向中国共产党恩施州第八次代表大会的工作报告（草案）》。

【中共恩施州第八届纪律检查委员会第一次全体会议】 2021年12月9日，中国共产党恩施州第八届纪律检查委员会第一次全体会议在州城恩施召开。会议选举产生中共恩施州第八届纪律检查委员会书记、副书记、常务委员会委员。中共恩施州第八届委员会第一次全体会议批准州八届纪委第一次全体会议选举产生的书记、副书记和常务委员会委员人选，吕星任州纪委书记，张敬东、蔡倞、李君任州纪委副书记，周继荣、牟泽忠、颜琳华、彭云峰、张应仑任州纪委常委。

政治监督

【概况】 2021年，全州纪检监察机关围绕监督第一职责、基本职责，履行政治监督根本职责，将政治监督作为日常监督的根本统领，将日常监督作为政治监督的重要支撑，研究制定政治监督常态化具体化精准化实施方案，开展专项监督，以强有力政治监督确保习近平总书记重要指示批示、党中央重大决策部署落实落地，用实际行动捍卫"两个确立"、做到"两个维护"。

【确保习近平总书记重要指示批示和党中央重大决策部署落实落地】 2021年，始终聚焦"国之大者"强化监督，全面梳理习近平总书记重要指示批示和党中央重大决策部署，建立监督责任清单，实行台账管理，组织专项检查188次，针对存在的突出问题和事关全局的重大任务，组织开展停车收费"微腐败"问题、粮食购销领域腐败问题、合村并居问题、农村乱占耕地建房、供销合作系统腐败问题、人防系统腐败问题以及安全生产、政法队伍教育整顿、违建别墅清查整治、落实“三新一高”（立足新发展阶段、贯彻新发展理念、构建新发展格局，推进高质量发展）、统筹常态化新冠肺炎疫情防控和经济社会高质量发展、长江大保护、优化营商环境等 19 个专项监督或专项整治，累计发现并督促纠正有关问题 5600 余个，处理处分 3000 余人。

【加强对“一把手”和领导班子监督】 2021 年，紧盯关键少数强化监督，贯彻落实党中央关于加强对“一把手”和领导班子监督的意见和省委实施意见，协助州委出台加强对“一把手”和领导班子监督的 10 条措施。聚焦优化政治生态，探索制定政治生态评价指标体系，综合运用各类监督成果，实现州、县市直单位党组（党委），县市、乡党委政治生态分析研判全覆盖，对 4 家政治生态不优的州直单位实行挂牌督办，对 3 家内部管理混乱、廉政风险较大的州直单位，提请州委及时调整“一把手”。围绕领导干部岗位调动带上家乡工程队开展监督，组织新调动领导干部开展自查自纠。

【压紧压实管党治党政治责任】 2021 年，协助州委制定落实全面从严治党主体责任 12 项举措，组织开展专项检查，查处落实主体责任不力问题 14 个，问责 17 人，督促各级党委（党组）运用“第一种形态”处理 2556 人，会同州委宣传部开展意识形态工作责任制落实情况监督检查，组织开展巡视巡察反馈问题整改情况监督检查，推动管党治党政治责任落实落地。聚焦州、县、乡集中换届和村“两委”换届，严明换届纪律，加强换届风气监督，组织 3 轮换届风气巡查，开展集中谈话 9833 人，建立涉换届信访举报快查快办机制，优先办结 1292 件问题线索，累计为 3.84 万人出具党风廉政意见。

监督保障

【概况】 2021 年，全州纪检监察机关始终围绕经济社会发展履行职能职责，在贯彻党中央重大决策部署、落实省委重点工作任务、服务州委中心大局中担当作为，发挥监督保障执行、促进完善发展作用，以高质量监督护航经济社会高质量发展。

【巩固脱贫攻坚成果与乡村振兴有效衔接监督】 2021 年，聚焦“一摘四不摘”政策落实和守住不发生规模性返贫底线，持续开展巩固脱贫攻坚成果与乡村振兴有效衔接专项监督，及时督促整改驻村作风不严、防返贫监测不实等问题，查处腐败和作风问题 72 个。

【优化营商环境监督】 2021 年，制定优化营商环境专项监督“十个一”举措（组织一轮专项监督、开展一轮“大走访”、开办一档媒体监督专栏、设立一个监督举报受理窗口、开展一次惠企政策落实大检查、开展一次行政司法执法案件质量抽查行动、试点一批重大项目推进全程监督、落实一系列激励保护措施、通报一批典型案例、用好一份纪检监察建议书），对 8 个县市、19 个州直部门进行专项检查，组织开展涉企行政执法司法案件质量自查，督促开展招投标领域突出问题专项治理，在全州筛选 23 个重点项目试点全程跟进监督，开设“每周问政”电视专栏，走访市场主体，开展 5 轮涉营商环境问题线索“清零”行动，推动解决企业诉求 1005 个，问责处理 462 人，通报典型案例 48 起。

【统筹新冠肺炎疫情防控和经济社会发展监督】 2021 年，调整组建疫情防控监督专班，围绕常态化疫情防控政策措施落实落地，开展 7 轮明察暗访，发现并督促整改问题 542 个。持续开展中央支持湖北一揽子政策措施、“六稳六保”政策落实情况监督检查。

【中央生态环境保护督察反馈问题整改监督】 2021 年，全面梳理中央环保督察反馈问题清单，结合恩施州整改方案和措施，研究制定建立监督工作方案，建立健全信息互通、线索移送、联合监督等机制，查处生态环保领域问题 47 个。

【安全生产监督】 2021 年，组建专班到县市对 112 个重点单位进行实地检查，推动习近平总书记关于安全生产的重要指示批示、党中央重大决策部署和省委、州委工作要求落实落地，发现并督促整改问题 138 个，省委、省政府安全生产督查交办的 37 个、97 项问题全部督促整改到位，查处安全生产领域问题线索 21 条，处理处分 63 人。

【专项整治】 2021 年，围绕社会殡葬、公证行业、物业管理、“四好农村路”（把农村公路建设好、管理好、养护好和运营好）、不合理医疗检查、烟花爆竹安全监管、网络外卖餐饮、“假病人假病情假票据”、中小学校食堂等领域存在的突出问题，组织开展 9 大领域专项整治，督促主管部门查纠问题 1421 个。

【扫黑除恶】 2021 年，推进常态化扫黑除恶，惩腐打“伞”，发现问题 23 个，对 17 件重点涉黑涉恶案件实行领导包案，发出督办函 7 份。全年立案党员干部和公职人员涉黑涉恶腐败和“保护伞”79 人，处理处分 130 人，移送司法 6 人。

执纪执法

【概况】 2021 年，全州纪检监察机关贯彻新时代全面从严治党战略方针，坚定不移将党风廉政建设和反腐败斗争进行到底，坚持无禁区、全覆盖、零容忍，坚持重遏制、强高压、长震慑，坚持受贿行贿一起查，坚持严的主基调不动摇，深化运用监督执纪“四种形态”，激励与约束并重、严管与厚爱结合，全州运用“四种形态”处理处分 6882 人，其中第一种形态 5026 人、第二种形态 1403 人、第三种形态 240 人、第四种形态 213 人，不断实现不敢腐、不能腐、不想腐一体推进战略目标。

【信访举报】 2021 年，全州纪检监察干部下沉走访 2284 个村（社区）15 万余名群众，受理业务内信访举报件 320 件，化解积案 116 件，向职能部门移交 6255 件，推动解决群众急难愁盼问题 6555 个。不断规范信访举报秩序，对 269 名受到不实举报干部进行澄清正名，严肃查处 19 件诬告陷害典型案件。全州检控类自收信访举报件、上级转交办件和越级信访同比下降 18.4%、49.8% 和 33.3%。

【纠治“四风”】 2021 年，持之以恒落实中央八项规定精神。定期分析研判“四风”举报形势，督促开展专项整治，加强信息化监督，开展常态化明察暗访和警示教育，查处问题 218 个，处理处分 281 人。将各级各部门履职尽责和工作考评情况作为监督重点，靶向纠治形式主义官僚主义，查处问题 178 个，处理处分 278 人。持续开展作风建设行动，在全州组织开展内设科室、基层站所作风建设集中评议活动，巩固拓展作风建设成果。

【整治群众身边腐败和作风问题】 2021 年，始终坚持以人民为中心的发展思想，持续整治群众身边腐败和作风问题，全州查处群众身边腐败和作风问题 216 个，处理处分 263 人。开展大数据监督检查、过渡期专项监督，查处腐败和作风问题 72 个。开展“四好农村路”、不合理医疗检查、物业管理等 9 大领域突出问题专项整治，查处腐败和作风问题 122 个，人民群众对党风廉政建设和反腐败斗争满意度不断提升。

【审查调查】 2021 年，全州处置问题线索 5498 件，立案 1662 件，留置 63 人，处分 1802 人，移送司法 61 人。加大国企、金融、人防、供销、粮食购销等重点领域反腐败力度，立案审查 127 人。推进政法队伍教育整顿监督执纪执法，1077 名干警主动说明问题，立案 175 人。探索“室组”“室组地”联合办案模式 [是指在州纪委常委会统一领导下，委机关相关部室采取牵头抓总、室室联合等方式，整合各派驻（出）机构（统称“组”），各县市纪委监委力量（统称“地”），实现人员互动、措施互补、信息互通、成果共享，推动工作有力有序、协同高效运行]，提升工作质效，办结积案 166 件。严格落实乡案县审、重案州核等举措，执纪执法更加精准有效。针对典型案件暴露出的问题，制发纪检监察建议 1050 份，推动建章立制、完善治理。

2021 年 10 月 13 日，“清廉建设润恩施”恩施州州直单位纪法知识竞赛决赛在州广播电视台举行 （喻小芳 摄）

清廉建设

【概况】 2021 年，全州纪检监察机关坚持将清廉建设作为人心向背的政治工程、民心工程，落实省委关于推进清廉湖北建设的意见，研究制定清廉恩施工作方案，建设“政治生态好、用人导向正、干部作风实、发展环境优”的清廉湖北恩施。

【“小微权力”监督】 2021 年，总结前期试点做法，借鉴各地先进经验，持续推进“小微权力”监督，组织州、县市直单位、基层站所、村（社区）围绕“清权、定权、晒权、用权、管权”，加强对“小微权力”运行的监督制约，制止村级不合理决策 121 项。

【清廉载体建设】 2021 年，协助州委出台“1+7”实施方案（“1+7”指清廉恩施主体建设和所涉及的清廉机关、清廉文化、清廉企业、清廉学校、清廉医院、清廉家庭、清廉村居 7 个载体建设），将清廉建设作为年度目标考核、述职述廉和文明创建的重要内容，督促 7 个清廉载体牵头单位制定具体工作方案，压紧压实主体责任、牵头责任和工作责任，细化载体和抓手，围绕“有形、有势、有神、有趣、有效”，督促各地各单位把清廉建设与“小微权力”监督相结合，与作风建设、乡风文明建设、构建亲清政商关系、师德师风建设、医德医风建设、家庭家教家风建设相融合，破解作风顽疾，有效防范廉政风险。

【党风廉政建设宣教工作】 2021 年，加强纪法宣传教育，开展党风廉政建设宣传教育月活动，督促全州党员领导干部带头讲党课、廉政课，组织集中观看警示教育片，推动廉政教育走深走实；积极探索廉政教育新途径，累计举办知识竞赛、廉政书画展、廉戏展演827场次，拍摄廉政教育片、微电影57部，建成10个州级家风家教实践基地，组织家庭助廉、家风体验等廉政教育活动，发挥纪法教育的警示作用和廉洁文化的引领作用。

【荣誉】 2021年1月，州纪委监委被全国扫黑除恶专项斗争领导小组表彰为“全国扫黑除恶专项斗争先进集体”。4月，州纪委监委驻来凤县百福司镇兴安村工作队、建始县纪委监委被省委、省政府表彰为“湖北省脱贫攻坚先进集体”。州纪委监委驻利川市凉雾乡关东村帮扶工作队员赖超、巴东县纪委监委驻巴东县沿渡河镇官田村帮扶工作队队员李鲲、巴东县大支坪镇纪委书记郑开泰被省委、省政府表彰为“湖北省脱贫攻坚先进个人”；州纪委监委第四审查调查室主任李永，来凤县纪委副书记、监委副主任侯勇被湖北省扫黑除恶专项斗争领导小组办公室表彰为“全省扫黑除恶专项斗争先进工作者”。6月30日，州纪委常委严芳被省委表彰为“全省优秀党务工作者”。8月，州纪委监委被国家发改委、财政部表彰为“全国节约型机关”。12月，州纪委监委办公室（政策法规研究室）副主任邓仕彦被中宣部、司法部、全国普及法律常识办公室表彰为“2016—2020全国普法工作先进个人”。

（陈艾　邓仕彦　万平　李平连）

2021年4月29日，庆祝中国共产党成立100周年恩施州书法作品展暨恩施州党风廉政书法作品展开幕　（吴长铨　摄）

巡　察

【概况】 2021年，恩施州委巡察机构全面贯彻巡视工作方针和省委巡视工作要求，推进巡察工作高质量发展，不断以巡察工作新举措催生全面从严治党新成效。全年州委完成2轮常规巡察、1轮涉粮问题专项巡察，发现面上问题659个，问题线索37件。8个县市开展13轮巡察，发现面上问题1630个，问题线索34件。

【州委履行主体责任】 2021年，州委坚持将巡察工作作为落实全面从严治党主体责任的重要抓手，州委常委会会议和州委书记专题会议9次研究部署巡察工作，传达学习全国巡视工作会议暨十九届中央第七轮巡视动员部署会精神、全省巡视巡察工作会议暨十一届省委第九轮巡视动员部署会精神、全省涉粮问题专项巡视巡察工作动员部署会议精神以及《关于加强巡视巡察上下联动的意见》《关于加强巡视巡察上下联动的实施意见》等重要文件精神，分别结合恩施州实际制定贯彻落实措施。州委书记认真履行第一责任人责任，对巡察重点工作部署、督办。州委领导班子成员结合分管领域和部门职能职责履行“一岗双责”，为巡察工作开展提供坚强领导。3月3日，全州巡察工作动员部署会召开，全年巡察工作有序推进。

【政治巡察】 2021年，坚守政治巡察职能定位，将“两个维护”作为巡察的根本任务，围绕被巡察单位职能职责，围绕“三个聚焦”（即聚焦党的理论路线方针政策和党中央重大决策部署在基层贯彻落实情况、聚焦群众身边腐败和作风问题、聚焦基层党组织建设情况）查找政治偏差，坚定不移深化政治巡察。根据州委部署安排，全年开展2轮常规巡察，完成对州委办公室、州人大常委会机关、州政府办公室、州政协机关、州委政研室、州公安局、州法院、州退役军人局、州政府驻武汉办事处、州政府驻北京群众工作办公室10家州直单位的常规巡察，发现面上问题217个，完成七届州委巡察全覆盖工作。

【巡察上下联动】 2021年，根据省委涉粮问题专项巡视巡察工作部署，州委组建6个专项巡察组，在省委专项巡视组的指导下，对8个县市党委政府以及州发改委（州粮食局）、州财政局、州市场监管局、州农业农村局、州政府国资委5家州直粮食主管监管部门和国有粮食企业开展涉粮问题专项巡察，对县市粮食主管监管部门和国有粮食企业开展提级巡察，发现面上问题442个，问题线索37件。州委全面探索开展全州公安系统的上下联动巡，发现10个方面共性问题。选取建始、来凤、鹤峰在招商服务中心、政务服务中心和大数据管理局探索开展“推磨式”交叉巡察，并派出1个巡察工作指导组下沉到3个县市开展现场指导，破解“熟人社会”监督难题，发现面上问题73个。修订《州委巡察组联系县市巡察工作办法（试行）》，巡察组与县市建立相对稳定的业务指导关系。

制定《〈关于加强巡视巡察上下联动的实施意见〉的贯彻落实措施》，细化联动事项、联动方式，为构建州县"一盘棋"监督格局提供制度保障。探索贯通融合路径，持续推进巡察与其他监督有效协作。全年协调相关单位提供问题线索48件，财政监督清单15件，审计报告10份，为全方位收集被巡察单位信息，提前"预检"分析提供支撑。抽调人员配合州换届办换届纪律"十严禁"（严禁结党营私、严禁拉票贿选、严禁买官卖官、严禁跑官要官、严禁个人说了算、严禁说情打招呼、严禁违规用人、严禁跑风漏气、严禁弄虚作假、严禁干扰换届）工作督查，配合州纪委监委完成对8个县市、19家州直单位优化营商环境专项监督。

【巡视反馈问题整改】 2021年，落实《中央第二巡视组巡视湖北省委反馈意见恩施州整改方案》中关于中央第八巡视指导督导组对湖北省委巡视工作开展指导督导所反馈意见的整改工作，开展自查自纠、举一反三工作，结合恩施实际细化34项整改措施，逐项抓好落实。2021年4月底，所有问题全部完成整改。

【巡察反馈问题整改】 2021年，压紧压实巡察整改工作，州委书记专题会议2次听取巡察汇报，及时研究部署巡察整改和成果运用。两任州委书记听取汇报时直接点人点事18件。严格执行巡察整改承诺书制度，10名被巡察单位主要负责人签署整改承诺书，压实整改主体责任。落实纪委监委、组织部巡察整改日常监督责任，邀请纪委监委、组织部相关领导和部室负责人参加书记专题会和巡察工作领导小组会，就做好巡察整改"后半篇"文章同向发力。巡察问题分类移交给州纪委监委和州委组织部，纪委副书记、组织部常务副部长直接参与巡察反馈会议并讲话，就巡察整改提出要求。纪委对巡察移交问题建立监督台账，实行整改情况月报制度，重点督促被巡察党组织履行整改主体责任，定期梳理整改进展，动态分析整改成效，查找存在问题和薄弱环节，持续跟踪督办，对问题线索快办快查快结。州委组织部对移交的选人用人、党组织建设、违反换届纪律等方面的问题，统筹督促抓好整改，对反映干部不担当不作为的问题及时跟进。全面梳理七届州委巡察发现问题整改情况，形成未完成整改问题清单，由州纪委统筹巡察组力量部署开展专项检查，对39家尚未完成整改的单位进行全面督查督办。截至年底，七届州委巡察发现面上问题整改率达到97.4%，巡察整改"后半篇"文章落到实处。

【巡察成果运用】 2021年，严格落实《州级领导干部履行"一岗双责"推进巡察整改工作暂行办法》，全年向分管或联系州领导下发督办责任通知书10份，向分管州领导通报巡察发现的面上问题217个。以巡察倒逼改革，推动形成长效机制，全年被巡察单位党组织修订完善制度73个。

【巡察工作规范化建设】 2021年，贯彻《中国共产党巡视工作条例》和党中央关于县市党委建立巡察制度的意见等有关要求，对照《省委巡视办关于贯彻落实2021年深化纪检监察体制改革工作相关要点的具体措施及责任清单》和州委全面深化改革委员会2021年工作要点，推进改革项目，严格按照党委工作机关标准优化巡察机构和干部队伍领导管理体制，夯实巡察工作组织基础。推动落实同级纪委领导班子成员担任巡察办主任，在全省范围内率先完成高质量配备。调整后，州委巡察办主任由州纪委常委担任，3个县市巡察办主任由纪委副书记担任，5个县市巡察办主任由纪委常委担任，平均年龄44岁。加强巡察队伍建设，挑选3名优秀干部担任巡察组副组长，4个巡察组实现副组长专职化，稳步推进组长专职化。全年抽调文字综合、纪检监察、财务审计、党建等132名专业型人才参与巡察，有效保障巡察工作的开展。坚持将巡察机构作为培养、锻炼干部的重要平台，州委提拔重用3名巡察组副组长、3名副县级巡察专员，4名新提拔的县处级干部到巡察岗位锻炼。全年组织开展2次巡察干部岗前培训，巡察期间实行集中办公，巡察结束后开展作风纪律情况评估，将监督贯穿巡察工作全过程，打造忠诚干净担当的巡察干部队伍。

（黄　涛）

民主党派

Democratic Parties

中国国民党革命委员会恩施州委员会

【概况】 中国国民党革命委员会恩施州委员会（简称民革恩施州委）是中国国民党革命委员会设在恩施的地方组织，是恩施州民主党派的重要组成部分。2021年，民革恩施州委有党员123人（交叉党员1人），下设恩施州直综合第一支部、恩施州直综合第二支部、恩施州中心医院支部、湖北民族大学支部和恩施市支部。截至年底，党员中1人担任湖北省第十三届人大代表，2人担任湖北省第十二届政协委员（其中常委1人），2人担任民革湖北省第十二届委员会常委，2人担任恩施州第八届人大代表，19人担任恩施州第八届政协委员（其中常委8人），9人担任恩施市第九届政协委员（其中常委2人）。恩施市人大常委会副主任1人（驻会），恩施市政协副主席1人（驻会）。

【中国国民党革命委员会恩施州第三次党员大会】 2021年6月27日，中国国民党革命委员会恩施州第三次党员大会在州城恩施召开。民革湖北省委副主委、湖北民族大学副校长秦群燕，民革湖北省委组织部部长夏铸到会指导。大会选举产生民革恩施州第三届委员会，许强、张献宏、李家忠、李玮玮、杨帆、叶茂、向毓明、张娅琴、廖祖蜻9人当选委员。在民革恩施州第三届委员会第一次全体委员会议上，许强当选为主任委员，张献宏、李家忠、李玮玮当选为副主任委员。新一届委员会平均年龄48岁，较上一届下降4岁，女性成员4名，占比44.4%，本科及以上学历占比100%。4月至9月，民革恩施州直综合第一支部、民革恩施州直综合第二支部、民革恩施州中心医院支部、民革湖北民族大学支部、民革恩施市支部先后完成换届选举工作，选举产生新一届支部委员会。

2021年6月27日，中国国民党革命委员会恩施州第三次党员大会召开

（民革恩施州委办公室 供稿）

【自身建设】 2021年，坚持“思想引领、学习在先”，出台《民革恩施州委“学党史、跟党走”学习教育活动方案》，统筹安排各类学习，举办专题座谈会2次、专题学习会议4次、理论中心组学习4次、专题宣讲1次。将党史学习教育与巩固深化“不忘合作初心，继续携手前进”主题教育活动成果相结合，组织各支部及党员参加民革中央、省委和中共湖北省委统战部等各级举办的庆祝中国共产党成立100周年和纪念辛亥革命110周年系列活动4次。选送《一颗火种，一所中学》《勿忘历史 行在当下》等文章至中共湖北省委统战部、民革湖北省委，其中《勿忘历史 行在当下》《新时代背景下民主党派如何更好发挥参政议政作用的几点思考》《中国共产党领导下统一战线先进性、实践性的成功体现》3篇文章获恩施州“庆百年华诞 创同心伟业”主题征文三等奖，《学习七一重要讲话精神，谱写多党合作新篇章》获优秀奖。加强组织建设，持续推进“示范支部创建”“党员之家建设”，全年发展新党员4名，其中社会与法制领域专业人士3名，占比75%，医药卫生领域专业人士1名，占比25%。全年推荐10余名党员参加中共湖北省委统战部、民革湖北省委等各级组织的学习、培训6次。成立民革恩施州内部监督工作委员会，制定《民革恩施州委监督委员会工作规则（试行）》《民革恩施州委员会领导班子民主生活会实施细则》《民革恩施州委员会委员述职办法（试行）》。完善《民革恩施州社会服务工作委员会实施细则》、《民革恩施州女党员和老党员工作委员会实施细则》、中心组学习制度、州委会例会制度、支部读书会制度，激发支部和各专委会工作主动性。

【参政议政】 2021年，在年初召开的州两会上，向州政协会议提交大会发言5件，集体提案、委员个人提案14件，提交社情民意5篇，其中1件提案被评为2021年度优秀提案，3件社情民意获州相关领导签批并被州政协专报采用。社情民意《以清江流域为试点，助推长江高水平保护》被全国政协采用，《关于规范房地产乱象，按期保质保量交房的建议》等12件社情民意被民革湖北省委采用，《加快推动文旅产业高质量发展，谱写恩施绿色崛起新篇章的建议》被湖北省政协采用。《关于加大生物医药产业顶层规划，推动恩施州生物医药工业发展的提案》重点建言“生物医药产业顶层规划”，被列为州政协主席督办提案，有效助推“武汉国家生物产业基地恩施产业园”挂牌。全年围绕乡村振兴、社会治理、产业发展、城乡建设、民生保障等开展调研8次。3月，民革恩施州委被民革湖北省委表彰为2020年度参政议政工作先进集体二等奖，被民革湖北省委表彰为2020年度反映社情民意工作先进集体三等奖。民革恩施州委专职副主委李玮玮被民革湖北省委表彰为参政议政先进个人一等奖。党员李绍贵、张均、黄鹄、谭平4人被评为政协恩施州第八届委员会优秀政协委员。

【民主监督】 2021年，贯彻习近平生态文明思想，推动长江保护民主监督。10月，民革中央长江生态环境保护民主监督第五监督调研组到恩施州，考察调研城镇污水垃圾处置、水生态保护和修复情况。12月，民革恩施州委副主委李家忠率民主监督调研组到巴东县开展长江生态环境保护民主监督调研，通过查阅资料、现场走访、座谈交流等方式了解长江生态环境保护巴东段总体情况，助推保护工作落到实处。

【社会服务】 2021年，聚焦全面乡村振兴，打造"积极扶志扶智，助力乡村振兴"社会服务工作品牌。联合中共恩施州委统战部、州红十字会走进官坡社区、胜利街社区开展"学党史、跟党走"学习教育暨大型义诊活动2次。组织民革恩施州委"两团一队"（民革义诊医疗团、民革法律顾问团和民革红十字志愿服务队）到建始县红岩寺镇等地开展健康义诊、送法进村、捐资助学等社会服务活动4次。民革恩施州委机关对口联系鹤峰县容美镇七峰村开展"大走访、大排查"1次，巩固拓展脱贫攻坚成果，助力乡村振兴。到舞阳坝街道办事处、七里坪社区、桂花园社区开展平安建设调研走访3次，了解人民群众对社会治安的满意度和意见建议，摸排基层矛盾纠纷，查找平安建设工作中的薄弱环节，有效助推舞阳坝街道办事处综治（网格）中心规范建设。民革党员自发捐款捐物，全年开展扶弱帮困、捐资助学等捐赠资金、物资折合人民币7万余元，支援河南抗洪救灾。1月，民革党员、恩施市毕兹卡社会工作服务中心理事长戴绍雄牵头的1个团体项目获省民政厅"筑梦家园，爱育未来"公益优胜项目。

【荣誉】 2021年3月，民革党员、恩施市毕兹卡社会工作服务中心理事长戴绍雄被团中央社会联络部表彰为"2020年度全国身影榜样人物"。9月，民革党员、国能长源恩施水电开发有限公司孙智获"国家能源集团长源电力股份有限公司重大资产重组工作突出贡献奖"。11月，民革恩施州委被民革中央表彰为"民革助力脱贫攻坚工作先进集体"，民革恩施州委副主委张献宏带领民革恩施州社会服务工作委员会在恩施市崔家坝镇鸦鹊水村开展捐资助学的工作报道获湖北省"博爱荆楚·2021红十字暖新闻"三等奖。

（李　会）

中国民主同盟恩施州委员会

【概况】 2021年，中国民主同盟恩施州委员会（简称民盟恩施州委）有盟员287人，女盟员106人，交叉党员7人，平均年龄54.05岁，中高级职称225人，本科及以上学历212人，其中硕士29人，博士13人。发展新盟员8人。民盟恩施州委下设恩施州委直属一支部、恩施州委直属二支部、恩施州教育支部、湖北民族大学支部、恩施职业技术学院支部、恩施市支部、恩施高中支部7个支部。盟员中，1人担任省十三届人大代表，1人担任省十二届政协委员，其中1人担任省人大常委。5人担任州九届人大代表，24人担任州政协九届政协委员，其中1人担任州政协副主席，8人担任州政协常委。14人担任恩施市九届政协委员，其中3人担任恩施市政协常委。22位盟员被民盟湖北省委表彰为"抗击新冠肺炎疫情先进个人"。

【组织建设】 2021年，民盟恩施州委加强组织建设，完成换届工作。6月27日，召开第五次盟员代表会，会议听取审议民盟恩施州第四届委员会工作报告，通过《关于民盟恩施州第四届委员会工作报告的决议》，选举产生第五届委员13人，均为大学以上学历，其中女性4人，具有副高以上职称的7人，平均年龄47.7岁，班子成员高学历、高职称，年龄、性别结构合理。发展新盟员8名，中高级以上职称3人，平均年龄35岁，人才结构得到优化。配合人大代表和政协委员的协商推荐工作，按照程序协商产生盟员州人大代表5人，盟员州政协委员24人。加强专门委员会建设，调整专门委员会成员，新一届领导班子成员担任专门委员会主任，各支部推荐熟悉相关工作盟员组成专门委员会。

【政治协商】 2021年，参加各种协商建言，建净言、献良策活动，参加中共恩施州委和州政府组织召开的各种征求意见会。在第八次党代会报告、政府工作报告、"十四五"规划等征求意见中，多条建议被采纳。5月至8月，完成"打造'两山'实践创新基地""铸牢中华民族共同体意识，持续推进全国民族团结进步示范区建设"2个政党协商课题，在调研的基础上撰写调研报告和政党协商会议发言材料，提供建议为中共恩施州委、州政府决策参考。助力州政协"协商在一线"活动。11月18日，召开"协商在一线"院坝协商座谈会，组织盟员政协委员和规划专家到新塘乡下坝村农户大院与规划单位、村干部、乡贤、产业发展带头人、群众代表等协商座谈，为该村乡村振兴村庄规划献计献策。

【参政议政】 2021年，在省两会期间，盟员省人大代表和政协委员提交建议和提案4件。全州两会期间，民盟恩施州委提交集体提案9件，盟员人大代表提交建议8件，盟员政协委员提交提案16件，内容涉及文化教育、乡村振兴、产业发展、城市建设、社会治理等方面。民盟恩施州委集体提案《关于科学编制村级规划的提案》，盟员孙蓬个人提案《关于联合打击电信网络诈骗的提案》被评选为优秀提案。民盟恩施州委围绕基础教育、医疗健康事业、产业发展等确定调研课题10个，承担民盟省委调研课题1个，成立课题调研组11个，通过实地调研形成调研报告，转化调研成果，助力恩施绿色发展和乡村振兴。全年组织盟员参政议政工作座谈会4次，广泛收集社情民意，全年向民盟湖北省委和州政协投稿社情民意信息19篇次，其中被民盟湖北省委采用4篇，被州政协采用6篇。

【党史学习教育】 2021年，通过“学党史，跟党走”主题教育活动固牢盟员理想信念。4月27日，召开学习教育活动动员会议。5月，主委何义发、副主委刘春荣参加恩施州统战系统党史学习教育暨统战政策理论培训。盟员谢丹参加民盟湖北省委“学党史、跟党走”演讲比赛获三等奖。6月18日，举行民盟恩施州委庆祝中国共产党成立100周年、中国民主同盟成立80周年“学党史、跟党走”主题演讲比赛。11月10—11日，组织州委委员、骨干盟员25人到鹤峰开展爱国主义和革命传统教育。在“恩施民盟”微信公众号开辟“学党史、跟党走，大家一起学”栏目，全年推送党史盟史学习知识32期。通过提交社情民意信息、参政议政课题调研、政党协商课题调研、民主监督、两会议案提案提交等参政议政工作为群众办实事。通过“爱迪生助学计划”、志愿者服务、关爱留守儿童、乡村振兴实践基地建设等社会服务工作为民办实事。

【社会服务】 2021年，发挥界别特色优势助力教育，组织爱心搭桥“爱迪生助学计划”，帮扶恩施市第三高级中学5名学生，北京阳光老年健康基金会予以每人每月400元的资助直至高中毕业，确定专人联系进行一对一的帮扶和指导。民盟恩施州委支持新塘乡海信希望小学教学活动，先后派遣盟员和骨干教师10余人开展教学指导，通过观课议课、教学示范等活动帮助学校提升教学质量。5月31日，民盟恩施州委联合来凤县妇联在来凤县圣德留守儿童服务中心开展捐赠活动和文艺联欢，捐赠教学一体机一台、图书一批，向75名孩子赠送节日礼物，共计价值18500元。7月25日，民盟恩施州委女盟员工作委员会“爱心妈妈”小分队到利川汪营留守儿童中心开展关爱回访活动。发挥盟内科技、医疗、法律人才优势开展社会服务活动，医疗志愿者服务队到巴东水布垭镇医院和舞阳坝街道办事处金子坝社区开展送技术送医送药活动2次。组织种植、林业等科技人才到利川等地开展科技服务活动，根据实际情况合理建议，为产业发展“把脉开方”。12月3日，法律、医疗志愿者服务队在恩施市白果乡毛坝坪村开展法律医疗进社区服务活动。民盟恩施州委在恩施市新塘乡下坝村和下塘坝村建立助力乡村振兴实践基地，印发《民盟恩施州委助力乡村振兴实践基地工作方案》，争取州妇联家庭教育项目落地下塘坝村海信希望小学，全年开展线上线下家庭教育活动11场次。民盟恩施州委法律、医疗等系列志愿服务活动被表彰为“民盟湖北省委基层组织社会服务经典活动”，关爱留守儿童活动被表彰为“民盟湖北省委基层组织社会服务优秀活动”。

2021年5月31日，民盟恩施州委在来凤县圣德留守儿童服务中心开展关爱留守儿童活动 （田 苗 摄）

2021年12月3日，民盟恩施州委法律、医疗志愿者服务队在恩施市白果乡毛坝坪村开展2021年“送法、送医”下乡活动 （潘 轲 摄）

【民主监督】 2021年，民盟恩施州委参与民盟湖北省委长江生态环境保护对口民主监督专题调研工作。9月，民盟湖北省委2次组织相关部门和专家团队到恩施州开展联合调研，围绕“湖北省总磷污染与调控对策”主题召开专题座谈会，实地调研，调研组就恩施州农业面源污染防治、城镇污水垃圾处理、工业污染治理等给予指导。制定《民盟恩施州委开展长江生态环境保护民主监督工作实施方案》，从2021年开始为期5年对口建始县和利川市开展长江生态环境保护民主监督。民盟恩施州委成立2个调研组，11月分别到利川市、建始县，就长江生态环境保护总体情况和农业面源污染防治情况进行调研，形成民盟恩施州委2021年民主监督调研报告，总结民主监督调研工作，真实客观地反映2个县市在长江生态保护和农业面源污染工作存在的不足，针对问题提出建议。担任各级人大代表和政协委员的30余名盟员，投入各自范围内的政治生活中，参与人大执法检查、政协视察以及有关部门的工作评议，认真履行民主监督职责。部分盟员担任省、州、市有关单位和部门的特约监察员、人民陪审员、人民监督员、社会监督员、税纪观察员，忠实履职，促进司法公正和政风行风建设。

【宣传工作】 2021年，加强宣传阵地建设，办好《恩施民盟》刊物和“恩施民盟”微信公众号，严格信息发布流程，严把稿件思想政治关，传播正能量。全年编撰出版《恩施民盟》2期，发布盟务活动信息60余条，向《湖北盟讯》、民盟省委网站、省政协网站、州政协、中共恩施州委统战部报送信息60余件。在微信公众号开辟学习专栏，编辑推送学习资料30余篇，有效带动盟员学习中共党史、盟史。

【荣誉】 2021年4月13日，盟员胡友胜被省委、省政府表彰为“湖北省脱贫攻坚先进个人”。4月28日，盟员傅浩被中国民主同盟中央委员会表彰为“民盟反映社情民意信息工作先进个人”。6月2日，民盟恩施州委被中国民主同盟中央委员会表彰为“民盟脱贫攻坚先进集体”。9月14日，盟员王晖被中国民主同盟中央委员会表彰为“组织发展工作先进个人”。12月30日，民盟恩施州委被中国民主同盟中央委员会表彰为“民盟思想政治建设和宣传工作先进集体”。民盟恩施州委直属一支部被民盟湖北省委表彰为“先进集体”，盟员孙作贵、商守善被民盟湖北省委表彰为“优秀盟员”。盟员朱胜武、张珍、熊来获评“政协恩施州第八届委员会优秀政协委员”。

（张　珍）

中国民主建国会恩施州委员会

【概况】 2021年，中国民主建国会恩施州委员会（简称民建恩施州委）有会员340人，其中大专以上文化程度279人，中高级职称165人，女会员105人，中共交叉会员12人，平均年龄52岁。民建恩施州委下设1个基层委员会、2个总支、13个基层支部、3个专门委员会，包括恩施市基层委员会及所属的4个支部，州直总支及所属的5个支部，湖北民族大学总支及所属的3个支部，恩施职院支部，民建恩施州经济委员会、企业委员会及妇女委员会。会员中有全国人大代表1人、省人大代表1人、州人大代表7人（其中常委4人）、县市人大代表3人（其中常委1人）、省政协委员1人、州政协委员28人（其中副主席1人、常委5人）、县市政协委员26人（其中副主席1人、常委7人）。3月，民建恩施州委被民建湖北省委表彰为“2020年度新闻宣传工作先进单位”“2020年度反映社情民意信息工作先进单位”、获评“2020年度民建全省重点理论研究课题工作优秀组织奖”。

【思想建设】 2021年，将“学党史、跟党走”学习教育活动作为提升会员政治素养、五种能力（政治把握能力、参政议政能力、组织领导能力、合作共事能力、解决自身问题能力）的载体。恩施州党史学习教育简报第41期、第68期刊发民建恩施州委党史学习教育活动情况。主委张伟撰写的心得体会文章《坚守民建合作初心　助推恩施绿色崛起》在《湖北日报》《恩施日报》发表。会员曾小玉撰写的理论文章《民主监督“监到关键处”的四宜四不宜》被中共湖北省委统战部评为“中国共产党成立100周年多党合作理论研讨会暨参政党建设论坛”优秀论文。唐红珍撰写的《关于培育新时代民建基层组织思想政治建设特色的论探》和胡涛撰写的《民族地区高校民主党派基层组织开展社会服务工作新模式探索》2篇文章获“2020年度民建省委重点理论研究课题优秀成果二等奖”。赵娜创作的国画《青莲和鸣图》入选湖北党外人士庆祝中国共产党成立100周年美术作品展。田佳获民建省委第三届“中国梦·民建情——学党史、跟党走”主题演讲比赛三等奖。创立具有恩施民建特色的思想文化建设品牌“民建清江讲坛”，开展2期讲坛活动，邀请中共恩施州委党校教授、会内专家为会员讲授中共党史、多党合作史以及参政议政履职要领。

【组织建设】 2021年，完成民建恩施州委领导班子换届工作，发展新会员12名，新建5个“会员之家”。落实第五届州委会领导班子及州委委员分工和联系支部，健全基层支部达标创优考评工作机制。对经济委员会、妇女委员会主任及部分委员进行调整，充实专委会力量。配齐配强各基层组织班子，湖北民大总支增补副主委2名、委员1名，恩施职院支部届中改选支部主委、增补副主委1名，恩施市一支部增补副主委2名。选派4名州委委员参加民建省委举办的市级组织新任副主委及委员培训班，选送

1名会务骨干参加全州党外干部培训进修班。持续开展“会员大走访”活动，开展会员信息核查工作，成功与10名失联会员建立联系。

【参政议政】 2021年，民建会员杨琴在第十三届全国人大四次会议上提交建议9件。在省两会上，会员张伟提交建议4件，会员谭建军提交提案2件。州两会上，民建会员提交建议7件，提案25件，立案24件（集体提案9件），其中州领导领办提案3件，大会发言4篇（口头发言1篇）。3件集体提案（《关于推进全域旅游智慧化建设的提案》《关于联合打击电信网络诈骗的提案》《关于创新东西部协作模式，梯度建设“国家级承接产业转移示范区”的提案》）、1件个人提案《关于发展恩施夜间经济，拓展旅游消费空间的提案》被州政协评为优秀提案。其中《关于创新东西部协作模式，建设“国家级承接产业转移示范区”的提案》作为重点提案由州长领办、州发改委主办，经过申报，恩施高新区成功创建省级承接现代中药产业转移示范区，为下一步建设和申报国家级承接产业转移示范区打牢基础。在州和县市人大、政协换届期间，推荐56名会员担任各级代表、委员。结合2021年政党协商议题，开展“恩施州畜禽养殖粪污处理及生态环境保护”“铸牢中华民族共同体意识”专题调研，形成调研成果，在政党协商会上协商建言。各专委会、基层组织聚焦乡村振兴、科技创新、清洁能源、硒茶产业、法治化营商环境等重点课题开展调研，提交调研成果16篇。全年向民建省委提交社情民意信息77条，采用71条，转报民建中央采用1条，省政协采用4条。向州政协提交社情民意信息15条，采用9条，州领导签批6条，转交恩施市政协2条。

【“履职能力建设年”活动】 2021年，制定《民建恩施州委履职能力建设年实施方案》。7月9日，召开动员部署会。邀请全国人大代表杨琴为骨干会员和代表委员开展参政议政培训，组织人员到恩施市三岔镇燕子坝村现场调研。调整充实经济委员会领导班子，发挥专委会履职基础作用。民建恩施州委和基层组织领导班子带头开展调查研究，州委会开展“恩施州畜禽养殖粪污处理及生态环境保护”“铸牢中华民族共同体意识”专题调研，经济委员会开展“法治化营商环境”调研，恩施市基层委开展“发展绿色小水电”调研，湖北民大总支开展“完善科技创新动力机制，激发科技人才创新活力”调研，州直一支部开展“乡村文化振兴”调研，州直二支部开展“富硒饮用水产业发展”调研，恩施职院支部开展“乡村振兴战略背景下恩施州硒茶产业”调研活动，加强成果转化，提交调研报告16篇，转化为提案11件、大会发言3篇。州委会机关不断完善规章制度，提升服务能力和水平。在民建全省履职能力建设年总结会上，民建恩施州委作题为《凝心聚智强队伍　内外兼修提质效》的典型交流发言。

【长江生态环境保护民主监督】 2021年，结合中共恩施州委统一安排，连续5年（2021年起）对口恩施市、宣恩县开展长江生态环境保护民主监督工作。州委会组建调研组到2个县市，围绕农业面源污染和工业污染防治等方面开展现场调研，并与当地党委、政府及职能部门座谈，对开展长江生态环境保护工作提出针对性意见和建议，形成《长江生态环境保护民主监督工作报告》报送至中共恩施州委统战部，发挥民主监督作用。

【社会服务】 2021年，民建恩施州委及各基层组织继续集中资源，围绕“思源班”开展捐款捐物、看望慰问等活动，对11名毕业升入恩施高中的“思源班”学生落实后续结对帮扶措施。河南、山西、陕西洪涝灾情发生后，第一时间组织会员捐款、捐物折合计近40万元，助力灾后重建。民建各基层组织、会员落实党史学习教育为民办实事活动，关心关怀困难群体，帮困助学，传播大爱。为孤儿打造爱心“梦想小屋”，为留守儿童送去书包、文具和书籍，为困难户捐赠爱心羽绒服等，投入帮扶资金657万余元。争取民建中央中华思源工程扶贫基金会“新氧美丽计划”项目落户恩施，资助州内113名容貌缺陷患者进行手术治疗，截至年底，完成治疗8人，资助费用168516.46元。全年全州各级民建组织和会员争取惠民项目13个，资金5457.05万元，惠及群众62.69万人。12月10日，民建恩施州直总支被民建湖北省委表彰为“全省社会服务先进集体”。民建恩施州委副主委、恩施州帅巴人酒店发展有限公司董事长冯俐；民建恩施州直三支部委员、恩施锦联华商贸公司董事长温卫红；民建会员，恩施州美美百货商贸有限责任公司董事长、总经理吴中余；民建会员，湖北民族大学林学园艺学院园艺系主任、副教授陈耀兵；民建会员、州志愿者协会副会长、湖北云投能源科技开发有限公司总经理张云生被民建湖北省委表彰为“社会服务先进个人”。

【“民建海宁·恩施思源班”】 2021年秋季学期，“民建海宁·恩施思源班”完成50名学生招生计划，顺利开班。截至2021年，民建恩施州委累计争取民建海宁市基层委员会捐赠资金150万元，用于在咸丰县高乐山镇民族中学实施“民建海宁·恩施思源班”项目。该项目每年开设1个思源班，每班招50名学生，每年一个班资助10万元，共资助250名偏远地区乡镇德、智、体、美、劳全面发展的家庭经济困难小学毕业生，到城区中学寄宿就读，完成初中学业。

【宣传工作】 2021年，恩施民建网站开设“学党史、跟党走”和“履职能力建设”专栏，全年推送相关新闻及心得体会文章50余篇。“恩施民建”微信公众号开设“中共党史微课堂”学习专栏，转载“学习强国”学习平台、“学而时习”、民建中央等微信公众号党史学习内容供会员学习。编印出版纪念民建恩施州委成立20周年书籍《追梦人》。《恩施民讯》2021年出刊2期。在团结网、民建中央网站、民建省委网站、《湖北日报》、《恩施日报》等媒体发表宣传信息200余条。

【跨区域交流】 2021年6月，民建宜昌高新区二支部到恩施考察交流，与民建恩施州直三支部缔结友好支部。9月，民建恩施州委组织企业家代表到天津市参加2021年中国(天津)非公有制经济发展论坛。民建嘉兴市委组织民建海宁市基层委及爱心企业家到恩施州考察交流，到咸丰县参加“民建海宁·恩施思源班”开班仪式。10月，民建恩施州委经济委员会到海宁市开展“法治化营商环境建设”专题调研，形成《关于加快推进优化法治化营商环境》调研报告。11月，中南财经政法大学校相关领导、民主党派成员及专家学者到恩施州考察交流。民建中南财大委员会与民建湖北民族大学总支缔结友好组织。民建天津大港委员会到恩施州考察交流并调研会员企业。

【民建恩施州第五次代表大会】 2021年6月27日，中国民主建国会恩施州第五次代表大会召开，民建湖北省委专职副主委、省政协副秘书长宋君慧，民建省委组织部部长张何到会指导。大会听取州政协副主席、民建恩施州第四届委员会主委谭建军代表民建恩施州第四届委员会所作《不忘合作初心·筑梦伟大时代·为谱写恩施高质量发展新篇章而不懈奋斗》工作报告，审议通过《民建恩施州第五次代表大会关于第四届州委会工作报告的决议》，选举产生由冯俐、刘海清、邹艳、沈娟、张伟、张怀志、陈祥蓉、钱楷、唐红珍、唐启玉、黄光英、曾小玉、谭晋13人组成民建恩施州第五届委员会。民建恩施州第五届委员会第一次全体会议选举张伟为主任委员，冯俐、唐红珍、沈娟、黄光英为副主任委员，任命黄光英为民建恩施州第五届委员会秘书长。

（吕　檬）

中国民主促进会恩施州总支部委员会

【概况】 2021年，中国民主促进会恩施州总支部委员会(简称民进恩施州总支)下设4个支部，有会员49名，具有中高级技术职称和本科以上学历的会员占比90%以上。会员中湖北省第十二届政协委员1人、恩施州第九届人大代表2人、恩施州第九届政协委员11人、恩施市第十一届人大代表1人、恩施市第十届政协委员6人。民进恩施州总支被民进中央表彰为“全国脱贫攻坚暨社会服务先进集体”，被民进湖北省委会表彰为“履职能力建设先进集体”。柯昌琼被民进中央表彰为“全国脱贫攻坚暨社会服务先进个人”，向晖被民进湖北省委会表彰为“履职能力建设先进个人”，黄丽芬被民进湖北省委会表彰为“2021年度湖北民进最美教师”。

【组织建设】 2021年，在民进主界别教育和文化行业发展会员5名，组织7名会员到省社会主义学院参加新会员培训班学习、1名会员参加信息工作骨干培训班学习，3名会员到州社会主义学院参加党外干部培训班学习。各支部相继建立“会员之家”，成为会员学习、交流和研究工作的活动阵地。

【参政议政】 2021年，参加中共恩施州委、州政府、州政协和中共恩施州委统战部组织的各类协商活动18次。民进恩施州总支提交州政协集体提案17件，会员中的省、州、市政协委员提交个人提案15件，会员中的州、市人大代表提交建议5件。《恩施州高中学生心理健康问题调研报告》立足恩施州中学生心理健康教育工作的规范化、专业化、体系化发展，向中共恩施州委、州政府提出工作建议，州长批示有关部门“抓紧研究针对性解决措施”。在州政协九届一次全会上，委员兰浩代表民进总支作《加强中小学生心理健康教育，让祖国的花朵更加茁壮成长》的大会发言，相关部门正在加紧落实改进措施。《关于推进脱贫攻坚与乡村振兴有效衔接的提案》《关于重视加强民营经济人才队伍建设的提案》被州政协评为“2021年度优秀提案”。贺择、贺永红获评“政协恩施州第八届委员会优秀政协委员”。

【社会服务】 2021年，民进恩施州总支引进广东民进资源，为咸丰县人民医院捐赠眼科医疗设备110万元，开展“爱心光明行”活动，为白内障困难群众患者提供免费手术服务。对接武汉市民进，向建始县桂花小学捐赠电脑36台，向县慈善总会捐赠奶粉价值13.8万元。组织武汉市企业家协会开展投资考察，“富硒阿胶”生产项目纳入恩施高新区重点招商引资项目。各支部组织慰问留守儿童、困难学生、低保户、困难居民，开展教师节走访慰问和农村教育专题调研活动。会员企业开展社会服务活动，利贞餐饮公司安置9名残疾人和62名脱贫户就业。和诺生物工程公司出资11万元，先后开展5次捐赠办学、支助孤儿、支持社区建设等公益活动。创偲诺电气公司对5户脱贫对象实行长期帮扶。神墨教育公司为留守儿童捐赠学习用品价值1.1万元。

（宋兴月）

中国农工民主党恩施州委员会

【概况】 2021年，中国农工民主党恩施州委员会(简称农工党恩施州委)发展9名党员，选派8人次参加省社会主义学院和州委党校的干部培训班，2人次参加农工党中央的党内监督网络专题培训班。推荐各级人大代表和政协委员人选，在2021年度各级换届中，全州农工党员中有州人大代表4名、州政协委员15名、恩施市政协委员11名、利川市人大代表1名、利川市政协委员1名、咸丰县政协委员1名。8月，农工党恩施州委被农工党中央表彰为“农工党脱贫攻坚工作先进集体”。

【参政议政】 2021年，在州政协九届一次会议上，农工党恩施州委员会集体提交大会发言4件、集体提案5件、个人提案9件，立案14件。王克全撰写的《关于恩施州以城乡垃圾分类治理工作为抓手推进长江大保护的调研报告》在农工党湖北省委参政议政工作会议暨“同心建支点论坛”上获得优秀论文三等奖。在州人大九届一次会议上，农工党内的人大代表提交建议案1件。围绕政党协商课题，聚焦“两山理论”和“铸牢中华民族共同体意识 推动民族团结进一步示范州创建”，开展实地调研，形成《关于加快推进全州垃圾分类工作的建议》《积极打造民族团结进步示范恩施高校样板 助推全国民族团结进步示范区创建工作》的建议，分别在7月和9月召开的政党协商会议上进行交流建言。参加州政协组织的“乡风文明三年行动”专题民主监督调研活动，先后到利川市、巴东县和宣恩县调研，提交《关于全州人居环境整治及殡葬改革情况的调研报告》，在11月州政协召开的专题协商会上进行交流发言。开展民主监督工作，制定《农工党恩施州委会开展长江生态环境保护民主监督工作实施方案》，12月到鹤峰县开展相关专题民主监督调研。

【社会服务】 2021年，多形式组织开展社会服务活动，开展送医送药下乡，持续打造“农工助医”品牌。农工党恩施州委、民大基层委员会、州直综合支部、州直西医支部等各级农工党组织依托同心医院和农工党员医疗专家，全年12次开展送医送药下乡义诊活动，免费送药价值10万元，惠及2000余名群众。

【“健康扶贫”义诊活动】 2021年3月20日，联合农工党州中心医院中医支部、农工党恩施州同心医院——恩施市昌泰中医医院开展2021年第一场下基层“健康扶贫”义诊活动，主题为“2021世界结核病日健康扶贫义诊活动”，州中心医院中医部和恩施市昌泰中医医院的14名专家为板桥镇周边300多名农村居民义诊，免费发放价值1万余元药品。11月12日，农工党恩施州委联合“恩施农工党同心医院”——恩施昌泰中医院和恩施爱尔眼科医院在鹤峰县容美镇唐家铺村开展义诊送医送药下乡活动，来自恩施昌泰中医院和恩施爱尔眼科医院的15位医护专家为唐家铺村及周边近百名居民进行义诊咨询、专科检查和适宜治疗，农工党恩施州委捐赠价值8000元的居家常用药品，向居民发放“医疗服务便民联系卡”。11月19日，农工党恩施州委、农工党州直综合支部联合恩施昌泰中医院和恩施爱尔眼科医院到建始县茅田乡太和街村开展“助医助学”下乡活动，义诊200余人次，向太和街小学和村民捐赠价值1万元的书籍和药品。

【党史学习教育】 2021年4月24日，农工党湖北民族大学基层委员会在宣恩县椒园镇黄坪村开展“学习党史跟党走·共享荣光创未来”为主题的中共党史学习教育实践活动。7月3日，在庆祝中国共产党成立100周年大会胜利召开之际，农工党恩施州委组织24名农工党员在咸丰县忠堡镇“湘鄂川黔革命根据地”红色教育基地开展“学党史·跟党走”为主题的红色教育活动。10月23日，农工党恩施州委举行党史学习教育专题培训，中共恩施州委党校讲师宋巍、湖北科技学院讲师陈红、农工党湖北省委参政议政部部长刘晖应邀分别就中共党史、农工党党史、参政议政能力提升作专题辅导，80余名党员参加培训。10月23日，农工党恩施州委组织开展“学党史·跟党走”主题演讲比赛活动。5名农工党员在中共恩施州委统战部组织的“庆百年华诞·创同心伟业”的主题教育活动征文中提交理论文章，3篇文章获奖。

【帮扶交流活动】 2021年5月18—20日，农工党杭州市委组织人员到恩施州，实施“母亲微笑行动”唇腭裂免费手术项目及党派交流活动。在州卫健委、州中心医院等单位的协助下，杭州市“母亲微笑行动”医疗队用3天时间为全州29名唇腭裂患儿进行手术，术后恢复效果良好。其间，农工党杭州市委专职副主委倪晓娟到农工党恩施州委机关进行党派交流座谈。9月28日，农工党湖北省委副主委、武汉市政协副主席、农工党武汉市委主任委员、武汉协和医院消化研究所所长侯晓华带领武汉市7名农工党员、专家到鹤峰县中心医院开展对口帮扶同心助医活动，进行药品捐赠、专家教学查房和座谈交流。

【主题公益活动】 2021年6月12日，为庆祝中国共产党百年华诞，中国农工民主党湖北民族大学委员会联合恩施州助学扶贫促进会到建始县三里乡组织开展“情系东龙河·送爱三里乡”为主题的公益活动。活动以社区居民、特殊困境未成年人为重点服务对象，组织群众文艺会演，为“希望伴飞计划”项目受助者（三里乡孤儿、特殊困境儿童）捐赠第二批爱心物资（每人获赠鞋子一双，春、夏、秋三季衣服各一套），“希望伴飞计划”项目受助者将获得三批物资捐赠（物资总价值4万余元），组织专业心理医生团队对受助儿童进行心理健康辅导和心理测试，组织湖北民族大学附属民大医院和恩施昌泰中医医院的医疗专家对三里乡群众开展义诊和送医送药（免费提供价值约5000余元常用药品）、疫情防控知识宣传（发放宣传手册1000余份）等社区服务活动，组织湖北民族大学退休农工党员考察调研三里乡小屯村留守儿童书屋，送去价值2000元的体育用品。10月6日，农工党湖北民族大学委员会联合恩施州助学扶贫促进会在建始县三里乡小屯村四组马家湾留守儿童书屋，开展以“庆国庆，送温暖·共富裕，喜丰收”为主题的公益活动。活动中，对特殊困境未成年人（“希望伴飞计划”项目受助者）现场捐赠爱心物资（冬衣冬鞋，价值1万余元），开展以特殊困境未成年人为重点服务对象的心理健康知识大讲堂，参与群众100余人。

【中国农工民主党恩施州委员会】 2021年6月27日，中国农工民主党恩施州第三次代表大会召开，顺利完成换届工作。大会听取和审议农工党恩施州第二届委员会的工作报告，选举产生第三届州委会领导班子，向仕莲当选为农工党恩施州第三届委员会主任委员，颜益志、王克全、张凤、李玉山当选为副主任委员。大会选举产生恩施州出席农工党湖北省第九次代表大会的代表。

（张登仕）

九三学社湖北省委直属恩施支社委员会

2021年6月24日，九三学社湖北省委直属恩施支社委员会成立大会授牌仪式在恩施慧宜眼科医院举行　（郑　剑　摄）

【概况】 2021年6月23日，九三学社湖北省委直属恩施支社委员会（简称九三学社湖北省委直属恩施支社）成立，是九三学社中央在恩施州的基层组织，是恩施州民主党派的重要组成部分，是恩施州最年轻的民主党派组织。6月24日，举行九三学社湖北省委直属恩施支社委员会成立大会授牌仪式。

【组织建设】 2021年，九三学社湖北省委直属恩施支社有社员10人，设主委1人、副主委1人。委员10人中，高级职称8人，平均年龄46岁。截至年底，社员中1人担任恩施市人大常委会委员，2人担任州政协第七届委员会委员（其中常委1人）。制定《恩施支社组织发展程序规定》《恩施支社社员发展条例》。

【参政议政】 2021年，组织调研组对《推进乡村振兴之恩施州亮康行动》《大长江环境保护之来凤西水河保护》《生物医药产业工业发展之抗风湿土家药研究》《硒与人体健康：对恩施州硒产业的展望》《一枝一叶总关情——来凤县老茶村脱贫攻坚看多党合作制度优越性》5个课题进行专题调研8次，形成专题调研报告。《一枝一叶总关情——来凤县老茶村脱贫攻坚看多党合作制度优越性》获中共恩施州委统战部民主党派参政议政征文三等奖。

【乡村振兴与民主监督】 2021年，先后到来凤县老茶村、恩施高中、恩施市旗峰小学开展精准扶贫、医疗卫生扶贫、教育扶贫及乡村振兴工作，组织医疗专家开展送医送药下乡义诊活动。在全州范围内开展九三学社中央“亮康行动”，为恩施州4000余例困难白内障患者实施免费手术，投入资金近800万元。给恩施高中捐款225万元解决学生近视眼防治与教职工及其家属体检费用，为恩施高中报考武汉大学的相对困难学生捐款10万元解决入学学费。形成具有“九地合作”（九三学社中央与地方政府合作决战脱贫攻坚）特色的民主监督工作模式，为精准脱贫与乡村振兴工作作出准确客观评价和建言。

【考察交流调研】 2021年7月11日，全国人大常委会委员及宪法和法律委员会副主任委员、九三学社中央副主席丛斌，全国人大常委会委员、湖北省政协副主席、九三学社中央常委、九三学社湖北省委主席秦顺全到来凤县老茶村、恩施慧宜眼科医院，恩施慧宜中西医结合风湿医院考察调研。组织九三学社湖北省委“科学大讲堂”恩施站巡讲活动。开展优化营商环境、畅通服务“最后一公里”专题调研，形成的调查报告，在州政协第七次代表会上，得到中共恩施州委、州政府主要领导点评点赞。

【助力卫生健康】 2021年，支社委员、恩施慧宜中西医结合风湿医院首席心血管专家张宏伟牵头成立远程心电诊断中心，方便老百姓在村卫生室就能接受到武汉大学人民医院、武汉协和医院、武汉亚心医院心脑血管专家的诊疗，得到州卫健委的支持与批准。恩施慧宜中西医结合风湿医院作为恩施市新冠肺炎疫情定点救治后备医院，服务疫情防控工作。

（黄雪茸）

群众团体

Mass Organizations

恩施州总工会

【概况】 2021年，州总工会下辖8个县市总工会，全州建立基层工会2770个，涵盖法人单位3236个，有会员198008人。州总工会自2017年以来连续5年被评为全州目标考核先进单位。全年联合有关部门累计提供就业岗位3.8万个，达成就业意向4000余人。参与职工劳动能力工伤等级鉴定1560人次。将全州“12351”职工维权热线整合进入“12345”综合服务平台，首次实现州内州外互联互通。5月11日，州总工会下发《关于学习宣传贯彻习近平总书记重要指示精神的通知》要求全州各级工会认真学习宣传贯彻习近平总书记重要指示精神，深刻理解、准确把握蕴含其中的人民立场、劳动观念、奋斗精神，团结引领全州广大职工发挥主力军作用。

【服务阵地建设】 2021年，全州新建爱心驿站11个、职工子女托管班8个、爱心母婴室1个，其中宣恩兴龙工具和众仁服饰职工子女托管班、巴东野三关金帝购物中心爱心母婴室被省总工会评为省级示范点。8月，州工人文化宫历时两年建成投入使用，总投资7100万元。

【基层工会建设】 2021年，开展“强补增”集中行动和百人以上企业建会专项行动，持续推进非公企业工会组建工作。全州新增企业工会组织81个，新增会员6300余人，其中非公企业工会64个，会员人数5300余人。加强基层工会规范化阵地建设，开展全州“模范职工之家”结对共建活动，20个基层工会达成共建协议，开展共建活动。

【慰问帮扶】 2021年，结合乡村振兴、基层治理，将驻村（社区）“尖刀班”列入重点慰问对象，州“四大家”领导带队走访慰问。筹集37.5万元资金，慰问驻村（社区）“尖刀班”412个。筹集146万元“送清凉”资金，慰问一线职工13566人。筹集资金391万元，慰问抗击新冠肺炎疫情一线职工9366人。筹集助学资金89万元，帮助189名困难职工子女圆大学梦。筹集“送温暖”资金105万元，为解困脱困建档立卡困难职工、困难劳模送温暖1388人次。

2021年11月26日，州总工会在恩施州工人文化宫广场举行恩施州新就业形态劳动者集中入会仪式暨“工会进万家·新就业形态劳动者温暖行动” （州总工会 供稿）

【工会文体活动】 2021年，围绕庆祝中国共产党成立100周年，结合党史学习教育，组织开展系列活动。全州举办“山河交响·红歌唱响清江岸”交流展演、“中国梦·劳动美——学党史、感党恩、跟党走”主题征文演讲等活动。各县市和州直单位组织各类文体活动，恩施市举办市直职工运动会，宣恩县做到“一季一主题，月月有活动”，咸丰县举办“唱支山歌给党听”红色歌曲传唱活动、宣恩县和鹤峰县举办有奖知识竞赛送电影票活动、巴东县举办“浪漫三月、悦动青春”青年联谊活动。州、县两级工会做好州九运会职工类项目组队参赛工作，其中州直职工代表队获得金牌7枚、银牌3枚、铜牌8枚，利川市职工代表队奖牌数全州第一，金牌数全州第二。

【新就业形态群体工会建设】 2021年，州总工会领导班子成员分别带队组成调研组到8个县市调研，了解新就业形态劳动者所属企业及职工的基本情况。加强与交通、邮政、公安、市场监管等部门和行业协会的协调沟通，推进此项工作。11月26日，在恩施州工人文化宫广场举行恩施州新就业形态劳动者集中入会仪式暨“工会进万家·新就业形态劳动者温暖行动”。全州新就业形态群体共建会98个，覆盖企业162家，会员人数1万余人，全年新建工会组织27个，新增会员1930人，类别涵盖货车司机、快递员、护工护理员、房产中介员、网约送餐员、网约车司机等10余个群体。

【关爱职工心理健康】 2021年，成立州总工会关爱职工心理健康志愿服务团，聘请17名心理健康指导员，开展“你点我送”心理辅导活动，普及科学的心理健康知识，到州政府办、州畜牧兽医服务中心等州直基层工会以及利川市、建始县、宣恩县等县市举办心理讲座27场。在微信公众号上开设“关爱职工心理健康”专栏，将心理健康知识送进机关、送进企业，向职工朋友分享情绪管理技巧，预防职业倦怠。

【弘扬劳模精神】 2021年，州总工会联合林业部门创建首个“恩施劳模林”，组织劳模参加植树活动，拓展弘扬劳模精神的宣教阵地。做好劳模服务和帮扶工作，开展劳模

（工匠）大走访活动，每个工会干部联系一名劳模（工匠），全年走访劳模20人次，全年组织全州各级劳模3000人次参加疗休养活动，为107名困难劳模发放补助资金78万元。

【消费帮扶和旅游帮扶】 2021年，组织各基层工会参与消费帮扶，得到州委、州政府相关领导肯定，被州实施乡村振兴战略指挥部办公室、州消费帮扶工作专班办公室评为全州消费帮扶工作先进单位。将省总工会爱心消费资金703万元全部用于补助困难企业工会购买农副产品，全年全州各基层工会通过扶贫“832平台”采购农副产品1.26亿元。使用工会会费为会员购买旅游年票12.4万张，开展“恩施人游恩施”、春秋游等活动，累计入园近19万人次。截至年底，全州累计组织32批次、3200余名劳模（职工）参加疗休养，累计接待州外20余批次、1900余名劳模（职工）到恩施疗休养。组织7万余名职工开展“秋游恩施”活动，实现景区消费1235万元。

【对口帮扶与协作】 2021年，多次与武汉市总工会就《武汉市·恩施州两地工会对口帮扶协议》进行探讨，在劳模（职工）到恩施疗休养等方面基本达成共识，8月20日，州总工会为武汉市抗击新冠肺炎疫情一线职工送去50吨硒土豆。5月19日，宜昌市总工会到恩施州考察对接“宜荆荆恩”城市群协同发展工作。9月24日，“宜荆荆恩”城市群四地工会负责人在宜昌共同签署《“宜荆荆恩”城市群协同发展工会合作框架协议》。

【开展劳动和技能竞赛】 2021年，围绕全州主导产业、重点项目，开展各类劳动和技能竞赛，在全州营造良好的比学赶超氛围。举办第二届“工创杯”职工双创大赛，19个项目参赛。举办首届“恩施工匠”职业技能大赛，来自全州7个行业的272名选手参赛，产生一等奖7名，二等奖14名，三等奖21名。10月19日，州总工会、州邮政管理局、州人社局、团州委联合举行全州邮政快递业首届“感恩杯”职业技能竞赛，来自全州邮政快递业的75名优秀从业者参赛。

【“两节”送温暖活动】 2021年1月11—12日，省总工会党组书记、常务副主席董永祥到恩施州开展2021年“两节”（元旦、春节）送温暖活动，先后到恩施市、咸丰县走访劳动模范、困难职工和生产企业，调研基层工会工作，送上党委、政府的关怀和工会组织的温暖。2月9日，州总工会、州妇联、恩施市总工会联合开展春节期间就地过年、春运一线、新冠肺炎疫情防控职工走访慰问活动。

【考察调研交流】 2021年3月23—24日，州总工会到湖南省湘西州考察调研工人文化宫建设工作。5月18日，鄂州市总工会到恩施州考察交流工会工作。8月31日至9月1日，省总工会党组书记、常务副主席董永祥带队到恩施州，调研基层工会和平安建设等情况。9月5—8日，为做好即将建成的工人文化宫运营管理工作，州总工会考察组到宜昌、武汉考察学习。

【州总工会六届六次全委会议】 2021年3月9日，州总工会召开六届六次全委会议，总结2020年全州工会工作，安排部署2021年工作。会议通过工作报告、经审报告，通过有关人事任免事项。

【州总工会六届七次全委（扩大）会议】 2021年9月27日，州总工会召开六届七次全委（扩大）会议。会议依法依章程替补4人为州总工会第六届委员会委员，3人为第六届经审委员会委员，选举张蓉为州总工会常务副主席、曾志林为州总工会副主席。会议总结2021年以来的工作，部署下阶段工作。

【荣誉】 2021年4月，利川市德隆生漆科技有限责任公司总工程师洪克俭被中华全国总工会授予“全国五一劳动奖章”。州中心医院疾病感染科、中国联通恩施州分公司网络部被中华全国总工会授予“全国工人先锋号”。州中心医院急诊中心、恩施州美美百货商贸有限责任公司消防安保组、国网利川市供电公司建南供电所被湖北省总工会授予“湖北省工人先锋号”。恩施花枝山生态农业股份有限公司、州水文水资源勘测局、国网鹤峰县供电公司被湖北省总工会授予“湖北省五一劳动奖状”。恩施亚麦食品有限公司研发总监江世华、湖北创偲诺科技股份有限公司设计主管张小兵、湖北建始农村商业银行会计王雪娟获湖北省总工会授予“湖北省五一劳动奖章”。11月，恩施金风茶叶有限公司副总经理兼技术总监杨则高，湖北中烟工业有限责任公司恩施卷烟厂维修工、技师范忠，国网咸丰县供电公司检测员、技师刘彬被省总工会授予“荆楚工

2021年10月，恩施州举办首届“恩施工匠”职业技能大赛　（州总工会 供稿）

匠”。12月，湖北省鹤峰鑫农茶业有限公司被省总工会授予“湖北省五一劳动奖状”。国网恩施供电公司、国网宣恩供电公司职工书屋被中华全国总工会命名为2021年“全国工会职工书屋示范点”。

（雷 蓉）

共青团恩施州委

【概况】 2021年，共青团恩施州委持续推进“青春同心”“青春建功”“青春成长”“青春强基”四大行动，团结带领全州广大团员青年建功新时代。共青团恩施州委有下级组织7471个，其中团的领导机关8个，团委217个，团工委17个，团总支145个，团支部5342个，毕业生团组织1742个，团员131795人。

【庆祝中国共产党成立100周年系列活动】 2021年，在全州共青团、少先队组织全覆盖开展“青春向党·奋斗强国”主题团日和“争做新时代好队员”主题队日活动。举办恩施州共青团庆祝中国共产党成立100周年示范主题团日、各界青年座谈会和“学党史、强信念、跟党走——红领巾讲红色故事”等活动。面向大中学生、青联委员、企业青年、农村青年等不同领域青年，开展分众化实践活动。组织参与团省委“红色地图”、网上答题对战、红色寻访等网络主题活动和“青春心向党 放歌新征程”百首经典红歌传唱。在全州青少年中征集“讲革命故事、传红色基因”微视频30部，组织全州19个团组织开展“青春心向党 放歌新征程”红歌传唱接龙，开展“红色传承、青年感言”征文和主题观影等活动。

【党史学习教育】 2021年，印发《恩施州共青团“学党史、强信念、跟党走”学习教育实施方案》和《团州委机关党史学习教育实施方案》，面向全州各级共青团组织和共青团员，实施“十大红色”行动（打造红色课堂、推出红色宣讲、播撒红色种子、传承红色薪火、致敬红色经典、寻访红色足迹、选树红色榜样、引领红色风尚、践行红色承诺、担当红色使命）。组织少先队员参加“红领巾爱学习”“党史十课”等主题队课，开展“红领巾心向党”学习实践和“党的故事我来讲——争做红领巾讲解员”活动，组织7447个少先队中队开展“红领巾心向党”主题中队会。成立青年党史宣讲团，进行集中和中小型分散互动式宣讲。开展优秀党史主题影视作品观影活动3次，覆盖277人。州、县两级成立党史学习教育青年宣讲团（队）12支，有宣讲团成员165人，开展宣讲256场，覆盖青少年15万余人次。

【青少年思想政治引领】 2021年，联合3所高校举办“百生讲坛”，组织“中国青年五四奖章”事迹分享会，常态化开展主题团（队）日活动。持续深化“青年大学习”行动，组织197万人次参与“青年大学习”。建强微信、微博、抖音等阵地，推出形式新颖、贴近青少年、传播力强的文化产品，扩大团属新媒体阵地的覆盖面和影响力。“青春恩施州”微信公众号发文305篇，粉丝11.57万人，平均阅读量2892人次，制作图文海报30部、《谁不说咱家乡好》视频1部，微博上榜政务排行榜团委榜前100名，抖音获赞281.2万人次。加强青年典型选树和宣传。

【基层组织建设】 2021年，规范发展团员10481人，全州468个基层团组织向上级团委述职，全州团组织专题组织生活会开展率99.4%，对标定级开展率99.8%，学社衔接率99.5%。村（社区）团组织换届工作完成，全州有2024个村和204个社区开展换届，建立1574个团支部。新建5个团代表联络站。坚持党的领导，压实从严治团责任，用好“培训”和“教育”两种手段，以“清廉共青团”建设为目标，从严管理好团干部、团员，整顿软弱涣散团组织。

【深化改革】 2021年，统筹抓好恩施市全国县域团的基层组织改革试点和恩施市湖北共青团基层组织改革“加强宣传思想文化工作”专项试点工作。基层团组织形态不断丰富，全州有非公领域团组织372个，社会领域团组织101个。建立专门委员会2个，团代表联络站8个，初步构建“委员—代表—团员青年”的扁平化联系路径。州及8个县市均成立教育团工委，出台《深化团教协作进一步加强教育系统党建带团建、队建的实施意见》，构筑“全团抓学校”工作格局。联合州教育局举办恩施州精品团课展示活动，下拨5万元以奖代补支持中学团校建设。开展高校共青团、学生会（社团）组织改革量化评估工作。开展中学团委书记、中小学大队辅导员线上培训8场，覆盖1161人。

【少先队工作】 2021年，全州573所中小学校成立学校少工委，大队辅导员配备率达100%，全部规范实行分批入队。构建阶梯式成长激励体系，州少工委联合州教育局评定1174名少先队员、82个少先队集体颁发三星章。组织全国、省级红领巾巡讲团成员推荐工作，建立州级红领巾讲师团，组织13名巡讲团成员到学校、农村等面向少先队员、少先队辅导员进行“请党放心，强国有我”的主题巡讲，在54所学校巡讲107场，覆盖21110名少先队员、654名辅导员。发挥国家级名师工作室——满天星名师工作室带动作用，建设6家州级少先队名师工作室，新命名1家省级名师工作室。探索建设校外实践教育基地，在6个教育实践基地挂牌少先队校外实践基地。

【青少年成长帮扶】 2021年，召开恩施州青年工作联系会议第二次全体会议，印发《恩施州青年身心健康提升工程实施意见》。举办2021年恩施州第二届关爱困境未成年人“希望伴飞计划”公益项目大赛，评选6个公益项目给予扶持资金10万元。组织申报湖北省“希望伴飞计划”项目，恩施市小棉袄社会工作服务中心获得司法服务类扶持资金4万元。开展“共青团与人大代表、政协委员面对面”暨快递从业青年慰问活动。推进恩施州未成年人司法社会服务中心建设，全年为203名涉罪或受害未成年人开展心理援助298次。发挥“12355”青少年服务台热线作用，全年接听咨询电话161个。开展“轻松备考·12355与你同行”心理减压、中高考减压、“法治宣讲”55场和“平安行动”主题团（队）日1336场，覆盖近13万人。举办“牵手团缘·情定硒都”青年联谊活动18场，为1757名单身青年搭建婚恋交友平台。

【青年创新创业创优】 2021年，开展青年创业大讲堂9场、就业公开课4场。联合人社、财政、人行、农商行等部门实施“青创贷”项目，向符合条件的创业青年、小微企业发放“青创贷”8420.4万元，占全省贴息贷款支持额度的15.3%，惠及430名返乡创业农民工、高校毕业生、复退军人、创业青年、网络商户等，位列全省前三名。组织24名创业青年参加省级创业培训班，推荐15名农村创业青年典型入选团省委百名农村创业青年致富带头人计划，1名创业青年被评为“全国乡村振兴青年先锋”，1名创业青年获得第十一届“中国青年创业奖”，推荐湖北青年创业导师候选人1人。“恩施圣珍——最美生态桃园助力乡村振兴”项目获湖北省青创赛乡村振兴组别银奖。选树恩施州2019—2020年度“青年文明号”集体82个、“青年岗位能手”85名，推荐2个集体参加全省“青年文明号”创建。

【志愿服务】 2021年，建立健全各级团属志愿者协会，实现县级志愿者协会全覆盖。“志愿汇”App注册志愿者近12万人。招募新冠肺炎疫情防控志愿者4253名、防汛救灾志愿者223名、春运“暖冬行动”志愿者840名、关爱留守儿童志愿者800余名，开展各类服务。招募178名大学生西部计划志愿者、60名研究生支教团成员，围绕基础教育、服务三农、医疗卫生、基层青年工作、基层社会管理等领域开展服务。举办恩施州首届志愿服务项目大赛暨新时代文明实践展示活动，9个项目获得扶持资金5.6万元。开展青少年事务社工培训班，覆盖社工50名。举办州级青年志愿服务“社区计划”工作竞赛，5个社区在全省“社区计划”工作竞赛总决赛中分别获得1个金奖、4个铜奖。全州7个志愿服务组织，2名个人入围“致敬志愿者——2021志愿公益创造营”网络展示环节。11月，共青团中央授予来凤县巡天网络电脑有限公司邹杰、湖北恩施农村商业银行股份有限责任公司向艳第十三届“中国青年志愿者优秀个人”荣誉称号。

【服务乡村振兴】 2021年，组织动员16694名大中专学生开展暑期文化、科技、卫生“三下乡”和358名优秀青年大学生开展“返家乡”社会实践。全州设立39个“希望家园”教学点，15个助力乡村青少年宫“七彩假期”志愿服务项目点，招募400余名志愿者，服务2273名留守儿童。开展“乐新春暖童心”关爱留守儿童活动，建设“童心港湾”项目6个。第十批省派博士服务团11人到岗并开展相关挂职工作。

【希望工程】 2021年，争取资金150余万元，援建希望学校3所、希望卫生室2间、希望厨房1间、希望书屋2间、艺术教室1间。发动社会各界捐款及配捐资金80余万元，为3000多名留守儿童配发微心愿礼包。争取资金270万元向2700名抗击新冠肺炎疫情一线染疫医务人员子女和因疫因病致困家庭青少年发放慰问金。争取资金83万元开展公益助学活动，资助166名困境学子圆梦大学。

【志愿服务暨青少年事务社工培训班】 2021年4月23日，恩施州举办志愿服务暨青少年事务社工培训班。武汉市逸飞社会工作服务中心理事长、湖北省志愿者协会副秘书长陈兰兰为参训人员作“志愿服务让社会治理更美好”专题辅导。各县市团委分管书记、青年志愿服务“社区计划”项目负责人、部分青年社会组织负责人以及恩施州首届志愿服务大赛决赛项目负责人等50多人参加培训。

【恩施州首届志愿服务项目大赛】 2021年4月23日，恩施州首届志愿服务项目大赛暨新时代文明实践展示活动在州城恩施举办。全州各志愿服务组织志愿服务团队28个项目报名，9个项目进入决赛进行路演答辩。恩施市“情暖童心，相伴成长”爱心爸妈关爱帮扶项目获得大赛金奖，宣恩县“苗语传承”志愿服务项目和湖北民族大学“医心医意，守护健康”——“互联网+”医疗志愿服务项目获得大赛银奖，鹤峰县“我和‘餐妞妞’有个约‘惠’”等6个项目获得大赛铜奖。

【“恩施州青年五四奖章集体”“恩施州青年五四奖章”表彰】 2021年4月28日，共青团恩施州委、恩施州青年联合会授予恩施市人民检察院未成年人检察办公室、利川市第五中学青年教师团队、建始县烟墩大道消防救援站、巴东县中医医院青年突击队、巴东县子曰居民服务中心青年团队、宣恩县消防救援大队青年突击队、中南财经政法大学咸丰县研究生支教团、国网鹤峰县供电公司“心+星”青年志愿服务队、人保财险恩施州分公司理赔中心青年突击队、湖北省地质局第二地质大队青年突击队“恩施州青年五四奖章集体”称号。授予刘宝山、李洁冰、李宗武、李思思、杨乾、岳勇、周洋、黄楚鹰、龚涛、韩鹏“恩施州青年五四奖章”。

【中国少年先锋队恩施州第二次代表大会】 2021年5月28日，中国少年先锋队恩施州第二次代表大会召开，省少工委主任王云清出席会议。会议通过《中共少年先锋队恩施州第二次代表大会关于恩施州第一届少工委工作报告的决议》《中国少年先锋队恩施州第二次代表大会选举办法》《中国少年先锋队恩施州第二届工作委员会第一次全体会议选举办法》，选举恩施州第二届少工委、中国少年先锋队恩施州第二届工作委员会主任、副主任，聘任恩施州少先队副总辅导员。

【恩施州学生联合会第一次代表大会】 2021 年 6 月 29 日，恩施州学生联合会第一次代表大会召开，省学联，团省委相关领导出席开幕式。大会正式代表、列席代表 75 人参会。会议通过《恩施州学生联合会章程》，选举湖北民族大学学生会、湖北民族大学研究生会、恩施职业技术学院学生会等 23 个团体为恩施州学生联合会第一届委员会，选举湖北民族大学学生会、恩施高中学生会、利川市第一中学学生会等 13 个团体为恩施州学生联合会第一届主席团，选举湖北民族大学学生会为恩施州学生联合会第一届主席团体并表决通过许一珂为恩施州学生联合会主席。

【第二届"希望伴飞计划"公益项目决赛】 2021 年 12 月 22 日，恩施州第二届关爱困境未成年人"希望伴飞计划"公益项目决赛在州城恩施举行。恩施市小棉袄社会工作服务中心获得金奖，鹤峰县容米社会工作服务中心、利川市梦之舟社会工作服务中心获得银奖，巴东县以及人社会工作服务中心、巴东县博爱之光社会工作服务中心、利川市心理咨询协会获得铜奖。

【青年工作联席会议第二次全体会议】 2021 年 12 月 29 日，青年工作联席会议第二次全体会议召开，会议深入学习贯彻习近平总书记关于青年工作的重要思想，学习贯彻落实《中长期青年发展规划（2016—2025 年）》和《湖北省中长期青年发展规划（2017—2025 年）》，研究部署下步工作。

【荣誉】 2021 年 4 月 27 日，恩施市恩施经济开发区远奕创业企业孵化器基地团总支被共青团中央授予"全国五四红旗团支部（团总支）"称号，利川市文斗镇团委书记、利川市文斗镇耳子山村党支部书记杨锋被授予"全国优秀共青团干部"称号；巴东县水布垭镇杨家垭村农民陈兹方被共青团中央、全国青联授予"中国青年五四奖章"。9 月 7 日，湖北省残疾人游泳队运动员袁伟译被共青团中央、全国青联授予"中国青年五四奖章"。4 月 27 日，利川市公安局维稳综合情报信息研判预警中心主任杨蓥被省人社厅、共青团湖北省委、省青联授予"湖北青年五四奖章"。建始县杨乾推拿按摩店店主杨乾、咸丰县西部计划志愿者符双喜获评扶贫助困类"湖北向上向善好青年"，咸丰县中等职业技术学校会计专业学生向锦鸿获评崇德守信类"湖北向上向善好青年"。

（岳　楠）

恩施州妇女联合会

【概况】 截至 2021 年年底，全州有女性 192.3 万人，留守妇女 1.4 万余人，留守儿童 3.3 万余人。全州共建妇女组织 3141 个，其中村（社区）2227 个、乡镇（街道）91 个、州、县机关 634 个、非公有制经济组织和社会组织 153 个、新媒体行业 3 个、高校 3 个、系统 9 个、其他领域 21 个。市、县、乡、村妇联执委 23487 人，各级团体会员 13 个。2021 年，州妇联"爱心妈妈结对关爱留守儿童"、家庭教育、系统妇联建设等工作经验在全省妇联系统交流。承接的湖北省"十大惠民、四项关爱"实施项目（恩施州负责其中两项："患癌妇女关爱""爱心妈妈结对关爱留守儿童"项目）获省委党史学习教育督导组肯定。

【思想政治引领】 2021 年，以中国共产党成立 100 周年为主线，突出党史学习教育，发挥妇联引领职能，宣传党的制度优势、党的创新理论和路线方针政策、决策部署，引导妇女群众听党话、感党恩、跟党走。发动 1.7 万余人参加全省线上妇女党史知识竞赛。组织巾帼宣讲员利用叶挺、何功伟等本土党史资源制作红色故事视频在湖北妇女网进行展播。开设"献礼建党百年——讲巾帼英雄故事"栏目，讲述 100 位在党的旗帜下不畏艰难、自强不息、英勇斗争、不怕牺牲的巾帼英雄故事。开展"她想对党说"主题征文，征集作品 80 余件，评选出一等奖 5 名，二等奖 10 名，三等奖 15 名。开展"我为群众办实事"活动，联合举办"妇联邀您回娘家"系列公益活动 660 余场，4 万余人受益。开展"爱心妈妈结对关爱留守儿童"活动，招募 9000 余名爱心妈妈（团体）结对关爱 2.7 万余名留守儿童。组织开展"庆三八巾帼颂党恩"、"少儿心向党　红心耀硒都"、"巾帼红　家宣讲"、十九届六中全会宣讲等系列"巾帼大宣讲"244 场次，州妇联领导班子成员带队到县市开展十九届六中全会宣讲 5 次。选树恩施州"三八红旗手（集体）"等各类优秀典型 120 名（个），7 人 7 个集体获国家级和省级表彰。建好用好网上妇联阵地，在州级及以上媒体发稿 139 篇，在"恩施州妇女联合会"官网发布文章 258 篇，在"恩施州妇女联合会"微信公众号发布文章 1288 篇，累计阅读量达 717856 次。

【创业创新工作】 2021 年，推进"2+N"产业发展（手工制作、家政服务+妇女特色产业发展），争取"天才妈妈，梦想工坊"项目支持西兰卡普手工业发展，组织 13 家"妇字号"企业参加武汉市妇联"妇字号特色产品公园集市"线上展示活动，推动恩施市屯堡乡花枝山村、太阳河乡青树子村和建始县花坪镇小西湖村入选湖北省"楚风优品进乡村进社区"示范活动首批乡村示范点。开展"2021 年恩施州高素质女农民电商培训""2021 年农村实用人才带头人示范培训""'恩施巧娘'手工编织培训"，140 余名女性参训。承办首届"恩施工匠”育婴员职业技能大赛，形成《“恩施月嫂”“恩施护工”劳务品牌标准化建设》，纳入州委《领导参阅》和人大政协建议、提案。融入“宜荆荆恩”城市群建设，签署《“宜荆荆恩”城市群妇联主席联席会议工作规则》，组织3家“妇字号”企业参加“宜荆荆恩”首届妇女儿童家庭服务业博览会，其中2家企业获评“最受欢迎产品企业”。

【关爱妇女儿童工作】 2021年，开展法治宣传，持续开展“建设法治恩施·巾帼在行动”“心系妇儿·送法到家”活动200余场次，线上开办普法课堂，推出以案说法7期。开展维权服务，发挥州“平安家庭”建设组等平台作用，印发《恩施州维护妇女儿童权益暨“平安家庭”建设组工作方案》，建立健全“平安家庭”建设工作机制，联合州委平安办开展恩施州“平安家庭”建设工作培训暨第六期网格员远程培训2000余人。畅通“12338”维权服务热线，开设“8206326”妇女儿童心理援助热线，为妇女儿童提供法律咨询、心理援助服务。开展关爱帮扶，开展“两癌”（宫颈癌、乳腺癌）防治知识到村、社区活动447场，29413人参与学习，为6万余名农村妇女进行“两癌”免费检查，为535名患癌妇女申请救助资金188.5万元。开展关爱留守儿童暑期“彩虹行动”和儿童安全自护教育，为40名高中女生争取中国儿童少年基金会“春蕾计划”资助金16万元，为4所农村学校450名学生争取中国儿童少年基金会“HELLO小孩”项目爱心套餐450套共价值9万元，为11名女大学生新生争取“金凤工程”资助5.5万元，争取省妇联捐赠爱心毛衣470余件，争取爱心企业捐赠奶粉、文具等物资价值7万余元，争取中国妇基会“母亲健康快车”2辆。联合多部门开展“送岗位、送技能、送文化、送健康”系列活动700余场、4万余人受益。设立恩施州妇女儿童关爱专项基金，募集7.09万元。

【家庭家教家风建设】 2021年，提升家庭教育指导服务能力，通过政府购买服务的方式，联合6家社会组织实施“家爱驿站”家庭家教家风类项目10个，辐射6个县市，开展310余场线上线下活动，惠及10.1万人次。会同州教育局、专业机构培育家庭教育工作者150名。开展家庭教育主题活动，联合州委宣传部、州教育局等9个单位在全州开展“每周同上一堂家庭教育课”主题活动，用好省妇联“家爱学院”平台，在主流媒体和部门微信公众号等平台，以及部门工作群、家长群、村（居）民群等宣传推送40期家庭教育课程。组织开展“家庭教育和心理健康”科普知识有奖测试，2.1万余人参与答题6.6万余次。抓好典型选树宣传，寻找爱党爱国类、清正廉洁类等7类最美家庭，评选州级最美家庭30户。9月，恩施市柯昌琼家庭、郑芙蓉家庭，利川市王凤祥家庭，咸丰县李贤付家庭，鹤峰县黄萍家庭获评2021年“荆楚最美家庭”。11月，咸丰县郑福安家庭获评2021年“全国最美家庭”。建设并命名10个家风家教实践基地，张富清先进事迹展馆等3个基地入选2021年“湖北省家风家教实践基地”。抓好清廉家庭建设，官微宣传展示清廉家庭建设工作30余期，恩施州清廉家庭建设工作被《中国妇女报》、人民法治网、《湖北日报》、荆楚网等省级及以上媒体报道6次。清廉家庭建设工作在全州清廉建设推进会暨小微权力监督现场会上作交流发言，并在州纪检监察信息第16期刊载。清廉家庭建设工作获省考评“优秀”等次。

【组织建设】 2021年，完成全州乡镇（街道）、村（社区）妇联组织换届工作。乡镇（街道）妇联组织选举产生主席91名、专兼职副主席297名、执委1460名。村（社区）妇联组织选举产生妇联主席2227名、副主席4388名、执委24438名。换届后，100%村（社区）“两委”班子中至少有1名女性成员，100%村（社区）妇联主席进“两委”，全州村“两委”成员中女性占比39.04%，女性村委会主任占比18.72%。新建新领域妇联组织4个、行业系统大妇联3个，行业系统妇联建设工作在全省妇联组织参与党建引领基层社会治理工作会上进行交流发言。实施“基层妇联领头雁培训计划”，承接、组织湖北省村（社区）妇联干部示范培训班第8期、恩施州基层妇联主席培训班，180余人参训。选派5批次58人到武汉、北京参加培训。

【志愿服务】 2021年，开展巾帼志愿服务640余场，服务群众6.7万余人，打造“爱心妈妈”“硒都有爱”“村花”等巾帼志愿服务品牌，来凤县爱心妈妈协会会长连芳被省文明办评为“2020年度湖北省学雷锋志愿服务最美志愿者”。

【妇女儿童发展规划终期评估】 2021年，州妇儿工委办印发《恩施州妇女发展规划（2011—2020年）和恩施州儿童发展规划（2011—2020年）终期评估工作方案》，在各县市妇儿工委、州直各成员单位自查自评基础上，州妇儿工委办抽调人员组成2个督查组，到8个县市及州教育局、州卫健委、州民政局、州法院、州检察院、州公安局6个成员单位开展终期评估督查及新规划编制调研，撰写《恩施州妇女儿童发展规划实施情况终期评估报告》。妇女儿童发展规划涉及健康、经济、教育、参与决策与管理、社会保障、环境与法律7个领域115项指标，107项指标达标，达标率93%。官网官微开设“妇儿规划直通车”栏目，启动新一轮两个规划编制调研项目。宣传男女平等基本国策及妇女儿童发展规划实施十年成就，《恩施日报》刊发专版《十年深耕，只为精彩绽放》，恩施电视台、云上恩施等媒体播放专题片《润泽妇女儿童，筑梦美好未来》。

【考察调研】 2012年5月12—14日，省妇联党组成员彭艳红到恩施巾帼脱贫示范基地、村（社区）、企业、医院了解妇女创业就业、乡村振兴、妇联改革成效、“三八红旗手”工作室作用发挥、“两癌”免费筛查、妇联组织参与基层社会治理、巾帼志愿服务等情况，面向妇女群众开展党史学习教育宣讲。6月9日，省委常委、统战部部长、省总工会主席尔肯江·吐拉洪到恩施市三岔镇莲花池村、阳天坪村、燕子坝村看望慰问患癌妇女和留守儿童，召开关爱留守妇女儿童座谈会。7月20—21日，中国妇女发展基金会发展部主任吴琼到恩施土家山寨织锦工艺有限公司、“荆楚最美巾帼农庄”茶花山庄、利川柏杨坝镇永兴社区开展项目调研。

【州妇联七届三次执委会】 2021年3月8日，州妇联召开七届三次执委会暨“巾帼心向党 奋斗新征程”巾帼大宣讲活动。学习贯彻中共十九届五中全会精神，学习宣传“全国十佳农民”、来凤农园果蔬专业合作社理事长向辉和“全国先进工作者”、州中心医院妇儿医院副院长谷新的先进典型事迹，总结2020年全州妇女工作，安排部署2021年工作。

【荣誉】 2021年，州妇联获评全州“2020年度平安建设（综治工作）优胜单位”、2019—2020年度州级最佳文明单位。州妇联党支部被评为全州先进基层党组织、2019—2020年度州直“红旗党支部”、2020年度下沉社区表现突出的州直驻区单位党组织。1人被表彰为恩施州优秀共产党员。2月，小渡船街道办事处机场路社区居民委员会被全国妇联表彰为“全国三八红旗集体”。3月，恩施市龙凤联强商贸有限公司总经理方荣被全国妇联表彰为“全国巾帼建功标兵”，恩施花枝山生态农业股份有限公司被表彰为“全国巾帼建功先进集体”，州中心医院新生儿及儿童重症儿童保健科被表彰为“全国巾帼文明岗”。3月5日，来凤县翔凤镇花园堡社区书记连芳被省文明办授予“第六批湖北省岗位学雷锋标兵”称号。3月8日，方荣被省人社厅、省妇联表彰为“湖北省三八红旗手标兵”，利川市人民医院感染科主任刘桃、恩施州何洁茶艺技能大师工作室领办人何洁、湖北省鄂旅投旅游发展股份有限公司总经理徐俊被表彰为“湖北省三八红旗手”。12月，建始县长梁镇龙潭村妇联主席李忠香被全国妇联、人社部表彰为“全国妇联系统劳动模范”；湖北联信律师事务所、利川市妇联被全国妇联表彰为“全国维护妇女儿童权益先进集体”；州人民检察院第七检察部副主任，四级高级检察官李培军被表彰为“全国维护妇女儿童权益先进个人”。

（李　琼　黎　玲）

恩施州科学技术协会

【概况】 2021年，恩施州科学技术协会（简称州科协）有所属学会（协会、研究会）53个，高校科协2个，农村专业技术协会83个，企业科协23个，专家工作站21家。建有湖北省特色产业科普基地17个，省科普教育基地7个，省级科普教育学校11个，省级科普惠民社区17个，州科普教育基地17个，州硒科普教育基地17个，农村中学科技馆8个。州科协同时承担恩施州全民科学素质纲要办公室工作职责，恩施州科技馆为下属正科级公益一类事业单位。9月23日，恩施州科学技术协会四届五次全委会议召开。

【深化改革工作】 2021年，持续开展“3+1”（以农技站长、医院院长、学校校长为代表的科技工作者进入科协领导机构）工作。申报湖北省基层科协“三长”（农技站长、医院院长、学校校长为代表的科技工作者）改革创新优秀案例，建始县“三长”代表钱大智申报的案例入选并获补助。组织实施中国科协第二批地方科协深化改革工作试点项目——恩施州科协科技助力精准扶贫项目，项目资金20万元。12月，项目通过验收。

【科普公共服务能力建设】 2021年，推动科普示范建设，恩施市入选全国科普示范县（市、区）创建单位。全年建省级特色产业科普基地8个，省级科普教育基地5个，省级科普惠民社区4个，省级科普教育学校4个，州级科普教育基地3个，州级科普惠民社区（村）5个，州级科普教育学校2个，州硒科普教育基地1个。

【科普信息化建设】 2021年，组织“科学防疫 欢度春节 防疫科普知识挑战赛”“学党史 悟初心 爱科学 党建+科普知识网络竞赛”2场网络知识竞答活动，参与答题人次分别为18563人次、21297人次，点击量20万人次。利用各种平台推广“科普中国”推文以及群众关心关注的科普知识。在电台FM99频道开设“科普三分钟”专栏节目，每周向公众传播2期科普小知识。全州注册科普中国科普信息员1485名，全省排名第二，工作成绩和经验获中国科协肯定。

【服务创新驱动发展】 2021年，建设省级专家工作站，全州新建站6个，专家工作站科技成果转化取得成效，州内专家工作站获授权专利19项，发表论文17篇，发布地方标准7项，登记科技成果4项。推荐恩施州源惠科技开发有限公司成功申报2021年湖北省科协“科技创新源泉工程”，协助该企业与湖北省农科院科协建立“会企协同创新基地”。支持12个学会（协会）开展重点学术交流活动。

【科技志愿服务】 2021年，全州学会（协会）完成注册科技志愿者1485人，有科技志愿服务组织52支，开展科技志愿服务活动20场。州农科院科协科技志愿服务队走进农业基地、农业企业、合作社开展农业科技志愿服务活动，州护理学会科技志愿服务队开展“在一起，温暖你”公益服务活动，州口腔医学会开展口腔医学科普活动，州心血管学会开展恩施州“323+”攻坚行动（“323”是心脑血管疾病、癌症和慢性呼吸系统三类重大疾病，高血压、糖尿病两种基础疾病，出生缺陷、精神卫生、青少年近视三类公共卫生问题，“+”是结核病、风湿病，“323”是湖北省的规定动作，“+”是恩施州自选动作）、心血管疾病防治科普及义诊等活动，恩施市科协科技志愿服务队、咸丰县科协科技志愿服务队开展乡风文明志愿服务队礼仪培训，推动乡村形成健康、安全、卫生的文明生活方式。

【科技闹春耕】 2021年3月12日，州科协、州农科院在利川市谋道镇四合村启动“科技闹春耕”活动。春耕期间，组织多个领域的科技工作者到田间地头，服务农村春耕生产，开展农业科技培训62场。

【全民科学素质提升】 2021年，组织编制《恩施州全民科学素质行动规划纲要实施方案（2021—2025年）（草案）》，对县市2021年《全民科学素质行动规划纲要》落实情况开展督查。提升未成年人、农民、产业工人、老年人、领导干部和公务员五类重点人群科学素质，组织开展恩施州第16届青少年创新大赛、恩施州中小学生科技信息素养提升实践活动、“每周同上一堂家庭教育课”主题活动、科学补硒科普宣传讲座和科普进社区等活动。

【特色科普活动】 2021年3月19日，由州妇联、州科协主办，湖北民族大学附属民大医院承办的“巾帼健康科普大讲堂进机关”活动开班，全年在70余个机关单位开展101期讲座。5月22日，恩施州2021年科技活动周启动式在州城硒都广场举行，围绕“百年回望，中国共产党领导科技发展”主题开展系列活动。湖北省大型文人科普音乐剧《浮出水面》全省巡演恩施站在湖北民族大学音舞学院演播厅上演，300余名观众观看演出。联合州心理咨询师协会，在全州开展8场心理健康科普进校园活动，助力全州中高考。联合恩施市科协在恩施高新区六角亭街道办事处解放路社区开展安全用药知识讲座。9月17日，以“百年再出发，迈向高水平科技自立自强”为主题的恩施州2021年全国科普日活动在恩施市启动。州科协联合州委宣传部、州教育局、州科技局、州自然资源和规划局、州生态环境局、州水利和湖泊局、州农业农村局、州卫健委、州应急管理局、州妇联等部门，在全州范围内集中时段、集中资源、集中力量开展95场线上线下活动。州科协以“百年再出发，迈向高水平科技自立自强”为主题的2021年全国科普日活动启动式暨恩施市主场活动被中国科协评为全国科普日优秀活动。完成恩施州第二轮中国流动科技馆来凤县、宣恩县巡展，累计观展1万人次。

2021年7月13日，2021年恩施州中小学生科技信息素养提升实践活动在巴东明德外国语学校举行
（谭缤纷 摄）

【科技科普人才推荐】 2021年，李宜恩被中国科协评为全国“全民科学素质工作先进个人”，易美军被中国农村专业技术协会评为全国“十佳乡土科技人才”，吴双清入选湖北省“最美科技工作者”推荐候选人（全省10名）。建成恩施州科普专家人才数据库，入库专家436名。

【支持乡村振兴】 2021年，制定《恩施州科协2021年“乡村振兴·科技助力”活动方案》，组织州级科技专家走进农村，在利川市谋道镇四合村、恩施市太阳河乡柑树垭村等地，为群众提供决策咨询、科技培训、技术推广、成果转化等科技服务。争取省科协支持，邀请省农技协专家到鹤峰县调研当地特色产业发展并提供农业技术指导。

【参与基层治理】 2021年，参与社区治理，在机场路社区等11个社区打造科普知识宣传廊、科普书屋、科普文化广场。到社区开展形式多样的科普活动，联合机场路社区开展“小手牵大手”科普趣味亲子运动会，联合书院社区举办“生活中的几何”科普阅读活动，在解放路社区开展健康科普知识进社区活动，在桂花园社区组织开展航空科技实践课堂进社区系列活动。

【“全国科技工作者日”活动】 2021年5月26日，州科协召开“全国科技工作者日”座谈会，来自州内各行各业的优秀科技工作者代表参加会议。科技工作者代表交流发言。其间，集中走访慰问20名优秀科技工作者代表。

【“众心向党、自立自强”系列主题活动】 2021年6月24日，举办州直学会党史学习教育暨党建工作培训班，向科技工作者宣讲习近平总书记在两院院士大会和中国科协第十次全国代表大会上的重要讲话精神，开展党史学习教育专题辅导和学会党建工作培训。在《恩施日报》开设“众心向党”“礼赞·科技工作者”专栏，弘扬科学家精神，宣传州内优秀科技工作者典型事迹。

【恩施州微型科技馆开馆】 2021年9月15日，恩施州微型科技馆面向市民免费开放运行，以“感受科技魅力，探索科学精神”为主题，分信息技术、航空航天、安全体验、科学探索、生命科学5个主题展区，壁挂展品分光学奇观、电磁学奥秘、声学探索、力学世界4个类别，共计38件展品，占地面积约240平方米，累计参观1.5万余人次。

（聂　丹）

恩施州工商业联合会

【概况】 2021年，全州各级工商联按照“政治建会、团结立会、服务兴会、改革强会”要求，把握“两个健康”工作主题（非公有制经济健康发展和非公有制经济人士健康成长），服务恩施州经济社会发展。3月，州工商联召开六届五次执委会，调整部分执常委，完善工商联领导班子力量。全州工商联系统所属89个乡镇商会，注册登记88个，登记率达99%，其中恩施市、利川市、建始县、宣恩县、咸丰县、来凤县、鹤峰县7个县市实现乡镇商会登记注册全覆盖。

【理想信念教育】 2021年，全州各级工商联加强非公领域理想信念教育工作，印发《关于进一步加强非公有制经济人士理想信念教育工作的通知》，结合实践探索将理想信念工作制度化，向全州民营企业、工商联系统会员和所属商会组织发出“创清廉恩施，促健康发展”的倡议书。组织9名民营企业家、商会代表分别到延安、上海、井冈山、红安参加民营经济人士理想信念教育培训班，组织20名民营企业家代表参加全州统战系统党史学习教育暨统战政策理论培训。组织直属商会集中收看庆祝中国共产党成立100周年大会实况，召开庆祝中国共产党成立100周年民营企业家代表座谈会。组织直属商会和广大民营企业参加省工商联、人民网联合举办的“庆祝中国共产党成立100周年暨湖北省首届非公经济党建短视频展播”活动，恩施鄂东商会和建始食达好农产品工贸有限公司的作品在人民网湖北频道“党建系列短视频展播”专栏展播。全州各级工商联推进党史学习教育，召开1次专题学习研讨会，开办1期理论学习培训班，举办3次专题辅导讲座，联合直属商会党支部开展4次实地红色教育活动。《踏寻红色足迹　传承革命精神》党建短视频被人民网湖北频道采用。《州工商联学史力行做商会组织、民营企业的“娘家人”》《州工商联“三进三提升”增强学习实效》被恩施州党史学习教育简报刊发。

【政治协商、参政议政与民主监督】 2021年，全州各级工商联引导政协工商联界别委员、人大代表履职尽责、建言献策。在州八届五次政协会上作3个大会发言。做好州九届人大代表候选人和政协恩施州第九届委员会委员人选的推荐工作，召开政协提案工作培训会议，提升新一届州政协委员建言献策能力。开展“协商在一线、问计于群众”系列活动，全年召开3场院坝协商会，组织村民居民代表、民企负责人、村支两委、社区领导、政协委员、专家学者共同研究探讨“万企兴万村”、乡风文明建设、老旧小区改造等工作。会后，将达成的协商共识整理为书面材料，呈递给州政协，为党委、政府制定政策提供参考。

【调查研究】 2021年，全州各级工商联立足自身职能职责，围绕推动“两个健康”和民营企业切身感受的共性问题开展调查研究。州工商联开展大走访、大调研，深化“民企服务年”活动，组建5个调研指导组，到基层一线进行调研走访，实地走访16家基层商会和37家重点民营企业，与基层商会代表、民营企业人士面对面座谈交流。配合省工商联开展上规模企业调研和民营企业社会责任调研，向省工商联推荐报送民营企业和民营企业家优秀社会责任案例。

【服务乡村振兴】 2021年，全州各级工商联发挥桥梁作用、平台优势，支持乡村振兴。开展“万企兴万村”行动，州工商联召开全州民营企业助力乡村振兴暨“千企兴千村”工作动员会和全州“万企兴万村”现场推进会，动员引导广大民营企业和商会组织投身“万企兴万村”行动，全州1376家企业及商会与857个村结对，实现乡村振兴重点村村企结对全覆盖，恩施花枝山生态农业股份有限公司等5家民营企业和商会组织被省工商联表彰为“万企兴万村”行动标兵。开展“民营企业家风采”系列采风行动，典型引路，营造良好帮扶氛围。继续支持消费帮扶工作，州工商联分别向省工商联和武汉市工商联发出《关于支持恩施州消费帮扶工作的请示》，向13家异地商会及6家直属商会发出《消费扶贫倡议书》，多方动员采购恩施农副产品。截至年底，广东省和宜昌市、温州市、杭州市等6家异地商会采购、销售恩施农副产品约584.7万元。

【招商联络】 2021年，州工商联发挥异地商会招商引资平台优势，多次牵头组织恩施高新区、州商务局、各县市与各异地商会进行深度对接，开展系列招商引资联络活动。邀请17位异地恩施商会会长或代表及筹备组负责人回乡参加座谈会，与州“四大家”领导交流、联络感情、共话发展。联合武汉市工商联将全州重点招商项目推介给意向投资的武汉民营企业家，支持全州招商引资工作。履行恩施州“大招商、招大商、抓落实”行动第七分队牵头单位职责，2次召开党组（扩大）会议进行专题研究部署，组建工作专班推动工作落实。召开直属商会负责人座谈会，给恩施州 14 个异地商会发函，引导直属商会和异地商会当好招商引资工作的“宣传员、联络员、信息员”。州政协副主席、州工商联主席王继刚率队到广东深圳、东莞考察，寻求投资意向。截至年底，有 3 家优质企业到恩施考察。

【优化营商环境】 2021 年，州工商联立足自身职责职能，搭建政企沟通平台，推动构建亲清政商关系，促进营商环境优化。健全完善 2021 年度州领导联系重点民营企业和商会制度，举办 3 期企业家沙龙活动，邀请 33 位民营企业代表、18 家州直相关单位、5 位行业专家，聚焦恩施州经济社会发展以及本行业、本领域存在的问题和诉求建议献策。举办 2021 年恩施州民营企业家代表和异地商会会长座谈会，为民营企业家向党委、政府反映问题，提供建议搭建平台。主动靠前为企业服务，与州检察院、州中级人民法院、州税务局建立健全联络协作机制，共同为民企发展保驾护航。与州司法局、州律师协会建立“万所联万会”机制，开展推进“法治体检”“法律三进”活动。开展民营企业生产经营管理人才高级职务任职资格评审工作，5 名民营企业家被评为高级经济师。举办全州民营经济代表人士及工商联系统干部培训班、全州工商联系统业务工作培训班，提升工商联系统干部业务水平和服务能力。组织直属商会参加商会调解服务平台网络培训，增强商会参与矛盾纠纷化解能力。组织州内企业家代表参加湖北省民营企业依法治企暨信用体系建设培训班等。

【非公有制企业投诉服务】 2021 年，全州工商联依托非公有制企业投诉服务中心，健全畅通政企沟通渠道，提升工商联服务非公有制企业的能力。全年受理企业诉求 77 件，全部办结。州非公有制企业投诉服务中心协调帮助恩施市某公司收回税务部门误收的耕地占用税 26 万余元，协助建始县投诉服务中心帮助某外地公司收回政府拖欠项目工程款 14 万余元。与州优化办、州信访局、州政务局建立企业诉求联动处理机制，定期召开联席会议，形成整体工作合力，帮助企业解决突出困难和问题，助推恩施州优化营商环境。

【“四好”商会创建】 2021 年，全州工商联系统推进“四好”商会（政治引领好、队伍建设好、服务发展好、自律规范好）创建工作，恩施市华硒生态园商会被表彰为 2019—2020 年度全国“四好”商会。恩施州浙江商会、温州商会、利川市团堡镇商会、建南镇商会、凉雾乡商会、宣恩县高罗镇商会 6 个商会被表彰为 2019—2020 年度全省“四好”商会。截至年底，恩施州浙江商会、温州商会、福建商会获得成立商会党支部的批复，商会党建不断加强。

【“五好”县级工商联确认】 2021 年 12 月，省工商联印发《关于确认 2020—2021 年度全省“五好”县级工商联的通知》，全州 8 个县市工商联获评全省“五好”县级工商联。中华全国工商业联合会印发《关于确认 2020—2021 年度全国“五好”县级工商联的通报》，恩施市、利川市、建始县、巴东县、宣恩县、咸丰县、来凤县 7 个县市工商联获评全国“五好”县级工商联。

【5 名个人获评省优秀中国特色社会主义事业建设者、杰出楚商】 2021 年 10 月 22 日，第五届楚商大会发布湖北省优秀中国特色社会主义事业建设者以及杰出楚商名单，湖北一正药业股份有限公司董事长李进、恩施硕品现代农业科技有限责任公司董事长徐世怀、利川星斗山红茶有限责任公司董事长卓万凯、建始县通龙天然气有限责任公司总经理张建卫、湖北来凤腾升香料化工有限公司董事长刘华英 5 人被表彰为优秀湖北省优秀中国特色社会主义事业建设者；恩施市润邦国际富硒茶业有限公司董事长兼总经理张文旗获评杰出楚商。

（刘田甜）

恩施州文学艺术界联合会

【概况】 2021 年，恩施州文学艺术界联合会（简称州文联）有团体会员 25 个，州级及以上个人会员 3903 人。全年 3 部作品获得全国性文艺奖项，13 部作品和 2 名个人获得全省性文艺奖项；5 部作品列入省文联签约制文艺创作扶持项目；组织开展文艺活动 20 场次，文艺培训 35 场次，培训学员 1 万余人；1 位文艺家进入省文联相关协会主席团。

【文学艺术创作重要奖项】 2021 年，南剧《唐崖土司夫人》获第六届全国少数民族文艺会演“剧目创新奖”，歌曲《幺妹儿带你慢慢儿耍》获中国当代歌曲精品创作工程 2021 年度优秀歌曲，摄影作品《无臂青年陈兹方艰辛创业成全国劳模》获“永远跟党走”第五届中国图片大赛典藏银奖，音乐剧《太阳照进山窝窝》、南剧《宗规家训》、歌曲《幺妹儿带你慢慢儿耍》、民间文艺研究专著《木工技艺传承人口述史研究》、长篇报告文学《父亲原本是英雄》、散文集《野阔月涌》、诗集《越过》获湖北省第十一届屈原文艺奖，音乐剧《太阳照进山窝窝》获第四届湖北艺术节“楚天文华大奖”，舞蹈《那座山》、表演唱《摘朵栀子花》获第四届湖北艺术节“楚天群星奖”，歌曲《幺妹儿带你慢慢儿耍》获庆祝中国共产党成立 100 周年主题湖北 10 首优秀原创作品奖，《乡村小舞台，群众大看台》获第 29 届湖北省摄影艺术展优秀作品奖，舞蹈《芒种忙》获第六届湖北舞蹈“金凤奖”表演三等奖，张明霞获第十三届湖北戏剧牡丹花奖，谭萌获第九届湖北音乐“金编钟”奖。

【文艺扶持】 2021 年，电影剧本《寻证》、音乐剧《太阳照进山窝窝》、民族歌舞剧《老兵》、戏剧专著《土家族地方戏曲柳子戏》《老了，赶上新时代——恩施山区农村老年人脱贫攻坚后生活现状纪实》（组照）5部作品列入2021年湖北省签约制文学艺术创作扶持项目。长篇小说《菊花石》《血性唐崖》、中篇小说集《苏马荡》、诗集《我的乡愁来自地球》《时间的幻影》、散文集《城里雪，乡下雪》《耕夫谣》7部作品列入州文联第四届签约作家项目。

2021年4月18日，西泠印社走进宣恩县高罗镇初级中学开展公益助学活动

（州文联 供稿）

【庆祝中国共产党成立100周年系列文艺活动】 2021年，州文联组织作家采写编印《恩施红色故事》、编写出版《恩施山水故事》，州摄影家协会举办“寻找恩施百年红色记忆瞬间影像”摄影展，州书法家协会、州美术家协会举办庆祝中国共产党成立100周年美术书法作品展，州民间文艺家协会举办恩施州工艺美术非遗技艺作品展，州文促会开展“民歌献给党·我们颂家乡”十大经典民歌整理推广，州戏剧家协会举办全州五大地方戏展演，州民族轻音乐团、州民族器乐团举办庆祝中国共产党成立100周年音乐会（2场），州民族器乐团开展庆祝中国共产党成立100周年革命老区慰问演出（2场），州影视艺术家协会创作红色题材影视剧《寻证》，州曲协开展“军民鱼水情 共筑强国梦”军地联谊演出，州巴文化研究会开展红色文化采风活动，州诗词楹联协会编辑出版《恩施州诗词百年》8卷本。

【杭恩艺术家“走进美好新生活”主题艺术作品展】 2021年4月19日，由杭州市委组织部和市委宣传部、恩施州委宣传部共同主办，杭州市对口支援和区域合作局、西泠印社集团、恩施州文联承办，杭州市帮扶恩施州工作队、西泠印社美术馆协办的杭恩艺术家“走进美好新生活”主题艺术作品展（恩施站）在州城硒都茶城武陵画院举行。其间，西泠印社集团相关人员到宣恩县伍家台、椒园镇水田坝村、高罗镇清水塘村开展文艺采风、乡村振兴考察等活动；到宣恩县高罗镇初级中学开展公益助学，为该校捐赠10万元艺术公益慰问金、艺术教育书籍和社员艺术家个人书法作品。

【江坪河文艺采风创作活动】 2021年5月30日至6月1日，州文联组织全州文学、音乐、摄影3个艺术门类作者30人，到鹤峰县江坪河库区、五里乡、走马镇开展文艺采风，创作各类作品41篇（组、首）。共在13家媒体发布采风作品55期，其中7家国家级及全国性媒体发布图片28幅、文字作品2篇，3家省级报刊发表文字作品5篇，恩施发布、云上恩施、鹤峰网开辟的江坪河采风专栏累计点击量为27.89万次，今日头条、西瓜视频、抖音点赞量9.6万次。

【绿色山河红色魂——中国当代名家书画展】 2021年7月13—18日，州委宣传部、州文联、中国社会经济文化交流协会展览展示艺术委员会共同举办“绿色山河红色魂——中国当代名家书画展”，展出中国名家书画作品92幅。

【“荆楚红色文艺轻骑兵”革命老区行走进咸丰】 2021年7月21日，由省文联、咸丰县委、县政府主办，省文艺志愿者协会、州文联、咸丰县委宣传部承办的“荆楚红色文艺轻骑兵”革命老区行活动在咸丰县曲江镇湾田村群众文化广场举行，文艺演出主题为“学党史 传精神 跟党走”。

【巫峡口采风创作活动】 2021年9月6—10日，州文联组织恩施州作家到巴东县巫峡口景区开展《巫峡口赋》专项采风，9月10日恩施州文联与巴东县委、巴东县人民政府共同组织召开《巫峡口赋》创作交流座谈会。创作巫峡口赋体文9篇。

【新时代文明实践文艺志愿者骨干培训】 2021年12月6—7日，由省文明办、省文联主办，省文艺志愿者协会、州委文明办、州文联承办，恩施市相关单位协办的湖北省新时代文明实践文艺志愿者骨干培训班举办，州直文艺家协会、全州8个县市新时代文明实践中心（所）的文艺志愿者骨干约120人参加，5名学员代表围绕培训主题分享交流工作经验。

【省文联到恩施州调研】 2021年9月28—30日，省文联党组书记、常务副主席邓长青带队到利川市，就文艺志愿服务助力新时代文明实践中心建设开展调研，并就省文联“五个一”文艺工程［为每个乡村（镇）培育一个文化品牌、创作一首歌曲、打造一个文艺采风创作基地、每年组织一次文艺辅导、每年举办一场文艺惠民演出]开展专家指导和采风创作活动。其间，调研组到省文联“五个一”文艺工程试点汪营镇齐跃桥村，参观童话小镇新时代文明实践留守儿童项目，考察八百里清江源头，走访都亭街道新时代文明实践所、柏杨坝镇永兴社区新时代文明实践站，了解当地的历史文化和风土人情。调研组在齐跃桥村召开专题座谈会。

（周良彪）

2021年9月30日，省文联到利川市调研文艺志愿服务助力新时代文明实践中心建设工作

（州文联 供稿）

恩施州残疾人联合会

【概况】 2021年，恩施州残疾人联合会（简称州残联）推进残疾人基层组织建设、康复、教育、就业、巩固脱贫攻坚成果等各项工作，完成年度工作任务。巴东县残疾人致富带头人陈兹方、咸丰县残疾人游泳运动员袁伟译被共青团中央授予“中国青年五四奖章”。袁伟译被中华全国总工会授予“全国五一劳动奖章”。州残联党组书记、理事长严芳被省委组织部表彰为“湖北省优秀党务工作者”。

【党史学习教育】 2021年，州残联持续深化党史学习教育，推进残疾人各项业务工作创新开展。开展“邀优秀残疾人代表‘娘家’助党史学习教育‘活’起”“关爱民生项目——恩施州残疾人家庭无障碍改造”“学史力行·我为残疾人办实事”“重塑人生脊梁”等党史学习教育及“我为群众办实事”实践活动，举办庆祝中国共产党成立100周年系列活动。聚焦残疾人事业发展中的“短板弱项”，结合残联职能职责，开出21项“实事”清单，建立台账、逐人认领、逐项落实，切实为残疾人办实事、解难事，增强残疾人的幸福感和获得感。

【残疾人证核发管理】 2021年，全州残联系统打通便民服务绿色通道，开展上门办证评残服务，全年组织医院专家集中下乡、上门评残办证3769人。落实残疾人证“跨省通办”和规范评鉴，组织召开相关部门和州级医院参加协调会，形成会议备忘录印发全州执行，推进残疾人证核发管理更加规范便民。截至2021年12月31日，全州持证残疾人151082人（不包含到期12148人），办证率47.3%。

【康复服务】 2021年，开展残疾儿童康复救助定点机构审核确认工作，确定6家残疾儿童康复训练定点机构和1家手术定点机构，呈报省残联备案发文。加大对残疾儿童康复定点机构的日常管理力度，不定期对6家定点机构就疫情防控、康复训练、安全管理、档案资料、家长满意度等日常工作进行督查。第85次政府常务会议审议通过《恩施州残疾儿童康复救助实施办法》，残疾儿童康复救助范围从0—10岁扩面至0—15岁。全年对全州632名0—15岁残疾儿童进行康复救助，落实康复救助资金477.6万元，为470名0—6岁在定点康复机构训练的残疾儿童家庭发放生活补助175.45万元，对48406名残疾人实施家庭医生签约服务，为1057名精神残疾人提供免费药物救助。邀请杭州市萧山区中医院脊柱外科专家团队到恩施州开展“重塑人生脊梁”项目，免费筛查110名脊柱侧弯残疾人，13名符合脊椎侧弯手术条件的残疾人到萧山区中医院接受免费手术治疗且恢复良好。5月28日，州残联组织召开2021年恩施州残疾人康复工作培训会，就残疾儿童康复救助制度落实情况、定点机构管理、残疾预防、残疾人家庭医生签约服务等工作进行宣传讲解。

【残疾预防】 2021年，州残联联合卫健、公安、电视台、报社等部门，邀请专家做客直播间，通过新闻媒体、网站、微信等渠道发布残疾预防知识，组织残疾预防有奖竞答等宣传教育活动，科普环境安全（防疫）、交通安全、孕期保健、儿童先天性疾病筛查、听力言语障碍、自闭症、精神心理健康等相关知识和救助制度，提高大众对残疾预防和救助政策的知晓度。

【辅具适配】 2021年，全州辅具规范化建设达标8个（州本级1个、县级7个），达标率87.5%。规范做好辅具资金使用工作，加快经费执行力度。各县市残联执行2021年中央残疾人事业发展补助资金，合理、合规、合法做好辅具采购和适配发放。开展常规性辅具适配和个性化辅具适配工作，做好辅具的采购、管理、适配和数据录入工作，精准康复数据库辅具适配率99.2%。

【残疾人维权】 2021年，为解决困难残疾人在日常生活中洗澡难、做饭难、出行难等实际问题，为全州669户低收入重度残疾人和293户80岁持证残疾人家庭实施家庭无障碍改造，投入改造项目补助资金426万元。全州对205名符合领取燃油补贴的肢体残疾人发放补贴5.33万元。全年接待残疾人来访22人次，开展残疾人临时救助7人次。

【残疾人社会保障】 2021年，实施“阳光家园计划”（省残联通过购买服务的方式对符合条件的智力、精神和重度残疾人接受托养服务给予补助），打造医养一体的残疾人托养模式，为全州554名符合条件的智力、精神和重度肢体残疾人提供各种形式的托养服务，实现“托养一个人，幸福一家人，解放一群人”。配合民政部门做好持证残疾人信息比对和“两项补贴”审核发放，对符合纳入兜底保障的残疾人做到“应保尽保”，全年全州发放生活补贴6.93万人次4211.828万元、发放护理补贴6.85万人次7031.67万元，其中困难残疾人生活补贴标准由往年每月50元提高至70元。协同民政部门做好残疾人“两项补贴”资格认定申请“跨省通办”相关工作，召开专题会议，联合印发《关于进一步做好残疾人两项补贴规范发放的通知》。

【残疾人就业创业培训】 2021年，全州残联系统开展2021年度就业援助月专项活动，为全州就业困难残疾人提供741个就业岗位。全年组织开展残疾人实用技术培训1705人、电商培训209人。联合州人社局对39名残疾人进行为期60天的按摩保健培训，结业后加强跟踪管理，协助30名学员实现就业创业。州本级安排50万元专项资金对全州25户残疾人进行自强创业扶持。落实湖北省“十百千万”残疾人就业创业扶持计划（2021—2025年，湖北省决定扶持创建省级残疾人就业创业品牌基地150个，扶持4000名残疾人农家小店主和城镇小老板创业就业，培育5000名残疾人技术能手，实现城乡新增5万名残疾人就业目标），申报省级残疾人就业创业品牌基地5个，申报“双百工程”[2021—2025年，在农村扶持2000户残疾人创办农家店，成为农家小店主；在城镇扶持2000名残疾人开展创业项目，成为城镇小老板。每年实现扶持农家小店主和城镇小老板各400人（户）目标]项目98个，培育残疾人技术能手115人。完成安残就业年审工作，配合税务部门做好残保金征收，全州收取残保金6785万元。

【巩固残疾人脱贫攻坚成果】 2021年，对全州4462户残疾人易返贫致贫监测对象开展翔实的入户摸底调查，实行动态监测，准确掌握其存在的返贫致贫风险，做到早发现、早干预、早帮扶。通过针对性帮扶措施，消除3906户监测对象，有效巩固残疾人脱贫攻坚成果。

【残疾人教育工作】 2021年，为40名特校残疾学生争取8万元的补助资金。对脱贫攻坚期间的建档立卡残疾人学生在贫困助学补助基础上每生每年增加补贴1250元，实现全州适龄残疾儿童少年义务教育入学率99%。持续提高服务残疾人学生质量，高质量完成残疾学生高考录取相关工作，为残疾考生普通高考提供平等机会及合理便利，为考入高校的55名残疾大学生申请省残疾大学生助学项目。为无学习能力缓学的残疾少年儿童开展送教上门等特殊教育活动。配合教育、人社等部门落实全州100名残疾大学毕业生一生一策就业服务，服务率100%，就业率76.67%。

【残疾人事业宣传】 2021年，全州残联系统围绕残疾人重要节日、残疾人典型代表和重要工作节点开展残疾人事业宣传。结合党史学习教育开展的扶残助残亮点工作、特色做法和残疾人典型先后被中新网、“学习强国”、央视网、《湖北日报》、省残联官网、州本级媒体和党建工作机关工委官网报道60多篇，省党史学习教育简报介绍恩施州残疾人无障碍改造工作成就和经验。12月23日，开通“恩施州残疾人联合会”微信公众号，通过公众号及时宣传残疾人先进事迹、残疾人政策、残疾人工作者典型。

【助残服务】 2021年，由州残联担任主管部门的恩施州残友之声志愿帮扶协会按照章程合理合法开展助残活动，不定期开展残友助残、残建融合活动，定期到县市、乡镇开展走访慰问残友、义剪、义演、健康防护和残疾人政策宣传活动。开展“希望之光”助盲主题活动、“粽情端午　助残扶弱进社区”活动、“献礼建党百年庆　残友逐梦北京行”活动、“志愿起航”助残公益活动、“快乐互助　共话中秋”活动等，引导残疾人听党话、感党恩、跟党走。成功申报“关爱我的残疾人兄弟姐妹”项目，开展关爱轮友相关活动，提升恩施州助残社会组织和志愿助残工作水平，增强协会凝聚力和残疾人归属感。全州残联系统志愿助残队伍不断发展壮大，112人加入志愿服务队。

【关爱慰问残疾人】 2021年，全州残联系统持续开展“大走访大调研”活动，通过走访调研，倾听残疾人的意见建议，宣讲政策、教育引导、化解矛盾，及时将党委、政府的关心关爱送到残疾人心中，帮助残疾人解决实际困难。2021年，州残联走访慰问残疾人849人、送去慰问金18.85万元，各县市残联慰问718人、发放慰问金28.02万元。

【无臂运动员袁伟译获比赛佳绩】 2021年，恩施州咸丰县籍无臂运动员袁伟译在东京残奥会上夺得1金1银1铜佳绩，在全国第十一届残运会上夺得1金6银，实现州内运动员在国际、国内大赛上奖牌和金牌零的突破。

【参加第十届残疾人艺术会演】 2021年4月27日，湖北省第十届残疾人艺术会演在武汉举行，恩施州选送的由俞宏坤葫芦丝独奏的《月光下的凤尾竹》和由盲人李争亿、肢体残疾人李红英、董连勇、谭暗香表演的歌舞《中国人》分别获得器乐类和舞蹈类比赛优秀奖。

【州残联第六届主席团第三次会议】 2021年11月29日，州残联第六届主席团第三次会议召开，会议听取并审议2020年以来州残联执行理事会工作报告，调整补选州残联第六届主席团副主席、委员，推选通过严芳任州残联第六届主席团副主席及执行理事会理事长，谭何华、白昀为州残联第六届主席团委员及执行理事会副理事长。

（张 振）

恩施州红十字会

【概况】 2021年，州红十字会推进政治思想、应急能力、救助体系、健康恩施、组织队伍建设，全州红十字事业持续向好发展。全州各级建有社区红十字服务站51个、博爱家园6个、博爱村卫生室4个、学校红十字会58个、红十字冠名医疗机构3家、红十字景区救护站3个、应急救护培训阵地2个、红十字备灾救灾仓库1个。

【应急救援】 2021年，建立全州第一个红十字备灾救灾仓库并于8月正式启用，储备170余万元备灾救灾物资。制定《恩施州红十字会备灾救灾仓库管理制度》《恩施州红十字会应急救灾响应预案（试行）》《恩施州红十字会应对突发事件平转急工作方案》，加强与卫健、应急管理部门联动，增强州级备灾救灾联防联动能力。7月，筹集资金29.5万元援助河南省开展抗洪救灾。8月，为恩施暴雨受灾群众发放1500件救灾物资。

【应急救护】 2021年，开展“应急救护推进年”活动，培养救护师资61人，开展救护员培训1091人，普及培训3.7万人次。与华盾克瑞斯教育管理有限公司签署合作协议，新建应急救护普及培训教育基地1个。推进“救在身边”品牌，在公共场所配置“救命神器”AED（体外自动除颤仪）16台，补充突发事件中救护设备需求。巴东县、宣恩县、咸丰县为大型赛事开展应急救护志愿服务保驾护航。

【人道救助】 2021年，依法依规开展捐赠工作，全州获捐（含上级拨付）款物合计1171万元，其中资金339万元、物资832万元。实施社区人道救助和博爱送万家项目，投入26万元、救助困难家庭1158户。实施“博爱之希”癌症患者救助，投入33.5万元、救助67人。继续开展“小天使”和“天使阳光”救助，分别救助16人、1人。落实省红基会转赠药品免费发放工作，发放折合价值577.19万元药品，惠及8个县市1000余村(居)。

【“三献”工作】 2021年，加强“三献”（无偿献血、造血干细胞捐献、遗体与人体器官捐献工作）中心的业务培训和指导，明确规范工作流程和职责分工。动员组织志愿者献血37469人次。加强造血干细胞捐献工作，全年入库血样302人份，成功捐献2例。6月，州红十字会获全省“捐献数量高红十字会工作站”和“造血干细胞志愿者招募质量高红十字会工作站”2项表彰。红十字志愿者骆秋潇等4人获“2018—2019年度全国无偿捐献造血干细胞奉献奖”和“特别奖”荣誉称号。推进人体与器官捐献工作，全年登记4408人，实现捐献17人。

【红十字志愿服务和青少年工作】 2021年，完善红十字志愿服务组织机构建设，配齐配强州级志愿服务队力量。各县市筹备组建具有专业特色的红十字志愿服务队，初步建立红十字志愿服务组织联系群众机制。加强与红十字事业发展相关的社会组织的联系，开展“社区联防联控”志愿服务项目，全年州及县市开展红十字志愿服务活动30个，其中红十字志愿服务项目6个、红微项目24个。支持各地学校红十字会开展青少年社会实践项目，继续做好湖北民族大学文化传媒学院“薪火相传”红十字青少年活动。

【组织建设】 2021年，加强红十字基层组织建设，扩大红十字基层组织覆盖面，新建基层组织96个，其中9个社区红十字服务站、50个学校红十字会、2家红十字冠名医疗机构、35个基层红十字会。新增团体会员16个、个人会员4434人。新建红十字志愿服务队18支、1189人，开展活动86次，帮扶困难家庭7456户。

【宣传工作】 2021年，推进红十字会官方网站和官微建设，州及8个县市均建立微信公众号并运行，州本级建设州红十字会官方网站。围绕世界红十字日等主题，开展“关爱生命、救在身边”系列活动15次，发放宣传单1.32万份。对全州红十字先进集体、先进个人和优秀志愿者开展表扬活动，激发志愿者、会员参与红十字工作的热情。对在抗击新冠肺炎疫情和防汛期间作出突出贡献的爱心企业和个人颁发答谢奖牌，动员更多的社会力量参与备灾救灾工作，弘扬社会正能量。主动邀请第三方机构进行新冠肺炎疫情捐赠专项审计，2次开展全州红十字系统业务培训。

【荣誉】 2021年，恩施州红十字会被中国红十字会总会评为“报刊宣传先进集体二等奖”。志愿者方继辉被中国红十字会总会评为“全国红十字志愿服务先进典型”。州红十字会赵林被省人社厅、省红十字会表彰为“先进个人”。建始县谭小平、宣恩县许应三、鹤峰县秦宏勇被省人社厅、省红十字会表彰为“优秀志愿者”。

（张 森）

法 治

Rule of Law

政法委及综治

【概况】 2021年，全州政法系统做好风险处置、矛盾化解、源头防范工作，为全州绿色崛起高质量发展创造安全的政治环境、稳定的社会环境、公正的法治环境和优质的服务环境。恩施州“安全感”排名全省第三、“扫黑除恶专项”排名全省第三、“公正执法满意度”排名全省第三、“解决矛盾纠纷”排名全省第五。落实政法工作条例和省实施细则规定要求，制定完善政法委员会全会工作制度、执法司法监督等40余项长效机制，推动州任务清单逐项落实落地。12月，州委政法委基层社会治理科科长邹杰被省委表彰为“2018—2020年度全省政法队伍先进个人”。

【平安稳定工作】 2021年，州委先后10余次专题学习习近平总书记关于政法工作的重要指示批示精神、听取全州平安稳定工作专题汇报、研究贯彻落实措施，州委、州政府召开全州安全稳定暨基层社会治理工作会，州委平安恩施建设领导小组、州安全稳定风险防范化解领导小组及其办公室先后20余次调度全州平安稳定工作，压紧压实第一责任、直接责任、属地责任和行业主管责任。在全州部署开展“政治安全保卫、信访矛盾化解、社会面防控、重点群体稳控、校园安全管理、网络舆情管控、应急安全保障”7个专项行动，重大政治活动、重要节点全州政治社会大局平安稳定。持续开展矛盾风险排查化解“百日攻坚”行动。州、县、乡、村四级涉稳风险排查制度健全完善，乡镇综治中心实体化运行、“1+4+N”机制（“1”：乡镇综治中心，“4”：派出所、司法局、法庭、信访办，“N”：所涉部门或社会组织）落到实处，全年向县市、州直相关部门交办涉稳风险153件、化解148件，对573个重大项目和决策开展风险评估。落实“谁执法、谁普法”责任制，推进平安乡村、法治乡村建设，全州建成全国民主法治示范村（社区）13个。

【扫黑除恶】 2021年，为期3年的扫黑除恶专项斗争圆满收官。全州摧毁黑社会性质组织14个、涉恶犯罪集团12个、恶势力团伙148个，查处“黑财”5亿余元，立案查处涉黑涉恶腐败和“保护伞”580余人、处理700余人，对1.4万余名村（社区）党组织候选人逐人落实县级联审，整顿提升670余个软弱涣散村（社区）党组织，一案一整治和“十大领域”（社会治安、乡村治理、金融放贷、工程建设、交通运输、市场流通、资源环保、信息网络、文化旅游、教育卫生）专项治理成效明显。恩施州获全省扫黑除恶专项斗争先进单位一等奖，扫黑除恶评价连续3年位居全省前列，全州2个单位和1名个人被表彰为全国扫黑除恶专项斗争先进集体、先进工作者，9个单位和16名个人被表彰为省扫黑除恶专项斗争先进集体和先进工作者，12个单位被省通报表扬为全省扫黑除恶专项斗争先进单位。2月以来，全州政法系统以“六建”（源头治理的防范整治机制、智能公开的举报奖励机制、打早打小的依法惩处机制、精准有效的督导督办机制、激励约束的考核评价机制、持续推进的组织领导机制建设）为重点，开展“四大行业领域”（信息网络、自然资源、交通运输、工程建设）整治，取得明显成效。全州打掉黑社会性质组织2个，破获涉黑涉恶案件61起，查封、扣押、冻结“黑财”740余万元，立案查处涉黑涉恶腐败问题和“保护伞”79人，处理130人，移送司法机关6人。

【优化营商环境】 2021年，围绕影响法治化营商环境突出问题开展排查整治，全州法院系统加快审结涉企案件，检察机关对久侦不结涉营商环境案件“挂案”督办，公安机关守护人民群众“钱袋子”、加大力度破获电信网络诈骗犯罪，司法行政系统践行“五个绝不允许”（不允许说“我不知道”，必须吃透政策、熟悉业务；不允许说“不归我管”，必须落实责任，由我来办、马上就办、办就办好；不允许说“这事别找我”，必须主动对接、用心服务、用情办事；不允许说“这不行、那不行”，必须加强调查研究，找到解决问题的办法；不允许“自己图方便”给企业带来“不方便”，努力为市场主体提供优质高效的法治服务）约束性承诺。第一批政法队伍教育整顿期间，全州政法机关落实“小切口、能办到、影响大、群众直接受益”要求，全警动员、全员上阵，将优化法治化营商环境与切实解决群众急难愁盼问题紧密结合，出台便民利民行动性措施72条，为民办理实事7200余件，“我为群众办实事”“十百千”行动（省、市、县三级政法队伍教育整顿办分别确定的11件、175件、1168件实事重点项目）全州共确定重点项目103个（州本级10个、县市93个），102个领办项目按期完成，1个领办项目序时推进。

【政法队伍教育整顿】 2021年，州、县市两级党委坚决扛起主体责任，政法系统党组（党委）担起直接责任，纪委监委、组织部、市场监管局等成员单位切实负起协同责任，确保全州政法队伍教育整顿有力有序有效开展、统筹协调稳步推进。落实全员受教育、全面受教育、深刻受教育要求，州、县市教育整顿领导小组及各整顿单位围绕学习教育、查纠整改、总结提升3个环节，将学习教育、“我为群众办实事”、优化法治化营商环境等贯穿教育整顿始终。教育整顿期间，全州选树政法英模和先进典型160个。

【弘扬见义勇为精神】 2021年，关心关爱困难见义勇为人员，州本级慰问14名先进人员，发放慰问金2.8万元。争取省级救助慰问，向省级申报见义勇为“爱心账户”4名，争取受助资金7.5万元，申报见义勇为“新春慰问”6名，发放慰问金 3 万元。建立完善“见义勇为救助责任险”，在全社会营造见义勇为良好氛围，通报表扬 12 名州级见义勇为先进个人和 4 个州级先进集体、发放奖金 16 万元，将 5 名见义勇为事迹突出个人推荐为“党建引领加强基层社会治理优秀群众”予以表彰奖励。

（刘卫华）

公　安

【概况】 2021 年，全州公安机关做好防风险、保安全、护稳定各项工作，确保社会政治、治安大局稳定。推进党风廉政建设，落实“第一议题”，加强政治理论、廉政纪律学习，出台《恩施州公安局机关民辅警、职工“八小时以外”廉洁自律规定》等文件，开展行政性收费和涉案财物清理专项整治。开展队伍教育整顿，坚持政治建警、从严治警，开展各类督察 2474 次，督促整改问题 636 个，办理维护民警执法权威案件 37 件。

【打击犯罪】 2021 年，立案侦办并办结涉黑案件 2 起，公诉涉黑组织成员 58 人、恶势力犯罪集团成员 9 人。推进打击专项行动，立刑事案件 9542 起、破案 2756 起。其中立毒品刑事案件 92 起、打击处理 140 人；立涉枪爆刑事案件 162 起、移送起诉 120 人；立食药环案件 146 起、破案 86 起、移送起诉 58 起。刑事打击 3972 人。八大类主要案件破案率 86.14%。32 起命案全部破获，抓获各类逃犯 438 人。查处行政案件 15911 起（不含交通违法），行政拘留 2353 人。全年全覆盖开展“无诈社区（村）”创建，全民推广安装反诈 App，常态化剖析宣传典型案例，全州 1830 个村（居）实现“无诈”，占比 84.3%。破获电诈案件 468 起，抓获 1793 人，高危预警 3.6 万余条。

【经侦工作】 2021 年，严密防控金融领域风险。紧盯非法集资、传销、串通投标等经济、金融领域风险隐患，会同金融、银行、财政、住建、市场监管等行业部门联合开展安全隐患整治，2021 年受立经济案件 259 起，打击处理 513 人，涉案总价值 20 亿余元，直接挽损近 2 亿元。

【出入境管理】 2021 年，管理临时入境人员 562 人。管理常住外国人 111 人。受理审批出入境申请 3586 人次。全州公安机关侦办集中打击妨害国（边）境违法犯罪专项斗争 136 起 449 人，其中妨害国（边）境刑事案件 98 起 354 人，妨害国（边）境行政案件 16 起 17 人，涉跨境赌博案件 4 起 26 人，涉跨境电诈案件 18 起 52 人。

【涉黄涉赌整治】 2021 年，重拳整治治安乱点。出动警力 1.9 万余人次，检查酒店、KTV、洗浴中心等容易滋生犯罪、藏污纳垢的重点场所 4.2 万余家次，整治治安乱点 80 余处，端掉黄赌窝点 23 个，查处黄赌刑事案件 207 起、治安案件 765 起，采取刑事强制措施 407 人、行政拘留 1360 人。

【公共安全】 2021 年，围绕警情、舆情、社情以及出租屋、旅馆业、散装油等重点治安要素，加强情报信息的实时深度研判。强化交通安全源头治理。开展“减量控大”（减少交通事故数量，控制特大交通事故发生），全州查处机动车交通违法 70.9 万余起、非机动车交通违法 18794 起、行人交通违法 6826 起，吊销驾驶证 766 本，现场处罚 23272 起。强化重点场所安全监管。紧盯大型活动、“十小场所”（购物场所，餐饮场所，住宿场所，公共娱乐休闲健身场所，医疗场所，教学、办公场所，生产加工企业场所，易燃易爆危险品生产、销售、储存场所，金融、证券、期货经营场所，物资存储场所）、中小学校、幼儿园等重点场所，常态化开展隐患排查整治，督导落实安全主体责任，督促整改各类安全隐患 5000 余处，全州未发生涉大型活动、学校和幼儿园等安全案事件。

【社会管理】 2021 年，推进长江大保护，聚焦“立足大生态、构建大交通、发展大旅游、打造大产业”发展战略，侦办非法捕捞水产品刑事案件 6 起，抓获犯罪嫌疑人 12 人，协助清理、拆解“三无”[无船名船号、无船舶证书（无有效渔业船舶检验证书、船舶登记证书、捕捞许可证）、无船籍港] 船舶 267 只，收缴、销毁网具 300 余套。为全域旅游发展护航，建立景区（景点）警务联系制度，加强景区治安、交通、消防等日常检查和安保指导，会同文旅部门开展“野导游”“黑景点”以及强买强卖、违规拉客等专项整治。协调气象、交通等部门实时发布天气、道路状况，抓实旅游车辆行车安全实时监管。做好新冠肺炎疫情防控相关工作，持续抓好流调、监管特殊场所和出入境通道防控等工作，公安监管、戒毒场所“零感染”。

【信访工作】 2021 年，全州公安机关以积案清理和化解工作为重点，加强信息化建设和规范化建设，开展重点信访事项专项治理，执行按时督办和定期通报制度。全年全州接待来信来访 1062 件次，办结 1009 件次。全州公安机关受理侦办打击处理信访过程中违法犯罪案件 21 件，打击处理 27 人，其中刑事立案 14 件，刑事打击 18 人。

【安全监管】 2021 年，出台《进一步抓实 18 条预防亡人道路交通事故关键措施》，纳入州公安局“五访”（突访、明访、暗访、回访、走访）督导、“情指勤舆”（情报、指挥、勤务、舆论一体化）综合通报。电话访问和上门家访重点驾驶人，开展客运车辆行车安全随车“大暗访”，签订农村红白喜事、重大活动安全行车承诺书，持续推进“交通违法有奖举报”，召开交通安全主题家长会，严管摩托车、电动车接送学生，强化动态监管重点车辆，落实“一企一警”，组织评选“金牌驾驶人”，推动道路隐患排查整改和精准警示，坚持将亡人交通事故当命案处置并落实“三长”(公安局局长、分管交通局局长、交通大队大队长)到现场机制，实行重点车辆交通事故“三彻查”(彻查驾驶人、车主、企业落实主体责任)。全年全州开展集中统一行动200余次，查处机动车交通违法75.38万余起、非机动车交通违法20468起、行人和乘车人交通违法49995起。其中暂扣机动车1555台、驾驶证6629本，吊销机动车驾驶证1124本，查处饮酒驾驶3618起、醉酒驾驶804起、超速行驶47654起。

【推进基层社会治理】 2021年，持续推进“一村一辅警”，全州配备驻村民警724人、驻村辅警2299人，指导2512个村(居)健全治保组织，组建91支10人以上的治安巡逻队，全州2299个行政村实现驻村民(辅)警全覆盖，主动摸排、协调化解各类矛盾纠纷7000余起。

【便民服务】 2021年，深化“放管服”改革，落实州委、州政府部署要求，持续推进“清减降放”改革，232项公安政务服务事项实现全程网办，推动实施“新生儿上户一事联办1490改革”[1天内办结，4份材料(父母双方身份证、结婚证、落户方户口簿、申请表)，9件事项(出生医学证明、预防接种证、出生登记、湖北新增人口民族成分确认登记、新生儿保参保登记、社会保障卡、新生儿医疗费用报销、产妇生育医疗费用报销、家庭医生签约)，零跑动]，9个事项1次性办结，最短用时15分钟，无重复跑动。

【荣誉】 2021年，全州公安系统3个单位被公安部记功表彰(其中集体一等功1个)，9个单位被省公安厅记功表彰(其中集体二等功2个)，2个单位被评为“全省扫黑除恶专项斗争先进集体”。州公安局刑侦支队高绪辉被公安部授予“全国公安系统二级英模”称号。宣恩县公安局郑奉英被公安部评为“全国公安机关成绩突出女民警”，利川市公安局罗建波被公安部评为“全国公安机关扫黑除恶专项斗争成绩突出个人”，咸丰县公安局向洪峰被全国扫黑除恶专项斗争领导小组评为“全国扫黑除恶专项斗争先进工作者”。9人被省公安厅记功表彰(其中一等功2人)，14人被省公安厅授予“全省公安机关庆祝建党100周年安保维稳工作成绩突出个人”“全省公安机关扫黑除恶成绩突出个人”“全省公安机关办理刑事案件成绩突出个人”等荣誉称号，3个单位被授予“恩施州杰出青年文明号”，3人被授予“恩施州青年岗位能手”。

(胡 源)

检 察

【概况】 2021年，全州检察机关落实《中共中央关于加强新时代检察机关法律监督工作的意见》，履行刑事、民事、行政、公益诉讼检察职能，全年检察业务质效排名全省第一，15起案件被评为全国、全省典型案例。加强侦查监督，对侦查机关依法应当立案而未立案，监督立案156件。对依法不应当立案而立案，监督撤案98件，同比上升7.69%。对侦查活动违法提出书面纠正意见279件次，同比上升56.74%。加强审判监督，对认为确有错误的刑事、民事、行政裁判提出抗诉42件。对刑事、民事、行政审判活动违法情形提出纠正意见131件次。加强执行监督，对刑事、民事、行政执行活动中的违法情形，提出纠正意见523件。加强公益诉讼检察监督，立案514件，同比增长27.54%。发出诉前检察建议271件，提起诉讼17件。加强司法工作人员执法司法检察监督，核查相关案件线索73件，立案侦查1人。

【刑事检察】 2021年，批捕各类刑事犯罪1278人，起诉2739人。针对案件背后反映的问题开展类案分析，围绕公共安全、社会治安等领域制发社会治理类检察建议181件，实现以案促治、以案促建。加强刑事诉讼监督，实现在公安机关派驻检察全覆盖，推动监督关口前移。加强刑事审判活动监督，对认为确有错误的刑事裁判依法提出抗诉30件。加强刑事执行监督，针对“纸面服刑”、财产刑执行不到位等问题，开展监狱巡回检察工作，审查“减假暂”(减刑、假释、暂予监外执行)案件157件，监督310余万元财产刑执行到位。

【民事检察】 2021年，适应人民群众日益增长的人身财产权益保障需求，贯彻实施《中华人民共和国民法典》，加大民事诉讼监督力度。全州受理民事裁判结果监督案件139件，同比上升27.5%，办结117件，提出再审检察建议19件，法院采纳6件。受理民事审判人员违法监督案件20件，发出检察建议15件，采纳10件，采纳率66.7%。受理民事执行活动违法监督案件60件，同比上升17.6%。其中发出检察建议41件，采纳30件，采纳率73.2%。提出抗诉和再审检察建议21件，对审判和执行活动中的问题提出监督纠正意见71件。加强虚假诉讼领域深层次违法行为监督，围绕民间借贷等“假官司”多发领域，监督纠正虚假诉讼10件。

【行政检察】 2021年，全州受理行政裁判结果监督案件31件，全部办结。提出再审检察建议1件，采纳率100%。受理行政审判人员违法监督案件19件，同比上升5.5%。受理行政执行活动违法监督案件40件，同比下降23.1%。发出检察建议37件，同比下降21.3%，法院回复采纳率为100%。发出社会治理和纠正违法检察建议41件，同比上升242%，回复采纳40件，采纳率97.6%。将行政检察优化营商环境专项和土地执法查处领域行政非诉执行监督、实质性化解行政争议工作有机结合，办理涉营商行政检察监督案件48件，其中行政争议实质性化解案件16件，涉营商行政非诉执行案件13件，提出检察建议12件，回复采纳12件，采纳率 100%。恩施州院办理的某水产公司行政争议实质性化解案被最高检评选为优秀案例。

【公益诉讼检察】 2021 年，加大公益诉讼办案力度，立案 501 件，发出诉前检察建议 241 件，提起公益诉讼 17 件。结合办理住宅小区消防安全隐患公益诉讼类案，撰写社会治理类检察建议，助推相关领域综合治理。开展乡村黑车乱象整治、乡村加油站（点）“扫雷”、“保古树、守村落、护文物”、乡村废机油“洁净”、“法润乡土·典亮乡村”等小专项活动，督促查处乡村非法运营案件 51 件，督促整改、取缔乡村违法加油站（点）78 处，督促修复受损古树 650 株、保护传统村落及文物古迹 14 处，督促 363 家乡村汽修厂（点）规范处置废弃机油。办理的督促保护崔家坝镇某传统村落保护公益诉讼案入选最高检文物和文化遗产保护典型案例。

【未成年人检察】 2021 年，全州未检部门不批捕、不起诉涉案未成年人 167 人，不捕率 58.45%，同比上升 5.67%，不诉率 56%，同比下降 21.03%。依照未成年人刑事案件特别程序规定，发送侦查活动纠正违法通知书 44 份、发送刑事审判活动纠正违法通知书 6 份，及时监督纠正，公安机关、审判机关采纳 50 件，采纳率 100%。开展未成年人法律监督工作，监督立案 13 件，监督撤案 8 件，纠正漏捕、漏诉 30 人。加强“检校合作”，开展“法治进校园”活动 105 次，为未成年嫌疑人、被害人开展心理干预、观护帮教活动 1624 次。开展“智障儿童三到家”“易地扶贫搬迁安置点女童保护”“旅馆违规接待未成年人行政公益诉讼”三个专项行动，工作做法被《检察日报》深度报道。

【筑牢新冠肺炎疫情防控法治防线】 2021 年，新冠肺炎疫情防控期间，监督办案不停滞，以远程讯问、线上出庭等方式推行云办案，对监管场所进行视频巡察调度，提前介入妨害公务、妨害传染病防治等涉疫刑事案件 29 件、起诉 38 人，围绕医疗废物处置、防护用品安全等问题，立办公益诉讼案件 25 件，切实筑牢抗疫法治防线，3 件案件被评为全省检察机关涉疫情防控典型案例。

【优化法治化营商环境】 2021 年，开展“充分发挥检察职能、助力打造一流营商环境”专项活动，成立由检察长任组长的优化营商环境专项活动领导小组，坚持一月一调度、一月一会商、一月一通报。围绕市场主体反映的堵点、痛点、难点，开展涉市场主体“少捕慎诉慎押”、“挂案”清理、立案监督等 9 个小专项行动，7 件案件被省检察院评为优化营商环境典型案例。联合公安机关清查立而不侦、久侦不结等“挂案”20 件，对该立案不立案、不该立案而立案以及利用刑事手段插手经济纠纷等问题，依法监督公安机关立案 15 件、撤案 10 件。起诉侵害市场主体合法权益犯罪 303 人。办理涉市场主体逮捕案件 67 件、99 人，依法不批捕 31 件、32 人，不捕率 33.1%。办理涉市场主体公诉案件 210 件、285 人，依法不起诉 78 件、128 人，不诉率 43.1%。不捕率、不诉率分别高于总体刑事犯罪 4.2 个百分点、22.2 个百分点。

【服务保障乡村振兴】 2021 年，制定《关于充分发挥检察职能依法服务保障全面推进乡村振兴的意见》，部署“强基、护航、保绿、育风、暖心”五大行动，率先在全省检察机关开展服务保障乡村振兴工作，办理涉乡村振兴案件 630 件，工作成效得到省检察院检察长、州委书记等领导批示肯定。主动与州农业农村局、州乡村振兴局等单位沟通联系，建立线索移送、信息共享等制度。举办服务保障乡村振兴恩施论坛、现场交流研讨活动，有关专家学者及州委农办、州乡村振兴局相关负责人共聚一堂，为检察机关服务保障乡村振兴把脉问诊、出谋划策。

【绿色生态法治保护】 2021 年，起诉滥砍滥伐、非法采矿、非法占用农用地等破坏环境资源犯罪 118 人。落实长江“十年禁渔”计划，开展打击长江流域非法捕捞专项行动。落实恢复性司法理念，办理生态环境和资源保护领域公益诉讼案件 300 件，督促修复受损耕地 3 公顷、治理受污染水域面积 3.33 公顷、整治违法排污企业 24 家。加强与州河湖长制、林长制办公室联系，推进“河湖长+检察长”“林长+检察长”联动协作。与湖南龙山、重庆黔江、巫山等地检察院建立跨区域生态环境保护协作机制，推进武陵山区、三峡库区生态环境保护。

【制度机制创新】 2021 年，建立“检察长+企业”工作模式，两级院检察长定点联系全州 30 余家企业。打造“园区的检察院”，在高新区设立“优化营商环境检察法律服务站”，每月选派检察官在服务站定点办公。建立涉企案件社会调查和影响、风险研判机制，按照“一案一调查”“一案一研判”要求，分析、研判企业生产经营发展可能受到的影响和风险，审慎作出决定。建立“检察长进党校”常态化工作机制，全州两级院 9 名检察长全部进党校现场授课。

【依法推进公开听证】 2021 年，按照“应听尽听”要求，落实《人民检察院审查案件听证工作规定》，推进和规范案件公开听证工作，邀请人民监督员、相关当事人、相关单位负责人等召开听证会，对 696 件案件进行公开听证，聚焦群众诉求强烈、矛盾纠纷突出、重大疑难复杂、具有引领性的案件，通过听取各方意见，维护当事双方的正当合法权益，以看得见的方式实现司法公正，相关工作得到最高检专家咨询委调研组肯定。

【队伍教育整顿】 2021 年，落实《领导干部干预司法活动、插手具体案件处理的记录、通报和责任追究规定》《司法机关内部人员过问案件的记录和责任追究规定》《关于进一步规范司法人员与当事人、律师、特殊关系人、中介组织接触交往行为的若干规定》，对填报情况一月一通报，督促干警主动填报759件。开展顽瘴痼疾专项整治，针对违反防止干预司法"三个规定"问题，违规经商办企业和配偶、子女及其配偶违规从事经营活动问题，违规参股借贷问题，违规违法减刑、假释、暂予监外执行问题，有案不立、压案不查、有罪不究问题，检察官离任后违规从事律师职业、充当司法掮客问题六大重点问题，明确32项整治项目，逐一细化整治措施。聚焦"自查从宽、被查从严"政策适用，370名干警主动向组织说明情况、交代问题。坚持刀刃向内，自行或支持纪检监察机关查处违纪违法干警3人。

【队伍能力建设】 2021年，组织开展党史学习教育，常态化开展"以政治说办案讲工作"，将业务性极强的政治建设与政治性极强的业务建设融为一体。围绕"案-件比"办案质效评价核心指标，细化考评办法，建立业务数据定期分析研判制度，推动业务工作查漏补缺、提档升级。实施人才培养工程，健全教、学、练、战一体化教育培训机制，针对性开展岗位练兵、业务竞赛、案例研讨、理论研修、检校合作，提升干警素能，13名干警被评为全省各类业务标兵、能手。

【落实少捕慎诉司法理念】 2021年，主动适应重罪重刑率持续下降、轻罪轻刑率持续上升的犯罪结构变化，持续推动司法理念变革，依法不批捕517人、不捕率为28.8%，不起诉778人、不诉率为22.12%，不捕不诉率均高于全省平均水平。依法对3066名自愿认罪认罚的犯罪嫌疑人从宽处理，总体适用率为92.86%，量刑建议采纳率为96.69%，一审服判率为98.59%。

【开展虚假诉讼专项监督】 2021年，结合大数据筛查等技术手段，将发现的虚假诉讼线索移送给对应基层院办理。全州查实虚假诉讼14件，发出再审检察建议8件，法院采纳并裁定再审3件，发出社会治理检察建议7件且全部被采纳。审慎审查案件线索1件5人，将涉嫌虚假诉讼罪线索移送公安机关，提前介入侦查，制定以原告为突破口的调查方案，高效查实原告提高起诉金额虚假诉讼的事实。通过办理虚假诉讼监督案件，挽回经济损失97万元。

【为民办实事】 2021年，全面开展"我为群众办实事"实践活动，出台为民办实事20条行动措施，全体干警领办并完成为民实事573件。推进"公益诉讼守护美好生活"专项活动，在食品药品安全领域立办案件42件。落实群众来信件件有回复制度，受理群众信访658件，全部做到7日内程序回复、3个月内办理过程或结果答复。为22名性侵未成年被害人提供助学助医、生活安置救助款4.4万元，为29名被害人开展改名、转学复学等工作，帮助他们渡过难关。推进司法救助全覆盖，向139名困难群众发放司法救助金184万元。

（刘草芽）

法　院

【概况】 2021年，恩施州中级人民法院辖8个县市法院和46个中心人民法庭。两级法院现有中央政法专项编制951名，实有在编干警891人，员额法官332人。其中州中院专项编制124名，实有在编干警117人，员额法官44人。全年受理各类案件91942件，结案85330件，均居全省第三位。结案率92.81%，居全省第六位，法官人均结案254.72件。州中院受理案件6051件，结案5648件。

【刑事审判】 2021年，依法惩治刑事犯罪，审理各类刑事案件2993件，判处罪犯2989人。严惩危害公共安全犯罪，审结危险驾驶、高空抛物、食品卫生安全案件471件，保障人民群众"吃住行"安全。营造良好治安环境，审结严重暴力、电信网络诈骗、非法集资、"黄赌毒""盗抢骗"案件925件。推进反腐败斗争，审结职务犯罪案件87件。审结非法吸收公众存款、集资诈骗等涉众型经济犯罪案件15件、36人。坚持罪刑法定、疑罪从无原则，对3名被告人依法宣告无罪。落实认罪认罚从宽制度，审结认罪认罚案件1785件、2532人。推进刑事案件律师辩护全覆盖，为472名被告人指定援助律师免费提供辩护，保障被告人辩护权。

【民事审判】 2021年，审结民事案件53970件。维护家庭和睦，综合运用人身安全保护令等制度，审理婚姻家庭、赡养抚养、继承等案件7847件。维护民生权益，依法审理劳动争议、交通事故、医疗纠纷、财产损害赔偿等事关人民群众生命健康权和财产权的案件3831件。设立环境资源审判合议庭，开启"三审合一"（知识产权民事、刑事、行政案件统一集中审理）新模式，审理环境资源案件210件。关注弱势群体诉讼权益，为符合条件的当事人缓减免诉讼费890余万元，发放救助金71.56万余元。

【行政审判】 2021年，坚持依法裁判和协调化解并重，审理各类行政案件1204件，判决撤销、变更、确认违法和责令履行法定职责688件，协调撤诉、和解案件170件。支持行政机关依法行政与保护公民合法权益并重，推进行政机关负责人出庭应诉工作，出庭应诉率93.56%。审结行政许可、行政登记等案件43件，保障"放管服"改革落地见效。加强行政非诉执行案件审查，裁定准予强制执行275件。加强司法与行政良性互动，参与政府重大政策、重大项目研究论证，主动与政府有关部门建立经常性工作联系。受邀为行政机关集中授课，邀请行政执法人员旁听庭审，促进依法行政。加强国家赔偿工作，办结国家赔偿案件32件，决定赔偿金额470万元。

2021 年 6 月 10 日，州中级人民法院党组书记、院长受邀到州委办公室宣讲“三个规定”

（州中级人民法院 供稿）

【执行工作】 2021 年，围绕“切实解决执行难”目标，办结执行案件 30357 件，执结率 93.99%。推广“预处罚”措施和“分段集约”“类案集中”模式，加大财产调查及执行搜查等措施的推广应用，强化财产报告制度，提升执行质效和规范化水平。坚持公正善意文明执行理念，慎用查封、扣押、冻结等强制性司法手段，依法支持民营经济发展和企业复工复产。开展涉金融债权、企业案件、民生案件专项集中执行，执结案件 2524 件，执行到位 1.36 亿元。突出整治消极执行、选择执行、乱执行等不规范行为，严厉查处关系案、人情案、金钱案，处理违纪违法执行干警 9 人。开展“三项清理”，对“明显超标的查封和超范围保全”“案件久拖不决和久执未决”“执行案款发放不及时不规范”等突出问题进行专项整治，清理超期案款 7 亿余元、不明款 13 亿余元，案款管理工作规范有序。推动执行指挥中心实体化运行，将执行信访与“一案双查”（上级法院执行机构和监察机构协调配合，统筹督查）相结合，坚持因案施策，释法明理，做好执行信访实质性化解，全年办理信访案件 14 件。

【法治化营商环境建设】 2021 年，开展“法治化营商环境提升年”活动，开通服务企业绿色通道，对涉企案件快立、快审、快执，推动涉企案件经济影响评估全覆盖。办结涉企案件 26975 件。完善破产审判机制，推动建立常态化府院联动、政府部门依法参与清算组、重整企业纳入招商项目、破产费用保障等工作机制，构建破产处置工作大格局。审结破产案件 15 件，“和润城”破产重整案入选全省法院首批优化营商环境“红榜案例”。巴东法院“执行案件繁简分流”和利川法院“破产债权争议诉讼收费 100 元”改革试点，被命名为“2021 年全省优化营商环境改革先行区”，经验在全省复制推广。

【扫黑除恶】 截至 2021 年年底，全州法院审结涉黑涉恶一审案件 85 件、633 人，二审案件 41 件、324 人，顺利完成“案件清结”工作任务。坚持依法从严惩处，一审判处五年有期徒刑以上刑罚 178 人。坚持“打伞破网”“打财断血”相结合，移送“保护伞”线索 14 件、10 人，依法审理相关案件 10 件、10 人。执结涉黑涉恶案件 64 件，执结率 90.14%，执行到位标的 14698.58 万元，执行到位率 92.86%，完成“黑财清底”工作目标。

【法治宣传】 2021 年，搭建融媒体传播矩阵，及时发布司法动态、案件信息，讲好审判故事，传播法治好声音。全州法院全年在“两网两微”（外网、内网、微信、微博）上发新闻稿件 4560 条，在省、州以上主流媒体发表作品 330 余条，州中院被人民法院新闻传媒总社授予“司法宣传和通联工作先进单位”称号。开展司法服务进社区、进基层、进学校“三进”活动，延伸司法服务到群众身边，通过座谈交流、上门走访、法律宣讲、提供法律咨询等形式，培育人民群众办事依法、遇事找法、解决问题用法、化解矛盾靠法的法治环境，全年开展司法服务“三进”活动 155 次。开展“思想破冰大家谈·法治宣传谱新篇”主题活动，探讨信息宣传工作。注重重要节点宣传，开展环境日、禁毒日、宪法宣传日宣传活动，倡导尊法、学法、守法、用法良好风尚。开展“三个规定”（《领导干部干预司法活动、插手具体案件处理的记录、通报和责任追究规定》《司法机关内部人员过问案件的记录和责任追究规定》《关于进一步规范司法人员与当事人、律师、特殊关系人、中介组织接触交往行为的若干规定》）大宣讲和党政领导干部严格执行“三个规定”公开承诺专项行动。

【队伍教育整顿】 自 2021 年 3 月 9 日起，全州法院开展为期 3 个月的政法队伍教育整顿。宣传“自查从宽、被查从严”政策，全面开展谈心谈话、自查自纠，办结涉法涉诉信访案件 96 件，案件举报线索 278 件，161 人按照“第一种形态”处理，44 个问题线索移送纪检监察机关处理。开展违反防止干预司法“三个规定”，违规经商办企业和配偶、子女及其配偶违规从事经营活动，违规参股借贷，违规违法减刑、假释、暂予监外执行，有案不立、压案不查、有罪不究，法官检察官离任后违规从事律师职业、充当司法掮客“六大顽瘴痼疾”和优化营商环境突出问题整治，智能化数据排查案件 22638 件，交叉评查重点案件 260 件，征求意见建议 27 条，围绕人民群众关注的热点、堵点、难点问题，逐项制定整改方案，完善审判监督、正风肃纪、队伍管理等制度机制 123 项，推动一批影响司法公正的深层次问题得到解决。践行“我为群众办实事”实践活动，为民办实事 89 项、1078 件。配合开展州委政治巡察和省法院司法巡查、审务督察，完成反馈的 35 个方面、54 项问题整改。

【审判管理】 2021 年，按照“规范、保障、促进、服务”的目标，加强审判管理，服务保障执法办案。加强制度建设，建立“两会两检”（审判委员会议、专业法官会议和类案强制检索、关联案件强制检索）工作机制，制定《院庭长审判监督与管理机制》《案件评查实施细则》《“四类案件”监督管理实施细则》等制度，完善审判权力和责任清单，推进司法责任制全面落实。组织开展“两年以上长期未结诉讼案件”评查、公职人员免处等五类重点案件交叉评查、涉企发回改判案件评查，组织评查案件 950 件。加强对长期未结案件、发回改判案件、“四类案件”（涉及群体纠纷，可能影响社会稳定；疑难、复杂且在社会上有重大影响，与本院或者上级法院的类案判决可能发生冲突的，有关单位或者个人反映法官有违法审判行为的案件）的监管，严控案件延审、扣审审批，规范审判流程节点管理，严格案件信息修改，增强干警审限意识、程序规范意识。全州法院一年以上长期未结案件 65 件，创历史新低，久押不决案件全部清零。建立案件评查人才库，精品案件、优秀裁判文书评选专家库，完善案例编写与研究人才库。组织开展全州法院精品案件、优秀裁判文书推报、评选，推报各类案例 163 篇，组织撰写审判管理论文 5 篇，3 篇案例入选《中国法院年度案例》。

【参与社会治理】 2021 年，院领导带头接访、包案化解，中央、省、州交办的 249 件重点信访案件全部办结，信访积案化解经验被省高院通报推荐。坚持将非诉讼纠纷解决机制挺在前面，出台《关于民商事案件“分调裁”工作的实施办法（试行）》，实现与调解机构的无缝衔接，推动构建多元解纷网格格局，促进诉调对接实质化运行。部分县市法院因地制宜探索推动形成“1+3+X”（综治中心+法庭、派出所、司法所+各村委会）、“1+N”（法庭+各调解组织）、“1+4+N”等多种联防联调机制，促进矛盾纠纷基层化解。全州法院全年诉前多元化解纠纷 18049 件。

【司法服务】 2021 年，推进“一站式”多元解纷和诉讼服务体系建设，启用诉讼材料收转发 e 中心、律师安检一码通、律师服务平台，实现在线诉讼跨层级联动办理、跨区域远程办理诉服新模式。全州法院全年网上立案 6037 件，跨域立案 392 件，在线保全 579 件，在线鉴定 390 件，在线交退费 43088 笔，完成电子送达 34795 件次，诉讼服务质效位居全省第三位，来凤县人民法院获评全省法院一站式建设工作先进单位。开展“基层基础建设年”活动，全州人民法庭均建成 1 套以上科技法庭，连接四级法院专网，并配备视频会议、电子监控、电子签章等信息化设备系统，跨域立案、在线缴费等功能基本实现，在全州主要景点设立旅游巡回法庭 14 个，成功创建“无诉讼村街”10 个，全州 17 个法庭获评“全省示范人民法庭”。

2021 年 11 月 11—12 日，州中级人民法院邀请人大代表开展视察活动，代表们查看法官办案情况公示栏
（州中级人民法院 供稿）

【接受监督】 2021 年，自觉接受人大监督、政协民主监督，定期汇报法院工作或重大事项，对代表委员提出的意见建议，专题研究，逐一落实。高度重视建议提案办理工作，主办的 1 件人大代表建议、会办的 1 件政协委员提案，见面率、答复率、满意率均为 100%。认真开展代表委员联络工作，组织开展人民法庭专题视察活动，多次召开开门纳谏座谈会，征求代表委员意见建议，通过上门走访、电话联络、微信联系等方式，主动联络辖区各级代表委员 273 人次。规范律师调查令登记、管理工作，保障律师申请调查取证权，发挥律师对审判权监督制约作用。全年两级法院签发律师调查令 480 件。贯彻实施人民陪审员法，扩大参审范围，落实随机抽取，保障人民参与司法，人民陪审员参审案件 60718 件，参审率 66.04%。广泛接受社会监督和舆论监督，全州法院主动邀请各单位负责人、执法人员旁听案件庭审 2000 余人次，公布裁判文书 82557 份，庭审直播 2817 场，审判流程信息公开率 99.42%。

【荣誉】 2021 年 1 月 11 日，建始县红岩寺人民法庭、巴东县信陵人民法庭、鹤峰县中营人民法庭被省高级人民法院表彰为“全省法院人民法庭工作先进集体”；恩施市法院民一庭副庭长陈小平、利川市法院民一庭副庭长张丽琴被表彰为“全省法院人民法庭工作先进个人”。5月21日，巴东法院执行局法官助理徐韬被最高人民法院表彰为“扫黑除恶专项斗争先进个人”。5月25日，州中级人民法院刑事审判第一庭、利川市法院立案庭、宣恩县法院李家河人民法庭、来凤县法院审判管理办公室被省高级人民法院表彰为“法院系统先进集体”。5月26日，咸丰县法院、来凤县法院被省高级人民法院表彰为“‘一站式’建设工作先进集体”。6月21日，咸丰县法院被最高人民法院表彰为“党建工作先进集体”。7月13日，州中级人民法院一级法官韩艳芳被省打击侵犯知识产权和制售假冒伪劣产品工作领导小组办公室表彰为“2020年度全省打击侵权假冒工作先进个人”。8月18日，恩施市龙凤人民法庭被共青团中央、最高人民法院表彰为“第20届全国青年文明号”。10月29日，来凤县法院被省高级人民法院表彰“基本解决执行难先进集体”，记集体二等功；利川市法院司法警察刘承敏、巴东县法院立案庭庭长谭文芳被表彰为“基本解决执行难先进个人”，分别记个人二等功和三等功。11月13日，鹤峰县法院司法警察大队队长张厚丰被最高人民法院表彰为“司法警察先进个人”。

（向 璐）

司法行政

【概况】 2021年，全州有律师事务所55个、基层法律服务所32个、司法鉴定机构5个、公证处8个，现有执业律师758人、公证员34人、基层法律服务工作者139人、司法鉴定人员63人。全州司法行政系统累计开展政治轮训、党课辅导、专题读书班等集中学习243场次，举办“易满成英模事迹报告会”、选树“易满成式好干警”活动11场次。

【全面依法治州】 2021年，落实法治建设责任，组织编制《法治恩施建设规划（2021—2025年）》《恩施州法治政府建设实施方案（2021—2025年）》等5个法治建设规划。举办习近平法治思想专题讲座16场次。对咸丰县、建始县及4个州直部门开展法治政府建设专项督察。推进全面依法行政，印发《州人民政府拟订自治法规、地方性法规草案和制定规章程序规范》《恩施州行政立法专家库管理办法》，遴选首批29名立法专家库成员。组织对州直39个单位、5类清单共1735个事项开展合法性审查，对州直39个单位、212项州级拟取消、下放事项及1875个州级事项办理流程开展全面审核，共压减事项212项、压减材料3440项。推进公正文明执法，印发《州直行政执法机关2021年度涉企行政执法检查计划清单》，从制度上杜绝频繁执法、随意执法行为。集中开展涉企行政执法突出问题专项整治行动，交办突出问题87个。2次开展行政执法案卷集中评查工作，交办整改问题153个。

【行政立法】 2021年，组织开展立法和规范性文件管理工作。依法审查《恩施土家族苗族自治州硒资源保护与利用条例实施细则》《恩施土家族苗族自治州齐岳山生态环境保护条例》《恩施土家族苗族自治州茶产业发展条例》。依法审查州政府规范性文件15件、一般性文件50件，回复州直部门征求意见67件。

【行政执法监督】 2021年4月1日—9月30日，在行政执法机关开展为期6个月的涉企行政执法突出问题整治工作，实地督查县市及州直行政执法部门30余次，召开座谈会25场，模拟行政相对人办事16次，开展暗访29次，排查问题62个，明确整改措施、完成时限、责任单位，确保问题整改到位。对全州230家行政执法单位进行单位资格审核，对11325名执法人员进行行政执法资格审核，组织全州8884人参加行政执法资格考试。

【行政复议】 2021年，收到行政复议申请33件，审结26件，7件处于审查期间。复议结果为维持决定4件，中止1件，驳回3件，撤销12件，确认违法3件，不予受理3件。全年全州各级行政机关新发生行政应诉一审案件488件。其中原行政行为机关单独应诉的344件，占70%。复议机关单独应诉的16件，占3.2%。共同应诉的128件，占26.5%。全州开庭审理的案件中，行政机关负责人出庭应诉率达到94.4%。

【公共法律服务体系建设】 2021年，推进公共法律服务进园区、进景区、进社区活动，发布第二批公共法律服务产品8个，包括旅游景区经营管理风险化解、非公企业法律培训、物业公司矛盾处理及风险规避、企业知识产权、法律服务进社区、企业股权设计及股权激励、医疗纠纷调处、特创小微企业法律顾问援助。组织280余名律师开展一对一“法治体检”服务，提供法律咨询1931场次、化解涉企纠纷782件，出具法律意见书253份、审查合同1116份。

【人民调解】 2021年，推广新时代枫桥经验，参与矛盾纠纷排查化解，从源头上筑牢安全稳定防线。全州调委会总数2547个，其中村级调委会2151个，社区调委会251个，乡镇调委会85个，街道调委会5个，实现行政区域调解组织全覆盖。全年受理矛盾纠纷17335起、成功调处16441起、调处成功率达95.9%，涉及标的2.6亿元，无民间纠纷转化为治安案件、刑事案件的情况。

【普法依法治理】 2021年，以“民法典千场宣讲”“宪法宣传周”活动为载体，推动宪法和法律进农村（社区）、进校园、进机关、进企业、进军营、进网络，开展普法宣传教育2100余场次。印发《恩施州国家机关“谁执法谁普法”履职报告评议办法（试行）》，组织召开首届“谁执法谁普法”履职评议活动，推动州人大常委会在全省率先作出开展“八五”法治宣传的决议。

【法律援助】 2021年，开通法律援助绿色通道，在州及各县市公共法律服务中心设立农民工法律援助绿色通道及老年人、军人、残疾人优先窗口，对农民工维权的法律援助申请实行经济困难告知承诺制，免于经济审查。在办理婚姻家庭、邻里纠纷、劳动争议、人身损害赔偿等领域案件中，探索法律援助与人民调解相结合的“调解在先、和善为前”新特点，完善对接机制，开展诉前、诉中调解，引导当事人走非诉讼调解与和解的路子。全年共受理法律援助案件3786件，其中刑事案件1304件，民事案件2476件，行政案件6件。已结案件3267件，挽回利益5271.1万元。法律援助人数4223人，其中妇女929人，残疾人212人，农民工1654人，老年人409人，军人军属10人。累计接待群众现场咨询24527人次，“12348”热线平台接听4504次，收到群众信件13次，转办网上申请群体性欠薪案件4起，为法律援助对象代写法律文书514份。

【律师工作】 2021年，全州有55个律师事务所，其中国资所3个、合伙所41个、个人所11个。有758名执业律师，其中专职律师595名、兼职律师17名、公职律师88人，公司律师11人，法律援助律师47人。另有在册实习律师73人。全年办理律师及律师事务所相关行政许可初审218件，组织实习律师转正面试4次。制定《关于禁止离任法官、检察官违规从事律师职业并进行隐性代理的规定（试行）》《关于进一步规范律师和法官检察官接触交往行为的规定（暂行）》。全州公开收集投诉、举报线索17条，排查出律师与法官、检察官不正当接触交往问题线索5条，随机抽查25家律师事务所，重点走访12家律师事务所，开展谈心谈话594人次，形成谈话记录594份，出具承诺书254份。全年给予行政处罚3人次，给予行业处分5人次，给予党纪处分2人。

【国家统一法律职业资格考试】 2021年，组织实施2021年国家统一法律职业资格考试客观题及主观题两个阶段考试任务。全州1144人报名参加本年度法律职业资格客观题考试，获得主观题考试资格的人数为408人，报名参加主观题考试的人数为551人。为341名2020年国家统一法律职业资格考试成绩合格人员发放法律职业证书。

【公证】 2021年，全州8个公证处有在册公证员34人，其中事业编制公证员20人，公务员编制公证员14人。全年办理公证3882件，收费151.2817万元。其中涉外公证811件，涉港澳台40件，合同174件，继承1691件（其中小额继承683件），委托819件，声明150件，赠与10件，遗嘱15件，保全证据24件，其他类公证999件。

【荣誉】 2021年9月，州律师协会会长严奉祥被司法部表彰为“全国优秀律师”。10月，巴东县司法局水布垭司法所所长张家军、来凤县司法局绿水司法所所长周涛被司法部表彰为“全国司法所模范个人”。

（邢中良）

监狱管理

【概况】 2021年，湖北省恩施监狱抓好监管安全、队伍安全等工作，完成目标任务。先后有5个集体、16名个人受到上级表彰，三监区党支部被省司法厅表彰为“先进基层党组织”，刘权伍被司法部授予“全国司法行政系统抗击新冠肺炎疫情个人嘉奖”，黄浩被省人社厅、省司法厅表彰为“全省司法行政系统先进个人”，马俊获省监狱局2021年度优质课竞赛一等奖。恩施监狱被州委、州政府评为2019—2020年度州级最佳文明单位，被州委平安恩施建设领导小组评为2021年度全州平安建设（综治工作）优胜单位。

【监管安全】 2021年，配合做好省司法厅、省监狱管理局和州检察院的监督检查工作，开展安全与执法安全隐患整改。加大资金投入，全年投入180余万元用于监狱AB门管理系统、门禁系统、会见室安保升级建设、围墙周界及监舍楼报警系统等监管安全设施升级改造。因新冠肺炎疫情防控工作需要，暂停现场会见，与司法局沟通定期定时开展远程视频会见。以安全工作为中心，突出重要时段，全年开展8次节前安全大清查行动、5次“两警”（监狱民警、驻监武警）联合处突演练。开展打击整治枪爆违法犯罪专项行动、扫黑除恶专项活动、“纸面服刑”清查活动、服刑罪犯身份不实清查工作，特别加强涉黑涉恶罪犯的个人物品、岗位设置、互监包夹等管理，保持对违规品违禁品的清缴和打击力度。抓好制度落实，重点加强罪犯清人、点名、互监、包夹和计分考核等核心制度的落实，罪犯违规违纪率较2020年大幅下降，有效地净化监管改造氛围。

【刑罚执行】 2021年，制定完善减刑假释工作指导意见，提请减刑案件213件。与当地司法局（所）联系，落实重点管控刑释人员“必接必送”制度，全年对557名刑释人员实现“无缝对接”。严格落实罪犯申诉、检举、控告有关规定，全年依法转递罪犯申诉19件，检举5件,维护服刑人员的合法权利。开展“纸面服刑”专项清查工作和违规违法办理减刑、假释、暂予监外执行案件全面排查整治工作。利用科技法庭远程视频模式，规范服刑人员减刑、假释实质化流程。通过与法院的良性互动，展示监狱“五大改造”（政治改造、监管改造、教育改造、文化改造、劳动改造）新成果，提升执法公信力。

【教育工作】 2021年，在押罪犯政治教育覆盖率达100%，刑满释放人员中95%以上政治教育考核合格。出入监罪犯接受教育率达99%以上。罪犯出监评估率达100%。罪犯心理健康教育普及率达100%。文盲罪犯参加扫盲教育并脱盲，达到应脱盲人数的95%以上。小学文化程度以下的罪犯参加小学教育，达应入学人数的90%以上。在出监罪犯中，社会主义核心价值观、思想道德教育、中华优秀传统文化教育、法律常识教育的合格率均达95%以上，罪犯守法守规率为98%。罪犯文化活动参与率达100%。开展专题教育90余期，收到罪犯优秀心得100余篇。全年开展入监教育9期、出监教育24期，举办2021年度监区文化节，高自考合格率40%，文化扫盲合格率100%，组织100余名罪犯参加职业技能培训。定期和不定期开展罪犯心理健康教育和危机干预，化解罪犯心结和矛盾，确保监管安全稳定。下发通报10期，全监登记在册谈话11192人次。开展“罪犯改造思考与实践大讲堂”，组织考试27场，1400余人参加考试。评选出3名省级和39名监狱级改造积极分子。印发《巴山润雨》11期，《新生周刊》刊稿29篇，推选出2名省级个别教育能手，10名监狱级个别教育能手。

【廉政建设】 2021年，开展廉政谈话215人次，开展安全生产监督2次，开展“纸面服刑”专项监督3次，常态化参加减假暂审议监督、计分考核监督6次，监督要求整改问题18个，转线索调查1个。先后召开党风廉政建设专题会议4次，党委班子成员讲廉政党课4次，开展民警现身说纪活动，监内、监外分别组织进行警示教育4次。全年监狱纪委受理初核问题线索23件，当年办结21件，采取第一种形态处理责任人员17人次。在全省政法系统教育整顿活动中，协助党委对104件问题案件中涉及的35名责任民警，给予通报、责令书面检查处理7人，通报处理6人，责令书面检查处理11人，批评教育处理3人，提醒谈话处理3人，免责、不予追责处理5人。连续2年实现无民警受到纪律处分。

【领导考察调研】 2021年，省监狱局相关领导先后6次到恩施州，调研督导政法队伍教育整顿工作、检查调研监管安全工作、开展2021年度目标责任制考核等。3月23日，省政法队伍教育整顿第十三指导组司法行政专班到恩施监狱检查督导队伍教育整顿工作。4月25日，中宣部副部长孙志军、中央第十督导组组长孙勇等17人到恩施监狱检查队伍教育整顿工作。6月23日，省司法厅党委委员、政治（警务）部主任曾群带队到恩施监狱督导安全稳定工作。

（赵　慧）

仲　裁

【劳动仲裁】 2021年，推进“互联网+调解”工作模式，全国劳动人事争议在线调解服务平台投入使用，劳动者和用人单位可通过该平台在线申请调解。截至年底，全州通过该平台处理调解申请75件。下发《恩施州人力资源和社会保障局关于打造劳动人事争议金牌调解组织的通知》，全年全州打造20家金牌调解组织。开展区域合作，根据宜昌、荆州、荆门、恩施四地人社部门《推进“宜荆荆恩”人社工作一体化发展方案》工作要求，结合恩施州“立足大生态、构建大交通、发展大旅游、打造大产业”发展实际，制定《“宜荆荆恩”城市群劳动人事争议仲裁四地协调办理互助协作工作方案》。2020年12月10日至2021年12月10日，全州处理劳动人事争议案件1923件，立案受理1737件，不予受理186件，当期结案1756件，调解成功率63.5%，当期结案率98.5%。继续推进省人社厅组织开展的“千名仲裁员服务万企活动”，全年开展省人社厅组织的千名青年仲裁志愿者联系万家企业活动。组织全州各级9个调解仲裁机构服务475家企业，指导企业规范用工，截至年底，全州累计建有141个基本调解组织。健全劳动人事规章制度，全年开展常态化的、有针对性的业务培训4次，宣传普及劳动保障法律法规和政策，构建服务企业的长效工作机制。推进全州各级仲裁机构法律援助站建设。要求各级法律援助站严格执行四项工作制度（工作联系制度、联席会议制度、人员培训制度、复查救济制度），为困难群众提供法律援助服务，为当事人提供法律咨询服务，提升群众对调解仲裁工作的认可度和满意度。截至年底，全州建立9个仲裁院法律援助工作站，接待群众法律咨询1000余人次，为困难群众提供法律援助服务153人次。9月16—17日，省人社厅仲裁处到恩施州开展劳动人事争议仲裁案件评查暨效能建设调研，先后到恩施市、利川市、宣恩县、咸丰县劳动人事争议仲裁院调研，主要针对案件处理流程和结果进行监督评价，调研全州劳动人事争议仲裁院实体化、法律援助窗口、劳动人事争议多元处理机制、基层调解组织规范化建设等情况，针对调研情况下发工作通报，反馈的涉及文书拟制、卷宗整理、文书使用方面24个问题整改完成。

（黄书华）

【案件仲裁】 2021年，恩施仲裁委员会受理仲裁案件132件，涉案标的额6.6亿元。审结案件122件，在办案件10件；裁决结案51件，调解撤销结案71件，年度结案率为92%，年度调撤率为58%，审限内结案率为99%。

（邢中良）

军 事

Military Affairs

中国人民解放军湖北省恩施军分区

【概况】 2021年，中国人民解放军湖北省恩施军分区（简称恩施军分区）坚决贯彻党中央、习近平主席指示命令和上级决策部署，立足庆祝中国共产党成立100周年和军改全面落地大局，坚持"能力建设年、秩序规范年"工作思路，振奋精神把握新方位，守正创新展现新气象，高质量发展迈出坚实步伐，"十四五"开局实现稳中有进。弘扬伟大建党精神，抓好党史学习教育，完成备战打仗任务，提升打仗和带兵打仗能力，提高自主自建能力。支持驻地改革发展、乡村振兴、抢险救灾等工作。集中宣布县市人武部党委第一书记任职，组织述职。联合出台民兵基层阵地建设、军属就业安置保障、军人立功奖励措施办法，推进依法管武实践。恩施军分区室内体训馆建成投入使用。承担完成大中学生军训任务，创新"131"模式助力乡村振兴。民兵工作位居全省第三，国防动员潜力调查、要讯工作位列全省第六，连续5年被省军区表彰为"战备训练先进单位"。

【思想政治建设】 2021年，恩施军分区学习贯彻落实中共十九届六中全会精神，开展中共党史学习教育和学习"新时代卫国戍边英雄群体"活动，挖掘张富清精神时代内涵，巩固官兵奋斗强军思想。军分区党委中心组组织8次专题学习研讨，领导干部带头上课宣讲160余次，"追寻红色足迹，感悟红色伟力，争当红色传人"系列实践活动做法被省军区刊发推广。加强两级党委班子建设，研学培训新的党建法规，高质量召开党建形势分析会和专题组织生活会。严格执行军改配套文件，完成军官等级转换和待遇级别调升，接受军改后首次干部考核。持续推进正风肃纪反腐，认真纠治整改历史遗留和巡视巡察反馈问题。全年有13个单位（组织）和陈刚果等72人次官兵受到表彰奖励。

【备战打仗能力】 2021年，恩施军分区投入资金帮助解决县市和乡镇武装部难点问题，组织新任基层武装部部长集训。接受省军区以上值勤抽检，建成民兵情报信息网络系统，采用情报质量排名全省第一，获评省军区合成参谋暨民兵教练员集训比武"优胜单位"，恩施军分区机关年度军事训练考核全员优秀、总评优秀；高标准完成民兵调整组建，结构类型持续优化，新质占比提升。全年完成重大犯罪嫌疑人搜捕、新冠肺炎疫情防控和自然灾害救援等应急任务。

【国防动员建设】 2021年，恩施军分区投入资金建成恩施州国防动员智能指挥演训中心，研发实现"智慧动员"一期目标。接续组织"恩动—2021"国防动员演练，州、县两级组织指挥水平互鉴共促。开展3次潜力调查会审，关键领域潜力信息更加准确。完成年度兵员征集任务，大学生和大学毕业生征集数同比分别增长1.2和2.1倍。

【助力乡村振兴】 2021年，恩施军分区部队坚决贯彻习近平主席巩固脱贫攻坚成果有效衔接乡村振兴重要指示，传承弘扬光荣传统，研

2021年7月15日，民兵开展防汛抢险应急演练 （恩施军分区 供稿）

2021年，恩施军分区组织"追寻红色足迹，感悟红色伟力，争当红色传人"系列实践活动。图为鹤峰县中营镇红岩坪村红三军军部旧址活动现场

（恩施军分区 供稿）

2021年11月16日，恩施军分区对口帮扶石灰窑小学爱心助学座谈会召开

（恩施军分区 供稿）

究确立“1个人武部协调3个社会行业群体（国有及民营企业、网络电商、社会团体）、帮扶1个乡村振兴重点村”的“131”乡村振兴新模式，联系帮扶9个村，用好国家5年过渡期优惠政策，制订详细发展规划，帮带加强村“两委”班子建设，加快发展乡村特色产业。联系协调上海、武汉等多地爱心人士对口助学45名学生，与250名学生结成帮扶对子，援建村级学校4所，捐献教学设备器材5件，配合开展教学活动6次，向中央军委国防动员部推荐申请石灰窑中学为“八一爱民学校”。8月，军地职能部门召开部署推进会，明确工作目标和任务。

（张 梨 杨 驹 杨仁熊）

中国人民武装警察部队恩施支队

【概况】 2021年，中国人民武装警察部队湖北省总队恩施支队（简称恩施支队）始终坚持以习近平强军思想为引领，落实总队党委决策部署，稳固安全根基，全面建设呈现稳步发展、向上、向好态势。持续投入40余万元助力洞下槽村乡村振兴，巩固脱贫攻坚战果，支队被武警部队表彰为“脱贫攻坚先进集体”。

【思想政治建设】 2021年，恩施支队重点组织学习贯彻中共十九届六中全会精神、习近平主席“七一”重要讲话精神和视察武警第二机动总队重要讲话精神，严格落实党委中心组带机关、基层理论学习制度，开展主题教育、党史学习教育、开年教育以及经常性思想教育，向新时代戍边英雄群体、“反恐尖刀中队”学习，官兵扎根山区、建功军营的政治热情更加坚定。开展庆祝中国共产党成立100周年主题活动，推进“书香军营”、心理咨询室建设，添置配备文体器材和学习书籍，加快构建新时代忠诚卫士文化体系，2名官兵被总队表彰为“践行强军目标标兵”。严密组织政治考核、新兵“三查”（政治考核复查、体格复查和心理测查），细致做好一人一事思想预防工作，跟进抓实“密切官兵关系、杜绝打骂体罚”专项整治。

【基层建设】 2021年，恩施支队贯彻《支部“建在连上”更要“强在连上”二十条措施》，选准配强基层党委支部班子，抓好官兵能力素质培训，提升各级按纲抓建能力。严格落实蹲点帮建机制，常态组织“蹲一天、住一夜、过一遍”活动，面对面帮助基层提高依法抓建能力，整体提升基层全面建设水平。坚持以“思想大发动、隐患大摸排、官兵大谈心、问题大整治”活动为牵引，开展“酒驾醉驾专项整治”、“飓风2021”反间谍专项行动、暑期百日安全竞赛活动，抓好酒驾醉驾、手机网络等重点领域管控整治，部队安全基础持续巩固。恩施支队被武警部队表彰为“六无”单位，执勤一大队被总队表彰为“四铁”（铁一般信仰、铁一般信念、铁一般纪律、铁一般担当）先进大队，巴东县、咸丰县、鹤峰县、执勤一中队被恩施支队表彰为“四铁”先进中队。

【练兵备战】 2021年，恩施支队开展执勤隐患清理整治，推进“四勤”（组勤、执勤、管勤、联勤）

2021年6月16日，武警巡逻队员在利川火车站担负巡逻任务

（武警恩施支队 供稿）

试点建设，组织卫士演习、“魔鬼周”极限训练、教练员集训、勤训轮换等群众性练兵比武活动，持续开展首长机关每月“五个一”（一次三千米、一次手枪射击、一次作战勤务标图、一次指挥技能训练、一次文字录入训练）集中训练和重难点课目教练员巡回教学，拍摄下发训练教学录像片，部队训练水平整体提升。完成武装押解、紧急就医、武装巡逻、抗洪抢险等任务，成功处置在押犯企图脱逃事件，被武警部队通报表扬。参加总队比武竞赛夺得1个团体第二、1个团体第三，多名官兵参加军事体育运动会获得好成绩，机动中队谢理想被总队表彰为“优秀教练员”。

（王 军）

人民防空

【概况】 2021年，恩施州加强人防警报建设管理，现有警报器均实行“六有”（有专人管理、职责制度、管理协议、登记记录、档案资料、经费保障）规范化管理，人防各项工作稳步推进。

【人防工程建设管理】 2021年，恩施州执行《湖北省人民防空工程管理规定》，按照优化营商环境和“放管服”要求，人防行政审批及政务服务事项均实行一窗受理，网上通办，全州结建人防工程实现“应建必建”。加强对各类从业主体的行为监督和资质管理工作，全面落实红黑名单管理，结合“双随机、一公开”开展全州人防工程质量安全监督检查，未发生建设、使用安全事故。

【人防宣传教育】 2021年，全州开展人防宣传“五进”（进学校、进机关、进媒体、进社区、进企业）活动，重点结合人防宣传教育月“人防与企业同行”活动主题，优化营商环境。结合人防部门和住建部门两块牌子一套班子的优势，以水务、燃气、建筑、施工、房地产企业等为重点，主动服务企业，上门座谈、现场调研，宣传解读人防政策法规，解决企业提出的人防工作相关问题。结合“9·18”人防警报试鸣、国防教育宣传月等时间节点，开展人防宣传。在恩施电视台、《恩施日报》、《恩施晚报》、政务门户网站等主流媒体及其他各类新闻媒体，集中宣传人防警报知识及“9·18”试鸣活动。坚持人防宣传教育与国防教育相结合，将单一的人防知识教育转变成以公共安全为主要内容的综合性防空防灾教育，向城区初级中学八年级学生发放人民防空教育读本《人民防空知识》1.3万余册。向省人防办网站、《湖北人防》、《中国人民防空》投稿，宣传恩施州人防工作。

【人防训练演练】 2021年，州人防办举办并参加第二防空区“学党史、强人防”全省人防“楚竞-21”训练比武竞赛初赛；配合宜昌市人防办在利川市举办湖北省第二防空区暨“宜荆荆恩”城市群人防“楚天-21”演练；组织人员参加“楚越-21”短波电台专项训练。巴东县人防办在人防宣传活动月期间，组织水务公司等城区重要经济目标单位，开展人民防空应急抢险演练活动。落实卫星通信、短波电台、视频会议等系统的联调联训。

【城市防空防灾警报试鸣】 2021年9月18日11时00分—11时15分，恩施市人民政府、州人民防空办公室组织城市防空防灾警报试鸣。分为预备警报（11时00分），空袭（紧急）警报（11时6分），解除警报（11时12分）各3分钟。试鸣前提前发布公告，保持广大市民正常的工作生活秩序，达到“不忘国耻、警钟长鸣”的目的。各县市统一在“9·18”开展警报试鸣活动，鸣响率达100%。

（郑新民）

经济管理

Economic Management

发展和改革

【概况】 2021年，恩施州全年经济发展稳中有进，全年实现地区生产总值1302.36亿元，扣除价格因素同比增长11.7%，总量居全省第11位、增速居全省第13位。固定资产投资同比增长23.3%，高于全省2.9个百分点，居全省第10位。社会消费品零售总额686.08亿元，同比增长22%，高于全省2.1个百分点。规模以上工业增加值同比增长18.2%，高于全省3.4个百分点，居全省第5位。地方一般公共预算收入75.51亿元，同比增长31.0%，居全省第11位。城镇常住居民人均可支配收入34054元，同比增长10.1%，居全省第6位。农村常住居民人均可支配收入13307元，同比增长11.9%，居全省第12位。全年实施州级重点项目180个。推进县域经济发展，推进“宜荆荆恩”城市群一体化发展，推进全州经济体制改革相关工作，规范中介服务，推进诚信政府建设，优化营商环境。恩施州国民经济和社会发展“十四五”规划和二〇三五年远景目标纲要公开发布。2021年省直部门职能调整，省委编办将全省县域经济相关职能由省经信厅划转至省发改委，在省发改委设立县域经济处。比照省机构设置，恩施州将县域经济职能调整到州发改委开展工作。2月，州发改委地区科科长张代明被中共中央、国务院表彰为“全国脱贫攻坚先进个人”。

【《恩施州国民经济和社会发展“十四五”规划和二〇三五年远景目标纲要》发布】 2021年6月，《恩施州国民经济和社会发展“十四五”规划和二〇三五年远景目标纲要》公开发布，对规划纲要确定的主要目标和任务进行分工。恩施州到2025年要实现“六个新”目标：经济发展取得新成效。地区生产总值突破1800亿元，产业链不断壮大，新兴产业蓬勃发展，城乡融合进程加快，县域经济实力大幅增强。改革开放取得新突破。建成“全国一流、全省领先”的营商环境，产权制度改革和要素市场化改革取得重大进展，建成内陆开放重要节点。社会文明程度得到新提高。社会主义核心价值观深入人心，文化事业繁荣发展，公共文化服务体系和文化产业体系更加健全。生态文明建设实现新进步。国家主体功能规划区全面落实，生态环境巩固提升，城乡环境明显改善，建成“两山”实践创新基地。民生福祉达到新水平。实现更加充分更高质量就业，居民收入稳定增长，基本公共服务均等化水平明显提高，全民受教育程度不断提升，卫生健康体系更加完善。州域治理效能得到新提升。民主法治更健全，社会治理效能明显提高，防范化解重大风险体制机制不断健全，发展安全保障更加有力。

【重点项目建设】 2021年，恩施机场迁建项目选址研究基本完成，沪渝蓉高铁宜昌至涪陵段在开展可研编制，郑万高铁全线铺轨，安恩张铁路纳入省级“十四五”规划，建恩北高速施工图和利咸高速用地预审获批复，巴张高速沪蓉沪

恩施州“十四五”重点专项规划编制目录清单一览表(州政府发布)

表4

序 号	规划名称	编制牵头单位
1	恩施州服务业发展“十四五”规划	州发改委
2	恩施州清洁能源产业发展“十四五”规划	州发改委(州能源局)
3	恩施州教育事业发展“十四五”规划	州教育局
4	恩施州科技创新“十四五”规划	州科技局
5	恩施州工业经济(制造业)高质量发展“十四五”规划	州经信局
6	恩施州信息化建设“十四五”规划	州经信局
7	恩施州民政事业发展“十四五”规划	州民政局
8	恩施州促进就业“十四五”规划	州人社局
9	恩施州自然资源“十四五”规划	州自然资源和规划局
10	恩施州生态环境保护“十四五”规划	州生态环境局
11	恩施州住房和城乡建设“十四五”规划	州住建局
12	恩施州综合交通运输发展“十四五”规划	州交通运输局
13	恩施州水安全保障“十四五”规划	州水利和湖泊局
14	恩施州农业农村现代化发展“十四五”规划	州农业农村局
15	恩施州商务发展“十四五”规划	州商务局
16	恩施州文化和旅游发展“十四五”规划	州文化和旅游局

续表 4

序 号	规划名称	编制牵头单位
17	恩施州卫生健康事业发展“十四五”规划	州卫生健康委
18	恩施州生物医药产业发展“十四五”规划	州卫生健康委
19	恩施州应急体系建设“十四五”规划	州应急管理局
20	恩施州数字政府建设“十四五”规划	州政务服务和大数据局
21	恩施州硒食品精深加工产业集群建设“十四五”规划	州硒资源保护开发中心

渝连接段正编制工可研报告，巴东长江公路二桥增加城市道路功能获国家发改委批复同意，姚家平水利枢纽工程整体处于可研报批阶段。争取中央和省预算内资金13.34亿元。

【开发区建设】 截至2021年，全州有省级开发区8家，分别是恩施高新技术产业园区、利川经济开发区、建始工业园区、巴东经济开发区、宣恩工业园区、咸丰工业园区、来凤经济开发区、鹤峰经济开发区。全州开发区实际开发面积71.43平方千米，实现地区生产总值267.08亿元，完成固定资产投资总额188亿元。规模以上工业企业159个，省级以上技术创新平台30个。2021年1月4日，恩施市设立恩施硒都产业园区管理委员会。全州形成恩施高新区以核心区为龙头、8个县市园区联动发展的“1+8”园区建设格局。

【产业转型】 2021年，恩施州清洁能源产业不断壮大，鹤峰走马风电、利川峡口塘水电并网发电，全州总装机突破470万千瓦。页岩气勘探开发取得突破，累计产气量达到2000万立方米。宣恩县纳入全国首批整县推进分布式光伏试点，恩施大龙潭、巴东桃李溪、建始石家湾抽水蓄能项目纳入国家和省规划。服务业发展稳中有进，7个项目入选省服务业“五个一百工程”重点项目，3个项目纳入疫后重振补短板强功能“十大工程”项目库。完成恩施高新区扩区调区，支持恩施高新区创建国家高新区，通过科技部现场评审。恩施高新区、宣恩县成功创建省级承接产业转移示范区。编制完成《恩施州创建长江经济带大数据中心规划前瞻性研究报告》，完成4个项目备选地块地质灾害危险性评估。

【区域融合】 2021年8月11日，恩施州和宜昌等相关地区共同制定出台《宜荆荆恩城市群一体化发展实施意见》等系列政策文件。组建“宜荆荆恩”城市群文旅产业一体化发展联盟并联合发行文旅惠民卡，推动171项政务服务事项跨域通办，签订城市群教育、就业、人才、社保、金融、警务合作等一体化发展合作协议，异地就医实现直接结算。安恩张铁路、淋溪河电站、巴张高速鹤峰至桑植段、龙凤经济协作区等重大项目纳入湘鄂赣三省合作协议，龙凤经济协作示范区纳入省预算内专项支持计划。

【改革工作】 2021年，规范中介服务，规范中介机构服务不规范、竞争不充分、监管不到位问题，开展中介机构考评，推广运用中介平台，中介超市入驻机构630家，在网办理项目326个，分别位居全省第一和第二。推进诚信体系建设，打造诚信政府，建成恩施州信用平台，加强信用信息归集共享，组织清理规范政府合同，咸丰信用修复被列入省优化营商环境改革先行试点。推进项目便捷审批，持续加强省投资项目在线审批监管平台运用，办件量居全省第七位。为州优化办专班工作提供服务保障，2021年政务环境第三方评价排名全省第五。启动扩权赋能强县改革工作。

【物价工作】 2021年，严格成本监审，完成省下达的种植业和饲养业两大类4个品种的成本及收益的预测、常规、直报、专项和临时性调查工作。开展涉及景区服务价格、污水处理、经济适用房、城市（集镇）供水、水利工程供水、天然气、幼儿保育服务收费、城市公交和义务教育课后延时服务收费等9个类别18个项目的成本监审。加强价格监测预警，监测报告制度上报率和准确率达100%。发布“价比三家”信息300余期，发布《恩施城区粮油肉禽蛋价格一周情况》价格周报40期，发布元旦、春节、中秋、国庆等节假日期间价格信息10余期，通过恩施新闻网“今日物价监测”栏目发布价格信息450余期。落实电价优惠，为748家企业兑付临时电费补贴931.9万元。出台《州发改委 州文旅局关于落实支持文化旅游企业用水用气用电价格优惠政策措施的通知》，服务涵盖全州46个景区、49家星级饭店、151家旅行社、240家互联网上网服务机构、168家营业性演出和歌舞娱乐场所及34家游泳、滑雪、攀岩场所。

【县域经济评价】 2021年，全省县域经济高质量评价，恩施州8个县市纳入三类县市排名（全省三类县市共30个）。恩施市排名第6（77.54）、利川市排名第21（68.16）、宣恩县排名第24（67.11），来凤县排名第25（66.64）、巴东县排名第26（66.45）、建始县排名第27（66.25）、咸丰县排名第28（64.68）、鹤峰县排名第30（63.71）。

（唐　义）

国有资产监督管理

综合监管

【概况】 2021年，全州国资国企系统坚持稳中求进工作总基调，统筹发展和安全，围绕服务州委、州政府发展战略，推进国有企业改革，加强国有资产监管，坚持党对国有企业的领导，提高企业发展质效。根据州政府授权，州政府国资委对恩施州国有资本投资运营有限公司、恩施州农发信用融资担保股份有限公司、恩施州平安押运有限公司、恩施州硒康牧业发展有限公司、恩施州粮油储备有限公司、恩施州城乡规划设计院有限公司6家地方国有企业履行出资人职责。引导国资国企系统干部职工继续开展消费扶贫，累计采购农副产品近10万元。

【国有经济运行】 截至2021年12月31日，全州地方国有企业资产总额802.19亿元、负债总额417.76亿元、所有者权益384.43亿元、营业收入33.18亿元、利润总额3.39亿元、上缴税费1.58亿元，均实现两位数增长。其中11家州直企业资产总额77.16亿元、负债总额29.17亿元、所有者权益47.99亿元、营业收入5.78亿元、利润总额0.96亿元、上缴税费0.61亿元，州国资委直接监管的6家企业资产总额60.74亿元、负债总额23.7亿元、所有者权益37.04亿元、营业收入3.5亿元、利润总额0.9亿元、上缴税费0.53亿元。总体来看，全州地方国有经济正逐步向疫情前的水平恢复。

【国有资产监管】 2021年，加强财务和产权监督管理，规范年报编制和月度快报编制，组织第三方会计师事务所对州出资企业进行专项审计。推行工资总额预算管理，开展内部财务预算编制、执行、监督和考核工作。规范企业国有产权交易行为，推进国有资产保值增值。年初与各出资企业签订新一轮三年任期目标责任书，开展出资企业经营业绩、履职尽责综合考评。主动向州人大报告国资监管情况，按要求抓好整改落实。按要求做好国有资本金划转工作。推进国资在线监管平台建设，实现网络通、视频通、数据通、业务通。加强州、县两级投融资平台监管，提请州政府出台《恩施州投融资平台管理办法》，明确“每个县市不超过2家投融资平台，每个国企不超过2个主营业务，每个企业不超过2个管理层级”要求。11月，州政府领导带队到鄂州、咸宁考察投融资平台建设。组建工作专班，到州农发担保公司、州硒康牧业公司调研座谈，对州农发担保公司经营许可证到期的风险及化解建议形成专题报告。落实“管行业必须管安全、管业务必须管安全、管生产经营必须管安全”要求，全年未发生重大安全生产责任事故。

【深化国资国企改革】 2021年，贯彻中央、省关于国企改革三年行动决策部署和工作要求，落实省属国资国企改革实施意见，按照《恩施州国企改革三年行动实施方案（2020—2022）》，结合恩施州实际，聚焦3条主线明确恩施州新一轮国资国企改革6个方面32条举措。落实《贯彻落实〈恩施州国企改革三年行动实施方案（2020—2022）〉重点任务分工方案》《全州国企改革三年行动工作推进机制》《关于全面完成国有企业公司制改革的通知》《关于全面推行经理层成员任期制和契约化管理有关事项的通知》等文件要求，指引各项改革措施协同推进。全年完成70%的改革任务，重点在经营性资产集中监管、企业整合重组等方面取得较大成效。将鄂西宾馆、清江宾馆以及州交通物流局、州发改委等部门管理的资产移交州国投公司。将州硒康牧业公司托管给州农发担保公司，实行“一套班子、两块牌子、双轨运行”。将州平安押运公司从州国投公司分立，理顺运行体制。探索地方储备粮承储企业政策性职能与经营性职能分开和州市两级粮食储备库共建共管改革，进一步理顺粮食企业监管体制。学习领会省属企业改革精神，积极谋划恩施州国企整合重组和州级党政机关事业单位国有资产管理改革方案。

【推进和央企省企合作】 2021年，先后对接湖北能源集团，中国石化江汉油田、中国石化湖北石油公司与州政府签订战略合作协议，总投资约400亿元。加快推进中国石化江汉油田投资开发恩施州页岩气，咸页1井完成水平钻探工程。支持鄂旅股份上市，同意州国投公司出资500万元收购鄂旅投的有关资产。做好区域协作对口帮扶工作，7月22日，武汉市国资委、州国资委在武汉签订框架协议，举行项目推介签约会。州平安押运公司与武汉市荣威押运集团达成意向合作项目，州城乡规划设计院公司与武汉园林设计研究公司拟在恩施组建分公司，建始国投公司与武汉农业集团合作成立湖北绿色农林科技公司，协调武汉市国资委将州硒康牧业公司作为恩施优质农产品供应商助推恩施山货进驻江城。

【州级投融资平台服务】 2021年，以州国投公司为主体，发挥州级投融资平台撬动资金服务重点项目建设的作用。州国投公司全年申请项目贷款5.1亿元，实施重点建设项目8个，完成年度投资5.83亿元，累计完成投资16.36亿元，服务立讯精密重点招商引资企业的发展和新型电子产业园的建设。继续执行承租经营性国有资产减免房租政策，共为1961户中小微企业和个体工商户减免租金2268.27万元。继续落实过桥资金政策，共为43家中小企业落实过桥资金4.7亿元。继续对企业担保费进行减免，州农发担保公司全年续贷1.77亿元，减免担保费近500万元。

【加强党的建设】 2021年，树立“抓国资国企党建就是抓国资国企发展”的理念，坚持党建工作与中心工作同谋划、同部署、同检查、同考核，全年党委专题研究部署国资国企党建有关工作10次，中心组集体学习11次；党委书记讲党课3次，其他班子成员讲党课2次。落实“党建任务进责任目标、党建要求进公司章程、党建成效进业绩考核”要求，开展党组织书记抓党建四级同述同评同考，对6家出资企业党组织书记抓党建情况进行述职评议。举办2021年党建重点培训班，培训党组织书记、党务骨干50人。新发展生产一线党员12名。严肃换届纪律，配合州委对3名州管企业的班子成员进行调整，按程序推荐和考核“两代表一委员”，未出现拉票、贿选等不正之风。组织全系统观看庆祝中国共产党成立100周年大会，表彰“两优一先”，开展慰问活动，参加州直单位学党史知识竞赛获得第二名。

【建设清廉国资国企】 2021年，实施国企党建“领航工程”、国资监管“阳光工程”、监督执纪“保障工程”、突出问题“整治工程”，推进清廉企业建设。及时传达学习、贯彻落实中纪委、省纪委和州纪委全会精神，全年州国资委党委专题听取分管领导履行党风廉政建设情况汇报4次，开展集体廉政谈话3次。开展党风廉政建设宣教月活动，组织观看警示教育片，与干部职属签订“建清廉国企”倡议书。持之以恒纠“四风”，树新风，严格预决算管理，严防文山会海和检查考核事项反弹，为企业当好“店小二”。开展全国、全省国有企业党的建设工作会议精神贯彻落实情况“回头看”，对6家出资企业进行督导。集中对州委巡察反馈问题销号清零，配合省、州、县三级同步开展涉粮食问题专项巡视巡察，落实整改。

（陈全军）

州国有资本投资运营有限公司

【概况】 2021年，州国有资本投资运营有限公司（简称州国投公司）实现主营业务收入2.42亿元，利润总额8374.13万元，上缴税费5175.7万元，上缴国有资本收益2050.03万元，完成固定资产投资7.38亿元，国有资本保值增值率101.82%，资产总额达到51.93亿元，净资产总额达到31.54亿元。公司驻村工作队被恩施市新塘乡委、乡政府评为“优秀驻村工作队”；公司党委被州政府国资委党委评为“国资国企先进基层党委”；公司被州委宣传部、州司法局评为“2016—2020年度普法工作先进单位”，被州委、州政府授予“2019—2020年度州级文明单位”称号。

【主营业务】 2021年，州国投公司全年管理经营性资产472宗，实现租金收入2511.92万元（含减免的租金）。完成鄂西宾馆、清江宾馆、利川时代大厦等资产的移交及过户登记手续，取得不动产权证47本。不良资产处置新增还款500万元，累计处置债权3480万元，实现总收益2515万元。累计为全州630余家中小企业提供1367笔过桥资金服务，过桥资金总额117.756亿元，其中2021年过桥53笔，累计过桥金额5.73亿元，有效解决中小企业融资难、融资贵的问题。恩施土司城景区统筹推进新冠肺炎疫情防控和旅游复苏发展，通过加快提档升级、完善景区功能、恢复文艺演出等措施，拓展市场、吸引游客、增加收入，全年接待游客50.57万人次，实现综合收入1600万元，分别恢复到2019年的47.5%、45.06%。

【投资融资】 2021年，参与恩施州海关铁路监管场所建设，为全州招商引资和对外贸易提供配套服务，完成恩施州硒都国际物流有限公司注册，恩施市政府正在进行恩施海关监管区的建设工作。根据州委、州政府决策部署，投资8800万元入股长江沿岸铁路集团湖北有限公司，服务地方基础设施建设。投资700万元设立咸丰大楸客运服务有限公司，收购坪坝营景区索道业务资产组及转乘车经营权，支持鄂旅股份公司上市。根据项目需求全力做好融资工作，全年完成项目融资5.1亿元，有效保障项目建设资金。持续对接沟通AA信用评级事宜，为公司融资做好准备。

【项目建设】 2021年，州国投公司承接的重点建设项目9个，总建设规模约116.28万平方米，总投资约54.21亿元，建成48.13万平方米，完成投资约17.20亿元。立讯产业园建设项目总建筑面积约35.8万平方米，完成投资10亿元，全部建成交付。州工人文化宫地下停车场总建筑面积6717.37平方米，总投资约4000万元，8月完成竣工验收并对外开放。恩施土司城提档升级项目，安全疏散通道工程由南大门隧道、西大门隧道、中央山脊隧道及连接线组成，总投资1473万元，全面完工。

【恩施国投·湖北银行金融综合体项目】 2021年6月，恩施国投·湖北银行金融综合体项目动工建设，总建筑面积约4.3万平方米，总投资约1.72亿元。截至年底累计完成投资约3000万元，土方开挖完成约85%，支护桩及工程桩完成100%，地下室承台完成约50%。

【恩施高新区电子信息产业园标准厂房项目】 项目总建筑面积约23.58万平方米，总投资约6.48亿元。截至2021年年底，累计完成投资4.43亿元，1#—4#厂房全部建成，5#—7#厂房完成85%，餐厅及宿舍楼完成60%，室外附属工程完成40%。

【恩施国投·高新区西区民心家园（之子溪安置小区）项目】 项目总建筑面积约9.3万平方米，总投资约3.2亿元，截至2021年年底，民心家园项目累计完成投资约9900万元，土石方及基坑支护工程全部完成，1#楼、2#楼、4#楼、5#楼地上主体结构完成50%，3#楼地上主体结构完成17%，6#楼地上主体结构完成5%，7#楼地下室主体结构完成50%，公共地下室主体结构完成60%。

【恩施民族体育运动中心和整体迁建恩施职业技术学院项目】 项目总建筑面积42.58万平方米，总投资约31.68亿元。2021年，项目完成投资约4300万元，土石方工程完成约52%，地质勘察完成约70%，完成施工图设计工作初稿。

【其他项目建设】 立讯产业园110千伏专用变电站项目总建筑面积498.86平方米，总投资约2466万元。截至2021年年底，累计完成投资1850万元，土建工程完成90%，设备安装完成90%，后续进行设备调试及验收工作。恩施州龙麟宫景区提档升级项目主要包含洞内游步道改建、灯光投影系统改造升级、监控系统、应急救援系统等项目，总投资约3051万元，完成竣工验收。对洞内灯光及附属设施进行再升级，追加投资约250万元，追加工程预计2022年5月完成。

【租金减免】 2021年，严格按照相关政策规定，对资产用于生产经营的中小微企业、个体工商户2021年度租金减免20%。经审查和测算，符合减免政策的承租人335户，10月，全部完成335户承租户租金减免审批手续，减免租金总额500.91万元，其中个体工商户272户、减免租金203.85万元，中小微企业63户、减免租金297.06万元。

（谭　柳）

财　政

收支与管理

【概况】 2021年，全州财政工作坚持稳中求进工作总基调，以推动高质量发展为主题，突出财政政策提质增效、更可持续，服务经济持续健康发展和社会大局稳定。全州地方财政总收入完成168.7亿元，同比增长17.8%。全州地方一般公共预算收入完成75.5亿元，同比增长31%。全州地方一般公共预算支出完成376.5亿元，同比下降19.9%。

【财政收支管理】 2021年，完成财政收入目标。依法加强财政收入征管，做到依法征收，应收尽收。开展收入形势分析和研判，加强工作调度，努力克服新冠肺炎疫情及减税降费、同期一次性等因素影响，财政收入实现恢复性增长，全年完成地方一般公共预算收入75.5亿元，同比增长31%，一般公共预算收入增幅全省排名第11位，全州地方税收收入完成56.9亿元，同比增长29.6%，占地方一般公共预算收入的75.4%。兜牢“三保”（保基本民生、保工资、保运转）底线，全州各类民生支出312.1亿元，占一般公共预算支出的比重为82.9%。全力保障常态化新冠肺炎疫情防控支出，从医保基金安排4.2亿元用于疫苗采购。支持健康恩施建设，筹资29.6亿元用于全州参加城乡居民基本医疗保险。支持教育发展，安排教育支出71.5亿元，用于提升教育教学品质，推动城乡义务教育均衡发展。支持就业创业，落实以工代训和稳岗返还补贴资金2792万元，设立欠薪应急周转金1050万元，保障农民工工资支付。保工资发放，继续实行基本支出专用账户制度，对县市基本支出所需资金实行专项调度、专户存储。保正常运转，坚决落实“党政机关要坚持过紧日子”的要求，压减一般性支出、非急需、非刚性支出，取消无效和低效支出，全年州直部门公用经费定额标准下调10%，一般性支出压减20%以上。预算执行严格规范，推进财政资金统筹使用，加强政府性基金预算、国有资本经营预算与一般公共预算统筹力度，盘活财政存量资金，加强结转结余资金管理。加强预算编制管理，将项目作为预算管理的基本单元，所有支出以预算项目形式纳入项目库管理，坚持预算、资金跟着项目走，提升预算编制科学性。从严把紧预算支出关口，严控预算调整调剂和追加事项。推进部门所属单位预决算公开，州直部门所属单位2021年预算、2020年决算公开实现全覆盖。

【巩固脱贫攻坚成果同乡村振兴有效衔接财政支持】 2021年，巩固脱贫攻坚成果同乡村振兴有效衔接，筹措并向上争取财政扶贫及衔接推进乡村振兴资金19.9亿元，其中中央及省到位资金16.8亿元，州级预算安排资金3.1亿元，争取武汉市对口帮扶恩施州项目资金2.56亿元。落实28个美丽乡村建设试点村建设资金1.1亿元、104个村发展新型村级集体经济资金5200万元。州级财政安排村级组织运转经费保障机制资金5078万元、16个州级乡村振兴示范村建设补助资金4800万元、州直驻村工作队帮扶专项资金3335万元、县市脱贫人口医疗保障补助资金2000万元。

【服务“大生态、大交通、大旅游、大产业”建设保障】 2021年，服务“四大”（大生态、大交通、大旅游、大产业）建设保障有力，全州落实12亿元资金用于生态林业保护，持续改善生态环境。落实24.8亿元资金用于交通建设，构建现代综合交通运输体系。支持旅游业恢复发展振兴，落实旅游宣传营销、A级景区免门票补贴、恢复发展奖补等资金5200万元，兑现航空航线补贴资金2.1亿元。支持重大项目建设，落实沿江高铁首期资本金8800万元，落实州农博园、州档案馆新馆、州委党校新校区、恩施高新区园区基础设施建设等重点项目一般债券资金2.3亿元。支持重大产业建设，落实支持高新区发展专项补助1亿元，农业产业发展资金2250万元，“比抓强促”补助资金2800万元，兑现重点工业企业贷款贴息、中小企业服务券补贴、外贸自营出口企业发展、非国有工业企业产值等奖补资金5663万元。帮扶成效明显，在脱贫地区农副产品网络销售平台上，全州实现交易总额6.5亿元，在市州级城市中排名全国第一，有7个县市的交易额位居全国县域交易额前10名。

【深化财政改革】 2021年，深化预算管理制度改革，全面推进预算管理一体化建设，全州均采用预算管理一体化系统完成2022年预算编制工作。持续深化预算绩效管理改革。强化绩效目标编审，实现州级项目支出和部门整体支出绩效目标编报全覆盖，州级绩效评价全覆盖。深化国库管理改革，落实常态化财政资金直达机制，推动惠企利民资金更快落地见效，全州发放惠企利民资金30.2亿元。规范直达资金监控管理，建立预警信息快处机制，提高资金效率。持续推进权责发生制政府财务报告制度改革，2020年度政府综合财务报告顺利通过省级审核。加强财政决算管理，财政总决算、部门决算工作分别位列全省第一、第二。推进惠企政策“免申即享”改革，州本级兑现外贸自营出口企业发展补助资金443万元，惠及企业36家。

【提升财政管理水平】 2021年，加强暂付性款项管理，落实上级关于加强地方财政暂付性款项管理的规定，州本级财政暂付性款项实现清零，提前完成财政部规定的2023年消化目标。加强政府债务管理，严格债务限额管理和预算管理，完善常态化监测、风险评估、风险预警等机制，稳妥、有序化解存量债务，坚决遏制违规举借债务行为，确保债务总体水平与经济总量、偿债能力相匹配，牢牢把握不发生债务风险底线。全州政府债务余额394.4亿元，风险总体可控。推进法治财政建设，加强《中华人民共和国预算法》《中华人民共和国预算法实施条例》等财经法律法规的学习宣传和贯彻执行，做到依法行政、依法理财。加强国有资产管理，严把资产管理“入口”关，采取重点监控、分类处理等方式，督促部门向内挖潜、盘活存量。加强财政监督，开展2021年省级重点项目（资金）专项监督、会计评估监督检查、预决算公开情况等财政监督检查，规范财务行为、保障资金安全。

【非税收入管理】 2021年，加强非税收入征收管理，组织收入，做到依法征收、应收尽收。全年全州一般公共预算非税收入完成18.6亿元。其中专项收入5亿元，行政事业性收费2.9亿元，罚没收入4.2亿元，国有资源（资产）有偿使用收入3.7亿元，政府住房基金收入2.5亿元，其他收入0.3亿元。推动减税降费政策落地生效，退付11家中小微企业租金51.92万元，帮助企业纾困解难；退付农村建档立卡贫困对象、城乡低保和城乡特困救助供养对象358名考生的事业单位招考笔试报名费3.58万元。配合非税收入征管职责划转，完成国有土地出让收入征管职责划转。严格财政票据管理，组织票据供给，坚持以票管收，确保执收（罚）工作有序进行，持续推进财政电子票据管理改革，州交警支队、州中心医院、州教育考试院等州直行政事业单位电子票据上线，各县市财政电子票据改革正有序推进。

【荣誉】 2021年4月，州财政局驻咸丰县高乐山镇白岩村帮扶工作队被省委、省政府表彰为“湖北省脱贫攻坚先进集体”，州财政局二级主任科员邢倜被省委、省政府表彰为“湖北省脱贫攻坚先进个人”。

（温　艺）

政府采购

【概况】 2021年，政府采购围绕财政中心工作，发挥政府采购政策功能，优化政府采购营商环境，为巩固拓展脱贫攻坚成果、全面推进产业振兴提供重要支撑。全州全年采购规模达382529.30万元，其中货物类90865.04万元，工程类236375.86万元，服务类55288.40万元。

【消费帮扶】 截至2021年年底，恩施州有1950家预算单位、1998家供应商、15876款农副产品入驻全国“脱贫地区农副产品网络销售平台”（简称“832平台”），覆盖8个国家级脱贫县。2021年，恩施州销售额19.78亿元，占全省销售总额的77.85%，采购额6.15亿元，占全省采购额的50.44%，销售额、采购额、供应商数量恩施州在全国市州级城市中均排名第一。8个县市中有6个县市的销售额位居全国832个脱贫县销售额前10名。第一时间争取到“832平台”审核绿色通道和免收店铺保证金的优惠政策，1735家供应商、8722个产品迅速入驻平台上架交易，仅此一项，免收保证金3470万元，化解特色山货出山难的困境。中央电视台、中国社会扶贫网、湖北电视台等媒体宣传报道恩施消费扶贫工作，推进“硒品出山”。恩施市“名誉村长”张良伦，单日销售恩施富硒小土豆近30万公斤，创造吉尼斯世界纪录。消除消费帮扶不持续的隐忧，提高采购脱贫地区农副产品预留份额，按照财政部占比要求的3倍、省财政厅要求的2倍安排消费帮扶采购预算，开启“组团消费”帮扶模式，专项安排消费帮扶资金500万元，奖励消费帮扶突出贡献的企业。全州在“832平台”预留采购份额、实际采购额均居全省第一。

【助力企业纾困解难】 2021年，按照省财政厅关于深化政府采购制度改革部署，加大政府采购政策力度，促进中小企业发展，对超过200万元的货物和服务采购项目、超过400万元的工程采购项目，在全省率先按高出基准线10个百分点的标准，为中小企业预留政府采购市场份额，其中预留给小微企业份额比基准线高出5个百分点。给予小微企业价格评审优惠的上限，助力小微企业获得政府采购合同。全年全州授予中小企业合同金额330765.71万元，占总采购规模的86.47%，远高出全省平均水平。搭建政府采购合同融资平台，中小微企业线上融资利率原则上比同期同类企业流动资金贷款利率低20%以上。向中小企业发放贷款51笔，放款金额1.57亿元，有效缓解56家中小微企业融资难、融资贵问题。

【优化服务】 在2021年全省营商环境评价中，州政府采购指标在17个市（州）中位列第六。打造“店小二服务平台”，实现政府采购全程不见面，优化升级恩施州公共资源交易平台，在全省率先实现政府采购活动全流程电子化，从项目注册、文件发放到合同签订、资金支付全过程“去纸质化”，政府采购活动的任一环节均可依托平台完成，真正实现“让数据多跑路，供应商不跑腿，全程不见面”。开辟“瘦身”新路径，为供应商减负松绑，来凤县率先申报政府采购投标保证金、履约保证金“双减”政策试点改革先行示范区。在全州范围全面推行“双减”政策，大幅压缩采购时限，政府采购合同签订时间由法律规定的30日内压缩至15日内，支付资金时间由30个工作日压缩至5个工作日，有效缩短供应商资金回笼周期。

（袁　媛）

会计事务管理

【概况】 2021年，宣传贯彻政府会计准则制度，组织州直行政事业单位就政府会计准则制度、会计相关法律法规及财务软件操作系统等内容进行专题授课培训学习，参训人员200余人，提高行政事业单位会计人员职业道德和专业胜任能力。

【服务监管】 2021年，学习宣传贯彻会计法规制度，年末专题组织州直140余家行政事业单位会计主管300余人参加政府会计准则制度专题培训，邀请预算管理一体化软件开发管理运营专家就一体化会计核算平台进行专项培训学习。强化注册会计师行业监管力度，组织全州13家会计师事务所按时完成2020年度财务报备网上上报数据初审工作，督促全州48名注册会计师完成2021年度任职资格检查初审工作。加强会计师事务所执业、审计质量监查管理，先后协调配合州纪委驻州财政局纪检组和省注册会计师协会开展域内会计师事务所公职人员兼职领薪情况专项检查、注册会计师挂名执业行为核查整治和会计师事务所专项执业质量检查工作。规范管理代理记账机构，开展代理记账机构年度报备审查工作，全州161家代理记账机构按期完成2020年度备案工作。受省财政厅委托，组织州、县两级财政部门人员成立专班，对3家无审计资质的代理记账公司开展超范围经营专项核查工作，打击代理记账机构违规开展业务的违法行为。持续推进内部控制建设，组织州直140余个行政事业单位、300余名会计人员就行政事业单位内部控制报告编报工作进行专题培训，县市财政局设分会场，组织800余个行政事业单位参训，全州2015个单位按时完成内部控制报告编报工作，并随机抽取部分州直行政事业单位内控报告开展真实性核查工作，全州内控管理系统初步建立。

【会计专业队伍建设】 2021年，完成初高级会计专业技术资格和注册会计师考试各项工作，全州5141人报名参加初高级会计师考试，2016人报名参加中级会计师考试。初级通过人数985人、高级15人、中级189人，通过率分别为19%、34%和10%，无一例违规违纪行为发生。发布全州会计人员继续教育事项公告，做好域内会计人员学分导入、登记备案及政策咨询等日常管理工作，组织注册会计师执业会员分批次参加继续教育集中培训和注册会计师非执业会员参加网上培训学习及年检工作。加强会计人员基础管理，提升会计服务效能，加大会计人员信息采集工作力度，应采尽采，完善属地会计人员信息库。

【会计人员职业技能提升服务】 2021年8月至9月，先后组织州内大中型企事业单位总会计师及会计骨干，州、县市行政事业单位财务部门负责人和会计骨干人才参加厦门、上海国家会计学院举办的大中型企事业单位总会计师素质提升工程培训班。8月至10月，号召全州会计人员组队报名参加湖北省“工匠杯”职业技能大赛，全省232支队伍参赛，鹤峰县财政局、建始县财政局、恩施市卫生健康局、恩施职业技术学院和恩施市中等职业技术学校5个单位获得优胜奖，州财政局被省财政厅及大赛组委会授予“最佳组织奖”。

【行业党建工作培训】 2021年3月，组织行业党员参加全国注册会计师行业党史学习教育动员部署会暨党组织书记培训班；组织事务所支部书记和党务工作者到红安县参加省注册会计师行业党委举办的两期党史专题培训学习班。

（许辉燕）

公共资源交易监督管理

综合监管

【概况】 2021年，恩施州推动公共资源交易平台体系建设和监管体制改革，健全工作机制，规范专家管理，压缩投诉处理时间，拓宽投诉渠道，优化营商环境。争取宣恩县“评定分离”改革纳入全省优化营商环境先行试验区，通过验收。在巴东县和宣恩县开展“综合监管、联动执法”试点工作取得显著成效。开展“双随机、一公开”检查，抽查项目280个，发现问题71个，全部完成整改。州级共自办投诉举报12件，办结率100%，涉案金额33.14亿元。恩施州“综合监管、联动执法”试点、评定分离改革、平台整合共享、信用体系建设4项工作获省公共资源交易监督管理局表彰。

【优化招投标领域营商环境】 2021年，继续推进“评定分离”改革，恩施州房屋建设和市政基础项目招投标活动全面实行“评定分离”。开展“联合监管、综合执法”工作，出台《恩施州工程建设项目招投标综合监管联动执法工作方案》，公共资源交易综合监管部门和行业主管部门建立全州联合监管执法人员库、联合监管任务清单、联合监管执法机制，实现信息联通，检查联动，执法联办，奖惩联合。加强代理机构监督管理，出台《恩施州工程建设招标代理机构进场执业评价办法（试行）》，全州各级公共资源交易综合监管部门会同有关行政监督部门、公共资源交易中心、招标人对代理机构的执业评价工作。定期组织全州招投标代理机构执业人员业务能力测试，测试成绩在网上公开。压缩投诉受理和处理时间，原则上在1个工作日内完成投诉材料的审查工作，自受理投诉之日起20个工作日内，对投诉事项作出处理决定，并以书面形式通知投诉人、被投诉人和其他与投诉处理结果有关的当事人。2021年度全省优化营商环境省直部门评价打分，恩施州招投标优化营商环境工作获得满分。

【巡视、审计反馈问题整改督办】 2021年，协调督办中央第二巡视组对湖北省开展脱贫攻坚专项巡视反馈易地扶贫搬迁项目恩施州招投标问题、十一届省委第四轮巡视发现恩施州招投标领域突出问题及全州工程建设项目招投标审计发现的问题，下达行政处罚决定书13份，罚款及没收违法所得262.44万元，问责追责46人次，其中党政纪处分8人，移送司法1人。

（黄　俊）

【公共资源交易信用体系建设】 2021年，加强公共资源交易领域信用体系建设，依法依规开展守信联合激励和失信联合惩戒。落实《恩施州工程建设招标投标领域“黑名单”管理办法（试行）》《恩施州工程建设招标投标领域恶意投诉举报“黑名单”管理办法（试行）》。严厉打击围标串标和恶意举报行为。加强报价清单合理性分析，根据《关于全面加强报价清单合理性分析工作的通知》文件精神，在依法必须招标的房屋建筑和市政工程的施工项目中开展分析工作，分析结果为招标人和评标委员会决策提供重要参考。年底，该功能在州公共资源电子交易平台上线使用。建立恩施州工程建设招投标“双随机、一公开”检查工作联络机制，联合发改、住建、交通、水利、交易中心等部门制发《2021年度全州工程建设招投标“双随机、一公开”检查实施方案》，对应招未招、规避招标、违规评标、违规代理、标后履约等情况进行排查，下发整改通知书19份，对8名评标专家作出暂停资格行政处罚，约谈代理机构25家，约谈投标人6家，调查投标人弄虚作假线索1件，向纪委移送业主现场监管问题线索1件。

（黄　俊　程　杨）

州公共资源交易中心

【概况】 州公共资源交易中心是恩施州进行公共资源交易的有形市场和统一服务平台。2021年，全州公共资源进场交易项目4485个（州本级3204个），累计交易额142.24亿元（州本级18.77亿元）。其中建设工程交易项目633个（州本级69个），交易额111.88亿元（州本级17.54亿元）；政府采购交易项目3530个（州本级2987个），交易额8.6亿元（州本级1.23亿元）；其他公共资源交易项目452个（州本级150个），交易额24.2亿元（州本级0.29亿元）。

【制度管理】 2021年，修订《恩施州公共资源交易中心进场交易项目运行规程》，维护进场交易活动的公开、公正、公平和有效竞争，巩固发展综合性和区域性交易平台的创新成果。印发《恩施州公共资源交易远程异地评标操作规程（试行）》，保证远程异地评标活动统一、规范、有序，提升全州各级公共资源交易中心场所设施、评标专家及评标系统等资源利用效率。制定《恩施州公共资源交易工程建设招投标项目评标专家抽取工作实施细则》，规范州公共资源交易中心工程交易评标专家抽取工作，提升交易活动质量和效率。

【工程项目招标“评定分离”改革】 2021年，巩固推进电子招标投标、不见面开标、专家远程异地评标，加快推进工程项目招标“评定分离”改革。截至年底，州级和8个县市公共资源交易平台依法必须招标的项目全部实现全流程电子化率100%。全面推进不见面开标工作，凡进入州级、8个县市公共资源交易中心的全流程电子化项目均采用不见面开标。全面实现州中心与省中心、州与县、县与县之间的电子化远程异地评标，实现与宜昌、荆州、荆门、襄阳的远程异地评标工作。5月18日，签署“宜荆荆恩”城市群公共资源交易一体化高质量发展合作协议，并于5月首次通过网络系统（易采虹平台）对接方式，迈出“宜荆荆恩”联合远程异地评标第一步。10月，正式接入湖北省远程评标协调系统。年初争取信息化建设专项资金用于电子交易平台框架升级，包括新增“评定分离”系统等。3月，到广东佛山市公共资源交易中心考察“评定分离”改革工作。州中心与州政务局联系沟通，多次参加研讨会，积极配合“评定分离”改革措施在电子交易平台系统上的实现。在《恩施州房屋建筑和市政基础设施工程招标投标“评定分离”管理办法（试行）》文件印发后，迅速对电子交易平台相关电子示范文本进行修订，对评标功能作出修改，完成全新定标系统上线工作。6月，州中心会同州政务局、州住建局通过模拟项目完成“评定分离”项目线上试运行并取得成功，州中心根据试运行情况进一步完善定标系统，6月30日，正式在全州全面推行房建和市政基础设施招投标“评定分离”工作。

【电子保函金融服务平台运用推广】 2021年，推广电子保函金融服务平台，实行电子保函替代投标保证金现金缴纳，减轻企业负担。通过电子保函方式，投标人可采取以银行保函、担保保函、保证保险替代现金缴纳投标保证金，减轻资金占用压力。全年电子保函出单763笔，担保金额8752万元，投标人实际支付金额75.4万元。修订完善《投标保证金缴退管理办法》，明确投标保证金及银行同期存款利息在中标通知书发出之日起2个工作日内退还未中标人，在中标合同书签订后1个工作日内退还中标人。截至6月底，完成59663笔、691758.54万元的保证金退还工作，清退2014年以前滞留投标保证金170余万元。

【分类减免保证金】 2021年，实施分类减免保证金，政府采购招标免收投标保证金和履约保证金。3月25日，州中心转发《湖北省公共资源交易中心（湖北省政府采购中心）关于停止收取政府采购工程投标保证金履约保证金有关事项的通知》，要求在政府采购工程招标投标活动中，招标人在免收投标保证金的同时不得收取履约保证金，进一步降低供应商参与政府采购活动交易成本。来凤县被省优化办确定为该项改革措施的先行创建试点县。8月，省公共资源交易中心对来凤县试点进行验收并予挂牌。11月，在全州推广来凤县经验。

【服务“十大工程”项目建设】 2021年，与州政务局联合成立落实恩施州疫后重振补短板强功能“十大工程”项目领导小组，统筹协调全州“十大工程”项目招投标交易服务工作，涉及公共卫生体系、交通、水利、能源、新基建、冷链物流和应急储备设施、城市、产业园区提升、新一轮高标准农田建设、生态环境十大领域。依据《恩施州疫后重振补短板强功能“十大工程”三年实施方案（2020—2022年）项目库》，按属地原则，摸清项目底数，建立项目台账，主动对接，提早介入，全程服务。针对不同项目制定配套的最优办理工作流程方案，严格落实容缺受理和一次性告知承诺制，及时受理服务需求，限时完成。最大限度节约招标时间，挂网时间统一执行20个自然日，加快推进项目落地。在工程建设领域推行以保险、保函等替代现金缴纳涉企保证金，减轻企业负担。对“十大工程”项目，优先办理招标事宜，优先保障交易服务资源。截至年底，全州“十大工程”项目总数331个，完成257个项目、281个标段，中标金额71.97亿元。

【服务乡村振兴】 2021年，严格执行《恩施州乡村振兴工作方案》《恩施州州直单位巩固拓展脱贫攻坚成果全面推进乡村振兴工作方案》文件精神，对全州此项工作必须招标的项目开辟招投标“绿色通道”，严格落实首问负责、一次性告知、容缺进场、最短时间办结保障制度。

【支持执纪监督】 2021年，协助纪检、监察及各行业主管部门加大案件处理中各类档案资料的查询查证力度，支持查处进场交易活动中的违法违规行为，加大违规案件的公开曝光度，维护公共资源交易中心公信力。配合行政监督和行政监察部门做好项目清理工作，为相关部门查询提供进场项目档案资料和音视频资料，为行政监督和行政监察部门案件查询提供条件，全年协助综合监管、纪检监察、公安、审计、行业主管部门等累计查询26次，涉及项目48个，借阅档案资料249卷，复印资料17份。

（程　杨）

税　务

【概况】 2021年，全州税务系统党史学习教育、优化营商环境等工作得到税务总局、省巡回指导组相关领导批示肯定，总局、省局和省、州媒体推介经验做法。全省营商环境评价恩施州纳税指标排名全省第三位，比同期上升13位。不动产交易“一网通办”、纳税人跨区迁移、专票电子化、非接触式办税等工作走在全省前列。全年举办各类脱产培训19场次，培训人员800多人次。

【减税降费】 2021年，贯彻中共中央、国务院实施大规模减税降费的重大决策部署，落实各项税费优惠政策，发挥税收职能作用，参与新冠肺炎疫情防控工作，减税降费，支持企业复工复产。全年累计新增减税降费6.78亿元。

【税费收入】 2021年，全州税务部门组织各项收入239.2亿元，同比增长14%，其中税收收入156.5亿元，同比增长14.5%，恢复到2019年的97.8%。社会保险费71.5亿元，同比增长11%，比2019年增长6%。非税收入6.4亿元，同比增长57%，比2019年增长20%。税收地方级收入完成57.27亿元，占政府年初目标56.3亿元的101.7%，同比增长27%，恢复到2019年的95%。

【依法治税】 2021年，聚焦“四精”（精确执法、精细服务、精准监管、精诚共治）要求，全面推行行政执法“三项制度”（行政执法公示制度、执法全过程记录制度、重大执法决定法制审核制度），公示执法信息1.3万条，落实“首违不罚”4256次。稽查立案45户、查补税款5218万元。

【税收征管】 2021年，稳步推进增值税专用发票电子化，全年综合评价名列全省第二名。财产行为税“十税合一”（房产税、城镇土地使用税、印花税、契税、土地增值税、耕地占用税、烟叶税、车船税、环境保护税、资源税10个税种合并到一张申报表申报）纳税申报顺利上线，实现“一键提交、一表申报、一次缴款、一张凭证”。出口退税办理时限由5个工作日压缩至3个工作日以内。加强与财政、自然资源、公安、住建、环保等部门协作，大数据共享应用和风险应对成效明显，入库税费近3亿元。推进咸丰县征管转方式试点和恩施市旅游产业“1+N”税收规范管理工作。

【纳税服务】 2021年，弘扬“店小二”精神，构建方便快捷、规范高效的税收营商环境。牵头组织州直18个部门出台《关于推进纳税缴费便利化改革、优化税收营商环境的通知》，制定2021年度优化税收营商环境、提升纳税人满意度工作方案，召开专题推进会6次，按月下发任务清单，定期开展督导检查，推动营商环境持续优化。定期与财政、人行、人社、公积金中心等部门研究讨论纳税指标，压缩办税和退库时间。与州自然资源规划局协作，率先在全省实现不动产交易“一网通办”。会同银保监部门和商业银行推进“银税互动”，1485户纳税人获得纳税信用贷款27.67亿元。开展便民办税春风行动，采取实地走访企业、征集税务体验师、召开纳税人座谈会、建立“好差评”服务评价机制等途径，征求意见建议，分类制定整改措施，最大限度方便纳税人缴费人。推行“非接触式”办税，全州累计投入使用135台自助办税终端，推动自助设备进分局、进邮政、进社保、进社区、进乡村。组建税务“智囊团”，提供“一对一”全方位体检服务，其中为“金种子”企业鄂旅投公司办理退税近千万元。恩施市局打造“10分钟办税圈”，实现纳税人就近办、顺路办、随手办，纳税人跨区自由迁移试点工作走在全省前列。

【荣誉】 2021年1月19日，州税务局被国家税务总局表彰为“全国税务系统文明单位”。3月1日，恩施市税务局第一税务分局被中华全国妇女联合会表彰为“全国巾帼文明岗”。4月1日，国家税务总局、宣恩县税务局、州税务局驻长坪村工作队被省委、省政府表彰为“全省脱贫攻坚先进集体”；州税务局被全省扫黑除恶专项斗争领导小组表彰为“全省扫黑除恶专项斗争先进单位”。

（王姗露）

审　计

【概况】 2021年，全州审计机关完成审计项目140个，其中审计125个，专项审计调查15个。查出主要问题金额978281万元，其中违规金额68148万元、损失浪费金额258万元、管理不规范金额909875万元，审计发现非金额计量问题448个，损益（收支）不实金额14984万元，审计发现侵害人民群众利益31万元，出具审计报告和专项审计调查报告179篇，被批示、采用147篇次。审计处理处罚金额68503万元，其中应上缴财政29784万元、应减少财政拨款或补贴47万元、应归还原渠道资金1718万元、应缴纳其他资金28940万元、应调账处理金额8014万元。移送司法机关、纪检监察机关和有关部门处理事项26件，移送处理人员3人，移送处理金额232万元。审计促进整改落实有关问题资金13790万元，审计促进拨付资金到位7052万元，核减投资额2987万元。审计提出建议451条，被采纳448条，推动被审计单位制定整改措施170项，促进被审计单位建立、健全规章制度38项，提交审计信息222篇，被批示、采用207篇次。向社会公告审计结果9篇。8个审计项目被省审计厅评为优秀审计项目。

【州委审计委员会办公室工作】 2021年，向州委审计委员会汇报工作10余次，抓好州委审计委员会领导关于加强审计整改、审计信息化建设等签批意见的督办落实。及时研究提出年度审计项目计划、年度州级预算执行和其他财政收支情况审计报告等，提交州委审计委员会会议审议决定。5月、11月提请州委审计委员会先后召开第3次、第4次会议研究部署相关工作。研究出台《恩施州审计监督重大事项督察督办工作实施办法（试行）》，建立健全州委审计委员会成员单位协调会议制度、州委审计委员会成员单位联络员制度、经济责任审计工作联席会议制度等。组建审计整改督办组到州直相关部门和县市进行现场督办核查，确保整改落实见效。落实审计监督重大事项报告制度，向省委审计委员会报送重大审计事项报告13份。

【2020年度州本级预算执行和其他财政收支审计】 2021年4月26日至6月28日，对州财政局2020年度组织实施的州本级预算执行和财政决算草案情况进行就地审计。审计结果表明，2020年，全州财税部门坚持稳中求进工作总基调，贯彻落实中央支持湖北一揽子财税政策和省、州重大决策部署，投入战疫、战洪、战贫斗争，各级财政运行平稳有序，维护社会和谐稳定，促进疫后灾后恢复重振与经济高质量发展。州本级安排支持全州工业经济发展资金5000万元，高质量发展资金5000万元，旅游发展资金2000万元。落实惠企政策，全面支持复工复产，发放一次性吸纳就业补贴130万元，发放返乡创业补贴136.5万元，返还失业保险费4488万元，减免增值税、消费税4.4亿元，减免社保费6.7亿元，减免房屋租金6900万元。做好新冠肺炎疫情防控经费保障，各级财政累计投入疫情防控专项资金332645万元，州慈善总会和州红十字会收到捐赠资金15122万元。打好精准脱贫攻坚战，全州统筹整合财政涉农资金64.78亿元，争取杭州对口支援恩施州扶贫协作项目资金4.88亿元，全州落实“五个一批”专项资金57.22亿元。打好污染防治攻坚战，全州投入生态环境保护专项资金12.7亿元，继续支持“四个三”重大生态工程（省委、省政府从2018年起，用3年时间推进厕所革命、精准灭荒、乡镇生活污水治理和城乡生活垃圾无害化处理4项重大生态工程）、“双十”工程（以长江大保护为主战场，决定实施湖北长江大保护十大标志性战役、湖北长江经济带绿色发展十大战略性举措）建设。打好防范化解重大风险攻坚战，全州减少隐性债务35.04亿元，确保

隐性债务只减不增。申请再融资债券39.8亿元，用于偿付到期地方政府债券本金，安排地方政府债券利息支出10.8亿元，其中一般债券付息7.3亿元、专项债券付息3.5亿元。推动财政改革，提升财政管理水平。推进权责发生制政府综合财务报告改革，将独立核算的自收自支事业单位及所有乡镇预算单位均纳入编制范围。规范政府采购行为，出台《关于进一步落实政府采购政策持续优化营商环境的通知》，严格执行向中小微企业预留采购份额、价格评审优惠按最高上限10%执行、采购人资金支付时间由收到发票后30日压缩至5个工作日等政府采购政策。持续推进预算绩效管理改革，制定《恩施州州级预算事前绩效评估管理暂行办法》等6个预算绩效管理制度，建立预算绩效管理长效机制。审计发现的主要问题：支持企业发展上级专项资金未落实到位，未及时返还稳岗补贴，应收未收国有土地使用权出让收入，应收未收城市基础设施配套费，未按方案化解隐性债务，预算编制不规范，9个项目未设置预算绩效指标，专项转移支付未及时分解下达，非税收入账户待确认资金长期挂账，未按规定撤销长期未发生资金往来业务的财政专户，跨预算级次拨付资金等。

【州直部门及所属单位预算执行情况审计】 2021年4月至6月，对州直部门及所属单位部门预算执行情况运用大数据分析、筛查，组织疑点核查等方式进行审计。审计结果表明，2020年，州本级一般公共预算、政府性基金预算和国有资本经营预算当年总指标437810.49万元，支出391048.64万元（含应付国库集中支付结余支出1773.72万元），预算执行率89.32%。其中一般公共预算当年指标396211.30万元（含应付国库集中支付结余3633.72万元），支出353090.85万元（含应付国库集中支付结余支出1773.72万元），预算执行率89.12%。政府性基金预算指标37399.18万元，支出33757.79万元，预算执行率90.26%。国有资本经营预算指标4200万元，支出4200万元，预算执行率100%。审计发现的主要问题：追加项目预算执行率偏低，改变本级专项资金用途，少数单位公车运行维护费决算超预算。

【重点专项资金审计】 根据审计署统一安排，2020年12月—2021年2月，恩施州各级审计机关派出6个审计组，对州本级、建始县、鹤峰县2020年基本养老保险基金和基本医疗保险基金的筹集使用管理情况进行审计。重点审计州、县两级人社、医保、财政、国资委等有关部门，以及社保、医疗保障服务中心等经办管理机构，并延伸调查部分参保单位、个人和医疗机构，对恩施市、利川市、巴东县、宣恩县、咸丰县、来凤县的疑点数据进行核查。审计情况表明，2020年，恩施州认真贯彻落实党中央、国务院的决策部署，将保障和改善民生作为头等大事，全州在扩大养老保险覆盖面、提高养老保障水平和落实带量采购、谈判药品使用、医保支付方式改革、服务新冠肺炎疫情防控等方面工作取得明显成效。审计发现的主要问题：违规减免社保费，违规支付养老保险待遇，重复享受养老保险待遇，州直企业职工基本养老保险基金账账不符，未编制医保基金预算调整方案并履行报批程序，违规向死亡人员支付医保待遇，重复报销医保待遇，定点医疗机构违规收费造成州本级医保基金多支付，按病种付费结算项目少等。

【国有企业审计】 2020—2021年，对州平安押运有限公司、州硒康牧业发展有限公司、利川市宏财融资担保有限公司、来凤县宏泰融资担保有限公司4家国有企业的经营管理情况进行审计。审计情况表明，国有企业治理有所改善，经营状况较为平稳，经济实力逐步增强。审计发现的主要问题：法人治理结构不完善，违规对外提供担保，合作银行未执行贷款优惠利率，内控制度不健全，过桥资金未及时收回损失风险较大，担保公司业务集中度偏高经营风险较大等。

【党政领导干部经济责任审计】 2021年，全州审计机关对41名领导干部进行经济责任审计，其中任中审计15人，离任审计26人。审计查出主要问题金额19184万元，其中违规金额934万元，损失浪费金额203万元，管理不规范金额18047万元。审计提出建议98条，被采纳的审计建议98条，提交审计报告和审计结果报告54篇，被批示采用54篇次。审计重点关注贯彻执行中央和省州重大决策部署、重大改革推进、预算执行和财政财务管理、减税降费、对所属单位监管、贯彻落实中央八项规定及其实施细则精神，领导干部遵守廉洁从政规定，以及以往审计发现问题的整改情况等。州审计局组织完成州科协原主要负责人、州教育局原主要负责人、州科技局原主要负责人、州妇幼保健院原主要负责人、州公共检验检测中心（原州食品药品检验检测中心）原主要负责人、州自然资源规划局（含原州国土资源局）原主要负责人、州自然资源规划局主要负责人、州广播电视大学主要负责人、州广播电视台主要负责人、州司法局主要负责人、湖北省民族歌舞团主要负责人10个州直单位11名领导干部经济责任审计。

【领导干部自然资源资产离任审计】 2021年，全州审计机关完成领导干部自然资源资产离任（任中）审计项目9个，其中乡镇8个、部门1个。审计以促进领导干部履行自然资源资产管理和生态环境保护责任为目标，对接长江大保护战略和污染防治攻坚战，对领导干部贯彻中央路线方针政策、遵守法律法规、作出重大决策、完成目标任务、履行督促责任等方面进行审计，重点关注生态文明重点任务落实、污水处理、耕地保护等情况。

【政府投资项目审计】 2021年，全州审计机关完成26个政府投资项目的审计，审计投资额219059.55万元，发现问题金额7787.08万元，审计节约和挽回资金1407.94万元，提出审计建议74条，推动被审计单位修订完善制度4项。审计重点关注项目建设程序、资金筹集使用、工程建设管理情况等，通过清、立、改“三步走”，以职能定方位、以制度定边界、以计划定任务、以质量定成效，推进投资审计工作转型，实现数量向质量效益、单一工程造价向全面审计、传统投资审计向现代投资审计的转变。

（王　凌）

统　计

统计实施与管理

【概况】 2021年，州统计局贯彻落实关于统计现代化改革及全国、全省统计工作会议要求，发挥统计职能，提高统计能力，夯实统计基层基础，服务全州高质量发展，完成各项工作任务。建立大统计工作机制、全面提升统计工作能力的做法在全省统计系统推广。连续13年获评州直“目标考核先进单位”，连续2年获省统计局专业业务工作考核第三名，州级最佳文明单位通过复审验收，档案管理通过审核晋升“省特级”。

【大统计工作机制】 2021年，州政府办公室印发《关于建立大统计工作机制的通知》，建立起“政府领导、统计协调、部门主抓、企业主责、齐抓共管”的大统计工作机制，使政府综合统计、部门统计、企业统计和社会调查有机融合，得到省统计局主要领导肯定，《建强机制　夯实基础　全面提升统计能力》经验在全省统计系统推广。

【统计法治建设】 2021年，持续深入推动学法守法。继续推动各级党委、政府和部门深入学习《防范和惩治统计造假、弄虚作假重要文件选编》，班子成员4次为州委党校主体班宣讲统计法规，局举办的所有培训班均设置统计法规课程。加强统计执法检查。深刻汲取统计数据造假处罚教训，结合迎接国家统计督察与中央巡视湖北反馈意见整改，抽取8个县市65家企业开展执法检查，各县市累计核查企业613家、投资项目281个，督促整改发现的问题。

【统计基层基础】 2021年，抢抓“统计台账建设年”契机，推进并完成全州所有“四上”企业（规模以上工业，有资质的建筑业、有开发经营活动的全部房地产开发经营业，限额以上批发和零售业、限额以上住宿和餐饮业，规模以上服务业法人单位）、重点项目、乡镇村统计台账建设全覆盖。完成全州“四上”企业和县市、乡镇统计人员培训全覆盖，累计培训1200余人次。全省自然资源负债表试点地区培训会议在恩施举办。学习外地加强乡镇统计经验，开展调研并形成报告，州政府主要领导签批。州政府办公室印发《关于加强乡镇统计工作的通知》，推动和规范乡镇统计工作。开展数据质量检查，坚持凡进必查，坚决清理清退不达标“四上”企业，加强统计数据审核评估。

【统计服务】 2021年，加强调研指导。坚持问题导向，加强“横向到边、纵向到底”的统计调研指导服务，多次牵头完成州委、州政府主要领导交办的调研课题，组织开展新冠肺炎疫后重振专项走访调研，到企业一线、项目现场，指导企业依法依规报数，客观真实反映发展。加强监测预判。根据州委、州政府彰显“土、硒、茶、凉、绿”五大优势和“立足大生态、构建大交通、发展大旅游、打造大产业”战略，多频次提供监测分析供领导参阅。从统计视角总结全州统筹新冠肺炎疫情防控和经济社会发展成果，形成一批进度运行分析报告，多篇分析被州委、州政府领导签批和肯定，其中《全州县域经济发展现状及在新评价体系中所处方位的分析报告》《恩施州5年内招商引资企业营商环境满意度调查报告》等被州长和常务副州长签批。《疫后重振好于预期，开局漂亮还需加力》获2021年度全省市州优秀统计分析报告二等奖，被国家统计局内网刊发。

【全州县市统计局局长会议】 2021年3月25日，州统计局召开全州县市统计局局长会议，学习贯彻2021年全国统计部门全面从严治党工作视频会议和全省统计工作会议、落实中央巡视反馈意见整改工作会议精神，听取各县市统计局局长关于2020年统计服务、统计能力、统计基础和中央巡视反馈意见举一反三整改、数据质量排查整改等情况的汇报，研究迎接国家统计局督察的相关工作。12月28日，州统计局召开全州县市局局长培训会，集中学习《关于更加有效发挥统计监督职能作用的意见》，传达学习全省统计工作务虚会暨第七次人口普查表彰会议精神，安排岁末年初重点统计工作。

【2个集体、1名个人获全国第七次全国人口普查先进表彰】 2021年9月16日，州统计局、利川市汪营镇人民政府2个集体被国务院第七次全国人口普查领导小组表彰为第七次全国人口普查先进集体，恩施市舞阳坝街道陈凯被表彰为先进个人。

【6个集体、10名个人获湖北省第七次全国人口普查先进表彰】 2021年12月19日，湖北省第七次全国人口普查领导小组表彰湖北省第七次全国人口普查先进集体和先进个人，恩施市人民政府第七次全国人口普查领导小组办公室、利川市统计局、建始县统计局、宣恩县统计局、咸丰县统计局、鹤峰县统计局6个集体被表彰为湖北省第七次全国人口普查先进集体；州统计局黄莉芹、牟波，恩施市小渡船街道办事处谭金梅，利川市普查中心覃利、建始县统计局方永梅、巴东县统计局林建辉、宣恩县统计局张艳辉、咸丰县高乐山镇统计分局李

杨、来凤县统计局李光清、鹤峰县统计局田锋 10 名个人被表彰为先进个人。

（郑　正）

国家统计局恩施州调查队

【概况】 2021 年，国家统计局恩施州调查队（简称恩施州调查队）组织实施粮食和畜牧业全面统计与抽样调查、开展城乡居民收支、市场物价、劳动力、采购经理指数、小微企业固定资产投资、个体经营户跟踪调查等抽样调查工作，开展重点贫困县、农民工、退耕还林等统计监测工作。围绕经济社会中的热点、难点问题开展调查研究，服务全州社会经济发展大局，为各级党委、政府领导决策发挥参谋作用。组织领导恩施州范围内统计调查执法检查和统计监督工作。全年完成 51 个专题调研，其中 16 个专题调研报告经湖北调查总队综合后被国家统计局《每日调查》等采用，6 篇调研报告被州委、州政府主要领导批示。被湖北调查总队内网采用信息 166 篇，被国家统计局内网采用 20 篇，被省委办公厅、省政府办公厅单篇采用 6 篇。国家级媒体采用 14 篇，其中《中国信息报》采用 9 篇。1 项课题获恩施州社会科学优秀成果奖，1 项课题获湖北调查队系统重点研究课题统计研究与监测类二等奖，1 项课题获湖北调查队系统优秀统计分析报告二等奖，2 篇文章分获国家统计局“岭南杯”统计文学作品征文大赛二、三等奖。恩施州调查队系统获评 2019—2020 年度州级文明系统。

【劳动力调查】 2021 年，州政府办公室下发《关于迅速推进月度劳动力调查工作的通知》，将劳动力调查工作纳入政府督办事项，各县市政府相继发文。各县市由政府办协调召开统计、调查、发改、人社、财政部门及有关乡镇参加的劳动力调查工作会，建立良好的协作机制。“红黄绿”三色管理法初见成效，从 8 月开始，每月对劳动力调查点工作开展情况和数据质量用 20 个指标进行量化评定，用图表形式，标明“红黄绿”三色，红色为下月重点检查、督促、陪访、培训调查点，黄色为侧重某一个方面进行督促、培训和陪访，绿色为情况较好，需要继续巩固提高，每月在一定范围内公开核查结果，数据质量得到提升。

【统计培训】 2021 年，新调查点启动后，州调查队对全州 42 个调查点所有调查员进行集中培训，对全州 8 个县市统计机构的专业人员进行 2 次集中培训，每月至少到 1 个县市进行现场培训。

【其他业务工作】 2021 年，州调查队多途径、多形式汇报农业农村统计调查工作，得到州委、州政府领导的重视和支持，加强农业农村统计调查工作写入《恩施州乡村振兴工作方案》，将农业农村统计调查工作与乡村振兴工作同安排、同部署，改善农业农村统计调查工作环境。按照建立大统计工作机制、加强乡镇统计工作等要求，完成相关工作。州调查队联合州统计局、州发改委、州农业农村局、州畜牧兽医中心下发《关于加强统计调查工作的通知》，通过召开会议、现场督办等形式推动工作落实落地，联合建立会商交流、共同调研、数据共享机制，构建“大统计大调查”的工作格局。恩施州县级国调队与统计局之间“结对互助”的做法在全省推广。

【1 个集体、9 名个人获国家贫困地区重大专项普查先进表彰】 2021 年 8 月 27 日，州脱贫攻坚普查领导小组办公室（设在州调查队）被国家脱贫攻坚普查领导小组表彰为国家贫困地区重大专项普查先进集体，国家统计局利川调查队段云涛、国家统计局鹤峰调查队王永争、省统计局宣恩经济社会调查队向家义、恩施市乡村振兴局钟诗炜、建始县统计局郭孝波、巴东县统计局刘广、咸丰县公安局高乐山镇派出所牟涛、来凤县统计局熊枭、来凤县旧司镇政府彭先（临聘）被表彰为先进个人。

（赖红丹）

市场监督管理

【概况】 2021 年，州市场监管局推进“放管服”改革，优化营商环境，培育壮大市场主体，先行区试点改革典型经验在全省推广。建立“四大安全”（食品、药品、特种设备和产品质量安全）调度工作机制，开展“四大安全”各类专项整治行动，推行智慧监管，实现全程可追溯，“四大安全”形势稳定向好。推动高质量发展，引导市场主体注

2021 年 9 月 10 日，国家统计局恩施州调查队在咸丰县开展劳动力调查重点督查

（州调查队　供稿）

重专利、商标、地理标志等知识产权创造，开展“一红一绿”品牌保护专项行动，6个州域公共品牌扩大到全州使用，成功承办第三届湖北地理标志大会暨品牌培育创新大赛。推进标准化、计量和认证认可建设，深化质量提升行动。维护市场秩序，落实公平竞争审查制度，组织放心消费创建活动，恩施州2家街区、14个维权站、14家商户入选省级放心消费创建示范点。州政府在全省地理标志大会上作经验交流，州市场监督管理局在全省市场监管工作会议和全州优化营商环境大会上分别就“四大安全”和优化营商环境工作进行交流发言。全州2021年药品安全公众满意度综合得分89.47分，排名全省第二，高于全省平均分2.35分，连续3年排名全省第二。州市场监督管理局被评为全国药品不良反应监测评价工作优秀基层监测机构、全省扫黑除恶先进集体、全省市场监管系统“小个专”党建工作突出单位，恩施州网络餐饮专项整治工作获评全省市场监管工作十大品牌。

【优化营商环境】 2021年，推进先行区改革、一事联办改革及高效办成一件事改革，推行企业开办“210”标准。开展损害优化营商环境专项整治和“访百企、问百计、解百难”活动，到基层走访调研，了解市场主体发展状况，征求市场主体对市场监管系统损害营商环境问题整治工作的意见和建议，全年全州走访企业968家，协调解决各类问题129条（个）。

【市场主体发展】 2021年，深化“证照分离”改革，建立月通报机制，实行清单动态管理，累计办理“证照分离”改革事项12.5万件，惠及市场主体10万余户。打造企业开办“210”升级版。企业设立登记、公章刻制、发票申领、社保登记、公积金缴存登记5个事项实现同步申请、并联审批，开办企业2个环节、1天办理、零费用。全州17038家新开办企业获赠免费公章共74013枚，为企业节约开支657.47万元。推进“清、减、降、放”工作。所有事项承诺时限压减，压减率达76.9%，材料减少532项，压减率为43.4%。直接取消15项事项权限，下放16项事项权限至县市办理。流程由1265项减少至994项，压减率为21.4%。推行“一照多址”备案工作，优化企业变更（备案）注销登记，截至12月底，全州实有五类市场主体总量373258户，比2020年同期增长13.7%；实有企业类市场主体总量72564户，比2020年同期增长14.56%。1月至12月，新登记市场主体总量66729户，比2020年同期增长10.5%，新登记企业类市场主体总量14080户，比2020年同期增长17.42%。全州企业活跃度稳居全省首位，高于全省近10个百分点，高于全国近15个百分点。

【食品安全监管】 2021年，召开州委常委会会议、州政府常务会议共5次，听取食品安全工作汇报，研究解决野生菌中毒防控、粮食生产、国家农产品质量安全州创建等重大议题，州委、州政府主要负责人多次现场调研检查。将食品安全纳入《全州2021年督查检查考核计划清单》、年度政绩目标考核和平安建设评价体系，修订《恩施州食品安全突发事故应急预案》。严格冷链食品监管，推进进口冷链食品信息化追溯工作，激活企业752家。监督检查食品生产经营者、第三方冷库等22369家次，实施行政处罚43起。排查冷冻食品经营企业38261家次，按要求处理涉疫进口冷链食品1873.5公斤。监督检查全州学校、托幼机构5583个次，督促整改食品安全问题和风险隐患1278个。推进“明厨亮灶+互联网”，330个学校、1322路后厨视频接入州食品安全追溯体系平台。检查入网经营户3465家，监督抽检138批次、快检402批次，立案查处16起，保障网络餐饮安全。推行食安封签制度，印制食安封签1640.83万余张，外卖使用1549.91万余张。开展小作坊提档升级两年专项行动，3430家食品生产加工小作坊全部取证建档。严格过程管控，抽检食用盐6批次，均合格。食品抽检问题发现率3.67%，不合格产品核查处置、应公示率100%，食用农产品合格率99.81%。建立快检室80个，利用快检室和快检车免费快检24972批次。618家生产经营企业入网恩施州食品安全追溯系统，与省市场监管局同步生产许可证、日常监管等信息78.46万条。严格违法行为查处，开展肉及制品、涉粮企业和食品添加剂专项整治，检查肉制品生产经营单位2726家次，对81家粮食生产企业及小作坊、380家次粮食经营单位开展专项检查，检查食品及食品添加剂经营、使用单位1458家次，抽检895批次，发现并整改问题144个。开展食品安全宣传周活动。

2021年6月23日，恩施州启动食品安全宣传周活动

（州市场监督管理局 供稿）

【药品安全监管】 2021年，健全完善药品、化妆品不良反应、医疗器械不良反应事件及药物滥用监测工作机制，各项不良反应监测指标均超额完成省局既定目标，报告数量、质量较上一年度均大幅提升。全年上报药品不良反应4379例，百万人口报告数1291.7例（年度任务完成率161.5%）；上报医疗器械不良事件1621例，百万人口报告书478.2例（年度任务完成率170.8%）；上报化妆品不良反应报告525例，百万人口报告数154.9例（年度任务完成率154.9%）；全州12家药物滥用监测报告单位报告数量较上一年度增长70.4%，辖区内单位上报率100%。完成3家哨点医院的遴选审定和7家医疗机构审核，合作科研项目《湖北省药品不良反应监测体系绩效评价研究》通过结题验收。持续推进基层医疗机构药械质量安全专项整治工作，实现医美机构全覆盖检查，对疫苗监管实行移动电子化监管。结合日常监管和专项整治，检查药品零售企业5545家次，医疗器械生产企业6家次，医疗器械经营企业（不含零售药店）388家次，医疗机构4678家次，疾控中心及疫苗接种单位487家次，化妆品经营企业914家次。办理药品案件91起，罚没款45.25万元；医疗器械案件12起，罚没款27.6万元；化妆品案件12起，罚没款4.96万元。药品相关单位责令整改514家，医疗器械相关单位责令整改107家，化妆品相关单位责令整改124家。

【特种设备安全监管】 2021年，推进特种设备安全生产三年专项行动，开展监察数据清理，核查完成设备占比92%，核查完成单位占比77.2%。开展全州电梯鼓式制动器隐患整治，拆解保养鼓式制动器电磁铁排查2380台，更换鼓式制动器松闸顶杆排查2107台。开展各项重大活动及节前安全检查，全州非特种设备范围内燃煤小锅炉共348台全部整治完毕。信息化平台累计登记气瓶73万余支，46家各类充装单位全部覆盖。开展特种设备问题大排查、设施大检修、隐患大整改专项行动，派出571个检查组、1924人次，检查企业1915家，发现安全隐患218起。开展起重机械安全隐患整治，全州30台起重机械已全部抽查完毕。全年出动执法人员2084人次，检查单位1021家，检查设备3347台套，下达安全监察指令210份，立案查处11件，封停设备61台套，全州特种设备安全形势保持平稳。

2021年6月16日，恩施州组织开展快开门式压力容器蒸汽泄漏应急救援演练

（州市场监管局 供稿）

【产品质量安全监管】 2021年，以危险品、烟花爆竹、消防及农资产品为重点，检查相关生产流通主体2109家，监督抽检162批次。完成商品煤、成品油的州级专项监督抽检计划，其中商品煤抽检合格率85.29%，成品油抽检合格率100%。检查加油站点231家，处理并结案5起无证无照生产经营行为案件。开展学生用品、电动自行车和新冠肺炎疫情防控相关产品质量监督，检查新冠肺炎疫情防控相关生产经营主体270家，查封扣押"三无"口罩1950个。完成2020年州级产品质量监督抽查，完成47家工业产品生产许可证获证企业的证后全覆盖专项监督检查。针对区域性问题突出的殡葬祭祀用品，开展市场专项整治，检查销售祭祀用品生产经营户1153家。

【质量提升】 2021年，推进质量强州战略，开展质量工作考核，恩施州在2020年省对州质量工作考核中为良好，完成对县市政府的质量工作考核。组织225家企业开展质量提升行动，帮助20家企业导入卓越绩效模式，树立2家标杆企业。向省局争取给予"恩施玉露"茶叶产业集群20万元资金支持。已立项3个"恩施玉露"省级标准修订项目，完成3个团体标准草案。编写《"恩施玉露"标签标识使用指南》，并组织相关培训。第四届恩施州清江质量奖5家获奖企业质量提升项目支持资金兑现到位。开展质量基础"一站式"服务，设立"一站式"服务窗口57个，服务站所7个，印发《质量基础设施"一站式"窗口服务手册》6500份。开展第43个"质量月"活动，加强缺陷消费品召回工作。

【商标管理】 2021年，全州注册商标7584件，同比增长63.53%，注册商标总量31800件，同比增长30.92%。商标质押融资金额2895万元。共有中国驰名商标5件，地理标志商标35件，全省排名第七，地理标志保护产品24件，全省排名第三，137户市场主体获准使用新版地理标志专用标志。"恩施硒茶""伍家台贡茶""利川大黄"获"第三届湖北地理标志大会暨品牌培育创新大赛"金奖，"恩施玉露"

"恩施土豆"获"我喜爱的湖北品牌"电视大赛金奖。6个州域公共品牌扩大到全州使用，"恩施玉露""利川红""恩施土豆"3个州域公共品牌授权使用企业达到297家。申报2022年知识产权培育工程项目（商标类）5项、知识产权运用示范工程项目（商标类）3项。发布《2020年全州知识产权发展报告》。组织全州开展"恩施玉露""利川红"品牌保护"铁拳"专项行动1次，全州知识产权代理机构监管蓝天专项行动1次，驰名商标保护专项行动1次，查处商标侵权案件116件，涉案产品价值73.22万元，罚没金额95.35万元，全州8个县市均成立县级知识产权维权援助工作站。

【专利申请和授权】 2021年，全州共有专利授权1917件，同比增长44.46%，PCT申请1件，有效发明专利341件，同比增长13.67%，每万人口有效发明专利拥有量0.99件，同比增长12.5%，高价值发明专利93件，每万人口高价值发明专利拥有量0.27件。查处假冒专利行为案37件、处理专利侵权纠纷30件。制定《恩施州专利转化专项计划三年行动方案（2021—2023年）》，征集专利技术需求32条，完成专利质押项目4项，涉及7项专利。完成第三、四、五批知识产权示范建设企业结题验收、省知识产权培训基地复核、省知识产权运用示范项目验收。获得省知识产权转化引导项目资金30万元，申报2022年知识产权培育工程项目（专利类）3项、知识产权运用示范工程项目（专利类）4项，发布《2020年全州知识产权发展报告》，开展专利非正常申请专项排查4次。起草《州委、州政府关于强化全州知识产权保护工作的具体措施》（代拟稿）。

【标准化工作】 2021年，印发《2021年对标达标质量提升行动计划》，指导50家企业对84项标准开展对标达标质量提升。开展企业产品标准风险测评，专项指导整改12项无效或较差的标准，提升标准化整体水平。印发《关于规范商品条码使用的提醒函》，督促企业规范使用商品条码。《地理标志产品 宣恩火腿》等5个省级地方标准发布实施，《地理标志产品 景阳鸡》等4项省级地方标准的修标项目列入省局2021年湖北省地方标准项目立项计划并公示。完成《恩施州秋作马铃薯生产技术规程》等26项特色农产品种植类恩施州地方标准评审，已发布实施16项（其中10项涉硒）。硒红茶标准化种植示范基地得到省局立项公示。

【计量监管】 2021年，组织州计量所新建验光仪检定装置、F1等级砝码组标准装置、数字多用表检定装置3项计量标准建标工作，监督开展0.05级压力表、浊度计2个项目参加国家局组织的A类计量比对，调研筹建汽车充电桩检定项目。抓好民生计量加油机、定量包装产品、集贸市场、特种设备安全计量器具监督管理，全年无重大计量问题投诉，在组织集贸市场公平秤设置查处计量违法案件有新突破。完成能源计量重点企业能耗计量在线监控审查验收工作。全州县级机构计量标准建设完善检查验收工作落实落地。督导协调建始、鹤峰2个县完成计量标准试验室建设工作。全州县级计量技术机构按省局要求全部达到"三类"能力建设要求，40%达到"二类"能力建设水平。

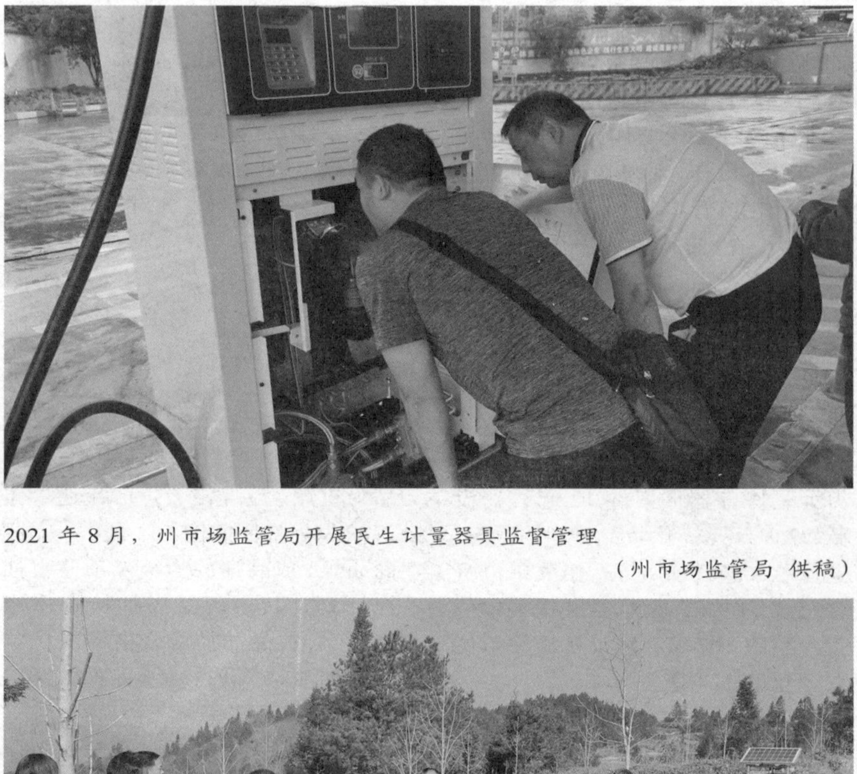

2021年8月，州市场监管局开展民生计量器具监督管理

（州市场监管局 供稿）

2021年12月6日，州市场监督管理局开展"送标准进千村入万户"主题培训活动

（州市场监管局 供稿）

【认证认可】 2021年，开展小微企业质量管理体系认证提升行动，指导开展68次认证活动事中监督，全州339家机构新增（续证）各类认证证书809张，其中新增（续证）113家机构获得114张质量管理体系认证证书，新增（续证）109家机构获得171张有机产品认证证书（含转换认证），新增（续证）10家机构获得36张3C强制性产品认证证书。指导湖北民族大学武陵山中药材检验检测中心获得省级资质认定证书。加强检验检测监管，完成跨部门联合检查、民生领域监督检查和省局检验检测机构“双随机、一公开”工作任务，对2家粮油检验检测机构开展专项检查。组织全州26家具有相应检验检测能力的机构报名参加省局组织的能力验证活动，并落实1家国家药品检验能力验证计划，公开《恩施州检验检测机构资质认定获证单位名录》，创新服务工作方式，完成74家检验检测机构现场核查，提升检验检测能力。

【反垄断与不正当竞争】 2021年，组织开展对建筑领域限制公平竞争干预市场主体自主经营等问题自查和制止滥用行政权力排除、限制竞争行为专项行动，发挥联席会议办公室统筹协调、督促指导等职能作用，推进公平竞争审查工作，全州清理与市场公平竞争相关的存量文件375份，审查新出台政策措施135份。在全州范围内集中部署开展涉硒领域传销和非法金融风险排查和整治活动，对全州1976户涉硒市场主体全面盘底，立案2件涉硒领域传销案件。加大反垄断和反不正当竞争执法力度，依法查处不正当竞争案件12起。完成8家建材企业和5家液化气站涉嫌垄断行为的调查情况报告，向省局上报3家民爆公司涉嫌垄断线索报告，从严、从重、从快查办一批典型违法案件，立案14件，罚没金额139.41万元。

【消费者权益保护】 2021年，开展消费领域合同格式条款监管，指导相关行业、企业加强内部合同管理和行业自律。对涉及房屋买卖、旅游服务、车辆买卖等领域25份合同进行专业评审，对发现存在问题的企业开展约谈，下达责令整改通知书10份，下发行政建议书6份。开展“商品无假冒、食药无伪劣、服务无欺诈、投诉无障碍”为主题的放心消费创建活动，恩施州2家街区、14个维权站、14家商户入选省级放心消费创建示范点。重点引导行业投诉量大、和解成功率高的329家企业及时入驻消费投诉和解平台，提升维权效能。保持“12315”投诉举报热线畅通、稳定，妥善处理消费者诉求。全年“12315”平台接收消费者投诉举报咨询29443件，其中咨询18906件，投诉8503件，举报2034件，为消费者挽回经济损失1011.66万元。

2021年4月15日，州市场监管局对利川市企业有机产品认证活动开展事中监管

（湖北嘉润茶业有限公司 供稿）

【价格监督】 2021年，加强重点领域监管，全年节假日期间出动执法人员4437人次，检查市场主体价格行为7849家次，发放规范价格行为提醒告诫函5428份，检查粮食购销单位18家，召开规范快递行业价格行为提醒告诫会，检查停车收费经营者791家，抽查74家义务教育阶段培训机构，维护市场价格秩序。制定《2021年规范涉企违规收费行为专项整治实施方案》及工作路线图，重点检查商业综合体、写字楼、高新区等转供电主体和行业协会价格行为，检查行业协会56家，中介机构18家，转供电主体285家，清退违规多收费用451.69万元。聚焦教育领域收费行为，点对点对教育领域乱收费实施精准打击。清退违规收费600余万元，没收违法所得970万元，有效维护学生和家长的合法权益。

【网络交易及合同监管】 2021年，加强网络交易日常监测监管，人工网上排查自建网站经营户和平台内网店3000余家，处理省局交办线索27条，立案查处2件，责令整改25件。开展网络市场热点问题专项整治，处理涉嫌违法违规线索32条，下达责令整改通知29份。强化“6·18”“七一”“双十一”等网络集中促销活动监管监测工作，开展“2021网剑行动”，全州办理涉网违法违规案件12件，罚款213504元。查处全州首例刷单炒信案，首例适用《中华人民共和国电子商务法》典型案例。加强合同监管，收集27份校外培训机构合同和房屋买卖、供水、供电等方面25份合同报送省合同专家评审委员会评审。做好动产抵押过渡期工作，完成动产抵押历史数据补录。

【广告监管】 2021年，围绕利用“庆祝中国共产党成立100周年”

发布商业广告等涉及政治和意识形态商业营销宣传行为、“双减”文件落实以及金融广告监管等重点，开展排查摸底和清理整治。全州共清理、拆除门店门头等公共区域悬挂张贴广告及网络平台广告 2011 条块，发现并及时制止广告违法行为 18 起，责令整改 7 件，约谈函告行政指导 53 次，清、拆除户外广告牌、门头橱窗招牌 130 块，收缴、销毁含有“野味”“野生鱼”“清江鱼”等张贴物、菜谱菜单、摆设标签、订餐卡片等 2400 余张。

【信用监管】 2021 年，在市场监管领域全面推行部门联合“双随机、一公开”监管，建立联席会议制度，推行跨部门联合抽查，全州 238 个单位建立“一单两库”（随机抽查事项清单，市场主体名录库、执法检查人员名录库），创建抽查任务 1320 起，其中联合抽查 276 起，实现“进一次门、查多项事”。引导企业及时开展信用修复工作，修复移出经营异常市场主体 4935 户（其中企业 932 户、个体 3618 户、农专 385 户），为 133 家企业撤销在国家企业信用信息公示系统中公示的行政处罚信息。对名称或经营范围中含有涉及金融字样及内容的企业进行集中整治，全年列入异常的 22 户、破产清算待注销的 2 户、注销 10 户，变更经营范围中含禁止性字样的市场主体 82 户。提升企业年报率，2020 年度企业年报率达 95.54%，高于全省平均年报率 3.16 个百分点，位居全省第三。

【执法稽查】 2021 年，在全州范围内开展为期六个月打击非法运输销售成品油“铁腕整治 2021”专项行动，持续开展“长江禁渔”专项行动和打击侵权假冒工作，严厉打击茶叶市场违法行为，常态化开展扫黑除恶斗争，维护公平竞争的市场交易秩序，营造良好的市场经营环境。全州市场监管系统共立案查处各类违法案件 1487 件，涉案案值 2059.8 万元，罚没金额 3789.5 万元。其中食品案件 768 件，涉案案值 307.82 万元，罚没款金额 1493.77 万元；药品案件 185 件，涉案案值 11.23 万元，罚没款金额 152.15 万元。向公安机关移送案件 18 件，立案 12 件，其中食品立案 10 件。

【综合执法】 2021 年，综合执法支队整合原工商、质监、食品（含食盐）、药品、物价、专利、商务等领域执法职责，以州市场监督管理部门名义在本辖区统一执法。全年完成 4 件案件查办，组织开展 3 家单位违规收费问题调查。完成省局委托的恩施州 17 家涉及建材、燃气、民爆 3 个行业的涉嫌垄断行为的调查取证，查证核实周边市州局及州直其他部门转交的 4 条问题线索。配合业务科室参加各类督办检查、突击检查和明察暗访，督促全州 2021 年药品案件统计上报工作，已全部录入国家药监局统计系统（全州一般程序案件录入 100 件，简易程序案件录入 77 件）。

【先行区试点】 2021 年，“一业一证”“商事登记确认制”“转供电主体违法加价专项整治”等 3 个省级先行区改革试点和“我要开超市”省级“一事联办”改革试点通过验收，2 个事项经验被全省推广。高效办成一件事改革打通部门通道，“我要开便利店”等 6 个州级“一事联办”改革实现业务流程革命性再造和系统重构，将多部门许可集成“一件事”实行并联办理，一窗受理发放，让企业只跑一次路。

【“铁拳”行动】 2021 年，组织开展“恩施玉露”“利川红”品牌保护“铁拳”行动，打击商标侵权、非法印制、不正当竞争、非法生产、价格欺诈 5 种违法行为。专项行动期间，查扣侵权包装 1.5 万余个，清理下架“恩施玉露”“恩施富硒茶”侵权包装袋（盒）939 个，下达责令改正通知书 64 份，立案 74 件，结案 74 件，涉案案值 10.8 万元。

【网络餐饮侵害群众利益问题专项整治】 2021 年 8 月 14 日，启动全州网络餐饮中侵害群众利益问题专项整治工作，抓取饿了么、美团平台 73 家疑似违法违规入网餐饮服务提供者，约谈全州网络平台机构和部分“网红店”，开展对入网餐饮服务提供者的线下实地检查，全年全州入网经营户 3495 家，检查入网经营户 3583 户次，完成率为 102.5%，第三方平台开展约谈 19 次。监督抽检 183 批次、快检 448 批次，发现问题 1818 个，完成整改 1653 个，立案查处 41 起，罚没款 10.7 万元，开展餐饮“你我同查”16 次，宣传报道 57 次，投诉举报 5 起。

【第三届湖北地理标志大会暨品牌培育创新大赛】 2021 年 10 月 14 日，由州市场监督管理局承办的第三届湖北地理标志大会暨品牌培育创新大赛决赛在州城恩施举行。恩施州 8 个参赛单位获 3 个金奖、2 个银奖和 3 个优秀奖。

【重要会议】 2021 年 2 月 7 日，州市场监管局召开恩施州特种设备安全监管工作视频会议。3 月 9 日，召开 2021 年全州知识产权工作视频会议。5 月 25 日，州政府召开全州食品、药品、特种设备、产品质量“四大安全”工作会，总结 2020 年监管工作情况。5 月 31 日，召开州消费者委员会换届大会暨第二届全委会第一次会议。6 月 18 日，州政府相关领导组织特设专委会部分成员单位召开会议，研究部署全州压力管道、气瓶及民爆产品安全等工作。6 月 25 日，全州公平竞争审查工作联席会议召开。8 月 30 日，召开网络餐饮中侵害群众利益问题专项整治工作推进会。10 月 28 日，召开全州市场监管系统常态化扫黑除恶工作推进会。10 月 29 日，恩施州打击侵权假冒工作领导小组组织召开全州打击侵权假冒工作推进会暨打击侵权假冒工作业务培训会议。11 月 11 日，召开进口冷链食品监管培训视频会议。11 月 18 日，恩施州在全省落实食品生产企业食品安全主体责任工作视频推进会会议上作交流发言。11 月 19 日，州特种设备安全生产专业委员会办公室召开全州特种设备安全生产工作视频会。

【上级督导调研】 2021年6月7—9日，省市场监管局相关领导带队到恩施州开展党史学习教育“察民情访民意办实事”调研活动，就“食品安全智慧监管的思考与对策”开展专题调研。7月6日，省市场监管局到咸丰县调研小作坊“一业一证”改革工作。

【荣誉】 2021年，恩施市市场监督管理局被国家市场监督管理总局等单位表彰为“全国市场监督系统抗击新冠肺炎疫情先进集体”。宣恩县市场监督管理局被省药品监督管理局表彰为“2021年湖北省药品不良反应监测评价表扬单位”。州市场监督管理局被湖北省扫黑除恶专项斗争领导小组办公室、省人社厅表彰为“全省扫黑除恶专项斗争（2018—2020）先进集体”，被省市场监督管理局授予“2021年全省市场监管系统‘小个专’党建工作突出单位”称号，被人社部办公厅、公安部办公厅、国家市场监督管理总局办公厅表彰为“2021年全国清理整顿人力资源市场秩序专项行动取得突出成绩单位”，被省市场监督管理局授予“2021年全省系统食品安全快速检测技能竞赛优秀团队一等奖”。王敏被国务院食品安全委员会表彰为“全国食品安全工作先进个人”。冉瑞菁被省市场监督管理局表彰为“2021年全省市场监管系统‘小个专’党建工作突出个人”，谭剑、李阳被表彰为“2021年全省系统食品安全快速检测技能竞赛十佳快检能手”，李珺被表彰为“2021年全省系统食品安全快速检测技能竞赛快检能手”。

（陈必伟　向　静）

恩施海关

【概况】 2021年，恩施海关受理出入境货物及包装532批次，货值3328.5万美元，出具检验检疫证单664份，审核签发原产地证书370份，签证金额4233.1万美元，同比分别增长54.8%和51.5%，受理报关单136票，征收关税及进口环节税48.3万元。新增进出口货物收发货人备案55家，无进出口经营权加工生产企业2家，出口食品生产企业备案8家，出口食品原料种植场备案10家，出境竹木草制品生产加工企业注册登记5家。开展稽查作业4起，核查作业9起。

【打击走私综合治理工作】 2021年，走访辖区18家成员单位，协助召开恩施州2021年度打击走私综合治理领导小组会议，发挥各自职能优势，建立信息共享渠道，交流经验做法，齐抓共管，凝聚打私合力。

【支持恩施州农产品出口】 2021年，启动恩施州出口茶叶质量安全监测项目，累计检测114个样品、2508个项目，通过监测，了解基地管理方面的风险和隐患，掌握恩施州出口茶叶质量安全状况，惠及全州24家茶叶出口企业和32个出口茶叶基地。摸清企业需求和出口瓶颈，形成专题报告。

【服务企业】 2021年，做好通关便利化措施政策宣传。全年举办3次企业培训宣讲会，65家次企业参加。推进“智能审核+自助打印”智慧签审新模式，原产地签证金额同比增长57.1%，证书自助打印比例约75%。

【对外开放平台建设】 2021年，加强前期调研和指导，就对外开放平台场所内规划布局、查检设施、信息化建设等方面的设计提出改进意见，帮助打通恩施进出口物流瓶颈，降低进出口企业成本。争取专项资金411万元，利用4个月时间完成恩施航空口岸旅检进出境通道改造项目，通过验收，相关设施设备能满足现阶段新冠肺炎疫情防控需要。

【推广远程查验】 2021年，为全州近10家符合标准的企业开展分级分类评估工作，将抽批查验比例由100%抽检大幅降低至3%—10%，提升通关便利性，减少企业负担。引导企业使用远程作业支撑平台实施远程查验，平均查验时间减少近4个小时，实现企业“零”等待，提升海关监管效能。

【维护国门生物安全】 2021年，开展国门生物安全检测工作，到辖区各县市出口茶叶基地开展实蝇监测，布点23处。在恩施许家坪机场口岸开展每月病媒生物监测，进行鼠类、蚊蝇、蜚蠊等病媒生物监测40余次。

2021年4月13日，恩施海关在恩施市耿家坪社区和谐家园小区开展国门生物安全进社区活动

（恩施海关　供稿）

【领导检查调研】 2021年，海关总署、武汉海关相关领导先后7次到恩施海关调研相关工作，其中9月，武汉海关关长、党委书记高瑞峰等领导，海关总署副署长、党委委员王令浚先后到利川市朝阳村驻村工作点、恩施辖区出口企业调研，看望慰问恩施海关全体干部职工。

（刘光耀）

公共检验检测

【概况】 恩施州公共检验检测中心，对外加挂国家富硒产品质量监督检验中心牌子，是州政府直属正县级公益一类财政全额拨款事业单位。从2021年9月1日起，根据《市场监管总局办公厅关于国家产品质量检验检测中心及其所在法人单位资质认定等有关事项的通知》要求，经国家市场监督管理总局批准，原“国家富硒产品质量监督检验中心（湖北）”调整更名为“国家富硒产品质量检验检测中心（湖北）”，其法人依托单位由原恩施州质检所变更为恩施州公共检验检测中心。中心现有高级职称15人（正高2人），中级职称24人，中高级技术职称占在岗人员的47.56%。在岗人员学历构成为硕士研究生11人，大学学历55人，本科及以上学历占在岗人员的80.49%。中心拥有3名资质认定评审员。现有资产总值（原值）约2.05亿元，房屋总面积1.8万平方米。拥有检验检测仪器设备824台套，设备总值（原值）8205万元。年检测能力约1万批次，检测能力覆盖食品、食用农产品、粮油产品、药品、化妆品、工业产品、种子等。2021年，通过省市场监督管理局对中心开展的“双随机、一公开”监督抽查。8月，省农业农村厅认定中心为农作物种子质量检验合格机构，颁发“中华人民共和国农作物种子质量检验机构合格证书”。7月1日，吴淑华被州委直属机关工委表彰为“优秀党务工作者”，黄山被表彰为“优秀共产党员”。

2021年6月8日，州公共检验检测中心药检所率先实行6S管理，物品摆放整齐、操作规范

（石　宽　摄）

【检测能力建设】 2021年，新增检测设备76台套，价值154.6万元。开展量值溯源工作，对563台套仪器设备进行校准，确保依法施检。优化设备动态档案管理，确保检测工作可溯源。优化危化品的管理，设立独立危化品室。加装食品微生物实验室风淋系统，确保洁净度满足要求。对关键环境、设备实行智能监控，通过手机端实时调控温湿度。药品检测所率先试行6S管理模式，取得初步成效。首次取得农作物种子质量检测机构资质，取得净度等6个参数授权，是全省地市州级公共检测机构取得种子检测资质的第一家。对食品中农残等26项资质进行扩项，省级资质达1505个产品、2662项参数。全面实现抽样信息化，高效推进抽检计划的执行，抽样均衡性、时效性、覆盖率以及问题发现率居全省前列，食品、食用农产品等抽检业务考核获得省市场监管局好评。新建受控文件管理库，上传操作规程、作业指导书。实现网上预约与政捷检验业务信息系统对接。升级短信平台，开通抽检信息现场录入功能。制订《委托业务受理规则》《样品处理作业指导书》等，防止违规受理业务和处理样品。组织标准查新，全年批量查新5次，涉及标准2560项。下载各类标准、方法218个，为检验工作提供正确依据。

【检验检测工作】 2021年，完成政府监督抽检任务5131批次，同比增长3.8%。其中完成省转移食品、药品化妆品、工业产品任务1339批次，完成州级食品、工业产品、农产品质量安全2677批次，首次完成农作物种子质量监督抽检任务24批次，首次完成省级网络外卖餐饮食品风险监测任务32批次，完成恩施市食品安全监督抽检1011批次。开展“食品安全　你点我检”活动，检测公众关注的大宗、热销、地方特色、易出现假冒伪劣、安全风险较高的食品160批次。完成市场监管部门行政办案、受理消费者投诉等食品安全应急检验任务48批次，打击违法生产、销售行为。全年向行政监管部门提供不合格抽检报告140份，及时提供各类政府监督抽检质量分析报告约60份，统计报表约260份。为1793家企业客户提供贸易、行政许可、质量控制、招商引资等免费委托检测4661批次，其中涉硒产品2668批次。建立企业服务档案102份。

【质量建设】 2021年，完成国检中心法人依托单位变更，打通CNAS申报通道。两次修订《质量手册》《程序文件》及其配套技术文件。

调整质量管理体系架构，重构技术管理层，分领域设置技术负责人。编制《实验室生物安全手册》等作业指导书，补充完善人员、设备、采购等管理流程。实现 PDCA 闭环管理。参加国家及省级能力验证共 20 项、31 个参数，执行质量控制计划 38 项、27 人次，实施人员监督 35 人次。组织 2 次内审，1 次专项内审，接受 4 次外审，开展 1 次管理评审，对 93 项不符合项和有待改进项实施有效的纠正和改进。全年收到检测报告异议及投诉 6 批次，比 2020 年减少 60%。其中 4 批次复检结果与初检结果一致，2 批次撤回报告。发出报告合格率，报告无故延误率，内审、外审整改及时率，客户投诉处理率均达到要求，质量目标得以实现。

【科研、标准制（修）订工作】 2021 年，开展硒蛋白检测方法研究，出台《硒蛋白提取及检测方法研究方案》，与相关高校、科研机构开展合作，参与食品安全国家标准《硒蛋白》的修订工作。恩施州科技项目《基于国家食品安全标准〈食品营养强化剂 硒蛋白〉的优化研究》以及与特聘专家合作的 8 项硒标准化研究项目完成结题。完成“恩施州道地药材独活品质及 HPLC 指纹图谱与硒含量相关性研究”，建立巴东独活指纹图谱，对巴东独活产业发展具有指导意义。《硒对稻米淀粉成分差异影响研究》已结题。12 月 29 日，谢义梅参与的“优质富硒农产品高效创制关键技术及产业化”科研项目被中国商业联合会授予“全国商业科技进步奖特等奖”。中心技术人员参与发表科研论文 9 篇，参与编写专著 1 部。开展标准制（修）订工作，支持完善涉硒标准体系。主持、参与制修订国家标准 1 项、湖北省地方标准 4 项、恩施州地方标准 9 项、团体标准 6 项。国家标准《竹叶中多糖的检测方法》、湖北省地方标准《湖北省食品安全地方标准 富有机硒食品硒含量要求》、恩施州地方标准《包装用箬叶》于年内发布。

【参展、参评产品检测工作】 2021 年，承担第六届硒博会参展、参评产品的检测工作，受理 949 批次。其中州内 296 家、763 批次，州外 116 家、186 批次。组委会送检 290 家企业、653 批次产品，企业送检 113 家、296 批次产品，其中名优产品评选 307 批次。9 月，“实验室开放日”活动首次纳入第六届硒博会重要日程。全年接待调研、参观 30 批次 200 多人次。

【业务培训学习】 2021 年，组织开展各类业务培训 71 次、620 人次，接受实习及培训 39 人，组建以国内科研院所 14 名知名专家为成员的特聘专家团队，先后 3 次到中科院上海所等科研院所及省内检测机构交流学习。

（向　苗）

农业和农村经济

Agriculture and Rural Economy

2021 年 6 月 23 日，“硒源沙地 · 豆是要来”首届恩施土豆品鉴暨网络直播带货活动在恩施市沙地乡黄广田村举办
（州农业农村局 供稿）

综　述

【概况】 2021 年，全州农林牧渔业总产值 412.20 亿元，实现农林牧渔业增加值 235.34 亿元。全州农村常住居民人均可支配收入为 13307 元，比 2020 年增 11.9%，比全国平均水平（10.5%）高 1.4 个百分点。

【粮油生产】 2021 年，全州粮食总面积 374720 公顷，较 2020 年增长 1.5%，粮食总产量 147.14 万吨，较 2020 年增长 2.1%。其中夏粮产量 30.29 万吨，增长 4.3%。秋粮产量 116.84 万吨，增长 1.5%。全年油料产量 11.14 万吨，下降 6.4%。

【蔬菜水果生产】 2021 年，全州蔬菜播种面积 143573 公顷，同比增加 2.33%;蔬菜产量 283.33 万吨，增长 5.45%。其中高山蔬菜面积 78333 公顷，产量 140.9 万吨。水果面积 61933 公顷，同比下降 2.17%，产量 34.74 万吨，同比下降 5.88%。

【中药材】 2021 年，全州药材面积 97486 公顷，同比增长 8.22%，药材产量 11.7 万吨，同比增长 22.92%。

【农业产业化】 2021 年，全州主导产业格局基本形成，出台《恩施州农业主导产业全产业链建设方案》，州级财政每年投入 2000 万元产业链资金，按照“补链、强链、延链”要求，打造“茶、烟、菜、药、果、畜、粮、蜂”八大农业主导产业全产业链。新增国家级龙头企业 1 家，达到 3 家。净增省级龙头企业 8 家，达到 51 家。州级以上龙头企业达到 184 家。全年规上农产品加工产值 78.13 亿元，同比增长 22.9%。全州有国家级产业强镇 6 个、省级现代农业产业园 11 个。

【农业品牌建设】 2021 年，举办东湖茶叙周年纪念、硒茶采购商大会、斗茶大赛等活动，持续在央视等主流媒体，北京、武汉、杭州等重点城市、杭州茶博会等大型展会宣传恩施特色农产品，新建恩施硒茶品牌形象店 35 家，州外恩施硒茶销售店或体验馆达到 755 家。“恩施硒茶”（“恩施玉露”“利川红”）、“恩施土豆”等品牌价值不断提升，其中“恩施玉露”品牌价值突破 25 亿元。“恩施土豆”获“我最喜爱的湖北品牌”电视大赛金奖、“2020 全国绿色农业十大最具影响力地标品牌”。利川红、花枝山、立早、贡水白柚、黄坪黄金梨等 15 个茶、果商标入选湖北省优势商标，“恩施硒茶”“伍家台贡茶”“利川大黄”获第三届湖北地理标志大会暨品牌培育创新大赛金奖。6 月 12 日，2021 恩施土豆文化旅游节在恩施市太阳河乡梭布垭石林开幕，恩施市制作的直径 8.82 米恩施土豆饼被世界纪录认证机构（WRCA）认证为“世界最大的土豆饼”。6 月 23 日，“硒源沙地 · 豆是要来”首届恩施土豆品鉴暨网络直播带货活动在恩施市沙地乡举办。加强品牌使用管理，《恩施土家族苗族自治州茶产业发展条例》立法进展顺利。出台“恩施玉露”“利川红”品牌管理办法，授权主体 201 家。

【农产品流通】 2021 年，全州农副产品销售总额 196.18 亿元，同比增长 26.6%，稳定带动 50 余万人增收。消费帮扶典型做法通过《湖北乡村振兴简报》在全省进行推介。全年“832 平台”（脱贫地区农副产品网络销售平台）实现销售额 16.33 亿元，位居全国第一。恩施腊肉、恩施大米、恩施玉露、利川红、恩施藤茶、恩施土豆、恩施魔芋、恩施菜籽油、恩施葛根粉、恩施古树茶、来凤黄精等特色产品畅销，来凤县黄精种植面积 700 公顷，来凤黄精酒实现产值 1.16 亿元，销往北京、上海、广州等地。主动对接助力农产品销售，抢抓武汉市对口帮扶、“宜荆荆恩”城市群、“感恩天津 恩施等你”感恩答谢等机遇，争取各地各部门消费恩施农产品。对接线上线下营销平台，组织 30 多家企业入驻“中国荆楚味、湖北农产品”展销平台（“农展优选商城”），组织 27 家企业列入第一批盒马基地供应商，组织 105 家企业参加湖北农博会。州农业农村局联合州交通局等开展客运场站服务区农产品展示展销共同行动。

【农产品质量安全】 2021 年，恩施州成功申报国家农产品质量安全州创建单位，全省唯一。出台《州委办公室 州政府办公室关于成立国家农产品质量安全州创建工作领导小组的通知》《州人民政府办公室关于印发国家农产品质量安全州创建工作实施方案的通知》等文件。推进乡镇农产品质量安全监管网格化管理，开展食用农产品“治违禁、控药残、促提升”三年行动，全州农业农村部门开展定量检测农产品样品8382批次，完成任务的161.66%，合格率为99.86%；全面推进国家农产品质量安全追溯体系应用和试行食用农产品合格证制度，全州1163家生产经营主体开具合格证累计13万多张，带合格证上市的农产品累计4万多吨。截至年底，全州经农业农村部认证"绿色有机地理标志农产品"638个，位居全省第一，认证国家级、省级绿色食品有机农产品基地19个、93333.33公顷，位居全省第一。"恩施青钱柳""利川大黄"获得国家农产品地理标志证书。"板桥党参""利川大米""利川黄连""利川山药""来凤藤茶""来凤黄精"通过农产品地理标志省级现场核查和专家鉴评。

【农业面源污染防治】 2021年，推进秸秆饲料化、肥料化、能源化综合利用，全年秸秆综合利用率达91.07%，连续4年达90%以上。推进农用残膜回收利用，农用残膜回收率达84.5%。推进化肥农药减量，化肥农药使用量连续5年实现负增长。推进生态农场建设，12月22日，农业农村部农业生态与资源保护总站、中国农业生态环境保护协会在线举行的生态农场建设研讨会上，湖北嘉润茶叶有限公司被授予首批AAAAA级"生态农场"称号。

【农业信息化建设】 2021年，联合邮政部门，推进全州共建共用益农信息社做到"三个到位"[铭牌悬挂到位、服务功能公告牌悬挂到位、信息员（邮掌柜）培训到位]。组织各县市参加2021年农民手机应用技能培训。农业农村部对咸丰县、鹤峰县"互联网+"农产品出村进城工程建设试点县推进工作进行调研。

【农业行政审批】 2021年，对"互联网+"监管系统中的事项进行清理完善，完成18项"双随机、一公开"工作任务。全面推进"清减降放"，压减审批事项、办事环节、办理时限和申请材料，简化事项办理流程。探索推广农村宅基地审批"017"模式（零缴费、1次跑动、7个工作日内办结）和开办农资经营店"54110"模式（提交5项材料，办成4件事，跑1次路，1个工作日办理，零费用）。

【农业行政执法】 2021年，全州立案查处各类农业综合行政违法案件202件（畜牧兽医类102件、农资类33件、渔政类38件、宅基地类29件）。高效推进农资打假，全州出动执法人员2038人次，检查农资门店2418家。推进动物卫生监督执法，开展生猪私屠滥宰专项整治行动，捣毁私屠滥宰窝点16个，办理私屠滥宰案件7件。加强农机安全治理，清理变型拖拉机3406台。利川市农业综合执法大队被授予"全国农业综合执法示范窗口"。

【农业机械化】 2021年，全州农机总动力达到254.73万千瓦，主要农作物耕种收综合机械化率达到39.41%，农机装备总量达到158.82万台套。落实农机购置补贴资金1477.86万元，补贴农机具15017台，惠及12058户农户和经营合作组织。利川市获全国第六批率先基本实现主要农作物生产全程机械化示范县。4月26—29日，在恩施州举办全国农机安全技术标准及规范培训班。农机安全形势总体稳定，全年未发生亡人农机事故。4月29日，在巴东县举办全州玉米机播技术培训活动。5月19日，在利川市举办全州高标准农田水稻育插秧机械化技术培训活动。12月20日，在巴东县组织举办全省丘陵山区机械化现场推进活动。10月18日，州政府常务会议审议通过《恩施州人民政府关于加快推进农业机械化高质量发展的意见》。12月1—4日，组织7名选手参加全省第六届农机职业技能竞赛，获得优胜奖，其中2名选手参加无人机项目分获第四名和第七名。

【农业项目建设】 2021年，争取中央、省级财政资金和项目45类、143个、13.6亿元。完成2020年度高标准农田建设项目25个，完成建设高标准农田17333.33公顷，启动2021年度高标准农田建设项目24个，推进建设高标准农田21480公顷。利川市、建始县、宣恩县3个县市获批绿色种养循环农业试点，占全省获批项目总数的六分之一。争取农产品产地冷藏保鲜设施建设项目资金2600万元，建成农产品产地冷藏保鲜设施252座。编制完成《恩施州农业农村现代化"十四五"规划》，规划建设农业产业（园区）提升项目等14大类、中药材标准化基地等308个项目，计划总投资919亿元。

【农业招商】 2021年，以"茶、烟、菜、药、果、畜、粮、蜂"八大产

2021年11月1日，建始县高坪镇油菜机械化精量播种

（州农业农村局 供稿）

业链为重点招商方向，系统谋划茶叶、畜牧、蔬菜等农产品加工各类项目114个。多次到宜昌、南京、武汉、广州等开展招商考察。成功举办华中农业大学校友企业家“走进恩施 共促振兴”招商活动，湖北照丰投资控股集团有限公司等4家企业签订投资意向性协议。成功举办2021湖北农业博览会恩施州农业招商推介会，现场推介6个重点项目。

【农业农村部定点帮扶】 2021年，农业农村部多次到恩施州调研指导巩固拓展脱贫攻坚成果与乡村振兴有效衔接、现代农业、特色产业、美丽乡村建设等工作。恩施州成功申报“鄂西南武陵山茶产业集群”项目，获2亿元资金支持。宣恩县李家河镇入选农业农村部、财政部评选的2021年度国家农业产业强镇创建名单。全国农业农村主体人才和支撑人才培训班、全国农机安全技术标准及规范培训班等在恩施州开班，推进乡村人才振兴。

【武汉市对口帮扶】 2021年，州农业农村局与武汉市农业农村局签订对口帮扶框架性协议，确定2021年对口帮扶任务清单，促成3对企业签订采购协议。推进项目实施，利用武汉对口帮扶恩施州项目资金，实施农产品展销项目和标准化蔬菜供应基地建设项目。加强人才交流，州农业农村局与武汉市农业农村局联合举办恩施州农业产业化龙头企业家培训班，组织州内100家龙头企业负责人参训并现场交流。

【农业灾害防治】 2021年，抓好主要农作物病虫害田间观测和数字预警，发布农作物病虫发生预测预报90余期。推进农业防治、生物防治、绿色防治和统防统控，全年防治油菜病虫害47046.67公顷次、马铃薯晚疫病145000公顷次、玉米草地贪夜蛾3533.33公顷次、水稻病虫害229773.33公顷次、茶网蝽7666.67公顷次。

（未兴文）

茶产业

【概况】 2021年，全州茶园面积120800公顷，增幅1.33%，茶叶基地总面积位居全省第一位，在全国地市州级产茶区中位居第四位。茶业综合产值突破190亿元，同比增长11.76%。恩施市、利川市、巴东县、宣恩县、咸丰县、鹤峰县6个县市被评为“2021年度茶业百强县”。全州茶叶产业化发展步伐加快，有州级以上茶叶龙头企业76家，占全州农业龙头企业的41.3%，其中国家级龙头企业2家，省级龙头企业24家，通过ISO质量体系认证企业38家。

【茶叶基地建设】 2021年，全州创建国家级绿色、有机茶叶原料标准化生产基地48180公顷。生产结构不断优化，全州绿茶、红茶、黑茶及其他茶类的结构比为73.13：18.96：4.57：3.31，形成以绿茶、红茶为主，黑茶、青茶、白茶为辅，藤茶、绞股蓝等特种茶为补充的多茶类、多档次产品生产格局，适应市场变化的能力持续增强。

【茶叶精深加工】 2021年，茶叶精深加工取得实质性突破，实施“茶+电气化”行动，推进茶叶加工连续化、自动化、清洁化，茶叶产品质量得到提升。全州有8条抹茶生产线投产，年加工抹茶200余吨。依托中茶所和中国农业科学院创新工程团队首席专家工作站，开发茶口红、茶牙膏、茶面膜等茶日化品，提高茶资源利用率和产业附加值。

【茶叶交易】 2021年，以武陵山茶叶交易中心、恩施硒茶大市场、唐崖茶市、硒都茶城等交易市场为重点，为全国各地采购商提供仓储采购物流一站式服务。全年干毛茶交易量超过3万吨，交易额突破30亿元。实施“茶+互联网”行动，推进茶叶电子商务和现代物流发展，线上茶叶交易商户达到347家，线上年交易额超过9.5亿元，同比增加8800万元，增幅达12.4%。获得直接出口经营权企业17家，有出口实绩的企业12家，在国外建立办事处或分装厂的企业3家。据农口部门统计，全年出口总量4万余吨，出口额约1.25亿美元。

【茶品牌创建】 2021年，聘请专业机构制定“恩施硒茶”品牌宣传传播方案，成功将“恩施玉露”“利川红”品牌产地范围扩大至全州，出台《“恩施玉露”“利川红”地理标志证明商标州域公用品牌使用管理办法》，“恩施玉露”“利川红”广告持续在央视播出，对接《此山此水此地》电视剧剧组，植入“恩施玉露”“利川红”广告，“恩施玉露”纳入中央广播电视总台“品牌强国工程”2021年助力湖北专项公益行动进行宣传。“恩施硒茶”在湖北之声、“恩施玉露”在武汉地铁进行宣传推广。

【茶产业宣传推介】 2021年，先后举办和参加“2021恩施硒茶采购商大会”“恩施硒茶428致敬英雄城市品茗周”“恩施硒茶斗茶大赛暨职业技能大赛”“中国（杭州）国际茶叶博览会”等系列品牌宣传推介活动，“恩施玉露”“利川红”等品牌知名度和市场影响力进一步提高。实施“茶+文化”行动，推进茶文化与民族文化融合，出版《恩施玉露复兴之路》《利川红》等茶叶专著。

【茶旅融合】 2021年，打造一批以观景、体验、品鉴、文化、创意为主的茶文旅精品景点和A级旅游景区，建成与茶有关的国家级休闲农业示范点4个、茶旅线路27条、茶旅融合点39个，吸纳10万名农民就业。

（未兴文）

渔业渔政

【概况】 2021年，全州水产养殖面积1234公顷，其中池塘养殖面积 760 公顷，稻田综合种养面积 474 公顷，水产品总量 3297 吨，实现渔业总产值 1.55 亿元。全州渔业生产经营主体 434 家，养殖品种有大鲵、鲟鱼、虹鳟、棘胸蛙、黑斑蛙及大宗鱼类，年产值 7485 万元。

【水生生物保护】 2021 年,《恩施自治州养殖水域滩涂规划（2021—2030)》发布实施。在长江巴东段、咸丰县清坪镇龙潭司和恩施市屯堡乡，放流经济鱼类（鲢、鳙、草鱼、鳊鲂类）6430 公斤（1250 万尾)，推进渔业资源可持续发展，开展水产养殖种质资源普查。按照《省农业农村厅 省林业局关于进一步规范蛙类保护管理的通知》要求，相关蛙类的行政许可事项调整为州渔业主管部门审批，省级渔业主管部门备案。州农业农村局与林业部门做好衔接，受理相关省级重点保护水生野生动物繁育及经营利用的行政审批工作，办理水生野生动物繁育证 12 本、经营利用许可证 12 本，协助办理国家 2 级重点保护水生野生动物行政许可 4 件。

【渔政执法能力建设】 2021 年,推进“天网工程”建设，中央和省级投资 488.5 万元，地方投资 637.6 万元，全州建成视频监控点 133 个，开展“全天候、全领域、全覆盖”式监管，助力“十年禁渔”工作落地落实。加强巡护员队伍建设，建立 105 人的渔政协助巡护员队伍，按照“六个一”（一套衣服、一个喇叭、一个执法记录仪、一部对讲机、一辆交通工具、一份意外保险）要求落实保障措施，开展岗前培训和在岗培训，签订合同，明确职责，有效开展巡护工作。推行网格化管理，制定出台以岸线长为主的网格化管理方案，设立江段长 245 个，岸线长 999 个，明确网格职责任务，将禁捕网格划分和监管责任等情况通过适当形式公开公布，发挥网格员信息宣传监管作用。规范船舶管理，拆解涉渔“三无”船舶 1119 艘，纳入保留的 1435 艘生产生活自用船舶由乡镇按照“五统一”（统一登记备案、统一发放船舶登记牌号、统一标识、统一集中停靠、统一签订不得从事生产性捕捞的承诺书和安全生产责任书）的要求规范管理。开展常态化执法行动，全州出动执法人员 5910 人次、执法车辆 1463 车次、执法船艇 555 艘次，开展联合行动 363 次，印发宣传材料 7.6 万份，清理违规网具 3860 张，销毁违规渔具 3695 套，查办违法违规案件 38 件，移送司法机关案件 8 件。

（朱兴文）

2021 年 9 月 23 日，建始县农业农村局开展水产养殖种质资源普查

（州农业农村局 供稿）

畜牧业

【概况】 2021 年，全年全州畜牧业出栏猪、牛、羊、家禽分别为 404.18 万头、6.49 万头、55.27 万只、1198.57 万只，全年猪牛羊禽肉产量 34.59 万吨，比 2020 年增长 35.9%；其中猪肉产量 31.09 万吨，比 2020 年增长 40.6%。禽蛋产量 4.57 万吨，比 2020 年增长 3.4%。

【生猪保供稳价】 2021 年，加强政策落实、技术服务、督办检查、统计调度，落实生猪保供稳价政治任务。加大能繁母猪保险力度，全年投保 19.5 万头能繁母猪，同比增长 65.9%。继续实施贷款贴息政策，申报贷款财政贴息额超 92.04 万元。出台《恩施州生猪保供稳价五条措施》，加大保供力度。年末生猪存栏 288.9 万头，同比增长 23.41%，恢复度达到 110.24%（以 2017 年年末生猪存栏数为基准)，存栏量居全省第四位。能繁母猪存栏 29.64 万头，同比增长 19.56%，存栏量居全省第三位。

【畜禽、中蜂全产业链建设】 2021 年 6 月，按照省委、省政府《关于培育壮大农业产业化龙头企业的意见》要求，州政府出台《农业主导产业全产业链建设方案》，明确将畜禽、中蜂纳入八大农业主导产业。12 月，结合恩施州生猪产业实际，出台《恩施州生猪产业链工作实施方案（2021—2025 年）》。截至年底，围绕补链、延链、强链，全州新增生猪定点屠宰场 1 个，新增生猪屠宰能力 15 万头。新增饲料加工企业 1 个，新增饲料生产能力 12 万吨，新增肉制品加工企业 1 个，将“恩施山花蜜”“恩施腊肉”明确为州域公共品牌并启动注册工作。

【畜牧业绿色发展】 2021 年，全州将生猪健康养殖+种养结合技术、发酵床养牛技术、蛋鸡“124”绿色健康养殖技术（1 栋全封闭蛋鸡舍，层叠式笼养蛋鸡 2 万只以上，采用喂料机、传送带清粪机、湿帘风机、集蛋机 4 机配套的蛋鸡绿色健康养殖技术）、规模化高效生态养鸡“553”模式（一群鸡规模不大于500只，1亩地放养量不大于50只，兼顾产蛋，鸡群更新日龄300天左右的规模化高效生态养鸡模式）等绿色生态养殖新技术、新模式作为主推技术，加大推广力度。年底全州发酵床养牛模式达到52户、蛋鸡“124”绿色养殖模式达到13户、生态养鸡“553”模式达到423户。鼓励养殖户发展规模养殖，利用规范化、标准化生产程序，有效降低生产资源消耗，全州新增畜禽规模养殖场184家，同比增长24.4%。抢抓国家实施畜禽养殖废弃物资源化利用整县推进项目机遇，宣恩县获得中央预算内投资1940万元，全州畜禽粪污综合利用率达到95.95%。

【重大动物疫病防控】 2021年，安排部署重大动物疫病常态化防控工作，组织召开2次全州会议，9月视频会议实现乡镇全覆盖。科学设置非洲猪瘟临时检查消毒点，筑牢“外防输入”屏障。组织开展3轮、2个多月暗访督导，督促各项措施落实落细。开展新修订《中华人民共和国动物防疫法》宣传，培训防疫人员7000余人次。全面落实春秋两季重大动物疫病强制集中免疫，集中免疫率达到100%，省定重大动物疫病综合抗体合格率达到90%以上。

【畜产品质量安全】 2021年，建立生猪定点屠宰企业常态化监管机制，全州完成畜产品例行抽检、专项监测、监督抽检203批次，“瘦肉精”快检123517份，禽蛋快检2127份，质量安全监测合格率达到100%。组织开展“瘦肉精”专项整治、生猪屠宰整治、农资打假秋冬季专项行动、非洲猪瘟假疫苗专项整治等整治行动，全年排查兽药经营企业204家次，动物诊疗企业572家次，规模养殖场3212家次，指导8家企业完成问题整改。

【涉牧安全生产】 2021年3月，成立安全生产应急处置工作领导小组。6月，根据国内安全形势，启动畜牧行业安全生产大检查，重点聚焦养殖场（户）、涉氨制冷屠宰企业、饲料加工企业（经营门店）、粪污资源化利用设施、病死畜禽无害化处理场、冷链食品监督管理、兽医实验室等，开展问题排查、设施检查、隐患整改，累计出动1000人次以上，排查涉牧市场主体500家以上，排除问题隐患130余项。9月，启动为期三个月的涉牧有限空间作业专项整治工作。12月，针对极端天气多发情况，建立灾情直报机制，组织专家到县市开展防灾减灾技术指导。全年未发生涉牧安全生产事故。

【招商引资和项目建设】 2021年，全州新签约涉牧重点招商引资项目3个，投资总额22.6亿元，新谋划重点项目1个，预计总投资51亿元。全州建立2022—2025年产业链项目库，谋划入库项目31个，涵盖现代种业提升、动物保护能力提升、加工及流通等类别，总投资90亿元。全年申报部、省项目13个，总金额4亿元。争取部、省到位项目资金1亿元以上。全年新开工建设一批涉牧项目，总投资3亿元以上。

【第三次全国畜禽遗传资源普查】 2021年7月，印发《第三次恩施州畜禽遗传资源普查实施方案（2021—2023年）》，组织召开第三次畜禽遗传资源普查培训班，培训学员覆盖全州县市、乡镇（街道）。11月底，完成全州8个县市、92个乡镇和街道（含大峡谷风景区管理处、大路坝区工委）、2383个行政村（社区）的面上普查和数据录入、审核上报工作，新发现来凤西水鸡，并启动国家级新畜禽遗传资源申报工作。

【硒都黑猪被审定为国家畜禽新品种】 2021年12月1日，农业农村部发布公告，由湖北省农业科学院畜牧兽医研究所、湖北华健硒园农牧科技有限公司、湖北天之力优质猪育种有限公司培育的“硒都黑猪”经国家畜禽遗传资源委员会审定、鉴定通过，被认定为畜禽新品种。

【新增1家部级畜禽养殖标准化示范场】 2021年12月2日，农业农村部公示2021年农业农村部畜禽养殖标准化示范场名单，恩施州绿色巨农农牧有限公司（盛家坝母猪场）名列其中。

（胡伦祥）

农村经济管理

【概况】 2021年，坚持和完善农村土地基本经营制度，稳定土地承包关系，农村集体产权制度改革阶段性任务完成，新型村级集体经济发展态势良好，化解村级债务进度在全省地市州排名第二，农村新型经营主体不断发展壮大，乡村治理持续深化。

【农村土地“三权分置”改革】 2021年，完成农村土地确权颁证“回头看”，累计清理、整改问题13.74万件，完成土地确权档案州级验收。规范开展农村土地承包经营纠纷调解仲裁工作，全年接访、调处、参与信访复核100余件次。推进农村土地“三权分置”（所有权、承包权、经营权三权分置）改革，规范农村土地流转合同管理，引导适度规模经营，全州流转土地面积68453.33公顷。制订《恩施州农村土地流转经营权证管理办法（试行）》《恩施州农村土地经营权价值评估办法（试行）》等制度，指导县市全面开展农村土地经营权抵押贷款，截至年底，全州发放农村土地经营权抵押贷款38笔、2043万元，有效解决农业生产经营主体融资难、融资贵问题，工作经验得到省领导批示肯定。

【农村集体产权制度改革】 2021年，全州2299个集体经济组织（完成农村集体产权制度改革，成立集体经济组织并登记赋码纳入农村经营管理年报统计的村、居）清查核实资产总额 1496483.15 万元，其中核实经营性资产总额 181681.82 万元，非经营性资产总额 1314801.33 万元。资源性资产用地 2271440 公顷，其中农用地 2169580 公顷。全面开展集体经济组织成员认定“回头看”录入“全国农村集体产权管理系统”确定成员身份 344.64 万人。严格落实农村集体财务审计监督等规章制度，村集体经济组织因地制宜制订（股份）经济合作社章程，建立既相互衔接配合又相互制约监督的民主管理机制，将集体经济组织运行管理置于规范管理和监督之下。

【新型村级集体经济发展】 2021 年，全州 2299 个农村集体经济组织（完成农村集体产权制度改革，成立集体经济组织并登记赋码纳入农村经营管理年报统计的村、居）总收入 10.14 亿元，其中经营性收入（经营收入、发包及上交收入、投资收益三项之和）2.03 亿元。集体经济经营收益 5 万元以下集体经济组织 801 个，5 万元—10 万元 539 个，10 万元—50 万元 933 个，50 万元—100 万元 17 个，100 万元以上 9 个。“空壳村”持续清零。6 个村被评为“全省集体经济发展进步村”。组织编印《恩施州新型村级集体经济发展典型案例选编》，收录全州典型案例 43 个。

【村级债务化解】 2021 年，印发《恩施州村级债务化解工作方案》，州级成立化解村级债务工作协调领导小组。截至 12 月底，全州化解村级债务 13200.3 万元，完成债务清零村（居）1310 个。目标化债村（居）完成债务清零 1284 个，化解村级债务 11868.9 万元，其中 2021 年目标化债村（居）1067 个全部完成债务清零。

【农村新型经营主体】 2021 年年底，全州农民专业合作社 13613 家、家庭农场 5405 家，从事产业包括养殖、蔬菜、药材、茶叶、果品、林业等各个方面，涵盖全州特色优势主导产业。推进农民专业合作社提质增效，创建州级以上示范社 377 家（国家级 36 家、省级 58 家、州级 283 家）。开展“六有”（有合法登记注册、有适度经营规模、有规范财务管理、有先进生产技术、有稳定主导产业、有良好经营效益）示范家庭农场创建工作，创建“六有”家庭农场 448 家、省级示范家庭农场 14 家、州级示范家庭农场 26 家。全州开展农业生产社会化服务的各类组织 2399 家，农业生产托管服务组织托管服务面积 46993.33 公顷，巴东县被省农业农村厅列入社会化服务省级试点县。

【农村宅基地管理和改革】 2021 年，恩施市被纳入全国农村宅基地制度改革试点，在宅基地分配、流转、有偿使用、自愿有偿退出、收益、监管等方面稳慎推进改革。全年全州受理农户建房申请14431起，审批办理建房申请 8410 宗。配合开展农村乱占耕地建房专项整治工作，对“大棚房”开展常态化监管。

【乡村治理体系建设】 2021 年，州农业农村局、州纪委机关、州委组织部、州乡村振兴局、州民政局、州司法局联合印发《关于推进清廉村居建设的工作方案》，全面启动清廉村居建设工作。恩施市盛家坝镇二官寨村、建始县高坪镇青里坝村、鹤峰县下坪乡岩门村被认定为第二批全国乡村治理示范村。

（未兴文）

乡村振兴

Rural Revitalization

综 述

【概况】 2021年，恩施州深入贯彻习近平总书记关于巩固脱贫攻坚成果同乡村振兴有效衔接系列重要论述精神，落实省委、省政府、州委、州政府工作要求，弘扬伟大脱贫攻坚精神，推进各项目标任务落地见效，“两不愁三保障”和安全饮水有保障持续巩固，牢牢守住不发生规模性返贫底线，在全省市县巩固脱贫成果后评估工作中获综合评价好的第一位次。各县市编制完成脱贫地区特色产业发展规划，将易地扶贫搬迁产业后续帮扶纳入规划。坚持规划引领、示范带动，推进村庄规划编制，启动16个州级乡村振兴示范村、269个乡村振兴重点村建设。在2020年度省乡村振兴考核中，恩施州综合得分全省第四名。5月10日，恩施州实施乡村振兴战略指挥部成立。6月，州乡村振兴局正式挂牌，根据省委编办批复精神，州政府扶贫开发办公室更名为州乡村振兴局，仍为州政府工作部门，规格为正县级，由州农业农村局统一领导和管理，主要负责巩固拓展脱贫攻坚成果、统筹推进实施乡村振兴战略有关具体工作。

（张祚佳　未兴文）

【落实政治责任】 2021年，州委、州政府始终将巩固脱贫成果作为首要政治任务和第一民生工程，加强组织保障，调整由州委书记、州长担任双组长的州委农村工作领导小组；组建由州委书记任政委、州长任指挥长的实施乡村振兴战略指挥部，州委农办秘书科与指挥部办公室合署办公。各县市、乡镇参照成立实施乡村振兴战略指挥部。建立“1+8+7”（实施乡村振兴战略指挥部+8个行业组+7个工作专班）乡村振兴战略指挥体系，完善指挥部全体会议、调度会议、行业工作组联席会议、工作报告、督查通报等工作制度，构建主要领导亲自抓、分管领导直接抓、其他领导协同抓的工作格局。先后召开州委常委会会议、州政府常务会、农村工作领导小组会议、指挥部工作调度会、督办会等各类会议31次，州乡村振兴局先后出台《关于实现巩固拓展脱贫攻坚成果同乡村振兴有效衔接实施方案》等系列文件22个，解决重大问题、推进重要工作，恩施州巩固拓展脱贫攻坚成果同乡村振兴有效衔接工作顺利迎接国家后评估、省后评估。

2021年，利川市南坪乡彩色水稻写意乡村振兴　　（州农业农村局 供稿）

【义务教育保障】 2021年，完善优化“双线”控辍保学长效机制，全州2117名疑似辍学学生（在全国中小学生学籍系统控辍保学工作台账管理平台登记）全部实现销号清零，义务教育阶段入学率、初中三年巩固率均达到100%。发放滋蕙计划、社会捐赠、生源地助学贷款、学校资助等资助项目资助资金4.73亿元，惠及学生46.59万人次。发放“雨露计划”资金1.32亿元，惠及学生6.67万人次，实现应助尽助。全州公开招聘中小学（幼儿园）教师325名，定向委培学生考核上岗489名，义务教育学校“县管校聘”管理改革覆盖面达95%以上。全州义务教育起始年级班额基本控制在55人以内，整体大班额占比约为7%，较2020年下降5个百分点。累计投入2.48亿元，实施项目131个，义务教育学校办学条件得到持续改善。

【基本医疗保障】 2021年，持续实施基本医保、大病保险、医疗救助、健康帮扶“四位一体”等医疗报销政策，先诊疗后付费和“一站式”结算等政策，全州脱贫人口基本医疗参保率、补贴率均达到100%。农村脱贫人口住院和门诊特殊慢性病（含门诊重症）就诊政策范围内费用15.2亿元，报销比例达到93%。推进大病专项救治，30种大病累计核准病例2.8万例，自付费用比例仅6.35%。慢病签约服务应签尽签，完成率达99.21%。投资7570万元配置乡镇移动医疗卫生服务车75台和村卫生室智能健康服务包1899个，基层医疗服务水平进一步提升。紧盯脱贫人口和“三类对象”大病、重病救治情况，对符合条件对象及时纳入监测帮扶，确保不出现因病返贫致贫。

【住房安全保障】 2021年，全力满足农村群众基本住房需求，切实提高农村群众生活质量。围绕“人不住危房、危房不住人”目标，持续推进危房改造。建立住房安全动态监管和日常巡查机制，建立农房台账81万户，对存在安全隐患的农村低收入群体全部纳入危房改造，累计实施1363户。加强政策宣传，编制农村建房图集，免费发放给农村使用，落实“一村一匠”，防范和遏制农村自建房质量安全事故发生。

【饮水安全有保障】 2021年，加快推进建始小黑沟等5个农村供水工程和灌区续建配套与节水改造工程，提高农村供水保障水平。全面落实农村饮水安全管理“三个责任”（政府主体、行业监管、供水单位运管），建立供水“三项制度”（管理机构、管理办法、管理经费），投入1700万元用于全州饮水安全工程设施管护和饮用水源地保护。巴东茶店子水厂、来凤金盆水厂顺利通过2021年全省农村供水规范化示范水厂评审。

【社会兜底保障】 2021年，州民政局修订完善《恩施州最低生活保障实施办法》《恩施州临时救助实施办法》，以防返贫为目标，主动摸底排查符合救助条件的对象信息，及时进行救助。严格把握社会救助政策标准，截至11月底，发放农村低保救助金8.29亿元、19.73万人，发放农村特困供养人员救助金1.54亿元、1.72万人，临时救助0.34亿元、1.7万人次。建立完善未成年人保护机制，健全农村“三留守”人员关爱服务体系，特殊困难群体得到全面关爱。

【帮扶责任落实】 2021年，继续实行州领导包县、县领导包乡镇、乡镇领导包村、“尖刀班”干部包组包户，州、县“四大家”领导带头驻点抓落实的责任机制，推进各项任务落实落地。按照“大稳定、小调整”的原则，将精准扶贫驻村“尖刀班”优化调整为乡村振兴驻村“尖刀班”，州、县分别出台制定《巩固拓展脱贫攻坚成果全面推进乡村振兴驻村工作方案》，累计向2161个村（社区）选派6248名驻村干部（中央单位4人；省工作队73个、223人，驻73个村；州工作队142个、447人，驻142个村；县工作队1057个、3223人，驻1057个村；乡镇工作队889个、2351人，驻889个村），其中第一书记2093人，实现有帮扶任务的村（社区）驻村帮扶全覆盖。规范驻村日常管理，严格落实“吃住在村、岗位在村、工作在村”的驻村工作要求。加强能力提升培训，州、县累计组织开展各类政策培训48次。加强驻村工作保障，落实州直驻村工作队驻村帮扶项目资金3335万元，为所有驻村队员购买人身意外伤害保险。

【防止返贫监测帮扶】 2021年，坚持将防止返贫监测与帮扶作为巩固脱贫攻坚成果的重中之重，州乡村振兴局印发《关于健全防止返贫动态监测和帮扶机制的实施方案》，确保应纳尽纳。截至12月底，全州有监测对象12552户、38678人，其中风险消除10584户、32372人，风险未消除1968户、6306人（含脱贫不稳定户905户、2829人，边缘易致贫户393户、1246人，突发严重困难户670户、2231人），对未消除风险对象落实“一户一专班”要求，有效遏制致贫返贫风险，其中落实危房改造政策119户；落实医疗保障政策1608户，报销医疗费用3076万元；落实教育资助政策815人，累计资助117.4万元；落实饮水安全政策1085户；落实就业帮扶政策678人，其中公益岗就业129人；落实产业帮扶政策464人；落实综合保障政策2420人。兑现各类救助资金667万元。

【产业帮扶】 2021年，对接全省十大重点农业产业链，推进“茶、烟、菜、药、果、畜、粮、蜂”全产业链建设，建立州领导担任“链长”的推进机制，全州特色产业基地稳定在466670公顷左右，建成全省最大的茶叶、烟叶、高山蔬菜和马铃薯生产基地。坚持引进头部企业与培育本土企业“两条腿”走路，以龙头企业拉动延伸产业链，让更多农民深度参与，新增国家级龙头企业1家，省级龙头企业8家，新创建示范家庭农场、合作社1156家，全州新型农业经营主体带动脱贫户的比例达100%。建立干部企业“一对一”服务，出台金融支持乡村振兴10条扶持措施，培训生产经营型、技能服务型等各类高素质农民5962人，培训各级农业科技人员农村实用技术3.87万人次。全州农副产品销售额192亿元。

【易迁后续扶持】 2021年，州发改委印发《恩施州易地扶贫搬迁后续扶持工作方案》，将安置区产业发展纳入全域产业发展同步推进，累计在安置区配套工业园区10个、农牧产业基地77个、物流园区和仓储基地8个、旅游项目31个，扶贫车间227个，新申报重点龙头企业65家，新注册家庭农场、农民合作社579家，共计带动全州2.65万搬迁劳动力实现就近就业增收，有劳动力的搬迁户13.6万人动态就业率达100%。安置区基础设施配套进一步完善，累计配套建设垃圾污水处理设施4392个、道路1388千米，为1245个安置点配套菜地、322个安置点配套猪圈、897个安置点配建生产服务用房，改扩建学校66所、幼儿园16所、医院（卫生室）170个，新建文化广场927个、综合活动室383个、养老设施30个。州发改委出台《恩施州关于加强和完善易地扶贫搬迁集中安置点社区治理的指导意见》，全州1425个集中安置点全部纳入后续管理体系。在集中安置点新设立10个社区、134个居（村）小组，建立党支部委员会。全省易地扶贫搬迁后续扶持现场推进会在巴东县召开，巴东县后续扶持工作经验《推行“三变”思路、培养“三融”模式、实现“三升”目标》在全国推介。

【就业帮扶】 2021年，常态化开展现场招聘、电视、网站宣传，探索短视频、直播招聘、手机小程序等新型招聘方式，截至11月底，全州脱贫户和边缘易致贫户劳动力外出务工41.28万人，超过2020年外出务工人数。全州新增返乡创业5802人，发放一次性创业补贴81.5万元、163人。开发护林员、护路员、护水员、光伏扶贫电站管理员以及安置点保洁、安保等服务员等乡村公益岗位安置23655人就近就业，较2020年大幅增加。全州189个“就业帮扶车间”带动吸纳脱贫人口就业3779人，较2020年增加470人，吸纳脱贫劳动力占比均达到30%以上。建立完善农民工返乡创业实名制数据库，采集恩施州农村劳动力总数158.97万条。

【获全国、全省脱贫攻坚表彰】 2021年2月25日，全国脱贫攻坚总结表彰大会在北京举行。州发改委地区经济科科长张代明，州医疗保障局办公室主任向辉，恩施市芭蕉侗族乡党委书记龙慧，利川市政府扶贫办党组成员、副主任游亮，建始县脱贫攻坚指挥部副指挥长、县政协党组成员、副主席张华，巴东县脱贫攻坚指挥部副指挥长、县政府党组成员、副县长雷玉龙，宣恩县椒园镇黄坪村党支部书记、村委会主任姚元翔，生前为咸丰县清坪镇党委委员、纪委书记谢睿，来凤县农园果蔬专业合作社理事长向辉，鹤峰县邬阳乡三园村驻村工作队队长兼第一书记、县委组织部四级主任科员刘迪航，州政府办公室秘书五科副科长（挂职）、杭州市帮扶恩施州工作队队员、杭州第一技师学院培训处处长、团委书记王强11名个人被表彰为“全国脱贫攻坚先进个人”；州扶贫办，中共恩施市委员会，利川星斗山红茶有限责任公司，建始县交通运输局，国网巴东县供电公司，宣恩县农业农村局，咸丰县水利局，工商银行湖北省分行、来凤县委办公室驻来凤县翔凤镇檀木湾村帮扶工作队，中共鹤峰县走马镇委员会，海亮集团有限公司（浙江）10个集体被表彰为“全国脱贫攻坚先进集体”（以上为湖北省推荐）。另外还有中国国新控股有限责任公司北京新华印刷厂、彩印厂、器材厂党委书记、厂长，利川市副市长（挂职）李学森；浙江省杭州市下城区教育局正科级干部、巴东县扶贫办副主任（挂职）吴斌被表彰为“全国脱贫攻坚先进个人”。交通运输部长江航务管理局驻建始县茅田乡雪岩顶村帮扶工作队被表彰为“全国脱贫攻坚先进集体”。4月13日，全省脱贫攻坚总结表彰大会在武汉市召开。恩施州唐鑫鑫等156人被表彰为“全省脱贫攻坚先进个人”，州交通运输局等78个集体被省委、省政府表彰为“全省脱贫攻坚先进集体”。

2021年恩施州获得省(部)级及以上脱贫攻坚先进集体表彰情况表

表5

序号	获奖名称	获奖时间	授奖单位	获奖单位
1	全国脱贫攻坚先进集体	2021年2月	中共中央、国务院	州政府扶贫开发办公室
2				中共恩施市委
3				利川星斗山红茶有限责任公司
4				建始县交通运输局
5				国网湖北省电力有限公司巴东县供电公司
6				宣恩县农业农村局
7				咸丰县水利局
8				中共鹤峰县走马镇党委
9				海亮集团有限公司(浙江)
10				中国工商银行湖北省分行、中共来凤县委办公室驻来凤县翔凤镇檀木湾村工作队
11	全省脱贫攻坚先进集体	2021年4月	湖北省委、省政府	州民政局
12				州人力资源和社会保障局
13				州交通运输局
14				州水利和湖泊局
15				州农业农村局
16				州卫生健康委员会
17				国网恩施供电公司
18				中国铁塔股份有限公司恩施州分公司
19				杭州市帮扶恩施州工作队
20				中国铁塔股份有限公司帮扶恩施州工作队
21				中共恩施市盛家坝镇委员会
22				中共恩施市崔家坝镇委员会

续表 5

序号	获奖名称	获奖时间	授奖单位	获奖单位
23	全省脱贫攻坚先进集体	2021 年 4 月	湖北省委、省政府	恩施市太阳河乡茅湖淌村村民委员会
24				恩施市龙凤镇店子槽村村民委员会
25				中国农科院油料作物研究所、恩施市自然资源和规划局驻恩施市屯堡乡田凤坪村帮扶工作队
26				州委办公室、武警恩施州支队驻恩施市白杨坪镇洞下槽村帮扶工作队
27				恩施市审计局、恩施市林业局驻恩施市新塘乡横栏村帮扶工作队
28				恩施市人民政府扶贫开发办公室
29				恩施市汇力帮帮家政有限公司
30				州机关事务服务中心驻恩施市白果乡瓦场坝村帮扶工作队
31				中共利川市文斗镇委员会
32				利川市谋道镇中坝村党支部
33				利川市元堡乡洛阳村党支部
34				利川市人民政府扶贫开发办公室
35				利川市财政局
36				湖北开放大学、利川市妇幼保健院驻利川市东城街道办事处求男台村帮扶工作队
37				湖北中烟工业有限责任公司驻利川市南坪乡黄田村帮扶工作队
38				中国国新控股有限责任公司驻利川市工作队
39				州人民政府办公室驻利川市汪营镇清江村帮扶工作队
40				州税务局驻利川市谋道镇长坪村工作队
41				中共建始县纪律检查委员会
42				建始县财政局
43				建始县残疾人联合会
44				中共建始县红岩寺镇委员会
45				湖北建始农村商业银行股份有限公司
46				州人大常委会办公室驻建始县茅田乡张大顶村帮扶工作队
47				州委宣传部驻建始县三里乡扎鱼口村帮扶工作队
48				州司法局、州强制隔离戒毒所驻建始县长梁镇后三溪村帮扶工作队
49				建始县住房和城乡建设局
50				北京市对口支援巴东县工作队
51				中共巴东县沿渡河镇委员会
52				中共巴东县茶店子镇委员会
53				中共巴东县野三关镇委员会
54				巴东县发展和改革局
55				巴东县水利局
56				巴东县交通运输局
57				巴东县住房和城乡建设局
58				巴东县财政局

续表 5

序 号	获奖名称	获奖时间	授奖单位	获奖单位
59	全省脱贫攻坚先进集体	2021 年 4 月	湖北省委、省政府	中共宣恩县椒园镇委员会
60				宣恩县发展和改革局
61				宣恩县委办公室驻宣恩县椒园镇店子坪村帮扶工作队
62				宣恩县沙道沟镇白水河村党支部
63				宣恩县税务局
64				省农业农村厅驻宣恩县椒园镇石马村帮扶工作队
65				州委组织部驻宣恩县长潭河侗族乡兴隆村帮扶工作队
66				州政协驻宣恩县晓关侗族乡骡马洞村帮扶工作队
67				咸丰县黄金洞乡黄家村党支部
68				州财政局驻咸丰县高乐山镇白岩村帮扶工作队
69				咸丰县财政局
70				中共咸丰县唐崖镇委员会
71				咸丰县人民政府扶贫开发办公室
72				咸丰县发展和改革局
73				湖北清能投资发展集团有限公司驻咸丰县活龙坪乡瘾疤树村帮扶工作队
74				中共咸丰县忠堡镇委员会
75				中共来凤县翔凤镇委员会
76				省民政厅驻来凤县三胡乡石桥村帮扶工作队
77				州纪委监委驻来凤县百福司镇兴安村帮扶工作队
78				来凤县人民政府扶贫开发办公室
79				来凤县革勒车镇土家寨村党支部
80				来凤县交通运输局
81				湖北来凤农村商业银行股份有限公司
82				华中科技大学同济医学院附属协和医院驻鹤峰县中心医院帮扶工作队
83				省林业局驻鹤峰县中营镇白鹿村帮扶工作队
84				湖北省交通投资集团有限公司驻鹤峰县容美镇唐家铺村帮扶工作队
85				州委政法委员会驻鹤峰县燕子镇三溪村帮扶工作队
86				州委统战部驻鹤峰县容美镇七峰村帮扶工作队
87				鹤峰县发展和改革局
88				中共鹤峰县太平镇委员会

2021 年恩施州获得省(部)级及以上脱贫攻坚先进个人表彰情况表

表 6

序 号	获奖名称	获奖时间	授奖单位	姓 名	单位和职务
1	全国脱贫攻坚先进个人	2021 年 2 月	中共中央、国务院	张代明	州发展和改革委员会地区经济科科长
2				向 辉	州医疗保障局办公室主任
3				王 强	杭州市帮扶恩施州工作队队员,湖北省恩施州政府办公室秘书五科副科长(挂职),杭州第一技师学院培训处处长、团委书记
4				龙 慧	恩施市芭蕉侗族乡党委书记

续表 6

序号	获奖名称	获奖时间	授奖单位	姓名	单位和职务
5	全国脱贫攻坚先进个人	2021年2月	中共中央、国务院	游　亮	利川市人民政府扶贫开发办公室党组成员、副主任
6				张　华	中国人民政治协商会议建始县委员会党组成员、副主席
7				雷玉龙	巴东县人民政府 党组成员、副县长
8				姚元翔	宣恩县椒园镇黄坪村党支部书记、村委会主任
9				谢　睿	咸丰县清坪镇党委委员、纪委书记
10				向　辉	来凤县农园果蔬专业合作社理事长
11				刘迪航	中共鹤峰县委组织部驻邬阳乡三园村第一书记、工作队队长中共鹤峰县委组织部四级主任科员
12	全国乡村振兴（扶贫系统）先进个人	2021年5月	人社部、国家乡村振兴局	熊　琰	州政府扶贫开发办公室二级主任科员
13	全省脱贫攻坚先进个人	2021年4月	湖北省委、省政府	唐鑫鑫	州教育局副县级督学
14				王　振	中国人民银行恩施州中心支行主任科员
15				胡友胜	州林业局天保中心主任
16				邢　倜	州财政局农业科二级主任科员
17				吴　涛	州住房和城乡建设局村镇建设科科长
18				胡心木	州慈善总会会长
19				李佳颖	州政府扶贫开发办公室综合科科长、一级主任科员
20				陈　力	州政府扶贫开发办公室老区建设科科长
21				蔡　庆	利川市文斗镇石马村帮扶工作队队长，湖北省烟草公司恩施州公司工作人员，利川烟草专卖局副局长、副经理（挂职）
22				吴槐庆	杭州市帮扶恩施州工作队领队，恩施州委常委、副州长（挂职），杭州市人社局正局级干部
23				胡建亮	杭州市帮扶恩施州工作队队员，恩施州委组织部干部一科副科长（挂职），杭州市文化和旅游发展中心信息技术科科长
24				姚洪华	杭州市帮扶恩施州工作队队员，恩施州政府副秘书长，恩施市委常委、副市长，杭州市江干区闸弄口街道正处级干部
25				吴建华	杭州市帮扶恩施州工作队队员，利川市常委、副市长（挂职），杭州市萧山区临浦镇党委书记
26				汪　栾	杭州市帮扶恩施州工作队队员，建始县委常委、副县长（挂职），杭州市滨江区浦沿街道党工委副书记、办事处主任
27				韦　锋	杭州市帮扶恩施州工作队队员，巴东县委常委、副县长，杭州市下城区委组织部正处级干部
28				裘　凯	杭州市帮扶恩施州工作队队员，宣恩县委常委、副县长（挂职），杭州市委组织部两新工委副书记
29				郑　颖	杭州市帮扶恩施州工作队，咸丰县委常委、副县长（挂职），杭州市余杭区经济和信息化局一级调研员
30				林　林	杭州市帮扶恩施州工作队队员，来凤县委常委、副县长（挂职），杭州市拱墅区米市巷街道正处长级干部
31				罗亨斌	杭州市帮扶恩施州工作队，鹤峰县扶贫开发办公室副主任（挂职），杭州市上城区住建局党委委员、副局长

续表 6

序 号	获奖名称	获奖时间	授奖单位	姓 名	单位和职务
32	全省脱贫攻坚先进个人	2021 年 4 月	湖北省委、省政府	杨凯军	恩施市人民政府副市长(挂职),武汉大学编辑
33				许 刚	建始县委常委、副县长(挂职),华中农业大学学工处长、团委书记
34				李斯君	巴东县人民政府副县长(挂职),国网湖北省电力有限公司二级职员
35				连 庆	咸丰县人民政府副县长(挂职),农业农村部二级调研员
36				杜建斌	来凤县人民政府副县长(挂职),农业农村部二级调研员
37				张丽红	中共恩施市太阳河乡委员会书记
38				张雪菲	恩施市白杨坪镇人民政府精准扶贫办公室常务副主任
39				王 涵	恩施市板桥镇大木村党支部书记
40				许大波	恩施市沙地乡麦淌村总支部书记
41				黄龙凤	恩施大峡谷风景区管理处大庙村村民委员会精准扶贫专干
42				刘 俊	恩施市崔家坝镇斑竹园村帮扶工作队队员,恩施市税务局工作人员
43				游光安	恩施市盛家坝大集场村帮扶工作队第一书记、工作队队长,中国移动恩施分公司党委办公室副主任
44				谭道柱	恩施市新塘乡前坪村帮扶工作队,中共恩施市纪律检查委员会第一纪检监察组干部
45				王 谊	恩施市白果乡茅坝槽村帮扶工作队第一书记、工作队长,恩施市卫生健康局体制改革科科长
46				刘隆刚	恩施市公路管理局驻红土乡老村村帮扶工作队第一书记、工作队长,恩施市公路管理局精准扶贫办主任
47				马腾龙	湖北恩施农村商业银行股份有限公司三岔支行支行长
48				刘 勇	恩施市小渡船街道大龙潭村党支部书记
49				杨 燕	恩施市六角亭街道办事处谭家坝村帮扶工作队队员,恩施市六角亭街道社区网格管理综合服务中心工作人员
50				李友军	恩施市芭蕉侗族乡楠木园村
51				贺源茂	恩施市屯堡乡鸦丘坪村帮扶工作队第一书记、工作队队长,中共恩施市委宣传部办公室副主任
52				柴荣建	恩施州龙马新果实业有限公司总经理
53				袁 进	恩施市自来水有限责任公司党委书记、董事长兼总经理
54				杨佐忠	恩施市第二中学教师
55				赵秀峰	利川市脱贫攻坚指挥部副指挥长,中共利川市委员会副书记、政法委书记
56				张也俏	利川市南坪乡脱贫攻坚前线指挥部副指挥长,利川市人民政府副市长,省生态环境厅环境执法监督局副局长
57				周德燕	利川市南坪乡脱贫攻坚指挥部副指挥长,中共利川市南坪乡委员会书记
58				穆柚全	利川市团堡镇鹰嘴山村帮扶工作队队员,州委组织部四级主任科员
59				代 航	利川市汪营镇白羊咀村帮扶工作队队员,州检察院第一检察部干警
60				赖 超	利川市凉雾乡关东村帮扶工作队队员,州纪律检查委员会派驻州公安局纪检监察组办公室主任
61				陈 平	利川市建南镇人民政府 扶贫办专职副主任、经发办主任
62				余海东	利川市水利局总经济师

续表 6

序 号	获奖名称	获奖时间	授奖单位	姓 名	单位和职务
63	全省脱贫攻坚先进个人	2021 年 4 月	湖北省委、省政府	向红杰	利川市审计局党组书记、局长
64				吕 俊	利川市民政局社会救助局局长
65				谭 伟	利川市文斗镇大杉树村帮扶工作队第一书记、队长，中共利川市委办公室秘书股股长
66				向伶俐	利川市教育局学生资助管理中心负责人
67				汪占成	利川市忠路镇丰乐村党支部书记，利川市应急管理局党委委员、政治部主任
68				吴明春	利川市凉雾乡继昌村帮扶工作队第一书记、队长，利川市凉雾乡人民政府党政办副主任
69				龙祥云	利川市勤隆中药材专业合作社理事长
70				王元付	利川市怡健药材种植专业合作社负责人
71				沈 强	利川市柏杨沈记好吃婆实业开发有限公司董事长
72				杨先然	利川市沙溪乡高源村党支部书记
73				赖栋才	建始县人民政府党组成员、副县长，省公安厅政治宣传处二级调研员
74				李长江	明康汇（建始）生态农业集团有限公司董事长
75				何 平	建始县人民政府扶贫开发办公室党组书记、主任
76				彭彰彩	建始县脱贫攻坚指挥部办公室副主任，建始县政协提案委员会副主任
77				邓世秋	建始县高坪镇人民政府扶贫办专职副主任
78				殷其雄	建始县长梁镇人民政府副镇长
79				唐 瑛	建始县高坪镇青里坝村党支部书记
80				康发印	建始县卫生健康局二级主任科员
81				马荣华	建始县教育局 学生资助管理中心主任
82				向会荣	建始县医疗保障服务中心副主任
83				李尚勇	建始县公共就业和人才服务局局长
84				申万平	建始县脱贫攻坚指挥部工作人员，建始县林业局林业科学技术推广站站长
85				肖 飞	建始县民政局社会救助股股长
86				谭 玲	建始县农业农村局乡村产业股副股长
87				张仕来	建始县三里乡大牌村帮扶工作队第一书记、队长，华电湖北发电有限公司基层单位部门主任
88				陈 登	建始县景阳镇团碑村帮扶工作队第一书记、工作队长，武昌理工学院党群工作部部长
89				谭建平	建始县慧民农业科技有限公司董事长
90				向秀忠	巴东县脱贫攻坚指挥部副指挥长、办公室主任，巴东县政协党组成员、副主席
91				曾凡刚	巴东县人民政府扶贫开发办公室党组书记、主任
92				张宏平	巴东县民政局社会救助局副局长
93				田植峰	巴东县文化和旅游局政工人事股股长
94				李 锟	巴东县沿渡河镇官田村帮扶工作队队员，中共巴东县纪律检查委员会办公室副主任

续表6

序号	获奖名称	获奖时间	授奖单位	姓名	单位和职务
95	全省脱贫攻坚先进个人	2021年4月	湖北省委、省政府	杨　斌	巴东县官渡口镇水洞溪村帮扶工作队第一书记、队长,巴东县人力资源和社会保障局党组成员、副局长
96				朱　兵	巴东县金果坪乡长冲村帮扶工作队第一书记、队长,中共巴东县委组织部组织一股副股长
97				谭显猛	巴东县将军山农牧开发有限公司董事长兼总经理
98				税典俊	巴东县官渡口镇脱贫攻坚指挥部常务副指挥长,中共巴东县官渡口镇委员会副书记
99				王　东	巴东县东瀼口镇人民政府扶贫办常务副主任
100				郑开泰	中共巴东县大支坪镇委员会 党委委员、纪委书记
101				谭　诚	巴东县沿渡河镇常家坪村帮扶工作队队员,巴东县官渡口镇水田垭小学教师
102				高文兴	巴东县自然资源和规划局 增减挂钩办公室主任
103				税首典	巴东县溪丘湾乡仙人桥村党支部书记,巴东县溪丘湾乡交通城建环保服务中心副主任,巴东县溪丘湾乡村镇建设管理办公室常务副主任
104				童　凡	巴东县清太坪镇樱桃水村帮扶工作队第一书记、队长,巴东县园林局副局长
105				朱自安	巴东县金果坪乡连天村党支部书记
106				郝书宝	巴东县野三关镇高炉坪村党支部书记
107				曾　伟	宣恩县珠山镇脱贫攻坚前线指挥部副指挥长,中共宣恩县珠山镇委员会书记
108				陈　涛	宣恩县高罗镇脱贫攻坚前线指挥部副指挥长,宣恩县高罗镇人民政府镇长
109				刘友军	宣恩县沙道沟镇人民政府副镇长
110				宋义勇	宣恩县万寨乡人民政府扶贫办常务副主任
111				杨志云	宣恩县李家河镇人民政府 柚乡苑社区党支部书记、便民服务中心常务副主任
112				覃　浩	宣恩县万寨乡向家村党支部书记
113				曾贤浩	宣恩县亳恩药材专业合作社理事长
114				郑时兵	宣恩县伍台昌臣茶业有限公司总经理
115				郑家金	宣恩县金丰茶叶专业合作社理事长
116				阳文灿	宣恩县高罗镇大茅坡营村帮扶工作队队长、宣恩县公共就业和人才服务局局长
117				李文猛	宣恩县众仁服饰有限公司总经理
118				龙　辉	国网宣恩县供电公司网改办主任
119				李　新	宣恩县人民政府扶贫开发办公室党组书记、主任
120				骆荣秀	宣恩县晓关侗族乡中心卫生院副院长
121				田长明	宣恩县民政局党组成员、副局长
122				庹　涛	宣恩县沙道沟镇鱼泉村帮扶工作队队长、宣恩县市场监督管理局法规股工作人员
123				廖文斌	咸丰县忠堡镇马馆屯村帮扶工作队第一书记,咸丰县忠堡镇人民政府工会专职副主席

续表 6

序号	获奖名称	获奖时间	授奖单位	姓名	单位和职务
124	全省脱贫攻坚先进个人	2021年4月	湖北省委、省政府	焦　宪	咸丰县唐崖镇彭家沟村党支部书记
125				彭旭君	咸丰县朝阳寺镇五龙坪村党支部书记,咸丰县农业农村局工作人员
126				王晓磊	咸丰县清坪镇高峰村帮扶工作队第一书记,恩施州委直属机关工委办公室主任
127				李经刚	咸丰县高乐山镇龙家界村帮扶工作队队长,省退役军人事务厅一级调研员
128				韩　露	咸丰县唐崖镇邓家坪村帮扶工作队第一书记,咸丰县税务局办公室副主任
129				王　权	咸丰县黄金洞乡水杉坪村帮扶工作队第一书记,咸丰县纪律检查委员会工作人员
130				周　弦	咸丰县坪坝营镇梨树垭村帮扶工作队第一书记,中共咸丰县委政法委员会工作人员
131				周　卫	咸丰县活龙坪乡茅坝村帮扶工作队第一书记,咸丰县融媒体中心工作人员
132				张　春	咸丰县小村乡羊蹄村帮扶工作队第一书记,咸丰县小村乡人民政府一级科员
133				李仕敏	咸丰县大路坝区工委茅坪村帮扶工作队第一书记,咸丰县统计局经济调查队队长
134				李相兵	咸丰县医疗保障局党组成员、副局长
135				满秀芳	咸丰县教育局副主任督学
136				黄健碧	咸丰县卫生健康局党委委员
137				李　科	咸丰县民政局社会救助局局长
138				沈　鹏	中共咸丰县高乐山镇委员会副书记
139				向　峰	漫水乡脱贫攻坚指挥部常务指挥长,中共来凤县漫水乡委员会书记
140				金　灵	来凤县卫生健康局健康办主任
141				田　亚	来凤县西北车农产品产销专业合作社负责人
142				黄　华	来凤县漫水乡胡家坝村帮扶工作队队长、第一书记,来凤县人民检察院检察官助理
143				唐　勇	来凤县旧司镇人大主席
144				谭学吉	来凤县旧司镇龙桥村帮扶工作队队长、第一书记,国网湖北省电力有限公司来凤供电公司党委书记
145				姚　俊	恩施州尚风寨蜂业有限责任公司负责人
146				向　辉	来凤县教育局贫困生救助中心主任
147				向寿顺	来凤县绿水镇老寨村党支部书记
148				刘　军	来凤县住房和城乡建设局城乡建设股股长
149				彭　亚	来凤县大河镇施南坡村帮扶工作队队员,来凤县财政局农业股副股长
150				杨和平	湖北露丫茶业有限责任公司负责人
151				杨　英	来凤县正南生态农庄专业合作社负责人
152				龙　辉	来凤县大河镇富饶村帮扶工作队队员,来凤县农业农村局种植业股股长
153				段　纯	来凤县革勒车镇鼓架山村帮扶工作队队员,来凤县残疾人联合会工作人员

续表 6

序号	获奖名称	获奖时间	授奖单位	姓名	单位和职务
154	全省脱贫攻坚先进个人	2021年4月	湖北省委、省政府	陶拥政	鹤峰县脱贫攻坚指挥部副指挥长,鹤峰县人大常委会副主任
155				陈栋良	鹤峰县人民政府副县长(挂职),中国铁塔公司湖北分公司人力资源部副总经理
156				王彬舟	鹤峰县下坪乡云蒙村帮扶工作队队长,鹤峰县社会保险管理局局长
157				杨　震	中共鹤峰县容美镇委员会副书记
158				刘鹤玉	鹤峰县燕子镇人民政府攻坚办副主任、经发办主任
159				汤智钊	鹤峰县中营镇人民政府攻坚办副主任、经发办主任
160				孙　华	鹤峰县容美镇麻旺村党支部书记
161				刘　锐	驻鹤峰县下坪乡东洲村帮扶工作队第一书记、队长,州统计局办公室主任
162				徐丕军	鹤峰县下坪乡东洲村六组村民
163				陈义志	鹤峰县脱贫攻坚指挥部办公室副主任,鹤峰县茶产业发展促进中心副主任
164				邹　森	鹤峰县人民政府扶贫开发办公室副主任
165				李　珍	鹤峰县医疗保障局副局长
166				梅德云	鹤峰县教育局学生资助管理中心主任
167				黄金艳	鹤峰县住房和城乡建设局城乡建设股股长、危房改造办公室主任
168				张世学	鹤峰县铁炉白族乡犀牛村帮扶工作队队长,鹤峰县公安局党委委员

【规范扶贫资产管理】 2021年,州乡村振兴局印发《关于全面加强全州扶贫资产管理的通知》,建立月调度机制,分类摸清各类扶贫项目形成的资产底数,稳妥有序做好扶贫项目资产清查、确权、移交、运营、收益分配、处置等工作。截至12月22日,全州摸清历年扶贫投入共计554.09亿元,项目资金总规模375.62亿元,形成项目资产总规模370.35亿元,已确权资产规模370.35亿元,确权进度100%。严格按照国家和省扶贫项目资产管理办法的要求,探索资产经营、资产盘活、合作经营等扶贫项目资产运营管护模式,走出一条家底清楚、产权明晰、收益稳定的路子。

【问题整改和治理】 2021年,组建暗访督查组,常态化开展督办检查,压紧压实责任链条,推动各项责任、政策和工作落实,全年组织开展暗访督导7轮次,走访563个村,印发督查通报9期。坚持以问题整改提升工作质效,全年接受国家、省反馈问题277个,截至2021年12月,完成整改。持续运用大数据手段开展乡村振兴和民生领域政策落实监督检查,核查问题线索30791条,查实问题线索18769条,追责问责1263人。

【《关于实现巩固拓展脱贫攻坚成果同乡村振兴有效衔接实施方案》印发】 2021年6月9日,州委、州政府印发《关于实现巩固拓展脱贫攻坚成果同乡村振兴有效衔接实施方案》的通知,明确工作任务、主要措施和工作目标,保障恩施州巩固拓展脱贫攻坚成果同乡村振兴有效衔接。

【恩施州实施乡村振兴战略指挥部全体会议】 2021年8月24日,州委书记胡超文主持召开全州实施乡村振兴战略指挥部全体会议,学习贯彻习近平总书记关于乡村振兴重要讲话精神和全省乡村振兴系统半年工作推进会议精神,推进全州乡村振兴工作。会议强调,要巩固拓展脱贫攻坚成果,抓好示范村和重点村建设,加快农业现代化进程,实施好乡村建设行动,全面推进乡村振兴。州委副书记、州长夏锡璠部署具体工作。州相关领导、各县市及州直有关部门相关负责人参加会议。

【全国乡村振兴干部培训工作研讨班在恩施州举办】 2021年9月9日,为期2天的全国乡村振兴干部培训工作研讨班在恩施州举办,来自全国32个省、自治区、直辖市和新疆生产建设兵团乡村振兴局的相关负责人参加。国家乡村振兴局党组成员、副局长夏更生,副省长柯俊等领导出席开班仪式,夏更生肯定恩施州在脱贫攻坚和乡村振兴工作中取得的成绩。山西、陕西、浙江、福建、甘肃、广西、新疆等省、自治区代表发言。

（张祚佳）

乡村建设

【概况】 2021年，坚持示范引领，按照“一年启动、两年见效、五年建成、辐射周边”思路，推进村庄规划编制管理和风貌引领，遴选16个州级乡村振兴示范村、269个乡村振兴重点村率先启动乡村建设，累计完成“多规合一”实用性村庄规划370个，启动269个乡村振兴重点村规划编制。组织召开全州美丽乡村建设现场会，面向州、县、乡、村四级干部举办乡村振兴培训班3期，培训800余人次。

（张祚佳　来兴文）

【农村基础设施建设】 2021年，新建（改）农村公路2717千米，村村通客车保持率、快递进村通达率均达100%，建始县获评省级“四好农村路”示范县。农村户平均电压合格率、供水保证率和网络覆盖率均得到进一步提高。所有村卫生室达到“五化”（产权公有化、建设标准化、服务规范化、运行信息化、管理一体化）建设标准，累计创建国家卫生乡镇11个，省级卫生村（社区）1570个，全州医联体医共体实现全覆盖。新建县级公益性殡葬服务中心4个、农村公益性公墓试点12个。

【基层治理】 2021年，持续深化“一统三治”（党建为统领，强化基层自治、法治保障、德治引领），加快构建共建共治共享基层治理新格局。探索健全“乡镇党委—村党组织—村民小组（网格）党支部（党小组）—党员联系户”四级组织架构，发挥乡村党组织战斗堡垒作用。选优育强村支两委班子，所有行政村完成换届，村两委班子实现学历、年龄“一升一降”，215个软弱涣散党组织整顿转化。落实城乡社区协商议事“四议两公开一监督”制度，常态化开展村务公开和民主监督，村务公开、村规民约实现全覆盖，普遍成立红白理事会等，移风易俗工作实现制度化、规范化。97个村、9个社区开展积分制管理试点。22个村镇获评全国文明村镇、90个村镇评为省级文明村镇。健全综合治理、公共服务、综合行政执法等工作平台运行机制，在乡镇设置“1+4+N”（综治中心+派出所、司法所、法庭、信访办+其他单位或部门）矛盾风险研判处置平台，“一村一（辅）警”实现行政村全覆盖，“雪亮工程”建设不断向乡村延伸。实施“四清四廉”工程，鹤峰县下坪乡岩门村入选全省第一批清廉村居典型案例。开展法治培训暨送法进村活动，开展“法律明白人”培训260场次，开展送法下乡活动2000余场次，建成“全国民主法治示范村”13个，“全省示范人民法庭”17个，“全国法院人民法庭工作先进集体”1个。

【美丽乡村建设】 2021年，常态化开展“五清一改”村庄清洁行动，推进“厕所革命”，新建厕所1.2万户。完成138个村农村生活污水治理，排查并整改日处理能力20吨及以上农村生活污水处理设施24个，全州行政村、自然村组农村生活垃圾收运处体系覆盖100%，无害化处理率95%以上。打造中国美丽休闲乡村9个、省级休闲农业乡村旅游示范点22个，建成国家级森林康养试点建设县、基地12个，3个县市获评“中国天然氧吧”。对2019年度101个省级美丽乡村建设示范村和403个整治村建设成效进行评价。

（张祚佳）

【乡风文明建设】 2021年，州农业农村局承办2021“新时代乡村阅读季”示范活动暨湖北省“书香农家　全面小康”喜迎中国共产党成立100周年读书征文颁奖活动，获优秀组织奖。组织参加农业农村部、国家乡村振兴局主办的“县乡长说唱移风易俗”作品和村级“乡风文明建设”优秀典型案例申报，获优秀组织奖。组织开展全州农业文化遗产项目摸底调查和中国重要农业文化遗产申报。

【农村人居环境整治】 2021年，印发《关于常态化开展村庄清洁行动助力农村新冠肺炎疫情防控工作的通知》，组织全州8个县市设立县域“村庄清洁日”，常态化组织推进以“五清一改”（清理村内塘沟，清理畜禽养殖粪污等农业生产废弃物，清理乱搭乱建、乱堆乱放，清理废旧广告牌，清理无功能建筑，改变影响农村人居环境的不良习惯）为重点的村庄清洁行动。咸丰县被评为2021年全国村庄清洁行动先进县。新建（改）农村户厕11961户，对2013年以来建改的农村户厕逐镇、逐村、逐户开展问题排查，抓好农村改厕微信平台App信息系统推广应用。

省级美丽乡村建设示范村——宣恩县椒园镇黄坪村美丽庭院

（州农业农村局 供稿）

【州级乡村振兴示范村】 2021年5月10日，州级乡村振兴示范村竞争性遴选评审会召开，在全州遴选确定16个村作为州级乡村振兴示范村，按2021年、2022年每年每村300万元直接下拨补助资金到村。分别是恩施市三岔镇莲花池村、屯堡乡马者村，利川市谋道镇长坪村，建始县龙坪乡店子坪村，巴东县金果坪乡江家村、茶店子镇朱砂土村，宣恩县椒园镇庆阳坝村、长潭河侗族乡兴隆村、高罗镇板寮村，咸丰县忠堡镇马倌屯村、唐崖镇彭家沟村、曲江镇湾田村，来凤县旧司镇新街村、绿水镇老寨村，鹤峰县容美镇八峰村、走马镇阳河村。

（未兴文）

【26个村名列省2021年度美丽乡村建设试点村】 2021年1月，省财政厅公示湖北省2021年度美丽乡村建设试点村名单，恩施州26个村在列，分别是恩施市芭蕉侗族乡黄泥塘村、芭蕉侗族乡米田村、大峡谷风景区管理处木贡村、大峡谷风景区管理处沐抚社区，建始县花坪镇漆潦村、三里乡马坡村、长梁镇旋龙村，巴东县清太坪镇六郎村、官渡口镇西溪坝村、信陵镇土店子村，利川市凉雾乡关东村、东城街道办事处求男台村、凉雾乡诸天村、南坪乡南坪村，宣恩县珠山镇东门关村、珠山镇茅坝塘村、珠山镇铁厂坡村，咸丰县忠堡镇高笋塘村（红色村庄）、坪坝营镇老岩孔村、坪坝营镇燕子坝村、清坪镇泗大坝村、唐崖镇彭家沟村，来凤县大河镇龙潭坪村、百福司镇兴安村，鹤峰县五里乡五里村（红色村庄）、走马镇红罗沟村。

（编辑部 供稿）

对口帮扶

【武汉市对口帮扶恩施州】 2021年4月22日，省委常委、武汉市委书记王忠林带队到恩施调研对接对口帮扶工作，双方签订对口帮扶框架协议，汉恩区域协作正式启动，武汉市13个区结对帮扶恩施州8个县市。恩施州8个县市均成立由党委、政府主要领导任组长的对口帮扶工作领导小组，组建专班专职落实相关工作，印发《恩施州推进落实武汉市对口帮扶五年工作方案》，明确五年（2021—2025年）结对帮扶工作目标和责任。双方建立市州、区县、乡镇（街道）、村（社区）、村企等多级结对帮扶体系，武汉市57个街道、33个村、71所学校、35家医院结对帮扶恩施州56个乡镇、33个村、73所学校、34家医院。州委副书记、州长夏锡璠等州、县领导90多人次先后到结对区对接考察，双方互派48名党政干部、166名专技人才挂职交流。恩施州选派4名乡镇党委书记、216名乡村振兴重点村党组织书记和城市社区党组织书记到武汉市结对区跟岗学习。

【培育乡村振兴人才】 2021年，武汉、恩施两地通过派员参训、项目培训、共同办班等培育乡村振兴人才。截至11月底，武汉市各结对区帮助培训党政干部500多人次、专技人才380余人次。两地人力资源公司对接合作，共同参与脱贫户的技能培训和就业输送。通过发布就业岗位信息，举办线上招聘会、直播网络招聘会，开展网络培训，设立劳务工作站等组织脱贫人口到武汉市就业。其中建始县组织近1.5万人次到武汉市就业（其中脱贫人口4614人）。武汉市及各结对区举办恩施州劳务专场招聘会9次。

【消费帮扶】 2021年，携手推进“硒品入汉”“硒品出山”工程，消费帮扶态势向好。截至11月底，武汉市采购或帮助销售恩施州农副产品15916.94万元。武汉市支持恩施农业企业参加武汉茶博会、武汉名优创新产品展销会等活动，两地教育、卫健等部门联合开展系统消费帮扶对接会，武汉市各区出台销售购买结对区农副产品帮扶政策，开设扶贫产品销售专馆，帮助恩施企业开拓市场、唱响品牌。

【招商引资和协作】 2021年，恩施州驻武汉市工作队定期拜访辖区内企业，武汉市各区县帮扶工作组邀请辖区内企业到结对区考察，通过双向推进，加大招商引资力度，帮助引进帮扶资金12.27亿元，引导企业投资项目9个，共建产业园区9个。双方以干部职工疗休养为突破口，加强旅游协作。恩施州出台针对武汉市民的优惠政策，两地旅行社结对，线上线下联动开展旅游宣传，实施恩施生态文化旅游提升工程。双方坚持集中力量办大事，聚焦主导产业提档升级、培育支柱型龙头企业、加快产业园区建设、补齐其他领域短板等谋划大项目、建立大产业，谋划建立2021—2025年对口帮扶项目信息库，入库项目543个，涉及资金23.59亿元。下达2021年对口帮扶项目102个，涉及财政帮扶资金2.56亿元。

【定点帮扶】 2021年，农业农村部、武汉大学、中国国新控股有限责任公司、中国铁塔股份有限公司、国家电网公司、华中农业大学6个单位开展定点帮扶工作，选派挂职干部21名，投入帮扶资金3.029亿元，实施帮扶项目107个，帮助引进资金12.18亿元，引进项目16个。培训党政干部、农村实用人才1.48万人次，购买、帮销农副产品7729.99万元。

（张祚佳）

工　业

Industries

综　述

【概况】　2021年，全州工业经济和信息化工作以党建引领促发展，以发展新型工业为主方向，壮大工业总量，提升发展质量，呈现出“快速恢复、企稳向好”的总体特点。全年全州工业增加值240.37亿元，比2020年增长14.2%，全州规模以上工业企业总产值同比增长24.3%，规模以上工业增加值同比增长18.2%，高于全省平均增速3.4个百分点，增速居全省第五位。全年全州过亿元企业55家，主要有湖北省思乐牧业集团有限公司、立讯精密工业（恩施）有限公司、恩施州腾龙水泥有限责任公司、建始县泰丰水泥有限责任公司、湖北清江水电开发有限责任公司水布垭发电厂、湖北能源集团溇水水电有限公司等。产值在5000万元—10000万元的企业有52家，主要有湖北宣恩洞坪水电有限责任公司、咸丰县裕丰商品混凝土有限责任公司、湖北省青翠源茶业有限公司、湖北全仲电子科技有限公司、恩施州恒泰水泥制品有限责任公司等。推进工业化和信息化融合工作，成功申报认定省级上云标杆企业2家［湖北创偲诺电气科技股份公司、华新水泥（恩施）有限公司］，国家级两化融合贯标体系认定企业3家［湖北创偲诺电气科技股份公司、恩施晓姚农夫食品开发有限公司、建始县智泰科技（湖北）有限公司］，均实现零的突破。民爆、电力、煤炭等监管行业实现年度零亡人事故，支持乡村振兴、武汉对口帮扶、“宜荆荆恩”区域协作、新冠肺炎疫情防控、机关党建等各项工作稳步推进。

【工业经济运行调度】　2021年，州工业经济发展领导小组办公室制定并下发《恩施州2021年工业稳增长行动方案》，摸排梳理立讯精密工业（恩施）有限公司、湖北华涛显示科技有限公司、来凤县山青珍食品开发有限责任公司等重大增长点，进行重点关注、重点服务，实现93个增长点如期投产达效，拉动工业加快增长。抓好重点企业发展，全州规模以上工业企业产销率始终保持在95%以上，总体产销两旺，全年有307家以上保持正增长，其中82家产值增速达50%以上。严格调度机制，实行“一月一统计，一月一调度，一月一分析，一月一督办”运行调度机制，确保以月保季、以季保年，完成全年目标任务。

【规划和技术改造】　2021年，对工业投资和工业技改项目实行计划管理、清单管理和动态管理。全州累计开（复）工工业项目282个，年度计划投资102.84亿元，其中工业技改项目106个，年度计划投资18.5亿元。全州累计投产工业项目157个，其中工业技改项目64个。工业投资同比增长17.4%，增速排名全省第10位。工业技改投资同比增长54.8%，增速排名全省第五位。3月11日，州经信局召开专题会议安排部署推进全州制造业新一轮技改工作。州政府办公室印发《恩施州“技改提能制造焕新”三年行动方案》，开展企业技改需求调查，加快企业技改实施。持续提升技术创新能力，湖北香连药业有限责任公司、恩施蓝焙茶业股份有限公司2家企业被认定为省级隐形冠军培育企业，恩施蓝焙茶业股份有限公司被评为省级服务型制造示范企业，成功争取10家企业“科技副总”选派名额，兑现州级技改奖补资金1033.9万元，争取恩施州9个项目获省高质量发展专项资金2855万元，省厅对恩施州切块奖补资金500万元，合计3355万元。

【规模以上工业企业培育】　2021年，州工业经济发展领导小组办公室印发《工业企业培育行动方案》，建立年度进规培育企业库，“一企一策”重点培育，全州新增规模以上企业92家，净增71家，总数达到364家，净增数仅次于武汉市、荆州市，位居全省第三位。建立州领导联系服务企业常态化机制，州委办公室、州政府办公室印发《2021年度州领导联系工业企业安排表》，州领导通过走访服务企业，现场指导、解决问题37个，督促县市解决问题24个。兑现非国有企业税收、产值、电费补助等奖补资金1267.9万元。其中产值首次过5000万元企业11家、兑现奖补资金220万元，产值首次过亿元企业8家、兑现奖补资金400万元，税收过500万元企业18家、兑现奖补资金247.36万元，农产品加工企业128家、兑现奖补资金400.44万元。湖北博今电气有限公司、湖北福恩矿业有限公司、湖北恒贸茶油有限公司、湖北省鹤峰鑫农茶业有限公司、湖北同广和新材料有限公司、湖北新农佳科技有限公司6家企业名列“2021工信千家优秀企业社会责任报告”企业名单。

【县域经济发展】　2021年，州经信局依据《省委编办关于县域经济发展工作有关职能及机构编制调整的通知》文件精神，与州统计局、州发改委、州财政局、州文旅局、州农业农村局等单位联合印发《关于推动县域经济高质量发展的实施意见》。7月，恩施州将县域经济发展及县域经济目标考核等相关职能从州经信局移交至州发改委。

【产业发展谋划】　2021年1月至7月，州经信局开展全州大产业谋划论证前期工作，与州发改委、州文旅局、州农业农村局等部门就打造大产业体系开展调研，多次征求州直部门及县市意见，形成《恩施州大产业实施方案》《恩施州大产业谋划论证报告》《恩施州大产业重点项目清单》。衔接省重点产业布局，编制《恩施州工业（制造业）高质量发展“十四五”规划》，谋划重点项目479个，计划总投资1466.8亿元。落实产业链长制，建立“六个一”（一条产业链、一名链长、一个牵头部门、一个工作方案、一套支持政策、一个工作专班）的工作模式，推进清洁能源、硒食品精深加工、生物医药、现代烟草、绿色建材及新材料、电子信息、通用机械零部件、轻工纺织8条产业链建设。7月，大产业发展相关工作从州经信局移交至州发改委。

【中小企业培训】 2021年，持续推进构建中小企业公共服务体系，督促县市设立中小企业培训服务中心，落实固定办公场所，设立综合服务窗口，核定固定编制，明确专职人员，全州8个县市均成立中小企业培训服务中心，在编人员69人。利川市科经局、宣恩县科经局、来凤县科经局3个单位被省政府表彰为2019—2020年度全省中小企业成长工程先进单位。州中小企业培训服务中心入驻大厅的服务机构14家，签约服务机构总数103家。构建网络服务平台，全州1328家企业在公共服务平台注册，注册服务机构146家。开展中小企业服务月活动、"我为人才办实事"、"服务企业县市行"等各项活动，惠及1700余家企业。400多家企业申报中小微企业服务补贴券，审核兑现256家企业、200万元。组织开展专精特新业务培训、"123"（重点培养10名能够带领企业进入省内500强的优秀企业家，20名能够带领企业在全省同行业中处于领先地位的骨干企业家，300名具有良好发展潜力的成长型企业家）民营企业家培训等，培训企业经营管理人2100余人。组织14家企业和创客参加湖北省第六届"创客中国"创新创业大赛，3个项目进入全省半决赛，州经信局被表彰为优秀组织单位。州经信局印发《恩施州优化营商环境降收费专项行动工作方案》，开展专题调研，明察暗访65家企业、87个部门单位，专项问卷调查22家企业，发现24个问题并全部整改销号。6月3日，工信部中小企业发展促进中心到恩施州调研中小企业社会化服务体系建设情况。

【创业创新示范建设】 2021年，开展2020年示范基地运营情况检查工作。9月24日，州经信局对2020年度国家级小型微型企业创业创新示范基地湖北恩施长夏孵化器有限公司进行检查。12月11日，省经济和信息化厅办公室公布2021年度省级中小企业公共服务示范平台和小型微型企业创业创新示范基地名单。州中小企业培训服务中心被认定为省级示范平台，恩施国创科技企业孵化器被认定为省级示范基地，示范平台和示范基地有效期均为3年。

2021年6月7日，州减轻企业负担领导小组办公室组织调研组在湖北兴龙工具有限公司调研优化营商环境"降收费"工作　（州经信局 供稿）

【企业家沙龙活动】 2021年，举办3期企业家沙龙活动，州领导、州相关部门主要负责人现场了解企业情况。5月20日，州检察院、州工商联、州经信局联合举办主题为"企业法治思维建设"的恩施州2021年第一期企业家沙龙活动，州直相关部门负责人与企业家代表、律师代表参加。8月30日，州工商联、州经信局主办，州硒资源保护与开发中心承办的恩施州2021年第二期企业沙龙活动举办，州相关领导出席，恩施高新区、州农业农村局、州市场监管局、州商务局、州科技局、州卫健委、州公共检测检验中心、州农科院等单位相关负责人和11家涉硒企业代表参加活动。11月29日，主题为"常态化疫情防控形势下旅游产业发展之路"的恩施州2021年第三期企业家沙龙活动举办，州相关领导出席，专家代表、旅游重点企业负责人参加。

【优化营商环境"降收费"工作】 2021年5月17日，州优化营商环境"降收费"专项行动联席会议召开，贯彻落实全省优化营商环境"清、减、降"专项行动推进会议精神，推动恩施州"降收费"专项工作，通报恩施州前一阶段"降收费"专项行动工作情况，解读《恩施州优化营商环境"降收费"专项行动工作方案》，州直相关单位作交流发言，专项行动成员单位参加会议。6月2—9日，恩施州减轻企业负担，组织4个联合调研组，实地调研全州8个县市优化营商环境"降收费"工作，先后到湖北兴龙工具有限责任公司、湖北博今电气有限公司等企业调研，查找涉企收费突出问题，聚焦企业的堵点、痛点、难点，帮助企业纾困解难。

【重要专题会议】 2021年11月25日，州政府召开工业稳增长调度会暨有关专题会，州经信局、州财政局、州公安局、州交通运输局、州住建局、州农业农村局、州生态环境局、州机关事务中心、各县市政府、各县市科经局、东风汽车公司参加会议。11月30日，州政府召开工业经济运行暨煤矿安全生产专题会议，各县市政府围绕全年目标任务及当前相关指标情况进行交流发言，传达州委副书记、州长夏锡璠主持召开的重点工业企业座谈会精神和省、州安全生产有关要求，通报1月至10月工业经济运行情况，安排部署下一步工业稳增长和工业经济“开门红”工作以及全州煤矿安全生产工作。

【武汉市对口帮扶】 2021年5月25日，州经信局组织工作专班到武汉市经信局推动帮扶工作落实落地，武汉市经信局召开武汉市·恩施州经信部门对口帮扶工作座谈会。11月9—10日，武汉市经信局、武汉企业联合会、武汉和美乡供应链管理有限公司到恩施州专题调研考察对口帮扶和产业合作工作，先后考察华阳（恩施）药业有限公司、恩施德源健康科技发展有限公司等5家企业和恩施市七里坪工业园区，召开武汉市·恩施州经信部门对口帮扶座谈会。

【重要培训活动】 2021年5月19日，州经信局联合人行恩施州中支、银保监分局举办恩施州制造业技术改造银企对接暨专题培训活动，近70家企业负责人参加。9月29日，州经信局举办专精特新“小巨人”培育企业专题培训，对全州100余家重点企业开展培育、申报工作培训。10月24—30日，恩施州第三批“123”民营企业家培育计划第三期培训班在深圳中山大学深圳产学研基地举办，州优秀民营企业家和州、县从事中小企业相关工作人员参加，引导企业走专精特新发展之路。

【领导检查调研】 2021年，省有关部门领导相继到恩施州，调研恩施清江绿色船舶发展改造工作，开展能源项目检查和煤矿检查巡查，调研乡村振兴等项工作，调研指导专精特新企业培育工作。

【全州工业、商务经济工作会议】 2021年2月25日，全州工业、商务经济工作会议召开，总结2020年工作，研判形势，部署2021年全州工业、商务经济工作，宣恩县、咸丰县、鹤峰县作交流发言。州经信局、州商务局通报2020年工作完成情况，安排2021年相关工作。

2021年11月10日，武汉市·恩施州经信部门对口帮扶座谈会在恩施州召开
（州经信局 供稿）

2021年10月24—30日，恩施州第三批“123”民营企业家培育计划第三期培训班在深圳举办
（州经信局 供稿）

【参加第十三届中国西安国际食品博览会】 2021年4月16—18日，州经信局组织企业参加展销活动，昌臣茶业、优赞食品、西利工贸等8家企业的30余款富硒农特产品参加第十三届中国西安国际食品博览会。

【工业经济运行暨转供电改革推进会】 2021年9月15日，恩施州召开工业经济运行暨转供电改革推进会，通报1月至8月全州工业经济运行情况及推进转供电改革工作情况、转供电改革相关工作、全州高新技术企业申报情况、第六届硒博会新冠肺炎疫情防控工作安排。会议听取各县市对第六届硒博会组织情况的汇报。

【20家企业入选省级第三批专精特新“小巨人”企业名单】 2021年12月24日，省经济和信息化厅公布2021年湖北省级第三批专精特新（专业化、精细化、特色化、新颖化）特征的工业中小企业“小巨人”企业名单，恩施州湖北香连药业有限责任公司、湖北新农佳科技有限公司、鹤峰县巨融林业有限公司、湖北兴龙工具有限公司、恩施市润邦国际富硒茶业有限公司、湖北博今电气有限公司、湖北米迪智能家具有限公司、湖北旭舟林农科技有限公司、湖北和诺生物工程股份有限公司、恩施蓝焙茶业股份有限公司、恩施建诚防护用品有限责任公司、时珍堂巴东药业有限公

司、湖北来凤腾升香料化工有限公司、湖北同广和新材料有限公司、达翔技术（恩施）有限公司、湖北省八峰药化股份有限公司、恩施市长源轴承制造有限公司、湖北金果茶业股份有限公司、宣恩县伍台昌臣茶业有限公司、湖北圆通生物工程有限公司 20 家企业名列其中，有效期为 2022 年 1 月 1 日—2024 年 12 月 31 日。

（周瑟锴）

支柱产业

【概况】 2021 年，全州能源、建材、医药、食品、电子五大主导行业实现产值 180.4 亿元，同比增长 22.2%，占全州总产值比重为 81.3%。其中医药行业和电子行业保持高速增长，分别实现产值 14.6 亿元和 14.1 亿元，分别同比增长 95.9%和 58.2%；能源行业、食品行业和建材行业保持增长，分别实现产值 48.1 亿元、56.9 亿元和 46.6 亿元，分别同比增长 6.7%、17.0%和 24.5%。

【能源行业】 2021 年，全州规模以上能源企业 37 家，占规上企业总量比重为 10.2%，其中水电 20 家、风电 4 家、光伏发电 1 家、天然气 12 家。全年能源行业累计完成产值 48.1 亿元，占全州总产值比重为 21.7%，同比增长 6.7%，直接拉动全州规上工业增加值增速约 2.5 个百分点。其中 20 家水电企业累计发电量 94.2 亿千瓦时，同比增长−0.6%，完成产值 31.8 亿元，同比增长 2.8%；4 家风电企业累计发电量 10.6 亿千瓦时，同比增长 17.6%，完成产值 6.3 亿元，同比增长 19.5%；1 家光伏企业累计发电量 3388.6 万千瓦时，完成产值 3659.7 万元，同比增长 14.6%；12 家天然气企业完成产值 9.7 亿元，同比增长 7.8%。重点能源企业有湖北清江水电开发有限责任公司水布垭发电厂、湖北能源集团溇水水电有限公司、国能长源恩施水电开发有限公司和恩施州民生天然气（集团）有限公司等。

【建材行业】 2021 年，全州规模以上建材企业 64 家，占规上企业总量比重为 17.6%，建材行业累计完成产值 46.6 亿元，占全州总产值的比重为 21%，同比增长 24.5%，直接拉动全州规上工业增加值增速约 4 个百分点。其中 5 家水泥企业累计实现产值 17.6 亿元，同比增长 27.2%。重点建材企业有恩施州腾龙水泥有限责任公司、建始县泰丰水泥有限责任公司、来凤县金凤建材工业有限责任公司、华新水泥（恩施）有限公司等。

【医药行业】 2021 年，全州规模以上医药企业 17 家，占规上企业总量比重为 4.7%，医药行业累计完成产值 14.6 亿元，占全州总产值的比重 6.6%，同比增长 95.9%，直接拉动全州规上工业增加值增速约 3 个百分点，其中 12 家中药饮片加工企业累计完成产值 9.6 亿元，同比增长 131.1%。重点医药企业有时珍堂巴东药业有限公司、湖北一正药业股份有限公司、恩施市襄恩农业科技有限公司和湖北省八峰药化股份有限公司等。

【食品行业】 2021 年，全州规模以上食品企业 138 家，占全州规上工业企业数的 37.9%。其中农副食品加工业 55 家，食品制造业 5 家，酒、饮料和精制茶制造业 78 家。食品行业累计完成产值 56.9 亿元，占全州总产值的比重为 25.6%，同比增长 17%，直接拉动全州规上工业增加值增速约 2.8 个百分点。重点食品企业有湖北省思乐牧业集团有限公司、鹤峰县凯荣实业发展有限公司、湖北省利川市土家牧业有限公司、湖北大派食品集团有限公司等。

【电子行业】 2021 年，全州规模以上电子企业 17 家，占规上企业总量比重为 4.7%，累计完成产值 14.1 亿元，占全州总产值的比重 6.3%，同比增长 58.2%，直接拉动全州规上工业增加值增速约 2 个百分点。重点电子企业有立讯精密工业（恩施）有限公司、达翔技术（恩施）有限公司、湖北林锂新能源有限公司、湖北华涛显示科技有限公司等。

【其他行业】 2021 年，全州规模以上其他行业企业 91 家，涉及非金属矿采选业、木材加工及家具制造业、化学原料和化学制品制造业、自来水生产和供应业等行业，占规上企业总量比重为 25%，累计完成产值 41.6 亿元，同比增长 34.4%，其中 12 月当月完成产值 5.6 亿元，同比增长达到 62.2%。重点企业有湖北准者体育用品有限公司、湖北烟草金叶复烤有限责任公司等。

（周瑟锴）

行业管理

【工业行业管理】 2021 年，加强工业和民爆行业安全生产的监管检查和隐患排查治理，重点查处工业企业安全主体责任不落实、安全责任制不完善、安全管理机构人员配备不符合规定、证照不齐全、主要负责人履职不到位、安全投入不到位、安全培训不到位、应急预案编制不完备、应急演练不到位、生产行为不合规、隐患排查治理和闭环管理不到位等突出问题。深入贯彻落实习近平总书记对湖北十堰市燃气爆炸事故重要指示和李克强总理批示精神，派出检查组 68 个、324 人次，检查全州企业 315 家，排查发现一般隐患 346 条，下达整改指令书 174 份，督促企业限期整改落实到位，形成闭环管理。对全州工业企业开展 4 轮安全生产抽查检查，对全州 20 家工业企业（含涉有限空间作业、粉尘爆炸、液氨制冷企业）的安全生产工作进行监督检查，查出问题及隐患 69 条，下达整改指令 20 份，督促隐患全部完成整改。沿江化工企业关改搬转工作顺利推进。4 月 21 日，湖北和诺生物工程股份有限公司关停老厂区生产线。5 月 26 日，通过州及恩施市两级验收组现场验收，湖北和诺生物工程股份有限公司在恩施市白杨坪产业园（化工区）内开工建设新厂区办公楼及新生产线厂房。

【煤炭行业管理】 2021年，州煤矿安全生产专业委员会先后7次召开会议，研究部署煤矿安全生产工作。认真落实“三个一”（一名县级领导、带领一个专班、包保一个煤矿）包保驻矿盯守，开展煤矿安全巡查、专项整治和行政检查执法，全年组织煤矿技术专家开展煤矿安全生产行政检查、巡查51处次，其中行政检查27处次，巡查25处次，下达隐患整改通知书23份，指出安全隐患136条，全部整改到位。持续开展煤矿标准化建设，重新认定煤矿安全生产标准化三级矿井3处，组织县市煤炭行业管理部门、煤矿专家、煤矿企业负责人参加煤矿安全生产标准化管理体系培训80人次，全州7处生产矿井均达到煤矿安全标准化三级标准。完成2020年年底8处关闭退出煤矿省、州、县三级关闭退出验收工作，兑付中央、省级奖补资金4320万元，州级奖补资金480万元。全州原煤产量24.08万吨，同比上升21.71%。产值1.76亿元，同比上升87.25%。全州未发生煤矿生产安全事故。

【电力行业管理】 2021年，加强电力设施保护，集中排查治理安全隐患，对全州建档的15处树障电力设施安全隐患实行“一患一档”管理。加强电力保供，州经信局出台《恩施州防汛抗旱电力保障工作联席会议制度》《全州迎峰度冬期间电力保供方案》，修订《恩施州防汛抗旱电力保障应急预案》。完善应急预案，健全应急保障体系，开展3次省、州、县三级需求侧响应应急演练和实战演练。转供电改革有序推进，摸清转供电主体底数及时更新公示，排查梳理转供电主体267个，涉及终端用户69798户，检查转供电主体285家次，清退违规多收费用451.69万元。电力市场化交易加快推进，全州注册电力市场化交易用户数222家，其中参与交易用户数153家，交易电量6.01亿千瓦时，节约用户成本593.14万元。

【电子信息产业】 2021年，州政府印发《恩施州信息化建设“十四五”规划》，州经信局制定出台《全州电子信息制造业管理行动方案（试行）》，推动电子信息行业管理制度化、规范化。全州有电子信息制造业企业65家。全年产品产值达到19亿元。州政府分别与省电信公司、省移动公司、省联通公司、省广电网络公司签订合作协议，超前谋划5G网络、5G+工业互联网融合应用等项目，合力推进恩施州数字经济发展。建成5G基站2035个，5G网络实现州城城区、县城城区、重点乡镇以及工业园区全覆盖。全年成功申报省级两化融合示范试点企业11家，省级上云标杆企业2家，国家级两化融合贯标体系认定企业3家。

（周瑟锴）

企业联合会（企业家协会）

【概况】 2021年，恩施州企业联合会（简称州企联）坚持为企业和企业家服务的宗旨，发挥企业与政府之间的桥梁纽带作用，参与劳动关系“三方”协商工作，为会员单位开展荣誉争取、排忧解难、宣传等工作服务。州企联被州民政局评定为AAA社会组织，恩施州有3家企业和5名个人受到省“三方四家”［三方：政府、职工、企业和企业家。四家：人社局、总工会、工商联、企业联合会（企业家协会）］表彰，州企联副会长单位恩施自治州翔宇建设工程有限公司入围2021湖北服务业企业100强。在州银行业协会协助下，为1个会员企业成功将即将到期的500万元贷款展期5个月。组织部分会员单位负责人参加在武汉举办的第12届华商精英年会，安排专人参加州民政局组织的2021年州直社会组织党建暨登记管理业务培训，协助举办2021年恩施州“金融杯”职工运动会。

【调查研究】 2021年，恩施州企联围绕全州烟草产业和建材行业发展，与副会长单位州烟草公司、来凤天宇环保建材有限公司共同开展调研，形成《加强恩施州烟草产业链建设，助力乡村振兴，巩固脱贫攻坚成果的调研报告》《关于来凤天宇环保建材有限公司创建来凤县首家二星级环保站的调研报告》2个调研报告。

【宣传工作】 2021年，加强宣传引导，通过州企联官网、微信公众号、内部期刊《恩施企业与企业家》3个宣传载体，及时报道恩施州企联的重大活动、重要工作、重要会议。编印期刊《恩施企业与企业家》4期。微信公众号发布信息40条，总点击数9353次。官网发布各类信息286条，总点击数37789次。

【推进武汉市企业和企业家对口帮扶恩施州工作】 2021年4月22日，省委常委、武汉市委书记王忠林率队到恩施州开展对口帮扶工作并召开座谈会。州企联6月初专程到武汉企联对接沟通，推动武汉市企业和企业家对口帮扶恩施州，与武汉企联达成初步意向。11月10日，州企联参加武汉市、恩施州经信部门共同召开的对口帮扶座谈会。12月15日，州企联召开学习贯彻十九届六中全会精神暨二届四次理事会，启动武汉市·恩施州企联系统对口帮扶工作。12月27日，州企联印发《关于全面推进武汉市·恩施州企联系统对口帮扶工作的通知》到各会员单位、各有关企业及市场主体。

【组织会员单位到江苏学习考察】 2021年5月19—23日，州企联组织18名会员单位负责人，以“回顾光辉历程，弘扬爱国主义精神，学习先进企业文化，共担社会责任”为主题，应邀到江苏洋河股份有限公司和江苏南京爱国主义教育基地进行学习考察和相关活动。

【学习贯彻十九届六中全会精神暨二届四次理事会】 2021年12月15日，州企联学习贯彻十九届六中全会精神暨二届四次理事会在州城恩施举行。会议学习贯彻中共十九届六中全会精神，全面启动并通报武汉市·恩施州企联系统对口帮扶工作情况，总结回顾州企联二届三次理事会以来的工作情况，对当前形势进行综合研判，安排部署州企联2022年度工作。11位会员单位负责人发言。

（周妮娜）

2021年12月15日，恩施州企联学习贯彻十九届六中全会精神暨二届四次理事会在州城恩施举行

（周妮娜 摄）

高新区建设

恩施高新技术产业园区

【概况】 2021年，恩施高新技术产业园区（简称恩施高新区）全年新增市场主体542户，市场主体总数达5294户，其中企业主体2939户。完成固定资产投资65亿元，同比增长29.2%。实现规模以上工业总产值30.2亿元，同比增长21.2%。规模以上工业增加值5.17亿元，同比增长11.2%。实现财政总收入3.88亿元，同比增长24.75%。完成地方一般公共预算收入2.5亿元，同比增长25.63%。

【发展规划】 2021年，恩施高新区编制完成《恩施高新技术产业园区发展战略规划（2021—2025）》《恩施高新技术产业园区产业发展规划（2021—2025）》，印发《恩施高新技术产业园区国民经济和社会发展第十四个五年规划和二〇三五年远景目标纲要》《恩施高新技术产业园区工业经济发展第十四个五年规划》。启动国土空间规划、恩高宣一体化、拓展区市政专项规划编制工作，完成辖区路网及用地布局总平面、拓展区控制性详细规划、恩高宣一体化、市政专项规划等初步方案编制。明确六角亭片区近、远期用地布局和建设规模，梳理永久基本农田、稳定利用耕地、省级公益林占用情况，争取保障新增建设用地15平方千米。编制完成《恩施高新技术产业园区扩区调区实施方案》。3月30日，恩施高新区调区扩区获省政府批复，同意恩施高新区核心区面积由344.5公顷调整为577.49公顷，新增232.99公顷，园区地块由耿家坪一块调整为耿家坪、松树坪、头道水三块。

【项目建设】 2021年，恩施高新区推进重点项目89个，37个续建项目建成28个，52个新建项目开工43个，建成10个。全年完成固定资产投资65亿元，同比增长29.2%。建成规划11号路（虎民路以南段）、209绕城线（张家坪至金山大道段）、规划5号路（规划6号路至高旗大道段）、规划20号路（209绕城线至高旗大道段）、规划9号路（虎民路至209绕城线段）第一标段等5条园区主次干道，规划9号路、规划19号路（高旗大道至西湖路段）、规划15号路（高旗大道至西湖路段）、规划21号路（银北高速连接线至19号路段）、高旗大道（规划19号路至209绕城线段）、规划20号路（高旗大道至西湖路段）、规划5号路（高旗大道至西湖路段）、龙洞河南路（金龙大道至龙洞河源头段）、规划18号路、规划11号路、规划19号路（209绕城线以西段）等11条道路加快建设。建成标准厂房33.7万平方米，达翔产业园一期等项目建成投产，生物医药产业园14.73公顷开工建设。实施电力迁改工程11个，完成110千伏湖瓦线等5个项目迁改，响水坝工业污水处理厂加快推进，园区水电气网等基础配套加快完善。

【工业经济】 2021年，全年纳入重点进规培育企业18家，实现规模以上工业总产值30.2亿元。产值过亿元企业6家，分别是立讯精密工业（恩施）有限公司、达翔技术（恩施）有限公司、华新水泥（恩施）有限公司、湖北省思乐牧业集团有限公司、恩施信达建材有限责任公司、恩施州民生天然气（集团）有限公司。税收过千万元工业企业2家，分别是华新水泥（恩施）有限公司、达翔技术（恩施）有限公司。推进技改培育，18个技改项目完成投资1.57亿元，湖北省思乐牧业集团恩施法希饲料有限公司等9个技改项目完工投产，恩施长源轴承制造有限公司获得第四届恩施州清江质量奖提名奖。立讯精密工业（恩施）有限公司、达翔技术（恩施）有限公司等3家企业被列入2021年省级制造业高质量发展专项第二批项目清单。恩施长源轴承制造有限公司、达翔技术（恩施）有限公司等6家完成省级专精特新“小巨人”企业申报，达翔技术（恩施）有限公司、恩施长源轴承制造有限公司2家企业纳入国家级专精特新“小巨人”企业培育。

【国家高新区创建工作】 2021年，继续推进国家高新区创建工作。3月25—26日，科技部成果转化与区域创新司率专家组到恩施州调研，就恩施高新区创建国家级高新区进行现场指导，审议《恩施高新技术产业园区发展战略规划（2021—2025）》《恩施高新技术产业园区产业发展规划（2021—2025）》，并召开恩施高新区以升促建工作专家调研论证座谈会。调研组先后到州规划馆、湖北民族大学省生物资源保护与利用重点实验室、恩施高新区管委会、国家级恩施州科技企业孵化器、国家富硒产品质量监督检测中心、德源健康公司、国家富硒农产品加工技术研发专业中心、湖北省农科院中药材研究所、电子信息产业园、女儿城国家级众创空间、恩施高新区宣恩园区进行实地调研，与技术骨干、企业家、创新平台建设者进行交流，了解恩施州促进本地优势生态资源与创新资源良好嫁接、有效承接产业转移、推进创新驱动发展战略的做法，了解恩施高新区在科学谋划战略蓝图、推进产业发展、持续构建创新体系、加速完善基础配套、推进改革开放创新等方面取得的成绩。与会专家现场一致同意恩施高新区申报国家级高新区。

2021年3月26日，恩施高新区以升促建工作专家调研论证座谈会召开
（黄 晶 摄）

2021年9月26日，第六届世界硒都（恩施）硒产品博览交易会恩施高新区“1+8”园区联动特色产业招商暨规划展区
（黄 晶 摄）

【招商引资】 2021年，制定印发《恩施高新区“大招商、招大商、抓落实”行动实施方案》，成立恩施高新区招商引资工作领导小组，组建电子信息、生物医药、硒食品精深加工招商小组。制定《恩施高新区关于进一步完善招商引资工作机制的意见》等招商引资优惠政策兑现流程。全年新签约亿元以上项目16个，新开工亿元以上项目10个，分别是菜大师（恩施）硒都农贸产业园项目、恩施高新区伟星阀门制造生产项目、恩创科技智能家居生产项目、事丰医疗器械制造项目、千海兴龙中药饮片及保健品生产加工项目、东方医院康复中心项目、华芯科技显示模组全产业链生产制造项目、恩施传化“公路港”物流项目、德青电子产品加工生产项目、立翔精密电子制造项目。新投产亿元以上项目7个，分别是达翔（恩施）电子信息产业园二期、恩施高新区伟星阀门制造生产项目、立翔精密电子制造项目、恩施四个“一”硒主题综合体产业项目总部、洲际硒食品精深加工项目、东方医院康复中心项目、华芯科技显示模组全产业链生产制造项目。中国500强企业传化集团有限公司恩施传化“公路港”项目落户园区（投资过10亿元），华芯科技（恩施）有限公司从签约到投产仅9个月。推进“二次招商”，立讯精密工业（恩施）有限公司的汉朔产品产线与达翔技术（恩施）有限公司的立翔SMT产线落户园区。组织展会推介，在第六届世界硒都（恩施）硒产品博览交易会搭建恩施高新区展厅，推介恩施高新区和8个县市园区高新技术企业。

【优化营商环境】 2021年，恩施高新区继续深化政务服务，引进深圳市特发政务服务有限公司恩施分公司，优化市民之家窗口服务质效，为企业提供企业开办、工程建设、生产经营等全生命周期“一对一”政务服务。推进项目秘书制，拟订招商引资、项目建设、企业培育责任清单，实行领导联系企业制和企业服务“秘书制”“干部驻厂服务制”，推行产业项目“先建后验”“承诺审批”，审批办证“零跑腿”，项目从立项到开工审批仅20天。全年征收土地93.8公顷，兑现资金5567万元。全年供应土地30公顷，实现土地价款入库3.2亿元。降低生产要素成本，20家企业享受直供电政策支持。出台《恩施高新区“1+8”园区物流专线运输办法（试行）》，搭建“1+8”园区（恩施高新区和其他8个县市园区）专线物流运输平台，运行以广东、深圳等为主的华南物流专线。保障园区企业用工需求，协调顶岗实习生1500余人，招工6000余人。推进投融资平台建设，恩施州高新投资开发有限责任公司实现利润1075.99万元，同比增长33.13%，达翔电子信息标准化厂房、恩施州财源科技孵化园、响水坝工业污水处理厂（一期）、高旗大道（规划19号路至209绕城线段）等项目融资达10亿元。恩施高新政信融资担保有限责任公司全年放贷7080万元。

【双创平台建设】 2021年，恩施高新区继续推进双创平台（创新创业服务平台）建设，世界硒都·国创孵化器入选2020年度国家级科技企业孵化器名单，恩施州科技孵化器获批2021年度湖北省知识产权双创服务基地，并在科技部火炬中心国家级科技企业孵化器2020年度评价中获评优秀等次。恩施国创科技企业孵化器有限公司、恩施安贝森科技服务股份有限公司入选国家技术转移中部中心服务体系基层站点。恩施高新区在全省高新区创新驱动发展综合评价中位列全省20家省级高新区第五位，较2020年度前进一位，较2019年度前进四位。

【省级承接产业转移示范区创建工作】 2021年，继续推进省级承接产业转移示范区创建，重点承接发展生物医药产业，培育发展食品加工、电子信息等产业，完成《恩施高新区创建省级承接现代中药产业转移示范区实施方案》编制，通过专家现场评估和实施方案评审，并报省政府审批，引进千海兴龙中药饮片及保健品项目、天下汇通（健康产业）股份有限公司中药产业化项目、硒都生物医药科技孵化园、鄂西生物医药检验检测基地、华威药业公司总部项目等。

【国家火炬特色产业基地创建工作】 2021年，继续推进国家火炬特色产业基地创建，以硒产业为主导，完成《恩施高新区国家火炬硒特色产业基地建设规划》编制和申报，经省科技厅党组会研究同意，推荐至科技部。

【创新主体培育】 2021年，继续推进创新主体培育工作，纳入高新技术重点培育库企业10家、后备库企业30家、科技型中小企业库34家，全年新认定高新技术企业6家，分别是达翔技术（恩施）有限公司、湖北米迪智能家具有限公司、恩施州硒壤农业开发有限公司、湖北英硒生物科技发展有限公司、湖北云上视界信息科技有限公司、湖北一红一绿茶业科技集团有限公司。全年规模以上企业研发费同比增长10%以上，完成1.5亿元技术合同登记额。

（高 航）

恩施州高新投资开发有限责任公司

【概况】 恩施州高新投资开发有限责任公司（简称州高新投资公司）是经州政府批准组建的州级国有独资公司，主要服务全州重点项目建设、重大产业投资、州高新区创建国家级高新区和“1+8”园区建设。2021年，州高新投资公司资产总额9.41亿元，较2020年增加0.53亿元，增长5.97%。净资产总额8.56亿元，较2020年增加0.4亿元，增长4.9%。全年实现主营业务收入总额1892.48万元，较2020年增加1073.17万元，增长130.98%。实现利润1075.99万元，较2020年增加267.77万元，增长33.13%。优化收入结构，租金收入较2020年下降33.34%，投资收益较2020年上涨37%。

【项目建设及投融资】 2021年，州高新投资公司16个重点建设项目总体进度超过预期。投资3.04亿元的高新区电子信息标准厂房及配套设施建设一期工程已交付使用，总投资2亿元的响水坝工业污水处理厂完成工程总量的80%，总投资约4.03亿元的财源科技孵化园完成投资2.75亿元。高新区重点项目按时有序稳步推进，其中莱大师农贸城旁规划9号路在预售前抢通，生物医药产业园、电子产业园、公路港物流产业园三个园区共54.07公顷场地平整工作全部启动。融资方面，与央企国企合作投资的项目达20亿元，与农业发展银行签订150亿元的授信协议，湖北银行的2.5亿元贷款通过总行审批。

【资产管理】 2021年，州高新投资公司出台《资产管理办法》，成立资产管理领导小组，公司资产全部实行统一管理。遍访州直单位零散、有纠纷、没办证的资产达14亿元，批准强戒所、铁路办等3宗价值1亿元资产注入，公司资产体量持续扩充。完成恩施高新区辖区内19宗面积93.27公顷、价值19.55亿元的建设用地的调查工作，其中14宗地面积54.73公顷具备出让条件，价值11.79亿元，已完成土地资产注入方案。全年州高新投资公司精准对接市场主体，通过多种经营方式实现收益1061.96万元。

【优化营商环境】 2021年，州高新投资公司为入驻园区企业提供优质服务，投资29万元建设虎民路小学免费停车场，方便企业职工和居民家长接送学生；投资150万元为达翔标准化厂房扩容安装变压器和消防器材，消除企业安全隐患；兑现惠企政策，累计为26家承租企业减免租金154万元，为企业解决急难愁盼问题7件。

（刘 娟）

清洁能源工业

国网湖北省电力有限公司恩施供电公司

【概况】 国网湖北省电力有限公司恩施供电公司(简称恩施供电公司)以建设和运营恩施电网为核心业务。恩施电网西联重庆、东接宜昌，担负着恩施州水电外送的重任，±800 千伏锦苏线、±800 千伏复奉线、±800 千伏酒湖线 3 条特高压直流穿境而过，是“西电东输”的重要通道。恩施电网以 500 千伏为支撑、220 千伏为枢纽、110 千伏为骨架、35 千伏为基础的网络体系基本形成。截至 2021 年，拥有 500 千伏变电站 2 座、变电容量 225 万千伏安，35 千伏—220 千伏变电站（开关站）211 座，较 2020 年增加 5 座。变电容量 645.96 万千伏安，同比增加 47.99 万千伏安。截至年底，恩施州发电装机容量 239.65 万千瓦，较 2019 年增加 17.8 万千瓦。其中水电占比 70.63%，风电占比24.92%，光伏发电占比2.49%。全年地方电厂发电量 67.45 亿千瓦时，同比增长 5.61%。其中水电占比 81.50%，风电占比 15.97%，光伏发电占比 0.71%。城乡配电网络不断完善，网架结构及转供能力得到加强，基本消除存量低电压，10 千伏配网中，架空线路 1.97 万千米，电缆线路 402 千米，电缆化率 2.04%。10 千伏配变单体容量 141.5 千伏安/台，开闭所 61 座，环网柜 354 座，柱上开关 1902 台。其中 10 千伏城市配电线路配变单体容量 431.5 千伏安/台，开闭所 28 座，环网柜 243 座，柱上开关 705 台；10 千伏县域配电线路配变单体容量 125.3 千伏安/台，开闭所 33 座，环网柜 111 座，柱上开关 1197 台。

2017—2021 年恩施州电网 35 千伏—220 千伏公用变电站规模一览表

表 7

	年份	220千伏			110千伏			35千伏		
		变电站（座）	变压器（台）	容量（万千伏安）	变电站（座）	变压器（台）	容量（万千伏安）	变电站（座）	变压器（台）	容量（万千伏安）
地区电网	2017	11	18	250	37	53	165	123	161	91
	2018	12	19	268	39	56	176	129	169	95
	2019	12	20	285.6	41	58	189.6	134	171	98
	2020	12	20	285.6	42	60	196.6	152	191	115.77
	2021	13	21	306.6	44	63	213.75	154	203	125.61

2017—2021 年恩施州电网 35 千伏—220 千伏公用输电线路规模一览表

表 8

年份	220千伏		110千伏		35千伏	
	条数(条)	长度(千米)	条数(条)	长度(千米)	条数(条)	长度(千米)
2017	30	847	84	1586	173	2072
2018	30	847	91	1616	192	2177
2019	36	1079	101	1792	203	2201
2020	40	1247	106	1871	221	2385
2021	43	1279	107	1780	223	2440

2017—2021 年全州配网配电设备规模一览表

表 9

年份	配电变压器		配电开关		开关站(座)	环网箱(座)	配电室(座)	箱式变电站(座)
	台数(台)	容量(万千伏安)	台数(台)	其中柱上开关(台)				
2017	18559	244.47	1791	1478	34	182	525	1246
2018	21114	280.80	1765	1297	43	198	286	640
2019	22632	302.9	1946	1449	50	233	306	733
2020	24707	343.3	2308	1605	55	256	329	800
2021	27185	358.1	2710	1902	61	354	354	1032

【电网负荷特点】 2021年，恩施州负荷、电量受气温影响，电网用电负荷呈现夏季、冬季两个高峰，主要受夏季持续高温和冬季持续低温天气影响，一般情况下冬季负荷略高于夏季负荷。全年最高气温37℃，最高温度达到37℃、36℃、35℃的天数分别为32天、15天、13天，7月、8月、9月出现持续高温天气，高温温度及高温天数同比大幅增加，导致负荷及日用电量同比大幅增高。

【用电结构及用电水平】 2021年，全州全社会用电量63.14亿千瓦时，同比增长13.60%，低于全省平均水平（15.27%）1.67个百分点，增幅居全省第七位。全州第一、第二、第三产业及城乡居民生活用电占全社会用电比重分别为1.29%、32.01%、28.86%和37.83%。与2020年同期相比，城乡居民生活用电比重下降4.43个百分点，第三产业用电比重上升2.58个百分点，第二产业用电比重上升1.62个百分点，第一产业用电比重上升0.23个百分点。至年底，全州人均用电量1636千瓦时/人，人均生活用电量750千瓦时/人，同比分别增长11.83%和1.41%。

【电网建设】 2021年，恩施供电公司完成“十四五”配电网规划和电力设施布局规划修编，协调政府出台城区10千伏开闭所规划建设机制。启动利川市、咸丰县“绿色能源示范县”建设。争取政府支持，白江、白浙线属地工作有序推进。220千伏鹤峰变电站工程建设取得国家林草局行政许可。220千伏芭蕉变电站扩建等重点工程顺利投产，全年新开工35千伏及以上项目8个、变电容量22万千伏安，投产项目9个、变电容量30万千伏安。新建改造配电台区832个、容量16.5万千伏安。促成政府建立州、县、乡电网建设分级协调指导工作机制，《政企联动双管双控，高效推进重大项目落地》典型经验得分排名省公司第一。

【经营管理】 2021年，恩施供电公司构建“大经营”体系，落实提质增效19项重点任务、120项举措。二级内模市场上线运行。新建电能替代项目678个，替代电量1.1亿千瓦时。深化“阳光业扩”报装服务，开通“不动产+用电”联合过户服务，办理过户办电业务3170件。实现“证照共享”“无证办电”，客户满意度持续提升。推进审计监督全覆盖，完成审计项目1667项，增收节支2387万元。开展“站线变台户”基础资料大梳理。实施“光伏+储能+充电”项目，恩施首个“共享汽车”项目落地。拓展综合能源服务、电动汽车等新兴业务，实现营业收入4500万元。

【深化改革】 2021年，恩施供电公司全面完成深化改革年度重点任务。修订公司本部及所属单位三重一大决策管理办法。深化三项制度改革，推行经理层成员任期制和契约化管理。启动4—7级职员、职工工匠首次选聘工作。持续优化供电服务指挥体系，成立配电部、营销运营中心和城区供电中心，增设12个供电服务站，优化调整62个班组。有序推进数字化转型和5个新兴产业项目。基础资源商业化运营增收469.6万元。宣恩“电动汽车应用全覆盖示范县”建设全面启动。开展省管产业单位专项整治，整改销号问题145个。2个项目获湖北省企业管理现代化创新成果一等奖，1个项目获国网公司第六届“青创赛”二等奖。

【安全生产】 2021年，恩施供电公司坚持“安全第一、预防为主、综合治理”的工作方针，健全“大安全”体系，推进安全管理体系建设，完成安全监管中心建设，构建起“远程+现场”标准化安全监督体系。落实安全管理要求，加强安全履职，建立“月计划、周安排、日管控”作业管控机制。完成多轮重大电网风险防控工作、供电保障工作、援郑抢险救灾工作，全面实现安全目标，恩施电网连续安全稳定运行25周年，公司连续7年获评省公司“I类安全生产突出贡献单位”。

【党史学习教育】 2021年，恩施供电公司推进党史学习教育，实施“旗帜领航·提质登高”行动计划和“红领先锋·六心实践”活动，完成“基层党建创新拓展年”各项任务。落实“我为群众办实事”10件大事，1项典型经验在省委《党史学习教育简报》刊发。组织开展“我要安全，让党旗见证”“学习弘扬‘林丽’三用精神”等主题活动。完成国网公司巡视反馈涉及的24个问题整改、公司党委首轮内部巡察。开展“酒驾醉驾”“靠企吃企”“违规经商办企业”等专项整治。坚持“以职工为中心”的工作导向，针对基层一线职工多、边缘山区站点多的实际，筹集专项资金，持续推进基层班组暖心工程建设，累计建成小公寓80处、小食

2021年3月，芭蕉供电所为群众办实事，帮助农户抢摘春茶 （杨志英 摄）

堂90个、小浴室100间、小书屋90间、小活动室90处，惠及2000多名基层供电职工。

【脱贫攻坚表彰】 2021年，恩施供电公司全力做好巩固脱贫攻坚成果和服务乡村振兴各项工作，国网巴东县供电公司被中共中央、国务院授予“全国脱贫攻坚先进集体”称号。恩施供电公司被国家电网有限公司授予“服务脱贫攻坚先进集体”称号，2人获评“服务脱贫攻坚突出贡献个人”，2人获评“服务脱贫攻坚先进个人”。恩施供电公司被省委、省政府授予“脱贫攻坚先进集体”称号，2人被省委、省政府表彰为“脱贫攻坚先进个人”。

（罗　萍　田光阳　孔祥聪）

国能长源恩施水电开发有限公司龙桥电站全景　（杨　磊　摄）

国能长源恩施水电开发有限公司

【概况】 2021年10月9日，国电恩施水电开发有限公司更名为国能长源恩施水电开发有限公司。截至年底，公司管理水电站40座，分布在清江、郁江、唐崖河等流域，其中中大型水库电站10座，主要有老渡口水电站、龙桥水电站、野三河水电站等。全年公司完成发电量16.49亿千瓦时，实现产值5.15亿元，上缴税费1.14亿元，被评为湖北（长源）公司A级企业。公司在职员工1092人，自2010年成立至2021年年底，累计实现产值57.57亿元，累计上缴税费13.96亿元。公司驻全州8个县市8个村，派出20名工作队员，开展巩固脱贫攻坚成效和乡村振兴工作，履行央企社会责任。

【安全生产】 2021年，公司在运电站实现连续安全运行4032天，连续11年未发生一般火灾事故、一般人身伤亡事故、一类障碍。公司健全完善安全生产责任制，建立各级人员安全生产责任清单，完善安全环保等管理制度。加强防汛应急管理，组织野三河电站防汛暨地质灾害公司级应急演练和“我与企业共安全”活动。加强与专业单位合作，开展公司应急能力评估和预案修编工作。加强安全隐患治理，完成天电水毁工程修复、云口大坝补强灌浆、老渡口尾水河道疏挖及岸坡加固项目竣工验收，启动电站水工设施安全隐患排查专项行动，确保电站水工设施安全。

【项目建设】 2021年，重点推进自有土地分布式光伏发电项目，编制完成项目预可研报告。加快推进马尾沟六级水电站增容项目前期工作，完成相关论证，项目具备开工条件。

（董　珺）

湖北能源集团齐岳山风电有限公司

【概况】 湖北能源集团齐岳山风电有限公司（简称齐岳山风电公司）是湖北能源集团新能源发展有限公司的全资子公司，主要负责利川市区域风电资源的开发、建设、运营和管理。齐岳山风电公司自2008年4月8日成立以来，先后建成投产齐岳山风电场一期、齐岳山风电场二期、齐岳山风电场三期（双鹿）、齐岳山中槽风电场、利川汪营风电场、利川天上坪风电场、利川安家坝风电场7个风电项目，总装机台数207台，总装机容量32.63万千瓦，是恩施州内规模最大的风力发电企业。

【发电量和产值】 自2010年首批机组投产发电至2021年年底，累计发电442751.96万千瓦时，实现产值270078.69万元。2021年完成发电量60680.13万千瓦时，实现产值37014.88万元。

【安全生产】 截至2021年12月31日，齐岳山风电公司自首个风电项目开工建设以来，未发生安全一票否决事故或事件，未发生安全生产控制指标内事件，未发生职业病病例，未发生火灾事故和集体食物中毒事件，未发生政府、行业或上级单位在质量安全方面的通报批评事件，累计实现安全生产4125天，实现百日安全生产周期53个。

（何　刚）

烟草制造业

湖北烟草金叶复烤有限责任公司

【概况】 湖北烟草金叶复烤有限责任公司下设恩施复烤厂、襄阳复烤厂2个非独立法人单位。2021年，湖北烟草金叶复烤有限责任公司累计加工烟叶105.47万担，产出片烟3.45万吨，实现营业收入

28646.26 万元，实现税利 7422 万元，其中利润总额 3283 万元，税金总额 4139 万元。其中恩施复烤厂累计加工烟叶 65.51 万担，产出片烟 20531.35 吨，实现营业收入 19215.76 万元，实现税利 3761.93 万元，实现利润总额 1028.04 万元，税金总额 2733.89 万元。

【打叶复烤生产】 2021 年，公司现有 2 条打叶复烤生产线，其中恩施复烤厂拥有 12000 千克/小时打叶复烤生产线一条，襄阳复烤厂拥有一条 9000 千克/小时打叶复烤生产线一条，年设计加工能力 105 万担，实际加工能力 160 万担。现有原烟仓库 76000 平方米，可储存原烟 87 万担，成品仓库 35000 平方米(其中成品高架库 5138 平方米)，可储存片烟成品 10 万箱。

【领导调研】 2021 年 1 月 29 日，省烟草专卖局（公司）党组成员、副总经理赵建成到金叶复烤公司新仓储区、复烤生产车间、技术中心，实地了解节前安全生产和新冠肺炎疫情防控工作，调研金叶复烤公司“三定”（主要职责、内设机构、人员编制）工作开展情况。9 月 9 日，北京卷烟厂党委书记、董事长、总经理蔡继东到金叶复烤公司技术中心原料研究室、分级培训室、评吸室、联合试验站、技术展示厅等地，调研科技创新、均质化加工、白肋烟生产等工作。11 月 11 日，省烟草专卖局（公司）党组成员、副总经理唐剑放到金叶复烤公司技术中心原料研究、烟叶分级、烟叶制样、烟叶配方、联合试验、危化品管理等工作室和烟叶精选车间，调研区域加工中心建设、重大专项、安全生产等工作。12 月 15 日，省烟草专卖局（公司）党组书记、局长、总经理顾厚武到金叶复烤公司恩施复烤厂新仓储区、选叶车间、复烤车间、公司技术中心，调研党的建设、安全生产、科技创新、区域加工中心建设等工作。

（黄 倩）

湖北中烟工业有限责任公司恩施卷烟厂

【概况】 2021 年，湖北中烟工业有限责任公司恩施卷烟厂全年生产卷烟 44.31 万箱，主要以“峡谷情”系列为代表的“黄鹤楼”中高档品规卷烟为主，划转及上缴恩施州税收总额 75.35 亿元。

【生产制造能力】 2021 年，建成厂级数据管理与共享服务中心，MES 系统在运行中持续优化改进，原料库智能仓储系统上线运行。“十三五”技术升级改造物流输送连廊及制冷站改造、配套公用工程 2 个 EPC 项目进入结算审计阶段，其他子项目均完成设备转固。原料库投入使用，项目获得 2021 年度“恩施州建设工程清江杯”。完成手包机械化设备改造 2 台（套）和高速机组选型。

【服务乡村振兴】 2021 年，向宣恩县高罗镇龙潭河村捐赠资金 220 万元，助力乡村振兴建设。向利川市、咸丰县、宣恩县捐赠资金 260 万元用于烟叶救灾。向利川市团堡镇捐赠资金 57 万元开展美丽乡村建设。

（徐 明）

商　贸

Commerce and Trade

商 务

【概况】 2021年,全州新签约、新开工、新投产亿元以上产业项目分别达到245个、140个、81个,同比分别增长15.6%、22.8%、32.8%。全年实际外商直接投资5517万美元,同比增长57.5%。对外贸易进出口额8.9亿元,增长36.3%。社会消费品零售总额686.08亿元,同比增长22%。建始永昌食品厂(品牌名称:吴永昌庆记)获评"湖北老字号"。12月17日,恩施女儿城、利川龙船天街、宣恩沿河路步行街进入湖北省特色商业街公示名单。

【招商引资】 2021年,全州商务(招商)系统实施"大招商、招大商、抓落实"行动,出台《恩施州"大招商、招大商、抓落实"行动实施方案》,组建8个州直招商战队,州、县联动,专班跟进。州领导带队外出招商40余次,县市党政主要领导外出招商50余次,州、县两级招商专班开展专题招商活动600余次,传化集团、雾芯科技、华润三九等一批重大产业项目落户恩施。恩施市建立招商局名誉副局长招商机制,利川市聘任10名招商大使,实施中介招商,咸丰县做实做精短视频推介,深化"云招商"。组织活动招商,先后组织参加2021"相约春天赏樱花"经贸洽谈暨世界500强对话湖北活动、2021湖北外向型经济项目合作洽谈会(中博会)、2021全国知名民企湖北行、第五届楚商大会、2021华侨华人创业发展洽谈会、中国国际进口博览会、鄂沪(长三角地区)经贸合作暨开放平台投资推介会、中国(武汉)文化旅游博览会等国内知名展会。落实"五个一"(一个项目、一名领导、一个专班、一套方案、一抓到底)的项目落地推进协调服务机制,推动签约项目加速落地,2021年全州新签约项目落地转化率达72.6%。

【消费振兴】 2021年,州政府办公室印发《关于进一步提振重点消费促进消费增长工作的通知》,州商务局制定《2021年消费促进工作方案》,协调地方财政配套1600万元发放4轮湖北消费券,全州2.8万商户参与活动,拉动消费杠杆6倍以上。建立部门协作机制,加强企业培训,新申报限上商贸企业257家。发挥"电商+"优势,推进企业线上线下融合发展,州内重点电商企业累计销售4.98亿元。

【供应链建设】 2021年,先后举办或组织参加第六届硒博会、"2021全国网上年货节"、春季汽车展销、兰洽会、杭州电博会、武汉电博会、武汉食博会等展会活动,州内100多家企业在外达成多项采购协议,累计采购协议金额突破9亿元。恩施硒产品体验馆在上海、北京、杭州、天津等城市普遍设立,"百企千品进万店"有22家企业222个单品进驻中国石化105个门店,累计销售州内农产品2925万元。"硒品入汉"在中百仓储已设立专柜8家,在中百仓储和中百便民超市设立20个扶贫专区,覆盖恩施供应商24家,销售单品67个。州内8个县市50多家企业产品入驻在武汉户部巷打造的"恩施硒物"综合展览馆。中国银行、建行、工商金融系统网络销售平台30余家企业、117个产品入驻。湖北亿得来生物科技有限公司等5家企业获农商互联供应链或蔬菜产业链项目支持资金603万元。

【外贸进出口】 2021年,全州新增出口实绩企业17家,出口规模过100万美元企业23家、过1000万美元企业2家、过2000万美元企业1家。农产品出口4884.2万美元,同比增长33.2%。机电产品出口3229.9万美元,同比增长220.7%。全州产品出口市场超80个,其中"一带一路"倡议国家和地区35个,欧美发达国家或地区近30个。恩施高新区外贸综合服务中心与园区内外84家企业签订服务协议,协助企业办理出口退税业务30余批次,退税总额约700万元,促成18家企业通过"楚贸通"平台开展业务。兑现全州33家自营出口企业"开口破零"和"三项工程"以奖代补奖励资金443万元。指导帮助15家特色产品出口企业进驻省级"楚贸通"平台,实现全州小微企业出口信用保险全覆盖,10家企业注册"楚贸贷"平台,获得平台贷款近1000万元。

【利用外资】 2021年,依托"鄂企聚航"平台,组织对外投资合作业务培训及外商投资法培训。组织50余人次线上线下参加第三届中国西部国际贸易投资洽谈会、中国—阿拉伯国家博览会、第18届中国西部国际博览会、中非博览会、中国湖北—缅甸投资合作对接会。开展"春风行动",实施外资企业"一对一"帮扶,为港来芳圆石材、天星茶叶等外资企业提供一站式服务。全州新增外商投资企业15家,合同外资金额3.23亿美元,同比增长36.5%。新引进合同外资金额1亿美元以上项目2个,各县市使用外资全部破零。

【口岸建设】 2021年,向国务院申报正式开放恩施航空口岸,国家口岸办已按程序征求并汇总相关部委意见,进入国务院审批程序。推进"内陆无水港"建设,核心工程"海关铁路监管作业场所"场地平整、排水管网施工完成大部分工程量。

【优化营商环境】 2021年,州商务局开展商务系统违规设置市场准入隐形门槛清理,严格执行市场准入负面清单制度,推进"清减降放",依申请服务事项减少32.14%,材料减少44.21%。加快恩施州海关铁路监管作业场所建设,推进县市外贸综合服务中心建设,落实中小企业降成本惠企政策,通关便利化提速。贯彻落实《中华人民共和国外商投资法》(简称《外商投资法》)及其实施条例,取消外商投资备案,推进外商投资信息报告,完成75家外商投资企业年度报告工作,对湖北罗比克工艺礼品有限公司、湖北施瓦茨国际贸易有限公司、恩施州山猫教育科技有限公司依法开展信息报告监督检查，加强事中事后监管。印发《州商务局 州发改委 州司法局关于开展外商投资地方性法规、规章和规范性文件专项清理工作的通知》，清理与《外商投资法》不符的法规、规章和规范性文件，加快外商投资便利化。

【行业安全生产】 2021年，州商务局开展常态化新冠肺炎疫情防控7轮督导，抽查8个县市城区及各乡镇（街道）部分商超、酒店、农集贸市场、餐饮等公共场所1134处，发现问题隐患741个，形成问题清单36份并进行现场交办。持续开展商贸成品油领域安全生产三年行动集中攻坚和“大排查大检修大整治”专项行动，制定出台《恩施州规范成品油经营行为工作联席会议机制》《恩施州成品油市场违法行为举报机制》《恩施州规范成品油市场违法违规行为线索摸排处置机制》《关于加强企业自储自用柴油安全管理的通知》，建立健全成品油市场监管长效机制。2月7—10日，州商务局组建4个工作组，在全州开展商贸流通领域安全生产及新冠肺炎疫情防控工作督查，抽查企业38家，发现问题隐患92处。6月15—21日，对全州商贸（成品油）行业安全生产和常态化新冠肺炎疫情防控工作开展重点督导，抽查大型商业综合体、商场、超市、市场、加油站、餐饮住宿等市场主体57家，发现安全问题隐患240处。

【领导考察】 2021年3月29—30日，州委常委、常务副州长丁辉带队到深圳考察深圳市盛维自动化设备科技有限公司、深圳点筹互联网农业控股有限公司，了解恩施籍企业家创业情况及企业发展状况，向企业介绍恩施州资源优势、政策优势及要素优势，并诚邀老乡回恩施投资建厂。5月10日，洲际食品（香港）集团董事长刘刚到恩施考察调研，与恩施高新区管委会签订总投资2亿元的新型包装项目投资协议。8月31日至9月1日，州委常委、常务副州长、高新区工委书记张远梅带队到广东开展招商考察，先后考察华润三九医药股份有限公司、扬明精密五金塑胶电子有限公司、立讯精密东莞厂区，与企业相关负责人进行深入交流，推动项目落实落地，谋求合作共赢。9月14日，张远梅率州商务（招商）局、州卫健委、恩施高新区负责人到武汉国药集团动物保健股份有限公司、人福医药集团股份有限公司考察，与各公司企业高层沟通交流，探讨合作事宜，推动项目落地。11月8—11日，州政协主席、州生物医药产业集群领导小组组长吴建清带队到武汉、深圳开展招商考察活动，先后考察国药动保、人福医药集团、国药基因、国药器械、国药中联、华润三九、海王生物及广东高科技产业商会，诚邀各企业到恩施考察及投资兴业。

【恩施州“2021网上年货节”活动】 2021年1月20日，恩施州“2021网上年货节”活动启动，全州124家企业（合作社）参与活动，线上线下销售额1840余万元，其中恩施市直播连麦10分钟吸引80万人围观，交易量3246单，秒杀销量成交额49.4万元。

【参展广交会】 2021年4月15—26日，第129届广交会在线上举办，恩施州19家企业参展，获取展位20个，涵盖食品、玩具、家纺等展区。湖北省鄂龙工贸有限公司、湖北铭金工贸有限公司签订意向订单6笔，总金额17万美元。10月15日—11月23日，第130届广交会在广州举办，全州11家企业线上线下参展，签订意向出口订单3笔，订单金额200万美元。

【参加第27届兰州投资贸易洽谈会】 2021年7月8—12日，恩施州组团参加第27届兰州投资贸易洽谈会活动，全州57家企业、400个特色产品参展，现场销售恩施各类产品60余万元，签订订单金额550万元，达成意向订单63个、意向金额1016.2万元。

【参加第八届中国（杭州）国际电子商务博览会】 2021年10月15—18日，恩施州组团参加第八届中国（杭州）国际电子商务博览会，全州25家企业、200多种富硒农特产品参展，现场销售21万余元，签订订单15笔，订单金额2120.42万元。

【举办2021年“恩施工匠”职业技能大赛活动】 2021年10月21—24日，联合州人社局、州餐饮酒店行业协会、州广播电视台开展2021年“恩施工匠”职业技能大赛餐厅服务员和中式烹调师竞赛，88名选手经过理论考试和实操，产生一等奖1名、二等奖2名、三等奖3名。

【全省前三季度招商引资现场会在恩施州召开】 2021年10月27日，全省前三季度招商引资现场会在恩施州召开，副省长赵海山、商务部驻武汉特派员办事处副特派员宋惠勤、省商务厅厅长王济民等参加现场会，州委书记胡超文和州委副书记、州长夏锡璠参加相关活动，恩施州作招商引资工作交流发言。现场会上，举行恩施州10月重点招商项目签约仪式，现场签约招商引资项目20个，项目协议总投资额达158亿元。

【全州招商项目集中签约仪式暨2021年11月项目调度会】 2021年11月30日，全州招商项目集中签约仪式暨2021年11月项目调度会召开。州委副书记、州长夏锡璠出席并讲话。签约仪式上，夏锡璠为安徽莱大师农业控股集团有限公司董事长谭祖辉、恩施达翔技术有限公司总经理胡荣、湖北洲际食品有限公司总经理苏泽鸿颁发“恩施州招商大使”聘书。本次签约活动共有31个招商项目签约，计划总投资92亿元。州直相关单位、8个县市及恩施高新区在项目调度会上作汇报。

【参加第七届武汉电博会】 2021年11月19—21日，恩施州组团参加第七届武汉电博会，全州40余家企业、300多种农产品参展，现场销售各类产品总额18.45万元，签订购销合同26笔，订单金额687万元。活动期间，举办以“天赐恩施 硒有珍品”为主题的恩施市电商区域公用品牌发布会专题活动。

【参加第30届中国食品博览会暨中国（武汉）国际食品交易会】 2021年12月3—6日，恩施州组团参加第30届中国食品博览会暨中国（武汉）国际食品交易会，全州近30家企业、400余种硒产品参展，现场销售97.58万元。

【参加第四届楚菜美食博览会】 2021年12月16—19日，恩施州组团参加第四届楚菜美食博览会，全州23家企业、100余款硒产品参展，现场成交额突破300万元。

（邓 军）

粮 食

【概况】 2021年，全州粮食行政管理部门围绕党中央、国务院保障粮食安全决策部署和省、州党委和政府工作要求，实施粮食安全战略，推进粮食储备安全体制机制改革，抓好粮食储备管理、粮食应急保供稳价，加强粮食流通市场监管，保障区域粮食安全。指导全州8个县市成立粮食和物资储备中心或粮食事务服务中心，明确为副科级事业单位。全州新增县市粮食和物资储备中心或粮食事务服务中心编制87个。执行国家粮食收购政策，全面取消粮食收购许可，组织粮食企业备案管理，全州备案企业51家，全年粮食收购6.59万吨。

【粮食宏观调控】 2021年，州发改委印发《关于依法履行粮食流通统计职责 切实加强全州统计基层基础规范化建设的意见》，实施粮食流通统计“五有五化”（有机构、有人员、有台账、有经费、有设备，统计管理制度化、统计人员专业化、统计业务流程化、统计资料档案化、统计工作法制化）基层基础规范化建设，实现辖区粮食企业统计覆盖面、联网直报率、统一规范使用粮食经营台账、统计人员培训覆盖率、统计法律义务告知“五个100%”。

【粮食保供稳价】 2021年，州粮食局全面清理全州粮食应急保障供应体系，选定粮食应急供应保障主体147家、应急加工企业13家、应急配送中心10家、应急储运企业9家、应急保障中心10家，实现城区每3万人和每个乡镇（街道）至少1个应急供应网点全覆盖。完成12家州级粮食应急保障企业授牌，签订粮食应急供应及加工协议。加强节假日期间的市场监测，组织好粮油调运和市场投放，全州市场供应及价格保持稳定。加强军粮供应管理，备足优质军粮，实现全州驻恩部队伙食单位全覆盖，满足部队节日生活需要。军粮质量合格率100%，部队满意率100%。

【粮食储备】 2021年，州委办公室、州政府办公室印发《恩施州加强地方储备粮安全管理具体措施》，州发改委、州财政局、州农发行印发《恩施州地方粮食储备区域布局和品种结构优化调整实施方案》，调整优化粮食储备布局和品种，逐步推进粮食储备集中管理，优化品种结构，因地制宜建立成品粮油储备和饲料用粮储备。全面完成新增落实储备任务，省下达新增储备1.8万吨，全州实际落实2.08万吨，超额完成省下达的新增粮食储备任务。

【粮油仓储】 2021年，全州粮油仓储备案单位13个，备案库点28个，备案仓库（油罐）容量17.26万吨，备案库区面积40.8公顷。全州粮食应急保障中心补短板项目9个，项目总投资2.65亿元。加快推进准低温（低温）粮库改造项目实施，全年准低温（低温）库改造项目4个，改造仓容2.22万吨。常态化开展安全储粮和安全生产隐患排查整治工作，全年检查粮食企业55户，累计检查储粮库点68个（其中规模以上民营企业库点15个，州外异地储粮库点10个）。检查粮食仓库95栋，容量14.64万吨，油罐26个，容量1045吨。检查粮油15.5万吨，其中地方各级储备粮13.8万吨，商品粮1.7万吨。检查粮油加工企业25家。

【粮食质量】 2021年，州粮食局开展粮食收获质量调查和品质测报，全年实际完成检验检测样338个，超计划33.60%。全年完成各种粮油检测样品313批次，其中原粮89批次，成品粮油221批次，质量会检3批次。督促储备企业落实出入库检验制度，加强粮食收购和销售出库质量安全监管，落实粮食质量安全监管责任和主体责任。开展粮食科技宣传周、世界粮食日和全国粮食安全宣传周系列宣传活动，发放粮油食品安全科普宣传资料3500余份（册）、文明餐桌行动倡议书1000余份，制作宣传展板5块、LED电子滚动宣传字幕4副，悬挂宣传横幅4条，接受市民咨询1500余人次。

【粮食产业】 2021年，州粮食局向省申报菜籽油产业链项目建设补助资金3个，申报粮油产业技术改造项目5个。利川市八月香米业有限责任公司“福瑞八月香”大米获得“荆楚好粮油”称号。组织11家粮油加工企业参加湖北省第二十二届荆楚好粮油展销会，签订粮油意向销售协议904吨、意向销售金额1886万元。

【国有粮食企业】 2021年，全州国有粮食企业9个（各县市和州直各1个），其中中心粮库9个，收储库点16个。州粮油储备有限公司继续承担州本级政策性粮食购销储备业务，州发改委履行州级储备行政管理和行业指导职责，州国资委履行出资人监管职责。

【粮食流通执法督查】 2021年，开展国有粮库专项检查治理、粮食购销领域专项整治。省委第十一涉粮专项巡视组、州委第六涉粮专项巡察组对州发改委的粮食工作进行巡视巡察。

【粮食安全责任制考核】 2021年，州委将粮食安全行政首长责任制落实情况纳入对县市党政领导班子年度综合目标绩效考核体系。州委、州政府将粮食安全工作及国有粮库专项检查治理工作纳入综合目标督查体系并开展1次粮食安全责任制落实情况督查工作。州委常委会会议、州政府常务会议先后多次听取州发改委（州粮安办）全州粮食安全工作情况汇报。州委书记胡超文，州委副书记、州长夏锡璠，州委副书记尹达，州委常委、常务副州长张远梅等领导调研和督办粮食生产、储备等工作。

（唐　义）

供　销

【概况】 2021年，州供销社贯彻落实《中共中央 国务院关于深化供销合作社综合改革的决定》《中共湖北省委 湖北省人民政府关于深化供销合作社综合改革的意见》《州人民政府办公室关于印发〈恩施州供销合作社综合改革实施方案〉的通知》等文件精神，持续推动恩施州供销合作社综合改革、消费帮扶等各项工作。10月，省委书记应勇等省领导在《湖北要情报告》上对恩施州消费帮扶工作作出批示和肯定。

【消费帮扶】 2021年，州供销社继续牵头消费帮扶工作专班，持续推进政府采购支持乡村振兴政策落实，州内各级财政预算单位、国有企业按照人均200元的标准在“832平台”采购恩施茶作为办公用茶；各级工会开展节日、生日慰问继续按照每人不低于40%的比例在“832平台”采购州农副产品。州内各级财政预算单位、国有企业食堂采购年度预留份额继续按照不低于50%的比例在“832平台”采购州农副产品。鼓励民营企业食堂优先采购州农副产品。加强产销对接，全面拓展消费帮扶市场。争取武汉、北京等地定向采购州农副产品，与五峰县政府联合举办武汉市—恩施州农产品产销对接会，恩施州现场销售农产品300.1万元，签订意向订单2.29亿元，组织企业参加第30届中国食品博览会。加强产品供给、物流保障、质量管控和品牌建设，全年全州农副产品销售额196.18亿元，稳定带动50余万人增收。“832平台”线上销售总额16.33亿元，占全省76.21%、占全国16.12%，居全国地市州第一，推动巩固脱贫攻坚成果同乡村振兴有效衔接。

【服务农业农户】 2021年，深化“三位一体”（生产、供销、信用）综合合作，建设乡镇为农服务综合体，与农业银行、邮储银行联合推出“832帮扶贷”，提供信用贷款5261万元，新增农业社会化服务面积26666.67公顷，累计达60000公顷以上，服务农户25万户以上。

【基层供销社组织体系完善】 2021年，通过“三清零一提升”[空白社有企业、“三无”（无资产、无业务、无人员）基层社、空白村级综合服务社“三个清零”，实施县、乡、村社质量提升行动]规范升级，全州基层供销社发展到126家（含村级基层社35家），新增领办创办农民专业合作社49家，累计1081家，新增省级（含）以上农民专业合作社示范社15家，基层组织覆盖面持续扩大，基层组织服务实力增强。建立花枝山、何家沟村级基层供销社试点，建设村级电商服务站，注册并入驻“832平台”，实现“村社共建、党建带社建”，增加农民和村集体经济收入，发挥基层社作用，推动乡村振兴。

【社有企业培育壮大】 2021年，州供销社聚焦服务“三农”主业，健全市场化经营机制，探索参股控股恩施鑫硒电商公司，构建全域电商网络体系。强化资产管理，完成全州社有资产“清产核资、建档立卡”，录入资产管理信息系统土地178宗、面积124942.47平方米，房屋167宗、面积119573.06平方米。州社直属企业（州供销社资产经营管理公司）全年实现营业收入1017.3万元，缴纳税金206万元。

【“832平台”供应商培训】 2021年，州供销社争取200万元武汉市对口帮扶资金，开展农产品推介对接和“832平台”供应商培训，组织8个县市“832平台”供应商农产品质量管控和电商知识培训，轮训800余人次。

【农村现代流通发展】 2021年，加强供销系统农村应急物资储备，加强种子、化肥、农药等农资储备调度，改造升级来凤、鹤峰批发市场，交易额同比增长4.32%。重点培育县域商贸流通企业，健全县、乡、村三级物流配送体系，激发农村消费潜力。宣恩产销地仓“832平台”实现营业收入1200万元。

【供销系统腐败问题整治】 2021年，学习贯彻习近平总书记关于整治供销合作社系统腐败问题促进改革和治理工作重要批示精神，全力整治系统腐败问题。全年开展从严治社警示教育会议26次，到县市开展督办检查6次，全州供销系统立案36件，组织处理55人，追缴资金364.9万元，运用第一种形态谈话提醒或警示谈话34人、批评教育6人，建立健全机关、企业管理制度110余项。

【优化营商环境】 2021年，州社直属企业（州供销社资产经营管理公司）参照国有资产类经营用房租金减免政策，按照月租金减免20%的比例，为36户承租户减免租金156.5451万元，持续优化营商环境。

（向 妮）

烟草专卖

【概况】 2021年，恩施州烟草商业系统围绕“高质量发展推进年”主线，实施“七个着力挖潜”（两烟经营、降本增效、建设投资、盘活资产资金、人力资源管理、多元化经营、规范财务运行），经济运行目标稳中有增、质量效益持续提升，实现“十四五”规划良好开局。全年实现销售收入55.09亿元，同比增加3.77亿元，增幅7.35%。实现利税14.05亿元，增幅2.35%。上缴利税11.18亿元，增幅22.93%。

【烟叶生产】 2021年，全州收购烟叶80.66万担，完成计划任务的100.62%，同比增加11.34万担。实现烟农收入11.6亿元，同比增加2.08亿元。烤烟户均收入11.82万元，同比增加2.1万元。实现烟叶税2.55亿元，同比增加4500万元。通过全面推进高油分+高可用性上部烟叶定向开发，将上部烟叶带茎采烤作为提高上部烟叶质量关键措施全力推广，烤烟上等烟比例达66.21%，国家局检查等级合格率达82.73%，上部烟销售量达20%，同比增加5%。雪茄烟约40%原料将进入传统手工中高档雪茄，茄衣原料在国内率先实现批量调拨。稳定烟叶核心区，增加生产集中度，全州建成“万担乡”29个（其中白肋烟4个），“千亩村”114个（其中白肋烟2个）。

【卷烟营销】 2021年，全系统坚持“总量控制、稍紧平，增速合理、贵在持续”工作方针，坚持专销高度协调、深度互动，统筹推进营销策略、终端建设、品牌培育、基础管理等工作。销售卷烟99723箱，销量增幅排名全省第四。单箱均价36769元，同比增加2410元，增幅7.01%，增幅全省排名第二。

【专卖管理】 2021年，全系统坚持防范非法卷烟市场渗透和真烟异常流动并举，推进卷烟打假市场整治，全州查处涉烟案件734起，案值1177.91万元，查获烟叶原辅材料86.76吨。申报国标案件3起、省标案件7起，累计查获非法卷烟1431.41万支，同比增加206.49万支。查处5万元以上涉烟案件57起，同比增加22起。打击涉烟犯罪分子59人，同比增加18人。宣恩“5·10”特大非法制售烟丝网络案件的全网全破，对净化市场、震慑犯罪起到良好作用。成功承办2021年全省烟叶废弃物规范处置闭环监管暨打击烟叶非法经营现场会，烟叶废弃物处置做法得到湖北省烟草专卖局领导肯定，在全省推广。

【服务乡村振兴】 2021年，全系统投入乡村振兴专项资金587万元，全州系统抽调60人组建25个乡村振兴工作队，因地制宜制定帮扶村乡村振兴规划，开展“大走访、大排查、大宣讲”活动，顺利通过国家、省级年度评估验收。州烟草专卖局（公司）专卖监督管理办公室科员蔡庆被省委、省政府表彰为“全省脱贫攻坚先进个人”。

2021年4月12日，省人大常委会调研组到来凤雪茄烟发酵工厂察看雪茄烟叶规范收购情况

（州烟草专卖局 供稿）

2021年9月10日，全省烟叶废弃物规范处置闭环监管暨打击烟叶非法经营现场会在恩施召开，与会代表参观宣恩县椒园烟草站烟叶规范生产管理现场

（李双翔 摄）

【技术人才培养】 2021年12月17日，“华中农业大学—恩施州烟草公司研究生联合培养实践基地”揭牌仪式在恩施望城坡科技园区举行。宣恩县烟叶分公司周成被国家烟草专卖局、中国烟草总公司授予“烟草行业青年技术能手”称号。3人在国家烟草专卖局、中国烟草总公司举办的2021年行业烟草栽培技术培训暨技能比武中，分获二、三等奖和优秀奖。

【基础设施建设】 2021年，全州投入烟叶生产基础设施项目建设资金10083.2万元，建设项目4399个。恩施市响板水库、利川高渡河水库、巴东车沟水库、建始木桥河水库4个项目竣工并移交运行管理单位。恩施喻家河水库完工，即将进行竣工验收。宣恩官千水库已下闸蓄水。新项目巴东绿葱坡镇钟坝河水库项目上报国家烟草局。

（吴琼辉）

2021年12月17日，“华中农业大学—恩施州烟草公司研究生联合培养实践基地”揭牌仪式

（吴琼辉 摄）

盐业经营

【概况】 2021年，恩施盐业分公司购进各类盐11546.88吨，其中购进小袋盐9762.48吨、食品加工用盐（含海湖盐）1714.9吨、工业盐（含饲料添加剂）69.5吨。全年销售各类盐12399.23吨，其中销售各类小袋盐10404.78吨、食品加工用盐1616.9吨（含海湖盐）、工业用盐377.55吨。

【市场营销】 2021年，恩施盐业分公司围绕市场份额提升、销售结构改善、价格体系维护和客户渠道建设、业务运营信息化和食品安全标准化，开展中高端产品进社区、进商超宣传推广活动，拓展中高端盐、果蔬盐等销售份额，改善产品销售结构，增加企业营收。

【国资管理】 2021年，全州盐业系统房地资产严格执行“事前严格评估审批、事中公开挂牌招租、事后严格执行协议”的工作要求，实行租赁合同、安全责任书、廉洁从业协议书同步签订，资产租赁、项目合作收益应收尽收。落实新冠肺炎疫情防控期间国有资产出租租金减免政策，公司本年度共向全州盐业资产租户减免租金91.57万元。

【企业管理】 制定业务运转、采购招标、信息管理、环境卫生、安全生产等方面的管理制度和规范性文件，修订考勤管理、费用报销领域的纪律规定。与各县市公司、机关各责任部门、房屋承租方、其他关联人员层层签订安全生产责任书，建立安全生产工作台账，组织定期检查，及时消除事故隐患。

（张　霞）

石油销售

中国石化销售股份有限公司湖北恩施石油分公司

【概况】 2021年，中国石化销售股份有限公司湖北恩施石油分公司（简称中国石化恩施石油分公司）实现成品油供应总量44.4万吨，实现销售收入34.32亿元，上缴税收2591.29万元。全年公司新建投营3座站，改造3座站，取得1宗加油站建设用地，新建4座“司机之家”，网点覆盖能力和综合服务功能进一步增强。投营5座充电桩和1座光伏发电站，推进新能源转型发展。公司员工技能鉴定通过率达到96%。5家参与改革的县市分公司中有4家排名全省前列。

【政企合作】 2021年，中国石化恩施石油分公司推动恩施州油气能源全产业链发展。州政府与江汉油田、中国石化湖北石油分公司签订战略合作协议，三方在加油加气站建设、LNG（液化天然气）加工销售等项目投资领域开展合作，依托中国石化上下游各板块的资源优势，培育和发展恩施清洁能源产业，打通“川渝地区与中东部地区车用LNG走廊恩施段”，助力恩施生态立州战略实施，助力民族地区经济社会发展。围绕“大生态、大产业”，依托加油加气站带动LNG加工厂建设，以LNG产业促成绿色能源发展带动碳达峰、碳中和目标实现。公司全力配合职能部门开展“打非治违”专项行动，打击和震慑非法经营扰乱成品油市场的行为。推动恩施州成品油税控云平台建设，协助税务稽查追缴税款。

【安全管理】 2021年，中国石化恩施石油分公司践行“关爱生命、科学发展、环境优先、持续改进”的理念，推进“安全生产专项整治三年行动计划”“百日安全无事故”“五查五严保安全”“绿色基层创建”等专项行动，全面开展HSE管理体系建设，组织安全环保隐患排查与整改，加强企地联合演练，构建全方位、多角度的安全防控体系，实现安全平稳运行。公司年度安全考核排名全省第三，被中国石化湖北石油分公司评为全省系统“安全环保先进单位”，恩施铁路油库被中国石化湖北石油分公司评为全省系统“安全环保管理先进油库”。分公司综合督导队全年进行现场综合督查195站次，开展626站次远程视频检查，发现并整改问题3000余条，确保库站现场、施工现场安全平稳运行。

【服务乡村振兴】 2021年，分公司履行社会责任，派出8个驻村工作队、16名队员参加乡村振兴工作。组织恩施州企业和厂家参加中国石化易捷公司“易享节”“易捷年货节”“荆楚优品”等大型招商会，有34家企业、317种商品入驻易捷便利店，在店内设置陈列专区。线上将17个畅销单品免费进驻“易捷商城”线上销售，供全国1亿多加油卡用户长期选购。协调争取中国石化、中央广播电视总台和《中国青年报》主办“中国石化爱心优选”恩施站视频直播活动，专场推介恩施土特产，参与直播的粉丝超过250万人次，全年实现恩施土特产销售超亿元。3月，恩施州消费扶贫帮扶体验馆在中国石化武汉贺家墩加油站揭牌营业。恩施石油组织3场直播带货，销售恩施土特产品1976万元。

2021年7月16日，中国石化恩施石油分公司进行油库安全检查

（中国石化恩施石油分公司 供稿）

2021年10月16日，中国石化恩施石油分公司在恩施北加油站开展“中国石化公众开放日”活动

（中国石化恩施石油分公司 供稿）

【党建工作】 2021年，分公司以庆祝中国共产党成立100周年为主线，开展“党建大融合”行动、党史学习教育，为公司争先进位提供政治保障。在中国石化销售公司年度党建巡察检查中，公司党建工作被评为A类，政治生态全省排名第一。全年开展“员工大讲堂”18期、“送讲到一线”32次，营造奋进、和谐、高效的干事创业氛围。开展“进库站办实事”活动，梳理办实事责任清单243项，先后开展7轮帮扶活动，党团青年500余人次投入帮扶活动中。组织开展冬送温暖夏送清凉、正月十五闹元宵、中国共产党成立100周年趣味运动会、EAP辅导讲座、爱国主义教育观影观展。全年在各级报刊媒体发表文章811篇，选树罗维林、刘星、彭庆丽等一批先进人物。举办“新春走基层”主题宣传活动，举办全省首次“线上+线下”公众开放日。

【荣誉】 2021年，中国石化恩施石油分公司被州委、州政府评为“2019—2020年度州级文明单位”。恩施市七里高速出口加油站、咸丰石家沟加油站被州委文明办和团州委评为“2019—2020年度恩施州青年文明号”，分公司王楚怡被评为“2019—2020年度恩施州青年岗位能手”。恩施铁路油库彭庆丽获评“荆楚楷模”和“恩施楷模”月度人物。恩施市石油分公司陈俊被省委、省政府表彰为“防汛救灾先进个人”。

（侯秋芳）

中国石油天然气股份有限公司湖北恩施销售分公司

【概况】 2021年，中国石油天然气股份有限公司湖北恩施分公司实现成品油销售总量14.3万吨，实现非油销售4300万元，油品质量抽检合格率100%，年度综合业绩考评排名全省靠前，获评湖北销售公司年度安全生产先进集体。分公司下辖4个片区（恩施片区、利川片区、南四县片区、建始巴东片区），45座加油站，在岗员工301人，属于湖北公司二类A档地市分公司。

【油品营销】 2021年，在油品销售上，分公司加强资源协调，实行统一配送，保障恩施地区成品油供应。在客户开发上，分公司以“党建+客户”模式，紧盯重大工程项目，加大机构客户开发与维护，通过优化服务环节，持续挖掘销售潜能，服务地方经济发展。分公司七里坪加油站获评中国石油天然气集团有限公司“2021年度质量信得过班组”。

【非油销售】 2021年，分公司紧盯非油年度目标，加强专业线管理，发挥全员销售能动性，非油业务稳步发展。结合恩施市场消费特点，突出旅游品牌特色，拓展非油业务空间。加油站新增家用电器、农业化肥销售，持续提升单店销售能力，年销售超过百万元的便利店达到30座。

【安全环保】 2021年，分公司持续推进质量管理和健康、安全、环保体系建设，严格落实直线责任和安全管理“一岗双责”，强化全员安全意识，保障分公司安全平稳运行。落实新冠肺炎疫情防控常态化机制，确保员工及家属零感染。加强加油站油气回收，节能环保能力持续增强，分公司太矶头站获评中国石油集团有限公司“2020年度绿色基层队（站）”。

【现场管理】 2021年，加强油品、非油销售合规管理，细化加油站员工二次考核，持续提升现场服务水平，保障客户消费权益。有序推进加油站绿化建设，创造更加优质的消费环境。加强现场环境卫生管理，保持微笑服务、跑动服务和三声服务，丰富客户消费体验，树立品牌形象。

（张如燎）

金　融

Finance

地方金融工作

【概况】 2021年，州地方金融工作局围绕服务实体经济、防范金融风险、深化金融改革等重点任务，服务全州“大生态、大交通、大旅游、大产业”发展，统筹推进金融稳定、发展、改革各项工作，为全州高质量发展贡献地方金融力量。州地方金融局被省扫黑除恶专项斗争领导小组办公室和省人社厅联合表彰为全省扫黑除恶专项斗争先进单位，被州委平安建设领导小组办公室评为2021年度平安建设（综治工作）优胜单位。

【防范化解金融风险】 2021年，印发《恩施州防范和处置非法集资内控工作制度》等文件，按照“州为指导、县为主体、部门监管”原则，继续推进建立防范化解金融风险常态化体制机制。恩施州“将重点区域非法集资风险监测纳入村干部、驻村队员、综治委员等基层干部的日常工作，列为乡镇（街道）综治中心每日研判内容”的做法受到处置非法集资部际联席会议办公室推介，在《处置非法集资动态》(2021年第26期)编发。推进地方金融领域扫黑除恶斗争，巩固专项斗争成效。紧盯苗头，开展全州金融风险隐患大排查，印发《恩施州关于落实湖北省进一步打好防范化解金融风险攻坚战下一步工作任务分工的具体措施》等文件，从宣传教育、排查摸底、信息报送、会商研判、化解处置等方面压实责任，全年召开风险研判会20余次，移交风险线索及风险提示26件，持续守住不发生系统性区域性金融风险、大规模群体性事件两条“底线”，州地方金融工作局2018—2021年连续4年名列全省防范化解金融风险考核前三名。完成中央巡视反馈问题整改工作，将中央第二巡视组巡视湖北反馈意见涉及州地方金融工作局整改工作作为重点，制定《恩施州关于落实省处非办十九届中央第六轮巡视整改工作措施》，组织召开巡视整改专题会议，全年发出督办函、工作提示函14件，组织召开巡视整改工作推进会4次。对中央巡视湖北反馈问题涉及恩施州非法集资交办件35起案件逐一核对梳理，细化整改措施，12月底销号32起，销号占比91.43%。加强监管，清理规范地方金融组织及民间融资机构，落实和压实监管责任，推进分级分类监管，加强行业治理，从源头净化优化地方金融组织发展环境，引导地方金融组织及民间融资机构累计71家转型退出。

【服务实体经济】 2021年，持续运用“茶企方舱”对接机制，印发《关于建立常态化“企业金融服务方舱”政银企对接工作机制的通知》，将对接范围由茶叶企业扩大到以大产业建设为重点的所有实体中小微企业，截至12月，全州有1760家企业纳入方舱，获银行新增贷款、展期、续贷支持金额达75.16亿元。在省金融局的组织协调和支持下，9家省级金融机构到恩施州开展重大项目融资对接活动，全州各银行机构累计支持重大项目97个，发放贷款81.45亿元。创新开展农村土地经营权抵押贷款，出台《恩施州金融支持乡村振兴十条措施》，协调制定《关于在全州开展农村土地经营权抵押贷款助力乡村振兴的指导意见》，指导恩施市开展住房财产权抵押贷款试点，引导金融机构创新产品、优化服务，增强金融对乡村振兴的信贷支持。全州发放土地经营权抵押贷款31笔，金额1969万元。该做法被“学习强国”、《湖北日报》宣传推介。截至12月末，全州涉农贷款余额达844.56亿元，较年初增长8.77%。牵头制定并由州政府印发《积极开展农业保险助力乡村振兴八条措施》，在推动上级政策性农业保险扩面的基础上，开展地方优势特色农产品保险，政府给予农户60%的保费补贴，降低农业生产经营风险。

【资本市场建设】 2021年，制定出台《恩施州企业上市奖励办法》《恩施州加强资本市场建设加快推进企业上市六条措施》，建立上市后备企业库，培育“金种子”3家、“银种子”12家、州级“尖子”15家入库。支持企业在多层次资本市场融资，全州在四板挂牌企业达277家，挂牌企业实现直接融资额累计超过5亿元。全年为36家挂牌企业落实奖补资金117万元，兑现“金种子”企业“鄂旅股份”报辅报会奖补资金250万元。支持鄂旅股份上市，证监会下达第三轮反馈意见，涉及同业竞争问题整改工作基本完成。

【地方金融监管】 2021年，开展“双随机、一公开”现场检查和非现场检查，净化行业环境，推进新型政银担合作、提升服务质量。结合地方金融组织监管实际，制定《州地方金融工作局2021年地方金融组织“双随机、一公开”检查计划方案》，4月至5月，开展融资担保公司的“双随机、一公开”检查，检查5家担保公司，针对检查出的问题下发5份整改通知书。通过日常监管、聘请第三方分类评级机构等方式对全州13家融资担保公司进行全覆盖检查。

【党组织建设】 2021年，持续做好“三抓三促”（抓夯实基础促规范，抓丰富活动促动力，抓服务提升促发展）支部工作法，坚持抓党建促发展，将企业上市相关知识首次纳入理论学习中心组学习内容，实现抓党建促进企业上市、优化营商环境、乡村振兴及防范化解重大金融风险攻坚战等任务落实。推进清廉机关建设，在单位营造风清气正的政治生态和良好发展环境。机关党支部被州委直属机关工委评为“红旗党支部”，被州委表彰为“全州先进基层党组织”。

（陈　游）

银行保险监督管理

【概况】 2021年，恩施银保监分局推进金融支持经济高质量发展，加强风险防范化解力度，深化银行保险领域改革，持续提升监管工作质效，推动恩施州银行业保险业高质量发展。银保监会和湖北银保监局到分局调研指导10次，对分局的新闻宣传、“内控合规管理建设年”和消费者权益保护等工作予以肯定。州委、州政府领导批示肯定分局支持地方经济、防范化解金融风险工作3次。据州银保监系统年末统计，全辖有银行保险机构网点701个。其中银行业金融机构网点386个（原持许可证383个，新设立3个），包括9家法人机构、2家城市商业银行一级分行、1家政策性银行及5家大型银行二级分行，支行及支行以下营业网点369个，银行从业人员（在岗）5596人。全辖有保险业机构网点315个，其中州级分支机构37家、支公司112家、营业部29家、营销服务部137家，保险从业人员1.7万人。全州银行业机构资产总计（本外币合计，下同）2110.03亿元，比年初净增145.87亿元，增幅7.43%。负债总额2058.55亿元，比年初净增136.66亿元，增幅7.11%。全州银行业各项存款余额1706.07亿元，比年初增加82.53亿元，增幅5.08%。各项贷款余额1445.28亿元，较年初增加147.56亿元，增幅11.37%。不良贷款余额23.54亿元，较年初下降4.52亿元，不良贷款占比1.63%，较年初下降0.53个百分点。全州银行业实现盈利14.52亿元，同比增盈7.18亿元。全州保险市场累计实现保费收入62.5亿元，同比增长10.21%，各项赔款及给付20.63亿元，承保利润1.63亿元。

【防范金融风险】 2021年，党委专题研究信用风险防控工作3次，全州银行业化解不良贷款31.76亿元。至年末，全州不良贷款较年初减少4.52亿元，不良贷款率较年初下降0.53个百分点，实现“双降”。妥善化解脱贫人口小额信贷风险，召开脱贫人口小额信贷调研座谈会，争取州分管领导支持，到各县市协同推动重点风险化解。开展经营用途贷款违规流入房地产领域专项排查，督促机构限时整改。规范车险市场秩序，维护市场总体平稳。配合地方政府稳妥化解隐性债务，下发监管通报11份，风险提示4份，开展监管约谈9次，督促各法人银行制定集中取款应急预案，紧盯延期还本付息贷款集中到期风险，对隐形高风险机构进行现场督办，“一行一策”制定风险化解方案。开展贷款质量真实性核查，督促不良贷款真实入账，做实资产质量。对监管评级为4级的农商行实行名单制管理，分局领导先后开展11次监管走访，召开专题监管工作会，现场督办辖内中小银行信用风险防控工作。加强法人机构大股东行为监管，严防大股东通过不正当关联交易损害中小法人银行利益，治理市场乱象，组建智能检查领导小组和应用团队，开展EAST技能培训和劳动竞赛，在省局EAST技能竞赛中获得先进单位奖和5个先进模型奖。开展“内控合规管理建设年”活动，组织机构交流经验，印发工作简报2期，银保监会现场检查局在恩施召开“内控合规管理建设年”调研督导会。全年分局对4家银行保险机构开展现场检查，对3家保险公司实施行政处罚，双罚率达100%。

【服务实体经济】 2021年，推动高质量发展，支持实体经济，金融服务全面覆盖农业农村农民，在全省率先开展“整村授信”试点工作，并拓展至全州2072个行政村，完成授信44亿元，成功申请将恩施市建设为全省金融服务乡村振兴创新示范区。全州脱贫人口小额贷款余额7.16亿元，服务建档立卡脱贫人口16725户。持续推动“防贫保”业务，为8个县市提供风险保障154.98亿元，全年赔付1883笔、911.71万元。农业保险提供风险保障61.48亿元，支付赔款5611.02万元，受益农户5.19万户次。指导银行保险机构通过派驻扶贫工作队、金融“村官”、挂职交流等方式，探索“村银共建”模式，全州农商行派驻金融“村官”205人。银保监会新闻发布会首次走进恩施，《人民日报》等多家中央媒体宣传报道30余次，讲好金融支持乡村振兴的“恩施故事”。开展金融支持经济持续恢复和高质量发展自查督查，联合州人行、州地方金融局等部门印发《恩施州缓解中小微企业融资难方案》，落实中小微企业降成本二十条措施。截至年末，全州普惠型小微企业贷款余额258.40亿元，高于各项贷款平均增速1.72个百分点，普惠型小微企业户数71257户，较年初净增14349户，完成“两增”目标。小微企业信用贷款余额80.65亿元，较年初增加19.31亿元，增幅达31.48%。小微企业中长期贷款余额393.06亿元，占小微企业贷款余额的65.73%。督导

2021年7月26日，恩施银保监分局在宣恩县参加银保监会举办的银行业保险业例行新闻发布会

（恩施银保监分局 供稿）

银行机构细化落实小微企业授信尽职免责机制，全州银行机构审议免责人数210人。引导银行通过降低利率、减免收费等方式为市场主体减负12364.3万元，普惠型小微企业贷款利率6.5%，较2020年初下降1.24个百分点。金融资源合理配置重点特色产业，引导银行保险机构对接恩施州“大生态、大交通、大旅游、大产业”，支持全州重点项目建设77个，建立“茶企方舱”和常态化“企业金融服务方舱”政银企对接工作机制，对338家舱内茶企提供信贷支持3.47亿元，对文化旅游产业信贷支持20余亿元。引导银行保险机构贯彻落实碳达峰、碳中和工作要求，结合恩施州区位优势，拓展森林保险试点至4个县市。在煤炭、水泥、化工等行业推行环境污染责任保险，为投保企业提供风险保障500万元。加强对节能环保、清洁生产、清洁能源等绿色产业的信贷支持，辖内绿色信贷余额123.32亿元，较年初增长7.86亿元。

【深化金融改革】 2021年，创新金融产品，引导银行保险机构立足恩施州“土、硒、茶、凉、绿”特色，创新推出“硒畜活抵贷”等信贷产品。联合地方部门制定农业保险助力乡村振兴八条措施，全州开办马铃薯种植、育肥猪养殖等7个中央和省级财政补贴型险种，开办烟叶、茶树种植、藤茶种植产业保险等地方特色险种5个。推动安全生产责任保险落地，建立联席会议制度，保费收入快速增长，累计赔付430.78万元。建立“警保联动”快速反应机制，推广巨灾保险、小额扶贫人身保险和建设工程履约保证保险试点。完善服务体系，坚持构建差异化发展格局，突出大型银行“头雁”作用和中小银行“深耕县域”作用，初步形成有序竞争、各有侧重的服务格局。巩固和规范财险公司发展，引入做优寿险公司，引进2家寿险中支公司进驻恩施。鼓励金融服务支持县域经济高质量发展，支持银行机构设立和筹建6个乡镇支行，支持保险公司设立县级支公司5个、乡镇营销服务部11个。落实县域存贷比提升措施，8个县市的县域存贷比均超过50%，均较年初增长3个百分点以上。深化“放管服”改革，修订分局行政许可实施细则，落实公平竞争审查制度，简化银行保险机构和高管人员的准入材料，取消高管任职资格考试，健全完善任职资格考察谈话制度，持续推动监管工作简政放权，确保“放得下、接得住、管得好”。规范许可证管理工作，提前完成383张金融许可证和310张保险许可证的新版换证工作。

【提升监管能力】 2021年，组织辖内机构开展第七轮安全评估等安保工作，排查发现辖内机构存在26个安全隐患，现场督导责任机构全部整改到位。梳理政务运行管理制度漏洞，完善内网网站、数据安全、档案管理等11项内部制度。引导辖内银行保险机构开展“八五”普法、消费者权益保护日、保险公众宣传日、防范非法集资、金融知识进万家等专题宣传活动8次。根据省局统一部署，推进信创、“互联网+政务服务”等工作，确保在规定时间内完成硬件配置和平台上线运行。培养精准专业技能，举办保险监管知识培训，组织参加银保监会监管政策大讲堂7期，参加州政府举办的办公系统培训、网信干部培训、公平竞争审查培训等10人次。

【学习教育】 2021年，联合州广播电视台举办全州金融系统音乐党史课。组织25名青年党员开展季度专题演讲，参加省局系统歌咏比赛，代表恩施片区参加省局系统党史知识竞赛。党委班子成员到基层联系点、银行保险机构和企业调研50次，24条调研信息和6篇调研文章被《湖北银保监管》《每日要情》等刊用，拟定“我为群众办实事”10项任务清单，党委书记带队参加“党风政风热线”。分局在湖北银保监局系统党史学习教育总结会议上交流发言，银保监会微信公众号“金融街15号”刊发分局党史学习教育经验做法。开展清廉金融文化征文评选和廉政主题演讲，推进落实清廉金融文化与监管工作深度融合。召开纪委书记联席会议，重点选取法人银行机构建立纪检监察衔接协调机制，全州银行保险机构建成廉洁示范点23个。分局获全国金融系统思想政治工作和文化建设调研成果二等奖。

【荣誉】 2021年，分局获评湖北银保监局系统先进基层党组织、攻坚克难先进党组织、新闻舆情工作先进单位，全州平安建设（综治工作）优胜单位、全州共青团工作先进单位等荣誉。4月，恩施银保监分局大型银行监管科科长文治成被中华全国总工会授予“全国五一劳动奖章”。多名个人获评中国银保监会系统“优秀党务工作者”、湖北银保监局系统“优秀共产党员”、湖北省扫黑除恶专项斗争先进工作者、湖北省银行业金融机构安全保卫工作成绩突出个人、湖北银保监局系统新闻舆情工作先进个人等荣誉。

（潘　婷）

银行业

中国人民银行恩施州中心支行

【概况】 2021年年末，恩施州共有银行机构17家，其中政策性银行1家、国有商业银行5家、城市商业银行2家、地方法人机构9家，共有各级分支机构（营业网点）383个，从业人员5150人。截至年末，恩施州银行机构存款余额1728.26亿元，比年初增加65.52亿元，同比增长3.94%；贷款余额1445.27亿元，较年初增加147.56亿元，同比增长11.37%。信贷结构持续优化，小微企业和扶贫领域金融支持力度加大，2021年年末，恩施州小微企业贷款余额403.41亿元，同比增长3.6%，金融精准扶贫贷款余额218.47亿元，同比增长0.52%。恩施州保费收入62.5亿元，比2020年增长9.52%，其中产险19.84亿元，增长8.91%；寿险42.66亿元，增长9.8%。理赔金额20.63亿元。恩施州证券交易户数11.22万个，同比增长9.89%；证券交易额782.75亿元，同比增长24.87%；截至2021年年末，恩施州挂牌企业总计277家，均在四板市场挂牌，挂牌企业直接融资额1.68亿元。

【落实稳健货币政策】 2021年，人行恩施州中心支行运用各类货币政策工具，为实体经济恢复发展营造良好的货币金融环境。累计释放流动性资金6亿元。截至12月末，全州再贷款余额33.37亿元、再贴现余额1.9亿元，实现县市全覆盖；银行机构为14165户普惠型小微企业办理贷款本金延期，涉及贷款本金73.37亿元，为4088户普惠型小微企业办理贷款利息延期，涉及贷款利息5.3亿元，对应贷款本金64.89亿元，全州普惠型小微企业信用贷款余额45.08亿元，较年初增加15.77亿元、增速53.8%，推动企业融资成本稳中有降；全州银行机构普惠型小微企业贷款利率为6.43%，较年初下降16个BP，优化辖内存款利率监管，推动辖内各类放贷主体明示贷款年化利率；全州金融机构人民币各项贷款余额1445.27亿元，较年初增加147.56亿元，增幅11.37%。全州余额存贷比83.63%，增量存贷比225.21%。

【支持实体经济】 2021年，加大政银企对接力度，先后开展“金融助茶”专项行动。5月19日，州人行联合州经信局、恩施银保监分局举办恩施州制造业技术改造银企对接暨专题培训活动，累计为茶企新发放贷款3.47亿元、为290户科技型企业发放贷款10.7亿元、为33家制造业企业发放贷款4.05亿元。开展信用培植工程，全年组织推荐96家（其中91家企业实现银企对接，办结企业84家），融资金额达5.58亿元。加大金融服务产品创新力度，在宣恩试点“茶叶产业链”融资新模式，实现产、供、销三大链条有机衔接。创新“硒畜活抵贷”，生猪活体抵押贷款在全省属于开创性工作。成功办理全州首例知识产权抵押融资贷款、可再生能源补贴确权贷款。加大对大众创业的金融支持力度，截至12月末，创业担保贷款余额13.75亿元。

【服务乡村振兴】 2021年，推动出台《恩施州金融服务乡村振兴实施方案》《恩施州金融支持乡村振兴十条工作措施》等，为金融服务乡村振兴提供制度保障。全面推广“整村授信”，截至12月末，覆盖行政村1826个，覆盖率达85.9%。授信农户数22.2万户，户均授信额度7.7万元，用信农户12.95万户，用信金额69.75亿元，用信率58.4%。新型农业经营主体授信6201户，用信3460户，用信金额9.29亿元，用信率55.8%。推动农村信用信息平台在全州多个县市建成运行，并实现通过平台提取信用信息开展评级工作。推进农村土地经营权抵押贷款落地，全年发放农村土地经营权抵押贷款19笔，户数13户，金额619万元。发挥脱贫人口小额信贷作用，落实扶贫车间主办银行制度，创新“硒茶贷”“烟叶贷”“药材贷”等信贷产品，满足涉农主体融资需求。推进移动支付便民工程，构建“金融‘村官’+乡村振兴”适老化服务机制。

【防范化解金融风险】 2021年，建立地方法人银行监测预警机制和主动防控分类化解机制，综合运用压力测试、央行现场评级、存保风险核查等风险监测工具，全面评估地方法人银行的经营情况和风险状况。开展地方法人银行风险化解工作，指导地方法人银行因行施策，多渠道补充资本，加大地方法人银行不良资产处置力度。准确把握执行好房地产金融审慎管理制度，坚持“一企一策”推动房地产企业债务风险化解，维护消费者合法权益和房地产市场平稳健康发展。

【优化金融营商环境】 2021年，提升政策知晓度，落实金融服务机制，引导金融机构多渠道公示市场主体关注度较高的授权和授信清单。提升企业开户便利度，全面实行预约开户，试点小微企业简易开户服务，探索建立“企业开户服务绿色通道”，提升银行账户服务质效。推进企业退税便利化改革，持续压缩退税业务办理时限，确保全辖各级国库的退税业务在1个工作日内办结。组织在“市民之家”建立恩施州金融综合服务中心暨企业开办服务中心。

【优化金融服务与管理水平】 2021年，推动金融标准实施，增强金融标准治理效能，开展违规使

2021年5月19日，人行恩施州中心支行联合州经信局、恩施银保监分局举办恩施州制造业技术改造银企对接暨专题培训活动　（龚陈然　摄）

用人民币图样、拒收人民币现金整治工作，开出恩施州首张拒收现金罚单。严厉打击假币犯罪活动，出台《恩施州假币犯罪举报奖励办法》，调动群众举报假币犯罪的积极性。及时准确办理国库收支业务，有效保障财政资金的拨付，推动恩施海关顺利接入财税库银横向联网系统（TIPS）。推进涉赌涉诈资金链治理，遏制辖内电信诈骗犯罪，打击虚开骗税，连续2年被评为湖北省扫黑除恶先进集体。促进贸易投资便利化，外汇管理提质增效，开展金融知识宣传，成功创建“湖北省金融教育示范基地”。

2021年12月1日，“湖北省金融教育示范基地”在恩施州挂牌　（杨　一　摄）

【荣誉】　2021年2月，人行恩施州中心支行支付结算科科长邓通祥被省扫黑办和人社厅表彰为全省扫黑除恶专项斗争先进工作者。4月，货币信贷管理科主任科员王振被省委、省政府表彰为“湖北省脱贫攻坚先进个人”。11月，人行恩施州中心支行被国家税务总局湖北省税务局、国家税务总局驻广州特派员办事处、公安厅、武汉海关、人行武汉分行表彰为“全省打击虚开骗税违法犯罪两年专项行动成绩突出集体”。

（余　倩）

中国工商银行股份有限公司恩施分行

【概况】　2021年，中国工商银行股份有限公司恩施分行夯实经营基础，优化管理机制，加快信贷投放，服务乡村振兴，实现经营业绩和管理质效同步提升，完成省行下达的所有经营任务。提升内控案防质量，实现全年安全生产无事故。11月，恩施分行二级经理由金凤获中国金融工会全国委员会“全国金融五一劳动奖章”。

【贷款服务】　2021年，加大优质项目投入，支持恩施州重大项目融资，重点支持优质项目及民营企业发展。至年末，全行各项贷款较年初增加18.38亿元，实现贷款余额、累计投放量同业“双第一”。重点发展普惠金融，支持普惠小微企业和个体工商贷款户128户，融资余额2.18亿元。涉农贷款余额为31.91亿元，较年初增加4.89亿元，增速为18.1%，比系统内平均增速高3.33个百分点。通过扫描“楚天贷款码”向工行申请融资企业34户，实现贷款投放22户，融资余额2684万元，成功率64.71%。全年为30户存量政银集合贷客户持续通过再融资方式办理无还本续贷业务，累计融资额达到1.01亿元。稳健发展个人贷款，做好按揭合作业务，全年为80个合作机构发放贷款4680笔，个人住房按揭贷款累计投放19.82亿元。年末个人贷款比年初增加13.5亿元。

【风险管控】　2021年，加强对信贷资金流向监测，及时发现贷款风险，将风险遏制在萌芽状态。现金收回不良贷款2212万元，达到历年最高水平。将恩施众森绿色产业投资发展有限公司5347万元不良资金列为批量转让的范围并顺利转出。做好利川吉顺交通、利川振业、来凤县龙凤旅游民生天然气等潜在风险化解工作。

【经营转型】　2021年，保持信用卡业务发展势头，继续扩充商圈、专业市场商户，提升工行收款码的品牌影响力。打造涵盖网点、线上和外拓三大获客模式为一体的获客体系，利用面签码、微信、移动终端、智能终端等获客渠道，将各类平台上客群转化为信用卡客户。通过微信公众宣传平台、行内业务交流群、朋友圈、H5宣传等线上渠道，加大产品宣传力度。保持网络金融领先优势，新增个人手机银行客户4.68万户，存量客户数70.4万户，新增三方支付绑卡13.76万张，三方支付交易动卡44.46万张，智慧校园县域市场拓展取得突破。全年新拓银校通学校43户。完成恩施首府、恩施黔龙1号两个小区智慧社区项目建设并上线运行，实现恩施州妇幼银医通、云上恩施、州中心医院智慧医疗上线运行，完成恩施市第二中学智慧食堂建设项目，实现教职工刷脸就餐。融e购电商平台助力乡村振兴见实效，全年成功营销入驻商户26户，存量交易商户数达到62户。优化营销机制，成立法客营销管理等3个中心，负责城区所有有贷户的综合金融服务和全信贷流程管理、城区个贷住房按揭贷款的营销工作，重点突破房抵e分期、装修分期。

【内控案防】　2021年，压实内控案防职责，组织签订2021年度《案防责任书》92份。反洗钱能力增强，持续开展KYC专项治理，系统抓取异常交易报告2915笔，向当地人民银行报送可疑交易报告3笔。配合总行巡视工作，全年无内外部经济案件，无重大操作风险和安全风险事件。

【服务乡村振兴】 2021年，全行负责乡村振兴联系村9个，常驻人员24人，占全行总人数的5%。加大金融支持乡村振兴力度，至年末，恩施分行涉农贷款余额31.91亿元，较年初增加4.89亿元，增速达18.1%。全行直接采购恩施州当地农副产品213.3万元，扶贫捐资36万元。通过组织重点商户参加总省分行“乡村振兴”商城采购活动，原始交易额达到2014万元。探索服务乡村振兴新模式，系统内率先启动整村授信试点，开展融资融智活动，投资400万元的美丽乡村项目于9月启动。工商银行恩施分行被总行表彰为扶贫先进单位。

（汤祥松）

中国建设银行股份有限公司恩施分行

【概况】 2021年，中国建设银行股份有限公司恩施分行实现中间业务毛收入1.06亿元，中间业务净收入8470万元，实现账面利润3.5亿元，为地方贡献税收3362万元。全年全行一般性存款余额165.02亿元，较年初新增4.86亿元，日均余额156.07亿元，较年初新增9.71亿元。各项贷款余额153.96亿元，较年初新增7.76亿元。恩施分行获恩施州2019—2020年度“州级文明单位”、湖北分行2021年度“宣传思想文化工作”先进单位等荣誉称号，被全国妇联表彰为“全国巾帼建功先进集体”。

【资产业务】 2021年，全年实现信贷投放53亿元。其中发放对公贷款25.6亿元，发放个人类贷款（含信用卡）27.4亿元。普惠金融贷款新增2.8亿元，普惠客户新增518户，全省排名第一。支持全州商户发展，新支持市场主体505户、1.18亿元。创新推出“善担贷”“善营贷”“e政通”“e信通”等普惠产品，拓宽小微企业客户融资渠道。

【服务乡村振兴】 2021年，全面推进金融服务乡村振兴，累计投放涉农贷款近3.5亿元，涉及全州600多个行政村，实现8个县市全覆盖，一定程度缓解“融资难、融资贵、融资慢”问题。减费让利，持续降低企业融资成本，降低小微企业利息支出约2300余万元。作为全州唯一合作银行，实现州本级及各县市不动产抵押登记平台全覆盖。推进“网点办政务”，包括社保、公积金等政务查询项目可直接在全州建行网点智慧柜员机上进行。

（万 洋）

中国农业银行股份有限公司恩施分行

【概况】 2021年，中国农业银行股份有限公司恩施分行各项存款时点余额196亿元，市场份额30.69%。日均余额份额32.18%。各项贷款余额172亿元，市场份额27.41%，比年初提升0.77个百分点，净增21亿元。中间收入完成7475万元，份额29.88%，比年初提升0.22个百分点。营收完成6.73亿元，同比增加0.45亿元，净利润2.96亿元，同比增加0.58亿元。全年未发生重大案件、重大风险事件、重大责任事故，平安发展。

【金融服务】 2021年，围绕巩固脱贫攻坚成果推动乡村振兴，服务小微企业，全年累计投放普惠贷款13.1亿元，较年初净增2.69亿元，实现普惠专项考评、监管考核双达标，成功获批中广核再生能源补贴确权贷9000万元。全面落实疫后重振、稳产保供、支持小微等要求，全年累计为102户企业法人纾困解难2.64亿元。开展拥军服务项目，军人住房公积金贷款全年投放2930万元，计划完成率244%。开展网点服务升温工程，被《恩施日报》《恩施晚报》等媒体多次报道。

【风险控制】 2021年，有不良余额9900万元，比年初下降1300万元，不良率0.67%，比年初下降0.13个百分点，实现双降。全年处置不良资款1.58亿元（其中核销1.28亿元）。清收已核销贷款4140万元。

（袁竣珂）

中国银行股份有限公司恩施分行

【概况】 2021年，中国银行股份有限公司恩施分行（简称中国银行恩施分行）辖经营性机构5个，县市行网点6个，本级部门9个，年末在职员工218人。2021年年末，本外币各项存款余额91.45亿元，较年初新增7.63亿元，增幅9.1%。本外币各项贷款余额112.78亿元，较年初新增13.34亿元，增幅13.42%。贷款不良率较年初下降0.15个百分点，高于同业平均水平，成为连续3年获评反洗钱A类机构的银行。

【信贷投放】 2021年，中国银行恩施分行推动资产业务发展，按照州委、州政府关于“立足大生态、构建大交通、发展大旅游、打造大产业”的发展战略导向，加大对基础设施建设、学校、医院、水电清洁能源及旅游等重点行业以及重大招商引资项目的储备，在服务地方经济建设、致力民生工程等方面投放贷款14.42亿元，较2020年同期同比增长108%。

【金融服务】 2021年，中国银行恩施分行履行社会责任，根据客户需求推出复工贷、烟草贷、慧农茶商贷、益农贷、融易贷、税E贷等多种信贷产品，倾情支持小微企业发展，年末普惠小微企业贷款余额达5.75亿元，较2020年年末新增1.81亿元，增速为46.15%。

【优化网点渠道布局】 2021年，持续将网点改造升级、县域网点增设、自助设备投放导入固化工作，巴东支行、经济开发区支行完成原址升级装修，为客户提供特色化、差异化、多元化的金融服务。抓好厅堂服务，提升现有自助渠道和网上银行业务办理率，柜面业务替代率、智能柜台迁移率均居全省系统前列。科技赋能，推进智能化、专业化转型及电子渠道建设工作，为辖内 11 家机构配备便携式移动智能柜台，以智能化设备延伸金融服务的广度和深度，确保“7×24 小时”的高质量金融对外服务效率。

（胡　姮）

中国农业发展银行恩施州分行

【概况】 2021 年，中国农业发展银行恩施州分行下辖 8 个县市支行，年末在岗职工 162 人，年末贷款余额 237.13 亿元。对公存款余额 24.58 亿元，存款日均余额 29.42 亿元。

【信贷支农】 2021 年，聚焦国家战略和“三农”发展，加大金融支持力度，全年累计投放贷款 39.52 亿元，发挥政策性金融“当先导、补短板、逆周期”职能作用。服务粮食安全，全年累计投放粮油贷款 2.2 亿元，实现全州 8 个县市粮油市场化业务全覆盖，为维护州域粮食安全提供有力支撑。服务巩固拓展脱贫攻坚成果与乡村振兴有效衔接，累计投放巩固贷款 39.49 亿元（其中易地扶贫搬迁后续扶持贷款 5.87 亿元）。支持安置区产业发展及配套基础设施和公共服务设施建设，助力实现“稳得住、能致富”。服务长江大保护，围绕生态修复、环境保护和绿色发展“三篇文章”，重点营销长江巴东段、清江生态修护项目，累计投放贷款 10.2 亿元，推进江河湖库、左右岸、干支流协同治理。支持特色产业提升，精准对接全州特色产业发展规划，累计投放农业产业贷款 6.97 亿元，支持一批产业园建设和特色民营小微企业发展。

（秦国文）

中国邮政储蓄银行股份有限公司恩施州分行

【概况】 2021 年，中国邮政储蓄银行股份有限公司恩施州分行（简称邮储银行恩施分行），年末总资产 371.21 亿元（其中个人储蓄存款余额 324.41 亿元，较年初增长 20.28 亿元，市场占有率 26.7%；公司存款余额 21.36 亿元，较年初减少 2.38 亿元，市场占有率 5.35%），同比增长 6.37%。各项贷款余额 73.3 亿元，较年初净增长 1.81 亿元，市场占有率 5.3%；年末不良贷款金额 1.79 亿元，较年初减少 3637 万元，不良率 2.34%，较年初减少 0.68%。2021 年，邮储银行恩施分行党委被省委直属机关工委授予“先进基层党组织”称号。

【金融服务】 2021 年，加大对三农小微等实体经济的支持力度，助力企业复工复产。聚焦恩施州“大生态、大交通、大旅游、大产业”发展，对接恩施州地方产业集群建设，全年发放实体贷款 14407 笔，金额 27.65 亿元，净增 2.77 亿元。向宣鹤高速段项目授信 5 亿元，支用 3.8 亿元，并成功取得宣鹤高速、鹤峰东段高速公路建设项目贷款资格，贷款采用内外部银团组建模式。支持地方特色产业发展，对接企业及农户贷款需求，加快“硒茶贷”“烟农贷”等特色信贷产品的投放，全年累计发放“硒茶贷”6785 万元，“烟农贷”4225 万元，涉农贷款结余达到 44.5 亿元，较年初增长 1.86 亿元。全州普惠涉农贷款结余 19.5 亿元，较年初净增 0.68 亿元。普惠型小微企业贷款结余 27.62 亿元，较年初增长 1.91 亿元，增速 7.43%，高于整体贷款增速 0.25 个百分点。贷款户数 7307 户，较年初增加 509 户。践行绿色发展使命，支持垃圾发电项目建设，向恩施绿色动力再生能源有限公司授信 5 亿元，支用 8600 万元，绿色信贷余额 3.04 亿元。

【普惠金融】 2021 年，改善前端办事体验，宣传和推广“95580”电话银行的“尊长专线”新功能、手机银行 7.0 版新增的“语音版”功能和“大字版”功能，方便老年人足不出户办理业务。增加爱心窗口、爱心座椅标识，设置军人等特殊人员业务办理通道，增配网点老年人、残疾人等特殊人群服务设备设施。规范延伸服务方式，对于年龄较大、行动不便的老年客户，在风险可控的前提下，灵活采取上门服务、远程视频等安全便利的方式办理业务，对需要上门的客户做好预案，依托移动展业设备进社区、进村组上门办理。针对 1 万元以下小额遗产继承，宣传落实简化业务办理流程，提高业务办理效率。落实普惠金融服务，满足老百姓支付结算金融服务需求。12 月底，邮储银行恩施分行银行卡结余 391 万张，全年代发 564 万笔，金额 52 亿元（其中民政低保 74 万笔，金额 2.1 亿元；代发财政涉农类补贴 18 万笔，金额 0.98 亿元；代发养老保险类资金 88 万笔，金额 6.1 亿元；其他代发 384 万笔，金额 42.8 亿元）。落实合理让利政策要求，2021 年贷款平均利率在 2020 年基础上下降 25BP，严格履行普惠服务承诺，降低融资成本。

【服务乡村振兴】 2021 年，衔接乡村振兴工作，出台金融服务乡村振兴实施方案、农村信用体系建设方案和乡村振兴示范县建设方案。走访农业主管部门，获取新主体名单 6708 户，向新型农业主体发放贷款 1.7 亿元。建成宣恩县长潭河乡两河村等 806 个信用村，准入信用户 1.4 万户，发放线上信用户贷款 144 笔、703.6 万元，居全省第二位。在恩施市发放全国第一笔信用户线上贷款，被湖北电视台、《恩施日报》等媒体进行宣传报道。加大对农村新型农业经营主体、家庭农场、种植养殖大户、返乡创业人员的信贷支持，全年投放“三农”贷款 1.42 万笔，金额 20.48 亿元，净增 7451 万元。

【风险管理】 2021 年，重构全面风险管理体系，制定邮储银行恩施州分行风险管理工作 8 大重点、60 条行动计划、164 项分项措施，完成分项措施 159 项。召开风险管理专门会议 14 次，提交议题 78 个、安排部署具体工作 88 项，会议决议落实率达到 96%。落实信用风险管理，制定并推动资产质量管控方案落实，形成闭环信用风险管理机制，全年累计清收不良贷款 8836 万元，核销不良贷款 1.2 亿元。开展银保监和省分行部署的“内控合规管理建设年”活动，构建“不敢为、不能为、不想为”的合规文化。全年违规积分 879 人次，批评教育及以上问责处理 162 人次，经济处罚 89.03 万元。开展安全生产专项整治“三年行动”和“平安邮储”单位创建活动，按期实现活动目标。加强在建工程安全管理工作，确保项目施工安全。全面完成装修改造网点安防工程建设，物防、技防能力全面提升，新改造网点全部建有用电监测系统。通过省公安、省银保监第七轮银行业金融机构安全评估。

【反电诈工作】 2021 年，制定《中国邮政储蓄银行恩施州分行打击治理跨境赌博和电信网络诈骗犯罪专项工作实施方案》，在邮储银行恩施分行全州范围内组织开展打击治理跨境赌博和电信网络诈骗犯罪专项工作。全年反洗钱系统涉电信诈骗可疑数据 2040 笔、562 个客户，经电话联系和系统排查等方式核实，认定为可疑的有 295 户，认定为不可疑的有 267 户。向人民银行恩施州中心支行反洗钱中心上报疑似诈骗、赌博等重点可疑交易情况报告 5 篇，其中涉及疑似赌博的 3 篇。

（张　俊）

湖北恩施农村商业银行股份有限公司

【概况】 2021 年年末，湖北恩施农村商业银行股份有限公司在全州有 8 家经营性法人机构，营业网点 135 个，在岗员工 1723 人。全州农商银行各项存款余额 491.23 亿元，比年初净增 33.27 亿元，增幅 7.27%。贷款余额 345.44 亿元，比年初净增 46.89 亿元，增幅 15.71%。其中微贷余额 107.54 亿元，较年初增长 43.58 亿元。针对省联社巡察巴东、利川农商行反馈的问题，全辖开展“举一反三”自查。印发《全州农商行清廉农商行建设方案》《关于进一步推进清廉农商行建设贯彻落实的工作意见》。

【服务乡村振兴】 2021 年，全面提升“乡村振兴主办行”品牌形象。运用省联社与州政府签订共同推进乡村振兴战略合作的契机，及时下发《关于切实做好全州农商行“推进整村授信　助力乡村振兴”宣传的通知》，分批次在全辖各村委会及进出村要道开展宣传。12 月，印发《全州农商行 2022 年“春天行动”营销宣传方案》，在全辖主要交通要道、各乡镇、各类媒体等全方位宣传“小微金融店小二　乡村振兴主办行”。落实省联社与州政府签订的共同推进乡村振兴战略协议，恩施农村商业银行与 6 个县市政府分别签订战略合作协议，将 500 亿元信贷计划分解落实到市县农商行。抓好四季度信贷投放，贷款净投放 46.89 亿元、增幅 15.71%，完成计划的 104.2%。全州农商银行开展“微贷助力乡村振兴”劳动竞赛。搭建“村银共建+金融‘村官’”的整村授信推广合作平台，选派金融“村官”，开展“点对点”辅导，解决融资难和农户电银产品操作不熟练等问题，全辖派驻 287 名金融“村官”，对 2000 余个行政村开展整村授信工作，建档 23.27 万户，预授信 16.74 万户，完成率 209%。推进整村授信，做好“线下建档，无感授信，手机签约，自主用信”支农服务。通过银政合作，给每位预授信农户发放一封信，到村召开现场推进会，面对面指导农户用信。12 月末，预授信 61.89 亿元、签约净增 1.95 万户。用信余额 6.61 亿元，净增 4.71 亿元，完成 213%。

【“送码授信”】 2021 年，全州农商银行开展“送码授信暖人心”让利商户劳动竞赛活动，服务恩施州实体经济发展。组织城区支行进行扫码拉练活动，对支行的每条街和商圈的商户进行挂图作战，按照入户率、码牌覆盖率和优质商户率等进行验收、排名。对网点周边千米商户开展包保责任人网格化营销，按月通报推进情况。年末，扫码商户总量达 16 万户，扫码授信近 6 万户、授信面 37%。

【风险防控】 2021 年，持续推进市县农商行不良贷款集中清收全覆盖，加强“集中管理、专业清收”，推进不良贷款化解。落实联席会议制度。每月 10 日前组织贷审会、风险管理委员会成员、相关支行负责人、管户经理、法律顾问等召开 500 万元以上大额贷款风险预判和处置联席会，及时发现风险点，提前制定防范和处置措施。加强表外不良清收。通过员工认领清收、专班清收等方式，加大表外不良清收，全年累计化解处置不良贷款 13.64 亿元。

【荣誉】 2021 年 4 月 13 日，来凤农村商业银行，建始农村商业银行被省委、省政府表彰为“湖北省脱贫攻坚先进集体”。5 月 10 日，建始农村商业银行营业部会计主管王雪娟被省总工会、省人社厅授予“湖北省五一劳动奖章”。12 月 3 日，恩施农村商业银行万福支行综合柜员向艳被共青团中央授予“中国优秀青年志愿者”称号。

（覃　磊）

保险业

州保险行业协会

【概况】 州保险行业协会接受业务主管单位恩施银保监分局和登记管理机关州民政局的业务指导和监督管理。2021 年，州保险行业协会会员单位（保险公司）发展到 40 个，其中财产保险公司 20 个、人寿保险公司 17 个、保险中介会员 3 个。

【防范化解保险业经营风险】 2021 年，州保险行业协会以车险专业委员会为依托，以车险规范经营为支点，召开车险专委会扩大会 3 次，工作例会 9 次。协会结合行业实际，协调寿险市场“第三方代理非法退保”工作，建立寿险公司行业维权群，针对恶意退保的新情况、新问题不定时在群内进行提示，要求各公司把牢公司的主体责任，依法合规经营，及时处理消费者诉求，坚决打击涉嫌专业代理退保、恶意扰乱公司经营秩序的行为。

【维护保险消费者权益】 2021年，州保险行业协会收到涉及保险纠纷申请调解案件28件。其中涉及财险公司的调解案件8件，占调解件的29%；涉及寿险公司调解案件20件，占调解件的71%；结案28件，结案率达100%。接听各类保险矛盾纠纷电话咨询110余次。

【保险宣传】 2021年，州保险行业协会通过恩施电视台、“云上恩施”、中国硒都网平台，开展“3·15”国际消费者权益日系列活动。通过做客FM94“有话好好说”、FM99“优化营商环境”访谈栏目，对车险综合改革政策、行业协会优化保险营商环境情况与消费者进行线上交流。通过《恩施日报》对打击非法集资宣传活动、“7·8”全国保险公众宣传日活动进行专版报道。通过《恩施企业与企业家》杂志和恩施州企联合会公众号对2021年恩施州“金融杯”职工运动会、优化保险行业营商环境进行专题扩面报道。在中国共产党成立100周年之际，在《恩施日报》刊登“党旗飘扬——奋斗百年路 启航新征程”保险篇专栏。协会全年编印《恩施保险信息》12期，发布行业业务数据12期，刊登行业新闻报道40余篇。

（吴素素）

保险公司

【中国人民财产保险股份有限公司恩施州分公司】 2021年，中国人民财产保险股份有限公司恩施州分公司辖内经营单位包括州分公司营业部、州分公司电子商务营销服务部、州分公司个人贷款保证保险业务部和县市支公司8个。全州各类性质用工840人，代理制保险营销员1401人。分公司全年实现签单保费91112.30万元（其中车险46892.86万元，非车险44219.44万元）。处理各类赔案99832笔，支付赔款54244.43万元，占全州保险行业赔款总额的46.72%。上缴各项税款合计8056.61万元（含代收代缴车船使用税）。解决就业160人。

（周刚秋）

【中国人民人寿保险股份有限公司恩施中心支公司】 2021年，中国人民人寿保险股份有限公司恩施中心支公司下设恩施市支公司、利川市支公司、建始县支公司、鹤峰县支公司、巴东县支公司、宣恩县支公司、咸丰县支公司、来凤县支公司8个支公司。截至12月31日，恩施中支公司收取规模保费27548.68万元，期交保费7883.07万元，同比增长8.64%。短期险1638.7万元，同比增加8.43%。赔（给）付3357.9万元，同比负增长11.42%，其中赔款1517.6万元，同比增长16.78%。退保金额6529.28万元，同比负增长56.13%。在当地15家寿险公司中规模保费市场份额位居第五名。3月，恩施中支公司开展“乡镇整村推进项目”，支持乡村振兴，在恩施市白杨坪镇鹿子渡村开始试点建设工作，收取女性特定疾病保险费4万元，收取期缴保费2万元。4—6月，白杨坪团队先后组织朝阳坡村、白杨坪村、董家店村、石桥子村、康家坝村整村推进活动，收取女性特定疾病保险费20万元，期缴保费10万元。围绕“强监管、治乱象、补短板、防风险、服务实体经济”的任务和要求，以基层内控框架体系为载体，不断完善风控、合规工作管理制度。履行反洗钱工作义务，高效推进反洗钱日常工作。持续做好机构、部门的合规政策宣导以及教育培训工作。整治市场乱象、加强销售队伍诚信品质建设、做好司法案件防范以及投诉案件处理等工作，防范和化解风险，为公司持续稳健发展提供保障。

（张冬敏）

【中国太平洋财产保险股份有限公司恩施中心支公司】 2021年，中国太平洋财产保险股份有限公司恩施中心支公司有干部职工192人，

2021年4月6—18日，州保险行业协会与相关单位联合举办恩施州“金融杯”职工运动会　（州保险行业协会 供稿）

有建始、利川、巴东、宣恩、咸丰、来凤、鹤峰、红庙 8 个支公司，有巴东野三关镇、鹤峰走马镇 2 个营销服务部。全年缴纳税金 3993 万元，其中代扣代缴车船税 2931 万元。理赔服务人次 6.7 万余次，累计支付赔偿金额 21200 万元。累计为客户提供风险保障 1260 亿元。根据太保产险总公司和湖北分公司统一安排部署，继续开展对恩施抗击新冠肺炎疫情一线医护人员人身保险、公安民警、驻村扶贫干部相关保险的赠送活动。公司设计“安返保”“复工保”“复业保”等降低因为必须复工复产但存在因新冠肺炎疫情防控隔离产生经济损失的保障产品，与各县市人社局协作，推荐劳务输出人员购买“安返保”。继续做好与“防贫保”相关政府部门的对接，加强与医保局的合作，加强沟通交流，建立常态化沟通机制，确保“防贫保”承办不断适应新形势，解决新问题，协助政府部门做好防贫工作，继续以医保局提供的数据为中心，入户调查，与村支两委合作，达到“应赔尽赔，应赔快赔，应赔简赔”。中支下辖部分县市机构均已开办“防贫保”系列产品，惠及数万名人民群众，提供风险救助 1000 余万元。商业化经办社会医疗、社会救助等服务项目，运行良好，获得当地政府和医保局认可。推进全州高危行业安全生产责任险业务，为高危生产企业和建设工程等 12 家企业提供安全生产经营保障。开展森林保险业务，马铃薯、育肥猪等新险种纳入中央财政补贴型险种进行推广。2021 年冬季的雪灾持续时间长，导致公司车险案发量急剧攀升，同期增幅高达 20%，面对极端天气灾害，公司提前安排部署，联系合作施救公司，不论是否在公司投保的车辆，统一进行施救，通过优质服务获得消费者好评。2021 年年底，新能源汽车完成条款切换，出单、理赔工作井然有序开展。

（向珞榕）

【中国太平洋人寿保险股份有限公司恩施中心支公司】 2021 年，中国太平洋人寿保险股份有限公司恩施中心支公司全年实现总体保费收入 5.14 亿元，市场份额占比 12.06%。全年赔（给）付案件 40476 件，赔（给）付金额总计 2.57 亿元，全年理赔出险至支付平均时效 40 天，理赔申请至支付平均时效 1.19 天，理赔获赔率 98.46%。承办 2020—2022 年恩施州城乡居民大病保险 A 片区的恩施市、巴东县、来凤县、咸丰县 4 个县市大病保险服务业务，全年 A 片区城乡居民参保人数为 1653580 人，合同总保费 1.24 亿元。截至 2021 年 12 月 31 日，应赔付金额 1.85 亿元，客户获赔付率 100%。推出“企业保”，服务促进中小微企业复工复产，累计出单 538 件，服务企业 520 家，提供高额意外伤害和意外医疗保障。恩施中心支公司被中国人民银行恩施州中心支行评为“2021 年度反洗钱工作评价 A 类机构”，团支部被共青团恩施州委评为“恩施州五四红旗团支部”。1 月，恩施中心支公司扶贫工作队获得太保寿险总公司“2020 转型当先锋，服务立新功中国太保寿险先锋号”荣誉称号。7 月，恩施中心支公司党支部先后被太保集团党委和太保寿险总公司党委评为“中国太保百强基层党建品牌”“中国太保先进基层党组织”。

（尹 恒）

【天安财产保险股份有限公司恩施中心支公司】 2021 年，天安财产保险股份有限公司恩施中心支公司全年实现经营利润 550.88 万元。其中车险类业务利润 403.91 万元、财产险类业务利润 75.56 万元、货运险利润 9.56 万元、责任险类业务利润 53.55 万元、意外健康险类业务利润 8.3 万元，利润率 21%，实现全险类业务均盈利。拓展非车险业务，全年实现非车险业务 752.71 万元，同比增长 7.86%。“不惜赔、不滥赔”，维护被保险人利益，全年立案 3841 件，结案 3750 件，结案率为 97.63%，已决赔款 1549.46 万元，综合赔付率 91%。推行小额人伤快捷处理办法，缩短小额人伤事故处理时效，向客户提供简单便捷的理赔服务，避免小额人伤事故久拖不决分歧扩大，提升客户满意度。推广“车易赔”手机 App 客户端，让客户自助理赔，缩短理赔时效，提升客户体验。8 月，恩施中支公司印发反洗钱内控制度，开展反洗钱宣传活动，全年开展宣传及培训工作 10 次。

（杨 霄）

交通 邮政 通信

Transportation, Postal Services and Telecommunication

交　通

交通运输管理

【概况】　2021年，全州有铺装路面公路总里程40808千米（统计在册29880千米）。其中高速公路588千米，普通国省道3440千米，农村公路36781千米(统计在册25852千米)，在册公路网密度（含高速公路）为124千米/百平方千米。高速公路有沪渝、沪蓉、恩来、恩黔、利万、宣鹤、建恩7条高速公路，通车里程588千米，实现“县县通高速”目标。在建鹤峰东、宣咸、建恩北3条高速公路86千米，总投资142亿元。规划利咸、巴张高速沪蓉沪渝连接线2条高速公路153千米，总投资305亿元。国省干线有7条国道、1509千米，达到二级公路及以上标准的1111千米，在建和规划里程625千米。有26条省道、1931千米，达到二级公路以上标准的1238千米，在建和规划里程695千米。国省道二级公路以上里程占比68%。全州90个乡镇中77个已通达国省道二级公路，22个国家AAAA级及以上旅游景区中有19个通达二级公路，13个国家AAA级旅游景区均已通达双车道。农村公路有县道2561千米、乡道11746千米、村道11545千米、未入统硬化路10929千米。所有行政村和聚居20户以上自然村通沥青水泥路，所有行政村通客运班车。有长江巴东港、清江恩施港2个省级重要港口，溇水鹤峰港、酉水来凤港、唐崖河咸丰港3个省级一般港口，各类港口泊位39个。有通航航道25条、628.5千米。其中长江主航道38.5千米、长江支流航道5条55千米、清江主航道110千米、清江支流航道7条235千米、鹤峰溇水航道58千米、其他内河航道10条132千米。客运站场在建和规划19个。在营72个，其中一级站2个，二级站5个，三级站5个，四级及以下站点60个（含乡镇综合运输服务站）。交通物流园区在建和规划6个、在营4个，全部建成后可实现年货物吞吐量3250万吨。8月30日，州委、州政府成立由州委书记胡超文，州委副书记、州长夏锡璠为双组长的恩施州大交通建设协调领导小组。

【重点项目建设】　2021年，全州累计完成公路水路固定资产投资103.5亿元（高速公路41.1亿元，普通公路56.2亿元，站场水运6.2亿元），同比增长14%。争取部省补助投资40.3亿元(含宣咸高速公路12亿元)。鹤峰东和宣咸2条高速建设迅速，分别完成投资20.9亿元、18.7亿元，建恩北高速奉建隧道开工建设，利咸高速投资人已确定，省发改委已批复项目申请报告，巴张高速沪蓉沪渝连接段正在开展工可研相关工作。普通国省道年度计划安排的36个898千米普通国省道项目中，30个770千米项目开工在建，6个128千米项目完成“建养一体化”等施工招标，正在推进前期或施工准备工作。全州采用“建养一体化”方式完成8个项目包共35个项目招标，总里程708千米，总投资150亿元。全面推动农村交通基础设施提档升级，提升农村公路管养和安全运营水平。新改建农村公路2731千米，占年度计划1638千米的167%。全面推动公路桥梁三年消危行动，除3座结构复杂大桥外，其余全部完成设计批复并开展施工招标，完工201座，占总量364座的55%。推进建设宣恩忠建河洞坪库区航道整治等水运工程7个，咸丰综合客运枢纽等站场物流项目4个，完成年度投资目标。

【运输服务保障】　促进旅游客运优质发展，新增旅游客运企业11家、旅游客车155辆、旅游船舶5艘。恩施旅游集团实施“景区+水陆联运”，开辟“交旅融合”新路径。完成“五一”、国庆等重点时段交通运输组织保障任务，高效完成800余名因新冠肺炎疫情滞留铁路旅客和恩施州支援天津医疗队等应急运输任务。养护管理提质增效，推进“七个专项”工作（排水设施补短板、冬春专业化养护、护栏补短板、急弯视线诱导、养护工程建设、示范路创建和规范垃圾收集设施），科学实施预防性养护，持续抓好日常养护工作，干线公路路况路容路貌整体提升。推动区域港口一体化整合，协同推进巴东港口资源整合，逐步实现港口发展、规划、建设、管理、运营一体化。恩施市、巴东县、来凤县、咸丰县先后完成农村交通物流示范试点建设，指导巴东县捷风物流公司申报交通运输部农村物流示范品牌。指导恩施华硒物流园建成“司机之家”，组织对困难货车司机开展春节慰问，货车司机权益保障不断加强。恩施州

咸丰县大河边至尖山段生态旅游公路　　（州交通运输管理局 供稿）

“12328”交通运输服务监督电话中心获交通运输部通报表扬。

【项目前期工作】“十四五”时期规划国省道项目50个1154千米，240亿元。截至2021年年底，已开工项目23个650千米、完成前期工作未开工项目2个76千米。正在推进前期工作项目25个428千米。利咸高速确定投资人，初步设计已审查。巴张高速沪蓉沪渝连接段推进工可研。对351国道宣恩县椿木营至长潭河段、348国道巴东县平阳坝至巴东垭段等8个项目重新批复，对242国道恩施市下云坝至宣恩县晓关段（恩施市段）、245省道巴东县长岭至泗淌段2个项目进行调整概算，严格执行县市论证、州级审查后出具审查意见，完善审批程序。完成209国道宣恩县绕城段、351国道宣恩县椿木营至长潭河段等5个项目工可重批或概算调整工作。242国道忠堡绕镇公路、242国道咸丰县土地关隧道及接线工程、318国道建始县红岩寺绕镇公路、209国道巴东县溪丘湾至巴东县城段改扩建工程等25个项目前期工作有序推进。组织各阶段项目审查近25次，完成项目工可批复4个，初设批复7个，施工图批复9个。完成恩施州大交通建设工作方案编制，经过多次汇报修编，由州委办和州政府办联合印发。完成《恩施州综合交通运输发展“十四五”规划（送审稿）》编制，完成相关部门意见征求并吸纳修改完善。恩高宣、新建机场快速通道前期研究进展顺利。

【交通运输行业治理】2021年，开展交通运输执法领域突出问题专项整治行动，职责明确、依法行政的综合执法工作机制初步建立，交通运输综合执法改革全面落地。行政审批“清减降放”成效明显，1天办结事项由之前的51项扩大到124项，91%的州级交通运输行政审批事项承诺办理时限压缩至3天以内。通过推行行政审批“清减降放”专项行动，州级交通运输行政审批事项取消2项，下放11项，收件端前移18项，群众由之前需提交材料969份，减少到649份，减少材料320份。所有行政审批事项实现“最多跑一次”“全程网办”，“零跑腿”事项147项，占比95%，“即办件”事项114项，占比74%。在省内率先取消道路货物运输（除危险货物运输）驾驶员从业资格考试，道路危险货物运输企业异地经营备案事项落地落实。州、恩施市交通运输服务窗口整合完毕，“一窗收件，分类办理，统一出件”的“一窗通办”新模式运转良好。持续加强招投标管理，全州交通项目均实现全流程电子化招投标。推进交通环保工作，印发行业生态环境保护责任清单，压实生态环境保护责任；开展行业生态环境问题“大起底、大排查、大整治”，有序推进长江高水平保护三年攻坚提升，船舶生活污水达标改造全面完成，汽车排放检验与维护制度全面施行；完成中央、省生态环保督察反馈问题及包保来凤县整改年度任务。宣传贯彻《保障农民工工资支付条例》，消除欠薪隐患。

【乡村振兴】2021年，州交通运输局和州乡村振兴局联合印发《恩施州乡村振兴交通运输实施方案（2021—2025年）》，实施“三大工程”（县乡道畅通、通村路升级、通组路补短板）、“三大提升行动”（安全保障、管理养护、运输服务），全面推动农村交通基础设施提档升级，提升农村公路管养和安全运营水平。实施乡村振兴重点村双车道建设，新改建农村公路2731千米，建始县获评省级“四好农村路”（建好、管好、护好、运营好）示范县，恩施市白杨坪镇等4个乡镇获评省级“四好农村路”示范乡镇。巴东县大面山旅游公路、巴人河旅游公路入选“宜荆荆恩”城市群“金秋十线”。推进乡镇客运站和候车亭达标升级，完成巴东县沿渡河镇客运站改扩建、新建88个候车亭，“村村通客车”成果不断巩固拓展。各单位驻点村严格落实返贫动态监测和帮扶工作，落实乡村振兴各项任务。

【交通安全生产】2021年，持续健全安全生产隐患挂牌督办、通报、述职、约谈等工作制度，完善“上下联动、横向到边、纵向到底”安全管理体系。推进全州交通运输安全生产专项整治三年行动集中攻坚，全年累计排查隐患6025处，完成整改5991处，对15处重大隐患挂牌督办，整改销号13处。委托专业机构对18家道路危货运输企业开展第三方安全隐患排查，排查安全隐患339项。有序推进“两类人员”（企业主要负责人和安全生产管理人员）安全考核，参加考试人数1031人，考试合格人数553人，合格率达54%。深化交通运输领域整治。建立5种渠道问题线索摸排机制，在道路客运、城市出租车和工程建设3个领域开展乱象整治，行业风气明显好转，交通运输领域扫黑除恶整治工作得到省交通厅和州扫黑办肯定。开展常压液体危险货物罐车、旅游客运及小微型客车租赁经营备案清理、桥梁防碰撞治理等专项工作。按期完成农村客运车辆4G动态视频监控全覆盖、800千米以上长途客运班线安全风险评估，建立健全“州到县，县到企”和“州到企”双轨并行重点营运车辆动态监控监管体系。提升应急处置水平。加强部门沟通协作，全年推送气象路况信息190余条，保障群众安全便捷出行。及时调整州汛期公路保畅应急分队和水上搜救应急分队，储备防汛抗旱应急客车87台、应急货车87台、船舶12艘。开展水上、道路交通安全应急救援演练，提升应急处置能力。完善应急值班制度，严格保障重点时段24小时应急值守。汛期期间，全州交通运输系统投入抢险及修复资金6867万元，抢通公路1615处。全年全州交通运输领域未发生较大及以上生产安全事故，安全生产形势持续稳定。

【春运工作】2021年春运自1月28日开始，3月8日结束。全州公路运输、铁路运输、水路运输、民用航空运输完成旅客运输183.21万人次，与2019年相比下降53.93%（其中公路运输126.88万人次，下降58.62%；铁路运输42.26万人次，下降42.25%；水路运输1.86万人次，下降31.45%；民用航空运输12.21万人次，下降19.59%），未发生旅客运输伤亡事故、重大服务质量事件和旅客长时间滞留现象，秩序平稳。

【恩施州交通运输百年发展图片展】 2021年6月28日，以“奋斗百年路 启航新征程”为主题的恩施州交通运输百年发展图片展在州城风雨桥展出，分为5个篇章，收录有158张照片，以交通发展时间轴的形式展现不同时期的恩施交通状况。

【荣誉】 2021年2月9日，州交通运输局被省民宗委表彰为“全省民族团结进步示范单位”。4月2日，州交通运输局被省委、省政府表彰为“全省脱贫攻坚先进集体”。4月21日，州交通运输局建设管理科科长刘仕军被交通运输部表彰为“全国交通运输脱贫攻坚成绩突出个人”。5月13日，州交通运输局被交通运输部表彰为“2020年度成绩突出‘12328’电话服务中心”。

（杨　瑶）

高速公路

【概况】 2021年，全州高速公路完成年度投资40亿元，累计完成投资70.55亿元。其中宜来高速鹤峰东段完成年度投资21亿元，占年计划投资的140.38%。累计完成投资42亿元，占总投资的62.4%。张南高速宣咸段完成年度投资19亿元，占年计划投资的158.33%。累计完成投资28.55亿元，占总投资的50.64%。截至年底，全州高速公路累计通车7条588千米。

【在建高速征迁协调服务工作】 2021年，鹤峰东项目主线土地征收及地上附着物和青苗补偿、房屋拆迁、通信杆线迁改等工作全部完成，完成国网电力设施迁改验收。容美1.4千米连接线全部交地并开工建设，鹤峰东连接线征地拆迁及燕子连接线设计变更持续推进。宣咸项目主线累计签订土地征收补偿协议1557户，完成率99.68%；累计签订房屋及附属设施拆迁安置补偿协议328户，完成率99.15%，拆除328户，完成率99.15%；通信杆线迁改全部完成，国网电力设施迁改正在加快实施。

【拟建项目】 建恩北、利咸、巴张高速沪蓉沪渝连接段三条“十三五”跨转“十四五”规划的高速公路项目是助力实现“一核支撑、两翼并进、全域协同”区域发展格局的重要高速通道。2021年，建恩北高速完成环评、初步设计批复，施工图设计已审查待批复，省界奉建隧道完成施工招标，施工单位进场实施临建及施工主便道。利咸高速获得节能审查、航评、用地预审、规划选址等工可核准前置专题批复，环评、水保等专题正在编制评价报告，项目穿越唐崖河省级风景名胜区选址专题获批复，成功争取卷洞门互通纳入项目建设内容，项目申请报告通过省发改委审查即将核准批复，召开初测初勘外业验收会、初步设计审查会，启动施工图设计。巴张高速沪蓉沪渝连接段工可研报告正在编制，召开长江公路二桥地质稳定性及桥型方案专家咨询会，招商引资工作正在加快推进，前期相关专题正在按时序开展研究。

【项目谋划】 2021年，全州谋划利云、三峡翻坝高速西延线、利黔、来秀、巴张高速野三关至湖南省界段、恩常等高速公路项目约388千米，计划总投资约714亿元。向省相关部门争取利云、三峡翻坝高速西延线等谋划高速项目纳入省级及以上交通专项规划。结合州城恩施发展趋势，与州直发改、规划等部门衔接谋划恩高宣一体化、机场至城区、机场至高铁南站快速通道建设。

（姚　慧）

公路建设管理养护

【概况】 截至2021年年底，全州普通公路通车里程达到29291千米，其中国省道3439千米，农村公路25851千米，桥梁2169座，隧道49座。按行政等级划分：国道1509千米，省道1931千米。按技术等级划分：一级公路62千米，二级公路2286千米，三级及以下公路1091千米。国道省道桥梁652座，其中特大桥5座，大桥107座。隧道30座，其中长隧道15座、中隧道6座、短隧道9座。

【公路项目建设】 2021年，全州完成国省干线固定资产投资27.6亿元。国省干线公路建设稳步推进，年度计划安排项目36个898千米，其中30个770千米项目开工在建，6个128千米项目完成“建养一体化”等施工招标，正在推进前期或施工准备工作。

【公路养护】 2021年，全州完成国省干线路面大中修工程133千米、灾毁恢复重建工程68千米、“455”安防工程200千米、地质灾害防治工程166千米、危桥改造项目4个、养护管理站改造5个，建成生态旅游示范路248千米，完成养护总投资4.61亿元。推进“七个专项工作”（排水设施补短板、冬春专业化养护、护栏补短板、急弯视线诱导、养护工程建设、示范路创建、规范垃圾收集设施），国省干线公路安全运营保障水平提升。开展小修保养和日常管养，累计完成水沟清理17842千米，修复边沟8243米，修补坑槽25876平方米，路面灌缝866千米，疏通修整涵洞10966道，修复安防设施4687米。国省干线路面使用性能指数为88.73。

【公路安全生产】 2021年，因暴雨造成全州国省干线公路中断41处、18条，经济损失1.82亿元，全州公路部门参与抢险2688人次，投入机械874.5台班、资金1631.63万元，保障国省干线公路安全畅通。开展国省干线公路安全风险隐患“大排查大清理大整治”工作，整改隐患62处。开展国省干线公路承灾体普查，完成公路设施属性信息普查746段、桥梁641座、隧道30座、高边坡及风险点采集3430千米。组织安全生产教育培训3次，第20个“安全生产月”在恩施普通公路“建养一体化”巴东县“02”项目包月明隧道出口开展州级隧道突泥涌水应急救援演练1次。

【公路法治建设】 2021年，开展法律实务培训、无纸化学法用法学习及以“交通安全·文明出行”、节能低碳为主题的法律宣教活动，推进公路部门法治建设工作。落实“放管服”改革要求，涉路行政审批事项实现“全程网办”和“最多跑一次”目标，公路部门审批事项做到应放尽放，全方位减证便民。

【公路科技】 2021年，抓好公路科技项目及成果转化，生态自密实混凝土、公路运营安全风险评估及预警等科研工作稳步推进，试点推行。道路智能防控预警系统、开普封层路面技术、碳纤维远红外加热系统、乳化沥青、LED隧道照明等成果得到广泛应用。坚持科技引领行业发展，举办“交通科技讲堂”4期，紧跟行业新政策、新动态推送“科说”5期。

【省道鸦来公路鹤峰县城关至宣恩县当阳坪段改建工程】 2021年，完成项目竣工环保验收、项目隧道机电及照明工程竣（交）工检测服务采购及竣工检测，完成雪落寨、分水岭隧道渗水等缺陷处治，路侧、边坡绿化提质升级。该项目起于鹤峰县跳鱼坎大桥，经太平镇、分水岭、岩屋坪、沙道镇，止于宣恩县当阳坪。线路全长63.954千米，其中新建18.8千米。全线设计大桥4座、中桥9座、长隧道3座、短隧道1座、平面交叉12处、涵洞43道。设计速度为40千米/小时的二级公路标准，路基宽度8.5米，汽车荷载等级采用公路—Ⅱ级，设计洪水频率大、中桥1/100，小桥、涵洞1/50。项目概算总投资49244.12万元。根据施工图批复实际新建13.88千米，新建长隧道2座、短隧道1座、大桥4座、中桥2座、小桥1座。2011年9月开工，由于受宣恩七姊妹山国家级自然保护区调规制约，工期受到影响。2019年12月10日全部完工，12月13日完成交工验收，正式通车运营。

【南潭河汽车渡口完成撤渡后续工作】 巴东县南潭河汽车渡口是省道巴来线（S245）上的一个交通枢纽，是恩施州国省干线上保留的唯一的汽车专用渡口。位于清江中游，南靠清江泗淌坪，北依武落钟离山，东接水布垭大坝，西隔桃符口，起止桩号为K75.146—K76.752。2019年9月27日，245省道三友坪至泗淌段改建（清江大桥）工程完工并通车运行，极大地方便清江两岸群众的出行，改变长期依靠南潭河渡口过往的历史，南潭河汽车渡口车流量逐渐减少。经请示省公路局、巴东县委、县政府同意，巴东县南潭河汽车渡口于2020年12月31日正式撤渡，2021年完成撤渡后续工作。

【创建“恩施公路”微信公众号】 2021年1月28日，创建“恩施公路”微信公众号，发布高速公路、国省干线公路、重点农村公路运营中断、绕行线路等信息，推送因建设、养护施工、重要时间段、特殊天气以及突发事件等对公路出行产生影响的信息和其他主责主业亮点工作、典型经验等宣传信息。

（曾雅君）

【农村公路项目建设】 2021年，全州农村公路建设完成投资27.7亿元，新改建农村公路2716千米。建始县被省交通运输厅确定为2020年度省级“四好农村路”示范县，恩施市白杨坪镇、巴东县东瀼口镇、宣恩县珠山镇、鹤峰县燕子镇被省交通运输厅确定为2020年度省级“四好农村路”示范乡镇，每个示范县获400万元、每个示范乡镇获200万元的农村公路建设和养护资金奖励。恩施市三龙路、利川市利庙线和白烂线、建始县建巫线、巴东县大面山旅游路、宣恩县蒙板线和黄傅线、鹤峰县杨红线被州交通运输局评为恩施州2021年度“四好农村路”示范路。巴东县巴人河旅游路、大面山旅游路入选“宜荆荆恩”城市群“金秋十线”。

【农村公路管理养护】 2021年，全州在册农村公路通车里程达25851.47千米，其中县道2560.88千米、乡道11745.61千米、村道11544.98千米。全州88个乡镇有76个通三级及以上公路，所有20户以上规模自然村通硬化路。全州农村公路养护里程25101千米，投入养护资金2.06亿元，其中部、省补助资金0.93亿元，县市配套1.13亿元。完成农村公路排水改善工程960千米，农村公路抗灾毁能力持续增强。“三年消危”稳步推进，完成农村公路危桥改造20座。完成村组硬化公路安防工程510千米。线路编号清理调整线路468条，整改完成192条。应急保畅有力有效，防汛抢险累计投入机械设备2652台班、人员13658人次、资金4069.7万元，汛期中断的822条线路全部抢通。除雪防滑累计投入融雪剂1428.65吨、机械设备2982台班、人员15072人次、资金525.76万元，设置安全警示标志牌7044块。

【农村公路安全生产】 2021年，加强在建项目、桥隧、临水临崖等隐患路段的安全监管，抓实汛期、冰凌期、节假日、重要时段安全生产工作。持续推进安全生产专项整治三年行动，开展“问题大排查、设施大检修、隐患大整改”专项行动，推进农村公路承灾体自然灾害综合风险普查。维护行业安全稳定，开展“安全生产月”活动，做好常态化新冠肺炎疫情防控，加强拖欠农民工工资专项治理，持续开展常态化扫黑除恶专项斗争，及时化解行业矛盾纠纷。农村公路行业安全稳定形势总体平稳。

（张仕斌）

道路运输管理

【概况】 2021年，全州道路运输累计完成客运量2098.2791万人，同比下降 10.49%，完成客运周转量 129168.34 万人千米，同比增长 8.6%；完成货运量 4997.9 万吨，同比增长 35.91%，完成货运周转量 734618.7 万吨千米，同比增长 29.19%。

【道路运输】 2021 年，全州道路班车客运企业 84 家、客车 3598 台，同比下降 3.4%和 6.35%；旅游客运企业 61 家、车辆 1077 台，同比增长 24.5%和 23.4%；包车客运企业 93 家、车辆 1941 台；道路危险货物运输企业 22 家（恩施市 16 家，利川市 2 家、建始县 2 家，鹤峰县 2 家）、车辆 418 台；普通货物运输业户（含个体经营者）7045 家、车辆 9070 台。坚持常态化新冠肺炎疫情防控，指导县市督促企业严格落实疫情防控政策，道路运输从业人员新冠病毒疫苗接种率达到 98.71%。完成春运、新兵运输、节假日、中（高）考、防汛抗旱等运输保障任务，实现无较大以上安全责任事故、无重大服务质量投诉案件、无严重滞留旅客事件“三无”目标。2 月，完成恩施州首个班车客运定制服务备案，巴东沿渡河至汉口“定制客运”班车正式开通。7 月，恩施旅游集团推出“景区与陆地交通合作水陆联运方案”，千人游览大清江，开辟“交旅融合”新路径。

【站场建设】 2021 年，全州累计完成客运站和候车亭建设投资 1.067 亿元，占年度计划投资 0.718 亿元的 148.5%。9—10 月，抢抓省厅“乡镇客运站和候车亭达标升级”机遇，主动督办指导县市候车亭项目，完成巴东沿渡河镇客运站改扩建和 88 个新建候车亭项目（鹤峰县 35 个、宣恩县 13 个、巴东县 40 个），落实以奖代补资金 599 万元。

【城市客运】 2021 年，全州公交车企业 14 家（国营 5 家、民营 9 家），公交车总数 688 台，其中新能源车 563 台，占比 81.8%，位居全省前列。全州出租车企业 19 家，出租车总数 2006 台，其中新能源巡游出租车 262 辆，占比 13.1%。

2021 年 9 月，恩施州道路危险货物运输企业开展安全风险评估　（熊茂泰 摄）

全州网约车企业 11 家（其中车辆数为 0 的企业 5 家、车辆数为 1 的企业 2 家），车辆总数 179 台，其中新能源车 64 台，占比 35.8%。推进“交通运输与旅游景点衔接”发展，巴东野三关公交公司开通野三关至花海景区新能源公交车 15 辆。

【维修检测】 2021 年，全州维修企业 945 家（一类维修企业 42 家、二类维修企业 222 家、三类维修企业 681 家）。5 月，州道路运输管理处（简称州运管处）联合州生态环境局、州市场监管局，落实汽车排放检验与维护制度，推动全州 19 家维修企业建立 I/M 制度（机动车排气污染检测与维护制度），实现“检验—维修—复检”闭环管理。开展全州机动车维修废物处达标专项整治，提升维修企业污染防治水平。推进货运车辆检测机构环保、安检、综检“三检合一”制度落实落地，实现全州“三检合一”完成率 100%。提升汽车维修电子健康档案系统使用率，全年上传维修记录 8.25 万条。

【从业资格培训和考试】 2021 年，全州有驾培机构 29 家，备案教练车、教练员分别为 2110 辆、2186 人。全年驾校报名学员 90725 人，同比增长 15%。有序推进计时驾培服务模式，在全省率先完成驾校、教练车、教练员及教练场电子围栏核定工作。组织客运、出租车驾驶员从业资格考试 82 场次，参考 2990 人次，合格 2097 人，合格率 70.1%。组织危货·剧毒运输驾驶员、押运员从业资格考试 23 场，参考 816 人次，合格 477 人，合格率 58.5%。巩固提升道路普通货物运输驾驶员从业资格考试制度改革成果，修订完善《恩施州取消道路货物运输（除危险货物运输）驾驶员从业资格考试实施方案》，下发做好道路货物运输驾驶员从业资格考试制度改革平稳过渡工作的提示，确保考试制度改革工作平稳过渡和培训工作有效衔接，全年货运驾驶员从业资格培训 2856 人次，收取从业资格考试费 28.659 万元。

【安全管理】 2021 年，全州道路运输行业发生道路客运行车事故 3 起，造成 3 人死亡，6 人受伤，同比分别下降 40%、增长 50%和下降 60%。组织开展“安全生产月”“交通运输安全生产问题大排查、设施大检修、隐患大整改”和冬季道路运输安全大检查，检查企业 99 家次，查出一般安全隐患 256 个并全部整改。6 月，开展重点领域安全风险评估，在全省率先制定 800 千米以上长途客运班线安全风险评估方案，州局授权县市局负责 800 千米以上长途客运班线重新许可前安全风险评估，提升恩施州道路客运安全风险管控能力。7 月 11 日、8

月8日，因暴雨2次致入川火车滞留恩施，州运管处紧急启动预案，调集客运车辆运送近800名旅客到万州、巫溪、达州等地。9月13—24日，协助第三方机构（中国船级社质量认证公司）对全州18家道路危险货物运输企业开展安全风险评估，共检查发现一般隐患339项，重大隐患14项，均整改到位。12月，加强“两客一危”营运车辆动态监控监管，安装农村客运车载监控设备435台，实现农村客运（包括村村通客车）车辆4G动态视频监控全覆盖。引导规模小、效益差的企业委托专业机构开展动态监控，全州落实81家道路运输企业2310辆车委托监控。建立健全“州到县，县到企”和“州到企”双向并行的动态监控监管体系，做到“月月督”、“周周督”、“日日督”，印发《全州重点营运车辆联网联控系统运行情况通报》《全州“两客一危”车辆动态监控违规信息闭环处理工作情况通报》《全州重点营运车辆动态监控州级层面抽查情况通报》。抓好企业对第三方监测机构反馈问题的核查处理和回复，企业回复率由上半年的52.52%提升到12月的95%。推进“两类人员”（道路运输企业主要负责人和安全生产管理人员）安全考核，针对考试合格率不高的问题，采取考前集中培训，合格率由50%左右提升到80%左右，全州考核合格642人，占应考核人数的92%。

【行政审批】 2021年，受理办结业务18463件，注销不合格企业3家（其中危货企业2家、车辆45台，旅游客运企业1家），注销从业资格证3654个，通过重新许可把关，800千米以上班线客运退出企业3家、退出车辆47辆、退出班线6条。5月，率先在全省推动道路危险货物运输企业异地经营备案，方便市场主体办事创业、从业人员就业择业。7月，行业“双公示”工作受到州社会信用体系建设领导小组办公室通报表扬，州运管处行政审批窗口在州直单位2021年综合考核中排名第一。9月至11月，完成州运管处依申请和公共服务事项“清减降放”工作，下放1项子项（含业务办理项1项），取消业务办理项6项，保留24项子项（含业务办理项56项）。在保留事项中，办理环节可前移至县市的3项子项（含业务办理项22项）。州运管处依申请行政服务事项在清理前共需277项材料，清理后减少93项，需提供资料共184项，材料减少34%。压缩企业开办时间，道路旅客运输、危险货物运输、放射性物品道路运输经营许可审批简化为一次勘查、一次报告、一次研究，办理时限由20个法定工作日压减至8个工作日。12月27日，州运管处行政服务窗口前台、中台搬至市民之家2楼，州市交通运输服务窗口整合，打破行政层级，打造“一窗收件，分类办理，统一出件”新模式。

【荣誉】 2021年1月8日，州运管处获恩施州事业单位脱贫攻坚专项奖励集体记功。1月29日，州运管处行政服务窗口被州政务服务和大数据管理局授予“优秀窗口”称号。6月28日，州运管处党支部被州委直属机关工委授予“先进基层党组织”称号。

（龚 怡）

港航管理

【概况】 2021年，全州内河通航里程455.31千米。有省级重要港口和省级一般港口5个，汽车渡口1处，人行渡口145处。巴东港水路至武汉736千米、至宜昌110千米、至重庆450千米。港航建设全年累计完成建设投资5亿元。全年全州水路货运量和港口吞吐量提升。截至年底，全州水上全社会货运量为148.5万吨，比2020年同期上升19.5%，客运量为53.31万人，比2020年同期上升90.14%。港口吞吐量为179.22万吨，比2020年同期上升139.33%，客运吞吐量为44.16万人，比2020年同期上升103.64%。货物主要货种为矿建材料（砂石、水泥、煤炭），其中砂石运输占比最大。加强水上交通安全管理，开展船舶管理专项治理，经排查全州辖区无载运危险化学品船舶和装载危险化学品港口码头。全年水上安全形势稳定，未发生水上交通事故，港口生产、水运工程持续保持“零”事故。

【航道】 截至2021年年底，全州有通航航道25条、628.5千米（包含长江主航道38.5千米）。全州管养的高等级航道里程137.9千米(3级)，其中清江水布垭至恩施段110千米，三峡库区支流沿渡河23.9千米、小溪河4千米。

【港口】 截至2021年年底，全州有长江巴东港、清江恩施港2个省级重要港口和溇水鹤峰港、酉水来凤港、唐崖河咸丰港3个省级一般港口。拥有船舶停靠泊位22个（其中千吨级泊位以上7个）。全州涉水乡镇63个，渡口191处，渡船179艘。汽渡1家（巴东清江库区桃符口）。有港口企业9家，其中长江水域4家，清江水域4家，酉水水域1家。

【水路运输企业】 截至2021年年底，全州有水路运输企业14家，其中客运企业9家（旅游企业6家，普通客运企业3家），货运企业5家（省际货运4家，清江流域1家）。拥有营运性运输船舶74艘，其中客运船舶41艘、货运船舶33艘。

【“三无”船舶清理取缔专项治理】 2021年，配合参加州禁捕办专项检查和巡河，继续在全州范围内开展乡镇船舶清理整治攻坚行动，按照“规范管理一批、依法取缔一批、严厉打击一批”原则，对非生产生活必需的“三无”（无船名船号、无船舶证书、无船籍港）船舶进行上岸集中处置，指导县市按照统一造册备案、统一标识、统一指定停靠的要求开展“三无”船清理整治，全州累计清理出“三无”船舶7322艘，上岸拆解5692艘，标示1456艘，其他95艘，未处置79艘。

【内河船舶非法参与海上运输专项治理】 2021年，辖区省际水路货物运输企业4家，运输船舶32艘，砂石装卸码头1个，运输船舶均未参与海上运输，砂石码头严格落实相关要求，查验河沙四联单，摸清砂石来源后才安排卸货作业。

【港航项目建设】 2021年，全州完成港航建设投资5亿元（含社会投资）。建成巴东港宝塔河港区泓宇物流综合码头（巴东港砂石集并中心码头）、巴东港船舶污染物接收转运码头、恩施港景阳港区老集镇综合码头工程等5个项目。开工建设清江支流忠建河洞坪库区航道整治工程等2个项目，加快推进恩施港云坛口港区青云崖景区旅游码头工程前期工作，完成施工图设计，港口岸线报告已审待批复。根据全省港口资源整合实施方案，如期完成巴东港2座国有港口资产划转，主城港区西壤坡作业区旅游码头于2021年9月股权变更为湖北省港口集团有限公司，港口发展逐步实现规划、建设、管理、运营一体化。

【长期逃避海事监管船舶整治】 2021年，每月对脱检船舶进行清理，主动联系脱检船舶，主动上门开展船舶检验。对已灭失船舶、拆解船舶督促其办理船检注销手续。全州仅有咸丰县乡镇客渡船暂未到期，其余县市全部完成现场检验工作，部分船舶因存在质量缺陷正在整改阶段，待整改完毕并经复查合格后方可签发新的船检证书。对转让、报废、拆解、灭失的65艘船舶，由县市集中报州港航管理局汇总后，在州交通运输局进行公示，公示期满后注销相关证书。

【船舶最低安全配员整治】 2021年，通过现场监督和查阅相关系统发现，宣恩县12艘渡船未办理船舶最低安全配员证书，利川市7艘渡船船舶最低安全配员证书过期失效，渡船船员适任证书过期24本。9月16日，在来凤县组织适任考试，解决辖区适任证书过期问题，

2021年8月30日，巴东港宝塔河港区泓宇物流综合码头（巴东港砂石集并中心码头） （岑仲阳 摄）

2021年11月13日，巴东港主城港区船舶污染物接收转运码头 （岑仲阳 摄）

消除安全隐患。督促宣恩县地方海事处和渡船所有人（经营人），及时申请办理船舶最低安全配员证书，所有渡船已办理船舶最低安全配员证书。

【水上无线电秩序管理整治】 2021年，经排查，清江水布垭库区3家水路运输企业所属船舶均存在问题，其中9艘船舶无电台执照，4艘船舶未安装自动识别系统（AIS），16艘船舶未办理通信业务标识码证书。经督办，建始清江旅游发展有限公司7艘船舶按要求办理通信业务标识码证书，恩施清江大峡谷公司、建始景江旅投公司通过网上向宜昌长江海事局申请，证书正在办理中。

【落实企业安全生产主体责任整治】 2021年，针对企业经营资质核查发现的安全生产监督检查制度、安全教育培训制度落实不到位、安全教育培训未覆盖所有船员、部分公司重大安全风险辨识和防范化解制度不健全的问题进行督促整改。对辖区5家航运公司进行安全与防污染日常监督检查并及时通报，适时召开水上交通安全形势分析会。

【水上涉客运输安全治理】 2021年，持续开展水路客运安全风险防控和隐患排查治理工作，对全州8家水路旅客运输企业、40艘营运性客运船舶、191处渡口、179艘渡船进行全面核查，发现部分水路

旅客运输企业国内主要负责人或主要管理人员变更不及时报备、船舶营业运输证过期不及时换证，部分县市所辖的老旧客渡船报废不及时、在营的客渡船存在检验证书过期等问题。通过专项治理，形成常态化管理模式。

【渡口渡船安全专项整治】 2021年，全州除巴东县外，其他县市渡口为义渡或半义渡，各县市将乘客保险、渡船维修纳入县级财政预算，部分县市为渡工争取政策，购买养老保险，解决渡工后顾之忧，逐步提高渡工生活补贴标准，其中利川市义渡渡工生活补贴每月1200元，其他县市每月800元或1000元不等。加强重点时段监管，督促县市开展船舶现场监督和船旗国监督检查，渡运安全得到持续改善。各县市落实渡工安全培训，加强典型事故案例宣讲力度，提高渡工安全意识、应急反应能力。加强预警预报信息推送、提示、落实限航停航要求，确保全州渡船安全度汛。

【非法采砂专项治理】 2021年，全州辖区有合法采砂船1艘，专项治理期间，巴东县交通运输综合执法大队会同水利等相关部门发现无证采砂船1艘，该无证采砂船已在指定水域停泊。长航公安移交巴东县交通运输综合执法大队涉砂案件线索2条，结案2起，经查，涉案砂石来源合法。

【长江大保护】 2021年，坚持“共抓大保护、不搞大开发”，全面完成长江大保护十大标志性战役、中央环保督察整改“回头看”和污染防治攻坚战各项目标任务。开展非法码头治理。加快巴东港砂石集并中心码头建设工作，实现年底前临时砂石集并中心整体退出。开展岸线清理整顿。督促指导巴东县政府立即取缔长江干线4座码头（巴东港主城港区西壤坡作业区旅游码头，巴东港宝塔河港区无源洞作业区17#、36#、37#散货码头），分类完成整改销号。开展船舶和港口污染防治。完成船舶污染防治改造任务，全州100总吨以下船舶200艘，其中产生生活污水的船舶20艘，有14艘按要求整改到位，剩余6艘均为海事公务船，已全部禁用卫生间。对剩余180艘不产生生活污水的船舶，逐一督促配齐集油盘、污油桶、生活垃圾桶等船舶防污染设备设施，确保全州所有船舶满足船舶污染防治法规要求。船舶污染物接收设施投入运行。巴东港港内的船舶生活垃圾、生活污水和油污水均由2家具有资质的2家港口企业负责接收转运（其中船舶生活垃圾由巴东县常兴水上环保有限公司负责接收转运，船舶生活污水和油污水由巴东县移民环保服务有限公司负责接收转运）。清江库区船舶生活垃圾由船舶转运上岸，由港口企业交付当地环卫部门处置，船舶生活污水和油污水由巴东县移民环保服务有限公司负责接收转运。船舶岸电系统受电设施改造全部完成。5月，恩施州启动长江干线货船岸电系统船载装置改造工作。省发改委、省交通运输厅下达恩施州改造任务为4艘，于11月20日完成改造并通过检验。

【行业管理】 2021年，完成船舶检验286艘次，总吨位90006吨，总功率41337.44千瓦，总客位9380客位，总参考载货量97080吨。其中临时检验41艘次，特别定期检验3艘次，建造检验2艘次，中间检验18艘次，年度检验166艘次，换证检验47艘次，船底外部检查9艘次，船舶设计图纸审查2套。完成船舶登记业务167艘次，其中船舶所有权登记45艘次、船舶国籍登记94艘次，船舶抵押权登记1艘次、船舶光船租赁登记1艘次、船舶注销登记26艘次。截至12月27日，全州登记注册船舶278艘，14846总吨，2656载重吨。其中普通客船24艘、旅游客船18艘、客渡船179艘、公务船17艘、交通艇2艘、高速船2艘、汽车渡船1艘、驳船1艘、推拖船2艘、垃圾处理船6艘、趸船13艘、干货船5艘、游艇1艘、小艇3艘、挖泥船1艘、采砂船3艘。

【省际客船专项复查整改工作】 2021年，州港航海事船检局落实省际客船专项检查整改要求（长航局于2020年12月对长江干线老旧省际客船进行专项检查，下发《长航局关于通报长江干线老旧省际客船检查情况的函》），督促巴东县楚天轮船有限公司、湖北东方皇家旅游船有限公司2家水路客运企业对照长航局检查反馈的船舶问题清单，逐项整改销号。“金太阳”“银月亮”退出水运市场，暂停泊于巴东港。“天娇大为”拟整船拆解。推进船舶碰撞桥梁隐患治理，细化实施方案，组建工作专班，如期完成隐患排查，分级登记造册。8月25日，在船舶碰撞桥梁隐患治理三年行动桥区信息报送功能模块完成相关信息录入。经排查，州境内“两横一纵两网十八线”航道仅有长江干线（湖北段），涉及巴东长江公路大桥1座，发现涉及桥梁方面的风险隐患2处（桥梁通航孔桥墩防撞设施建设代表船型低于自查评估区段通航代表船型船队、桥梁通航净高标设置不符合新标准要求），已制定整改方案。恩施州涉及船舶碰撞桥梁隐患治理三年行动的桥区总数56座，其中纳入省重要等级航道上的桥梁23座，其他等级航道上的桥梁33座，经排查均无隐患。航道部门、水上交通安全、桥梁运行管理单位对照分配的账号，如期完成基础信息及问题隐患信息的填报。在集中整治阶段，11月1日，省交通运输厅召开视频对接会指出，巴东长江公路大桥综合评估进度滞后，要求桥梁运行管理单位加快推进综合评估工作，最迟于2021年11月28日前完成桥梁通航安全风险及抗撞性能综合评估工作并评估结论。桥梁运行管理单位正在委托有资质的咨询机构加快推进综合评估。

【政务服务】 2021年，州港航海事局政务服务事项73项，其中行政许可37项、行政确认14项，其他权力20项、公共服务2项。常办事项有船舶检验、船舶登记、船员适任证书、国内水路运输经营许可等15项。推进行政审批流程再造，通过减环节、减证照、减材料、减负担等措施努力推行即时办、网上办，提升群众办事便利度和满意度。

（王树珍）

铁 路

【概况】 2021年，州铁路建设委员会办公室（简称州铁路办）开展恩施州"十四五"及中长期铁路网规划研究，构建"外畅内联"铁路运输网络，做好沪渝蓉高铁宜昌至涪陵段前期工作，推进安恩张、恩黔铁路项目进程，督导郑万铁路巴东段工程建设，开展路地协调服务工作，保障运营铁路安全高效运行。全年累计发送旅客583.16万人次，较2020年的359.98万人次增长62%，恢复至2019年749.97万次的78%，全年到达旅客529.89万人次。全年发送货物1.48万吨，较2020年的5.82万吨下降74.6%，较2019年的7.44万吨下降80.1%，全年到达货物178.65万吨，较2020年的134.15增长33.2%，较2019年的174.09万吨增长2.6%。

【恩施州"十四五"及中长期铁路网规划】 2021年，州铁路办按照"外畅内联"的铁路网目标，报请州政府同意通过招标委托中铁二院开展恩施州"十四五"及中长期铁路网规划研究，优化全州铁路网布局，完善铁路交通运输体系。11月，中铁二院完成恩施州"十四五"及中长期铁路网规划研究初稿。新规划研究利万高铁，衔接渝西高铁、成达万高铁及沪渝蓉高铁宜昌至涪陵段，采用部分共线的方式，优化安恩张、恩黔铁路的线路走向。

【郑万铁路】 2021年，郑万铁路巴东段完成全部线下工程，启动静态验收工作。州铁路办与巴东县政府签订《郑万铁路巴东段征地拆迁包干实施协议》，将征地拆迁资金一次性拨付给巴东县，由巴东县按资金管理规定包干统筹处理相关问题。郑万铁路即河南郑州至重庆万州高速铁路，途经巴东县，在巴东县平阳坝设站，该线路全长818.1千米，估算总投资1195亿元，其中巴东县境内长约34千米，投资约47亿元。2016年12月开工，建设工期为6年。

【沪渝蓉高铁宜昌至涪陵段】 2021年，州铁路办陪同铁路项目专家到鹤峰县、宣恩县、恩施市、利川市开展现场调研与踏勘，争取国家、省等有关部门支持，协调沿线县市与设计单位中铁二院、中铁四院保持沟通，配合做好预可研、可研等前期工作。3月，完成项目预可研评审；4月，完成预可研修编；5月，完成预可研修编评审。4月29日，长江沿岸铁路集团湖北有限公司（以下简称湖北公司）成立。6—12月，开展可研相关工作，完成项目业主公司组建及首期出资。根据出资人协议，湖北公司注册资本金为911亿元，恩施州需出资88亿元，恩施州首期需出资0.88亿元。州政府常务会决定由州国有资本投资运营有限公司担任湖北公司恩施州出资人代表，并由公司副总经理朱正齐出任董事，恩施州首期资本金于6月30日出资到位。

【安恩张铁路、恩黔铁路】 安恩张铁路（安康—恩施—张家界高铁）、恩黔铁路（恩施—遵义铁路）是恩施州进入国家中长期铁路网规划（2016—2030年）的铁路项目。2021年4月，湖北省将安恩张铁路纳入省"十四五"规划。12月，安恩张、恩黔铁路均纳入湖北省"十四五"铁路发展规划。以中铁二院在恩施州开展铁路网规划优化研究为契机，州铁路办加强沟通对接，采用部分共线的方式，优化安恩张、恩黔铁路的线路走向，便于宣恩县、咸丰县、来凤县与州城的铁路联络。

【利万高铁】 利万高铁即湖北利川至重庆万州高速铁路，设计时速为350千米，线路全长118千米，利川境内长49千米。2021年，重庆市将该项目纳入《重庆市国民经济和社会发展第十四个五年规划和二〇三五年远景目标纲要》，项目衔接渝西高铁、成达万高铁及沪渝蓉高铁宜昌至涪陵段，将打通恩施州北上的高铁通道，并加密恩施至成渝地区的铁路通道。该项目是恩施州根据周边地区路网发展实际新谋划的铁路项目，州铁路办主动做好项目的汇报争取工作。

【黔张常铁路征拆资金结算】 2021年，州铁路办对黔张常铁路征地拆迁项目、资金再次进行清理。到国铁集团、省发改委就黔张常铁路相关问题进行汇报，争取上级部门协调支持。与黔张常铁路公司就征地拆迁资金、集中安置小区建设等有关事宜进行专题对接，配合审计署完成黔张常铁路专项审计调查取证等相关工作，全年拨付资金5088.46万元，沿线涉及民生的问题得到解决。

【路地协调服务】 2021年，州铁路办协调完成宜万铁路沿线恩施境内通信网络建设、维护工作，设备正常运行达95%以上，全程移动电话通信信号稳定性得到提升，协调完成恩施站前广场、地下通道及周边道路改造工作，2021年6月投入使用。

【货运服务管理】 2021年，州铁路办组织开展铁路货运调研，撰写的调研报告《发挥铁路货运功能，优化发展物流环境，让"大交通"真正支撑起"大产业"——新高铁时代恩施州铁路货运发展的思考与建议》被州政府《调查研究》专题采用刊发。加强州铁路公司服务管理，指导开展多轮融资，招引湖北省交通投资集团有限公司、湖北铁路集团公司等帮助公司整合提质，破解发展瓶颈。督导州铁路公司规范园区管理，探索和开展货运产品改革，提升企业服务水平和服务质效。规范州铁路公司专项补助资金管理，完成公司国有股份退出的评估、挂牌工作。

【铁路安全生产监督管理】 2021年，州铁路办配合护路部门加强铁路沿线安全环境综合治理，包保的恩施市2个单位、2人分别获省委平安办“普铁整治先进集体”和“普铁整治先进个人”荣誉称号。会同民政部门开展文明祭祀督导，督导县市铁路沿线文明祭祀工作，巩固铁路沿线安全环境综合治理成效。开展全州铁路交通领域问题大排查、设施大检修、隐患大整改工作，到州内各火车站、铁路施工现场、州铁路公司就安全生产工作进行现场督查，确保五一、国庆等关键时间节点铁路交通系统安全稳定。制定《恩施火车站滞留旅客转运、安置应急预案》，应对因遭遇恶劣天气等自然灾害或其他特殊情况时火车停运、折返导致旅客滞留的突发事件，确保突发情况下旅客疏散、安置等工作顺利进行。联合州农业农村局、州人社局、州水利湖泊局等部门到来凤县、恩施市现场调查并办结涉铁信访事项复核件2件，完成涉铁信访复查件1件，完成阳光信访平台涉铁信访案6起，化解涉及恩施火车站矛盾纠纷8起，群众满意率100%。督促郑万铁路巴东段施工企业依法落实保障农民工工资支付各项制度，维护社会稳定发展大局。

【新冠肺炎疫情防控工作】 2021年，探索建立全州铁路交通系统疫情常态化防控工作机制，成立路地统一的组织机构，明确各方职责，加强路地协调配合，做好全州铁路交通系统疫情联防联控。严格落实各级指挥部关于常态化疫情防控各项工作要求，督促县市铁路办及时协调各火车站及专班抓好工作落实。到州内各火车站开展现场检查工作，督办疫情防控及便民服务措施落实，确保行业安全有序。

【政治巡察整改】 2021年，对州委第四巡察组反馈的4大类22个具体问题照单全收，实行“一个问题、一名领导、一抓到底”的工作机制，逐一明确各级的整改主体责任。召开巡察整改专题会议，成立巡察整改领导小组，制定《州委第四巡察组反馈意见整改工作方案》《州委第四巡察组反馈意见整改工作责任清单》，实行台账式管理和销号制落实，加强跟踪督办，全面整改落实。5月，专班严格按照要求，汇总形成综合整改报告及征地拆迁、保密工作、选人用人等专项工作报告，完成整改销号佐证资料收集整理并上报至州纪委第三监督检查室。

（杨斯然）

民用航空

【概况】 恩施许家坪机场位于恩施市城区，恩施至武汉航线距离490千米。2021年，湖北机场集团恩施机场有限责任公司（简称恩施机场）完成总收入7963万元。全年完成旅客吞吐量130.15万人次、运输起降12258架次、货邮吞吐量1447吨。恩施机场在全国248个运输机场中排名从第93名升至第83名。安全生产形势平稳，各项指标持续达标，实现第28个安全年。旅客满意度4.36，航班放行正常率93.73%，在全省支线机场中排名第二。

【业务拓展】 2021年，恩施机场开展天津、甘肃航空旅游推介，营销本地航空旅游产品。新开通扬州、沈阳、温州航线，加密北京、兰州航线，优化上海、成都、大连航班时刻，全年开通航线19条、航点23个，单架次旅客排名湖北支线第一。拓展中转业务，货邮提前1个月完成年度目标。通过媒体升级改造、规划新增等形式实现广告收益持续增长。用足中小微企业减免政策，全年减租150余万元。盘活现有贵宾资源，有效拓展贵宾业务，全年实现非航收入2237万元，同比增加39%。

【设备设施建设】 2021年，恩施机场安防系统建设项目竣工投用，安全设备设施更新改造项目完工。购置消防主力泡沫车1台，新建消防营房、车库647平方米，消防7级建设通过验收。北端双围界改造完成项目招采。站坪改扩建及配套工程可研获批，完成初步设计编制及内审。配合州政府做好预选场址气象观测，完善选址论证报告。恩施机场迁建工作进入中国民航局“十四五”规划。

【安全生产工作】 2021年，恩施机场健全“体系+制度+手册”机制，建成以“SMS”体系为纲领、32项制度为支撑、岗位SOP手册为保证的安全核心架构。9月，顺利通过“SMS”外部审核，推进手册报审及机场换证工作，构建安全管理长效机制。建立健全风险管控和隐患排查治理双重预防机制，组建三级质控队伍，动态管理“两个清单”（危险源和隐患库），修订安全隐患整改制度，实施挂牌督办、验收销号、月度通报。推进安全生

2021年3月28日，恩施机场开通恩施至北京（大兴）直飞航线 （关林子 摄）

产专项整治三年行动，开展“百日安全大排查、大整顿”“问题隐患清零”等专项活动，实施道面适航、机坪运行、围界安防等重点专项整治，全年累计排查隐患38项，整改37项，整改率97.37%。建立完善作风负面清单，细化作风量化考核标准113项。建立四类民航安检技能鉴定培训机构，实施全员岗位能力评估，推行“末位淘汰”，推进常态化技能比武到部门、班组、岗位，推进“三基”（抓基层、打基础、苦练基本功）建设。

【服务质量建设】 2021年，恩施机场建成地面运输“行李可视化”系统，实现航站楼5G全覆盖，完成停车场候车长廊建设，启用“中国民航中转旅客服务平台”，实现“一次值机、一次安检、行李直挂”无忧中转。深化“巴韵情”服务品牌内涵，全面梳理32项便民举措，推出“行李把手朝外”暖心服务，提供伤残旅客预约服务，开设老年人专属值机柜台，开展机关支援一线、“红马甲”等志愿者活动，为旅客提供咨询引导、帮扶服务。完成公司制“三能”（干部能上能下、人员能进能出、收入能多能少）改革。完善领导值班机制，健全现场运行指挥协调机制，拓展顾客意见受理渠道，推进智能话务平台建设，协调航司完善地面代理协议，优化退改签流程，解决“航延餐”等问题，坚持用心、用情做好旅客航延服务。

【新冠肺炎疫情防控工作】 2021年，恩施机场严格落实常态化防控措施，健全主动防御机制，依托“简道云”平台，落实全员健康管理，全年累计核酸检测4177人次，两针疫苗接种率99.07%，加强针疫苗接种率84.62%，组织防疫培训10余次。协调地方政府派驻机场防疫专班落实重点航班“三专”（专人、专车、专用通道）要求，落实航空垃圾、公共场所消杀措施。公司纪委加强监督检查，全年开展督导检查100余次。

【荣誉】 2021年，恩施机场获民航局“2021年重大运输工作先进个人”表彰1人；获民航湖北监管局表彰为“2021年先进集体”，获“先进个人”表彰5人；获集团“五四红旗团委”表彰，获“优秀共产党员”表彰3人，获“优秀党务工作者”表彰2人。在集团业务技能比武中，获安全服务监察员竞赛第一名、配载岗位技能竞赛二等奖和三等奖、机坪技能大赛三等奖。获评南方航空公司“外站代理安全管理先进单位”，获评“恩施州2021年十佳消防志愿服务团队”。7月23日，恩施机场地面服务部分队长郑年静获民航湖北监管局“最佳风采奖”。10月18日，恩施机场安全检查站分队长廖琼被中国民用航空局表彰为“中国共产党成立100周年民航安全保障工作中成绩突出个人”。

（陈明浩　关林子）

交通物流

【概况】 2021年，恩施州交通物流系统落实交通运输“增密、互通、提质”要求，优化营商环境，完善物流节点，继续推进交通物流持续融合发展。全州完成交通物流项目固定资产投资2080万元。建始电商冷链物流扶贫产业园纳入湖北省综合交通运输发展“十四五”规划（公路水路）重点项目库，“十三五”接转项目咸丰县综合物流园有序推进。推进物流行业党建试点，指导恩施好又多华硒物流园党建工作向货运领域延伸。

【交通物流发展】 2021年，加快县、乡、村三级农村物流网络节点体系建设，巩固巴东县、来凤县农村交通物流发展成果。重点推进咸丰县农村交通物流项目建设，咸丰县交通物流发展局牵头，联合县科经、供销、聚源物流有限责任公司及其联合体等签订《咸丰县农村物流融合发展协议》，县、乡、村三级农村物流服务体系基本覆盖全县所有192个行政村，打通“工业品下乡、农产品进城”双向流通渠道。该项目申报省农村交通物流融合发展项目，通过省级验收，获补助资金150万元。6月9—10日，省交通运输厅道路运输事业发展中心物流产业处到咸丰县现场核查咸丰县农村交通物流发展项目建设情况，先后到农村交通物流配送中心及朝阳寺镇、唐崖镇农村物流综合服务站以及沿线村级农村物流服务站点检查运营情况，对咸丰县农村交通物流发展项目的建设成果予以肯定。州、县交通物流部门当好“店小二”，指导企业不断创新，提高服务水平，争取政策支持，为恩施好又多华硒物流园争取第二批补助资金250万元。

（张仕斌）

邮　政

邮政管理

【概况】 2021年，州邮政管理局全行业业务收入完成10.39亿元，同比增长15.62%。其中全州快递业务收件量累计完成2128.89万件，同比增长47.83%；投递量累计完成14767.40万件，同比增长32.50%；业务收入累计完成4.23亿元，同比增长38.47%。

【城市快递末端服务体系建设】 2021年，全面优化城市寄递末端网络布局，鼓励企业开展共同配送，推动快递进社区、进校园、进商区，有效解决快递“最后一百米”投递问题。围绕城市“一刻钟”便民生活圈建设目标，将邮政快递综合服务点、智能快件（信包）箱纳入社区公共服务设施建设范畴，在新、改、扩建城市居民住宅区同步建设智能快件（信包）箱，推广无接触递送模式。全州现有154组智能快件箱、7980个格口。

【“村村通快递”工程】 2021年，通过推广快邮合作、快快合作、快商合作、快交合作等模式，引导邮政快递企业融入电子商务进农村、农村交通物流体系等建设项目。到县市一线调研农村寄递物流体系建设情况，并加强对“快递进村”薄弱县市的工作督导，专题研究解决存在的突出问题。全州共建村级快递服务站点1565个，建点率达66.02%，快递服务覆盖行政村1858个，服务覆盖率达91.71%。

【服务经济发展】 2021年，引导邮政快递企业培育推广新业态、新技术、新模式、新产品，增强发展内生动力，丰富服务品种，为州内工业企业和特色农业提供多样性和差异化服务。加强寄递对现代农业的支撑服务。邮政、顺丰、中通等企业推动农特产品销售和流通一体化平台建设，打造恩施硒茶、恩施土豆、巴东柑橘等快递服务现代农业品牌项目，服务地方特色农业和助力乡村振兴。全州邮政业发挥寄递网络和线上平台优势助力消费帮扶和农产品出山，全年累计实现农产品包裹出口量1276万件，同比增长47.68%。撰写《“小快递”服务“大产业”“大民生”——恩施州农村寄递物流体系建设调研报告》被州政府评为2021年度社科优秀课题。

【寄递渠道安全监管】 2021年，召开全州寄递渠道安全管理工作领导小组会议，安排部署年度寄递渠道安全重点检查工作，联合公安、国安等部门开展中国共产党成立100周年庆祝活动期间寄递渠道安保工作专项检查、寄递渠道禁毒“百日攻坚”专项行动、寄递渠道“扫黄打非”专项检查、寄递渠道打击涉烟违法行为专项行动。规范行业经营秩序，宣贯实施《快递业务经营许可管理办法》，开展快递业务经营资质清理和快递市场秩序整顿专项行动，形成依法严管的高压态势。落实消费者申诉处理，落实省邮政业申诉处理权限下放承接工作，将邮政业申诉电话“12305”整体归并至“12345”政务服务热线，对申诉中心接到的损害消费者利益行为，严格依法查处。全年受理用户申诉344件，其中有效申诉21件，为用户挽回经济损失13.65万元。

【落实企业主体责任】 2021年，严格按照“双随机、一公开”制度开展执法检查，全年出动检查人数538人次，检查企业266家次，下达限期整改通知书25份，行政约谈企业7家次，立案处罚企业7家，罚款6.5万元。组织企业开展全覆盖交叉互查，全年检查企业1647家次，排查并督促整改安全隐患3000余处。督促企业认真开展生产作业现场安全风险隐患排查整治，针对问题全面督办整改落实，全年排查县域邮件快递分拨中心44处，排查隐患91处并完成整改。加强行业从业人员学习教育，利用“安易递”在线学习平台，组织开展安全学习，实现行业从业人员在线学习全覆盖。

【邮政普遍服务】 2021年，指导邮政企业开展邮件处理培训，组织开展专用信箱、邮政服务质量检查，开展乡镇局所专项整治行动。全年出动检查人员104人次，检查普遍服务营业场所52个次，其中乡镇局所43处。加强线上监管，通过绿盾工程视频巡查监管系统视频检查15处。巩固建制村直接通邮成果，打造高质量进村服务。扩充社会监督员，开展社会监督，8位社会监督员检查邮政普遍服务营业场所105个次，走访用户175人，开展纪特邮票发行检查6个次。

【邮政业“扫黄打非”】 2021年，联合州文化和旅游市场综合执法支队，开展春节两会期间寄递渠道“扫黄打非”联合检查。督促邮政快递企业与下属网点、员工层层签订“扫黄打非”工作责任状，做好大批量交寄出版物协议客户台账更新。制定《2021年建党100周年庆祝活动期间恩施州邮政业“扫黄打非”联合检查工作方案》，开展专项行动。

【优化营商环境】 2021年，“村村建邮站、村村通快递”工程被纳入《恩施州国民经济和社会发展第十四个五年规划和二〇三五年远景目标纲要》，列入州委常委会2021年工作要点和乡村振兴考核指标，写入州委文件和《政府工作报告》。州委、州政府印发《关于推进“一核支撑、两翼并进、全域协同”区域发展布局的实施意见》，将邮政业发展纳入重要内容之一，支持各县市建设物流配送中心，实施“村村建邮站、村村通快递”工程。《恩施州深化新时代党建引领乡村治理若干措施》将“快递进村”作为乡村公共服务重要内容进行部署。州委编办发文同意组建县级邮政监管机构，与县市交通运输综合执法大队合署办公。根据州委、州政府统一安排，与商务、交通、发改等部门组成督查组，针对全州各县市邮政业发展和管理工作开展专项督查，及时通报督查情况并对督查发现的问题限期整改完成。全州各县市出台促进电子商务和快递协同发展具体措施，邮政快递企业争取各类项目资金逾307万元。恩施市、巴东县、建始县、宣恩县、来凤县规划落实快递物流园区5个，对入驻企业给予优惠政策。

【整顿快递市场秩序】 2021年，开展农村服务标准执行专项治理活动，督促企业严格执行快递服务国家标准。开展农村服务质量专项整治，严厉打击农村地区不按址投递、违规收费等违法行为，全面落实乡村快件按址投递制度，提升农村快递服务质量，为用户提供方便、安全、高效、快捷的快递服务。9月，对来凤县2个乡镇快递网点违规收费进行立案查处。

【快递包装绿色治理综合试点】 2021年，建成24家绿色网点和7家绿色示范分拨中心。邮政快递业45毫米以下“瘦身胶带”封装比例达99.8%，电商件不再二次包装率达99.7%，各邮政快递企业与上级分拨中心直接交换所使用快件总包可循环中转箱（袋）使用率达100%（非直封）。全州乡镇以上邮政快递网点包装回收箱配备实现全覆盖，保有量达693个。全行业电子面单使用率达100%，全州各企业配备新能源运输车辆31台，符合标准的包装材料使用率达98.2%，配备使用可循环包装箱（盒）2.4万个次，规范封装操作比例达98.9%。通过开展联合执法检查，开出2张“绿色罚单”，实现邮政业生态环保执法“零突破”。

【关爱快递员】 2021年，协调州总工会对快递员开放44个户外工作者驿站，争取州总工会投入各项关爱帮扶资金13万元，其中拨付4.5万元资金支持各县市快递企业新建9个快递员爱心驿站。督促主要加盟制快递企业全面落实快递员派费上调政策，督促行业企业通过购买社会保险及商业保险实现从业人员参保全覆盖，加强与社保部门的沟通协调，推动落实企业单独购买工伤保险政策。州领导在春节和“双十一”等旺季期间慰问快递员123人次，慰问物资折合资金2.9万元。协调州总工会为快递员安排“秋游大峡谷”关爱活动。联合州总工会、州人社局、团州委举办全州邮政快递业首届“感恩杯”职业技能竞赛。

【行业科技赋能】 2021年，全州邮政快递企业加大资金投入，对分拨处理场所进行改造升级。其中恩施集速达公司投入3000多万元自建6000余平方米快件分拨中心，州邮政分公司投入3000多万元新建5000余平方米邮件处理中心，恩施圆通、顺丰对分拨场所进行改造升级，有效提升分拨处理能力。各邮政快递企业加大设备投入和技术改造，快件分拣处理能力大幅提升。其中恩施集速达公司投入300万元购置全自动分拣设备，恩施圆通投入260万元安装全自动分拣流水线，恩施顺丰投入120万元对传送带进行改造升级。

【新冠肺炎疫情防控工作】 2021年，全面落实新冠肺炎疫情防控措施，及时印发疫情防控工作提示，督促行业企业按要求定期进行核酸抽检，严格落实员工体温监测、科学佩戴口罩、疫苗接种等措施，及时对邮件快件进行登记、消杀。开展风险大排查，督促行业企业定期开展疫情常态化防控风险大排查，重点对车辆、场地、设施设备进行消杀，并实行台账登记管理。抓好预案管理和物资储备，督促行业企业及时更新疫情防控应急预案，设置隔离区，做好防疫物资储备等应急工作。

2021年10月19日，恩施州邮政快递业首届“感恩杯”职业技能竞赛举行

（州总工会 供稿）

【荣誉】 2021年6月25日，州邮政管理局机关党支部被州委直属机关工委表彰为“先进基层党组织”，田丹被表彰为“优秀共产党员”。州邮政管理局被州委平安恩施建设领导小组通报为“2021年度平安建设（综治工作）优胜单位”。恩施市邮政分公司红庙支局被省总工会授予“湖北省女职工建功立业标兵岗”称号。

（高昌霖）

中国邮政集团有限公司恩施州分公司

【概况】 2021年，中国邮政集团有限公司恩施州分公司（简称恩施州邮政分公司）是中国邮政集团有限公司下属的地方分公司，全州有邮政服务网点103个，邮路单程总长6741千米，农村投递线路22671.17千米。全年实现收入6.28亿元，位于全省第六位，同比增长6.01%。实现利润6050万元，完成计划目标。

【业务发展】 2021年，州分公司出台常态化客户维系指导意见，多维度开展“客户节”活动，新增金融客户4.54万户，新增收单商户7840户，新增移动支付绑卡7.28万户，新增手机银行有效客户数5.48万户，客户渗透率45.07%。寄递业务提速提效。实现业务收入6678万元，居全省第九位，同比增幅26.07%，市场占有率14.6%，位居全省第三位，件量市场占有率达到27.6%，物流业务实现收入855万元，居全省第三位。新增揽投部15个，建立客户分层维系体系，对865个客户进行分层分级维护，恩施邮政支局寄递收入突破千万元，同比增幅66.6%。

【普遍服务】 2021年，州分公司开通恩施—武汉航空邮路、恩施—重庆高铁邮路，进出口二干邮路8条，组开恩施市和宣恩县串行直达邮路，新增一批集包、分拣笼车、投递三轮车、收寄一体机等设备设施，运输处理能力明显提升，累计处理邮件3150万件，同比增长72%，陆运出口、进口运输量分别增长41.3%、47.5%。全年邮件断点率、平信普服丢损率、监管单位有责申诉基本为零，乡镇普服网点覆盖率、建制村投递频次达标率、县以上党报党刊当日见报率保持100%。电商平台运营质效提升。建设乡村振兴馆8个，省级以上农产品基地项目2个（其中国家级1个），组建邮乐战队97支，招商农产品自营商家2家，新引入农产品商家开店8家。组织“919电商节”、邮乐直播等活动，打造万单大单品4个，帮助销售农产品2960万元，进度居全省第一位。

【管理提质】 2021年，州分公司加强财务战略绩效管控，绩效评价实现稳B目标，存量资金长期稳定在省公司下达标准的2倍以上。加强重点业务支撑，增加金融、寄递业务成本补贴2600万元。全年投资2400万元，完成火车站邮件处理中心主体工程建设及工艺设备安装，宣恩综合楼和来凤县处理中心改造，重建或装修网点12个，更新店招22处，新增（更新）一批生产及办公设备。全年举办各类自主培训40期，培训2984人次，新增技能人才98人（其中新增高级工12人、技师1人），银行从业资格证持证率提升12.2个百分点，达到57.47%，客户经理基金从业资格持证率达到27.27%，点均达到1.22人。配合上级完成任中经济责任审计、代理金融业务风险防控专项审计、经营绩效审计，对5个县市主要负责人进行经济责任审计，完成59个工程项目审计，审减金额301.4万元，审减率15%。持续推进绿色邮政建设，瘦身胶带应用率、新标准包装废弃物回收装置配备率达100%，免胶带箱、循环中转袋、电子面单使用达到要求。

【平安建设】 2021年，州分公司推进平安邮政建设，加强安全检查、教育培训及隐患整改，提升物防、技防水平，实现全年零事故目标，州分公司及2个县市获全省邮政安全生产先进单位。严防案防风控底线，实现资金案件、监管处罚、负面舆情、大额赔付零发生目标。抓实常态化新冠肺炎疫情防控，确保整体平稳。

【工会工作】 2021年，州分公司建设完成2个省级示范小家和8个模范职工小家，农村支局小家建设全覆盖。建立关爱帮扶长效机制，持续做好“春送爱心、夏送清凉、金秋助学、冬送温暖”活动，实现网点全覆盖，帮扶困难职工3人，理赔重病互助保险43人，通过多种形式温暖关爱离退休老同志。规范召开州、县两级职代会，征集提案33件，归纳办理提案12件。成功举办十二届职工篮球赛和首届羽毛球赛，获得恩施邮政第二届“邮电杯”职工篮球赛和银保系统“金融杯”篮球赛总冠军。

【荣誉】 2021年，州邮政分公司持续保持全国文明单位荣誉，利川市分公司成功创建省级文明单位。匡锦梅、谭军获全省“最美党报投递员”称号，州分公司机关党支部被州委直属机关工委表彰为“先进党支部”，2名党员被表彰为“优秀党员”。州邮政分公司驻村工作队年度考评位居全州最优等级，帮助销售农产品超3000万元。三级物流体系建设被《湖北日报》等媒体报道。

（牟 澎）

通　信

中国电信恩施分公司

【概况】 2021年，中国电信恩施分公司（简称恩施电信）推进“网络强国”“数字中国”“网信安全”与经济社会发展深度融合，实施“云改数转”战略。分公司连续6年超额完成上级预算目标，连续4年收入增幅高于行业增幅，全年业务收入完成排名全省第一，码号级收入排名全省第三，产业数字化排名全省第三，移动净增完成率全省排名第一，宽带净增完成率全省排名第一，天翼高清净增完成率全省排名第一。恩施电信先后获得中国电信集团最佳地市分公司，中国电信湖北公司经营优秀单位、党风廉政建设先进单位、依法治企先进单位、防汛抗灾保通信先进单位、网络与信息安全先进单位、价值提升进步最快分公司、脱贫攻坚先进集体，省级文明单位，全国模范职工之家等荣誉称号。

【便民服务】 2021年，全州电信公司以各级基层党组织为堡垒成立33个新冠肺炎疫情防控党员先锋队，以基层分局为单元成立50个战疫情、保通信、强服务党员先锋队，以线上服务为主体成立210个纵向一体化三级线上服务工作队，为用户提供天翼云课堂、天翼云会议、天翼云医疗、天翼云办公等13项便民服务，全年出动保障通信工程师226832人次，排查处理客户故障54529处，保障政企客户16358家、专线电路34487条，线上服务12万人，为400余家中小企业优惠减免费用逾2000万元。

【服务乡村振兴】 2021年，恩施电信对口帮扶11个乡村，派驻乡村振兴干部28人，做好脱贫攻坚成果与乡村振兴有效衔接。投入扶贫资金1770万元，引入帮扶资金4498万元，硬化定点扶贫村村级公路12千米，转移就业人数1197人，带动脱贫人口1778人，智能化培训惠及农村家庭超过32万户。助力对口扶贫村农产品销售，采购扶贫物资、开展消费扶贫1000余万元。驻点贫困村全部通过省级、国家级验收，其中咸丰大铧尖村、巴东龙潭坪村均成为当地扶贫标杆示范村。

【通信保障能力】 2015—2021年，恩施电信累计投资41亿元用于全州通信基础设施、5G新基建、云+新应用平台建设，依托“5G+云+AI”场景化前沿技术和“2+31+X”云资源布局，通信保障能力进入全国先进行列。2021年，全州光纤宽带端口达100万个，行政村通光率达100%，超过2.1万个自然村通光纤，宽带普及率达45.6%，高于全省平均5个百分点。全州建成4G

基站4219个，其中农村区域3089个，全州4G网络覆盖率达98%以上，较2016年年底增加7倍。全州骨干网能力大幅提升，总出口带宽达到1300G，农村承载网能力倍增，乡镇出口带宽最低达到40G以上，全州乡镇以上所有家庭具备100M接入能力，镇区以上60%家庭客户具备千兆宽带接入能力，较2017年年底增加5—10倍。

【数字经济转型升级】 2021年，恩施电信推进5G网络建设，建成5G基站1156个，5G用户规模达到43万户，5G用户渗透率达到47.15%，恩施市纳入全国139个5G建设重点城市。在红庙核心机楼建成500平方米、容纳6个DC仓、可服务于政府企业的数据中心。借助5G大带宽、低时延、广连接的特点，依托"全州人口健康信息网""FIRST医疗专网""医疗专属云"，为恩施州卫生健康行业医疗服务提供场景定制化信息服务，其中恩施电信运用5G支撑武汉协和医院和咸丰县人民医院开展全球首例5G+MR+云平台远程骨科手术，为5G技术在医疗领域的广泛应用树立标杆。恩施州属地医疗专属云一期建设于2021年5月在红庙机房大楼建成并交付使用，其中咸丰县中医院上云项目正式启动。

【支持"数字恩施"建设】 2021年，恩施电信完善信息化基础服务平台，支持"数字恩施"建设。在全省率先建成属地化"政务云""政法云"平台，成为"智慧恩施"超级入口，两个平台陆续接入电子政务协同办公、综治网格化、州旅游管理平台、一标三实、消防业务管理、证照库、放管服、电子印章、人口健康管理平台、智慧社区等几十个信息系统，实现从平台、网络到应用的贴身服务。利用5G、大数据、物联网等新技术，在恩施市、建始县、来凤县等多个老旧小区启动"智慧社区"建设，通过小区智能化改造和烟感、气感等应用推广，推动实现资源信息数字化、群众诉求主动化、社区服务便捷化、管理设施智能化、安全保障科技化。

【"平安乡村"建设】 2021年，实施"乡村振兴"战略和"数字乡村"战略，恩施电信创新利用高速稳定的互联网，推动搭建辐射所有行政村、居民社区的视频监控平台。截至年底，全州共计2526个行政村及社区使用该平台，累计接入10万户，全省排名第一，全国排名第三。有效支撑各级公安部门解决各类邻里纠纷60余件，破获失窃、交通肇事、重大刑事等案件20余件。恩施电信视频监控平台在2021年鹤峰县太平镇、恩施市沙地乡等重大刑事案件追捕犯罪嫌疑人中发挥重要作用。

（张 艳）

中国移动通信集团湖北有限公司恩施分公司

【概况】 中国移动通信集团湖北有限公司恩施分公司（简称恩施移动）是中国移动通信集团湖北有限公司在恩施州设立的分支机构。公司下设恩施市、利川、巴东、建始、来凤、宣恩、咸丰、鹤峰8个县市公司。2021年，恩施移动总资产13.01亿元，上缴税款4466万元，在岗员工707人。组建州、县、乡、村立体多层次服务网络，建立实体网点544家，开通热线电话、互联网、微信、码店等线上服务平台，服务全州156万户移动用户和2.4万家政企单位。开展安全风险隐患大起底大排查大整治，全年无重大安全事故发生。贯彻中央重大决策部署，协助州、县各级新冠肺炎疫情防控指挥部开展90多次流调协查，协查对象31万户，免费发送疫情防控信息222次、4.56亿条。

【宽带网络建设】 2021年，恩施移动加快构建算力基础设施。宣恩生产调度用房竣工交付使用，IDC数据机房整体交付使用并投入运营，恩施第二数据中心机房楼项目有序推进。网络基础不断增强，累计开通5G基站1158个，实现恩施市城区深度覆盖、所有县城乡镇连续覆盖及部分行政村有效覆盖。4/5G站点总规模达到8237个，同比增长8%，有线宽带端口达到95.5万个，传输光缆长度达到4.18万皮长公里。

【政务服务】 2021年，恩施移动加快培育5G应用，支持提升政务服务水平，推动信息归集共享，促进5G融入百业，打造利川市科经局5G专网示范项目。恩施州应急指挥基础支撑系统项目、建始县国有长岭岗林场森林防火（资源监管）系统建设项目、来凤县智慧城市项目在"2021年中国国际信息通信展览会"获得优秀案例奖。

【党建工作】 2021年，恩施移动推进党史学习教育走深走实，开展庆祝中国共产党成立100周年评先表优活动，举办"青春心向党 建功新征程"献礼中国共产党成立100周年暨纪念五四青年节主题演讲比赛。落实集团公司的巡视问题整改，细化整改举措81条。推进党建和业务工作深度融合，与20个单位签订党建和创协议，签约14个信息化项目。完成"断卡行动"等18个专项监督和常态化新冠肺炎疫情防控、防汛等6个日常监督，开展各领域监督检查83次。

【服务乡村振兴】 2021年，恩施移动选派29人驻村帮扶，争取帮扶资金277万元，在大集场村等13个村实施基础设施和数智乡村建设帮扶项目，推进"法治乡村"与"平安乡村"建设，打造数智乡村管理平台。恩施市盛家坝镇大集场村被中国移动集团公司评为数智乡村优秀示范村，游光安被省委、省政府表彰为"湖北省脱贫攻坚先进个人"，宣恩县沙道沟镇松坪村《农旅结合：小山村有大文章》项目被中国移动集团公司评为数智乡村优秀案例。

【网络保障】 2021年，恩施移动完成"建党百年"系列活动的通信和网络安全保障，在全年18项重大活动、事件中，实现“零重大故障、零安全事件、零重点客户投诉”目标。应急通信保障能力提升，高效应对利川市、咸丰县、鹤峰县等县市洪涝灾害，网络运行稳定性经受住2021年汛期和冰雪天气的考验。

【客户满意度】 2021年，恩施移动深化全方位、全过程、全员“三全”服务体系落地，开展5G服务春风行活动，推出适老化服务举措。“断卡行动”取得阶段性成效，处置各类异常情况30160起，打击治理“黑灰产”，涉案号码同比压降50%。治理不良信息和骚扰电话，规范实名制入网。完成专线义诊及重保单位双路由改造，开展质差用户识别和主动义诊上门服务。加强问题源头治理，恶意侵权行为零发生。

（邓淑华）

中国联合网络通信有限公司恩施州分公司

【概况】 2021年，中国联合网络通信有限公司恩施州分公司（简称恩施联通）全年完成主营业务收入7.06亿元，总资产6.97亿元，资产收益率（ROA）达10.23%，投资占收比仅10%，全年实缴税款1183万元。主动对接《恩施州国民经济和社会发展第十四个五年规划和二〇三五年远景目标纲要》和政府工作报告，融入恩施州“一核支撑、两翼并进、全域协同”区域发展布局。建成本地大数据中心机房及边缘云池等基础设施，在恩施州政务云、县域智慧城市、数字政府、多行业应用平台的研发建设上取得阶段性成效。恩施联通各志愿服务队全年累计组织开展志愿服务活动50余件次，志愿服务参与人数200余人。《砥砺奋进二十载 阔步迈向新征程——恩施联通20年》于年底出版。

【通信基础设施建设】 2021年，全州基站总量为9198个，同比增长16.71%。5G基站1333个（竞合电信）。4G基站4145个，竞合电信745个。3G基站2975个，3G、4G在市区、县城、乡镇覆盖率达98.5%，行政村、主要交通干线覆盖率达95%，5G网络中心城区覆盖率达96%，恩施州宽带端口总量为79万线，政企专线电路3101条，建设线路22898千米。完成宜万铁路恩施段166个基站建设，实现精品网络全覆盖。新落成恩施联通州分公司第二综合大楼，建设2000多平方米云数据中心，可容纳300个左右的标准机柜，投入1000万元建设恩施州第一个边缘云池，为恩施州智慧城市、数字政府及各行各业数字化建设提供更加安全、绿色、环保、稳定、充裕、可靠的信息化基础设施保障。

【客户服务】 2021年，恩施联通坚持以人民满意为目标、以客户体验为核心，提升服务水平，攻坚解决客户急难愁盼问题。围绕“我为群众办实事”服务升级计划，持续推出为民惠民便民利民举措，打造高品质服务形象。工信部TCSI测评达到省分公司目标值，全年百万用户有效申诉率为32.34。

【划小改革】 2021年，恩施联通围绕数字化转型战略要求，调整经营单元组织架构，构建精准、高效、协同、灵活的经营生产组织。开展政企线运营组织体系改革，整合州、恩施市两级政企经营资源，成立恩施州政企客户服务中心，其他7个县市独立政企营服中心。开展市场线综合化改革，加速公众营服综合化运营。撤销合并部分乡镇营服中心，优化经营队伍结构。

【荣誉】 2021年，恩施联通网络部被中华全国总工会授予“全国工人先锋号”称号，恩施联通团委被中国联通集团公司团委表彰为“中国联通五四红旗团委”。

（黎永君）

中国铁塔股份有限公司恩施州分公司

【概况】 2021年，中国铁塔股份有限公司恩施州分公司完成账面收入25078万元，收入增长率为4.44%。下设8个县市办事处，全年资产原值12.71亿元，站址数达到7500余座，铁塔租户数达到11171户。推进全州无线网络覆盖，站址资源共享至移动、联通、电信、广电、公安、电视台等单位，减少重复建设，实现优质资源复用。

【换电服务】 2021年，分公司在恩施州为1200个外卖快递小哥等客户提供电动车电池换电服务，日均换电次数超5000次，不断优化换电网络布局，降低换电网络故障率，全量筛选并替换带病电池，提升应急救援效率，铁塔换电网络逐步成为现代城市生活的“新型基础设施”。全年分公司换电业务收入预算完成率128%，用户目标完成率115%，换电业务市场占有率从15%提升到67%。

【推动5G网络建设】 2021年，分公司继续贯彻5G发展决策部署，协同电信企业推动5G网络建设。全年完工5G基站建设项目874个，12月底应交付需求完工率达91.2%。截至年底，累计承建5G基站2370个，完工2248个，其中99.33%的基站建设通过共享存量资源完成。

【视联网共享】 2021年，分公司加快将“通信塔”升级为“数字塔”，实现视联网共享，供州林业局、州生态环境局、州公安局、州文旅局、州电视台、州农业农村局、州自然资源和规划局、州应急管理局、州水利湖泊局等单位使用，服务信息化社会和基层管理。承接各县市视频监控项目和智慧环保项目，为政府节约投资，取得良好社会效益。全年新增共享铁塔近175基，减少土地占用约2625平方米，减少钢铁消耗约1085吨。

【通信保障】 2021年，分公司开展“我爱我塔”全员上站专项行动，提升维护服务质量。高等级站平均站址断电退服时长达到7.79分钟，标准站达到7.21分钟，全州达标率89%，区域达标率67%，故障处理及时率由98%提升至99%，长故障站址数由3个压降至零个。完成暴雪应急保障、夏季防汛应急保障。7月23日，分公司支援河南抢修基站，抽调咸丰工作站党员职工携4台油机，开车12个小时赶路1000余千米到达指定位置，5天时间内抢修恢复基站35个，其中发电恢复18个基站，排障处理恢复16个，得到郑州市中原片区和新密市区域的肯定。

【荣誉】 2021年4月，分公司被省委、省政府表彰为“湖北省脱贫攻坚先进集体”。6月24日，分公司总经理、党支部书记胡平被省国资委表彰为“优秀党务工作者”。

（覃美玲）

2021年6月28日，中国铁塔恩施州分公司在宣恩县龙潭山顶建设通信基站

（中国铁塔恩施州分公司 供稿）

湖北广电网络恩施分公司

【概况】 湖北广电网络恩施分公司（原湖北省楚天视讯恩施分公司）是湖北广电网络信息股份有限公司下设的非独立法人分支机构，下设8个支公司、88个乡镇经营部（广播电视公共服务中心），在编员工320人。2021年，分公司在全州有有线数字电视注册用户规模达到69.2万户，广电宽带用户26.5万户，传输数字电视节目189套（标清120套、高清68套、4K超高清1套）。

【公共文化服务】 2021年7月22—23日，省广播电视局调研组就民族地区有线高清交互数字电视机顶盒推广普及项目工作到恩施州进行实地调研。按照广电总局、财政部联合下发《关于实施民族地区有线高清交互数字电视机顶盒推广普及项目有关事项的通知》文件要求，恩施分公司实施民族地区高清交互机顶盒置换推广项目文化惠民工程，完成21.5万户高清交互或集成高清交互功能的机顶盒或智能终端升级。

【安全播出】 2021年，在“七一”中国共产党成立100周年以及两会等关键时间节点，分公司党委将安全生产、安全播出作为重要工作任务纳入年度工作目标考核“一票否决”内容，层层签订责任状，展开自查巡检，及时排除隐患，严堵漏洞，让党委政府的声音第一时间传递到千村万户。组织专班对“村村响”应急广播进行紧急抢修维护。

【与州政府签订“5G+”战略合作协议】 2021年2月27日，湖北广电网络与州政府签订“5G+”战略合作协议，致力于在5G网络基础设施建设、“智慧广电”等方面进行深度合作，联合共建精品5G通信网，共推5G产业发展和5G行业应用。

（李献荣）

住房和城乡建设

Housing and Urban and Rural Construction

恩施州城凤凰山森林公园一景　　（谭　华　摄）

综　述

【概况】 2021年，恩施州住房和城乡建设系统贯彻“六稳”“六保”工作要求，推动全州城乡建设、民生福祉、产业发展、城市管理、服务改革、行业安全等各项工作。政府投资公租房分配入住率93.5%，高出目标任务3.5个百分点。完成全州81万户农房排查建档，及时消除安全隐患，持续推进农村危房改造，年度改造农村低收入群体危房1438户，农村危房持续保持动态清零。全年开工建设城乡重点项目241个，完成总投资237亿元，投资额高出全年目标任务18个百分点。全州城市管理工作持续开展“一把扫帚扫到底”专项行动，城区垃圾保持日产日清，全州城市垃圾无害化处理率达到100%。围绕户外广告、停车秩序、架空管线、渣土扬尘、油烟噪声、拆违控违等突出问题，开展专项整治行动，“脏、乱、堵”等城市“顽疾”治理取得成效。开展“拆围透绿、见缝插绿、裸土复绿”行动，打通城市区域隔阂，加大公园绿地建设，加强城市生态修复，持续推动城市园林景观、停车资源共享。开展城市安全运行大体检，城市道路、公厕、广场、亮化、井盖、线杆等公共设施提档升级，做到应修尽修。全州村镇建设以深化乡镇生活污水治理和乡镇生活垃圾无害化处理为载体，持续开展“擦亮小城镇”行动，加强农村危房改造项目实施，助推乡村振兴和城乡建设协调发展。推动省委第九巡视组回访督查反馈问题整改，开展常态化扫黑除恶和工程建设领域专项整治，合力办结省、州交办68件信访积案。

【住房和城市建设主要指标】 截至2021年年底，全州城镇老旧小区改造全面完成138个，基本完成174个，涉及居民55313户。全州棚户区改造新开工846套，基本建成4197套；发放住房租赁补贴户数1276户；政府投资公租房分配入住24848套，超额完成州政府目标任务。持续推进农村危房改造，完成农村低收入群体危房改造1438户，完成年度工作任务。年末8个县市城市规划建设用地面积179.48平方千米。建成区面积122.20平方千米，比2020年增加2.39平方千米，增长率1.99%。全州有历史文化街区3处，面积23公顷，历史建筑数量51座（处、间）。城区人口92.12万人，暂住人口10.77万人。建成区绿化覆盖面积5257.31公顷，建成区绿地面积4701.14公顷，建成区公共绿地（公园绿地）面积1673.63公顷。全州各类公园79个，公园面积1001.52公顷，绿道长度68.97千米。城市建成区道路长度766.85千米，面积1218.49万平方米，其中人行道面积264.98万平方米。公共停车场车位35007个，配建停车场车位29283个，路内停车位6131个。城市道路安装路灯62271盏，照明道路长度752.79千米，城市照明总用电量3213.36万千瓦时，装灯总功率9041.43千瓦。城市各类桥梁174座，其中大桥及特大桥25座、立交桥9座。城市供水管道长度2043.18千米，供水水厂19座，综合生产能力57290万立方米/日，年供水总量12003.85万吨；用水人口101.84万人，用水户数428885户（其中家庭用户384834户），市政消火栓2353具。天然气供气管道长3682.43千米，全年天然气供气总量21891.24万立方米，销售气量21303.38万立方米，总用气户数35.9574万户，其中居民家庭用户35.1592万户，用气人口79.00万人。天然气汽车加气站8座。液化石油气储气能力1260.65吨，供气总量5842.36吨；用气户数57952户，其中家庭用户54570户，用气人口21.10万人。道路清扫保洁面积1720.88万平方米，其中机械化清扫面积1206.16万平方米；各类公共厕所350座，其中三类以上343座；环卫专用设备车辆400辆，其中道路清扫保洁专用143辆，生活垃圾运输专用241辆；生活垃圾转运站42座，转运能力1330吨/日；城市生活垃圾无害化处理场13个（8个为卫生填埋，1个为焚烧处理，4个为其他餐厨垃圾处理站），无害化处理能力1325吨/日；年生活垃圾清运及无害化处理量43.87万吨；建筑垃圾清运量711.96万吨，其中资源化利用107.65万吨；污水处理厂12座（均为二、三级处理标准），污水处理能力34.65万立方米/日；城市排水管道长度1039.68千米，其中污水管道461.25千米、雨水管道234.10千米、雨合流污水管道344.33千米；污水排放总量10389.57万立方米，污水处理量10014.64万立方米；干污泥处理能力170.80吨/日，年干污泥产生量及处置量8923.89吨，其中填埋4845.69吨，土地利用4078.20吨。

【河库长制相关工作】 2021年,完成河库长制工作中由州住建局承担的主要任务,包括城市黑臭水体整治、城乡污水垃圾治理、河库周边环境治理、饮用水源保护等。完成州河库长制办公室安排的其他任务,牵头对忠建河咸丰段和宣恩段半年2次全线巡查,分管副州长参与巡河2次,发现各类问题5处,移交到河湖库长制办公室,责令相关职能部门限期整改并跟踪督办。

【优化营商环境】 2021年,深化工程建设项目审批制度“753”(政府投资类项目70个工作日,社会投资类项目50个工作日,社会投资类工业项目30个工作日完成审批)改革,压缩7类工程建设项目审批时限,缩小施工图审查范围,规范联合验收程序,落实“一网通办”“一事联办”,推进“拿地即开工五证同发”与“建筑单体分阶段验收”2项省级先行先试改革事项,通过省级验收。持续优化供水供气服务,实行一表申请、集中联办,企业、项目用水用气实现“零见面”报装,在全州范围内推行用水报装“320”(报装受理3个工作日、接驳通水2个环节、零材料)和用气报装“200”(报装受理和接驳通气2个环节,零材料,零跑腿)服务,位列全省第一方阵。开展“下沉企业·助企纾困”活动,推行以保险、保函等替代现金缴纳涉企保证金,有效降低企业资金成本。实施建筑市场招投标“评定分离”改革,开展“三包一挂”(建设工程违法发包、违法分包、违法转包,企业资质违法挂靠)专项整治,加强事中事后监管,维护建筑市场秩序。落实建材产业链链长制,科学谋划强链、补链、延链项目库,加强项目建设招商引资,取得阶段性成效。

【生态环境问题整改】 2021年,州住建局制定《恩施州住建系统生态环境问题“大起底大排查大整治”行动工作方案》,组建4个督导组不定期下沉包保县市,确保住建系统生态环境问题有效整改。配合州污染防治攻坚战、环保督察整改工作指挥部的调度工作。牵头督办咸丰县环保问题整改,多次到咸丰县蹲点督导,确保不出现虚假整改,对相关县直部门进行督查,确保整改工作落实。年底完成对咸丰县生态环境反馈问题的销号指导,确保咸丰县污染防治攻坚战、环保督察整改工作按时完成销号。

【安全生产】 2021年,继续实施全州建设工程安全生产专项整治“三年行动”,开展建筑施工“安全生产月”活动。落实汛期24小时值班值守和会议调度制度,落实工程质量终身责任制和全员全过程安全生产主体责任,加强施工现场过程监管,严格防范较大质量安全生产事故发生。制定实施《恩施州建筑工地防控指南》,督促在建工地编制实施新冠肺炎疫情防控工作方案和应急预案。在十堰市“6·13”重大燃气爆炸事故发生后,全州住建、城管系统报请州委、州政府先后5次召开会议专题研究部署城镇燃气安全工作,在全省首推县级领导包保燃气场站与管线安全联系责任制。省委、省政府和省燃气安全委交办697个问题,全部整改完毕。开展房屋市政工程、城市供排水、城市道桥涵隧、城镇农村既有房屋风险隐患排查整治,保持住建、城管行业领域安全生产总体稳定。

【行政审批服务】 截至2021年年底,全州办理房地产开发暂定资质50项、房地产开发企业四级资质35项、三级资质委托审查6项、二级资质初审8项;经纪机构备案17项、估价机构备案5项;二级建造师注册927项、二级建筑师注册7项、二级结构师注册4项;建筑业企业资质简单变更(含遗失补办)办件245件,建筑业企业资质吸收合并、分立办件2件,施工劳务资质95件;建筑业企业资质申报事项111件,建筑业重点培育企业资质申报事项1件;安全生产许可证办理新申请106件,延期34件;开展申报预拌混凝土专业承包资质商砼站现场核查9次,告知承诺制审批事后实地核查1次,协助省住建厅核查申报资质业绩情况10余次。截至11月底,工改系统受理1082个工程建设项目、2757个审批事项,项目数及事项数位列全省前列。根据《恩施州全面落实政务服务“清减降放”进一步推进“高效办成一件事”工作任务分解方案》等文件要求,梳理实际业务办理情况及业务设立办理依据。完成《部门依申请及公共服务事项设立依据清单》《部门可下放事项清单》《部门长期无办件事项清单》《部门(县市)可压减事项清单》《州级政务服务收件端前移事项清单》《州住建局“清减降放”情况说明》的编写。在省政务系统中,州住建局的申请及公共服务事项经压缩后业务办理项为49项;事项清理前需200项材料,清理后需提供材料55项,材料减少145项,减少率为73%。根据省住建厅要求,分别在3月、4月、8月与深圳、广州、南京、杭州4个先进城市市级事项用时进行比对,在49个实际业务办理项中,办理时限均有压减;除公示等特殊程序外,1个工作日办结事项43项(含即来即办事项),占比为88%。

【荣誉】 2021年3月,恩施市、利川市谋道镇、巴东县野三关镇被省政府表彰为湖北省第七届城镇规划建设管理“楚天杯”创建先进单位;州住建局建筑市场监管科科长杨波、恩施市城管执法局局长聂忠荣、利川市住建局城建股股长吴婧娇、来凤县住建局村镇建设股股长刘军、鹤峰县下坪乡建设服务中心主任向周斌被表彰为先进个人。4月,州住建局村镇建设科科长吴涛被省委、省政府表彰为“全省脱贫攻坚先进个人”。

(郑新民)

住房保障

【概况】 2021年,巩固农村危房改造攻坚成果,完成农村低收入群体危房改造1438户，改善住房条件和居住环境，完成年度任务。全州城镇保障性安居工程基本建成（含以往年度开工但在2021年基本建成的项目），计划任务3252套（为棚户区改造住房和公租房建设二者的总数），截至12月底，全州基本建成4197套，占年度目标任务的129.1%，其中恩施市基本建成棚户区改造住房1699套，计划任务完成率177.3%，基本建成公租房412套；利川市基本建成棚户区改造住房510套，计划任务完成率100%；建始县基本建成棚户区改造住房500套，计划任务完成率100%；巴东县基本建成棚户区改造住房400套，计划任务完成率200%；咸丰县基本建成棚户区改造住房676套，计划任务完成率100%。全州937个城市住宅小区基本实现物业管理全覆盖，成立业主委员会673个，组建率达到72%。

【公租房分配入住】 2021年，政府投资建设公租房（不含盘活处置项目）分配率要达到90%以上目标任务。截至12月底，全州分配入住政府投资公租房24848套，分配入住率93.5%，其中州本级分配入住332套，达100%；恩施市分配入住6418套，达94.5%；利川市分配入住3449套，达95.9%；建始县分配入住2915套，达90%；巴东县分配入住4796套，达90.6%；宣恩县分配入住1886套，达90.6%；咸丰县分配入住1922套，达100%；来凤县分配入住1353套，达94.3%；鹤峰县分配入住1777套，达94.2%。

【公租房房源实际保有量】 全州纳入国家计划政府投资公租房房源26579套，企业自建公租房20套，共计纳入考核26599套，截至2021年12月底，全州在全国公租房管理信息系统中录入政府投资公租房房源保有量25741套（动态数据），房源保有率96.85%，其中州本级332套，恩施市6792套，利川市3622套，建始县2388套，巴东县5244套，宣恩县2081套，咸丰县1946套，来凤县1435套，鹤峰县1901套。

【公租房小区规范管理评价】 2021年，省住建厅上半年评价情况的通报显示，全州2020年参评公租房小区存在问题全部完成整改，整改率100%，居全省首位；利川市、建始县、宣恩县各1个小区接受2021年省第三方评价小组下半年评价，全年评价综合得分91.64，全省排名第七名。

【公租房系统贯标】 2021年，推进贯彻和实施全国公租房管理信息系统《公租房信息基础数据标准》《公租房信息系统技术规范》，并将各类相关数据录入全国系统。至12月底，全州累计盘活政府投资公租房房源26579套；正在实施公租房保障对象26012户，录入率95.5%；正在实施公租房实物配租保障24848户，录入率90.9%；发放租赁补贴保障1276户，录入率96.2%。

【住房租赁补贴发放】 2021年，全州计划发放城镇低收入住房困难家庭租赁补贴1078户。截至12月底，全州为1276户住房困难家庭发放住房租赁补贴213.84万元，占年度计划发放户数的118.4%，其中恩施市发放450户、65.16万元，发放率120.6%；利川市发放35户、3.85万元，发放率116.7%；建始县发放311户、78.1万元，发放率124.4%；巴东县发放85户、9.78万元，发放率170%；宣恩县发放7户、1.21万元，发放率28%；咸丰县发放182户、31.03万元，发放率82.7%；来凤县发放94户、7.07万元，发放率313.3%；鹤峰县发放112户、17.64万元，发放率112%。

【棚户区改造】 截至2021年12月底，全州棚户区改造新开工计划任务846套，全部开工，新开工计划任务完成率100%，其中利川市店子坪棚户区（城中村）改造项目纳入2021年度开工计划346套，6月开工；建始县瓦窑坪片区棚户区（城中村）改造项目纳入年度开工计划500套[4月开工400套（还建房项目）、9月开工100套]。

【老旧小区改造】 2021年，全州2020年纳入城镇老旧小区改造目标任务的138个小区，涉及居民2.42万户，截至2021年年底，完工128个小区（惠及居民2.16万户），完工率92.75%。全州纳入2021年城镇老旧小区改造目标任务的174个小区（恩施市73个、利川市26个、建始县29个、巴东县1个、宣恩县3个、咸丰县9个、来凤县25个、鹤峰县8个），涉及居民3.11万户，完工68个小区（惠及居民7067户），完工率39%。全州城镇老旧小区改造项目累计获得上级资金8.58亿元，其中中央财政补助资金（财政口）2.89亿元、中央预算内投资（发改口）5.69亿元。2021年获得中央财政补助资金1.18亿元，截至11月底，拨付使用0.73亿元，拨付使用率62.09%。2019—2021年，全州在老旧小区改造中，累计拆除违法建筑4.55万平方米，改造道路60.26万平方米，改造污水收集管网96.7千米，改造供水管网58千米，改造雨水排水管网16千米，改造燃气管网16.92千米，设置消防栓970个，新增灭火器1380个，新建微型消防站23个，改造消防通道29.4千米；全州累计完成加装电梯122部，2021年计划完成101部，年底完成加装电梯33部，有30部电梯在施工中。2019—2021年，全州累计新增停车位3714个，加装充电桩等充电设施156套，新增休闲健身场地19.35万平方米，改造绿化面积8.32万平方米，居民日常活动空间提档升级。

【老旧房屋安全排查】 2021年，加强城市老旧建筑安全管理，坚决防止垮塌事故发生，按照省住建厅统一部署，州住建局及时下发《关于开展老旧房屋安全排查的紧急通知》《恩施州城镇危房排查整改工作实施方案》，指导各县市对城镇“无正式审批、无资质设计、无资质施工、无竣工验收”的“四无”

房屋、人员密集场所、老旧危楼进行拉网式排查，并对C、D级危房采取清人、拆除等必要的解危措施。活动开展以来，全州排查房屋212935栋，疑似危房1722栋（其中C级206栋，整改完成3栋；D级559栋，整改完成24栋）。

【物业管理】 2021年，贯彻落实省、州深化新时代党建引领加强基层社会治理有关部署，州住建局会同州委组织部、州民政局联合印发《恩施州加强党建引领打造“红色业委会”的指导意见》《恩施州关于深化新时代党建引领推进“红色物业”建设工作实施方案》《恩施州关于强化党建引领和规范业主委员会建设及相关工作的指导意见(试行)》，指导县市建立居委会、物业、社区“三方联动”工作机制，提升物业管理服务水平，逐步形成共建、共管、共治、共享格局，取得阶段性成效。全州以党建引领打造“红色物业”，8个县市全部成立物业行业党委，937个城市住宅小区基本实现物业管理全覆盖，成立业委会673个，组建率达到72%。部分不具备成立业主委员会条件的住宅小区，经协商成立其他各类形式的自管组织，总的组建率达到92.7%。全州216个实际开展物业服务的企业，成立独立党组织70个，联合党组织48个，符合条件的物业企业党组织达到应建尽建全覆盖。7月21日，恩施州物业管理协会成立，召开第一次会员大会。

【物业领域专项整治】 2021年，州住建局联合州市场监管、发改、民政、公安等部门，制定下发《恩施州物业领域侵害群众利益问题专项整治工作实施方案》，指导督促县市拟定工作方案、细化工作措施，定期开展工作督办。全州开展执法检查197次，出动执法人员235人次，对117家物业企业下达限期整改，向城管、消防、街道办事处等部门移交处置案件11起，对52家物业转供电企业进行清理，对4家违反转供电代收加价、消防特种设备超期检测的物业企业给以行政处罚29.51万元，清退转供电多收价款125.68万元，85家企业完成公示信息整改，113.66万元住宅维修资金顺利催缴。

（郑新民）

房地产业

【概况】 2021年，全面落实“稳地价、稳房价、稳预期”的长效管理调控机制，因城施策促进房地产市场持续平稳健康发展。州统计公报显示：全年全州商品房施工面积1707.13万平方米，比2020年增长1.7%；竣工面积118.79万平方米，增长49.5%；销售面积351.15万平方米，增长25.9%；待售面积79.51万平方米（当年数），增长37.7%。商品房销售额183.07亿元，增长18.8%，其中住宅销售额167.48亿元，增长13.9%。全年完成房地产开发投资204亿元，同比增长17.4%。从销售情况看，截至12月底，全州商品房年度内批准预售351万平方米，全州销售商品住宅37024套、非住宅26038宗。全州有库存商品房面积597.38万平方米（累计数），消化周期约95个月，其中住房库存372.58万平方米，同比增长3.5%，非住宅库存224.8万平方米。州城恩施市12月普通住宅销售均价5780元/平方米，环比增长0.39%；1月至12月普通住宅售价均价5861元/平方米，同比增长2.92%。市场总体保持稳定发展态势，稳房价目标基本实现。州住建局指导恩施市、利川市、宣恩县、来凤县等县市举办房地产展示交易会。通过政府代缴住宅维修资金、推出特价房等优惠手段，促进房地产市场交易。

【规范房地产领域市场经营秩序】 2021年，全面加强房地产领域制度管控，州住建局及时出台《恩施州商品房销售方案备案管理办法》《恩施州商品房交付使用管理办法》《恩施州车库车位预（现）售合同》《关于加强和规范房地产经纪机构经营行为的通知》等文件，规范市场行为，及时化解房地产开发领域的各类矛盾纠纷。全面推行新建商品住宅“一证两书”（住宅质量合格证、住宅质量保证书和住宅使用说明书）制度，持续推动住宅工程品质提升。持续开展房地产领域专项整治。8月至9月，州住建局下发商务办公用房租赁市场整治、开发经营突出问题自查自纠和检查整改等方案，出台商务办公用房租赁市场整治、开发经营突出问题自查自纠和检查整改等方案，进行全链条、全过程整治。开展巡察350余次，检查房产企业561家、中介机构66家，排查商务楼宇30余处，受理处置群众来信来访114件，发放政策宣传资料11030份，对违法违规企业给予4.8万元行政处罚。

【房地产领域矛盾风险化解】 2021年，结合信访积案化解、扫黑除恶“回头看”等，排查化解房地产领域矛盾风险。8月，报请州政府印发《恩施州房地产领域突出矛盾风险排查化解实施方案》，建立风险联排、矛盾联调、问题联治机制，指导各县市按“属地管理、分级负责”要求，采取“五个一”（一个问题项目、一名县级包案领导、一个专班、一套措施、一抓到底）的措施全力推进，排查房产领域矛盾风险47个，成功化解16个，其余均落实县级包案领导，在持续化解中。

【恩施房地产交易展示会】 2021年12月18—22日，以“赏诗画山水、享绿色人居”为主题的2021年度恩施房地产交易展示会在州城恩施文化中心广场举办。房交会每天推出100套特价房源，凡在政策指定期限内（2022年1月2日前）签订住房、商业、车位网上合同的业主，均由政府和企业共同代缴专项维修基金。活动现场设有政府职能部门、法律咨询、金融服务专区，为购房者提供相关政策解答，现场办理按揭贷款、抵押贷款等手续，一站式服务。2021年12月3日至2022年1月2日，恩施房交会成交 1594 宗，销售面积 18.15 万平方米，销售金额 11.33 亿元。

（郑新民）

城乡建设管理

【概况】 2021 年，推进城乡建设，建成和在建城镇老旧小区改造、道路桥隧、污水垃圾处理、市容环卫、供水供气、公园绿化、城市景观、水体整治、亮化美化等市政配套项目，城镇面貌不断改观，城市功能增强完善，城市空间延伸拓展，城市形象明显提升，城镇环境质量不断改善与优化。恩施市建成 12 座城市街头公园、3 座人行天桥，实施 5 条城区道路绿化美化项目，全面完成城区人行道路改造升级任务，6 条城区主干道建成通车，基本形成“七纵六横三环”的城市骨架。8 个县市实施县城品质提升行动，补齐县市城区配套设施短板，城市生活污水和生活垃圾处理设施稳定运行，污水管网建设改造和黑臭水体治理工作取得成效。77 个乡镇持续开展“擦亮小城镇”行动，修补公共设施，完善综合配套，规范经营秩序，乡镇生活污水和垃圾收运处理体系实现全覆盖。所有行政村实现农房图集推广应用，实现农房风貌与乡村振兴的有机衔接。利川市等 5 个县市传统村落集中连片保护利用项目开工建设。组织土家吊脚楼建筑行业规范编制，配合湖北土司匠人古建筑有限公司完成团体标准征求意见稿并进行修改。基本完成 2021 年城建年报。

【全州城市（县城）市政公用设施水平】 2021 年，全州城市（县城）市政公用设施水平（含暂住人口）为：建成区人口密度 2346.52 人/平方千米，建成区绿化覆盖率 43.02%，绿地率 38.47%。人均公园绿地（公共绿地）面积 16.27 平方米，人均城市道路面积 11.84 平方米。建成区道路面积率 9.83%，建成区路网密度 6.16 千米/平方千米，建成区供水管道密度 16.04 千米/平方千米。排水管道密度 8.46 千米/平方千米，供水普及率 98.98%，人均日生活用水量 174.90 升；燃气普及率 96.90%；污水处理率 96.87%，污水处理厂集中处理率 96.39%；生活垃圾处理率 100%，无害化处理率 99.95%。

恩施州城亲水走廊带状公园内绿化建设 （谭 华 摄）

【城市管理队伍建设】 2021 年，全州各县市均设有城市管理执法局，为行政执法机关。各县市城管系统根据本地实际，设有城管执法、市容环卫、园林绿化、市政设施、数字化管理中心等执法队伍或单位，为事业单位性质。8 个县市均设有园林局，为事业单位。恩施市、利川市、巴东县 3 个县市设有市容环卫管理局，为事业单位。全州建成数字化城市管理平台 4 个（恩施市、利川市、建始县、来凤县）。全州城市管理执法人员 1061 人（其中城管执法局机关为公务员编制，其余为事业单位编制），全州城市管理执法协管人员 591 人，城市管理执法执勤各类用车 208 辆。全州市容环境卫生管理和保洁人员 2590 人。各县市严格执行《城市管理执法行为规范》《城市管理执法办法》，开展执法队伍“强、转、树”专项行动。11 月，举办全州城市管理执法培训班，为全州城市管理系统进行专业授课，开展党风廉政教育和党性修养授课。培训班分两期举行，培训 360 人次。

【深化街道管理体制改革】 2021 年，根据《省委办公厅 省政府办公厅印发的〈关于深化街道管理体制改革的实施意见〉》，恩施市、利川市率先启动街道管理体制改革试点，州委、州政府分别就恩施市、利川市的街道管理体制改革工作下发文件。恩施市、利川市在市辖范围内的 5 个街道办事处成立行政管理综合执法中心，依法相对集中行使行政执法权，承接城市管理部分行政处罚权、相关行政监督检查权、行政强制权、行政征收权以及行政许可权，在法定授权范围内以街道名义开展执法工作。恩施市、利川市于 2021 年上半年完成人员转隶、街道赋权和资产交接等相关工作，其中恩施市城管执法局转隶至街道办事处的城管执法队员 161 人［在编人员 57 人（均为事业编制），协管 104 人］，向街道赋权行政执法事项 57 项；利川市转隶 167 人到街道综合执法中心（在编人员 36 人，协管 131 人），赋权街道行政执法事项 139 项，其中行政处罚 126 项，行政检查 4 项，行政强制 3 项，行政征收 4 项，行政许可 2 项。

【环境卫生专项整治】 2021 年，全州城管系统开展“一把扫帚扫到底”活动，紧盯广告杂乱、乱设摊点、乱倒垃圾等“十乱”现象及管理死角，加强日常巡查监督和突击执法管理各种违法行为。各县市拆除违章违建户外广告 19880 余处，清理占道广告、一店多牌等违规行为2万余起，劝导店外经营5万余起，劝导和暂扣流动摊点5.3万起，处置机动车违停行为3万余起，清理乱搭乱建、乱拉乱挂、乱倾乱倒等城市乱象3000余起，清理城乡接合部、背街小巷等部位陈年积存垃圾4000余吨。推行城市深度保洁措施，确保城区垃圾日产日清，恩施城区道路机扫率达到90%，其他县市均达到80%以上。全年全州清运生活垃圾全部实行无害化处理，垃圾无害化处理率达到100%。

【城市环境问题排查整治】 2021年，加强道路扬尘管控，严格落实“六不开工、五不上路”要求，回访环保督察案件，严查道路扬尘、餐饮油烟扰民等案件，各县市处置城区露天焚烧垃圾现象400余起，城区三个灶头及以上的餐饮服务单位油烟净化设施安装率达到100%，顺利迎接中央环保督察组的检查。结合开展庆祝中国共产党成立100周年系列活动，组织各县市城管部门开展城市安全运行大体检。对城市道路桥梁、公园绿地、垃圾转运处理场所、建筑渣土消纳场等重点部位，进行全方位的安全运行大排查，全面整改存在的安全隐患。对人行道、广场、井盖等公共设施做到应修尽修，让杆子、盖子、箅子等“城市部件”规范完备。擦亮国家级、省级“园林城市”招牌，持续推进城市绿化美化提升，各县市结合开展“我为群众办实事”活动，新建“口袋公园”11个，全州新增社区公园绿地面积2.3万平方米。全州城市建成区绿化覆盖率达到43.02%，绿地率38.47%，人均公园绿地（公共绿地）面积16.27平方米，城市品质有效提升。

【城镇供水管理】 2021年，加强供水安全管理和二次供水监管，加快备用水源建设。督促指导各县市供水企业主管部门，严格落实出厂水常规42项指标检测项目每月检测制度并公示，未出现供水水质不达标问题。督促各县市制定管网漏损控制措施，实施城区老旧管网改造，加强水表计量管理力度和更换老旧水表，逐年将管网漏损率控制在10%以内。“十四五”（2021—2025年）期间，全州供水行业计划更新改造管道313千米，计划总投资104812万元。

【污水处理提质增效】 2021年，指导各县市开展城市污水处理提质增效工作，常态化督办专项资金支持项目的进度。全州新建改造污水管网105千米，启动县级市黑臭水体排查整治。根据城镇污水处理提质增效工作方案，恩施市城市污水集中收集率目标值为44%，利川市为20.6%，均达到目标值。根据提质增效方案，恩施市城市污水处理厂BOD（生化需氧量）进水浓度应达到60毫克/升，实际为47毫克/升；利川市应达到80毫克/升，实际为59毫克/升，与目标值有差距。全州有7个城镇污水处理提质增效项目，其中恩施市大沙坝污水厂管网与设备（高桥河片区）、大沙坝污水厂管网与设备（蔡家河片区）于12月31日实现通水，预计2022年4月完工；恩施市金桂大道片区污水管网改造延伸项目，累计完成管道铺设8.15千米，剩余180米须与君御世家地下室同步施工；利川市新城区污水管网及元堡河截污干管工程完工，建成截污干管30.2千米；利川市胜利路以北片区雨污分流改造工程项目完工；利川市城区段清江河排污口及上游雨污分流改造工程，计划在2022年7月全面完工。恩施市七里坪片区污水收集管网工程，第一标段合同内全部完工（含设备安装），第二标段完成主管733米，支管382.6米，砼井6个，砌筑井15个（含设备安装），后续管道由七里大道工程项目完成，因七里大道三、四标段暂缓实施，面临收集污水的无处排放问题，暂缓实施。

【生活垃圾基础设施建设】 2021年，持续推进生活垃圾治理基础设施建设。恩施市生活垃圾焚烧发电项目开工建设，利川市、来凤县焚烧发电项目快速推进前期工作，建始县生活垃圾焚烧发电项目已纳入“十四五”项目库。8个县市建成7个标准化餐厨垃圾处理厂，来凤县正在建设中。

【垃圾分类】 2021年，加强垃圾分类宣传引导。按照《恩施州推进城乡生活垃圾分类工作实施方案》，宣传贯彻《湖北省餐厨垃圾管理办法》，对垃圾分类逐项明晰。制作生活垃圾分类治理宣传短片及公益广告，在州内电视、报纸等主流媒体滚动播出。持续开展垃圾分类工作宣传“六进”（进机关、进校园、进企业、进小区、进社区、进农村）活动，宣扬垃圾分类新理念，新时尚，提升市民对垃圾分类工作的知晓度、参与度和支持率。推进垃圾分类试点建设，各县市2个示范街道办事处、18个示范社区垃圾分类示范试点同步推进，年底基本完成。州、县两级投入资金300余万元，建成24个垃圾分类示范村，探索农村生活垃圾分类“两次五分”法（居民在家中进行第一次分类，收集员对村民分类不合格的垃圾在车上进行二次补充分类；垃圾分为可回收物、厨余垃圾、其他垃圾、灰土垃圾和有害垃圾五类），从而减少农村生活垃圾的产生量。

【村镇建设】 2021年，持续推进农村危房改造，巩固农村危房改造攻坚成果，完成农村低收入群体危房改造1438户，完成年度任务。全州77个乡镇生活污水治理项目全部建成并有效运行，处理规模7.86万吨/天，出水达到一级A标准，新（改）建主、支管网728千米。8个县市均完成竣工验收和环保验收，州级委托第三方完成工作验收，所有项目均通过省级验收并接入湖北省乡镇污水治理信息系统。继续推进农村生活垃圾治理，采取明察暗访的方式对全州77个乡镇压缩式垃圾中转站运行情况进行检查督办，督促县市、乡镇加强管理，正规运行。对全州非正规垃圾堆放点整治情况进行“回头看”，再次组织县市开展地毯式排查，对完成整治的非正规垃圾堆放点逐一现场复核，同步录入国家非正规垃圾堆放点排查整治信息系统手机App核查系统，对全州42个非正规垃圾堆放点进行二次销号。根据省级三年行动方案，州级建立“擦亮小城镇”建设美丽城镇部门联席会议制度，召开全州“擦亮小城镇”建设美丽城镇工作部署会。恩施市盛家坝乡、利川市团堡镇、鹤峰县铁炉乡列入省级“擦亮小城镇”行动试点。年内强化对已挂牌的81个国家传统的村落的后续保护，完善补充中国传统村落数字博物馆信息采集，巩固恩施州申报为全国首批传统村落集中连片保护利用示范市（地级）的成果，完善后续工作措施。完成《湖北省恩施州土家族苗族自治州传统村落集中连片保护利用整体规划》编制，涉及的6个项目开工建设。按时报送农村危房改造情况周报、月报，落实《州政府工作报告》所涉及的分解任务，及时报送进展情况季度报表；按照住建部统一安排，编制完成全州村镇建设统计年报，并通过省住建厅的审核。

【全州城镇危房、燃气安全隐患排查整改工作视频会议】 2021年8月16日，全州城镇危房、燃气安全隐患排查整改工作视频会议召开，州委副书记、州长夏锡璠出席会议并讲话。传达学习副省长柯俊在省城镇燃气安全生产专业委员会第二次全体会议上的讲话、州委书记胡超文调研房地产市场工作座谈会精神。会议强调，要高度重视城镇危房排查整改工作，全面落实行业监管责任；城镇燃气安全隐患整改工作刻不容缓，要强化整改措施，及时发现风险、管控风险、化解风险，坚决遏制安全事故发生。会议还就全州房地产平稳健康发展作工作部署。州住建局通报工作推进情况，恩施市、利川市、来凤县作工作汇报。会议以视频形式开至各县市。

（郑新民）

城镇燃气管理

【概况】 2021年，全州有天然气企业22家，其中有民企19家，国企3家［恩施中石油昆仑燃气、来凤安瑞能源（来凤城投全资子公司）、巴东水务公司］；分县市统计，恩施市4家，利川市10家，来凤县、宣恩县各2家，建始县、巴东县、咸丰县、鹤峰县各1家。有各类天然气场站47座，其中门站11座、调压站14座、天然气配气站7座、汽车加气站8座、其他场站7座。至年底，建成天然气供气管道长3682.43千米（不含国家管网集团2条总长473千米的长输管道和入户低压管网），其中建成时间20年以上的管道82千米。现有各类立管（楼栋的竖向低压引入管）862.75千米，其中建成时间20年以上的立管4.6千米，建成时间低于20年的立管858.15千米。有天然气各类用户359674户（在用有效用户），其中居民家庭用户351592户，用气人口79万人，非居民用户8082户（工业厂家46户、商业经营5636户、压缩天然气汽车2400余辆）。全年天然气供气总量21891.24万立方米，销售气量21303.38万立方米。全州有液化石油气企业35家，储配（充装）站39座，液化石油气储气能力1260.65吨。有气瓶675864只。用气户数57952户，其中家庭用户54570户，用气人口21.10万人。全年用气量5842.35吨。全年全州城镇燃气安全生产总体平稳，没有发生安全生产亡人责任事故。

2021年恩施州8个县市天然气价格情况表

表10　　单位：元/立方米

用气户类型	用气量分档	恩施市	利川市	建始县	巴东县	宣恩县	咸丰县	来凤县	鹤峰县
居民	第一档	2.65	3.18	3.17	4.08	3.08	3.13	3.19	3.6
	第二档	2.92	3.5	3.49	4.9	3.39	3.44	3.52	3.96
	第三档	3.72	4.45	4.45	5.71	4.32	4.39	4.47	5.04
非居民	—	4.28	4.38	4.3	5.38	4.3	4.28	3.78	4.44

【城镇燃气安全隐患排查整治】 2021年，吸取十堰“6·13”重大燃气爆炸事故教训，州住建局印发《全州住建系统安全生产“问题大排查、设备大检修、隐患大整治”工作实施方案》《恩施州城镇燃气行业安全隐患排查整治工作实施方案》，先后5次召开会议专题研究部署城镇燃气安全工作，组织4个工作专班下沉县市指导督办，推动隐患整改“人员、责任、措施、资金、时限”落实。6月18日，召开全州城镇燃气安全生产工作现场观摩会，分管副州长专题部署隐患问题排查整治工作。各县市按照省、州要求，压实燃气企业安全生产主体责任，采取“查、换、改、加、巡”措施，闭环开展隐患排查与整治，累计投入近亿元资金用于老旧管线改造升级、场站改迁、新型智能气表更换等防范工作。7月8日，州政府召开全州城镇燃气安全生产视频推进会，要求对排查梳理各类问题“一律任务清单、一律挂图作战、一律销号管理”。8月9日，州政府下发《关于加强城镇燃气行业安全隐患排查整治工作的通知》，在全省首推县级领导包保燃气场站与管线安全联系责任制。8月16日，州政府召开城镇危房及燃气安全隐患排查整改工作推进视频会，提出抓燃气管网更新改造、抓燃气

企业规模化整合、抓监管队伍建设等工作要求。下发《燃气场站工作检查表》(非专)、《城镇燃气设施检查表》(专业),指导工作开展。7月19—31日,抽调燃气安全委员会成员单位和燃气专家10余人到县市开展全覆盖式督查,指导各级交办问题隐患的整改。8月,抽调专家组织开展“回头看”。6月13日以来,排查燃气场站、管线、用户端等8类隐患问题2383个。截至12月11日,完成整改2361个,整改率99.08%,其中省、州督查交办隐患问题877个,完成整改877个,整改率100%;行业自查隐患问题1506个,完成整改1484个,整改率98.54%。正在整改中的22个隐患问题为利川管线占压问题,16个已经开工建设。

【落实城镇燃气安全排查整治部署】 2021年12月2日,州委、州政府组织召开恩施州贯彻落实全国、全省城镇燃气安全排查整治动员部署会议,迅速贯彻落实全国、全省城镇燃气安全排查整治动员部署会议精神,会议对全州燃气安全生产、燃气保供及冬季安全防范工作进行安排部署,确保燃气安全生产形势稳定和燃气供应。主要采取3项措施:拟定《恩施州城镇燃气安全排查整治专项实施方案》,按程序报批组织实施;组织州燃气安全委员会成员单位,开展全州城镇燃气行业安全管理专项督查,重点督办省州交办问题隐患整改落实、县级领导包保站场责任制落实、燃气管线安全管理重点工作落实、餐饮等行业生产经营单位使用燃气场所安装燃气泄漏报警器等落实;督促各地持续加强冬季取暖安全宣传教育,增强安全用气意识。

(郑新民)

建筑建材业与市场管理

【概况】 2021年,全年资质内建筑业企业完成总产值105.39亿元,比2020年增长10%。建筑业增加值60.50亿元,增长9%。全州房屋建筑和市政基础设施工程新开工528项,总投资166.02亿元,其中州内建筑业企业承建项目数308个,占新开工项目个数58%,同比下降22%。新增建筑业资质企业76家,建筑业企业主体达到581家。制定恩施州《建筑施工企业安全生产许可证审查要点》《施工劳务资质备案指南》。

【招投标“评定分离”改革】 2021年,全面推行房屋建筑和市政基础设施工程招标投标“评定分离”改革,实现施工图联合审查数字化及消防设计审查验收备案信息化。州住建局印发《恩施州房屋建筑和市政基础设施工程招标投标“评定分离”管理办法(试行)》《加强建筑工人实名制管理》《规范招标工程量清单编制事项》等规范性文件。加强房屋建筑和市政基础设施工程招标投标管理,开展“三包一挂”专项整治,强化事中事后监管,全力维护建筑市场秩序。修改完善房屋建筑和市政工程施工招标文件示范文本,对招标文件评分因素进行修改调整;调整商务标得分权重取值,降低通过围标方式在商务标得分的优势;推行招标投标“评定分离”改革一系列措施,提高本地建筑企业市场参与度,增加州内企业市场信心,中标率达58%。

【“三包一挂”专项整治】 2021年,印发《恩施州建筑市场“三包一挂”专项整治工作方案》,梳理2019年以来发生7起质量安全事故项目,收到的群众来信举报、信访以及审计发现的或纪检部门交办的涉及“三包一挂”问题8起线索,建立问题台账逐项清查核查,落实问题整治。全州检查项目数累计202项,涉及建筑企业149家,查处挂靠行为1起,无资质承揽工程4起,肢解发包1起,下发行政处罚7份,处罚金39.01万元。

【“助企纾困”工作】 2021年,发挥建筑业企业龙头效应,采取县市推荐的方式,确定2021年度恩施州建筑业重点培育企业20家(不包括省建筑业重点培育企业6家)。通过政府引导、市场培育的机制,加强帮扶支持一批规模企业加快资质升级,强化重点培育企业在市场竞争、质量管理、安全生产、技术创新等方面的示范作用。支持恩施兴州建设工程有限公司申报特级资质,支持荣锦建设、翔宇建设公司申报市政一级总承包资质等一批建筑企业。

【建筑市场标后监管】 2021年,采取“双随机、一公开”方式,联合州人社局、州消防支队组成4个检查组对全州8个县市随机抽取32个在建项目开展建筑市场、质量安全、保障农民工工资支付、消防审查验收等综合监督检查,检查发现问题142条,相关问题在现场进行反馈交办,下发执法建议书3份,责令改正通知书7份。会同州财政局印发《关于开展州直在建房屋市政工程项目违规支付工程款清查的通知》,向12家州直政府投资在建房屋建筑工程项目,包括新改扩房屋建筑工程项目未按照合同约定进度支付工程款、未开工支付工程预付款、违规套取、挪用工程建设资金、按照合同约定应收履约保证金而未收等情况进行全面的清查。向州直37个在建房屋建筑工程项目下发《工作提示函》,对工程款支付管理、项目成本控制、人员到岗履责、依法招标等问题提示提醒。

【推行数字化联合审查】 自2021年6月1日起,全面使用湖北省施工图数字化联合审查系统,采取施工图数字化联合图审,建设、勘察、设计单位及图审机构统一网上申报、网上传图、网上审查,全州房屋建筑和市政基础设施工程一律取消线下图审。全年全州通过数字化联合审查系统受理单体项目总数761项,办结特殊建设工程137项,一般建设工程300项。办理消防审验670项(含历史项目补录),其中特殊建设工程的消防设计审查事项办结370项、特殊建设工程的消防验收事项办结167项、其他建设工程的消防验收备案与抽查事项办结 133 项。

【勘察设计图审管理和建筑工人实名制】 自 2021 年 12 月 17 日起，依托数字化联合审查系统，首次开展对 2020 年 10 月—2021 年 10 月底取得施工许可的房屋建筑和市政基础设施工程建设项目，进行勘察设计、施工图审查、消防设计审查质量抽查检查，加强图审质量的监督。印发《加强建筑工人实名制管理》文件，把落实农民工实名制，作为保障农民工工资支付的关键环节，确保项目开工同步落实，进入施工现场实现农民工实名考勤记录。2021 年，全州累计在建项目 715 个项目，其中实名制管理 671 个项目，务工总数 96769 人，总考勤 1846.90 万次。开设工资专户 672 个，开设比例93.98%，专户缴存总额210807.33 万元，代发总额 178175.70 万元，代发总人次 333379 人次。

【建筑领域培训考核】 2021年，开展建筑领域现场专业人员（含施工员、质量员、标准员、材料员、机械员、劳务员、资料员）培训考核合格 2707 人，合格率 68.4%人；“安全管理人员”（A 类、B 类、C 类）培训考核 3270 人，合格率 85.05%；建筑类特种作业人员（建筑电工、建筑架子工、建筑起重机械司机、司索信号工、高处作业吊篮安拆工等）培训考核 2350 人，合格率 71.26%。

【建材行业】 2021 年，全州有建材企业 56 家，生产运行正常的有 52 家，建材行业销售突破 41 亿元，税收约 2.73 亿元。其中水泥、预拌混凝土、新型墙材产值分别为 17 亿元、21 亿元、1.8 亿元。水泥产量 487.32 万吨，比 2020 年增加 70.64 万吨，增长 17%。商品混凝土产量 587.91 万立方米，比 2020 年增长 30.5%。至年底，全州建成水泥熟料生产线 5 条，其中恩施市 2 条，建始县、来凤县、鹤峰县各 1 条；水泥设计产能约为 470 万吨，主要生产标号为 325、425、525 的普通硅酸盐水泥，425 水泥生产占比 90%以上。全州平均每年消耗水泥 450 万吨。全州有新型墙材企业 12 家，其中恩施市 4 家，建始县 4 家，利川、宣恩、来凤、咸丰各有 1 家。设计年产能 195 万立方米，全年实际生产和销售 90 万立方米，年产能利用率 46%，其中恩施市设计年产能 85 万立方米，实际生产和销售约 42 万立方米，年产能利用率近 48%。全州共有 42 家预拌混凝土企业。其中恩施市区域范围内有搅拌站 12 家（其中现场站 1 家），利川市 9 家，宣恩县 5 家，来凤县 4 家，咸丰县 3 家，建始县 4 家，巴东县 3 家，鹤峰县 2 家；有生产线 78 条，设计年生产能力超过 1900 万立方米，总投资约 18 亿元。全年实际生产和销售预拌混凝土约 610 万立方米。年产能利用率为 34%。预拌砂浆产业处于起步阶段，有待发展和应用。

【州建材产业链链长制】 2021年，落实建材产业链链长制，科学谋划强链、补链、延链项目库，全面加强项目建设招商引资并取得阶段性成效。根据州政府 2021 年出台的《恩施州工业（制造业）产业链实施方案》要求，针对州经信局同年编制的《恩施州工业“十四五”期间细分领域产业集群建设谋划重点项目（绿色建材及新材料）》中的 67 个产业项目信息，州住建局于 8 月分别到恩施高新区、各县市进行逐一衔接调查，就各县市绿色建材及新材料“十四五”规划目标及措施进行交流，形成全州建材产业“十四五”期间重点谋划项目 60 个。9 月，州住建局会同州招商局、州自然资源和规划局制定《恩施州绿色建材及新材料链长制工作方案》，要求各县市按照州产业链架构成立相应组织结构，明确全州建材产业链统计口径为原材料类、成品半成品类、部品构件类三大类。要求各县市产业链牵头单位科学编制产业发展规划，重点推进项目落地，拓展新产能，补齐产业链短板。11 月，州住建局（州建材产业链办公室）再次组织到县市对重点项目进行回访、跟踪服务，形成重点服务项目 19 个。11 月至 12 月，开展装配式建材产业招商工作，分别对浙江大东吴集团有限公司、山东邦盛新型建材公司、重庆荣昌新兴建材公司的装配式 PC 构件、ALC 板材、烧结板材项目进行考察、积极稳妥推进建设装配式钢结构、混凝土 PC 构件，建立 ALC 板材、PC 部品生产基地。

【绿色建材应用】 2021 年，全州获得绿色建材星级标识认证的建材企业 15 家，新建建筑绿色建材应用比例达 51%。全年城镇新建建筑中绿色建筑面积占新建建筑面积比重达 60%，星级绿色建筑持续增加，可再生能源应用面积不断提高，绿色建材应用稳步提升，获得湖北省建筑节能以奖代补资金 110 万元。

（郑新民）

生态环境

Ecological Environment

自然资源管理

【概况】 2021年，全州自然资源和规划工作围绕保资源、保发展、保生态，服务州域经济社会发展，贡献财政收益62.88亿元（土地出让价款50.21亿元，收取基础设施配套费3.29亿元，建设用地增减挂钩节余指标交易收入9.38亿元），供应建设用地986.66公顷，供应建筑石料1952万吨。利川东城、宣恩椒园全域国土综合整治试点项目稳步推进，利川东城白鹊山片区成为全省全域国土综合整治范例。恩施市白果乡、巴东县野三关镇被纳入2021年全域国土综合整治省级试点，宣恩县沙道沟镇被纳入州级试点名单。处置批而未供土地219.28公顷、消化闲置土地92.62公顷，超额完成省级下达指标任务。推进工业用地“标准地”出让，出让工业用地“标准地”10宗、面积16.02公顷、出让价款5206万元，恩施高新区扩区调区获省级批复。开展卫片执法检查，核查违法图斑108个。落实全州3029个地灾隐患点“四位一体”（乡镇政府、村、乡镇国土资源所和恩施地质环境保护站协同管理的地灾防治一体化模式）网格化管理责任。争取资金9123万元对188处小型地灾、26处大中型地灾隐患实施治理，搬迁避让受威胁群众627人，实施295处专业监测。发生地灾险情19起，成功预报5起，宣恩县“7·17”刘家坡滑坡避险被自然资源部列为“技防+人防”联动成功预警典型案例。“多规合一”项目策划生成在咸丰县试点成功，先进经验被省厅以《自然资源简报》（2022年第4期）专刊印发推广。恩施市不动产宗地分割登记、来凤县“房地一体”宅基地和集体建设用地地籍调查与确权登记被省优化营商环境领导小组命名为自然资源系统优化营商环境改革先行区，被省厅通报表扬。第三次国土调查、房地一体农村宅基地和集体建设用地确权登记、易地扶贫搬迁安置房不动产登记发证全面完成，通过省级验收。恩施州林地分等定级国家试点工作通过部级验收。

【国土空间用途管制】 2021年,全州审核完成上报建设用地150件、1062.05公顷。获得批复151件、667公顷，其中2020年上报2021年获得批复的29件、70.29公顷。180个州级重点项目已完成134个，在政策范围内能完成的34个（符合压占生态保护红线、永久基本农田等相关政策，正在开展征地报批相关工作），有政策障碍暂时不能完成的12个，造成项目推进缓慢的主要原因是选址压占现行生态保护红线、永久基本农田、风景名胜区等，3但是又不满足压占政策。利咸高速项目用地预审获自然资源部批复，湖北姚家平水利枢纽工程用地预审经报自然资源部审查后正在修改完善。宣咸高速项目用地报批已经报自然资源部。建恩北高速上报省自然资源厅。宣恩县G209绕城线建设用地通过自然资源部审查。2021年使用新增年度计划583.52公顷，使用增减挂钩节余指标报地269.46公顷，实际新增建设用地550.84公顷。做优建设用地预审与选址，建立“项目导游”服务机制，提前介入、全程跟踪、综合协调，持续压减材料至7项，时限由法定20天压减至3天。报自然资源部建设用地预审项目9个，获批6个，参选全省报件质量评比被评为优秀。恩施州挖掘土地利用现状，结合“易迁+增减挂”，全年验收46个批次，产生节余指标1338.4公顷（其中耕地746.2公顷）。未验收11个批次，全部完成验收后预计形成节余指标579公顷（其中耕地481.6公顷）。报批用地使用增减挂钩指标1659.2公顷（其中耕地979.8公顷）。全年全州交易208.27公顷，金额9.38亿元。全州所有增减挂钩验收项目节余指标还剩余6646.67公顷(其中耕地2480公顷，仅占总量的37%)。2021年度办理选址18件(用地面积24.18公顷)、出具规划条件22件（用地面积约68.53公顷)、用地规划许可34件(用地面积约75.23公顷)。

【耕地保护监督】 2021年，执行最严格的耕地保护制度，不断完善州、县、乡、村耕地保护四级责任体系，压实耕地保护属地监管责任，建立健全“党委领导、政府负责、部门协同、公众参与、上下联动”的耕地保护共同责任机制，将耕地保有量和基本农田保护面积纳入县市经济社会发展综合目标、工作目标及领导任期目标考评，报请州政府印发《州人民政府办公室关于落实最严格耕地保护制度的通知》。加强耕地数量、质量、生态“三位一体”保护。严格落实耕地占补平衡，建设项目用地审批严格实行“占一补一、占优补优、占水田补水田”的原则，全州审查建设用地项目90个批次（州高新区18个批次建设项目，占用耕地面积27.5631公顷)，全部落实补充相同数量和质量的耕地指标。组织实施补充耕地项目，全年立项实施地方投资补充耕地项目2个，验收地方投资补充耕地项目15个，验收新增耕地108.4084公顷（其中水田10.7774公顷)。通过备案审查28个，形成补充耕地指标358.6690公顷，水田规模指标7.3631公顷。开展耕地后备资源调查评价，10月，启动耕地后备资源调查评价工作，对其他草地、盐碱地、沙地、裸地四类为调查对象开展调查评价，完成调查图斑5605个，面积约2364.07公顷。开展耕地“非农化”问题专项清理行动，摸排核实全州耕地“非农化”问题7702个，面积498.51公顷，对1975个存量问题进行整改，整改面积121.47公顷。

【国土空间生态修复】 2021年，坚持“谁开采谁治理”“边开采边治理”原则，加强矿山责任主体生态修复治理义务，建立完善全州矿山生态环境长效管理机制。研发启用“矿山生态修复监管”App，直观展示矿山生态修复成果，推动矿山生态修复过程可视化、档案数字化、历史可溯化。全面摸排全州矿山情况，核实全州实有矿山1110家，规范形成矿山“一矿一策”情况表。完成长江干支流废弃露天矿山生态修复，恩施市、利川市、建始县、巴东县、宣恩县5个县市长江干支流项目治理目标78家矿山，预期治理面积265.88公顷，完成县级治理、州级验收、省级核验。开展历史遗留矿山核查工作，按照县级填报、州级初核、省级审核、部级核验的程序要求，完成核查历史遗留矿山图斑412个，有责任主体的废弃矿山图斑419个，剩余2372个图斑为其他情形，逐级上报自然资源部开展数据核验。

2021年6月2日，民革恩施州委调研组在建始县开展“矿山生态环境修复”调研
（民革恩施州委办公室 供稿）

【自然资源开发利用】 2021年，全州供应国有建设用地784宗，总面积985.61公顷，总价款50.2122亿元。其中普通商品住宅用地394宗，总面积241.64公顷，总价款42亿元。高新区住宅出让1宗，实现收入1.187亿元。完成高新区六角亭派出所、规划9号路等10宗划拨供地，面积15.5公顷。州本级收储项目1宗，为州政府黄泥坝闲置空地0.2公顷。做好领导干部自然资源资产审计，编制国有自然资源资产报告。全面完成县市新一轮国有建设用地、国有农用地、集体建设用地、集体农用地基准地价、标定地价的更新、制定、实施和备案工作。开展鹤峰经济开发区的扩区调区工作，通过省自然资源厅的审查。在恩施市青堡村、建始县村坊村开展生态产品价值实现路径试点工作，宣恩县开展全民所有自然资源负债表编制试点工作，工作成果通过专家组验收，已报省厅备案。

【不动产登记】 2021年，全州实现不动产登记的申请、受理、审核、登簿、领证5个环节整合为申请受理、缴费领证2个环节，一般登记2个工作日办结，二手房转移登记和抵押登记1个工作日内办结，手续齐全的小微企业和实体经济企业即来即办，抵押注销、查封、更正、异议、换证等登记即时办结。全州网办大厅全面开启，恩施州不动产登记线上办理大厅建成，可网办事项达到33项。不动产登记系统提档升级，建设州级不动产数据库，保证不动产登记信息异地备份，逐步实现全州不动产登记“一网通办、全域通办”。完善移动端和移动支付等不动产登记“网上办理”的支撑服务平台，全面完成二手房转移登记“一件事”和二手房转移登记同步缴税实现全程网办，实现水、电、气过户与不动产转移“一次、同步”登记。制定《恩施州不动产登记办事指南（2021版）》，统一全州收件清单、登记流程，加快推进不动产登记标准化、规范化建设。在利川市、恩施市开展“交房即交证”试点活动，引导购房者增强“收房就能拿证”的维权意识，规范房地产开发企业经营行为，杜绝新增“办证难”问题。

【自然资源确权登记】 2021年，以“形成工作机制、建立标准体系、构建技术体系”为思路，稳步推进恩施州自然资源调查监测工作，完成自然资源调查监测“十四五”规划编制工作。第三次国土调查工作通过省级验收，推进2021年度国土变更调查工作，对国家下发的20890个遥感监测图斑以及地方自主提取9582个图斑开展外业核实举证和数据库更新，根据国家、省级核查意见修改完善。全州完成房地一体宅基地权籍调查1099512宗，调查宗地面积18178.38公顷，调查房屋面积28144.38万平方米。完成房地一体集体建设用地权籍调查10713宗，调查宗地面积626.72公顷，调查房屋面积652.19万平方米。按照“总登记”模式，采取“批量发证”，全州宅基地和集体建设用地发证率均超过95%，易地扶贫搬迁安置房72783户登记发证工作全面完成，颁证率100%。

【矿产资源管理】 2021年，全面推进“净矿业权”出让，全年投放建筑石料矿业权13宗，设计总生产规模765万吨/年，全州建筑石料年产量1952万吨，建筑石料销售价格全年稳定未上涨。主动公开矿业权人勘查开采信息，对全州183家采矿权和3家探矿权予以公示，公示率达到100%。按照5%的比例对州级发证的采矿权进行专项抽查核查工作。严格储量报告评审备案范围，全年评审备案矿产资源储量报告16份。建始县十八格铁矿区国情调查通过自然资源部专家组的验收，在全省作为典型事例进行推广。

【测绘地理信息】 2021年，州自然资源和规划局对全州测绘资质单位开展测绘资质和测绘成果质量“双随机、一公开”监督检查，对州内测绘行业安全生产开展全面检查督导。全面做好测绘资质复审，全州完成新单位资质申请1项，受理资质复审换证45项，其中38项完成审批，并上报省厅审核完成备案。州自然资源和规划局完成地图审核审批3项，出具地图审核批准书3份。

【地灾防治】 2021年，利用“4·22”地球日、“5·12”防震减灾日、“5·22”科技活动周，在突发地质灾害较多和易发地区的集镇、村（社区）开展地质灾害防治知识的系列宣传和培训活动，提高基层所对防灾避险及群测群防的管理能力和人民群众的防灾避灾预防能力。恩施市沙子坝“7·21”滑坡成功避险案例被自然资源部列入2020年度全国地灾成功避险十大案例之一。

【行政复议与诉讼】 2021年，州自然资源和规划局新收行政复议案件13件，受理8件，结转2020年度行政复议案件1件，其中办结2件，中止审理1件，申请人申请撤回1件，4件正在办理中。全年新收行政应诉案件4件，结转自2020年度行政应诉案件3件，其中4件裁定驳回起诉，1件撤回起诉，2件正在审理中。

【信访工作】 2021年，州自然资源和规划局办理信访件165件，中央交办全州自然资源领域集中治理重复信访、化解信访积案92件，已化解88件，化解率95.65%。

【督察整改】 2021年，国家自然资源督察武汉局下发恩施州往年土地例行督察挂账问题42个，已整改到位40个，整改到位率95.24%。2018年土地例行督察问题整改情况国家自然资源督察武汉局下发恩施州2018年土地例行督察问题220个，已整改到位207个，整改到位率94.1%。2019年耕地保护督察涉及执法整改问题9个，全部整改到位。恩施州下发2020年例行督察问题（地块）164个，整改到位地块155个，整改到位率94.51%。

【农村乱占耕地建房清查】 2021年，全州核查农村乱占耕地建房项目303709个，属于乱占耕地建房图斑64190个。全州各级各部门建立动态巡查网络，加大动态巡查的力度，严格执行“早发现、早制止、严查处”。全州整改到位图斑30974个，完成比例48.25%。全州农村乱占耕地建房典型案例19件，整改到位14件。全州新增乱占耕地建房问题18件，整改到位10件，阶段性整改到位7件，未整改到位1件。

2021年5月22日，恩施州科技活动周启动，州自然资源和规划局工作人员向居民分发地灾地震防范宣传手册
（州自然资源和规划局 供稿）

【荣誉】 2021年10月，州自然资源和规划局被中国自然资源报社评为“读报用刊工作先进单位”，州基础地理信息中心副主任黄世楚获评“读报用刊工作优秀个人”；州自然资源和规划局被中国地理信息产业协会授予“2021年地理信息产业优秀工程银奖”。

（黄世楚）

国土空间规划

【概况】 2021年，持续推进国土空间规划工作，构建国土空间规划体系。稳步推进州、县市国土空间规划编制，全州及8个县市国土空间规划形成阶段性成果。统筹推进“三线”（永久基本农田、生态保护红线、城镇开发边界）划定工作。有序推进相关专项规划和村庄规划编制。

【国土空间规划编制】 2021年，印发《恩施州国土空间规划编制工作方案》，2月4日，州政府召开全州国土空间规划编制工作会，加快推进永久基本农田核实优化和城镇开发边界划定等重点工作，统筹推进全州国土空间规划编制工作。生态保护红线评估成果于3月上报省、部级审查通过，完成永久基本农田和城镇开发边界摸底、核查及试划工作。初步完成州级国土空间基础信息平台和“一张图”实施监督信息系统建设。完成181个批次（项目）落地规划实施方案论证审查和13个重点项目生态保护红线不可避让论证申报。

【专项规划编制】 2021年，编制完成《恩施州自然资源“十四五”规划》《恩施州矿产资源总体规划（2021—2025）》，启动《恩施州国土空间生态修复规划（2021—2025）》编制，推进《恩施市中心城区生态和绿地系统专项规划》《恩施高新区拓展区（头道水片区）控制性详细》编制。

【村庄规划编制】 2021年，参与州人大乡村振兴调研，就“如何发挥村庄规划在乡村建设中的引领作用”重大改革课题，与州农业农村局、州乡村振兴局一起完成村庄规划调研。对县市2020年度美丽乡村示范村村庄规划编制工作进行考核，下发《关于进一步加强村庄规划编制工作的通知》，举办全州村庄规划编制工作研讨培训会。全州269个州级乡村振兴重点村村庄规划编制完成185个，累计完成“多规合一”实用性村庄规划372个。

（黄世楚）

水　文

【概况】 2021年，州水文水资源勘测局为各级防汛部门、服务单位及社会公众提供准确的水文基础数据。全年发送水雨情信息935.3万余条，20分钟到报率达95%以上，缺报率在2.31%以内，错报率小于0.1‰。发布洪水预报380份，合格率在90%以上，达到起报标准无缺报。参与全省2020年度水资源简报、公报、水资源监测评价年鉴的编制。完成2020年度恩施州及各县市水资源公报编制。开展州内重要河流及水库站点水质监测及清江上游水生态监测调查工作。完成2021年度全州水文资料整编工作，包括水位资料57站年、流量资料34站年、泥沙资料1站年、水温资料1站年、降水资料196站年、蒸发量资料4站年。

【水文情报预报】 2021年，向各级党委、政府和防汛抗旱指挥部报送水情简报、旬报、月报、专报、土壤墒情信息简报等。全年报送水雨情信息935.3万余条，向恩施州、恩施市防汛办及有关服务单位报送水情日报368期、月报24期、旬报42期、周报16期、发布水情信息快报10期、水情简报7期、水情专报8份（含清明节、劳动节、端午节、中秋节、国庆节等法定节假日发布水文信息专报），发布洪水预报380份(含水情趋势预测45份、中小河流洪水预报25份)，发布日常化预报90份，发送水情E信188期、水文信息播报184期、水情短信6.5万余条，发布恩施重要水情提示3期、蓝色洪水预警3期（利川城区2次、来凤百福司镇1次）。全年汛期防洪减灾效益为34176万元。根据服务单位反馈，满意率达100%，完成2021年的情报预报任务。自4月15日起，向州和恩施市防汛办、州广播电视台、《恩施日报》、《恩施晚报》、恩施市门户网站等提供水文信息播报，社会公众可以通过恩施新闻联播、恩施硒都网、恩施周刊、乡村广播“村村响”、云上恩施、恩施水文门户网站及微信公众号等了解水文信息。

【水雨情监测】 2021年，恩施州平均年降水量为1560.2毫米，与多年平均基本持平，属平水年份。4月15日至10月15日，全州发生19轮主要降水过程，其中入汛以来发生7轮强降水过程，尤其是受入梅首轮强降水影响，利川市局部发生近百年一遇暴雨。各县市年平均降水量在1342.1毫米(巴东县)—1712.4毫米（鹤峰县）之间，与多年均值相比，利川市、来凤县偏多1成，其他各县市基本持平。汛期（4月15日至10月15日)，全州平均降水量1210.1毫米，与常年同期基本持平，较2020年同期偏少23.8%，各县市平均降水量为1043.0—1349.4毫米，较常年同期偏多0—2成。恩施州自6月16日入梅（较常年6月17日略偏早）至7月10日出梅，梅雨期24天，接近常年平均梅雨期长度，全州累计平均降水量243.2毫米，较常年梅雨期均值偏少近1成。各县市累计平均降水量较常年同期相比，除利川偏多2成，恩施市、建始县、巴东县基本持平外，其他县市均偏少1—3成。降水特点为入梅时间较接近常年、时空分布不均、梅雨量偏少，局部降水强度偏强。全年受入汛以后7轮强降水过程影响，全州境内清江、沅江、澧水、乌江、长江上游下段五大水系河流水情变化十分频繁，其中利川城区河段发生超警戒水位0.47米的洪水，最高洪峰水位1070.47米，相应流量为405米³/秒。部分中小河流水位暴涨，其中，8月13日，来凤县安抚司水文站出现水位变幅达7.0米的洪水。8月23日，咸丰县青狮峡水文站出现水位变幅达7.44米的洪水（水位为建站以来第一高位）。来凤县百福司集镇、咸丰县唐崖集镇遭受严重洪涝灾害。全州主要河流年径流量除鹤峰站偏少3成外，其他均较常年偏多。其中清江恩施站年径流总量为25.93亿立方米，较常年基本持平。清江利川站年径流量为4.809亿立方米，较常年偏多2成。广润河建始城关站年径流量为2.457亿立方米，较常年基本持平。沿渡河石板坪站年径流量为4.837亿立方米，较常年基本持平。溇水鹤峰站年径流量为4.471亿立方米，较常年偏少3成。唐崖河大河边站年径流量为12.15亿立方米，较常年偏多1成。酉水来凤站年径流量为17.53亿立方米，较常年基本持平。忠建河宣恩站年径流量为6.909亿立方米，较常年基本持平。

【水资源监测评价】 2021年，完成州内9个国家基本水文站单站还原计算，州内县套四级区单元供水量、用水量、耗水量的分析计算。全年编制完成县市水资源公报、县域节水型社会达标建设实施方案、水资源调查评价、水资源论证等各类报告20多个，主要有《恩施州2020年度水资源公报》《恩施州水资源调查评价》《恩施城市垃圾焚烧发电项目水资源论证报告》《恩施市城市垃圾发电项目水资源论证报告》《宣恩县节水型社会达标建设实施方案》等。开展恩施州用水量统计调查工作、来凤县农村安全饮水项目水资源论证报告编制工作。全年开展州内主要河流和水库29个水质监测站、2个水库藻类监测站的水质监测工作，每月按时向省水环境监测中心提供水质检测成果，质控合格率达100%。开展清江流域10个站点的常规水生态监测，全年完成3次水生态调查。推进《大龙潭水库水华风险分析》课题项目，完成水资源研究工作。水环境监测中心恩施分中心通过水利部组织的实验室扩项评审及湖北省水环境监测中心组织的质量管理体系内部审核。水环境检测中心恩施分中心通过水利部组织的实验室扩项评审及湖北省水环境监测中心组织的质量管理体系内部审核。

【水文资料整理汇编】 2021年，完成全州水文资料整编工作，包括水位资料57站年、流量资料34站年、泥沙资料1站年、水温资料1站年、降水资料196站年、蒸发量资料4站年。修订完善《恩施州超标洪水水文应急测报预案》，开展水文测验质量管理和水文资料即时整编，完成2021年度水文资料归档入库工作。

【水文应急监测】 2021年，开展水文应急监测4次，出动应急监测人员近40人次，为各种突发事件的应急处置提供保障。7月22日，开展老渡口应急监测，对老渡口电站下游因山体坍塌造成河道阻塞险情提供水文技术支撑。8月9日夜间，酉水来凤水文站上游高罗、沙道沟、雪落寨、上洞坪、板栗园等地均出现强降雨过程，来凤水文站水位上涨迅速，缆道突然出现故障，流速仪信号不稳定，州水文局迅速出动5名应急监测队员开展应急监测工作。8月23日13—15时，青狮河上游青狮峡、钟塘、龙潭坝雨量站2小时降雨均超过100毫米，由于山区河流陡涨陡落的特性，14时至16时25分，2个多小时，青狮峡水文站水位涨幅7.26米，流量从22.9米³/秒增至1090米³/秒，州水文局迅速派出8名应急队员赶到现场开展应急监测，收集宝贵的中小河流水文资料。8月27日凌晨，受宣恩县政府委托，州水文局派出8名应急监测队员到宣恩县沙道沟镇林家河协助开展“沙道沟8·18事故”水文监测调查，为调查事故原因提供可靠技术支撑。

【水文水政监察】 2021年，州水文局在汛前进行水文水政监察执法检查，分月分季度上报水政监察月报和季报。联合县市水行政主管部门开展“世界水日”“中国水周”宣传纪念活动，加大水法律法规的宣传力度，营造依法保护水文监测环境和监测设施的良好氛围。全州各基层水文站点定期对管辖范围内的水文测报设施设备和水文监测环境开展巡检巡查活动。与利川市水利局等协调解决利川水文站水文测验设施设备因清江上游环境治理及生态保护项目建设造成损毁修复事宜。与建始县住建局等单位协调解决建始城关水文站水文测验设施设备及测验环境因广润河综合治理项目建设造成损毁修复事宜。10月9日，13人通过考试，完成行政执法人员执法换证工作。

【水文信息化建设】 2021年，完成实时水雨情数据库、水情交换系统、数据管理系统以及相关信息系统迁云工作。恩施水文网实现升级和进入“三大运营商”政务云机房工作，完成全州196个站点通信卡2G升4G工作，恢复重建恩施市山洪预警广播。加强对全州山洪灾害防治项目水雨情自动监测站的运维管理，信息畅通率达到95%以上。三峡水雨情遥测系统恩施分中心开展的三峡水雨情遥测站网维护工作资料可用度、信息畅通率均达到99.98%，连续多年位居25个维修分中心前列。

【河库长制工作】 2021年，完成州级河流酉水的巡河工作，承办2021年度全州河长制工作培训会，开展恩施州各县市2021年度河库长制相关工作第三方评估。开展新一轮“一河一策”编制工作，建立部分河流“一河一档”。编制忠建河岸线保护利用规划，完成全州河库和水利工程划界“一张图”，审核293条河流、200座水库、150处堤防及数据入库。

【荣誉】 2021年4月，州水文水资源勘测局被省总工会、省人社厅授予2021年“五一劳动奖状”；6月，被省委直属机关工委授予“省直机关先进基层党组织”称号。

（袁勤坤）

气　　象

【概况】 2021年，州气象局有5个直属事业单位，分别是州气象台（州决策气象服务中心）、恩施国家基准气候站、州气象服务中心（州专业气象服务台）、州气象信息与技术保障中心、州气象局机关服务中心（州气象局财务核算中心）。管理的县级气象机构有恩施天气雷达站。地方批准成立的机构有恩施州人工影响天气办公室（恩施州气象灾害防御办公室）、恩施州防雷中心。全年气象工作服务地方经济社会高质量发展，获得2021年度全省气象部门创新工作奖。国家气候中心授予恩施“中国气候宜居城市”称号，恩施、咸丰、建始等3个县市获评“中国天然氧吧”称号。

【气候特点】 2021年总的气候特点为温度明显偏高，降水接近正常，日照明显匮乏。冬季前冷后暖，总体呈暖冬特征；春季暖湿寡照，多连阴雨天气；夏季降水前少后多，光照异常偏少；秋季暖干，日照充足。气象灾害主要为阶段性低温雨雪、连阴雨、暴雨洪涝、午后局地强对流天气等。综合2021年气候对农业、交通等各行业影响评价看，2021年气候年景较好。

【主要灾害气候事件】 2021年，恩施州冬季前期冷空气活动频繁，主要灾害天气是阶段性低温雨雪天气，主要出现时段在2021年1月6—8日、2月14—16日、11月6—8日，高海拔地区出现积雪和道路结冰。冬季雾与霾频繁出现，据环保部门数据分析，2021年1月21—24日出现阶段性的不同程度霾污染天气。2021年1月28—29日、2月2日、2月12—14日、2月17日、2月25日受夜间晴空辐射影响，恩施州出现阶段性的大雾低能见度天气。受恩施州地形影响，山区易出现局地团雾天气。低温冻害天气过程主要发生在3月23—24日，从最低气温来看，168个加密站中，有14站最低气温在0℃以下，最低气温排前五位的站点为宣恩椿木营（-2.5℃）、利川谋道镇（-2.0℃）、利川福宝山（-1.7℃）、利川黄泥塘（-1.5℃）、鹤峰中营坪（-1.4℃），白天云少温升，最高气温升至20℃以上，温度日较差大，对作物产生较大危害。恩施州连阴雨过程主要出现在春季，主要时段为3月15—22日、3月30至4月7日、4月13—21日、5月10—19日。其中3月30日至4月7日、5月10—19日更为明显。2021年，恩施州强对流天气多发，影响较大的主要出现在盛夏季节。7月30日，恩施州内以晴热高温天气为主，午后出现风雹、短时强降水等强对流天气。大风主要出现时段为16—17时，其中极大风速出现在咸丰国家站，极大风速达到34.5米/秒，大风影响区域主要出现在恩施州西南部的咸丰、来凤、鹤峰，以及州东北部的巴东。8月2日午后，巴东出现分散性对流天气，溪丘湾、东瀼口、信陵镇局部出现冰雹、大风、短时强降水天气，极大风速为溪丘湾站21.7米/秒（9级）；最大降水量为溪丘湾乡将军岭站46.3毫米，最大小时雨强41.2毫米（将军岭站17时）。全年全州出现9轮大范围强降雨，分别为5月14—16日、6月17—18日、6月27—28日、7月5—6日，7月7—8日、7月12日、8月8—13日、8月22—27日、9月17—19日。其中出现4站特大暴雨，分别为5月15日鹤峰水泉302.5毫米、6月18日利川文斗280.5毫米，8月13日来凤枣木丫263.9毫米、来凤黄土坝253.2毫米。秋季，恩施州气候暖干，日照充足，州内中东部出现轻度到中度的气象干旱。2021年，州内出现的阶段性连阴雨天气以及区域强降水天气，对山区滑坡、坍塌、中小河流洪水等地质灾害的发生有一定影响。4月1—7日州内持续连阴雨天气，恩施市本站累计雨量达68毫米，4月7日上午8时，引发恩施市龙凤镇大转拐村饶家湾组出现山体滑坡，滑坡体方量约2000立方米，造成318国道临时中断，无人员伤亡。7月17日晨至19日，恩施州部分县市遭遇暴雨袭击，利川、建始、宣恩、巴东、咸丰、来凤、鹤峰7个县市的34个乡镇、53333人受灾，紧急避险转移128人，紧急转移分散安置65人，无人员伤亡；因灾直接经济损失5732.47万元，其中农业损失2279.23万元，家庭财产损失318.43万元，基础设施损失3134.81万元。

2021年12月17日，省气象局与州政府签署战略合作协议　　（张洪刚　摄）

2021年10月18日，2021—2022年湖北省人工影响天气作业空域协调会在恩施召开　　（张洪刚　摄）

【重点项目建设】 2021年，全州8个县市推进“强基工程”建设，咸丰获省气象局考核评估优秀单位，宣恩、巴东、鹤峰获考核评估合格单位。高标准谋划“十四五”发展规划，州政府授权印发《恩施州气象事业发展“十四五”规划》，实施首轮“厅州合作”，签署《推进恩施更高水平气象现代化战略合作协议》，推动局地共建任务落实落地。完成恩施机场迁建气象保障服务，气象条件评估报告获民航管理部门验收，为“构建大交通”贡献气象力量。

【人工影响天气】 2021年，恩施州人工影响天气工作（以下简称人影工作）取得成效。全年开展人工影响天气作业331次，其中高炮作业141次，用弹4204发；火箭作业190次，用弹368枚，减损超2亿元。根据恩施州人影工作发展需要，经多方协调，恩施州从福州购入退役双管37高炮12门，其中建始县8门，利川市3门，巴东县1门。12门双管高炮的加入，能够及时替换掉少数单管37高炮，有效提升人影装备水平。2021 年 8 月至 9 月，人工影响天气作业高峰期，州公安局、州气象局联合县市、乡（镇）三级同步开展人影安全工作检查，共同做好人影安全监管工作。继续购买社会化专业服务解决人影弹药储运难题。人影作业期确保空域安全。10 月 18 日，湖北省人工影响天气作业空域协调会在恩施召开。

【气象宣传】 2021 年，州气象局张洪刚先后被特邀参加《中国气象报》等中央媒体单位开展的“奋斗百年路 启航新征程”走基层看气象主题大型采访活动、以“科技强国 气象万千”为主题的 2021 年全国气象科技活动周武汉主场采访活动、第八届全国冰雪季（恩施分会场绿葱坡滑雪场）启动仪式、州委宣传部和州文联组织的州文艺名家鹤峰江坪河采风创作活动。在《人民日报》客户端发布稿件 3 篇次、“学习强国”2 篇次、中新社 4 篇次、人民法制社 1 篇次；《湖北日报》客户端、视界网等发表稿件 10 篇次；《中国气象报》（网）发表稿件 43 篇次，1 件摄影作品被农业农村部大型画册《丰收》收藏。

【气象改革与监管】 2021 年，依法稳妥推进国有企业改革，州气象部门与 28 名编外人员依法解除劳动合同，全额支付一次性经济补偿费用 360 余万元，28 名编外人员与新的用人单位重新签订劳动合同。优化调整气象影视业务制作和发布机制，由州广播电视台承担恩施天气电视节目的制作与发布。召开防雷安全管理部门联席会，制定全州防雷安全考核细则。联合州燃气办对全州 68 家城镇燃气单位进行检查。全州气象部门办理防雷行政许可 51 件，作出准予许可 51 件，办理升放气球 4 件，作出准予许可 4 件，开展防雷安全监管 17 次，检查对象 184 家。

【监督整改】 2021 年，推进“州覆盖县”纪检监察机制建设。建立县市局党组决策事前报备（报告）制度。建立全州纪检监察人员库 15 人，组建 3 个纪检监察专班，县市局例行纪检监察全覆盖，严肃监督执纪问责。2020 年省局党组专项巡察反馈问题全部整改到位。落实党的政治建设和安全生产大检查、经济责任审计等反馈问题整改。

【荣誉】 2021 年，州气象台党支部被省气象局表彰为“全省气象部门先进基层党组织”，咸丰县气象局被省气象局表彰为“2021 年度重大气象服务优秀集体”。李骏被中国气象局表彰为“全国气象工作先进个人”，罗菊英被评为 2021 年度气象高层次科技创新人才计划西部和东北优秀气象人才。虞列辉被省气象局表彰为“2021 年度重大气象服务优秀个人”，陈凡被表彰为全省气象部门“优秀共产党员”，向晓琴被表彰为全省气象部门“优秀党务工作者”，李智鑫被评为“2021 年度全省基层优秀气象人才”。李骏、隗钊被省气象局记三等功，曹静、吴全省获省气象局“记功”表彰。

（张洪刚）

地质资源勘测和保护利用

【概况】 2021 年，省地质局第二地质大队继续推进恩施州地质资源勘测和保护利用工作，承担各类项目 464 项，其中财政资金类项目 265 项，社会资金类项目 199 项。

【地质找矿】 2021 年，省地质局第二地质大队完成利川市兴龙坪、鹤峰县李桥等 8 个矿区建筑用石料矿勘查工作，探获建筑用灰岩矿石资源量 3040.67 万吨，其中控制资源量 2215.52 万吨，推断资源量 825.15 万吨。探获建筑用白云岩矿石资源量 534.2 万吨，其中控制资源量 476.5 万吨，推断资源量 57.7 万吨。经过近 4 年工作，完成鹤峰县杨家坪矿区滑石矿勘查工作，探获黑滑石低品位矿石量 139.1 万吨，其中达到控制程度矿石量 68 万吨，达到推断程度矿石量 71.1 万吨，达到中型矿床规模。完成全州矿产资源国情调查工作，推进全州矿产资源“十四五”规划编制工作。

【地热资源调查评价】 2021 年，为促进恩施州清洁能源开发利用和旅游产业提档升级，州政府和省地质局合作开展地热资源调查评价工作，由省地质二大队牵头，在恩施市城区、咸丰县城区和来凤县城区开展专项调查。恩施地区首口地热深孔“恩热一井”勘测取得成功，枯水期抽水试验实测井口最大温度 44.2℃，涌水量 628.82 立方米/天，丰水期抽水试验实测井口最大温度 45.1℃，涌水量 830 立方米/天。地热流体水质均为 $C_l \cdot SO_4$-Na·Ca 型弱

2021 年 1 月 6 日，位于恩施市龙凤镇小龙潭村的全州首口中深层地热井“恩热一井”完钻。图为施工现场

（李明龙 摄）

碱性咸水，富含氟、锶、硼、铁等微量元素，矿化度达到理疗热矿水水质标准，可应用于理疗洗浴、采暖等。来凤县城区地热勘查完成地热钻井井位选址、论证工作。

【农业地质】 2021年，省地质局第二地质大队加强恩施州“金土地”工程和恩施州全域土壤硒资源普查工作成果转化应用，实施恩施州不同硒镉背景区农业种植生态环境专项评价项目，开展对恩施州农业种植适宜性区划，进行对恩施州耕、园、草地不同硒镉分区，分析不同硒镉分区土壤地球化学特征以及元素在不同硒镉背景区土体内部的转化迁移规律，评价恩施州不同硒镉背景区农产品的富硒性。

【旅游地质】 2021年，省地质局第二地质大队谋划推动巴东县野三关镇茶园岭地质遗迹调查评价及地质文化村申报、巴东县地质文化旅游资源文创示范2个项目的实施，加强恩施州全域旅游地质调查项目成果转化应用，履行事业单位公益责任，为巴东县野三关地区乡村振兴、美丽乡村建设、宜居示范村建设等发挥地质作用。

【地质科研】 2021年，省地质局第二地质大队围绕矿产勘查、清洁能源、旅游地质等开展科研攻关，在《地质论评》《矿产与地质》《资源环境与工程》等学术期刊上发表学术论文8篇，其中《鄂西武陵山区地质遗迹景观开发利用模式探讨——以恩施州宣恩县为例》《利川市忠路地区地热水化学特征及其补给来源分析》2篇论文分获湖北省地质学会优秀论文二、三等奖。

（赵　军）

水利和湖泊

【概况】 2021年，全州100座农村小水电顺利通过安全标准三级达标审查，恩施市青龙、利川市长顺等8座水电站成功创建水利部绿色小水电示范电站，建始县、来凤县成功创建2021年深化小型水库体制改革省级样板县。峡口塘水电站主体工程基本完工，鸡笼洞、长阡河等6座小水电扶贫项目进展顺利。巴东田家坪，建始蛇皮洞、金滩坪，恩施杨柳溪，宣恩官千，咸丰龙洞湾等在建水库有序推进，姚家平水利枢纽工程获得水利部水规总院和省、州政府及相关部门的批复及支撑性文件12个，整体处于可研审批阶段。新增宣恩县石马、建始县金滩坪等小型水库投资，为恩施市杨柳溪、巴东县田家坪水库超计划争取资金4085万元。全州下达中央水利发展资金32328万元，位于全省第三位，完成投资比达100%。全州水利系统处理网上信访件17件，当年信访件当年处理完成。全年没有发生大规模集体上访和群体性事件，全州水利设施建设、库区移民总体稳定。办结州人大代表建议4件，州政协提案5件，见面率、答复率、满意率均100%。

2021年3月，峡口塘水电站主体工程完工　（州水利湖泊局 供稿）

【饮水安全】 2021年，组建4个巩固脱贫攻坚成果后评估水利协调专班，配合县市水利部门做好巩固脱贫攻坚成果后评估的政策和指标的解释，为县市脱贫后评估提供专业技术支撑工作，同时随机抽查农村供水保障、水质监测、村级水管员落实、管护制度、工程运行等情况，坚决守住农村饮水安全底线，确保脱贫成果后评估中取得好成绩。推动农村饮水安全提标升级。对农村供水工程实行统一运营管理和区域性、专业化供水管理组织，推进以找问题、补短板、强弱项为重点的农村供水规范化管理活动，在水源保护、水质净化、水质化验、制度建设、供水服务、厂区环境整治等方面，补齐短板，出现一批管理规范、服务优良的农村水厂。巴东县野三关水厂、恩施市白杨坪二水厂被评为全省2020年度农村供水规范化示范水厂，巴东县茶店子、来凤县金盆水厂被评为2021年度全省农村供水规范化示范水厂。10月29日，在咸丰县召开恩施州农村供水工程运行管理现场会，提高供水保障水平，巩固脱贫攻坚成果，助力乡村振兴战略实施。做好农村供水工程维修养护。农村饮水安全管理政府主体、行业监管、供水单位运管等“三个责任”全面落实，全州8个县市都建立供水管理机构、管理办法和管理经费“三项制度”，确保工程有人管、有钱管、有法管。全年全州农村供水工程维修养护总投资1700万元，用于农村供水设施设备的维修更换、消毒药品的采购等，保障农村供水工程的正常运行。

【水利基础设施建设】 2021年，重点建设建始县小黑沟等5个农村饮水安全提标升级工程，筹集资金

4860万元建设恩施市太山庙塘堰维修及配套工程、建始县金滩坪水库及水厂工程，建成后可使3.2万名高寒山区居民受益。谋划和推进一批重点水源工程建设，完成咸丰县黑山水库可研批复，并争取上级投资1500万元；对利川市云雾山水库可研进行技术审查；建始县黑沟水库和小河沟水库完成可研阶段技术审查。推进中型灌区续建配套与节水改造项目建设，有序推进建始县高坪、巴东县水流坪、鹤峰县水流坪等灌区的项目建设，总投资2128万元，建成后可改善和增加农田有效灌溉面积2920公顷。编制完成《恩施州“十四五”水安全保障规划》，经州政府第82次常务会议审议通过。“十四五”期间，全州规划水利项目5大类554个，估算总投资453.22亿元。重点推进项目61个，估算总投资157.7亿元。

【河湖长制工作】 2021年，不断完善河湖长制组织体系，全面建立州、县、乡、村四级河长和州、县、乡、企业四级库长组织体系，全州5千米以上382条河流（河段）实现河长设置全覆盖，有州级河长7名、县级河长82名、乡级河长604名、村级河长1547名、河流警长112名、民间河长527名、河流管理员893名、信息员1389名、保洁员1735名，落实全州268座水库库长。8月和9月，分别对州级河长及其联系部门、州级库长及其联系部门进行调整。各县市换届完成后，将县、乡、村级河长、县、乡级库长和小微水体“一长两员”（河长，监督员，保洁员）调整到位并公示，建立河库长及联系部门动态补位机制。全年州级河长及联系部门巡查履职情况3次受到省河长办公室通报表扬，州生态环境局、州水利和湖泊局被省河长办公室表扬为巡查履职成绩突出的河湖长联系单位，恩施市被省河长办公室评为河湖长履职担当成绩突出地区。3月18日，州河长办公室组织召开全州河库长制工作推进会暨河流划界培训会，安排2021年河库长制重点工作。4月30日，召开2021年全州河库长制工作联席会议，州长、州总河长刘芳震出席会议并讲话，全面部署推进河库长制工作。5月，州水利和湖泊局被水利部表彰为“全面推行河长制湖长制工作先进集体”。6月25日，州委副书记、州长、州总河长夏锡璠签发《关于开展碧水保卫战“净化行动”的命令》。6月30日，州河长办公室印发《恩施州碧水保卫战“净化行动”实施方案》，将26项重点工作任务分解落实到各县市和州直相关部门。

【“一河一策”治理】 2021年，编制完成条州级河流和84条县级河流“一河一策”方案（2021—2025年）并报河长、联席会议审定。全州落实河流划界经费421.92万元，完成232条（236段）水利普查名录外规模以下河流和148段堤防划界工作，划界成果通过省水利厅审核并上水利“一张图”。长江水利委员会对全省划界成果开展复核，恩施州是唯一零问题的市州。自然资源和规划部门序时推进河流和水利工程确权登记工作。恩施市2021年划界确权工作获得省河长办公室通报表扬。

【河库清漂保洁】 2021年，州河长办制定《恩施州河流水库清漂保洁制度》，各县市落实河流水库清漂保洁经费和保洁员、水库专管员责任，建立清漂保洁常态化管理机制，定期特别是在大雨涨水后及时组织清漂。全州现有自动清漂船22艘，人工清漂船95只，保洁员1735名。全年清江干流清漂820船次，清理漂浮垃圾约7500吨。

【河库（小微水体）综合整治】 2021年，对全州6150个小微水体“一长两员”信息进行更新并公示。各县市加强小微水体管理和日常保洁，形成建始县满家河、利川市宜影湖等小微水体治理优秀案例。实施西水、蔡家河、清狮河、马水河、怯道河、磨刀河、泗渡河等中小河流治理，西水、蔡家河治理工程完工，全年完成投资1.44亿元，治理河长40.38千米。实施清江上游（利川市清江源至恩施市大沙坝段）综合治理整合治理保护项目36个，总投资40.6亿元，完成投资28.5亿元，24个项目完工。巴东县与巫山县建立长江流域（巫峡段）跨区域生态环境保护公益诉讼协作机制，鹤峰县建立重点河流“河长+检察长+警长”联动机制，鄂湘两省宣恩、来凤、龙山3个县建立酉水联席联巡联防联控合作机制，恩施市建立“1121”河道巡逻机制［1条河1条船、2名巡逻员、一（每）周至少巡逻1次］，建始县创新河湖长制工作管理机制，以河湖长制为抓手，将河库及小微水体保洁、小型水利工程管护、农村供水收费、水土保持监管等工作统筹推进。

【健康河湖建设】 2021年，车坝河水库被省河长办公室确定为2021年全省8个健康河湖建设试点之一，省财政厅拨付专项资金160万元。恩施市完成太阳河健康评估，建始县完成榨茨河健康评估。

【河流水质】 2021年，河库保护工作、碧水保卫战“净化行动”取得实效，全州河库面貌和水生态环境“水清流畅岸绿景美人和”效果逐步显现。全州25个国控、省控地表水考核断面水质达标率为100%，长江、清江出境断面稳定保持Ⅱ类水质及以上。生态环境部公布2021年度国家地表水考核断面水环境质量状况，在全国337个地级及以上城市中，恩施州位列第20位，是全省唯一进入全国前30位的地级城市。10月，恩施州被生态环境部命名为第五批“绿水青山就是金山银山”实践创新基地。

【水资源管理】 2021年，开展取用水年度统计工作，完成用水统计调查直报管理系统名录建设和取用水调查统计工作，完成恩施州2020年国家水资源信息管理系统中超许可取水问题整改，对州内重点取用水户开展水资源监督检查，《2021年度取水计划的批复》批复巴东县沿渡河电业发展有限公司等13家取水户2021年度取水总量875198万立方米。节水管理取得实效。开展县域节水型社会创建，推动利川市开展县域节水型社会创建。开展州级水利行业节水型机关建设，对恩施市水利局等6家水利行业机关开展水利行业节水型机关创建验收及认定。开展公共机构节水型单位创建，5家州直机关单位获评省级公共机构节水型单位，15家州直机关单位获评州级公共机构节水型单位。开展节水型企业创建，授予恩施茂和食品有限公司等15家企业为“恩施州工业节水型企业”。组织开展全州生产建设项目水土保持图斑核查，全年治理水土流失面积304.28平方千米。

【水旱灾害防御】 2021年，有效应对“6·18”利川文斗近百年一遇暴雨等自然灾害，最大限度把灾害损失降到最低，确保人民群众生命安全。7月30日，《恩施市城市防洪应急预案》获得批准。8月防汛关键期，全州水利部门每天派出约300人次实行日常巡查，确保水利设施运行正常。全年全州派出专家组、工作组1677组、9146人次，处置隐患61处。山洪灾害站点正常运行率达100%，到报率达96%，在全省靠前。产生山洪预警247条次，发布预警信息94059条，转移避险群众4046人，因及时预警转移，恩施州未发生一起山洪灾害人员伤亡事件。全年全州有23座大中型水库发挥防洪调度效益，拦蓄洪量16.28亿立方米，减淹城镇5个，减淹耕地16185公顷，避免人员转移155277人，发挥水利技术抢险的支撑作用，有8481（人/天）巡堤查险，到县、到工地的专家（工作）组成员529（人/天），省级及以下资金投入835.018万元，达到减少受灾人口222327人、减淹耕地13693公顷、避免7座县城受淹和22176.5万元的防洪减灾经济效益的防洪减灾效益。

【移民工作】 2021年，科学编制移民规划，编写完成《淋溪河水电站可行性研究阶段建设征地移民安置设计修编报告（湖北部分）》，组织审查《溇水江坪河水电站移民安置实施阶段水库影响区处理规划设计报告》。配合完成《姚家平水利枢纽工程移民安置规划大纲》的编制和审查。协调推进移民安置工作，完成宣恩鸡笼洞水电站下闸蓄水阶段移民验收，完成咸丰小河水电站、恩施市青龙水电站竣工阶段移民验收，协调恩施罗坡坝开展竣工阶段移民验收，完成峡口塘水电站下闸蓄水阶段湖北境内移民验收工作、协调重庆市黔江区开展移民补偿和验收。开展信访积案化解，成功化解10件上级交办信访积案，确保移民群体稳定。

【落实大中型水库移民后扶政策】 2021年，大中型水库原迁移民直补资金兑现1121.94万元。后期扶持项目67个，总投资8981.7万元，拨付资金4307.31万元。其中竣工验收项目12个、完工项目11个、开工项目41个、未开工项目3个。继续推进巴东县、宣恩县、建始县大中型水库避险解困工作。完成省纪委交办恩施州大中型水库原迁移民直补资金发放问题整改工作。交办问题线索742条，查实497条，完成整改494条，应追缴资金123人、38.3万元，追缴资金120人、37.2万元。

【北京对口支援三峡库区巴东县】 2021年，北京市、房山区援助资金5113万元，其中北京市援助资金4513万元，房山区援助资金600万元。援建项目10个，项目开工率100%，完工项目8个，拨付资金5047.154万元，拨付率为98.7%。北京市安排2021年消费扶贫双创中心项目资金50万元，开展巴东特色产品进京展销，实现巴东农特产品在京销售额40余万元。完成重点项目绩效评价和援建项目年度审计。完成《北京市“十四五”时期对口支援三峡库区巴东县工作规划》编制。在重庆万州举办的第十三届全国对口支援三峡库区经贸洽谈会（支洽会）上，集中签约湖北巴东野三关镇柳家山、高阳寨片区综合开发2个项目，总投资67.2亿元。

【水库管理】 2021年，巴东田家坪水库完成大坝填筑和溢洪道建设，建始蛇皮洞、恩施杨柳溪水库完成工程截流验收、开始大坝基础开挖和大坝浇筑，建始金滩坪水库完成大坝面板浇筑，宣恩官千水库完成下闸蓄水验收，推进咸丰龙洞湾水库复工等在建项目建设。在加强水库除险加固方面，建立健全水库安全鉴定常态化机制，全州超期水库需鉴定的有60座，全部完成。小型水库除险加固竣工验收任务209座，完成209座，验收率达到100%，中型水库除险加固竣工验收4座，完成2座。有序实施病险水库除险加固，2021年度小型水库除险加固建设26座，其中中央投资15座，4座完成除险加固建设、11座完成初设批复并开工建设。地方一般债券投资11座，10座完成初设批复、1座申请省厅调整。在加强水库运行管护方面，全面开展白蚁危害普查，全州发现白蚁危害水库37座，完成17座水库的白蚁治理。开展上级监督检查发现问题整改，恩施州涉水库检查发现问题27个，全部完成整改。推进水库标准化管理，在建始县和来凤县开展2021年度小型水库深化体制改革省级以上样板县创建工作，12月底通过省厅现场考核。

【荣誉】 2021年，州水利和湖泊局被省委、省政府表彰为“2017—2019年度湖北省文明单位”，被省水利厅表彰为“人事统计工作”优秀单位，被省委、省政府、省军区表彰为“2020年度湖北省防汛救灾先进集体”，被省委、省政府表彰为“湖北省脱贫攻坚先进集体”，被省水利厅表彰为“全省农村饮水安全脱贫攻坚先进集体”，被水利部表彰为“全面推行河长制湖长制工作先进集体”。州农村饮水安全工程规划和建设领导小组办公室被水利部表彰为“农村饮水安全脱贫攻坚先进集体”。巴东县水利局、建始县水利局、宣恩县水利局被省人社厅、省水利厅表彰为“全省水利系统先进集体”。咸丰县水利局被国务院表彰为“全国脱贫攻坚先进集体”。州水利湖泊局规划水利科、恩施市水利局、建始县水利局、巴东县水利局、利川市水利局被省水利厅表彰为“全省‘十三五’农村饮水安全工作成绩突出集体”。恩施市水利局被水利部表彰为“全国水利扶贫先进集体”。恩施市水利局刘静被水利部表彰为“全面推行河长制湖长制工作先进工作者”。州高桥月亮岩水利工程管理处王康台、州车坝河水利工程管理处朱云和被省人社厅表彰为“扶贫先进个人”，恩施市水利局胡祖华、水利事务服务中心毛健、咸丰县水利局杨晨被省人社厅、省水利厅表彰为“全省水利系统先进工作者”。州水利和湖泊局李昌雄、建始县水利局谭大平被水利部表彰为“全国水利扶贫先进个人”。

（邓正江）

硒资源保护与开发

【概况】 2021年，全州涉硒市场主体达到3051家，实现硒食品精深加工产值177.87亿元，较2020年增长14.97%，其中规模以上企业129家，产值过亿元企业12家。成功举办第六届世界硒都（恩施）硒产品博览交易会。恩施市新塘乡横栏村113.13公顷地块被中国地质学会认定为全国首批天然富硒土地。完成《恩施州硒产业发展“十四五”规划》编制，拟定《恩施州硒食品精深加工产业链工作方案》。配合省硒产业“十四五”规划专家组开展专题调研，邀请硒产业专家团队组织实施“世界硒都·中国硒谷”建设调研。

【硒标准认证】 2021年，修订的《湖北省地方标准富有机硒食品硒含量要求》发布。全州新立项涉硒标准16项，发布通过10项，内容涵盖茶叶、水稻、玉米等主要作物。成立硒蛋白标准修订工作专班，向国家卫健委提交修标立项申请。全年新增11家企业取得硒产品认证证书12张，新增12家涉硒企业通过ISO质量管理体系认证。

【硒资源保护与利用】 2021年，配合州人大完成《恩施州硒资源保护与利用条例》立法后评估。12月24日，州第八届人民政府第八十五次常务会议审议通过《恩施州硒资源保护与利用条例实施细则》。完成湖北省“金土地”工程以及恩施州土壤硒资源普查工作，查明全州土壤和农作物硒资源分布情况。搭建恩施州土地质量地球化学评价“智慧云”平台，提出123处开发天然富有益微量元素（硒、锌、锗）农产品生产基地建议区（其中富硒农产品生产基地建议区70处），圈定21处具有富硒矿泉水开发潜力的水源地，按照“一村一卡”的形式建立2627份村级土地地球化学质量档案。

【涉硒企业培育】 2021年，发起成立国内首支硒产业共赢基金，首期规模5000万元，主要用于涉硒领域中小企业技术创新、产业升级。推进硒食品精深加工项目招商，全年外出开展食品加工专题招商18次，在谈项目12个，与山西水塔醋业股份有限公司、上海乐体控健康科技有限公司达成初步投资意向。支持涉硒企业上市，新增徕福硒业有限公司纳入全省“金种子”企业，金祈藤茶生物有限公司纳入全省“银种子”企业，大冲农业等11家涉硒农产品加工企业在武汉股权托管交易中心集体挂牌。4月，组织开展全州涉硒企业规范生产经营培训暨行政约谈会。10月25日，恩施州硒资源中心联合武汉轻工大学（国家富硒农产品加工技术研发专业中心）举办恩施州涉硒企业家沙龙活动。10月25—27日，举办恩施州硒食品加工企业高级培训班，全州硒食品加工企业代表及各县市硒食品精深加工产业工作专班代表100余人参加。

【硒科普和宣传】 2021年，编写《硒宝说硒》科普手册，在门户网站、公众微信号上开辟专栏科普硒知识，全年发布硒科普知识100余篇。开展硒科普教育基地创建工作，在恩施许家坪机场投放“世界硒都 中国硒谷”形象宣传。5月17日，举办“5·17”科学补硒宣传活动，通过邀请知名专家科普讲座、有奖知识问答、制作硒科普短片、参观硒科普教育基地等形式向国内缺硒地区进行科普宣讲。7月，完成“恩施硒品”版权登记。

【交流活动】 2021年，组织州内40余家企业参加第三届世界大健康博览会、西安国际食品博览会、湖北省农业博览会等展会。在第二届端午安康全国硒水鉴茶大赛中，全州5家涉硒企业8支茶样获奖。与恩施州硒产业协会共同发起“硒”西相关、共战疫情捐赠活动，筹集到米面粮油、蔬菜、矿泉水、硒产品等款物总计419151元。

【第六届世界硒都（恩施）硒产品博览交易会】 2021年，成功举办第六届恩施硒博会，编制《恩施州硒产业发展报告》《第六届硒博会会刊》《第六届硒博会画册》，拍摄《康养恩施 硒引天下》宣传片，发布各类宣传报道近500篇（条）。邀请副国级、省部级相关领导，5名院士、50名涉硒专家、17个硒区、515家硒企业、2172款产品、近300名各界嘉宾、近100家行业协会及商会、4家检验认证机构、20余家投资商、50余家采购商参会。现场销售金额1104万元，签约招商项目18个，计划投资总额120亿元，达成采购协议56份，协议金额逾9亿元。

（李新华 孟理偲）

能源工作

【概况】 2021年，全州新增发电装机10万千瓦以上，清洁能源总装机达472.39万千瓦，清洁能源产业稳步发展。工业化勘探开发持续推进，页岩气累计产气量超2000万立方米。

【能源产业建设】 2021年，页岩气勘探开发工作推进顺利，利川区块红页1井累计产气量超2000万立方米，全年部署4口新井。咸丰区块咸页1井完成工程钻探，呈现良好油气显示。建始及周缘区块资源调查获新突破，鄂建地4井、鄂恩地2井解析气量良好，建始及周缘区块地质资料包编制启动。可再生能源产业巩固提升，走马风电全容量建成投产，峡口塘水电全容量并网发电，宣恩纳入全国首批整县推进分布式光伏试点（5万千瓦）、建始农光互补项目获得省2021年建设指标（5万千瓦），恩施垃圾发电项目开工建设，恩施大龙潭、巴东桃李溪、建始石家湾抽水蓄能纳入国家抽水蓄能中长期规划，启动前期工作。

【能源生产】 2021年，清洁能源供应能力稳步提升，发电装机总规模达472.39万千瓦，其中水电402万千瓦，风电59.71万千瓦，光伏5.97万千瓦，生物质发电3万千瓦，自备电厂1.71万千瓦。全州地区发电量（含水布垭）115.48亿千瓦时（水布垭45.16亿千瓦时），同比增长0.93%。其中水电103亿千瓦时，同比下降3.43%；风电10.77亿千瓦时，同比增长16.26%；自备电厂发电1.05亿千瓦时，同比增加21.72%；光伏发电4796万千瓦时，同比增加9.34%。建南气矿天然气产量达9341万立方米。全州清洁能源产业实现综合产值85.32亿元，同比增长13.29%。

【能源通道】 2021年，电网方面，稳步推进恩施东—宜昌朝阳线路工程建设，取得属地用地预审、规划选址等支持性意见；220千伏芭蕉变电站扩建、110千伏猫儿槽输变电工程等21个高压项目启动建设。燃气方面，巴东支线纳入“川气东送二线”附属工程，巴东县无管道天然气气源的困境即将成为历史；利川城区管道迁改项目资金分配方案得到优化，获得国家、省支持。

（唐 义）

林　业

【概况】 2021年，全州林业系统落实省委、州委关于林业改革发展的工作要求，牢固树立“绿水青山就是金山银山”理念，以“生态林业、共享林业、法治林业、智慧林业”为重点，精准推进国土绿化，加大森林资源保护力度，全面推行林长制，落实生态惠民政策，服务中心工作。截至年底，全州森林面积166.56万公顷，森林蓄积量1.37亿立方米，森林覆盖率69.2%。全州共有国家级自然保护区5个，保护区面积14.68万公顷。10月14日，省林业局党组书记、局长刘新池到鹤峰县、木林子自然保护区调研指导林业工作。

【林业产业】 2021年，实现林业产业总产值253亿元，同比增长15%。组织3家涉林企业参加义乌国际森林产品博览会，达成订单金额1232万元。成功申报林业产业化省级龙头企业11家和森林食品质量安全示范企业2家，建成油茶高效示范园2个，组织申报森林康养试点建设乡镇1个、森林康养试点建设基地4个，组织开展山桐子等木本油料产业专项调研。利川市沙溪花嵌老鹰茶专业合作社生产的森林饮品老鹰“红茶”获“国家森林生态标志产品”认定，恩施市施惠青钱柳种植联合社申报的“恩施青钱柳”获“国家农产品地理标志登记证书”，湖北恒贸茶油有限公司、建始县德溢民生态农业开发有限公司2家企业入驻建行善融商务平台林特产品馆，山地原产、采用低温冷榨工艺的“恩施山茶油”走出深闺，以纯正的品质俏销武汉、上海等地，逐渐走向全国。利川、咸丰、恩施落地坝漆全产业链项目，重新擦亮“坝漆”的金字招牌。鹤峰是华中地区箬叶生产加工和出口集散地，“鹤峰箬叶”韧性好、香气浓、天然含硒，是纯天然绿色产品，餐饮和食品包装市场认可度极高，销往全国各地和日本、韩国等国家。

【造林绿化】 2021年，全州完成营造林任务20600公顷，其中人工造林5866.67公顷、封山育林11466.67公顷、退化林修复3266.67公顷。创建森林城镇2个，森林乡村24个。全民义务植树900万株。

【《关于建设彩色森林提升生态价值的意见》印发】 2021年11月5日，州政府办公室印发《关于建设彩色森林提升生态价值的意见》，按照生态优先、规划引领、因地制宜、试点先行、政府主导五个原则，力争在5年时间内，通过建设22个彩色景观林、14条彩色走廊林、13个彩色村庄和产业基地林、8个彩色公园林、3段彩色岸线林、10个国有林场彩色示范林六大行动，使全州森林资源景观达到立体化、四季化、彩色化、景观化、园艺化和“网红”化，逐步形成春看山花烂漫、夏望碧波翻涌、秋观层林尽染、冬赏银装素裹的景象，把恩施打造成为全域旅游示范区、知名旅游目的地和优质休闲康养基地。

【世界地质公园创建工作】 2021年4月25日，州政府常务会议决定成立恩施州创建世界地质公园工作领导小组，先后组建专家委员会，确定申报世界地质公园名称及范围。10月19日，州委常委、副州长王磊带队分别到国家林业和草原局、省林业局汇报恩施州创建世界地质公园工作，得到国家林业和草原局、省林业局的肯定和支持。10月28日，省政府签批同意恩施州申报创建“恩施大峡谷—腾龙洞世界地质公园”，并向国家林业和草原局推荐申报。

【森林防火工作】 2021年，全州林业系统严密安排部署森林防火工作，严格管控火源，加强能力建设，开展宣传教育，强化重点时段、重点部位的检查督办，严格落实重点防火期24小时值班值守制度，发送防火宣传短信2000万余条，森林防火受灾率控制在 0.9‰以下。开展森林火灾风险普查工作，全州完成外业样地调查 715 个，普查任务量全省第二，获评森林火灾风险普查“先进市、州林业主管部门”称号。

【林业有害生物防治】 2020 年冬至 2021 年春，全州伐除枯死松树 13 万余株。悬挂 BF1 型诱捕器 550 套，诱捕松褐天牛 10.36 万头，防治面积 1193.33 公顷。释放花绒寄甲 6 万余头，防治面积 266.67 公顷。林业有害生物成灾率控制在 3.7%以下。

【森林资源管护】 2021 年，全州林业系统建立森林公安转隶后的林业行政执法机制，明确在州林调院加挂州林业执法支队牌子，承担林业行政执法工作职责。开展打击野生动植物非法贸易专项行动（清风行动），出动执法人员 2118 人次，车辆 678 台次，监督检查场所 725 处，查办野生动物案件 12 起，其中刑事案件 6 起，打掉犯罪团伙 1 个、打击处理违法犯罪人员 10 人，收缴野生动物 2 只（头、尾）、野生动物制品 14 件、非法猎具 22 个（张），处罚金额 0.16 万元。开展打击毁林专项行动，省林业局两期下发疑似图斑总数 20710 个，完成排查 18842 个，占比 90.9%。由省野生动植物保护协会、州政府主办的湖北省暨恩施州野生动物保护宣传月活动在利川市举行。

【预防野猪危害专项行动】 2021 年 6 月 4 日，州政府办公室印发《关于开展预防野猪危害专项行动的通知》，决定于 6 月 10 日至 10 月 30 日在全州范围内开展预防野猪危害专项行动，该专项行动被纳入州林业局主要负责人党史学习教育“我为群众办实事”内容。各县市落实林业、畜牧、公安、财政等相关部门职责和猎捕队的任务，细化方案措施，投入专项经费约 200 万元。全州组建猎捕队 89 支、611 名队员，猎捕野猪 742 头，均按规范化处置流程进行无害化处理。在鹤峰县和恩施市开展预防野猪危害综合防控全国试点工作。

【全面推行林长制】 2021 年，州委办公室、州政府办公室印发恩施州《关于全面推行林长制的实施方案》及其配套制度，完成各级林长及责任区域划分工作，确定州级林长 11 名、县级林长 104 名、乡级林长 1021 名、村级林长 2131 名，州、县、乡、村四级林长体系全面建立。11 月 9 日，州委、州政府主要领导签发《恩施州林长 1 号令》，12 月 19 日，州委书记、州级林长胡超文到星斗山国家级自然保护区开展巡林工作。12 月 26 日，州委副书记、州长、州级林长夏锡璠到利川市齐岳山开展巡林工作。

【生态补偿】 2021 年，严格落实天然林保护、新一轮退耕还林、生态效益补偿等生态补偿政策，续聘、新聘生态护林员 17300 名，落实生态补助资金 6920 万元，完成公益林补偿兑现资金 12766.59 万元，完成 552946.67 公顷天然林停伐补助兑现，兑现补助资金 11419.07 万元。

【优化营商环境】 2021 年，开展“清减降放”工作，优化政务服务环境，依申请及公共服务事项由 25 项压减到 14 项，保留的 14 个事项申请材料由原来的 14 个压减为 4 个，材料减少率达 71%。保障重点项目使用林地要素，全年为包含巴东田家坪水库、白鹤滩—江苏±800 千伏直流湖北境内线路工程（恩施州段）等国家、省、州重点项目在内的 282 宗永久性占用林地项目完成林地报批服务，占用林地 718.0675 公顷，审批通过宗数相比 2020 年增长 13.71%，相比 2019 年增长 21%。

【林产品安全检测体系建设】 2021 年，首次建立食用林产品安全检测工作体系，开展野生菌普查工作，完成省食用林产品及其产地土壤监测任务 20 批次及自检任务 120 批次，高标准建设油茶高产示范园，推进食用林产品全产业链标准化试点。

（游家栋）

自然资源保护区

湖北七姊妹山国家级自然保护区

【概况】 湖北七姊妹山国家级自然保护区位于宣恩县境内，北与恩施市河溪村交界，东北属宣恩县椿木营乡管辖，东与鹤峰县太平镇接壤，南与湖南八大公山国家级自然保护区核心区毗连，西与宣恩县长潭乡和沙道沟镇相连，地处北纬 29°39′30″—30°05′15″，东经 109°38′30″—109°47′00″。属森林生态系统类型自然保护区，主要保护以珙桐、林麝等珍稀动植物为主的森林生态系统和以泥炭藓沼泽湿地为主的湿地生态系统。总面积 34550 公顷，其中核心区 11560 公顷，缓冲区 11700 公顷，实验区 11290 公顷，森林覆盖率 88.89%，林木绿化率 93.2%。保护区分布有 5 个植被型组，9 个植被型，30 个植物群系。分布有维管束植物 175 科 762 属 2086 种，其中蕨类植物 35 科 78 属 281 种，裸子植物 8 科 17 属 23 种，被子植物 132 科 667 属 1782 种。列入 2021 年公布的《国家重点保护野生植物名录》54 种，国家Ⅰ级保护植物有珙桐、红豆杉、南方红豆杉、银杏、水杉、苏铁 6 种，国家Ⅱ级保护植物有钟萼木、黄杉、连香树、水青树、台湾水青冈和香果树等 48 种。宣恩牛奶菜和宣恩盆距兰是保护区内有特有植物。有苔藓植物 34 科 58 属 80 种。七姊妹山国家级自然保护区分布有脊椎动物 28 目 97 科 399 种，其中兽类 8 目 25 科 73 种，鸟类 16 目 52 科 255 种，两栖类 2 目 10 科 32 种，爬行类 2 目 10 科 39 种。国家Ⅰ级保护野生动物有林麝、金雕等 13 种，国家Ⅱ级保护野生动物有黑熊、猕猴、鬣羚、红腹锦鸡等 60 种。中国濒危动物 25 种，中国特有种 13 种。2021 年，七姊妹山国家级自然保护区管理局获恩施州事业单位脱贫攻坚专项奖励记功集体。

【资源管护】 2021年，全面推行林长制，实行州、县级林长联系保护区，落实乡级林长3名，村级林长16名，实现保护区林长全域覆盖。加强护林员队伍建设、监督和管理，聘请31名兼职护林员，科学设定巡护线路，推进生态治安巡护规范化，全年开展巡护3000余次，出动车辆600台次。落实环保督察“回头看”和人类活动变化情况的动态监控和问题整改。加强保护区范围内宣容输电线路通道清理和5座退出类水电站的生态监管，配合完成风车口、大竹坪2座水电站的拆除监管工作。加强对红火蚁、加拿大一枝黄花、日本落叶松叶蜂等林业有害生物的日常监测和除治，对松木病虫害枯死疫木239株进行无害化处理，落实野生动物疫源疫病监测防控。依法严厉打击涉林违法犯罪行为，配合林业主管部门办理行政案件4起，移交公安机关破坏资源刑事案件1起。设立检察工作站，加强七姊妹山国家级自然保护区行政执法与刑事司法、公益诉讼检察环节的有效衔接，形成打击环境资源违法犯罪行为合力。

【森林防火】 2021年，加强防火宣传教育，与辖区村民签订森林防火协议书2500份，张贴防火禁令1500余份，发送森林防火短信提示2万余条，出动宣传车辆400余台次，对辖区痴呆等特殊人员实行台账管理，提升群众防火意识。强化监测预警，通过森林防火远程视频监控系统，防火无人机空中巡逻广播，地面人员巡护，加强监测预警工作。加强火源管控，严管山头、人头、坟头，对隐患进行排查清理，劝导制止野外用火20余起。完善防火应急处置机制，会同乡镇开展防火应急演练，落实24小时值班制度，强化防火督办检查。全年保护区无火情火警发生。

【科研监测】 2021年，规范野生动物监测网络，加强保护区生物多样性监测省级试点建设，制定《七姊妹山国家级自然保护区野生动物监测方案》，开展监测技术培训，按照公里网格布设110台红外监测相机，对保护区内野生动物及人为活动进行长期不间断监测。野生动物监测影像2次在央视1套《秘境之眼》栏目展播。建成森林气象监测网络，完成4个气象监测点建设，自动化监测气温、降水、湿度、光合有效辐射和太阳辐射等生态因子，为物种有效保护提供科学依据。加强珍稀植物资源监测，完成珙桐、台湾水青冈等23个植物群落资源的监测调查。

【宣传教育】 2021年，联合宣恩县政府举办2021年“保护鸟类，共建万物和谐的美丽家园”为主题的“爱鸟周”系列活动。承办以“呵护自然人人有责”为主题的生物多样性保护现场宣传暨培训活动，通过举办专题讲座、野生动植物图片展、护鸟执法专项行动、组织中小学生参观、保护野生动物主题征文和绘画比赛等系列活动，促进野生动物保护和知识普及。全年在省级以上刊发宣传报道14篇，保护区生态文明建设宣传片在央视7套展播。在中国地质科学院、自然资源部等单位联合举办的第五届“最美地球印记”评选活动中获“最美地球印记——最佳人气奖”。创建湖北省自然教育基地，保护区被湖北省关注森林活动执行委员会认定为湖北省青少年自然教育绿色营地。

【社区管理】 2021年，创新社区共管共建机制，推行局领导班子成员联系保护区范围乡镇，机关科室联系管理站，全体党员干部下沉联系保护区所在16个行政村的“三联”机制。确保一人联系一村，村村有人联系，畅通诉求渠道。引导辖区群众参与生态建设和保护，在共管试点村两溪河村，鼓励辖区村民发展林下药材、水果100多公顷，林下养蜂400桶，继续授权专业合作社、产业大户使用“七姊妹山”系列商标，实现和谐社区从共管到共建、共享新格局。支持森林村庄创建，组织开展“3·12”义务植树节活动，在小卧龙村种植桂花大树100棵，实行党员干部挂牌认养。完成保护区2021年度生态公益林补偿兑现工作，兑现生态公益林面积30720公顷，兑现总金额633.54万元。

【项目建设】 2021年，七姊妹山国家级自然保护区基础设施二期项目通过省林业局竣工验收，项目总投资1211.62万元。完成2021年中央林业改革发展资金250万元建设项目。申报七姊妹山国家级自然保护区基础设施三期项目，项目总预算3829.86万元，上报省发改委。完成2022年中央财政国家级自然保护区补助资金项目300万元编制申报工作。

（刘峻城）

湖北星斗山国家级自然保护区

【概况】 湖北星斗山国家级自然保护区位于利川市、恩施市和咸丰县境内，保护区面积涉及9个乡镇、74个自然村，分为东部星斗山片和西部小河片，总面积68339公顷（其中核心区面积21165公顷、缓冲区面积14932公顷、实验区面积32242公顷），属“森林生态系统和野生植物类型”自然保护区，是第三纪植物的“避难所”、华中天然植物园和种质基因库，是世界上水杉原生种群的唯一分布区，主要保护对象为典型的中亚热带森林生态系统、种类繁多的古老孑遗珍稀濒危野生植物及其生境、世界唯一现存的水杉原生种群及其模式产地、全国罕见的台湾杉原生群落、全国稀有的莼菜野生湖沼植物和种群数量丰富的珍稀野生动物。区内有维管束植物200科843属2033种，其中有国家Ⅰ级重点保护植物水杉、银杏、红豆杉、南方红豆杉、珙桐等5种，有国家Ⅱ级重点保护植物台湾杉、黄杉、峨眉含笑、莼菜等48种，有陆生脊椎动物378种，其中有国家Ⅰ级重点保

星斗山自然保护区监测之中的原生水杉母树群落

（湖北星斗山国家级自然保护区管理局 供稿）

2021 年 10 月，利川市谋道镇树龄 660 年的水杉母树获评湖北五大树王之中“最有名”树王

（湖北星斗山国家级自然保护区管理局 供稿）

护动物金钱豹、云豹、金雕、林麝等 12 种，有国家 II 级重点保护动物猕猴、红腹锦鸡等 47 种。2021 年，位于利川市谋道镇树龄 660 年的水杉母树获评湖北五大树王之中“最有名”树王。

【资源管护】 2021 年，抓好森林资源管理，加强保护区的巡查力度，按照管理局相关制度，细化管护责任，从严管理护林员。12 月 19 日，州委书记胡超文到星斗山保护区开展巡林工作。加强与利川市、恩施市和咸丰县 3 个县市政府的衔接，联防共管保护区。开展环保督察和“绿盾行动”问题整改工作，迎接省林业局的销号验收，全年组织专班现场核查 3 次 123 处。开展极小种群原生水杉母树的保护工作，3 月，完成 1000 株水杉母树的扦插繁殖，并对一号水杉母树开展引根试点复壮。5 月，组织专业技术人员对水杉色卷蛾虫害进行普查，采用无人机高空喷药对 1600 余株水杉原生母树进行水杉色卷蛾虫害防治，下半年对生长环境受到威胁的 30 多株水杉母树采取建保坎等措施进行生态修复。全年安装避雷装置 9 处，保护 100 余株水杉母树免受雷击危害。另对 5000 棵水杉母树进行树干涂白处理，避免病虫危害和低温冻害。按照省林业局要求，上半年继续完善保护区的整合优化工作，更新数据库。

【森林防火】 2021 年，落实森林防火责任制，落实“预防为主、积极消灭”的森林防灭火工作方针。组织辖区 3 个县市林业局、林业站、东片核心区相关村召开 2021—2022 年森林防火工作联席会，组建 78 支森林防火应急队伍，全年入户宣传 680 次，发放森林防火告知书 2.6 万份，张贴宣传标语 210 份，制作防火宣传牌 100 块，购买防火器材约 20 万元。全年保护区内没有出现火情。

【科研监测】 2021 年，开展各项科研监测活动，在林区适宜位置安装红外线照相机 100 台，全年收集读取视频和图片资料 8 次，获得清晰有效视频和图片资料 2000 余份（张）。监测野生动物疫源疫病，组织护林员深入林区巡护，坚持值班值守和报告制度，全年保护区内无野生动物疫情发生。复查 101 个森林动态监测样地，增设 9 个样地。新增 4 处野外动物监控，主要监测各种水鸟、猕猴。

【项目建设】 2021 年，星斗山管理局有序推进项目工作，完成中国水杉博物馆布展装饰工程。编制《星斗山保护区天然林保护修复实施方案（2021—2035 年）》，预算资金 4710.43 万元。编制《星斗山保护区 2021 年能力建设项目的实施方案》，涉及资源保护、科研监测、社区宣教等方面，资金 325 万元，严格按照要求实施完毕。编制《星斗山国家级自然保护区防火预警监测项目》，预算金额 481.5 万元，8 月上报州林业局。

【社区宣教】 2021 年，到社区开展一系列宣传教育工作，利用“爱鸟周”、“野生动物保护法宣传月”、植树节等活动，在保护区内周边的集市、学校通过发放宣传资料和政策宣讲，宣传森林防火、森林资源保护、禁食野生动物及与保护区相关的法律法规，引导全民关注支持保护区发展。4月，在黄金洞乡中心小学开展第三十九届“爱鸟周”宣传进校园活动。12月，给保护区群众发放1万个印有森林资源保护宣传语和图片的购物袋。

（陈绍林）

湖北木林子国家级自然保护区

【概况】 湖北木林子国家级自然保护区位于鹤峰县北部，地处北纬29°55′59″—30°10′47″，东经109°59′30″—110°17′58″。辖5个乡镇、27个自然村，总面积为20838公顷，其中核心区面积7634公顷（占37%）、缓冲区面积5621公顷（占27%）、实验区面积7583公顷（占36%）。保护区全境地势由西北和东南向中间逐渐倾斜，牛池为保护区最高峰，是武陵山在恩施州的最高峰，海拔2098.1米。境内喀斯特地貌发育，地貌类型丰富多彩。保护区处于中国地势第二阶梯向第三级阶梯的过渡地带，中亚热带气候，受冰川的影响较小，成陆时间早，由于没有受到第四纪冰川运动袭击，是第三纪植物区系重要的保存地、第四纪冰川运动孑遗植物的避难所、温带向亚热带过渡地域植物区系的摇篮，蕴藏着丰富的动植物资源，属森林生态系统类型自然保护区。主要保护对象为中亚热带森林生态系统，伯乐树等30种国家重点保护野生植物及其群落，山顶山脊阔叶矮曲林带，云豹等55种国家重点保护野生动物及其栖息地，独花兰、天麻等62种野生兰科植物及其生境。保护区共有维管植物2797种，隶属于206科943属，其中列入国际公约或国家保护的珍稀濒危植物共153种，国家重点保护野生植物有30种，占湖北省总数51种的58.82%。保护区有陆生野生脊椎动物302种，隶属26目75科190属，其中国家重点保护种类共有55种。

【资源保护】 2021年，保护区未发生森林火灾和重特大森林刑事案件。完善“智慧木林子”信息化管理平台，利用卫星遥感监测、地面智能巡护终端、重点卡口监控、空中无人机巡护交织的立体管护体系，资源环境智能化管控能力和水平有新提高。开展日常巡护工作，加强生物安全管理，建立野生动物疫源疫病监测站，搭建监测防控预警平台。森林防火常抓不懈，多形式多途径宣传森林防火知识，坚持共享气象信息和防火预警信息，组织排查整改各类隐患，对重点区域、重点部位、重点人群实行重点管控。联合森林警察大队开展野生动物保护专项行动，在重点区域对重点人群进行摸排和宣传，“清网、清夹、清套”专项行动常态化开展。全年累计核查人类活动遥感监测变化点位15个，无问题整改点位。支持协调开展黑湾、红岩河、陈家河3座小水电拆除工作，各级环保检查合格。

2021年12月18日，湖北木林子国家级自然保护区工作人员开展日常巡护工作
（杨春宝 摄）

【宣传教育】 2021年，加强保护区生态教育体系建设，在东洲村建立集室内生态宣传、室外生态体验于一体的生态教育基地，丰富完善科普宣传内容。保护区数字化宣教馆和网站手机版建设完成，优化公众宣教功能。开展社区云广播试点建设，在5个行政村安装智能云广播，定期开展森林防火、自然保护区法律法规等宣传，增强社区居民生态保护意识。开展生态文明宣传教育活动，科研宣教中心累计接待参观人员3000余人次，发放宣传资料、宣传品2万余份。与共青团恩施州委组织开展全国青少年生态文明教育体验基地申报工作。

【项目建设】 2021年，完成中央林业改革发展资金项目建设，项目总投资合计250万元。第一期中央基础设施建设项目通过省林业局验收，项目总投资1648万元。完成2022年中央财政林业改革发展资金项目编制申报，总投资300万元。组织编制保护区2021—2030年中长期总体规划，通过省林业局初审。

【科研监测】 2021年，科研监测中心建设日趋完善，平台功能应用渠道不断拓宽。“智慧木林子”信息化平台安全升级达到二级等保标准，信息化安全防护能力提升。植物数据库充实，1833种植物名录照片、149科植物影像资料上传信息平台，为保护区物种分布、物种统计等科学研究提供基础数据支撑。智能巡护App高效利用，有效巡护里程26956千米、巡护事项累计687项，管护员地面“探头”作用得到发挥。布设红外相机200余台，开展野外监测数据换取工作，及时收取原始红外监控数据存储容量达800G，获取国家一级保护动物林麝和保护区新记录物种棕腹啄木鸟等多种珍贵影像资料。气象环境监测

2021 年 11 月 18 日，湖北木林子国家级自然保护区工作人员开展野外红外相机监测数据换取工作 （胡策斐 摄）

站建成投入使用，不间断对保护区内的空气温湿度、降雨量、负氧离子等环境因子进行监测，为保护区生态环境保护提供翔实的气象数据。完成高山矮曲林带、伯乐树群落调查和苔藓植物资源调查，为保护区本地资源库进行有效补充，为保护区生态保护修复及各类自然资源综合管理提供科学依据。

（刘松柏 郭 琼）

湖北巴东金丝猴国家级自然保护区

【概况】 湖北巴东金丝猴国家级自然保护区位于巴东县北部，大巴山东缘，处于中国西部高山向东部低山的过渡区域，北连神农架林区，东与兴山县接壤，南抵平阳坝河谷。保护区西距重庆巫山 10 千米，南距长江 15 千米，区内最高海拔 3005 米，最低海拔 240 米，森林覆盖率 82.73%。位于北纬 31°11′50″—31°24′40″，东经 110°15′51″—110°29′59″。保护区属于野生生物类中的野生动物类型自然保护区。主要保护对象是以川金丝猴、金钱豹、金雕等为代表的野生动物及其栖息地，以珙桐、光叶珙桐、红豆杉等为代表的珍稀野生植物资源，以及保存完好的亚热带森林生态系统。湖北巴东金丝猴自然保护区内有 2 个乡镇、12 个行政村、517 户、1558 人（不含自行搬迁居户），人口密度为 7.45 人/平方千米。由于保护区地处偏僻，山高坡陡，交通不便，生产、生活条件差，近年来陆续有 409 户、1006 人自行迁移到保护区外生活居住，户籍仍在保护区内。保护区总面积 20909.99 公顷，其中核心区面积 9580.38 公顷（占比 45.8%），缓冲区面积 3009.17 公顷（占比 14.4%），实验区面积 8320.44 公顷（占比 39.8%）。其中林地面积 18925.86 公顷，占 90.51%；非林地面积 1984.13 公顷，占 9.49%。初步查明保护区有陆生野生脊椎动物 348 种，其中国家重点保护野生动物 57 种，有国家Ⅰ级重点保护野生动物川金丝猴、林麝、金钱豹、金雕 4 种，有国家Ⅱ级重点保护野生动物猕猴、黑熊、鬣羚、大鲵、红腹锦鸡等 53 种。保护区是我国川金丝猴的重要栖息地之一，长期活动的金丝猴有 800 多只。保护区内有维管束植物 183 科 827 属 2308 种，其中国家重点保护野生植物 21 种，有国家Ⅰ级重点保护野生植物红豆杉、珙桐、光叶珙桐 3 种，国家Ⅱ级重点保护野生植物篦子三尖杉、连香树、鹅掌楸、水青树、香果树、巴山榧树等 18 种。

【森林防火】 2021 年，严格火源管控，清明、“五一”、“十一”等重要节假日时段，在主要路口设卡检查，开展生态文明祭祀、鲜花换纸钱香烛活动。确定 22 条重点巡护线路，逐户宣传，进行全天候巡护。及时处置上坟祭祀、烧田边地埂杂草等野外用火行为。对保护区内及周边 50 米范围内的墓地开展清理、登记，对墓地周围 3 米范围内的杂草、杂灌进行清除。森林重点防火期间，安排护林员对保护区内输电线路进行全方位排查，与乡镇供电所、县国网供电公司沟通，整改线路隐患。实行森林防火宣传“三个全覆盖”（宣传车宣传全覆盖、宣传标识全覆盖、巡护宣传全覆盖）。重点防火期内，2 个乡镇各固定 1 台宣传车进行巡回宣传；树立中型防火宣传牌 9 块，重点防火期分 2 次印制张贴森林防火戒严令 1000 余份，12 月印制防火宣传画 1000 份，带防火宣传标语的瓷杯 7200 余个，分发保护区内及周边农户；用戏曲的形式宣传森林防灭火知识，在保护区周边 12 个行政村巡回演出。护林员常态化进行巡护宣传，巡护过程通过 GPS 定位接受监督。修订完善保护区森林防灭火预案，为保护区内农户逐户送达森林资源管理和森林防火告知书。建立 4 个防灭火物资储备点，明确日常维护保养的相关责任人，确保灭火器材能正常使用。

【资源管护】 2021 年，保护区内增加红外相机 120 台，对使用红外相机的护林员进行安装与数据收集培训，建立红外相机视频评选机制，收集更多的野生动植物资源视频，通过“秘境之眼”等在线平台进行宣传与教育。抓好疫源疫病的监测工作，巡护摸排，将所发现的问题及时上报。加入鄂西渝东陕毗邻地自然保护地联盟，每年派代表团参加联盟会议。保护区管理局与巴东县政府联合印发《关于加强湖北巴东金丝猴国家级自然保护区建设管理的意见》，组建共管委员会。2 个保护管理站分别和所在地乡镇（沿渡河镇、溪丘湾乡）签订资源管护、森林防火联管协议。在“5·22”国际生物多样性日等重大节日组织自然科普宣教进校园活动，3000 余名师生参加。

【项目建设】 2021年，保护区争取项目建设资金3490万元，第一批资金792万元全部到位。通过与省水利、发改等部门对接，争取三峡后续生态修复与保护工程项目2500万元，提升保护区科研监测与管理的能力。

（向 东）

咸丰忠建河大鲵国家级自然保护区

【概况】 咸丰忠建河大鲵国家级自然保护区位于北纬29°19′28″—30°02′54″，东经108°37′08″—109°20′08″，在咸丰县高乐山镇、忠堡镇境内，保护区范围以忠建河干流源头至草坪（咸丰县与宣恩县交界处）39千米河段和沿河两岸所有支流58.74千米河段的历史最高水位线向外扩展50米为界。保护区总面积1043.3公顷，其中核心区面积359.5公顷、缓冲区531.8公顷、实验区152.0公顷，保护区主要保护对象为大鲵（国家二级保护动物）及其生境。2021年，保护区管理局依据《咸丰忠建河大鲵国家级自然保护区实行全面禁捕的通告》和长流流域十年禁捕政策等规定加强监管，进行日常巡查156次，突出问题专项巡护12次，立案违法捕捞活动1起，查处违法人员3个，保护区范围内无违规建筑和渔业活动。

【自然环境】 保护区鄂西南山区为云贵高原延伸部的武陵山余脉，海拔高程在617—875米之间。流域内气候温和，冬无严寒、夏无酷暑，雨量充沛。河床多处于山间峡谷地带，河谷为“U”形或“V”形，河床多石灰岩和卵石块，岩穴、暗河和溶洞较多，水质清新、无污染，每年4月至11月水温变化范围是9℃—23℃，水体的酸碱度值为8左右。地质地貌特征为石灰岩区峰丛槽谷发育，碎屑岩区山坡较缓，构造剥蚀现象明显。境内植被资源大多属于北、中亚热带落叶阔叶、常绿阔叶、落叶阔叶混交林和温性针叶林植被，具有明显的垂直梯度格局，主要分布的用材林树种有松、杉、柏、枫、杨、椿、栎、刺槐、桐、楠树等。保护区内已发现记录高低植物423种，森林覆盖率80%。保护区内有鱼类5目9科40种、浮游植物8门60属、浮游动物3门4纲，两栖动物2目8科26种，甲壳类主要有青虾、溪蟹等，爬行动物37种、常见鸟类20余种、兽类67种、昆虫1317种。

【基础设施】 2021年，保护区有办公楼1栋近1000平方米，大鲵救治救护基地9000平方米，安装标志、警示牌200个、界碑200个、金属围栏3600余米、建设巡护步道近3000米。核心区展马河近3千米长的河道旁安装24小时视频在线监控监测系统，配备高清摄像头、高音喇叭、自动报警并播放语音设备，在忠建河干流青山坡至宣恩交界草坪段安装有摄像头。

【生态修复】 2021年，在高乐山镇忠建河沙坝滚水坝段安装近54米的生态安全防护网，清除4个河道石墩并安装警示牌。10月底，配合咸丰县水利局完成龙坪电站拆除及生态修复工作。

【增殖放流】 2021年3月，咸丰县政府投入585万元，在县内外适宜水域增殖放流18402.18公斤，其中县内放流15904.58公斤，县外放流2497.6公斤，科普科研基地留存1729.03公斤。

【宣传教育】 2021年，开展政策法规集中宣传2次，悬挂横幅69条，安装站牌7块。保护区管理局会同咸丰县农业农村局执法大队对保护区忠建河干流及支流沿河白水坝村、新田沟村、青山坡村、老寨村、马河村、杨柳沟村、麻谷溪村、沙坝村、官田坝村、芭蕉溪村、龙坪村和官坝村12个村开展12次禁捕宣传活动，发放约800份宣传资料。

（陈李溶）

环境保护

环境质量和保护

【概况】 2021年，全州生态环境保护工作坚持打好污染防治攻坚战，探索“两山”转化路径，加强生态修复与治理，推进中央和省生态环境保护督察反馈问题整改，加快推动绿色低碳发展，推进生态环境治理体系和治理能力现代化，助推恩施建设美丽湖北绿色崛起重要一极，取得成效。恩施州连续3年在全省污染防治攻坚战考核中获得优秀等次，连续7年在生态省考核中获评优秀。恩施州被授牌命名为第

2021年3月22日，咸丰忠建河大鲵国家级自然保护区管理局工作人员在保护区增殖放流
（咸丰忠建河大鲵国家级自然保护区管理局 供稿）

五批“绿水青山就是金山银山”实践创新基地，宣恩县被授牌命名为第五批国家生态文明建设示范区。州生态环境局领导班子连续2年被省生态环境厅考核为优秀。为表彰生态环境部门在打好打赢污染防治攻坚战中作出的突出贡献，州委、州政府印发嘉奖令对州生态环境局进行通报嘉奖。

【大气环境质量】 2021年，全州8个县市城区空气质量平均优良率为97.7%，较2020年同期（97.6%）上升0.1个百分点，可吸入颗粒物（PM_{10}）浓度均值为38微克/立方米，较2020年同期（34微克/立方米）上升11.8%，细颗粒物（$PM_{2.5}$）浓度均值为22微克/立方米，与2020年同期（22微克/立方米）持平，臭氧（O_3）日最大8小时第90百分位平均浓度为98微克/立方米，较2020年同期（102微克/立方米）下降3.9%。州城恩施PM_{10}浓度均值为48微克/立方米，较2020年同期（44微克/立方米）上升9.1%。恩施市、利川市、建始县、巴东县、宣恩县、咸丰县、来凤县、鹤峰县优良天数分别为350天、361天、342天、356天、351天、360天、342天、364天。优良天数达标率分别为95.9%、100%、96.3%、98.9%、96.2%、100%、94.7%、99.7%，与2020年相比，利川市、巴东县、咸丰县分别上升0.6%、0.8%、1.1%，恩施市、宣恩县、来凤县分别下降0.5%、0.5%、0.8%，建始县、鹤峰县持平。可吸入颗粒物（PM_{10}）年均值依次分别为48微克/立方米、30微克/立方米、38微克/立方米、38微克/立方米、35微克/立方米、34微克/立方米、44微克/立方米、35微克/立方米，与2020年相比，恩施市、利川市、宣恩县、咸丰县、来凤县、鹤峰县分别上升9.1%、15.4%、34.6%、6.2%、12.8%、25%，建始县、巴东县依次分别下降2.6%、5%。细颗粒物（$PM_{2.5}$）年均值分别为24微克/立方米、17微克/立方米、25微克/立方米、19微克/立方米、26微克/立方米、19微克/立方米、29微克/立方米、21微克/立方米，与2020年相比，宣恩县、来凤县、鹤峰县分别上升13%、3.6%、10.5%，恩施市、巴东县、咸丰县分别下降4%、9.5%、9.5%，利川市、建始县持平。按照城市环境空气质量综合指数评价，空气质量监测结果相对较好，空气质量监测结果相对较好至相对较差的县市城区依次是利川市、鹤峰县、咸丰县、宣恩县、巴东县、建始县、恩施市、来凤县。

【水环境质量】 2021年，全州12个县级及以上城市集中式饮用水水源地水质达标率均为100%。18个国控、7个省控地表水断面水质优良率均为100%。国控断面中，神龙溪为Ⅰ类，黄蜡石等17个断面全部为Ⅱ类，省控断面中，清江七要口、广润河弓箭岩断面水质为Ⅲ类，长沙河等5个断面为Ⅱ类。17个跨境断面水质达标率为100%。全州地表水国家考核断面水质居全国地级及以上城市第20位，全省唯一。

【声环境质量】 2021年，全州8个县市区域环境噪声昼间平均等效声级范围为48.3—56.8分贝，平均值为52.9分贝，昼间区域环境噪声质量“较好”，与2020年相比降低0.9分贝，区域环境噪声质量保持稳定。与2020年相比，8个县市中昼间区域环境噪声质量等级变好的县市有恩施市、宣恩县、来凤县，昼间区域环境噪声质量等级变差的县市有鹤峰县，其他县市昼间区域环境噪声质量等级保持稳定。经对全州8个县市各类功能区监测点位达标率进行分析，居住区（1类区）昼间达标率为80.0%，夜间达标率为76.4%。混合区（2类区）昼间达标率为96.3%，夜间达标率为93.9%。工业区（3类区）昼间达标率为94.7%，夜间达标率为100%。交通干线两侧区域（4a类区）昼间达标率为95.3%，夜间达标率为76.7%。铁路干线两侧区域（4b类区）昼间达标率为100%，夜间达标率为100%。全州8个县市道路交通噪声昼间平均等效声级范围为59.0—73.7分贝，平均值为66.2分贝，道路交通噪声强度“好”，与2020年相比降低0.5分贝，基本保持稳定。

【酸雨】 2021年，对恩施市、利川市和咸丰县进行降水监测，3个县市采集降水样品数241个，酸雨检出率为零。

【总量减排】 2021年，严格落实减排任务目标责任制，推进工程减排、管理减排和结构减排，完成氮氧化物、挥发性有机物、化学需氧量、氨氮分别减排160吨、70吨、840吨、30吨的省定目标任务。

【蓝天保卫战】 2021年，实施燃煤及燃煤锅炉专项整治，完成燃煤锅炉治理600余台。推进包装印刷、汽车维修等行业挥发性有机物综合治理，开展突出问题整治“回头看”，提升治理成效。加强机动车排放检验机构监管，实施机动车排气污染监管平台联网项目，实现各县市对辖区内机动车排放检验机构检验过程的全过程监管。会同州市场监管局开展“双随机、一公开”执法检查，就检查发现的问题责令整改落实。加强机动车污染防治，累计公示6批次、101台超标排放机动车，督促车主进行维修治理。21家机动车排放检验机构、26家汽车性能维修（维护站）实现检验—维修—复检闭环管理。加快推进非道路移动机械摸底调查和编码登记，累计编码登记7855台。减污降碳协同增效取得成效，全州碳排放强度持续下降，5家水泥企业完成碳履约，恩施市白杨坪镇洞下槽村成功入选湖北省2021年省级近零碳排放区示范工程试点名单。持续改善声环境质量，加大治理力度，州政府办公室印发《恩施州声环境质量提升行动实施方案》，部署开展全州声环境质量提升行动，8个县市城区完成声环境功能区优化调整。

【碧水保卫战】 2021年，781个长江入河排污口完成监测393个、溯源781个、整治208个。划定完成149个“百吨千人”集中式饮用水水源地保护区、232个农村分散式饮用水水源地保护范围。开展“千吨万人”乡镇集中式饮用水水源地排查整治行动，排查整改环境问题62个。全州161家医疗机构均建成规范化污水处理设施。制定出台恩施州水环境质量测管联动方案，完善监测预警和联合会商机制，下发预警13次，开展水质不达标断面督办。加强跨区域联防联控，州生态环境局来凤县分局与湖南省湘西州龙山县生态环境分局就民安街道断面水质改善信息共享、联保共治初步形成工作机制。

【净土保卫战】 2021年，建立恩施州第一批污染地块名录，2个地块纳入名录管理。省、州20家土壤污染重点监管单位全部完成隐患排查及整改。持续开展农用地涉镉排查整治，推进农用地土壤镉等重金属污染源头防治行动，完成在产及关停涉镉等重金属排放企业排查。全州受污染耕地和重点建设用地安全利用率达到省定目标。推进地下水环境管理，全州地下水型饮用水水源水质均达到目标要求，地下水国控点位水质保持稳定。

【固体废物管理】 2021年，加强危险废物日常监管，督促产废单位、经营企业做好危险废物申报登记，全州在省物联网系统共申报登记危险废物产生、经营、运输单位1363家，申报家数居全省第二。完成管理计划备案1585家，完成率99.21%。全面执行危险废物转移电子联单管理制度，1495家企业填领联单，实现转移电子联单72558单。联合相关部门开展废矿物油、废铅蓄电池污染防治，汽车拆解行业危险废物规范管理、实验室危险废物环境管理等专项行动，开展危险废物规范化环境评估考核，定期对全州危险废物经营单位、重点产废单位进行全覆盖检查。开展涉危企业安全隐患大排查行动，严厉打击危险废物环境违法行为。加强医疗废物环境监管，按日调度医疗废物处置情况，全州全年安全处置医疗废物3337吨，处置率100%。加快推进医疗废物补短板工程建设项目建设，恩施市、建始县、鹤峰县3个医废项目均达到序时进度要求。

【农村环境污染防治】 2021年，出台《恩施州农村生活污水处理设施运行维护管理办法（试行）》，8个县市全部完成农村生活污水治理专项规划编制工作，全州完成138个村的农村生活污水治理、75个村的农村环境整治、24座农村生活污水处理老旧设施的改造升级。

【生态文明建设示范创建】 2021年，全面完成生态省建设年度工作任务，连续7年在生态省建设考核中获“优秀”等次。建设“绿水青山就是金山银山”实践创新基地，印发《恩施州“绿水青山就是金山银山”实践创新基地建设实施方案（2021—2023年）》《恩施州“两山”实践创新基地建设2021年度工作计划》，对“两山”创建重点任务进行安排。恩施州被授牌命名为第五批“绿水青山就是金山银山”实践创新基地，宣恩县被授牌命名为第五批国家生态文明建设示范区。全州7个乡镇、40个村获得省级生态乡镇、村命名，利川市南坪乡政府获得湖北省环保政府奖。截至年底，全州建成国家级生态文明建设示范区6个，省级生态文明建设示范区8个，累计建成省级及以上生态乡镇86个，省级及以上生态村757个，创建数量位居全省前列。

【“绿盾”行动】 2021年，开展“绿盾”专项行动，以全州6个国家级及省级自然保护区、“八类聚焦问题”为重点，对照国家遥感监测线索清单、前期“绿盾”专项行动问题清单，进行重点核查，督促涉自然保护区水电站严格按序时要求整改。加强自然保护地日常监管，联合州林业局下发《关于联合开展自然保护地监督检查工作的通知》，组织县市对国家下发州自然保护区的142处人类活动变化遥感监测线索点位进行实地核实，未发现突出问题。

【突出环境问题整改】 截至2021年年底，第一轮中央生态环境保护督察涉及恩施州35项整改任务全部完成整改。第一轮中央生态环境保护督察“回头看”及长江保护与湖泊开发专项督察涉及恩施州19项，完成整改16项，其余3项序时推进。省生态环境保护督察涉及恩施州59项整改意见，全部完成整改。省生态环境保护督察“回头看”涉及恩施州28项整改意见，完成整改19项。第一轮中央生态环境保护督察及“回头看”、省生态环境保护督察及“回头看”交办的597件信访件，完成整改595件，尚有2件信访件在整改中。第二轮中央生态环境保护督察交办恩施州的102件信访件，办结49件，53件在整改中。反馈意见涉及恩施州整改任务18项，州政府常务会审议通过《恩施州贯彻落实第二轮中央生态环境保护督察报告整改方案》，将按程序提请州委常委会会议审议后印发实施。

【环境监管执法】 2021年，在全省率先出台《恩施州生态环境保护综合执法工作规程（试行）》。全年全州生态环境部门出动执法人员5781人次，检查企业1761家次，制作执法笔录3200份，立案61件，作出行政处罚决定42件，处罚金额448万元，实施不予处罚8件，运用四个配套办法实施查封、扣押案件1件，移送拘留1件。

【环境安全管理】 2021年，印发《恩施州“三线一单”生态环境分区管控实施方案》，建立全域覆盖、分类管理的生态环境分区管控体系。修订《恩施州突发环境事件应急预案》，提高突发环境事件应对能力。加强突发水污染事件区域联防联控，与相邻5个市州建立跨流域上下游突发水污染事件联防联控机制。常态化开展全州生态环境领域矛盾风险隐患排查化解，加快推进群众信访投诉办理，有效解决突出生态环境问题，从源头防范环境风险隐患，全州生态环境部门全年排查检查点位1992家次，发现整改矛盾风险隐患232个，受理办理各类环境信访投诉927件。

【环境监测】 2021年，开展全州环境质量监测，定期在州生态环境局政务网站、“两微一端”平台、《恩施日报》等媒介上发布环境质量月报。加强环境监测质量管理，会同州市场监督管理局、州生态环境监测中心对全州8个县市环境监测站、5家社会环境检测机构和10家机动车排放检验机构开展“双随机、一公开”监督检查，督促责任单位按要求推进问题整改。推进3座省控空气自动站建设，完成2座国控及3座省控空气自动站仪器设备更换，建成非甲烷总烃自动监测站点1座。全州69家重点排污企业，全部完成自行监测信息填报及数据联网发布，完成率90.31%、联网率100%。453家排污许可企业，378家完成自行监测信息填报及数据联网，联网率达83.4%。

【核与辐射管理】 2021年，开展核与辐射安全监督检查和隐患排查治理，对核技术利用单位进行监督检查，组织核技术利用单位开展自查。提升核技术利用单位从业人员素质，全州100人通过省辐射安全与防护考核，全年组织488人次参加单位自行培训与考核。依法依规办理辐射行政许可，审核批复辐射类建设项目，办理辐射安全许可变更、重新申领、新申领与延续。开展“4·15”全民国家安全教育日核安全宣传活动，联合通信部门及相关核技术利用单位，制作宣传展板400余块、标语200余条，发放各类宣传资料5万余份、环保购物袋1000余个。结合线上宣传，普及核与辐射知识。

【优化营商环境】 2021年，持续深化“放管服”改革。开展政务服务“清减降放”行动，州生态环境局23个依申请及公共服务事项，共减流程66个、减少率50%，减材料38项、减少率52.7%。全面落实环评审批正面清单，对313个项目实行环评豁免或告知承诺审批。常态化开展“送法入企”普法宣传服务活动，主动帮扶企业，指导企业依法依规排污。制定出台生态环境监督执法正面清单，将31家企业或项目列入执法正面清单管理企业，做到“无事不扰”“有呼必应”。坚持领导联系服务重大项目制度，对生活垃圾焚烧发电、姚家平水利枢纽工程、恩施机场搬迁、建南气矿、高速公路等项目环评进行跟踪服务。出台恩施州生态环境专项资金项目管理细则，督导县市提高资金绩效，推进项目落地。建好做优州级项目库，州级项目储备库已入库项目69个，总投资45.45亿元。

【生态文明体制改革】 2021年，围绕完善生态环境治理体系，不断健全完善生态环境监管体系、法治体系、保障体系和社会行动体系。落实《恩施州委和州政府机关有关部门生态环境保护责任清单》《恩施州生态环境领域提高“统”的能力，形成“严”的氛围八条措施》，厘清部门生态环境保护职责，压实工作责任。生态环境损害赔偿制度、生态环境行政执法与刑事司法衔接机制、生态产品价值实现机制试点、绿色金融、绿色信贷等改革取得成效，出台金融支持乡村振兴和长江大保护等系列意见，全州绿色贷款余额达到120亿元，恩施市龙凤镇青堡村、建始县花坪镇村坊村入选全省首批生态产品价值实现生态补偿试点。累计9起生态损害赔偿案件成功审结，达成损害赔偿金30.68万元。

【生态环境保护宣传】 2021年，利用主流媒体、全媒体多样化传播形式，加强社会宣传引导。开展“十三五”巡礼生态环境工作成果、绿满荆楚（恩施篇）及“两山”实践探索系列宣传，州生态环境局“两微平台”推送工作信息900余条。加强与媒体的深度合作，在《恩施日报》设立生态环保专栏、恩施广播电视台投放公益广告和生态环境执法案例方言微广播剧，在云上恩施、电视台抖音号以及视频号播出恩施生态环境保护宣传短片，在州政府门户网站开设“县市长谈生态环保”专题。全年在《恩施日报》、州广播电视台等州重要媒体刊发涉生态环境保护稿件302条，《人民日报》、中央电视台、新华社、《湖北日报》、湖北电视台等中央、省主流媒体刊发涉及州生态环境保护内容稿件590篇。组织“6·5”世界环境日系列宣传活动，联合州环保世纪行组委会17个成员单位开展广场主题宣传。围绕“5·22”国际生物多样性日联合州林业局、七姊妹山国家级自然保护区管理局开展专题宣传培训活动。组织开展“关爱清江·你我同行”志愿者服务和环保设施公众开放活动，邀请市民参观环保设施，倡导绿色低碳生活方式。

2021年6月5日，州生态环境局巴东分局在巴东县开展以“人与自然和谐共生，促进绿色低碳发展”为主题的世界环境日宣传活动 （州生态环境局 供稿）

【重要会议】 2021年5月7日，恩施州召开全州生态环保督察反馈问题整改暨“两山”实践创新基地创建工作推进会。5月21日，召开全州生态环境问题大起底大排查大整治行动督导工作会议。7月27日，召开州生态环境保护委员会2021年第一次全体会议，部署当前及今后一个时期全州生态环境保护重点工作任务，对打好污染防治攻坚战、推进中央和省环保督察反馈问题整改等工作进行再动员、再部署。8月23日，恩施州召开迎接第二轮第四批中央生态环境保护督察工作动员部署会议。8月31日，恩施州召开电视电话会议，传达学习中央第三生态环境保护督察组督察湖北省工作动员会精神，就全力做好督察期间的配合工作作部署。

【上级重要调研活动】 2021年9月14—15日，中央第三生态环境保护督察组到恩施州相关县市调研。11月2—4日，生态环境部华南督察局党组书记、局长岳建华率队到恩施州调研矿山生态环境治理等生态环境保护工作。

（曾 伟）

州生态环境监测中心

【概况】 2021年，州生态环境监测中心分析上报地表水、饮用水、环境空气、声环境等环境质量监测数据17342个，编制环境质量监测报告50份，配合州生态环境局组织编写完成《2016—2020年生态环境质量报告书》，完成10个省级环境空气自动监测站57.3万个日常数据审核和8个国家级、9个长江经济带水质环境自动监测站97.4万个日常数据的审核，行使生态环境质量监测、调查评价和考核职能，为恩施州生态环境保护提供数据支撑。

【质量管理】 2021年，州中心认真抓好监测全过程质量管理工作，严防监测数据弄虚作假。开展内审和管理评审，定期评价质量体系文件的适宜性、充分性、有效性。参加国家总站组织的4轮国家实验室能力考核，考核结果均为“满意”，首次被国家总站评为2021年能力考核优秀单位。通过湖北省生态环境监测质量考核。组织内部质控盲样考核40余次，考核结果均合格。参加省生态环境监测中心站组织的实验室技能演练比武活动。完成实验室110台仪器设备的校准检定工作。完成石油类（红外法）、pH的方法变更以及石油类（紫外法）的扩项工作。配合省、州生态环境部门和省、州市场监督局开展“双随机、一公开”监督检查工作。指导各县市环境监测站按照上岗证考核的新要求进行上岗证自认定考核和申报，并对恩施市、咸丰县、宣恩县环境监测站进行上岗证理论和现场考核工作。

【能力建设】 2021年，投入资金95万元对州中心一、二楼办公室进行装修改造。投入资金63万元，对三楼实验室进行升级改造，补充便携式多参数监测仪等仪器设备。首次争取到2项湖北省地方标准制定资格。编制完成《恩施州生态环境监测中心土壤环境质量监测能力建设方案》，逐步建立土壤环境监测相关制度，健全土壤环境监测体系。组织中心技术人员201人次参加国家总站、省厅和省中心站等单位组织的27次培训。州中心与恩施市芭蕉民族初级中学联合建立生态环保主题校园成为宣传环保的样板，人民网、“学习强国”等多家媒体报道。

【水环境质量监测】 2021年，完成“十四五”时期国控断面采测分离的分析任务，全年接收约2000个样品，完成分析上报3500个监测数据。完成大龙潭饮用水断面61项和饮用水109项全项目分析常规监测任务，分析上报约400个监测数据。完成恩施州16个县域地表水断面环境质量监测任务，分析上报约5000个监测数据，编制监测报告12份。完成恩施州9个水功能区监测断面的监测任务，分析上报约650个监测数据，编制监测报告12份。开展2个三峡库区水华预警断面现场巡查工作，全年开展12次水华预警现场巡查，完成12份水华预警监测报告编制，审核汇总780个监测数据。

【声环境质量监测】 2021年，组织完成恩施州6个县市“十四五”时期城市声环境监测点位优化调整，报省生态环境厅获批复。按时完成恩施市城区7个功能区24小时噪声监测工作，115个区域声环境质量监测点位以及22个城市道路交通监测点位的监测工作。全年完成4704个功能区噪声监测数据、198个道路交通噪声监测数据及805个区域声环境质量监测数据。

【其他监测】 2021年，完成11份酸雨监测报告编制，分析完成1466个监测数据。完成4份降尘监测报告编制，分析完成54个监测数据。完成三峡库区7个断面的生物试点采样工作，采集42份底栖生物、浮游植物样品。完成生态遥感现场核查，全年完成30个典型地物点位的准确性核查，20个地类边界点位的准确性核查，10个地物动态变化点位的核查，以及1个生态灾害点位核查。配合州生态环境局对鹤峰县蔡坡、桃山和朝阳煤矿的废水、利川正源环保有限公司的废水、来凤县百福司镇茅眼洞水污染以及来凤县老虎洞地表水进行监测分析。受利川市、咸丰县监测站委托，对利川市、咸丰县降水中的金属阳离子进行监测分析，分析上报120个监测数据。协助恩施市分局开展环境空气挥发性有机物（VOC）日常监测工作，协助鹤峰县科经局对鹤峰县蔡坡煤矿矿井废水治理技术方案进行技术指导工作。

【荣誉】 2021年11月1日，州生态环境监测中心陈英、罗薇、赵静、王婧青、周传奇、黄光鑫被生态环境部授予“生态环境监测‘技术骨干’”称号。12月28日，州生态环境监测中心被中国环境监测总站授予“2021年能力考核优秀单位”称号。

（黄光鑫）

科学技术

Science and Technology

综　述

【概况】　2021年，州科技局围绕全州“立足大生态、构建大交通、发展大旅游、打造大产业”发展思路，彰显“土、硒、茶、凉、绿”特色优势,实施创新驱动发展战略,全州高新技术企业数增幅居全省第一、科技型中小企业入库数增幅居全省第一、研究与试验发展（R&D）经费增幅居全省第一、技术合同交易额完成率居全省第一，科技创新综合考核上升到全省第12名。

2021年6月，湖北鹤峰阳光农业发展有限责任公司魔芋精粉车间

（鹤峰县科经局　供稿）

【科技主体培育】　2021年，加大高新技术企业培育认定力度，制定出台《州领导联系服务科技型中小企业和高新技术后备企业专项活动实施方案》，实行州委、州人大、州政府、州政协领导联系科技企业制度。制定出台《恩施州优化高新技术企业认定服务工作措施》《恩施州科技局2021年高新技术企业申报认定工作方案》。组织开展高新技术企业摸底统计，建立动态培育库。组织召开高新技术企业认定工作动员培训会，邀请省科技厅领导到现场授课，参会人员200余人。编制印发《2021高新技术企业认定政策》，全年全州申报54家高新技术企业，有效期内高新技术企业总数达到93家。全年高新技术产业增加值为39.6亿元，高新技术产业增加值占地区生产总值比重为3.04%，超额完成年度所定考核目标（2.68%）。组织动员各县市、恩施高新区企业参与入库评价，入库科技型中小企业265家，同比增长138.7%，增幅

2021年恩施州高新技术企业一览表

表11

序号	区域	企业名称	证书颁发年份
1	恩施市（含高新区）（40家）	硒多宝饮品集团股份有限公司	2019年
2		湖北圣峰药业有限公司	2019年
3		恩施景泰节能建材有限公司	2019年
4		恩施市齐进节能建材工程有限公司	2020年
5		恩施和诺生物工程有限责任公司	2020年
6		恩施州源惠科技开发有限公司	2020年
7		恩施州师达电子信息科技有限公司	2020年
8		恩施市长源轴承制造有限公司	2020年
9		恩施硒圣植物科技有限公司	2020年
10		恩施市锦华生物工程有限责任公司	2021年
11		华阳（恩施）药业有限公司	2021年
12		恩施州硒壤农业开发有限公司	2021年
13		湖北米迪智能家具有限公司	2021年
14		湖北英硒生物科技发展有限公司	2021年
15		达翔技术（恩施）有限公司	2021年
16		恩施杰锐电力工程有限公司	2019年
17		迎新信息技术（湖北）股份有限公司	2019年
18		湖北仙芝堂生物科技有限公司	2019年
19		恩施州联信科技发展有限公司	2020年
20		恩施亲稀源硒茶产业发展有限公司	2020年
21		恩施徕福硒业有限公司	2020年
22		恩施德源健康科技发展有限公司	2020年

续表 11

序号	区域	企业名称	证书颁发年份
23	恩施市（含高新区）（40家）	恩施清江生物工程有限公司	2020年
24		湖北英孚电力有限公司	2020年
25		恩施市恩宁工程设备有限责任公司	2020年
26		湖北同广和新材料有限公司	2020年
27		湖北钜鑫工贸有限公司	2020年
28		恩施九州通中药发展有限公司	2020年
29		恩施聪慧软件有限公司	2021年
30		湖北创偲诺电器科技股份有限公司	2021年
31		湖北思慧生物科技有限公司	2021年
32		湖北华工地热科技有限公司	2021年
33		恩施市致纯电子材料有限公司	2021年
34		湖北云上视界信息科技有限公司	2021年
35		恩施圣希源生物科技有限公司	2021年
36		湖北一红一绿茶业科技集团有限公司	2021年
37		恩施硒多多生物科技开发有限公司	2021年
38		湖北天工建筑勘察设计有限公司	2021年
39		恩施硕品现代农业科技有限责任公司	2021年
40		恩施市楚丰现代农业有限公司	2021年
41	利川市（11家）	利川市二毛炉子有限责任公司	2019年
42		湖北佳狮盾智能技术有限公司	2019年
43		利川市远志中药材有限责任公司	2019年
44		湖北香连药业有限责任公司	2020年
45		恩施诚实通中药材产业发展有限公司	2020年
46		湖北旭舟林农科技有限公司	2020年
47		利川市五洲牧业有限责任公司	2021年
48		利川市常大产业技术研究院有限公司	2021年
49		恩施州涌泉科技有限责任公司	2021年
50		湖北省量芯科技发展有限公司	2021年
51		利川市旺发炉具有限公司	2021年
52	建始县（8家）	恩施天天佳生物科技有限公司	2020年
53		湖北圆通生物工程有限公司	2020年
54		智泰科技(湖北)有限公司	2020年
55		建始食达好农产品工贸有限公司	2021年
56		恩施州国硒冷水渔业开发有限公司	2021年
57		建始县泰丰水泥有限责任公司	2021年
58		恩施建诚防护用品有限责任公司	2021年
59		恩施晓姚农夫食品开发有限公司	2021年
60	巴东县（4家）	恩施硒海棠生物科技有限公司	2019年
61		湖北金果茶业股份有限公司	2019年
62		时珍堂巴东药业有限公司	2020年
63		巴东华溢建材有限公司	2021年
64	宣恩县（9家）	湖北一正药业有限公司	2019年
65		湖北博今电气有限公司	2020年
66		恩施神力生物科技有限公司	2021年
67		恩施州亚麦食品有限责任公司	2021年
68		宣恩昌园建材有限公司	2021年
69		湖北兴龙工具有限公司	2021年
70		湖北巴楚风印务有限公司	2021年
71		宣恩县伍台昌臣茶业有限公司	2021年
72		湖北启源科技有限公司	2021年

续表 11

序号	区域	企业名称	证书颁发年份
73	咸丰县（10家）	湖北新农佳科技有限公司	2020年
74		唐崖白叶茶科技(湖北)有限公司	2020年
75		咸丰县堰塘食品有限责任公司	2020年
76		奇泉茶业(咸丰)有限责任公司	2021年
77		咸丰中侨精密铸造科技有限公司	2021年
78		湖北省全满意茶业有限责任公司	2021年
79		咸丰县瀑泉茶业有限公司	2021年
80		咸丰县家家健茶业有限公司	2021年
81		湖北水寨茶业股份有限公司	2021年
82		硒源山茶业(湖北)有限公司	2021年
83	来凤县（5家）	湖北来凤腾升香料化工有限公司	2019年
84		湖北恒贸茶油有限公司	2019年
85		湖北凤头食品有限公司	2019年
86		来凤县金凤建材工业有限责任公司	2020年
87		来凤县雷沃德矿业有限公司	2021年
88	鹤峰县（6家）	湖北鹤峰阳光农业发展有限责任公司	2019年
89		湖北省八峰药化股份有限公司	2021年
90		湖北东狮茶业有限公司	2021年
91		湖北省鹤峰鑫农茶业有限公司	2021年
92		鹤峰县巨融林业有限公司	2021年
93		湖北省青翠源茶业有限公司	2021年

居全省第一，总量排全省第11位。

【科技项目】 2021年，争取各类项目46个，资金1690.5万元。其中国家级项目20个，资金908.5万元，省级项目25个，资金732万元，武汉市项目1个，资金50万元。全年州本级安排科技计划项目44个，支持资金1175万元。其中继续支持实施科技合作项目2个，即与中科院上海营养与健康研究所、北京中医医院合作项目，分别支持资金200万元、100万元。落实州政府与华中农业大学合作协议要求，支持项目3个，资金总额100万元。常规性技术支撑类项目39个，资金总额775万元。加强项目管理，全年验收项目29个，其中合格18个，良好11个。

【科技活动周】 2021年5月22日，以“百年回望，中国共产党领导科技发展”为主题的恩施州2021年科技活动周启动，5月22—28日，开展科学普及和科技成果展示活动，发放科普宣传资料500余册，展示科技成果及科技产品60多项，免费发放感冒药、心脑血管类、妇科类等各类药品100余盒。其间，各地各部门组织开展科普知识竞赛、科技成果展览、健康生活宣教、青少年科技创新等系列科普活动50余场，参与人数3万余人。

【硒产业发展地区圆桌会议】 2021年9月26日，由州科技局负责经办的“硒区圆桌会议——全国功能农业暨硒产业发展高峰论坛”举行，来自全国11个省、市、区的16个硒产业发展地区代表，全国知名硒科研权威专家，恩施州直有关单位及县市政府主要负责人参加论坛。中国科学院南京土壤研究所研究员、博士生导师赵其国视频致辞，州委常委、副州长王磊到会致辞。武汉轻工大学党委副书记、教授程水源就硒的重要性及硒科研

2021年5月，恩施州科技活动周活动期间科普志愿服务进校园

（州科技局 供稿）

重点等作交流；国际硒研究学会副主席尹雪斌就国家硒资源变硒产业的重点、难点和发展路径作报告；国家食物与营养咨询委员会副秘书长孙君茂、农业农村部农产品加工业专家委员会专家委员韩志辉，分别推介营养导向型农业发展技术路径与进展、功能农业品牌化之路；硒产业发展地区代表作交流发言，“施瓦茨奖”获得者王治伦就当前硒产业迫切需要解决的问题提出建议。

【荣誉】 2021 年，州科技局被科技部评定为湖北省高新技术企业认定管理突出贡献集体，被全国科技活动周组委会办公室评为 2021 年度全国科技活动周及重大示范活动优秀单位，被中国创新创业大赛（湖北赛区）组委会评为第十届中国创新创业大赛（湖北赛区）优秀组织单位；被省科技厅评为 2021 年湖北省技术合同管理工作先进单位、2021 年度全省科技系统宣传工作先进单位、2021 年度湖北省高新技术企业认定管理工作突出贡献集体。驻点小青垭村被评为 2021 年湖北省“村级集体经济发展进步村”。

科技创新

【概况】 2021 年，全州科技系统继续实施创新驱动发展战略，全年全州有效期内高新技术企业总数达到 93 家，高新技术产业增加值为 39.6 亿元。全年入库科技型中小企业 265 家。新增科技创新创业平台 34 家。争取上级科技项目资金 1690.5 万元。全州登记技术合同 592 项，成交额 12.5 亿元。争取和选派国家“三区”（边远贫困地区、边疆民族地区、革命老区）科技人才、科技特派员等各类科技人才 660 名。

【科技金融】 2021 年，州科技局加强与州地方金融局的联系衔接，协助出台《科技创新金融服务体系建设改革方案》，明确州科技局具体责任任务。与州人社局、团州委联系，推送科技创新市场主体融资需求。建

2021 年 9 月 26 日，“硒区圆桌会议——全国功能农业暨硒产业发展高峰论坛”在恩施州举行
（刘丰宇 摄）

立科技型中小企业、高新企业目录清单、融资需求清单及科技项目清单，纳入“企业金融服务方舱”，推送至银行机构。与州农发行签署战略合作协议。截至 12 月 31 日，对科技企业贷款余额 10.69 亿元，比年初增加 2634 万元，增幅 2.53%。

【科技创新服务乡村振兴】 2021 年，争取省级科技计划农业领域项目 7 个、450 万元。安排州级科技计划农业领域项目 25 个、535 万元。全年组织开展乡村振兴科技创新示范基地绩效评价，其中湖北建始富硒蔬菜加工乡村振兴科技创新示范基地为优秀等次，获绩效补助资金 60 万元。湖北恩施富硒食品加工乡村振兴科技创新示范基地、湖北来凤油料加工乡村振兴科技创新示范基地为良好等次，获绩效补助资金各 50 万元。新申报乡村振兴科技创新示范基地 9 家。

（曹优优）

科技平台

【概况】 2021 年，实施科技企业创业培育工程，坚持将科技创新平台培育作为科技创新工作重点，加强产业技术研究院、企校联合创新中心、科技企业孵化器、众创空间、星创天地等平台建设，组织申报和推荐国家、省级科技企业孵化器、众创空间。全年申报推荐国家级众创空间 2 家，新增省级星创天地 2 家，州级星创天地 8 家，新增湖北省技术转移示范机构 2 家，成功申报湖北省成果转化中试研究基地 2 家，新增企校联合创新中心 26 家。全州科技企业孵化器（众创空间）达到 11 家，其中国家科技企业孵化器 2 家，省级科技企业孵化器 2 家，国家级众创空间 2 家、省级众创空间 5 家。全州州级企校联合创新中心达到 46 家，省级企校联合创新中心 6 家。

【星创天地】 2021 年，恩施州获备案国家级星创天地 6 家、省级星创天地 6 家、州级星创天地 12 家，实现星创天地县市全覆盖。组织开展恩施州“星创天地”遴选工作，经企业申报、县市推荐、形式审查、集中评审、实地核查、会议研究审定等程序，对“东方乡稀星创天地”等 8 个州级星创天地进行备案。在 2021 年度省级星创天地绩效考核中，勤隆中药材星创天地、武陵良繁星创天地等 4 家星创天地考核结果为优秀。

【新增湖北省技术转移示范机构 2 个】 2021 年，全州新增湖北省技术转移示范机构 2 个，分别为恩施远弈科技企业孵化器有限公司、恩施安贝森商务服务有限公司。恩施

远奕科技企业孵化器有限公司以“创新技术转移模式，服务区域经济发展”为工作目标，通过“强化转移中心职能、强化科技项目孵化、强化创新平台建设、强化校企有机联合”创新转移模式，依托高新区及孵化器资源优势，推动企业技术创新，促进科技成果转化及技术转移，2021年被认定为省技术转移机构。恩施安贝森科技服务股份有限公司（恩施安贝森商务服务有限公司更名）服务高校院所、企业近60家，促进技术交易超1000万元，2021年被认定为省技术转移机构，获得科技成果转化基层站点授牌。

（曹优优）

科技成果

【概况】 2021年，全州推进科技创新体制机制改革，构建以企业为主体、市场为导向、产学研相结合的技术创新体系，促进科技成果转移转化。全年州科技局科技成果登记77项，同比增长55%，实现成果转化36项，同比增长2.27%。建成恩施技术交易市场，完成资源站点和基层站点布局，“科惠恩施”网络服务系统进入试运行。恩施州5个项目获得湖北科学技术奖。

【技术合同认定登记】 2021年，全州登记技术合同592项，成交额12.5亿元，同比增长68.12%，技术

2021年恩施州科技局科技成果登记一览表

表12

序号	成果名称	申报单位	登记点	登记号
1	富硒藤茶植物原饮产品开发	硒多宝饮品集团股份有限公司	州科技局	EK2021D240001000027
2	二氢杨梅素生产工艺研究	秘藤药业（恩施）有限公司	州科技局	EK2021D240002000028
3	楠木适生区域相容性生长模型分析软件【简称：楠木相容性生长模型】V1.0	州林业科学研究所	州科技局	EK2021E240004000077
4	高抗广适高产高繁殖力魔芋新品种选育与示范	州农科院	州科技局	EK2021D240007000179
5	恩施玉露和利川红提质增效技术研究	州农科院	州科技局	EK2021D240008000180
6	一种基于大数据的人工智能博物馆安防管理系统	湖北佳狮盾智能技术有限公司	州科技局	EK2021F240003000073
7	一种带红外和氧气监测的文物古建筑自动气体灭火系统	湖北佳狮盾智能技术有限公司	州科技局	EK2021F240005000079
8	珍贵树种楠木基于生理生态效应的培育经营关键技术研究	州林业科学研究所	州科技局	EK2021D240009000235
9	一种柴火灶燃烧室	湖北新农佳科技有限公司	州科技局	EK2021F240006000147
10	珍贵用材楠木高效培育技术推广示范	州林业科学研究所	州科技局	EK2021A010109000188
11	柴灶的点火装置	湖北新农佳科技有限公司	州科技局	EK2021E240010000236
12	眼遗传病的基础研究和临床应用	州中心医院	州科技局	EK2021A010138000363
13	玉米新品种“恩玉1521”的选育	州农科院	州科技局	EK2021D140001000001
14	玉米新品种“恩玉1515”的选育	州农科院	州科技局	EK2021D140003000003
15	玉米新品种“恩试865”的选育	州农科院	州科技局	EK2021D140002000002
16	马铃薯细菌性土传病害绿色防控技术研究与应用	州农科院	州科技局	EK2021B140004000934
17	恩2A	州农科院	州科技局	EK2021D140006001195
18	恩两优66	州农科院	州科技局	EK2021D140005001194
19	恩1S	州农科院	州科技局	EK2021D140007001196
20	一种治疗类风湿关节炎的药物组合物及其制备方法	湖北民族大学	州科技局	EK2021F140008001203
21	黄精大田富硒栽培技术研究与示范	恩施大地生物科技研究所	州科技局	EK2021B140009001336
22	一种硒蛋白多糖营养复合粉及其制备方法	恩施圣希源生物科技有限公司	州科技局	EK2021F140010001449
23	车位状态信息采集装置及系统	湖北民族大学	州科技局	EK2021F140011001496
24	厚朴多糖及其制备和用途	湖北民族大学	州科技局	EK2021F140012001497
25	一种用于山药零余子播种育苗的山药支架网	湖北民族大学	州科技局	EK2021F140017001503
26	一种山桐子矮化树形整形修剪方法	湖北民族大学	州科技局	EK2021F140013001499

续表 12

序 号	成果名称	申报单位	登记点	登记号
27	一种山桐子雌性苗潜伏芽萌发枝扦插繁殖方法	湖北民族大学	州科技局	EK2021F140016001502
28	一种山桐子稻田穴盘水培方法	湖北民族大学	州科技局	EK2021F140015001501
29	一种山桐子幼苗套筒嫁接方法	湖北民族大学	州科技局	EK2021F140014001500
30	基于咸丰重质碳酸钙干法改性的高透过率聚乙烯的制备及其应用研究	湖北民族大学	州科技局	EK2021B140018001514
31	一种山桐子的嫁接方法	湖北旭舟林农科技有限公司	州科技局	EK2021F140019001519
32	一种山桐子烘干装置	湖北旭舟林农科技有限公司	州科技局	EK2021F140021001521
33	一种山桐子种子的保存方法	湖北旭舟林农科技有限公司	州科技局	EK2021F140020001520
34	高强度片状 a-半水石膏的制备方法	湖北民族大学	州科技局	EK2021F140022001524
35	多孔中空α-半水石膏微球自组装体及其制备方法	湖北民族大学	州科技局	EK2021F140023001525
36	基于 ESIPT 机理的红光/近红外光荧光染料的设计、合成及应用	湖北民族大学	州科技局	EK2021B140025001536
37	一种立木自动环剥装置	湖北民族大学	州科技局	EK2021F140024001535
38	一种变压器散热降温装置	湖北民族大学	州科技局	EK2021G140027001539
39	一种便于接线的电气检测装置	湖北民族大学	州科技局	EK2021G140026001538
40	一种用于干式变压器铁芯上的降噪缓冲装置	湖北民族大学	州科技局	EK2021G140028001545
41	一种具有散热功能的电气控制柜	湖北民族大学	州科技局	EK2021G140029001546
42	一种防水防热配电箱	湖北民族大学	州科技局	EK2021G140030001547
43	一种云环境下关键数据扫描与分类存储装置	湖北民族大学	州科技局	EK2021G140032001549
44	一种光伏电池的降温节能装置	湖北民族大学	州科技局	EK2021G140031001548
45	一种新型防潮除湿充电桩装置	湖北民族大学	州科技局	EK2021G140034001551
46	一种智能车载充电机	湖北民族大学	州科技局	EK2021G140033001550
47	一种输电线加设用搬运设备	湖北民族大学	州科技局	EK2021G140037001554
48	一种配电柜防护结构	湖北民族大学(艾青)	州科技局	EK2021G140036001553
49	α-半水石膏/羟基磷灰石复合微球及其制备方法	湖北民族大学	州科技局	EK2021F140035001552
50	中空α-半水石膏超大微球及其制备方法	湖北民族大学	州科技局	EK2021F140038001555
51	超高速绿色智能蒸汽发生器联网远程监控系统V1.0	湖北民族大学	州科技局	此类成果无证书
52	土家织锦网格化处理软件	湖北民族大学	州科技局	此类成果无证书
53	武陵山区小型水电站运行状态检测与监控系统V1.0	湖北民族大学	州科技局	EK2021G140039001575
54	基于深度学习的森林火灾预警方法及系统	湖北民族大学	州科技局	EK2021F140041001582
55	一种基于深度神经网络的意念控制系统	湖北民族大学	州科技局	EK2021F140040001576
56	道地中药材竹节参口服液精深加工技术研究与开发	湖北硒谷神奇科技有限公司	州科技局	EK2021B140042001605
57	一种林业用育苗装置	湖北民族大学	州科技局	EK2021G140043001607
58	恩单 636	州农科院	州科技局	EK2021D140045001626
59	恩单 519	州农科院	州科技局	EK2021D140046001627
60	恩单 511	州农科院	州科技局	EK2021D140049001630
61	恩丰单 1 号	州农科院	州科技局	EK2021D140047001628
62	恩惠单 1 号	州农科院	州科技局	EK2021D140050001631
63	恩惠单 2 号	州农科院	州科技局	EK2021D140048001629
64	恩裕单 1 号	州农科院	州科技局	EK2021D140044001625

续表 12

序号	成果名称	申报单位	登记点	登记号
65	欢乐玉 3 号	恩施州粒粒金种业有限公司	州科技局	EK2021B140051001648
66	黑茶加工工艺研究与应用	湖北省青翠源茶业有限公司	州科技局	EK2021B140052001652
67	一种噻吩并嘧啶脲类化合物及其制备方法和应用	湖北民族大学	州科技局	EK2021F140058001759
68	一种噻吩并[2,3-d]嘧啶类化合物及其制备方法和应用	湖北民族大学	州科技局	EK2021F140057001758
69	一种黄连籽油的加工方法及用途	湖北民族大学	州科技局	EK2021F140056001757
70	利用液相剥离石墨烯修饰电极测定白藜芦醇含量的方法	湖北民族大学	州科技局	EK2021F140055001756
71	一种电化学传感器的制备方法及应用	湖北民族大学	州科技局	EK2021F140054001755
72	一种噻吩并[3,2-d]嘧啶类 EGFR/ErbB2 双靶点抑制剂及其制备方法和用途	湖北民族大学	州科技局	EK2021F140053001754
73	一种基于心率测量的智能跑步鞋	湖北民族大学	州科技局	EK2021G140059001822
74	湖北省食品安全地方标准 富有机硒食品硒含量要求	州公共检验检测中心	州科技局	EK2021E140060001863
75	硒蛋白中硒代氨基酸的测定 液相色谱-原子荧光光谱法	州农科院	州科技局	EK2021E140061001986
76	植物源食品营养强化剂硒蛋白的生产工艺研究与产品开发	恩施清江生物工程有限公司	州科技局	EK2021B140063002026
77	基于恩施特色富硒植物青钱柳、湖北海棠的降糖降脂功能食品开发	州农科院	州科技局	EK2021B140064002026

合同交易额完成率居全省第一。技术开发、技术转让、技术咨询、技术服务合同分别为 0.13 亿元(占比 1%，增长 182%)、0.015 亿元（占比 0.12%，增长 29%）、0.51 亿元（占比 4%，增长 468%）、11.88 亿元（占比 95%，增长 6%）。

【科技奖励】 2021 年，营造良好创新生态，在创新平台建设、技术协同攻关、产学研合作、科技人才培育等方面加强科技创新政策保障。在科技奖励上发挥科技奖励的导向作用，形成“三早”（早谋划、早宣传、早准备）工作机制。5 个项目获得湖北科学技术奖，其中州农科院参与的“作物种质资源收集保存、鉴定评价与创新利用”“优质抗病马铃薯种质创制和品种选育”分别获得科学技术进步一、二等奖，湖北民族大学参与的“移动云数据安全访问与共享关键技术及应用”获得科学技术进步二等奖，州农科院参与的“智慧农业大数据服务云平台应用与推广”获得科学技术成果推广二等奖，湖北恒贸茶油有限公司获得科技型中小企业创新奖。

【“联百校、转千果”系列活动】 2021 年，组织云推介活动 6 场以上，参加企业 280 家，参加人员 300 人次，竞拍成果 2 项。送政策、送技术、送服务，组织湖北民族大学、州农科院、州林科院、省中药材研究所、武汉轻工大学及州内 3 家技术转移机构到 8 个县市的 28 家企业开展技术对接和政策宣传，得到企业好评。为宣恩博今电器引进湖北民族大学博士工作站，推动来凤恒贸与武汉轻工大学，利川佳狮盾与湖北民族大学建立合作关系，促成校企合作 13 家，技术工作站 4 个。

（曹优优）

科技人才

【概况】 2021 年，争取国家“三区”科技人才 150 名、省级科技特派员 42 名、选派州级科技特派员 55 名，各县市选派县级科技特派员 413 名。各级科技特派员服务恩施州 83 个乡镇、729 个行政村，基本实现原贫困村全覆盖，服务各类农业企业和农村经济合作组织。完成 10 家州级重点创新团队绩效考核工作，兑现补助资金 100 万元。

【科技特派员】 2021 年，首次采用“同台竞技、差额遴选”的办法遴选恩施州科技特派员 55 人。结合各县市产业发展需求，经个人申请、派出单位推荐、县市科经局对接且公示无异议后，正式认定 2021

年度恩施州科技特派员 55 名（其中湖北民族大学 22 名、恩施职业技术学院 11 名、州农科院 9 名、省农科院中药材研究所 6 名、州林科院 3 名、州农业农村局 2 名、湖北恩施学院 2 名），按照每人每年 8500 元的补助标准，补助资金 46.75 万元。举办州级科技特派员出征仪式，颁发科技特派员聘书，科技支持乡村振兴。

【科技人才服务】 2021 年，组织开展“专家企业行”科惠宣传月行动，50 余名专家到企业开展送政策、送技术、送服务，促成产学研和成果转化项目 10 项。组织开展恩施州“科技创新引领乡村振兴线下服务月”活动，全州各级科技特派员、“三区”人才 121 人开展科技助农、助企活动 30 余场，围绕现代农业和农村特色产业发展需求，推进农业科技创新，达成项目协议 39 个，帮助解决具体技术难题 38 项，推广新技术 120 项，推广新品种 96 个，帮带培训专业技术人员 950 人，推动技术转移转化，助力农业农村特色产业提质增效。

（曹优优）

2021 年 6 月 26 日，马铃薯优质高效田间管理科技培训在利川市团堡镇举办

（州农科院 供稿）

农业科技

【概况】 2021 年，在全省率先出台《恩施州“十四五”时期加快推进种业振兴的十条措施》，8 个县市政府印发种业振兴实施方案，合力推进种业振兴。州政府与华中农业大学签订乡村振兴荆楚行合作协议，成立华中农业大学恩施州特色农业研究院，搭建服务平台，推进科研攻关。恩施州“薯—玉—豆”宽幅复合种植绿色高效模式、“马铃薯—玉米”绿色优质高效模式入选湖北省九大“吨粮”模式。

【种业振兴】 2021 年，成功争取咸丰县国家级茶树育繁推一体化、马铃薯育种创新平台等部、省现代种业项目 6 个。高质量主持完成国家武陵山区水稻及湖北省恩施州水稻玉米 8 组 73 个试点 66 个新品种区试，番茄、红薯、芋头等特色农作物 3 组 14 个新品种筛选试验，3 组 5 试点 100 个次品种展示示范，2 试点 91 个品种抗性跟踪鉴定。成功引进示范西兰苔新品种 5 个，推荐国、省审定农作物新品种 12 个，“硒都黑猪”作为全省首个自主选育生猪新品种通过国家审定。完成春秋播种子质量监督抽检 166 份，发芽合格率超 99%。送检转基因、DNA 等样品 91 份，开展马铃薯、水稻和玉米种子生产基地检查 730 公顷，合格率 99%。启动实施 3 年农业种质资源普查行动，落实国家普查需补充调查征集农作物种质资源 54 份，完成中药材种质资源搜集入库保存 150 份。实现畜禽遗传种质资源面上普查 100%，完成 434 家水产养殖种质资源数据系统录入。

【农业技术推广】 2021 年，全州推广农业主推技术 110 项，建立试验示范基地 24 个、示范样板 29 个。开展农技人员知识更新培训，全年组织省、州、县各级基层农技人员知识更新培训 653 人。实施农技推广服务特聘计划，从新毕业大学生、农业乡土专家、种养大户、新型农业经营主体技术骨干等人员中遴选 90 人作为特聘农技员，帮助农民群众科学选择特色产业、提供生产技术指导、组织人员培训、宣传相关政策。推行科技特派员和技术指导员制度，选派州级科技特派员，围绕科技创新和产业发展开展技术对接。组建乡村振兴农技指导员队伍，对 269 个乡村振兴重点村实现全覆盖。

【农业农村人才培养】 2021 年，开展农村实用技术培训 6 万余人次。开展高素质农民教育培训，培训高素质农民 8863 人。实施“一村多名大学生”计划，恩施职业技术学院招录 396 名大学生，选拔培养专业化农村实用人才。推进农村实用人才培养，全面完成中组部、农业农村部下达恩施州 458 人定向培养计划。《恩施州乡村振兴实用人才培育现状研究》被州政府评为“2021 年度社会科学优秀课题”。

（朱兴文）

重点科研院所

恩施州农业科学院

【概况】 2021 年，恩施州农业科学院（简称州农科院）全年科研工作涉及马铃薯、魔芋、硒资源、茶叶、水稻、玉米、天然产物提取、植保、畜牧、药材、土肥、甘薯、油菜、大豆、小杂粮、蔬菜、瓜果、组织培养技术、农产品质量安全等20多个领域，全年实施各级科研课题95项，其中省部级项目49项，州级项目24项，院青年基金课题14项，横向合作8项，新上项目42项。全年到账经费1292.99万元。全院登记21项科研成果，1项茶叶科技成果“适用于机械化管理的茶园内环式栽培模式”获国家茶叶协会科技创新二等奖，选育的6个作物新品种通过审（认）定，申请16项国家专利，国家专利授权4项，主持制定行业标准2项，州级地方标准14项获得立项，发表科研论文51篇，主（参）编专著6部。

【科研创新平台建设】 2021年，推进农博园建设，农博园科技创新中心主体工程有序推进，完成工程产值4000万元。在国家现代农业产业体系中获批新增甘薯、蜂恩施综合试验站，形成“一岗六站”（马铃薯草害防控科学家岗位，马铃薯、茶叶、玉米、水稻、甘薯、蜂恩施综合试验站）的国家级现代农业产业技术体系发展新格局。恩施市三岔镇莲花池村智能温室建成投入使用。

【种质资源建设】 2021年，州农科院保存种质资源1.4万余份，其中植物资源1.2万余份，动物资源1300余份，微生物资源600余份，新获批成立省级种质资源库2个（保护种类：玉米、水稻、马铃薯）。

【科研成果转化】 2021年，分别在成都、武汉、恩施开展科研成果推介工作，邀请种子企业参加新品种观摩及院企合作座谈会。签订科技成果转化合同109项，合同总金额465.62万元，到账金额410.62万元，到账率为88.2%。其中技术开发类合同1项，合同金额为50万元；技术转让及许可类合同12项，合同金额为223.5万元；技术服务合同类96项，合同金额为192.12万元。

【科技服务】 2021年，创新实施湖北省农业科技“五五工程”［力争突破50项农业产业发展关键核心技术，集成示范500项农业先进实用科技成果，推广50项农业可持续发展模式，建设50个农业科技引领示范村（镇），发展壮大50家农业产业化龙头企业］。组建10个专业团队围绕解决制约乡村振兴发展的重大技术瓶颈问题，创新一批关键核心技术，集成应用一批先进实用科技成果，示范推广一批农业可持续发展模式，打造一批科技引领示范村（镇），培育壮大一批新型农业生产经营主体，将农业科技支撑向纵深推进，有效衔接乡村振兴战略。全年在恩施市三岔镇三元坝村、河湾村，板桥镇大木村，新塘乡双河村、前坪村，屯堡乡鸦丘坪村，盛家坝乡二官寨村；利川市汪营镇井坝村，谋道镇四合村；巴东县绿葱坡镇金钟观村；咸丰县忠堡镇马倌屯村；宣恩县珠山镇狮子关村；来凤县三胡乡黄柏村；建始县红岩寺镇桃园社区14个村（社区）推广“武陵山区马铃薯周年供应关键技术的研发及品牌建设、马铃薯晚疫病监测预警及综合防控技术”“玉米新品种优化集成栽培模式”“优质稻高产栽培及示范推广”“恩施山区水稻直播新品种展示”“内环式茶园生产技术示范”“魔芋新品种示范推广”“高山十字花科蔬菜抗根肿病技术推广”“恩施中蜂蜂蜜标准化生产技术”“富硒无抗鸡蛋标准化饲养技术示范”“恩施青钱柳应用技术研究与产品开发”10项实用科技成果，围绕“马铃薯产业病害重、劳力缺、供应周期短”“玉米品种恩试865、恩玉1515高效制种研究与示范”“优质、抗病、高产水稻新品种选育”“恩施山区水稻生产中移栽环节请工难、成本高”“提高茶园收益、茶—柿间作生态优化”“魔芋软腐病严重”“恩施本地特色水果贡水白柚品种退化、品质下降、果园管理粗放”“藤茶采摘期活性成分变化规律不明确及藤茶特色产业无加工标准”“鸡粪资源化利用”“中药材（大黄、黄连、玄参）种植技术不规范、品种退化严重、病虫害严重、育苗周期长”等10余项困扰农业生产的“卡脖子”技术难题开展技术攻关。分别联系恩施农博生态农业开发有限公司、湖北粒满尖农业开发有限公司、利川市利群种植专业合作社、咸丰县春泥生态农业专业合作社、恩施市兴创农业科技开发有限公司、恩施爱森农业有限公司、宣恩正扬魔芋专业合作社、恩施市利农蔬菜专业合作社、恩施州尚风寨蜂业有限责任公司、建始上善田园康养有限公司、恩施思慧益臣生态农业发展有限公司11家农业经营主体，全年开展线上、线下各类技术服务及培训189次，培养农业科技带头人和相关技术骨干23名，培训农民、种植大户、专业合作社技术人员等3249人。开展“科技闹春耕”活动，动员科技工作者到田间地头、生产车间开展科技服务，组织活动62场，派出专家209人次，服务市场主体47家。选派7名州科技特派员，21名省“三区”人才、2名特色产业顾问、5名企业技术副总等进驻州内外的多个农业经营主体，科企交流互惠，助推科研成果转化应用。

【科技人才】 2021年，新进研究生、大学生9人。全年推荐省级拔尖人才2人、硒谷英才14人、享受省政府专项津贴专家（简称省贴专家）2人、湖北省有突出贡献中青年专家1人、三级岗位专家5人、“西部之光”访问学者2人、州级政协委员3人、中华农业英才1人、“湖北好人”1人、州重点人才项目5人、土壤评委1人、专家服务基层9人。推荐成功1名省贴专家，2名“西部之光”访问学者、3名州级政协委员。

【《湖北恩施硒矿区植物资源》出版】 2021年9月，州农科院正高级农艺师陈永波、武汉轻工大学生命科学与技术学院教授刁英主编，武汉大学生命科学学院教授胡中立、中国科学院植物研究所研究员李敏主审的《湖北恩施硒矿区植物资源》由中国农业科学技术出版社出版。该书收集恩施硒矿区植物资源，进行检测分析，为合理开发利用植物硒资源提供科学参考。9月28日，该书在第六届世界硒都（恩施）硒产品博览交易会上首发。

【《水稻品种抗稻瘟病全程监控技术研究与应用》出版】 2021年6月，州农科院正高级农艺师吴双清编著的《水稻品种抗稻瘟病全程监控技术研究与应用》由中国农业科学技术出版社出版。编著者利用恩施山区独特的生态地理条件，专注水稻品种抗稻瘟病鉴定技术研究30余年，特别是2011年以来在国家现代农业产业技术体系项目的支持下，通过收集、整理、总结和分析30多年来特别是参加水稻产业技术体系工作10年来对水稻品种抗稻瘟病鉴定技术研发的资料和数据，完成本书撰写。

【荣誉】 2021年，州农科院被州委组织部、州人社局、州政府扶贫开发办公室表彰为"全州事业单位脱贫攻坚专项奖励记功集体"。州农科院植保土肥所所长、正高职高级农艺师吴双清被省科协评为湖北"最美科技工作者"。

（杨真杭）

湖北省农业科学院中药材研究所

【概况】 2021年，湖北省农业科学院中药材研究所（简称中药材研究所）在研项目32项，落实到账经费612.86万元。申报湖北省科技进步奖1项，评价科技成果2项，申报国家基金8项、省基金3项、省标准4项，立项省地方标准3项，评审省级地方标准2项，制定并发布省级地方标准4项，制定中华中医药学会团体标准7项，立项恩施州地方标准4项，评审2项，授权专利25项，其中发明专利10项，发表学术论文28篇，其中SCI论文7篇，中文核心期刊论文17篇。1人名列省科技厅对湖北省科技特派员的通报表扬名单，2人被国家天敌等昆虫资源数据中心表彰为先进个人。

【平台建设】 2021年，启动华中药用植物园武汉分园建设，完成7公顷园区建设概念设计方案。湖北省种质资源库编码入库种子191份。完成国家中药材产业技术体系恩施综合试验站、湖北省茶与中药产业技术体系工作任务。加强华中药用植物园建设，投入资金100余万元完成核心区围墙建设、阴生区建设、高山大棚建设等工作。新建实验室120平方米，分3批采购仪器设备50台套，其中进口设备3台套。

【科技服务】 2021年，将省农业科技"五五"工程与乡村振兴工作融合开展，在全省推广中药材新品种、新技术、新模式12项，推广中药材种植面积39333.33公顷。科研人员参与全省科技服务与乡村振兴工作，其中省科技特派员2人，省"三区"人才12人，州科技特派员6人。4人进入省、州产业链专家团队，在全省开展各类科技服务活动57场次，培训基层技术人员、种植大户、农民1000人次，有效解决中药材生产中的实际问题。完成科技成果转化项目12项，总金额119.25万元。

【"道地药材安全高效生产关键技术研究与应用"项目】 2021年，收集黄连、湖北贝母等8种药材种质资源1000份，进行系统评价。构建标准化种植技术体系2个、新产品2个。申报和授权发明专利3项，发表研究论文10篇，其中SCI论文1篇，制订省级标准1项。

【"鄂西山区紫油厚朴林下高效生态种植优化模式示范"项目】 2021年，在建始县建立紫油厚朴套种湖北贝母栽培模式示范基地20公顷，恩施市建立紫油厚朴套种湖北贝母栽培模式示范基地6.67公顷及紫油厚朴套种黄连栽培模式示范基地6.67公顷。开展厚朴林下生态种植湖北贝母技术培训，培训100人次。

【"国家中药材产业技术体系恩施综合试验站"项目】 2021年，在鄂西南地区收集并保存药用植物种质资源200份。重齿当归通过新品种DUS测试标准审定。在鄂西南地区开展中药材技术培训5次。

【"道地药材黄连、湖北贝母新品种培养及关键技术研究"项目】 2021年，选出黄连、湖北贝母5个优良品系进入品比试验。申报发明专利2项。发表相关研究论文2篇。

【"黄连优质高效生态种植模式应用与推广"项目】 2021年，根据项目目标、主要任务、推广区域、制定项目实施方案。开展黄连病虫害生物防控技术集成及产地加工技术研究，在利川市建立黄连优质高效生态种植模式示范基地20公顷。

（罗孝荣）

恩施州林业科学研究院

【概况】 州林业科学研究院（州林业科技推广中心）是州林业局直属公益一类事业单位，是湖北省林业科技创新示范基地、恩施州木本油料工程技术研究中心，设有森林资源开发与利用研究所、木本粮油研究所、森林生态环境研究所。2021年，建有实验基地80公顷，产学研合作基地5个，珍稀木本植物园近4公顷，藏有木本植物标本1.2万余份，建有组织培养实验室、分析实验室及各种实验仪器设备100余套。有科技人员22人，其中高级职称3人，中级职称9人，硕士研究生学历7人，本科学历9人。全院累计获得科技成果41项，其中获国家级科技成果奖一等奖、二等奖各1项，省科技成果奖14项，州科技进步奖11项。1月15日，林业工程师、生态所所长陈贝贝被国家林业和草原局评为首批全国"最美林草科技推广员"。

【林业科学研究】 2021年，完成及验收中央财政推广项目《油茶高效栽培技术集成示范》和州级科研项目《富硒核桃标准化栽培及精深加工关键技术研究》，提交省级民族专项科研项目《武陵山区亚高山油茶品种筛选与栽培技术研究应用》的结题报告，承担中央财政推广项目《北美红杉高效培育技术推广示范》和州政府重大专项任务《恩施州本土大型真菌调查》，新申请并通过立项中央财政推广项目《武陵山区林下经济模式推广示范》和州级科研项目《恩施州特色经济作物油茶优质高产技术研究》。取得1项授权专利《一种EM树木营养液》，制定2项恩施州地方标准《楠木人工林经营技术规程》《亚高山油茶高效栽培技术规程》。发表科研论文5篇：《湖北荚蒾属园林植物观赏价值研究》《春石斛无土栽培基质与营养液选择的研究方法》《湖北省日本落叶松人工林立地分类及质量评价》《全球化危机视角下中国木本粮油产业发展面临的挑战与应对策略》《Boeremia exigua Causes Leaf Spot of Walnut Trees (Juglans regia) in China》(SCI期刊发表)。编写《恩施州主要乡土树种目录》《恩施州行道树及彩色森林树种选择指南》《恩施州林相改造实施方案》。参与选育樱花新品种“螺蛳粉儿”获得国家林草局授权，参与选育山桐子新品种“鄂选1号”通过省林木品种委员会的审定。

2021年10月21日，州林业科学研究院工作人员在天池岭油茶基地开展油茶采收测产实验
（顿春垚 摄）

【科技服务】 2021年，建成北美红杉高效培育示范林26.67公顷。1名科研推广人员获评首批全国“最美林草科技推广员”，2名科技骨干任职林业企业科技副总，3名科研骨干担任州级科技特派员。开展林业科技下乡服务10余次，全年累计指导培训林农2000余人次。参加科技活动周，开放鄂西树木园，设置专业讲解员2名，开展全民科普活动5次。

（向 伟）

教育

Education

教育管理

【概况】 2021年，恩施州各级各类学校1267所（不含563个小学教学点），其中幼儿园613所，义务教育学校602所（小学458所、初中144所），高中阶段学校41所（普通高中29所、中等职业学校12所），高等教育学校3所，特殊教育学校8所。在校学生652060人，其中学前教育99492人，义务教育390397人（小学250729人、初中139668人），高中阶段111547人（普通高中76633人、中等职业学校34914人），高等教育50060人，特殊教育564人。有教职工49087人，其中学前教育10492人，义务教育27447人（小学15913人、初中11534人），高中阶段教育8124人（普通高中6586人、中等职业学校1538人），高等教育2852人，特殊教育172人。

【教育帮扶】 2021年，实施各类教育建设项目246个，投入资金6.1亿元，建设面积57.48万平方米。全年发放各类学生资助资金4.72亿元，惠及学生47.46万人次。州学生资助管理中心与武汉市教育局签订对口帮扶协议，争取武汉市援助资金130万元，与武汉市互派跟岗学习、支教教师98名，推动州内73所学校与武汉市学校建立结对关系。签署“宜荆荆恩”城市群教育一体化发展工作议定书，形成教育交流、合作、融合常态化多样化的格局。

【教师队伍建设】 2021年，招考录用义务教育学校、幼儿园教师325名，考核录用定向委培农村教师489名。《湖北政府信息》（第12期）以“恩施州全力保障义务教育教师待遇不断提高教师职业吸引力”为题推介恩施州教师队伍建设工作经验，副省长肖菊华批示：“恩施州做法可发各地参考借鉴”。完成义务教育学校教师“县管校聘”管理改革，全州601所义务教育阶段学校22754名教师全部通过多轮多次竞聘上岗，超编学校向缺编学校流动教师1140人，教师交流轮岗2229人，校长交流224人，减少临聘教师719人，城乡间、校间师资配置更加均衡。7月28—30日，开展中小学党组织书记、党员骨干教师培训，全州中小学党组织书记、党员骨干教师200余人参加。

【提升办学水平】 2021年，推进公办幼儿园学位扩充，全州新增公办园学位5869个，公办园在园幼儿占比为36.03%，学前教育普惠率为85%。推进义务教育薄弱环节改善与能力提升项目，加强“双线”控辍保学，义务教育入学率100%，初中三年巩固率100%。实施大班额消除计划，全州义务教育起始年级班额全部控制在55人以内，存量大班额6.9%，同比降低5个百分点。提高普通高中育人质量，高中阶段毛入学率超过95%。优化中职专业布局，淘汰落后专业22个，开设新专业15个。全州中职招生14297人，同比增长14.65%。

【德育工作】 2021年，抓好师德建设，评选表扬全州“四好教师”100名、“恩施楷模·最美教师”14名，全州201名教师在湖北省师德建设主题作品评审中获奖。举办全州教师德育能力提升培训班，评选“课程思政”优秀教学案例147件。11月，恩施市第一中学、利川市第一中学被教育部基础教育司表彰为“第二批‘一校一案’落实《中小学德育工作指南》典型案例”。组织全州教职工篮球赛、州城教职工

2021年恩施州各级各类学校基本情况表

表13

类别	校数（所）	毕业生数（人）	招生数（人）	在校学生（人）	毕业班人数（人）	教职工数(人)	
						总数	专任教师数
一、普通高校	3	10736	16277	50060	14710	2852	2165
湖北民族大学	1	5152	7541	24514	8079	1539	1118
普通	—	3537	5502	18431	4834	—	—
成人	—	1408	1564	4873	2946	—	—
硕士研究生	—	207	475	1210	299	—	—
湖北恩施学院	1	2856	4192	13964	3230	631	504
本科	—	2023	2672	9829	2357	—	—
专科	—	833	1520	4135	873	—	—
恩施职院	1	2728	4544	11582	3401	682	543
普通	—	2672	4501	11504	3366	—	—
成人	—	56	43	78	35	—	—
二、中等职业学校	12	9568	12488	34914	11667	1538	1386
三、普通中学	173	68244	75265	216301	69371	18120	15486
初中	144	46093	47938	139668	45857	11534	10331
高中	29	22151	27327	76633	23514	6586	5155
四、小学	458	46980	38995	250729	45954	15913	14680
五、特殊教育	8	115	83	564	123	172	151
六、幼儿园	613	38139	34319	99492	38607	10492	5200
合计	1267	173782	177427	652060	180432	49087	39068

说明：不含人社部门管理学校

篮球赛等赛事活动，举办全州儿童青少年近视防控宣教活动启动仪式，召开全州儿童青少年近视防控工作领导小组会议。开展全州师生艺术作品评选，评选各类奖项 99 件。成功承办全省劳动综合实践课例展评研讨培训会。恩施市硒都民族实验小学劳动教育案例入选教育部全国中小学劳动教育典型案例。全年组织普通话测试 23 场、参考人数 8357 人，州教育局在第三届“诵读中国”经典诵读大赛湖北省决赛中获得优秀组织奖。

2021 年 10 月 13 日，州教育局、州公安局联合举办全州中学生网络安全知识讲座
（周沁如 摄）

【教研工作】 2021 年，推动各类教学视导活动高效有序开展，包括教学管理、德育工作、教师备课、课堂教学、作业设计、校本教研、师资队伍、教育教学评价及其他方面。高中学段采取集中视导和教育教学指导委员会送教相结合的方式，义务教育学段采取以县域为单位开展联片视导的方式。加强质量监测，发挥评价杠杆作用，组织全州普通高中高三年级教学质量监测考试 2 次，教研员通过线上、线下相结合的方式，召开高考复习备考研讨会 18 场，3000 余名教师参加观摩学习，提升全州高考质量。11 月，组织全州教研员和骨干教师 100 人到武汉市开展教学研究综合能力提升培训；组织全州中职学校校长、分管教学副校长、分管德育副校长、教务主任、德育主任、州教科院职业教育研究室全体教研员 60 余人参加全州中职教育改革发展专题培训暨校长座谈会。12 月，制定《恩施州普通高中教学质量评价调研方案》。

【教育督导】 2021 年，拟定《恩施州深化新时代教育督导体制机制改革的具体措施》。遴选上报责任督学挂牌督导典型案例 53 个。结合春秋季开学，围绕“五项管理”（作业、睡眠、手机、读物、体质健康管理）和“双减”（减轻义务教育阶段学生作业负担和校外培训负担）等教育热点问题开展专项督导。组织开展对县市人民政府履行教育职责评价工作。

【校园安全】 2021 年，科学精准安排春秋季开学和校园新冠肺炎疫情防控工作，加强校园传染病“多病同防”，校园疫情零发生。全州投入 2 亿余元，全面完成校园安全“三个 100%”建设（校园封闭式管理达到 100%，校园视频监控系统和校园一键报警装置，安装并与公安机关联网率达到 100%，校园专职保安配备达到 100%），各级各类学校人、物、技防水平根本性提升，全州 9 所学校、幼儿园获评 2020 年度湖北省示范“平安中小学、幼儿园”。制定《恩施州学校安全排查表》，建立“一校一表”问题清单，核查整改各类隐患 2759 处。首创对学生到户到人的安全管理包保制度，落实监护人、村（社区）、学校三方责任，实行监护人履责、“尖刀班”每日查看、教师每日问询三项措施，形成全员、全域、全时段的学生安全全覆盖格局。

【后勤管理】 2021 年，推进中小学校食堂专项整治工作，全州教育系统召开专项整治工作会议 65 次，下达整改通知书 124 份，下发工作提示 104 条，完善制度文件 41 份。组建 319 个工作专班，组织专项检查 221 次，检查学校 682 所，发现问题 495 个，整改 493 个，2 个问题在整改中。规范管理，严守校园食品安全，组建 16 个工作专班，组织专项检查 4 次，检查学校 67 所。高考、中考期间，派出巡视组到 8 个县市督导巡视、指导学校安全工作的开展，对学校食品安全展开拉网式排查。持续推进营养餐民生工程，全年全州营养改善计划覆盖学校 607 所（小学 460 所，初中 147 所）。受益学生 267614 人（小学 169057 人，初中 98557 人）。学校食堂供餐 578 所，企业供餐 29 所，食堂供餐率为 95.22%。

【语言文字】 2021 年，全州组织普通话测试 30 场，11060 名考生报名，10365 名考生取得相应的等级证书（其中社会人员 3472 人，学生 6903 人）。制定《恩施州加大国家通用语言文字推广力度“一地一策”工作方案》。加强语言文字专业指导团队建设。4 月，选派 3 人参加全省普通话系统管理员培训学习；7 月，选派 11 名语委工作人员参加省语委办组织的语言文字干部能力提升培训；12 月，恩施州在册的全部省级以上普通话优秀测试员参加全省骨干测试员线上培训。

【考试招生】 2021 年，将优质高中分配生计划比例由 70%提高到 80%，促进义务教育均衡发展和普通高中学校协调发展。稳妥有序推进“新中考”改革，先后出台初中学生综合素质评价实施办法，体育与健康、音乐、美术、信息技术、生命安全教育、心理健康教育6科学业水平考试实施办法，理化生实验操作考试实施办法，完成全州中小学生综合素质评价系统开发工作。平稳组织实施新高考“首考”等9大类29万余人次的教育考试。

【学前教育】 2021年，加快发展公益普惠性学前教育，全州88个乡镇实现公办中心幼儿园全覆盖。承接州政府主要领导“我为群众办实事”领办项目，提升普惠性幼儿园覆盖率，提高公办幼儿园在园幼儿占比，推进职院附属幼儿园建设。完成省委主题教育办公室反馈恩施州学前教育有关问题整改销号，做好省委办公厅“万个公办园学位扩充行动”有关工作。加大公办园建设力度，巩固规范发展城镇小区配套园，完成州级示范幼儿园复评，清理幼儿园违规保教，启动幼小衔接攻坚行动。

【义务教育】 2021年，全面推进义务教育优质均衡发展，召开全州基础教育及考试招生工作座谈会，印发《关于做好2021年义务教育学校招生入学工作的通知》，执行招生入学政策，规范学校招生行为，维护正常招生秩序，构建良好教育生态。继续推行县域内城乡义务教育集团化办学，持续化解义务教育大班额。组织开展义务教育控辍保学专项行动，义务教育阶段适龄残疾儿童少年“应上尽上”，坚持实行控辍保学动态台账月报制度，全州疑似辍学学生常态化清零。

【普通高中教育】 2021年，全面推进普通高中教育普及协调发展，执行州教育局等7个部门印发的恩施州消除普通高中大班额专项规划（2020—2023年），全面消除普通高中大班额。不断推进普通高中综合改革，健全学生发展指导机制，稳妥推进选课走班，全面提高普通高中教育质量，保证课程教学与考试评价改革的有机衔接和平稳过渡。统筹推进高中阶段考试招生制度和普通高考综合改革，完善学业水平考试制度，规范普通高中招生秩序，加强普通高中学籍日常管理，严禁炒作升学率和高考状元，树立正确育人导向。推行特色高中学校自主招生政策，支持具有办学特色的普通高中学校招收具有学科特长、创新潜质的学生，推动高中阶段学校多样化有特色发展，满足具有不同潜质学生的个性化发展需要。

【职业教育】 2021年，开展职业教育管理干部培训，组织8个县市教育局分管局长和11所职业院校校长24人到宜昌市考察学习，召开全州职业教育工作暨职业教育集团建设研讨会。举办中职学校教师、学生技能大赛，组织职业院校开展职教活动周活动。加强全州中职学校专业统筹，推进恩施州职业教育集团建设。

【民办教育】 2021年，开展规范民办学校办学行为专项清理整改工作，完成问题整改1416个。召开全州民办中小学校党建暨规范管理工作会议、全州规范民办中小学校招生工作会议，举办民办教育法律法规专题讲座2次。

【教育信息化】 2021年，深化课堂教学研究，获评“湖北好课堂”优秀课例95节，湖北省“基础教育精品课”179节，开办教师专项能力提升培训班21班次，培训7465人次。组织师生参加各类教育信息化竞赛活动，获国家级奖项253件，省级奖项4930件。举办全州中小学实验教学说课展示活动，评出州级奖项91件。建成“恩施州智慧教育大数据平台”，成功对接国家、省数字教育资源公共服务体系，实现规模化应用。

【州委教育工作领导小组工作】 2021年，出台《州委教育工作领导小组转发中央教育工作领导小组关于深入学习宣传贯彻党的教育方针的通知》。加强高校党建工作，组织州委教育工委先后召开4次会议，学习贯彻全国、全省高校党的建设工作会议精神，安排部署高校党建、思政、意识形态等工作。州委、州政府主要负责人先后17次到教育系统调研指导工作，看望慰问师生。州委书记领衔推进“全面推行义务教育学校课后服务”实事项目。先后召开春秋季学期开学暨校园安全工作会议，就开学、新冠肺炎疫情防控和安全工作进行科学精准安排，确保春秋季开学平稳顺利，新高考“首考”等9大类29万余人次的教育考试安全稳定。州委教育工作领导小组先后就职业教育改革、教育评价改革、教育督导体制机制改革、“双减”等作出安排部署，推动出台《州人民政府关于加快发展现代职业教育的实施意见》《州委办公室 州政府办公室关于印发恩施州贯彻落实〈深化新时

2021年5月22—25日，全州开展2021年恩施州中小学实验教学说课展示活动
（州教育局 供稿）

代教育评价改革总体方案〉工作清单和负面清单的通知》，指导州教育局制定《恩施州深化新时代教育督导体制机制改革的具体措施》，指导州教育局、州发改委等相关部门起草《恩施州“双减”工作任务清单》《恩施州义务教育学校课后服务收费标准（试行）》，经州政府第85次常务会议审议通过。

【“宜荆荆恩”城市群教育一体化发展工作】 2021年5月11—14日，州教育局组建考察组，先后到武汉市、荆门市、荆州市、宜昌市考察学习，对接武汉市教育对口帮扶及“宜荆荆恩”城市群教育一体化发展相关工作。10月8日，州教育局与三峡大学召开座谈会，探讨深化宜昌恩施两地教育交流合作事宜，签订“求索英才建设基地”协议书。10月9日，“宜荆荆恩”城市群教育一体化发展研讨会暨签约仪式在宜昌市召开，州教育局以《乘风破浪　砥砺前行》为题汇报恩施州教育事业发展情况。

【田学军到恩施州调研】 2021年12月8—9日，教育部副部长、国家语委主任田学军到恩施州，先后到咸丰县唐崖镇民族初级中学、唐崖镇民族中心小学及湖北民族大学等学校考察调研校园文化建设、语言文字工作情况。

【荣誉】 2021年1月，州学生资助管理中心被州委组织部、州人社局和州扶贫办表彰为“全州事业单位脱贫攻坚专项奖励记功集体”。4月，州教育局副县级督学唐鑫鑫被省委、省政府表彰为“湖北省脱贫攻坚先进个人”。8月，州教育局被国家机关事务管理局、中共中央直属机关事务管理局、国家发展和改革委员会、财政部表彰为“节约型机关”。12月，州教育局特级教师汤吉舜被国务院妇女儿童工作委员会表彰为“全国实施妇女儿童发展纲要先进个人”。

（曾怡心）

重点院校

湖北民族大学

【概况】 湖北民族大学是经教育部批准，以本科教育为主的省属普通本科院校，是湖北省重点建设高校，是国家民委和省政府共建高校。学校面积106.67公顷，设有医学部、文学与传媒学院等19个院（部），1所直属附属三级甲等综合医院（附属民大医院），2所非直属附属三级甲等综合医院（附属恩施州中心医院、附属荆门市第一人民医院）。2021年，学校面向全国24个省（市、自治区）招生，有全日制在校学生2万余人。学校本科招生专业54个，涵盖经济学、法学、教育学、文学、理学、工学、农学、医学、管理学、艺术学十大学科门类。设有民族学、数学、化学工程与技术、林学、中医学、食品科学与工程、中国语言文学、马克思主义理论8个一级学科硕士点，设有应用统计、法律、体育、翻译、新闻与传播、能源动力、电子信息、临床医学、中医、会计、艺术11个专业学位硕士点。学校有专任教师1114人，具有博士学位的367人，其中教授139人。有国家级、省级专家50余人。

【党建工作】 2021年，开展“一院一品”党建品牌创建活动，37个教师支部实现“双带头人”（教师党支部书记党建带头人、学术带头人）双覆盖，夯实基层基础。成立党史学习教育宣讲团，建设鹤峰县燕子镇“理论热点面对面”示范点，开展理论宣讲20余场次，经验做法在省、州相关简报上刊发。以“共和国勋章”获得者张富清为原型，与中央民族歌舞团、省民宗委联合打造歌舞剧《老兵》，获得社会各界好评。开展“我为师生办实事”实践活动，领导班子带头领办并推进11个重点事项，带动全校党员干部办理民生实事300余件。

【人才培养】 2021年，将招生范围拓展到24个省（自治区、直辖市），首次按新高考改革要求完成招生录取工作。2021届毕业生初次毕业去向落实率达到86.8%。对接“宜荆荆恩”科技创新走廊，参与“宜荆荆恩”大学生创新创业大赛。承办全省物理实验创新大赛和新闻传播创新大赛，营造创新创业的浓厚氛围。获批1个省级大学生创业示范基地、25个国家级大创项目、75个省级大创项目。大学生学科竞赛获32个国家级奖项、261个省级奖项。在第七届中国国际“互联网+”大学生创新创业大赛上，学校选送的“西兰卡普——爆米花漫步鞋”项目获铜奖，实现创新创业国家级奖项“零突破”。

【学科专业】 2021年，出台学科建设年度考评奖励办法，立足地方资源，面向学科前沿，打造民族学、林学等优势特色学科品牌，获批3个湖北省优势特色学科群。提升研究生教育教学能力，新增5个专硕点，申报3项省级研究生教研改革项目，获批5个省级研究生工作站，临床医学硕士专业学位授权点通过复评、会评。实施高水平本科教育建设工程，全年新增数据科学与大数据技术、智能制造工程2个专业，停招数字媒体技术、机械电子工程、信息与计算科学3个专业。推进师范专业认证，组建教师教育学院，与恩施州共建“教师教育综合改革实验区”取得实质性进展。

【科研工作】 2021年，持续推进科研兴校战略，推动各类资源向科研倾斜，提升科研能力和水平。全年获批28项国家级科研项目、22项省部级科研项目、64项地厅级科研项目、135项横向科研项目，到账科研经费突破4000万元。全年发表400余篇高水平学术论文，出版29部学术专著，获得93件授权专利。博士张腾以第一作者在材料科学与工程领域国际顶级期刊发表学术论文《Materials Science and

Engineering R》，实现国际顶级期刊论文发表重大突破。学报哲学社会科学版入选《中文核心期刊要目总览》，继续保持C刊扩展版地位。肾脏病临床医学研究中心、武陵山地区特色食品高质精深加工中试基地、国家林草生态综合监测站（湖北恩施监测站）获批立项，全校省部级科研平台总量达到17个。

【队伍建设】 2021年，聚焦学科专业建设需求，加强师资队伍建设，1人获批高等学校“名师工作室”主持人，1人获“湖北省青年拔尖人才”称号，1人获“楚天学子”人才称号，全年引进博士22人，队伍结构更加优化。聚焦破“五唯”（唯论文、唯“帽子”、唯职称、唯学历、唯奖项）政策要求，推动人事制度改革，建立健全11项工作制度，完成年度专业技术职务任职资格评审，88人取得专业技术职务任职资格。

【学生思想政治工作】 2021年，坚持将思想政治教育贯穿办学治校全过程，领导班子带头讲思政课、听思政课，推动党的创新理论进教材、进课堂、进师生头脑。创新开展“一月一节”“一院一品”校园文化活动，“书香桂园”“倾青驿站”“行走课堂”等受到学生喜爱。组建铸牢中华民族共同体意识研究院，以“浇花浇根、育人育心”理念，教育引导学生铸牢中华民族共同体意识。构建以学生为中心的育人体系，落实“五个思政”（学生思政、教师思政、课程思政、学科思政、环境思政）工作，提高大学生思想政治工作质量。

【平安建设】 2021年，从严落实省、州新冠肺炎疫情防控要求，构建起与常态化疫情防控相适应、与学校实际相结合的校园管理模式，疫苗接种率达到97.25%。推进平安校园“七防工程”（人防、物防、技防、心理防、阵地防、环境防、机制防），全面开展校园安全大排查、大整治，排查整改33个安全隐患、126个网络风险。以防范电信网络诈骗为重点，开展“互联网+安全”前置教育。对燃气、实验试剂等易燃易爆物品进行闭环式管理，对防汛、消防安全的薄弱环节实施补短板工程，有效巩固平安校园建设成果。协调消防、城管、社区等各级各部门，建立校警联防、校地联治、校内联动的工作机制。

【中共湖北民族大学第一次代表大会】 2021年10月26—28日，中国共产党湖北民族大学第一次代表大会召开。大会通过中国共产党湖北民族大学委员会报告的决议，通过中国共产党湖北民族大学纪律检查委员会工作报告的决议，选举产生湖北民族大学第一届委员会和第一届纪律检查委员会，审查关于党费收缴使用和管理情况的报告。

【武陵山中药材检验检测中心建成】 2021年11月1日，武陵山中药材检验检测中心举行揭牌仪式。该中心是全省首个第三方中药材检验检测机构，由州政府主导建设，由湖北民族大学负责具体运营，为武陵山区中药材种植、加工、生产、研发、标准制订修订提供技术支持和服务，肩负中药材检验检测和中药材科研两大职能。武陵山中药材检验检测中心总建筑面积近8000平方米，其中检验检测场地面积近3000平方米，拥有先进仪器设备660余台（套），具备616种中药材产品、40项参数检测能力，2021年10月获得国家检验检测机构资质认定书（CMA）。

（向光华）

湖北恩施学院

【概况】 2021年2月，经教育部批准，原湖北民族大学科技学院转设更名为湖北恩施学院。为教育部批准设立的全日制普通本科高校。学校面向全国22个省份招生，有全日制在校生1.4万人，设7个二级学院，5个产业学院，3个附属医院，开设30多个本、专科专业，形成以医学为重点，管理学、艺术学、教育学、工学等多学科协调发展的学科专业布局。

【招生与就业】 2021年，学校录取新生4495人，其中本科1966人，专升本850人，专科1679人。学校毕业生2869人，就业2612人，总就业率为91.04%，高质量就业率为9.4%。毕业生就业参加各类地方基层项目计划54人、特岗教师与农村义务教师10人、“三支一扶”与选调生22人，升学出国有389人。

【学科专业建设】 2021年，学校新增网络与新媒体本科专业、现代文秘专科专业。会计专业获批湖北省一流专业建设点立项，急危重症护理学、英国文学简史、法律诊所3门课程获批2021年度省级一流本

湖北恩施学院图书馆 （湖北恩施学院 供稿）

科课程。文旅产业与艺术学、大数据与会计学2个学科群分别获批“十四五”时期湖北省高等学校优势特色学科（群）立项建设和立项培育。财务管理、会计学、护理学3个教研室获湖北省优秀基层教学组织表彰。

【师资队伍建设】 2021年，全年新进教职工79人，引进职能部门中层干部4人，引进学科专业带头人2人。新增教授1人，副教授10人，讲师14人。举办新入职人员研修培训10场，63人取得岗前培训合格证，45人完成教资认定。加强干部教职工业务素质提升，构建校、院、系三级培训体系，统筹组织培训46场，参与4336人次。王立群、刘献君、孙霄兵、马建国、杜志章、顾永安等学者先后到学校讲学。

【人才培养】 2021年，学校坚持“前期趋同，后期专化，产教融合，卓越培养，专项实习，精准就业”的“全链条”应用型人才培养模式，培养未来新型应用型技术技能人才，组织学生参加各类学科竞赛，获得省级以上奖项226项。在全国57项大赛中进入国赛11项，获得国赛二等奖1项、三等奖7项、团体奖1项。应届本科毕业生考取研究生76人，其中“双一流”学校10人。

【教育教学改革】 2021年，学校持续推进OBE（Outcome Based Education），成果导向教育理念，组织专项培训5场。举行2021版人才培养方案答辩会6场，修订人才培养方案53个，完成12门校级和7门省级一流本科课程建设方案。推进课程思政改革，教师备好思政课，打造“三全育人”（全员育人、全程育人、全方位育人）格局。组织教师精彩课堂比赛之混合式课程教学大赛，混合式课程建设参与率100%；组织教师进行蓝墨云平台培训，线上线下混合式教学达到100%；组织教师参加全省高校青年教师教学竞赛，获得二等奖。

【科研工作】 2021年，学校获批省厅级以上科研项目40项，其中教育部产教协同育人项目9项、省教育厅教研项目3项、教育规划项目2项、中国民办教育协会项目1项、百校联百县项目14项、恩施州科技局项目8项。教师发表省级及以上期刊论文42篇，其中中国科学引文数据库CSCD（Chinese Science Citation Database）1篇，科学引文索引SCI（Science Citation Index）2篇，出版专著3部。

【产教融合】 2021年，与华为技术有限公司、中软国际教育科技股份有限公司、达瓦未来（重庆）影像科技有限公司、金蝶软件（中国）有限公司深度合作，成立华为云学院鲲鹏中心、中软国际大数据学院、达瓦未来数字学院、金蝶数智财税学院4个产业学院。与湖北咿呀医疗投资股份有限公司、美年华整形外科医院共建2个医学人才定向培养基地。引入企业资金1220万元，与企业共建专业11个，开设高品质订单班13个，订单班首次招收新生560人。

【学生资助】 2021年，8名学生获得国家奖学金，奖学金8万元；325名学生获评国家励志奖学金，奖学金162.5万元；发放国家助学金388.58万元，覆盖人数2358人。办理学生生源地贷款2491人，贷款总额2131.67万元。资助家庭经济困难学生，实现数据资金管理“零差错”，资助工作“零投诉”。

【社会服务】 2021年，学校与州卫健委签署定向委培协议，坚持实施“农村定向免费医学生培养计划”和“委托定向培养大学生乡村医生计划”，定向免费培养200余名乡村医生，成为恩施州基层医疗事业专业人才的主要培养基地。依托硒茶学院共为恩施州培养湖北省技术能手、国家一级高级技师、高级茶艺师、评茶员等2200余人，培养产业致富带头人、高素质农民1万余人。响应省委要求，派驻工作队到宣恩县板寮村对口开展乡村振兴帮扶工作，签订帮扶协议100万元。

【平安建设】 2021年，投入380余万元升级改造校园应急指挥中心。落实“七防工程”，在湖北省年度平安校园“七防工程”建设优秀案例评选中获高校组二等奖，是全省唯一获奖的民办高校。做好新冠肺炎疫情防控各项工作，全年学校未发生安全责任事故，综治工作考核达标，校园平安稳定，在恩施州平安建设（综合工作）考评中，被评为“优胜单位”。

【荣誉】 2021年5月，湖北恩施学院获“湖北省第十三届‘挑战杯中国银行’大学生课外学术科技作品竞赛”三等奖。6月，杨凡获评湖北省教科文卫体工会“青年教学竞赛文史组二等奖”。

（王冕　徐颖）

恩施职业技术学院

【概况】 恩施职业技术学院占地52.67公顷，建筑面积36万平方米，有数控技术、计算机及应用、生物技术、建筑工程技术4个国家职业教育实训基地和旅游管理、畜牧兽医、生物制药3个省级示范性实训基地，教学仪器设备总值过亿元。学校下设11个二级学院（马克思主义学院、经济管理学院、机电工程学院、信息工程学院、生物工程学院、建筑工程学院、人文教育学院、旅游管理学院、体育学院、医学院、继续教育学院）、2个部（公共课部、中等职业教育部），开办专业37个。2021年5月，学校被农业农村部、教育部推介为“乡村振兴人才培养优质校”。12月，入选湖北省“双高计划”建设院校（双高：高水平学校、高水平专业群）。有在校学生2万余人，在岗教职工779人（含自费编制88人），教师中具有硕士以上学位262人，有教授13人、副教授189人，享受国务院政府特殊津贴专家1人、湖北名师1人、全国农业职教名师1人，湖北省师德先进个人1人，双师素质教师213人，2个省级教学团队。聘请中国工程院院士陈焕春等300多位知名专家、学者、企业家、能工巧匠担任客座教授或兼职教师。9月，召开第四届教职工代表大会暨工会会员代表大会，审议并通过学校"十四五"时期事业发展规划等。学校出资10万元与恩施市消防大队共建微型消防站，提升消防应急处置能力。拨付资金16850元承办桂花园社区第二届运动会，促进和谐交流。

【"双高"建设工作】 2021年,启动"双高"建设工作，推进"提质培优"行动，落实《职业教育提质培优行动计划（2020—2023年）》，立项建设452个任务（项目），召开推进会1次，督导检查2次，绩效考评有序推进。12月，学校成功入选为湖北省高水平高职学校，旅游管理（生态文化旅游）专业群和畜牧兽医（硒食品精深加工）专业群入选为湖北省高水平专业群。

【学科专业建设】 2021年,对中、高职招生专业进行调整,停办专业11个、停招专业4个、新申报专业7个、新增专业9个。学校现有2年制高职专业9个、3年制高职专业37个，五年一贯制专业1个。完成26个高职招生专业、16个中职招生专业、6个"3+2"（中专和大专合作办学，学生在中专学习三年后到合作院校完成两年大专课程）招生专业、1个五年一贯制专业人才培养方案的修订。完善高职专业的技能考核标准和考核题库的修订工作。组织教学资源库建设培训，11个项目中有8个项目完成资源库建设的具体方案。做好考试培训，持续推进"三教"（教师、教材、教法）改革，首次组织本校毕业学年大学生SYB创业培训，完成995人，合格率达97.9%。学校被评为2019—2020年度"全省人事考试优秀考点学校"，被确定为湖北省国家统一法律职业资格考试基地（恩施考区）。完成省教育厅安排的大、中专教材排查"回头看"工作。

【教学管理】 2021年，严格教育教学管理，质量管理处、教务处、行政大值班等工作人员每周督查督导全校教师课堂教学情况，与师生就课堂情况进行面对面交流，规范课堂行为，维护良好教风学风。坚持三期教学工作台账检查（期初、期中、期末）和对二级学院教研活动进行督查，规范教学教研活动。开展教学测评，落实教育评价改革，组织春秋两学期全校任课教师教学课堂评价工作，参与评价的学生2.35万人次，参与评价的班主任355人，被评价教师1150人次。及时发布教师教学质量测评结果，为教师职称评定提供评定依据。学习贯彻《深化新时代教育评价改革总体方案》，出台配套文件，明确学校教育评价改革具体实施工作清单和负面清单，强化责任，严格管理，抓好落实。统筹全校培训管理，全年完成社会培训6650人次。提升理论联系实际的能力，259名老师参加暑期社会实践。加强对青年教师的指导，"一帮一"活动结对181对。组织52人进行线上理论政策及线下专业技能学习,40人取得相应职业的考评员证（卡）。加强师德师风建设，出台《恩施职业技术学院师德师风考核实施办法（试行）》《恩施职业技术学院师德标兵评选办法》等文件，开展"师德标兵"评选活动。

【教研科研】 2021年，注重教研科研，常态开展教学诊改，立项支持《千古名言诠释》大型工具书的编纂出版工作，获批立项湖北省级教研课题2项、省级思政社科课题1项、获准立项州科技计划项目2项,组织申报省教育科学规划课题5项，完成州哲学社会科学研究课题4项，获评省级信息化应用优秀案例1项。完成教学诊改平台验收，开展诊改平台使用专题培训，持续完善诊改平台的运行工作。收集到学校、教师、专业、课程、学生5个层面的年度诊改报告1265份。

【招生、就业创业】 2021年，学校高职招生录取4834人,报到4469人,首次完成省教育厅下达的常规招生计划（不含扩招）。加强毕业生就业创业观念引导，重视困难毕业生就业帮扶，落实毕业生求职补贴申报及资金发放。学校2021届高职毕业生2675人,就业率94.5%。主动对接杭州职业技术学院，巩固"一帮一"长效机制。新增投资20万元建成电商直播孵化平台，新进入驻学校双创基地孵化项目16个。在第七届中国国际"互联网+"大学生创新创业大赛湖北省省赛上获得职教赛道创意组金奖1项，获恩施州第二届"硒创汇"大学生创新创业大赛一等奖1项、二等奖2项。

【项目建设】 2021年，遴选5家政府采购代理机构，快速推进项目建设。全年完成162个招标采购项目，全年预算金额7446.81万元，交易金额7228.20万元，节约金额218.61万元。提升审计质量，全年完成基建修缮项目和物资采购项目的预算、决算审计257项，审计资金9804万元，审减资金192.9万元。附属幼儿园（恩施州第二民族幼儿园）建设项目取得建设用地预审和选址意见书，完成项目规划建筑设计服务机构招标定标。新校区建设项目完成保护山体围墙围栏工程建设、工程总承包EPC招标、施工图设计审查、保护山体范围土地流转办理等系列建设任务，4月28日举行开工奠基仪式。

【参加技能竞赛】 2021年，教师获湖北省教师教学能力大赛（团体）三等奖3项，湖北省信息素养大赛微课比赛二等奖1人，"湖北工匠杯"湖北省第十一届茶叶职业技能大赛第二名1人，湖北省科普讲解大赛三等奖1人，全省高职高专院校思政课课程设计大赛三等奖1人，"湖北工匠杯"物联网技术应用大赛二等奖1人、三等奖1人。学生参加各级各类技能大赛获奖55人次，其中获全国职业院校技能大赛（导游服务赛项）二等奖1人，"校园杯"全国职业院校宠物护理与美容职业技能大赛分组奖项中获特等奖1人、获二等奖2人，获全国行业职业技能竞赛（物联网）二等奖1人，在全国板高竞速比赛中获一金两银（同1人），在湖北省第七届大学生艺术节上获二等奖4项、三等奖3项，获湖北省财税共享服务职业技能大赛一等奖1项，财务大数据技能竞赛获二等奖1项，在湖北省第十三届“挑战杯”大学生课外学术科技作品竞赛中获二等奖1项、三等奖3项，“湖北工匠杯”物联网技术应用大赛获得一等奖1人、二等奖1人，获湖北省大学生微电影赛项二等奖1项、三等奖2项。在第六届湖北省高职高专“共享全民阅读”活动决赛上，获二等奖1人、获三等奖2人，学校获团体三等奖和优秀组织奖。在湖北省信息素养大赛（学生组）中，获一等奖1人、获二等奖1人、获三等奖3人，学校获得团体二等奖和优秀组织奖。在湖北省第四届读书微视频朗诵大赛中，学生作品《那一年，我二十岁》获优秀作品团体二等奖。学生作品《让邮票进入生活》获“璀璨文都·品读经典”文学作品人物图像创作铜奖。2月，学生曾莉被共青团中央、全国学联表彰为“2020年中国大学生自强之星”。7月，学生邓雪梅被评为“百生讲坛”省级铜牌主讲人。

【思想政治工作】 2021年，将立德树人融入理想信念教育、思想道德教育、文化知识教育、劳动养成教育、社会实践教育等各环节，促进学生德智体美劳全面发展，举办第三届“青马工程”培训班。重视思政课教师队伍建设和大学生思想政治理论课建设，以立德树人为根本，深化“三全育人”机制改革，落实“五个思政”举措。持续深化校园文化建设，打造“天天向上”文化品牌，培育践行社会主义核心价值观。拍摄MV作品《万疆》，用歌声庆祝中国共产党成立100周年，被长江云、网信恩施、名校行、青春恩施州网络平台转载展播。旅游管理学院学生党支部被州委直属机关工委评为2019—2020年度州直“红旗党支部”。机电工程学院教工党支部被省教育工委推荐到教育部参加全国样板支部遴选。推进课程思政，对9门在线开放课程建设进行验收，对已建成的13门在线课程进行推介和使用。组织在线课程建设培训2次，完善在线课程建设方案21个，达到可以开始建设状态。组织开展课程思政教学案例设计及教学比赛，课程思政教育案例立项建设62项，入选全国旅游职业教育“课程思政”在线展示活动教学设计示范案例、优秀案例各1项。组织126名教师参加高校教师课程思政教学能力线上培训，“导游基础”被省教育厅评为2021年省级课程思政示范课程及教学名师和团队。

【学生管理】 2021年，召开学校第四次学生代表大会。出台和修订学校社团管理相关办法，新成立学生社团三个（大学生合唱团、石榴籽民族文化交流学生社团、廉洁文化社团），推动各民族同学交往交流交融。推动应用移动学工App。印发《恩施职业技术学院学籍管理办法（试行）》和《恩施职业技术学院招生考试和学籍学历管理实施细则》，规范学籍管理和档案管理。出台奖助学金评审实施办法，发放各级助学金2012.92万元、奖学金182.4万元。持续对学生进行生命安全、网络安全、消防安全等各项安全教育，培训班主任、二级学院心理健康教育兼职教师和班级心理委员、心理信息员（寝室长）2600余人次，心理测评人数10037人次，危机干预9次，增强法治意识，全年张贴宣传单1万余张，推送典型案例近800例。

【教职工管理】 2021年，新招录教师43人，其中研究生33人。续签或新签劳动合同186人，办理职称资格证书179人次，完成岗位设置123人次，完成79人的职称评审工作，完成机构编制核查和全校所有在编在岗教职工的人事档案专项审核。建立六大类别专家库并分别录入学校评审专家库系统，系统运行良好。

【经济责任审计整改】 2021年，针对省审计厅关于2020年年底对学校进行经济责任审计的审计报告提出的13个问题，学校出台整改措施40条，修改制定出台《恩施职业技术学院经济合同管理办法》等规章制度15项，促进学校内控制度建设，完成相关整改工作。

【新冠肺炎疫情防控工作】 2021年，按要求严格落实相关防控措施，配合社区疫情防控工作，加强校园科学管理，加强学校疫情防控物资储备及管理。组织全校师生接种新冠疫苗三针累计2万人次，核酸抽查采样6848人，全年全校无师生确诊。4月，教师张如龙被中国红十字会表彰为“抗击新冠肺炎疫情优秀志愿者”，教师周俊宇被湖北省红十字会表彰为“抗击新冠肺炎疫情优秀志愿者”。

【校企合作】 2021年，校企双元合作开发的职业教育规划教材建设立项33项。创建产业学院，创新人才培养模式，1月15日，学校与恩施高新区签订校地战略合作协议，与恩施高新区、达翔技术（恩施）有限公司三方合作共建恩施职院达翔产业学院，把学校办到高新区，把专业办在产业链上，把课堂搬到企业车间，实现校企资源共享，建成集企业真实生产、学生实习实训、职工技能培训、社会技术服务于一体的生产性实训基地。全年有1262名学生在达翔产业学院进行学习和实训。

【服务乡村振兴】 2021年，选派优秀干部组建工作队驻咸丰县高乐山镇马河村开展乡村振兴工作，配合实施“一村多名大学生计划”，招收新生398人，为乡村振兴培养“村支两委”班子成员、后备干部、农村实用技术人才和一批农民致富带头人。5月26日，学校被农业农村部、教育部推介为“乡村振兴人才培养优质校”，学校拟定乡村振兴农业技术推广项目133项，创新创业案例161项。

【领导考察调研】 2021年3月10日，四川省巴中市委宣传部相关领导率考察团到学校考察巴文化传承相关工作，参观学校双创基地及非物质文化遗产传承基地，召开泛巴区域巴文化传承弘扬交流会。4月15日，文旅部市场管理司相关领导到学校调研，参观学校非物质文化遗产传承基地和大学生创新创业基地。9月15日，省委老干部工作调研组到学校，就恩施州“老干部牵手大学生”主题实践活动经验及成效组织召开调研工作会。10月16日，湖北省中华职教社专职副主任陈南军等到学校考察非遗相关工作并听取非遗创新参赛项目遴选汇报。10月19日，中国农业展览协会和农业农村部绿色发展处相关领导到学校考察交流相关工作。10月19日，十堰市政府相关领导带队到学校，考察学习推进现代职业教育高质量发展、推进中高职衔接体制机制方面的经验。10月20日，副省长肖菊华到学校调研产教融合等工作情况。

（吴江鑫）

恩施州广播电视大学

【概况】 恩施州广播电视大学与恩施州信息技术学校（中等职业教育）为“一个机构，两块牌子，一套班子”。2021年，学校开放教育招生1702人，奥鹏教育招生42人，学校中职招生558人，中职在籍生1420人，获2021年首届州级文明校园。围绕巡察反馈问题整改开展“清醒看电大、我们怎么干”专题大讨论。

【教学工作】 2021年，出台《州电大“三全育人”实施方案》。完善全州终身教育体系，建设全民终身学习公共服务平台、终身学习网络和区域性学习中心，推动全州电大体系转型发展。将课程思政纳入教师的教学考核评价，推进思政课程建设。加强专业学科建设，优化专业布局，打造精品专业。严格落实课程标准，加强教学常规检查，常态化开展教研活动，提高教育教学质量。深化校企合作，推动产教融合，加强技能竞赛和技能高考，提升学生技能水平。

【非学历教育】 2021年，全州开展社区教育示范培训2000余人次，社区教育活动文艺节目获湖北开放大学奖励2项，国家开放大学奖励1项。承办恩施州首届全民终身学习活动周，表彰2021年度“全州百姓学习之星”，恩施市白杨坪镇麂子渡村社区教育学习中心挂牌成立，活动周及社区教育相关活动得到湖北开放大学肯定，在相关省、州媒体报道。开展社区教育助力乡村人才振兴工作，联系有关部门为村社区干部和村医村教提供继续教育服务。探索社区教育发展模式，在城区和乡村选点成立社区教育学校和学习中心，培育“恩施市老街坊千里读书会”等一批社区教育活动品牌。

（范绪华）

恩施州高级中学

【概况】 恩施土家族苗族自治州高级中学（简称恩施高中）位于恩施市龙凤镇三河村。校园占地47.33公顷，建筑面积10万平方米。2021年，在校学生4241人；在编教职工354人，其中专任教师341人，研究生学历47人，正高级教师7人，特级教师5人，湖北名师2人，享受省政府专项津贴2人。年度受到省、州级以上表彰115人。

【高考成绩】 2021年高考，全校成绩600分上人数总计858人，一本上线率达94.6%，29人考取清华北大，888人考取“双一流”大学。许继苗同学夺得湖北物理类省状元，全省物理类前5名有3人来自恩施高中。全省历史类前5名有2人来自恩施高中。物理类、历史类平均分同步达到605分，物理类全省前100名恩施高中有11名，前200名有16人。历史类全省前100名恩施高中有19名，前200名恩施高中有40名，居全省前列。

【教研工作】 2021年，结题的课题6个；立项的国家级课题2个、省级课题16个、州级课题3个、校级课题20个，合计41个。5月，首次启动校本课题申报，首批收到20个课题申请。在州教育局《深化新时代教育评价改革总体方案》征文活动中，恩施高中提交的6篇作品均获奖，其中一等奖1人，二等奖4人，三等奖2人。7月至8月，对原高三年级100余名教师进行全员省级线上、州级线下新教材培训。9月至11月，完成全校296名教师C112（教师信息技术应用能力提升“整校推进”自主选学培训项目序号）省级项目信息技术能力线上培训。9月26—29日，参加第35届湖北省高考备考会，并承办语文、英语、化学三科的备考会工作，是恩施高中首次承办省级高考备考会。10月24日，启动帮扶利川五中教师跟岗学习工作，为首次对接一个学校的全员跟岗培训。4月、12月前后两次请州外专家20人到恩施高中，分学科培训210余名教师。12月3日，恩施州首个省级政治名师工作室“刘其东名师工作室”在学校挂牌。12月，恩施高中作为合作研究单位，参与华中科技大学朱锦涛教授主持的国家自然科学基金项目《基于系统性的化学与材料科学科普活动提升中学生科学素养》，副校长向太平是项目团队核心成员之一，这是恩施高中首次与高校合作参与国家自然科学基金项目。

【学生活动】 2021年，恩施高中紧扣“学史明理、学史增信、学史崇德、学史力行”的目标，抓实抓好党史学习教育，助力青年学生德智体美劳全面发展。先后组织清明远足祭奠活动、红色文化资源调查研究性学习、“青春心向党 放歌新征程”文艺会演活动、“全民阅读·书香恩高主题征文大赛”、2021届毕业生成人礼、庆祝中国共产党成立100周年暨“两优一先”表彰大会、恩施高中“2021年体育科技艺术节”等活动。全年有学生256人次获得各科竞赛省级三等奖以上奖项，其中获奖等次在省级一等奖及以上的有33人次，获得全国一等奖的3人次（不含英语学科的省级入围赛）。1 名学生获第 14 届全国中学生创新作文大赛总决赛一等奖，3 名学生获二等奖，4 名学生获三等奖。7 名学生获 2021 年全国中学生数学奥赛二等奖。1 名学生获 2021 年全国中学生化学奥赛二等奖。1 名学生获 2021 年历史学科第四届“燕园杯”历史写作大赛特等奖。7 月至 12 月，首次组织信息技术教师带领学生参加省电化教育馆、省教育信息化发展中心组织的湖北省学生信息素养提升实践活动，5 名学生分获“掌控未来”项目一、二、三等奖，2020 级学生黄书芹获高中组一等奖。

【恩高芳华中学发展】 2021 年，恩高芳华中学从 2020 年的 2 个年级（初一、高一）、师生 1200 余人，发展到 4 个年级、40 个班、师生 2300 人。恩施高中选派教师 15 名（校长、副校长管理人员 3 人，骨干教师 12 人）参与管理和教学。学校被州委、州政府表彰为第一届“州级文明校园”，被六角亭街道办事处表彰为“平安校园”，教师李家洪、杨秀伦被授予州级教师楷模和“四有好老师”（有理想信念、有道德情操、有扎实学识、有仁爱之心）。高级教师评审全部通过。高中学科合格率 100%。推行成长导师制，启用德育学分制，创新学生自主管理方式。通过“青蓝工程”师徒结对制度，内连外学，提升教师素质素养。在分层教学、课堂革新、目标管理等方面作出探索，推出悦动和灵动课堂。

（黄　路　龙显英）

2021 年 11 月，恩施高中“2021 年体育科技艺术节”开幕　（恩施高中 供稿）

湖北清外教育科技集团宣恩校区　（湖北清外教育科技集团 供稿）

湖北清外教育科技集团

【概况】 湖北清外教育科技集团（简称清外教育集团）有恩施许家坪校区（总部）、恩施龙凤校区、利川校区、宣恩校区、建始校区，4 所幼儿园、7 个培训公司，有教职工 2015 人，在校学生 21573 人。3 月 10 日，由湖北清外教育科技集团投资兴建的建始县清江外国语学校项目举行开工奠基典礼。4 月 1 日，州教育局组织的全州民办中小学校党建暨规范管理工作会议在清外教育集团召开。5 月 19 日，恩施州红十字会到清外教育集团开展爱心捐赠答谢回访活动，赠予学校“‘天’使大爱，感‘恩’有您”爱心纪念章，感谢清外在新冠肺炎疫情防控阻击战中作出的贡献。

【高考成绩】 2021 年高考，恩施清外高中部文科最高分 646 分，理科最高分 636 分。文理科 600 分以上人数中，裸分上线 16 人，加特征分上线 31 人。一本文化分上线 155 人，文化软上线（加民族分数）193 人。加上音体美考生，一本人数达到 250 人以上。本科文化分上线 606 人，本科上线率 91.7%，软上线 636 人，上线率为 96.2%。宣恩清外高中部有 321 名学生参考，其中文化考生参考人数 218 人，艺体考生 103 人，上线率 58%，加民族分上线人数 186 人，其中物理生 70 人，历史生 35 人，一本物理生 7 人，历史生 1 人，艺体生 81 人。

【中考成绩】 2021 年，恩施清外初中部中考平均分 614.98 分（不含 46 个 A）。各分数段 46 个 A（全州中考前 100 名不公布分数，统一用 A 表示分数），690 分以上 59 人，680 分以上 137 人，670 分以上 223 人，660 分以上 306 人，650 分以上 401 人，640 分以上 501 人，600 分以上793人。利川清外初中部全校589人参考，人均分588.3分，考入重点中学人数421人，重点高中升学率71.47%，600分以上297人。宣恩清外全校468人参考，全县前10名，宣恩清外有6人；全县前100名，宣恩清外有46人；全县600分以上400人，宣恩清外有145人。

【地理、生物会考】 2021年，地理、生物会考，恩施清外初中部有99分以上8人，98分以上23人，97分以上52人，96分以上94人，95分以上156人，90分以上565人，85分以上941人，80分以上1152人。宣恩清外初中部388人参考，最高分99分，90分以上64人，80分以上200人，优分率为51.5%。利川清外初中部满分2人，90分以上158人，80分以上495人。

【教学研究】 2021年1月，在省教育科学研究院组织的中学语文“整本书阅读”教学案例评选活动中，龙凤校区高中部教师陆玲的教学案例《愿用“一石”激起思维的浪花——〈红楼梦〉阅读指导方案》获一等奖；在省教育厅主办的第八届湖北省“中小学实验教学说课”活动中，龙凤校区高中部教师王方说课案例《探究酵母菌呼吸方式改进实验》获三等奖。4月9日，全国名师工作室联盟给清外教育集团名师工作室正式授牌，该工作室被评为全国先进名师工作室，余汉清被评为全国名师工作室的优秀主持人，成为全国名师工作室联盟的常务理事。在全省禁毒名师TALK“一堂禁毒课”评选中，清外教育集团龙凤校区初中部教师朱春林获“禁毒明星教师”称号。在2021年恩施州教育局教育评价改革征文活动中，清外教育集团5名老师获奖。9月，10位老师入选恩施州普通高中学科教指委学科主任委员和学科委员。12月，在湖北省第十五届“教育技术理论与实践”征文暨第十一届全国教育技术论文省级评选活动中，许家坪初中部26个作品31人次获得表彰。

【媒体宣传】 2021年1月15日，央视新闻、新华网、《中国教育报》、《中国青年报》、《湖北日报》、荆楚网、《楚天都市报》、恩施电视台等媒体报道转发清外教育集团许家坪校区小学部教师吴艳华休完产假回到校园、学生们欢呼雀跃张开双臂冲过来拥抱她的视频，抖音视频冲上热搜榜16名，抖音视频播放量2000万余人次，微博视频阅读量1500万余人次，公众号阅读量50万余人次，今日头条阅读量10万余人次。3月15日，宣恩县清江外国语学校举办非物质文化遗产展演活动，展演中国鼓及武术表演《战鼓登登揭千枪》、舞狮表演、八宝铜铃《铜铃声声情韵长》、滚龙连厢《打起连厢精神爽》，新华社、中国共青团网、全国少工委网、《中国教育报》、《湖北日报》等媒体报道，宣恩团县委、宣恩电视台专题推介。10月26日，清外教育集团小学部举行趣味与智力运动会，“九宫三格”赛跑的趣味比赛视频播放量突破1000万人次。

【庆祝中国共产党成立100周年系列活动】 2021年3月，清外教育集团小学部开展“童心向党迎百年，旧物交易献爱心”活动，收入作为爱心基金捐助板寮小学。4月，在许家坪校区举行党史学习教育专题讲座，邀请州档案馆相关领导宣讲党史；联合恩施市、来凤县、利川市、恩施市崔家坝镇以“爱无止境，书香传情”为主题开展阅读推广和赠书助学活动，捐赠5所学校1000余套绘本。5月，许家坪校区教师胡琪、吴竞参加恩施市人大、辖区党史宣传教育演讲活动，清外教育集团获优秀组织奖。先后开展第八届校园文化艺术节（小学部）、庆祝中国共产党成立100周年暨“回眸百年路·奋进照征程”表彰大会、庆祝中国共产党成立100周年暨建校15周年系列活动之球类运动会等活动。

（吴张正达）

文化 体育 旅游

Culture, Sports and Tourism

综　述

【概况】　2021年，围绕“立足大生态、构建大交通、发展大旅游、打造大产业”工作部署，州委、州政府出台《关于支持恩施州文化旅游产业恢复发展振兴的措施》和《关于进一步支持全州旅游业恢复发展的六条措施》，在全省第一个拿出3000万元支持国家A级旅游景区落实门票半价优惠，拿出2500万元奖补产业发展，组织开展秋游恩施、劳模和职工疗休养等活动，落实水电气优惠、援企稳岗、金融支持等政策，帮助文旅企业协调贷款5.8亿元，推动旅游产业稳步恢复。全年累计接待游客6681.68万人次，同比增长90.95%，实现旅游综合收入422.61亿元，同比增长109.05%。分别恢复至2019年同期水平的91.94%和79.67%，完成年初预期目标。全年红色旅游接待游客188万人次。全州文化馆（站）、图书馆接待进馆人次76万人次。开展“庆祝建党一百周年山河交响”“我为群众办实事每周文化一小时”等活动。开展“悦读恩施”“空中博物馆”“向党旗献礼，讲巾帼故事”等线上线下宣教活动，服务710万余人次，成立社会文艺团队1529支。2021年年底，全州各县市有恩施市体育中心体育场、来凤县全民健身中心体育场、利川清源体育场、宣恩县全民健身中心体育公园体育场、咸丰县春晖学校体育场5个大中型体育场，有恩施州民族体育馆、利川市传媒体育馆、利川市老体育馆、来凤县全民健身中心体育馆、来凤县老体育馆、宣恩县全民健身中心体育馆、宣恩县民族体育馆、咸丰县春晖学校体育馆8个大中型体育馆，有利川市游泳馆、宣恩县全民健身中心游泳馆2个标准游泳馆，有咸丰县全民健身中心、利川市全民健身中心、建始县全民健身中心3个县级全民健身中心。人均场地面积为1.38平方米，城区15分钟健身圈基本建成。全州2307个行政村、205个社区村级文体广场和体育设施实现全覆盖。恩施州民族体育中心项目2021年开工建设，完成新全民健身示范工程建设乡镇类10个、村级类8个，中央补短板工程乡镇街道项目8个。

【行政许可事项】　2021年，受理旅行社审批设立26家，注销7家，变更备案39家，营业性演出许可证到期换证1家，导游身份证识别卡办理及换证390张。落实州政务服务“清减降放”精神，在原有事项126项的基础上，下放4项，回退69项，保留53项，对保留事项制定办事流程及申请材料清单，对材料清单进行清理，清理减少170项（其中硬减29项、免提交141项），材料减少22%。

【安全生产】　2021年，坚持将安全生产纳入党组会议重要议事日程，坚持将安全发展理念学习、有关安全生产指示批示精神和重要文件纳入党组理论学习中心组学习内容，听取安全工作情况报告3次，分析研判系统安全形势，明确工作重点和目标，推动责任落实和工作开展。全年以党组名义印发《关于进一步健全安全生产机制完善“一岗双责”责任制的通知》《领导班子成员安全生产职责清单》，细化领导班子和科室的安全生产“一岗双责”（履行岗位业务工作职责、安全生产工作职责）责任，明确领导班子成员包保县市责任。领导班子及科室按照“三个必须”（管行业、管业务、管生产经营必须管安全）和“一岗双责”落实安全工作责任。科学制订全州文化旅游市场常态化新冠肺炎疫情防控暨季度旅游安全检查工作方案，从成员单位中抽调业务骨干组成检查组，突出安全责任体系、汛期安全、地质灾害防治、特种设备安全、文物消防安全等重点，按季度对全州各县市文化旅游企业和文物保护单位开展联合检查。全年全州文旅部门共出动检查人员2980人次，检查场所2257余家次，督促整改隐患问题3485个。

【旅安委专项检查】　2021年，州旅游安全生产专业委员会（简称州旅安委）坚持每月暗访抽查一次市场、每季调度部署一次工作、每半年分析研判一次形势。结合新冠肺炎疫情防控开展市场暗访检查19次，召开视频调度会议9次。其中州政府分管领导召集组织调度会议4次，通报全州文旅安全生产形势，安排部署安全生产重点工作。根据安全形势和工作重点，组织安全生产联合检查4次，对各县市旅游安全落实情况、文旅市场安全问题隐患情况等进行督导检查。各县市旅安委定期开展安全生产形势分析研判，有针对性地开展专项检查行动。对州交办的重点隐患问题及时跟踪督办，对发现的重大安全隐患实行挂牌督办。6月，州旅安委对巴东县巫峡口景区存在重大安全隐患问题进行挂牌督办，责成巴东县旅安委清单式督促整改。9月底，州旅安委办公室组织州文旅局、州自然资源和规划局、州市场监管局、州住建局现场验收予以销号。

【荣誉】　2021年11月，恩施旅游集团有限公司被人社部、文旅部表彰为“全国文化和旅游系统先进集体”。11月，咸丰县文旅局党组成员、咸丰县南剧艺术传承保护中心主任、二级演员李爱民被人社部、文旅部表彰为“全国文化和旅游系统先进工作者”。

（魏　娜）

文化艺术

【概况】　2021年，新建图书馆分馆11个（其中城市书房3个），文化馆分馆3个。新建、改扩建健身步道3.1万步，文体广场50个。组建提升群众文艺队伍166支。全年全州开展群众文化活动3605场，服务人次714万余人，其中针对特殊人群开展的活动场次106场，服

2021 年 6 月 29 日，音乐剧《太阳照进山窝窝》在恩施大剧院汇报演出
（姜力方 摄）

务人次 12 万余人。州图书馆接待服务到馆读者 17 万人次，办理新证 2073 个，持证读者达到 12758 人。新增图书 1.3 万余册，文献流通 13 万册次。开展各类线上、线下活动 222 场次，参与读者近 20 万人次。州文化馆接待到馆人次 5.6 万人次，开展活动 1075 场。恩施州国家级非遗项目扬琴、肉连响、灯歌参加由中央广播电视总台和民政部联合摄制的大型地名文化节目《中国地名大会》。来凤县南剧团打造的以张富清为原型的大型南剧《本色》在来凤县龙凤文化中心剧场成功首演。由湖北省民族歌舞团打造的音乐剧《太阳照进山窝窝》、咸丰县南剧艺术传承发展中心打造的南剧《宗规家训》和恩施市打造的歌曲《幺妹带你慢慢耍》获湖北省第十一届屈原文艺奖。省民族歌舞团打造的音乐剧《太阳照进山窝窝》参加第四届湖北艺术节优秀剧（节）目展演，获"楚天文华大奖"。咸丰县南剧《唐崖土司夫人》参加第六届全国少数民族文艺会演网络播出，获"剧目创新奖"；参加全国民族地区艺术院团晋京展演活动，在北京民族剧院演出。

【公共文化服务体系建设】 2021 年，州文旅局下发《关于加强公共文化体系标准化建设的通知》，规范公共文化体系建设。州、县、乡、村四级联动，持续推进"百千万"（新建 30 个以上图书馆、文化馆分馆，推进 30 个以上文化数字化建设，新建、改建、扩建 50 个以上村级文体广场，新建提升 200 支以上群众文艺团队，新建提升 200 支以上群众健身队伍，开展 1000 场以上文化艺术知识普及和培训，新建、改建、扩建 4 万步以上健身步道）文化振兴工程。5 月 13—20 日，根据州督查考评办公室《关于开展 5 月重点工作督查的通知》要求，州文旅局组成 2 个工作督查专班，对全州公共文化服务体系建设进行督查，重点对宣恩县、建始县、恩施市、来凤县进行现场督查，调研"四馆三场"（文化馆、图书馆、非遗馆、博物馆、剧场、国有院团排练场、文体广场）建设、免费开放、人员队伍、业务培训等情况，对存在的问题现场交办，形成《恩施州公共文化服务体系建设督查报告》。巴东县成功创建第三批省级公共文化服务体系示范区，来凤县、利川市完成第一批、第二批省级公共文化服务体系示范区创新发展复核，推进来凤县荆楚文旅名县和宣恩县公共文化服务体系示范区创建。申报民间文化艺术之乡，建始县长梁镇（建始丝弦锣鼓）、咸丰县（土家族吊脚楼营造技艺）、来凤县百福司镇（土家摆手舞）和利川市（利川民歌）获评 2021—2023 年"湖北省民间文化艺术之乡"，来凤县百福司镇（土家摆手舞）获评 2021—2023 年"中国民间文化艺术之乡"。在全国第五次文化馆评估定级中，恩施州文化馆、利川市文化馆、巴东县文化馆、宣恩县文化馆、咸丰县文化馆、来凤县文化馆被评为一级馆，恩施市文化馆、建始县文化馆、鹤峰县文化馆被评为二级馆。

【文化活动】 2021 年，组织开展"我为群众办实事，午间文化一小时"活动，通过"点单、拼单、派单"配送式的服务方式，将文化辅导送进机关、单位、学校等地，全年累计培训 721 课时，为 66 个单位提供服务，2687 名职工参加文化培训，1.8 万余人次体验到公共文化服务。开展"群文云上大课堂"，利用州级、县级等线上文化服务平台，进行"恩施耍耍"和本土民歌培训，连续举办 55 场线上培训，线上浏览量达 194.3 万人次。开展"悦读恩施"阅读推广活动，以施南读书会、"童心童梦"读书会为依托，通过"馆长领读""经典共读""家庭阅读""相约乡读"等活动，开展全民阅读、生态文明、家庭阅读、亲子活动以及乡村阅读，助力乡村文化振兴，推动书香恩施建设。全年开展各类线上线下活动 300 场次，服务读者近 20 万人次。持续推动"一县一品"文化活动，恩施女儿会、巴东纤夫节、鹤峰茶文化节等节会活动相继举办，开展 20 余场，服务人次达 109 万余人。以中国共产党成立 100 周年为主题，开展"乡村振兴 · 文化惠民"系列文化活动、"庆祝建党一百周年 · 山河交响"系列文化活动，通过唱红色歌曲、读红色经典、讲红色故事献礼中国共产党成立 100 周年，开展活动 112 场。组织"灵秀湖北　四季村晚"系列活动，围绕展风采、推旅游、带特产等内容，开展活动 127 场。开展少儿暑期培训、成人秋季培训、健康小课堂之快乐享"瘦"培训班、荆楚"红色文艺轻骑兵"文化进万家、"群文璀璨　百姓乐章"公益慕课、恩图之声等活动。

【群众文化创作】 2021年，女子组合唱《摘朵栀子花》、舞蹈《村里那座山》获得第四届湖北艺术节楚天群星奖，摄影作品《传承》(组照)入围第四届湖北艺术节美术书法摄影作品入选名单，《互敬不离联》等6幅书法作品分别参加“永远的旗帜——庆祝中国共产党成立一百周年湖北省书法院书法作品展”等展览，国画《掌中宝》选送参加湖北省第四届艺术节展览。利川市围绕庆祝中国共产党成立100周年，创作《贺龙的脚印》《杨帆再起航》《盼红军》等利川小曲，编排《这山望到那山高》等广场舞，制成MV在线上线下同步推广。围绕乡村振兴、廉政文化等时代主旋律，创作《清廉颂》《祝福祖国》《乡恋》等文艺作品。建始县创作音乐作品《黄四姐的故乡》《和美建始乡风好》《和美金建始开启新征程》《好运进山来》，小品《书记，你莫走》，诗朗诵《抗疫故事》，情景剧《洪流》等文艺作品。鹤峰县整理汇编《鹤峰苏区红色故事》《鹤峰苏区歌谣》《红色鹤峰》，创作画册《贺龙元帅在鹤峰苏区》，创作鹤峰本土红色主题合唱《门口在过兵》，山民歌《做军鞋》，戏歌《婆婆儿抖音队》等文艺文学作品。

【文化产业】 2021年，全州有恩施大峡谷旅游开发有限公司、湖北省鄂旅投旅游发展股份有限公司、恩施日报传媒集团有限责任公司、恩施州广播影视传媒集团有限责任公司、恩施市巨幕影视文化传媒有限公司等规模以上文化产业单位93家，实现营业收入32.2亿元，比2020年同期增长39.6%。有省级文化产业示范园区1家(恩施女儿城)。

【文化志愿服务】 2021年，在省文旅厅的安排部署下，指导各县市组织开展“圆梦工程”“阳光工程”文化志愿服务。通过选取有较强的业务专长和组织辅导能力、对传承恩施州优秀民族民间艺术有丰富的工作经验人员为志愿者(“圆梦工程”志愿者18人，“阳光工程”志愿者8人)，组织开展舞蹈、戏曲、声乐、绘画、书法、写作、非遗传承项目等志愿服务，丰富群众精神文化生活。持续推进“双进双促”(文旅志愿服务进景区、文化惠民活动进景区、促文化传播、促服务提升)，促进文化传播、促进服务提升。国庆期间，全州9个专业演出团体和各非遗保护单位在全州的17个景区开展文化进景区活动，观众累计近30万人。

2021年4月9日，湖北省民族歌舞团参加以“感恩天津 恩施等你”为主题的2021年恩施州文旅(天津)推介会 (湖北省民族歌舞团 供稿)

【“我们的中国梦——文化进万家”“荆楚红色文艺轻骑兵”文化惠民演出活动】 2021年，围绕“我们的中国梦——文化进万家”、“荆楚红色文艺轻骑兵”惠民演出活动主题，开展线上线下文化惠民活动。全州各专业表演团体组织开展送戏下乡活动(含戏曲进校园、戏曲进乡村)2032场，观众20余万人。2021年春节期间举办线上、线下文化活动50余场。

(魏 娜)

文艺演出与文化展馆

湖北省民族歌舞团

【概况】 2021年，湖北省民族歌舞团以“我们的中国梦——文化进万家”、乡村振兴、戏曲进校园、廉政宣教、党纪法规“十进十建”、扫黑除恶、反电信诈骗、禁毒、垃圾分类等为主题，组建荆楚“红色文艺轻骑兵”小分队，开展送戏下乡惠民演出200场次，惠及群众10多万人次，将文化惠民送到最偏远的山寨村落。全年继续统筹整个文化广场的管理及运营，履行文化广场管理办公室各项职能，服务州委、州政府中心工作，为重大会议和重要活动提供保障和服务。

【文化交流】 2021年，湖北省民族歌舞团为促进恩施州文旅产业发展开展多次表演。4月9日，作为协办单位参加以“感恩天津 恩施等你”为主题的恩施州文旅(天津)推介会，用土家歌舞感恩天津人民派出医疗队支援恩施抗疫的深情厚谊。5月17日，在以“中国好山水 天赐恩施州”为主题的2021年恩施州文化旅游(甘肃)推介会上，以精彩的歌舞表演展现“远方与诗，尽在恩施”。6月26日，参加“壮丽航程 荆楚颂歌——湖北省庆祝中国共产党成立100周年文艺晚会”表演，被省委宣传部致函感谢表扬。9月，参加世界硒都(恩施)硒资源博览交易会文旅展，向来自全国各地的参观者展现恩施州的文艺风采。12月19日，在巴东县绿葱坡滑雪场参加第八届大众冰雪季启动仪式文旅推介演出。

【文艺创作】 2021年，湖北省民族歌舞团新创作21件作品，复排节目7个，音乐剧《太阳照进山窝窝》和电影《无漏则舞》新编舞段10个，参与旅游景点文艺演出策划3次，参加第六届湖北舞蹈“金凤奖”（职业类）评奖表演比赛1场，男子群舞《土家魂》入选庆祝中国共产党成立100周年“永远的旗帜——舞动新时代 永远跟党走”湖北省优秀舞蹈作品展演。谭威获得第三批湖北省舞台艺术人才培养工程入选人才项目资助资金。6月29日晚，音乐剧《太阳照进山窝窝》在恩施大剧院汇报演出；9月18日，该剧代表恩施州参加第四届湖北艺术节武汉展演；10月20日，该剧作为2021年度民族地区艺术院团优秀剧目晋京展演项目，在北京民族剧院公演，中央电视台、中央人民广播电台、湖北电视台等媒体对演出进行关注报道。中央党史学习教育简报第150期《学习贯彻中央民族工作会议精神，再唱山歌给党听》专题介绍“该剧巧借土苗民俗民风，深情演绎党群鱼水情深，生动展现民族地区群众感党恩、跟党走的精神风貌”。全团全年拍摄制作MTV《我心中的月季花》《追梦在路上》《筑梦万水千山》《龙船调的故乡》，配合纪监部门拍摄廉政宣传片《梦醒时分》，配合州公安局拍摄反诈MV《六口茶》，完成廉政主题歌曲《清风徐来的地方》的创作及MTV的拍摄与制作。8月15日，由湖北省民族歌舞团、武汉悉磨文化有限责任公司联合出品的首部土家族歌舞电影《无漏则舞》顺利杀青。

【文艺产业发展】 2021年，以“文艺+”模式促进文化产业多元化发展，全年产业收入393.60万元。在艺术培训中心、硒引力洗衣生活馆、录音工作室、抖音工作室、儿童剧编排演出等文化产业中融入业务特色。全年完成土司城旅游驻场演出187场。

【宣传工作】 2021年，湖北省民族歌舞团拓宽宣传途径，开通微信视频号，在儿童剧《闹闹与精灵》、音乐剧《太阳照进山窝窝》的演出宣传过程中取得较好效果。完成微信公众号的年度认证，在公众号和官网开设党史学习教育专栏。微信公众号累计发布微信推文178条，官网同步更新178篇，转发各类媒体关注信息330条。持续用好“湖北省民族歌舞团”官方抖音号，以“新兴媒介+文艺+旅游”模式创作高质量、高流量短视频作品，助力文旅融合发展和特色产品宣传销售。

【机构设置变化】 2021年7月，经州委编委会议研究，同意撤销州文化广场管理办公室，注销事业单位法人，相关职责交由湖北省民族歌舞团承担。原州文化广场管理办公室5名事业编制人员不改变编制性质连人带编划入湖北省民族歌舞团，空编收回，领导职数核销。同意增设湖北省民族歌舞团文化广场管理科，增核正科级领导职数1名、副科级领导职数1名。

【荣誉】 2021年，音乐剧《太阳照进山窝窝》获第四届湖北艺术节“楚天文华大奖”。男子群舞《芒种忙》获第六届湖北舞蹈“金凤奖”（职业类）评奖表演三等奖。女子舞蹈队获得“2019—2020年度恩施州青年文明号”荣誉。土家乡村音乐剧《黄四姐》主演张明霞以“黄四姐”一角获“第十三届湖北戏剧牡丹花奖”。湖北省民族歌舞团在恩施州党史学习教育办公室举办的全州“绿色山河红色魂”红色故事大家讲活动中获优秀组织奖，谭荟荟、陈根分获二等奖、三等奖。

（罗耀文）

州文化馆

【概况】 2021年，恩施州群众文化系统含1个州直文化馆、8个县市文化馆。全年全州各级文化馆开展线上线下活动累计服务群众205万人次，开展线上线下免费开放公益性艺术培训、文艺辅导累计服务群众达250.55万人次。举办“群文云上大课堂”“我们的中国梦——文化进万家”“清江清”“长江三峡（巴东）纤夫文化旅游节”“红歌唱响清江岸”“凉城利川·欢乐一家亲”等群众文化活动。

【文艺创作】 2021年，州文化馆创作的音乐节目《摘朵栀子花》、舞蹈节目《村里那座山》参加第四届湖北艺术节，获“楚天群星奖”。恩施市文化馆合唱团演唱的《幺妹带你慢慢耍》《中国啊，我的中国》获湖北省群众大合唱交流展演二等

2021年8月，州文化馆直播间组织举办“群文云上大课堂”活动之民歌传唱

（州文化馆 供稿）

奖。宣恩县文化馆创作的舞蹈作品《连厢情》入围第四届湖北艺术节群众文艺作品展演。冉建武书法作品《毛泽东词〈沁园春·长沙〉》、廖甲波摄影作品《传·承》(组照)、刘洋书法作品《〈长物志〉数则》、郑州美术作品《铁骨铮铮》、孙君敏美术作品《听话要听党的话》、段辉鹏书法作品《清人书评数则》参加第四届湖北艺术节全省美术书法摄影作品展览。李颜电脑板绘作品《彩龙船闹新春》入展全国“新生活·新风尚·新年画”——我们的小康生活美术作品展。

【免费开放】 2021年，组织开展由州文旅局主办，州文化馆联合全州8个县市文化馆承办“群文云上大课堂”活动，以恩施民歌、民舞耍耍内容为主提供线上文化服务，利用抖音、微信等新媒体搭建的数字文化服务平台直播11场次，发布短视频32个，在线学习观看量达194.3万人次。州文化馆组织开展“午间文化一小时”活动，通过“点单、拼单、派单”配送式的文化服务，培训内容为摄影、书法、古筝、钢琴、舞蹈、朗诵、红歌、模特走秀，为州城恩施66个单位、2687名职工培训达721课时、18336人次。全州各级文化馆开展各类群众文化培训班，组织线下培训640场次、53.4万人次，组织开展荆楚“红色文艺轻骑兵”文化进万家小分队活动，到全州各地开展文艺辅导累计6220人次。

【理论研究】 2021年，州文化馆肖和虎撰写的论文《群众文化创作和推广与文旅融合的几点思考》在国家级期刊《锦绣》上发表，《浅谈公共数字文化融合背景下的数字文化馆建设与发展》在省级期刊《新丝路》上发表，《非遗传承与旅游文创产品开发互推策略》在省级期刊《文化产业》上发表。州文化馆覃红撰写的论文《如何充分发挥文化馆的职能作用》《文化馆免费开放公益艺术培训之思考》在国家级期刊《文化研究》上发表，《来凤土家摆手舞的现状及发展对策分析》在国家级期刊《学习与科普》上发表。州文化馆廖甲波撰写的论文《浅谈文化馆的群众美术辅导工作》在省级期刊《新丝路》上发表。建始县文化馆张华松撰写的论文《浅谈“十四五”时期县级文化馆高质量发展任务与方向》在省级期刊《荆楚群文》上发表。

【群众文化活动】 2021年，组织开展“山河交响·红歌唱响清江岸”恩施州群众大合唱交流展演及线上拉歌活动，全州145支队伍参加，举行比赛13场，参与总人数1.1万余人，线上拉歌参与人次达54.3万人次，在国家公共文化云进行展播。组织评选2支队伍参加湖北省群众大合唱交流展演获得好成绩。州文化馆协助州文旅局完成庆祝中国共产党成立100周年恩施文旅版《万疆》MV摄制宣传发布，各大平台播放量逾500万次。组织开展“灵秀湖北·四季村晚”巴东神农溪专场活动，展演歌舞《唱山歌》、音乐小品《我要上村晚》、巴东皮影戏《麦里藏金》、女子表演唱《摘朵栀子花》等10个节目，在国家公共文化云进行展播。开展“清江清”系列展览活动，举办“开心一刻”湖北省首届刻字作品展、庆祝中国共产党成立100周年暨恩施州党风廉政建设美术作品展等展览7场，展出作品796件，线上线下观展3.6万余人次。组织作品参加全国文化馆影像大展、湖北省“金蕾杯”少儿才艺展览活动、“‘新生活·新风尚·新年画’——我们的小康生活美术作品征集”、第四届湖北艺术节、“壮丽航程”庆祝中国共产党成立100周年湖北主题性美术作品征集5场展览活动，报送作品56件。

【业务技能大赛】 2021年，组织全州群众文化业务干部参加省文旅厅主办的全省群文系统业务技能大赛。宣恩县文化馆杨蓉的摄影作品《闹元宵》获一等奖，州文化馆谢丹的戏剧类电影片段《人证》、龙玲莉的音乐作品《玛依拉变奏曲》获二等奖，恩施市文化馆黄佳雯的舞蹈作品《唐印》、宣恩县文化馆张艳丽的摄影作品《要出新风采》获三等奖。

【第五次全国文化馆评估定级】 2021年，全州9个文化馆参加第五次全国文化馆评估定级。州文化馆、利川市文化馆、巴东县文化馆、宣恩县文化馆、咸丰县文化馆、来凤县文化馆被评为国家一级文化馆。恩施市文化馆、建始县文化馆、鹤峰县文化馆被评为国家二级文化馆。

（余婉婷）

州博物馆

【概况】 2021年，恩施州各博物馆、纪念馆服务恩施州公共文化服务体系建设，加强文旅融合，免费开放、文化惠民等各项工作取得成效。州博物馆被省民宗委列为“全省民族团结进步示范单位”。《恩施记忆》展陈在第五届（2020年度）省博物馆、纪念馆六大陈列展览精品推介活动中获精品奖。来凤县民族博物馆被省社科联授予“湖北省社会科学普及教育基地”，张富清先进事迹展入选中宣部、中央党史和文献研究院、国家发改委、文旅部推出的“建党百年红色旅游百条精品线路”之“湘鄂边苏区”精品线路，被州委党校授予“恩施州干部教育培训现场教学基地”。巴东金果坪“金果红路”纳入“全国红色旅游百条精品线路”。

【藏品管理】 2021年，恩施州各博物馆、纪念馆藏品总数113301件套。其中州博物馆80485件套，恩施市博物馆730件套，利川市文物局7167件套，建始县博物馆1141件套，巴东县博物馆11348件，宣恩县民族博物馆1244件，咸丰县民族博物馆2013件套，来凤县民族博物馆1395件套，鹤峰县博物馆15633件套。通过接受捐赠、购买等形式征集藏品586件套，其中州博物馆109件套，建始县博物馆选定征集藏品57件套，咸丰县博物馆155件套，鹤峰县博物馆265件。

2021 年 5 月 18 日，州展览联盟举办革命文物图片展，图为来凤县现场

（州博物馆 供稿）

【免费开放】 2021 年，恩施州各博物馆、纪念馆全年免费开放 317 天，接待观众 56.22 万人，其中州博物馆接待 13.89 万人，恩施市抗战历史陈列馆、叶挺将军囚居旧址纪念馆接待 10 万人，建始县博物馆接待 4 万人，巴东县博物馆接待 8.52 万人，宣恩县民族博物馆接待 0.58 万人，咸丰县博物馆接待 0.84 万人，来凤县民族博物馆接待 7.39 万人，鹤峰县博物馆接待 11 万人。

【党史学习教育】 2021 年 4 月，州博物馆固定展陈《恩施记忆》改造升级项目通过验收并对外开放，成为恩施州党史学习教育基地，接待全州 300 个单位及团体、8 万人参观。恩施抗战历史陈列馆、叶挺将军囚居旧址纪念馆成为党史学习教育阵地。利川市文物局与榨木小学联合开展爱国主义教育活动。建始县博物馆同建始县委宣传部推出“奋斗百年路　启航新征程”11 期革命文物专题栏目。宣恩县博物馆接待县直单位到馆开展党史学习教育。咸丰县博物馆与咸丰县史志研究中心、老促会联合举办“长征史实新发现——红十八师突围长征过咸丰”特展，接待县直机关单位 20 个，到 11 个乡镇巡回展览，接待观众 3 万人。来凤县民族博物馆以张富清先进事迹展、三胡乡狮子桥电站、大河镇独石塘村、百福司镇高洞村为主线，打造教育基地，被推荐为全国建行系统、中铁二十一局、中铁十四局、中铁十局及恩施州党员干部教育培训现场教学基地。鹤峰县博物馆“红色鹤峰”图片展到太平镇贺龙希望小学展出，600 名师生参观学习。省文旅厅主办，省文物事业发展中心、鹤峰县政府承办“荆楚大地红旗飘——湖北革命文物图片巡展”，接待 200 余批次、观众 1.5 万人次。

【线下社会教育】 2021 年“5·18”国际博物馆日，恩施州展览联盟推进博物馆“五进”（进学校、进社区、进乡村、进企业、进军营）活动，整合全州红色革命资源，制作专题展板，主会场设在恩施职业技术学院，来凤县、巴东县设分会场，巡回展览。暑假期间，各博物馆、纪念馆招募“党的故事我来讲红领巾讲解员”及大学生志愿者近 200 名，开展培训并志愿讲解。各博物馆、纪念馆创新宣教内容和形式，开展各项活动。州博物馆在馆内开设“贺兰山岩画和清江岩画赏识”“缅怀先烈寻初心　金秋十月迎国庆”等“博学雅识”课堂 4 期。联合点彩画室、布谷鸟画室分别开展“与历史对画”“博物馆里寻虎年”特色社教活动，与恩施市高旗小学联合开展“博学雅识”小课堂进校园活动，策划“不忘初心恩博行　强军筑梦庆八一”主题活动，到武警恩施支队勤务保障大队举办红色革命专题展览。叶挺将军囚居旧址纪念馆挂牌为“恩施市中等职业技术学校红色实践教育基地”。来凤县民族博物馆与来凤县青少年研学机构开设“行走的思政课堂”。与全县 27 所中小学、幼儿园联合开展“童心向党”活动。

【“互联网+”教育】 2021 年，州博物馆推出“欢天喜地过大年”“牛年新春逛恩博”线上参观讲解，抖音直播讲述《抗英名将——陈连升》《一件银杯背后的故事》《贺龙的马鞍》《贺龙的棉袄》《中国航空第一人　秦国镛》《何功伟的家书》等革命故事 7 场，参加湖北省文博系统红色故事宣讲博物馆线上展示活动 4 期，配合州电视台、湖北电视台垄上频道等媒体拍摄红色革命故事宣讲 2 次，“中共湘鄂西分区特委号召春荒斗争宣言”“红三军司令部参谋处绘制的野三关西带图”“1927 年湖北省农民协会告农民告示”“贺龙化装用的长棉袍”“贺龙的马鞍”等 6 件革命文物入选省委宣传部、湖北广播电视台策划制作的百集微纪录片《星星之火——湖北红色馆藏里的微党史》拍摄，在“学习强国”、湖北电视台等媒体平台播出。联合州广播电视台拍摄“空中博物馆”红色文物讲解微视频 9 期，在微信公众号、恩施文旅频道推送播出。恩施市博物馆参与拍摄庆祝中国共产党成立 100 周年“讲好红色故事”系列视频节目。巴东县博物馆与巴东县文化馆、展演中心编创文博文艺节目，在文旅巴东公众号等媒体推出“文物看巴东”电视栏目。咸丰县博物馆举办“唐崖奇宝贺新春特辑”线上展示活动，讲述文物背后的历史故事。来凤县民族博物馆选拔 39 名红领巾讲解员，与共青团来凤县委、来凤县教育局联合录制《张富清老英雄深藏功名的谜底》《张富清的报功书》《忠堡大捷主战场老鸦关战斗遗址》《革命烈士张昌岐》等视频 5 期。

【展览交流】 2021 年，州博物馆引进福建泉州博物馆《海丝古戏经典——泉州木偶戏剧展》、宁夏博物馆《朔地恋歌——宁夏岩画特展》、山西大同博物馆《西京印迹——大同辽金元文物展》、云南文山州博物馆《文山州少数民族服饰展》4个展览。协助州委宣传部、中国社会经济文化交流协会在州博物馆举办《绿色山河红色魂——中国当代名家书画展》。与宜昌博物馆、来凤县民族博物馆、长阳博物馆联合推出《花铺盖——中国土家族织锦西兰卡普展》。到宁夏回族自治区博物馆，宜昌博物馆，福建莆田博物馆、漳州博物馆，安徽亳州博物馆，山西大同博物馆及安徽淮北博物馆举办展览活动。

2021年4月23日，州图书馆组织全州公共图书馆联盟在鹤峰县开展全民阅读推广活动
（谢黎黎 摄）

【学术活动】 2021年11月，州博物馆邀请考古学家、中科院学部委员王巍教授到馆，就中华文明探源工程的主要成果进行专题学术讲座，同步线上直播。承担《土家族源流研究》课题，邀请课题特聘专家培训指导，课题小组分7批次到重庆、四川、湖南、贵州等土家族聚居区调研，完成《土家族源流研究》课题报告初稿。申报《土家族的祖先——古代巴人》《红色恩施》研学课程，《土家族的祖先——古代巴人》获湖北省文博系统“十佳研学课程”。

（龚艳萍）

州图书馆

【概况】 2021年，恩施州图书馆投入购书经费100万元，新增图书9069种、28971册，接收捐赠图书900种、1200册，文献总藏量87.48万册，数字资源30TB。累计接待服务到馆读者17万人次，文献流通15.24万册次。办理新证2073个，持证读者1.4万人。8月，州妇联、州教育局、州委文明办联合命名首批10个单位为“恩施州家风家教实践基地”，州图书馆名列其中。

【首批“恩施书房”建成】 2021年，相继建成州图书馆书院分馆、国学分馆、黄泥坝分馆3个“恩施书房”，调拨优质图书1.5万余册，打造居民“15分钟城市阅读圈”。“恩施书房”由政府主导、社会力量参与，统一配置自助借还借阅机、数字资源有声阅读机等智能化数字化设备，实现图书“通借通还”。开启“1+N”服务模式，以不一样的党群服务新空间，为社区养老、家庭教育、医疗、文化、体育等提供智力支持及服务。“恩施书房”全年接待入馆读者3万人次，图书流通4000册次。开展各类阅读推广活动28场次，参与读者2万人次。

【古籍保护与利用】 2021年，州图书馆在纸质古籍保护的基础上，推动古籍走出库房、走向读者，实现古籍数字资源免费阅览。完成馆藏古籍及民国线装书在全国古籍普查平台上的录入工作共计2655条、17836册。整理馆藏晚清恩施名人饶应祺稿本文献，完成《恩施州图书馆藏饶应祺稿本文献》书目著录、书影拍摄、上传、数据审校，影印出版合同签订和电子版扫描工作。州图书馆馆藏《旧五代史》参展湖北省16家图书馆和博物馆联合协办“珠还合浦 历劫重光——《永乐大典》的回归和再造”湖北巡展暨湖北省古籍保护工作成果展。

【“悦读恩施”品牌建设】 2021年，州图书馆持续推进“悦读恩施”阅读推广品牌工作，依托施南读书会、“童心童梦”读书会，在全民阅读、生态文明、家庭阅读、亲子活动以及乡村阅读等领域，关爱留守儿童及特殊群体。通过“馆长领读”“经典共读”“家庭阅读”“相约乡读”等活动推进书香恩施建设，全年累计开展各类线上线下活动222场次，服务读者20万人次。

【“山河交响·共读百年红色经典”系列活动】 2021年，开展“山河交响·共读百年红色经典”系列线上线下活动，打造阅读推广新模式。组织开展“山河交响·传承家风家教”“山河交响·共读国学经典”“山河交响·喜迎国庆”等活动，共读百年红色经典，重走红色革命之路。开展讲巾帼故事线上活动，恩施州8个县市图书馆馆员参与，用活红色资源，搞活教育形式，共展播22期。

【文化志愿服务】 2021年，开展荆楚“红色文艺轻骑兵”——州图书馆文化小分队下基层活动，为各乡村学校、社区、军营、消防等馆外流通服务点送书上门、业务辅导、成果展览23次，流通图书1.3万册。州图书馆与湖北民族大学、湖北恩施学院等高校合作，组织大学生志愿者参与图书馆图书整理、日常管理、为少儿讲故事等文化志愿服务340人次，服务时长2600小时。

【参加第六届长江读书节】 2021年，州图书馆带领全州阅读推广单位参加由省图书馆主办的第六届长江读书节活动。11月30日，州图书馆获“十佳组织单位”称号，恩施市图书馆和咸丰县图书馆获“十佳阅读推广组织”称号，州图书馆馆员田媛获“十佳领读者”称号，州图书馆推荐的恩施漫读公益读书会获“十佳志愿者团队”称号，恩施市高旗实验小学和巴东县野三关镇红军小学获“十佳班小组读书会”称号。

【参加《声音倾城》广播栏目】 2021年10月23日，受邀参加由省图书馆联合湖北楚天音乐广播开设的第二季《声音倾城》栏目，在市州级图书馆中作为第一期播出，荐读地方红色经典《清江壮歌》、领读经典《五月的鲜花》，恩施市高旗实验小学的文化志愿者分享阅读故事，推介恩施，助推文旅融合。

【参加全省红色故事讲书人大赛】 2021年，组织全州行政机关、企事业单位、社会团体以及广大市民参加由湖北省图书馆和湖南图书馆联合举办的“书说百年路，启航新征程”第二届红色故事讲书人大赛，累计收到118位讲书人的参赛视频。6月8日，州图书馆成为市州级图书馆唯一复赛点。省图书馆主要负责人带领专家团队到恩施，对27位红色故事讲书人的演讲进行点评。恩施州4人进入决赛，选手马斐霓获得湖北省“优秀讲书人”称号，州图书馆获得“优秀组织奖”。

【参加省“童之趣”杯青少年征文大赛】 2021年，参加湖北省第十八届“童之趣”杯青少年征文大赛，共选送征文作品50篇，17篇作品获奖。其中小学组一等奖2篇、二等奖2篇、三等奖10篇，初中组二等奖1篇、三等奖2篇。州图书馆获“优秀组织奖”，连续7年获此荣誉。

【参加湖北省图书馆员风采大赛】 2021年，参加由省图书馆学会主办、省图书馆承办的湖北省图书馆员风采大赛。11月25日，州图书馆馆员才艺展示情景剧《何功伟狱中家书》、绘本讲演《孔子》和红色经典诵读《军礼》进入决赛，图书馆员知识竞赛进入复赛。

【加入“宜荆荆恩”公共图书馆联盟】 2021年12月9日，州图书馆加入“宜荆荆”公共图书馆联盟，该联盟升级为“宜荆荆恩”城市群公共图书馆联盟，从资源建设、资源共享、学术研究等多方面进行合作。

【“共读百年辉煌 聚力全民阅读”全民阅读学党史巡展活动】 2021年4月23日，州公共图书馆阅读推广联盟到鹤峰县思源学校开展“共读百年辉煌 聚力全民阅读”全民阅读学党史巡展活动。9个联盟成员馆馆员、鹤峰县社会各界、思源实验学校师生共计1000余人参加活动。8辆“流动图书车”亮相鹤峰县思源实验学校、鹤峰县城，集中展示红色精品图书6000余册，党史图片展和全民阅读推广成果展共展出76块展板。

【“相约乡读·共读百年红色经典”和“家庭领读者”系列活动】 2021年6月9—10日，省图书馆、州图书馆、巴东县图书馆联合走进巴东县野三关镇5所中小学，开展“相约乡读·共读百年红色经典”和“家庭领读者”系列活动。通过“文化志愿者进校园”“馆员姐姐讲故事”“科普阅读推广”“红色历史动漫”“班小组读书会培训”等形式，同步开展阅读推广活动32场，服务师生5000余人。

（李光炼）

文物保护

【概况】 截至2021年年底，全州有国家级文物保护单位9个，省级文物保护单位89个，州级文物保护单位42个，县市级文物保护单位365个。全州有8个博物馆收藏有可移动文物，其中州博物馆为国家二级博物馆。全年争取国家、省、州级文物保护专项资金2692万元。建始直立人遗址、忠堡战斗展示园建设项目纳入2022年中央预算内投资计划。出台《恩施州革命文物保护利用三年行动方案（2021—2023）》，认定并公布全州不可移动革命文物161处，其中国保1处，省保24处，州保9处，县市保75处，文物点52处。可移动革命文物（馆藏革命文物）616件/套。其中珍贵革命文物113件套。

【新增15处省级文物保护单位】 2021年12月9日，省政府下发《关于公布第八批湖北省文物保护单位

2021年6月9日，“相约乡读·共读百年红色经典”和“家庭领读者”活动在巴东县野三关镇红军小学举行

（谢黎黎 摄）

的通知》，恩施州的沙道湾覃氏家族墓群、泗渡河郑家老屋、明珠山凌云塔、恩施县苏维埃政府旧址、忠堡大捷黄连棚指挥所旧址、坛子洞古茶园等15处不可移动文物被公布为第八批湖北省文物保护单位。

2021年恩施州新增省级文物保护单位一览表

表14

序号	类别	名称	时代	地点
1	古墓葬	沙道湾覃氏家族墓群	清	来凤县
2	古建筑	张家印子屋	清	来凤县
3		桂花谭氏祠	清	利川市
4		招风台杨家老屋	清	巴东县
5		泗渡河郑家老屋	清	巴东县
6		明珠山凌云塔	清	宣恩县
7	近现代重要史迹及代表性建筑	恩施县苏维埃政府旧址	1933年	恩施市
8		中共鄂西特委旧址	1940—1941年	恩施市
9		中共湘鄂西中央分局十字路会议旧址	1934年	利川市
10		巴建鹤边防司令部旧址	1930—1932年	建始县
11		湖北省立第一小学旧址	1939—1941年	建始县
12		忠堡大捷黄连棚指挥所旧址	1935年	咸丰县
13		尖山民族中学早期建筑	1954年	咸丰县
14		犀牛潭农民协会旧址	1935年	来凤县
15	其他	坛子洞古茶园	清	鹤峰县

【文物保护工程】 2021年，争取国家级、省级、州文物保护专项资金2692万元，用于开展石窟寺石刻专项调查、容美土司遗址爵府遗址保护展示、五里坪革命旧址白蚁防治、滚龙坝建筑群修缮等工作。完善文物保护工程管理，指导县市编制仙佛寺危岩体加固、范家老屋修缮、金果坪红三军旧址修缮、大村会议旧址修缮等文物保护项目勘察设计方案，完成庆阳凉亭街修缮、红三军旧址修缮及展示利用工程设计方案核准，向省文旅厅报送核准容美土司遗址展示工程方案的请示。完成恩施滚龙坝矛坎山古建筑群修缮、何功伟就义旧址、来凤茶堰坪摆手堂、宣恩庆阳凉亭街消防、鹤峰贺英殉难处修缮、咸丰蒋家花园消防工程等项目的工程验收，对国保单位彭家寨古建筑群防雷工程进行初验。对在暴雨灾害中受损的施州城墙一段、来凤牛王庙的相关灾情第一时间报省文旅厅，并督促县市文物局对受灾文保单位加快抢险加固，化解险情。

【文物安全监管】 2021年，落实文物安全责任公示，根据《中华人民共和国文物保护法》相关规定，对全国重点、省级、州级、县级文物保护单位的不可移动文物落实安全责任，明确责任人，制作责任公示牌。开展安全巡查，8月初至9月底，州文旅局抽调执法支队执法人员、县市文物局工作人员，组建2个工作小组开展文物安全巡查，对8个县市近40处国家、省、州、县重点文物保护单位安全管理工作进行抽查，现场交办问题，督促各整改落实。各县市局对各县域范围内文保单位开展安全巡查。开展安全隐患排查，下发工作方案，检查文物单位305处，其中国保9处，省保67处，市县保229处，博物馆8座，发现文物单位隐患和问题101项，督促整改88项。落实新冠肺炎疫情防控措施，指导县市博物馆、州博物馆落实常态化疫情防控措施，指导县市加强在建文物保护工程工地疫情防控工作，安全施工。

【革命文物保护利用】 2021年9月23日，州政府印发《全州革命文物保护三年行动方案》，明确工作目标、主要任务和保障措施。全年实施五里坪革命旧址白蚁防治、湘鄂西中央分局十字路会议旧址及红三军旧址维修、鹤峰贺英殉难处修缮、两河口苏维埃政府旧址消防等一批革命文物保护工程。州博物馆《红色记忆》、来凤《张富清英雄事迹》、宣恩县《红色宣恩》、建始县官店革命历史陈列成为恩施州重要的党史学习教育基地。鹤峰县承办省文旅厅组织的《荆楚大地红旗飘——湖北省革命文物巡展》。

【全州革命文物工作会议】 2021年11月17日，全州革命文物工作会议召开，会议深入学习习近平总书记关于革命文物工作的重要指示精神，贯彻落实全国、全省革命文物工作会议精神，安排部署恩施州革命文物工作。会议强调要突出工作重点，组织实施资源整理研究、集中连片规划、重点项目保护、陈列展览提升、红色旅游发展、革命文化传播“六大工程”，建立健全统筹协调、督办考评、投入保障“三项机制”，提升工作质量和管理水平。会议通报全州革命文物工作情况，咸丰县、鹤峰县、州发改委、州财政局作交流发言。

（魏 娜）

【文物保护工程县市完成情况】 2021 年，恩施市滚龙坝古建筑群修缮工程项目获国家和省级文物保护专项经费 637 万元，恩施地委县委办公楼旧址专员楼红色记忆展示利用项目获省级资金 55 万元，完成何功伟烈士就义旧址文物保护、恩施县苏维埃政府旧址抢险维修项目。利川市大水井古建筑群局部墙体保护、鱼木寨干坝子岩居、石龙寺等修缮工程获批立项，培风塔和范家老屋修缮工程设计方案通过评审，鱼木寨及大水井古建筑群安防工程 11 月完工。建始县完成五阳书院陈列布展、景阳天主教堂文物保护修缮、凤凰人民公社抢救性文物保护、黄显极墓及附属黄家老屋保养维护工程项目。建始直立人遗址文化公园工程启动实施，9 月 24 日，省文旅厅将建始直立人遗址文化公园纳入荆楚大遗址 B 类项目库。来凤县完成红军标语墙维修，杨梅古寨、犀牛潭农民协会旧址消防及茶堰坪摆手堂修缮工程项目。传统村落龙潭坪村民俗博物馆及非遗展示布展工程通过验收，对外开放。鹤峰县完成贺英殉难处修缮、红四军五路指挥部旧址抢险加固工程。《容美土司遗址——中府片区保护规划》、容美土司南府遗址保护展示工程立项获国家文物局批准，李家祠堂修缮工程和二、三级可移动文物保护修复项目立项获省文旅厅批准。

【文物调查勘探】 2021 年，州博物馆完成咸丰县唐崖土司城世界文化旅游基础设施项目、南河景观闸坝工程文物调查勘探。配合恩施市文物局、武汉大学开展柳州城遗址调查清理。拟定湖北省电力勘测设计院有限公司恩施东—朝阳 500 千伏线路工程文物调查、勘探实施方案。建始县文物局协助湖北省文物考古研究所完成西气东输南线工程、中线工程，白鹤滩—江苏±800 千伏特高压输电工程建始段文物调查。

（龚艳萍）

2021 年 1 月，恩施市文物局、武汉大学开展柳州城遗址调查清理

（恩施市文物局 供稿）

非物质文化遗产

【概况】 2021 年，州文旅局印发《恩施州非物质文化遗产传承基地（传习所）认定与管理暂行办法》《恩施州传承人群研培计划》《恩施州非物质文化遗产传承人群研修研习培训计划实施方案》《恩施州传统工艺振兴计划》等规范性文件，推进武陵山区（鄂西南）土家族苗族文化生态保护实验区建设。州文化馆加挂“恩施州非物质文化遗产保护中心”牌子，负责全州非物质文化遗产保护工作的组织实施。恩施州有国家级非物质文化遗产（简称非遗）代表性项目名录 16 项，有省级非遗代表性项目名录 66 项，州政府公布州级非遗代表性项目名录 142 项，8 个县市人民政府公布县市级非遗代表性项目名录 616 项。全州被命名的国家级非遗项目代表性传承人 12 人，省级项目传承人 86 人，州政府公布州级传承人 236 人，8 个县市公布县市级传承人 1345 人。

【武陵山区（鄂西南）土家族苗族文化生态保护实验区建设】 截至 2021 年，全州建设传承基地 115 个、传习所 58 所、传统工艺振兴基地 30 个，传统工艺工作站 48 所，传统村落 50 个，少数民族特色村寨 28 个，特色小镇 14 个，民族文化进校园工程示范学校 72 所。全年共印发武陵山区（鄂西南）土家族苗族文化生态保护实验区建设情况督查通报 4 期。恩施市成立武陵山区（鄂西南）土家族苗族文化生态保护实验区（恩施市）建设工作管理委员会，印发联席会议制度；印发《恩施市传统工艺振兴计划实施方案》《恩施市非物质文化遗产保护工作专家委员会工作制度》《恩施市社会力量参与非物质文化遗产保护利用工作制度（试行）》；新建恩施市非遗展示馆。鹤峰县成立武陵山区（鄂西南）土家族苗族文化生态保护实验区（鹤峰县）工作领导小组，印发实验区建设工作方案；印发《关于设立非物质文化遗产传习基地、馆（所）的通知》《鹤峰县县级非物质文化遗产代表性传承人认定与管理暂行办法》《鹤峰县非物质文化遗产传习基地、馆（所）规范化建设的管理办法》《鹤峰县非物质文化遗产项目代表性传承人年度考核办法（试行）》。恩施市、利川市、宣恩县 3 个县市非遗馆开馆、利川市红茶城主题展示馆、柏杨坝非遗扶贫街、凉雾北夷城非遗小镇投入使用，咸丰县完成大路坝蛇盘溪传统村落展示馆建设。

【非遗代表性项目、传承人保护与管理】 2021年1月，州文旅局印发《恩施州州级非物质文化遗产代表性传承人认定与管理办法》，落实每人每年3000元的州级传承人补助经费。协助省文化和旅游厅完成2020—2021年国家级非物质文化遗产项目代表性传承人、2021年省级传承人考核工作，与国家级、省级非遗代表性传承人签订2021年度传承管理协议书，完善四级名录体系。2021年，利川市制漆技艺（坝漆制作技艺）被国务院公布为第五批国家级非物质文化代表性项目名录。4月至11月，组织开展第七批州级非物质文化遗产项目代表性传承人申报、评审工作。利川市非遗馆牵头，采取“以馆带团”方式，完成利川灯歌演唱团、龙船调艺术团等“多点开花”的社会文艺团体传播体系。利川市、鹤峰县、咸丰县完成非物质文化遗产普查工作，咸丰县完成非遗数据库建设工作。

【非遗传承培训】 2021年，州非遗保护中心组织全州非遗保护中心骨干15人到湖南湘西州参加“国家级文化生态保护区建设经验交流”学习。举办2021年恩施州非物质文化遗产保护工作培训班，全州非遗保护工作者、各级传承人110人参训。举办“五句子山歌”专题培训班，36位传承人参训，与10名优秀代表性传承人签订志愿服务协议，在当地开展传承培训1200余人次。恩施市举办恩施民歌培训班、非物质文化遗产保护工作培训班。利川市协助省文旅厅举办武陵山区（鄂西南）土家族苗族文化生态保护实验区评估验收工作培训会。巴东县举办2021年全县非物质文化遗产传承与保护培训班，培训学员150人次。宣恩县举办传统音乐（薅草锣鼓、宣恩花锣鼓、高腔山歌、五句子山歌）和传统舞蹈（耍耍、滚龙连厢、舞狮、舞龙、牛灯等）培训班各1期，培训人员800人次。

【非遗“六进”活动】 2021年，开展非遗“六进”（进校园、进社区、进企业、进机关、进军营、进景区）工作。依托女儿城、北夷城、大峡谷等景区，与高校合作开发研学路线，共开展进景区、进社区、进校园等活动1350场。探索开展“非遗在社区”工作，全州在社区建立传承恩施扬琴、肉连响、利川木雕、红茶制作技艺、丝弦锣鼓等传承场所60余个。全年在社区开展非遗活动1000余场。恩施市在小渡船街道机场路社区开展的传承“恩施扬琴”项目成为全省“非遗在社区”试点。恩施市非遗中心认定恩施土家女儿城为非物质文化遗产传承展演基地，部分非遗项目和产品在土家女儿城定期展演展示展销，促进非遗与旅游深度融合，其中3月至6月，指导土家女儿城非遗传承展演基地举办“弘扬传统文化·聆听中华之音”民族乐器公益培训班。利川市成立200余支社区志愿服务文艺团队，在社区开展非遗宣传推广活动。宣恩县在清江外国语学校、李家河镇民族初级实验中学、宣恩县第三实验小学、宣恩县中等职业技术学校开设滚龙连厢、八宝铜铃、三棒鼓、耍耍、高腔山歌、土家十姊妹歌和土苗绣花鞋垫等8个非遗项目培训课程。咸丰县在唐崖土司城、坪坝营等景区开展文化生态保护实验区建设宣传巡回展览，聘请省、州级传承人在唐崖镇民族小学、中心幼儿园和燕朝小学开展板凳龙、唢呐、板凳拳、草把龙的教学活动，与县教育局联合开展唐崖土司城研学基地建设，派出非遗传承人走进景区开展非遗讲学。鹤峰县通过签订合同的形式约定非遗进校园教学培训工作的时长，组织县文化馆专业艺术团体、社会非遗传承团体开展戏曲进校园活动。巴东县开展土家族撒叶尔嗬、巴东堂戏、巴东皮影戏等项目进社区活动221场。

【文化和自然遗产日活动】 2021年，全州组织开展“文化和自然遗产日”非遗宣传展示活动22场，72项非遗项目、195名非遗传承人参与活动，3.5万名群众现场参与活动。举办线上活动7场，120万人次参与线上活动。主场活动于6月8日在咸丰县唐崖土司城遗址景区举行，全州8个县市16个节目参加展演，15项非遗项目参与“非遗购物节”展销。州文化和旅游局百家号、州文化馆抖音号、新浪新闻直播以及本地网红对活动进行直播，线上、现场观看达百万人次。6月9日，展演、展销项目走进坪坝营景区，分别在景区内鸡公山索道、北纬30°、森林剧场等打卡点为游客展示恩施非遗项目。州非遗

2021年6月，恩施州“文化和自然遗产日”宣传展示活动中丝弦锣鼓展演

（覃　明　摄）

中心联合恩施市非遗中心在女儿城举办“非遗购物节”。宣恩县开展为期两天的非遗展示展演活动，组织薅草锣鼓等14个节目开展非遗专场演出。制作州代表性非遗项目展板在活动现场展示，发放《武陵山区（鄂西南）土家族苗族文化生态保护实验区（恩施州）非物质文化遗产简介及非物质文化遗产保护政策文件选编》，宣传《中华人民共和国非物质文化遗产法》和非遗相关知识。项目恩施玉露、柏杨豆干和薅草锣鼓《幺姑筛茶来》参加湖北省2021年“文化和自然遗产日”的主场活动。

【抢救性记录】 2021年，恩施市开展花锣鼓、车车灯、油茶米子制作技艺、藤编、恩施油香制作技艺、恩施烧饼制作技艺、糖画、神豆腐制作技艺等市级非遗项目的抢救性记录工作，开展恩施扬琴传统曲目《松林解带》复排工作。巴东县开展巴东堂戏剧目演出拍摄和老艺人口述史采集工作。利川市开展利川灯歌国家级代表性传承人全友发抢救性记录补录工作。咸丰县配合省非遗中心开展土家族吊脚楼营造技艺记录工作。宣恩县完成原生态情景表演节目《薅草锣鼓》《宣恩道情》《高腔山歌》等抢救性复排。

【展示推介】 2021年，由中央广播电视总台和民政部联合摄制的大型地名文化节目《中国地名大会》开播，内容涉及恩施州国家级非遗项目恩施扬琴、肉连响、灯歌。恩施傩戏传统剧目《大开山》、灯戏传统剧目《雪山放羊》、巴东堂戏、柳子戏、南剧参加恩施州五大地方戏会演。宜红茶制作技艺、坝漆制作技艺、利川灯歌等项目参加第六届世界硒都（恩施）硒博会。柏杨豆干制作技艺、伍家台贡茶制作技艺等参加湘鄂赣皖四省非物质文化遗产联展活动。利川文斗阴米、来凤藤茶在2021中国武陵文旅峰会、第二届荆楚乡村文化旅游节上展销，高腔山歌、草把龙、石工号子等10余个非遗项目参加恩施州“灵秀湖北·四季村晚”演出活动。恩施市文旅局举办“我们的中国梦——文化进万家”2021年喜迎新春——于祥志水磨漆作品线上展和鲁洞剪纸作品线上展。恩施州工艺美术非遗技艺主题创作展在利川市蓝天路腾龙工业园区的利川刺绣、利川木雕非遗传承基地成功举办。巴东县举办第九届长江（三峡）纤夫文化旅游节·长江峡江号子展演活动，五句子山歌等非遗项目参加牛洞坪菜花节活动。宣恩县组织非遗项目参加原生民歌节、中国成都国际非物质文化遗产节、“我在江汉路等你”——江汉区2021年金秋文化旅游节系列活动等。国家级非遗项目土家吊脚楼营造技艺宣恩县县级非遗传承人黄俊及其作品受邀参加第七届中俄线上“长江—伏尔加河”青年论坛。土家族吊脚楼模型《撮箕口吊脚楼》、何氏根雕作品《纳凉》参加在上海举办的“百年百艺·薪火相传”中国传统工艺邀请展。鹤峰县组织开展第三届非遗展示展演活动。

【宣传推广】 2021年，恩施州发布《家乡年》公益宣传片，恩施州地方戏专题片包括南剧、巴东堂戏、灯戏、傩戏、柳子戏。恩施市开展中国戏曲剧种全集《恩施傩戏》《恩施灯戏》专著编撰工作完成初稿。在《恩施晚报》设置“建设武陵山区（鄂西南）土家族苗族文化生态保护实验区特别报道”宣传专栏。《湖北恩施：非遗进校园，文化润心田》在“学习强国”湖北学习平台报道。联合州非遗保护中心在大峡谷风景区管理处、板桥镇等地开展6场国家级文化生态保护实验区建设政策宣讲活动。利川市拍摄制作利川小曲《扬帆再启航》“铁器制作技艺”“木叶吹”“忠路豆皮制作技艺”等非遗短视频，通过线上平台宣传推广。咸丰县完成《咸丰县非物质文化遗产名录图典》初稿校对工作。宣恩县完成《三棒鼓》编撰和《薅草锣鼓》培训教材（教案）编写工作。

【非遗品牌建设】 2021年，利川市非物质文化遗产初步形成以龙船调（利川灯歌）、肉连响、绕棺等项目为代表的民族歌舞品牌，以柏杨豆干、建南咸菜、谋道腐乳等项目为代表的传统饮食品牌，以利川木雕、利川刺绣、土家吊脚楼等项目为代表的传统工艺品牌，以利川红茶、坝漆、莼菜等为代表的新兴生态产业品牌四大品牌。建始县整合建始丝弦锣鼓展演队，重点支持建始米子糖、花坪桃片糕、腊肉制作等传统制作技艺产业创新发展。

（刘 琪 魏 娜）

出　版

【概况】 2021年，出台《恩施州“扫黄打非”案件沟通协调和督办工作措施》，开展“扫黄打非·正道”和“扫黄打非·新风”集中行动，对出版物市场、印刷企业和网络环境进行巡查检查。完成13家“护苗”工作站建设，恩施市梭布垭石林景区成功创建湖北省“扫黄打非”基层示范标兵，在全州建立数字农家书屋1278家。组织软件正版化工作领导小组联络员会议，开展业务培训，对重点行业进行督查检查。

【出版印刷管理】 2021年，为包装装潢印刷品和其他印刷品印刷企业新办证10个、换证9个；根据《内部资料性出版物管理办法》，全州核发《内部资料性出版物准印证》29个。按时完成6个公开报刊单位表格统计及核验报告的上报，完成32种连续性内资的年度核验。完成118家印刷企业和4家出版物发行批发单位、274家出版物发行零售单位年度核检及相关数据、表格及核验报告的上报工作。

【文化市场整治】 2021年，在春节、两会、“五一”、“七一”、“十一”及学校开学等重要时间节点开展集中行动，组织执法人员开展文化市场执法检查和网络巡查。排查清理各类违法违规行为。开展涉邪教类出版物、中小学生图书市场，违禁小说、弹窗广告、盗版盗印党和国家领导人系列著作和党史学习教育有关读本、使用盗版教材资料、非法发行教辅行为等专项整治工作。全年共出动执法人员5000余人次，检查各类文化经营单位1400余家次，查办各类“扫黄打非”案件20起，其中刑事案件5起、行政案件15起。规范和监督企业守法经营，推进印刷复制发行市场健康有序发展。

【版权管理与服务】 2021年，印发《恩施州2021年推进使用正版软件工作实施方案》《恩施州2021年推进使用正版软件工作督查考核实施方案》《恩施州2021年推进使用正版软件工作三年实施方案》等文件，组织召开软件正版化工作领导小组联络员会议和软件正版化工作培训会，组织州直单位开展自查，重点对州属国有企业开展检查督办。结合“4·26”世界知识产权日，开展主题为“全面加强版权工作，推动构建新发展格局”的版权宣传周活动，在网络、电视、报纸上开设专栏专版、介绍版权知识、刊发打击侵权盗版的宣传海报，向群众普及版权保护知识。

（周　凯）

广播电视

【概况】 截至2021年，全州有广播电视制作、播出机构9家，经营、传输机构8家，民营持证机构15家。电视频道9个，广播频率6个，中短波发射台站2座，调频、电视转播发射台51座（其中42座为无人值守补点站），调频发射机36部，发射功率70.3千瓦，电视发射机156部，发射功率28.55千瓦。有线广播电视传输干线长度1871.85千米，有线电视用户587528户，“户户通”用户567501户，广播综合覆盖率99.94%，电视综合覆盖率99.95%。全州广播频率制作节目10926小时，播出32039小时。电视频道制作节目3679小时，播出55751小时。州广播电视台获国家广电总局表彰为公益广告播出优秀传播机构，州广播电视局等4个单位和7名个人被省人社厅、省广播电视局表彰为先进集体及先进个人，全年广播电视工作在全省综合考核中位列全省第三名。

【主题宣传管理】 2021年，全州各级广播电视制作播出机构开展“‘奋斗百年路　启航新征程’——红色山河绿色梦”大型融媒体采访活动。全州开设专栏624期，播放新闻10123条，开展系列报道2474条，融媒体传播24446次。发挥“村村响”平台连通乡亲群众最后一百米的独特宣传作用，统筹做好“村村讲村村响　五中全会在乡村”“感党恩　跟党走　湖北村村响　村村讲党史”“村村讲村村响　七一讲话亮心堂”“村村讲村村响　六中全会亮心堂”4个宣讲活动，播出专栏57期，播放红色革命歌曲600余首，制作播出本地广播节目近100个，播放时长约6000分钟，覆盖听众人口250万余人。围绕2021年中国共产党成立100周年主题，聚焦“立足大生态，构建大交通，发展大旅游，打造大产业”，彰显“土、硒、茶、凉、绿”特色优势。推荐选送的《永跟党走》《坚守初心　不改本色》等13个作品获得省局季度推优项目扶持。微电影《血脉》获“理想照耀中国——湖北省庆祝中国共产党成立100周年网络视听大赛及全媒体传播行动”优秀作品奖。以反映驻村第一书记的扶贫题材电视剧《此山此水此地》在宣恩县拍摄。

【安全播出管理】 2021年，州、县两级广播电视行政主管部门、制作播出机构、传输机构落实主管主办责任和属地管理责任，持续规范传播秩序，加强广播电视频率频道、有线电视网络、网络视听节目等管理服务工作。印发调整恩施广播电视播出安全指挥部、安全播出领导小组、设施保护领导小组3个文件，坚持局、台、网会商工作机制，定期召开工作联席会议，严格履行意识形态责任。印发《迎接中国共产党成立100周年全州广播电视和网络视听安全播出保障专项工作方案》，召开庆祝中国共产党成立100周年安全播出专题会议2次安排部署重要保障期各项工作，组织专项检查3次，督促各责任单位加强日常运行维护、安全播出制度执行、消防设施、值班值守和应急演练。

【传媒机构管理】 2021年，按照《关于做好承接县级广播电视播出机构有关行政许可事项的实施方案》要求，规范精简频率频道，州台频道实现全面高清制播，辖区7个县市全面完成频率频道的清理规范工作，全面落实只办一套综合广播电视节目。

【专项整治行动】 2021年，全州统一部署开展非法卫星地面接收设施安装、境外卫星电视节目接收专项整治行动，坚持每季度开展专项行动治理。全年检查宾馆48家，查询家电销售店面127家，督促2家安装使用境外卫星电视的酒店每季度开展不少于1次自查，及时上报管理使用情况。督促指导各县市开展网络视听节目监管、打击“黑广播”等各类专项整治行动。

【行业公共服务】 2021年，深化“放管服”改革，推动“互联网+监管”建设，强化事中事后监管。完善广播电视行政审批58项目的申报条件清理，58项行政处罚的法律依据清理，为州内15家民营持证机构，8家网络视听机构，8家广播电视台提供最优化的行政审批流程、精简审批材料、压缩审批时限，以更优服务、更高质效为行业提供最佳发展环境，开展行业信用体系建设，加强行业统计培训和统计管理，加强行业专项资金的绩效评估管理，督促指导全州42个无线数字覆盖补点站按要求将中央12套节目、5套省级节目、2套州级节目、1套县级节目送入省级发射机开播，完成农村智能广播网（“村村响”）、“户户通”工程建设，完成1219个村的民族自治州所辖县村综合文化服务中心广播器材配置工程，完成巴东县、咸丰县县级应急广播体系建设，完成187个村的美丽乡村终端光伏改造项目，组织全州8个县市及湖北广电网络恩施分公司到五峰县考察应急广播体系建设，督促指导恩施、利川、建始、宣恩、来凤、鹤峰6个县市优化应急广播体系建设方案设计，完成项目申报，调研全州“村村响”系统实际情况，督促指导加强运维管理，5个县市出台运维管理办法，推动出台州级运维管理办法，确保全州“村村响”所有终端长期保障在90%正常响通，推动县级融媒体中心坚持迭代升级，推动州、县两级媒体融合发展。构建“一张网、多个库、一条船”的系统思维，实现资源共享、内容共享、渠道共享、人员共享，建成集电视、广播、网站、新媒体于一体的传播矩阵，释放出“1+8”（州广播电视台云上恩施，8个县市融媒体中心云上系列一次编播全媒体转发）的融合传播效应。探索“新闻+政务+服务+商务”的发展路径，依托全系统、全区域的优质文旅、教育、体育赛事活动等优质资源，培育新业态。

（魏　娜）

文化传媒

恩施日报社

【概况】 2021年，恩施日报社围绕州委中心工作部署，按照全州宣传工作“11345”（高举一面旗帜、贯穿一条主线、创新三项机制、突出四个着力、培强五支队伍）的总体思路，以庆祝中国共产党成立100周年为主线，建设“五型报社”（学习型、服务型、创新型、活力型、法治型），加强正面宣传、舆论引导、队伍建设，深化媒体融合。在6个县市设有记者站，其中7月27日，来凤记者站设立。恩施日报社被州委宣传部、州司法局评为恩施州2016—2020年恩施州普法工作先进单位。机关第二党支部被州委评为“全州先进基层党组织”、被州委直属机关工委评为“红旗党支部”。由恩施日报社运维的恩施州政府网在绩效考核中位列全国地市政府门户网站第55名，被评为全省进步最快单位。“恩施发布”微信公众号连续多年获湖北省十佳政务微信。记者梅珂在全省新闻战线第八届“好记者讲好故事”演讲比赛中获二等奖。记者向磊、杜瑞芳、陈航被州委宣传部表彰为2020年度全州宣传思想工作先进个人。

【庆祝中国共产党成立100周年及党史学习教育宣传】 2021年，恩施日报社以庆祝中国共产党成立100周年、党史学习教育为主线，全媒体以“奋斗百年路 启航新征程”为总栏目，先后开设“聚焦全州党史学习教育·绿色山河红色魂”“聚焦全州党史学习教育·我为群众办实事”“绿色山河红色魂·记者边寨行”“绿色山河红色魂·山乡巨变”“绿色山河红色魂·踏访湘鄂边苏区”“牢记初心使命 争取更大光荣”“中国共产党人的精神体系”“红色书香润恩施”“党旗在一线高高飘扬”“党史学习教育笔谈”等专栏专题，全方位呈现全州庆祝中国共产党成立100周年的盛况和开展党史学习教育的生动实践。精心策划庆“七一”专题报道，创新推出庆祝中国共产党成立100周年《脱贫攻坚展新颜　乡村振兴纾长卷》手绘插画四连版和“这，很恩施”“寻找红色宝藏”H5专题，生动展现中国共产党成立100年来尤其是建州以来恩施经济社会巨大变化。

【十九届六中全会宣传】 2021年，恩施日报社制订全媒体报道方案组织实施十九届六中全会精神宣传，及时宣传解读六中全会精神，并在《恩施日报》一版、二版相继开办“深入学习贯彻六中全会精神　奋力推进恩施绿色崛起”“学习贯彻十九届六中全会精神”等专栏，报道各级各地学习贯彻六中全会精神的举措和效果，刊发谈学习贯彻十九届六中全会精神人民日报评论员文章。

【州第八次党代会宣传】 2021年，在州第八次党代会会前刊发《喜迎党代会　阅卷这五年》系列专题报道，《决战决胜　圆梦小康》脱贫攻坚篇、《舵稳航远　风清气正》政治建设篇、《产业支撑　绿色崛起》经济建设篇、《文旅融合　渐入佳境》文化旅游篇、《绿水青山　底色更亮》生态文明篇、《利惠民生　幸福升级》社会民生篇、《城市建设　美丽蝶变》城镇建设篇、《改革开放　激发活力》改革开放篇8个篇章，展示过去5年间全州各地各部门在党的领导下，以党的建设引领发展的新突破、新成效。会中在一版刊发社论《潮平岸阔扬帆进　凝心聚力向未来》《奋力谱写恩施绿色崛起新篇章》，同时刊发第八次党代会报告图解和特别报道等。会后刊发学习贯彻州第八次党代会精神系列评论《坚定不移壮大州域经济》《坚定不移推进新型城镇化》《坚定不移推进乡村振兴》《坚定不移深化改革开放》《坚定不移打造生态文明样板》《坚定不移保障和改善民生》《坚定不移提升社会治理水平》和“踏上新征程　开创新局面——深入学习贯彻州第八次党代会精神·反响”专栏。

【优化营商环境和基层党建宣传】 2021年，恩施日报社全媒体开设“让群众办事更方便”“有呼必应　无事不扰　甘当服务企业的‘店小二’”“这事儿　网上办”“优化营商环境县市在行动”专栏，对简化的依申请行政权力事项及公共服务事项办理流程进行公示，全面报道全州各级各部门优化营商环境的举措、效果及典型。开辟“党旗在基层一线高高飘扬”“对党说句心里话”“我身边的优秀共产党员”“深度·恩施党旗红”“州直红旗党支部风采”“党建时评”“清廉建设润恩施”专栏，报道全州各级党组织和党员干部参与基层社会治理的做法、经验和效果。

【硒博会宣传】 2021年9月，第六届世界硒都（恩施）硒产品博览交易会开幕前，恩施日报全媒体开辟“喜迎第六届硒博会”专栏，推出《硒引天下梦正圆》《敢立潮头竞风流》《做好“硒”食大文章》《一红一绿动天下》《康养恩施“硒”客来》系列报道，报道恩施州近年来抓好硒资源保护与开发，发展壮大硒产业，建设世界硒都·中国硒谷所彰显的新特色、取得的新成效、呈现的新气象。开幕后，全媒体开设专版报道第六届硒博会现场、论坛、聚焦、关注等。闭幕采写《打造永不落幕的硒博会——第六届硒博会圆满收官》。

【践行“四力”宣传】 2021年，恩施日报社从队伍管理、激励机制等方面入手践行“四力”要求（编辑记者通过在基层一线增强脚力、眼力、脑力、笔力）。《恩施日报》《恩施晚报》常设“记者走基层”“新春走基层”“致敬城市美容师”等专栏。《世界最长斜行电梯建成——爬出天坑只需三四分钟》《一位老干部写给两名大学生的书信》《只因门前一块招牌，这家餐馆火了》等一批鲜活新闻作品见诸媒体。恩施日报社年度优秀新闻作品中，基层一线鲜活作品占比超过50%。

【深度报道】 2021年，州人大常委会“跨省区域协同立法保护酉水河”项目被省人大常委会评为全省人大系统“十大创新工作”之一，《恩施土家族苗族自治州酉水河保护条例》是恩施州制定的第一部地方性法规，也是恩施州与湖南省湘西州首次开展协同立法，是两地首次引进“第三方”参与立法的新探索。恩施日报社采写《一条河 一部法 一方人》系列报道，《凝聚共识，携手呵护一条河》《协同协作创新孕育一部法》《共治共享 法治滋润一方人》讲述州人大常委会跨省区域协同立法保护酉水河的时代背景、创作特色及法治实践。围绕州委、州政府中心，深度采写《立足大生态，厚植高质量发展的鲜明底色》《构建大交通，提升高质量发展的重要引擎》《发展大旅游，盘活高质量发展的宝贵资源》《打造大产业，筑牢高质量发展的强大支撑》《有事，就在院坝商量》等报道。

【典型宣传】 2021年，《恩施日报》《恩施晚报》定期推出“恩施楷模”“恩施工匠”“道德模范”“最美人物”“恩施好人”等专题专版，组织记者到基层一线，挖掘报道“守心书记”王小磊、“恩施赛罕坝”林场场长李能阳等基层干事创业的先进典型，为全州树立崇德向善的价值标杆，营造学习先进、争当先进浓厚氛围，用榜样照亮人们的精神世界。在一版刊发《“守心”践使命 不负百姓心》评论，同时在二版开辟“守心书记王晓磊故事——亲历者讲述”专栏，连续推出10则新闻故事，为巩固拓展脱贫攻坚成果同乡村振兴有效衔接提供榜样力量，全媒体开辟“学先进 谋振兴 开新局”专栏，对恩施州涌现出的全国、全省脱贫攻坚先进集体和先进个人进行报道。在一版刊发“谈学习先进典型 弘扬脱贫攻坚精神”系列评论《榜样引领新征程》《咬定青山不放松》《榜样力量薪火传》。

【新媒体宣传】 2021年，恩施日报社新媒体作品阅读量、点击量突破1亿人次，微信推文及视频24小时点击量突破100万人次的2条、10万人次的9条、2万人次的60条。“五一”前夕，恩施发布微信推文《这是我的名片：恩施，ENSHI！》24小时阅读量超20万人次。6月17日，神舟十二号载人飞船升空，知恩新闻微视频《运载火箭总设计师是恩施老乡》24小时阅读量超100万人次。9月29日，知恩新闻微视频《恩施》24小时阅读超100万人次，点赞量7万多人次。在11月25日召开的州委民族工作会议上，由恩施日报社拍摄制作的专题汇报片，得到州委主要领导肯定和参会人员好评。

【新闻获奖】 2021年9月，在中国记协主办的第31届中国新闻奖评选中，《恩施日报》2020年度摄影报道《再见，索道 你好，公路》获评中国新闻奖三等奖，实现《恩施日报》创刊72年来中国新闻奖零的突破。6月，在第38届湖北新闻奖评选中，《恩施日报》文字通讯《他用生命书写使命——追记咸丰县清坪镇原党委委员、纪委书记谢睿》（作者：彭信琼、文朝顺、宋海燕。编辑：岳琴、安家友、覃佐松）获一等奖。《恩施日报》文字深度报道《公益诉讼，为传统村落保护解困》（作者：黎袁媛、焦雯雯、李昱。编辑：黎袁媛、罗鸣、刘安泰）、《恩施晚报》文字通讯《疫情下的深情遇见——一位恩施护士与武汉医生的抗疫故事》（作者：杜瑞芳。编辑：周志宏、冯富岭、张家绮）、《恩施日报》新闻摄影（组照）《再见，索道 你好，公路》（作者：杨顺丕，编辑：邹洪涛、黎袁媛）获三等奖。12月，在湖北省记协时事版面专业委员会主办的2021年度时事版面好新闻评选中，《恩施日报》7件作品获奖，其中一等奖2件、二等奖5件，分别是《恩施日报》选送的版面3月11日六版（编辑明磊）、论文《重大时政报道如何在地方媒体精彩“落地”》（作者姚代凤）获一等奖。重大事件报道全国两会专题3月10日六版（编辑明磊），版面5月20日三版（编辑姚代凤）、6月10日三版（编辑姚代凤），论文《融媒时代党报时事报道拓展探究——以恩施日报社健康融媒部为例》（作者黎袁媛、沈祥辉）、《浅谈地市报时事新闻的差异化处理技巧》（作者程芳、颜晓倩）获二等奖。

【平台建设】 2021年，恩施日报社自筹资金，依托州政务云，建成恩施日报·知恩客户端和融媒体指挥中心。6月18日，恩施日报·知恩客户端正式上线，知恩客户端坚持贴党心、聚民心、映初心，坚持新语态、新表达、新手段，可读、可听、可看，可分享、可互动、可体验，下设政务、经济、文旅、社区、健康、教育、视频、图片、市场、读报、服务等10多个频道。实现“两报两网五微一端”（《恩施日报》、《恩施晚报》、恩施州政府官网、恩施新闻网、恩施发布号、恩施日报号、恩施晚报号、恩施日报视频号、恩施新闻网微博、知恩客户端）全媒体平台一体化运行。截至 12 月底，知恩客户端累计下载量达 2.8 万人次。

【媒体融合】 2021 年，恩施日报社改革传统媒体生产方式，融合《恩施日报》、《恩施晚报》、网站、微信公众号等，建立“统一调配、共融互通”的采编机制，逐步形成“一次采集、多种生成、多元发布”的融媒体生产运行格局。改革以报纸为核心的考评机制，转变为以新媒体为前端进行综合考评，实现“策、调、采、编、发、传、管”生产流程一体化调度。围绕媒体融合发展需要，在保持州委编办确定的内设机构不变的基础上，改革内部工作运行机制，组建“一部（纪检监察部）四中心（机关服务中心、产业发展中心、编辑出版中心、新闻采集中心）八融媒部（党建融媒部、经济融媒部、法治融媒部、健康融媒部、文旅融媒部、县市融媒部、市场融媒部、视觉融媒部）”，全员双向选择、选聘竞聘上岗。坚持引智、引才、引技多措并举，先后派出 5 批编辑记者到先进地区报社学习，自主招聘复合型新闻人才 12 人，常态化开展“一文一图一视频”业务培训。在有效保证纸媒出版质量的基础上，80%的业务力量转向移动端。

【产业发展】 2021 年，恩施日报社优化广告经营队伍架构，依托 8 个融媒部，成立 8 个融媒产业部，以开展活动、办好专刊、短视频创作为主要载体，加强宣传服务，全年广告签约额 1800 万元。盘活资产存量，加强租户管理和租金的及时收缴。落实优化营商环境、扶持小微企业发展部署要求，减免中小微企业租金 227 万元。4 月 25 日，恩施日报社印刷厂从舞阳坝老厂区迁入恩施市金龙大道规划五路新厂区，新增印刷生产线投入生产。

【合作交流】 2021 年，恩施日报社抢抓武汉对口帮扶恩施机遇，社主要负责人率队拜会长江日报报业集团主要负责人，在平台共享、人才交流、摄影小镇建设、农产品推介、文旅康养产业等方面达成初步合作意向。抢抓“宜荆荆恩”城市群建设机遇，参与成立“宜荆荆恩”媒体联盟、“宜荆荆恩”全媒联盟，探索区域主流媒体平台共建、资源共享、信息互通、产业合作的新路径。

（张　慧）

州广播电视台

【概况】 恩施州广播电视台属州委直属正县级公益二类事业单位，下辖州电视转播台、红岩寺微波站、铁场荒微波站、舞阳微波站和楚天声屏报社 5 个二级单位。2021 年，州广播电视台全面统筹改革发展、宣传经营、媒体融合等工作，围绕学习宣传贯彻习近平新时代中国特色社会主义思想主题，围绕庆祝中国共产党成立 100 周年宣传主线，围绕州委彰显“土、硒、茶、凉、绿”五大优势，立足大生态，构建大交通，发展大旅游，打造大产业，把恩施建设成为美丽湖北绿色崛起重要一极指导思想，讲恩施好故事，传播恩施好声音。6 件作品入选湖北省 2020 年度广播电视公益广告暨 2021 年建党百年广播电视公益广告扶持项目，被国家广电总局评为“广播电视公益广告优秀传播机构”（全省唯一），首次获得国家广播电视总局扶持。巡察反馈的38个问题全部完成整改并销号。

【主题宣传】 2021 年，围绕中心，服务大局，全媒体平台开设“立足大生态、构建大交通、发展大旅游、打造大产业”专栏，围绕生态、交通、旅游、产业等方面，制作播出新闻消息、短视频等 200 多条。完成党代会宣传任务，其中“喜迎党代会　奋进新时代”专栏从脱贫攻坚、经济发展、党的建设等 8 个方面，展现恩施州第七次党代会以来全州经济社会发展成就，为第八次党代会召开营造良好氛围。常设“有呼必应　无事不扰　甘当服务企业‘店小二’”“走向我们的小康生活”等专栏。

【主线宣传】 2021 年，党史学习教育贯穿全年，开展“绿色山河红色魂”新春走基层大型融媒体采访活动，用革命老区“红色精神”温暖人、鼓舞人。广播电视新媒体同步开设“奋斗百年路　启航新征程　聚焦全州党史学习教育”专栏，下设“绿色山河红色魂”“恩施红色记忆”“我为群众办实事”3 个子栏目，播发相关报道 600 多条。推出“美丽乡村溪丘湾”“红色精神照京坪”等 60 多个关注度高、互动性强的短视频，单条点赞量最多近 30 万人次，短视频总观看量 250 万人次。

2021 年 10 月 28 日，“绿色山河红色魂”——恩施州“学四史 听党话 感恩党 跟党走”百姓宣讲活动在州广播电视台举行
（喻小芳　摄）

【舆论监督】 2021年,《恩施新闻联播》栏目开办“每周问政”专栏，制作播出10期节目。“咸丰:‘高效办成一件事’为何不高效”等节目播出后引起较好的社会反响。“党风政风热线”共播出节目180期，上线单位145家，回访35期。热线电话及网络互动1538个，投诉类56个，求助类36个。反映问题线上解答1330件，线下答复208件，平均满意度98%。

【省级及以上媒体宣传】 2021年，在中国之声、湖北之声等平台发稿379条。电视宣传发稿980条，其中央视发稿84条、湖北卫视282条。在央视一套《新闻联播》播出的《沿着高速看中国·沪蓉高速:助推长江经济带快速发展》《张富清:深藏功名 初心不改》等节目引起较好社会反响。新媒体发稿730条，其中省级媒体发稿600多条，中央级媒体发表121条（“学习强国”湖北学习平台87条）。在第38届湖北新闻奖项中，获一等奖1个,二等奖2个,三等奖4个。

【媒体融合】 2021年，围绕“移动为先”，进一步改革考核机制，不断出现移动端高质量作品,不断刷新短视频传播影响力数据。《总要去趟恩施吧》系列的8个短视频在人民网客户端、云上恩施掀起转发热潮，转发量超过245万人次，新华社客户端转发当天浏览量达到101.1万人次。《六口茶》反诈MV点击量达到310万人次。5月19日，恩施文旅频道开播，是湖北省地市级广播电视台中首个开播的文化旅游类专业频道。7月14日,《恩施气象》融媒体产品上线，打造融媒时代气象服务新阵地。州广播电视台探索媒体融合恩施模式案例成为全国广播电视媒体融合典型案例。

【直播活动】 2021年，以重大主题为切入点,精办各种活动近百场。《感动恩施》《最美鹤峰》等品牌逐渐打响。围绕中国共产党成立100周年主题开展的“绿色山河红色魂”党史知识竞赛、“百炼成钢路 音乐颂党史”——《音乐党史课》等活动引起较好社会反响，首届“恩施工匠”职业技能大赛等活动实现社会效益和经济效益双赢。

【产业经营】 2021年12月15日，湖北云上视界信息科技有限公司申报高新技术企业成功获得批准。云上恩施赋能产品“智慧食堂”6.0旗舰版正式上线，50多个单位、5000余人通过“云上恩施”App扫码就餐。

【基础设施建设】 2021年，持续进行广播覆盖优化，新增龙凤坝方家垭广播补点站，新建广播无线发射台站3座，完成建始高坪火车站、巴东平阳坝高铁站、宣恩城区的广播覆盖。全面完成“村村响”州级平台和中央及省地面数字覆盖工程建设任务。职工书屋、职工之家、气象演播室等投入使用，运转规范，全面完成传媒中心广电大楼装修搬迁工作。

【荣誉】 2021年6月8日，州广播电视台被省委宣传部、省委网信办表彰为“2021年湖北省媒体融合创新案例评选优秀机构类优秀案例”；10月，被国家广播电视总局表彰为“2020年度广播电视公益广告扶持项目优秀传播机构”；12月，被省人社厅、省广播电视局表彰为“全省广播电视系统先进集体”，被国家广播电视总局授予“2021年全国广播电视媒体融合典型案例名单第四名(探索媒体融合恩施模式案例)”。

（程 云）

社会科学

【概况】 2021年，全州社科类研究会、协会、学会发展到40个，会员近万人，新增省级社科普及教育基地2个、州级社科普及教育基地1个，新增高校社科联1个。在各类社科活动中，州社科联认真履职尽责，加强指导服务，推进全州社会科学事业繁荣发展。

【组织完成恩施州社科课题评奖】 2021年，州社科联在恩施文明网发布《关于征集和申报“2021年度恩施州社科课题”有关事项的通知》，收到课题300余项，评审出80项重大、重点和优秀课题，州政府印发文件予以通报。

2021年度恩施州社会科学重大、重点、优秀课题一览表

表15

类 别	课题名称	申报者	申报者所在单位	合作者
重大课题（共12项）	解放思想 绿色崛起——恩施州高质量发展的路径选择	周辉军	州政府办公室	胡吉介 祁 勇 姚 恒
	学沪浙精髓 促发展突围	周 锐	州委办公室	匡乐轩 张 华 于德鹏 刘广达
	落实全面从严治党主体责任的探索与思考	裴达顺	州纪委监委	吴 波 洪学俊
	恩施州县域经济发展现状分析	黄世德	州委政研室	胡光南
	巩固确权成果 拓宽融资渠道——探索农村土地经营权抵押贷款破解市场主体融资难	胡东旭	州委政研室	唐明义
	文化建设助力湖北民族地区乡村振兴的调研报告	陈 澄	州委党校	饶映雪 冉俊杰

续表 15

类　别	课题名称	申报者	申报者所在单位	合作者
重大课题（共 12 项）	国家种源战略安全背景下恩施州特色种业振兴的优劣势及对策研究	钟育海	州种子管理局	董　洁 文　聃 卓宁敏 胡　华
	国家建构视域下铸牢中华民族共同体意识的价值探析	李华霖	湖北民族大学	田钒平
	新时代湖北民族地区文化传承保护路径研究	向　驰	湖北民族大学	李资源 江　舟
	乡村振兴与新型职业农民培育	曹　骞	湖北民族大学	孙江艳 覃　杰
	开展"整村授信"助力乡村振兴	覃发卫	利川市委理论信息中心	曾维权 谢方钟 何启波
	关于恩施州供销合作社综合改革的调查与思考	龙小芹	州供销合作社联合社	杨　频 黄　河
重点课题（共 20 项）	跨区域地方人大协作立法研究	吕世安	州人大常委会办公室	冉艳辉 谭艳军 庞青云
	恩施硒旅融合的特质分析与前景展望	陈普亮	州政府办公室	程水源
	关于基层负担问题的调研报告	陶　闻	州委组织部	张敬东
	推动治理重心下沉　提升基层治理效能	李　俊	州委组织部	
	组建社区治理"尖刀班"　激发城市基层党建内生动力——恩施州社区治理机制创新的尝试与思考	罗朝文	州委组织部	余文涛
	以一流的营商环境推动恩施高质量发展——关于恩施州优化营商环境的调研报告	陈　兵	州委政研室	李红梅
	做好"创建+"文章　建设民族团结进步示范区	向莉萍	州民宗委	
	恩施州红色资源在党性教育中的开发与利用	穆华桂	州委党校	
	构建党员下沉基层长效机制研究——基于恩施州推行"尖刀班+双报到"党员下沉模式	刘　欣	州委党校	周宗平
	恩施州党建引领乡村治理如何破题——基于建党 100 年来农村基层党组织建设的启示	陈　胜	州委党校	陈　建 张　濛 符姝昕
	恩施州创建国家"两山"实践创新基地的路径探析	陈袁丁	州委党校	谭晓华
	让我州红色资源成为党校教育"第二课堂"	袁　坤	州委党校	董祖斌 陈　尧
	从三个层面领悟全面从严治党	何　蓉	州委党校	罗光敏 倪　妮
	恩施州疾病预防控制体系建设现状问题及对策研究	田　莉	湖北民族大学附属民大医院	代文婷 邵祥威
	乡村振兴视域下恩施地区推进"地理标志+龙头企业+农户"模式设计研究	李建忠	湖北民族大学	朱　政 李文革 廖树林
	恩施州党建引领城市治理创新——党员下沉城市社区的政策逻辑与制度优化	张　恩	湖北民族大学	丁　恒 史美渊 向　鑫
	疫情常态化下恩施州旅游业发展存在的问题及化解研究	朱士华	湖北民族大学	谭贤楚 司马俊莲
	高校德育层次性研究	邹太龙	湖北民族大学	徐铜柱 谭志满 王世枚 易连云
	关于恩施州青少年开展党史学习教育的调研报告	黄爱华	恩施市实验小学	谭伶俐 罗　杉 张旭东 刘彦君
	持续推进跨省县际协作 打造武陵山新的区域性增长极	徐毓吾	来凤县委办公室	冯公平 孙伟座
优秀课题（共 48 项）	用"闭环思维"增强公文办理效能	刘　澧	州政府办公室	
	一体推进不敢腐、不能腐、不想腐　促进治理体系和治理能力现代化建设调研报告	邓仕彦	州纪委监委	李建军 李平连
	恩施州各县市纪检监察机关监督功能作用发挥情况调研分析报告	胡万春	州纪委监委	
	建立党员干部应对突发事件常态化能力培训机制研究	陈清全	州委组织部	马开星
	二官寨村何以在乡村振兴中破茧成蝶	徐贤翔	州委政研室	郜平川
	关于恩施州旅游产业高质量发展的思考	沈　济	州委政研室	
	关于恩施农商行服务实体经济发展的调查研究	谭建威	州委政研室	陈斯琪
	恩施州城乡人口迁移流动规律和趋势研究	黄莉芹	州统计局	

续表 15

类　别	课题名称	申报者	申报者所在单位	合作者
优秀课题（共48项）	恩施州人口年龄结构特征及对经济社会影响研究	邓明恒	州统计局	牟　波 尹　宝 章庞瑞 贺妮艳
	恩施州乡村振兴实用人才培育现状研究	曾　珍	州农业农村局	黄宗举 杨　蓉
	“小快递”服务“大产业”“大民生”——恩施州农村寄递物流体系建设调研报告	杨　勇	州邮政管理局	钱国栋 高昌霖
	新形势下强化政治监督的实践与思考——以恩施州为例	向　恒	州委党校	
	伟大建党精神的三维逻辑解析	宋　巍	州委党校	张文璋 欧阳祎兰
	加强农村党组织建设的创新实践研究——以恩施州驻村“尖刀班”为例	谭云勤	州委党校	
	恩施州住房公积金贷款风险防控研究	李仁杰	州住房公积金中心	刘国文 谭志金 李安琪
	红色资源推动绿色崛起的路径探究	朱晓梅	咸丰县委党校	
	乡村振兴战略背景下恩施州"尖刀班”模式与农村社区治理创新的探索	向远志	沙道沟镇人民政府	姚茂涛 王　辉
	恩施州国家全域旅游示范区建设现状及对策研究	罗　秋	利川市文化旅游事业发展中心	王智会
	恩施州破解就业结构性矛盾研究	向立立	州人社局	朱　靖
	坚持党的领导与依法独立行使检察权的一致性研究	谭远磊	咸丰县人民检察院	
	培养文化人才　推动乡村振兴	杨　光	舞阳坝街道党群服务中心	
	关于恩施州存量土地消化处置工作的思考	王俊钦	利川市自然资源和规划局	陈斐然 邓　军
	思想政治教育引领乡村振兴发展的内容和路径研究——以金洞司光明坝为例	温一庠	黄金洞乡人民政府	
	课堂内外抓好中学生党史学习教育　多措并举牢铸青少年红色信仰	齐征琳	恩施高中	杨　漫
	运用积极心理学元素提升学生生活满意度	向太平	恩施高中	张　典 徐雅文 李春轩 丁修玉
	基于“几”字猪价走势下恩施州畜牧业“过桥机制”探析	赵如洲	国家统计局恩施州调查队	孟　达
	恩施地区红色文化资源保护与开发研究	张　伟	恩施市委党校	
	推进消费帮扶 助力乡村振兴——恩施市消费帮扶可持续性发展路径探析	杨兴凤	恩施市委党校	杨　琳
	恩施州美丽乡村建设研究	周海艳	州中心医院	谢　丹
	恩施州智慧治理体系与治理能力现代化研究	胡新丽	恩施市政务服务与大数据管理局	曾　伟 向卫华 郭　娟 陈科嵘
	“网红”飞速发展背景下农村青少年价值观引导研究	李春萍	利川市汪营初级中学	冉龙亚 叶　馨
	挖掘乡土红色资源　促进党史学习教育和老区村振兴的探索	贾开忠	州教育科学研究院	李绍贵 刘　涛 向　丽 余学登
	乡村振兴战略背景下农村小学高质课堂建设的实践研究	唐清碧	恩施市教学研究和教师培训中心	向　彪 杨永辉 柳兴平 黄振宇
	党建引领基层治理的思考——以建始县党建引领社区治理为例	何　傲	建始县委组织部	
	影响高中生有效学习英语的因素及对策研究	谭缤纷	州电教装备站	周　倩 向家米
	湖北少数民族地区现代职业教育发展面临的困境及对策	唐燕妮	恩施职业技术学院	陈海燕 梁　飞 刘洪岚 杨　妙
	恩施州康养旅游产业发展研究	沈　炜	恩施职业技术学院	王　伟 冯代慈 曾晓芳
	基于巩固脱贫攻坚成果背景下的乡村产业振兴路径探索	陈　烨	恩施职业技术学院	李立平 吴绍杰 曾　稳 胡　倩
	全力推进恩施州新型城镇化有关问题研究	陈平财	恩施职业技术学院	
	课程思政理念融入专业教学的探索与实践	刘雨菡	湖北民族大学	石庆秘 李烨鑫 高　琴 吴　宇
	村党组织书记“一肩挑”制度的程序合法性与实现路径——基于国家财政农村投入资本化视角的分析	鲁　帅	湖北民族大学	李海港 刘轩男
	民族高校思政课教学坚持“统一性与多样性相统一”论	杨　宁	湖北民族大学	罗成富 张蔚玲 朱　妍

续表 15

类　别	课题名称	申报者	申报者所在单位	合作者
优秀课题（共 48 项）	新时期加速推进民族贫困地区民营经济高质量发展的思考	陈胡萍	湖北民族大学	
	老年人被骗问题调查——以利川为例	邓　浩	湖北民族大学	华雨萱 杨遇凡 袁嘉宇 张文慧
	社会治理体系和治理能力现代化背景下未成年人检察工作研究	李　勇	湖北民族大学	王伟丽 曾昭信 肖　倩
	恩施州生态文化旅游研究	廖正丽	湖北民族大学	谭　苏 吴尚丽 荣　洁
	加快县级融媒体中心建设	秦　丽	湖北省社科院恩施分院	
	疫后西部地区绿色金融与生态文明无缝对接难点及对策	朱　峰	州金融学会	田远佑

【庆祝中国共产党成立 100 周年暨恩施州党校系统第 32 届理论研讨活动】 2021 年，州委党校和州社科联联合举办“庆祝中国共产党成立 100 周年暨恩施州党校系统第 32 届理论研讨活动”。先后收到湖北省宜昌市、重庆市黔江区等地 16 所党校的教师与研究人员撰写的 107 篇文章，评出一等奖 20 篇、二等奖 32 篇、三等奖 40 篇。

【专项课题调研】 2021 年，州社科联组织恩施州清江经济研究所社科专家参与调研的课题《新时代推进乡风文明建设的有效路径》在《学习月刊》2021 年第 10 期刊发。组织恩施州作家协会等单位参与调研，撰写调研报告《挖掘红色文化资源　推进红色旅游发展》。

【成立社科教育基地和高校社科联】 2021 年，在省社科联支持下，分别在湖北民族大学和来凤县博物馆挂牌成立省级社科普及教育基地，选定新华书店倍阅店为全州首个州级社科普及教育基地，在湖北民族大学成立社科联。

（张继华　瞿　静）

档　案

档案管理

【概况】 2021 年，全州档案系统利用珍贵档案资源，开展庆祝中国共产党成立 100 周年系列活动，讲述党在恩施的红色故事、宣扬档案工作的重要意义。州档案局在国际档案日期间召开现场办公会，邀请各县市档案局长、馆长参观恩施市新档案馆馆库建设并现场交流；州档案馆协助举办庆祝中国共产党成立 100 周年的州直单位党史知识竞赛活动。咸丰县开展“翻阅红色档案·追忆百年风云”党史学习教育；巴东县举办“忆峥嵘岁月·档案话百年”主题展览；利川市对档案馆馆藏档案——抗战时期《救国时报》进行宣传推介。鹤峰县发布关于鹤峰革命题材的党史学习教育专题片《金戈铁马满山红》。

【档案资源体系建设】 2021 年，全州档案系统丰富馆藏档案资源，抓好脱贫攻坚、新冠肺炎疫情防控两类档案的搜集和整理，建好专题档案库。截至 12 月 31 日，全州整理精准扶贫档案 24.16 万卷、25.83 万件，建库目录 284.25 万条，数字化 502.94 万画幅、2881.09GB，展示全州山乡巨变、山河锦绣的时代画卷，保存脱贫奔小康的恩施样本，为做好巩固拓展脱贫攻坚成果同乡村振兴有效衔接各项工作提供丰富的档案资源。新冠肺炎疫情防控档案共整理 10.05 万件，建库目录 10.1 万条，数字化 78.29 万幅、455.44GB，记录 2020 年以来新冠肺炎疫情防控期间各级医护人员和全州党员干部、各族人民团结一心战疫的光荣历史，也为常态化疫情防控提供珍贵的行动指南。落实农村土地确权等民生档案的验收进馆工作。州档案局、州档案馆、州农业农村局组成联合验收组，组织开展全州农村土地承包经营权确权登记颁证档案验收工作，截至 2021 年 12 月 31 日，除恩施市外，恩施州 7 个县市均通过验收。

【档案利用体系建设】 2021 年，在全州范围内开展异地查档，对查阅省档案馆、州档案馆及各县市档案馆档案的人员提供一站式服务，异地档案查询利用 1000 余人次。档案开放利用程度提高，各级档案馆向社会开放档案 15 万卷（件），接待利用 10 万余人次，出版编研资料 42 种、189 万字。加快档案信息化和数字化建设，以“存量数字化、增量电子化”为目标，全州馆藏档案数字化率达到 60%以上。

【档案安全体系建设】 2021 年，州档案局印发《关于进一步加强全州档案安全工作的通知》，确保档案实体和档案信息绝对安全。州档案局将州公安局受灾档案修复工作作为年度工作重点，联合州档案馆、州国家保密局开展每周进现场指导活动，月末汇总形成工作简报，指导督办，截至 12 月 31 日，州公安局档案修复工作基本完成。

（康　蔚）

州档案馆

【概况】 2021 年，州档案馆统筹档案管理与服务，推进异地跨馆查档全覆盖工作，开展州公安局受灾档案抢救指导工作和州级新冠肺炎疫情防控档案的指导与接收工作，抓好涉改单位档案的指导接收，修订出版《恩施州档案馆指南》，有序推进档案馆项目建设。3 月 31 日，组织召开全州档案工作暨业务培训会议。全年完成 52 个州直单位档案目标管理考评验收，完成 78 家州直单位机关档案“三合一”（分类方案、归档范围、保管期限）制度的审核。多措并举加强馆机关建设，成功创建 2019—2020 年度州级文明单位。

【档案利用】 2021 年，接待档案查询利用者 2063 人次、调阅档案资料 182498 卷次、38408 件次，复印档案资料 11751 页。推进全州异地跨馆查档服务全覆盖工作，帮助州内 973 名群众实现异地跨馆查档需求。完成《恩施州档案馆指南》修订印刷。完成档案鉴定 410 卷。

【档案接收】 2021 年，收集、整理州新冠肺炎疫情防控指挥部档案 10323 件、照片档案 52 张、电子档案 52 件，实现数字化加工 72224 页。接收 5 家州直涉改单位档案 446 卷、15565 件。征集到鄂西抗战照片 92 张、中央领导视察恩施缴纳生活费收据 6 张和其他图书、资料 8 本（册）。

【档案信息化】 2021 年，开展库存档案目录数据的优化升级，完善数字化档案的原文漏扫和挂接错位，完成档案信息管理系统软硬件国产化设备更新和数据迁移工作。截至年底，州档案馆馆藏档案总量 192240 卷，应数字化档案 154316 卷，累计完成数字化档案 142590 卷、档案原文扫描 9748950 页，数字化率 92.4%。

【档案宣传】 2021 年，恩施市档案馆召开现场办公会庆祝“6·9”国际档案日，邀请武汉大学信息管理学院教授作关于档案智慧化服务平台关键技术及应用知识的专题讲座。巴东县档案馆举办“忆峥嵘岁月·档案话百年”主题展览活动。

【新馆建设】 2021 年，州档案馆新馆建设项目完成场平、施工详勘、桩基础工程，进入装饰装修阶段，全年完成投资 3200 万元。州档案馆新馆位于恩施市金龙大道青树林新区 1 号路，总建筑面积 12796.25 平方米，项目建设概算总投资 10407.58 万元，于 2020 年 12 月 28 日正式开工建设。2021 年 4 月 21 日，通过地基与基础分部工程验收。8 月 27 日，通过主体分部工程验收，装修装饰工程稳步推进。11 月，州档案馆建设项目被湖北省建设工程质量安全协会评为“湖北省建筑结构优质工程”“湖北省建筑工程安全文明施工现场”。

（杨 凯）

2021 年 6 月 9 日，巴东县档案馆在巫峡广场组织“忆峥嵘岁月·档案话百年”主题展览（黄世海 摄）

史志工作

【概况】 2021 年，全州史志工作围绕“资政育人”服务目标，开展党史研究和旧志校注，完成年鉴“一年一鉴，公开出版”任务。推进史志成果转化，注重理论成果编研，开展党史宣讲，服务党史学习教育。

【党史编研】 2021 年，完成《中国共产党恩施州 100 年历史大事记》的编撰出版（内部资料性出版物）。申报专项资金 10 万元，开展革命旧址考察座谈，推进湘鄂川黔革命根据地历史研究工作。编撰修改《中国共产党恩施历史第三卷（1978—2002）》。审读县市党史正本书稿。开展“脱贫攻坚口述史”征集工作，形成 2 万余字口述史料和 200 分钟的视频资料。服务党史学习教育，抽调 1 人到州党史学习教育办公室脱产工作，开展党史宣讲 15 次。鹤峰县档案馆总编审李悟珍被表彰为“全国党史和文献部门先进个人”（全省唯一）。

【地方志编辑】 2021 年，《光绪施南府志续编》公开出版，完成《施南府志》（清道光版）校注工作。指导全州要览出版，完成州级和恩施市、利川市、建始县、巴东县、来凤县、咸丰县要览的出版工作。完成利川市《柏杨坝镇志》和《恩施州传统村落历史文化丛书》的审读评审工作。指导《柏杨坝镇志》申报中国名镇志工程。

【年鉴工作】 2021 年，持续巩固全州地方综合年鉴“一年一鉴，公开出版”工作成果。州及 8 个县市共 9 部地方综合年鉴 2021 年卷公开出版，《恩施土家族苗族自治州年鉴（2021）》由方志出版社出版，《恩施市年鉴（2021）》《利川年鉴（2021）》《建始年鉴（2021）》《宣恩年鉴（2021）》《咸丰年鉴（2021）》《来凤年鉴（2021）》由长江出版社出版，《巴东年鉴

（2021）》《鹤峰年鉴（2021）》由三峡电子音像出版社出版。完成《湖北年鉴（2021）》恩施州及8个县市组稿编辑工作。《恩施土家族苗族自治州年鉴（2020）》《利川年鉴（2020）》《鹤峰年鉴（2020）》获评省级优秀年鉴，《恩施土家族苗族自治州年鉴（2020）》获评第八届全国地方志优秀成果（年鉴类）二等年鉴。

【县市史志业务成果】 2021年，恩施市《人民政协志（1949—2018）》《人民代表大会志（1949—2016）》《胜利街区志（公元988—2015）》公开出版，《巴东县地名志》《鹤峰县政协志（1984—2020）》公开出版。

【宣传教育研究】 2021年，服务党史学习教育，提供党史素材，和相关单位一起承办州直单位“绿色山河红色魂”党史知识竞赛，开展党史宣讲；应邀参加在湖南省湘西州吉首市召开的湘鄂川黔革命根据地历史价值与新时代乡村振兴学术研讨会暨任弼时思想生平研究会年会，州档案馆参评论文《对湘鄂川黔革命根据地的红色文化和绿色资源的开发利用探究——兼议湖北省恩施州红色绿色资源开发利用的突破》获优秀论文奖。

（杨　凯）

体　育

【概况】 2021年，完善公共体育服务体系建设，恩施民族体育运动中心和整体迁建恩施职业技术学院项目于4月28日开工。全年全州完成乡镇A类项目3个、乡镇B类项目7个，村级A类项目7个、村级B类项目1个，2021年度中央补助地方公共文化服务体系建设全民健身场地设施补短板工程乡镇街道项目8个。州民族体育馆、恩施市、利川市、来凤县、宣恩县、咸丰县等公共场馆坚持免费或低收费开放，全年免费或低收费开放时间330天以上，每天开放时间12小时以上。成功举办恩施州第九届运动会。开展全民健身活动。迎战省运会，提升青少年竞技体育水平。成功举办全国大众冰雪季恩施会场启动仪式，开展以“冰雪”为主题的系列活动，掀起冬季旅游热潮，拓展体育产业发展。截至12月26日，恩施体彩总销量6.32亿元，排全省第五位。

【全民健身组织网络建设】 2021年，成功举办篮球、气排球和乒乓球等3期社会体育指导员和裁判员培训班，培训500余人次。各个县市街道相继建立健身活动站点，在基层开展全民健身活动，指导群众科学健身，满足人民群众健身需求。全州有各级各类社会体育指导员1.2万人，有州级体育协会20个、县市体育协会128个，每年参加全民健身活动228万人次，全州体育人口占比48.5%。

【全民健身活动】 2021年5月，成功举办2021湖北·长江超级半程马拉松（巴东站），报名参赛人数达6800人。10月15日，在宣恩县举办的“2021年湖北省老年人重阳登高（持杖健走、健步走）活动”，600余人报名参赛。湖北省青少年皮划艇（静水、激流回旋）锦标赛暨全国U系列赛、湖北省桨板锦标赛、湖北体育产业社会俱乐部桨板联赛、湖北省龙舟大赛4项省级水上运动赛事在宣恩县举行。10月16日，“湖北大众山水季2021骑遍湖北自行车比赛（恩施站）暨恩施自行车挑战赛——“梭布垭石林”十大拐爬坡赛·硒乡新塘太山庙爬坡赛两赛段比赛举行。12月，湖北省首届社区运动会（恩施站）吸引40余个社区600余名居民参加。12月19日，全国大众冰雪季启动仪式恩施会场活动在绿葱坡举行。全州开展“百千万”全民健身赛事系列活动，先后举办中国象棋、跆拳道、武术（太极拳剑）、乒乓球、羽毛球、气排球、篮球、小篮球、门球、信鸽竞翔、足球、冬泳等项目比赛34场。

【国民体质检测】 2021年，主动到政府部门、企事业单位，开展体质测试上门服务活动，每周二、周四下午在州民族体育国民体质测试中心开展免费体质测试。全年免费体质测试达1662人，提供科学健身指导2500余人。

【体育人才培养】 2021年，探索实施州、市共建体校，形成《共建恩施体育运动学校实施方案》，通过签订合作共建协议，推进恩施市体育运动学校各项目组建，突出恩施特色项目。办好体育传统特色学校，抓好县市项目布局，建成咸丰春晖学校、恩施市思源学校、巴东水布垭中小学等6所省级体育传统特色学校。以项目为载体，合理整合县市传统优势和特色资源，以“一县一项”为原则，布局田径、篮球、足球、乒乓球、羽毛球、排球等项目为主的州级体育传统特色学校13所。结合中小学校“双减”和课后托管要求，落实国家规范各类培训市场相关政策，鼓励支持各级各类体育俱乐部、体育协会、其他体育培训机构等进入校园组织开展足球、篮球、跆拳道、武术、乒乓球项目培训，共同关注学生体质健康，深化体教融合。2020—2021年，坚持举办恩施州青运会，运动员成绩有所提升，各县市体育项目开展情况不均衡现象得到逐步改善，推进青少年竞技体育人才培养。

【竞技体育】 2021年，全州参加篮球、足球、乒乓球、羽毛球、游泳、武术、跆拳道、射箭、轮滑、皮划艇、举重、拳击等项目省年度锦标赛，获得2金、2银、6铜。截至年底，全州在省系统注册运动员1524人，熊奕熙被省水上运动管理中心聘为优秀运动员，田杰、杨海元被省重竞技运动管理中心聘为优秀运动员。

【体育产业】 2021年，利用体育场馆举办各类赛事300余场次，吸引参赛、观赛人员120万人次，参与体育健身消费达230万人次。社会资本涌入体育旅游、户外运动、健身休闲、运动康养等领域，建始花坪鸡公岭飞拉达攀岩运动基地、恩施市航空运动营地、利川市国家级青少年攀岩训练基地、恩施绿葱坡滑雪及高山运动度假小镇、建始江钓小镇、宣恩县椿木营运动休闲旅游区、咸丰坪坝营掠燕体育示范基地等重大户外休闲运动产业项目快速发展。中国山地马拉松系列赛（利川站）带活夏季避暑度假旅游，体育赛事成为利川民宿产业的精彩加分；巴东高山森林国际半程马拉松炒热野三关旅游氛围，成为推动创建省级旅游度假区的有效助力；宣恩县“中国民族民间龙舟公开赛（宣恩站）暨贡水河水上运动会”由单纯赛事发展成为休闲亲水项目，围绕贡水河亲水运动造景观、优配套、做服务，成为宣恩县城成功创建为国家AAAA级旅游景区的重要内容。建始江钓小镇、咸丰坪坝营掠燕体育示范基地、宣恩曜天眼景区等重大户外休闲运动项目和恩施市“梭布垭石林杯”十大拐自行车爬坡赛、咸丰县坪坝营国家森林公园“520→1314”山地自行车极限爬坡挑战赛等体育品牌赛事都与旅游景区深度融合，成为景区提档升级的重要参与，恩施绿葱坡滑雪场2020—2021雪季接待游客10万余人，日均接待人数超千人，滑雪场综合营业收入2000万元，为全镇拉动综合收入约2亿元，其中冬季带动周边就业人数超过500人。

【恩施州第九届运动会】 2021年7月21日—9月26日，恩施州第九届运动会在宣恩县举行，共设比赛项目青少年类、职工类、少数民族类、农民类、群众类5个类别、25个大项、220个小项。来自州直及全州8个县市的9个代表队，5000余名运动员参加比赛。

【6个集体、5名个人获评2017—2020年度全国群众体育先进单位和先进个人】 2021年，宣恩县、利川市文旅局（体育局）、恩施市文旅局（体育局）、咸丰县业余体育学校、州冬泳协会、州民族体育馆被国家体育总局“2017—2020年度全国群众体育先进单位”；州老年人体育协会副主席、秘书长何起群，宣恩县文旅局（体育局）党组书记、局长涂先绪，恩施市体校一级教练员张亚平，州冬泳协会会长卢光霁，巴东县文旅局（体育局）党组书记、局长谭勇被表彰为群众体育先进个人。

（魏　娜）

旅　游

【概况】 2021年,《恩施州发展大旅游实施方案（2021—2025年）》经州委常委会会议和州政府常务会议审议通过,《恩施州生态文化旅游“十四五”发展规划》通过专家评审，大旅游发展纳入对各县市的考核内容。全年接待游客6681.68万人次，同比增长90.95%，实现旅游综合收入422.61亿元，同比增长109.05%，分别恢复至2019年同期水平的91.94%和79.67%。

【国家全域旅游示范区创建】 2021年，贯彻落实《国家全域旅游示范区验收、认定和管理实施办法（试行）》《国家全域旅游示范区验收标准（试行）》文件要求，发挥县市创建主体作用，加强对标创建。对建始县、巴东县创建国家全域旅游示范区进行指导，组织专家对创建情况进行初评，并推荐至省文旅厅。

【景区建设】 2021年，宣恩仙山贡水旅游区、利川佛宝山景区成功创建成为国家AAAA级旅游景区，全州国家AAAA级旅游景区达到19家。恩施鹿院坪、巴东野三关森林花海景区创建成为国家AAA级旅游景区，全州国家AAA级旅游景区达到13家。巴东无源洞、鹤峰屏山景区通过国家AAA级旅游景区景观价值评审，列入2021年度创建计划。推进咸丰忠堡大捷纪念园、建始官店革命历史陈列馆创建国家AAA级旅游景区工作。

【旅游资源开发项目】 2021年,对2019年旅游资源开发项目清理整改情况进行调度，有24个项目完成整改任务，实现销号，剩余的70个旅游开发项目继续推进整改，其中景区提升、限期达标一批24个，加强投资、建设完善一批27个，资源整合、优化重组一批13个，全面清理、退出转型一批6个。联合州自然资源和规划局，对利川齐岳山度假区项目进行专家评审。

【乡村旅游】 2021年，在全省乡村振兴考核中，恩施州乡村旅游考核进入第一方阵。8月，利川市南坪乡入选第一批全国乡村旅游重点

2021年9月23日，恩施州第九届运动会在宣恩县民族体育馆开幕

（肖　玮　摄）

镇（乡）。9月，省文旅厅、宜昌市政府联合举办的第二届荆楚乡村文化旅游节发布鄂湘赣三省精品乡村旅游线路，“茶源土家 氧生福地”旅游线路入选湖北乡村旅游精品线路（共10条），线路景点包括巴东县东瀼口镇牛洞坪村、恩施市白杨坪镇洞下槽村、鹤峰县走马镇升子村木耳山茶园。恩施星野民宿成功创建甲级民宿，全省仅2家。

【红色旅游】 2021年，“湘鄂边苏区”精品线路、“土家风情 美丽恩施”精品线路纳入“建党百年红色旅游百条精品线路”，全省仅6条。恩施州8个县市纳入湘鄂川黔革命根据地红色旅游发展规划，鹤峰五里坪、来凤张富清先进事迹展馆、咸丰忠堡大捷、宣恩板栗园大捷等一批重点红色旅游项目名列其中。建始店子坪被评为全省十佳红色旅游经典景区，1名红色讲解员进入全省红色旅游“五好”（政治思想好、知识储备好、讲解服务好、示范带头好、社会影响好）讲解员项目库。州文旅局推出8条红色旅游精品线路。

【智慧旅游】 2021年，《州人民政府办公室印发关于支持恩施州文化旅游产业恢复发展振兴措施的通知》明确出台智慧旅游奖补措施，针对景区智慧旅游投资和接入州级平台给予相关补助，以奖代补鼓励景区开展智慧旅游建设。完成恩施州全域旅游大数据平台二期建设项目，投资198万元，针对一期项目做全面提升，数据共享程度更高，数据分析能力更强，基本建成全产业运行监测平台，加强视频指挥调度系统运行维护工作、采购专业链路服务，强化信号接入运行维护，线上会议、线上调度、线上监控的功能运转自如，推动恩施文旅集团提升“一部手机游恩施”，系统全新上线，更多文旅企业进入一机游平台，游客使用率持续提升。10月，州文旅局对州政协八届五次会议上提出的《关于推进全域旅游智慧化建设的提案》作出办理答复。

【文旅项目】 2021年，全州21个重大文旅项目计划总投资214.74亿元，完成投资70.05亿元，投资完成比32.62%。中国土家泛博物馆（宣恩彭家寨）、利川龙船水乡、宣恩曜天眼、巴东巫峡口4个景区开园迎客。巴东神农溪景区旅游功能恢复道路、停车场及配套工程，利川腾龙洞及清江古河床总体开发打造项目，利川齐岳山旅游度假区综合开发项目，建始花坪文旅康养综合体4个项目全部开工。巴东绿葱坡滑雪场、湖北交投恩施欢乐栖谷、恩施清江红花峡峰林、建始高坪青花田园综合体等项目纳入省级重点建设计划。申请中央预算内投资3680万元，其中利川市腾龙洞景区道路连接线改扩建项目3200万元，宣恩县彭家寨古建筑群保护项目480万元，推动景区品质提升，提高文物保护水平。建立恩施州生态文化旅游业“十四五”发展规划项目库，涉及在建类项目30个、推进类34个、策划类72个，计划总投资811.8亿元。

【文旅招商引资】 2021年，对照“比抓强促”工作要求，全州文旅系统切实强化文旅招商引资项目的谋划，建立文化和旅游招商项目库，谋划文旅招商引资项目69个，预计投资总额493.89亿元，为全州文旅项目招商工作奠定基础。湖北交投恩施欢乐栖谷、大兴庵林场森林康养2个项目在湖北文化和旅游重点项目招商签约大会上成功签约，总投资80亿元，签约金额位居全省第四位。

【旅行社】 2021年，恩施巴楚国际旅行社成功创建AAAA级旅行社。州旅行社等级评定委员会聘任17名具有丰富经验的旅行社行业管理人员、在职经理人，具有较高理论水平、在旅行社行业具有一定影响力的理论工作者为州旅行社等级评定员。落实《州人民政府办公室印发关于支持恩施州文化旅游产业恢复发展振兴措施的通知》文件精神，制定《恩施州2021年旅行社组织游客奖励实施细则》，动员企业组织游客到恩施旅游并做好奖励申报工作。鼓励全州取得初级导游资格的导游员工作之余用功学习，考取中、高级导游证。举办做好首届中国（武汉）文化旅游博览会配套活动——全国重点旅行社“赋能湖北”踩线活动恩施州文旅推介会，制定考察旅游线路，加深州内旅行社企业（含在线旅游企业）与州外、省外相关企业的合作，形成客源互送长效机制，为旅行社谋发展。

【星级饭店】 2021年1月，省旅游星级饭店评定委员会批准咸丰县未来城市国际酒店为四星级旅游饭店，州旅游星级饭店评定委员会批准咸丰凯莱精品主题酒店、建始县莱美酒店为三星级旅游饭店。组织开展星级饭店复核工作，印发《关于做好2021年三星级旅游饭店交叉复核工作的通知》，根据旅游饭店星级的划分与评定国家标准（GB/T14308-2010），对不符合标准的13家星级饭店予以取消其质量等级。参加2021年湖北省星级饭店“双优”（优质服务、优惠活动）行动，鼓励星级饭店争创“湖北名优”“湖北名店”公共管理品牌。州星级饭店评定委员会聘任17名具有丰富经验的饭店行业管理人员、在职经理人，具有较高理论水平、在饭店行业具有一定影响力的理论工作者为州旅游星级饭店评定员。

【导游队伍建设】 截至2021年年底，全州有导游1296名。组织2021年导游考试报名工作，有778名考生报名，最终缴费考生652人，筹备导游考试恩施考点工作事宜。举行2021年恩施州首届“恩施工匠”职业技能大赛导游竞赛，来自全州各县市的38名选手，经过县市海选推荐进入决赛。经过导游讲解、才艺展示、知识问答3个环节的比拼，最终产生一等奖1名、二等奖2名、三等奖3名，优胜奖13名，获得“恩施州金牌导游”称号9人。组织、培训恩施州5名选手参加2021年湖北省“万名导游讲湖北故事”暨第十三届导游大赛，5名导游获得优秀奖，16个好故事参赛作品获奖，州文旅局获得优秀组织奖。恩施州高级导游方婉婧成功纳入国家金牌导游项目培养计划。为全面加强旅游人才培养，发挥金牌导游带动功能，提升导游人才队伍建设，州文旅局联合恩施职业技术学院、恩施州各大旅游相关企业筹建政校企多放联动的“恩施州导游实训基地”“恩施州金牌导游工作室”。

【支持旅游业复苏】 2021年，为支持全州旅游业恢复发展，带动相关行业迅速升温，2021年8月出台《关于进一步支持全州旅游业恢复发展的六条措施》，核心景区接待人数迅速回升。深化政银企对接，向文旅企业宣传湖北普惠文旅金融政策，为文旅企业搭建融资平台，落实恩施州普惠金融支持中小微文旅企业任务。全州银行机构共对包含旅游企业在内14165户普惠型小微企业办理贷款本金延期，涉及贷款本金73.37亿元。

【夜间文化和旅游消费】 2021年，开展夜间文化旅游消费聚集区、产品（项目）及活动摸底工作，其中聚集区9个、主题产品22个、主题活动5个。恩施女儿城景区成功创建全国第一批夜间文化和旅游消费集聚区。

【“宜荆荆恩”城市群文旅产业一体化发展】 2021年，推进“宜荆荆恩”城市群文旅产业一体化发展，加入“宜荆荆恩”城市群文旅产业一体化发展联盟，联合制定《“宜荆荆恩”城市群文化旅游业发展联盟章程》。恩施州巴东县巴人河旅游路、巴东县大面山旅游路两条线路入选“宜荆荆恩”城市群金秋十线。恩施大峡谷、梭布垭石林旅游区、利川腾龙洞、神农溪纤夫文化旅游区、巴人河生态旅游区、咸丰坪坝营、咸丰唐崖河·黄金洞景区、建始野山峡旅游区纳入“宜荆荆恩”避暑线路。“宜荆荆”公共图书馆联盟升级为“宜荆荆恩”公共图书馆联盟，“宜荆荆恩”体育产业合作框架协议签订。

（魏　娜）

市场营销

【概况】 2021年，恩施州持续打响“中国好山水　天赐恩施州”的宣传口号，在武汉、恩施、航空、铁路等处投放恩施旅游形象广告。全州文旅部门到北京、天津、兰州、上海、杭州、南京、贵阳、重庆、武汉等地开展促销推介活动，举办“感恩天津　恩施等你”“中国好山水　天赐恩施州”等大型推介活动。与新浪、百度、凤凰新媒体等线上媒体平台合作在国内外展播恩施文旅形象。州文旅局被评为首届中国（武汉）文化旅游博览会优秀组织奖、恩施州获湖北展区“最美展位”，州文旅局百家号获得“最具影响力政务新媒体”称号，“中国好山水　天赐恩施州”文旅项目推广案例获“百度AI营销创意奖——媒介创新组金奖”。

【国内市场营销】 2021年，参加首届中国（武汉）文化旅游博览会，现场推介恩施文旅资源，其间在武汉市户外LED大屏上投放恩施旅游形象广告。与中国东方航空合作，联合县市文旅局、州内重点旅游企业，9月起在武汉天河机场起飞的34架东方航空公司的班机上的所有头枕巾和小桌板外立面上投放恩施州旅游形象广告。在恩施机场、恩施火车站投放恩施州旅游目的地形象广告，恩施机场上刊画面42个，恩施火车站上刊画面34个。与《商旅时代》杂志合作，利用高铁渠道传播优势和高铁车厢杂志媒介优势，上刊封面硬广和内页软文，影响范围形成以湖北为中心，覆盖华中、辐射全国，并在武汉站投放互动展台视频和灯箱广告，在武汉城市LED大屏上刊恩施旅游形象广告。

【媒体营销】 2021年，联合百度、新浪、凤凰新媒体等互联网平台开展线上宣传推广营销。与百度平台合作，通过打造品牌形象端口、开屏广告、活动传播、口碑建设、百度直播、线下+分享传播、百家号发文等形式，在重要时间节点投放3次开屏广告及信息流广告、搭建7个话题、联动省厅及州内重要政策出台策划4个线上活动、开展4次线上直播，实现传播宣传5.08亿人次，较2020年提升34%，创新打造《宝藏恩施——非遗》纪录片项目拍摄与宣传推广，全年实现600万余人次宣传量；与新浪联合开展线上宣传营销活动，结合恩施四季特色打造“大美恩施寻游记”宣传推广活动，2021年第三季度恩施州文化和旅游局微博账号入选“湖北十大文旅系统官方微博”第三名，运营“中国好山水　天赐

2021年4月9日，以“感恩天津　恩施等你”为主题的2021年恩施州文旅（天津）推介会在天津市举行

（魏　娜　摄）

恩施州”等数个话题，微博阅读量破亿人次，微博粉丝量增长至28万人，发布微博1200余篇，微博阅读量3651万人，2021年互联网上恩施旅游数据微博占比34.16%。与凤凰新媒体合作策划执行大型原创文化旅游类访谈栏目《魅力恩施我代言》，在凤凰网全国18家地方站首页等优势资源进行矩阵推广，策划制作原创长图《到恩施避暑的N种方式》，定制移动端H5专题《醉美恩施　随心所“遇”》，定制长图《冬季相约恩施　寻找你的小确幸》，设计制作海报11张（恩施旅游防疫及恩施州庆），在凤凰网首页、凤凰网湖北宣传，全年宣传推广总曝光量约2.15亿人次，总点击量1772.98万人次。新华社、半月谈、《湖北日报》、《楚天都市报》、《恩施日报》等各级各类媒体平台共计推送683篇文章，“学习强国”平台刊登发布恩施文旅新闻近20篇。

【营销活动】 2021年，宜昌市、荆州市、荆门市、恩施市四地文旅局共同发起“宜荆荆恩”城市群文旅产业一体化发展联盟，线上举办2021年度“宜荆荆恩”最美农村路网络投票活动。全年举办第六届世界硒都（恩施）硒博会直播、恩施州“文化和自然遗产日”主场活动暨灵秀湖北·四季村晚启动仪式、山河交响·红歌唱响清江岸、恩施州文化馆“群文璀璨　百姓乐章”——免费开放培训成果展暨元旦晚会直播活动。线下举办第六届世界硒都（恩施）硒产品博览交易会，在北京、天津、兰州、上海、杭州、南京等城市举办恩施文化旅游大型推介活动7场，包括以“感恩天津　恩施等你”为主题的2021恩施州文旅（天津）推介会，以“中国好山水　天赐恩施州”为主题的2021恩施州文旅（甘肃）推介会，京津地区和长三角地区5场推介会。组织各县市文化和旅游局及文化旅游企业参加2021年首届中国（武汉）文化旅游博览会、2021年（第六届）海南世界休闲旅游博览会，举办全国重点旅行社“引客入鄂”恩施站踩线活动。在全州范围内组织各县市开展文旅营销活动，举办建始县第五届关口葡萄采摘节、2021中国农民丰收节，巴东县第九届长江三峡（巴东）纤夫文化旅游节、第八届全国大众冰雪季（恩施）会场活动，宣恩县“浪漫宣恩　贡茶天下”国乐大典暨2021伍家台贡茶春茗品鉴系列活动、灯展文化艺术节，湖北·来凤酉水龙舟赛。

（魏　娜）

卫　生

Health

卫生与健康

【概况】 2021年，全州各级拥有医疗卫生机构2864个。有医院64个，其中综合医院31个（三级综合医院6个）、中医（中西医结合、民族）医院13个（三级中医院3个、三级中西医结合医院1个）、专科医院20个。公共卫生服务机构29个。基层医疗卫生机构2766个，其中社区服务中心6个、乡镇卫生院86个、村卫生室2122个。全州卫生机构有人员33149人，其中卫生专业技术人员27168人，其中执业（含助理）医师9807人，每千人常住人口拥有2.84人（按第七次人口普查数据常住人口345.61万人计算，下同），注册护士13399人，每千人常住人口拥有3.88人。全州开设病床28012张，其中医院开设床位18593张，每千人常住人口拥有病床8.11张。拥有国家级重点专科4个，省级重点专科100个，州级重点专科183个。国医堂90个，名医堂、养生堂18个，知名中医工作室50个。

【深化医疗卫生体制改革】 2021年6月，恩施州被纳入公立医院综合改革第二批国家级示范城市，出台《恩施州公立医院综合改革国家级示范城市工作实施方案》，全面落实医保基金协议签订，启动实施日间手术试点，争取与省卫健委共建省级区域医疗中心。全年全州医疗服务收入总占比较2020年提升1.35个百分点。县域内就诊率保持在90%左右。州中心医院和利川市人民医院作为现代医院管理制度试点建设医院，将党的建设与业务工作深度融合。院前急救体系建设有所突破，州、县急救中心完成编制独立，州“120”调度系统完成升级改造，鹤峰县、咸丰县、建始县建成或在建调度系统，州急救中心与武汉市急救中心建立对口支援关系，举办2021年度全州院前急救能力提升骨干培训班和体系建设座谈会。

【医疗基础设施建设】 2020年以来，全州有公共卫生体系补短板入库项目148个，总投资67.58亿元，争取各类资金包括抗疫特别国债15.4亿元，中央预算内资金6.17亿元，地方政府专项债券3.6亿元，全部用于“四体系一平台”（疾控体系、医疗救治体系、基层防控体系、院前急救体系和重大疫情信息化平台）建设。截至2021年12月底，开工128个，开工率达86%；完工83个，完工率达56%；在建45个，完成投资约35.02亿元，投资完成率51.78%。

【血液管理】 2021年，全州采集全血38458人次，献血总量64404U，同比分别增长3.4%、4.6%。机采血小板4860个治疗量，同比增长35.87%。供应红细胞61704U、血浆30564U、冷沉淀11747.5U、血小板4849个治疗量，同比分别增长3.1%、14.3%、7.3%、36.4%。在全国血液紧张的7月和8月，支援武汉血液中心红细胞1386.5U、血浆3650.5U，支援宜昌中心血站红细胞350U。血费返还521人，报销金额52.83万元。

【平安医院建设】 2021年，通过调解委员会调解医疗纠纷37起，调解成功比率达到80%，医学会受理委托鉴定28起。二级、三级公立医院参保率达到100%。二级及以上医疗机构配备安保人员529人，三级综合医疗机构安检比例达到100%，人防、物防、技防设备设施配置达标率达到100%。州中心医院、利川市人民医院、咸丰县人民医院为全州智慧平安医院建设示范点。5个集体、7名个人获得年度平安医院创建省级表彰。

【清廉医院建设】 2021年，实施清廉医院建设“515”行动（推进党建引领、教育铸魂、行风提振、文化育廉、风险防控五大工程，用好医疗服务智能监管系统，健全上下联动机制、风险防控机制、综合监督机制、考评激励机制、以案促改机制）。开展不合理医疗检查专项治理，查处问题895个，处罚75个单位、101人，处罚金额107万余元。清廉医院建设在全省绩效考核中排名第二。

【院前急救工作】 截至2021年12月23日，全州所有县市包括州本级急救中心均完成独立设置。在独立机构运行或者挂靠在各县市人民医院的急救中心均纳入统计财政预算管理，确定绩效工资总量，内部分配机制得到优化。全州拥有院前急救用救护车376台，其中负压救护车52台。先后2次下发通知，部署明确全州90个乡（镇、办事处）依托乡镇卫生院、社区卫生中心设置急救站，均挂牌并服从县市统一调度指挥。全州配备自动体外除颤器（AED）7台。恩施慧宜中西医结合风湿医院设立急救站，建设停机坪，用于航空救援，提升城区范围内的院前急救能力，恩施州城区域内拥有院前急救站5个。

【医疗质量控制】 2021年，新增设3个州级质控中心，累计达到35个，各质控中心相关专业医疗质量持续改进。制定完善州级临床重点专科评审标准，全年评审州级重点专科88个，三级医院通过省级重点专科14个、二级医院通过省级重点专科16个。发挥州中心医院、民大医院“1+X”医联体模式作用。有序开展药品监测管理，完成基本药物中央财政项目资金绩效自评和整改，落实合理用药抗菌药物管理，加强药物滥用监测。

【中医药管理】 2021年，提升基层中医药服务能力，宣恩县民族医院搬迁项目完成并投入使用，鹤峰县中医院进入试运行阶段，来凤县中医院门急诊综合大楼转入地面施工，巴东县中医院进入场坪施工阶段。完成4家县级中医院等级复审工作，完成利川市、建始县2家三甲中医院复审工作。提升中医药卫生应急能力，在新冠肺炎疫情等重大突发公共卫生事件应急中，将中医院和中医药人员纳入应急体系，建立中西医协同机制平台，完善中西医会诊制度，将中医纳入多学科会诊体系。利用补短板项目，推动中医医院规范设置发热门诊，有5家县级及以上公立中医医院、1家民办中西医结合医院开设发热门诊。推进县级中医医院胸痛中心和卒中中心建设，提升中医医药在应急中的救治能力。提升中医药防治疾病特色，推进州民族医院、利川市民族中医院2个国家级中医临床重点专科创建工作，组织咸丰县中医院参加省级县级中医院中医重点专科评审，利川市民族中医院、咸丰县中医院、建始县中医医院和宣恩县中医院分别获得省级项目资金100万元。开展“323+”（解决影响全省群众健康的心脑血管病、癌症、慢性呼吸系统病3类重大疾病，高血压、糖尿病2种基础疾病，出生缺陷、儿童青少年近视、精神卫生3类突出公共卫生问题，以及恩施州比较突出的结核病、风湿病问题）中医药防治试点工作。加强中医药人才队伍建设，有4人入选全国中医药骨干创新人才、技术特色传承人才、临床特色技术传承人才、西学中骨干人才，开展系统培训，40名年轻中医药人员举行拜师仪式，中医住院医师规范化培训新招录32人。采取线上线下方式，101名基层医疗机构国医堂骨干人才接受培训。依托州民族医院遴选50名西医临床人员开展“西学中”培训，州非公医疗机构协会开办首个民办医疗机构“西学中”人员培训班。促进中医药传承创新，整理编写《恩施土家族苗族自治州民族民间草药彩色图谱》，摄制恩施州土家族苗族自治州土家医适宜技术推广视频14个。启动中医药民族医药传统知识挖掘整理工作，面向全州各类机构征集相关信息，根据相关信息筛选后实际走访102人，挖掘整理中医药传统知识信息80余条，省级信息库初筛录入有用信息50条。申报中药材产业发展项目，组织全州符合条件的企业申报湖北省中药材产业发展资金项目，由恩施九信中药材有限公司申报的大黄种植加工产业化示范基地项目、时珍堂（巴东）药业有限公司牵头申报的玄参、木瓜种子（苗）基地建设及产地加工项目，分别获得省级补助资金200万元。

【基层卫生和公共卫生服务】 2021年，全州有村卫生室2126个，村医3123人，全部实施在岗和离岗乡村医生养老保险政策。继续开展家庭医生签约服务，建立居民健康档案，城乡居民规范化电子档案建档率为95.12%，辖区内经上级定点医疗机构确诊并通知基层医疗卫生机构管理的肺结核患者3508人，已管理的肺结核患者3476人，重性精神病患者应管尽管，辖区内65岁以上老年人健康管理率为73.05%，高血压患者规范管理率为84.98%，糖尿病患者规范管理率为85.49%，老年人中医药健康管理率为76.12%，0—36个月儿童中医药健康管理率为83.73%。开展公共场所卫生、生活饮用水、医疗卫生、放射卫生等专项督查，全州卫生监督协管信息报告率为100%，传染病及突发公共卫生事件报告和处理率均为100%。联合州财政局、州医保局、州市场监管局印发《关于促进社区卫生服务机构公益性的实施方案》，加强社区卫生服务机构建设，落实社区卫生服务机构公益性职责。推进“万名大学生乡村医生配备”项目，2021—2023年委托湖北恩施学院定向培养大学生乡村医生250名，开展乡村医生学历提升、乡镇卫生院派驻巡诊和社会招聘大学生村医，力争“十四五”时期基本实现全州一村一名大学生村医全覆盖。开展优质服务创建活动，全年优质服务基层行全州乡镇卫生院和社区卫生服务中心达到推荐标准8家、基本标准18家。推进特色科室建设，恩施市崔家坝镇卫生院等10家基层医疗卫生机构开展中医康复、妇儿保健等特色科室建设，通过科室差异化发展，提高基层医疗机构的医疗服务能力。

【健康恩施】 2021年，恩施州健康考核各项指标完成良好，位居全省考核第六位。增加州委组织部、州委宣传部、州委直属机关工委、州总工会、团州委、州科协、州红十字会、州计生协、州硒资源中心9个单位为健康恩施领导小组成员单位。4月27日，州政府办公室印发《关于加快推进健康恩施行动的通知》，明确至2030年的目标任务，部署卫生和健康促进创建行动、健康影响因素干预“六大行动”（普及健康知识、倡导合理膳食、推动全民健身、加强控烟工作、促进全民心理健康、打造健康环境），实施全生命周期健康维护“四大行动”（促进妇幼健康、促进中小学健康、加强职业健康保护、促进老年健康），重大疾病防控“五大行动”（实施心脑血管疾病防治行动、实施癌症防治行动、实施慢性呼吸系统疾病防治行动、实施糖尿病防治行动、实施传染病及地方病防控行动）。推进影响群众健康突出问题“323+”攻坚行动，恩施州本级及各县市均成立专病管理办公室和10个专病防治中心办公室，制定防治和体系建设实施方案及2021年工作计划。5月25日，州政府办公室印发《恩施州影响群众健康突出问题“323+”攻坚行动实施方案》，明确工作目标和主要工作任务。

【爱国卫生】 2021年，恩施州被湖北省评为健康城市建设合格市，利川市忠路镇等12个2020年申报的国家卫生乡镇通过省级暗访。咸丰县、鹤峰县通过省级卫生县城复审。恩施市、巴东县、咸丰县、鹤峰县通过“除四害”先进城区省级复审。咸丰县曲江镇、活龙坪镇获得省级卫生乡镇命名，恩施州省级卫生乡镇达到全覆盖。完成恩施市、巴东县、鹤峰县、利川市、咸丰县5个省级健康促进县市的复审验收。全州获得命名276个省级卫生村、45个卫生社区和105个卫生先进单位。

【疾病预防控制】 2021年，全州开展HIV抗体筛查704103人次，占常住人口总数的20.37%。持续加强患者治疗管理力度，免费抗病毒治疗覆盖率达到93.49%，治疗成功率达到95.67%。以县市为单位观察重点人群尿碘、盐碘水平以及甲状腺肿大率。对8—10岁儿童尿碘、盐碘含量，8—10岁儿童B超甲状腺肿大情况，孕妇尿碘、盐碘含量开展监测。在恩施市、建始县和利川市进行碘缺乏病复查工作，每县市按照东、西、南、北、中进行抽样，采集盐样、尿样各300份样本，全州检测900份样本，3个县市各检测200名8—10岁儿童甲状腺肿大情况。《州人民政府办公室关于进一步加强全州结核病防治工作的通知》印发，各县市成立结核病专病中心，各县市结核病实验室Gene Xpert分子生物学检测设备全部启用。推动国家卫健委食品司、州政府、国家食品安全风险评估中心、省卫健委签订四方协议，助力恩施州创建食品安全和营养健康综合试验区。指导食品企业申报食品安全企业标准，全年全州食品企业标准制定99件，修订24件。协调申请《食品安全国家标准食品营养强化剂硒蛋白》修订立项。

【职业健康】 2021年，完成11家医疗机构放射诊疗项目的预控评审查及4个放射诊疗场所的现场验收，出具预评价审查意见108项，控制效果评价及验收103项。监督检查放射诊疗场所155家，完成对2家职业卫生技术服务机构、11家职业健康检查机构、1家职业病诊断机构放射卫生的日常监督检查，下达监督意见书105份。全州现状核查申报情况用人单位数1345家、核查诊断疑似职业病282例。完成职业健康指标常规监测2846人，信息报送职业健康体检个案卡959例，其中岗前105例，在岗816例，离岗38例，职业禁忌15例，疑似1例。职业病诊断上报281例，其中新发病例222人（接尘工龄都大于5年以上）、晋级3人、复诊2人、无职业病54人。完成尘肺病病人随访117人次并对其进行健康管理。尘肺病主动监测25家微小企业，358个接尘劳动者，发现尘肺样改变1人次。完成72家企业的采样和监测工作。个人剂量监测工作监测117个单位，监测1250人，调查表格回收80家机构，10月30日之前完成非医疗机构的现场监测。新增尘肺康复站3家，新申报7家。申报省级健康企业10家。

【人口监测与家庭发展】 2021年，全州出生24780人，按出生性别分：男孩12778人，女孩12002人，出生人口性别比106.46(女性为100)。按出生孩次分：一孩9999人，占比40.35%；二孩11252人，占比45.4%；三孩2949人，占比11.9%；四孩及以上580人，占比2.34%。鼓励支持幼儿园举办托育服务，招收2—3岁幼儿。11月，联合教育部门、民政部门、市场监管部门、编制部门印发《恩施州托育机构登记和备案实施细则（试行）》，指导开设托班的幼儿园登记注册，取得托育服务相关资质。召开全州托育机构建设推进会，加快推进托育机构项目建设进度和登记注册工作。全年全州开设托位（含幼儿园托班）3110个，每千人婴幼儿托位数0.87个。

【妇幼健康服务】 2021年，全州辖区活产数24762人，孕产妇死亡率12.12/10万，婴儿死亡率3.35‰，5岁以下儿童死亡率5.33‰，0—6岁儿童系统管理率为92.33%。开展出生缺陷防治攻坚行动，全年全州产前筛查率74.88%，较2020年上升123.59%，新生儿先天性心脏病筛查率95.04%，婚前医学目标人群覆盖率80.85%，孕前优生健康目标人群覆盖率118.12%，新生儿疾病筛查率98.82%，新生儿听力筛查率95.51%，均达到“323+”攻坚行动重要指标要求。开展湖北省贫困妇女“两癌”检查项目，完成宫颈癌检查61471人，任务完成率102.28%，乳腺癌检查61893人，任务完成率102.98%。组织开展孕产妇和新生儿死亡评审、三级计划生育手术并发症复核和州级鉴定，指导各县市开展病残儿医学鉴定工作。推进妇幼健康领域“证照分离”改革工作，对计划生育技术服务机构设立许可工作、婚前医学检查及产前筛查审批工作、人类辅助生殖技术许可等工作进行简政放权。合并妇产科执业医师和母婴保健技术考核合格证书，推进“两证合一”，深化妇幼健康领域“放管服”改革。印发《恩施州托儿所幼儿园卫生保健管理实施办法》，加强托儿所、幼儿园的卫生保健管理工作。成立恩施州3岁以下婴幼儿照护服务指导中心，依托州妇幼保健院开展工作，加强全州3岁以下婴幼儿照护服务专业化、规范化建设和管理。

【卫生执法监督】 2021年，全州“双随机、一公开”工作各专业抽取总任务数1264家，完成率100%。其中医疗卫生162家，传染病136家，放射卫生48家，职业卫生125家，公共卫生660家，计划生育133家。5月底，在全州开展医疗废物管理监督检查工作，出动监督员3838人次，检查各级各类医疗机构1426家，发现1053条问题，提出747条监督意见，现场整改564家。开展辅助生殖技术突出问题专项整治行动，检查获得人类辅助生殖批准证书机构1家，其他各级各类医疗机构400余家，出动监督员800余人次，未发现有非法开展采供精、采供卵、销售促排卵药物、性别鉴定、代孕等行为。全州出动执法人员480余人次开展医疗美容专项整治，排查机构400余家，办理2起非法开展医学美容服务违法案件，罚款人民币9.5万元，没收违法所得12183元。健康体检突出问题专项整治，覆盖全部承担健康体检的医疗机构，责令整改11家。全州对145所学校、100所托幼机构、44所校外培训机构的采光和照明进行现场检测。对64家乡镇卫生院（含社区卫生服务中心）、16家州、市直医疗机构、24家民营医院、152家个体诊所、20家婴幼儿用品商店和超市进行监督检查，辖区内未发现抗（抑）菌剂违法添加禁用物质问题。对全州193家公共场所经营单位进行通风安全监督检查。对100家水厂进行卫生监督检查。对全州所有中小学校、托幼机构开展学校风险隐患排查、诺如病毒防控检查、托幼机构安全大巡查等多轮全覆盖监督检查。对全州餐饮具消毒服务单位进行全面监督检查和抽检，累计抽检样本量为169份，检测合格169份，合格率100%。城镇饮用水水质日监测日发布工作常态化开展。全年医疗废物处置总量为3337.1吨，其中隔离点234.83吨，医疗机构3102.27吨，实现全州辖区内医废回收处置全覆盖的目标。

【卫生人才科教】 2021年，发布全州县、乡医疗卫生机构公开招聘岗位计划716个。组织实施全国卫生专业技术资格考试（6237人）、国家医师考试（1909人）、全国护士执业资格考试（1287人）恩施州考点考务工作。组织实施全州卫生技术高级职务任职资格水平能力测试（992人）考务工作。组织恩施州卫生技术高级职务任职资格区域评审，正高级职称参评34人，通过23人；副高级职称参评267人，通过218人。继续开展中国—盖茨基金会农村基本卫生保健项目，联合州委组织部印发《恩施州基层卫生人才三年培训计划实施方案》，启动第二轮基层卫生人才三年培训计划，全年州级培训乡镇卫生院公共卫生人员179名，骨干村医400名，开展基层医疗卫生机构骨干护士培训，州级培训基层护理人员92人。2017级助产专业定向培养毕业生39人全部安排就业，2018级临床医学定向培养毕业生100名安排在县级医疗机构培训。全年完成国家级、省级继续教育项目42个，举办州级项目61个。持续做好住院医师规范化培训工作，结业170人。

【宣传工作】 2021年，"学习强国"、《健康报》、《党员生活》、《湖北日报》、湖北卫视、新华社客户端等国家、省级媒体报道恩施州大学生村医培养、深化医药卫生体制改革等工作。与恩施日报传媒集团和电视台合办"323+"健康科普、清廉医院建设、健康恩施等栏目，通过纸媒和新媒体发稿近百篇。全年在各类媒体刊发卫生健康新闻568篇，短视频20余个。

【科普宣教活动】 2021年，开展"健康进万家名医进基层"科普宣教活动，湖北省两届健康科普达人团队走进恩施进行科普宣教。举办恩施州"323+"健康科普大赛，在湖北省第三届健康科普大赛上获得13项大奖。5月，咸丰清坪镇申李坝村村医杨芳被评为"中国好医生"，代表基层医生参加省卫健委举办的"生命的朗诵者——医学人文传承分享活动"。9月，州民族医院妇产科副主任朱明莉被评选为"荆楚楷模·最美健康守护者"。

【行政审批】 自2021年3月1日起，在全州推进医师护士电子证照管理，试点推行"新生儿出生即落户"一事联办项目。开展"清减降放"工作，清理前依申请及公共服务事项38项（业务办理项91项）。清理后，下放5项（业务办理项7项），取消2项（业务办理项3项），保留31项（业务办理项81项）。在保留事项中，办理环节可前移县市的2项（业务办理项2项）。事项清理前需361项材料，清理后仅需提供材料153项，材料减少208项，减少率为57.6%。全年受理各类审批事项2183件，其中医疗机构相关业务办理事项248件（医疗广告审批104件、麻醉印鉴卡相关

2021年5月20日，恩施州举办"323+"健康科普大赛 （州卫健委 供稿）

2021年10月25日，湖北省第三届健康科普大赛决赛中，咸丰县人民医院、州优抚医院获一等奖、二等奖代表合影 （州卫健委 供稿）

业务办理27件、放射诊疗相关业务及放射工作人员证发放68件、医疗机构设置、执业登记及信息变更相关业务40件、母婴保健相关业务9件)、医师执业注册相关事项1233件、护士执业注册相关事项702件。

【信息化建设】 2021年，组织专家对巴东县县域卫生信息化互联互通建设方案的可行性、合理性等方面进行评审，提出指导性意见和建议。补充和完善网络安全、数据库管理、应用系统安全等管理制度。10月，湖北民族大学附属民大医院信息工程部主任李朝阳因在卫生健康行业网络安全保障工作表现突出，被国家卫健委办公厅通报表扬。

【健康帮扶】 2021年，下发《州卫健委巩固健康扶贫成果衔接乡村振兴工作实施方案（2021—2025年）》，持续推进“三个一批”（重病兜底保障一批，大病集中救治一批，慢病签约管理一批）工作。继续对农村脱贫人口和三类重点监测对象中罹患先天性心脏病等30种大病患者进行集中救治。据全国防治因病返贫动态监测系统统计，截至12月底，全州30种大病累计核准病例28441例中，入院或签约管理28169例。推进慢病签约服务管理，将健康帮扶政策宣传到户，对农村脱贫人口实现应签尽签，截至12月底，建档立卡331732户、1095716人中签约107.12万人，应签尽签完成率达99.21%。落实先诊疗后付费政策，实行州、县、乡定点医疗机构“一站式”“一票制”即时结算制度。落实动态监测要求，对脱贫人口和边缘易致贫人口大病、重病救治情况进行监测，及时纳入全国防治因病返贫动态监测系统，截至12月底，纳入边缘易致贫5680户、18054人，脱贫不稳定5710户、17354人，突发严重困难476户、1555人。

（谌 刚）

新冠肺炎疫情防控

【概况】 2021年，州委、州政府按照国务院联防联控机制和省指挥部的统一部署，做好新冠肺炎疫情防控相关工作，全州新冠肺炎疫情防控形势整体平稳，全年未发生本土疫情。全州始终坚持州、县、乡党政主要负责人任指挥长的新冠肺炎疫情防控指挥体系。在常态防控状态下，州指挥部优化设置疫情防控和医疗救治组、进口冷链食品和高风险货物新冠病毒防控组等5个工作组，根据工作需要新组建社区工作专班和区域协查专班。严格实行24小时值班值守，确保第一时间响应。全年召开指挥长会、视频调度会和州指挥部办公室工作会39次，安排部署全州新冠肺炎疫情防控工作，在疫情防控的不同阶段，做到科学决策、精准施策，为疫情防控赢得主动、抢占先机。全州建立“四到”（即州级领导下沉到县市，县市领导下沉到站点，乡镇街道干部下沉到社区，社区村组干部下沉到家庭）工作机制。

【新冠疫苗接种】 全州累计接种640万剂次，其中全程接种满6月的人数为125万人，完成加强免疫105万人。3—11岁人群累计接种第一针33.82万剂次，覆盖率92.15%；累计接种第二针30.08万剂次，覆盖率81.95%。

【监测预警】 2021年，全州医疗机构预检分诊和发热门诊保持24小时运行，建立健全四级院感巡查机制（科室每日自查、科间每周互查、县市每两月交叉检查、州卫健委不定期抽查），对全州定点医院、发热门诊开展专项督查6次、县市交叉巡查5次。全州党政机关、二级以上医院、大型宾馆酒店和政务服务中心均配备红外测温设备。全州各类大型活动落实常态化防控指引，对全州考试、招聘、会议等大型活动进行疫情防控指导230余次。按照要求使用全省新冠病毒核酸检测系统，全州26家核酸检测机构实现全流程信息闭环管理。除新住院患者收取检测费并纳入医保报销外，其余人员检测经费均纳入财政保障。全州6376名医护人员核酸采样培训合格。开展全员核酸检测应急演练16场次，按照国务院联防联控机制第二版《全员核酸检测组织实施指南》的要求不断完善各项工作准备。州级组建流调排查工作组1支、34人、流调小分队16支、35人、多部门联合流调队10支、50人，全州8个县市组建县级综合流调队183支、1636人。全州10家定点医院均组建2支成建制医疗救治队伍。

【提升应急处置能力】 2021年，全州10家定点医院均按照不少于总床位数20%要求做好隔离床位储备，并足额储备不少于1个月用量的防护物资。全州26家核酸实验室日单检4万份，与宜昌市卫健委、武汉三家第三方核酸检测机构签订协议，两天内可完成划定区域全员核酸检测。州公卫中心及县市传染病区均已开工，利川市、来凤县投入使用。改扩建和新建乡镇发热门诊88个，完工87个。

（黄 杰）

生物医药产业集群建设

【概况】 2021年，全州各级生物医药产业集群领导小组贯彻落实州委、州政府的决策部署，推进中药材种植、医药工业、医药流通、康体养生等发展，取得成效。生物医药全产业链全年总产值166.5亿元，较2020年增长14.34%。

【药材基地建设】 2021年，全州中药材留存面积90733.33公顷，同比增长0.73%，其中草本药材留存面积40533.33公顷，木本药材留存面积50200公顷。中药材采收面积29213.33公顷，中药材总产量9.92万吨、总产值30.01亿元，同比分别增长3.62%、4.8%。持续推进利川黄连、巴东玄参两个“一县一品”优势品种基地建设，黄连当年农业产值9.85亿元，同比增长8.4%，玄参标准化基地面积、产量和产值较“一县一品”建设实施前分别增长58.8%、59.2%、62.1%。

【生物医药企业培育】 2021年，新增规模以上生物医药企业7家，分别为恩施襄恩农业科技有限公司、利川市恒大药业有限责任公司、利川市楚盛堂中药材有限公司、湖北卓沃农业科技发展有限公司、建始龙盛中药材加工有限公司、群康（巴东）药业有限责任公司、湖北恩施硒牛生物科技有限公司，其中5家完成目标任务的140%。新增产值过亿元生物医药企业1家（恩施市襄恩农业科技有限公司），培育税收过千万元企业1家（八峰药化）。涉药规上生物医药企业29家，产值20.39亿元，同比增长59.8%，其中医药生产制造规上企业17家，产值13.7亿元，同比增长97.59%。全州有规下企业及初加工市场主体802家，创造产值约16亿元。

【生物医药项目建设】 2021年，推进武汉国家高新区·恩施生物产业园建设，园内现有生物医药企业8家，正常开工建设企业7家。新签约亿元以上项目4个（德青医疗、奇异鸟公共纺织品生产洗消一体、东方医院、硒王科技），计划投资总额5.3亿元。新开工项目2个（事丰医疗、千海兴龙），洽谈项目10余个。兑现优惠政策，累计兑现重点企业奖补资金约8697万元。

【招商引资】 2021年，外出开展生物医药产业招商91次，对接企业129家，接待来访企业81家，招商洽谈项目99个，落户项目23个，落户金额达24.8亿元。其中可持续跟踪的企业有28家，有投资意向企业10家（华润生命科技园、华润三九、深圳海王药业、人福医药、贝达药业、杭州生物医药小镇、武汉第一口腔医院、马应龙、天济中药饮片、百利宏）。州内企业参加第三届世界大健康博览会、重庆秀山山银花节暨首届武陵山中药材博览会、第六届硒博会，对接参展企业20余家，企业之间现场达成合作意向4个。

【康体养生】 2021年，依托高山气候资源、森林资源、中药材示范基地、传统民族中医文化，推出一批保健食疗、中医康养等集旅游度假、养生保健、疗养、娱乐为一体康养旅游产品，开发提供疗养、养老、休憩等多样化的康养服务，打造预防疾病、增强体质、延年益寿等品牌，推动中医药与旅游融合发展，壮大康养产业，提升康养金地的品牌影响力，全州文旅康养产业总产值13.37亿元。在第三届世界大健康博览会上，恩施州被湖北楚商联合会授予“康养圣地”称号。

【中医药事业】 2021年，州民族医院、建始县中医医院、利川市民族中医院通过三甲复审，恩施市中医院、宣恩县中医院、咸丰县中医院和巴东县中医院通过二甲复审，90个乡镇卫生院实现国医堂全覆盖，72.5%的村卫生室能提供中医药服务，基本形成以州级中医医院为龙头、县级中医院为骨干，覆盖州、县、乡、村四级的中医药服务体系。建立中医药传承发展项目库，收集基层中医药服务能力提升、中医药防治疾病特色优势、中医药教育和人才培养等类别项目73个，遴选申报17个项目争取中央和省级项目资金支持。挖掘整理中医药民族医院传统知识信息80余条，国家和省信息库初筛录入有用信息50条，编纂土家药材彩色图谱1本，录制土家医适用技术推广视频1组。

【中药科研】 2021年，立项科研项目38项，到账经费710万元。完成科研成果转化31项，到账经费185万元。获得授权专利24项，其中发明专利10项、实用新型专利11项。申报发明专利20项。发表学术论文29篇，《中药材野葛生产技术规程》和《中药材厚朴林下湖北贝母生态种植技术规程》2项省级地方标准通过评审，发布并实施省级地方标准4项，《板桥党参富硒栽培技术规程》1项州级地方标准通过评审。创建科研平台5个，举办各类培训班700人次，开展技术指导1400人次。重点开展道地药材品种选育与良种繁育关键技术，加强对黄连、湖北贝母、白术、独活、大黄、玄参等药材的新品种选育技术攻关，加大珍稀濒危药材的良种繁育关键技术研发。

（杨　军）

重点医院

恩施州中心医院

【概况】 2021年，恩施州中心医院综合实力位居全省医疗机构第一方阵，竞争力排名位居全国地市级医院百强，在全国30个少数民族自治州中排名第一，是武陵山地区规模大、现代化程度高、医疗技术水平和综合实力强的医疗服务中心。医院开设临床和医技科室73个，其中省级临床重点专科35个（涵盖49个临床医技科室）。拥有PET/CT、医用回旋加速器、3.0T核磁共振仪、256排超高端CT、平板血管造影系统、实验室自动化流水线检验系统、医用直线加速器等总价值6.2亿元的大型尖端设备600余台件。2021年，门（急）诊病人1569426人次，比2020年同期增长1.9%。入院病人109470人次，比2020年同期增长5.3%。开展手术29370台次，比2020年同期增长13%。医院在岗职工2810人，其中具有博士或硕士学历448人，本科学历1798人，博士生导师1人，硕士生导师53人，有湖北省医学领军人才1人，国家卫生经济领军人才1人，享受国务院政府特殊津贴5人，省政府特殊津贴5人，湖北省有突出贡献的中青年专家1人，湖北省医学拔尖人才2人，正高级职称136人，副高级职称342人，中级职称629人，初级职称

1283 人。全年获集体荣誉 36 项、州级以上个人表彰 91 人次。

【党建工作】 2021 年，州中心医院加强党的政治建设，优化党支部设置，由 14 个支部调整为 23 个支部，做到临床医技科室党支部书记由业务骨干担任比例达 100%。组织开展党史学习教育，组织“党课开讲”12 期，成功举办“百炼成钢路 音乐颂党史”专场音乐党史课，领办“实事”任务 600 余项。加强党风廉政建设，制定《清廉医院建设方案》，推进清廉医院建设。2 月 19 日，州中心医院手术科室第一党支部被州委直属机关工委表彰为 2019—2020 年度州直“红旗党支部”。6 月 18 日，州中心医院手术科室第一党支部被州委表彰为“全州先进基层党组织”。6 月 21 日，张自雄、贺婧、李锦貌被州委直属机关工委表彰为“优秀共产党员”。7 月 9 日，州中心医院党委被省卫生健康委员会党组表彰为“先进基层党组织”，李拓、孙国珍、陈柏荫被省卫健委党组表彰为“优秀共产党员”。7 月 9 日，州中心医院被州委直属机关工委表彰为 2020 年度州直单位党的建设工作“先进单位”。

【新冠肺炎疫情防控工作】 州中心医院是全州新冠肺炎医疗救治定点医院及全州危重症新冠肺炎患者定点救治医院。建立 5 个梯队、280 名隔离病区医护人员及 400 名核酸采样人员应急队伍，完善各类疫情防控工作预案。建立常态化疫情防控四级院感巡查制度、常态化防控哨点监测工作机制，成立医院感控督导队。定期指导 5 个对口帮扶县市疫情防控工作。完成 20 轮医务人员全员核酸检测、3 轮抽样检测，医务人员第三针新冠疫苗的接种率为 100%。完成 60 余万剂次疫苗接种医疗保障工作。2021 年 1 月 5 日，蒋健梅被省护理学会表彰为“抗疫先进护理工作者”。2 月 19 日，杨雪梅被中国民主同盟中央委员会表彰为“中国民主同盟抗击新冠肺炎疫情先进个人”。

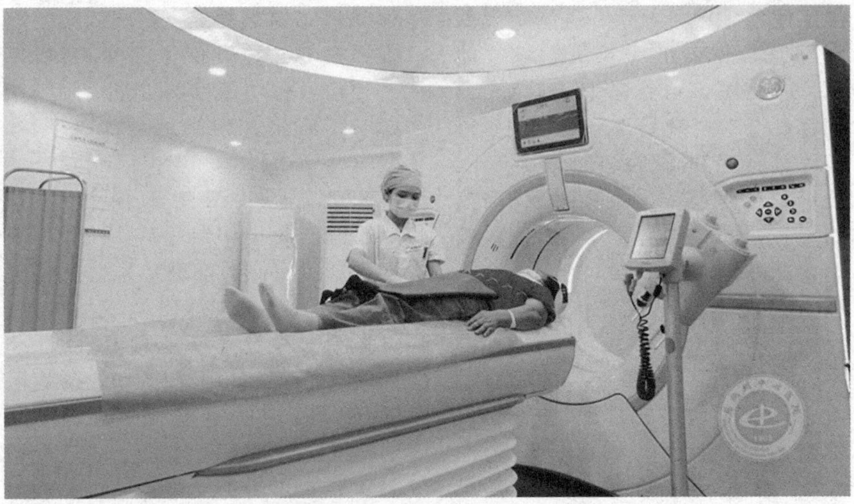

2021 年 8 月 4 日，州中心医院引进超高端 Revolution 256 排 512 层 CT 投入使用
（州中心医院 供稿）

【武陵山区域医疗卫生中心建设】 2021 年，武陵山医疗中心医疗技术和服务质量初步具备区域医疗中心的水平。“武陵山医疗集团”成员医院增至 64 家，医疗联合体签约挂牌 11 家。遴选 5 名临床专家挂职县市医院副院长，组织医疗专家 200 余人次到县市开展医疗专家“节假日服务基层行”活动。新区医疗中心（二期）门急诊医技楼及紧急救援救治基地、公共卫生临床中心及其辅检大楼等工程即将完工。

【新医改政策落实】 2021 年，州中心医院围绕“健康中国”“健康湖北”“健康恩施”战略，深化医药卫生体制改革，抓好公立医院改革相关工作。推进现代公立医院管理制度建设，探索党委领导下院长负责制的具体运行机制。推进职工薪酬制度改革，保障职工收入逐年稳步增长。推进“三医”联动（医保体制改革、卫生体制改革与药品流通体制改革联动），控医保基金风险、降医药费用比例、惠广大群众就医。推进医院精细化运营管理。严格控制医疗费用不合理增长，不断规范医用耗材准入、采购等全流程管理，下调 104 个医用耗材价格。成立运营管理部，实现经济管理向运营管理转型。医保管理、分级诊疗和双向转诊等政策有序推进。推进医联体建设，连续 5 年累计遴选 13 名临床专家挂职对口支援巴东县中医院、巴东县人民医院等县市医院。开展“节假日服务基层行”“专家走基层”活动。2021 年，州中心医院被州市场监督局、州卫健委表彰为“不良反应监测上报工作成绩突出单位”，郭国兴被表彰为“不良反应监测上报工作突出个人”。州中心医院被州发改委表彰为“全州优秀价格监测点”。

【学科建设】 2021 年，州中心医院牵头成立 37 个州级专业学会，180 余位专家担任省级及以上学会职务。坚持走“名医、名科、名院”的发展道路，省级临床重点专科总数从 2 个增至 35 个。11 个科室筹备申报省级临床重点专科，初步形成省级重点专科集群，进入地市级医院前列。州中心医院眼科中心被省科技厅、省卫健委评为湖北省省级临床研究中心。5 月 7 日，州中心医院呼吸与危重症医学科被共青团恩施州委表彰为“2019—2020 年度恩施州青年文明号”。8 月 9 日，州中心医院西医部临床检验中心被湖北省临床检验中心表彰为“2019—2020 年度湖北省临床检验质量控制优秀单位”。

【教学科研】 2021 年，州中心医院申报成为国家中医住院医师规范化培训基地，有博士生导师 1 人，研究生导师 53 人，教授 15 人、副教授 33 人，形成涵盖研究生、本科生、住培生、实习生、进修生以及基层医师培养的完整医学教学体系。获得国家自然科学基金项目3项，获得省自然科学基金项目、科技厅及省卫健委科技项目50余项，州级科研项目80余项。获得省、州科技进步奖17项，年发表科技论文250篇左右，SCI论文累计达150篇。

【医疗服务】 2021年，州中心医院常态化开展“四合理”（即合理检查、合理治疗、合理用药、合理收费）工作，每两月进行医疗质量大检查，定期召开科主任联席会暨医疗质量与安全管理委员会，严格临床路径和单病种管理，抓好医疗质量，坚守医疗品质。聚焦医疗安全，加强环节管理，开展“医疗安全专项整治月”活动和医疗安全知识竞赛，协同护理、医院感染管理科等职能科室开展不良事件管理，每两月举行院内医疗纠纷专家论证会，确保患者安全。成功创建国家高级卒中中心和国家二级癫痫中心，拓展医疗业务。加强医务人员业务培训，组织开展“三基知识”（基本理论、基本知识、基本技能）、医疗质量安全核心制度、医疗相关法律法规等规章制度及全院心肺复苏理论和技能培训及考核。落实执业检查与考核，定期开展依法执业自查和医师定期考核，确保依法执业，依法行医。持续改进“三长一短”（挂号排长队、就诊排长队、缴费排长队，看病时间短）的问题，分时段预约、医技预约实现信息化全流程贯通，门诊服务预约率达48%。常态化开展午间门诊，服务患者2万余人次。开通核酸检测自助预约、线上病案复印预约及邮寄、漏取药品邮寄等业务，成立“门诊一站式服务中心”“外埠病人服务中心”，改善患者就医体验。州中心医院信息化系统应用达到电子病历四级、智慧服务二级及智慧管理一级标准，通过医院信息系统三级等保认证，在全省率先完成医疗收费票据电子化，完成急诊及胸痛中心、卒中中心、创伤中心三大中心信息系统建设，顺利上线患者移动电子签名系统，实现病案复印在线服务，持续优化完善HRP系统建设。成功举办第四届“中国医师节”和第五届PDCA竞赛。

【感控、公共卫生工作】 2021年，健全感控机制，落实院感“一把手”负责制，推进感染监测信息化进程，实现现患率调查信息化，开展全员全覆盖感控知识培训。州医院感染管理质量控制中心被省医院感染管理质量控制中心表彰为“优秀质控中心”，郑玲、蒲道静被省医院感染管理质量控制中心表彰为“先进个人”。开展“手卫生安全月”“爱院感致青春演讲”等系列活动。持续做好卫生应急、放射防护、医废管理、控烟及健康教育、传染病管理、慢病及死因监测、妇幼保健及计划免疫、食源性疾病监测等工作。创建成为恩施市健康促进医院。

【中医发展】 截至2021年，州中心医院坚持中西医并重协调发展，通过多种方式培养和造就高素质的中医药人才，推进民族医药传承保护和理论研究，多个科研项目获得恩施州科技进步奖，出版医学专著19部，发表学术论文300余篇，沙白兰感康糖浆治疗外感咳嗽，清感口服液治疗外感高热症等多项科研课题通过湖北省成果鉴定。拥有11个省级中医重点专科，先后有15人获得省级青年知名中医、恩施州中医大师、恩施州中医名师等称号。在国家中医药管理局的人才培养计划中，先后有4人获得培养项目。中医民族医药的研究开发与应用取得进展，自制制剂生产品种上升至22个，2019年以来销量合计7800余万元。2021年，州中心医院与远大医药集团在中医药院内制剂开发项目方面进行交流合作，确认推进2个品种（头痛宁胶囊和参芪益肺糖浆）的组方、制剂工艺、临床适应征和临床试验。

【硒与人体健康研究】 2021年，州中心医院发挥湖北硒与人体健康研究院及医学实验中心的大平台、大数据作用，支持开展医学临床和“硒与人体健康”等领域的科学研究。全年硒研究相关论文发表9篇，其中SCI论文3篇，国家级期刊论文2篇，省级期刊论文4篇。与硒研究相关的科研立项18项，其中国家自然科学基金地区基金项目1项，省级项目3项，州级计划项目3项，州级指导项目11项。多次参加政府硒与人体健康研究汇报会，接待省科技厅相关领导以及专家学者参观交流，接待国家卫健委相关领导、省卫生健康人才队伍建设调研组等各级部门到研究院调研。完成新区实验室建设招标和实验设备论证。

【社会公益】 2021年，州中心医院落实医疗扶贫政策，开展对县、乡、村三级医疗机构的对口支援。持续对建始县、宣恩县的医疗技术进行帮扶，支持建始县业州镇卫生院、金果坪卫生院，帮扶村卫生室标准化建设。创新开展医疗慈善事业，冠名成立“红十字州中心医院”，组织开展“白内障复明工程”“微笑列车”等公益活动，易芳、姚云华被恩施州红十字会表彰为“2020年度优秀志愿者”。开展医务社工及志愿服务、“红爱心”接力服务、“爱心妈妈结对帮扶”等服务。

【医德医风建设】 2021年，州中心医院坚持落实党风政风社会监督员制度，常年聘请州人大、州政协等社会各界的监督员10人，坚持每季度进行跟踪回访、征求意见建议。持续开展岗前培训，按照医疗卫生行业作风建设、党规党纪和监察法规宣传教育、医德医风岗前培训3个主题，对新进职工、培训生进行培训，培训5次、235人。5月17日，参加州广播电视台“党风政风热线”直播活动，院纪委对线下回复的问题进行跟踪督办。组织学习《医疗机构工作人员廉洁从业九项准则》。11月27日，在硒都茶城开展“我为群众办实事”“医心为民”义诊活动。开展“切实当好健康‘店小二’促进医院高质量发展”大讨论等活动，聚焦患者就医痛点、难点，主动认领600余项“办实事”任务。开展2021年度医务人员医德考评工作。全年电话随访满意率达97.82%，受到患者点名表扬医护人员48318人次，由患者评选出最满意科室144个次、最满意科主任151人次、最满意护士长154人次、最满意医生168人次、最满意护士154人次。全年医务人员拒收红包434人次，收到锦旗1023面、感谢信909封、牌匾6块。

【与远大医药（中国）有限公司签订战略合作协议】 2021年11月17日，州民族医院与远大医药（中国）有限公司在武汉签订战略合作协议，运用院企双方的专业优势与资源，在药物研发领域进行全方位合作，推进药物制剂及前沿创新研究、成果转化和开发上市。选定参芪益肺糖浆、头痛宁胶囊2个品规作为研发对象，并获批省卫健委中医药能力建设专项经费。

【荣誉】 2021年1月15日，州中心医院被授予“恩施州事业单位脱贫攻坚专项奖励记功集体”称号。3月5日，州中心医院新生儿及儿童重症儿童保健科被全国妇联授予“全国巾帼文明岗”称号。3月26日，州中心医院被州委平安恩施建设领导小组授予“优胜单位”称号。4月27日，感染性疾病科被中华全国总工会授予“全国工人先锋号”称号。4月28日，急诊中心被省总工会授予“湖北省工人先锋号”。4月30日，黄楚鹰被共青团恩施州委授予“恩施州青年五四奖章”。5月7日，解为全被共青团恩施州委授予“2019—2020年度恩施州青年岗位能手”称号。7月2日，刘文春、向田被州妇联授予“恩施州巾帼建功标兵”称号。7月23日，州中心医院被省消防安全委员会授予“全省专职消防队伍先进单位”称号。8月27日，胡兴荣被中国医学装备协会授予“奋进耕耘奖”。

（代文婷　何芳菲　龚璐　金玲　李宽桥）

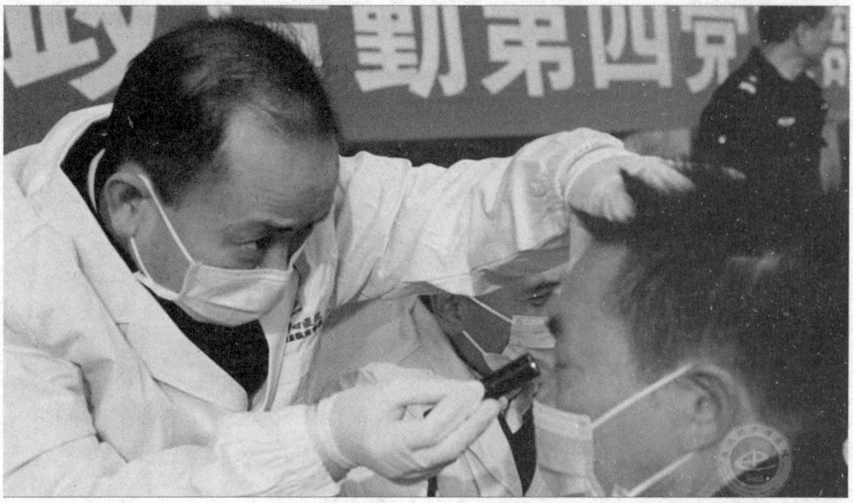

2021年11月27日，州中心医院在恩施市硒都茶城开展“我为群众办实事”“医心为民”义诊活动

（州中心医院　供稿）

2021年11月17日，州民族医院与远大医药（中国）有限公司在武汉签订战略合作协议

（州中心医院　供稿）

湖北民族大学附属民大医院

【概况】 2021年，湖北民族大学附属民大医院（简称民大医院）有35个临床科室，10个医技科室。有风湿免疫科、儿科、中医肝病科、肾病内科、产科、病理科、护理专科、呼吸与危重症医学科、麻醉科手术室、普外科、医学检验科11个省级临床重点专科，33个州级重点专科。有恩施州儿童医疗中心、恩施州风湿免疫性疾病诊疗中心、恩施州脑瘫儿童康复治疗中心3个州级医疗中心，恩施州风湿病防治中心、恩施州糖尿病防治中心、恩施州慢性呼吸系统疾病防治中心3个州级专病防治中心、1个省级专科培训中心（血液净化）。设有1个省级重点实验室（风湿性疾病发生与干预湖北省重点实验室），4个省级医学临床研究中心恩施基地（微创外科、肠病科、新生儿急救科、肝脏外科），10个校级研究所。有17个临床教研室，开设临床医学、护理学、医学影像技术、康复治疗学、中药学、中医学6个专业，开设临床医学、中医学2个一级学科硕士学位点，是国家级综合住院医师规范化培训基地和恩施州乡村医生培训基地。拥有直线加速器、3.0T磁共振、128层螺旋CT、1250MA大型数字减影X光机等总值达3亿元的诊疗设备，是武陵山地区一所集医疗、教学、

科研、急救、防保、康复、培训为一体的高校直属附属医院、国家三级甲等综合医院、湖北省卫生健康委直管医院。医院占地面积6.67公顷，建筑面积7万平方米，开放床位1200张。现有职工1260人，其中高级职称140人，有博士33人、硕士260人。

【医疗服务】 2021年，民大医院开展新业务新技术48项，其中心内科、神经内科等科室一批新技术在全州率先开展，获得批准成为恩施州唯一的日间手术试点医院，开放门诊手术室。建成恩施州第一间产科重症监护病房。制定医院诊疗管理办法，根据国家及地区疾病谱的变化，为患者制定个性化诊疗方案。创建“护理之家”，打造民大特色的护理标准操作规范。优化门诊流程，上线“掌上医院”平台，配置新的自助机，优化支付方式，改善入院服务质量。开展“便利老年人就医”和“老年友善机构”创建活动，助老便民。推进门急诊全流程老年人优先、危急重症优先等服务活动。

【学科建设】 2021年，民大医院成功创建湖北省肾脏病临床医学研究中心，成为湖北省唯一一家设在地市州的省级肾脏病研究中心。呼吸与危重医学科、医学检验科、儿科、麻醉科、普外科、产科成为省级重点专科。胸痛中心全优通过中国胸痛中心飞行检查。神经内科首次进入省级卒中地图医院。新增州级学会主委单位2个。恩施州病案管理医疗质量控制中心落户民大医院。推进“323+”工程，推进恩施州慢性呼吸系统疾病防治、糖尿病防治、风湿病防治学科发展。

【教学科研】 2021年，民大医院顺利通过临床医学硕士专业学位授权点专项合格评估，研究生导师队伍不断壮大。加强住院医师规范化培训，举办湖北省住院医师规范化培训第26期师资（临床）培训班，提高培训质量，提升结业率，通过结业考核的社会学员100%就业。全年接收全科医生转岗培训学员26人，骨干全科医生培训学员10人。全年科研经费到账135万元，风湿免疫重点实验室连续2年获省科技厅重点实验室良好成绩，获得省财政专项资助经费100万元。医院与澳大利亚免疫学家余迪教授牵头设立“硒-免疫平衡与健康”研究团队最新学术成果（“Selenium-GPX_4 axis protects follicular helper T cells from ferroptosis”）（硒-硒蛋白GPX_4功能轴保护滤泡辅助性T细胞免于铁死亡）在国际顶级免疫学期刊*Nature Immunology*（自然杂志子刊，影响因子：25.606）在线发表；医院作为并列第一作者、并列通讯作者撰写的论文（“Supranutritional selenium suppresses ROS-induced generation of RANKL-expressing osteoclastogenic CD_4^+ T cells and ameliorates rheumatoid arthritis”）在国际知名免疫学期刊*Clinical & Translational Immunology*（影响因子：6.2）发表。

【基础设施和信息化建设】 2021年，民大医院三区医技楼投入使用，住院楼进入装修装饰阶段，完成口腔医学中心建设和行政楼三楼、产科ICU等项目改造工作，办院条件得到改善。推行办公无纸化、胶片无纸化，完成HRP项目建设，电子病历应用评级通过省级4级评级，推进互联网医院建设。

【创新工作】 2021年，民大医院推进运营体系精细化管理，成立运营管理部，打造运营管理、质量控制、绩效管理“三位一体”的民大特色运营管理新模式。推进创新，突破、攻关影响人民群众健康的重大问题。推进医疗中心技术创新，建成胸痛、脑卒中、肺结节等一批专病中心。推动全生命周期健康管理模式创新，医防融合健康服务模式创新以及互联网医疗模式创新。

【交流培训】 2021年，民大医院建立技术帮扶机制，推动医联体发展。全年派出17人指导基层医院工作，下基层巡讲182场，线上授课47场，开展手术37例，会诊9次，远程诊断12538例，接收进修人员16人次，培训各县市村医100名。

【社会服务】 2021年，民大医院开展以“巾帼健康大讲堂”为代表的科普活动112场，惠及6000余人次。组织送医送药送健康知识活动44场次，惠及7000余人次。12月7日，民大医院在咸丰县五龙坪举办“博士团下基层 共筑健康家园”义诊活动。

（崔胜伟）

2021年12月7日，民大医院在咸丰县五龙坪举办“博士团下基层 共筑健康家园”义诊活动

（杨天宇 摄）

恩施州优抚医院

【概况】 州优抚医院为隶属州退役军人事务局的二级单位，由“三院四中心”（州优抚医院、州优抚医院附属民康医院、州精神病人福利院和州精神卫生中心、州优抚疗养中心、州失能老人养护中心、州精神病残疾康复技术指导中心）构成。2021 年，全年收治住院患者 4286 人次，出院 3644 人次，日均占用床位 631 张，门诊就医 34522 人次。优抚疗养 6 期、235 人。失能老人养护中心新收 12 人，日均在院 56 人。司法精神病鉴定 106 例，医学鉴定 7 例，劳动能力鉴定 19 例，智力测定 1030 例。

【医院管理】 2021 年，州优抚医院结合现代医院管理制度要求及三级精神专科医院创建标准，重新修订完善医院管理制度，编制院内安全、新冠肺炎疫情防控管理手册，规范党建、行政、医疗、后勤及安全管理。规范医疗业务管理，更换医疗业务 HIS 系统（医院信息系统），建立 LIS 系统（实验室信息系统）、PACS 系统（医学影像信息系统）和 EMR 系统（电子病历管理系统）。以购买服务形式聘请法律顾问、审计咨询，加强内控管理，落实依法治院、民主理院各个环节。贯彻湖北省医疗机构从业人员“九项准则”，开展每季度一次道德讲堂和年终医师职业道德考核评价，开展以“传承仁心妙术，弘扬医德医风”为主题的医师节活动，开展“精医术、正医德、树医风”专题活动，把清廉医院建设贯穿始终，在全院营造风清气正的就医环境。

【优抚疗养】 2021 年 8 月，州优抚医院在新冠肺炎疫情转入常态化防控后重启全州退役军人等优抚对象疗养工作，全年完成 6 期疗养。开展“一次全面健康体检”“一堂健康知识讲座”“一次文娱联欢会”“一次重温军旅生活座谈会”“一次棋牌比赛”“一次参观游玩”“一次趣味活动”“一次革命传统教育”等服务活动，丰富疗养形式，增强疗养体验。完善优化医养结合养老服务标准、规范、流程、风险评估、评价改进与应急处置措施，制定医养结合服务标准 136 项，养老服务流程 71 项，应急处置预案 14 项，接受省民政厅养老服务标准化验收。

【戒毒医疗服务】 2021 年，州优抚医院选派 8 名医生、8 名护士，配合公安、司法抓好恩施州美沙酮药物维持治疗门诊、州第一强制隔离戒毒所、州强制隔离戒毒所及恩施州病残吸毒人员收治中心戒毒医疗服务，落实新冠肺炎疫情防控要求，完成健康检查及戒毒人员的乙肝、丙肝、梅毒等传染病筛查，全年平安无事故。全年恩施州强制隔离戒毒所收治戒毒人员 107 人，日均管理 180 人；恩施州病残吸毒人员收治中心收治病残吸毒人员 19 例；恩施州第一强制隔离戒毒所收治 113 人，日均管理 146 人；美沙酮药物维持治疗门诊服药 31 人、3413 人次。

【精神卫生服务】 2021 年，全州在册重性精神障碍患者 17777 人，报告患病率 5.24‰、规范管理率 94.01%。面访率 94.55%、服药率 70.8%、规律服药率 50.2%，各项指标相比 2020 年有所提高。筛查疑似严重精神障碍患者 816 人，确诊并纳入管理 324 人。成立全州精神卫生专病防治中心，对各县市严重精神障碍患者规范管理工作情况进行全面督导检查，对利川市、咸丰县预防和减少严重精神障碍患者肇事肇祸“春季专项行动”进行调研督导，组织开展全州精神卫生管理人员培训。坚持“以预防为主，防病治病相结合”原则，突出精神卫生健康知识宣传。在《恩施日报》设置精神卫生专栏，全年开展 12 期宣传。在 3 月 21 日“世界睡眠日”、3 月 30 日“世界双相情感障碍日”、5 月 12 日“国际护士节”、10 月 10 日“世界精神卫生日”、8 月 19 日“中国医师节”等节日开展精神卫生知识宣传。开通医院微信公众号，每月开展 4 期健康科普宣传。选送 4 名医师到杭州市第七人民医院进修学习精神卫生专业。在全省“323+”健康科普大赛上，取得表演类科普州内第一名、全省二等奖成绩。文字类科普分别获得二等奖、优秀奖各 1 名。

【医疗改革】 2021 年，州优抚医院对医院药品、医用耗材实行集中采购，完成带量采购 49 个品种，基本药物采购占比 51.12%，药品销售较 2020 年下降 821.72 万元，下降占比 30.73%。医保系统按要求完成系统升级对接，收费项目编码贯标核对，“四位一体”一窗办结。医疗服务收入占比 74.5%，收入结构合理。加强医保日常监管，做到合理检查、合理用药、合理诊疗、合理收费，学习贯彻医保管理条例，保障医保基金安全。

【基础建设】 2021 年，恩施州精神病人福利院建设项目竣工试运行。全年使用省退役军人事务厅划拨整改资金 100 万元，完成优抚疗养食堂改造、党建宣教室及优抚对象多功能活动中心改造、医院大门前边坡治理、防护网制作安装工程等项目建设。完成州精神病人福利院智慧能源节能管理系统及空调扩容改造工程、专变改造等项目建设。完成附属民康医院心理科、睡眠专科及理疗科设施改造，完成门诊国医堂、口腔科装修改造。临床基因扩增实验室通过验收投入使用，CT 室完成安装投入运行。

【对口帮扶建设】 2021 年，杭州市第七人民医院继续帮扶州优抚医院，医院选派人员进修学习。7 月，与武汉市精神卫生中心正式签约建立对口帮扶关系。8 月，与来凤县精神卫生中心建立对口帮扶关系，先后派出 4 批 8 名专家坐诊、指导、带教，提升基层精神卫生诊疗能力。11 月，与中国人民解放军中部战区总医院签订对口帮扶协议，为医院人才培养、学科建设、学术研究搭建平台。

（彭贻龙）

社会生活

Civil Life

民政工作

【概况】 2021 年，全州民政工作坚持三个“聚焦”（聚焦脱贫攻坚、聚焦特殊群体、聚焦群众关切），履行“三基”（基本民生保障、基层社会治理、基本社会服务）职责。巩固脱贫攻坚兜底保障成果，全年支出社会救助资金 115441.86 万元。其中城市低保 5079.65 万元，农村低保 89048.07 万元，城市特困救助供养 716.63 万元，农村特困救助供养 16842.58 万元，临时救助 3754.93 万元。新建县级公益性殡葬服务中心 3 个、农村公益性公墓试点 12 个，殡葬领域突出问题专项整治取得成效。优化便民服务，精简行政审批和政务服务事项，下放业务办理项 1 项，减少原需申请者提供的材料 128 项，减少率 65.32%。州民政局被省委、省政府表彰为“全省脱贫攻坚先进集体”，全州民政系统 6 人被表彰为“全省脱贫攻坚先进个人”。

【城乡低保】 2021 年，州政府修订完善《恩施州最低生活保障实施办法》，在全省率先作出政策创新，非本州户籍但长期在本州居住的家庭、低保边缘家庭中的高龄失能人员可以单独申请低保，该项工作得到省民政厅领导肯定并转发其他地市学习参考。全州有农村低保对象 109862 户、197440 万人，城市低保 5324 户、7818 人。城市低保月人均补助水平达到 526.58 元，达到城市低保标准的 82.93%（全州城市低保标准为月人均 635 元），农村低保月人均补助水平达到 339.71 元，达到农村低保标准的 93%（全州农村低保标准为年人均4380元）。

【特困供养】 2021 年，城市特困供养标准为 1270 元/人/月，其中基本生活费 826 元，照料护理费 444 元。全州城市特困供养对象 451 人，其中集中供养 287 人，分散供养 164 人。农村特困供养标准为 8760 元/人/年，其中基本生活费5694元，照料护理费 3066 元。全州农村特困供养对象 17174 人，其中集中供养 3292 人、分散供养 13882 人。加强福利院安全管理，落实福利机构风险管控和隐患排查，完成“平安工程”建设任务。

2021 年 11 月 18 日，利川市社工在团堡镇柴家湾村开展“情暖老人心，爱驻夕阳红”老年人集体生日会活动

（州民政局 供稿）

【临时救助】 2021 年，州政府修订《恩施土家族苗族自治州临时救助实施办法》，完善社会救助政策体系。全年支出临时救助资金 3754.93 万元，救助 18879 人次，人均救助 1988.95 元。

【居民家庭经济状况核对】 2021 年，对全州城乡低保、城乡特困供养对象进行个人所得税、工商登记、机动车登记、人社参保、人社退保、死亡情况、房产登记 7 项信息在线核对，比对城市低保 19424 户次、33917 人次,农村低保 568904 户次、1212333 人次，城乡特困供养人员 72009 人次。经核实退出城市低保对象 306 户、390 人，农村低保对象 8482 户、13262 人。恩施州该项工作情况在全省进行交流发言。

【“三留守”人员服务】 2021 年，全州留守老人 35937 名，留守儿童 33281 名，留守妇女 13825 人，困境儿童 28978 名。发挥驻村“尖刀班”作用，每个季度对“三留守”人员至少走访一次，让“三到家”（关爱到家、探访到家、保护到家）的工作机制落实落地。巴东县民政局牵手北京师范大学中国公益研究院，投入资金 113.2 万元，在全县开展“童伴妈妈”项目。指导宣恩县、来凤县向上争取项目，成功将 20 个村纳入第三批“童伴妈妈”项目。

【儿童福利】 2021 年，为全州 476 名孤儿、822 名事实无人抚养儿童累计发放养育费、基本生活补贴 1880.42 万元。争取州委、州政府重视，成立恩施州未成年人保护工作领导小组，印发《恩施州未成年人保护工作领导小组成员单位职责任务分工》等 4 个文件。为全面开展未成年人保护工作做好组织、制度保障。宣恩县成立未成年人保护中心，在全县行政编制较为紧张的情况下，争取县委编委的重视，核定 3 名全额拨款事业编制。建始县、鹤峰县编制部门同意在县社会救助站加挂“县未成年人保护中心”牌子，统筹开展工作。

【残疾人两项补贴】 2021，全州 6.04 万人享受困难残疾人生活补贴，发放困难残疾人生活补贴资金 5192.20 万元，6.29 万人享受重度残疾人护理补贴，发放重度残疾人护理补贴资金 7372.05 万元。6 月，《恩施州民政局 恩施州残联关于进一步做好残疾人两项补贴规范发放的通知》印发，探索形成残疾人“两项补贴”规范发放“1122”工作模式（即“一证办理”、一套优化的工作流程、上门服务和代办服务两项服务、“入口关”和“信息比对关”两道关口），实现应补尽补、应退尽退。

【流浪乞讨救助管理】 2021年，救助生活无着流浪乞讨人员3198人次，街面巡查4120次，寻亲护送返乡201人。开展生活无着流浪乞讨人员救助管理服务质量大提升专项行动，择优选择公办福利养老机构落户安置长期滞留救助站且无身份人员136人，滞站人员全面清零，落户安置率达100%。

【殡葬改革】 2021年，有序推进殡葬项目，咸丰县殡仪服务中心建成并投入运营，推进恩施殡葬服务中心项目建设，利川市南坪乡、建始县长梁镇、来凤县百福司镇农村公益性公墓建成，宣恩县椒园镇农村公益性公墓二期建设基本完成。6月，印发《恩施州农村公益性公墓建设规范》，全面推行节地生态、节俭文明的殡葬行为，规范农村公益性公墓建设和管理，整治乱埋乱葬行为，减轻群众丧葬负担。8—12月，开展全州社会殡葬中介服务中侵害群众利益问题和殡葬业价格秩序、公益性安葬设施建设经营2个专项整治，下发《州民政局关于社会殡葬中介服务中侵害群众利益问题专项整治实施方案》《恩施州殡葬业价格秩序、公益性安葬设施建设经营专项整治工作方案》，全州民政系统组建69个工作专班，实施208次专项检查，开展联合执法40余次。自查自纠发现殡仪馆服务项目和服务收费未按规定公开、公墓未审批等问题51个，全部整改销号。检查发现服务机构违规从事“一条龙”服务、私设灵堂、非法运尸车、生产经营不易降解祭祀用品等问题128个，全部整改到位，通报工作推进不力的单位1家，关停违规殡葬服务机构7家，查处违规市场主体20家，移交法院执行1家，整治价格违法违规墓地1个，完善5个公益性公墓的审批手续。

【慈善活动】 2021年，慈善组织网络体系建设不断完善，全州有39家慈善组织，巴东等县市将慈善组织延伸到乡镇。全年募集慈善资金323万元，耐药结核病患者救助81万元，中孕期母婴血清筛查救助15.84万元，白内障眼疾救助95万元，慢性粒细胞性白血病患者救助63.24万元，拜科奇血友病患者救助19.24万元，全省困难群体联动救助项目1430.28万元，慈善阳光班助学项目95万元，临时性大病患者救助54.2万元。4月，在州直单位开展“慈善一日捐”活动，州直83个单位、2800多名干部职工捐款158万元。开展全省困难群体联动救助项目，资助困难儿童450名，资助金额90万元。筹集“幸福家园”村社互助项目资金2732.65万元，解决1000余个村级交通、饮水、亮化等基础设施建设项目。

【福彩事业】 2021年，全州销售福利彩票40608.38万元，完成省中心考核任务的116.71%，完成率居全省第三位，总销量排名全省第四位，筹集福彩公益金1.22多亿元。

【养老服务】 2021年，加强养老服务工作，提升机构养老服务质量，完成居家适老化改造595户，推进30个养老服务项目建设，3个县市完成农村特困供养服务体制机制改革，恩施市探索建立农村互助养老新模式，建始县民政局推进高龄津贴发放管理改革，探索出“免申即享”全新模式，巴东县水布垭农村福利院创建成为全省唯一一家四星级农村福利院。

【基层社会治理】 2021年，全州建制村调整为2012个，社区216个。撤并建制村291个，村改社区9个，撤销社区2个。完成全州村（社区）“两委”换届，选优配强村（社区）“两委”班子。2012个村委会选出“两委”成员9521名，村党组织书记、村民委员会主任“一肩挑”1729人，“一肩挑”比例达99.43%。215个居委会选出“两委”成员1473人，社区党组织书记、主任一肩挑人数159人，“一肩挑”比例达100%。全州村（社区）两委成员中致富带头人3128人、外出务工经商人员1041人、大学毕业生1312人、复员退伍军人582人、下派机关、企事业单位人员369人。结构更加合理，整体文化程度、女性干部比例及年轻化趋势明显上升。全州不断巩固深化“1+4+X”（以县市为单位确定统一的综合性村务公开日，做到四季公开，在完成“规定动作”外，根据自身实际大胆创新村务公开的其他形式）村级事务公开阳光工程，完善党务、村务、财务“三公开”制度，实现公开经常化、制度化和规范化。实现村务公开全覆盖，2227个村（社区）实现村规民约、居民公约全覆盖。探索实行《村规民约》积分制管理，助力乡风文明建设，有90个村、20个社区正在开展积分制管理试点。

【社区建设】 2021年，城乡社区实现综合服务设施全覆盖，综合服务设施面积不断提档升级。全州在加强城市社区和村级综合服务设施建设投入资金约2000万元。恩施市成立城乡社区建设工作领导小组，通过整合划转国有闲置资产，25个城市社区综合服务设施全部达到1000平方米以上。利川市、建始县、咸丰县协调相关单位闲置资产或国有固定资产32处，用于解决城市社区网格（片区）支部办公场所、红色驿站等建设。城乡社区治理模式不断创新。建始县全面推动社区治理提质和品牌打造，举办“思想破冰引领基层社区治理升级‘一区一品’”路演大赛。巴东县推行城乡社区治理“5544”工作法（发挥五大作用，提高五大能力，补齐4个短板，加强4个保障）。恩施市官坡社区治理“尖刀班”围绕“一个引领、两个重点”（党建引领，矛盾纠纷化解和突发事件处理）深度参与社区治理，社区“大党委”推动共驻共建共享。解放路社区探索“1234”社区治理服务体系，通过党建引领，建2个服务网、3个公众服务平台，开展党群综合服务、特殊对象关爱、法律咨询援助、社会组织孵化4项服务。万福国际小区在社区党组织的领导下，探索“12110”[1个“尖刀班”成员包2栋楼，对所包楼栋治理工作全面负责；联系1个主体单位，工作共商、问题共议、治理共抓；建强1支队伍（党员先锋队、应急大队、志愿者服务队、义务宣传服务队、综合治理办）；实现小区零上访目标]工作模式和“四事”工作诀（初心使命想干事、责任担当想事干、素质要求能干事、目标追求干成事），成为调处化解小区矛盾纠纷“由乱到治”的典型。福星城小区打造党建引领下的红色物业品牌，实现“三社联动”（社区主导+社会组织融合+社工参与），居民生活品质提升。和谐家园小区引进社会工作专业服务参与社区治理，实现党建引领微治理、微治理促进大和谐。利川市桃花社区推出居民参与社区治理积分制管理办法，打造社区共建共治共享共同体。宣恩县是全州易迁集中安置点规模最大、人数最多的县，坚持“1+6”（1个安置社区配套1个党群服务中心、1个就业创业空间、1个标准卫生室、1个文化活动广场、1个便民超市、一户一块菜地，解决基本生活来源和精神文化需求）建设标准，成为全省社区治理和服务创新实验区。

【城市社区工作者职业体系建设】 2021年，制定《恩施州城市社区工作者管理办法》，从选任招聘、激励机制、考核机制、退出机制等方面作出规定。全州87个社区完成城市社区工作者改革，新划定网格783个，核定社区工作者员额1388名，新增社区工作者62名，选任聘用1129人，一支职业化、社会化城市社区工作者队伍基本建成。加强履职管理，出台《城市社区工作者管理办法（试行）》，推进社区职能职责与社区工作者岗位整合，落实“全科全能，岗在网格（小区）”要求，加强社区工作者的日常管理。全面开展能力提升培训，实施全员岗前轮训，全州对2772人次社区工作者分期分批进行培训。

【州级社会组织管理】 2021年，加强社会组织综合监管。组建社会组织综合党委，建设州社会组织综合服务中心，促进社会组织健康发展。州级社会组织238个，其中新登记成立16个（社会团体11个，民非5个），注销登记8个，变更登记22个，登记合格率100%。开展州级社会组织年检，196个州级社会组织完成年检，年检合格率100%。开展全州社会组织涉企收费专项整治行动，为企业减免会费109万元。引导动员500余家社会组织参与乡村振兴、新冠肺炎疫情防控等中心工作，捐赠资金7047.73万元，捐赠物资折合人民币515万余元，帮扶778个村。

【婚姻登记】 2021年，全州办理结婚登记21135对，离婚登记4447对。12月28日，州民政局正式印发《婚姻登记“全州通办”工作实施方案》，实现男女双方或一方是恩施州内地居民，部队驻地、入伍前常住户口所在地或另一方常住户口所在地在恩施州域内的现役军人，在州内任何一个婚姻登记机关均能办理结婚登记、离婚登记、补发结婚证的目标。

（徐 蛟）

社会保障

就业创业

【概况】 2021年，全州全年城镇新增就业3.77万人，城镇登记失业率为2.87%，城镇失业人员再就业1.36万人，就业困难人员再就业1.03万人，发放小额担保贷款7.1亿元，扶持创业0.62万人，带动就业1.77万人。全年开展补贴性职业技能培训65218人，开展新型学徒制培训457人。为722名企业职工发放技能提升补贴99.45万元。全年为恩施高新区重点企业组织报名登记务工人员4098人，入职稳岗就业2483人，为立讯精密工业（恩施）有限公司发放2020年度一次性吸纳就业补贴23.9万元。全年全州外出农民工94.87万人，其中省内乡外就业33.77万人，省外就业61.10万人。新认定2家州级创业孵化示范基地。成功推荐恩施女儿城职业培训学校有限公司（恩施清江创业学院）、恩施市创新创业培训学校为省级创业学院，推荐湖北长夏孵化器有限公司申报第五批全国创业孵化示范基地。全年全州举办各类线上、线下招聘会478场，服务企业9883家，提供就业岗位59.4万个，服务群众超过10万人次。10月13日，州内第一个“零工驿站”在利川市大众广场成立并投入使用。

【恩施州创新创业服务中心成立】 2021年7月5日，恩施州创新创业服务中心召开第一届会员大会暨成立大会，选举产生第一届理事会，湖北民族大学新材料机电学院院长、宁波格林美孚新材料科技有限公司总经理秦柳博士当选理事长。恩施州创新创业服务中心为在州民政局注册登记的民办非企业社会组织。

【首届“宜荆荆恩”大学生创新创业大赛】 2021年10月25—26日，州人社局举办2021年首届“宜荆荆恩”大学生创新创业大赛，大赛设置本科、职教、初创3个赛道，有105个创新创业项目报名参赛，项目涵盖生态文化旅游、清洁能源、硒食品精深加工、生物医药、生态农业、电子信息、制造业、AI等多个行业领域，经过路演集训、初赛选拔，45个创新创业项目进入恩施州决赛，最终选送3个项目进入“宜昌人福杯”首届宜荆荆恩大学生创新创业大赛决赛，获得2个三等奖、1个优胜奖。

【隶属管理学校工作】 2021年，州人社局隶属管理3所民办技工学校，分别为州民族技工学校、利川民族技工学校和咸丰县民族技工学校。州民族技工学校有在校专职教师48人，在校学生1458人，其中2021年招生584人，现招生专业

12个，学校现有校区2个，占地面积3.67公顷，建筑面积2万平方米。利川民族技工学校有在校专职教师47人，在校学生2082人，其中2021年招生1105人，现招生专业9个，学校现占地面积1.4公顷，建筑面积9000平方米。咸丰县民族技工学校有在校专职教师29人，在校学生833人，其中2021年招生346人，现招生专业6个，学校现占地面积1.47公顷，建筑面积14260平方米。

【首届“恩施工匠”职业技能大赛】 2021年10月22—24日，由州人社局主办，州总工会、州住建局、州文旅局、州商务局、州妇联共同承办，州电视台等10余个单位共同协办的恩施州首届“恩施工匠”职业技能大赛在州城恩施举行。大赛以“培育恩施工匠、促进产业发展”为主题，设焊工、电工、砌筑工、导游、餐厅服务员、中式烹调师、育婴员7个项目，272名选手参赛，45名获奖选手“以赛代评”晋升高级工。

【“春风行动”劳务协作招聘会】 2021年3月26日，以“春风行动送岗位、劳务协作助振兴”为主题的2021年恩施、温州劳务协作专场招聘会在州城喜福汇广场举行，恩施、宜都、温州等地的72家用人单位提供岗位8581个。

【组织恩施籍务工人员免费乘机返粤务工】 2021年2月22日，恩施州举行外出务工人员免费乘机到粤返岗复工集中欢送仪式，27名恩施籍广东中山务工人员，从恩施乘机，抵达武汉转机飞往广州，再乘坐专车回到各自工作岗位，通过点对点运输服务，保障农民工返岗安全。

（黄书华）

社会保险

【概况】 2021年，各类社会保险参保比2020年同期扩面增加5.1万人。年末全州城镇职工基本养老保险参保人数60.64万人，其中企业职工参保人数47.7万人，机关事业单位参保人数12.94万人。城乡居民社会养老保险参保人数209.75万人，其中农村居民参保人数207万人。工伤保险参保人数25.11万人，其中农民工参保4.03万人。失业保险参保人数18.44万人。全年按时足额发放78万人养老金待遇83.6亿元。为10.78万名“四类人员”（低保对象、特困人员、易返贫致贫人口、重度残疾人）代缴养老保险费1078.73万元，为433名退捕渔民补贴基本养老保险102.77万元。全州养老、工伤、失业三项社保基金总收入90.21亿元，总支出114.57亿元（含上解企保基金支出25.65亿元），期末滚存结余基金61.28亿元（含尚未上解企保基金25.66亿元）。

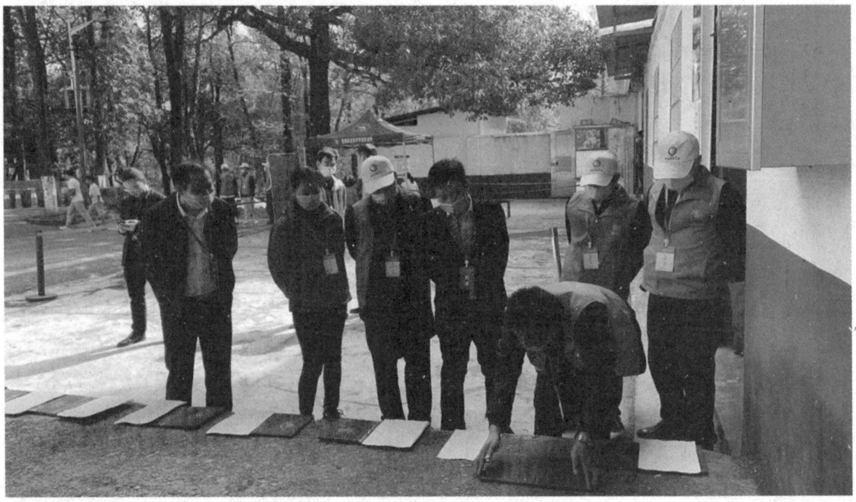

2021年10月23日，“恩施工匠”大赛焊工组比赛现场成品展示　（黄书华 摄）

【阶段性降低失业保险、工伤保险费率】 2021年，全州继续实施阶段性降低失业保险、工伤保险费率政策，全州全年为9246家企业降低失业保险费率5918万元，惠及企业职工122350人。为8293家企业降低工伤保险费1408.4万元，惠及职工137625人，为773个建设项目降低工伤保险费1862万元。

【社保疑点数据核查】 2021年，通过自查、县市交叉检查及迎接省级抽查，从待遇发放、系统操作、财务管理、稽核内控等方面对社保经办进行全方位“体检”，全州核查部平台下发的服刑人员违规领待、死亡冒领、重复领待等疑点数据13184条。

【企业职工养老保险实现省级统筹】 2021年，做好湖北省企业职工养老保险集中系统上线筹备。进行企业职工和灵活就业人员基本养老保险费欠费补缴政策宣传，统一全州企业职工基本养老保险补缴经办流程。出台本地养老保险数据清理工作方案，12月召开全州数据清理工作专题会。全州企业养老保险问题基准数据量2345347条（包含工伤和失业重复数据），整改数据2235497条，整改占比95.3%。全州累计办理业务超10万笔，养老、工伤、失业保险待遇通过社银平台线上发放，基本实现参保核定正常、社税推送及时、转移接续顺畅、待遇发放准确的目标。

【上级督办调研】 2021年9月14—17日，省人社厅党组成员、副厅长董长麒带队到咸丰县，调研乡村振兴驻村帮扶、能人返乡创业、创业担保贷款、安置区就业服务等工作。7月27—28日，省人社厅党组成员、副厅长曾向阳带队到恩施州，调研乡村振兴等工作，省人社厅驻村工作队进驻咸丰县高乐山镇龙坪村。

（黄书华）

劳动保障

【概况】 2021年，全州夯实“4+3”模式（“农民工工资准备金、农民工实名制信息化管理、农民工工资银行代发、农民工欠薪金融授信代偿”四项制度和“联席会议、追责问责、失信惩戒”三项机制），办理欠薪线索、投诉举报案件，落实保障农民工工资支付制度，全州保障农民工工资支付工作形势总体平稳。开展根治欠薪冬季专项行动，创建并推广全省优化营商环境改革试点，开展法治政府创建工作，开展根治欠薪专项督查检查，督办交办欠薪问题，健全完善工作机制，优化办案流程。修订《恩施州建设领域保障劳动者工资支付实施办法》，印发《恩施州根治欠薪联动工作机制实施方案》，实行信用监管机制，印发《关于对保障农民工工资支付工作进行按月考核评分的通知》，推进保障农民工工资支付工作。开展理论政策研究，《关于“信息化+诚信”根治欠薪难题的思考》获全省人社系统调研报告二等奖。

【劳动监察】 2021年，州委、州政府始终将保障农民工工资支付工作当作一项政治任务和民生工作来抓。州委召开常委会会议，专题研究部署根治欠薪工作，州委领导多次对根治欠薪工作进行安排部署、督办检查。年初，省优化办和省人社厅确定鹤峰县创建全省农民工工资信息化监管先行试点，9月，州根治拖欠农民工工资工作领导小组印发《关于进一步规范农民工工资信息化监管工作的通知》，召开恩施州农民工工资信息化监管先行试点成果应用推广工作会，在全州推广鹤峰县农民工工资信息化监管先行试点经验。州人社局联合住建、交通等部门开展保障农民工工资支付宣传活动。全州各级劳动保障监察机构受理、办结投诉举报案件151件，案件办结率为100%。按照“双随机、一公开”的方式开展执法检查，抽取执法检查人员391人次，随机抽查对象274家，抽查次数29次，抽查结果公开数274次。

【法治思维保障农民工工资支付】 2021年，州劳动保障监察局坚持用法治思维治理社会难题，按照《中华人民共和国劳动法》《中华人民共和国劳动合同法》等劳动保障法律法规的要求，出台《恩施州建设领域劳动者工资支付保障实施办法》。及时回应群众诉求，用法治方式推进基层社会治理水平，对欠薪线索逐一建立台账，每条线索明确专人负责落实，在60日内根据劳动保障法律法规的要求办结或作出明确答复。构建依法治欠体系，用法治精神维护农民工合法权益。开展日常执法检查和行政执法，推进行政执法与刑事司法整体联动，加强公共法律服务和工会法律监督。

【根治欠薪冬季专项行动】 2021年11月至春节，全州各级人社部门开展根治欠薪冬季行动，基本实现“两清零四确保”（政府项目和国企项目的欠薪按键2021年年底前清零，其他欠薪按键2022年春节前清零，确保不发生因欠薪引发的重大群体性事件、到省进京上访事件、极端恶性事件和重大负面舆情）目标任务。全州检查用人单位732个，涉及劳动者5.49万人，其中农民工5.13万人。通过县市主动检查发现涉及欠薪的用人单位84个，涉及拖欠6591名农民工工资8480.1万元。截至2021年12月31日，全州59个政府性投资欠薪项目全部清零，全州25个社会性投资欠薪项目全部清零。

【开展保障农民工工资支付宣传活动】 2021年3月至4月，恩施州开展保障农民工工资支付宣传月活动，全州各级人社部门组织开展学习培训28场次，涉及人数2194人。组织到企业、工地现场开展宣传活动117场次，发放宣传资料6935份，悬挂张贴宣传标语、宣传画192幅，新闻媒体报道14次。开展对用人单位的排查检查84次，检查用人单位310户。

【全州保障农民工工资支付工作现场会】 2021年2月26日，全州保障农民工工资支付工作现场会在巴东县召开，会议总结2020年全州保障农民工工资支付工作开展情况，通报全州2020年保障农民工工资支付工作情况及根治欠薪冬季专项行动开展情况，安排部署2021年工作。会上，恩施高新区、巴东县、恩施市、利川市作交流发言。

（黄书华）

医疗保障

【概况】 2021年，全州医疗保障部门严守医保基金安全底线，统筹推进新冠肺炎疫情防控、巩固拓展医疗保障脱贫攻坚成果有效衔接乡村振兴和医保业务工作，持续推进医疗保障制度改革，不断健全医疗保障政策机制，推动全州医疗保障高质量发展。截至年底，全州参加基本医保3715917人，常住人口参保率109.41%。医保基金总收入48.03亿元，医保基金产生总支出47.12亿元，当年支付40.38亿元。其中职工医保参保350480人，基金收入18.06亿元（同比增长15.56%），支出15.42亿元；居民医保参保3365437人，基金收入29.97亿元（同比增长4.73%），支出24.96亿元。基金运行平稳安全。全年就诊1051万人次，其中门诊就诊964.64万人次，住院86.4万人次，居民医保住院76.67万人次，职工医保住院9.72万人次。全州基本医保住院政策范围内报销比例75%，其中居民住院政策范围内报销比例73%，职工住院范围内报销比例85%。州医疗保障局在全省年度医保综合指数考核排名中位列第一方阵。

【行业帮扶】 2021年，保持健康帮扶政策总体稳定，继续落实脱贫人口“四重保障”（基本医保+大病保险+医疗救助+商业补充保险）政策。全州落实脱贫人口参保资助资金1.81亿元，全州109万脱贫人口实现应保尽保；脱贫人口全年住院及门诊慢性病就医51.63万人次，医疗总费用16.7亿元，基本医疗保障报销14.16亿元，政策范围内报销比例达93%。在全省率先出台巩固拓展医疗保障脱贫攻坚成果有效衔接乡村振兴战略政策，实现医保帮扶由集中资源支持脱贫攻坚向统筹基本医保、大病保险、医疗救助三重制度常态化保障平稳过渡，受到省医疗保障局书面表扬。建立健全防范化解因病返贫致贫长效机制。全年筛查预警监测人员31877人，同步移交乡村振兴部门，跟进落实健康帮扶措施，按规定落实依申请救助332人，救助资金支付187.41万元，有效巩固医疗保障脱贫攻坚成果。

【医保待遇】 2021年，严格按要求在基本医保、大病保险、医疗救助制度三重保障制度框架内完善待遇保障政策，实行公平适度保障。适时增调大病、慢性病门诊保障病种，大病专项救治增加至30个病种，门诊慢性病病种增加至24个，门诊重症病种增加至7个，将耐多药结核纳入门诊重症管理，明确州中心医院为全州耐药结核病和重症结核病患者定点救治医疗机构，救治费用不占医保基金总额预算指标，该项保障措施被国家疾控中心作为典型经验在全国推介。开展城乡居民高血压、糖尿病（简称“两病”）门诊用药保障专项行动，扩大“两病”政策受益面，“两病”患者的健康水平稳步提高。截至年底，全州享受“两病”待遇人数达14.67万人，医保报销超过1.14亿元。落实三孩生育保险政策，将参保女职工生育三孩的费用纳入生育保险待遇支付范围，按规定及时、足额给付生育医疗费用和生育津贴待遇，同步做好城乡居民生育医疗费用待遇保障和新生儿参保工作。

【重点改革】 2021年，常态化实施药械集中带量采购。截至年底，有14批次、347种、630个品规的集采中选药械在全州落地执行。集采药械综合降价率55%，单药最高降价98.5%，每年可节约购药资金2.01亿元，其中减轻群众购药0.91亿元，节约医保基金1.1亿元。建立集采药品医保资金结余留用制度，明确将定点医疗机构参与药械集采而节约的医保基金按50%的比率奖励给医疗机构。全年兑现2批次结余留用奖励资金，金额达558.46万元。建立国家谈判药品在定点医疗机构和定点零售药店同时供应的“双通道”管理机制，有148种国家医保谈判药品纳入“双通道”管理。全州国家医保谈判药品年度总费用发生1.23亿元，医保报销达7300万元。稳步推进医保支付方式改革，完成109个按病种收付费病种的动态调整，新增5项日间手术实行按病种收付费管理试点。鹤峰县医共体支付方式改革省级试点稳步推进，试点经验获省医疗保障局肯定。

【医保治理】 2021年，宣传贯彻《医疗保障基金使用监督管理条例》（以下简称《条例》），多渠道、多形式开展集中宣传月活动，营造全面加强医保基金监管的浓厚氛围。建立问题线索台账，逐一核查销号，推进《条例》实施前监管存量问题清零行动。以州人大专项视察医疗保障基金监督管理工作为契机，制定《部门联席会议制度》《社会监督员制度》《监督检查制度》《投诉举报登记制度》《引入第三方机构参与医保基金监管工作制度》等，加速建立和完善全州基金监管制度体系。打击欺诈骗保行为，通过大数据筛查比对、开发人脸识别信息管理系统、引入第三方力量参与监管、开展专项治理等手段，认真开展“假病人、假病情、假票据”专项整治，对全州9个统筹区1909家定点医药机构实行现场检查全覆盖，处理定点医药机构1611家，追回医保基金8691.58万元，公开曝光典型案例823例。通过媒体、州局网站、微信公众号公开欺诈骗保举报电话、邮箱；建立州、县两级医疗保障社会监督员库，聘请人大代表、政协委员、新闻记者、医院工作人员担任社会监督员，建立社会监督防线；引入社会力量参与基金监管的“五位一体”监管模式，被省政府内刊《湖北政务信息》推介，被省医保局在全省推广。州医保局承担的基金监管方式创新试点工作成效明显，获省医保局书面表扬。

【州级统筹】 2021年，加强和改进全州居民医保参保缴费工作。争取地方党委、政府的重视支持，压实地方政府组织城乡居民医保参保缴费责任，加强与税务、银行等部门联动，注重宣传发动、强化工作调度、细化服务举措，做实做细参保缴费工作。利川市、建始县医疗保障局推进医保参保缴费的创新做法被国家医保局在全国推介。全州城乡基本医保参保率稳定在97%以上。做实居民医保州级统筹，居民医保基金收入全部纳入州级统筹管理，城乡居民医保基金全部上解到州级财政专户，累计上解资金29.14亿元。协调财政、人民银行、税务部门，改革资金上解方式，从4月1日起，县市税务部门征收的居民医保个人缴费资金从过去汇入县级国库改为直接划转州级国库，有效防范基金被挤占、挪用风险。从12月起，中央、省补助资金由直达县市财政调整为直达州级财政，提升资金上解效率。

【政务服务】 2021年，落实全国、全省28个医保经办政务服务事项指导规范，全面开展“清减降放”改革。清理政务服务事项，按照州政务局统一要求对事项非法定依据、医保跨层级共有事项、长期无办件事项、部门之间办理事项进行全面清理，取消非法定的依据、近10年无办件的事项，实现下放事项应放尽放，压缩部门之间、上下级之间办事“最多跑一次”，形成“四张清单”。优化政务服务流程。取消所有证明材料，由部门间通过信息共享获取或实行承诺制管理，减少一般材料34项，减少流程49个，压缩办理时限363个工作日，28个业务项全部实现“网上可办”，21个业务项实现“一网通办”。下放政务服务事项，将异地转诊人员备案、门诊慢特病病种待遇认定等服务事项下放至定点医疗机构办理，将9个高频服务事项前移至乡镇医保站办理。推行“1234”（实现“一窗通办”、两项业务实现“跨省通办”、3项业务实现“全州通办”、4个事项实行“一事联办”）优化举措，整合州、恩施市医保经办力量推行同窗办公。创新经办服务模式。全面上线“门诊慢特病申报评审管理服务小程序”，实现门诊慢特病“掌上办”，该经验入选国家医疗保障局医保经办服务“学党史办实事”案例，典型经验被“学习强国”平台报道。改革职工大额医疗费用二次补偿支付方式，取消现场领取环节，实现“不见面办”。完善异地就医直接结算，全州8个县市住院、门诊跨省异地就医直接结算实现全覆盖。

【基础建设】 2021年，全面完成15项医保业务编码贯标、定点医药机构接口改造联调测试、定点医疗机构和零售药店专网线路汇聚点接入。推广医保电子凭证激活应用，医保服务由“卡时代”向“码时代”转型。12月5日，国家、省医疗保障信息平台在恩施州顺利上线，恩施州顺利融入全国医保“一张网”，新旧系统平稳过渡，受到省医疗保障局书面表扬。在湖北省率先采购30台医保自助服务一体机，布局至30个重点医保服务场所。

【新冠肺炎疫情防控】 2021年，做好新冠病毒疫苗及接种费用保障工作。按照人均200元标准筹集疫苗采购资金4.19亿元，及时上解省财政专户，实现疫苗采购“钱等苗”。全年累计结算疫苗费用2.8亿元。及时清算拨付疫苗接种费用，按每剂次10元标准安排新冠疫苗接种费用并在医保基金财政专户中单列管理，全年累计拨付接种费用6491.74万元。两次合理降低核酸检测价格，核酸检测单检收费标准由180元/人次下降到40元/人次，混检价格降低到10元/人次。

【荣誉】 2021年，州医疗保障局政策法规科科长、一级主任科员向辉被中共中央、国务院表彰为“全国脱贫攻坚先进个人”。建始县医保局向会荣、咸丰县医保局李相兵、鹤峰县医保局李珍荣被省委、省政府表彰为“全省脱贫攻坚先进个人”。

（谭 燚）

住房公积金

【概况】 2021年，州住房公积金中心设1个直属营业部，8个县市分别设立不具有法人资格的办事处，人、财、物全部由州公积金中心垂直管理。全年发挥住房保障作用，全面完成年度住房公积金归集、贷款、增值收益目标任务。全年住房公积金缴存总额253.01亿元，缴存余额119.21亿元。提取总额133.80亿元，比2020年年末增加22.83%。发放个人住房贷款8.95万笔、182.23亿元，贷款余额104.20亿元，个人住房贷款余额占缴存余额的87.41%。

【住房公积金归集】 2021年，住房公积金缴存36.53亿元，完成州住房公积金管委会计划32亿元的114.16%，同比增长5.32%。当年新增缴存单位372个，同比增长19.23%。新增缴存人数1.47万人，同比增长62%。

【住房公积金提取】 2021年，5.98万名缴存职工提取住房公积金24.87亿元，同比增长18.12%，其中住房消费类提取19.46亿元，提取额占当年缴存额的68.07%，比2020年增加7.37%。

【住房公积金贷款】 2021年，个人住房贷款最高额度50万元，其中单缴存职工个人住房贷款最高额度40万元，双缴存职工个人住房贷款最高额度50万元。全年发放个人住房贷款0.59万笔22.10亿元，同比分别增长13.46%、10.13%，发放贷款额在全州住房贷款机构中排名第一。

【住房公积金增值收益】 2021年，实现增值收益19207.31万元，同比增长21.76%。增值收益率1.69%，比2020年增加0.13%，完成州住房公积金管委会计划1.2亿元的160%。

【优化营商环境】 2021年，推进“六办”（全州通办、跨省通办、一窗通办、一事联办、一网通办、全程网办），所有业务实现“全州通办”，提前落实住建部要求的8个“跨省通办”事项，“一网通办”有序推进，与统一受理平台对接并已完成立项，所有业务实行“一窗受理、一次办结”。将办事处、营业部设立为州（县）政务服务住房公积金分中心，按政务服务要求统一管理，实现企业开办“一事联办”，优化完善“掌上办”，推进公积金单位网厅全覆盖，实现单位业务全程网办。持续推进服务“四减”（减材料、减时限、减环节、减跑动次数），全面落实政务服务“清减降放”，在国家标准基础上减少材料25项，减少80.65%，实现所有业务事项办理时限全省最短。取消房地产开发企业公积金贷款保证金制度，清退178家企业的2.97亿元资金。

【政策调整】 2021年，根据国家、省相关政策规定和住房公积金管理工作实际，贷款、提取业务调整14项政策。贷款方面：取消住房公积金业务在缴存地办理的限制，实现“全州通办”，明确共同购房人范围为借款人配偶、借款人（含配偶）的父母或成年子女，取消夫妻双方共同购建房的要求，精简已核准项目新增楼栋业务资料，“宜荆荆恩”城市群内住房公积金缴存互认互贷，出台“楚才卡”“硒谷英才卡”高层次人才住房公积金支持政策，调整按住房公积金账户余额计算可贷额度的公式，增加缴存时间系数和单位缴交比例系数，取消住房公积金按揭贷款保证金制度及清退历史保证金，建立个人贷款申请征信容错机制。提取方面：调整住房公积金提取政策，允许州内缴存职工在“宜荆荆恩”城市群内异地城市购建房申请提取住房公积金（含偿还购房贷款提取），取消相应的户籍限制。取消低收入困难家庭缴纳物业管理费提取住房公积金，增加既有住宅增设电梯提取住房公积金，明确属于共同购房行为，且房屋产权有明确比例的，其提取金额不得超过购房合同总额乘以其所占产权比例，增加购买拍卖住房申请提取住房公积金。

【融入“宜荆荆恩”城市群一体化发展】 2021年12月31日，与“宜荆荆恩”城市群公积金中心签订住房公积金一体化发展合作协议，允许州内缴存职工在“宜荆荆恩”城市群内异地城市购房办理提取或贷款，取消相应的户籍限制。允许“宜荆荆恩”城市群内缴存职工在恩施州购房办理住房公积金异地贷款。通过公积金缴存、贷款互贷互认，扩大恩施州房地产市场的资金来源，促进房地产市场健康发展。

【信息化建设】 2021年9月7日，公积金综合服务平台通过住建部验收，开通自助终端查询机、单位网上服务大厅、开发商网上服务大厅、手机App、城市支付宝、微信公众号、“12329”语音平台、“12329”短信、鄂汇办、湖北省政务服务网等线上业务办理渠道。针对核心系统实施三级等级保护建设，并在州公安局取得三级等级保护证书。

（向建军）

退役军人事务

【概况】 2021年，全州退役军人事工作推进退役军人事务领域治理体系和治理能力现代化，完成安置任务，推进就业创业和拥军优抚，服务保障提质增效。在全省退役军人工作考核中，恩施州获市州第一名，全州退役军人工作连续3年位居全省第一方阵。州退役军人服务中心被退役军人事务部、中央军委政治工作部表彰为“退役军人服务保障先进单位”。

【思想引领】 2021年，州退役军人事务局探索实施张富清思想政治教育“543”工作法，即构建集中学习宣讲、专题报告宣讲、入户走访宣讲、打造阵地宣讲、开展活动宣讲“五大渠道”，开展宣传教育；聚焦基层自治领域、志愿服务领域，平安建设领域、脱贫攻坚领域，发挥退役军人作用；实行广泛宣传、选树典型、大力推介“三措并举”。制定印发《关于加强全州退役军人思想政治工作的指导意见》，教育引导退役军人听党话、感党恩、跟党走。选树先进典型，启动“寻找英雄·施州关爱行”活动，对郭海清等8名曾荣立一等功的退役军人分别进行专题报道，弘扬崇军、爱军、尚军优良传统。1月25日，恩施市“两违”清理整顿领导小组办公室主任、市城管综合执法大队教导员刘本云被省委宣传部等单位联合授予2020年度“荆楚楷模·最美退役军人”称号。全年评选发布“恩施楷模·最美退役军人”10人，巴东县“兵支书”王祖华被中共中央表彰为“全国优秀党务工作者”。开展庆祝中国共产党成立100周年系列活动，在“老兵永远跟党走”主题演讲比赛中，恩施州选送的退役军人代义获得全省一等奖、全国二等奖，退役军人工作者张静获全省三等奖。开展志愿服务活动，工作经验受到省退役军人事务厅简报宣传，其中探索开展的红色故事进校园志愿服务活动获得2021年湖北新时代文明实践志愿服务项目铜奖。开展“法律政策落实年”活动，学习贯彻《中华人民共和国退役军人保障法》，引导广大退役军人知法守法，在法制轨道上理性表达诉求和依法维权意识。

【服务体系建设】 2021年，全州建立健全四级服务保障体系，创建红色精品“退役军人之家”，提升各级服务中心（站）服务水平。组织开展“蹲乡结户”活动，促进规范化建设，组织完成全国示范型退役军人服务中心（站）初审验收工作。深化常态化联系退役军人制度，解决退役军人急难愁盼问题。创新开展退役军人落户“618”（即6个材料，18项事项一窗办理）一站式服务。州、县市关爱退役军人协会实体化运行，为退役军人服务保障工作提供坚实支撑力量。咸丰县、巴东县烈士陵园展馆建成并向社会开放，恩施市、利川市烈士陵园改扩建项目获发改部门立项。

【优待抚恤】 2021年，制定出台《恩施州优抚对象优待工作实施方案》，细化政策措施。及时按政策调整提高重点优抚对象抚恤补助金标准，年均增幅达10%左右。高标准完成年度确认试点工作，组织开展伤残证清理、优抚资金清查、参战参试核查等专项工作。

【双拥共建】 2021年，州委书记、州双拥工作领导小组第一组长胡超文主持召开州双拥工作领导小组全体会议，为持续抓好双拥模范城创建

2021年4月1日，州退役军人事务局举办“老兵永远跟党走·让退役军人成为全社会尊重的人”主题演讲比赛，黎佳伟（右）获得退役军人组一等奖 （李丹 摄）

日常性工作明确目标。春节、"八一"等重要节日，全州各级党政军主要领导主动走访慰问部队、优抚事业单位及部分优抚对象。专项开展"情系边海防"活动，对边防官兵家庭进行慰问，营造拥军优属浓厚氛围。开展社会化拥军活动，院校、企业、司法机构等与驻军结对子，开展科技拥军、文化拥军、法律拥军、教育拥军、企业拥军活动。湖北民族大学成立拥军支前志愿服务队，州城女儿城商圈、华龙城商圈及元昌医药等多家企业成立非公经济拥军组织，掀起"百企千店齐拥军"热潮。

2021 年 9 月 30 日，恩施州暨恩施市烈士纪念日公祭活动在恩施市六角亭象牙山（中国人民解放战争革命烈士纪念碑）举行 （李 丹 摄）

【退役军人安置】 2021 年，全州完成年度安置任务，符合政府安排工作条件的退役士兵全部按程序安置到位，发放一次性自主就业补助金。

【保险接续工作】 2021 年，全州保险接续信息系统中符合条件退役士兵养老保险缴费率为 96.83%。

【退役军人就业创业】 2021年，落实退役军人就业创业各项优惠政策，在创业担保贷款、税收、企业吸纳退役军人就业进行奖补等方面，为退役军人就业创业提供良好政策环境。发挥政府推动退役军人就业创业的政策导向作用，2021 年度恩施州事业单位公开招聘工作人员岗位计划中，安排专项岗位面向退役军人招聘，高校毕业生退役士兵享受考试加分政策。公开遴选 42 家优质培训机构纳入承训机构目录，构建职业技能培训、学历提升、个性化培训等多样化的教育培训工作机制，帮助退役军人丰富知识结构，提升就业创业技能。组织开展线上线下退役军人专场招聘会 27 场次，搭建双向选择服务平台，为退役军人提供各类岗位。精心组织"军创杯"创新创业大赛，推送 2 家军创企业到省参加决赛，分别获二、三等奖；开展首届退役军人创业沙龙活动，组织专家实地进行种养殖技术指导，不断激发军创企业的内生动力。年内，完成全州自主择业军转干部登记工作。在春节、"八一"等重要节日，对全州自主择业军转干部进行慰问和健康体检。实施"兵支书"培养选拔工程，组织开展退役军人党员重点培训班。推动设立"老兵调解室"，多措并举教育引领退役军人投身经济社会发展。倡导退役军人参与社会公益事业、提供志愿服务，组建退役军人志愿服务队和张富清突击队。

【开展烈士公祭活动】 2021 年，组织"9·30"烈士公祭活动，邀请优秀退役军人和其他优抚对象代表参加。恩施州暨恩施市烈士纪念日公祭活动在恩施市六角亭象牙山（中国人民解放战争革命烈士纪念碑）举行。开展为向雪飞烈士遗属颁授烈士光荣证仪式，为尊崇英烈营造良好社会氛围。湘鄂边苏区鹤峰革命烈士陵园、恩施烈士陵园、咸丰县烈士陵园列入全州第一批党员教育基地，弘扬英烈精神，充分发挥烈士纪念设施服务党史学习教育作用，接待 20 余万人次。收集整理恩施州无名烈士墓信息及烈士遗属寻亲线索 10 余条，开展烈士寻亲活动。制定《恩施州烈士纪念设施规划建设修缮管理维护工作措施》，开展县级以下烈士纪念设施管理保护专项行动，挖掘烈士纪念设施的历史价值，发挥红色资源教育作用。

【褒扬激励】 2021 年，州退役军人事务局制定《恩施州立功受奖军人家庭喜报送达和奖励办法》，组织军地双方为立功受奖家庭送喜报。开展走访慰问和关心关爱退役军人活动，走访慰问退役军人、部队和优抚事业单位。

【落实军休"两个待遇"】 2021 年，在春节、"八一"等重要节日，州、县市主要领导走访慰问军休干部，为符合条件的军休干部颁授"光荣在党 50 年"纪念章，为军休干部换发新式离退休证件。建立常态化联系制度，帮助解决实际困难，全面普及网络"军休所"开展服务工作，按时足额发放各项生活待遇，落实军休干部的定期增资，提高少数军休干部生活补贴并进行发放；组织军休对象体检，建立军休对象健康档案，"两个待遇"得到有效落实。各县市推进军休场所改造建设，改善休养环境，组织开展文体活动，丰富军休人员文化生活，组织军休人员参加省退役军人事务厅开展的门球赛。

【重要会议】 2021 年 2 月 24 日，全州退役军人事务工作会议召开。会议传达学习全国退役军人事务厅（局）厅（局）长会议精神和全省、市、州退役军人事务局局长会议精神，总结 2020 年工作，安排部署 2021 年重点工作任务。7 月 7 日，州拥军优属拥政爱民工作领导小组会议召开，传达学习全国、全省双拥工作有关会议精神，听取全州双拥工作汇报，审议《恩施州2021年双拥工作要点》《恩施州立功受奖军人家庭喜报送达和奖励办法》《恩施州双拥创建四年行动方案》《恩施州优抚对象优待工作实施方案》，研究部署新一轮双拥创建工作及2021年重点工作任务。

【领导考察调研】 2021年7月8—10日，退役军人事务部到恩施州调研张富清思想政治教育“543”工作法，先后到来凤县、咸丰县、恩施市调研。10月12—13日，省退役军人事务厅党组成员、驻厅纪检监察组组长彭志新实地查看咸丰县高乐山镇龙家界村帮扶项目实施进展情况，查阅驻村工作队日常工作和项目资金台账，听取帮扶工作情况汇报，走访慰问结对帮扶对象。10月25日，省退役军人事务厅党组书记、厅长周振武到咸丰县调研退役军人服务工作开展情况，到高乐山镇龙家界村实地调研乡村振兴工作。12月9日，省退役军人事务厅党组成员、省退役军人服务中心党委书记、主任周发福调研宣恩县退役军人服务体系建设、职能发挥及重点工作开展情况。

【“恩施楷模·最美退役军人”评选发布】 2021年，恩施州评选发布“恩施楷模·最美退役军人”10名，分别是恩施州利贞餐饮管理有限公司副总经理、柯妹儿（恩施）食品开发有限公司总经理代义，恩施安邦保安公司法定代表人、总经理、党支部书记夏秋江，利川市沙溪乡高源村党支部书记杨先然，利川市非物质文化遗产传承馆国家三级演员陈启堂，建始县供电公司长梁供电所运检职工郭海清，巴东县远训茶叶有限公司总经理郑远训，宣恩县万寨乡向家村党支部书记、宣恩县万寨乡向家农业开发有限公司法人覃浩，咸丰县乡村振兴局干部胡超，百福司镇安家堡村党支部书记、村委会主任彭金生，走马镇红罗沟村支部书记、主任杨立峰。

（李　丹）

老区建设促进工作

【概况】 恩施州革命老区建设促进会（简称州老促会）是经州民政局注册登记的社会团体。2021年，继续实施“思源回报工程”，募集资金692万元，支持县市老促会34个项目建设。组织和协调8个县市老促会出版发行《革命老区县发展史》，州老促会被省老促会评为“全国革命老区县发展史丛书（湖北卷）编纂工作组织奖”，来凤县、宣恩县、恩施市获特别奖，利川市、建始县、巴东县、咸丰县、鹤峰县获优秀奖，范远福等19人被评为先进个人。恩施州被列入全国20个重点革命老区城市之一，被纳入湘鄂川黔革命老区振兴规划的范围，8个县市均被纳入编制的“十四五”特殊类型地区规划。

【建立产业联系点】 2021年，州老促会全年募集扶持资金100多万元，推进恩施屯堡花枝山茶叶基地、建始红岩寺甜柿基地、咸丰曲江高山羊村金丝楠苗木基地等产业扶持联系点建设。

【革命遗址遗迹保护】 2021年，州老促会先后12次与县市老促会联合调研，指导革命旧址遗址遗迹的维修、恢复重建等工作，并对红色资源的运用工作提出意见和建议。募集资金156.5万元，支持县市19个革命遗址遗迹的项目建设。

【《恩施土家族苗族自治州革命遗址遗迹总览》编纂出版】 2021年，州老促会为庆祝中国共产党百年华诞，组织编纂大型工具书《恩施土家族苗族自治州革命遗址遗迹总览》。6月，该书由科技出版社出版。该书全书130万余字，收录恩施州革命旧址遗址遗迹1403处，其中红色革命旧址遗址遗迹1297处，其他革命旧址遗址遗迹106处，图片1263幅。

【“红色文化丛书”发行仪式】 2021年6月30日，恩施州革命老区庆祝中国共产党成立100周年“红色文化丛书”发行仪式在州文化中心举行。8个县市老促会主编的《恩施州革命老区县发展史》由新华出版社出版发行。

【“红色荆楚·恩施百年红色记忆”摄影展】 2021年“七一”前后，州老促会联合州退役军人事务局、州文联、州摄影家协会，先后在州城文化中心广场、风雨桥开展“红色荆楚·恩施百年红色记忆”摄影展活动，展出评选图片200余幅（组），历时20多天，参观人数6万余人。

【恩施州革命老区庆祝中国共产党成立100周年演出活动】 2021年6月23—24日，州老促会联合州文联、州民族乐团先后在革命老区咸丰县忠堡镇和大村村举行2场“红色文艺轻骑兵进老区”文艺演出活动。6月30日，州老促会联合州文联、湖北省民族歌舞团、州民族器乐团在州文化中心举办“恩施州革命老区庆祝建党100周年音乐会”。

【协助拍摄《寻找红色守护者》】 2021年，州老促会与州委宣传部联合摄制8集电视片《寻找红色守护者》，介绍恩施州老促会系统挖掘、保护、修缮、新建和宣传红色革命遗址遗迹以及助推红色旅游事迹，详细讲述革命先辈的丰功伟绩，宣传推介全州重点红色革命遗址遗迹。

【承办全省红色资源保护和运用现场推进会】 2021年9月27—29日，省老促会红色遗址遗迹专项调查和保护工作现场推进会在鹤峰县召开。与会人员观看《铁血画卷铸牢信念之魂——鹤峰县重要旧址遗址遗迹巡礼》专题片，恩施州、荆州市、黄冈市、鹤峰县、谷城县、通城县、阳新县老促会在会上作发言交流，孝感市、宜昌市、潜江市，武汉市新洲区、钟祥市、随州市曾都区作书面交流。

（刘年红）

老龄工作

【概况】 恩施州现有60岁以上老人71万人，占总人口的20%左右；65岁以上老人54万人，占总人口的15.74%左右；80岁以上高龄老人9.5万人，占总人口的2.7%左右。享受低保的老人7.8万人，占总人口的2.2%左右；特困供养老人1.7万人，占老年人数的2.4%。人口老龄化程度持续增加，呈现基数大、增长幅度快的特点。

【政策落实】 2021年，全年办理老年优待证3878张。全州二级以上综合医院设立老年医学科11家，现有医养结合机构8家，医养签约机构270对，65岁以上老年健康管理36.12万人，管理率达到77.34%。成功创建4家全国示范性老年友好型社区，65家湖北省老年友善型医疗机构，9家医疗机构获得便利老年人就医省级通报表扬，协调州老年大学开展"智慧助老"进社区志愿服务活动，举办21期，培训老年人2000余人。

【医养养老】 截至2021年年底，恩施州有养老服务机构126家，失能养护中心1所，城市福利院8所，农村福利院9所，民办养老机构27所，城市社区居家养老服务中心93个，农村老年人互助照料中心1326个。全州养老总床位26103张，每千名老人拥有床位35.93张。

【百岁老人情况】 截至2021年，恩施州有百岁老人202人，其中恩施市55人、利川市56人、建始县40人、巴东县20人、宣恩县9人、咸丰县17人、来凤县11人、鹤峰县14人。

（朱妮亚）

居民生活

城镇居民生活

【城镇居民收入】 2021年，恩施州城镇常住居民人均可支配收入为34054元，比2020年增加3124元，增长10.1%（2021年恩施州居民消费价格总水平与2020年持平，下同）。

2021年恩施州城镇常住居民人均可支配收入情况表

表16

指 标	2021年		2020年		2021年比2020年增减		
	绝对额(元)	构 成(%)	绝对额(元)	构 成(%)	增加额(元)	增 幅(%)	贡献率(%)
全年可支配收入	34054	100	30930	100	3124	10.1	100
1.工资性收入	20376	59.8	18520	59.9	1856	10.0	59.4
2.经营净收入	4385	12.9	3925	12.7	460	11.7	14.7
3.财产净收入	2668	7.8	2585	8.4	83	3.2	2.7
4.转移净收入	6625	19.5	5900	19	725	12.3	23.2

2021年，恩施州城镇常住居民人均可支配收入比全国平均水平47412元低28.2%，比全省平均水平40278元低15.5%，在全省17个市州中（含直管市和林区，下同），绝对额排第14位，增幅排第6位。

2021年全国、全省及省内各市州城镇常住居民人均可支配收入情况表

表17

地 区	2021年		2020年		2021年	
	绝对额(元)	市州位次	绝对额(元)	市州位次	增 幅(%)	市州位次
全 国	47412	—	43834	—	8.2	—
全 省	40278	—	36706	—	9.7	—
武汉市	55297	1	50362	1	9.8	10
黄石市	41589	2	37912	2	9.7	11
十堰市	35753	12	32771	11	9.1	14
宜昌市	41030	4	37232	4	10.2	5
襄阳市	41214	3	37707	3	9.3	13
鄂州市	38317	8	35025	8	9.4	12

续表 17

地区	2021年		2020年		2021年	
	绝对额(元)	市州位次	绝对额(元)	市州位次	增 幅(%)	市州位次
荆门市	39159	5	35958	5	8.9	15
孝感市	38911	6	35374	7	10.0	8
荆州市	38231	9	34474	9	10.9	2
黄冈市	34032	15	30826	16	10.4	4
咸宁市	35990	11	32394	12	11.1	1
随州市	33890	17	30587	17	10.8	3
恩施州	34054	14	30930	15	10.1	6
仙桃市	38681	7	35750	6	8.2	16
潜江市	36985	10	33623	10	10.0	7
天门市	34408	13	31308	14	9.9	9
神农架林区	34003	16	32203	13	5.6	17

说明：表中增幅只保留1位小数使部分市州数值相同，但其位次按计算增幅数值排列

在武陵山区 6 个市（州、区）中，恩施州城镇常住居民人均可支配收入绝对额排第3位，增幅排第1位。

2021年武陵山市(州、区)城镇常住居民人均可支配收入情况表

表 18

地 区	绝对额(元)	绝对额位次	增 幅(%)	增幅位次
湖南省湘西州	29774	6	6.9	5
湖南省张家界市	29780	5	6.8	6
湖南省怀化市	32634	4	7.6	4
重庆市黔江区	40770	1	9.2	2
贵州省铜仁市	36684	2	8.5	3
湖北省恩施州	34054	3	10.1	1

【城镇居民消费】 2021年，恩施州城镇居民人均生活消费支出为26299元，比2020年增加4401元，增长20.1%。城镇居民恩格尔系数为32.6%，比2020年减少3.9个百分点。

2021年恩施州城镇常住居民人均生活消费支出情况表

表 19

指标	2021年		2020年		2021年比2020年增减	
	绝对额(元)	构 成(%)	绝对额(元)	构 成(%)	绝对额(元)	幅 度(%)
生活消费支出	26299	100	21898	100	4401	20.1
1.食品烟酒	8577	32.6	7999	36.5	578	7.2
2.衣着	2117	8.0	1775	8.1	342	19.3
3.居住	4805	18.3	4496	20.5	309	6.9
4.生活用品及服务	1692	6.4	1369	6.3	323	23.6
5.交通通信	3150	12.0	2370	10.8	780	32.9
6.教育文化娱乐	3226	12.3	2078	9.5	1148	55.2
7.医疗保健	2183	8.3	1386	6.3	797	57.5
8.其他用品和服务	549	2.1	425	2	124	29.2

农村居民生活

【农村居民收入】 2021年，恩施州农村常住居民人均可支配收入为13307元，比2020年增加1420元，增长11.9%。

2021年恩施州农村常住居民人均可支配收入情况表

表20

指标	2021年		2020年		2021年比2020年增减		
	绝对额(元)	构 成(%)	绝对额(元)	构 成(%)	增加额(元)	增 幅(%)	贡献率
全年可支配收入	13307	100	11887	100	1420	11.9	100
1.工资性收入	3751	28.2	3130	26.3	621	19.8	43.7
2.经营净收入	6433	48.3	6012	50.6	421	7.0	29.7
3.财产净收入	180	1.4	168	1.4	12	7.1	0.8
4.转移净收入	2943	22.1	2577	21.7	366	14.2	25.8

2021年，恩施州农村常住居民人均可支配收入比全国平均水平18931元低29.7%，比全省平均水平18259元低27.1%，在全省17个市州中，绝对额排第15位，增幅排第12位。

2021年全国、全省及省内各市州农村常住居民人均可支配收入情况表

表21

地区	2021年		2020年		2021年	
	绝对额(元)	市州位次	绝对额(元)	市州位次	增 幅(%)	市州位次
全 国	18931	—	17131	—	10.5	—
全 省	18259	—	16306	—	12.0	—
武汉市	27209	1	24057	1	13.1	4
黄石市	18585	12	16549	12	12.3	7
十堰市	13115	16	11731	16	11.8	13
宜昌市	20764	7	18515	7	12.2	8
襄阳市	20715	8	18422	8	12.5	6
鄂州市	21479	4	18792	6	14.3	1
荆门市	22198	3	19980	3	11.1	15
孝感市	19346	11	17090	11	13.2	3
荆州市	21207	5	18817	5	12.7	5
黄冈市	16456	14	14693	14	12.0	11
咸宁市	18534	13	16359	13	13.3	2
随州市	19756	10	17624	10	12.1	9
恩施州	13307	15	11887	15	11.9	12
仙桃市	22608	2	20647	2	9.5	17
潜江市	21146	6	18948	4	11.6	14
天门市	20577	9	18356	9	12.1	9
神农架林区	12547	17	11417	17	9.9	16

说明：表中增幅只保留1位小数使部分市州数值相同，但其位次按计算增幅数值排列

2021 年，恩施州农村常住居民人均可支配收入在武陵山地区 6 个市（州、区）中，绝对额排第 3 位，增幅排第 1 位。

2021 年武陵山市(州、区)农村常住居民人均可支配收入情况表

表 22

地 区	绝对额(元)	绝对额位次	增 幅(%)	增幅位次
湖南省湘西州	12332	5	9.7	6
湖南省张家界市	13321	2	11.1	2
湖南省怀化市	12669	4	9.8	5
重庆市黔江区	15670	1	11.1	3
贵州省铜仁市	12291	6	10.7	4
湖北省恩施州	13307	3	11.9	1

【农村居民消费】 2021 年，恩施州农村居民人均生活消费支出为 11892 元，比 2020 年增加 1831 元，增长 18.2%。农村居民恩格尔系数为 39.3%，比 2020 年减少 1.4 个百分点。

2021 年恩施州农村常住居民人均生活消费支出情况表

表 23

指标	2021 年		2020 年		2021 年比 2020 年增减	
	绝对额(元)	构 成(%)	绝对额(元)	构 成(%)	绝对额(元)	幅 度(%)
生活消费支出	11892	100	10061	100	1831	18.2
1.食品烟酒	4673	39.3	4197	41.7	476	11.3
2.衣着	801	6.7	588	5.8	213	36.2
3.居住	2171	18.3	1986	19.7	185	9.3
4.生活用品及服务	867	7.3	714	7.1	153	21.4
5.交通通信	894	7.5	804	8	90	11.2
6.教育文化娱乐	1214	10.2	807	8	407	50.4
7.医疗保健	1085	9.1	808	8.1	277	34.3
8.其他用品和服务	187	1.6	157	1.6	30	19.1

（周大开）

市场价格运行

【概况】 2021 年，恩施州消费市场总体平稳，CPI 与 2020 年持平。其中食品烟酒价格下降 1.9%，非食品烟酒价格上涨 0.8%；工业品价格上涨 1.3%，消费品价格下降 0.2%。CPI 运行特点为价格逐月缓慢回升，波动明显。从各月同比指数看，恩施州走势呈“M”形。2020 年1月至3月受新冠肺炎疫情影响，物价水平高，导致 2021 年 1 月至 3 月 CPI 为负数。4 月至 6 月，随着旅游业的复苏及交通通信类价格上涨，CPI 指数由负转正，但涨幅都低于 1%。7 月至 9 月，随着猪肉价格持续下跌，CPI 再次进入下降

（单位:%）

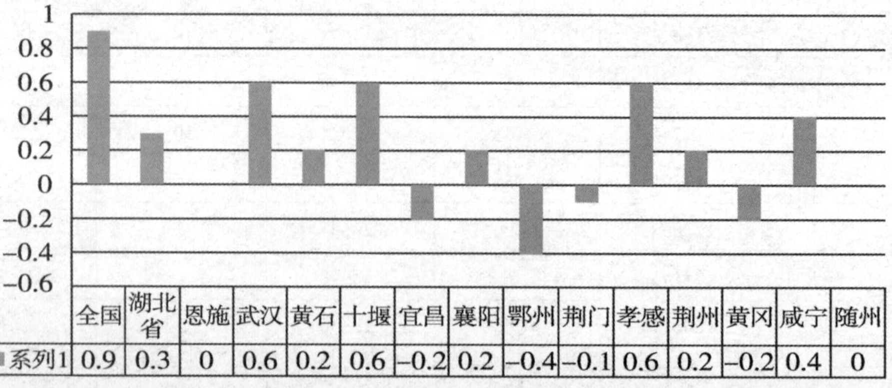

	全国	湖北省	恩施	武汉	黄石	十堰	宜昌	襄阳	鄂州	荆门	孝感	荆州	黄冈	咸宁	随州
■系列1	0.9	0.3	0	0.6	0.2	0.6	−0.2	0.2	−0.4	−0.1	0.6	0.2	−0.2	0.4	0

图 1 2021 年恩施州 CPI 累计涨幅与全国、全省及省内部分市对比图

通道，各月分别下降 0.3%、0.3% 和 0.4%。10 月至 12 月，受交通、教育服务和鲜菜价格上涨影响，CPI 上涨 0.5%、1.4%和 0.9%。从各月环比指数看，恩施州 CPI 波动略大。受春节消费需求带动，1 月至 2 月价格环比分别上涨 0.9%、0.3%。3 月以后，春节因素消退，且天气转暖，本地蔬菜供应增加，加之猪肉价格明显下降，CPI 价格环比指数平稳回落，3 月至 6 月分别下降 0.5%、0.2%、0.2%、0.1%，7 月持平，8 月下降 0.3%。9 月至 11 月，受私立学校学费、猪肉、鲜菜价格上涨等因素的影响，导致 CPI 环比分别上涨 0.3%、0.4%和 0.5%。12 月，猪肉和鲜菜价格回落，CPI 环比下降 0.3%。构成恩施州居民消费八大类的商品及服务价格呈“三涨五跌”的趋势。其中教育文化和娱乐、交通和通信、生活用品及服务类价格分别累计上涨 4%、3.8% 和 0.1%。衣着、医疗保健、居住、食品烟酒、其他用品和服务分别累计下降 0.4%、0.9%、1.3%、1.9%、2.4%。与全国、全省及省内其他市 CPI 比较，全国 CPI 总指数上涨 0.9%，全省 CPI 总指数上涨 0.3%，恩施州 CPI 总指数为 100%，低于全国全省水平。与省内其他市相比，恩施州与随州总指数持平，宜昌、鄂州、荆门、黄冈总指数为负，其余市总指数小幅上涨。

【猪肉价格】 2021 年，猪肉价格累计下跌 36.2%，拉动 CPI 总指数下跌 0.82 个百分点。2020 年猪肉价格持续高位运行，下半年不少养殖户增加产能，致使 2021 年生猪出栏增多，猪肉供应量增加，1 月至 6 月猪肉价格持续下跌。7 月至 8 月，由于国内局部地区新冠肺炎疫情反弹，州外调进猪肉减少，价格有所回升，9 月随着情况好转，猪肉价格再次下跌。10 月至 11 月，受国庆假期、居民消费习惯（杀年猪、腌制腊肉制品）影响，猪肉价格分别上涨 0.2%和 15.5%。12 月，生猪出栏增加，猪肉价格下跌 0.8%。

【淡水鱼价格】 2021 年，恩施州淡水鱼价格较 2020 年上涨 17.8%，影响 CPI 总指数上涨 0.17 个百分点。价格上涨主要原因是 2021 年 1 月起开始实行长江十年禁渔政策，淡水鱼市场供应减少，近年来鱼价低迷，部分养殖户弃养，淡水鱼产出量减少，供应偏紧。

【食用油价格】 2021 年，恩施州食用油价格上涨 7.3%，其中食用植物油价格上涨 10.7%，食用动物油价格下降 26.6%。食用植物油价格上涨原因是因为市场供应偏紧，同时国家加大粮油储备量。食用动物油价格下跌是受猪肉价格整体下跌影响。

【鲜菜鲜果价格】 2021 年，恩施州鲜菜、鲜果价格分别累计上涨 1.8%和 2.9%。

【非食品价格】 2021 年，非食品价格呈涨多跌少趋势。汽柴油价格大幅上涨，恩施州汽油和柴油价格分别上涨 17.6%和 19.5%，共同影响 CPI 上涨 0.48 个百分点。国内成品油持续上涨，主要原因是国际油价持续上涨所致，汽油由 2020 年的“5”元时代迈入“7”元时代。私立学校收费明显上涨，恩施州教育服务价格上涨 5.2%，带动 CPI 总指数上涨 0.40 个百分点。随着家长对子女教育重视程度的不断提高及私立学校办学质量的提升，部分优秀私立学校招生较为火爆，价格不断提高。景点门票价格大幅上涨，恩施州景点门票价格累计上涨 32.3%。2020 年 8 月 8 日起湖北省 A 级旅游景区向全国游客免门票开放，2021 年 1 月至 8 月，所有 A 级景点恢复原价。虽然 2021 年 9 月至 12 月部分景点门票半价优惠，但是和 2020 年相比整体价格水平涨幅依然较大。燃料类价格上涨，液化石油气、其他水电燃料类价格分别累计上涨 7.7%和 6.6%。2021 年上半年，国际市场石油、煤炭价格上涨较快，带动国内液化石油气、煤炭及其他燃料上涨。水泥价格上涨，水泥价格累计上涨 7.2%。上涨的原因一方面是由于原材料、煤炭等价格上涨，另一方面是由于 2021 年下半年国家实行限电政策，产能受影响。居住价格疲软，恩施州居住价格下降 1.3%，拉动 CPI 总指数下降 0.27 个百分点。其中租赁房房租价格下降 8%，自有住房价格下降 2.8%。

（邓婧婧）

县 市

Cities and Counties

恩施市

【概况】 恩施市是恩施州首府，位于湖北省西南部，武陵山北部，清江中上游，北纬29°50′33″—30°39′30″，东经109°4′48″—109°58′42″。东邻建始，西接利川，南毗鹤峰、宣恩、咸丰，北连重庆奉节。市域东西横距86.5千米，南北纵距90.2千米，总面积3967.28平方千米。2021年，全市辖7个乡、6个镇、5个街道、1个风景区管理处和165个行政村、43个社区（城市社区26个，乡镇社区17个）。其中7月，经报省政府备案、州政府批准，舞阳坝街道管辖范围和行政区域界线变更，设立金子坝街道、七里坪街道。金子坝街道辖原舞阳坝街道的枫香坪、黄泥坝、凤凰路、金子坝、耿家坪社区，街道办事处驻枫香坪社区；七里坪街道辖原舞阳坝街道的核桃坝社区、七里坪社区、阳鹊坝村、周家河村、鸭子塘村、长堰塘村，街道办事处驻核桃坝社区；变更后舞阳坝街道辖官坡、舞阳大街、栖凤、土桥坝、三孔桥、窑湾、桂花园、五峰山社区，街道办事处驻官坡社区。年末全市户籍总人口81.92万人（户籍人口以公安人口统计口径，出生和死亡人口以卫健部门统计口径），其中男性人口41.91万人，女性人口40.01万人，男女性别比为104.7：100（女性为100）。年末60岁以上老年人口15.99万人，占总人口的19.5%。常住人口88.84万人，按城乡划分口径分，城镇人口（含城区及城郊和镇集镇辖区）53.3万人，乡村人口35.54万人，常住人口城镇化率60.0%，比2020年提高1.17个百分点。当年出生人口4957人，当年死亡人口4899人，人口出生率5.55‰，人口死亡率5.48‰，人口自然增长率0.07‰。按农业口径分，全市乡村户数19.55万户，乡村人口为65.39万人。2021年全市地区生产总值416.29亿元，扣除价格因素（下同），同比增长12%。其中第一产业实现增加值38.69亿元，同比增长12%；第二产业实现增加值150.97亿元，同比增长12.4%；第三产业实现增加值226.63亿元，同比增长11.8%。三次产业结构比为9.3：36.3：54.4。2020年度湖北省县域经济考核，恩施市在第三类县市区排名第一。5月，恩施市被省政府通报为“金融信用县（市、区）合格单位”。

2021年恩施市乡（镇、街道、管理处）基本情况表

表24

乡（镇、街道、管理处）	总面积（平方千米）	年末耕地面积（公顷）	年末总户数（户）	年末总人口（人）	村、社区（个）			村（居）民小组（个）	粮食产量（万吨）	党委书记，乡镇长、主任（12月底在职）
					小计	村	社区			
新塘乡	408.45	4754	15978	49448	13	10	3	124	1.90	袁铭方 刘 荆
红土乡	228.72	6050	14745	45119	13	11	2	97	2.62	王 祎 舒世杰
沙地乡	190.28	3753	12493	33983	10	9	1	97	1.69	戴 锐 袁 勇
太阳河乡	247.77	3647	7342	21054	13	12	1	77	1.33	钟 辉 卓川军
屯堡乡	350.00	5475	23516	76306	14	13	1	133	0.71	雷世军 屈 鹏
白果乡	324.50	4779	9766	29483	12	11	1	70	1.50	彭钦钊 谭秋曦
芭蕉侗族乡	284.77	5001	19795	63631	18	17	1	150	1.21	朱永恒 张 义
三岔镇	249.02	5412	14813	40899	13	12	1	65	1.52	谭海鹰 邢 祚
崔家坝镇	222.77	5267	13780	40182	12	11	1	108	1.40	马承恩 王开发
白杨坪镇	249.21	6974	19983	60517	13	12	1	120	1.54	陈 坦 张文刚
板桥镇	339.24	3199	7509	21960	5	4	1	34	0.97	赵 林 吴 荣
龙凤镇	277.05	5423	23614	69383	19	18	1	156	0.84	程俊毅 彭 滔
盛家坝镇	369.18	5324	13178	37812	11	10	1	51	1.70	徐 瑞 王安胜
六角亭街道	81.52	442	18141	47841	8	3	5	130	0.38	李文静 陈 竹
小渡船街道	28.67	1547	20661	50405	9	3	6	126	0.07	熊 竹 邓永劲
舞阳坝街道	116.13	2623	50275	131141	8	0	8	87	0.58	程 凯 刘 伟
金子坝街道	—	—	—	—	5	0	5	127	—	—
七里坪街道	—	—	—	—	6	4	2	51	—	—
大峡谷风景区管理处	—	3199	—	—	6	5	1	49	1.05	黄 猛 马开友
合 计	3967.28	72869	285589	819164	208	165	43	1852	21.01	—

说明：1. 六角亭街道办事处所辖全境托管给恩施高新区，此表含六角亭街道相关数据。2.2021年，舞阳坝街道调整变更为舞阳坝、金子坝、七里坪3个街道。金子坝、七里坪街道有关数据仍包含在舞阳坝街道暂未单列。3. 大峡谷风景区管理处有关数据包含在屯堡乡内

【农业】 全年实现农林牧渔业总产值71.24亿元，扣除价格因素，同比增长15.5%。农林牧渔业增加值完成40.63亿元，同比增长12%，其中农林牧渔业服务业增加值完成1.94亿元，同比增长12%。全年粮食产量21万吨，同比增长2.1%。其中夏粮产量5.77万吨，比2020年增长4.9%；秋粮产量15.23万吨，比2020年增长1.1%；蔬菜（含魔芋）产量66.74万吨，增长9.2%；油菜籽产量1.69万吨，下降5.6%；烟叶产量0.65万吨，增长12.2%；茶叶产量2.71万吨，增长1.2%；水果产量3.31万吨，下降4.8%；药材产值1.37亿元，下降1.1%。全年生猪出栏98.66万头，比2020年增长53.3%；牛出栏1.65万头，增长1.2%；羊出栏8.16万只，下降2.3%；家禽出笼243.61万只，增长15.9%。禽蛋产量0.56万吨，下降3.4%。水产品总产量656吨，增长3%。

【工业、建筑业】 2021年年末，全市规模以上工业企业94家（不含恩施烟厂和州、市供电公司），实现工业总产值70.26亿元，比2020年增长22.1%。全部工业实现增加值136.29亿元（含恩施烟厂和州、市供电公司），可比增长12.9%，其中规上工业增加值可比增长17.3%。规模以上工业（不含恩施烟厂和州、市供电公司）实现营业收入68.45亿元，同比增长17.7%。实现利润总额5.82亿元，实现利税总额6.36亿元。从业人员年平均人数8767人，同比增长12.8%。全市拥有资质等级三级及以上建筑企业57家，其中一级建筑资质3家、二级建筑资质19家、三级建筑资质18家、二级装修资质11家、三级装修资质5家、建筑业劳务企业1家。全年实现建筑业总产值49.55亿元，增长13.5%。

【交通、邮政、通信】 2021年，全市境内拥有四级及以上公路里程达4932千米，按管理级别分：国道287千米、省道359千米、县道425千米、乡道2555千米、村道路1306千米。按技术等级分：一级公路32千米、二级公路423千米、三级公路115千米、四级公路4362千米。年末拥有公共汽车营运车辆数256辆（321标台），营运线路35条，营运线路总长度350千米，全年客运量2740万人次，实现营运收入4672.5万元。市内客运出租汽车840辆。年末固定宽带用户44.26万户，普及率56.67%；移动互联网用户115.09万户，普及率147.38%。

【市场主体】 2021年，全市各类市场主体（含内资、私营、个体、农民专业合作社）8.42万户、注册资本（金）总额1047.5亿元，分别同比增长18%、12%。其中企业类市场主体总量2.58万户、注册资本（金）922.87亿元，分别比2020年年底增长16%和下降2%。个体工商户5.63万户、注册资金91.74亿元，分别比2020年年底增长9%、14%。农民专业合作社2132户、出资总额32.89亿元，分别比2020年底增长4%、3%。全市新增各类市场主体（含内资、私营、个体、农民专业合作社）1.42万户、新增注册资本（金）133.97亿元，分别比2020年同期增长18%和下降5%。其中新增企业5535户、注册资金115.07亿元，分别比2020年同期增长26%和下降7%；新增个体8536户、注册资金16.89亿元，分别比2020年同期增长13%和17%。

【固定资产投资、房地产】 2021年，全社会固定资产投资完成额比2020年增长23.5%（不含农户）。其中5000万元以上项目投资完成73.31亿元，增长27.4%。房地产开发投资76.37亿元，增长20.7%。全年城镇投资施工项目264个，其中当年新开工项目116个。全年商品房销售面积154.37万平方米，同比增长25.6%。其中住宅销售137.82万平方米，同比增长15.2%。实现商品房销售额87.71亿元，同比增长20.2%。

【贸易】 2021年，实现社会消费品零售总额195.94亿元，同比增长19.6%。全年实现进出口额2262.2万美元，增长41.2%。其中出口额2204.47万美元，增长42.8%。

【财政、金融】 2021年，实现财政总收入30.14亿元，同比增长19.1%。其中一般公共预算收入20.85亿元，增长28.8%。分部门统计，税务部门26.24亿元，增长16.9%；财政部门3.9亿元，增长36.3%。一般公共预算收入中税收收入16.95亿元，占比81.3%。全年公共财政预算支出70.34亿元，下降25.7%。不含恩施高新区，完成财政总收入26.4亿元，增长18.9%。其中一般公共预算收入18.34亿元，增长29.3%。分部门统计，税务部门22.63亿元，增长16.5%；财政部门3.77亿元，增长35.8%。一般公共预算收入中税收收入14.58亿元，占比79.5%。全年公共财政预算支出66.43亿元，下降27%。年末全市金融机构人民币存款余额594.44亿元，比2020年年末增长5.2%，其中城乡居民储蓄存款余额364.6亿元，比2020年末增长10.9%。金融机构人民币贷款余额632.36亿元，比2020年年末增长9.8%。贷存比106.38%。

【科技、教育、卫生】 2021年，全市高新技术产业增加值21.7亿元，占全市地区生产总值的比重为5.2%。全年组织完成高新技术企业申报13家（通过认定12家），完成科技型中小企业评级入库40家，遴选进入高新技术后备企业库25家。成功备案省级星创天地1家、州级企校联合创新中心4个，争取省级科技项目2个、州科技项目2个，完成对接省“三区”科技人才22名、省“科技副总”2名，州科技特派员16名。完成技术合同交易额1.66亿元，成果转化项目6个。全年获得专利授权654件。其中发明专利62件。全年新增商标申请总量3423件，新增注册总量2752件，年末有效注册商标总量1.2万件。11月22日，恩施市名列中国科协公布的2021—2025年度第二批全国科普示范县（市、区）创建单位。全市辖区拥有幼儿园123所，小学107所，初级中学27

所（含9年一贯制学校4所），高级中学9所（含12年一贯制学校3所）。中等职业学校5所，特殊教育学校1所，乡村教学点77个。学前教育幼儿园在园人数2.51万人，小学在校学生5.29万人，普通初中在校学生3.17万人，普通高中在校学生2.29万人。特殊教育学校在校学生97人。学前教育拥有教职工2959人，其中专任教师1194人。小学教育拥有教职工4570人，其中专任教师4305人。初级中学拥有教职工4258人，其中专任教师2995人。高级中学拥有教职工3235人，其中专任教师2040人。全市辖区拥有卫生机构412个，其中医院24个，乡镇卫生院及社区卫生服务中心19个，村及城区卫生室（所）189个，其他卫生机构6个。全年财政直接用于卫生健康支出8.56亿元。全市辖区医疗机构年末拥有医疗床位8431张。拥有卫生技术人员8960人，其中执业（助理）医师3474人，注册护士4919人。恩施市中心医院入选国家卫健委发布的“第二批符合县医院医疗服务能力推荐标准县医院”名单。

【文化、体育、旅游】 2021年，全市投入公共文化服务体系建设资金860万元，主要用于全市乡村两级文化广场建设，其中364万元用于各乡镇文化广场的建设和乡镇综合文化服务中心建设及维修。建设文化广场18个，对4个乡镇的综合文化服务中心进行建设及维修。市图书馆接待读者7.2万余人次，借阅图书4万余册。开展送戏下乡文艺演出和相关文化活动239场，其中培训辅导33场，文化交流活动11场。全市有文物保单位45处，其中全国重点文物保护单位1处，省级12处，州级7处，县市级25处，未公布为文物保护单位的一般不可移动文物240处。现有藏品1825件，其中馆藏珍贵文物44件（套），一级8件，二级12件，三级24件。恩施市文旅局（体育局）被授予“2017—2020年度全国群众体育先进单位”，恩施市体育运动学校教练张亚平被授予“2017—2020年度全国群众体育先进个人”。全年旅游接待总人数1999.41万人次，增长111.1%。全年实现旅游综合收入159.23亿元，增长110.1%。5月，恩施市“世界硒都茶旅生态走廊”入选中国农业国际合作促进会、中国茶产业联盟茶产业委员会联合公布的“百条红色茶乡旅游精品路线”。

【居民生活】 2021年，城镇常住居民年人均可支配收入3.72万元，增长10.3%；年人均生活消费总支出2.87万元，增长20.4%。农村常住居民年人均可支配收入1.39万元，增长12.4%；年人均生活消费支出1.24万元，增长18.7%。

【社会保障】 2021年，城镇新增就业人数9429人，城镇登记失业人数5923人，城镇登记失业率为3.5%。参加各种社会保险人数144.02万人，其中企业基本养老保险12.98万人，机关事业单位基本养老保险2.14万人，城乡居民养老保险37.65万人，城镇职工基本医疗保险9.57万人，城乡居民医疗保险65.15万人，失业保险4.59万人，工伤保险7.65万人。全年社会救助城乡居民最低生活保障人数3.23万人，低保户数1.54万户。其中城市居民最低生活保障人数2327人，低保户数1513户；农村居民最低生活保障人数3万多人，低保户数1.38万户。农村特困人员救助供养3287人，城市特困人员救助供养139人。临时救助1975人次。

【城市建设】 2021年年末，城区面积120平方千米，其中建成区面积43.35平方千米。本年新增城市道路7.3千米，年末城市道路长度达228.05千米。本年新增城市道路面积11.6万平方米，年末城市道路面积达361.1万平方米。年末安装路灯道路长度228.05千米，年末道路照明灯1.7万余盏。年末公共停车场停车位数1.6万个，配建停车场停车位数1.5万个。年末城区绿化覆盖面积2680公顷，其中建成区1817.95公顷，建成区绿化覆盖率41.9%。年末城区绿地面积2210公顷，其中建成区1624.5公顷。城区公园6个，面积198公顷。年末供水管道长度831.51千米，综合生产能力22.39万立方米/日，全年供水总量5097.06万立方米。用水户数19.38万户。城市饮用水水质综合合格率100%。年末天然气供气管道长度1454.27千米，储气能力16.2万立方米，全年供气总量1.14亿立方米，销售气量1.12亿立方米，用气户数13.5万户。液化石油气储气能力380吨，全年供气总量1000吨，销售气量960吨，用气户数7980户。年末拥有市容环卫专用车辆148辆，道路清扫保洁面积497万平方米，年清运生活垃圾16.84万吨，清运建筑垃圾554万吨，生活垃圾无害化处理率100%。全年污水排放总量4800万立方米，污水处理量4638.71万立方米，污水处理率96.6%。各类公共厕所121个。

【环境】 2021年，全年空气质量优良天数达350天（其中优215天，良135天），城区饮用水源水质达标率100%。森林覆盖率达67.51%。2021年，恩施市环境监测站廖华、王卉、刘乐被生态环境部授予“生态环境监测‘技术骨干’”称号。市政府、市文旅局、市教育局等被国家机关事务管理局等单位授予“节约型机关”称号。

【应急管理】 2021年，发生火灾事故261起，死亡人数7人，直接财产损失51.92万元。全年工矿商贸企业安全事故发生2起，死亡2人，损失金额229.49万元。全年生产安全事故8起，死亡人数8人。亿元GDP生产安全事故死亡率0.0192人/亿元。

【乡村振兴】 2021年，全市乡村振兴到位资金9.15亿元，其中衔接资金7.24亿元，其他财政资金1.91亿元，实施项目251个。投入产业发展4.07亿元，占比50.68%。投入农村基础设施建设1.46亿元，占比18.18%。到人到户补助2.5亿元，占比31.47%。全市脱贫户人均纯收入1.2万元，较2020年增长8.98%。

全市发放农村低保对象、农村特困分散供养对象保障金1.64亿元。发放残疾人“两项补贴”资金1523.33万元。乡村振兴重点村建设47个，由省政府办公厅（省政务办）牵头、1个中直单位（武汉大学）和9个省直单位定点帮扶恩施市，筹集资金678.47万元支持各驻点村巩固脱贫成果，组织专家培训各类人员3400余人次，帮助引进项目11个，引进各类帮扶资金1.38亿元。全市93座光伏扶电站当年累计收入372.99万元，设置公益岗位517个。市财政安排资金755万元，全面巩固提升农村饮水安全。在湖北省2020年度乡村振兴战略实绩考核中，恩施市为优秀等次。白杨坪镇洞下槽村入选司法部、民政部发布的第八批“全国民主法治示范村（社区）”。

【恩施市获“全国民族团结进步示范区”命名】 2021年1月19日，恩施市被国家民委命名为第八批“全国民族团结进步示范区”，命名周期为5年。2012年6月，恩施市被命名为“全国民族团结进步创建活动示范市”，成为全国首批35家示范单位之一，持续推进创建工作，按照管理办法规定，于2020年5月申报“全国民族团结进步示范区”。

【恩施市被确定为首批全国脱贫攻坚交流基地】 2021年1月27日，恩施市被国务院扶贫办确定为首批全国脱贫攻坚交流基地，恩施市龙马新果实业有限公司被确定为全国脱贫攻坚考察点。国务院扶贫办确定全国50个县（区、市）为全国脱贫攻坚交流基地，91个考察点为全国脱贫攻坚考察点，作为讲好中国扶贫故事的重要载体、开展国际减贫交流合作的实训基地，展示中国脱贫攻坚成就和经验做法，促进国内外减贫经验交流分享。交流基地和考察点每年实施综合性动态评估

【“学百年党史·诵红色经典”演讲比赛暨示范农家书屋评选活动】 2021年6月25日，恩施市“学百年党史·诵红色经典”演讲比赛暨示范农家书屋评选活动在州广播电视台举办。比赛分为新型农民代表组、中小学教师组、机关党员干部组，评选出一等奖3名，二等奖6名，三等奖9名。示范农家书屋评选活动评选出最美读书人34名、优秀农家书屋管理员17名、示范农家书屋5个，现场对获奖代表进行颁奖表彰。

【东湖新技术开发区对口帮扶】 2021年8月26日，恩施市到武汉东湖新技术开发区对接对口帮扶相关工作，并召开座谈会。东湖高新区与恩施市开展多种形式的结对帮扶，打造“区级统筹、部门联动、国企担当、民企助推、社会协同”的“五位一体”帮扶工作格局。会上，双方签订《武汉东湖新技术开发区恩施市对口帮扶框架协议》。

【鄂西南武陵山茶产业集群建设项目县级交流会在恩施市召开】 2021年9月8日，鄂西南武陵山茶产业集群建设项目县级交流会在恩施市召开。来自武陵山茶区的恩施市、利川市、宣恩县、咸丰县、来凤县、鹤峰县、宜都市、五峰县、长阳县9个县市和州农科院在会上汇报产业集群项目谋划情况，省农业农村厅、宜昌市、恩施州相关领导专家现场进行评审。

【恩施市获评2021年度“三茶统筹”先行县域】 2021年10月26—29日，第十七届中国茶业经济年会评选出全国10个2021年度“三茶统筹”先行县域，恩施市获得该项荣誉，同时恩施市还被中国茶业流通学会评为“2021年度茶业百强县”，位列2021年中国茶业百强县榜第19。全市茶园总面积25666.67公顷，投产园面积22666.67公顷，全年干茶产量2.5万吨，实现产值26亿元，茶产业综合收入70亿元。其中“恩施玉露”茶产量2500吨，产值17亿元。全市茶叶加工厂505家，获准使用“恩施玉露”证明商标的茶叶企业54家。“恩施玉露”“恩施富硒茶”品牌价值分别达到25.21亿元和21.35亿元。

【“恩施女儿城”入选国家级夜间文化和旅游消费集聚区】 2021年11月19日，文旅部公布第一批国家级夜间文化和旅游消费集聚区名单，恩施土家女儿城景区名列其中。恩施土家女儿城景区是国家AAAA级旅游景区，既是全国土家族非物质文化遗产传承展演保护基地，也是城市娱乐消费中心和旅游集散地，拥有3横2纵全封闭的大小5条步行街，集民俗文化、休闲旅游、民俗酒店及特色商贸为一体，在青山绿水间展示土苗文化精髓，体现恩施旅游特色。

（刘武成）

利川市

【概况】 利川市位于鄂西南隅，地处巫山余脉和武陵山北上余支交会部，为清江、郁江发源地。地跨北纬29°42′—30°39′，东经108°21′—109°18′。东与恩施市接壤，南与咸丰县毗连，西南与重庆黔江、彭水两区县相邻，由西至北依次与重庆石柱、万州、云阳、奉节诸区县毗连。东西距宽92千米，南北长105千米，总面积4606平方千米，是恩施州面积最大的县级市。2021年，全市辖14个乡（镇、街道）、2个开发区，463个村、43个社区。年末全市户籍总人口为91.75万人，比2020年末减少1994人。全市常住人口71.44万人，比2020年末减少36270人，其中城镇常住人口32.83万人，城镇化率45.96%，比2020年提高0.94个百分点。全年人口出生率7.27‰，人口死亡率6.2‰，人口自然增长率为1.07‰。出生人口性别比111：100（女性为100）。全年全市完成地区生产总值231.72亿元，同比增长11.8%。其中第一产业增加值46.14亿元，增长12.6%；第二产业增加值37.26亿元，增长15.5%；第三产业增加值148.32亿元，增长10.6%。三次产业结构比为19.91：16.08：64.01。按年均常住人口计算，全市人均生产总值31634元，增长13.2%。批发和零

售业增加值15.78亿元，比2020年增长11.9%。交通运输、仓储和邮政业增加值8.35亿元，增长17.5%。住宿和餐饮业增加值9.41亿元，增长22.5%。金融业增加值12.5亿元，增长3.4%。房地产业增加值35.46亿元，增长10.3%。其他服务业增加值64.22亿元，增长9.7%。2021年，利川市先后被省政府办公厅通报为“全省投资和重点项目建设贡献县市”“全省垃圾无害化处理工作成效突出的县（市、区）”“‘与爱同行 惠游湖北’先进县（市、区）”“全省高标准农田建设显著县”，被国家信访局授予“全国信访工作‘三无’县（市、区、旗）”称号；被省政府通报为“全省金融信用市优秀单位”；被中国就业促进会表彰为“就业宣传先进集体”。南坪乡政府获评第六届湖北省环境保护政府奖。

2021年利川市乡(镇、街道、开发区)基本情况表

表25

乡(镇、街道、开发区)	总面积（平方千米）	总户数（户）	总人口（人）	村、社区(个)	粮食产量（吨）	党委书记,乡(镇)长、主任（12月底在职）
都亭街道	30	32856	71943	14	1302	周 霆 张育辉
东城街道	91	16762	38124	18	10730	向红文 向 杰
柏杨坝镇	580	26171	88003	58	29927	闫鹏飞 陈 祥
谋道镇	338	24920	71045	56	29261	黄佑东 聂广慧
忠路镇	514	29556	83831	61	25944	王厚军 许智亮
团堡镇	448	22958	69447	31	35073	张文生 杨虎熊
汪营镇	355	36600	101939	53	34066	熊 伟 王 章
建南镇	326	24007	72251	30	30542	梁凤翔 刘 倩
文斗镇	432	24353	73106	56	33240	李同生 杨克荣
元堡乡	266	12360	35807	26	12168	向 阳 吴 酬
凉雾乡	419	24646	72437	45	16967	覃征操 谭光云
毛坝镇	325	14709	42304	15	7589	谢 意 郑文皓
南坪乡	148	19871	60871	21	29791	何启波 靳 涛
沙溪乡	293	12820	36420	22	23184	陈伦锋 周 蕾
佛宝山生态综合开发区	40	—	—	—	16	徐于松
湖北利川经济开发区	—	—	—	—	—	陈建平
合 计	4606	322589	917528	506	319800	—

说明：粮食产量因四舍五入，各乡镇分项之和不一定等于合计数

【农业】 2021年，农林牧渔业总产值833410万元，扣除价格因素，比2020年增长15.9%。其中农业总产值483347万元，林业总产值56986万元，牧业总产值231229万元，渔业总产值7243万元，农林牧渔业及辅助活动总产值54606万元。农林牧渔业增加值484730万元，比2020年增长12.30%。其中农业增加值289066万元，林业增加值30474万元，牧业增加值137563万元，渔业增加值4300万元，农林牧渔业及辅助活动增加值23326万元。全年粮食种植面积7.79万公顷，比2020年增加0.1万公顷。粮食总产量31.98万吨，比2020年增加0.64万吨，增长2%。油料产量1.17万吨，下降21.3%。烟叶产量0.75万吨，下降0.3%。蔬菜及食用菌产量82.77万吨，增长6.7%。茶叶产量2.19万吨，增长2.6%。园林水果产量4.77万吨，增长0.2%。全年猪牛羊禽肉产量6.54万吨，比2020年增长63.5%。其中猪肉产量5.88万吨，比2020年增长74.4%。禽蛋产量1.14万吨，比2020年下降4.2%。年末生猪存栏45.74万头，比2020年增长23.8%，生猪出栏76.99万头，比2020年增长75.3%。

【工业、建筑业】 2021年，全部工业增加值22.1亿元，同比增长16.5%。规模以上工业企业54家，规模以上工业增加值增长19.2%，全年规模以上工业产销率为96.8%，每百元营业收入中的成本75.44元，比2020年增加1.61元，营业收入利润率14.2%，下降0.7个百分点。每百元营业收入中的费用10.1元，减少1.39元。每百元资产实现的年营业收入36.5元，减少0.7元。资产负债率59%，上升8.4个百分点。全年全市实现建筑业增加值15.42亿元，比2020年增长14.1%。全市具有资质等级建筑业企业33家，完成建筑业总产值16.33亿元。

【交通、邮政、通信】 2021年年末全市公路通车里程6035.3千米，等级公路5714.55千米，比2020年增加37.88千米。全年邮政业务总量13814万元，比2020年增长1.5%。快递业务收入991万元，增长15%。电信业务总量4.98亿元。年末全市固定电话用户2.13万户。移动电话

用户 64.2 万户。固定宽带接入用户 23.53 万户。

【市场主体】 2021 年年末，全市有市场主体 74601 户，比 2020 年增长 16%。实有企业类市场主体 12017 户，增长 16.2%。实有个体工商户 58978 户，增长 17%。农民专业合作社 3606 个，增长 1.8%。全年新登记市场主体 13655 户，其中新登记企业类市场主体 2458 户。

【固定资产投资、房地产】 2021 年，固定资产投资比 2020 年增长 20.2%。其中民间投资完成 74.03 亿元，增长 40.2%。工业项目投资完成 9.82 亿元，下降 9.9%。工业技改项目投资完成 3.6 亿元，增长 20.6%。分产业看，第一产业投资增长 897.2%，第二产业投资下降 24.9%，第三产业投资增长 22.5%。全年商品房施工面积 458 万平方米，增长 11.21%。竣工面积 23.6 万平方米，下降 37%。销售面积 93.65 万平方米，增长 26.2%。待售面积 14.73 万平方米，下降 25.7%。全年商品房销售额 49.68 亿元，增长 26.35%，其中住宅销售额 48.51 亿元，增长 25.5%。

【贸易】 2021 年，社会消费品零售总额 110.58 亿元，比 2020 年增长 18.4%。分消费类型看，批发业销售额 732092 万元，同比增长 18.3%；零售业销售额 708555 万元，同比增长 24%。住宿业营业额 69083 万元，同比增长 38.8%；餐饮业营业额 109824 万元，同比增长 39.2%。全年引进省外资金 13.55 亿元，比 2020 年增长 18.4%。全年外贸进出口总额 1676 万美元，比 2020 年增长 19.5%。

【财政、金融】 2021 年，地方财政总收入 206283 万元，比 2020 年增长 19.3%。其中地方一般公共财政预算收入 108139 万元，增长 23.3%。在地方一般公共预算收入中，税收收入 87095 万元，增长 22.6%。全年一般公共预算支出 644906 万元，下降 9.5%。年末金融机构存款余额 312.1 亿元，比 2020 年年末增加 13.51 亿元，增长 4.5%。其中住户存款 259.45 亿元，增长 10.9%。金融机构贷款余额 256.46 亿元，比 2020 年年末增加 27.83 亿元，增长 12.2%。

【科学、教育、卫生】 2021 年，全市 13 家高新技术产业企业实现增加值 4.81 亿元，占全市地区生产总值比重为 2.07%。全年获得专利授权 296 件，其中发明专利授权 23 件。年末有效注册商标 5721 件。全年新注册商标 1473 件。全市地理标志商标 2 件，地理标志保护产品 5 件。全市有幼儿园 146 所，在园幼儿 22267 人。小学 116 所，毕业 12091 人，招生 9735 人，在校学生 65863 人。初中 26 所，毕业 11991 人，招生 12223 人，在校学生 35883 人。高中 4 所，毕业 4938 人，招生 5812 人，在校 17032 人。年末全市有卫生机构 686 个，其中医院 10 个，卫生院 14 个，妇幼保健院 1 个，疾病预防控制中心（防疫站）1 个。卫生技术人员 4771 人，其中执业（助理）医师 1801 人，注册护士 2404 人，药师 162 人，技师 268 人。实有床位数 5798 张。东城街道新桥社区被国家卫健委命名为“全国示范性老年友好型社区”。

【文化、体育、旅游】 2021 年，全市公共图书馆 1 个，藏书 22.39 万册。文化馆 1 个，乡镇综合文化服务中心 12 个，村（社区）综合文化服务中心 584 个，村级文化活动广场 584 个，百姓舞台 584 个；坝漆制作技艺成功申报为第五批国家级非物质文化遗产，利川市成功申报为 2021—2023 年度“湖北省民间文化艺术之乡”。全市建成体育场馆 5 个，全民健身中心 1 个，体育运动学校 1 所。佛宝山成功创建国家 AAAA 级旅游景区。全年接待游客 1418.34 万人次，同比增长 1.5 倍。旅游综合收入 72.61 亿元，同比增长 2.1 倍。全市国家 A 级旅游景区 7 个。全市 3 星级及以上饭店 5 家。

【居民生活】 2021 年，居民消费价格上涨 0.9%，比 2020 年回落 1.3 个百分点。构成居民消费价格的八大类商品价格涨跌幅度为：食品烟酒价格下跌 2.2%，衣着价格上涨 1%，居住价格上涨 0.4%，生活用品及服务价格上涨 0.8%，交通和通信价格上涨 4.3%，教育文化和娱乐价格上涨 7%，医疗保健价格下跌 0.8%，其他用品和服务价格下跌 1.1%。全年商品零售价格上涨 1%，比 2020 年回落 0.2 个百分点。城镇常住居民人均可支配收入 34179 元，增长 10.6%，扣除价格因素，实际增长 9.6%。农村常住居民人均可支配收入 13234 元，增长 12.2%，扣除价格因素，实际增长 11.2%。城镇常住居民人均消费支出 26396 元，增长 20.7%，扣除价格因素，实际增长 19.6%。农村常住居民人均消费支出 11827 元，增长 18.5%，扣除价格因素，实际增长 17.4%。

【社会保障】 2021 年，城镇新增就业人员 7202 人，城镇登记失业率 3.5%。年末全市参加基本养老保险 56.35 万人，其中城镇职工基本养老保险参保人数 6.95 万人，城乡居民基本养老保险参保人数 47.28 万人。医疗保险参保人数 82.84 万人，其中城镇职工基本医疗保险参保人数 5.11 万人，城乡居民基本医疗保险参保人数 77.73 万人。失业保险参保人数 3.53 万人。工伤保险参保人数 3.45 万人。生育保险参保人数 3.32 万人。年末收养性社会福利单位 18 个，床位 2142 张。年末有 1244 人享受城市最低生活保障，50652 人享受农村最低生活保障，全市特困供养 3783 人，全年临时救助 1376 人。

【环境】 2021 年，全社会用电量 105621 万千瓦时，增长 15.3%。其中工业用电量 31614 万千瓦时，同比增长 20.5%。年末耕地面积 80980 公顷。全年完成人工造林 500 公顷，森林覆盖率 65.13%。全市自然保护区 3 个，总面积 467.01 公顷。全市城区空气质量优良天数 361 天，优良率 98.9%。

【应急管理】 2021年，发生各类安全生产事故2起，死亡人数2人，直接经济损失105万元。发生火灾事故165起，死亡人数2人，直接经济损失102.6万元。

【乡村振兴】 2021年，制定出台《利川市扶贫项目资产后续管理实施方案》，通过对中共十八大以来各类扶贫项目资产进行全面清理，全市形成资产的项目资金总规模50.56亿元，项目资产总规模50.23亿元，形成资产占比99.34%，其中经营性资产3.71%、公益性资产56.59%、到户类资产39.7%。全市脱贫人口务工就业69681人，全市26个“就业帮扶车间”带动吸纳脱贫人口就业404人，较2020年度增加14人，吸纳脱贫劳动力占比30%以上。全市扶贫产品销售总额25.73亿元。持续组织“832平台”商家入驻和产品认定工作，全市131家供应商1079款产品通过国务院扶贫办（国家乡村振兴局）审核并通过公示，通过“832平台”完成闭环交易额2.46亿元，全国排名第四位。全年全市发放脱贫人口小额信贷1507笔7201.03万元（其中边缘户贷款4笔15万元），兑付脱贫人口小额信贷贴息6991人次495.18万元，12月底全市脱贫人口小额信贷贷款余额为2444笔、11682.19万元。顺利完成乡（镇）、村换届工作，推进乡村基层治理、生态文明建设等项工作。利川市忠路镇主坝村入选2010—2017年中国美丽休闲乡村监测合格名单。南坪乡被国家文旅部评定为全国乡村旅游重点乡。

【坝漆制作技艺入选第五批国家级非物质文化遗产代表性项目名录】 2021年5月24日，国务院公布第五批国家级非物质文化遗产代表性项目名录，利川市的制漆技艺（坝漆制作技艺）入选。利川坝漆漆酚含量高，膘度厚，亮光好、燥性好、浓度大。在清朝顺治年间，利川大面积种植漆树；清康熙年间，本地民间即盛行推光漆工艺；清光绪年间，“坝漆”行销全国，并出口到日本、越南、美国、德国等几十个国家和地区。民谣“坝漆清如油，照见美人头，摇起虎斑色，提起钓鱼钩”是对坝漆的真实写照。利川累计发展坝漆400余公顷，建成130余公顷坝漆基地，建成国漆产品研发生产基地。

【合村并组】 2021年8月30日，利川市政府同意毛坝镇、团堡镇、建南镇2021年行政村布局优化设置方案。毛坝镇优化前44个村，优化后14个村、1个社区；团堡镇优化前57个村，优化后30个村、1个社区；建南镇优化前54个村，优化后29个村、1个社区。

【红页1HF井成功投产】 2021年2月5日，中国石化江汉油田在利川建南镇部署实施的红页1HF井成功投产，定产7万立方米每天，是湖北省成功开发的首个页岩气项目，填补国内二叠系页岩气领域勘探开发的空白。截至12月12日，累计产气2009万立方米。

【“利川人”大会】 2021年4月3日，以“美丽乡建·家乡有梦”为主题的2021年“利川人”大会召开。大会分为现场观摩、主旨大会、项目洽谈和乡贤座谈等环节。会上现场签约4个项目，项目涉及异形锂电池生产、数字金融产业发展、农产品交易中心建设和茶旅融合打造。主旨大会播放微电影《乡恋》，举办招商推介，为“百名专家助利川”代表和10名招商大使分别颁发聘书和荣誉证书，为湖北大学利川生态产业研究院揭牌。大会全程网络直播。

【荣誉】 2021年，利川市委宣传部被党史学习教育官网、人民网表彰为“全国党史知识竞赛活动优秀组织单位”。李德平被人社部、国家广播电视总局、国家新闻出版署表彰为“全国新闻出版广播影视系统劳动模范”。李汉文被省人社厅、省广播电视局表彰为“全省广播电视系统先进个人”。陈秀莉入选省委组织部、省人社厅“湖北省基层专业技术人才奉献岗位计划”。谋道镇派出所被公安部、共青团中央表彰为“全国工作机关成绩突出青年集体”。黄丹被国务院未成年人保护工作领导小组办公室、民政部表彰为“全国农村留守儿童关爱保护和困境儿童保障工作先进个人”。卓万凯被省政府授予“湖北省优秀中国特色社会主义事业建设者”称号。邱建红被中国茶业经济年会表彰为“全国茶叶产业发展先进个人”。利川市婚姻家庭纠纷调解委员会钟大姐工作室被中宣部、司法部、全国普及法律常识办公室表彰为“全国普法先进单位”。

（郭娜娜）

建始县

【概况】 建始县位于鄂西南山区北部，跨北纬30°06′—30°54′，东经109°32′—110°12′。东连巴东县，以野三河为界；西接恩施市，以太阳河为界；南邻鹤峰县，以长河、茶辽河为界；北与重庆市奉节、巫山两县接壤。县城业州镇距省政府所在地615千米，距州政府所在地59千米。县域南北长89千米，东西最宽处64.5千米，最窄处12.5千米。2021年，全县有7个镇、3个乡，43个社区、362个行政村，3583个村（居）民小组，总面积2664.94平方千米。年末户籍人口50.54万人，其中城镇人口13万人，乡村人口37.54人。全年出生人口2938人，其中男性1550人，女性1388人，出生率5.57‰；死亡3652人，死亡率6.93‰。全年全县实现地区生产总值135.44亿元，按可比价计算，同比增长12.2%。三次产业实现全面增长，其中第一产业增加值28.31亿元，增长13.1%。第二产业增加值21.87亿元，增长15.9%。第三产业增加值85.26亿元，增长11%。三次产业结构比为20.9∶16.2∶62.9。全县实有市场主体45618户，较2020年增长19.3%。其中实有企业类市场主体6856户，个体工商户37187户，农民专业合作社1575户（含农民专业合作社联合社 13 户）。全年新登记企业类市场主体 1114 户、个体工商户 6151 户。全县城镇常住居民人均可支配收入 32485 元，同比增长 11.1%。农村常住居民人均可支配收入 13192 元，同比增长 11.7%。

2021 年建始县乡(镇)基本情况表

表 26

乡(镇)	总面积(平方千米)	年末耕地面积(公顷)	总户数(户)	年末总人口(人)	村、社区(个)	村(居)民小组(个)	党委书记、乡(镇)长(12 月底在职)
业州镇	372.84	6746	41891	112006	50	524	吕宗鲁　向华锋
长梁镇	398.15	5553	26556	78429	65	558	胡北平　余致锋
茅田乡	210.72	1774	7639	22624	29	232	范　妮　郑　勇
龙坪乡	228.28	3582	8868	26826	29	267	熊　健　奉　波
三里乡	172.19	6054	14188	44485	37	343	冉云峰　汤雅成
高坪镇	259.81	6840	17284	52874	42	345	朱翠萍　田　杰
红岩寺镇	85.13	6843	6417	20070	15	134	陈　伟　谭　迪
花坪镇	405.67	2804	18019	54718	57	539	崔显龙　董绍志
景阳镇	160.39	3913	13156	39412	32	261	姚代武　姜锦虎
官店镇	371.76	3220	16324	53979	49	380	谢小虎　刘家隆
合　计	2664.94	47329	170342	505423	405	3583	—

【农业】 2021 年，农林牧渔业增加值完成 29.55 亿元，按可比价计算，同比增长 12.5%。全年粮食作物种植面积 5.01 万公顷，同比增长 1.7%，其中谷物种植面积 2.7 万公顷，与 2020 年基本持平；豆类种植面积 3195 公顷；薯类种植面积 1.99 万公顷，同比增长 4.6%。全年粮食产量 20.86 万吨，其中夏粮产量 5.17 万吨、秋粮产量 15.69 万吨。全年茶叶产量 941 吨，同比增长 5.4%。各类园林水果产量 2.15 万吨，同比下降 18.7%。核桃、板栗等坚果 1050 吨，同比下降 13.1%。蔬菜及食用菌 24.28 万吨，同比增长 10.6%。中药材当年采收面积 1710 公顷，产量 1.26 万吨。年末生猪存栏 42.31 万头，同比增长 23.8%。其中能繁母猪存栏 4.17 万头，同比增长 15.8%。生猪出栏 67.32 万头，同比增长 55.5%。牛出栏 3900 头，同比下降 0.5%。羊出栏 15.45 万只，同比增长 4.4%。家禽出笼 178.8 万只，同比下降 0.2%。猪牛羊禽肉类产量 5.7 万吨，同比增长 46.2%。禽蛋产量 0.78 万吨，同比增长 27.9%。全年水产品产量 378 吨，同比增长 29%，淡水养殖面积 20 公顷。

【工业、建筑业】 2021 年，累计完成工业投资 15 亿元，同比增长 31.4%。年末全县规模以上工业企业 30 家，完成工业增加值 5.3 亿元，同比增长 27.5%。在规模以上工业中，采矿业同比增长 1.3 倍，制造业增长 14.9%，电力、热力燃气及水生产和供应业增长 34.9%。医疗制造业和制鞋业分别拉动规模以上工业 1.31 和 1.3 个百分点，纺织业全年下降 28.7%，非金属矿物制品业全年增长 14%。全年建筑业实现增加值 6.98 亿元，增长 9.9%。年末全县有总承包或专业承包资质建筑企业 21 家，完成总产值 11.4 亿元，增长 9.2%。

【固定资产投资、房地产】 2021 年，固定资产投资 57.3 亿元，同比增长 20.3%。房地产开发投资增长 103.8%，商品房销售面积增长 22.1%，实现商品房销售额 10.42 亿元。制造业投资同比增长 33.1%，其中医药制造业投资增长 85.4%，通用设备制造业下降 90.5%。

【贸易】 2021 年，实现社会消费品零售总额 79.1 亿元，增长 27.4%，其中限额以上企业实现消费品零售额 4.73 亿元，增长 35.1%。限额以上批发和零售业销售额 8.7 亿元，限额以上住宿和餐饮业营业额 5637 万元。全年招商引资实际到位资金 11.18 亿元，其中省外境内资金 10.77 亿元，同比下降 2.8%。实际利用外资 689 万美元。外贸出口总额 1325.71 万美元，同比增长 3.6 倍。

【交通、通信】 2021 年，公路里程 3706 千米。公交车线路 19 条，公共汽（电）车营运车辆 268 辆，与 2020 年持平。年末城市公交车 102 辆，其中新能源纯电动公交车 91 辆。年末出租车 112 辆，较 2020 年增长 1.8%。行政村客运班车通达率 100%。年末全县机动车保有量 11.02 万辆，其中汽车保有量 6.31 万辆。2021 年新增小型汽车 2119 辆。固定电话年末用户 1.14 万户，同比下降 10.7%；移动电话年末用户 40.89 万户，同比增长 3.7%；互联网宽带年末接入用户 16.66 万户。固定互联网宽带接入用户普及率和移动互联网宽带接入用户普及率分别为 45.3%和 94.7%。

【财政、金融】 2021 年，地方财政总收入 11.4 亿元。其中地方一般公共预算收入 6.2 亿元，占地方财政总收入的 54.3%。在地方一般公共预算收入中，税收收入 4.5 亿元，同比增长 16.6%，占地方一般公共预算收入 72.4%。全年一般公共预算支出 42.1 亿元，同比下降 21.3%，其中民生保障支出 28.6 亿元，占一般公共预算支出 68%。科学技术支出、卫生健康支出和城乡社区支出分别下降 67.7、22、32.7 个百分点。全年金融机构存款余额 162 亿元，同比增长 6.1%。其中住户存款 138.6 亿元，定期及其他存款占住户存款的 64.4%；非金融企业存款 8.6 亿元，比 2020 年同比下降 10.2%；广义政府存款中的财政性存款 1.7 亿元。全县金融机构贷款余额 108.6 亿元，同比增长 12.3%，比年初增加 11.9 亿元。住户贷款 59.7 亿元，其中短期贷款中的消费贷款 19.1 亿元，占短期贷款的 17.6%；中长期贷款中的经营贷款 11.2 亿元，同比增长 28.9%。

【科技、教育、卫生】 2021 年，年末拥有发明专利 12 件，专利授权 290 件。累计注册有效商标 3218 件。全县有幼儿园 85 所，在园幼儿 10506 人。各类中小学 163 所，在校学生 51616 人。其中小学 145 所、在校小学生 25275 人，普通中学 17 所、在校中学生 22551 人，中等职业学校 1 所、在校学生 3790 人。普通高中 2 所，在校学生 7737 人。年末全县有专职教师 3531 名，其中小学教师 1737 人，中学教师 1593 人，中职教师 201 人。学龄儿童入学率、九年义务教育完成率均达 100%。全县有医疗卫生机构 419 家，医疗卫生机构床位 3354 张。有卫生工作人员 3187 人，卫生技术人员 2537 人，其中执业（助理）医师 903 人，注册护士 1243 人。

【文化、旅游】 2021 年，全县“非遗”保护名录 52 项，其中省级 7 项、州级 24 项，拥有省级代表性传承人 6 名，州级 23 名，县级 214 名。建立非遗传承基地 12 个、传习所 17 个、传统工艺振兴示范基地 3 个、传统工艺工作站 5 个、非遗进校园示范学校 4 所。全县有 44 个文物保护单位。全年实现旅游综合收入 27.53 亿元，接待游客 491 万人次，同比增长 66.4%、48.7%。建始县获评“中国生态气候康养金地”，花坪镇获评湖北省旅游名镇，店子坪村成功创建国家 AAA 级红色旅游景区，店子坪和照京坪入选全国“建党百年红色旅游百条精品线路”。

【社会保障】 2021 年，城镇新增就业 5773 人，扶持创业 1041 人，带动就业 1092 人。城镇登记失业率在 2.6%以内。年末参加养老保险人数 346287 人，增长 0.07%，其中城乡居民养老保险人数 274824 人。基本医疗保险参保人数 462042 人，其中城镇职工参保人数 32927 万人。参加失业保险人数 10940 人，较 2020 年减少 3 人。参加生育保险人数 23510 万人，较 2020 年增加 2650 人。最低生活保障对象 26224 人，其中城镇居民保障对象 950 人，累计发放最低生活保障金 9618 万元。农村五保户供养对象 2496 人，抚恤优抚对象 3671 人。年末全县社会福利收养性单位床位数 1765 张，与 2020 年持平。全年销售社会福利彩票 6132.7 万元，筹集社会福利彩票公益金 223 万元，直接接受社会捐赠 1507.67 万元。

【环境】 2021 年，全县省级生态乡镇全覆盖，较 2020 年增加 1 个，省级生态村 79 个，新增 5 个。全年平均气温 16.3℃、年平均空气湿度 82%、城区空气质量优良天数 342 天。全县主要河流水质总体良好，国控断面与非国控断面达标率 100%。全县 1 个县级和 18 个乡镇集中式水源地水质达标率 100%。年末森林面积 183760 公顷，森林蓄积量 1314.23 万立方米，森林覆盖率 68.96%。完成造林绿化面积 2826.67 公顷。3 月 23 日，中国气象学会“建始 · 中国生态气候康养金地”授牌新闻发布会在武汉举行。12 月 29 日，中国气象局公共气象服务中心发布 2021 年度中国天然氧吧评价结果，建始县获“中国天然氧吧”称号。

【乡村振兴】 2021 年，义务教育阶段入学率、巩固率均达 100%。发放各学段困难学生资助 2753.74 万元，惠及学生 37297 人次，发放“雨露计划”资金 1576.35 万元，惠及学生 7959 人次，实现应助尽助。脱贫人口基本医疗参保率、补贴率均达 100%。全年农村脱贫人口住院和门诊特殊慢性病（含门诊重症）就诊政策范围内费用 1.94 亿元，报销比例 93.67%。落实大病救治、家庭医生签约、先诊疗后付费和“一站式”结算等政策。健全防范化解因病返贫致贫长效机制，将因病因残存在返贫风险的 249 户纳入监测，占监测户总数的 75.9%。健全完善住房安全动态监测和日常巡查机制，开展全县农村房屋安全隐患排查，实施危房改造 316 户，实现危房动态清零。以河湖长制为抓手，一体推进农村饮水安全工程、小型

2021 年 3 月 23 日，中国气象学会首个“建始 · 中国生态气候康养金地”授牌新闻发布会在武汉市举行

（建始县政府办公室 供稿）

水利工程管护，水费收缴等工作，健全农村饮水工程运行管理“三项制度”，配备防汛信息员，全县自来水普及率达92.5%。按照政策标准，为25274名农村低保人员、2496名农村特困人员分别发放保障资金8208万元、2536万元，为5035名困难人员发放临时救助资金740万元，为9582名困难群众代缴城乡居民养老保险。用足用活中央衔接到县资金2.4亿元，其中用于产业项目资金占50.91%。持续完善产业帮扶利益链接机制，实现特色产业、新型农业经营主体带动脱贫户、监测户全覆盖。“832平台”采购农产品价值2.34亿元，336家注册预算单位采购农副产品1.1亿元。带动引导全县脱贫人口外出务工56036人，同比增加2.8%。设置公益岗位2346个，同比增加13%。10个扶贫车间吸纳594人就近就业，其中脱贫劳动力290人。有劳动能力的易迁对象实现稳定就业12429户、21246人。定点帮扶单位华中农业大学持续组建科技服务团队20支，培训基层干部1277人次，设立产业振兴项目14个，投入资金225万元，支持打造6666.67公顷油菜全产业链，指导建设武陵山特色园艺作物良种繁育中心。10月，建始县高坪镇青里坝村入选第二批全国乡村治理示范村镇。

【2个旧址列入省第一批不可移动革命文物】 2021年3月29日，省文旅厅公布湖北省第一批不可移动革命文物名录，建始县巴建鹤边防司令部旧址、战场坝区苏维埃政府旧址名列其中。

【“马坡红茶”“鹤溪露茗茶”获奖】 2021年5月14—17日，第23届中国武汉茶业博览交易会上，建始2家茶企的20款产品展出，建始县马坡玉峰茶业有限公司选送的“马坡红茶”获评“我喜爱的十佳湖北好茶”称号，建始县鹤茗茶叶有限公司选送的“鹤溪露茗茶”获评金奖。

【建始县店子坪村入选全省“灵秀湖北·十佳红色旅游经典景区”】 2021年9月18日，省文旅厅发布全省红色旅游“双十佳”评选结果，建始县店子坪村入选全省“灵秀湖北·十佳红色旅游经典景区”。

【异地在线查档工作经验】 2021年，建始县档案馆与省档案馆对接，建立民生档案“异地查询、跨馆服务”工作机制，成为全省首批合作试点单位。7月28日，在红岩寺镇开展在线快查档案试点，通过“高效办成一件事”政务服务平台，探索1个县档案馆服务大厅、10个乡镇服务大厅、1个市民之家服务大厅和多种在线查档服务方式的“1+11+N”的异地查档工作体系。

（汪德君 朱 玲）

巴东县

【概况】 巴东县位于恩施州的东北部，北纬30°13′—31°28′，东经110°04′—110°32′。东连湖北省兴山县、秭归县、长阳县，南接湖北省五峰县、鹤峰县，西临湖北省建始县、重庆市巫山县，北靠神农架林区。边界线全长529千米，其中省界80千米，县界449千米。全县总面积3352平方千米。2021年，巴东县辖2个乡10个镇，1个经济开发区，294个村，29个社区。2021年年末全县户籍总户数189075户，户籍总人数481464人。其中男性人口250346万人，占比52%；女性人口231118人，占比48%。全县出生人口3032人，出生率5.47‰，死亡人口3750人，死亡率7.54‰，人口自然增长率-2.07‰。全年全县实现地区生产总值145.92亿元，按不变价计算，同比增长10.2%。分产业看，第一产业增加值28.48亿元，增长12.7%；第二产业增加值35.57亿元，增长7.0%，其中全口径工业增加值25.09亿元，增长24.1%；第三产业增加值81.87亿元，增长10.7%。三次产业占比为19.5：24.4：56.1，其中第三产业占比较2020年度提高1.5个百分点。全县完成批发和零售业增加值10.42亿元，同比增长12.2%。交通运输、仓储和邮政业增加值5.54亿元，增长14.4%。住宿和餐饮业增加值3.25亿元，增长28.3%。金融业增加值8.01亿元，增长1.8%。房地产业增加值14.71亿元，增长9.5%。其他服务业增加值38.43亿元，增长11.4%。城镇常住居民人均可支配收入32957元，同比增长11.3%。农村常住居民人均可支配收入13114元，增长11.6%。2021年，巴东县被国家民委表彰为“第八批全国民族团结进步示范县”。

2021年巴东县乡(镇)基本情况表

表27

乡(镇)	总面积(公顷)	年末耕地总资源(公顷)	总户数(户)	年末总人口(人)	村、社区(个)			村(居)民小组(个)	地方一般公共预算收入(万元)	党委书记、乡(镇)长(12月底在职)
					小计	村	社区			
东瀼口镇	10906.32	1852.54	10125	26152	16	14	2	174	507.06	黄家舜 向黎明
溪丘湾乡	26452.74	3883.7	17395	45003	33	33	0	284	1307.97	曾凡刚 周 平
沿渡河镇	48463.26	5421.62	18874	49194	39	36	3	445	1328.69	贾旺刚 刘 珊
官渡口镇	32762.45	4954.5	21005	57591	41	35	6	421	1124.54	许良才 徐 静
茶店子镇	26626.25	4573.99	13082	33071	32	32	0	311	1309.4	郑爱华 乐 琴
绿葱坡镇	28063.48	4252.41	8524	23367	22	21	1	274	718.02	彭 峰 牟 哲

续表 27

乡（镇）	总面积（公顷）	年末耕地总资源（公顷）	总户数（户）	年末总人口（人）	村、社区（个）			村（居）民小组（个）	地方一般公共预算收入（万元）	党委书记、乡（镇）长（12 月底在职）
					小 计	村	社 区			
大支坪镇	21177.57	2474.3	7844	21144	15	15	0	221	400.76	谭　红　田向东
野三关镇	52914.5	8967.67	28921	69951	33	26	7	637	7502	钟迎松　谭联才
清太坪镇	27923.25	4548.3	15322	39339	32	31	1	329	909.4	肖　辉　马德铭
水布垭镇	32878.08	5472.3	18011	45222	30	28	2	406	450.05	贺齐政　税典俊
金果坪乡	18227.67	2605.54	8445	24061	14	14	0	171	507.72	卢宗旺　付亚东
信陵镇	8768.93	965.74	21527	47369	16	9	7	131	7320.87	万运泰　张祖军
合 计	335164.5	49972.61	189075	481464	323	294	29	3804	23386.48	—

【农业】 2021 年年末，全县常用耕地面积 49973 公顷。全年农村用电量 5107.74 万千瓦时，农用化肥施用量（折纯）38321.74 吨。全年农林牧渔业总产值 52.77 亿元，同比增长 15.8%；实现农林牧渔业增加值 29.8 亿元，同比增长 12.2%。规上农产品加工业产值 10.27 亿元，较 2020 年增长 92.4%，规上农产品加工业产值占农业总产值比为 19.5%。全年粮食播种面积 61513.33 公顷，粮食产量 20.52 万吨，单产 222 公斤；油菜种植面积 13340 公顷、产量 2.17 万吨，面积和产量较 2020 年分别增长 8.7%、11.5%；蔬菜面积 16460 公顷、产量 33.17 万吨；面积较 2020 年增长 0.4%、产量较 2020 年下降 0.2%；烟叶面积 3593.33 公顷、烟叶产量 6540 吨，面积及产量较 2020 年分别增长 17.3%、11.3%；中草药材播种面积 13146.67 公顷（人工种植）、产量 1.75 万吨、面积和产量较 2020 年分别增长 2%、9.9%；茶园面积 11000 公顷（不含补植面积）、产量 0.36 万吨，面积、产量较 2020 年分别增长 2.9%、3.4%。全年荒山荒沙造林面积 1666.67 公顷，更新造林面积 38.33 公顷，森林抚育面积 2454 公顷。全年生猪存栏 40.12 万头，较 2020 年增长 9%。其中能繁母猪存栏 4.05 万头，较 2020 年年末增长 5.2%；牛、羊、活家禽存栏分别为 2.49 万头、18.40 万头、172.96 万只，同比分别增长 15.5%、2%、10.3%。全年生猪出栏 70.04 万头，较 2020 年增长 58.1%；牛、羊、活家禽出栏分别为 0.38 万头、15.9 万只、100.16 万只，较 2020 年分别增长 19.8%、1.7%和下降 0.7%。2021 年年末，全县农村劳动力资源 26.45 万人，农村从业人员 24.94 万人，农村外出从业人员 9.59 万人。

【工业、建筑业】 2021 年年末全县规模以上工业企业 40 家，较 2020 年增加 8 家。全年累计实现总产值 33.3 亿元，同比增长 16.8%。其中县属企业完成产值 18.3 亿元，同比增长 53%。全年实现增加值 14.3 亿元，同比增长 3.9%。实现工业产品销售率 98.2%。全县规模工业产值完成情况分行业涉及 15 个种类，其中酒、饮料和精制茶制造业完成 2.3 亿元，同比增长 91.1%；木质家具制造完成 0.27 亿元，同比增长 26.5%；中药饮片加工产值完成 4.64 亿元，同比增长 355.3%；电力生产完成 16.94 亿元，下降 7.7%。全年规模以上工业企业主营业务收入 32 亿元，同比增长 22%。2021 年全县资质以上建筑业企业 25 家，较 2020 年增加 1 家。资质以上建筑业企业累计实现 11.7 亿元，同比增长 0.66%；全口径建筑业增加值 10.68 亿元，同比增长 3.2%。

【交通、邮电、通信】 2021 年，全县公路里程 6500 千米，其中等级公路里程 5218.42 千米，包含高速公路里程 70.3 千米。公路货运量和客运量分别为 153 万吨和 166.5 万人，水路货运量和客运量分别为 147.93 万吨和 34.9 万人，物流企业 23 个。全年实现移动业务营业收入 10932 万元，同比增长 0.09%。联通业务营业收入 5317.79 万元，下降 1.16%。邮电业务营业收入 6788 万元，增长 9.8%。电信业务营业收入 7933.73 万元，增长 11.03%。年末固定电话用户 13260 户，同比下降 34.19%。移动电话用户 370708 户，增长 0.76%。互联网宽带接入用户 517340 户，增长 3.14%。固定宽带家庭普及率 82.81%，较 2020 年增加 11.25 个百分点。移动宽带用户普及率 93.76%，增加 8 个百分点。互联网普及率指数为 114.3%，增加 12.74 个百分点。

【市场主体】 2021 年，全县市场主体达 39507 户，同比增长 11.4%。其中企业 7226 户，个体 29839 户，农民专业合作社 2442 户。全年新增市场主体 6424 户，同比增长 35.93%，其中企业 1022 户，同比下降 6.54%，个体 5308 户，同比增长 51.69%。农民专业合作社 94 户，同比下降 31.39%。全县居民消费价格同比上升 0.9 个百分点，八大类消费品价格同比呈现“五涨三跌”。衣着类上涨 1.0%、居住类上涨 0.4%、生活用品和服务类上涨 0.8%、交通和通信类上涨 4.3%、教育文化和娱乐类上涨 7%，食品烟酒类下降 2.2%、医疗保健类下降 0.8%、其他用品和服务类下降 1.1%。

【固定资产投资、房地产】 2021 年，全县在库固定资产投资项目 205 个，累计完成投资同比增长 20.0%，全州排名第五位。分产业看，占比持续优化，三次产业投资占比分别为 6.5：19.0：74.5。分类型看，工业投资同比增长 30.7%，占固定资产投资 19.0%。工业技改投资增长 11.0%，占工业投资 14.1%。新增亿元以上产业项目 19 个，新增亿元以上产业项目企业法人 18 个，新增亿元以上产业项目资金到位率 25.1%。新投产亿元以上产业项目 14 个。全县房地产开发企业 20 家。完成房地产开发投资同比增长 8.0%，较 2019 年增长 2.6 倍。实现商品房销售面积 15.8 万平方米，同比增长25.7%,较2019年增长80.9%。2 月 23 日，湖北省发展和改革委员会通报 2020 年度 “全省投资和重点项目建设突出贡献市县” 名单，巴东县名列其中，在 2020 年度全省县（市、区）固定资产投资及重大项目建设目标考核中排名第 17。

【贸易】 2021 年，全县累计实现社会消费品零售总额 79.1 亿元,同比增长 25.0%。按经营地统计，城镇实现消费品市场零售额 64.8 亿元，同比增长 24.9%，较 2020 年回升 50.6 个百分点。乡村实现消费品市场零售额 14.3 亿元，同比增长 25.6%，较 2020 年回升 51.6 个百分点。分行业看，批零业实现零售总额 71.1 亿元，同比增长 23.7%，较 2020 年回升 48.9 个百分点。住餐业实现零售总额 8 亿元，同比增长 38%，较 2020 年回升 75.1 个百分点。全年全县利用外资 678 万美元。对外贸易进出口额 1541.1 万美元，同比增长35.7%,其中出口额 1541.1 万美元，增长 35.7%。

【财政、金融】 2021 年，全县累计完成地方财政总收入 9.44 亿元，同比增长 23.12%，其中公共财政预算收入 6.06 亿元，同比增长 28.66%。全年公共财政预算支出 50.22 亿元，同比下降 18.94%，其中医疗卫生支出 2.99 亿元，同比下降 52.85%；教育支出 8.63 亿元，同比增长 0.11%；公共文化财政支出 0.59 亿元，下降 32.63%。2021 年年末全县金融机构人民币存款余额 187.18 亿元，同比增长 1.93%，其中住户储蓄存款余额 147.02 亿元，增长 12.46%。金融机构人民币贷款余额 107.43 亿元，增长 12.97%，其中农业及支农贷款余额 78.57 亿元，增长 15.13%。金融机构网点数 53 个。

【科技、教育、卫生】 2021 年，全县拥有各类专业技术人员数 5265 人，其中中级专业技术人员数 3612 人，农业技术人员 294 人。全县拥有各类学校 77 所，其中中等职业学校 1 所，普通中学 25 所，小学 50 所，特殊教育学校 1 所。在校学生总数 53555 人，专任教师总数 3552 人。幼儿园 73 所，在园幼儿数 9756 人。农村义务教育专任教师本科及以上学历比例为 69.97%，学前三年毛入园率为 88%，小学学龄儿童净入学率、小学五年巩固率、初中阶段毛入学率、初中三年巩固率、九年义务教育巩固率均为 100%，高中阶段毛入学率为 94%。平均受教育年限 6 年，劳动人口平均受教育年限（16—65 岁人口）10.7 年，6 岁及以上人口人均受教育年限 8 年。成人识字率为 91%，青壮年文盲率（15—50 岁）为零。九年义务教育在校学生数为 40998 人，普通小学、普通初中在校学生数 40998 人，高中阶段在校学生数为 12557 人。全县有医疗卫生机构数 442 个，其中医院 5 个，乡镇卫生院 12 个，疾病预防控制中心 1 个，妇幼保健院 1 个，村卫生室 337 个。医疗卫生机构床位数 2546 张，卫生工作人员 3052 人。医疗卫生机构技术人员 2655 人，其中执业（助理）医师 993 人，注册护士 1084 人，卫生防疫人员 67 人。农村卫生厕所普及率 100%，医院病床使用率 67.09%，新生儿死亡率 0.97‰，甲乙类法定报告传染病发病率 327.79/10 万。每千人口卫生技术人员 6.72 人，每千人口医疗卫生机构床位数 6.44 张，平均预算寿命 79.46 岁。

【文化、体育、旅游】 2021 年，全县拥有公共图书馆 13 个，体育场馆 1 个，公共图书馆总藏书量达 79.85 千册。广播覆盖率为 99.86%，电视覆盖率为 99.9%。文物保护区 115 个。5 月 5 日，“守望长江 · 绿满两岸” 2021 湖北 · 长江超级半程马拉松赛（巴东站）激情开跑。赛事活动由湖北省体育局、恩施州政府主办，湖北体育产业集团有限公司、湖北省社会体育管理中心、湖北省田径协会、中共巴东县委、州文化和旅游局、巴东政府承办。分半程马拉松（21.0975 千米）和 5 千米健康跑，8000 人参赛，其中半程马拉松 2000 人，健康跑 6000 人。全县累计接待游客 1171.76 万人次，同比增长 149%。旅游综合收入 65.21 亿元，同比增长 131%。国家 AAA 级以上旅游景区景点 7 个，星级饭店数 7 个，星级客房数 1085 间。

【社会保障】 2021 年，全县城镇登记失业率 1.23%，比 2020 年同期下降 2.26 个百分点。城镇登记失业人员为 475 人，其中女性 284 人。城镇新增就业人数 6422 人，下岗再就业人数 2052 人。年末离休、退休、退职人员数 105848 人。全县城镇职工基本养老保险参保人数 44668 人，较 2020 年增加 1757 人。城乡居民基本养老保险参保人数 321563 人，减少 4063 人。失业保险参保人数 16596 人，增加 1326 人。工伤保险参保人数 17784，增加 786 人。养老、失业、工伤保险基金当年支出额为 124358.93 万元，较 2020 年增加 28173.93 万元。全县提供住宿的社会工作机构 15 个，床位数 1345 个，社区服务机构总数 116 个，城市居民最低生活保障人数 729 人，农村居民最低生活保障人数 23636 人。

【城市建设】 2021 年，基本完成棚户区改造 895 套，累计发放住房租赁补贴 85 户。绿化覆盖面积 405.7 公顷，绿地面积 347.7 公顷，城市公园绿地面积 142.3 公顷，建成区绿化覆盖率 43.76%。垃圾处理站 13 个，城市生活垃圾无害化处理率 100%，处理能力 200 吨/日。用水人口 7.3 万人，城市供水总量 628.08 万立方米，其中居民家庭用水 235.15 万吨，污水处理厂数 2 座，城市污水处理率 95.2%。城市道路长度 93.59 千米，城市道路面积 105.04 千平方米，排水管道长度 78.88 千米。

【环境】 2021 年年末，全县森林面积 225770 公顷，森林覆盖率达到 67.36%。截至年底，全县有自然保护区 2 个，保护区面积 22665.94 公顷。

【应急管理】 2021 年，发生刑事案件 877 件，同比增长 7.08%，破案 306 件，增长 93.67%。交通事故发生数 16 起，下降 5.88%；损失额 0.55 万元，下降 94.5%。全年各类安全生产事故起数 6 起，各类安全生产事故死亡人数 7 人。

2021 年 4 月 30 日，第九届长江三峡（巴东）纤夫文化旅游节在巫峡口景区开幕（吴以红 摄）

【乡村振兴】 2021 年，出台《巴东县乡村振兴实施方案》《关于实现巩固拓展脱贫攻坚成果同乡村振兴有效衔接的实施意见》《巴东县关于健全防止返贫监测和帮扶机制的实施方案》等文件。安排部署防止返贫监测和帮扶工作，构建县级牵头，乡镇为责任主体，村“尖刀班”具体抓落实的三级工作机制。2021 年新识别监测对象 185 户、588 人，其中脱贫不稳定户 70 户、220 人，边缘易致贫户 46 户、142 人，突发严重困难户 69 户、226 人。中央、省、州、县统筹衔接资金 5.75 亿元，下达项目 335 个，拨付资金 5.4 亿元，拨付率 94%。截至 2021 年 11 月 30 日，全县小额贷款 3329 笔，贷款金额 14927.90 万元，其中当年贷款 2703 笔，贷款金额 12032.90 万元，当年展期 626 笔，展期金额 2895 万元。从严从实开展扶贫项目资产登记确权工作，确保扶贫项目资金稳定且长期发挥效益。出台《巴东县扶贫项目资产确权登记实施方案》《县乡村振兴局 县委农办 县财政局关于加强扶贫资产后续管理的通知》，成立扶贫项目资产确权登记工作领导小组，编印《巴东县巩固脱贫攻坚成果同乡村振兴有效衔接简明手册》，制作 PPT 开展业务培训。组织县直行业部门及乡镇具体业务工作人员进行“一对一”“点对点”式问题解答，按时完成资产清理、登记确权、系统录入、后续管护、公示公告等工作。确权扶贫项目资产 2.02 万个，确权金额 63.97 亿元，其中确权到户项目 1.17 万个，确权金额 23.01 亿元，确权经营性项目资产 522 个，确权 7.77 亿元，确权公益性资产 8012 个，确权金额 33.19 亿元。落实“雨露计划”补助，持续保障中高职学生生活资助，全年发放补助资金 1678.85 万元，惠及贫困学生 8473 人。全年光伏收益 2644.38 万元，支出 2082 万元。设置公益岗位 1500 余个，发放工资 773 万元。小型公益事业支出 1206 万元，奖励补助 34 万元，电站本体运维 69 万元。持续加强“832 平台”入驻商家及产品审核。自平台开通以来巴东县认定 26 批扶贫产品、213 家市场主体、1341 款扶贫产品，其中 199 家市场主体、958 款扶贫产品通过国家认定审核。有效衔接乡村振兴，开展对口帮扶工作。区域协作由杭州市下城区对口帮扶调整为省内武汉市黄陂区、硚口区，巴东县委主要领导带队到黄陂区、硚口区对接，围绕对口帮扶框架协议，围绕产业发展、基础设施、公共服务、干部人才交流培训等，谋划具体项目。成立对口帮扶领导小组，明确专人专班，压实县、乡镇、村三级责任，搭建高效的对口帮扶体制机制。完成“十四五”期间对口帮扶项目库建设，规划项目 157 个，总投资 3.4 亿元。全年对口帮扶下达项目 11 个 3000 万元，惠及 8 个乡镇 12 个村，其中产业项目 8 个，资金 2100 万元。

【第九届长江三峡（巴东）纤夫文化旅游节】 2021 年 4 月 30 日，“2021 年扬帆长江巫峡，寻梦云颠神话”第九届长江三峡（巴东）纤夫文化旅游节在巫峡口景区开幕。本届长江三峡（巴东）纤夫文化旅游节由省体育局、州政府主办，省群艺馆、州文旅局、巴东县人民政府承办。分为“律动峡江”全县职工运动会、“江河雄风 · 放歌峡江”主题开幕式暨巫峡口景区开园江河号子展演、“天下太坪 · 飞阅清江”首届 NUF 无人机大赛、“新文旅 · 新巴东”商旅踩线活动、“守望长江 · 绿满两岸”湖北银行 2021 湖北 · 长江超级半程马拉松（巴东站）5 个部分组成。

【4 处革命遗址入选“建党百年红色旅游百条精品线路”】 2021 年 6 月 2 日，文旅部、中宣部等部委推出“建党百年红色旅游百条精品线路”，恩施州“湘鄂边苏区”精品线路入选“重温红色历史、传承奋斗精神”的主题线路，金果坪红三军烈士陵园、贺龙旧居、红三军枪炮局、段德昌烈士墓等遗址入选此主题线路。

【全省中药材规范化生产及标准编制培训在巴东县举办】 2021年9月26日，全省中药材规范化生产及标准编制培训在巴东县野三关镇召开。培训由中南民族大学、湖北省道地中药材标准化工作组、湖北中医药大学主办，野三关镇人民政府承办，湖北南章菁中药科技有限公司协办。来自鄂西、鄂东、鄂南地区部分县市及武汉市等7个县市相关管理部门负责人及企业代表118人参加培训，全省中药材规范化生产及标准编制培训旨在规范湖北省中药材产业种植，有效推进中药材产业标准化生产。省中医药管理局、省市场监管局相关部门负责人参加开班仪式。

【第八届全国大众冰雪季启动仪式（恩施分会场巴东站）】 2021年12月19日，第八届全国大众冰雪季启动仪式（恩施分会场巴东站）在巴东县绿葱坡滑雪场举办。第八届全国大众冰雪季恩施分会场活动由国家体育总局、湖北省政府、北京2022年冬奥会和冬残奥会组织委员会主办。活动时间为2021年12月到2022年2月。活动内容为单板滑雪平行回转、高山滑雪回转竞赛项目，雪上龙舟、雪地接力等趣味项目，巴东冰雪旅游座谈会、“恩施绿葱坡滑雪场”杯摄影大赛、雪地电音节等冰雪嘉年华系列活动。

（沈丽萍）

宣恩县

【概况】 宣恩县位于恩施州南部，地处北纬29°32′46″—30°13′36″，东经109°10′50″—109°55′52″。南北长73.9千米，东西宽71.5千米。东接鹤峰，西南邻咸丰县、来凤县，东北、西北及北部与恩施市交界，东南与湖南省龙山、桑植等县接壤。全县面积2737.20平方千米。2021年，宣恩县辖5个镇、4个乡和1个工业园区（副县级），17个社区、147个村，164个居民小组、1966个村民小组。全县年末户籍人口35.59万人，其中男性18.67万人，占总人口的52.46%；女性16.92万人，占比47.54%。全年出生2194人，人口自然增长率4.46‰。全年全县完成地区生产总值92.76亿元，按可比价格计算，同比增长11.4%。其中第一产业增加值23.86亿元，增长12.4%；第二产业增加值12.82亿元，增长16.0%；第三产业增加值56.09亿元，增长10.0%。三次产业结构比25.7∶13.8∶60.5。全县人均地区生产总值32999元。交通运输、仓储和邮政业实现增加值2.32亿元，比2020年增长14.1%。批发和零售业实现增加值9.31亿元，增长12.2%。住宿和餐饮业实现增加值2.32亿元，增长19.0%。金融业实现增加值5.30亿元，增长2.5%。房地产业实现增加值10.10亿元，增长6.4%。其他营利性服务业实现增加值9.49亿元，增长21.4%。2021年1月，宣恩县被中央文明办确定为“2021—2023年创建周期全国文明城市提名城市”；宣恩县被国务院扶贫办确定为首批全国脱贫攻坚交流基地，宣恩县伍家台村、松坪易地扶贫安置点被确定为首批全国脱贫攻坚考察点。10月，宣恩县被生态环境部授牌命名为“国家生态文明建设示范区”。

2021年宣恩县乡（镇）基本情况表

表28

乡(镇)	总面积(平方千米)	年末常用耕地面积(公顷)	粮食产量(吨)	公共财政收入(万元)	总户数(户)	年末总人口(人)	村、社区(个)				党委书记、乡(镇)长(12月底在职)
							村	社区	居民小组(个)	村民小组(个)	
珠山镇	163.78	1601	9774	4191.02	16843	45476	7	8	71	93	戴青 瞿尚坤
椒园镇	175.98	1363	6629	5472.19	8327	25765	14	1	15	148	向莲花 熊国庆
沙道沟镇	649.96	4281	21811	9944.69	21816	66224	28	2	27	399	孟友顺 方应鹏
万寨乡	183.57	2253	10781	3563.77	9657	29849	13	1	5	172	张继选 李建民
晓关乡	421.38	4273	17982	4854.42	14502	42077	21	1	9	347	谢迭胜 何海军
李家河镇	216.79	3337	15921	3144.96	14693	52222	18	1	13	257	熊茂平 刘川
长潭河乡	432.71	3720	15673	6285.82	13401	36876	17	1	10	226	张艳丽 夏涛
高罗镇	287.19	2707	17242	4559.91	14468	45264	19	1	10	241	陈涛 徐兆海
椿木营乡	205.84	1323	4274	2209.05	4501	12123	10	1	4	83	吴利高 邓敢明
合计	2737.20	24856	120086	44225.83	118208	355876	147	17	164	1966	—

【农业】 2021年，全县农林牧渔业实现总产值43.84亿元，扣除价格因素，比2020年增长15.4%。其中农业总产值24.92亿元，增长3%；林业总产值2.37亿元，增长13%；牧业总产值14.07亿元，增长34%。农林牧渔业实现增加值24.87亿元，扣除价格因素，增长11.9%。全年粮食播种面积31287.67公顷，较2020年增长1.4%；粮食总产量12.01万吨，较2020年增长2%。全年油料产量6797吨，较2020年下降1%。烟叶产量6039吨，增长4.5%。蔬菜产量156292吨，增长3.3%。茶叶产量19063吨，增长3%。园林水果产量108543吨，下降11.1%。全年猪牛羊禽肉产量29183吨，比2020年增长2.3%。其中猪肉产量25400吨，增长2.1%。全年禽蛋产量4615吨，增长20.1%。

年末生猪存栏33.54万头，全年生猪出栏32.16万头。在第23届武汉茶博会上，“昌臣”牌伍家台贡茶获“我最喜欢的十佳湖北好茶”称号。在第六届世界硒都（恩施）硒产品博览交易会上，获评最具市场影响力名优硒产品2个、最具发展潜力名优硒产品1个、最具创新力名优硒产品3个。“伍家台贡茶”在第三届湖北地理标志大会暨品牌培育创新大赛决赛上获金奖。11月3日，宣恩县李家河镇（贡水白柚）被农业农村部命名为“全国‘一村一品’示范村镇”。

【工业、建筑业】 2021年，实现工业增加值9.20亿元，按可比价格计算，比2020年增长19.2%。规模以上工业增加值增长27.1%，产品产销率95.6%。每百元营业收入中的成本84.75元，比2020年增加3.12元；营业收入利润率2.61%，降低2.15个百分点；每百元营业收入中的费用12.35元，减少0.84元；单位成本费用97.1元，增加2.27元。每百元资产实现年营业收入147.24元，减少5.17元；资产负债率48.18%，降低1.12个百分点。规模以上工业中，农副食品加工业比2020年增长37.4%；酒、饮料和精制茶制造业增长18.1%；医药制造业增长42.9%；纺织服装、服饰业增长127.5%；专用设备制造业增长18.4%；电池制造业增长163.8%；燃气生产和供应业增长18.1%。全年全县建筑行业实现增加值3.62亿元，剔除价格因素，比2020年增长8.1%。资质以上建筑业企业实现总产值4.77亿元，同比增长19.1%。

【交通、邮政、通信】 2021年，年末全县公路通车里程达到2857千米（其中国道通车里程196千米，省道通车里程106千米，县道通车里程286千米，乡道通车里程1252千米，村道通车里程1017千米）。公路有铺装路面2432千米，已绿化里程384千米。年末公交车路线11条，实有公共汽（电）车营运车辆34辆，实有出租汽车63辆。全年完成邮政行业业务总量0.47亿元，完成邮政函件业务13.90万件，物品邮递业务35.55万件，特快专递类业务9.02万件，报刊业务328.4万份。邮路总条数41条，邮路总长度（单程）2288千米，农村投递路线总长度（单程）2185千米。年末全县有固定电话用户7789户，同比下降17.5%。移动电话用户27.94万户，同比增长2.6%。互联网宽带接入用户12.45万户。

【市场主体】 2021年年末，全县有市场主体27150户，比2020年年末增长13.2%。其中企业类市场主体4543户，比2020年年末增长12.3%；个体工商户21613户，比2020年年末增长13.9%。农民专业合作社994户，比2020年年末增长2.9%。全年新登记各类市场主体4282户，比2020年增长39.2%，其中新登记企业类市场主体729户，比同期减少3.2%。

【固定资产投资、房地产】 2021年，固定资产投资比2020年增长25.0%。分产业看，第二产业投资增长43.9%；第三产业投资增长15.2%。民间投资增长16.8%。全年商品房施工面积105.56万平方米，比2020年增长27.0%。竣工面积6.37万平方米，增长221.7%。销售面积17.65万平方米，增长25.6%。待售面积3.34万平方米，增长26.9%。商品房销售额8.56亿元，增长20.2%，其中住宅销售额5.78亿元，下降10.3%。

【贸易】 2021年，全县实现社会消费品零售总额56.75亿元，比2020年增长20.3%。限额以上商贸企业实现消费品零售总额4.59亿元，增长22.6%。从限上企业经营所在地看，城镇市场实现零售额3.96亿元，增长25.4%；乡村零售额0.63亿元，增长7.4%。从限上消费品消费类型看，餐饮销售额0.23亿元，增长6.2%；商品零售销售额4.36亿元，增长23.6%。限额以上商贸企业通过公共网络实现的商品销售额增长43%。全年限额以上单位商品零售额中，粮油、食品类零售额比2020年增长29.7%，饮料类增长1.6%，烟酒类下降18.7%，服装、鞋帽、针纺织品类增长116.4%，文化办公用品类下降5.3%，建筑及装潢材料类增长79.8%，石油及制品类增长45%，汽车类下降0.9%。全年实际外商直接投资638万美元，比2020年增长64.9%。对外贸易实现出口总额1743万美元，增长36.7%。

【财政、金融】 2021年，地方财政总收入5.57亿元，比2020年增长18.6%。其中地方一般公共预算收入3.70亿元，增长21.0%。在地方一般公共预算收入中，税收收入2.84亿元，增长27.7%；财政收入0.86亿元，增长2.9%。全年一般公共预算支出36.30亿元，下降14.9%。其中教育支出5.24亿元，下降1.9%；卫生健康支出4.17亿元，下降14.4%；社会保障和就业支出5.23亿元，下降6.8%；灾害防治及应急管理支出0.31亿元，下降41.9%；农林水支出8.46亿元，下降26.9%。年末全县金融机构人民币存款余额108.81亿元，比2020年末增长0.1%，其中住户存款85.62亿元。金融机构人民币贷款余额88.40亿元，增长15.2%，其中住户贷款40.56亿元。

【科技、教育、卫生】 全县高新技术产业实现增加值3.00亿元，占全县地区生产总值的比重为3.3%。全年获得专利授权159件。其中发明专利3件，实用新型专利82件，外观设计74件；个人专利授权数120件，工矿企业专利授权数39件。全县有幼儿园45所，学前教育在园幼儿7730人。小学34所，招生3027人，在校学生20493人。初级中学10所，招生3727人，在校学生10713人。普通高级中学3所，招生2164人，在校学生5098人。中等职业学校1所，招生1216人，在校学生2389人。特殊教育学校1所，在校生50人，毕业生16人。全县各级医疗卫生机构193个，其中医院7个，基层医疗卫生机构183个。卫生技术人员1860人，其中执业（助理）医师665人，注册护士895人。实有床位1879

张，其中医院 1196 张，基层医疗卫生机构 658 张。切实护卫群众健康，高质量推进“323”攻坚行动，在县直 4 家医疗机构设置 10 个专病防治中心办公室，组织十大专病防治中心开展“进社区”“进学校”“进企业”“进机关”“进村镇”等多种形式的宣传、义诊活动，通过微信公众号、宣恩新闻、云上宣恩、长江云、湖北电视台等多种媒体不断推送全县“323+”攻坚行动开展情况，提高社会知晓率。

【文化、体育、旅游】 2021年,全县有公共图书馆 4 个、剧场 1 个、电影院 1 个、文化馆 5 个、体院场馆 2 个。公共图书馆图书总藏量 14.99 万册，增长 10.8%，其中少儿文献 2.89 万册。12 月，县文化馆被文旅部命名为 2018—2021 年度国家一级文化馆。宣恩高腔山歌代表湖北省参加 2021 年中国原生民歌节演出。以反映驻村第一书记的扶贫题材电视剧《此山此水此地》在县内拍摄。年末广播电视播出时间累计 6205 小时，有线广播电视传输干线网络总长 1625 千米，有线广播电视用户数 5.42 万户，其中农村有线广播电视用户数 3.66 万户。全年规模以上文化产业单位完成营业收入 4.66 亿元。恩施州第九届运动会、恩施州邮政系统职工篮球运动会、湖北省青少年皮划艇锦标赛、湖北省社会体育俱乐部十项联赛——桨板比赛等大型群体体育赛事在宣恩县举办。5 月 21 日，“湖北省水上运动夏季训练基地”授牌启用仪式在宣恩县狮子关水库举行。宣恩县被国家体育总局表彰为“2017—2020 年度全国群众体育先进单位”。持续以赛为媒，推介仙山贡水旅游区，推动“文体旅”融合发展。5 月 22 日，在杭州举办的第三届茶乡旅游发展大会上，宣恩县被评为“2021 年度区域特色美丽茶乡”，“仙山贡水——伍家台旅游精品路线”被列为“百条红色茶乡旅游精品路线”。10 月 25 日，仙山贡水景区成功创建国家 AAAA 级旅游景区。全县 AAAA 级旅游景区达到 3 个。全年累计接待游客 534.4 万人次，同比增长 94.2%；实现旅游综合收入 28.27 亿元，同比增长 138.8%。

【居民生活】 2021 年，农村常住居民人均可支配收入 13081 元，比 2020 年增长 12.0%；人均生活消费支出 11690 元，增长 18.2%。城镇常住居民人均可支配收入 31950 元，增长 10.8%；人均生活消费支出 24674 元，增长 20.9%。

【社会保障】 2021 年，全县城镇登记失业率 2.38%，较 2020 年同期下降 1.32 个百分点。城镇新增就业 4255 人，城镇失业人员再就业 2651 人，参加城乡劳动者就业培训 2963 人。年末全县城镇职工基本养老保险参保 4.52 万人，其中企业职工基本养老保险参保 3.52 万人。城乡居民社会养老保险参保 18.94 万人。基本医疗保险参保 32.55 万人。其中城镇职工基本医疗保险参保 2.08 万人，城乡居民基本医疗保险参保 30.47 万人。失业保险参保 1.05 万人，工伤保险参保 1.54 万人，生育保险参保 1.39 万人。农村居民最低生活保障人数 17768 人，城市居民最低生活保障人数 427 人。年末全县有各类提供住宿的民政服务机构 9 个，其中县级政府创办的养老机构 8 个。提供住宿的民政服务机构床位 1379 张。收养性社会福利单位收养人数 222 人。

【环境】 2021 年，全社会用电量 4.16 亿千瓦时，增长 10.9%。其中工业用电量 0.98 亿千瓦时，增长 18.3%；城乡居民生活用电 1.74 亿千瓦时，下降 2.5%。全年平均气温 16.2℃，比常年同期偏高 0.3℃。平均累计降水量 1361.1 毫米，较常年同期偏少 2.8%。平均日照时数 955.7 小时，比常年同期偏少 127.4 小时。全县年末森林面积 19.35 万公顷，森林覆盖率 70.7%。县内有国家级自然保护区 1 个（七姊妹山国家级自然保护区），面积 3.46 万公顷。全县继续推进节能降耗工作，全年能源消费总量 25.22 万吨标准煤，单位GDP能耗 0.28 吨标准煤/万元，较 2020 年下降 1.5%。县城区空气质量优良天数为 351 天，空气质量优良率为 96.2%。县城区可吸入颗粒物（PM_{10}）浓度均值为 47 微克/立方米，比 2020 年下降 9.6%。县城区细颗粒物（$PM_{2.5}$）浓度均值为 26 微克/立方米，比 2020 年增长 13.0%。重点城市区域环境噪声小于 55 分贝的比例 64.4%，县级及乡镇集中式饮用水源水质达标率均达到 100.0%。

【应急管理】 2021 年，全县开展应急演练 28 场次，编制应急处置方案 68 个。汛期 2 次启动防汛Ⅲ级响应，组织召开防汛紧急调度会 16 次。排查违规野外用火等火灾隐患 108 起，现场整改 108 起。全县 1600 名生态护林员走千家串万户，宣传森林防火政策，与农户签订森林防火告知书 65500 余份，发放并张贴《宣恩县森林防火令》2 万份。全年发生 7 次大的洪涝灾害、1 次冰雹灾害，造成 49694 人受灾，紧急转移安置人口 226 人。农作物受灾面积 3555 公顷，成灾面积 2145 公顷，绝收面积 1081 公顷；倒塌农房 15 户 43 间，严重损坏农房 58 户 143 间，一般损坏农房 230 户 441 间；共造成直接经济损失 7458 万元。制定《宣恩县灾民倒房恢复重建实施方案》，全县因灾倒损房屋需重建 10 户 55 间，12 月底全部完工入住。因灾受损房屋需维修 147 户 352 间，10 月中旬全部维修完毕。发放生活救助资金救助 12322 户 26179 人 1043 万元、各类应急救灾物资 1 万余件。

【乡村振兴】 制定《关于推进现代农业发展 20 条扶持政策》，编制《宣恩县特色产业发展十四五规划》，推进农业基础提档升级，加强基地建设和农产品生产。2021 年，宣恩县新增国家龙头企业 1 家（宣恩县伍台昌臣茶业有限公司）、省级龙头企业 3 家（湖北苗仙聚生物科技有限公司、宣恩县富源农业发展有限公司、湖北一正药业有限公司）。全县“六有”（有合法登记注册、有适度经营规模、有财务管理、有先进生产技术、有稳定主导产业、有良好经营效益)家庭农场272家,农民专业合作社994家。完成水库除险加固竣工验收工作,全县所有水库均安装水情监测智能设备。编制完成《宣恩县农田水利工程运行管护办法》。推广病虫害绿色防控技术28533.33公顷,农作物综合绿色防控覆盖率50.31%。推行农牧结合发展方式,畜禽粪污资源化利用率90.3%。农产品质量安全检测合格率100%。提升人居环境治理水平,编制完善县、乡两级乡村振兴规划,完成27个重点村规划。启动1个乡村振兴示范镇、8个乡镇乡村振兴连片示范区、27个州级乡村振兴重点村和9个基础较好有带动性的县级乡村振兴重点村(中心村)建设。建成"四好农村路"(建好、管好、护好、运营好)306.8千米,椒园镇、珠山镇获省级"四好农村路"示范乡镇称号。全县建制村通客车率100%,农村客运公交化增加率7%。制定《宣恩县农村供水工程运行管理办法》,农村自来水普及率90.51%。制定《宣恩县农村生活污水治理三年攻坚行动方案(2020—2022年)》,编制《宣恩县农村生活污水治理专项规划(2021—2035年)》,争取中央农村环境整治专项资金3750万元,用于农村生活污水治理,全县无明显农村黑臭水体。全县申报农村改厕1187户,完成1269户。筹措生活垃圾治理资金1526万元,聘请农村保洁员979人,配备大小车辆150余台,全年无害化处理农村垃圾2.2万吨,农村收运处置体系行政村覆盖率、垃圾无害化处理率均为100%。完成人工造林100公顷、封山育林1333.33公顷、退化林修复666.67公顷。选优配强村"两委"班子,整合驻村"尖刀班"、村"两委"、农村党员、乡贤能人、市场主体等力量共同参与村级治理,形成多方参与、齐抓共管的治理格局。村级综合文化服务中心建设实现全覆盖,开展各类文化惠民活动449场。建立县、乡、村、组、调解中心户五级调解网络,建立调委会295个,配备人民调解员1100名,建成38个村(居)"公共法律服务工作室"。成立股份经济合作社192个、经济合作社87个。制定《宣恩县化解村级债务实施方案》,共清理核实锁定147个负债村,债务总额355.12万元,其中2021年目标化债村132个、债务金额196.81万元,已全部化解。推进农村宅基地改革,出台《关于进一步加强农村宅基地管理的通知》,明确各部门工作职责以及宅基地许可管理、程序管理等内容,9个乡镇均成立农村宅基地审批管理办公室。全县组建200余个爱心募捐战队,发动8.5万人次参与线上爱心捐款,筹款总额320万元。宣恩县易地扶贫搬迁安置点社区治理机制体制建设纳入全省试点。11月,宣恩县《奋力书写易地扶贫搬迁"后半篇文章"》入选国家乡村振兴局"2021年度脱贫攻坚和乡村振兴典型经验案例"。

【白鹤滩—江苏±800千伏特高压直流输电线路工程(宣恩段)开工】
2021年3月,白鹤滩—江苏±800千伏特高压直流输电线路工程(宣恩段)开工,该项工程是国家实施"西电东送"战略重点工程,起于四川省凉山州布拖县白鹤滩换流站,止于江苏省苏州常熟市虞城换流站,途经四川、重庆、湖北等5省市,宣恩段全长68.17千米,途经晓关、珠山、长潭河3个乡镇、31个村,铁塔146基。

【中国·宣恩2021年茶文化旅游武汉推介会】 2021年3月24日,中国·宣恩2021年茶文化旅游推介会(武汉会场)在武汉市洪山区举办。推介会围绕"畅游浪漫宣恩·品伍家台贡茶",通过现场播放专题片、解说推介和特色文艺节目表演,向嘉宾和武汉市民展示宣恩的秀美风光和风土人情。华中农业大学园艺林学学院茶学系博士余志向介绍伍家台贡茶的悠久历史及品种优势,讲述伍家台贡茶从一片鲜叶到亿元产业的蝶变故事。

【江汉区、青山区对口帮扶】
2021年,根据武汉市委、市政府工作安排,武汉市江汉区、青山区与宣恩县结成对口协作关系。县委、县政府主要领导2次带队到江汉区、青山区对接帮扶工作。江汉区选派团区委副书记到宣恩县挂职任副县长,青山区选派1名科级干部挂职任县政府办公室副主任,提供帮扶资金3000万元,谋划对口帮扶项目16个,项目有序推进。

【"苗语传承"志愿服务项目获相关奖项】 2021年4月23日,在"建党百年·志愿献礼"恩施州首届志愿服务项目大赛决赛暨新时代文明实践展示活动中,高罗镇中心小学"苗语传承"志愿服务项目获银奖。12月3日,省精神文明建设指导委员会办公室公布2021年湖北省新时代文明实践志愿服务项目大赛获奖名单,宣恩县高罗镇新时代文明实践所"苗语传承"服务队"苗语传承"志愿服务项目获铜奖。

【彭家寨旅游景区开园运营】
2021年8月7日,彭家寨旅游景区开园。9月29日,彭家寨旅游景区举行"庆丰收·迎国庆"旅游营销活动启动仪式。宣恩县政府与天津大学建筑学院、重庆大学建筑学院等国内8所建筑领域重点高校签订《中国土家泛博物馆研学基地合作框架协议》,湖北彭家寨旅游开发有限公司与重庆新闻国际旅行社、中国西部文创开发研究院等省内外知名旅游企业签订战略合作协议。

【板栗园大捷陈列馆建成】 2021年10月,板栗园大捷陈列馆开工建设,12月17日完工。陈列馆位于李家河镇板栗园村利福田,总投资80万元,展馆面积200平方米,内设展台、浮雕造型主题墙、烈士名录投影、老区特色产品展示等设施,融入红色元素和宣恩元素,集中、立体展现板栗园战斗的历史。

【仙山贡水旅游区成功创建国家AAAA级旅游景区】 2021年10月，宣恩县仙山贡水旅游区成功创建国家AAAA级旅游景区。旅游区规划总面积3.6平方千米，以贡水河为主轴，沿两岸建设莲花坝带状公园、老院子、民族风情街、文澜桥、贡水河音乐喷泉、宣恩博物馆、宝塔森林公园、墨达楼、贡水河国家湿地公园、苗族钟楼、惹溪街等景点，形成一线串珠的景观带。是“景城一体·主客共享”的开放式景区。

【摩霄楼获2020—2021 ADA年度亚洲设计大奖】 2021年7月，摩霄楼获2020—2021 ADA年度亚洲设计大奖。摩霄楼位于中国土家泛博物馆（彭家寨）景区的汪家寨，楼高79.85米，总建筑面积3800平方米，具有观光休闲、艺术展示、商业服务等多种功能，楼名取自土家方言，有接近云天之意。形体以三棱柱为原型而来，利用锐角所带来的透视效果以及木格栅立面的疏密渐变强化建筑的体量感和直上云霄的气势。楼体适度旋转，可以很好地观看到彭家寨的景色。摩霄楼层叠向上的建筑形式，象征着土家先民对天空美好的向往，是彭家寨景区的一个文化地标。

（江安鸣　张兰兰）

咸丰县

【概况】 咸丰县位于恩施土家族苗族自治州西南部，云贵高原东延武陵山余脉与大巴山之间，北纬29°19′28″—30°2′54″，东经108°37′8″—109°20′8″。南北长80.38千米，东西宽68.95千米。东接宣恩，东南邻来凤，南与重庆酉阳接壤，西界重庆黔江，北连利川，东北接恩施市。全县总面积2523.45平方千米。年末耕地总资源36980.67公顷。2021年，咸丰县辖11个乡镇（区），192个村、17个社区居委会。全县户籍总人口384598人，其中男性202736人、女性181862人，年底142650户。全年出生人口2381人，死亡人口2387人。全年全县实现地区生产总值108.44亿元，比上年增长11.3%。其中第一产业实现增加值23.89亿元，增长12.4%；第二产业实现增加值12.32亿元，增长10.9%，其中工业实现增加值8.06亿元，增长16.5%；第三产业实现增加值72.23亿元，增长11.0%。按年均常住人口计算，全年全县人均生产总值34562元。三次产业结构由“十三五”期末的23.1∶11.2∶65.7调整为22.0∶11.4∶66.6，第一产业占比下降1.1个百分点，第二产业占比上升0.2个百分点，第三产业占比上升0.9个百分点。

2021年咸丰县乡(镇、区工委)基本情况表

表29

乡(镇)	总面积(平方千米)	年末耕地面积(公顷)	乡村户数(户)	年末乡村人口数(人)	村、社区(个)			村(居)民小组(个)	粮食产量(吨)	公共财政收入(万元)	党委书记，乡(镇)长、主任(12月底在职)
					小计	村	社区				
高乐山镇	322.09	3825.13	33669	79440	34	28	6	391	24479.2	3813	刘　进　田大平
忠堡镇	139.83	1355.19	6492	16761	11	10	1	75	11419	2295	孙　晖　向雪莉
朝阳寺镇	63.47	1303.32	5474	14759	8	7	1	58	9949.4	947	张　影　王　锐
清坪镇	307.34	5664.58	16606	45561	27	26	1	237	25666.2	2636	杨建平　朱章耀
坪坝营镇	353.61	5332.30	19791	57862	31	29	2	355	24850	5076	罗朝远　胡道成
曲江镇	175.37	3016.90	11901	33291	15	14	1	126	14783.7	3935	刘兴华　黄　涛
黄金洞乡	216.37	2548.70	9414	25746	17	16	1	155	15878.5	1742	彭明舟　温一庠
小村乡	224.12	1939.13	7265	21853	12	11	1	114	15882.8	1461	谈文才　黄顶昌
活龙坪乡	313.98	5836.65	13750	38785	24	23	1	363	26544.3	2392	张　进　李顺治
唐崖镇	317.62	5063.29	15232	41222	23	22	1	234	24245.2	3910	朱继勇　任　贵
大路坝区工委	89.65	1095.48	3056	9318	7	6	1	43	801.7	1133	甘　露　陈东平
合　计	2523.45	36980.67	142650	384598	209	192	17	2151	202200	29340	—

【农业】 2021年，全年实现农林牧渔业总产值44.74亿元，按可比价格计算，比2020年增长15.5%，其中农业产值23.36亿元、林业产值3.06亿元、牧业产值15.4亿元、渔业产值0.03亿元、农林牧渔服务业产值2.89亿元。实现农林牧渔业增加值25.12亿元，按可比价格计算，比2020年增长12%；农林牧渔服务业增加值1.23亿元，增长4.2%。主要农产品产量平稳增长，粮食播种面积46066.67公顷，比2020年上升1.29%；粮食总产量20.22万吨，比2020年增长2.01%。油料播种面积6960公顷，比2020年下降0.69%；总产量1.84万吨，比2020年下降1.71%。烟叶（未加工烟草）播种面积3560公顷，比2020年下降3.19%；烟叶总产量0.57万吨，比2020年下降2.81%。蔬菜播种面积18833.33公顷，比2020年增长0.81%；蔬菜产量26.9万吨，比2020年增长0.99%。中草

药材面积 16480 公顷，比 2020 年减少 2.99%。年末实有茶园面积 18886.67 公顷，其中可采摘面积 14360 公顷，全年茶叶产量 1.17 万吨，比 2020 年增长 4.65%。各类果园面积 15633.33 公顷，比 2020 年减少 2.35%；园林水果总产量 2.1 万吨，比 2020 年减少 3.8%。全年出栏肥猪 32.42 万头，比 2020 年增长 4.7%，猪肉总产量 2.57 万吨。年末生猪存栏 36.84 万头，比 2020 年上升 19.1%，其中能繁母猪存栏 3.69 万头，比 2020 年上升 18.27%。年末牛存栏 2.47 万头，羊存栏 1.19 万只。改善农村生产生活条件，全县通汽车的村 192 个，通电话的村 192 个，自来水受益的村 192 个，农村饮水安全普及率达 100%。化肥施用量（折纯量）32980 吨，比 2020 年减少 5.19%。高笋塘村、龙潭司村分别被中组部、财政部列为全国第一批、第二批推动组织振兴建设红色美丽村庄试点村。8 月，麻柳溪村、马倌屯村现代农业产业园、白岩村乡村旅游度假区入选省农业农村厅公布 2021 年湖北省休闲农业重点园区推介名单。11 月，咸丰县唐崖镇钟塘村入选农业农村部办公厅公布的 2010—2017 年“中国美丽休闲乡村”监测合格名单。

【工业、建筑业】 2021 年，全县实现工业增加值 8.06 亿元，比 2020 年增长 16.5%，在全县生产总值中的比重为 7.4%。全县规模以上工业企业 32 家，实现规模以上工业总产值 11.35 亿元，同比增长 30.3%；规模以上工业增加值扣除价格因素比 2020 年增长 22.3%。全县规模以上工业企业全年实现主营业务收入 104638.6 万元，实现利润总额 8780.2 万元，工业品产销率 96.9%。全县具有资质等级以上建筑企业 17 家，实现建筑业总产值 8.69 亿元，比 2020 年增长 1.83%。建筑业增加值 4.26 亿元，比 2020 年增长 1.1%。

【固定资产、房地产】 2021 年，全年实现固定资产投资比 2020 年增长 13%，其中 500 万元以上项目投资增长 16.8%，房地产开发投资增长 1.5%。全县具有资质等级以上房地产企业 14 家。商品房施工面积 121.2 万平方米，比 2020 年增长 25.1%；商品房销售面积 20.88 万平方米，比 2020 年增长 83.2%，其中住宅类销售面积 20.47 万平方米，比 2020 年增长 87.6%；商品房销售额 9.85 亿元，比 2020 年增长 86.3%，其中住宅商品房销售额 9.61 亿元，比 2020 年增长 89%。

【市场主体】 2021 年年末，全县实有市场主体 30980 户，比 2020 年增长 15.4%。其中内资企业 4598 户（私营企业 4396 户）、个体工商户 25237 户、农民专业合作社 1106 户。全年新登记各类市场主体 5500 户。

【贸易】 2021 年，全年实现社会消费品零售总额 58.67 亿元，比 2020 年增长 18.4%。限额以上商贸企业实现消费品零售总额 3.91 亿元，增长 25.1%。全年限额以上单位商品零售额中，粮油、食品类零售额比 2020 年增长 35.0%，饮料类下降 4.0%，烟酒类下降 7.5%，服装、鞋帽、针纺织品类增长 24.6%，日用品类下降 11.2%，文化办公用品类增长 9.6%，家具类下降 5.6%，建筑及装潢材料类增长 16.9%，汽车类增长 1.2%。全年入驻扶贫“832 平台”农业企业 228 家，实现农副产品销售额 2.24 亿元。全年实现外贸出口 1355.14 万美元，引进省外资金 12.03 亿元，比 2020 年增长 14%，实际利用外资 685 万美元。

【财政、金融】 2021 年，全年实现地方财政总收入 74394 万元，比 2020 年上升 35.4%。地方一般公共预算收入 42596 万元，比 2020 年上升 52%，其中地方税收收入 30560 万元，比 2020 年上升 43.7%，税收收入占地方一般公共预算收入的比重达 71.7%。实现政府性基金收入 31241 万元，比 2020 年下降 42.5%。实现社会保险基金收入 30848 万元，比 2020 年下降 42.8%。全年一般预算支出 302794 万元，同比下降 28.4%。全县金融机构年末各项存款余额 1479417 万元，比年初减少 21440 万元，其中住户存款余额 1223088 万元，比年初增加 135409 万元。金融机构各项贷款余额 997297 万元，比年初增加 84031 万元，其中短期贷款余额 154194 万元，比年初增加 20903 万元，中长期贷款余额 353148 万元，比年初增加 58392 万元。

【交通、邮政、通信】 2021 年，全县通车公路里程 8061 千米，其中国道 212 千米、省道 181 千米、市道 283 千米、乡道 1215 千米、村道 6170 千米。按等级分，一级公路 19 千米、二级公路 166 千米、三级公路 333 千米、四级公路 2987 千米、等外级公路 4556 千米。农村通公路行政村比重达到 100%。全社会客运量 88.6 万人次，旅客周转量 9854.9 万人千米。年末有公交 5 路、36 辆，出租车 200 辆。邮电通信行业全年邮政业务总量 5800 万元，邮政业务营业收入 1053 万元。电信业务收入 2.3 亿元，上升 3.88%。年末全县固定电话用户 2.27 万户，移动电话用户 31.53 万户，其中 4G 移动电话用户 23.49 万户。宽带互联网接入用户 14.34 万户。

【文化、体育、旅游】 2021 年年末文物保护管理机构 3 个，文物保护单位 17 个。艺术表演团队 8 个，其中专业院团 1 个。影剧院 1 个，公共图书馆 1 个，文化馆 1 个，博物馆 1 个，乡镇综合文化站（中心）11 个，村（社区）综合文化服务中心 277 个。健身场地 460 个，业余体校 1 个。全年旅游接待人数 513.31 万人次，比 2020 年上升 35.8%，实现旅游综合收入 44.21 亿元，比 2020 年上升 63.4%。9 月，咸丰县（土家族吊脚楼营造技艺）入选省文旅厅公布的 2021—2023 年度“湖北省民间文化艺术之乡”名单。

【教育、科技、卫生】 2021 年年末，全县有各类学校 50 所（不含幼儿园及教学点），其中中等职业技术学校 1 所，普通中学 18 所（含九年一贯制学校 5 所、高中 2 所），小学30所，特殊教育学校1所。有普通高中专任教师370人，中等职业教育专任教师197人，普通初中专任教师1317人（含九年一贯制学校专任教师数），小学专任教师1385人，特殊教育学校专任教师8人。全县在校学生47734人（不含幼儿园），其中高中在校学生5373人，中等职业学校在校生3772人，普通初中在校生18583人（含九年一贯制学校在校学生），小学在校生19965人，特殊教育在校生41人。全县初中适龄人员入学率达到100%，初中三年巩固率达到100%。全县幼儿园37所，专任教师345人，在校学生9703人。全县高新技术企业9家。全年获得专利授权202件，其中发明专利7件。普及科技教育，全年举办少儿科技竞赛1次，参加人数435人次。科技推广服务机构5家，农民技术协会10个，县直专业协会15个，各类专业技术人员392人。全县拥有医疗卫生机构361个（含村卫生室），全县拥有职业医师（含助理医师）人员919人。卫生机构床位数2462张，每千人拥有床位数（含卫生室）7.72张，每千人拥有医生（含助理）数2.88人。2021年3月，咸丰县中医医院获国家中医药管理局通报表扬中医药系统2018—2020年改善医疗服务先进典型。

【居民生活】 2021年，城镇常住居民人均可支配收入32032元，比2020年增长9.8%。人均生活消费性支出24737元，比2020年增长19.8%。农村常住居民人均可支配收入13260元，比2020年增长13.1%。人均生活消费性支出11850元，比2020年增长19.5%。全年居民消费价格平稳运行。食品烟酒价格下跌1.9%，衣着价格下跌0.4%，居住价格下跌1.3%，生活用品及服务价格上涨0.1%，交通和通信价格上涨3.8%，教育文化和娱乐价格上涨4.0%，医疗保健价格下跌0.9%，其他用品和服务价格下跌2.4%。

【社会保障】 2021年，全县最低生活保障人数2026人、保障支出12017.5万元，其中城镇居民最低生活保障人数769人、支出573.2万元，农村居民最低生活保障人数1257人、支出11444.3万元。基本养老保险参保人数251117人，其中城镇基本养老保险参保人数49749人，城乡居民基本养老保险参保人数201368人。基本医疗保险参保人数359872人，其中城乡居民基本医疗保险人数336417人，工伤保险参保人数21294人，失业保险参保人数13751人，生育保险参保人数16111人。年末城镇登记失业率为2.37%。全县乡村从业人员合计17.6万人，其中农村外出从业人员8.32万人，比2020年增加0.77万人，占乡村从业人员总数的47.3%。按外出地点分，县内乡外1.46万人，省内县外1.53万人，省外5.31万人；按外出人员从事行业分，第一产业0.1万人，第二产业5.08万人，第三产业3.14万人；按外出从业目的分，务工7.23万人，自营0.73万人，其他0.36万人。参加过职业技能培训的2.65万人，持有职业技术资格证书的0.75万人。

【城市建设】 2021年，城市建成区绿化覆盖率43.82%，城市人均公园绿地面积19.6平方米，城市垃圾处理站2个，城市生活垃圾无害化处理率100%。

【环境】 2021年，全县环境优良天数360天，城区重点环境噪声小于55分贝的比例为71.64%。2021年1月，省环境保护委员会办公室公布2020年度"省级生态乡镇"和"省级生态村"名单，咸丰县活龙坪乡、清坪镇，高乐山镇杉树园村、唐崖镇彭家沟村、朝阳寺镇长岭村、大路坝区谭家坪村、坪坝营镇筒车坝村、曲江镇岩口村、活龙坪乡海龙坪村共2个乡镇7个村入选。12月，咸丰县入选中国气象局官方网站发布2021年度中国天然氧吧名单。全县全社会用电量44199万千瓦时，比2020年增长20.5%。第一产业用电量996.6万千瓦时；第二产业用电量13056.6万千瓦时，其中工业用电9416万千瓦时，比2020年增长22.9%；第三产业用电量11603.1万千瓦时。全县2021年能源消费量50.24万吨标准煤，比2020年增长18.79%。全县单位GDP能耗0.48吨标准煤/万元，比2020年增长6.74%；单位GDP电耗422.34千瓦时/万元，比2020年增长5.1%。

【咸丰县政协"协商在一线"经验】 2021年11月22日，《人民日报》刊发《院坝协商记》一文，推荐咸丰县政协"协商在一线"工作经验。咸丰是省政协确定的"协商在一线"试点县，依照省、州有关部署，县政协推进政协委员下沉、协商重点下移，通过院坝协商方式解决一批群众关注的难点、重点问题。4月23日，全州"协商在一线·院坝协商"现场推进会在咸丰召开，与会代表观看咸丰县政协《院坝听民声，协商话发展》专题片，参观考察咸丰新城和曲江镇湾田村社区平台，了解平台运营情况及"协商在一线"典型经验。

【湘鄂西·湘鄂川黔革命根据地咸丰纪念馆建成】 2021年5月20日，湘鄂西·湘鄂川黔革命根据地咸丰纪念馆开馆。该馆位于咸丰县忠堡大捷纪念园内，占地面积903.5平方米，建筑面积1308.88平方米，布展面积约893平方米，总投资700余万元，分为1个序厅和6个展厅。序厅展示的是红二六军团的重要领导人及在咸丰战斗过的将帅图像；第一展厅展示兴国寺建党传真理，龙潭司特委举义旗；第二展厅展示贺龙黑洞收神兵，红军转战湘鄂西；第三展厅展示大村会议辟新路，湘鄂川黔星火燃；第四展厅展示忠堡战斗传捷报，红十八师创奇迹；第五展厅展示全民抗战卫中华，老区人民获解放；第六展厅展示咸丰老区新面貌，红色基因代代传。至2021年12月，该馆累计接待省、州、县及省外各级单位600多家，参观学习的党员及各界群众逾7万人次。

2021年6月，咸丰县庆祝中国共产党成立100周年原创特展“长征史实新发现：红十八师突围长征过咸丰”在县民族博物馆展出　　（咸丰县档案馆 供稿）

【“大村会议遗址—忠堡大捷遗址”入选“建党百年红色旅游百条精品线路”】 2021年5月14日，文旅部、中央宣传部、中央党史和文献研究院、国家发展改革委联合发布“建党百年红色旅游百条精品线路”，其中咸丰大村会议遗址—咸丰忠堡大捷遗址及烈士陵园—来凤县张富清先进事迹展馆等入选“湘鄂边苏区”精品线路。

【“长征史实新发现：红十八师突围长征过咸丰”原创特展】 2021年，由唐崖土司城遗址管理处（咸丰县民族博物馆）、咸丰县史志研究中心、咸丰县老区建设促进会联合主办的咸丰县庆祝中国共产党成立100周年原创特展“长征史实新发现：红十八师突围长征过咸丰”，在咸丰县档案馆一楼设立室内展厅并开展户外巡回展。展览分为四大板块：雄师来自湘鄂赣、突围长征过咸丰、英雄部队胜利归建、人物补记。7月1日，在县城皇城广场启动展出，并到11个乡镇区中小学校展出，观展人次突破3万人次。

【第四届“中国咸丰·世遗唐崖论坛”】 2021年10月22日，由省文物局、湖北大学主办，由咸丰县政府、省文物考古研究所、省古建筑保护中心、湖北大学文化遗产学院、三峡大学民族学院协办，以“文旅融合背景下世界文化遗产保护利用与乡村振兴”为主题的第四届“中国咸丰·世遗唐崖论坛”在咸丰举行。湖北大学、三峡大学等10多所高校、科研机构、文化和旅游主管部门的80余位专家学者参加本届论坛。湖北大学和咸丰县政府签订《咸丰县人民政府湖北大学战略合作框架协议》《唐崖文化遗产研究中心成立及合作协议》，湖北大学为咸丰县政府授牌“唐崖文化遗产研究中心”。

【咸丰县蛇盘溪村非遗展示馆建成】 2021年11月，咸丰县蛇盘溪村非遗展示馆建成开馆，加挂“恩施五句子山歌传承基地”牌子。展示馆180平方米，分进村民歌绕、远山号子响、近闻哭嫁伤、踱步吊脚楼、细品土菜香等九大板块，为集展示展演、收集收藏、公共教育、文化交流、传承传播于一体的综合性展馆。

（王应超）

来凤县

【概况】 来凤县位于鄂西南最南端，北纬29°06′15″—29°41′05″，东经109°01′00″—109°25′45″。东南邻湖南省龙山县，西南毗重庆市酉阳县，东北与宣恩县接壤，西北与咸丰县相连，素有“一脚踏三省”之称。县境东西距长42.5千米，南北距长61.3千米。全县总面积1342.06平方千米。来凤县与湖南省龙山县以西水为界，2011年设立武陵山龙山来凤经济协作示范区，两个县城逐渐连成一体。2021年7月，在来凤县百福司镇举办2021年度来凤西水龙舟赛。12月，来凤、龙山两县签署“十年禁渔”跨界水域联合执法合作协议。2021年，来凤县辖2个乡、6个镇、1个省级经济开发区，12个社区，184个行政村。年末全县户籍人口333791人。其中男性173568人，占总人口的52.0%；女性160223人，占总人口的48.0%。全年出生人口2454人，出生率为7.33‰，比2020年下降1.33‰。人口自然增长率为1.26‰，比2020年下降1.31‰，出生人口男女性别比为106.91。全年全县完成地区生产总值95.50亿元，比2020年增长11.5%。其中第一产业增加值18.18亿元，增长10.9%；第二产业增加值14.81亿元，增长18.8%；第三产业增加值62.52亿元，增长10.0%。三次产业结构为19.0∶15.5∶65.5。2021年2月，来凤县、来凤县翔凤镇花园堡社区、国网来凤县供电公司入选2020年全省民族团结进步示范区示范单位。

2021年来凤县乡(镇)基本情况表

表30

乡（镇）	总面积（平方千米）	年末耕地面积(公顷)	总户数（户）	年末总人口（人）	村、社区(个)		粮食产量（吨）	公共财政收入（万元）	乡(镇)党委书记、乡(镇)长（12月底在职）
					村	社区			
翔凤镇	137.78	3440.20	32543	103463	27	5	17240	7823	张庆军 田政
绿水镇	115.48	2102.26	7371	25471	17	1	11730	2961	徐骏 黄孜
漫水乡	133.58	1971.53	6299	23315	13	1	12058	2456	蒋银 冯婷

续表 30

乡（镇）	总面积（平方千米）	年末耕地面积(公顷)	总户数（户）	年末总人口（人）	村、社区(个)		粮食产量（吨）	公共财政收入（万元）	乡(镇)党委书记、乡(镇)长（12月底在职）
					村	社 区			
百福司镇	190.14	3954.46	9554	31372	23	1	20035	4580	刘继任 汤 超
旧司镇	198.54	3283.66	14806	48952	32	1	22637	8814	刘 阳 黄景能
大河镇	324.85	3541.13	15924	50896	40	1	21911	4904	赵 军 田 军
三胡乡	125.42	2160.93	9115	30228	15	1	15653	2652	向学红 杨耀武
革勒车镇	116.27	1913.46	6246	20094	17	1	12087	3975	宋 宇 陈泓宇
合 计	1342.06	22367.63	101858	333791	184	12	133351	38165	—

【农业】 2021年，农林牧渔业总产值33.37亿元，比2020年增长14.1%。农林牧渔业实现增加值19.09亿元，增长10.9%，其中农业产值202976万元，增长5.1%；林业产值22117万元，增长14%；畜牧业产值83951万元，增长27.6%；渔业产值3179万元，增长23.8%。农林牧渔服务业产值21489万元，增长12.8%。农村常住居民人均可支配收入13040元，同比增长12%。年末耕地总资源22367.64公顷，全年粮食种植面积29153公顷，比2020年增长1.4%；粮食总产量13.34万吨，比2020年增长2.1%。蔬菜面积6460公顷，比2020年增长1.8%。油菜面积5033公顷，产量0.76万吨，分别比2020年下降0.2%、11.3%。茶叶面积3340公顷，总产量0.35万吨，产量比2020年增长25.1%。水果面积3300公顷，产量2.77万吨，产量比2020年增长3.9%。全县特色产业面积26666.67公顷，建成标准化藤茶生产基地3466.67公顷。全年新增农民专业合作社、家庭农场104家，其中国家级家庭农场1家。来凤农特产品登上央视财经直播平台，武汉来凤乡村振兴区域协作成果体验馆揭牌开业，来凤县乡村投资建设有限责任公司、农业产业发展有限公司成立运营，推动农产品“出山”。全县农机总动力216427千瓦，农机保有量90509台套，农作物耕种收机械化率38%，农作物综合化水平达46%，机耕作业量24192公顷，机收面积6653公顷，机械植保面积4838公顷，机灌面积5395公顷，实际脱出农产品数量305527吨。2021年2月，大河镇龙潭坪村、百福司镇兴安村名列省财政厅2021年度湖北省255个美丽乡村建设试点村公示名单。8月，来凤县绿水镇老寨村获评湖北省“美丽乡村”典型示范村。10月，在来凤县农广校被授牌为农业农村部管理干部学院“实践教研基地”。11月，革勒车镇土家寨村、来凤县三胡乡石桥村入选农业农村部办公厅公布的2010—2017年中国美丽休闲乡村监测合格名单。12月，来凤西商农产品冷链物流园、恩施州尚风寨养蜂技术培训学校、来凤农园果蔬专业合作社创业基地、来凤县电商产业园入选农业农村部发布的《全国农村创业园区（基地）目录（2021）》。

【工业、建筑业】 全县规模以上工业企业34家，2021年新增规模以上工业企业8家，净增6家，实现营业收入142852万元（同月报口径），同比增长14.9%。实现营业利润4838.3万元，同比增长19.2%。资产总计256625.8万元，同比增长5.7%。负债总额119712.8万元，同比增长11.4%。工业经济年度指标任务综合考核，全州排名第二。实现工业总产值14.70亿元，比2020年增长34.5%。实现销售产值14.36亿元，比2020年增长36.5%。规模以上工业增加值同比增长24.6%。2021年3月，来凤县分别与深圳腾亿通信技术有限公司、武汉世博瑞纳科技有限公司签订《来凤电子信息产业园项目投资协议》《来凤石墨烯应用产业园项目投资协议》。年末全县资质等级以上建筑企业13家，新增2家。资质建筑业完成总产值18763万元，比2020年增长46.4%。建筑业实现增加值24853万元，增长20.7%。

【交通、邮政、通信】 至2021年年底，全县公路总里程3018千米，路网密度2.18千米/平方千米。年末境内农村公路里程2850千米，比2020年增长3.7%，农村通公路行政村比重为100%，通村公路硬化率100%，通组公路硬化率85%，农村公路通达率100%，农村公路密度2.09千米/平方千米，位居全省山区县市前列。全年客运量366.37万人，旅客周转量29911.81万人千米。9月2日，“242”国道来凤县三胡至桂花树工业园段控制性工程中华山隧道如期贯通。9月27日，连接恩来高速的来凤大道正式通车。邮政业务收入5261.18万元，比2020年增长5.7%，邮政业务总量4912.38万元，增长10.3%。全年全县自然村通动力电率100%，4G信号有效覆盖率92%以上，光纤宽带通村率100%，广播覆盖率100%。

【市场主体】 全县市场主体总量40822户，其中企业4433户，个体工商户35593户，农民专业合作社796户。2021年新增市场主体4140户，其中企业699户，个体工商户3418户，农民专业合作社23户。

【固定资产投资、房地产】 2021年，全年固定资产投资同比增长8.8%。年末全县一套表上报本地法人房地产开发企业18家。商品房施工面积105.03万平方米，比2020年下降21.4%。商品房竣工面积40.24万平方米，比2020年增长56.0%。商品房销售面积20.88万平方米，比2020年下降11.1%。商品房销售额83374万元，比2020年下降24.9%。

【贸易】 2021年，全县限额以上商贸企业31家，其中批发企业3家，零售企业19家，住宿企业6家，餐饮企业3家；限额以上大个体19家。新增限上商贸企业10家，大个体16家。全年完成社会消费品零售总额561681万元，比2020年增长26.2%，恢复到2019年同期水平的91.0%。限额以上商贸企业完成零售总额50449万元，增长66.5%。按行业分：批发业零售额为1819.5万元，下降60.8%；零售业零售额为46364.4万元，增长92.1%；住宿业零售额为1105.9万元，增长34.2%；餐饮业零售额为1159.2万元，增长66.9%。全年农村网络零售额达15674万元。全年外贸出口总额305.2万美元，比2020年增长606.5%。实际利用外资743万美元，增长24.7%。

【财政、金融】 2021年，实现财政总收入9.06亿元，比2020年增长23.2%，其中地方一般公共预算收入3.82亿元，增长29.1%。在地方一般公共预算收入中，税收收入3.09亿元，增长32.5%，税收收入占地方公共预算收入比重80.9%，增长2.1%。一般公共预算支出28.49亿元（其中八项支出187999万元，民生支出242637万元），占年度预算调整数288333万元的98.84%，同比同口径增长2.21%。年末全县金融机构各项存款余额1257632万元，比年初增加78949万元，比年初增长6.7%。金融机构各项贷款余额1025269万元，比年初增加143850万元，比年初增长16.3%。余额存贷比81.5%，比2020年提升6.7个百分点。

【科技、教育、卫生】 2021年，社会保障和就业支出46310万元，占地方财政支出比重16.3%。科学技术支出3094万元，占地方财政支出比重1.1%。医疗卫生支出35942万元，占地方财政支出比重12.6%。教育支出58042万元，占地方财政支出比重20.4%。全年高新技术企业5家，其中食品制造业3家，建材制造业1家，化工产业1家。高新技术产业企业增加值占地区生产总值比重为1.9%。年末全县学校总数56所，其中小学45所，普通中学10所，职业高中1所。年末全县专任教师总数2424人，比2020年增长3.7%，其中小学教师1299人，中学教师1025人，职业学校教师100人。在校学生总数46105人，其中小学在校生25038人，普通中学在校生19263人，职业学校在校生1804人。全县幼儿园50所，在园幼儿数10456人。全县学前教育入学率86.8%，小学适龄儿童净入学率100%，初中学生入学率100%，初中三年巩固率98.2%，高中学生入学率92.8%，高中毕业生升学率95.4%。全县九年义务教育完成率95.8%，比2020年增长0.3%，平均受教育年限11.9年，比2020年增长0.8%。全县各级医疗卫生机构达209个，其中医院8个、卫生院8个、疾病预防控制中心1个、妇幼保健院1个。卫生机构床位数1967张，比2020年增长3.8%，每千人口医院卫生院床位数6.63张。卫生技术人员2043人，比2020年增长9.4%，每千人口卫生技术人员7.22人。8个乡镇卫生院全部配备移动服务体检车，实现首个乡镇卫生院血透室开科，村卫生室标准化建设实现全覆盖。

【文化、体育、旅游】 2021年，全县公共体育场馆3个、剧场1个、影剧院2个、公共图书馆1个、图书室198个，公共图书馆图书总藏量17.8万册，文化经营市场55家。县级公共文化场所持续免费开放，新时代文明实践站、村文体广场实现全覆盖。2021年5月，来凤县博物馆被省社科联授牌为“湖北省社会科学普及教育基地”。10月，全州新时代文明实践中心建设工作现场推进会在来凤县召开。以共和国勋章获得者张富清英雄事迹创作的南剧《初心》《本色》成功演出，纳入“永恒的旗帜”湖北省庆祝中国共产党成立100周年优秀舞台作品展演月展演作品。“恩施州来凤县漫水乡长征文化遗址公园”被纳入湖北省“十四五”文化保护传承利用工程国家重大建设项目库。百福司镇（土家族摆手舞）入选2021—2023年度湖北省民间文化艺术之乡、2021—2023年“中国民间文化艺术之乡”。全年对全县多个文体广场、体育设施进行建设升级。建设绿水镇老寨村、国营胡家坪林场、大河镇黑家坝村3个新全民健身示范工程。完成漫水乡兴隆坳村和翔凤镇白羊坡村文体广场体育设施设备建设，对百福司镇虎头落村和廖家坝村2个村文体广场体育设施进行提档升级，对翔凤镇望水村等42个村（社区）文体广场配置体育健身器材，完成翔凤镇小河坪村新全民健身工程中心村文体广场建设。酉水龙舟赛成功举办。全年组织、参加全县范围8次多种类型体育活动，包括春节系列体育活动。全年旅游综合收入136058.10万元，比2020年增长240.3%。接待游客326.73万人次，增长234.8%。仙佛寺、杨梅古寨2个国家AAAA级旅游景区提档升级有序推进，卯洞景区实现复游，5月31日，来凤张富清先进事迹展馆被纳入文旅部资源开发司“建党百年红色旅游百条精品线路”主题线路内容。

【居民生活】 2021年，农村常住居民人均可支配收入13040元，比2020年增长12.0%，人均生活消费支出11653元，增长18.3%。城镇常住居民人均可支配收入32669元，比2020年增长9.9%，人均生活消费支出25229元，增长19.9%。

【社会保障】 2021年，就业人员19.90万人，其中城镇就业人员2.23万人，比2020年增长13.1%。城镇新增就业3272人，城镇失业人员再就业738人。年末城镇登记失业人员804人，城镇登记失业率为3.1%。年末全县机关事业单位养老保险参保人数10857人，比2020年增长0.7%。企业基本养老保险参保人数

39832人，增长6.5%。城乡居民社会养老保险参保人数141618人，下降0.7%。城镇职工基本医疗保险参保人数20487人，增长4.3%。城乡居民基本医疗保险参保人数279038人，下降1.0%。工伤保险参保人数16234人，增长13.6%。生育保险参保人数14154人，增长7.5%。失业保险参保人数12086人，增长70.6%。全年各项社会保险费总收入89644.27万元，增长39.5%。各项社会保险费总支出110974.87万元，增长53.8%。年末全县社会福利收养性单位1个，收养性床位20张。敬老院、福利院14个。全年有908人享受城镇低保，17619人享受农村低保，27584人享受农村社会救济。

【城市建设】 2021年，来凤县城区建成面积15平方千米，道路长度90.74千米，其中主干路33.51千米，次干路28.07千米，道路面积142.47万平方米，其中车行道面积115.44万平方米，人行道面积27.03万平方米。车行道改建1.78万平方米，人行道改建1.66万平方米。全年申报老旧小区改造项目3个5388户。申报来凤县育红桥河水环境治理工程水环境治理资金4566.63万元，申报来凤县城区育红桥片区城市排水防涝工程4906万元，申报2022年保障性安居工程配套基础设施建设资金24192万元。县政府专项债券申报资金5.28亿元(来凤县城区供水综合改造升级工程、来凤县垃圾分类处理建设项目、来凤县城乡天然气管网提标升级储气站建设项目)。来凤县城市污水处理厂提标升级、扩容改造、污水收集管网扩建工程完成设备升级改造，通水试运行正常，排放水质一级A标。

【环境】 2021年，持续打好“蓝天、碧水、净土”保卫战，深入实施“河长制、林长制、山长制”，环境污染治理本年投资总额2536.85万元。州级自然保护区2个，面积18353公顷，全年完成人工造林1467公顷。水功能区达标率、水质监测断面和集中式饮用水水源地水质达标率均为100%。污水处理厂9个，污水集中处理率96.1%，乡镇污水处理实现全覆盖。乡镇垃圾中转站全面投入运行。农村垃圾收运处置体系行政村覆盖率、自然村组覆盖率100%，城市生活垃圾无害化处理率达100%。2021年3月，湖北省城乡生活垃圾分类联席会议下发《关于通报表扬2020年全省生活垃圾分类示范村创建工作先进社区和行政村的通知》，来凤县大河镇桐子园村、绿水镇老寨村入选2020年全省生活垃圾分类示范村。李家院子村、苦竹溪村和黄柏园村列入省级垃圾分类示范村，翔凤镇获评“省级生态乡镇”，堡上村、东山坪村等5个村获评“省级生态村”，大坪村、贵帽山村获评“省级森林乡村”。三胡乡黄柏园村二组吴家院子1株千年杨梅树入选省林业局公布的“湖北十大最美古树”。

【应急管理】 2021年年末，全县有应急救援队伍19支、680人。全年完成因灾倒房重建、农房严重损坏修缮、自然灾害应急抢险等工作任务。全年因灾倒塌农房18户、53间，农房严重受损218户、367间。使用2020年中央、省级下达自然灾害生活救助结余资金108.41万元，2021年中央下达来凤县自然灾害生活救助及物资代储经费50万元，下达自然灾害救灾（洪涝灾害）资金90万元，合计248.41万元。合计支出187.6万元，其中倒房重建支出55.79万元，严重损坏房屋修缮支出75万元，应急抢险支出50万元，过渡性生活安置支出6.81万元。本年结余60.81万元，计划用于6户因灾倒房户重建和78户因灾农房受损修缮。2021年中央和省下拨来凤县冬春生活救助资金560万元，严格按照程序发放到位。全县群众“三度一率”（安全感满意度、公正执法满意度、扫黑除恶满意度、矛盾调处有效率）首次进入全省第一方阵。全年刑事案件立案数1261件，交通事故发生数5128起，死亡人数15人，损失额495.86万元。全年未发生较大及以上安全生产事故。

【乡村振兴】 2021年，全县“三类监测对象”1008户3333人，其中消除风险733户、2389人，未消除风险275户944人，所有监测对象均制定有针对性的帮扶措施、建立帮扶台账。对因病因灾、返贫致贫风险较高的72户农户落实“防贫保险”116.7万元。落实各类教育帮扶政策72803人次、6056.29万元，投入5641万元用于校园配套设施改善。72893名脱贫人口实现参保全覆盖，脱贫人口大病、门诊特殊慢性病就诊25905人次、1839.89万元，政策范围内费用补偿比92.95%。完成危房改造142户和57373户农村房屋安全隐患排查。农村饮水安全覆盖率100%。发放贫困劳动力人员外出务工补贴1.9万人370万元，发放一次性返乡创业补贴62人、31万元。开发农村保洁员、护路员、护林员、巡河员等公益性岗位1814个，光伏扶贫电站提供光伏公益性岗位156个。发放低保金、农村特困供养对象供养金、临时救助等各类救助资金7810.93万元，发放重度残疾人护理补贴49797人次、497.98万元，困难残疾人生活补贴54057人次、378.439万元。全县94个安置点3658户、13470人易迁对象后续帮扶措施全部落实，安置区水电路讯以及绿化、路灯等基础设施和公共服务设施均配套到位。举办线上线下劳务协作专场招聘会3场，提供就业岗位3529个。在“832平台”累计入驻供应商107家，上架扶贫产品1294个，完成消费帮扶9979.67万元。编制完成《来凤县乡村振兴战略规划》《来凤县巩固脱贫攻坚成果“十四五”发展规划》《来凤县县域乡村建设布局规划》，编制完成72个“多规合一”实用性村庄规划以及所有行政村村庄分类布局规划，分门别类编制25个村美丽乡村建设规划和25个乡村振兴重点村规划。完成农村公路新改建153.95千米。统筹1393.18万元推进农村公路养护，县级配套率175.3%。统筹189.5万元发展农村客运，县级配套率62%。村村通客车保持率、村组公路通达率、通村公路硬化率、公路养护率、农村物流快递通行政村率均达100%。完成户厕建改580户，清理农村生活垃圾7823吨。配备农村保洁员675人。乡镇污水处理全覆盖工程投入运行，农村生活污水治理覆盖85个行政村。投资2640万元，为8个乡镇配备移动服务车和165台智能服务包。成立99个家庭医生签约服务团队，签约服务11万人。实施基层卫生人才能力提升，组织卫生骨干54人参加省州培训，乡、村两级医疗服务能力实现整体提升。选优配强村党组织书记，选举产生村（社区）党组织书记196人，高中（中专）以上学历占比82.7%，上升14.8个百分点，实现年龄学历“一降一升”。落实经费保障，2021年度落实村级运转经费1537万元、村干部报酬2992万元，分别同比增长132.18%、26.55%。创建全国文明村2个，省级文明乡镇1个、文明村8个，州级文明乡镇6个、文明村36个，县级以上文明村占比达61.4%，县级以上文明乡镇占比达75%。全县184个村有182个村综合服务设施面积达到500平方米以上，村文体广场实现全覆盖。

【百福司镇（土家族摆手舞）入选湖北省、中国民间文化艺术之乡】 2021年，来凤县百福司镇（土家族摆手舞）相继入选2021—2023年度湖北省民间文化艺术之乡、2021—2023年“中国民间文化艺术之乡”。为传承土家摆手舞文化，百福司古镇共整修古摆手堂2个，建摆手舞民族文化广场2个、民族体育馆1个，成立原生态摆手舞保护领导小组，设立百福司镇文化生态保护区，每年组织摆手舞大赛、摆手舞旅游文化节等活动。2021年7月，百福司镇举办摆手舞篝火晚会，促进文化旅游融合。百福司镇原生态土家摆手舞极具特色，其中以舍米湖村最具代表性，国家级非遗代表性项目传承人彭承金每年带领村民在村摆手堂演出200场余场，丰富当地群众的精神生活，也为传统村落带来可观的旅游收入。

【对口帮扶】 2021年，10家省直定点单位主要领导、分管领导到来凤开展调研37次，帮助引进资金987.8万元，投资1385.6万元实施46个项目，采购农副产品479.12万元，帮助销售农副产品283.76万元，培训干部、技术人才645人次。9个单位抽调27人组建9支驻村工作队，为巩固拓展脱贫攻坚成果同乡村振兴有效衔接起到重要作用。武汉市开展对口帮扶，与汉阳、蔡甸两区签订《乡村振兴区域协作和结对帮扶合作框架协议》《2021年度区域协作协议书》。县委、县政府主要领导3次带队到武汉市、汉阳区、蔡甸区进行对接，落实对口帮扶项目5个、涉及资金3200万元。携手共建的硒食品产业园有6家企业入驻投资，吸纳劳动力就业700人。利用武汉市援助资金1775万元兴建的生物医药大健康产业园区已完工。协调江夏区购买城乡土地增减挂钩指标53公顷，涉及资金2.4亿元。接受干部、技术人才培训772人次，组织10家企业和3个村签订乡村振兴合作协议，恒贸茶油、山青珍、小稀藤3家公司在汉开设营销中心，实现销售额1680万元。购买农副产品1467万元，携手共建武汉来凤乡村振兴区域协作成果体验馆。举办线上线下劳务协作专场招聘会3场，提供就业岗位3529个。

【学习宣传张富清】 2021年4月9日，省演艺集团大型话剧《张富清》在来凤县龙凤文化中心首演。5月28日，大型主旋律南剧《本色》在龙凤文化中心首演。9月20日，第四届湖北艺术节展演剧目、由长江人民艺术剧院创演的大型话剧《张富清》，在武汉洪山礼堂上演。10月2日，“理想照耀中国——庆祝中国共产党成立100周年”展播活动剧目电视剧《功勋之默默无闻张富清》在央视播出。11月28日，由共青团湖北省委、荆州市人民政府主办的2021年湖北省青年志愿服务“社区计划”决赛在荆州市举行，来凤县翔凤镇花园堡社区以“传承张富清奉献精神　构建15分钟社区志愿服务圈”为主题的展示社区青年志愿服务项目获金奖。

（谢奇伶）

鹤峰县

【概况】 鹤峰县位于湖北省西南边陲，恩施土家族苗族自治州东南部，东北邻湖北省五峰县，东南与湖南省石门县、桑植县接壤，西靠宣恩县、恩施市，北连建始县、巴东县。地处北纬29°38′—30°14′，东

2021年6月，省文旅厅检查组在舍米湖村走访国家级非遗代表性项目土家族摆手舞（恩施摆手舞）传承人彭承金（前排右一）　（州文化馆 供稿）

经 109°45′—110°38′，县境东西最大跨度 85 千米，南北最大跨度 67 千米，总面积 2868.3 平方千米。2021 年，全县辖 5 个镇 4 个乡，1 个经济开发区，12 个社区，205 个行政村。年末全县户籍总人口 213038 人，较 2020 年末减少 3630 人。其中男性 110407 人，占总人口的 51.8%，女性 102631 人，占总人口的 48.2%，性别比为 107.6：100（女性为 100）。年内人口出生率 5.05‰，死亡率 6.98‰，人口自然增长率-1.93‰。出生人口性别比为 98.2：100（女性为 100）。全年全县完成地区生产总值 76.29 亿元，按可比价计算，增长 13.2%。其中第一产业增加值 16.97 亿元，增长 12.0%；第二产业增加值 13.66 亿元，增长 22.2%；第三产业增加值 45.67 亿元，增长 11.2%。三次产业结构由 2020 年的 23.4：16.4：60.2 调整为 22.2：17.9：59.9，第一产业占比下降 1.2 个百分点，第二产业占比上升 1.5 个百分点，第三产业占比下降 0.3 个百分点。批发和零售业增加值 8.49 亿元，比 2020 年增长 12.8%。交通运输、仓储和邮政业增加值 1.67 亿元，比 2020 年增长 14.2%。住宿和餐饮业增加值 2.50 亿元，比 2020 年增长 24.4%。金融业增加值 3.49 亿元，比 2020 年增长 2.3%。房地产业增加值 7.54 亿元，比 2020 年增长 7.4%。其他服务业增加值 21.13 亿元，比 2020 年增长 12.3%。

2021 年鹤峰县乡(镇)基本情况表

表 31

乡（镇）	总面积（平方千米）	常用耕地面积(公顷)	总户数（万户）	户籍总人口数(人)	村、社区(个)			村(居)民小组(个)	粮食产量（吨）	财政收入（万元）	党委书记、乡(镇)长（12 月底在职）
					小 计	村	社 区				
铁炉白族乡	227.8	759.10	0.50	14831	12	12	0	104	4325	121	龚丽娜　于治勇
走马镇	502.8	3462.89	1.74	46471	34	33	1	238	16672	3454	陈　刚　龚道柏
五里乡	375.5	2324.41	0.72	20873	22	21	1	170	9930	505	刘万红　覃　飞
燕子镇	369.9	3450.64	0.84	21579	30	29	1	197	8202	3030	蔡斌权　柳远新
下坪乡	160.7	895.30	0.52	14722	14	13	1	92	4416	355	李文广　向学辉
邬阳乡	186.1	1393.42	0.53	14948	17	16	1	148	5048	503	王浩隽　游　钊
中营镇	415.5	4038.31	0.83	22853	34	32	2	186	10192	1885	陶昌银　李孝言
太平镇	320.1	1058.98	0.61	16405	19	18	1	94	4501	1764	李勉进　张　超
容美镇	309.8	1657.62	1.69	40356	35	31	4	215	8830	15200	赵锦华　杨长江
合 计	2868.3	19040.67	7.98	213038	217	205	12	1444	72116	26817	—

说明：常用耕地面积依据县自然资源和规划局所报 2020 年度国土变更调查数据

【农业】 2021 年，农作物播种面积 48495.27 公顷，其中粮食作物种植面积 18191.33 公顷、经济作物种植面积 30303.93 公顷。茶园面积 25266.4 公顷，同比增长 0.2%，其中采摘面积 20568.47 公顷，同比增长 1.9%。农林牧渔业总产值为 31.21 亿元，增长 15.1%，其中农业产值 19.05 亿元，同比增长 4.2%；林业产值 3.71 亿元，同比增长 111.6%；牧业产值 6.51 亿元，同比增长 28.2%；渔业产值 0.03 亿元，同比增长 5.4%；农林牧渔服务业产值 1.92 亿元，同比增长 7.1%。全年油料产量 3698 吨，减产 27.0%。烟叶产量 4843 吨，增产 82.9%。蔬菜产量 228393 吨，增产 3.4%。茶叶产量 38622 吨，增产 3.5%。园林水果产量 12278 吨，增产 12.6%。

【工业、建筑业】 2021 年，全县工业增加值 11.43 亿元，较 2020 年增长 23.4%，其中规模以上工业增加值增长 40.8%。全年 43 家规模以上工业企业产销率为 99.5%。每百元营业收入中的成本 79.01 元，较同期下降 4.91 元。营业收入利润率 6.9%，较同期提高 3.8 个百分点。每百元资产实现的年营业收入 27.93 元，较同期增长 4.7 元。资产负债率 61.9%，下降 5.3 个百分点。全年高新技术产业增加值为 2.1 亿元，占地区生产总值比重为 2.8%。全年获得专利授权 35 件，其中发明专利 3 件，实用新型专利 17 件，外观设计 15 件。资质建筑企业产值同比增长 22.5%。建筑业增加值 2.23 亿元，增长 16.1%，占第二产业增加值的 16.3%。

【固定资产投资、房地产】 2021 年，固定资产投资额同比增长 2.7%。其中工业投资同比增长 4.6%，工业技改投资同比增长 214.5%。房地产开发投资同比下降 34.7%。全年商品房施工面积同比增长 24.3%，销售面积同比增长 108.5%，待售面积同比增长 150.2%。全年商品房销售额同比增长 81.4%，其中住宅销售额同比增长 75.2%。

【贸易】 2021 年，全年实现社会消费品零售总额 49.79 亿元，同比增长28.3%。限额以上商贸企业实现消费品零售总额2.42亿元，增长35.2%。从限上企业经营所在地看，城镇市场实现零售额2.19亿元，同比增长28.8%。乡村零售额0.23亿元，同比增长152.8%。按限上企业消费形态分，餐饮收入实现零售总额0.18亿元，同比增长114.2%。商品零售实现零售总额2.24亿元，同比增长31.4%。全年实际使用外资707万美元，同比增长36.5%。全年实现出口总额411万美元，同比增长38.2%。

【财政、金融】 2021年，完成财政总收入37895万元，同比增长29.2%。地方一般公共预算收入26339万元，同比增长35.3%，其中税收收入19241万元，同比增长45.0%。全年财政支出218732万元，同比下降29.8%。年末金融机构各项存款余额90.06亿元，比年初增加3.85亿元，其中住户存款余额78.32亿元，比年初增加7.33亿元；非金融企业存款余额6.79亿元，比年初减少1.05亿元。各项贷款余额49.76亿元，比年初增加4.67亿元，其中住户贷款23.59亿元，比年初增加3.18亿元；非金融企业及机关团体贷款26.17亿元，比年初增加1.48亿元。

【交通、邮电】 2021年年底，全县公路里程3412.70千米，其中高等级公路349.27千米，农村通公路行政村比重达到100%。年末公交车路数10路，实有公共汽（电）车运营车26辆，实有出租汽车50辆。全年邮电鹤峰县分公司累计完成收入3951万元，完成计划的95.6%，同比增长1.73%，规模居全省第63位。其中代理金融板块收入2775万元，完成进度95.03%，同比增长4.95%，收入贡献率70.23%，同比增长2.16%。邮务板块收入746.06万元，完成进度96.89%，同比增长1.92%，收入贡献率18.88%，同比持平。寄递板块收入完成416万元，完成进度94.65%，同比增长1.73%，收入贡献率10.53%，同比持平。

【科技、教育、卫生】 2021年，组织申报认定高新技术企业5家，全县通过国家认定的高新技术企业达到6家。组织湖北八峰药化公司、青翠源茶业公司等20家企业完成科技型中小企业入库信息填报。组织湖北鑫农茶业公司、湖北忠翔农业开发公司、湖北巨融林业公司分别与湖北省农科院、中南民族大学、华中农学院合作共建技术研发中心，并申报恩施州校企联合创新中心，其中湖北鑫农茶业公司申报的有机茶技术校企联合创新技术中心获得认定。组织湖北融硒农业科技公司创建的州“星创天地”通过评审获州科技局备案认定。选派省三区人才17人，选派州级科技特派员4人，县科技特派员30人，分别为县内25家企业、20个专业合作社提供技术服务。全年征集企业技术需求15项，组织实施科技成果转化3项，全年累计登记技术合同44项，实现技术合同交易额12115万元。全年全县有各类学校63所，其中普通中学15所，中等职校1所，小学46所，特殊学校1所。年末全县专任教师1577人，在校学生17373人。其中普通中学在校学生6661人，职业高中在校学生1416人，小学在校学生9229人，特殊学校67人。全县幼儿园33所，在园幼儿3914人。小学龄适龄儿童净入学率100%，小学学生辍学率为零。初中学生入学率100%，初中毕业生升学率99.2%。高中毕业生升学率96.4%。九年义务教育完成率100%。年末拥有卫生机构165个，床位1003张，病床使用率80%。卫生技术人员1316人，其中执业医师574人，注册护士555人，卫生防疫人员75人。

【文化、旅游】 2021年，全县有影剧院1个，公共图书馆1个，图书室226个，公共图书馆图书总藏量13.98万册。全县广播覆盖率99.9%，电视覆盖率99.9%。全年旅游接待人数225.43万人次，同比增长346.2%。实现国内旅游综合收入11.95亿元，同比增长245%。

【居民生活】 2021年，城镇常住居民人均可支配收入32256元，比2020年增加2959元，同比增长10.1%。全年城镇常住居民生活消费支出同比增长20.1%，较2020年增长26个百分点。构成城镇居民消费支出的八大类商品价格涨跌幅度为：食品烟酒支出上涨7.2%，衣着支出上涨19.3%，居住支出上涨6.9%，生活用品及服务支出上涨为23.6%，交通通信支出上涨32.9%，教育文化娱乐支出上涨55.2%，医疗保健支出上涨57.5%，其他用品和服务支出上涨29.4%。全年农村常住居民人均可支配收入14097元，比2020年增加1617元，同比增长13%。全年农村常住居民生活消费支出同比增长19.3%，增幅较2020年上涨17.1个百分点。构成农村居民消费支出的八大类商品价格涨跌幅度为：食品烟酒支出上涨12.3%，衣着支出上涨37.4%，居住支出上涨10.3%，生活用品及服务支出上涨为22.5%，交通通信支出上涨12.2%，教育文化娱乐支出上涨51.8%，医疗保健支出上涨35.5%，其他用品和服务支出上涨20%。

【社会保障】 2021年，参加城镇基本养老保险人数3.89万人，参加农村养老保险人数12.95万人，参加失业保险人数0.86万人，工伤保险人数1.08万人，参加城镇居民基本医疗保险17.87万人。年末各种社会福利性收养单位11个，收养人数259人，农村社会救济人数9896人，其中农村居民最低生活保障人数7253人，城镇居民最低生活保障人数464人。

【市场主体】 2021年，全县年末实有市场主体21678个，比2020年增长11.4%，其中实有企业类市场主体3451个，实有个体工商户17262个，农民专业合作社965个。全年新登记各类市场主体2959个，同比增长50.7%，其中新登记企业类市场主体581个，同比增长24.7%。全县就业人员3.97万人，城镇登记失业率为1.54%。

【环境】 2021年年末，全县森林面积22.98万公顷，森林覆盖率80.1%，自然保护区面积20851.6公顷。城区空气质量优良天数364天，城区空气质量优良率99.7%。全社会用电量36976.5万千瓦时，比2020年增长19.3%，其中工业用电量9087万千瓦时，比2020年增长20.9%。

【应急管理】 2021年，全县发生各类安全事故2起、死亡3人，安全事故损失额235万元。

【城市建设】 2021年，鹤峰县城乡市政基础设施建设项目19个，其中续建项目7个，新建项目5个，谋划项目7个。全年完成投资8325万元。全年完成预、结算项目17个。支付完工项目及在建项目工程款约6000万元。完成招投标3个。全年改造完成231户新增农村危房，全县95%行政村完成生活垃圾无害化处理全达标任务，建成居民区生活垃圾分类示范区1个，8个乡镇生活污水处理厂正常运行，容美城区污水处理厂完成提标改造工程。全县9个生活污水处理厂出水达到一级A排放标准。全年办理施工许可证24个，涉及投资金额1.77亿元，新增面积126204.69平方米，其中新增房建面积25386.55平方米，新增市政面积100818.14平方米。工程竣工验收23项，其中房建项目19项，涉及面积281419.58平方米，涉及金额4.07亿元，市政项目4项，涉及金额2.45亿元。全年全县注册房地产开发企业4家(其中四级资质企业4家)，房地产开发在建项目3个，完成房地产开发投资0.92亿元，施工面积为12.4万平方米，新开工面积为1.99万平方米，销售面积为5.66万平方米，全县住宅成交均价4485元/平方米。全年销售天然气约15.8万立方米，石油液化气约1409吨。

【乡村振兴】 截至2021年年底，鹤峰县2.2万户建档立卡脱贫户全面实现“两不愁三保障”。全县组建村级“尖刀班”207个，选派“第一书记”207名，1429名驻村工作队员坚持岗位在村、工作在村、吃住在村，开展驻村帮扶工作。全县统筹捆绑涉农资金31535.5万元用于乡村振兴，其中产业发展资金20660万元、健康帮扶资金861万元、农村脱贫对象低保资金840万元、农村危房改造资金450万元、国有林场建设资金80万元、易地扶贫搬迁贴息资金3678万元、基础设施资金1867万元、环境整治资金526万元、传统村落连片保护资金1612.5万元、易地扶贫搬迁后续扶持资金461万元、管理费500万元。资助脱贫家庭学生19532人次、1485万元，落实“雨露计划”1707人，发放补助资金426.75万元。建立义务教育控辍保学联保联控机制，适龄儿童少年入学率达100%。全县推进义务教育学校教师“县管校聘”改革，覆盖率达100%。实施薄弱学校改造项目26个，总投资2777万元，义务教育学校办学条件整体提升。严格执行“先诊疗后付费”和“一站式、一票制”即时结算，建档立卡脱贫户县域内住院报销综合比例达92.66%，门诊慢性病报销比例达80.5%，门诊重症合规医疗费用报销比例96.03%，未发生因病致贫返贫现象，大病集中救治1063人次，家庭医生签约服务应签尽签，做到签约一人、履约一人。排查农村居民住房55157户，实施危房改造231户，农村新增C、D级危房实现应改尽改。落实水利发展资金599万元，修建水池20口，新建水窖327口，铺设管网98000米；投入饮水安全维修养护资金197万元，农户饮水安全得到保障。开展临时救助1236人次，为4143名持证残疾人发放“两项”补贴479万元，对全县7558人农村低保对象、1218人农村特困供养对象实现应助尽助、应兜尽兜。按照“发现一户、监测一户”的原则，将177户、512人低收入人口纳入监测对象，并采取“一户一档、一户一策、一户一专班”模式实施精准帮扶，未发生一例返贫致贫现象。统筹捆绑资金2.07亿元，发放小额信贷资金4969万元，用于产业发展及配套基础设施，通过“832平台”销售农副产品2.01亿元。引导脱贫人口外出务工就业23220人，较2020年同期增加2%。结合安置社区管理服务和护林、护路等需求，开发公益岗位403个，促进搬迁劳动力就近就地就业。所有安置点水电路网全覆盖，9个50户以上的安置点卫生室、文化广场、红白理事厅、便民超市、公厕和公共管理用房全配套，易迁安置点发展水平和治理能力得到全面提升。全县清理出各类扶贫资金45.33亿元，其中形成的扶贫项目资产总规模为20.7亿元。实施乡村振兴重点村“1311工程”(压茬建设1个示范带即中营至下坪示范带，3个示范区即太平示范区、容美示范区、走马示范区，11个示范点)。重点打造以茶叶为主的全产业链建设以及中蜂、蔬菜、中药材、箬叶、畜禽等优势主导产业，谋划全产业链建设项目35个。全县新增规上农产品加工企业2家，新增省级农业产业化龙头企业4家。村村通客车保持率达100%，农村物流快递通行政村率达100%，自来水普及率达95.56%。加强9个污水处理厂运维管护，农村生活污水治理率达到30%，农村生活垃圾无害化处理率达到95%。推动健康乡村建设，“万名大学生乡村医生配备”定向培养和派驻巡诊任务完成率100%，205个村卫生室均达到“五化”标准，省级卫生乡镇、村创建率100%。推进“114”帮学提能工程(1名驻村干部结对1名村干部开展学理论、学技能、学方法、学规矩行动)，落实“一村多名大学生”计划，发展农村党员136名，推进县、乡、村集中换届。9个乡镇均创建成为州级文明乡镇，文明村(社区)覆盖率52.6%。全县建成1个全国法治民主示范村、1个省级法治建设示范村、2个省级法治文化建设示范点。204个村纳入农村集体产权制度改革范围，登记赋码完成率100%。村集体经济年收益过10万元村的比重保持增长，149个行政村的10万元以下非经营性债务全部清零。

2021 年 4 月，鹤峰县举办 2021 “鹤峰茶·世界品” 云上春茶节　（夏欢畅 摄）

【鹤峰县发现 19 件清道光年间珍贵谱牒】 2021 年 3 月 31 日，鹤峰县有关学者、民间收藏家、书法家和李氏族人一起，对一民间族谱进行研究，鉴定其为 19 件清道光年间的珍贵谱牒。经现场初步分辨，这批从废旧物中抢救出的谱牒共 19 件，分别由 19 人题撰。题撰者有清道光年间翰林院掌院学士蒋祥墀、状元蒋立镛，晚清名臣曾国藩、云贵总督张亮基、道光十八年进士吴存义等，跨度长达 28 年。题撰以楷书为主，兼有隶书、行书。谱牒保存完好，印鉴清晰，具有文化价值。

【2021 “鹤峰茶·世界品” 云上春茶节】 2021 年 4 月，鹤峰县举办 2021 “鹤峰茶·世界品” 云上春茶节，汇集鹤峰县 45 家企业、商户的近 200 种特色农产品，40 名青年电商创业人才现场进行带货直播。活动现场开展传统制茶工艺体验、现代制茶工艺体验、手工制茶工艺体验、鹤峰茶叶奶茶制作、土家四道茶制作、鹤峰茶文化故事会、文艺节目等各种线下体验式互动销售活动。据统计，活动期间累计交易额突破 150 余万元，观看人数超过 18 万人。

【鹤峰县 “99 公益日” 活动】 2021 年 9 月 9 日 24 时，鹤峰县 2021 年 “99 公益日” 活动累计筹得善款 236 万余元，累计参与人数达 101786 人次，筹集善款达 236.84 万元，其中 “鹤峰县免费午餐” 项目善款 200.82 万元、“鹤峰娃也要大病医保” 项目善款 21.51 万元、“活水计划——鹤峰携老挈幼行动” 项目筹款 14.51 万元。“99 公益日” 活动期间，腾讯公益慈善基金会将提供资金进行项目定向配捐，爱心人士捐 1 元以上，将获得相应配捐金额。

【鹤峰县获 “阳光校餐” 最佳进步奖】 2021 年，由中国发展研究基金会主办、联合国世界粮食计划署协办的 “营养改善计划十周年国际研讨会” 在北京采取线上线下方式同步举行。会议表彰 10 个 “阳光校餐” 优秀试点县，鹤峰县获 “阳光校餐” 最佳进步奖。

【《“乡村人才超市” 赋能乡村振兴》获评 “楚治——2021 ‘荆楚杯’ 助力乡村振兴创新案例”】 2021 年 12 月 17 日，2021 湖北大数据内容峰会在武汉东湖之滨举行，“楚治——2021 ‘荆楚杯’ 社会治理创新案例” 评选结果在会上公布，鹤峰县融媒体中心《“乡村人才超市” 赋能乡村振兴》获评助力乡村振兴创新案例。

【荣誉】 2021 年 1 月 6 日，国务院农民工工作领导小组在北京召开全国优秀农民工和农民工工作先进集体表彰大会，鹤峰县燕子镇龚涛被表彰为 “全国优秀农民工”；中共鹤峰县委、县人民政府被中国社会福利基金会表彰为 2021 年度 “最佳慈善伙伴机构奖”；鹤峰县天牧牧业专业合作社理事长许群群获 “全省十佳农民” 称号；湖北农情施意农业开发有限公司总经理吴金林获评共青团中央、农业农村部联合表彰为首届 “全国乡村振兴青年先锋”。

（徐 婕　王 西）

人　物

Figures

先进人物

【谢睿（1981—2020）】 2021年2月25日，被中共中央、国务院表彰为全国脱贫攻坚先进个人；6月，被中共中央追授为全国优秀共产党员；11月，当选第八届湖北省道德模范。男，土家族，1981年8月出生，湖北咸丰人，生前任咸丰县清坪镇党委委员、纪委书记、县监察委员会派出清坪镇监察室主任。他心系群众，多数时间奋战在基层一线，坚守在脱贫攻坚第一线，联系包保全镇5个最偏远、基础最薄弱的村，帮助改善基础设施、发展特色产业、美化庭院环境、增加村民收入，用心用情铺就一方百姓脱贫致富路。在纪检监察系统任职的4年里，从日常监督到线索核查、从入户走访到廉政宣教，他勇于担当、敢于亮剑，在用监督执纪利剑为脱贫攻坚保驾护航上不遗余力，负责的清坪镇党风廉政建设工作在全县党风廉政建设责任制目标考核中始终排名前列。2020年9月15日，谢睿在清坪镇龙潭司村检查精准扶贫工作时，不幸因公牺牲，年仅39岁。

（张祚佳 李 俊）

【张代明】 2021年2月25日，被中共中央、国务院表彰为全国脱贫攻坚先进个人。男，土家族，1976年8月生，大学本科、中共党员，州发改委地区经济科科长。他一直担任恩施州易迁工作领导小组办公室综合组长，牵头负责专班日常工作，牵头起草《恩施州推进重点项目和易地扶贫搬迁工作部门措施清单》《恩施州关于加快推进易地扶贫搬迁的意见》《关于进一步抓好易地扶贫搬迁工作的实施意见》等重要文件，结合工作实际，撰写调研报告，提出解决搬迁户过渡时期生产生活条件的政策措施，多次向省主管部门提出完善易迁政策的意见建议被采纳。协调推进全州易迁工作，助推全州完成7.28万户、24.3万人易迁任务，占全省总数的27.3%；助推建成集中安置点1425个，其中3000人以上安置点3个，占全省总数的50%；800人以上安置点33个，占全省总数的63.4%。

（张祚佳 唐 义）

【龙 慧】 2021年2月25日，被中共中央、国务院表彰为全国脱贫攻坚先进个人；获评2021年1月至2月“荆楚楷模”。女，侗族，1982年9月生，中共党员，硕士研究生，恩施市芭蕉侗族乡党委书记。她坚持责任上肩抓落实，是百姓心中的“民勤”书记，在她的带领下全乡贫困发生率由2014年的23.6%，到2020年实现清零，4450户、14131人如期脱贫，人均可支配收入由2014年的2700元增长到2020年13517元，7年时间翻了5倍。

【向 辉】 2021年2月25日，被中共中央、国务院表彰为全国脱贫攻坚先进个人。男，土家族，1971年5月生，大学本科、中共党员，州医疗保障局办公室主任。他参与起草20余份医疗保障扶贫政策文件，有力有效解决全州110万名贫困人口因病致贫、因病返贫问题，全州9.2万户因病致贫家庭基本医疗得到有效保障，实现稳定脱贫。起草《关于进一步加大健康扶贫特殊慢性病门诊保障政策落实力度的通知》，提出优化慢性病门诊保障工作的政策措施，通过优化慢性病评审服务，加强慢性病门诊就医管理，全州纳入大病、慢性病门诊保障范围的贫困人口达到49294人，基本实现应纳尽纳。

【向 辉】 2021年2月25日，被中共中央、国务院表彰为全国脱贫攻坚先进个人；被中央文明办评为2021年3月敬业奉献类“中国好人”。女，土家族，1977年12月生，大专、中共党员，全国农业劳动模范、省人大代表、来凤县农园果蔬合作社理事长、来凤县农业广播电视学校（民办）校长。她创办合作社、企业和学校，形成“培训+产业”一体扶贫模式，学校育人聚才，合作社组织生产，公司负责销售。通过培育懂技术农户和会经营善管理致富带头人5400多人次，采取“公司+合作社+基地+农户”和订单销售模式，帮助众多贫困户对接上了大市场，辐射9个村、585农户发展特色产业533.33公顷，带动667户贫困户共奔致富路。2020年10月，她被国务院扶贫开发领导小组授予全国脱贫攻坚奖创新奖。

【游 亮】 2021年2月25日，被中共中央、国务院表彰为全国脱贫攻坚先进个人。男，1985年7月生，大学本科，中共党员，利川市扶贫办党组成员、副主任。他先后参与利川市贫困对象精准识别，牵头制定驻村帮扶方案，选派1912名驻村干部进驻577个村开展驻村帮扶，组织1.2万名党员干部与贫困户结对帮扶；推动扶贫小额信贷累计放款15.77亿元，投放规模位居全省第一。致力推动深度贫困攻坚，将全市最偏远的忠路镇、文斗乡、沙溪乡、建南镇成功申请为“全省连片开发创新试点”和全州“利川—咸丰西南片区”脱贫攻坚政策支持区域，累计实施扶贫项目2285个、10.1亿元，确保深度贫困区域同步实现脱贫。

【张 华】 2021年2月25日，被中共中央、国务院表彰为全国脱贫攻坚先进个人。女，土家族，1976年2月生，大学本科，中共党员，建始县脱贫攻坚指挥部副指挥长，县政协党组成员、副主席。她主动作为，认真学习贯彻习近平总书记关于扶贫工作的重要论述以及系列重要讲话精神，主动作为当好参谋，到红安县考察和学习“兰考经验”，全面思考建始脱贫攻坚大计，推进构建“1+10+13”（1个县脱贫攻坚指挥部及办公室、10个乡镇脱贫攻坚前线指挥部、13个专项工作组）作战指挥体系，建立完善领导责任、督查抽查、考核评价、责任追究四项机制。牵头制定政策性文件60余个；组织召开各类会议400余次，提请研究事项600余件，审核工作文件500余个；组建404个村级“尖刀班”，实行岗位在村、工作在村、吃住在村，7000余名干部与贫困户结对全覆盖，确保各项工作稳步推进，为建始县脱贫攻坚事业作出突出贡献。

【雷玉龙】 2021年2月25日，被中共中央、国务院表彰为全国脱贫攻坚先进个人。男，土家族，1974年3月生，硕士研究生，中共党员，巴东县脱贫攻坚指挥部副指挥长，县政府党组成员、副县长。他始终把打赢脱贫攻坚战作为首要政治任务，勤劳务实地奋战在脱贫攻坚“主战场”，铆足干劲、下足绣花功夫，用心、用情、用行服务全县脱贫事业，他更是脱贫攻坚工作推动者、先行者、践行者，顺利实现5.6万户、18.1万人贫困人口脱贫和恩施州唯一深度贫困县“整县摘帽”。

【姚元翔】 2021年2月25日，被中共中央、国务院表彰为全国脱贫攻坚先进个人；获评2021年3月至4月敬业奉献类“湖北好人”；获评2021年11月敬业奉献类“中国好人”。男，侗族，1969年1月生，中专，中共党员，宣恩县椒园镇黄坪村党支部书记、村委会主任。他始终秉承全心全意为人民服务的观念，用实际行动带动黄坪村成功整村脱贫出列，带领老百姓走上小康之路。在他的带领下，黄坪村黄金梨产业实现年产值1200万元，茶叶年产值600万元，旅游收入800万元。他先后获得“恩施州劳动模范”“全省优秀村支书”“湖北省优秀党务工作者”等荣誉。

【刘迪航】 2021年2月25日，被中共中央、国务院表彰为全国脱贫攻坚先进个人。男，土家族，1983年12月生，大学本科，中共党员，鹤峰县邬阳乡三园村驻村工作队队长兼第一书记、县委组织部四级主任科员。他在鹤峰县最偏远的邬阳乡三园村连续驻村工作4年，带领驻村“尖刀班”，聚合力改善基础设施，为村民办实事、解难题，建强基层党组织，创新村干部帮学提能举措。全村267名贫困人口全部如期脱贫，贫困发生率、脱贫人口错退率、贫困人口漏评率均为零。

【王 强】 2021年2月25日，被中共中央、国务院表彰为全国脱贫攻坚先进个人。男，1982年11月生，大学本科，中共党员，州政府办公室秘书五科副科长（挂职），杭州市帮扶恩施州工作队队员，杭州第一技师学院培训处处长、团委书记。2018年9月，积极响应组织号召，主动从杭州到恩施州脱贫攻坚一线，在实际工作中修订《东西部扶贫协作项目资金管理办法》，撰写《恩施州脱贫攻坚存在的主要困难与破解途径》《恩施州农业生产概况和发展瓶颈》《聚焦提升绩效，创新开展东西部扶贫协作的路径研究》等调研文章，总结提炼《通过实施“四建、两促进”，不断深化杭恩两地劳务协作》《发挥比较优势，合力提升恩施农特产业》等扶贫协作典型案例，协调促进两地人社部门精准对接，建立两地劳务供需平台，开展1.77万人次贫困户劳动技能培训，帮助打造“恩施月嫂”“恩施厨娘”等劳务输出品牌，规范扶贫车间的认定和建设，累计帮助3.2万名贫困劳动力实现稳定就业，帮助开设“职教就业直通班”，累计招收近600名恩施籍建档立卡贫困学生到杭州职业院校免费学习，打造教育扶贫和技能扶贫的样板，为恩施州高质量打赢脱贫攻坚战作出贡献。

（张祚佳）

【王祖华】 2021年6月，被中共中央表彰为全国优秀党务工作者。男，1978年3月出生，中共党员，巴东县绿葱坡镇野花坪村党支部书记、村委会主任，先后获得州“劳动模范”“荆楚楷模”“全省优秀村党支部书记”“湖北好人”“全省模范退役军人”“中国好人”等荣誉。2006年，他拿出自己3.4万元积蓄，带领村内党员群众苦战修通该村首条出山道路。2008年经组织推荐被选任为巴东县绿葱坡镇野花坪村党支部书记，他一心为民，将国家给予他个人的村干部报酬用于补贴其他“两委”干部和困难村民，自掏腰包出资出物用于村级基础设施建设和公益事业，被当地群众誉为“倒贴‘村官’”。发挥党员“双带”作用，创造性开展“党员结对帮困”行动，为群众解决急难愁盼等问题，该村建成全镇首个标准化党群服务阵地。14年来，全村没有一名群众出村上访，没有一名党员干部受到党纪处分。2008年，成立党员突击队，动员村民义务修路凿通1000多米的悬崖路。全村累计修建道路70余千米，硬化主干道13千米。2018年，全村80户易地搬迁户全部搬进新居。探索“党支部+农业专业合作社+基地+农户”的发展模式，在全县率先创建村级创业园，以党支部为龙头，村级集体经营公司为主体，组织全村产业大户、在外能人和村民联合成立药材公司，整合村级闲置资源，修建药材深加工厂房，多渠道拓宽产业发展。建设总面积33.33公顷的观光农业产业示范园，陆续建成蔬菜基地、药材专业合作社。2016年，野花坪村整村脱贫出列，巩固脱贫成效，有效衔接乡村振兴。科学制定村级发展规划，建设“放心菜园、道地药园、好客胜地、产业中心”，村委会牵头成立旅游开发公司，打造“梦幻野花谷”特色乡村旅游，2020年成功纳入省美丽乡村建设试点。探索“扶贫搬迁+绿色种养+农旅融合+信息支撑”的乡村振兴模式，动员群众将集中安置点改造成农家乐，建成民宿70家，发展蔬菜87.13公顷、药材88.4公顷。探索建立“支部统领、支委包片、党员联户”的村级治理体系，推行民主管理，开展村级“最美”系列评选，组建村级文艺小分队，为21名考上大学的学生发放助学金。

（李　俊）

【洪克俭】　2021年4月，被中华全国总工会授予“全国五一劳动奖章”。男，58岁，苗族，大学专科毕业，利川市德隆生漆科技有限责任公司总工程师（正高级工程师）。曾获得“荆楚工匠”“湖北省首席技师”“湖北省民间工艺技能传承人”荣誉称号，先后2次获得湖北省科技进步三等奖，是国家级技能大师工作室、湖北省民间技能传承人工作室带头人，享受省政府专项津贴、国务院政府特殊津贴。利川市的制漆技艺（坝漆制作技艺）被列入第五批国家级非物质文化遗产代表性项目名录，为传承和保护好这个传统技艺，洪克俭坚持技术创新，提升企业自主创新能力，先后主持参与7项省部级重大研究课题，获得授权国家专利11项，鉴定登记重大科技成果4项，重要学术期刊发表论文5篇。他先后兼任5家企业的技术顾问，帮助解决技术难题，促进产品升级换代，先后为企业建立生产线2条，撰写专利25项，培训技术骨干187人。20次到相关大专院校授课，受众达350多人。为所在企业培训技术骨干13人，自主设计建成年产1000吨生漆涂料生产线，把公司建成中国林业科学研究院林产化学工业研究所、湖北省林业科学研究院生漆精制实验基地，国家级非物质文化遗产（制漆技艺）保护基地。在他的带领下，公司设立湖北省民间工艺技能传承人工作室、国家级技能大师工作室，开发出5大系列生漆涂料品种，与4家漆树专业合作社联合种植漆树266.67公顷，带动农民种植漆树6666.67公顷。与上海园林工程有限公司、常州华立液压润滑设备有限公司、哈尔滨飞机工业有限公司等企业形成战略合作联盟，2019年实现销售收入2100万元。

（雷　蓉）

【文治成】　2021年4月，被中华全国总工会授予“全国五一劳动奖章”。男，1971年生，大学本科，中共党员，恩施银保监分局大型银行监管科科长。2017年1月至2021年5月，被选派到巴东县官渡口镇园淌子村驻村扶贫，先后担任第一书记、“尖刀班”班长、工作队队长。驻村期间，工作尽职尽责，帮扶措施到位，帮扶成效显著，深受群众好评。贫困发生率高达68.7%的深度贫困村如期实现整村脱贫，驻村扶贫故事先后被《金融文化》《中国金融》《湖北日报》等各级媒体报道。牵头撰写的《充分发挥思想政治工作在决胜全面小康社会、决战脱贫攻坚中的作用研究——思想政治工作的“四个作用”在巴东县官渡口镇园淌子成功实践》获评2020年全国金融系统思想政治工作和文化建设调研成果二等奖。2017年获评巴东县“三十佳支部书记”，2017年、2018年被巴东县官渡口镇党委表彰为“优秀第一书记”，2018年获得巴东县“百佳扶贫干部”荣誉称号，2019年获得巴东县“帮扶干部榜样”称号，2017—2021年连续5年在单位年度考核为“优秀”，2020年被授予“全国金融五一劳动奖章”，2021年分别获评湖北银保监局系统、中国银保监会系统“优秀党务工作者”。

（潘　婷）

【容　易】　2021年4月，被中华全国总工会授予“全国五一劳动奖章”，名列中宣部、中华全国总工会联合公开发布2021年“最美职工”榜单。女，土家族，湖北恩施人，中共党员，北京宇航系统工程研究所总设计师、研究员级高级工程师。她工作在运载火箭总体设计一线，长期参与重型运载火箭总体方案设计，开展重型运载火箭型谱设计，带领研制团队开展大直径箭体结构、大型地面试验技术等重大关键技术攻关，践行着航天人“探索浩瀚宇宙、建设航天强国”的使命担当，是中国航天科技集团学术技术带头人和火箭院运载总体技术首席专家，国家第三批万人计划特需领域青年拔尖人才，获得军队科技进步二等奖等荣誉。

（编辑部 供稿）

【陈兹方】　2021年4月27日，被共青团中央、全国青联授予“中国青年五四奖章”；被中央文明办评为12月助人为乐类“中国好人”。男，土家族，1989年3月生，群众，初中文化，巴东县水布垭镇杨家垭村农民。他出生在巴东县偏远山村，先天失去双臂。9个月时父亲因脑卒中突然离世。为减轻家庭负担，他学会用脚洗澡、穿衣、锯柴、种烤烟、干农活，学习用手机上网，了解外面的世界。2016年，他萌生开网店的想法。从最开始恳求乡亲们赊山货和土特产出售，到乡亲们主动请求卖货，几个月时间，“陈兹方铺子”发展起来，2019年的销售额达到300万元。他带领乡亲们一起脱贫致富，先后帮助200多农户销售土豆、腊肉、脐橙等土特产，直接为老百姓增收500多万元。2020年，恩施的“中华红血橙”受疫情影响严重滞销，陈兹方直播销售10吨红血橙，并负责将其中3.6吨血橙捐赠给武汉大学人民医院。他的励志故事被中央电视台、新华社、《湖北日报》、《恩施日报》等70多家媒体报道。

【袁伟译】　2021年9月7日，被共青团中央、全国青联授予“中国青年五四奖章”；获评2021年7月至8月“荆楚楷模”。男，土家族，2000年8月生，共青团员，高中文化，湖北省残疾人游泳队运动员。袁伟译8岁时因意外致双臂截肢、左脸严重烧伤、视力听力受损。住院时正值2008年北京残奥会，受残奥会游泳冠军何军权鼓舞，结缘游泳。他用双脚生活起居，开始专业游泳训练，参加残疾人体育运动。2013年，他选入湖北省残疾人游泳运动队，是队里年龄最小的成员。在2015年世界残疾人游泳公开赛中，袁伟译首次代表国家队参赛，夺得男子50米仰泳金牌、男子50米蝶泳银牌。在2017年全国残疾人游泳锦标赛上获4金1银，并在SM5级200米个人混合泳决赛中打破全国纪录。在2019年全国第十届残疾人运动会上夺得1金3银。2021年，他在东京残奥会上勇夺1金1银1铜，是东京残奥会湖北首金获得者。他先后获得全国残疾人体育先进个人、"恩施州青年五四奖章"、咸丰县"五个咸丰"建设突出贡献奖先进个人、"最美咸丰人"等荣誉称号。

【杨 锋】 2021年4月27日，被共青团中央授予"全国优秀共青团干部"称号。男，苗族，1989年7月出生，大学本科学历，2004年5月加入中国共青团，2014年7月加入中国共产党，2012年8月参加工作，利川市文斗镇团委书记、利川市文斗镇耳子山村党支部书记。他自2014年从事共青团工作以来，走进青年，了解青年，联系青年，服务青年。组织全镇各中小学校和团支部开展"主题团日"和主题队日"、庆祝中华人民共和国成立70周年、纪念"五四"运动100周年、"争做新时代好队员""我和我的祖国"、道德讲堂、学习英雄张富清、祭奠烈士等系列主题教育活动，构筑青年精神支柱。帮助青少年解决突出困难，开展"关爱留守儿童行动"、助学助医、志愿服务等工作。组织开展"希望家园"活动，为267名留守儿童提供暑期关爱服务。组织开展各类助学活动，资助贫困学生131人次，资助金额23.78万元。他主动投身脱贫攻坚、疫情防控和抗洪抢险工作，在急难险重的工作中展现青年担当和青春风采。曾被评为"全市优秀共青团干部""全州优秀共青团干部""全省优秀共青团干部"。

（岳 楠）

【方 荣】 2021年3月1日，被全国妇联评为"全国巾帼建功标兵"。3月8日，被省人社厅、省妇联评为"湖北省三八红旗手标兵"。女，1975年10月出生，中专学历，中共党员，恩施市龙凤联强农贸有限公司总经理。2010年被恩施州妇联评为全州妇女"双学双比女能人"，2011年被州政府评为"恩施州第二届优秀农村实用人才"，2017年被州委宣传部评为"恩施楷模"，2017年被省妇联评为"湖北省三八红旗手"，2018年被省农业厅评为"农村实用人才"。为改变家庭和家乡的贫困处境，2007年9月，方荣和丈夫在龙凤镇杉木坝村修建占地2400平方米的养猪场。2013年，成立龙凤联强生猪养殖专业合作社，逐渐走向规模化、规范化，即使在养猪业最低迷的时期，她依然依靠养殖创造500多万元的利润。她带动村民脱贫致富，以每亩地600元的租金租赁村民土地，并为村民提供就业渠道，安排他们到合作社做工，增加收入。她还帮助周边300多户农户发展生猪养殖产业，为想养猪但没有本钱的贫困户免费提供良种母猪和商品猪，进行生猪养殖培训。在她的带领下，养殖户每年的固定收入增加1万—3万元，经她扶持的30多户贫困户，大部分成为存栏30多头猪的富裕户，她带领开创该村"猪—沼—菜"生态循环经济发展模式，打造生态宜居宜业的家庭农庄示范基地，建成价值亿元的生态经济产业链。13年来，她在捐资助学、帮扶贫困、热心公益方面投入资金200余万元，主动帮扶贫困妇女63人。

（李 琼 黎 玲）

2020年度享受国务院政府特殊津贴人员

【沈艳芬】 2021年1月22日，经国务院批准，沈艳芬被评为2020年度"享受政府特殊津贴人员"。女，1976年11月出生，恩施州农科院副院长，正高职高级农艺师（农业技术推广研究员），大学本科学历，农业推广硕士学位，农业农村部薯类专家指导组成员、中国作物学会马铃薯专业委员会第八届委员会理事兼遗传育种学部副主任、农业农村部定点扶贫县湖北省科技服务团总牵头人、国家马铃薯良种联合攻关专家委员会成员、福建农林大学校外研究生指导教师。近5年来，获科技奖励3项，其中"马铃薯脱毒种薯繁育体系的建立及推广应用"2018年获省科技成果推广三等奖，"马铃薯高产高效技术集成研究与推广"2016年获全国农牧渔业丰收奖农业技术推广合作奖，"鄂马铃薯10号新品种选育与应用"2017年获州科技进步二等奖。获得各级荣誉表彰12项，其中2015年被省政府表彰为"享受省政府专项津贴人员"，2015年被州委、州政府表彰为"恩施州第三届优秀专业技术人才"；2016年被州妇联表彰为"恩施州三八红旗手标兵"；2016—2020年连续5年国家马铃薯产业技术体系考核为"优秀"；2018年被省政府表彰为"湖北省有突出贡献中青年专家"，2018年被省人社厅表彰为"湖北省新世纪高层次人才"，2018年被省妇联表彰为"湖北省三八红旗手"。是农业农村部表彰的产业技术扶贫优秀团队主要成员之一。主持有影响项目5项，分别为：国家马铃薯产业技术体系草害防控课题（2016—2020），省科技支撑项目"鲜食及高淀粉马铃薯新品种选育"（2015—2017），省农业科技创新中心马铃薯育种团队课题（2011—2020），国家马铃薯中晚熟西南组品种试验项目工作（2007—2020）、中央引导地方科技发展专项"武陵山区马铃薯晚疫病综合防控及高产高效生产技术研究与示范项目"（2016—2018）。主持选育国审马铃薯新品种1个（鄂马铃薯11）、省审马铃薯新品种2个（鄂马铃薯14、鄂马铃薯15）。参与选育省审马铃薯新品种3个（鄂马铃薯13、鄂马铃薯16、西芋3号），获省登记成果5项。作为主编、副主编参编《中国不同纬度和海拔地区马铃薯栽培》《马铃薯主粮化产业开发技术》，参编农业部技术丛书2部(《农业部武陵山区定点扶贫县农业特色产业技术指导丛书——咸丰篇》《农业部武陵山区定点扶贫县农业特色产业技术指导丛书——来凤篇》)，完成《南方马铃薯研究中心十年科技成果汇编》1部，作为通讯作者发表SCI文章2篇，发表论文30余篇，“一种水培方式生产甘薯脱毒种苗的方法”获国家发明专利授权。

（莫长锐）

新闻人物

【宋庆礼】 2021年2月，被中央文明办评为1月至2月敬业奉献类“中国好人”。男，土家族，1983年4月出生，鹤峰县五里乡南村村二组村民。2005年7月加入中国共产党，在职大专学历，十三届全国人大代表、共青团十八届中央委员、湖北省十三届党代会代表、恩施州第八届人大代表，鹤峰县五里乡金泰牧家庭农场场长。2008年，他从部队退役，选择回乡发展养殖技术。经过十几年发展，他的农场土鸡养殖规模达到2万多只，年产值500万元左右。种植小土豆，销售额就突破2000万元，带动本村及周边村400户贫困户、1000余人走上富裕路。在全国两会期间，宋庆礼建议国家加大对贫困山区大交通建设的支持力度。在新冠肺炎疫情防控中，他积极参与疫情防控宣传，为滞销农产品找销路、为卫生院筹备消毒液、为孩子们送书等义务工作。

【张　勇】 2021年，被中央文明办评为1月至2月助人为乐类“中国好人”。男，侗族，1969年8月出生，宣恩县高罗镇林业宾馆负责人、高罗镇商会会长、高罗镇公益顺风车志愿服务队队长。张勇在扶贫济困、捐资助学、抗疫救灾等方面慷慨解囊，以公益之心投身慈善事业。2020年，张勇在镇党委的号召下成立高罗镇商会公益顺风车志愿服务队，辐射带动商会会员、爱心商家、私家车主近150余名志愿者加入其中。新冠肺炎疫情防控期间，将自家宾馆改造为隔离点，为医学观察点、高罗镇卫生院发热门诊留院观察人员及部分卡点人员每天提供三餐共计160多份盒饭，组织带领60余名商会志愿者、400余名公益顺风车车主投身疫情防控一线，参与防疫值守、群众生活物资“代购”、转运防疫物资等志愿服务活动。被州委文明办评为恩施州新冠肺炎疫情防控志愿服务工作“优秀志愿服务团队”。他积极参与高罗镇新时代文明实践活动。据不完全统计，张勇带领商会参与社会公益志愿服务活动180余次，动员社会力量累计筹集善款60余万元，为300余人解决急难愁盼。他的事迹被《湖北日报》等主流媒体相继报道。2020年年底，张勇被宣恩县委文明委表彰为“出彩宣恩人”。

【黄思镇】 2021年，被中央文明办评为5月见义勇为类“中国好人”；11月，获第八届全国见义勇为道德模范提名奖，当选第八届湖北省见义勇为道德模范。男，土家族，1998年12月出生，湖北建始人，现役军人。2020年9月23日上午7时，休假中的黄思镇驾车途经景阳镇郑家坦村五组时，发现公路坎下一处民房发生火灾，并隐约听见有人在屋内呼救。黄思镇义无反顾地冲向火场，在凶猛的火势和滚滚浓烟中，将一名昏倒在地的老人救出。随后第二次冲进火场，抢运玉米等粮食。浓烟大火中，黄思镇发现还有一人被困屋内，不顾个人安危又一次冲入火海，将此人救到安全地带。黄思镇腹部等多处受伤，悄然离开现场。他不顾个人安危，挽救两条生命，拯救一个家庭，彰显一名新时代人民子弟兵的崇高品质。

【黄美清】 2021年，被中央文明办评为6月助人为乐类“中国好人”。女，土家族，1972年3月出生，中共党员，建始县花坪镇财政所工作人员。2008年3月，黄美清组建爱心妈妈志愿者服务队，长期致力于关心关爱孤寡老人、留守儿童的志愿者工作，爱心妈妈志愿者发展至今达97人，爱心帮扶救助活动从未间断，带领志愿者集体捐款捐物达60万余元。2014年组建旅游志愿者队伍72人，开展志愿服务活动百余场次。2015年组建建始县高坪镇婚俗文化传承队，连续2次走进央视7套《乡约——金建始》。2010年4月，黄美清担任建始县青花女子民兵连连长，10多年来率领青花女子民兵连完成大型活动安保义工工作30余场次，新冠肺炎疫情防控期间带领女子民兵积极参加防控工作。

【刘本云】 2021年，被中央文明办评为10月敬业奉献类“中国好人”。男，1974年出生，中共党员，恩施市城管综合执法大队教导员、恩施市“两违”清理整顿领导小组办公室主任。2020年7月17日，暴雨导致恩施市内涝，在救援被困群众时，刘本云用肩膀架梯转移群众的先进事迹经过各大新闻媒体报道之后，引起广泛关注和良好社会反响。新冠肺炎疫情防控中，他始终以党员干部的担当及奉献精神，奔波在疫情防控最前线。他先后获评“荆楚楷模·最美退役军人”“湖北好人”“全国扶贫开发先进个人”等荣誉称号。

（邓　恒　唐　敏）

【王凌云】 2021年12月25日，2021年度全国“新时代好少年”先进事迹发布活动在央视少儿频道播出，王凌云入选。女，2007年出生，宣恩县沙道沟镇初级中学八年级学生，父亲独臂，母亲患有癫痫病和智力障碍，爷爷奶奶年事已高，小小年纪的她扛起家庭重担，每天放学完成作业后，就抓紧时间洗衣、扫地、做饭，悉心照料患病的妈妈和年幼的妹妹。尽管生活艰辛，王凌云却从未向命运低头，始终乐观向上，学习成绩一直排名全镇前列。她曾获评2019年度全国“最美孝心少年”、2020年全国“优秀少先队员”、2021年湖北“新时代好少年”。

（编辑部 供稿）

去世人物

【张克勤（1930—2021）】 1930年9月出生，男，湖北襄阳人，中共党员，恩施州政协原副主席、州委统战部原部长，因病医治无效于2021年2月5日逝世。1949年6月参加革命工作，1952年6月加入中国共产党。历任恩施日报社副主任、副社长，地委宣传部副部长，州委常委、宣传部部长，州委统战部部长、州政协副主席等职务。1994年1月离休。

【孙庆云（1920—2021）】 1920年10月出生，男，湖北潜江人，中共党员，原恩施地区商业局局长，因病医治无效于2021年4月27日逝世。孙庆云于1943年5月参加革命工作，1946年3月加入中国共产党。历任恩施专署财委办公室副主任、主任，轻工业局局长，手工业局局长，冶炼局局长，恩施地区商业局副局长、局长等职务。1983年2月离休。

【孙济民（1932—2021）】 1932年8月出生，男，湖北石首人，中共党员，恩施州委原常委、原政法委书记，因病医治无效于2021年6月21日逝世。孙济民于1949年9月参加革命工作，1953年3月加入中国共产党。历任来凤县公安局副局长、来凤县三胡区委书记、来凤县委副书记、来凤县委书记、恩施地区行政公署副专员和州委常委、州纪委书记、州委政法委书记等职务。1994年9月离休。

（魏宏庆）

附　录

Appendices

主要组织机构及负责人

（2021年12月31日在职）

中共恩施州委员会

书　记　胡超文
副书记　夏锡璠（土家族）
　　　　尹　达
常　委　胡超文
　　　　夏锡璠（土家族）
　　　　尹　达
　　　　吕　星
　　　　张远梅（女）
　　　　张　淼（女）
　　　　龚鸿斌
　　　　田金培（土家族）
　　　　向红林（女，土家族）
　　　　单艳平（土家族）
　　　　刘智勇
　　　　王　磊（挂职）
秘书长　单艳平
副秘书长　匡乐轩
　　　　严　斌
　　　　向定山
　　　　曾召辉
　　　　胡　铭
　　　　王国玮
　　　　杨　峻
　　　　杨　频

恩施州人大常委会

主　任　柯东海
副主任　邓正平（土家族）
　　　　陈学明（苗族）
　　　　张在勇
　　　　向红林（女，土家族）
秘书长　向文虎（土家族）
副秘书长　曾志敏（土家族）
　　　　朱华松（土家族）
　　　　黄光英（土家族）

恩施州人民政府

州　长　夏锡璠（土家族）
副州长　张远梅（女）
　　　　王　磊（挂职）
　　　　田金培（土家族）
　　　　高敬佩（女，苗族）
　　　　曾凡胜（土家族）
　　　　宋　涛
　　　　田　军
秘书长　周辉军
副秘书长　董兴培
　　　　朱先忠（土家族）
　　　　周兴发（土家族）
　　　　费国华（土家族）
　　　　谭祖沧（土家族）
　　　　姜　波
　　　　杨泽敏（挂职）
　　　　王学东（挂职）

政协恩施州委员会

主　席　吴建清（土家族）
副主席　张全榜（土家族）
　　　　谭建军（蒙古族）
　　　　王继刚
　　　　刘晓冰（女，土家族）
　　　　何义发
　　　　邢祖训
　　　　单艳平（土家族）
秘书长　（空缺）
副秘书长　谭志国（土家族）
　　　　段绪慧（女，土家族）
　　　　李国庆

中共恩施州纪律检查委员会、州监察委员会

纪律检查委员会

书　记　吕　星
副书记　张敬东
　　　　蔡　倞
　　　　李　君
常　委　周继荣
　　　　牟泽忠
　　　　颜琳华（女）
　　　　彭云峰
　　　　张应仑

州监察委员会

主　任　吕　星
副主任　张敬东
　　　　蔡　倞
　　　　李　君
委　员　牟泽忠
　　　　彭云峰

法　院

州中级人民法院

党组书记、院长　雷　超

检察院

州人民检察院

党组书记、检察长　王　宏

州委工作机关

州委办公室（州委国安办、州档案局）

主　任　匡乐轩

州委组织部（州公务员局、州委两新工委）

部　长　张　淼

州委宣传部[州文明办、州政府新闻办、州新闻出版局（州版权局）]

部　长　向红林

州委统战部[州委台办（州政府台办）、州政府侨办]

部　长　田金培

州委政法委

书　记　尹　达

州委政策研究室(州委改革办、州委财经办、州政府研究室)

主　任　向定山

州委网络安全和信息化委员会办公室（州网信办）

主　任　周　清

州委外事工作委员会办公室（州政府外办）

主　任　贾继璠

州委机构编制委员会办公室

主　任　秦顺富

州委直属机关工作委员会
书 记　单艳平

州委巡察工作领导小组办公室
主 任　周继荣

州信访局
局 长　王国玮

州国家保密局
局 长　单 雷

州委老干部局
局 长　杨 华

州督查考评办公室
主 任　曾召辉

州人大常委会工作（办事）机构

常委会办公室
机关党组书记、办公室主任　杨天龙

法制工作委员会
主 任　吴以忠

民族宗教侨务外事工作委员会
主 任　谢俊泽

监察和司法工作委员会
主 任　肖刚清

财政经济工作委员会
主 任　田 首

农村工作委员会
主 任　谭鉴锡

教育科学文化卫生工作委员会
主 任　熊坤赤

环境资源保护工作委员会
主 任　余和平

社会建设工作委员会
主 任　谭立文

预算工作委员会
主 任　朱 瑾

代表选举人事任免工作委员会
主 任　卢群林

法规研究室（规范性文件备案审查室）
主 任　吴耀先

政府工作部门

州政府办公室
机关党组书记、办公室主任　周辉军

州政务服务和大数据管理局（州公共资源交易监管局）
党组书记、局长　周后培

州民族宗教事务委员会
主 任　向莉萍

州退役军人事务局（州委退役军人办）
党组书记、局长　饶章涛

州应急管理局
党委书记、局长　程 飞

州公安局
党委书记、局长　田 军

州司法局（州委依法治州办）
党组书记、局长　万雪峰

州经济和信息化局（州委军民融合办）
党组书记、局长　向应才

州农业农村局（州委农办）
书记、局长　汪 云

州商务局（招商局）
党组书记、局长　张远虚

州乡村振兴局
局 长　向 超

州发展和改革委员会（州粮食局、州能源局）
党组书记、主任　郑东来

州财政局
党组书记、局长　杨局成

州审计局
党组书记、局长　王新国

州统计局
党组书记、局长　侯 斌

州人民政府国有资产监督管理委员会
党委书记、主任　任伦杰

州市场监督管理局（州知识产权局）
党组书记　段怀刚
局 长　张紫阳

州地方金融工作局（州金融办）
党组书记、局长　王 牟

州交通运输局
党组书记、局长　杨盛僚

州自然资源和规划局
党组书记、局长　雷纯忠

州林业局
党组书记、局长　邓升志

州水利和湖泊局（州河湖长制办公室）
党组书记、局长　刘 剑

州生态环境局
党组书记、局长　卢智绘

州住房和城乡建设局（州人防办）
党组书记、局长　向 辉

州科学技术局（州国防动员委员会科技动员办公室）
局 长　胡 铭

州教育局（州委教育领导小组秘书组、州人民政府教育督导室）
党组书记、局长　王 峰

州文化和旅游局（州体育局、州广播电视局）
党组书记、局长　刘俐萍

州卫生健康委员会（州中医药局）
党组书记、主任　杨祖旺

州人力资源和社会保障局
党组书记　郑开廷
局　长　易善翔

州医疗保障局
党组书记　刘　琳
局　长　许　强

州民政局
党组书记、局长　罗申贵

州政协工作（办事）机构

州政协办公室
党组书记、办公室主任
杨　皓

提案委员会
主　任　孙兴无

经济委员会
主　任　蔡　平

教科卫体委员会
主　任　（空缺）

人口资源环境委员会
主　任　黄本维（土家族）

民族宗教委员会
主　任　（空缺）

文化文史和学习委员会
主　任　曾凡培

社会法制港澳台侨外事委员会
主　任　郜志中

委员工作委员会
主　任　谭德明

农业和农村委员会
主　任　陈明海

民主党派

中国国民党革命委员会恩施州委员会
主　委　许　强

中国民主同盟恩施州委员会
主　委　何义发

中国民主建国会恩施州委员会
主　委　张　伟

中国民主促进会恩施州总支部委员会
主　委　陈晓燕

中国农工民主党恩施州委员会
主　委　向仕莲

九三学社湖北省委直属恩施支社委员会
主　委　杨方列

群众团体

州总工会
主　席　涂元玲
党组书记　张　蓉

共青团恩施州委
书　记　陈　潇

州妇女联合会
党组书记、主席　王兰英

州工商联
主　席　王继刚
党组书记　刘红艳

州科学技术协会
主　席　冯兴炼

州残疾人联合会
党组书记、理事长　严　芳

州红十字会
会　长　高敬佩（兼任）
党组书记　刘咸辉

州委、州政府派出机构

州委恩施高新技术产业园区工作委员会（恩施高新技术产业园区管理委员会）
工委书记　张远梅
主　任　黄　敏

特殊经济组织

州供销合作社联合社
党组书记　滕晓东
主　任　卓万俊

州委直属事业单位

州委党校（州社会主义学院、州民族干部学校、州行政学院）
第一校长　胡超文
校　长　张　淼
州社会主义学院院长
田金培
州行政学院院长　张远梅

恩施日报社
党委书记、社长　陈登帆

州档案馆（州史志研究中心）
馆　长　覃遵国

州机关事务服务中心
主　任　胡友清

州广播电视台
台　长　粟　勇

州政府直属事业单位

州住房公积金中心
党组书记、主任　刘国文

州公共资源交易中心（州政府采购中心）
党组书记、主任　谭若峰

州公共检验检测中心（国家硒检中心）
主　任　邓　勇

州畜牧兽医服务中心
主　任　田代华

州硒资源保护与开发中心
党组书记、主任　田真明

州大数据中心
党组书记、主任　陈朝晖

部门所属行政单位

州强制隔离戒毒所
所 长 杨 军
政 委 熊 锋

部门所属事业单位

州委组织部党员教育中心
主 任 万 品

州委理论信息中心（州委讲师团）
主 任 向文锋

州纪委监委警示教育基地
主 任 向极怀

州政府驻武汉办事处
主 任 符金操

州政府驻北京联络处
主 任 董兴培

州农业产业化投资项目管理办公室
主 任 杨学峰

湖北鹤峰革命纪念地管理中心
主 任 汪 娟

州优抚医院
院 长 王 勇

州农业综合执法支队
支队长 赵如敏

州农业科学院（湖北恩施中国南方马铃薯研究中心 州硒应用技术与产品开发研究院）
党委书记 王 波
院 长 （空缺）

州城市管理综合执法支队
支队长 董兴来

州不动产登记中心
主 任 冯 强

湖北星斗山国家级自然保护区管理局
局 长 黄照林

湖北七姊妹山国家级自然保护区管理局
局 长 罗永生

湖北木林子国家级自然保护区管理局
局 长 （空缺）

湖北巴东金丝猴国家级自然保护区管理局
党支部书记、局长 钱才东

湖北恩施腾龙洞大峡谷国家地质公园管理局
局 长 谭志雄

州生态环境保护综合执法支队
支队长 朱熙锋

州公路管理局
党委书记、局长 王 勇

州高速公路建设管理委员会办公室
主 任 杨盛僚

州道路运输管理处
党支部书记、主任 陈文虎

州港航海事船检局
局 长 （空缺）

州农村公路管理局（州交通物流发展局）
局 长 陈宇峰

州铁路建设委员会办公室
主 任 刘天林

州交通运输综合执法支队
支队长 朱一进

州市场监督管理局综合执法支队
支队长 黄家甫

州发展和改革研究中心
主 任 李秀萍

州会计事务管理局
局 长 陆贤忠

州非税收入管理局
局 长 （空缺）

州财政监督局
局 长 张 洁

恩施职业技术学院
党委书记 戴清堂
院 长 张 捷

州广播电视大学
党委书记 宋爱军
校 长 田中华

州高级中学
党委书记、校长 谭 斌

州中心医院
党委书记 李 拓
院 长 琚兆清

州药业产业化领导小组办公室
主 任 （空 缺）

州妇幼保健计划生育服务中心
主 任 石思蓉

州疾控中心
主 任 彭再生

州卫生计生综合监督执法局
局 长 蒋 庆

州文化和旅游市场综合执法支队
支队长 罗 诚

湖北省民族歌舞团
党委书记、团 长 燕 冰

湖北恩施唐崖土司城遗址管理处
党工委主任、主任 申 艳

州社会保险管理局
局 长 刘言成

州公共就业和人才服务局
局 长 陶文胜

州人事考试院
院 长 陈妮芳

州贸促会
会 长 王祥群

州属国有企业

州高新投资开发有限责任公司
党委书记、董事长　　熊　庆

州国有资本投资运营有限公司
党委书记、董事长　　胡会清

州农发融资担保股份有限公司
董事长　　冉茂林

州平安押运有限公司
党委书记、董事长　　黄向前

州硒康牧业发展有限公司
董事长　　魏　凯

垂直（代管）单位和其他机构

州税务局
党委书记、局长　　马建军

州气象局
党组书记、局长　　姜玉印

恩施海关
关　长　　邱国强

省地质局第二地质大队
党委书记、队长　　杨波涌

湖北省恩施监狱
党委书记、监狱长　　胡晓山

州消防救援支队
支队长　　彭青松
政治委员　　胡　涛

国家统计局恩施州调查队
党组书记、队长　　吴立锋

湖北省农业科学院中药材研究所
党委书记、所长　　谭旭辉

州水文水资源勘测局（省水环境监测中心恩施分中心）
党委书记、局长　　杨松元

州生态环境监测中心
主　任　　张念胜

国网恩施供电公司
总经理　　宋全清
党委书记　　陈昌强

国能长源恩施水电开发有限公司
执行董事、总经理　　宫贵朝
党委书记　　罗则红

湖北能源集团齐岳山风电有限公司
执行董事　　瞿国斌
总经理　　陈　平

湖北广电网络恩施分公司
党委书记、总经理　　赵明政

州邮政管理局
党组书记、局长　　钱国栋

中国邮政集团有限公司恩施州分公司
总经理　　李茂山

中国电信恩施分公司
党委书记、总经理　　胡玉辉

中国移动通信集团湖北有限公司恩施分公司
党委书记、总经理　　谢纪鹏

中国联合网络通信有限公司恩施州分公司
党委书记、总经理　　刘学锋

中国铁塔股份有限公司恩施州分公司
总经理　　胡　平

州烟草专卖局（公司）
党组书记、局长　　（空缺）

湖北烟草金叶复烤有限责任公司
党组书记、总经理　　程瑞武

湖北中烟工业有限责任公司恩施卷烟厂
党委书记　　刘华豫

中国石化恩施石油分公司
党委书记、副经理　　王志东

中国石油湖北恩施销售分公司
党委书记、经理　　马朝军

恩施盐业分公司
党委书记、总经理　　陈家乐

湖北机场集团恩施机场有限责任公司
总经理　　覃遵勇
党委书记　　聂成志

湖北民族大学
党委书记　　向前进
党委副书记、校长　　顿祖义

湖北民族大学附属民大医院
党委书记　　谭庆丰
院　长　　刘伦志

湖北恩施学院
党委书记　　覃红斌
校　长　　马凤余

湖北清外教育科技集团
董事长　　李瑞成
总校长　　徐仕全
党委书记　　吴民佑

中国人民银行恩施州中心支行
党委书记、行长　　常　新

恩施银保监分局
党委书记、局长　　姜　涛

中国工商银行股份有限公司恩施分行
党委书记、行长　　张文锋

中国建设银行股份有限公司恩施分行
党委书记、行长　　薛实高

中国农业银行股份有限公司恩施分行
党委书记、行长　　张海涛

中国银行股份有限公司恩施分行
党委书记、行长　　周建峰

中国农业发展银行恩施州分行
党委书记、行长　　熊　华

中国邮政储蓄银行股份有限公司恩施州分行
党委书记、行长　　张　涛

湖北恩施农村商业银行股份有限公司

党委书记、董事长　范　伟
行　长　张巍巍

中国人民财产保险股份有限公司恩施州分公司

党委书记、总经理　王　辉

中国人民人寿保险股份有限公司恩施中心支公司

总经理　童　智

中国太平洋财产保险股份有限公司恩施中心支公司

党委书记、总经理　钟　宇

中国太平洋人寿保险股份有限公司恩施中心支公司

总经理　刘春艳

天安财产保险恩施中心支公司

总经理　李明锦

州老促会

会　长　于德海

州保险行业协会

会　长　钟　宇

州企业联合会（企业家协会）

会　长　谭隆泽

县　市

恩施市

中共恩施市委员会

书　记　苏　勇（土家族）
副书记　向子明（土家族）
　　郭亚妮（女，苗族）
常　委　苏　勇（土家族）
　　向子明（土家族）
　　郭亚妮（女，苗族）
　　刘　涛（土家族）
　　任建华（土家族）
　　宋传富（土家族）
　　向旭东（土家族）
　　李华军
　　柳海龙
　　徐贵尧（女，土家族）
　　董晓明（土家族）

恩施市人大常委会

主　任　徐　卫
副主任　黎昔品（侗族）
　　余秋红（女）
　　王学渊（土家族）
　　万亨东（土家族）
　　杨　帆（土家族）
　　吕祖贵（土家族）

恩施市人民政府

市　长　向子明（土家族）
副市长　刘　涛（土家族）
　　董晓明（土家族）
　　张　娟（女，彝族）
　　黄建国
　　吴德敏（挂职）
　　吴红春（挂职）
　　陈仁松（挂职）
　　卢　飞（土家族）
　　易发斌（土家族）
　　付定平（土家族）

政协恩施市委员会

主　席　汪业民
副主席　吴秀忠（土家族）
　　李家忠
　　刘庆华（女，土家族）
　　丁　娟（女，土家族）
　　廖平玥（土家族）

利川市

中共利川市委员会

书　记　刘智勇
副书记　熊　翔（土家族）
　　谢世鸿（土家族）
常　委　刘智勇
　　熊　翔（土家族）
　　谢世鸿（土家族）
　　喻东来（土家族）
　　周　霆
　　彭必武（土家族）
　　王宇飞
　　周　毅（土家族）
　　向益猛（土家族）
　　刘玲芳（女，土家族）
　　方小兵

利川市人大常委会

主　任　何文建
副主任　王　梅（女，土家族）
　　周峥嵘（女）
　　洪　超（土家族）
　　肖耀俊（土家族）
　　熊大昌（土家族）
　　曾维权

利川市人民政府

市　长　熊　翔（土家族）
副市长　彭必武（土家族）
　　向益猛（土家族）
　　李学森（挂职）
　　周爱华（女，土家族）
　　赖栋才（挂职）
　　朱廷辉（土家族，挂职）
　　王镇岩（挂职）
　　赵学成
　　何显高（土家族）
　　佘　军（土家族）
　　朱定攀（土家族）

政协利川市委员会

主　席　刘　勇（女，土家族）
副主席　周志刚（土家族）
　　向红杰（土家族）
　　周德燕（女，土家族）
　　张怀志（土家族）
　　李中革（土家族）

建始县

中共建始县委员会

书　记　张渊平
副书记　李永太
　　周和平（土家族）
常　委　张渊平
　　李永太
　　周和平（土家族）
　　张　媛（女，土家族）
　　刘友权（土家族）
　　李远禄（土家族）
　　蒋　涛（土家族）
　　龙　慧（女，侗族）
　　孙玉斌（土家族）
　　姚永红
　　金　鑫（土家族）

建始县人大常委会

主　任　曾凡忠（土家族）

副主任　张　华（女）
胡文江
刘书华
王家贵
曾　健
冯成碧（土家族）

建始县人民政府

县　长　李永太
副县长　孙玉斌（土家族）
张　媛（女，土家族）
李仁刚（挂职）
程洪平（挂职）
周　蜜（女，挂职）
刘仕军（土家族）
周　敏（土家族）
谭　明（土家族）
向　帆（土家族）
雷宏伍（土家族）

政协建始县委员会

主　席　曾玉平
副主席　李　丽（女）
喻红平（女，土家族）
姚建军（土家族）
樊友明（土家族）
何　平（土家族）

巴东县

中共巴东县委员会

书　记　黄　波（土家族）
副书记　洪家进（土家族）
沈浩然（土家族）
常　委　黄　波（土家族）
洪家进（土家族）
沈浩然（土家族）
唐其锐
黄　政（土家族）
张　情
钟迎松（土家族）
雷玉龙（土家族）
贺申富（土家族）
黄祖贵（土家族）
梁邦初

巴东县人大常委会

主　任　贾继建
副主任　李　闯（土家族）
唐　耘（女）
易开美（土家族）
周　红
谭文胜（土家族）
邓秀朝（土家族）

巴东县人民政府

县　长　洪家进（土家族）
常务副县长　雷玉龙（土家族）
副县长　黄艳妮（女，土家族）
皮剑飞（土家族）
宋　良（土家族）
李前兵（土家族）
熊学红
汤红明（挂职）
郑海军（挂职）
龚士刚（挂职）
章国伟（挂职）
邹宗兴（挂职）

政协巴东县委员会

主　席　肖谨诚（土家族）
副主席　刘传谊（土家族）
向秀忠（土家族）
谭联才（土家族）
田祚立（土家族）
宋子云

宣恩县

中共宣恩县委

书　记　习　覃（女，土家族）
副书记　赵秀峰（土家族）
郭玉锋（土家族）
常　委　习　覃（女，土家族）
赵秀峰（土家族）
郭玉锋（土家族）
邵爱华（土家族）
姚元文（侗族）
贺　彪
张通军（土家族）
朱俊奇
覃正彪（土家族）
向重臣（土家族）
朱朝春（土家族）

宣恩县人大常委会

主　任　覃国锋（土家族）
副主任　李　川（土家族）
乾维德（土家族）
陈　勇（侗族）
黄　敏（女，土家族）
奚泽辉（苗族）
龚家邦（土家族）

宣恩县人民政府

县　长　赵秀峰（土家族）
副县长　邵爱华（土家族）
姚元文（侗族）
陶　华（女，土家族）
卢　军（土家族）
孙　涛（土家族）
唐　刚（苗族）
袁永灿（土家族）
吕　辉（挂职）
张　锋（挂职）
段小鹏（挂职）

政协宣恩县委员会

主　席　周志斌
副主席　胡晓洪（侗族）
李明然
刘　军
舒　蓉（女，苗族）
黄　伟

咸丰县

中共咸丰县委员会

书　记　郭　玲（女，土家族）
副书记　覃正炜（土家族）
李　娟（女，土家族）
常　委　郭　玲（女，土家族）
覃正炜（土家族）
李　娟（女，土家族）
宋庆平
田应贵（土家族）
万玉强
黄显昌（土家族）
曾　军（苗族）
杨　俊
赵红敏（土家族）
何　祥（土家族）

咸丰县人大常委会

主　任　欧阳开平（土家族）
副主任　杨志高（土家族）
曾永国（土家族）
邓　华（女，苗族）
谭　皓（土家族）
尹健康（土家族）

曾令军（土家族）

咸丰县人民政府

县　长　覃正炜（土家族）
副县长　宋庆平
陈世雄（挂职）
唐红珍
李品颛（土家族）
袁明江（土家族）
申金桥（朝鲜族）
金　韬
李　政（挂职）
张绿林（挂职）
来国红（挂职）

政协咸丰县委员会

主　席　梁爱民（土家族）
副主席　李方胜
刘玉学（土家族）
张政祥（土家族）
严克远（土家族）
蔡　玲（女，土家族）

来凤县

中共来凤县委员会

书　记　李　伟（土家族）
副书记　张作明
安生永
常　委　李　伟（土家族）
张作明
安生永
朱传杰（土家族）
刘支皇（土家族）
刘　洋
何小岚（女，土家族）
张冠华（苗族）
田　慧（女，土家族）
汪建敏
黄祥平（苗族）
杨　锚（挂职）

来凤县人大常委会

主　任　田延初（土家族）
副主任　滕建刚（苗族）
蔡　勇（苗族）
张　钧（苗族）
覃玉斌（土家族）
段光明
文和海

来凤县人民政府

县　长　张作明
副县长　刘支皇（土家族）
杨　锚（挂职）
吴兴灿（苗族）
汪玉明（土家族）
朱泽华（土家族）
向　峰（女，土家族）
向雪峰（土家族）
孙　睿（挂职）
刘　涛（挂职）

政协来凤县委员会

主　席　赵昌青（土家族）
副主席　向　莉（女，土家族）
满　涛（苗族）
舒镜峰（土家族）
彭召元（土家族）
龙显著（土家族）

鹤峰县

中共鹤峰县委员会

书　记　彭元洪
副书记　王　兵
赖于明
常　委　彭元洪（土家族）
王　兵（土家族）
赖于明
姚玉华（苗族）
伍晓锋（土家族）
皇甫鸿（女，土家族）
阳如海（苗族）
陈卫锋（土家族）
陈　澍
冉俊杰
危　俊

鹤峰县人大常委会

主　任　黄凤协（土家族）
副主任　向宏安（土家族）
夏德术（苗族）
夏依忠（苗族）
王红艳（女，白族）
熊　敏（土家族）
王卫华（土家族）

鹤峰县人民政府

县　长　王　兵（土家族）
常务副县长　伍晓锋（土家族）
副县长　冉俊杰
郑　平（土家族）
章银华（土家族）
龚联坤（土家族）
李大江（苗族）
刘万红（土家族）
邓继强（土家族）
陈世娟
胡喜元
李鸿雯

政协鹤峰县委员会

主　席　覃长玉（女，土家族）
副主席　张甄秀（女，土家族）
黄宏启（土家族）
覃黎明（土家族）
丁仕德（土家族）
李施甫（土家族）

重要法规

恩施土家族苗族自治州旅游条例

（2011年2月16日恩施土家族苗族自治州第六届人民代表大会第六次会议通过，2011年8月3日湖北省第十一届人民代表大会常务委员会第二十五次会议批准；2021年1月21日恩施土家族苗族自治州第八届人民代表大会第五次会议修订，2021年5月29日湖北省第十三届人民代表大会常务委员会第二十四次会议批准）

第一章　总　则

第一条　为了保障旅游者和旅游经营者的合法权益，规范旅游市场秩序，保护和合理利用旅游资源，促进旅游业高质量发展，根据《中华人民共和国民族区域自治法》《中华人民共和国旅游法》《湖北省旅游条例》等法律法规的规定，结合本州实际，制定本条例。

第二条　本州行政区域内的旅游活动以及旅游规划和实施、资源保护和利用、经营服务、安全监管，适用本条例。

第三条　本州行政区域内发展旅游业应当有效保护旅游资源，突出地方特色，坚持政府引导、社会参与、市场运作，全域规划、合理利用、科学管理，遵循州级统筹、县（市）实施、协同推进，实现生态效益、社会效益、经济效益相统一。

第四条　州、县（市）人民政府应当加强对旅游业发展的组织和领导，将旅游业发展纳入国民经济和社会发展规划，统筹相关资金支持旅游业发展。

第五条　旅游业发展遵循属地管理和行业管理原则。

州、县（市）文化和旅游部门负责旅游业的管理服务和监督；州、县（市）其他有关部门按照法律法规和本条例的规定履行相关职责。

乡（镇）人民政府、街道办事处负责本行政区域内旅游业相关工作。

村（居）民委员会协助乡（镇）人民政府、街道办事处开展旅游业相关工作，引导村（居）民依法参与旅游业发展。

依法成立的旅游行业组织应当加强行业自律，发挥服务、引导、协调和监督作用，维护行业合法权益和公平竞争秩序。

第六条　州、县（市）人民政府依法建立和完善旅游业奖励和信用奖惩制度。

公民、法人和其他组织有权依法检举和控告违反本条例规定的行为。

第七条　州、县（市）人民政府组织和支持开展文明旅游宣传教育，倡导科学、绿色、健康和安全的旅游方式。

第二章　旅游规划编制和实施

第八条　本条例所称旅游规划是指旅游发展规划、专项规划和旅游区规划。

旅游区规划包括旅游区总体规划、控制性详细规划和修建性详细规划。

第九条　州人民政府组织编制州旅游发展规划、跨县（市）区域旅游发展规划，应当依法将规划草案予以公告，征求社会公众意见，并经专家评审后，由州人民政府批准、公布和实施。

县（市）人民政府根据州旅游发展规划，组织编制县（市）旅游发展规划，应当依法将规划草案予以公告，征求社会公众意见，并经州文化和旅游、自然资源和规划部门组织专家评审后，由县（市）人民政府批准、公布和实施。

第十条　县（市）人民政府根据旅游发展规划，可以组织编制重点旅游资源开发利用、旅游公共服务等专项规划，应当依法将规划草案予以公告，征求社会公众意见，并经州文化和旅游、自然资源和规划部门组织专家评审后，由县（市）人民政府批准、公布和实施。

第十一条　县（市）人民政府根据旅游发展规划和专项规划，可以组织有关部门或者旅游经营者编制旅游区总体规划、控制性详细规划和修建性详细规划。

旅游区总体规划草案应当依法予以公告，征求社会公众意见，并经州文化和旅游、自然资源和规划部门组织专家评审后，由县（市）人民政府批准、公布和实施。

控制性详细规划、修建性详细规划草案应当依法予以公告，征求社会公众意见，并经县（市）文化和旅游、自然资源和规划部门组织专家评审后，由县（市）人民政府批准、公布和实施。

第十二条 编制旅游发展规划应当以国土空间规划为依据，与生态环境保护规划以及其他自然资源和人文资源的保护利用规划相衔接。

经公布的旅游规划不得随意修改，确需修改的，适用编制程序。

第十三条 州、县（市）人民政府应当建立健全旅游规划组织实施、监督评估和考核奖惩工作机制。

第三章 旅游资源保护和利用

第十四条 州、县（市）人民政府应当组织有关部门对本行政区域内旅游资源进行普查，建立旅游资源数据库，依法公开旅游资源信息。

第十五条 州、县（市）人民政府应当建立健全综合协调机制，对旅游资源保护和利用实行统筹管理。

县（市）、乡（镇）人民政府和街道办事处依法对本行政区域内尚未开发利用的旅游资源进行管理。

第十六条 州、县（市）人民政府应当支持开发具有民族特点和地方特色的旅游工艺品、土特产品及其他旅游产品。

州、县（市）人民政府应当支持民族文化与旅游融合发展，依托特色饮食、传统民族歌舞、民俗礼仪和文化遗产等，弘扬民族传统文化，提升旅游产品的文化品位。

第十七条 州、县（市）人民政府应当支持利用自然景观、人文景观等旅游资源发展旅游新业态。

州、县（市）文化和旅游部门应当支持旅游新业态发展，鼓励利用世界文化遗产、历史文化名城名镇名村、革命历史遗迹、国家地质公园、传统村落和民族村寨等旅游资源，推动乡村旅游、红色旅游、民宿旅游、康养旅游等旅游新业态健康发展，推动旅游产业与其他产业融合发展，发挥旅游产业综合效益。

第十八条 州、县（市）人民政府应当制定并组织实施促进旅游业高质量发展的产业政策，扶持旅游企业发展。

支持旅游经营者建立跨区域、跨业态的旅游行业联盟，推动区域间旅游合作，实现优势互补。

鼓励旅游经营者通过企业上市、重组、联营和兼并等方式整合旅游资源，发展旅游产业集群。

第十九条 州、县（市）人民政府应当根据旅游业发展需要，合理安排列入旅游规划的项目建设用地计划指标。

旅游经营者应当依法使用集体经营性建设用地，合理利用宅基地，发展民宿、农家乐等旅游业态。

第二十条 州、县（市）人民政府应当建立跨行政区域旅游资源开发利用的协调管理机制，促进旅游资源合理开发利用，防止重复建设和破坏旅游资源。

第二十一条 州、县（市）人民政府应当按照环境容量和资源承载力，依法对旅游资源的开发利用实行科学管控。

旅游经营者应当在旅游资源利用和经营活动中采取生态环境保护措施，防止破坏性开发。

旅游经营者存在违反旅游规划、严重破坏旅游资源、长期闲置旅游资源不开发利用等行为的，由州、县（市）人民政府依法收回国有旅游资源经营权。

第二十二条 州文化和旅游部门可以制定旅游资源开发利用经营合同示范文本，对旅游资源投资总额、强度、期限等方面作出约定。县（市）人民政府和旅游经营者可以参照合同示范文本，依法订立、履行、变更或者解除合同。

第四章 旅游经营和服务

第二十三条 州、县（市）人民政府应当构建政府监管、企业主体、行业自律、社会参与的旅游质量工作格局，提升旅游产品和旅游服务质量。

第二十四条 州、县（市）人民政府应当加强旅游知识产权保护，支持旅游品牌的创造、运用、保护和管理。

州、县（市）人民政府应当支持利用节日庆典、文艺演出、体育赛事、科技交流、博览会和交易会等活动开展旅游营销。

第二十五条 州、县（市）人民政府应当加强旅游人才的培养、引进和使用。支持州内大中专院校开展旅游管理学科体系建设，发展旅游职业教育；鼓励旅游企业与大中专院校合作，建设旅游人才培训基地，培养旅游专业人才，提高旅游从业人员素质。

第二十六条 导游人员进行导游活动时，应当佩戴导游证，遵守职业道德，举止文明、语言规范，尊重旅游者的宗教信仰、民族风俗和生活习惯。

第二十七条 旅游景区可以设置单一门票和联票供旅游者自主选择，不得向旅游者强行出售联票。

旅游景区应当按照有关规定，对未成年人、老年人、残疾人、全日制在校学生、消防救援人员、现役军人和退役军人等特定对象减免门票，并公告减免标准。

第二十八条 旅游经营者应当依法保管业务档案，并按照规定向文化和旅游部门及其他相关部门报送信息。

第二十九条 旅游经营者应当诚信经营、公平竞争，在销售产品或者提供服务时，不得以财物或者其他形式给予、收受贿赂。

第三十条 旅行社组织、接待旅游者，不得指定具体购物场所。但经双方协商一致或者旅游者要求，且不影响其他旅游者行程安排的除外。

违反前款规定的，旅游者有权在旅游行程结束后三十日内，要求旅行社为其办理退货并先行垫付退货货款。

第三十一条 交通枢纽站点、景区和宾馆饭店、购物场所等重点区域应当建立智慧旅游信息服务平台，发布公益性旅游信息。

交通干线应当设置符合国家标准的旅游指示标志。

第三十二条 旅游景区应当设置交通运输、信息通讯、医疗救护、紧急避险、残疾人无障碍服务等旅游服务和安全保障设施，设置区域界限标志、服务设施标志、地名标志和游览导向标志。对具有危险性的区域和项目应当设置明显的安全警示标志并采取必要的防护措施。

第三十三条 旅游客运企业及其驾驶员、安全员应当依法取得相应资质、资格。

从事旅游运输的车辆、船舶等交通工具应当符合国家标准，办理法定强制保险，并配备符合规定的驾驶员、船员，以及座位安全带、救生衣等安全设施设备。

旅游客运经营者应当按照旅游运输合同提供运输服务，禁止擅自变更旅游运输线路、更换运输工具、超员和超载运行等行为。

第三十四条 旅游经营者及从业人员在旅游活动中不得有下列行为：

（一）强制、纠缠、胁迫、诱骗旅游者购买商品、接受服务；

（二）向旅游者索取旅游合同、告示等明码标价之外的费用；

（三）设计、制作和发布虚假旅游信息，向旅游者隐瞒真实情况；

（四）强行滞留旅游团队或者中止服务，但实施旅游安全应急措施的除外；

（五）泄露或者向他人非法提供旅游者个人信息；

（六）提供质价不符的服务或者降低服务标准；

（七）法律法规禁止的其他行为。

第三十五条 旅游者在旅游活动中享有下列权利：

（一）对旅游经营者的资质、旅游产品、旅游服务及价格等信息享有知情权；

（二）有权自主选择旅游产品、旅游经营者、旅游服务方式和服务项目等；

（三）按照合同约定获得质价相符的旅游产品和服务，获取相关合同文本以及发票等凭证；

（四）民族风俗习惯和宗教信仰受到尊重；

（五）人格权、财产权受到侵害时，有权依法获得赔偿；

（六）在人身、财产遇到危险时，有权请求旅游经营者、当地政府和相关机构及时救助；

（七）对旅游经营者及从业人员的违法行为进行监督；

（八）依据法律法规和旅游合同应当享有的其他合法权利。

第三十六条 旅游者在旅游活动中应当履行下列义务：

（一）遵守公共秩序和社会公德；

（二）自觉保护生态环境；

（三）尊重当地民族风俗习惯和宗教信仰；

（四）积极配合解决旅游纠纷，不得侵害他人合法权益；

（五）法律法规规定的其他义务。

第五章 旅游安全

第三十七条 州、县（市）人民政府负责本区域内旅游安全工作。

县（市）人民政府有关部门依法建立旅游安全责任制，履行旅游安全监督管理职责。

乡（镇）人民政府和街道办事处负责本行政区域内旅游安全日常管理，协助上级政府及其部门做好旅游安全相关工作。

第三十八条 州、县（市）人民政府应当实施旅游目的地安全风险提示制度。

州、县（市）人民政府应当依法将旅游应急管理纳入政府应急管理体系，制定应急预案，建立旅游突发事件应对机制，做好预警监测、风险评估、隐患排查、应急救助和保障等工作。

州、县（市）人民政府应当健全旅游设施等安全保障体系，监督旅游经营者依法及时对旅游设施进行安全检验、监测和评估。

第三十九条 从事索道、缆车、游船、汽艇、飞行器、漂流、蹦极、潜水、滑雪以及其他涉及人身安全的高风险旅游项目的经营者，应当具备法律法规规定的资质，经过安全风险评估，符合安全条件，配备安全管理人员，履行安全管理职责。

第四十条 旅游经营者应当履行下列安全义务：

（一）执行生产安全、消防安全和公共卫生安全管理等法律法规和国家标准、行业标准，配备必要的安全设备、设施和人员；

（二）对提供的旅游产品和服务，应当进行安全检验和监测；

（三）组织和接待老年人、未成年人、残疾人等旅游者的，应当采取相应的安全保障措施，提供必要的辅助旅游器具和服务；

（四）在线旅游经营者收集旅游者个人信息等数据时，应当明示信息的收集目的、方式和范围，并经旅游者同意；

（五）在暴雨、洪水、滑坡等自然灾害预警发布期间，及时采取停止经营、关闭相关区域、组织人员撤离等防灾避险措施；

（六）发生旅游突发事件，立即启动应急预案，采取处置措施，对旅游者作出妥善安置，并向当地人民政府及相关部门报告；

（七）在游客可能达到最大承载量时，及时采取预警、公告、疏导和分流等措施，并向当地人民政府及相关部门报告；

（八）法律法规规定的其他安全义务。

第四十一条 旅游者应当履行下列安全义务：

（一）不得进入设有禁止标志的区域；

（二）不得实施与身体状况不相适应的旅游活动；

（三）配合采取旅游安全防范和应急处置措施；

（四）法律法规规定的其他安全义务。

第四十二条 旅游者擅自进入设有禁止标志的区域开展旅游活动遇险的，旅游者接受相关组织或者机构的救助后，应当支付应由个人承担的费用。

第六章 旅游监督管理

第四十三条 州、县（市）人民政府应当建立旅游业发展综合协调工作机制，开展旅游综合执法、案件联合查办、应急联动、重大信息通报等工作。

第四十四条 州、县（市）人民政府应当建立健全统一的旅游投诉处理机制，利用旅游热线、网络平台等畅通举报、投诉渠道，依法及时受理并处理。

州、县（市）文化和旅游部门会同其他有关部门依法查处旅游违法行为。

第四十五条 州、县（市）文化和旅游部门履行下列职责：

（一）对旅游资源的开发利用行为进行监督管理；

（二）依法规范旅游市场秩序，负责组织对旅游市场秩序的整治工作；

（三）对旅游经营者及从业人员的经营活动和旅游服务质量进行监督管理；

（四）对在线旅游经营活动实施监督检查，查处违法违规行为；

（五）推进旅游诚信体系和旅游评价体系建设，建立健全旅游行业信用公示、守信联合激励和失信联合惩戒制度；

（六）督促、指导旅游经营者建立健全安全生产管理制度，及时发布安全风险提示；

（七）法律法规规定的其他监督管理职责。

第四十六条 州、县（市）人民政府相关部门履行下列职责：

（一）自然资源和规划部门负责指导旅游规划的编制与实施，指导和监督旅游景区地质灾害调查评价、隐患排查、预报预警和工程治理等；

（二）市场监督管理部门负责对旅游经营中广告宣传活动、价格行为和旅游场所餐饮服务、食品生产经营及药品零售环节安全进行监督管理，对旅游场所特种设备实施安全监察；

（三）卫生健康部门负责突发事件的卫生应急处置，对旅游公共场所卫生进行监督管理；

（四）交通运输部门负责对道路、水路旅游运输和安全进行监督管理；

（五）住房和城乡建设部门负责对在建旅游景区房屋建筑及其附属设施的建造和与其配套的线路、管道、设备的安装项目工程质量进行监督和指导；

（六）生态环境部门负责旅游景区项目的环境影响评价审核、审批，指导旅游景区达到生态环境保护标准，负责对旅游景区的生态环境保护进行监督管理；

（七）应急管理部门负责涉旅安全生产综合监督管理工作，督促相关部门履行旅游安全生产责任，完善应急救援体系，加强应急救援预案演练，依法组织开展旅游安全事故调查处理；

（八）公安部门负责维护、整治旅游道路交通安全秩序和旅游场所、宾馆饭店的社会治安秩序；

（九）林业部门负责旅游景区内林地（湿地）、森林资源、自然遗产和地质公园的监督管理，组织、指导陆生野生动植物资源的保护和合理开发利用；

（十）农业农村部门负责对进入旅游消费市场前的农产品质量安全进行监督管理；

（十一）水利和湖泊部门负责对涉旅水利项目、水资源保护和水利工程安全运行进行监督管理；

（十二）民族宗教事务部门负责对旅游景区内宗教活动场所及其活动进行监督管理；

（十三）民政部门负责对旅游景区地名的命名、更名进行监督管理。

其他有关部门按照各自职责依法进行监督管理。

第四十七条 州、县（市）人民政府文化和旅游部门应当会同相关部门在旅游重点区域建立旅游执法网络平台和争端调处机制，及时化解矛盾。

第七章 法律责任

第四十八条 违反本条例，法律法规有处罚规定的，从其规定。

第四十九条 有下列行为之一的，由县（市）人民政府相关部门按照下列规定予以处罚：

（一）违反本条例第二十七条强行出售联票的，由文化和旅游部门处二千元以上一万元以下罚款；情节严重的，处五千元以上二万元以下罚款；

（二）违反本条例第三十四条第一项规定的，由文化和旅游部门或者市场监督管理部门处二千元以上一万元以下罚款；情节严重的，处五千元以上二万元以下罚款；

（三）违反本条例第三十四条第二项规定的，由市场监督管理部门责令改正，没收违法所得，可以并处五千元以下的罚款；

（四）违反本条例第三十四条第三项规定的，由文化和旅游部门或者有关部门责令改正，没收违法所得，并处五千元以上五万元以下罚款；违法所得五万元以上的，并处违法所得一倍以上五倍以下罚款；

（五）违反本条例第三十四条第四项、第六项规定的，对旅行社，由文化和旅游部门或者市场监督管理部门责令改正，处十万元以上五十万元以下的罚款；对导游人员、领队人员，由文化和旅游部门责令改正，处一万元以上五万元以下的罚款；

（六）违反本条例第三十四条第五项规定的，由公安部门处十日以上十五日以下拘留，并处五千元罚款，有违法所得的，没收违法所得；构成犯罪的，依法追究刑事责任。

第五十条　违反本条例第三十九条规定的，由市场监督管理部门责令限期改正；逾期未改正的，责令停止使用有关特种设备，处一万元以上十万元以下罚款。

第五十一条　旅游者违反本条例规定，造成旅游资源破坏、旅游服务设施损坏的，依法承担赔偿责任；构成犯罪的，依法追究刑事责任。

第五十二条　旅游经营者违反本条例规定，损害旅游者合法权益，造成旅游者人身伤害、财产损失的，依法承担民事责任；构成犯罪的，依法追究刑事责任。

第五十三条　本州行政区域内各级人民政府、有关部门及其工作人员不履行本条例规定职责的，对直接负责的主管人员和其他直接责任人员依法给予处分；构成犯罪的，依法追究刑事责任。

第八章　附　则

第五十四条 本条例自 2021 年 9 月 1 日起施行。

（州人大常委会办公室 供稿）

重要文件

中共恩施州委、恩施州人民政府 2021 年文件目录选登

恩施州发

1 号 中共恩施州委、恩施州人民政府关于全面推进乡村振兴加快农业农村现代化的实施意见

4 号　中共恩施州委、恩施州人民政府关于推进“一核支撑、两翼并进、全域协同”区域发展布局的实施意见

7 号 中共恩施州委、恩施州人民政府印发《关于推动新时代全州民政事业高质量发展的工作举措》的通知

6 号 中共恩施州委、恩施州人民政府关于推动县域经济高质量发展的实施意见

9 号 中共恩施州委、恩施州人民政府印发《关于实现巩固拓展脱贫攻坚成果同乡村振兴有效衔接的实施方案》的通知

10 号　中共恩施州委、恩施州人民政府关于印发《恩施州深化医疗保障制度改革实施方案》的通知

11 号　中共恩施州委印发《关于全面加强新时代全州少先队工作的具体措施》的通知

12 号 中共恩施州委印发《关于加强对“一把手”和领导班子监督的十条措施》的通知

13 号　中共恩施州委、恩施州人民政府关于印发《恩施州贯彻落实〈中共湖北省委、湖北省人民政府关于新时代推动湖北高质量发展加快建成中部地区崛起重要战略支点的实施意见〉的实施方案》的通知

14 号　中共恩施州委关于印发《法治恩施建设规划（2021—2025 年）》的通知

15 号　中共恩施州委、恩施州人民政府关于印发《恩施州法治政府建设实施方案（2021—2025 年）》的通知

16 号　中共恩施州委印发《关于加强法治社会建设的二十条措施（2021—2025 年）》的通知

17 号　中共恩施州委、恩施州人民政府转发《州委宣传部、州司法局关于开展法治宣传教育的第八个五年规划（2021—2025 年）》的通知

18 号　中共恩施州委、恩施州人民政府印发《关于加强科技创新推动高质量发展的工作措施》的通知

19 号　中共恩施州委关于深入学习贯彻党的十九届六中全会精神 坚持“两个确立” 做到“两个维护”的决定

恩施州文

42号 中共恩施州委转发《中共恩施州人大常委会党组关于恩施州第九届人民代表大会代表选举工作的实施意见》的通知

43号 中共恩施州委转发《州政协党组、州委组织部、州委统战部关于政协恩施州第九届委员会人事安排的意见》的通知

44号 中共恩施州委关于进一步加强和改进州直事业单位纪检工作的意见

45号 中共恩施州委印发《关于推进清廉恩施建设的实施方案》的通知

恩施州办发

2号 州委办公室、州政府办公室关于印发《恩施州村级债务化解工作方案》的通知

7号 州委办公室、州政府办公室关于加强全州农业主导产业全产业链建设的通知

12号 州委办公室、州政府办公室关于印发《恩施州“十四五”时期加强粮食生产保障粮食安全的十条措施》的通知

13号 州委办公室、州政府办公室关于印发《恩施州党政机关和国有企事业单位培训疗养机构改革实施方案》的通知

14号 州委办公室、州政府办公室关于建立全州经济运行定期调度通报机制（试行）的通知

恩施州办文

11号 州委办公室、州政府办公室关于印发《恩施州生态环境保护责任清单》的通知

25号 州委办公室、州政府办公室关于印发恩施州贯彻落实《深化新时代教育评价改革总体方案》工作清单和负面清单的通知

27号 州委办公室、州政府办公室印发《关于做好村（社区）“两委”换届工作的实施方案》的通知

31号 州委办公室、州政府办公室印发《关于全面推行林长制的实施方案》的通知

32号 州委办公室、州政府办公室关于印发《恩施州推进落实武汉市对口帮扶工作方案（2021—2025年）》的通知

33号 州委办公室、州政府办公室关于印发《胡超文、夏锡播同志在州委七届十一次全体会议暨州委经济工作会议上的讲话》的通知

34号 州委办公室、州政府办公室关于印发《恩施州新一轮“全国民族团结进步示范州”创建工作实施方案》的通知

（州委办公室 供稿）

恩施州政规

1号 关于加快发展现代职业教育的实施意见

2号 关于印发《恩施土家族苗族自治州人民政府拟订自治法规、地方性法规草案和制定规章程序规范》的通知

3号 关于在全州开展农村土地经营权抵押贷款助力乡村振兴的指导意见

4号 关于印发《恩施土家族苗族自治州山体保护条例实施细则》的通知

5号 关于印发《恩施土家族苗族自治州最低生活保障实施办法》的通知

6号 关于印发《恩施土家族苗族自治州临时救助实施办法》的通知

恩施州政发

1号 关于印发恩施州疫后重振补短板强功能“十大工程”三年行动方案（2020—2022年）的通知

2号 关于印发恩施州“绿水青山就是金山银山实践创新基地建设实施方案（2021—2023年）的通知

3号 关于公布实施恩施市公示地价体系建设成果的通知

4号 关于公布州级行政执法主体资格（第一批）的通告

5号 关于印发恩施州“三线一单”生态环境分区管控实施方案的通知

6号 关于颁发第四届恩施州清江质量奖的决定

7号 关于印发恩施州信息化建设“十四五”规划的通知

恩施州政办发

1号 关于下达恩施州2021年重点项目建设计划的通知

2号 关于印发2021年《政府工作报告》重点工作责任分解的通知

4号 关于印发恩施州药品（医疗器械、化妆品）安全事件应急预案的通知

5号 关于印发恩施州全面推行证明事项告知承诺制工作实施方案的通知

6号 关于转发恩施州病残吸毒人员收戒收治工作办法的通知

7号 关于印发恩施州州级依申请及公共服务事项实施清单的通知

8号 关于下达2021年粮食生产目标任务的通知

9号 关于加快推进健康恩施行动的通知

10号 关于印发恩施州法治政府建设示范创建工作方案的通知

11号 印发关于支持恩施州文化旅游产业恢复发展振兴措施的通知

12号 转发省人民政府办公厅关于委托批准乡镇及以下集中式饮用水水源保护区有关事项的通知

13号 关于印发恩施州投融资平台公司管理暂行办法的通知

14号 关于对恩施市民政福利中心等6处重大火灾隐患挂牌督办的通知

15号 关于印发国家农产品质量安全州创建工作实施方案的通知

16号 关于印发恩施州影响群众健康突出问题"323+"攻坚行动实施方案的通知

17号 关于发布实施《恩施自治州养殖水域滩涂规划（2021—2030年）》的通知

18号 关于印发恩施州城镇房屋市政工程违法建设违规审批专项清查及隐患排查整治工作方案的通知

19号 关于废止《恩施州州级过桥专项资金管理办法》的通知

20号 关于印发《恩施州州级实行告知承诺制证明事项目录清单（第一批）》的通知

21号 关于印发恩施州人民政府2021年立法工作计划的通知

22号 关于印发恩施州进一步优化政务服务便民热线工作方案的通知

23号 关于印发恩施州工业（制造业）产业链链长制实施方案的通知

24号 关于进一步加强全州结核病防治工作的通知

25号 关于发布2021年全州社会救助标准的通知

26号 印发关于进一步支持全州旅游业恢复发展六条措施的通知

27号 关于印发恩施州2021年成品油市场专项整治行动方案的通知

28号 关于印发恩施州革命文物保护利用三年行动方案（2021—2023年）的通知

30号 关于印发恩施州"十四五"时期加快推进种业振兴十条措施的通知

31号 关于建立大统计工作机制的通知

32号 关于加强乡镇统计工作的通知

33号 关于印发恩施州"技改提能 制造焕新"三年行动实施方案的通知

34号 关于印发《全面出击重拳整治坚决遏制亡人事故十条硬措施》的通知

35号 关于印发恩施州高新技术企业和科技型中小企业攻坚行动实施方案（2022—2025年）的通知

36号 关于加快推进农业机械化高质量发展的意见

37号 关于落实最严格耕地保护制度的通知

38号 关于进一步提振重点消费促进消费增长工作的通知

39号 关于建设彩色森林提升生态价值的意见

41号 关于印发恩施州大面积停电事件应急预案的通知

42号 关于印发恩施州火灾事故调查处理规定的通知

43号 关于印发恩施州受污染耕地安全利用和严格管控工作方案（2021—2025年）的通知

44号 关于印发恩施州"一业一证"改革实施方案的通知

45号 关于印发恩施州2022年一季度经济"开门红"工作方案的通知

46号 关于进一步支持和鼓励事业单位科研人员创新创业的实施意见

47号 关于印发恩施州突发环境事件应急预案的通知

48号 关于印发恩施州促进就业"十四五"规划的通知

恩施州政函

12号 关于2020年全州"比抓强促"工作考核结果的通报

13号 关于表扬2020年度交通运输发展成绩突出县市的通报

33号 关于全州2020年质量工作考核结果的通报

37号 关于2020年度全州粮食安全行政首长责任制考核结果的通报

45号 关于全州2020年度食品药品安全工作考核优秀等次县市（单位）的通报

（黄世德）

专　文

恩施州生态环境保护工作综述

近年来，恩施州坚决贯彻习近平生态文明思想，坚定不移走“绿水青山就是金山银山”之路，坚决打好污染防治攻坚战，推进长江大保护，抓好中央和省生态环境保护督察反馈问题整改，建立健全环境治理体系，生态文明建设和生态环境保护取得显著成效。2019 年，恩施州成功创建“国家生态文明建设示范区”。2021 年，恩施州成功创建全国“绿水青山就是金山银山”实践创新基地。

工作举措

一、坚决扛起生态环境保护政治责任

州委、州政府始终把生态文明建设摆在重要位置，自觉落实生态环境保护政治责任，开展一系列根本性、开创性、长远性工作，全州生态文明建设和生态环境保护从认识到实践都发生全局性变化。构建高位推动的组织体系。建立“1+4”组织体系，设立州生态环境保护委员会，统筹推进全州生态文明建设各项工作。成立“绿水青山就是金山银山”实践创新基地建设领导小组、中央和省生态环境保护督察反馈问题整改工作领导小组、污染防治攻坚战指挥部、长江大保护十大标志性战役指挥部 4 个议事协调机构，专项推进中央、省、州生态环境保护重大决策部署贯彻落实。其中领导小组均由书记、州长任双组长，指挥部由州委常委任指挥长、分管副州长任副指挥长，环委会办公室、领导小组办公室、指挥部办公室等实行“五办合一”，日常工作均由州生态环境局承担，构建起组织有力、推进有序、统筹有效的组织体系。打造系统完备的政策体系。出台生态环境保护责任清单，细化实化州直部门生态环境保护责任。印发《恩施州“三线一单”生态环境分区管控实施方案》，建立全域覆盖、分类管理的生态环境分区管控体系。聚焦污染防治攻坚战、长江大保护、督察反馈问题整改、生态文明示范创建四个方面，先后印发《恩施州污染防治攻坚战工作方案》《恩施州创建国家生态文明建设示范区规划（2016—2022 年）》《恩施州“绿水青山就是金山银山”实践创新基地建设实施方案（2021—2023 年）》《恩施州长江大保护十大标志性战役工作方案》《恩施州中央和省生态环境保护督察整改方案》等文件，每年制定工作要点，明确各县市、州直相关部门工作任务，建立起系统完善、层次分明的政策支撑体系，保障重点任务落实。健全权责清晰的责任体系。发挥考核指挥棒作用，逐步在州、县、乡年度综合考评中增加生态环境指标权重。出台污染防治攻坚战考核办法、《恩施州 2020 年县市污染防治攻坚战成效考核实施方案》、“大生态”考核方案，制定考核评分细则，对各县市进行考核评价，并将考核评价结果作为县市领导班子和领导干部综合考核评价、奖惩任免的重要依据。严格执行评优评先、干部选拔任用生态环境保护一票否决制度，落实领导干部自然资源资产离任审计、生态环境责任终身追究制度，压紧压实各级生态环境保护政治责任。坚持奖励约束并重，在全国率先出台《恩施州创建国家级省级生态文明建设示范县（市）奖励办法》等激励措施，对成功创建国家级、省级生态文明建设示范县的县市政府分别予以现金奖励，截至 2021 年年底，州级财政累计兑现财政奖励 1.1 亿元。

二、打好污染防治攻坚战

高标准打好蓝天、碧水、净土保卫战。恩施州连续 3 年在全省污染防治攻坚战考核中获得优秀等次，连续 7 年在生态省考核中获评优秀。

打好蓝天保卫战。加大落后产能淘汰力度，全州累计关闭（关停）退出煤矿企业 90 家，化解过剩产能 594 万吨/年。聚焦细颗粒物和臭氧协同控制、挥发性有机物和氮氧化物协同减排，累计完成“散乱污”企业整治 113 家、工业企业无组织排放 34 家、工业炉窑治理 17 家、挥发性有机物综合治理 439 家、锅炉治理 600 余台，8 个县市城区均完成高污染燃料禁燃区划定和优化调整。报废注销老旧机动车 7.1 万余辆，新登记注册新能源车 7000 余台，完成非道路移动机械摸底调查和编码登记 7800 余台。开展秸秆禁烧、餐饮油烟、扬尘管控整治行动，应对污染天气，实行区域联防联控联治。全年全州 8 个县市城区 $PM_{2.5}$ 浓度均值降至 22 微克/立方米，平均优良率达 97.7%；综合指数排名全部进入全省前 15 位。其中纳入国家考核的州城恩施 $PM_{2.5}$ 浓度均值 24 微克/立方米、优良率 95.9%，两项指标均位居全省13个国家考核城市第一位，空气质量综合指数排名位居全国地级及以上城市第67位。

打好碧水保卫战。做好水资源、水环境、水生态“三水共治”，开展河库水质、河库空间、河库环境净化三大行动，严守水资源开发利用控制、用水效率控制、水功能区限制纳污“三条红线”，全州累计投入财政资金19.92亿元，推动城市管网及污水处理提质增效、城乡生活垃圾无害化处理、长江清江沿线生态修复等重点项目实施。242座水电站完成生态流量泄放设施改造。完成水土流失治理304.28平方千米。149个“百吨千人”集中式饮用水水源地保护区、232个农村分散式饮用水水源地保护范围完成划定。232条水利普查名录外规模以下河流、148段堤防全部完成划界，7条州级河流和84条县级河流“一河一策”方案（2021—2025年）编制完成。161家医疗机构全部建成规范化污水处理设施。落实长江禁渔令，恩施清江水域实施10年禁捕，已上岸有证渔船195艘，拆解“三无”船舶1118艘，安置渔民530人。25个国考、省考地表水考核断面，17个跨界考核断面水质达标率保持100%，长江、清江出州境断面水质稳定保持在Ⅱ类以上。2021年，全州地表水国家考核断面水质位居全国地级及以上城市第20位，全省最优。

打好净土保卫战。农用地土壤污染状况详查、农用地土壤环境质量类别划分、省定受污染耕地治理、重点行业企业用地调查等工作圆满完成。强化农用地、建设用地环境安全管控，治理酸化土壤198000公顷，完成受污染耕地安全利用34773.33公顷，严格管控类耕地种植结构调整6880公顷，受污染耕地和重点建设用地安全利用率达到省定目标。全州农药和化肥使用量连续5年实现负增长，测土配方施肥技术覆盖率达90%以上，畜禽养殖粪污、秸秆综合利用率保持在90%以上。开展农村人居环境整治，累计完成894个行政村环境综合整治、479个行政村生活污水治理，建改户厕40余万户。

三、推进长江大保护战略

作为长江入鄂首站，清江发源地，恩施州坚持将修复长江、清江生态环境摆在压倒性位置，共抓大保护、不搞大开发。制定印发《关于印发沿江化工企业关改搬转等恩施州长江大保护十大标志性战役相关工作方案的通知》，部署沿江化工企业关改搬转、农业面源污染整治、长江干线非法码头专项整治、河道非法采砂整治、船舶污染防治专项治理、长江段沿线港口岸线资源清理整顿、尾矿库综合治理、长江两岸造林绿化、饮用水水源地保护和专项治理、企业非法排污整治、入河排污口专项整治、固体废物污染治理、城乡生活污水治理、城乡生活垃圾治理14个方面的专项战役，严格实行一项战役、一个方案、一个部门牵头，每年制定年度任务、具体措施等“四单”，明确作战任务、完成时限和推进措施，2018—2020年明确任务340项，全部按期完成。

和诺生物、佳利气体、太极生化完成关改搬转。全州全部拆除江河湖库围栏、围网及网箱养殖。长江干线12座非法码头完成整治，清江库区、饮用水源保护区内、自然保护区内未发现非法码头存在。全面规范采砂规划许可，以县市为区域编制中小河流采砂规划，来凤县、咸丰县实行全域禁采。全州现有43艘400总吨及以上船舶、41艘100—400总吨船舶全部完成达标改造。2个3000吨级客运泊位港口岸电建设任务全面完成，巴东港砂石集并中心已建成并投入使用。长江段沿线港口岸线资源清理评估全面完成。5个省级工业园区排查出的8个问题全部整改完成并验收。781个长江入河排污口完成监测394个、溯源781个、整治208个。93座城乡污水处理厂全部建成，新建改造污水管网826.39千米，城镇生活污水处理厂出水排放全部达到一级A标准，县市城区生活污水处理率达95.6%，乡镇生活污水处理率达75%，污泥无害化处理处置率达到90%以上。77座乡镇垃圾中转站建成，总转运能力达2618吨/日，配备保洁员1.06万人，占总人口比重达2‰以上。全州在用的来凤县孚瑞矿业尾矿库严格按照“一库一档”“一库一策”要求，完成在线监测系统建设并与省应急管理厅联网，建始磺厂坪郭家淌尾矿库完成销库。生态环境部“清废行动”交办恩施州问题均按照要求完成整改销号。全州危险废物经营单位、重点产废单位抽查合格率均在90%以上。生活垃圾末端处理设施全面推进，恩施市生活垃圾焚烧发电项目即将建成，利川市、来凤县生活垃圾焚烧发电项目正加紧推进。恩施市建筑垃圾资源化利用厂建成投产。5个县市建成标准化餐厨垃圾处理厂并投入运行。

四、抓好生态环境保护督察反馈问题整改

全州各级党委（党组）扛起生态环境保护督察整改政治责任，以强烈的政治担当推进中央、省生态环境保护督察反馈问题整改。坚持将问题排查整治作为督察整改的重要抓手，持续开展生态环境领域问题排查整治，全面起底化解生态环境领域突出问题，解决人民群众关心关注的生态环境问题，以整改成效回应群众关切。科学制定整改方案，实行“一个问题、一个包案单位、一套整改方案”，按照整改不到位绝不放过的要求，抓好问题整改落实。严格执行督察整改销号制度，建立验收认可、对外公示、销号确认、审核备案的工作机制，实现问题整改闭环管理。坚持当下改与长久立相结合，对各类问题综合研判、分类施策，做到举一反三、标本兼治。强化整改过程监管，定期调度整改工作进展，对各县市整改情况开展现场督导，督促问题整改落实。强化督察整改执纪监督，严禁表面整改、虚假整改和敷衍整改，严查整改工作中不担当、不作为、不落实等形式主义、官僚主义，严防问题整改反弹回潮，合力推进恩施州反馈意见整改任务高质量、高标准完成。

第一轮中央生态环境保护督察反馈意见整改任务涉及恩施州35项全部完成整改。交办恩施州的138件信访件全部办结。第一轮中央生态环境保护督察“回头看”及长江保护与湖泊开发专项督察反馈意见整改任务涉及恩施州19项，完成整改16项，剩余3项达到整改序时进度要求。交办恩施州的93件信访件全部办结。第一轮省级生态环境保护督察反馈意见整改任务59项全部完成整改。交办恩施州的276件信访件全部办结。第一轮省级生态环境保护督察“回头看”反馈意见整改任务28项，完成整改19项，剩余9项均达到整改序时进度要求。交办恩施州的90件信访件，整改完成88件，剩余2件正在整改中。第二轮中央督察反馈问题整改任务涉及恩施州18项，完成整改方案制定。交办恩施州的102件信访件，办结61件，41件正在整改中。

五、加快构建现代环境治理体系

围绕完善生态环境治理体系，不断健全完善生态环境法治体系、监管体系和社会行动体系，着力提升生态环境治理能力。完善生态环境治理法治体系。发挥民族自治区域立法优势，先后制定实施《恩施州西水河保护条例》《恩施州饮用水水源地保护条例》等生态环境领域地方性法规，开展《中华人民共和国固体废物污染环境防治法》《中华人民共和国畜牧法》《湖北省畜牧条例》执法检查和《恩施州山体保护条例》《恩施州西水河保护条例》立法后评估工作，有序推进齐岳山生态环境保护立法工作，不断完善恩施州生态环境法规体系。州人大常委会坚持每年听取和审议《州人民政府关于全州环境状况和环境保护目标完成情况的报告》，提出审议意见，依法监督州人民政府将办理情况按时向州人大常委会会议报告。通过听取政府专项工作报告、调研等法定监督方式，推动生态环境保护法律法规实施。完善生态环境治理监管体系。固定污染源排污许可实现全覆盖，“路长制”“河（库）长制”、“林长制”全面落实。环保机构监测监察执法垂直管理制度改革、生态环境综合执法改革基本完成，州生态环境局在全省率先出台《恩施州生态环境保护综合执法工作规程（试行）》，执法力量得到有效整合，执法效能稳步提升。生态环境行政执法与刑事司法衔接机制等改革取得成效，州法院牵头主导，建立恩施州域长江大保护多元共治协作机制。州直部门每年专门就机动车排放检验机构、社会环境监测机构、废矿物油处置、废铅蓄电池处置等重点领域、重点行业存在的环境问题进行整治，生态环境领域部门联动、齐抓共管、协调推进的工作格局逐步形成。全州生态环境质量监测能力不断提升，建成国控大气辐射自动监测站1座，空气自动监测站13座，非甲烷总烃（NMHC）自动监测站1座，地表水断面水质自动监测站15座，长江经济带水质自动监测站7座，县级以上集中式饮用水水源地水质自动监测站9座，基本实现全州重要水体、重点断面以及县市城区水、气自动监测全覆盖，为生态环境治理提供有力支撑。完善生态环境治理全民行动体系。坚持把生态示范创建作为生态文明建设的载体和抓手，设立生态文明示范创建专项奖励资金，推进州、县（市）、乡（镇）、村“四级联创”，动员各级力量参与生态环境保护，全州累计创建“绿水青山就是金山银山”实践创新基地1个，国家级生态文明建设示范区6个，省级生态文明建设示范区8个，省级及以上生态乡镇86个，省级及以上生态村757个，创建数量位居全省前列。通过主流媒体、全媒体多样化传播形式，加强社会宣传引导，每年定期组织开展国际生物多样性日、“六五”世界环境日专题活动，在州政府网站《在线访谈》平台开设“县市长谈生态环保”专题，召开污染防治攻坚战新闻发布会等宣教活动，组织环保设施公众开放活动，广泛动员社会力量参与生态环境保护，全州生态环境保护全民参与氛围更加浓厚，公众生态环境满意度不断提高，全民共治格局基本形成。

主要经验

一、坚持以习近平生态文明思想为指导

州委、州政府坚决贯彻习近平生态文明思想，认真落实党中央、国务院关于生态文明建设重大决策部署和省委、省政府工作要求，坚持走生态优先、绿色发展之路，七届州委提出“厚植生态底色，加快绿色崛起”发展目标，八届州委明确“立足大生态、构建大交通、发展大旅游、打造大产业”战略思路。历届州委、州政府始终保持加强生态环境保护的政治定力，不动摇、不松劲，一以贯之推进生态文明建设。在州委、州政府的主导推动下，习近平生态文明思想深入人心，保护生态环境成为全社会的共识和行动，全州经济高质量发展和生态环境高水平保护实现协同推进，美丽恩施建设迈出重大步伐。

二、坚持党建引领生态文明建设和生态环境保护工作

州委、州政府主要领导坚持每年主持召开全州生态环境保护大会，专题就打好污染防治攻坚战、抓好督察反馈问题整改、推进“两山”实践创新基地创建等工作进行安排部署。州委常委会会议、州政府常务会议坚持每季度审议生态环保重点工作。建立生态环境领域突出问题“双组长双签双交办”机制和州委常委包县市、分管副州长包行业的领衔督办机制，2021年州级领导现场调研督办生态环境保护工作达160余次。抓好生态文明建设逐渐成为全州各级党政领导干部的思想自觉、政治自觉、行动自觉，亲自抓好重点任务落实，确保生态环境保护各项工作高质高效推进。

三、坚持多方联动、共治共建

始终将生态文明建设作为一项重大政治任务，严格落实“党政同责、一岗双责”要求，县市党委、政府坚决落实生态环境保护主体责任和属地管理责任，抓好生态环境保护重点任务落实，坚持每年向州委报告生态环境保护主体责任落实情况。州直部门全面落实“管发展必须管环保、管行业必须管环保、管生产必须管环保”的要求，认真履行部门监管职责，主动抓好本行业、本领域环境保护工作。坚持州直8个部门分别包保1个县市现场督导，实地督办包保县市突出生态环境问题整改工作、污染防治攻坚战推进情况，每季度一次督导、一次会商、一份通报。纪检监察、督查考评部门坚持全程监督、跟踪问效，倒逼县市、部门抓实工作、落实责任，全州部门联动、齐抓共管的生态环境保护大格局基本形成。

四、坚持依法加强生态环境保护

坚持以最严格制度、最严密法治保护生态环境，全州生态环境部门自觉把解决突出生态环境问题作为民生优先领域，集中攻克老百姓身边的突出生态环境问题，严厉惩治污染环境、破坏生态等违法犯罪行为。2021年，全州生态环境部门就出动执法人员5781人次，检查企业1761家次，制作执法笔录3200份，发现整改矛盾风险隐患232个，受理办理各类环境信访投诉927件。2018—2021年全州生态环境部门作出行政处罚决定323件，处罚金额2636.44万元。运用四个配套办法（《环境保护主管部门实施按日连续处罚办法》《环境保护主管部门实施查封、扣押办法》《环境保护主管部门实施限制生产、停产整治办法》《企业事业单位环境信息公开办法》）办理43件，其中实施查封扣押23件、限产停产5件、移送拘留13件、涉嫌环境污染犯罪2件，在全社会形成打击环境违法行为的高压态势。全州生态环境状况等级为“优”，未发生突发环境事件，各类环境安全风险可控，绿色已经成为恩施最亮丽的名片。

（州生态环境局 供稿）

恩施州党史学习教育综述

自党史学习教育启动以来，州委坚持以习近平新时代中国特色社会主义思想为指导，认真落实党中央决策部署和省委工作要求，2021年3月5日，州委成立中国共产党成立100周年恩施州庆祝活动暨党史学习教育领导小组，并印发实施方案，3月7日，召开全州党史学习教育动员会。州委认真谋划，精心组织，统筹推进“绿色山河红色魂”学习教育、“恩施红色记忆”保护传承行动、“我为群众办实事”实践活动。全州7000余个基层党组织、16万余名党员参加。州党史学习教育办公室设立综合协调、实践活动、指导督导、材料简报、宣传报道、宣讲工作6个工作组，发挥“一线指挥部”和“信息集散地”的作用，加强上下沟通、左右协调，下发工作提示，实行分类指导，及时印发简报、报送信息，推动全州党史学习教育有序开展。中央第四指导组、省党史学习教育第六巡回指导组先后4次到恩施州检查指导工作，对恩施州党史学习教育取得的成效给予肯定。中央、省委党史学习教育简报刊发恩施州经验做法信息73条，省级以上主流媒体刊播恩施州党史学习教育新闻报道1000余条。全州党史学习教育有效激发广大干部群众爱党爱国爱社会主义的巨大热情，凝聚起推动恩施绿色崛起、高质量发展的磅礴力量。

一、聚焦目标任务，推动责任落实

州委坚决扛牢政治责任，把开展党史学习教育作为坚持“两个确立”、做到“两个维护”的生动实践和重要检验，推动全州党史学习教育走深走实、见行见效。

*加强组织领导。*州委第一时间传达学习习近平总书记在党史学习教育动员大会上的重要讲话精神，按照全省党史学习教育动员大会的部署要求，成立机构，制订方案，迅速推进。州委书记胡超文多次主持召开州委常委会会议、州委党史学习教育领导小组会议，研究部署全州党史学习教育工作，带头讲党课、带头参加支部专题组织生活会、带头领办实事，引领带动全州各级党组织和党员干部积极推进党史学习教育。

*加强统筹协调。*紧扣党史学习教育的目标任务、关键环节和基本要求，州党史学习教育办公室发挥参谋部、调度室和信息库作用，坚持每月一调度、每周一研判，牢牢把握重要时间节点和重点工作任务，加强统筹协调，压实责任，细化措施，有力有序推进党史学习教育各项工作，不折不扣完成各项任务。

*加强指导督导。*州级组建8个党史学习教育巡回指导组，建立“每周一交办，每周一小结”工作机制，既对全州8个县市和州直各单位开展全覆盖巡回督导，又对学习宣传贯彻中共十九届六中全会精神、“我为群众办实事”实践活动等重点工作开展专项督导，及时编发专题简报和情况通报，提出指导意见138条，推荐特色工作品牌55个。

二、聚焦学思践悟，推动入脑入心

坚持以“关键少数”引领“绝大多数”，以党内集中教育引领社会宣传教育，以党员示范学带动群众踊跃学，不断增强做到“两个维护”的思想自觉、政治自觉、行动自觉。

*示范引领学。*全州各级党委（党组）运用理论学

习中心组学习、讲专题党课、举办专题读书班等多种方式，引导党员干部通读指定书目，认真研学党史，感悟思想伟力。州委书记胡超文2次为党员干部讲专题党课，各级党员领导干部主动走上讲台讲党课、作辅导。州委理论学习中心组7次开展党史学习教育专题研学，到叶挺将军纪念馆、鹤峰满山红革命烈士陵园、五里坪革命旧址等红色故地瞻仰学习。各级各单位认真组织学习贯彻习近平总书记“七一”重要讲话精神读书班。各县市委理论学习中心组开展党史学习教育专题研学69次，引领基层党组织和广大党员深学细悟、真信笃行。

全员覆盖学。把党史学习教育作为基层党组织“三会一课”、主题党日活动的重要内容，引导广大党员读原著、学原文、悟原理。发挥党校主阵地、主渠道作用，组织党史学习教育专题培训，举办县处级领导干部专题研讨班，全州1000余名县处级以上领导干部参加网上专题研学，累计培训干部近万人次。组建党委宣讲团、青年宣讲团、多样化宣讲队1600余支，深入各地各单位开展分众化、多样化宣讲2万余场，覆盖听众200万余人次。各地各单位通过多种方式组织全体党员参加党史学习教育，州直单位2次举办党史知识竞赛活动；利川市通过建立联络处、红色驿站、流动党员之家等方式，服务流动党员学习5000余人次；咸丰县组织鄂渝边区7个乡镇开展“鄂渝边区大融合·同庆建党一百年”联动学党史活动，不断扩大党史学习教育覆盖面。

群众参与学。坚持线上线下一体推进，在全社会广泛开展“四史”宣传教育和“永远跟党走”主题宣传教育等群众性学习宣传活动，广大群众踊跃参加。将张富清老英雄先进事迹作为党史学习教育“活教材”，7万多人次参观张富清事迹展馆，55万人次线上观看《探寻英雄足迹 践行初心使命》节目。宣恩县利用“火盆会”开展六中全会精神进基层宣讲，得到中央学教办推介。利川市通过屋场会、院子会等形式，开展“诵红色革命经典”“讲身边好人好事”等活动。各地各单位通过“村村响”广播、LED显示屏、户外宣传栏等多种平台、载体扩大学习宣传，引导干部群众积极参与党史学习教育。

三、聚焦红色文化，推动保护传承

各级各单位积极利用全州丰富的红色文化资源，组织广大干部群众聆听红色故事，传承红色基因，赓续红色血脉，弘扬伟大建党精神。

挖掘红色资源。实施革命文物保护利用三年行动，发挥革命文物在党史学习教育中的积极作用。打造红色旅游品牌，恩施州“湘鄂边苏区”和“土家风情·美丽恩施”两条旅游线路入选全国“建党百年红色旅游百条精品线路”。全州组织“红色文艺轻骑兵”开展“我们的中国梦”文化进万家演出活动1600余场次，红色血脉在歌声、舞蹈中浸润人心。州博物馆开办“恩施记忆”展厅，接待参观者12万余人。建始县将革命传统教育基地和“农村田园”作为“第二课堂”，开展实践教学。恩施日报社制作的《恩施红色记忆》短视频被省政府网采用，H5《寻找恩施红色宝藏》浏览量5万余人次。州广播电视台组织的“绿色山河红色魂”大型融媒体采访和“寻找革命文物守护者”等活动，引起热烈反响。

彰显民族特色。将开展党史学习教育和加强民族团结教育相结合，运用微视频、微电影、快闪等新型传播方式讲好恩施民族团结进步故事，铸牢中华民族共同体意识。加强学校思想政治教育，在全州大中小学开设中华大家庭、民族常识、民族政策常识等课程，组织“红色故事大家讲”活动走进湖北民族大学。宣恩县用“苗语”讲好红色革命故事，引导学生学党史、感党恩、跟党走。恩施市打造侗族文化博物馆、“傩文化”展馆、“灯戏”传承馆。巴东县建设东瀼口镇牛洞坪村村史馆，让民族文化有址可循、有物可看、有史可学。

打造文艺精品。深入挖掘整理张富清先进事迹，编辑出版党史学习教育特色教材《党的好战士：张富清》、报告文学《父亲原本是英雄》，创作南剧《本色》、民族歌舞剧《老兵》等一批文艺精品。音乐剧《太阳照进山窝窝》获第四届湖北艺术节楚天文华大奖，2021年10月在北京民族剧院演出。长江人民艺术剧院到恩施州举办4场大型话剧《张富清》演出。鹤峰县围绕保护民族地区非遗项目传唱党史，组织编演《做军鞋》《共产党的恩情唱不完》《烽火湘鄂边》等文艺作品，引导干部群众感悟党的初心使命。

四、聚焦急难愁盼，推动落地见效

按照中央“五个着力”（着力贯彻新发展理念、巩固脱贫攻坚成果、保障基本民生需求、深化政务服务改革、提升基层治理水平）要求，严格落实省委提出的“五个围绕”（围绕贯彻新发展理念、推动高质量发展；围绕巩固拓展脱贫攻坚成果、促进乡村振兴；围绕保障基本民生需求、增进民生福祉；围绕深化政务服务改革、优化营商环境；围绕加强基层社会治理、提升治理能力）重点任务，用心用情用力解决群众急难愁盼的问题，广大群众的获得感、幸福感、安全感质量更高、成色更足。

领导干部带头领办。州级党员领导干部率先垂范，精准对接群众需求，谋划领办民生实事。州委书记胡超文带头领办“全面推行义务教育课后服务”项目，深入调研、制定措施、督办落实，全州开展课后服务的义务教育学校扩展到108所，7万余名教师倾力参与，26万余名学生、家长直接受益。州委副书记、州长夏锡璠推进“做好防止返贫动态监测和帮扶”项目，对风险未消除的1968户、6306人全部落实“一户一专班”要求，有效防范致贫返贫风险。州、县其他领导对标对表，领办民生项目800余项。各级各单位立足职能职责，全力推进民生项目实施。2021年，全州公立幼儿园、义务教育学校新增学位9973个，新增城镇就业4.45万人，新增车位2425个，新增医院床位683个，新建、改造、开放公厕位304个，群众反映

较多的学位、岗位、车位、床位、厕位“五位”问题得到有效解决。

*广大党员下沉实办。*全州广大党员在党史学习教育中积极参加承诺践诺活动，投身新冠肺炎疫情防控、乡村振兴、基层治理等重点工作，全年为群众和服务对象办结各类实事14万余件。全州机关事业单位下沉党员主动联系困难群众1.2万户、居民32万户、市场主体3.6万户，提供志愿服务8.7万人次，帮助居民实现“微心愿”9148个，有效打通联系服务群众“最后一公里”。全州向2161个村选派6248名驻村干部，严格落实岗位在村、工作在村、吃住在村要求，直接联系服务群众，为做好巩固拓展脱贫攻坚成果同乡村振兴有效衔接各项工作作出重要贡献。

*各方力量参与合办。*各社区“大党委”按照“街道吹哨、部门报到”要求，与社区联办活动2427场，为社区协调工作经费1876.3万元，解决162个社区无活动阵地问题；推动全州92家物业服务企业建立党组织，促成居委会、业委会、物业服务企业“三方联动”，带动更多力量共治共建。动员全州5000余支志愿服务队伍以“永远跟党走”为主题，聚焦民生需求，开展学雷锋志愿服务活动4.47万场次。各金融机构探索“整村授信”模式，10万多户获得授信80亿元，有效满足广大农户小额资金需求。来凤县建立7个张富清先锋队服务站，设立13个志愿服务岗，构建“15分钟服务圈”，实现便民惠民“365天不打烊”。

五、聚焦互促共进，推动改革发展

州委认真落实“学党史、悟思想、办实事、开新局”的要求，弘扬理论联系实际的学风，着力把党史学习教育成果转化为奋进动力和实际行动，推动全州改革发展开创新局面。

*发展布局谱写新篇章。*站在“两个一百年”的历史交汇点，州委坚持“两个确立”、做到“两个维护”，完整、准确、全面贯彻新发展理念，认真落实省委工作部署，胜利召开州第八次党代会，三次召开州委全会，凝聚全州广大干部群众的智慧和力量，主动服务新发展格局，加快融入全省区域发展布局，向东主动融入“宜荆荆恩”城市群，向西积极对接成渝地区双城经济圈，坚定不移立足大生态、构建大交通、发展大旅游、打造大产业，彰显“土、硒、茶、凉、绿”五大优势，奋力把恩施建设成为美丽湖北绿色崛起的重要一极，做到为一域争光、为全局添彩。

*绿色崛起取得新成效。*统筹推进党史学习教育和各项重点工作，抓紧抓实发展第一要务，实现“开局漂亮、全年精彩”的目标。州域经济持续恢复，180个州级重点项目预计完成投资290亿元，完成年度计划的116%。城乡建设持续推进，全州城镇化率提高1个百分点，达到47.56%；统筹涉农资金67.85亿元，用于巩固脱贫攻坚成果同乡村振兴有效衔接。发展环境持续优化，全州新登记企业类市场主体1.33万户，企业活跃度位居全省第一位。生态优势持续凸显，恩施州被命名为全国“绿水青山就是金山银山”实践创新基地，宣恩县成为国家生态文明示范县市。

*党的建设焕发新气象。*坚持在党史学习教育中深化党的建设，引导广大党员筑牢信仰之基、补足精神之钙、把稳思想之舵。组织召开全州“两优一先”表彰大会，表彰100名优秀共产党员、99名优秀党务工作者和119个先进基层党组织。向全州1.53万名老党员颁发“光荣在党50年”纪念章。全面完成州、县、乡集中换届工作，筑牢基层战斗堡垒，督促指导100余个符合条件的安置小区成立党组织、215个软弱涣散村党组织完成整顿转化。推进“清廉恩施”建设，广泛开展党风廉政建设宣教月活动，全州风清气正的政治生态持续巩固。

（州党史学习教育办公室 供稿）

恩施州“十三五”时期决胜全面建成小康社会成就综述

“十三五”是恩施州发展进程中进步最快、变化最大、群众得实惠最多的时期之一，面对艰巨繁重的发展任务和难以预料的风险挑战，州委、州政府团结带领全州各族人民，坚持以习近平新时代中国特色社会主义思想为指导，在省委、省政府的坚强领导下，切实增强“四个意识”、坚定“四个自信”、做到“两个维护”，感恩奋进、砥砺前行，进行了艰苦卓绝的斗争、战胜了前所未有的挑战、取得了超出预期的成绩，全州各项事业高质量发展。

综合实力提档升级。经济持续快速发展，2019 年，

恩施州“十三五”规划指标完成情况表

表 32

类别	序号	指标名称		单位	“十三五”规划目标		2019 年完成情况	前 4 年年均增长	2020 年完成情况	“十三五”年均增长
					2020 年	年均增长				
经济发展	1	地区生产总值		亿元	1008	8.5	1159.37	6.7	1117.70	4.4
	2	服务业增加值比重		%	45	—	58.6	—	59.3	—
	3	全社会固定资产投资		亿元	—	16	—	13.4	—	5.4
	4	社会消费品零售总额		亿元	769	11.5	763.78	11.7	562.59	2.8
	5	外贸出口总额		亿美元	8.45	10	0.89	—	0.97	—
	6	地方一般公共预算收入		亿元	99.00	8	80.65	4.7	57.65	−3.0
	7	城镇化率	常住人口城镇化率	%	47.5	—	45.86	—	46.56	—
			户籍人口城镇化率	%	26	—	23.3	—	23.35	—
创新驱动	8	高新技术产业增加值占工业增加值比重		%	6	—	13.10	—	14.7	—
	9	研究与试验发展(R&D)经费投入强度		%	2.5	—	0.11	—	0.2	—
	10	互联网普及率	固定宽带家庭普及率	%	80	—	90		90*	
			移动宽带用户普及率	%	85	—	87.14		87.14*	
	11	每万人口发明专利拥有量		件	2	—	0.7	—	0.88	—
民生幸福	12	总人口	户籍人口	万人	< 418	7.5‰	402.1	—	402.2	—
			常住人口	万人	< 346		339	—	345.6	—
	13	人均预期寿命		岁	78	—	77.91	—	78	—
	14	劳动年龄人口平均受教育年限		年	完成省定目标		—	—	11.1	—
	15	居民人均可支配收入		元	19490	9	18203	9.5	19500	9.0
	16	城镇新增就业人数		万人	[16]	—	[17.42]	—	[21.17]	—
	17	减少贫困人口		万人	[65.7]	—	[70.26]	—	[71.05]	—
	18	农村自来水普及率		%	85	—	91.21	—	92.5	

续表 32

类别	序号	指标名称		单位	"十三五"规划目标		2019年完成情况	前4年年均增长	2020年完成情况	"十三五"年均增长
					2020年	年均增长				
民生幸福	19	基本养老保险覆盖率		%	95	—	95	—	95	—
	20	城镇基本医疗保险参保人数		万人	63	—	>63	—	>63	—
	21	每千常住人口执业(助理)医师数		人	2.6	—	2.56	—	2.6	—
	22	每千名老年人口养老床位数		张	35	—	25.5	—	35.4	—
	23	文化产业增加值占生产总值比重		%	2.5	—	3.2	—	3.2*	—
	24	城镇棚户区住房改造		万套	[4.1]	—	—	—	[3.24]	—
生态文明	25	单位 GDP 能源消耗降低		%	−12	—	[−12.64]	—	达标	—
	26	万元 GDP 用水量降低		%	−12	—	[−27]	—	[−32]	—
	27	新增建设用地规模		万亩	<8666.67	—	[2568.68]	—	<8666.67	—
	28	耕地保有量		万亩	>544	—	676.9	—	676.9*	—
	29	单位 GDP 二氧化碳排放降低		%	19.5	—	[24]	—	达标	—
	30	非化石能源占一次能源消费比重		%	15.0	—	15.4	—	15.4*	—
	31	空气质量	城市空气质量优良天数比例	%	> 85	—	> 85	—	97.6	—
			城市细颗粒物($PM_{2.5}$)浓度下降	%	完成省定目标		32	—	23	—
	32	森林发展	森林覆盖率	%	≥66	—	65.6	—	66.0	—
			森林蓄积量	亿立方米	0.74	—	0.88	—	1.31	—
	33	主要污染物排放总量减少	化学需氧量	%	完成省定目标		7.38	—	5.85	—
			氨氮	%			4.32	—	3.71	—
			二氧化硫	%			15.9	—	17	—
			氮氧化物	%			8.1	—	10	—
	34	地表水质量	达到或好于Ⅲ类水体比例	%	完成省定目标		100	—	100	—
			劣Ⅴ类水体比例	%			—	—	—	—
安全法治	35	亿元 GDP 生产安全事故死亡率		人/亿元	不下达指标		0.05	—	—	—
	36	每万人口刑事犯罪率		起	<40	—	21.91	—	23.65	—
	37	每万人口拥有律师数		人	2.3	—	2.3	—	2.1	—

说明：1. 第四次全国经济普查将2015年恩施州地区生产总值由670.81亿元修订为793.12亿元，导致2020年GDP总量高于规划目标，年均增速低于规划目标。 2. 带"[]"数值表示为五年累计增减绝对额或百分点。 3. "—"表示未开展数值测算或者无数值。 4. 带"*"表示为2019年完成值

地区生产总值达到1159.4亿元，突破千亿元大关，"十三五"前四年平均增长6.7%；地方一般公共预算收入达到80.65亿元，是"十二五"末的1.2倍；固定资产投资年均增长13.4%；社会消费品零售总额达到763.78亿元，是"十二五"末的1.56倍。2020年受新冠肺炎疫情和历史罕见的灾情汛情影响，地区生产总值、地方一般公共预算收入、固定资产投资、社会消费品零售总额等主要经济指标出现不同程度下滑，但成效好于预期。三次产业结构由2015年的18.3 : 30.1 : 51.6调整为2020年的18.1 : 22.6 : 59.3。"4+N"产业集群（重点建设生态文化旅游、硒食品精深加工、生物医药、清洁能源四大产业集群，发展电子信息、现代物流和大数据等N个新兴产业）初见雏形，生态文化旅游、硒食品精深加工、生物医药、清洁能源等四大产

业集群持续发展壮大，以立讯精密、达翔电子为龙头的电子信息产业快速发展。全州市场主体达到32.8万户，是“十二五”末的1.8倍。“1+8”高新技术产业园区发展迅速，联动创建机制逐步形成，产业互补力逐步增强。全州建成国家级和省级科技企业孵化器4家、众创空间7家，州级以上创新创业平台达到113个。

全面小康胜利在望。举全州之力决战决胜脱贫攻坚，109万名贫困人口脱贫，729个贫困村出列，8个县市均达到贫困县退出的标准和条件，2019年全州小康总指数达89.44%，比“十二五”末提高18.8个百分点，实现从全域贫困到全面小康的历史性跨越。

生态治理成效显著。成功创建国家生态文明建设示范州，连续5年在生态省建设考核中获得优秀等次，8个县市全部通过省级生态文明建设示范区验收。“四个三重大生态工程”（三年内，全力推进“厕所革命”、精准灭荒、乡镇生活污水治理和城乡生活垃圾无害化处理工作四项重大生态工程）提前完成，“长江大保护十大标志性战役”成果丰硕，“河库长制”、“山长制”全面推行，蓝天、碧水、净土保卫战取得阶段性成效，县市城区空气质量平均优良率达97.6%，达到或好于Ⅲ类水体比例保持100%，单位GDP二氧化碳排放量、主要污染物排放量持续下降。

重大风险有效化解。地方金融监管体制机制逐步完善，稳妥出清34家类金融机构，一批非法集资陈案和积案有效化解，连续12年获评“湖北省金融信用州”称号。政府债务管控体系不断健全，政府债务率下降至54.9%，规模适度，风险可控。社会风险防控体系更加稳固。

各项改革全面深化。纵深推进供给侧结构性改革，淘汰83家煤炭等落后产能企业，减税降费力度空前。深化“放管服”改革，推动优化营商环境“十项行动”落地见效，实现“一张网”、“一朵云”，大批政务服务事项线上可办、线下快办，企业开办、工程项目审批等用时大幅缩减，“一事联办”、“超时默认、自动用印”等在全省复制推广，“一网通办”进入全省第一方阵。农村集体产权制度改革稳步推进，农村承包地确权登记颁证顺利完成，多项改革经验在中央和省级媒体推介。新一轮政府机构改革顺利完成，投融资体制改革全面深化，医药卫生体制改革稳步推进。

开放水平大幅跃升。恩施海关正式通关，一类航空口岸实现临时开放，开通直飞柬埔寨、越南、泰国和中国澳门等航线，国内外航线达到20条，正式与新西兰怀马卡里里缔结国际友好城市，恩施与世界联系更加紧密。黔张常铁路建成通车，6个县市通铁路；利万高速、建恩高速、宣鹤高速建成通车，实现“县县通高速”目标。招商成果丰硕，亿元以上产业招商项目开工344个、投产162个，年均分别增长36.8%、42.9%。8个县市全部创建为国家电子商务进农村综合示范县，电子商务累计交易额突破200亿元。5个县市获评国家级或省级出口基地，建成首家外贸综合服务中心和首家进口交易市场。自营出口倍增行动深入实施，全州出口总额达到9436万美元，实际利用外资3503万美元。

城乡面貌变化深刻。城镇化率不断提升，州城常住人口超过50万人，迈入中等城市行列。成功创建国家级城市品牌13个、省级城市品牌21个。乡村振兴

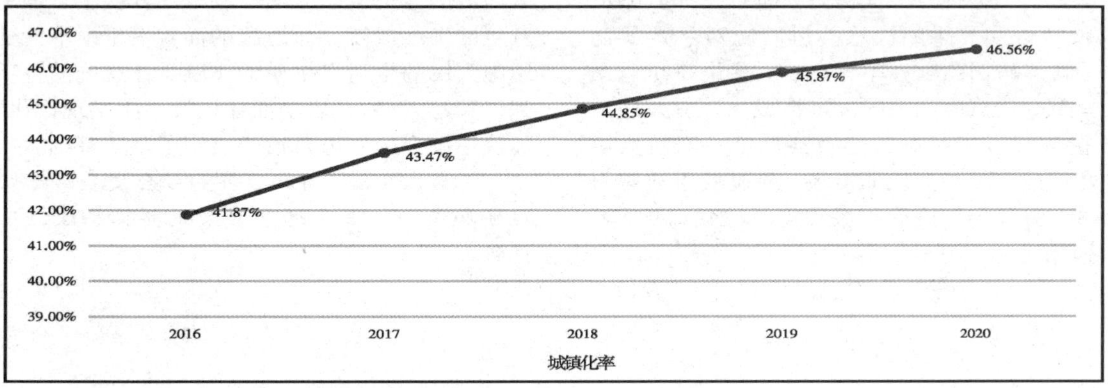

图2 恩施州2016—2020年常住人口城镇化率变化情况

示范点建设全面开启，建成一批全国美丽示范乡村、乡村旅游重点村和最美休闲乡村，成功创建13个全国“一村一品”示范村。农村水电路网房等基础设施跨越式提升，农村集中供水率、自来水普及率均超过90%；所有行政村通沥青水泥路和客车；固定宽带和移动互联网普及率均超过全省平均水平；乡镇垃圾、生活污水处理设施实现全覆盖。建制村直接通邮比例达到100%、快递进村覆盖率达到62%。

民生事业长足发展。民生支出持续保持在80%以上，居民人均可支配收入年均增长9%，高于同期地区生产总值增速。就业质量数量稳步提升，城镇累计新增就业人员21.2万人，城镇登记失业率控制在4.1%以内。义务教育入学率、初中三年巩固率均达100%。医疗卫生水平不断提升，全民健身活动蓬勃开展，人民群众身体素质不断提高。累计完成棚户区改造32416套，建成保障性安居工程39522套，完成农村危房改造8.7万户。养老助残、儿童福利、殡仪服务等民生服务类基础设施持续改善。各类保险和社会救助实现

应保尽保、应救尽救，农民工工资治欠保支“4+3”工作模式（实施农民工工资准备金、银行代发、实名制信息化管理、银行授信代偿“四项制度”和建立联席会议机制、追责问责机制、失信惩戒机制“三项机制”）在全国推广，人民群众获得感、幸福感、安全感显著增强，被命名为“全国民族团结进步创建活动示范州”和“全国双拥模范城”。

治理能力大幅提升。民主法治建设扎实推进，扫黑除恶成效明显，安全生产形势稳中向好，社会大局和谐稳定，未发生区域性和系统性风险。党建引领下的社会治理创新成果不断涌现，“一统三治”、农村和社区“尖刀班”、“双吹哨双报到”成为基层治理的恩施名片，“村党组织书记队伍县级备案管理”经验被纳入《中国共产党支部工作条例（试行）》《中国共产党农村基层组织工作条例》。普遍建立法律顾问制度，恩施“律师三进”（律师进信访大厅、进疑难案件、进乡村社区）模式成为湖北法治信访新样本，公共法律服务体系标准化建设不断深化。

（单位：件）

图3　恩施州2016—2020年城乡居民人均可支配收入变化情况

党的建设全面加强。“不忘初心、牢记使命”主题教育扎实开展，全面从严治党取得重大成果，党员干部能力和作风显著增强，政治生态明显好转，党的领导力、执行力、感召力全面提高。面对突如其来的新冠肺炎疫情，州委果断决策、沉着应对、严实防控，取得“确诊病例在全省率先清零、感染率全省最低、病亡率低、治愈率高”的决定性成果。有效应对恩施城区接近五十年一遇、建始县百年一遇特大洪灾，稳妥处理沙子坝特大地质滑坡、躲避峡事故等重大灾害事故，有序推进疫后重振和灾后重建，经济社会发展快速恢复。

五年来，全州上下凝心聚力谋发展、勇担使命破难题、砥砺奋进谱新篇，经济社会发展实现历史性跨越，风清气正的政治生态、山清水秀的自然生态、充满活力的经济生态、团结和谐的社会生态加速形成。五年的发展成就，让恩施的面貌发生根本性变化，让恩施人民的生活发生质的飞跃，让恩施的各项事业站到崭新起点，为开启全面建设社会主义现代化新征程，加快建设全国先进自治州奠定了坚实基础。

（据《恩施州国民经济和社会发展第十四个五年规划和二〇三五年远景目标纲要》整理，州发改委供稿）

经济分析报告

知识产权发展报告（节选）

一、商标品牌

（一）商标品牌注册情况

2021年，全州申请商标9072件，同比增长8.70%，注册商标7584件，同比增长63.53%，申请量居全省17个市州第六位。截至12月31日，全州商标申请总量50616件，注册商标总量31800件，较2020年同比增长30.92%。其中恩施州42件，恩施市11998件，利川市5721件，建始县3218件，巴东县3368件，宣恩县2243件，咸丰县1915件，来凤县1514件，鹤峰县1781件，全州有效注册总量居全省市州第七位。全州市场主体总数为37.39万户，每万户市场主体注册商标拥有851件。商标受理窗口办理378件业务，商标专用权质押登记3件，质押金额1515万元。累计有中国驰名商标5件，地理标志商标35件，在全省排名第七，地理标志保护产品24件，在全省排名第三，农产品地理标志14件。截至12月底，恩施州新注册商标产业分布情况为第一产业（农业）2328（件），占比31%；第二产业（工业）2629（件），占比34%；第三产业（服务业）2627（件），占比35%。

截至2021年年底，全州有涉硒注册商标299件，涉及商品国际分类5个类别，主要分布在茶、茶饮料、不含酒精饮料、含酒精饮料（啤酒除外）、米（包括五谷杂粮）、未加工的谷物及农产品等。自2012年以来，只新增“恩施硒茶”1件涉硒商标。全州累计注册农产品商标9391件，涉及商品国际分类4个类别，主要分布在茶、茶饮料、肉、非活的家禽、蛋品、食用油脂、米（包括五谷杂粮）等。全州累计有茶叶注册商标4751件，“恩施硒茶”“恩施富硒茶”“恩施玉露”“利川红”“利川工夫红茶”“伍家台贡茶”“来凤藤茶”“巴东郡贡茶”“马坡茶”“鹤峰绿茶”为地理标志商标。全州累计有药材注册商标877件，涉及商品国际分类1个类别，主要分布在第五类的中药药材、药酒等。全州有旅游业注册商标725件，涉及商品国际分类2个类别，主要分布在旅行安排、单一服务等。全州有服务业注册商标9471件，涉及商品国际分类10个类别，主要分布在广告、提供食物和饮料服务、临时住宿等。

根据尼斯分类，全州2021年各类别注册商标排名前3位的分别为第35类（广告；商业经营；商业管理；办公事务）1304件、第30类（日用或贮藏用的植物类食品以及调味佐料）1179件、第29类（肉、鱼、加工过的蔬果及动、植物类食品）720件，占比依次为17.19%、15.55%、9.49%。

2021年恩施州商标注册量排名尼斯分类情况一览表

表33

排名	尼斯分类	商品和服务类别	2021注册件数	占比（%）
1	35	广告、商业经营、组织和管理；办公事务	1304	17.19%
2	30	日用或贮藏用的植物类食品以及调味佐料	1179	15.55%
3	29	肉、鱼、加工过的蔬果及动、植物类食品	720	9.49%
4	43	提供食物和饮料服务；临时住宿	431	5.68%
5	31	未加工的农产品、水产；新鲜蔬果；活动物等	429	5.66%
6	33	酒精饮料（啤酒除外）；制饮料用酒精制剂	304	4.01%
7	32	啤酒；无酒精饮料；水；制饮料用无酒精制剂	231	3.05%
8	5	药品，医用和兽医用制剂；膳食补充剂等	211	2.78%
9	25	服装、鞋、帽	196	2.58%
10	3	不含药物的化妆品、梳洗类制剂；洗衣类漂白剂等	170	2.24%

续表 33

排名	尼斯分类	商品和服务类别	2021 注册件数	占比(%)
11	9	科研、导航、摄影、视听等领域的装置和仪器;计算机程序;计算机和计算机外围设备;潜水设备;灭火设备	166	2.19%
12	40	材料处理;废物和垃圾回收;空气净化和水处理;印刷服务等	163	2.15%
13	39	运输;商品包装和贮藏;旅行安排	146	1.93%
14	41	教育;提供培训;娱乐;文体活动	143	1.89%
15	44	医疗服务、兽医服务;人和动物的卫生和美容服务;农、林、渔、园艺业服务	128	1.69%
16	42	科研、设计服务;工业分析、质量认证等服务;计算机软硬件研发	119	1.57%
17	11	照明、加热、冷却、烹饪、通风、供水及卫生用装置和设备	112	1.48%
18	21	厨房用具;餐具;刷子;清洁用具;玻璃器皿、陶瓷器等	106	1.40%
19	20	家具;存储或运输用非金属容器;未加工或半加工骨、角;贝壳;琥珀等	102	1.34%
20	16	纸、文具及办公用品;绘画材料;教育或教学用具;包装;印刷等	83	1.09%
21	1	工业用化学品;人造树脂;黏合剂;肥料;生物制剂	81	1.07%
22	10	医疗器械,辅助医疗器械;婴儿护理用器械等	81	1.07%
23	7	机器、机床、电动工具;传动机件;农业器具	74	0.98%
24	37	建筑服务;安装或修理服务;采矿,石油和天然气钻探	71	0.94%
25	6	普通金属及其合金;金属材料;金属制品	69	0.91%
26	19	分金属的建筑材料;柏油,沥青;非金属纪念碑等	68	0.90%
27	14	贵金属及其合金;首饰,宝石;钟表和计时仪器	66	0.87%
28	28	游戏器具和玩具;视频游戏装置;体育和运动用品等	59	0.78%
29	18	皮革和人造皮革制品;箱包;伞具;动物皮;动物用具等	52	0.69%
30	24	织物及其替代品;家庭日用纺织品;纺织品制或塑料制帘	52	0.69%
31	2	颜料,漆;染料;油墨;天然树脂;木材防腐剂	49	0.65%
32	45	法律服务;安保服务;私人和社会服务	47	0.62%
33	8	手工具和器具(手动);刀、叉、剃刀等	45	0.59%
34	36	金融、货币和银行服务;保险服务;不动产事务	44	0.58%
35	27	地毯、地毡等铺在地板上的材料;非纺织品制壁挂	41	0.54%
36	12	运载工具;陆、空、海用运载装置	39	0.51%
37	17	未加工或半加工的塑料、塑胶、树脂;绝缘材料;非金属柔性管等	39	0.51%
38	38	电信服务	31	0.41%
39	26	花边、编带和刺绣品;缝纫、制衣用工具和饰品	27	0.36%
40	15	乐器;乐谱架和乐器架;指挥棒	23	0.30%
41	22	绳索和细网、纺织用纤维材料、合成材料、纤维原料及其替代品等	19	0.25%
42	4	工业用油脂,蜡;润滑剂;燃料和照明材料等	19	0.25%
43	34	烟草和烟草代用品;香烟或雪茄;烟具	18	0.24%
44	13	火器;军火及弹药;炸药;焰火	14	0.18%
45	23	纺织用纱和线	13	0.17%
总　计		—	7584	—

2021 年，商标注册量排名前 3 名的县市依次为恩施市 2754 件、利川市 1473 件、巴东县 744 件。

2021 年恩施州各县市新注册商标情况表

表 34

序号	行政区划	注册量		
		总量(件)	同比增长(%)	有效注册总量(件)
1	恩施市	2754	60.19%	11998
2	利川市	1473	63.12%	5721
3	巴东县	744	33.33%	3368
4	建始县	787	65.68%	3218
5	宣恩县	594	94.75%	2243
6	咸丰县	447	71.26%	1915
7	鹤峰县	361	33.21%	1781
8	来凤县	424	147.95%	1514
	全 州	7584	63.53%	31800

恩施州马德里商标国际注册只有“云头山”1 件，注册人为利川金利茶业有限责任公司，代理机构为湖北源创商标代理有限公司，国内注册时间 2014 年 8 月 28 日，国际注册时间 2015 年 10 月 21 日，有效期至 2025 年 10 月 21 日。

（二）驰名商标

2021 年，全州依案件程序申请认定驰名商标 0 件。截至年底，全州累计认定驰名商标总量为 5 件，分别为“恩施玉露”“伍家台贡茶”“长友”“大派”“三峡”。其中“恩施玉露”“伍家台贡茶”既是地理标志保护产品，又是地理标志商标，也是中国驰名商标。

恩施州中国驰名商标统计表

表 35

单 位	商标名称	注册人名称	注册时间	认定时间
巴东县	三 峡	湖北三峡酒业有限公司	1979 年 10 月 31 日	2012 年 12 月 31 日
鹤峰县	长 友	湖北长友现代农业股份有限公司	2009 年 5 月 28 日	2013 年 12 月 27 日
宣恩县	伍家台贡茶	宣恩伍家台贡茶产业协会	2010 年 10 月 21 日	2015 年 1 月 14 日
恩施市	恩施玉露	恩施玉露茶产业协会	2009 年 6 月 28 日	2015 年 6 月 5 日
宣恩县	大 派	湖北大派食品集团有限公司	1997 年 6 月 28 日	2018 年 10 月 16 日

说明：截至 2021 年 12 月 31 日

（三）地理标志商标和地理标志产品

截至 2021 年 12 月，全州注册地理标志商标 35 件，在全省 17 个地市中排名第七位。按产品产地范围划分，恩施州 6 件，巴东县 7 件、来凤县 6 件、利川市 5 件、宣恩县 4 件、恩施市 3 件、咸丰县 2 件、建始县 1 件、鹤峰县 1 件。全州获批保护的地理标志产品 24 个。“伍家台贡茶”地理标志保护产品入选《中欧地理标志协定》名录。

恩施州地理标志商标统计表

表 36

辖 区	商标注册人	地理标志商标	国际分类	核定使用商品	注册时间
恩施州（6 件）	恩施州茶产业协会	恩施富硒茶	30	茶	2007 年 5 月 21 日
		恩施玉露	30	茶	2009 年 6 月 28 日
		恩施硒茶	30	茶	2019 年 7 月 28 日
		利川红	30	红茶	2019 年 11 月 28 日
		利川工夫红茶	30	茶	2016 年 11 月 7 日
	恩施州农业技术推广中心	恩施土豆	31	新鲜土豆	2020 年 6 月 28 日

续表 36

辖　区	商标注册人	地理标志商标	国际分类	核定使用商品	注册时间
恩施市（3 件）	恩施市黄牛产业协会	恩施黄牛	29	牛肉(肉)	2019 年 2 月 21 日
		恩施黄牛	31	活牛(活动物)	2019 年 2 月 21 日
	恩施市本草药业产业协会	板桥党参	5	党参	2012 年 1 月 28 日
利川市（5 件）	利川市团堡镇蔬菜协会	利川山药;LICHUAN YAM	31	山药(食用植物根)	2011 年 3 月 21 日
	湖北省利川市黄连协会	利川黄连 LICHUAN COPTIS	5	黄连	2010 年 11 月 21 日
	利川市蔬菜行业协会	利川市蔬菜行业协会 利川天上坪 甘蓝	31	甘蓝(俗称“包菜”)	2011 年 3 月 21 日
		利川市蔬菜行业协会 利川天上坪 大白菜	31	大白菜	2011 年 3 月 21 日
		利川市蔬菜行业协会 利川天上坪 白萝卜	31	白萝卜	2011 年 3 月 21 日
巴东县（7 件）	巴东县大蒜专业技术协会	巴东大蒜 巴东县大蒜专业技术协会	29	大蒜(腌制蔬菜)	2013 年 1 月 28 日
		巴东大蒜 巴东县大蒜专业技术协会	31	大蒜(新鲜蔬菜)	2013 年 1 月 28 日
	巴东县豆制品行业协会	巴东五香豆腐干	29	豆腐干	2014 年 7 月 14 日
	巴东县经济作物技术推广站	巴东郡贡茶	30	茶	2018 年 7 月 21 日
	巴东县牧工商技术服务中心	巴东红三叶	31	红三叶种籽(植物种籽);红三叶鲜草(饲料);红三叶干草(饲料);红三叶草粉(饲料)	2013 年 7 月 28 日
	巴东县中药材行业协会	巴东独活	5	独活(药用植物根)	2013 年 3 月 21 日
	巴东县经济作物技术推广站	巴东椪柑	31	椪柑(新鲜水果)	2020 年 10 月 14 日
来凤县（6 件）	来凤姜产业发展管理协会	来凤姜	29	腌制姜	2015 年 6 月 14 日
		来凤姜	31	生姜(新鲜蔬菜)	2015 年 6 月 14 日
	来凤县金丝桐油协会	来凤金丝桐油	4	桐　油	2011 年 10 月 28 日
	来凤县优质农产品产销协会	来凤藤茶	30	藤　茶	2018 年 10 月 28 日
		来凤松花皮蛋	29	皮蛋(松花蛋)	2018 年 9 月 14 日
		来凤大头菜	29	大头菜	2017 年 3 月 28 日
宣恩县（4 件）	宣恩伍家台贡茶产业协会	伍家台贡茶	30	茶　叶	2010 年 10 月 21 日
	宣恩县黄坪黄金梨产业协会	黄坪黄金梨	31	黄金梨(新鲜水果)	2017 年 12 月 28 日
	宣恩县贡水白柚协会	贡水白柚	31	白柚(新鲜水果)	2017 年 12 月 28 日
	宣恩县贡米产业协会	宣恩贡米	30	大　米	2017 年 12 月 21 日
咸丰县（2 件）	咸丰县小村红衣米花生协会	小村红衣米花生	29	加工过的花生	2014 年 3 月 6 日
		小村红衣米花生	31	新鲜花生	2014 年 3 月 6 日
建始县（1 件）	建始县三里乡农业技术服务中心	马坡茶	30	茶	2015 年 10 月 28 日
鹤峰县（1 件）	鹤峰县茶叶产业协会	鹤峰绿茶	30	茶	2013 年 1 月 21 日

说明：截至 2021 年 12 月 31 日

截至 2021 年 12 月 31 日，全州有地理标志保护产品 24 件，在全省 17 个地市州排名第三位。其中按产品产地范围划分，恩施州 2 件、恩施市 4 件、利川市 4 件、来凤县 4 件、宣恩县 4 件、巴东县 2 件、鹤峰县 2 件、建始县 1 件、咸丰县 1 件。

恩施州地理标志保护产品统计表

表 37

产地范围	产品名称	认定年份
恩施州	恩施黑猪肉	2012
	恩施黄牛肉	2012
恩施市	恩施紫油厚朴	2005
	板桥党参	2006
	恩施玉露	2007
	恩施马铃薯	2017
利川市	利川黄连	2004
	利川莼菜	2004
	利川山药	2007
	利川工夫红茶	2017
宣恩县	伍家台贡茶	2008
	贡水白柚	2011
	宣恩火腿	2012
	宣恩贡米	2014
来凤县	来凤凤头姜	2007
	来凤藤茶	2013
	来凤漆筷	2008
	来凤金丝桐油	2007
巴东县	巴东玄参	2011
	巴东独活	2009
鹤峰县	鹤峰茶	2012
	鹤峰葛仙米	2014
建始县	景阳鸡	2009
咸丰县	咸丰白术	2007

说明：截至 2021 年 12 月 31 日

截至 2021 年 12 月 31 日，全州有农业农村部认证的农产品地理标志 14 件，其中按产品产地范围划分，恩施州 1 件、恩施市 2 件、利川市 2 件、宣恩县 1 件、鹤峰县 2 件、建始县 4 件、咸丰县 2 件。

恩施州农业农村部认证农产品地理标志统计表

表 38

申请人全称	名 称	年产量(吨)	县 市	品种类别
恩施州农业技术推广中心	恩施土豆	1700000	恩施州	马铃薯
恩施玉露茶产业协会	恩施玉露	3500	恩施市	茶 叶
恩施市施惠青钱柳种植联合社	恩施青钱柳	10000	恩施市	茶 叶
建始县前进林业专业合作社	建始厚朴	3000	建始县	其 他
建始县益寿果品专业合作社联合社	关口葡萄	1000	建始县	水 果
	建始猕猴桃	8000	建始县	水 果
建始县马坡明珠茶业专业合作社	马坡茶	600	建始县	茶 叶
宣恩贡茶产业协会	伍家台贡茶	4460	宣恩县	茶 叶
咸丰县茶产业协会	唐崖茶	8000	咸丰县	茶 叶
小村红衣米花生专业合作社	小村红衣米花生	450	咸丰县	花 生
鹤峰县茶叶产业协会	鹤峰茶	10422	鹤峰县	茶 叶
湖北省鹤峰县优质农产品协会	走马葛仙米	10	鹤峰县	其 他
利川市茶产业协会	利川红	6500	利川市	茶 叶
利川市中药材协会	利川大黄	60000	利川市	药 材

说明：截至 2021 年 12 月 31 日

恩施州省级地方标准统计表

表39

序号	辖区	标准名称	标准编号	最新制(修)订发布时间
1	巴东县	地理标志产品 巴东玄参	DB42/T 376—2012	2013/6/27
2	巴东县	地理标志产品 巴东独活	DB42/T 377—2011	2011/12/8
3	巴东县	中药材 巴东独活生产技术规程	DB42/T 467—2014	2014/1/6
4	巴东县	中药材 巴东玄参生产技术规程	DB42/T 468—2014	2014/1/6
5	巴东县	村级智慧便民服务体系建设规范	DB42/T 1335—2018	2018/4/11
6	恩施市	地理标志产品 板桥党参	DB42/T 296—2011	2011/1/26
7	恩施市	地理标志产品 恩施玉露	DB42/T 351—2010	2010/3/22
8	恩施市	恩施紫油厚朴生产技术规程	DB42/T 497—2008	2008/9/9
9	恩施市	恩施玉露生产技术规程	DB42/T 610—2010	2010/3/23
10	恩施市	恩施玉露加工技术规程	DB42/T 611—2010	2010/3/23
11	恩施市	中药材 板桥党参种子生产技术规程	DB42/T 1269—2017	2017/5/16
12	恩施市	地理标志产品 恩施马铃薯	DB42/T 1485—2018	2018/11/5
13	恩施市	地理标志产品 恩施紫油厚朴	DB42/T 284—2011	2011/1/26
14	恩施市	山药轻简化栽培技术规程	DB42/T 1271—2017	2017/5/16
15	恩施市	山药浅生槽高效栽培技术规程	DB42/T 1455—2018	2018/9/11
16	恩施市	1—甲基—2—(3—吡啶基)吡咯烷生产加工及技术控制规范	DB42/T 1720—2021	2021/7/20
17	鹤峰县	薇菜	DB42/T 303—2012	2012/1/12
18	鹤峰县	地理标志产品 鹤峰茶	DB42/T 522—2015	2015/1/13
19	鹤峰县	鹤峰茶生产技术规程	DB42/T 530—2009	2009/1/20
20	鹤峰县	鹤峰茶加工技术规程	DB42/T 531—2009	2009/1/20
21	鹤峰县	地理标志产品 鹤峰葛仙米	DB42/T 1156—2016	2016/1/20
22	建始县	建始湖北贝母	DB42/ 426—2007	2007/4/5
23	建始县	地理标志产品 景阳鸡	DB42/T 427—2012	2012/6/5
24	建始县	景阳鸡饲养技术规程	DB42/T 686—2011	2011/1/24
25	建始县	绿色食品 魔芋栽培技术规程	DB42/T 841—2012	2012/6/5
26	来凤县	来凤藤茶种植技术规程	DB42/T 288—2004	2004/9/17
27	来凤县	地理标志产品 来凤藤茶	DB42/T 289—2014	2014/11/6
28	来凤县	地理标志产品 来凤漆筷	DB42/T 350—2011	2011/8/18
29	来凤县	金丝桐油	DB42/T 439— 2007	2008/9/8
30	来凤县	来凤半夏	DB42/T 494—2008	2008/9/8
31	来凤县	来凤半夏种植技术规范	DB42/T 495—2008	2008/9/8
32	来凤县	政务服务中心 服务规范	DB42/T 912—2013	2013/6/27
33	来凤县	政务服务中心基础设施规范	DB42/T 913—2013	2013/6/27
34	利川市	地理标志产品 利川黄连	DB42/T 270—2011	2011/12/8
35	利川市	地理标志产品 利川莼菜	DB42/T 271—2017	2017/4/12
36	利川市	利川黄连生产操作规程	DB42/T 331—2005	2005/12/21
37	利川市	地理标志产品 利川山药	DB42/T 369—2011	2011/12/8
38	利川市	水杉育苗技术规程	DB42/T 446—2007	2007/12/25

续表 39

序号	辖区	标准名称	标准编号	最新制(修)订发布时间
39	利川市	利川坝漆生产技术规程	DB42/T 557—2016	2016/9/28
40	利川市	中药材 黄连种苗	DB42/T 627—2010	2010/4/8
41	利川市	地理标志产品 利川工夫红茶	DB42/T 1484—2018	2018/11/5
42	咸丰县	白术种子生产技术规程	DB42/T 327—2005	2005/12/21
43	咸丰县	白术种苗生产技术规程	DB42/T 328—2005	2005/12/22
44	咸丰县	咸丰白术生产技术规程	DB42/T 375—2006	2006/11/14
45	宣恩县	七叶一枝花生产技术规程	DB42/T 337—2005	2005/12/31
46	宣恩县	椿木营竹节参	DB42/ 338—2005	2005/12/31
47	宣恩县	皱皮木瓜生产技术规范	DB42/T 374—2006	2006/11/14
48	宣恩县	资木瓜	DB42/T 479—2008	2008/4/2
49	宣恩县	七叶一枝花种子生产技术规程	DB42/T 498—2008	2008/9/9
50	宣恩县	七叶一枝花种苗生产技术规程	DB42/T 499—2008	2008/9/9
51	宣恩县	地理标志产品 伍家台贡茶	DB42/T 391—2010	2010/10/8
52	宣恩县	伍家台贡茶 生产技术规程	DB42/T 392—2010	2010/10/8
53	宣恩县	伍家台贡茶 加工技术规程	DB42/T 648—2010	2010/10/8
54	宣恩县	地理标志产品 宣恩贡米	DB42/T 1155—2016	2016/1/20
55	宣恩县	地理标志产品 宣恩火腿	DB42/T 1708—2021	2021/7/7
56	州畜牧推广站	恩施黑猪	DB42/T 725—2011	2011/5/19
57	州畜牧推广站	地理标志产品 恩施黄牛肉	DB42/T 928—2013	2013/11/20
58	州畜牧推广站	地理标志产品 恩施黑猪肉	DB42/T 929—2013	2013/11/20
59	州林科所	桢楠轻基质容器育苗技术规程	DB42/T 1256—2017	2017/4/12
60	州农科院	竹节参种子生产技术规程	DB42/T 329—2005	2005/12/22
61	州农科院	竹节参种苗生产技术规程	DB42/T 330—2005	2005/12/22
62	州农科院	无性系茶苗“二段法”快繁技术操作规程	DB42/T 527— 2009	2009/1/20
63	州农科院	“二段法”无性系茶苗“二段法”快繁技术操作规程	DB42/T 528— 2009	2009/1/20
64	州农科院	水稻品种抽穗扬花期耐冷性鉴定与评价技术规程	DB42/T 1404—2018	2018/9/4
65	省科院中药材研究所	中药材续断种子生产技术规程	DB42/T 683—2011	2011/1/4
66	省科院中药材研究所	中药材 玄参子芽生产技术规程	DB42/T 684— 2011	2011/1/9
67	省科院中药材研究所	半夏种苗	DB42/T 759— 2011	2011/12/8
68	省科院中药材研究所	中药材 黄连初加工技术规程	DB42/T 944—2014	2014/1/7
69	省科院中药材研究所	中药材 掌叶大黄种子生产技术规程	DB42/T 945—2014	2014/1/7
70	省科院中药材研究所	富硒甘味绞股蓝栽培技术规程	DB42/T 1047—2015	2015/2/2
71	省科院中药材研究所	中药材 续断	DB42/T 1048—2015	2015/2/2
72	省科院中药材研究所	中药材 独活种子生产技术规程	DB42/T 1149—2016	2016/1/20
73	省科院中药材研究所	中药材 独活种苗生产技术规程	DB42/T 1369—2018	2018/7/20
74	省科院中药材研究所	中药材 马蹄大黄生产技术规程	DB42/T 1370—2018	2018/7/20
75	省科院中药材研究所	中药材 白术主要病虫害生物防治技术规程	DB42/T 1640—2021	2021/1/8
76	省科院中药材研究所	中药材 川党参栽培技术规程	DB42/T 1642—2021	2021/1/8
77	省科院中药材研究所	中药材 黄连林下种植技术规程	DB42/T 1686—2021	2021/5/12
78	省科院中药材研究所	厚朴种子生产技术规程	DB42/T 432—2007	2007/7/27

续表 39

序号	辖区	标准名称	标准编号	最新制(修)订发布时间
79	省科院中药材研究所	厚朴苗木生产技术规程	DB42/T 433—2007	2007/7/27
80	省科院中药材研究所	厚朴丰产林栽培技术规程	DB42/T 589—2009	2009/12/1
81	湖北民族大学	土家织锦自动化系统技术要求	DB42/T 1339—2018	2018/4/11
82	湖北省烟草公司恩施州公司	雪茄烟叶等级质量标准	DB42/T 1549—2020	2020/6/3
83	巴东县	中药材 玄参主要病虫无害化治理技术规程	DB42/T 752—2011	2011/11/30
84	巴东县	核桃主要病虫害防治技术规程	DB42/T 1085—2015	2015/8/4
85	巴东县	鞭角华扁叶蜂检疫技术规程	DB42/T 1371—2018	2018/7/20
86	巴东县	马铃薯、玉米、甘薯三熟套种栽培技术规程	DB42/T 1389—2018	2018/9/4
87	恩施市	“浙江红花油茶”育苗技术规程	DB42/T 1474—2018	2018/11/5
88	鹤峰县	森林土壤有机质的测定分光光度法	DB42/T 1086—2015	2015/8/4
89	鹤峰县	萝卜根肿病抗性种质鉴定技术规程	DB42T1687—2021	2021/5/12
90	湖北恩施南方马铃薯研究中心	马铃薯种薯繁育规程	DB42/T 763—2011	2011/12/16
91	湖北民族大学、州林科院	武陵山区常绿落叶阔叶混交林恢复技术规程	DB42/T 987—2014	2014/6/18
92	湖北民族大学、州林业局	柳杉人工林可持续经营技术规程	DB42/T 1752—2021	2021/8/30
93	湖北省农业科学院中药材研究所	厚朴农林复合经营技术规程	DB42/T 1262—2016	2017/4/12
94	建始县	砂梨生产技术规程	DB42/T 931—2013	2013/12/20
95	建始县	“阳丰”甜柿栽培技术规程	DB42/T 1258—2017	2017/4/12
96	建始县	“金魁”猕猴桃生产技术规程	DB42/T 1428—2018	2018/9/11
97	建始县	日本落叶松制浆造纸工业原料林培育	DB42/T 1732—2021	2021/8/6
98	来凤县	生姜生产技术规程	DB42/T 187—2021	2021/3/1
99	来凤县	马褂木速生丰产林栽培技术规程	DB42/T 1090—2015	2015/8/4
100	来凤县	山区养猪“161”模式生产技术规范	DB42/T 1391—2018	2018/9/4
101	来凤县	生姜脱毒原原种繁育技术规程	DB42/T1645—2021	2021/3/1
102	利川市	中药材 黄连种子	DB42/T 626—2010	2010/4/8
103	利川市	中药材 黄连种苗	DB42/T 627—2010	2010/4/8
104	利川市	绿色食品南乡萝卜标准化生产技术规程	DB42/T 1105—2015	2015/10/30
105	利川市	萝卜机械化大田精量直播技术规程	DB42/T 1270—2017	2017/5/16
106	利川市	辣椒炭疽病抗性鉴定技术规程	DB42/T1621—2021	2020/12/30
107	宣恩县	条形绿茶机械化加工技术规程	DB42/T 359—2021	2021/3/3
108	宣恩县	针形绿茶机械化加工技术规程	DB42/T 360—2021	2021/3/3
109	宣恩县	资木瓜	DB42/T 479—2008	2008/4/2
110	宣恩县	中药材 木瓜种苗繁育技术规程	DB42/T 571— 2009	2009/11/3
111	宣恩县	鄂茶 10 号扦插繁育与高效栽培技术规程	DB42/T 1080—2015	2015/6/5
112	宣恩县	梨采后商品化处理技术规程	DB42/T 1101—2015	2015/10/30
113	州交通运输局	道路工程碳纤维电缆加热法融雪化冰技术规程	DB42/T 1503—2019	2019/3/28
114	州林科院	马尾松低效防护林结构调控技术规程	DB42/T 1007—2014	2014/7/8
115	州林科院	香椿用材林栽培技术规程	DB42/T 1088—2015	2015/8/4
116	州林科院	桤木丰产栽培技术规程	DB42/T 1260—2017	2017/4/12
117	州林科院	栾树栽培技术规程	DB42/T 1756—2021	2021/8/30

续表 39

序号	辖区	标准名称	标准编号	最新制(修)订发布时间
118	州林科院、恩施市林业局、建始县林业局	岩溶区石漠化生态治理技术规程	DB42/T 1261—2017	2017/4/12
119	州林业局、建始县林业局、建始长岭农场	日本落叶松人工用材林可持续经营技术规程	DB42/T 1087—2015	2015/8/4
120	州农科院	魔芋品种试验技术规程	DB42/T 1002—2014	2014/7/8
121	州农科院	魔芋主要病害调查及其综合防治技术规范	DB42/T 1003—2014	2014/7/8
122	州农科院、巴东长友魔芋食品有限公司	高山蔬菜+花魔芋健康栽培技术规程	DB42/T 1181—2016	2016/6/1
123	州农科院、清江茶业有限公司	茶树机采鲜叶加工技术规程	DB42/T 1182—2016	2016/5/5
124	州农业局，宣恩伍家台贡茶研究院，宣恩县伍台昌臣茶业有限公司	鄂茶 10 号优质绿茶加工技术规程	DB42/T 1458—2018	2018/9/11
125	州蔬菜办	魔芋丰产栽培技术规程	DB42/T 332—2017	2017/12/11
126	州土肥站	地方硒资源作物利用技术规程	DB42/T 1067—2015	2015/6/5
127	州植保站	十字花科蔬菜根肿病综合防治技术规程	DB42/T 1012—2014	2014/7/8

（四）恩施品牌

2019—2021 年，在“湖北地理标志大会暨品牌培育创新大赛”和“我喜爱的湖北品牌”电视大赛决出的 54 个金奖中，恩施州获得 10 个金奖，占全省金奖的 18.5%，超过荆州（6 件）和武汉、孝感、黄冈（5 件），全省排名第一。其中“恩施硒茶”“伍家台贡茶”“利川大黄”在 2021 年第三届湖北省地标大会暨品牌培育创新大赛中获金奖，“恩施玉露”“恩施大峡谷”在第二届“我喜爱的湖北品牌”电视大赛中获金奖。截至 2021 年 12 月 30 日，恩施州有 5 个品牌获得“湖北老字号”认定。4 个州域公共品牌扩大到全州使用，“恩施玉露”“利川红”“恩施土豆”3 个州域公共品牌授权使用企业达到 334 家，“恩施硒茶”暂未授权。

2021 年恩施州“湖北老字号”认定名单一览表

表 40

序　号	单位名称	品牌名称	注册地址	备　注
1	恩施州伍家台富硒贡茶有限责任公司	皇恩宠锡	宣　恩	第一批(2014 年 12 月)
2	恩施玉露茶产业协会	恩施玉露	恩　施	第一批(2014 年 12 月)
3	湖北凤头食品有限公司	凤　头	来　凤	第二批(2016 年 12 月)
4	建始县云心食品有限责任公司	云　心	建　始	第二批(2016 年 12 月)
5	建始永昌食品厂	吴永昌庆记	建　始	第三批(2021 年 12 月)

说明：此表数据由州商务局提供

（五）商标注册服务情况

国家知识产权局商标局恩施州商标业务受理窗口开展商标受理、变更、转让、续展等 24 项商标业务，2021 年，有申请量 376 件，商标注册量 92 件，商标注册总量 93 件；变更名义地址管理规则成员名单 39 件，办理商标使用许可备案 203 件，补发商标注册证申请 7 件，办理商标续展申请 16 件，转让移转申请注册商标申请 19 件。恩施州商标质押申请总金额达 1515 万元，商标受理窗口（质押受理点）受理质押申请金额为 1395 万元（利川市 1385 万元，来凤县 10 万元），建始县局办理质押 120 万元。截至 2021 年 12 月，恩施州已备案商标代理机构有省内代理机构 44 家，其中律师事务所 12 家；省外代理分支机构 2 家。

2021年商标代理机构(含窗口)代理恩施州商标统计表

表41

序号	代理人名称	代理商标数	代理人行政区划
1	湖北正扬商标事务有限公司	434	恩施市
2	湖北宗华知识产权代理有限公司恩施分公司	350	恩施市
3	湖北硒都商标事务所有限公司	182	恩施市
4	湖北盛世汉邦科技有限公司	170	武汉市
5	湖北源创商标代理有限公司	120	武汉市
6	湖北单坤中小企业服务平台有限公司	89	恩施市
7	恩施州商标受理窗口	81	恩施市
8	恩施施南商标事务所有限公司	73	恩施市
9	智企达知识产权代理(北京)有限公司恩施分公司	68	建始县
10	知兮(武汉)知识产权代理有限公司	44	武汉市
11	湖北立泽企业服务有限公司	40	利川市
12	武汉智恒通知识产权代理有限公司	39	武汉市
13	武汉随遇知识产权服务有限公司	34	武汉市
14	武汉汇捷信通信息科技有限公司	32	武汉市
15	湖北创斯特网络信息有限公司	29	咸丰县
16	恩施安贝森科技服务股份有限公司	27	恩施市
17	武汉小青蛙知识产权服务有限公司	26	武汉市
18	恩施京恩联合商标代理事务所有限公司	24	恩施市
19	武汉佰仕汇企业管理咨询有限公司	21	武汉市
20	武汉永多力知识产权服务有限公司	18	武汉市
21	武汉商标受理窗口	15	武汉市
22	恩施市云时代企业服务有限公司	14	恩施市
23	湖北美人堂商标事务所有限公司	14	宜昌市
24	武汉天领知识产权服务有限公司	14	武汉市
25	宜昌精诚知识产权有限公司	14	宜昌市
26	宜昌正能知识产权有限公司	14	宜昌市
27	湖北乐尚知识产权服务有限公司	12	恩施市
28	武汉创业壹村知识产权服务有限公司	12	武汉市
29	湖北弈凡知识产权服务有限公司	11	宜昌市
30	硒谷联合科技企业孵化器(恩施)有限责任公司	10	恩施市

说明：截至2021年12月31日

二、专利

2021年，全州专利授权1917件，其中发明85件、实用新型1088件、外观设计744件，比上年同期增长44.46%。2021年，全州有127家企业获得专利授权671件，占全州专利授权总量的35%，其中发明35件。全州有24家企业专利授权量在10件以上，其中硒多宝饮品集团股份有限公司的专利授权量为26件。截至2021年12月31日，全州万人有效发明专利拥有量为0.99件，同比增长12.5%。全年全州企业受让专利46件。2021年，全州PCT申请量有一件，实现“零”的突破。

2021年恩施州专利授权情况统计表

表42 单位：件

县 市	专利授权数	专利类型			权利人类型				
		发 明	实用新型	外观设计	个 人	科研机构	企 业	机关团体	大专院校
恩施市	654	62	437	155	181	31	263	42	137
利川市	296	1	190	105	179	0	101	16	0
建始县	290	2	96	192	247	0	43	0	0
巴东县	159	3	82	74	120	0	39	0	0
宣恩县	182	6	131	45	68	0	114	0	0
咸丰县	202	7	86	109	135	0	67	0	0
来凤县	99	1	49	49	65	0	34	0	0
鹤峰县	35	3	17	15	23	0	10	2	0
全 州	1917	85	1088	744	1018	31	671	60	137

2021年，全州8个县市专利授权量前三名是恩施市：654件、利川市：296件、建始县：290件。

2021年恩施州各县市有效发明专利状况表

表43

县 市	有效发明量(件)
恩施市	249
利川市	25
建始县	12
巴东县	11
宣恩县	6
咸丰县	15
来凤县	14
鹤峰县	9
全 州	341

2021年恩施州企业专利授权情况表(前18名)

表44 单位：件

序 号	企业名称	授权总量	县 市
1	硒多宝饮品集团股份有限公司	26	恩施市
2	湖北和诺生物工程股份有限公司	21	恩施市
3	湖北省量芯科技发展有限公司	20	利川市
4	国网湖北省电力有限公司巴东县供电公司	18	巴东县
5	恩施神力生物科技有限公司	15	宣恩县
	湖北上洋科技开发有限公司	15	宣恩县
	华阳(恩施)药业有限公司	15	恩施市
	来凤县雷沃德矿业有限公司	15	来凤县
	奇泉茶业(咸丰)有限责任公司	15	咸丰县
	咸丰中侨精密铸造科技有限公司	15	咸丰县

续表 44

序　号	企业名称	授权总量	县 市
6	恩施市长源轴承制造有限公司	14	恩施市
	湖北省烟草公司恩施州公司	14	恩施市
	湖北兴龙工具有限公司	14	宣恩县
	宣恩昌园建材有限公司	14	宣恩县
7	恩施州亚麦食品有限责任公司	13	宣恩县
	时珍堂巴东药业有限公司	13	巴东县
8	恩施天天佳生物科技有限公司	12	建始县
	宣恩县伍台昌臣茶业有限公司	12	宣恩县

三、版 权

制定印发《恩施州 2021 年推进使用正版软件工作实施方案》《恩施州 2021 年推进使用正版软件工作督查考核实施方案》《恩施州 2021 年推进使用正版软件工作三年实施方案》，对全州推进使用正版软件工作进行安排部署。对接教育、卫健、国资等行业管理部门，邀请行业专家，提供技术支持，讲解专业知识，指导各单位软件正版化工作的推进。组织州直各党政机关认真开展自查，主管部门对重点企事业单位开展实地检查，掌握州级党政机关、企事业单位软件正版化情况。

四、知识产权运用

2021 年，恩施州获得省知识产权转化引导项目资金 30 万元，申报省知识产权培育项目 8 项、省知识产权运用示范项目 7 项。全州企业购买专利（专利转让）46 件。恩施州已登记用标的地理标志产品年度产值达到 11.53 亿元。全州“恩施玉露”“利川红”“伍家台贡茶”“来凤藤茶”“恩施硒茶”“恩施土豆”“利川山药”“利川黄连”“巴东椪柑”“宣恩贡米”“贡水白柚”“黄坪黄金梨”“来凤姜”“利川莼菜”“宣恩火腿”等商标的使用情况较好，使用地理标志的企业产值稳步上升。截至 12 月，全州 137 户市场主体获准使用新版地理标志专用标志，其中地理标志产品专用标志使用人 31 户，地理标志商标专用标志使用人 106 户。地理标志保护产品用标情况：产品数量 24 件，核准用标企业 34 家，有效核准用标企业 32 家（2 家已在 2020 年正式注销），已用标企业 31 家，未用标企业 1 家（正在注销中），用标率 96.9%，实有核准用标产品 13 件。地理标志商标用标情况：商标数量 35 件，有效商标数量 35 件，已用标商标 19 件，已用标企业 106 家。

恩施州各县市地理标志用标情况一览表

表 45

县　市	地理标志	数 量	应用标（件）	应用标（户）	已用标（户）	未用标（户）	不用标（件）	不用标
州直	证明商标	6	3	“恩施玉露”合法使用人 83 家		“恩施玉露”合法使用人 83 家	3	恩施硒茶
				“利川红”合法使用人 112 家	“利川红”合法使用人 38 家	“利川红”合法使用人 74 家		恩施富硒茶
				“恩施土豆”合法使用人 96 家		“恩施土豆”合法使用人 96 家		利川工夫红茶
恩施市	保护产品	4	2	“板桥党参”合法使用人 1 家	“板桥党参”合法使用人 1 家		2	恩施紫油厚朴
				“恩施玉露”合法使用人 1 家	“恩施玉露”合法使用人 1 家			恩施马铃薯
利川市	集体商标	2	2	“利川黄连”合法使用人 2 家	“利川黄连”合法使用人 2 家			
				“利川山药”合法使用人 6 家		“利川山药”合法使用人 6 家		
	保护产品	4	2	“利川莼菜”合法使用人 3 家	“利川莼菜”合法使用人 3 家		2	利川红
				“利川山药”合法使用人 2 家	“利川山药”合法使用人 2 家			利川工夫红茶

续表 45

县　市	地理标志	数　量	应用标（件）	应用标（户）	已用标（户）	未用标（户）	不用标（件）	不用标
建始县	证明商标	1	1	“马坡茶”合法使用人 2 家		“马坡茶”合法使用人 2 家		
	保护产品	1	1	“景阳鸡”合法使用人 1 家	“景阳鸡”合法使用人 1 家			
鹤峰县	保护产品	2	1	“鹤峰茶”合法使用人 2 家	“鹤峰茶”合法使用人 2 家		1	鹤峰葛仙米
咸丰县	证明商标	2	2	小村红衣米花生（29 类）合法使用人 1 家		小村红衣米花生（29 类）合法使用人 1 家		
				小村红衣米花生（31 类）合法使用人 1 家		小村红衣米花生（31 类）合法使用人 1 家		
巴东县	证明商标	7	3	“巴东郡贡茶”合法使用人 8 家		“巴东郡贡茶”合法使用人 8 家	4	巴东椪柑
				巴东大蒜（29 类）合法使用企业 2 家		巴东大蒜（29 类）合法使用企业 2 家		巴东红三叶
				巴东大蒜（31 类）合法使用企业 2 家		巴东大蒜（31 类）合法使用企业 2 家		巴东独活
宣恩县	证明商标	4	4	“伍家台贡茶”合法使用人 29 家		“伍家台贡茶”合法使用人 29 家	0	
				“宣恩贡米”合法使用人 2 家	“宣恩贡米”合法使用人 2 家			
				“贡水白柚”合法使用人 11 家	“贡水白柚”合法使用人 11 家			
				“黄坪黄金梨”合法使用人 1 家	“黄坪黄金梨”合法使用人 1 家			
	保护产品	4	3	“宣恩火腿”合法使用人 1 家			1	贡水白柚
				“宣恩贡米”合法使用人 2 家	“宣恩贡米”合法使用人 2 家			
				“伍家台贡茶”合法使用人 12 家	“伍家台贡茶”合法使用人 12 家			
来凤县	证明商标	6	6	“来凤藤茶”合法使用人 45 家	“来凤藤茶”合法使用人 21 家	“来凤藤茶”合法使用人 24 家	0	
				“来凤大头菜”合法使用人 3 家		“来凤大头菜”合法使用人 3 家		
				“来凤松花皮蛋”合法使用人 3 家	“来凤松花皮蛋”合法使用人 3 家			
				“来凤姜”（29 类）合法使用人 5 家		“来凤姜”（29 类）合法使用人 5 家		
				“来凤姜”（31 类）合法使用人 5 家		“来凤姜”（31 类）合法使用人 5 家		
				“来凤金丝桐油”合法使用人 1 家		“来凤金丝桐油”合法使用人 1 家		
	保护产品	4	3	“来凤藤茶”合法使用人 1 家	“来凤藤茶”合法使用人 1 家		1	来凤凤头姜
				“金丝桐油”合法使用人 1 家	“金丝桐油”合法使用人 1 家			
				“来凤漆筷”合法使用人 1 家	“来凤漆筷”合法使用人 1 家			

恩施州地理标志保护产品专用标志合法使用人信息一览表

表 46

辖　区	使用人名称	使用人地址	保护产品名称	核准（变更）公告号
恩施市	湖北省思乐牧业集团有限公司	湖北省恩施市后山湾 111 号	恩施黄牛肉	2015 年第 109 号
恩施市	湖北犇跃农业发展有限公司	湖北省恩施市盛家坝乡龙洞河盖顶	恩施黄牛肉	2017 年第 76 号
恩施市	湖北省思乐牧业集团有限公司	湖北省恩施市后山湾 111 号	恩施黑猪肉	2015 年第 109 号
恩施市	恩施市润邦国际富硒茶业有限公司	湖北省恩施市芭蕉侗族乡居委会	恩施玉露	2007 年第 117 号
恩施市	恩施市峰岚板桥党参有限公司	湖北省恩施市板桥镇沿河路	板桥党参	2008 年第 134 号
利川市	湖北天佛食品有限公司	利川市经济开发区工业园内	利川莼菜	2005 年第 210 号
利川市	利川市山野食品有限责任公司	利川市农业科技园	利川莼菜	2016 年第 87 号
利川市	利川市睡芙生态农业开发有限公司	利川市凉雾乡铁炉寨村二组	利川莼菜	2020 年第 365 号
利川市	利川市山野食品有限责任公司	利川市农业科技园	利川山药	2008 年第 93 号
利川市	利川奥龙医药生化有限公司	湖北省利川市南环大道 99 号	利川山药	2012 年第 70 号
建始县	建始县青龙食品有限责任公司	湖北省建始县景阳镇马鞍山村六组	景阳鸡	2013 年第 118 号
建始县	恩施广惠农业开发有限公司	湖北省建始县长梁乡天生桥社区四组	恩施黄牛肉	2017 年第 21 号
宣恩县	宣恩县伍台昌臣茶业有限公司	宣恩县万寨乡伍家台村六组	伍家台贡茶	2009 年第 80 号
宣恩县	宣恩县清江名流实业有限公司	宣恩县万寨乡板场村五组	伍家台贡茶	2009 年第 80 号
宣恩县	恩施州伍家台富硒贡茶有限责任公司	宣恩县工业园莲花坝片区	伍家台贡茶	2009 年第 80 号
宣恩县	宣恩宜红贡茶有限公司	宣恩县椒园工业园区	伍家台贡茶	2009 年第 80 号
宣恩县	湖北康乾贡羽茶业有限公司	宣恩县珠山镇解放街 11 号	伍家台贡茶	2010 年第 67 号
宣恩县	宣恩县皇贡茶业有限公司	宣恩县万寨大河坝村	伍家台贡茶	2010 年第 67 号
宣恩县	宣恩县七姊妹山茶业专业合作社	宣恩县长潭河侗族乡中坝村十组	伍家台贡茶	2010 年第 67 号
宣恩县	宣恩县晓关侗族乡维民茶叶专业合作社	宣恩县晓关乡桐子营村三组	伍家台贡茶	2010 年第 67 号
宣恩县	宣恩县宣桃茶叶有限公司	宣恩县椒园工业园区	伍家台贡茶	2010 年第 67 号
宣恩县	宣恩县椒园采花茶叶专业合作社	宣恩县椒园镇庆阳坝村一组	伍家台贡茶	2011 年第 157 号
宣恩县	湖北绿可生态茶业有限公司	宣恩县万寨乡大河坝村八组	伍家台贡茶	2011 年第 157 号
宣恩县	宣恩县宝泰贡茶有限公司	宣恩县珠山镇沿河北路 2 号	伍家台贡茶	2011 年第 157 号
宣恩县	宣恩县珠山粮食购销公司	宣恩县珠山镇建设路 18 号	宣恩贡米	2019 年第 305 号
宣恩县	宣恩县沙道粮食购销公司	宣恩县沙道集镇	宣恩贡米	2019 年第 305 号
来凤县	来凤金祈藤茶生物有限公司	来凤县经济开发区桂花树工业园	来凤藤茶	2013 年第 165 号
来凤县	湖北宝石花工艺品有限公司	来凤县翔凤镇桂花树工业园	来凤漆筷	2008 年第 134 号
来凤县	来凤四海现代农业发展有限责任公司	来凤县桂花树工业园区	金丝桐油	2009 年第 105 号
鹤峰县	湖北省鹤峰县翠泉茶业有限公司	鹤峰县中营镇北佳集镇	鹤峰茶	2017 年第 58 号
鹤峰县	湖北省鹤峰鑫农茶业有限公司	鹤峰县走马镇花桥村五组	鹤峰茶	2017 年第 58 号

说明：截至 2021 年 12 月 31 日

五、恩施州知识产权保护情况

（一）行政保护

商标品牌行政保护。2021 年，全州各地市场监管部门加强商标行政执法，办理案件 116 件，涉案产品价值 73.22 万元，罚没金额 95.35 万元，移送司法机关案件零件。2021 年 3 月 5 日，州市场监管局制定下发《2021 年度“利川红”“恩施玉露”品牌保护“铁拳”行动实施方案》，在全州范围内开展“利川红”“恩施玉露”品牌保护“铁拳”行动，以“五个打击”为工作重点推进“一红一绿”品牌保护，打击商标侵权、非法印制、不正当竞争、非法生产、价格欺诈五种违法行为。截至 2021 年年底，全州立案 74 件，结案 74 件，其中恩施市 42 件，利川市 23 件，建始县 4 件，宣恩县 2 件，鹤峰县 1 件，咸丰县 1 件、来凤县 1 件，涉案案值10.8万元。查扣“三无”通用包装21071个、侵权包装15000余个，下达责令改正通知书64份，其中恩施市60份，巴东县4份。清理下架“恩施玉露”“恩施富硒茶”包装袋（盒）939个。

专利行政保护。开展专利商标领域“双随机、一公开”执法检查工作及知识产权执法“铁拳”行动，查处假冒专利行为和商标侵权案件，处理专利侵权纠纷。维护专利权人的合法权益，创造全社会公平竞争的市场环境。2021年查处假冒专利37件、处理专利侵权纠纷30件（其中电商27件）。在全州8个县市成立县级知识产权维权援助工作站，受理知识产权方面的投诉与举报，有效降低权利人的维权成本。全年受理知识产权维权援助案件3件。

（二）司法保护

2021年，全州法院受理商标类案件（含旧存）127件，其中民事案件126件，行政案件0件，刑事案件1件。审结案件122件，其中民事案件121件、行政案件0件，刑事案件1件；总体结案率约为96.06%，其中民事案件结案率为96.03%，刑事案件结案率为100%。在纠纷解决过程中，法院始终坚持审慎文明司法，注重依法调解，维护商标权人的合法权益，弘扬保护商标品牌的社会风气。截至12月31日，全州检察机关批准侵犯知识产权3件3人，起诉3件4人。通过惩治各种经济犯罪，维护公平竞争、健康有序的市场秩序，提高对企业权益的保护力度，激发资本参与热情。州公安系统自2021年4月起在全州范围内开展打击侵犯知识产权和制售伪劣商品犯罪行动（“昆仑2021”3号行动），重点打击科技领域侵犯商业秘密、假冒专利犯罪，非法复制发行图书、网上传播盗版文学影视作品等侵犯著作权犯罪，跨国制售假冒伪劣产品犯罪。截至年底，全州公安系统侦办4起侵犯知识产权犯罪案件，4起案件均为涉嫌销售假冒注册商标的商品案件。

六、存在的问题

知识产权工作机制建设。“十四五”时期国家知识产权保护和运用规划要求构建严保护、大保护、快保护、同保护的工作格局，恩施州的知识产权工作大部分由州知识产权局承担，与各职能部门之间没有形成知识产权工作合力，没有建立适应新时期的知识产权保护工作机制，亟需组建恩施州知识产权战略实施工作联席会议和恩施州推进“品牌强州”建设工作联席会议两个非常设机构，统筹推进全州知识产权规划、协调、督办、考核等各项工作。

知识产权培育方面。恩施州2021年每万人口高价值发明专利拥有量为0.27，而全省的每万人口高价值发明专利拥有量为6.11。全省有效发明专利每万人拥有量为16.09件，恩施州仅有0.99件。恩施州2021年每万平方千米地理标志拥有量为24.6件，而全省的每万平方千米地理标志拥有量为35.7件，低于全省平均水平31.09%。专利创造能力不强，大部分企业产品技术含量普遍偏低，缺乏市场竞争力，地理标志注册量不够，企业知识产权意识不强。

知识产权运用方面。恩施州专利质押融资额2643万元，占全省2021年总额（40.89亿元）比重较低。专利授权按全省103个县级行政区划排名，恩施州恩施市排51名、利川市82名、建始县83名，其他县均在93—103位之间。恩施州闲置未使用的地理标志不少，没有发挥带动相关产业和区域经济发展的作用，相关品牌影响力不大。

知识产权服务方面。恩施州专利代理机构仅2020年成立2家，州级没有成立知识产权事业机构，现有的中国（湖北）知识产权维权中心恩施分中心也是由州局专利监督管理科代管。县市在机构改革后，从事知识产权工作的机构和人员差别很大，直接从事这项工作的人员少，日常工作处于被动应付，不适应新时期知识产权的工作需要。

知识产权宣传培训方面。知识产权保护社会宣传不足，全州的知识产权保护宣传主要集中在“4·26”知识产权周期间，日常的宣传培训工作不全面、不深入、不扎实。知识产权宣传进企业、进单位、进学校、进社区、进网络“五进”工作流于形式。知识产权工作人员学习不够，基层业务不熟练，对知识产权工作人员、基层执法人员的开展的知识产权相关培训较少。

（州市场监督管理局 供稿）

普查公报

恩施州第七次全国人口普查公报（第一号）
——全州人口情况

恩施州统计局

恩施州人民政府第七次全国人口普查领导小组办公室

2021 年 6 月

根据恩施州第七次全国人口普查结果[1]，现将2020年11月1日零时我州人口的基本情况公布如下：

一、常住人口

2020年11月1日零时，全州常住人口[2]为3456136人。

二、人口增长

全州常住人口与2010年第六次全国人口普查的3290294人相比，增长165842人，增幅5.04%，年平均增长率为0.49%。

三、户别人口

全州共有家庭户[3]1231949户，集体户40894户，家庭户人口为3254821人，集体户人口为201315人。平均每个家庭户的人口为2.64人，比2010年第六次全国人口普查3.0人少0.36人。

恩施州第七次全国人口普查公报（第二号）
——县市人口情况

恩施州统计局

恩施州人民政府第七次全国人口普查领导小组办公室

2021 年 6 月

根据恩施州第七次全国人口普查结果，现将2020年11月1日零时恩施州8个县市常住人口有关数据公布如下：

一、县市人口

8个县市中，常住人口超过50万人的县市有恩施市、利川市，其中恩施市836781人、利川市750670人；在30万人至50万人之间的县市是建始县、巴东县和咸丰县，其中建始县411622人、巴东县395376人、咸丰县318827人；在20万人至30万人之间的有宣恩县和来凤县，其中宣恩县284955人、来凤县283255人；少于20万人的县市1个，鹤峰县常住人口为174650人。恩施、利川两市常住人口占全州常住人口的比重为45.9%。

各县市人口

表 47　　　　单位：人、%

县 市	常住人口数	比重[4]	
		2020年	2010年
全 州	3456136		
恩 施	836781	24.21	22.78
利 川	750670	21.72	19.88
建 始	411622	11.91	12.52
巴 东	395376	11.44	12.79
宣 恩	284955	8.24	9.43

续表 47

县 市	常住人口数	比重[4]	
		2020 年	2010 年
咸 丰	318827	9.22	9.14
来 凤	283255	8.20	7.38
鹤 峰	174650	5.05	6.08

二、县市人口变化

与 2010 年第六次全国人口普查相比，8 个县市中，有 4 个县市常住人口增加。常住人口增长较多的县市依次为：利川市、恩施市、来凤县、咸丰县，分别增加 96576 人、87207 人、40385 人、18209 人。

各县市十年人口变化情况

表 48　　单位：人、%

地 区	人口变化量	变化幅度
全 州	165842	5.04
恩 施	87207	11.63
利 川	96576	14.76
建 始	−416	−0.10
巴 东	−25464	−6.05
宣 恩	−25413	−8.19
咸 丰	18209	6.06
来 凤	40385	16.63
鹤 峰	−25242	−12.63

恩施州第七次全国人口普查公报（第三号）
——人口性别构成情况

恩施州统计局
恩施州人民政府第七次全国人口普查领导小组办公室
2021 年 6 月

根据恩施州第七次全国人口普查结果，现将 2020 年 11 月 1 日零时恩施州及 8 个县市人口性别构成情况公布如下：

一、全州人口性别构成

全州常住人口中，男性人口为 1767569 人，占 51.14%；女性人口为 1688567 人，占 48.86%。常住人口性别比（以女性为 100，男性对女性的比例）为 104.68，与 2010 年第六次全国人口普查 103.58 相比上升 1.1 个点。

二、县市人口性别构成

8个县市中，常住人口性别比在全州平均水平 104.68 以上的县市有 5 个。

各县市人口性别构成

表 49　　单位：%

县 市	占常住人口比重		性别比
	男	女	
全 州	51.14	48.86	104.68
恩 施	50.13	49.87	100.51
利 川	51.52	48.48	106.27
建 始	50.87	49.13	103.54
巴 东	51.23	48.77	105.04
宣 恩	52.29	47.71	109.58
咸 丰	51.71	48.29	107.08

续表 49

县市	占常住人口比重		性别比
	男	女	
来凤	51.14	48.86	104.66
鹤峰	51.96	48.04	108.15

恩施州第七次全国人口普查公报（第四号）
——人口年龄构成情况

恩施州统计局
恩施州人民政府第七次全国人口普查领导小组办公室
2021 年 6 月

根据恩施州第七次全国人口普查结果，现将 2020 年 11 月 1 日零时恩施州及 8 个县市的人口年龄构成情况公布如下：

一、全州人口年龄构成

全州常住人口中，0—14 岁人口为 619171 人，占 17.92%；15—59 岁人口为 2126685 人，占 61.53%；60 岁及以上人口为 710280 人，占 20.55%，其中 65 岁及以上人口为 543981 人，占 15.74%。与 2010 年第六次全国人口普查相比，0—14 岁人口的比重下降 0.77 个百分点，15—59 岁人口的比重下降 3.65 个百分点，60 岁及以上人口的比重上升 4.42 个百分点，65 岁及以上人口的比重上升 4.8 个百分点。

全州县市人口年龄构成

表 50 单位:人、%

年龄	常住人口数	比重
总计		
0—14 岁	619171	17.92
15—59 岁	2126685	61.53
60 岁及以上	710280	20.55
其中:65 岁及以上	543981	15.74

二、县市人口年龄构成

8 县市中，15—59 岁人口比重在 65%以上的县市有 1 个，在 60%—65%之间的县市有 6 个，在 60%以下的县市有 1 个。各县市 65 岁及以上老年人口比重均超过 13%，其中 5 个县市 65 岁及以上老年人口比重超过 15%。

各地区人口年龄构成

表 51 单位:%

地区	占常住人口比重			
	0—14 岁	15—59 岁	60 岁及以上	其中:65 岁及以上
全州	17.92	61.53	20.55	15.74
恩施	15.70	65.46	18.84	14.35
利川	21.13	60.41	18.46	14.33
建始	16.19	60.41	23.40	18.08
巴东	16.15	59.56	24.29	17.80
宣恩	18.07	60.10	21.83	17.39
咸丰	19.56	60.29	20.15	15.44
来凤	21.19	60.88	17.93	13.51
鹤峰	14.22	60.31	25.47	19.75

恩施州第七次全国人口普查公报（第五号）
——人口受教育情况

恩施州统计局
恩施州人民政府第七次全国人口普查领导小组办公室
2021 年 6 月

根据恩施州第七次全国人口普查结果，现将 2020 年 11 月 1 日零时恩施州及 8 个县市人口受教育基本情况公布如下：

一、受教育程度人口

全州常住人口中，拥有大学（指大专及以上）文化程度的人口为 319371 人；拥有高中（含中专）文化程度的人口为 549750 人；拥有初中文化程度的人口 1248294 人；拥有小学文化程度的人口为 1038665 人（以上各种受教育程度的人包括各类学校的毕业生、肄业生和在校生）。与 2010 年第六次全国人口普查相比，每 10 万人中拥有大学文化程度的人数由 5125 人上升为 9241 人。

二、平均受教育年限[5]

与 2010 年第六次全国人口普查相比，全州常住人口中，15 岁及以上人口的平均受教育年限由 8.66 年提高至 9.3 年。

8 个县市中，恩施市平均受教育年限在 10 年以上，在 9 年至 10 年之间的县市有利川市、巴东县、咸丰县和鹤峰县，在 9 年以下的县市有建始县、宣恩县、来凤县。

各地区每 10 万人口中拥有的各类受教育程度人数

表 52　　单位：人/10 万人

地　区	大学（大专及以上）	高中（含中专）	初中	小学
全州	9241	15906	36118	30053
恩施	15492	19566	32696	24242
利川	7396	17598	39728	26572
建始	7137	13583	34633	36146
巴东	7227	14276	37562	34166
宣恩	6583	12501	33999	36320
咸丰	7136	14308	38141	31370
来凤	6615	12251	36706	33001
鹤峰	9171	14674	36042	31771

各县市 15 岁及以上人口平均受教育年限

表 53　　单位：年

地　区	2020 年
全州	9.30
恩施	10.15
利川	9.49
建始	8.74
巴东	9.02
宣恩	8.50
咸丰	9.05
来凤	8.72
鹤峰	9.04

三、文盲人口

全州常住人口中，文盲人口（15 岁及以上不识字的人）为 72472 人，与 2010 年第六次全国人口普查相比，文盲人口减少 110567 人，文盲率[6]由 5.56%下降为 2.26%，下降 3.3 个百分点。

恩施州第七次全国人口普查公报（第六号）
——城乡人口和流动人口情况

恩施州统计局

恩施州人民政府第七次全国人口普查领导小组办公室

2021 年 6 月

根据恩施州第七次全国人口普查结果，现将 2020 年 11 月 1 日零时恩施州及 8 个县市人口城乡分布及流动情况公布如下：

一、城乡[7]人口

全州常住人口中，居住在城镇的人口为 1609251 人，占 46.56%；居住在乡村的人口为 1846885 人，占 53.44%。与 2010 年第六次全国人口普查相比，城镇人口增长 605712 人，乡村人口减少 439870 人，城镇人口比重提高 16.06 个百分点。恩施市城区人口为 460163 人，利川市城区人口为 272682 人。

各县市城镇人口

表 54　　　　单位:人、%

地　区	城镇人口	其中:城市人口	城镇人口占比
全　州	1609251	—	46.56
恩　施	492268	460163	58.83
利　川	337946	272682	45.02
建　始	173194	—	42.08
巴　东	158088	—	39.98
宣　恩	109931	—	38.58
咸　丰	138079	—	43.31
来　凤	129303	—	45.65
鹤　峰	70442	—	40.33

二、流动人口[8]

全州流动人口为 831805 人。其中省内流动人口 757971 人，省外流入人口 73834 人。与 2010 年相比，全州流动人口增加 520900 人，增长 167.5%；省内流动人口增加 488750 人，增长 173.5%；省外流入人口增加 40025 人，增长 118.4%。

说明：

[1] 本公报送审稿数据均为初步汇总数据。合计数和部分计算数据因小数取舍而产生的误差，均未作机械调整。

[2] 常住人口包括：居住在本乡镇街道且户口在本乡镇街道或户口待定的人；居住在本乡镇街道且离开户口登记地所在的乡镇街道半年以上的人；户口在本乡镇街道且外出不满半年或在境外工作学习的人。

[3] 家庭户是指以家庭成员关系为主、居住一处共同生活的人组成的户。

[4] 指各县市的常住人口占全州常住人口的比重。

[5] 平均受教育年限是将各种受教育程度折算成受教育年限计算平均数得出的，具体的折算标准是：小学=6 年，初中=9 年，高中=12 年，大专及以上=16 年。

[6] 文盲率是指 8 个县市的人口中 15 岁及以上不识字人口所占比例。

[7] 城镇、乡村是按国家统计局《统计上划分城乡的规定》划分的。

[8] 流动人口是指居住地与户口登记地所在的乡镇街道不一致且离开户口登记地半年以上的人口。

（州统计局 供稿）

统计分析资料

2021年全国30个少数民族自治州主要经济指标统计表

表55

单位：亿元、%

自治州	地区生产总值	位次	地区生产总值增幅	位次	规模工业增加值增幅	位次	固定资产投资增幅	位次
延边	801.17	13	6.8	17	13.5	6	6.8	19
恩施	1302.36	9	11.7	1	18.2	2	23.3	3
湘西	792.11	14	8.7	5	18.1	4	9.2	11
阿坝	449.63	18	7.5	10	13.0	7	10.4	10
甘孜	447.04	19	7.0	14	9.5	14	11.0	9
凉山	1901.20	3	7.2	12	8.2	15	12.9	8
黔西南	1506.37	8	9.3	3	12.5	8	3.8	21
黔东南	1255.03	12	5.2	21	4.1	18	−5.9	25
黔南	1747.41	4	8.3	6	10.0	12	1.3	22
楚雄	1608.12	7	11.2	2	12.0	10	16.4	5
红河	2742.12	1	9.1	4	12.1	9	7.3	15
文山	1298.77	11	8.1	7	9.8	13	14.3	7
西双版纳	676.15	16	7.8	9	11.2	11	−1.5	24
大理	1632.99	6	7.0	14	4.2	17	7.6	14
德宏	556.21	17	−5.1	27	−10.7	25	−35.6	27
怒江	234.11	22	7.3	11	0.8	21	−0.1	23
迪庆	293.27	21	6.5	19	−0.1	22	8.2	13
临夏	373.80	20	8.1	7	−4.8	23	26.0	2
甘南	230.04	23	4.8	22	−21.4	27	8.4	12
海北	100.04	27	3.2	25	−5.3	24	7.2	16
黄南	110.45	26	1.2	26	−11.6	26	7.2	16
海南	193.61	25	4.5	23	3.4	20	7.2	16
果洛	—	—	—	—	—	—	—	—
玉树	—	—	—	—	—	—	—	—
海西	713.78	15	4.1	24	4.1	18	−24.0	26
昌吉	1698.21	5	7.0	14	18.2	2	5.0	20
博尔塔拉	—	—	—	—	—	—	—	—
巴音郭楞	1298.87	10	6.4	20	7.3	16	15.4	6
克孜勒苏	197.84	24	6.8	17	25.9	1	17.3	4
伊犁	2667.18	2	7.2	12	14.1	5	48.0	1

续表 55

自治州	社会消费品零售总额	位 次	社会消费品零售总额增幅	位 次	地方一般公共预算收入	位 次	地方一般公共预算收入增幅	位 次
延 边	348.74	9	9.4	15	54.26	15	−7.6	27
恩 施	686.08	4	22.0	1	75.51	11	31.0	1
湘 西	278.31	11	14.3	7	70.27	12	9.0	13
阿 坝	107.89	17	11.5	12	31.85	19	10.8	9
甘 孜	127.66	15	11.7	11	46.14	17	15.0	6
凉 山	761.70	3	12.3	10	172.80	2	7.8	14
黔西南	—	—	11.5	12	113.56	6	0.4	24
黔东南	—	—	13.9	8	68.76	13	10.1	11
黔 南	788.95	2	14.6	6	115.04	5	3.6	20
楚 雄	609.01	6	17.4	4	93.06	9	3.1	21
红 河	925.05	1	4.8	25	160.62	3	6.2	17
文 山	608.22	7	5.2	24	68.22	14	3.9	19
西双版纳	278.18	12	2.1	26	40.26	18	12.4	7
大 理	651.50	5	7.2	22	111.78	7	3.0	22
德 宏	288.78	10	−12.0	27	46.22	16	9.3	12
怒 江	40.07	21	9.4	15	15.84	24	5.1	18
迪 庆	69.71	19	5.3	23	16.11	23	7.3	15
临 夏	117.50	16	10.0	14	23.10	20	20.5	4
甘 南	48.78	20	8.7	17	10.19	25	−2.7	26
海 北	29.21	24	7.9	18	6.46	26	19.5	5
黄 南	15.63	25	7.8	19	4.86	27	2.4	23
海 南	34.00	23	7.7	20	16.78	22	22.5	2
果 洛	—	—	—	—	—	—	—	—
玉 树	—	—	—	—	—	—	—	—
海 西	85.66	18	7.5	21	75.90	10	0.1	25
昌 吉	268.23	13	19.6	2	157.91	4	10.3	10
博尔塔拉	—	—	—	—	—	—	—	—
巴音郭楞	250.19	14	15.4	5	93.88	8	6.5	16
克孜勒苏	39.50	22	12.4	9	17.79	21	11.2	8
伊 犁	479.40	8	18.4	3	206.88	1	22.1	3

续表 55

自治州	农村常住居民人均可支配收入	位次	农村常住居民人均可支配收入增幅	位次	城镇居民人均可支配收入	位次	城镇居民人均可支配收入增幅	位次
延边	14905	12	9.7	22	31122	22	7.8	15
恩施	13307	16	11.9	4	34054	20	10.1	1
湘西	12332	20	9.7	22	29774	24	6.9	19
阿坝	17161	5	10.4	14	40132	5	8.4	11
甘孜	15379	9	10.1	19	39497	6	8.1	13
凉山	16808	7	10.3	16	37452	11	8.1	13
黔西南	12623	18	10.3	16	38251	9	8.8	8
黔东南	12289	21	10.9	9	37425	12	8.4	11
黔南	14237	15	10.6	12	38713	8	8.6	9
楚雄	14392	14	11.9	4	42152	2	10.1	1
红河	15039	10	10.7	11	40930	4	9.1	7
文山	13249	17	10.4	14	36810	15	9.2	6
西双版纳	17108	6	10.6	12	36242	17	9.3	4
大理	15023	11	10.1	19	41740	3	8.6	9
德宏	12418	19	0.5	27	32836	21	0.2	27
怒江	8602	27	10.1	19	29639	25	7.8	15
迪庆	11339	23	12.4	1	42402	1	10.0	3
临夏	9006	26	11.0	8	24902	27	6.7	20
甘南	10142	24	11.1	7	29481	26	6.6	21
海北	16351	8	10.2	18	37827	10	6.6	21
黄南	11679	22	9.1	26	37093	14	5.9	23
海南	14613	13	9.2	24	36503	16	5.7	24
果洛	—	—	—	—	—	—	—	—
玉树	—	—	—	—	—	—	—	—
海西	17590	4	9.2	24	38819	7	5.5	25
昌吉	23140	1	12.1	2	37191	13	9.3	4
博尔塔拉	—	—	—	—	—	—	—	—
巴音郭楞	21260	2	11.5	6	35958	18	7.0	18
克孜勒苏	9878	25	10.9	9	31115	23	4.0	26
伊犁	17717	3	12.0	3	34738	19	7.3	17

（州统计局　供稿）

2021年武陵山六地市主要经济指标统计表

表56　　　　单位：亿元、元、%

指标＼地市	湘西州	张家界市	怀化市	黔江区	铜仁市	恩施州
地区生产总值	792.11	580.29	1817.80	270.98	1462.65	1302.36
位次	4	5	1	6	2	3
地区生产总值增幅	8.7	4.5	8.4	7.8	8.6	11.7
位次	2	6	4	5	3	1
一产业增加值	114.00	82.82	265.62	33.34	316.03	224.51
位次	4	5	2	6	1	3
一产业增加值增幅	9.2	9.0	9.4	10.2	8.0	12.4
位次	4	5	3	2	6	1
二产业增加值	239.19	81.66	550.64	98.14	367.54	299.26
位次	4	6	1	5	2	3
二产业增加值增幅	10.3	−5.5	9.7	5.7	7.3	13.1
位次	2	6	3	5	4	1
三产业增加值	438.91	415.81	1001.55	139.51	779.08	778.60
位次	4	5	1	6	2	3
三产业增加值增幅	7.6	5.7	7.4	8.7	9.5	11.0
位次	4	6	5	3	2	1
规模工业增加值增幅	18.1	3.0	10.6	6.7	9.9	18.2
位次	2	6	3	5	4	1
固定资产投资增幅	9.2	−20.0	12.1	10.0	−2.8	23.3
位次	4	6	2	3	5	1
地方一般公共预算收入	70.27	36.08	111.98	26.29	67.06	75.51
位次	3	5	1	6	4	2
地方一般公共预算收入增幅	9.0	12.3	12.5	0.9	3.7	31.0
位次	4	3	2	6	5	1
地方一般公共预算支出	327.53	183.03	470.52	56.35	440.93	382.17
位次	4	5	1	6	2	3
一般公共预算支出增幅	−8.5	−7.7	−2.3	−17.8	−3.9	−18.6
位次	4	3	1	5	2	6
社会消费品零售总额	278.31	204.77	695.31	153.82	—	686.08
位次	3	4	1	5	—	2
社会消费品零售总额增幅	14.3	4.0	14.6	17.3	14.1	22.0
位次	4	6	3	2	5	1

续表 56

指标＼地市	湘西州	张家界市	怀化市	黔江区	铜仁市	恩施州
农村常住居民人均可支配收入(元)	12332	13321	12669	15670	12291	13307
位 次	5	2	4	1	6	3
农村常住居民人均可支配收入增幅	9.7	11.1	9.8	11.1	10.7	11.9
位 次	6	2	5	3	4	1
城镇常住居民人均可支配收入(元)	29774	29780	32634	40770	36684	34054
位 次	6	5	4	1	2	3
城镇常住居民人均可支配收入增幅	6.9	6.8	7.6	9.2	8.5	10.1
位 次	5	6	4	2	3	1
金融机构人民币存款余额	1410.48	973.85	2462.71	299.44	1540.56	1728.26
位 次	4	5	1	6	3	2
存款余额同比增幅	8.0	3.7	7.3	4.8	6.8	3.9
位 次	1	6	2	4	3	5
金融机构人民币贷款余额	1262.78	1047.26	1705.38	408.47	2061.27	1445.27
位 次	4	5	2	6	1	3
贷款余额同比增幅	16.7	14.4	12.3	16.1	18.5	11.4
位 次	2	4	5	3	1	6

说明：金融存贷款余额为人民币口径

（州统计局　供稿）

索　引

Indexes

说 明

1. 本索引采用主题分析方法，按索引名称首字的汉语拼音字母顺序排列。
2. 索引名称后的阿拉伯数字表示内容所在的页码，数字后的 a、b、c 表示该页码的左、中、右栏。
3. 为方便检索，恩施州发生的事件名称和相关单位名称前的“恩施州”三个字，除非产生歧义，均省略。
4. 表格索引以表题为标目，标注所在页码，按照表格在全书中的先后顺序排列。

主题索引

A

B

C

D

E

G

H

J

M

N

P

Q

R

S

T

W

X

Y

Z

部分表格索引